中国近现代乡村建设研究
编 年 史

(1912—1949)

上 卷

俞樟华　王景新　编著

中国社会科学出版社

图书在版编目(CIP)数据

中国近现代乡村建设研究编年史. 1912—1949：全2册 / 俞樟华，王景新编著. —北京：中国社会科学出版社，2023.6

ISBN 978-7-5227-2173-6

Ⅰ.①中… Ⅱ.①俞…②王… Ⅲ.①城乡建设—编年史—中国—1912-1949 Ⅳ.①F299.21

中国国家版本馆CIP数据核字(2023)第120400号

出 版 人	赵剑英
责任编辑	宫京蕾　周慧敏
责任校对	秦　婵
责任印制	郝美娜

出　　版	中国社会科学出版社
社　　址	北京鼓楼西大街甲158号
邮　　编	100720
网　　址	http://www.csspw.cn
发 行 部	010-84083685
门 市 部	010-84029450
经　　销	新华书店及其他书店

印刷装订	北京君升印刷有限公司
版　　次	2023年6月第1版
印　　次	2023年6月第1次印刷

开　　本	710×1000　1/16
印　　张	68.5
插　　页	4
字　　数	1078千字
定　　价	498.00元（全2册）

凡购买中国社会科学出版社图书，如有质量问题请与本社营销中心联系调换
电话：010-84083683
版权所有　侵权必究

本书为国家社科基金重点项目"中国共产党一百年乡村建设宝贵经验及经典案例研究"的前期成果之一,由湖州师范学院"两山"理念研究院重点专项招标课题资助出版。

总目录

上卷

绪论 …………………………………………………………………… (1)
 一 选题价值、核心概念、研究框架与体例 ……………………… (1)
 二 民国乡村建设运动史、相关研究学术史脉络 ………………… (8)
 三 民国时期乡村建设研究的主要观点和政策思想 …………… (20)

民国元年　壬子　1912 年 ……………………………………… (43)
 一 乡村建设活动 …………………………………………………… (43)
 二 乡村建设研究论文 ……………………………………………… (45)
 三 乡村建设研究著作 ……………………………………………… (47)

民国二年　癸丑　1913 年 ……………………………………… (48)
 一 乡村建设活动 …………………………………………………… (48)
 二 乡村建设研究论文 ……………………………………………… (49)
 三 乡村建设研究著作 ……………………………………………… (51)

民国三年　甲寅　1914 年 ……………………………………… (52)
 一 乡村建设活动 …………………………………………………… (52)
 二 乡村建设研究论文 ……………………………………………… (53)
 三 乡村建设研究著作 ……………………………………………… (54)

民国四年　乙卯　1915 年 ……………………………………… (56)
 一 乡村建设活动 …………………………………………………… (56)
 二 乡村建设研究论文 ……………………………………………… (57)
 三 乡村建设研究著作 ……………………………………………… (58)

民国五年　丙辰　1916 年 ……………………………………… (60)
 一 乡村建设活动 …………………………………………………… (60)
 二 乡村建设研究论文 ……………………………………………… (60)
 三 乡村建设研究著作 ……………………………………………… (62)

民国六年　丁巳　1917 年 ………………………………………… (63)
  一　乡村建设活动 ……………………………………………… (63)
  二　乡村建设研究论文 ………………………………………… (63)
  三　乡村建设研究著作 ………………………………………… (67)
  四　卒于是年的乡村建设工作者 ……………………………… (68)

民国七年　戊午　1918 年 ………………………………………… (69)
  一　乡村建设活动 ……………………………………………… (69)
  二　乡村建设研究论文 ………………………………………… (69)
  三　乡村建设研究著作 ………………………………………… (71)

民国八年　己未　1919 年 ………………………………………… (73)
  一　乡村建设活动 ……………………………………………… (73)
  二　乡村建设研究论文 ………………………………………… (73)
  三　乡村建设研究著作 ………………………………………… (77)

民国九年　庚申　1920 年 ………………………………………… (79)
  一　乡村建设活动 ……………………………………………… (79)
  二　乡村建设研究论文 ………………………………………… (82)
  三　乡村建设研究著作 ………………………………………… (87)

民国十年　辛酉　1921 年 ………………………………………… (89)
  一　乡村建设活动 ……………………………………………… (89)
  二　乡村建设研究论文 ………………………………………… (91)
  三　乡村建设研究著作 ………………………………………… (97)

民国十一年　壬戌　1922 年 ……………………………………… (99)
  一　乡村建设活动 ……………………………………………… (99)
  二　乡村建设研究论文 ………………………………………… (101)
  三　乡村建设研究著作 ………………………………………… (110)
  四　卒于是年的乡村建设工作者 ……………………………… (111)

民国十二年　癸亥　1923 年 ……………………………………… (113)
  一　乡村建设活动 ……………………………………………… (113)
  二　乡村建设研究论文 ………………………………………… (116)
  三　乡村建设研究著作 ………………………………………… (126)

民国十三年　甲子　1924 年 ……………………………………… (128)
  一　乡村建设活动 ……………………………………………… (128)

二　乡村建设研究论文 …………………………………（134）
　　三　乡村建设研究著作 …………………………………（147）
　　四　卒于是年的乡村建设工作者 ………………………（148）

民国十四年　乙丑　1925 年 ………………………………（149）
　　一　乡村建设活动 ………………………………………（149）
　　二　乡村建设研究论文 …………………………………（156）
　　三　乡村建设研究著作 …………………………………（164）
　　四　卒于是年的乡村建设工作者 ………………………（166）

民国十五年　丙寅　1926 年 ………………………………（169）
　　一　乡村建设活动 ………………………………………（169）
　　二　乡村建设研究论文 …………………………………（182）
　　三　乡村建设研究著作 …………………………………（205）
　　四　卒于是年的乡村建设工作者 ………………………（207）

民国十六年　丁卯　1927 年 ………………………………（209）
　　一　乡村建设活动 ………………………………………（209）
　　二　乡村建设研究论文 …………………………………（230）
　　三　乡村建设研究著作 …………………………………（255）
　　四　卒于是年的乡村建设工作者 ………………………（259）

民国十七年　戊辰　1928 年 ………………………………（264）
　　一　乡村建设活动 ………………………………………（264）
　　二　乡村建设研究论文 …………………………………（274）
　　三　乡村建设研究著作 …………………………………（295）
　　四　卒于是年的乡村建设工作者 ………………………（300）

民国十八年　己巳　1929 年 ………………………………（305）
　　一　乡村建设活动 ………………………………………（305）
　　二　乡村建设研究论文 …………………………………（318）
　　三　乡村建设研究著作 …………………………………（335）
　　四　卒于是年的乡村建设工作者 ………………………（341）

民国十九年　庚午　1930 年 ………………………………（345）
　　一　乡村建设活动 ………………………………………（345）
　　二　乡村建设研究论文 …………………………………（355）
　　三　乡村建设研究著作 …………………………………（372）

四　卒于是年的乡村建设工作者 …………………………（380）

民国二十年　辛未　1931 年 ………………………………（384）
　　一　乡村建设活动 ………………………………………（384）
　　二　乡村建设研究论文 …………………………………（395）
　　三　乡村建设研究著作 …………………………………（407）
　　四　卒于是年的乡村建设工作者 …………………………（413）

民国二十一年　壬申　1932 年 ……………………………（419）
　　一　乡村建设活动 ………………………………………（419）
　　二　乡村建设研究论文 …………………………………（423）
　　三　乡村建设研究著作 …………………………………（443）
　　四　卒于是年的乡村建设工作者 …………………………（448）

民国二十二年　癸酉　1933 年 ……………………………（453）
　　一　乡村建设活动 ………………………………………（453）
　　二　乡村建设研究论文 …………………………………（459）
　　三　乡村建设研究著作 …………………………………（485）
　　四　卒于是年的乡村建设工作者 …………………………（493）

民国二十三年　甲戌　1934 年 ……………………………（496）
　　一　乡村建设活动 ………………………………………（496）
　　二　乡村建设研究论文 …………………………………（499）
　　三　乡村建设研究著作 …………………………………（525）
　　四　卒于是年的乡村建设工作者 …………………………（536）

下卷

民国二十四年　乙亥　1935 年 ……………………………（539）
　　一　乡村建设活动 ………………………………………（539）
　　二　乡村建设研究论文 …………………………………（543）
　　三　乡村建设研究著作 …………………………………（588）
　　四　卒于是年的乡村建设工作者 …………………………（604）

民国二十五年　丙子　1936 年 ……………………………（608）
　　一　乡村建设活动 ………………………………………（608）
　　二　乡村建设研究论文 …………………………………（611）
　　三　乡村建设研究著作 …………………………………（656）

四　卒于是年的乡村建设工作者 ……………………… (668)
民国二十六年　丁丑　1937 年 ……………………………… (669)
　　一　乡村建设活动 ……………………………………… (669)
　　二　乡村建设研究论文 ………………………………… (671)
　　三　乡村建设研究著作 ………………………………… (699)
　　四　卒于是年的乡村建设工作者 ……………………… (708)
民国二十七年　戊寅　1938 年 ……………………………… (709)
　　一　乡村建设活动 ……………………………………… (709)
　　二　乡村建设研究论文 ………………………………… (712)
　　三　乡村建设研究著作 ………………………………… (725)
　　四　卒于是年的乡村建设工作者 ……………………… (729)
民国二十八年　己卯　1939 年 ……………………………… (731)
　　一　乡村建设活动 ……………………………………… (731)
　　二　乡村建设研究论文 ………………………………… (733)
　　三　乡村建设研究著作 ………………………………… (746)
　　四　卒于是年的乡村建设工作者 ……………………… (752)
民国二十九年　庚辰　1940 年 ……………………………… (754)
　　一　乡村建设活动 ……………………………………… (754)
　　二　乡村建设研究论文 ………………………………… (759)
　　三　乡村建设研究著作 ………………………………… (774)
　　四　卒于是年的乡村建设工作者 ……………………… (780)
民国三十年　辛巳　1941 年 ………………………………… (784)
　　一　乡村建设活动 ……………………………………… (784)
　　二　乡村建设研究论文 ………………………………… (789)
　　三　乡村建设研究著作 ………………………………… (806)
　　四　卒于是年的乡村建设工作者 ……………………… (813)
民国三十一年　壬午　1942 年 ……………………………… (815)
　　一　乡村建设活动 ……………………………………… (815)
　　二　乡村建设研究论文 ………………………………… (820)
　　三　乡村建设研究著作 ………………………………… (838)
　　四　卒于是年的乡村建设工作者 ……………………… (844)

民国三十二年　癸未　1943年 …………………………………（846）
　　一　乡村建设活动 ……………………………………………（846）
　　二　乡村建设研究论文 ………………………………………（850）
　　三　乡村建设研究著作 ………………………………………（872）
　　四　卒于是年的乡村建设工作者 ……………………………（878）
民国三十三年　甲申　1944年 …………………………………（880）
　　一　乡村建设活动 ……………………………………………（880）
　　二　乡村建设研究论文 ………………………………………（885）
　　三　乡村建设研究著作 ………………………………………（900）
　　四　卒于是年的乡村建设工作者 ……………………………（905）
民国三十四年　乙酉　1945年 …………………………………（907）
　　一　乡村建设活动 ……………………………………………（907）
　　二　乡村建设研究论文 ………………………………………（910）
　　三　乡村建设研究著作 ………………………………………（924）
　　四　卒于是年的乡村建设工作者 ……………………………（927）
民国三十五年　丙戌　1946年 …………………………………（929）
　　一　乡村建设活动 ……………………………………………（929）
　　二　乡村建设研究论文 ………………………………………（937）
　　三　乡村建设研究著作 ………………………………………（951）
　　四　卒于是年的乡村建设工作者 ……………………………（954）
民国三十六年　丁亥　1947年 …………………………………（957）
　　一　乡村建设活动 ……………………………………………（957）
　　二　乡村建设研究论文 ………………………………………（963）
　　三　乡村建设研究著作 ………………………………………（988）
　　四　卒于是年的乡村建设工作者 ……………………………（996）
民国三十七年　戊子　1948年 …………………………………（997）
　　一　乡村建设活动 ……………………………………………（997）
　　二　乡村建设研究论文 ……………………………………（1007）
　　三　乡村建设研究著作 ……………………………………（1042）
　　四　卒于是年的乡村建设工作者 …………………………（1049）
民国三十八年　己丑　1949年 …………………………………（1051）
　　一　乡村建设活动 …………………………………………（1051）

二 乡村建设研究论文 …………………………………（1055）
三 乡村建设研究著作 …………………………………（1063）
四 卒于是年的乡村建设工作者 ………………………（1067）
参考文献 ……………………………………………………（1069）

上卷目录

绪论 …………………………………………………………………… (1)
  一 选题价值、核心概念、研究框架与体例 …………………… (1)
  二 民国乡村建设运动史、相关研究学术史脉络 ……………… (8)
  三 民国时期乡村建设研究的主要观点和政策思想 …………… (20)

民国元年 壬子 1912 年 ……………………………………………… (43)
  一 乡村建设活动 …………………………………………………… (43)
  二 乡村建设研究论文 ……………………………………………… (45)
  三 乡村建设研究著作 ……………………………………………… (47)

民国二年 癸丑 1913 年 ……………………………………………… (48)
  一 乡村建设活动 …………………………………………………… (48)
  二 乡村建设研究论文 ……………………………………………… (49)
  三 乡村建设研究著作 ……………………………………………… (51)

民国三年 甲寅 1914 年 ……………………………………………… (52)
  一 乡村建设活动 …………………………………………………… (52)
  二 乡村建设研究论文 ……………………………………………… (53)
  三 乡村建设研究著作 ……………………………………………… (54)

民国四年 乙卯 1915 年 ……………………………………………… (56)
  一 乡村建设活动 …………………………………………………… (56)
  二 乡村建设研究论文 ……………………………………………… (57)
  三 乡村建设研究著作 ……………………………………………… (58)

民国五年 丙辰 1916 年 ……………………………………………… (60)
  一 乡村建设活动 …………………………………………………… (60)
  二 乡村建设研究论文 ……………………………………………… (60)
  三 乡村建设研究著作 ……………………………………………… (62)

民国六年 丁巳 1917 年 ……………………………………………… (63)
  一 乡村建设活动 …………………………………………………… (63)

二　乡村建设研究论文 …………………………………… (63)
　　三　乡村建设研究著作 …………………………………… (67)
　　四　卒于是年的乡村建设工作者 ………………………… (68)
民国七年　戊午　1918 年 ……………………………………… (69)
　　一　乡村建设活动 ………………………………………… (69)
　　二　乡村建设研究论文 …………………………………… (69)
　　三　乡村建设研究著作 …………………………………… (71)
民国八年　己未　1919 年 ……………………………………… (73)
　　一　乡村建设活动 ………………………………………… (73)
　　二　乡村建设研究论文 …………………………………… (73)
　　三　乡村建设研究著作 …………………………………… (77)
民国九年　庚申　1920 年 ……………………………………… (79)
　　一　乡村建设活动 ………………………………………… (79)
　　二　乡村建设研究论文 …………………………………… (82)
　　三　乡村建设研究著作 …………………………………… (87)
民国十年　辛酉　1921 年 ……………………………………… (89)
　　一　乡村建设活动 ………………………………………… (89)
　　二　乡村建设研究论文 …………………………………… (91)
　　三　乡村建设研究著作 …………………………………… (97)
民国十一年　壬戌　1922 年 …………………………………… (99)
　　一　乡村建设活动 ………………………………………… (99)
　　二　乡村建设研究论文 …………………………………… (101)
　　三　乡村建设研究著作 …………………………………… (110)
　　四　卒于是年的乡村建设工作者 ………………………… (111)
民国十二年　癸亥　1923 年 …………………………………… (113)
　　一　乡村建设活动 ………………………………………… (113)
　　二　乡村建设研究论文 …………………………………… (116)
　　三　乡村建设研究著作 …………………………………… (126)
民国十三年　甲子　1924 年 …………………………………… (128)
　　一　乡村建设活动 ………………………………………… (128)
　　二　乡村建设研究论文 …………………………………… (134)
　　三　乡村建设研究著作 …………………………………… (147)

四　卒于是年的乡村建设工作者 …………………… (148)
民国十四年　乙丑　1925年 ……………………………… (149)
　　一　乡村建设活动 ………………………………… (149)
　　二　乡村建设研究论文 …………………………… (156)
　　三　乡村建设研究著作 …………………………… (164)
　　四　卒于是年的乡村建设工作者 …………………… (166)
民国十五年　丙寅　1926年 ……………………………… (169)
　　一　乡村建设活动 ………………………………… (169)
　　二　乡村建设研究论文 …………………………… (182)
　　三　乡村建设研究著作 …………………………… (205)
　　四　卒于是年的乡村建设工作者 …………………… (207)
民国十六年　丁卯　1927年 ……………………………… (209)
　　一　乡村建设活动 ………………………………… (209)
　　二　乡村建设研究论文 …………………………… (230)
　　三　乡村建设研究著作 …………………………… (255)
　　四　卒于是年的乡村建设工作者 …………………… (259)
民国十七年　戊辰　1928年 ……………………………… (264)
　　一　乡村建设活动 ………………………………… (264)
　　二　乡村建设研究论文 …………………………… (274)
　　三　乡村建设研究著作 …………………………… (295)
　　四　卒于是年的乡村建设工作者 …………………… (300)
民国十八年　己巳　1929年 ……………………………… (305)
　　一　乡村建设活动 ………………………………… (305)
　　二　乡村建设研究论文 …………………………… (318)
　　三　乡村建设研究著作 …………………………… (335)
　　四　卒于是年的乡村建设工作者 …………………… (341)
民国十九年　庚午　1930年 ……………………………… (345)
　　一　乡村建设活动 ………………………………… (345)
　　二　乡村建设研究论文 …………………………… (355)
　　三　乡村建设研究著作 …………………………… (372)
　　四　卒于是年的乡村建设工作者 …………………… (380)

民国二十年　辛未　1931 年 ……………………………………（384）
　　一　乡村建设活动 …………………………………………（384）
　　二　乡村建设研究论文 ……………………………………（395）
　　三　乡村建设研究著作 ……………………………………（407）
　　四　卒于是年的乡村建设工作者 …………………………（413）

民国二十一年　壬申　1932 年 …………………………………（419）
　　一　乡村建设活动 …………………………………………（419）
　　二　乡村建设研究论文 ……………………………………（423）
　　三　乡村建设研究著作 ……………………………………（443）
　　四　卒于是年的乡村建设工作者 …………………………（448）

民国二十二年　癸酉　1933 年 …………………………………（453）
　　一　乡村建设活动 …………………………………………（453）
　　二　乡村建设研究论文 ……………………………………（459）
　　三　乡村建设研究著作 ……………………………………（485）
　　四　卒于是年的乡村建设工作者 …………………………（493）

民国二十三年　甲戌　1934 年 …………………………………（496）
　　一　乡村建设活动 …………………………………………（496）
　　二　乡村建设研究论文 ……………………………………（499）
　　三　乡村建设研究著作 ……………………………………（525）
　　四　卒于是年的乡村建设工作者 …………………………（536）

绪　　论

一　选题价值、核心概念、研究框架与体例

（一）选题价值

在中华五千年文明史中，民国历史只有38年，只是历史长河的一瞬间。"然而这一瞬间，却处在重要的历史转折点上。它结束了两千多年'帝皇家天下'的封建统治，开启了共和立国的时代"[1]。辛亥革命胜利，中华民国成立，标志着绵延两千多年的封建专制统治结束，开启了中华历史新篇章。但是，民国并没有脱去旧时代的烙印，其间政权更迭频繁，历经南京临时政府、北洋军阀政府、南京国民政府三个阶段，"各政权虽然采取了不同于清王朝的治理模式，但受自身的局限，终究不能引领中国走向富强，乡村社会变革也以失败而告终"[2]。

中国自古以农立国，与悠久的农耕文明史、农村社会变迁史和农民发展史紧密关联，乡村建设及其思想研究源远流长，积淀厚重。最早研究民国乡村运动史的陈序经在《乡村建设运动》（1946）中写道："国人重视乡村的观念，本来很早，老子说，'修之与乡，其德乃长'；孔子说'吾观于乡，而王道易易'……至于孟子所谓'死徙无出乡，乡里同井，出入相友，守望相助，疾病相扶持'，可以说是孔子、老子的理想乡村的注脚。此后，王阳明、吕新吾，对于乡治不但重视，而且有具体的计划，并努力实行。"[3] 陈序经勾画了中国古代乡村建设及其思想史的绵延脉络。

---

[1]　曹幸穗、孙金荣主编：《近代以来中国农村变迁史论》（1911—1949），清华大学出版社2019年版，第3页。

[2]　王景新、冯开文、车裕斌主编：《近代以来中国农村变迁史论》（1949—1978），清华大学出版社2019年版，第9页。

[3]　陈序经：《乡村建设运动》，大东书局1946年版，第5页。

民国时期，乡村建设运动承续历史，在复兴农业、拯救农村和农民的时代呼唤中重新兴起。

历史时期，中国农业农村发展和农民生计水平处于世界前列。"中国农业经济直到15世纪以前还是世界上最先进的，到了19世纪20世纪上半叶，欧洲和北美农业发展了，而中国农业生产出现了停滞。"[①] 自1840年鸦片战争以来，在外有列强侵略、内有连年战乱和天灾人祸的多重打击下，中国农业农村日趋衰败，农民处于水深火热的煎熬之中。至20世纪二三十年代，"榨取之加深，土地集中之加速，饥饿死亡，离村与骚动等现象之急剧发展，在告诉我们以'中国的农村，是在崩溃与动荡之状态中了'。"[②] "农村经济之衰落，在中国已成普遍之现象。水旱蝗虫之天灾，兵匪苛捐之人祸，物价飞涨，举债之绝路。"[③] 面对如此衰败的乡村，复兴农业、拯救农村和农民的呼声日高，以知识分子为先导，各种政治力量、团体和派别发起的乡村建设运动蓬勃兴起。根据南京国民政府实业部调查，高潮时期全国从事乡村工作的团体有600多个，先后设立的各种实（试）验区1000多处[④]。在乡村建设运动的影响下，乡村建设问题研究逐渐兴盛，学派众多，著述数以万计，琳琅满目，归纳之大体包括如下学派和政党文献。

——技术改造派及国外其他学者的民国乡村建设研究。技术改造派以时任南京金陵大学农业经济系首任主任的美国教授卜凯（John Lossing Buck，1890—1975）为代表。卜凯认为，中国近代农业问题主要是经济问题，解决的方案是广义的技术进步，这一看法及其相同观点的追随者形成了"技术学派"。卜凯1920年应邀到金陵大学农学院任教，1944年返回美国，在中国任教25年，其间，结合教学组织学生利用暑假开展农村调查，发表了多部在学术界产生重大影响的关于中国农村经济的著作，其

[①] 曹幸穗、孙金荣主编：《近代以来中国农村变迁史论》（1911—1949），清华大学出版社2019年版，第152页。

[②] 陈翰笙、薛暮桥、冯和法：《解放前的中国农村》（第一辑），中国展望出版社1985年版，第469页。

[③] 陈翰笙、薛暮桥、冯和法：《解放前的中国农村》（第二辑），中国展望出版社1987年版，第4页。

[④] 王景新、鲁可荣、刘重来等：《民国乡村建设思想史研究》，中国社会科学出版社2013年版，第14页。

中《中国农家经济》和《中国土地利用》最有影响，建立起中国近代农业经济的一套最完善的调研资料，并对中国农业经济改造提出了一系列的政策和技术改良建议。因此，卜凯被尊为世界上关于中国农业经济最优秀、最权威的学者①。此外，国外其他学者也有相关著述涉猎民国乡村建设，如日本河西太一郎著有《农民问题研究》和《农业理论之发展》，前者由周亚屏翻译，上海民智书局出版；后者由黄枯桐翻译，上海乐群书店出版。

——乡村建设派乡村工作讨论会文献及社会改良派其他文献。乡村建设学派（社会改良派）以梁漱溟、晏阳初、卢作孚等为代表。1932年，中华职业教育社镇江黄墟乡村改进试验区倡议召开乡村工作会议，后经过山东乡村建设研究院、中华平民教育促进会、江苏省立教育学院促成，1933年7月14在山东邹平成立了"乡村工作讨论会"，同时召开第一次集会。这次集会共63人出席，分别属于35个团体。1934年10月10—12日，在河北定县召开第二次乡村工作讨论会，共有代表150余人，其所代表的团体机关70余处；1935年10月，在江苏无锡召开第三次乡村工作讨论会，到会人数170人，到会团体99个，会员籍贯19省市，外籍会员2人，旁听约200人，工作单位散布13省市。乡村工作讨论会的性质是"国内从事实地乡建事业者一工作讨论团体"；其宗旨"由各地同道分别报告工作情况，然后详加讨论。藉彼此聚首之机会，作学术意见之交换，庶使各地得失经验，互相切磋，期于不同之环境中，收集思广益之效果"②。乡村工作讨论会贡献在于，连续三次召开全国性会议，每次会议都要求与会团体撰写工作报告并讨论有关问题，集合了乡村建设高潮时期100多个团体和机构的各种做法及其思想观点，分别由章元善、江问渔、梁漱溟等编辑，由中华书局出版了《乡村建设实验第一集》（1935）、《乡村建设实验第二集》（1935）、《乡村建设实验第三集》（1938）。此外，乡村建设学派代表人物、推崇社会改良高校院所和社会团队、国民政府和地方实力派，在乡村建设运动中也产生了大量相关著述。这些文献，为研究民国乡村建设运动史、思想

---

① 曹幸穗、孙金荣主编：《近代以来中国农村变迁史论》（1911—1949），清华大学出版社2019年版，第152页。

② 章元善、江问渔、梁漱溟等：《乡村建设实验》（第一集），中华书局1935年版，第5—6页。

史保留了原始史料。

——中国农村派的农村调查研究文献。中国农村派以陈翰笙、薛暮桥等为代表。1928年，陈翰笙接受蔡元培先生的邀请，担任中央研究院社会科学研究所的工作，他邀请进步青年，用马克思主义的观点从事农村经济调查，尔后在上海成立了中国农村经济研究会，编辑《中国农村》月刊，刊登研究会会员的农村调查报告，形成了鲜明的学术特色，被称为"中国农村派"。其农村调查报告、农村通讯和论文，后来经陈翰笙、薛暮桥、冯和法合编《解放前的中国农村》第一、二、三辑（1985、1987、1989），由中国展望出版社出版发行。这套汇编时限自20世纪20年代中国共产党成立前后至40年代末中华人民共和国建立为止，内容除中国农村经济研究会会员的农村调查以外，还汇集了这一时期中国共产党就农村经济和农民革命斗争问题制定的主要政策法令，中国共产党早期领导人在建党前后根据实际调查情况所发表的有关农民革命和土地问题的言论和文章，"是研究我国近代经济史、农民运动史和新民主主义革命史的一部十分珍贵的重要参考资料，也是研究中国共产党第农村问题的理论、方针、政策的重要文献资料之一"[①]。

——专业期刊创刊发表的文章。乡村建设运动高潮时期，专业期刊纷纷创刊，如《农林公报》《农友公报》《农业浅说》《农学杂志》《湖南省农会报》《广东农林月报》《江苏水利协会杂志》《四川省农会会报》《中华农学会丛刊》《中华农学会报》《农趣》《农学》《农声》《农民》《农友》《农业丛刊》《农事月刊》《农业杂志》《新农业季刊》《农业周报》《农业推广》《中国农民》《广西农民》《农民教育》《中国农村》《农村月刊》《新农村》《农村合作》《农村经济》《农村改进》《农业进步》《四川农业》《广西农业》《福建农业》《湖南农业》《浙江农业》《浙江农业推广》《农行月刊》《中农月刊》《农业世界》《农村合作月报》《乡村建设》《农林新报》《农民须知》《现代农民》《农业生产》《农业推广通讯》《世界农村月刊》《明日之土地》等50多种，发表了大量相关文章。

[①] 陈翰笙、薛暮桥、冯和法：《解放前的中国农村》（第一辑），中国展望出版社1985年版，第1页。

——中国共产党早期领导人和农民运动领袖农村调查研究文献。除汇编到《解放前的中国农村》一共3辑之外，还有《毛泽东农村调查文集》（人民出版社1982年版）、《陈独秀文集（1—4卷）》（人民出版社2013年版）、《李大钊全集（1—5卷）》（人民出版社1999年版）等。新民主主义革命时期中共中央文件文献资料中也包含着大量关于农业、农村和农民问题政策法规。

以上各类文献为基础，收集、整理、编撰民国乡村建设研究年谱，用编年体的形式客观地反映民国时期风起云涌的乡村建设面貌，梳理其时国外学者对中国乡村建设研究著述、记录其主要观点，揭示现代乡村建设研究的历史进程和基本成就，为丰富当代乡村建设、乡村振兴研究的学术工具，提供更全面的文献资料和更坚实的基础材料。

习近平总书记在2020年12月中央农村工作会议上强调："历史和现实都告诉我们，农为邦本，本固邦宁。我们要坚持用大历史观来看待农业、农村、农民问题，只有深刻理解了'三农'问题，才能更好理解我们这个党、这个国家、这个民族。"[①]《中国近现代乡村建设研究编年史》（以下简称《编年》）的理论和学术价值显而易见。

（二）核心概念界定

1. 乡村复兴、乡村振兴和乡村建设。这三个概念既相互关联也相互区别。乡村复兴、乡村振兴是对乡村发展阶段性目标的描述，其背后都是乡村建设；乡村建设则是行动。乡村复兴是针对乡村衰败局面，为恢复历史时期的乡村鼎盛状态而开展的乡村建设。民国时期的乡村建设的主要目标是乡村复兴，为此，1933年5月成立了农村复兴委员会，附属于国民政府行政院。新中国成立初"国民经济恢复"时期，农业农村经济恢复和农民生活重构，虽未采用"农村复兴"这样的口号，但其实质仍然是农村复兴。社会主义革命和建设时期开启的"社会主义农村建设"，到改革开放和社会主义现代化建设新时期演变成"中国特色社会主义新农村建设"；中国特色社会主义新时代进一步拓展，从"美丽乡村建设"发展到"实施乡村振兴战略"。显然，"社会主义农村建设"是新中国为迅速

---

① 新华社北京2020年12月29日电：《习近平在中央农村工作会议上强调坚持把解决好"三农"问题作为全党工作重中之重，促进农业高质高效乡村宜居宜业农民富裕富足》，《中国证券报》2020年12月30日。

扭转旧中国遗留的农业、农村衰败残局而选择的乡村建设道路;"中国特色社会主义新农村建设"是改革开放的中国为扭转"三农"发展相对滞后局面而提出的振兴任务;"美丽乡村建设"是一个逐渐富裕的中国对乡村地域空间综合价值追求的高标准规划和建设;乡村振兴则是针对工业化、城镇化高歌猛进,而农业农村和农民发展相对滞后局面,比肩城市现代化的乡村建设①。

2. 民国乡村建设运动。民国乡村建设运动的准确称谓应当是"民国时期的乡村建设运动"。因为它不仅包括国民政府直接领导、参与和掌控的乡村建设实验,如国民政府主持的"县政改革"实验,蒋经国的"赣南新政",地方实力派的乡村建设实验,乡村建设学派和其他社会团体的乡村建设实验;而且包括中国共产党早期在苏区和革命根据地乡村建设探索实践。从五四运动(1919)到中国共产党创立(1921)再到新中国建立(1949),中国共产党乡村建设理论准备以及在苏区、边区和革命根据地的乡村建设探索实践长达30年,横跨民国历史长度的79%;伴随根据地和解放区不断拓展,中共早期乡村建设所涉及的地域面积和人口不断扩大,乃至全国。无论从哪个角度,民国时期的乡村建设运动研究,都不能无视中国共产党早期的乡村建设探索实践。

就民国时期乡村建设运动的性质而言,众多派别可分为两大阵营:(1)社会改良派的乡村建设运动,是"在维护现存社会制度和秩序的前提下,采用和平的方法,通过兴办教育、改良农业、流通金融、提倡合作、办理地方自治与自卫、建立公共卫生保健制度以及移风易俗等措施,复兴日趋衰落的农村经济,实现所谓的'民族再造'(晏阳初语)或'民族自救'(梁漱溟语)"②。(2)中国共产党(包含中国农村派)的乡村建设探索实践,是以领导农民运动、组建农民协会,推翻旧政权和建立农民代表会议(苏维埃)和以土地革命为中心而展开的全方位探索。在中央苏区和其他革命根据地,始终坚持以分田分地、减租减息作为解决农村问题的根基,以组织农会、开展武装斗争和政权建设为中心,以组织合作社、恢复生产和发展经济为重要任务,以开办农民学(夜)校扫盲识字、

---

① 王景新、支晓娟:《中国乡村振兴及其地域空间重构——特色小镇与美丽乡村同建振兴乡村的案例、经验及未来》,《南京农业大学学报》(社会科学版) 2018 年第 2 期。

② 郑大华:《民国乡村建设运动》,社会科学文献出版社 2000 年版,第 473 页。

卫生、妇女解放等文化和社会建设为保障。

3. 中国共产党早期乡村建设探索实践。中国共产党早期的乡村建设探索实践，历经五四运动至中国共产党创立（1919—1921）、大革命时期（1921—1927），这一时期，中国共产党一方面领导农民运动、组织农民协会，另一方面探索中国革命道路和进行乡村建设理论准备；土地革命时期（1927—1937），共产党创造了红军，创建了革命根据地，建立了苏维埃政权，有条件将乡村建设思想政策主张转变为乡村建设实践，乡村建设全面展开；全面抗战（1937—1945）和解放战争时期（1945—1949），战争是时代主旋律，为了保障战争的胜利，共产党领导下的各抗日根据地和各解放区始终坚持乡村经济、政治、文化和社会建设[①]。笔者一直主张把中国共产党创立时期至新中国成立都划入"中国共产党早期"范畴，一是因为这一时期以战争为中心，乡村建设活动及其思想发展仍然是土地革命时期的乡村建设思想延续；二是中国共产党肩负重大历史使命，如毛泽东所言"夺取全国胜利，这只是万里长征走完了第一步"[②]，将1949年以前的乡村建设及其思想发展都划入"第一步"、统为"早期"，更能适应中共党史经久延续[③]。

（三）研究框架与体例

本《编年》时限自1912年始至1949年止，按照时间先后全面具体地记述这38年间关于乡村建设研究的发展历程和所取得的成就，题为《中国近现代乡村建设研究编年史（1912—1949）》，借以明确时间断限和确定著录内容。

本《编年》以时间为经，以事件为纬，采用"条目"加"按语"相互交融的著述体例。条目列于相应时间之下，同一时间下，不同条目另起一行。按语则是对相应条目的补充说明。"条目"分为乡村建设活动、乡村建设研究论文、乡村建设研究著作和卒于是年的乡村建设工作

[①] 王景新：《中国共产党百年乡村建设的历史脉络和阶段特征》，《中国经济史研究》2021年第4期。

[②] 毛泽东：《毛泽东选集》第4卷，人民出版社1991年版，第1438页。

[③] 王景新、鲁可荣、郭海霞：《中国共产党早期乡村建设思想研究》，中国社会科学出版社2011年版，第24—25页。

者介绍四大板块，同时在各栏目适当处加编者按语，若遇跨类，则以"互见法"于相应栏目分录之，具体如：第一板块乡村建设活动，主要著录与乡村建设有关的各种文件、法规、农民运动、乡村建设团体的成立、刊物的创办、重要人物的活动、重要会议的召开等，与乡村建设无关的历史事件不予著录；第二板块乡村建设研究论文，主要著录发表于现代报纸杂志上各种研究乡村建设问题的有关文章；第三板块乡村建设研究著作，主要著录现代各种出版机构出版的与乡村建设有关的各种著作；第四板块卒于是年的乡村建设工作者，主要介绍卒于1912—1949年间从事农民运动的农运家和从事乡村建设活动实践或研究乡村建设问题的农学家，如沈玄庐、彭湃、阮啸仙、邓演达、许璇等。因为编年体之缺点，不如纪传体能反映现代民国乡村建设研究的整体成果，也不如纪事本末体能反映现代民国乡村建设研究的整个过程，所以用分板块、加按语、"互见法"来补充，这种纵横交错，互相配合的体例，可以容纳比一般编年体更多的内容，是编年体例的一种创新。本《编年》在以上四大板块的各个栏目下都加有"按语"，按语主要摘录现代或当代学者有关乡村建设论著或评价乡村建设论著的价值评判、原委概述、补充说明、史料存真、考辨断论等方面的文献资料，以补充和扩展条目的内涵，加深读者对有关条目的理解，揭示有些条目所隐含的深意，凸显某些条目的重要性，同时也有历史文献存真，便于读者阅读理解的作用。

二　民国乡村建设运动史、相关研究学术史脉络

反观风起云涌的民国乡村建设运动，参与乡村建设团体和机构非常复杂。用梁漱溟的话说，"各有各的来历，各有各的背景。有的是社会团体，有的是政府机关，有的是教育机关；其思想有的左倾，有的右倾，其主张有的如此，有的如彼。"[①] 对于民国乡村建设运动的复杂性，陈序经曾尖锐批评："今日一般所谓乡村建设，很多名不符实，因为能够埋头苦干，实事求是的团体，实在很少。有好多人与好多团体，从来没有丝毫注意到农村问题，可是一听到乡村运动，是一个新运动，于是

---

① 梁漱溟：《梁漱溟全集》（二），山东人民出版社2009年版，第582页。

立刻改变方针,更换名义,以从事乡村工作,推进运动;然而事实上,他们不但好多对于乡村建设没有相当的认识,充分的诚意,以至没有好的效果,……其更甚者,是见得自己本来所做的事业不能久持,就要失败,以至无路可跑,于是也利用乡村建设这个招牌,以掩人耳目。"① 乡村建设工作讨论会第二次集会时,晏阳初批评"今日乡村建设运动的风起云涌之势,……可以说是乡村建设的极好现象。但同时不能不为此运动担忧。盖深恐热烈过度,忽略了实际,如以往一般的运动,同归消沉也。"② 乡村建设团体的复杂性,决定了乡村建设模式及其政治主张、政策思想的多样性。究其不同主张、模式而言,大体上有以下五类。

(一) 乡村建设派的实(试)验及相关学术讨论③

从广义上说,乡村建设派包括20世纪30年代前后以大中专院校、民众教育和其他社会团体等组织,主张用改良主义方法解决中国农村问题的政治派别。就其影响广泛、深远和持久性而言,当属乡村建设学派,尤以乡村建设三杰为最,即梁漱溟及其所领导的乡村建设研究院先后在河南、山东等地所开展等乡村建设实验,晏阳初及中华平民教育促进会在定县、衡山和新都等地乃至后来在菲律宾开展的乡村建设实验,卢作孚在重庆北碚的乡村建设实验。

晏阳初及中华平民教育促进会在定县、衡山和新都的实验,称为定县模式或"青年会式"。20世纪20年代初,晏阳初于从美国获得硕士学位回国后,即提出"乡村建设"概念,创办中华平民教育促进会。1926年,他带领"博士团"进行乡村社会调查,诊断出乡村"愚、贫、弱、私"四大病症,选点开展乡村建设实验,采用学校教育、家庭教育、社会教育三大方式;推行"文艺、生计、卫生、公民"四大教育;推广合作组织,创建实验农场,传授农业科技,改良动植物品种,创办手工业和其他副业,建立医疗卫生保健制度;还开

---

① 陈序经:《乡村建设运动》,大东书局1946年版,第53—54页。
② 陈序经:《乡村建设运动》,大东书局1946年版,第53页。
③ 本节主要源于王景新《总论:中国乡村建设思想的渊源、发展脉络及框架体系》,载王景新、鲁可荣、刘重来《民国乡村建设思想史研究》,中国社会科学出版社2013年版,第1—32页。特此注明,文中引用非必要不另注释。

展了农民戏剧，诗歌民谣演唱等文艺活动。"1952 年，一群怀有平民主张的菲律宾人邀请晏博士来到菲律宾，他们认为晏博士的理论对解决菲律宾的问题和有价值。"[①] 随后创办了菲律宾国际乡村建设学院，其思想在海外广为传播。

梁漱溟及山东乡村建设研究院在邹平的实验，称为邹平模式或孔家店式。梁漱溟认为，中国的根本问题在于旧的社会秩序已经崩坏，而新的社会秩序又未建立，整个社会处于无序状态，以致"各方面或各人其力不相益而相碍，所成不抵相毁其进不逮所退"。乡村建设的任务就是"重建一新组织构造，开出一新治道"[②]。梁漱溟的乡村建设办法是：把乡村组织起来，建立乡农学校作为政教合一的机关，向农民进行安分守法的伦理道德教育，达到社会安定的目的；组织乡村自卫团体，以维护治安；在经济上组织农村合作社，以谋取"乡村文明""乡村都市化"，并达到全国乡村建设运动的大联合，以期改造中国。邹平一度成为全国乡村建设的中心之一。梁漱溟的乡村建设思想在日本深受推崇。

卢作孚在重庆北碚实验，称为北碚模式。卢作孚走的是实业救国的路子，他以民生公司为后盾，于抗战期间在重庆北碚开展了乡村建设实验。十几年间，他带领村民修建铁路、治理河滩、疏浚河道、开发矿业、兴建工厂、开办银行、建设电站、开通邮电、建立农场、发展贸易、组织科技服务等，又重视文化、教育、卫生、市容市貌的建设，使北碚在短短的 20 年间，就从一个穷乡僻壤变成了一个具有现代化雏型的城市。卢作孚创建的民生公司对抗日战争做出过巨大贡献。1984 年，民生公司在当地政府的支持下得以重建，目前已经发展成为中国最大的民营航运企业集团，仍然孜孜不倦关心乡村发展。

黄炎培、江恒源等人和中华职业教育社在徐公桥、黄墟、善人桥、沪郊的实验区，被称为徐公桥模式。黄炎培等注重乡村改进，于 1928 年 4 月成立了徐公桥乡村改进会，制定章程，使之成为改进乡村的唯一机关，主持改进事业的重要团体，然后在它的组织下，实施乡村的普及教育，推

---

① Marissa B. Espineli（菲律宾）：《晏阳初先生的乡村建设理念和实践》，载浙江师范大学农村研究中心《中国新农村建设：理论实践与政策》，中国经济出版社 2006 年版，第 302—303 页。

② 曹幸穗、孙金荣主编：《近代以来中国农村变迁史论》（1911—1949），清华大学出版社 2019 年版，第 156 页。

广合作，改良农事、提倡副业和推行新农具，建设道路、桥梁、卫生等公共事业等。今日，昆山徐公桥社区已经成为社会主义新农村的"明星村"。

高践四等人和江苏省立教育学院在无锡（黄巷、北夏、惠北）的实验，被称为无锡模式。该模式首先从事乡村教育，包括设立民众学校、建设乡村小学、举办青年学园和训练班；其次，成立乡村自治协进会，开展地方自治，进行民众教育与保甲合一的实验；再次，指导农事和进行农业推广，与江苏省农业银行无锡分行合作设立北夏农民借款储蓄处和惠北农村贷款处流通金融；最后，推进农民合作，发展家庭副业，建设农村公共卫生等。1987年，苏南被国家农业部确定为"土地规模经营和农业现代化建设试验区"，无锡黄巷等地乡村的现代化先行一步。

（二）地方实力派的乡村建设实践

晚清米氏父子的"村治"活动。光绪三十年（1904），河北定县翟城村米鉴三、米迪刚父子通过乡村教育和发展农业来推动乡村建设。在教育方面，米氏父子创设国民初级小学校与女子学塾，又有农村识字班，后改为简易识字班，半日学校，乐贤会、宣讲所等。在农业方面，米氏父子仿效《吕氏乡约》，制定了看守禾稼、保护森林、禁止赌博等规约。民国三年（1914），河北定县县长孙发绪对翟城村的乡村工作很表同情并加以提倡。所以，米氏父子除了教育和农业以外，对于乡村卫生、保卫、路政风俗等都加改善，还创设了利协社与村公所。米氏父子开了民国乡村建设之先河。

孙发绪和阎锡山的山西村政。孙发绪于民国五年离开定县到山西任省长，他到任后关注山西村政建设，又得到督军阎锡山的支持。山西村政建设实际上是通过建立邻（五家为邻）、闾（二十五家为闾）和村的体制，达到更严密控制乡村和农民的目的，所办村政除编查户口以外，尚有禁赌、禁蓄辫、禁裹足、植树、开渠、养牛六项。山西村政经过了官厅提倡村治和村民自办村治两个阶段，但在当时的条件下，"村民自办村治"也是在官厅严格控制下的。山西村政建设的政治因素很明显，又因为毗邻陕西，1935年，太原绥靖公署阎锡山从巩固割据出发，呈请国民政府实行"土地村公所有制"，企图通过解决农民土地问题，以防止"共匪即以土地革命为夺取农民心理之要诀"，堵死农民"亦受共匪之煽惑"的通途，在武力防共之外构筑"政治防公、思想防共"①的防线。出于政治和军事斗争需要,"山西村政"得到了国民政府的支持和推崇。

宛西彭禹廷及他创办的乡村治理学院。当时的宛西,乡村经济残破凋敝,土匪猖獗,民众饱受痛苦。1929年1月,河南省政府任命彭禹廷为河南自卫团豫南第二区区长,统辖豫系西九县(南阳、南召、方城、唐河、邓县、内乡、淅川、新野、镇平)民团。他联络内乡民众自卫武装司令别廷芳、邓县民团首领宁古先、淅川乡绅陈重华等地方实力派人物,从剿匪自卫做起。土匪肃清后,他发现农村问题仍然很多,如农业改良、工业提倡、农村经济调剂等,而要解决这些问题,就必须办理地方自治。在冯玉祥部下、时任河南省主席韩复榘的支持下,成立了河南乡村治理学院,彭禹廷为第一任院长(梁漱溟为主任教授),于1930年1月开学。彭禹廷以乡村治理学院为骨干,在镇平开展了以调查户口、编查保甲、整理田赋和财政、倡办合作、推广农业、修桥筑路、发展教育、改良风俗的工作,直至1933年彭禹廷被暗杀。中原大战后,1930年,支持村治学院的韩复榘调任山东省政府主席,乡村治理学院的主要骨干(梁漱溟等)也到了山东,1931年6月在邹平组建山东乡村建设研究院,从村治运动转向乡村建设运动。

沈定一与浙江萧山衙前农民运动和东乡自治。沈定一,号玄庐,萧山昭东长巷村人。清光绪二十七年(1901)中秀才,1904年任云南楚雄府广通县知事,后调任武定知州、省会巡警总办。袁世凯篡权后,他在沪组织公民急进党反袁。"二次革命"失败后逃往日本。1916年回国,任浙江省第二届议会议长。1917年参加新文化运动。1920年春支持杭州省立第一师范的"学潮"并参加浙江各界驱逐军阀的群众运动,5月在上海同陈独秀等发起成立马克思主义研究会,8月加入中国共产党上海发起组,成为早期中共党员。1921年4月回乡开展农民运动,发起成立衙前农民协会,开展了抗租减租斗争,并培养出"农民斗士"李成虎等一批农民先进分子。衙前农民革命运动是中国共产党的历史上最早的农民运动。1923年8月,沈定一参加孙中山博士代表团赴苏联考察,回国后11月加入国民党,曾任国民党中央委员。1928年初,他感到国民党中央政事已"无

---

① 中国(南京)第二历史档案馆资料:《会议土地村所有制》,见卷宗号四二二(2)1322。

可为",毅然辞职回到浙江萧山衙前,在戴季陶、张静江等人的支持下,一面撰写《防共方案》陈述自己反共反革命立场,一面在衙前成立自治筹委会,建立东乡自治会,集结旧友亲信,分任要职,以图推翻蒋介石统治,引起了蒋介石的警觉和不安。1928年8月,沈定一在赴莫干山会晤戴季陶的返途中遭枪杀。

(三) 国民政府参与和掌控的乡村建设

乡村建设派在各地实验大多没有官方背景,所以运动之初,国民党及政府当局不予认可。随着乡村建设实验影响日益扩大,当局转变策略,1931年邀请晏阳初、梁漱溟南下,商讨乡村建设问题,同时派内政部长黄绍竑、次长甘乃光等分别到定县、邹平考察,随后,召开国民党第二次全国内政会议(1932.12),通过了《县政改革案》,1933年7月,经过国民党中央政治会议批准下发各地执行。"县政改革"在全国成立了5个实验县,包括河北定县、山东邹平与菏泽、江苏江宁、浙江兰溪。其中,江宁和兰溪实验县分别派遣中央政治大学(蒋介石任校长)政治系和法律系主任任县长,选派该校教师或毕业生40余人,分别任两县县直机关的科(局)长和各区的区长,把持了实验县的一切权利。

国民政府参与、指导或掌控通过行政院农村复兴委员会进行的。据行政院农村复兴委员会梁定蜀在乡村工作讨论会第一次集会上介绍:1933年4月11日,汪精卫在行政院第九十六次院会上提出了"救济农村"一案,要组成委员会。此提案经议决,是年5月成立了农村复兴委员会,附属于国民政府行政院,汪精卫兼任会长。复兴委员会的任务是为行政院制定农村政策提供参考依据。复兴委员会的性质"是一个设计与推动的机关,并不是一个执行的机关,本会的委员,专门委员的提案或计划,经过行政院通过,就交由行政院个主管部执行"[①]。尽管农村复兴委员会的成立有一定的政治目的,但它对推进乡村建设还是起了一定的作用,它组织的一些农村调查及出版的著作,为日后中国乡村建设运动及其思想研究留下了史料。

参与乡村工作讨论会意图之一是灌输政党和政府的思想。首先,对乡

[①] 章元善、江问渔、梁漱溟等:《乡村建设实验》(第一集),中华书局1935年版,第199—200页。

村工作讨论会核心骨干委以重任，如邀请晏阳初、梁漱溟参加国民党的内政会议，并分别委任为河北省和山东省地方自治指导员；其次，派员（如国民党实业部全国经济委员会农业处吴仕廉、中国华洋义赈救灾总会的章元善等）参与乡村工作讨论会筹组。再次，乡村工作讨论会每一次集会，农村复兴委员会、实业部都要派员参加会议，发表演讲，引导乡村建设，如第一次集会，梁定蜀除介绍工作之外，还对全国的乡村建设提出了"中国救亡的办法，就是改造农村了"等"个人意见"；第二次集会，中央党部韦立人参加会议，农村复兴委员会孙晓村和实业部徐廷瑚分别发表了演讲，绥远省政府、青岛市政府和五大实验县等政府官员出席会议；第三次也是如此。

考察督导是国民政府参与和掌控乡村建设的另一途径。1934年，国民党中央执委会委员、江宁实验县设计委员会中央指导员李宗黄带领考察团7人，5月20日出发，历时34天，分别考察了江宁、邹平、青岛、定县的乡村建设实验。每到一处，考察团都要对当地的乡村建设提出建议。回南京后，在国民党中央149次纪念周上（1934.9.24），李宗黄作了题为"考察各地农村后之感想"的报告，对四县的乡村建设理念、方法、内容、成绩、问题等作了详细介绍和评价。认为"据实而论，邹平定县，似有独创一格，自成一种学说之趋势，……就国家前途，本党立场，中央法令而论，则县市单位建设，应以江宁青岛为张本，区村单位建设，应以无锡昆山为模范。无论其为平民教育，乡村建设，民众教育，乡村改进，统不为过"。他在报告结尾时提醒："全党的革命同志，认清农村破产即国家破产，无论在朝在野，为官为民，有职务无职务，互相观摩，互相策励，各尽心力奔赴复兴农村之一途，为乡党尽瘁，为自己努力，政府党部，以是为考成。……少谈空论，多干实事，坚定主义，勇往直前，勿视为时髦，勿假公济私，屏除身居都市高唱农村之投机分子，接近胼手胝足可爱可怜之劳苦民众……"[①] 如果撇开政治立场，单从统治者巩固政权的视角观察和评价，国民政府对乡村建设运动的主导和控制是无可厚非并可借鉴的。

蒋经国的"赣南新政"。1939年6月至1945年6月，蒋经国担任江西省第四区行政督查专员期间，推行乡村建设，其方案包括乡村政权建

---

① 李宗黄：《考察江宁邹平青岛定县纪实》，正中书局1935年版，第14—16页。

设,乡村社会建设,乡村农业建设,乡村教育建设四个部分。"由于蒋经国的独特身份,因此他当年开展的赣南乡村建设运动,曾产生一定影响""但就其本质而论,他和其他乡村建设运动一样属于乡村改良运动"。[①]

(四) 中国农村派农村调查研究

中国农村派大量的农村调查报告和论文,都被收录于《解放前的中国农村》,其中的代表作如:(1)陈翰笙有《中国农民担负的税赋》(1928.8)、《黑龙江流域的农民和土地》(1929)、《中国的田地问题》(1930)、《中国农村经济研究之发轫》(1930)、《广东农村生产关系与农村生产力》(1934)、《三十年来的中国农村》(1941)、《中国的土地改革》(1948)、《关于保定农村调查的一些认识》(1930)、《定县社会调查概况》序(1933)、《山西农田的价格》(1930)。(2)薛暮桥有《浙江省的二五减租》(1932)、《贫困现象的基本原因——土地报酬递减法则批判》(1936)、《抗体战争时期的乡村问题》(1938)、《中国的土地问题和土地政策研究》(1943)、《农业生产建设问题》(1946)、《江南农村衰落的一个索引》(1932)、《铜山县八里屯农村经济调查报告》(1932)、《萧山长安村农村经济调查报告》(1932)。(3)冯和法有《中国的农业经营》(1934)、《中国农村的雇佣劳动》(1934)、《中国农民的农产物贸易》(1934)等。(4)孙冶方有《论农村调查中农村农户分类方法》(1935)、《农村经济学的对象》(1935)、《私有?村有?国有?——土地村有制的批判底批判》(1936)、《为什么要批判乡村改良主义工作》(1936)、《抗战和农村》(1937)等。(5)许涤新有《动荡崩溃底中国农村》(1932)、《捐税繁重与农村经济之没落》(1934)、《灾荒打击下的中国农村》(1934)、《农村破产中底农民生计问题》(1934)、《怎样改良农民的生活》(1938)、《论战时农业政策》(1940)和《中共土地政策之史的发展》(1948)。(6)刘梦飞有《中国农村经济的现阶段——任曙、严灵峰先生的理论批判》(1933)、《中国农村经济现阶段之商榷》(1933)。(7)吴承喜有《合会在中国今日之农村金融中的地位》(1934)、《中国各地的农民借贷——几个极堪玩味的统计申述》。(8)王亚南有《中国地

[①] 曹幸穗、孙金荣主编:《近代以来中国农村变迁史论》(1911—1949),清华大学出版社2019年版,第164页。

租总论》（1943）等。还有钱亦石的《中国农村的过去与今后》（1934）、吴半农《论"定县主义"》（1934）等。这些调查报告和论文，以翔实的数据和马克思主义政治经济学家的眼光，揭露军阀割据和封建残余势摧残下的农村动荡、凋敝、经济崩溃的局面和"中国目下捐税繁重的程度"，描述"生计陷入绝境中底农民"的惨境，讨论"解决农民生计的对策之检讨"和中国乡村复兴的出路。

民国乡村建设运动中，还有一些团队与中国农村派具有相同政治立场和政策主张的乡村建设，其中陶行知和中华教育改进会最为著名。陶行知和中华教育改进会创办的晓庄学校，被称为晓庄模式。晓庄学校积极支持师生的民主革命活动，声援共产党领导的工人运动，最终被国民党当局关闭。有学者评价，陶行知是我国乡村建设与乡村教育的先驱。"他强调乡村建设要坚持'民为邦本'的理念，塑造'共和新民'，发扬'农民民主'、对农民进行'科学与生利教育'、采用'创新与试验'的方式，建设一支'服务型'的领导队伍，积极'缩减城乡教育差异'等思想，这对于当下社会主义新农村建设具有重要的启示与借鉴作用。"[①]

（五）中国共产党早期的乡村革命和建设实践

与国民政府和其他改良派的理论表达和实验活动不同，中国共产党主要创始人主张"用革命手段推翻旧政权"再开展乡村建设。"不是中国共产党偏好暴力革命，而是社会实践证明，'政治改良'之路走不通"[②]。李大钊《青年与农村》（1919）指出："我们中国是一个农国，大多数的劳工阶级就是那些农民，他们若是不解放，就是我们国民全体不解放。"[③] 陈独秀《红枪会与中国农民暴动》（1923）论述，"中国是一个大的农业国，我们或者可以说，农民暴动是中国历史之骨干。远者如陈涉辈辍耕而叹，如赤眉、黄巾、黄巢等役，如闯献之乱，都是官逼

[①] 刘建：《新农村建设：陶行知乡村建设思想的启示》，《湖南师范大学教育科学学报》2008年第2期。

[②] 王景新：《中国共产党百年乡村建设的历史脉络和阶段特征》，《中国经济史研究》2021年第4期。

[③] 陈翰笙、薛暮桥、冯和法：《解放前的中国农村》（第一辑），中国展望出版社1985年版，第93页。

民变……在北洋军阀统治蹂躏下之北方十余省农民，想他们不反抗暴动，这是客观上不可能的事"①。毛泽东真诚探索过"教育救国"的道路，也尝试过建设"新村"；1920 年 6 月，在军阀谭延闿宣称"湘省自治"的背景下，他还寄望于"改良"道路。经过更大范围和更高层面的革命活动，毛泽东逐渐认识到，不动摇乡村宗法封建阶级这个基础，便万万不能动摇这个基础的上层建筑。毛泽东给向警予的信（1920）中写道："几个月来，已看透了政治界，暮气已深，腐败已甚，政治改良一途，可谓绝无希望。吾人惟有不理一切，另辟道路，另造环境一法。"② 1921 年 1 月，毛泽东先后两次《在新民学会长沙会员大会上的发言》，在这篇"标志着毛泽东选择了马克思列宁主义革命道路的一篇发言"中③，他批判了梁启超、张东荪诸人的社会改良主张，赞成陈独秀诸人的"大规模改造"，坚定地认为，"社会政策，是补苴罅漏的政策，不成办法。……如罗素所主张极端的自由，放任资本家，亦是永世做不到的。激烈方法的共产主义，即所谓劳农主义，用阶级专政的方法，是可以预计效果的，故最宜采用"④。

中国共产党创立至大革命阶段，以"推翻乡村宗法社会式旧政权，建立新的农民政权"作为乡村建设运动的政治纲领⑤。《中国共产党第五次全国代表大会关于土地问题议决案》（1927）指出，"中国的军阀吮吸全国的膏髓，外国帝国主义阻碍中国政治经济的发展，他们两者的根据地都是农村中的封建组织。所以，中国民众欲达到打倒军阀和帝国主义的目的，基本条件就是肃清农村中封建势力的残余及宗法社会式的政权"⑥。中国共产党的历史上第一个村农民协会是沈定一发起的"衙前农民协会"，揭开了中国现代农民革命斗争的序幕。农民协会组织农民开展了激烈的抗租、减租斗争，显示了农民群众中蕴藏的巨大革命力量。第一个

---

① 陈翰笙、薛暮桥、冯和法：《解放前的中国农村》（第一辑），中国展望出版社 1985 年版，第 322—323 页。

② 舒新宇：《中国工运历史人物传略·向警予》，中国工人出版社 2017 年版，第 37 页。

③ 毛泽东：《毛泽东文集》（第 1 卷），人民出版社 1993 年版，第 2 页。

④ 毛泽东：《毛泽东文集》（第 1 卷），人民出版社 1993 年版，第 1 页。

⑤ 王景新：《中国共产党百年乡村建设的历史脉络和阶段特征》，《中国经济史研究》2021 年第 4 期。

⑥ 陈翰笙、薛暮桥、冯和法：《解放前的中国农村》（第一辑），中国展望出版社 1985 年版，第 7 页。

乡、县、省农会，都是彭湃领导创建的。1922年7月，彭湃在广东海丰龙山庙组织了"六人农会"，同年10月将其扩建为赤山约农会，是第一个乡农会。到1922年底，海丰的赤山、平岗、银镇、青湖等十余乡都成立了农会；1923年1月，海丰总农会成立，是第一个县农会，加入农会者几占全县人口之四分之一。1923年7月，广东省农民联合会成立，彭湃为委员长。这是中共领导的第一个省农会。1923年9月，中共湘区委领导建立的湖南衡山"岳北农工会"，是第一个农民与工人结合的"农工会"，其会员人数一度达到4万人以上。1924年国共合作后，为了养成农民运动之指导人才，创办了广州农民运动讲习所，在彭湃、罗绮园、阮啸仙、谭植棠、毛泽东等人的主持下共举办了6届，为广东、广西、湖南、河南、山东、直隶、湖北、四川、陕西、江西等20个省区培训了700多名乡村建设运动的干部；1927年3月，又在武汉举办了"中央农民运动讲习所"，有来自全国各地的学员800余名，毕业被分配到各地从事乡村建设运动的组织领导工作，推动中国南方农村出现了空前未有的大革命形势。到1927年4月，仅广东、湖南、湖北、江西等省的农民协会会员发展到518万人。

　　中国新民主主义革命整个时期中，中国共产党领导人和农民运动领袖撰写了大量关于农业农村和农民问题的文章。五四运动爆发前，1919年2月，李大钊在《青年与农村》一文中，提倡知识分子到民间去，到农村去；五四运动后，1920年3月，李大钊在北京大学发起组织马克思学说研究会，10月建立北京共产主义小组。中国共产党成立以后，他选派党员到农村发展党的组织，组织农民协会，而且亲自指导北京郊区广大农民开展抗捐抗税的斗争。1925年，他发表《土地与农民》，论述了中国历史上平均地权的运动，中国农民破产的趋势，提出了"耕地农有"的主张。这份文献"成为我们党当时指导农民运动的重要文献"[①]。其他文章还有：陈独秀的《中国农民问题》（1923）、《广东农民与湖南农民》（1923）、《对于土地问题的意见》（1927）；瞿秋白的《农民政权与土地革命》（1927）、《中国革命和农民运动的策略》（1929）；李立三的《中国革命中的农民问题》（1928）、恽代英的

[①] 李运昌：《中国革命的伟大先驱——纪念李大钊诞辰一百周年》，《人民日报》1989年11月2日。

《农村运动》(1924)、蔡和森的《今年"五一"之广东农民运动》(1925)、《在党的第六次代表大会上讨论农民土地问题时的发言》(1928);邓中夏的《论农民运动》(1923)、《中国农民状况及我们的运动方针》(1924);彭湃的《海丰农民运动》(1926)、《在第六届农民运动讲习所的讲演》(1926);张太雷的《我们怎样对待花县农民》(1926);林伯渠的《湖南的土地问题》(1927);邓小平的《太行山区的经济建设》(1943);董必武的《土地政革后的农村生产问题》(1947);任弼时的《土地改革中的几个问题》(1948)。在中央苏区,毛泽东极力倡导农村调查,收入《毛泽东农村调查文集》的就有《反对本本主义》(1930)、《寻乌调查》(1930)、《兴国调查》(1930)、《木口村调查》(1930)、《长岗乡调查》(1933)、《才溪乡调查》(1933)等重要文献;此外还有《中国佃农生活举例》(1926)、《湖南农民运动考察报告》(1927)、《新民主主义论》(1940)、《抗日根据地的政权问题》(1940)、《组织起来》(1943)、《游击区也能够进行生产》(1945)、《新解放区农村工作的策略问题》(1948)、《一九四八年的土地改革工作和整党工作》(1948)等大量关于农业农村和农民以及乡村建设的论著,代表了这一时期的中国共产党乡村建设主导思想。

  这一时期,中共中央的宣言、纲领、决议案、决定和指示信等文件,提出了农民问题、土地问题和乡村建设的思想政策主张。如《中国共产党第二次全国代表大会宣言》(1922)指出,"中国三万万农民,乃是革命运动中的最大要素。农民因为土地缺乏,人口稠密,天灾流行,战争和土匪扰乱,军阀的额外征税和剥削,外国商品的压迫,生活程度增高等原因,以致日趋贫穷和痛苦。……如果贫苦农民要除去穷困和痛苦的环境,那就非起来革命不可。"[①] 类似的还有《中国共产党第五次全国代表大会关于土地问题的决议案》(1925)、《中国共产党告农民书》(1925)、《中国共产党土地问题党纲草案》(1927)等。上述文献和文件是中共早期乡村建设的行动纲领和指南。特别需要指出的是,

---

[①] 陈翰笙、薛暮桥、冯和法:《解放前的中国农村》(第一辑),中国展望出版社1985年版,第1页。

《红色中华》①作为中华苏维埃共和国临时中央政府机关报，记录了这一时期中国共产党领导人、知识分子的许多关于农村调查和乡村运动和建设的文章，报道了乡村革命和建设的模范案例。上述文献，不仅是研究中国共产党早期乡村建设思想的重要史料，是中国共产党百年乡村建设思想史的重要组成部分；而且也是民国时期乡村建设研究年谱不可或缺的重要内容，在中国近现代经济社会变迁史上应该占有重要地位，在世界乡村发展理论体系中也应该占有重要地位。

综上所述，中国共产党早期在苏区和革命根据地，坚持以完成土地革命为中心任务，组织农会开展武装斗争和建设苏维埃基层政权，成立合作社发展经济，恢复集市商贸，开办农民学（夜）校，推进妇女解放以及文化、卫生事业，乡村建设全面展开；自抗战爆发至新中国成立，战争是时代主旋律，为了保障战争的胜利，共产党领导下的各抗日根据地和各解放区，在农村广泛建立红色政权，进行土地改革、自力更生发展经济，力所能及地开展文化教育、妇女解放、权益保护等乡村建设活动，"不仅保障了抗日根据地和解放区军民给养，保障了抗击侵略和民族解放战争的胜利，而且为新中国党在农村基本制度创立和农业农村全面复兴奠定了重要基础"②。中国共产党早期乡村经济、政治、文化、社会建设及成效的研究著述汗牛充栋，这里不再赘述。

三　民国时期乡村建设研究的主要观点和政策思想

（一）关于土地问题

1. 技术改造派、社会改良派对土地问题的看法

技术改造学派认为，中国农村农业生产停滞，根本原因在于土地利用方面出现了问题，而非土地产权制度问题；尽管中国历史上的土地占有并不平均，地主占有较多的土地，但是即使平均分配土地也不能改变人多地少这一事实，也不能根本性实现中国农业现代化。因此，解决这

---

① 《红色中华》从1931年12月11日创刊，1934年10月红军长征后一度停刊，红军达到陕北后又继续出版，直到1937年1月29日改为《新中华报》。

② 王景新：《中国共产党百年乡村建设的历史脉络和阶段特征》，《中国经济史研究》2021年第4期。

一问题的出路是实行人口节制、提高技术水平和改善农业经营方式。除卜凯外，中国学者王宜昌、张志澄、王景波等人也认为，农村的基本问题并非土地问题，而是资本和技术问题，只要向农民提供可以合理应用的"现代生产因素"，农民便会为追求利润而创新，从而实现传统农业的改造①。

社会改良派在土地问题上的观点与技术改造派的观点如出一辙。他们从文化本位出发，认为中国社会是以人伦关系为本位，只有职业之分，而没有阶级之分，因此只有建设之任务，而没有革命之对象。因此，农村经济改进并非土地制度变革，而是梁漱溟主张的（1）改良农业技术，例如推广农业中的良种良法，以提高农产品的品质和质量；（2）改进农业生产经营方法，例如提倡农村合作，以降低生产费用，增加农民经济收益等②。晏阳初在河北定县"大力推广农业技术、农作物良种和改良家畜品种，在当时确实起到了积极作用"③。无论卜凯代表的技术改造派，还是梁漱溟、晏阳初代表的社会改良派，他们所进行的十余年的农业技术推广、乡村建设实验，结果丝毫也没能挽救就民国农业破产、农村衰败和农民日益悲惨的生计。"它充分证明，在半封建、半殖民地条件下，任何'和平'的改良主义都是不可能成功的"④。

2. 孙中山先生"平均地权""耕者有其田"及国民政府土地制度改革

孙中山"平均地权"首次见诸文字是1903年秋。是年，孙中山为（日本东京训练班）学员制定誓词"驱除鞑虏，恢复中华，创立民国，平均地权"，1905年成立中国同盟会时，孙中山将其作为同盟会纲领。是年11月创立的同盟会机关报《民报》发刊词中，第一次把同盟会的十六字纲领概括为"三民主义"（民族、民权、民生），而民生主义的基本内容

---

① 曹幸穗、孙金荣主编：《近代以来中国农村变迁史论》(1911—1949)，清华大学出版社2019年版，第152—153页。
② 曹幸穗、孙金荣主编：《近代以来中国农村变迁史论》(1911—1949)，清华大学出版社2019年版，第156页。
③ 曹幸穗、孙金荣主编：《近代以来中国农村变迁史论》(1911—1949)，清华大学出版社2019年版，第159页。
④ 曹幸穗、孙金荣主编：《近代以来中国农村变迁史论》(1911—1949)，清华大学出版社2019年版，第159页。

就是"平均地权，节制资本"。1924年，国民党第一次全国代表大会通过的《宣言》解释："所谓平均地权就是私人所有的土地，由地主估价呈报政府，国家就价征税，并于必要时依报价收买之；农民之缺田地，沦为佃户者，国家当给以土地，资其耕种。"孙中山还提出，"核定天下地价，仍属原主所有；其革命后社会改良之增价，则归于国家，为国民所共享"，表达了他"土地增值归公"的思想。孙中山晚年受中国共产党和苏联社会主义革命影响，"平均地权"思想有了重大发展。他说："现在的农民，都不是耕自己的田，都是替地主来耕田，所生产的农产品，大半是被地主夺去了。……如果不能够解决这个问题，民生问题便无从解决。"[①] 他还说："我们现在革命，要仿效俄国这种公平办法，也要耕者有其田，才算是彻底的革命。"[②] 可见，孙中山"耕者有其田"思想既包含"平均地权"主张，又包含"有田者必自耕"的内涵。

但是，国民政府推行的所有的土地制度改革都偏离了孙中山先生"平均地权""耕者有其田"的主张，如"二五"减息、"三七"减租、辅助自耕农、兵农合一，以及1930年民国政府制定和修改了土地管理的基本法《土地法》。有专家评价，"民国政府的土地改革总体上是向着私有制方向越走越远，土地私有化和集中度越来越高"；民国土地制度"仍然是军阀割据时期形成的地主、富农、小农和国家所有的多元复合制"[③]。至于土地私有化、高度集中化程度，李大钊在《土地与农民》一文中公布了民国七年（1918）农商部统计的全国农家户数表，是年，中国总户数为43935475户，其中自耕农23381200户（占53.2%），佃农11307432户（占25.8%），自种兼佃的农户9246843户（占21%）[④]。许涤新《农村破产中底农民生计问题》（1934.12）根据国民政府实业部调查描绘，"民国二十三年，自耕农比例40%，佃农比例36%，自耕农兼佃农比例

[①] 孙中山：《孙中山全集》第9卷，中华书局1986年版，第400页。

[②] 孙中山：《孙中山全集》第10卷，中华书局1986年版，第556页。

[③] 曹幸穗、孙金荣主编：《近代以来中国农村变迁史论》（1911—1949），清华大学出版社2019年版，第43页。

[④] 陈翰笙、薛暮桥、冯和法：《解放前的中国农村》（第一辑），中国展望出版社1985年版，第97页。

24%"①，与1918年比较，在短短16年间，自耕农比例下降了13.2个百分点，佃农比例则上升了10.2百分点，自耕农兼佃农比例上升了3个百分点。1947年10月10日《中共中央关于公布〈中国土地法大纲〉的决议》中公布的数据是，"占乡村人口不到10%的地主、富农占有70%—80%的土地，残酷地剥削农民。而占乡村人口90%以上的雇农、贫农、中农及其他人员，却总共只有约20—30%的土地"②。民国时期农村土地向地主、富农其他特权阶层高度集中化的趋势由此可见一斑。

3. 中国共产党早期的土地政策思想及实践

1920年12月23日《共产党》月刊第3期刊载《告中国的农民》（佚名）③，首先批评那些"说农民底生活没有甚么困苦的先生们，简直是瞎说。"然后根据农民所拥有的土地及其产出情况，将"农民自身里面的阶级分成四种阶层：（1）所有多数田地，自己不耕种，或者雇人耕种，或者租给人耕种，自己坐着收租。这种人……我们乡下叫'土财主'。（2）自己所有的土地，自己耕种；而以这个土地的出产，可以养活全家。……这种人就是中等农民。（3）自己也有一点土地，然而只靠自己土地的出产，绝不能养活全家的。……这种人已可谓下级农民了。（4）这乃是穷光蛋，自己连插针的地方都没有；专靠耕种别人底田地谋生活。这种人就是最穷的农民了。上述四种里面，以第三第四种的人数最多……占农民全数内大多数的第三第四种农民……的苦况，简直是非常的厉害，每天到晚，每年到头的苦作，不够穿衣吃饭，一遇年岁不好，田主顽强（分配底方法，后面详说）的时候，就差不多要饿死。"该文还分析："在工业方面，有资本集中的倾向，在农业方面则有土地集中的趋势。""一地方底土地，都集中在少数人之手，而大多数农民底日常生活，命运，生命都悬于这些少数人之手了。这就是社

---

① 陈翰笙、薛暮桥、冯和法：《解放前的中国农村》（第一辑），中国展望出版社1985年版，第476页。

② 陈翰笙、薛暮桥、冯和法：《解放前的中国农村》（第一辑），中国展望出版社1985年版，第74页。

③ 由于该文的开头部分"被上海法捕房没收走了"，遂给后人留下了一个历史之谜，使人们难以知道该文的作者是谁。有研究者根据《告中国的农民》笔法、表达方式与行文语句存在大量海丰方言土话，认为：该文作者是彭湃——郑向东：《〈共产党〉月刊第3期〈告中国的农民〉作者可能是彭湃》，《兰台世界》2019年第2期。

会上贫富的悬隔越甚，阶级底区分越明，一般农民生活越苦的原因了。"该文清楚地认识到，"中国农民占全国人口的大多数，无论在革命的预备时期和革命的实行时期，他们都占有重要位置""他们一时爆发的时期，已是不远了。"因此，文章公开号召农民"自己动手""抢回"自己"靠着吃饭的田地"①。

在中国新民主主义革命的第一个时期中，即 1921—1927 年之间，中国共产党深刻认识到土地问题乃是农民问题的核心，也是中国革命的根本问题，逐渐形成和完善了"没收地主的土地，实现耕地农有"的政策思想。(1) 土地问题是农民的核心问题。1927 年 4 月，《湖南第一次农民运动宣传周的宣传纲要》指出："土地问题的解决，是农民运动的最后目标，……农民是国民革命的主力军，要完成国民革命，非使农民参加不可，也就非解决土地问题不可。"② 中国共产党五大《关于土地问题议决案》等文件以及"中国农村派"关于《现代中国的土地问题》等文章，都把土地问题看成农民问题核心。③ (2) 土地问题是中国革命的根本问题。中国共产党一大通过的《中国共产党纲领》明确提出"废除资本私有制，没收一切生产资料，如机器、土地、厂房、半成品等，归社会所有"④。中国共产党五大《关于土地问题议决案》指出，"急剧的变更土地所有制度，是国民革命中唯一的原则，……欲消除上层的军阀和帝国主义的组织，必须破坏他的根基""要取消封建式的剥削，只有将耕地无条件的转给耕田的农民，才能实现。"⑤ 中国共产党"八七"会议《告全党党员书》强调："土地革命问题是中国资产阶级民权革命中的中心问题，共产国际特别说明这一问题不止一次了。"⑥ (3) "解除农民的困苦，根

---

① 王景新、鲁可荣、郭海霞：《中国共产党早期乡村建设思想研究》，中国社会科学出版社 2011 年版，第 75—76 页。

② 中国社会科学院经济研究所中国现代经济史组：《第一、二次国内革命战争时期土地斗争史料选编》，新华书店 1981 年版，第 90 页。

③ 王景新、鲁可荣、郭海霞：《中国共产党早期乡村建设思想研究》，中国社会科学出版社 2011 年版，第 87—88 页。

④ 高熙：《中国农民运动纪事 1921—1927》，求实出版社 1988 年版，第 1 页。

⑤ 李忠杰、段东升主编：《中国共产党第五次全国代表大会档案文献选编》，中共党史出版社 2015 年版，第 10 页。

⑥ 于建嵘主编：《中国农民问题研究资料汇编》（第 1 卷 1912—1949 下），中国农业出版社 2007 年版，第 527 页。

本是要实行'耕地农有'。"1925年10月,中共中央在北京召开第四届中央执行委员会第二次扩大会议,形成了《中国现时的政局与共产党的职任议决案》,随后发出了《中国共产党告农民书》。这两份文献第一次提出了"没收地主的土地,实现耕地农有"的主张。《中国共产党告农民书》阐述的耕地农有的内涵"就是谁耕种的田地归谁自己所有,不向地主缴纳租谷"①。但要看到,中国共产党早期关于"耕地农有"政策主张也经过了一个争论的过程。1925年提出"耕地农有"及其具体办法。到了1927年4月,中共五大《关于土地问题议决案》则提出了土地国有的政策主张,这份《议决案》一方面强调"要取得土地,而夺回地主等剥削他们收入的大部分——由减租直到耕地农有,平均耕地";另一方面又提出"必须要在平均享有田地权的原则下,彻底将土地再行分配,方能使土地问题解决。而欲实现此步骤必须土地国有"②。这种主张导致了中国最早的农民运动发源地如湖南、湖北、江西、广东等土地革命的失败。1927年于11月28日,立夫为党的六大起草的《中国共产党土地问题党纲草案》,仍然坚持公有制,提出"为解决农民问题和土地问题起见,必须实行下列办法"(共15条主张),其中:"(一)一切地主的土地无代价的没收,一切私有土地完全归组织成苏维埃国家的劳动平民所公有。(二)一切没收的地主之实际使用权归之于农民。租佃制与押田制度完全废除,耕者有其田。"③这里将"耕者有其田"仅理解为土地"使用权"归农民所有。值得肯定的是,这份文献首次提出了土地"所有权"与"使用权"分离的问题④。一直到1931年3月,在毛泽东主持下,江西省、县、区苏维埃主席联席会议通过的《土地问题提纲》在论述"民权阶段中分田后的土地问题时",才明确而清楚的宣布"确定土地归农民私

---

① 于建嵘主编:《中国农民问题研究资料汇编》(第1卷1912—1949上),中国农业出版社2007年版,第29—34页。

② 王景新、鲁可荣、郭海霞:《中国共产党早期乡村建设思想研究》,中国社会科学出版社2011年版,第90—91页。

③ 王景新、鲁可荣、郭海霞:《中国共产党早期乡村建设思想研究》,中国社会科学出版社2011年版,第91页。

④ 很多研究成果把农村土地所有权与使用权"两权分立"当成十一届三中全会以后的理论贡献,是不符合历史事实的。

有，发展斗争，发展生产"①。

土地革命时期（1927—1937），中国共产党形成了完整的土地革命政纲、总路线、基本任务、没收和分配土地的政策思想，土地法律制度及农民土地权益保护制度初步建立。全面抗战（1937—1945）和解放战争时期，实现"耕者有其田"不仅恢复了"平均地权"和"耕地农有"的原本内涵，而且增加了到"有田者必自耕"的新内涵，限制利用土地剥削他人的意图更加清晰。土地革命路线、方针、政策更趋理性和成熟。

土地政策思想涉及面广，限于篇幅，无法全面展开，我们可以将"没收土地的对象以及土地分配给谁"的政策演变过程，可以作为观察中共早期土地政策思想逐步完善成熟的一个"重要窗口"。秋收起义前夕，毛泽东关于没收和分配土地的主张是"没收一切土地，包括小地主、自耕农在内，归之公有"，而"土地分配以区为单位"，按照"工作能力"与"消费量"两个标准公平分配。中国共产党"八七"会议《告全党党员书》转述共产国际指示，也包括"没收地主、寺院、官僚等一切土地"。《井冈山土地法》（1928.12）是"没收一切土地归苏维埃政府所有，用下列三种方法分配之：分配农民个别耕种；分配农民共同耕种；由苏维埃政府组织模范农场耕种"。中国共产党六大《关于土地问题的议决案》要点是无代价的立即没收豪绅地主阶级的土地，祠堂、庙宇、教堂的地产及其他的公产官荒或无主的荒地沙田，都收归农民代表议会（苏维埃）。毛泽东根据中国共产党六大指示精神，于1929年4月主持制定了《兴国县土地法》，规定"没收一切公共土地及地主阶级的土地归兴国工农兵代表会议政府所有，分给无田地及少田地的农民耕种使用"。1930年5月第一次全国苏维埃区域代表大会通过《土地暂行法》，规定"凡属于地主的土地，一律无偿没收""分配土地的办法，由乡苏维埃代表大会决定"。遵义会议后，为适应抗日战争的需要，中国共产党的土地政策进行新调整。1935年12月，中共中央政治局瓦窑堡会议《关于目前政治形势与党的任务决议》强调，"苏维埃人民共和国改变对富农的土地政策。富农的财产不没收。富农的土地，除封建剥削之部分外，不问自耕的与雇人耕

---

① 王景新、鲁可荣、郭海霞：《中国共产党早期乡村建设思想研究》，中国社会科学出版社2011年版，第91页。

的，均不没收。当农村中实行平分一切土地时，富农有与贫农、中农分得同等土地之权。"半年后，《中共中央关于土地政策的指示》（1936）明确规定："一切汉奸卖国贼土地财产等全部没收""对地主阶级的土地粮食房屋财产，一律没收""各种下小业主的土地，不应没收""一切抗日军人及献身于抗日事业者的土地皆不在没收之列。富农的土地及其多余的生产工具（农具，牲口等），均不没收。"[①] 政策思想的变化更加体现了对土地财权和不同权益人土地权利的尊重的发展趋势。

（二）关于农业问题

1890年，孙中山《致郑藻如书》就提出，"今天下农桑之不振，鸦片之为害，亦已甚矣！"因此提出"兴农会以倡革农桑业""立会设局以禁绝鸦片"和"兴学会设学校以普及教育"等三点改良、乡政的建议[②]。1891年，孙中山《农功》一文建议："参仿西法""讲求树艺农桑、养蚕牧畜、机器耕种、化瘠为腴一切善法""以农为经，以商为纬，本末备具，巨细毕赅，是即强兵富国之先声，治国平天下之枢纽也"[③]。1893年12月，孙中山《上李鸿章书》指出："夫国以民为本，民以食为天，不足胡以养民？不养民胡以立国？是在先养而后教，此农致之兴尤为今日之急务也。"[④] 他在《中国事业如何发展》中还提出："盖农矿二业，实为其他种种事业之母也。农、矿一兴，则凡百事业由之而兴矣。"[⑤]《地方自治实施法》蕴含着孙中山先生实行县域自治、举办合作经济和培育农民合作意识的思想。综之，"孙中山乡村建设思想脉络是：以耕者有其田作为解决乡村问题的前提条件；以农业与工商各业协调发展、城乡相互促进作为农民富裕和国家富强的主要途径；以实行县域自治、发展合作经济、重视农业科技、乡村文化教育和社会建设，作为解决民生问题和改造

---

① 王景新、鲁可荣、郭海霞：《中国共产党早期乡村建设思想研究》，中国社会科学出版社2011年版，第96—105页。
② 孙中山：《孙中山全集》第1卷，中华书局1981年版，第3页。
③ 孙中山：《孙中山全集》第1卷，中华书局1981年版，第5—6页。
④ 孙中山：《孙中山全集》第1卷，中华书局1981年版，第17页。
⑤ 孙中山：《孙中山全集》第1卷，中华书局1981年版，第134页。

社会的根本道路。"①

民国时期，学者讨论农业问题甚多，其研究内容和主要观点集中于下列方面：

第一，农业生产。益三认为，中国农业生产目前存在的问题，第一是粮食生产不足，第二是灾荒惨重，第三是棉花收购困难，第四是丝茶桐油外销不易，第五是土地问题依然严重②。丁壮认为，中国农业生产衰落的原因，一是中国在各帝国主义的共同经济侵略下，中国成了一个次殖民地的国家，中国不单要供给各帝国家的廉价原料，同时中国还须做各帝国主义销售商品的尾闾；二是中国的农业生产，除少数外，基本的还依靠原始的"死"的"活"的工具；三是目前中国的耕地是在细分与集中的进程中，在这样的畸形状态之下，给予农业生产有莫大的影响；四是商业资本在农村中作祟，贻害农民，自古至今，没有间断过；五是中国农民科学知识的欠缺，死守着数千年传下来的常识，垦种方法不求改进，这也是中国农业生产的一个根本问题。上述五个原因，它们并不是各自独立存在着，而是互有联系互相影响着，才使农业生产一落千丈，有不能挽救之势。③ 持相似观点的还有邹湘等一批学者。

第二，农业政策。李若舟的《农业政策概论的实质及其重要性》论述了农业生产政策、农业收益维持增进政策、农村社会政策、农村文化政策、农业社会化政策；刘光华的《论民生主义的农业政策》论述了农业土地政策、农业生产政策、农业经营政策、农业劳动政策、农业金融政策、农业分配政策；杨开道的《农村政策》一书则论述了农村社会政策、农村经济政策、农村教育政策、农村自治政策、农村宗教政策；张觉人的《民生主义的农业政策》、吴文晖的《民生主义的农业政策》都是论述孙中山民生主义的农业政策的；杨智的《战时农业政策与农村合作之基本任务》、张迦陵的《论战后之新农业政策》、洪进的《施行抗战建国的农业政策》、张保丰的《战后我国农业政策之趋向》、徐鼐的《抗战建国的农业政策》等，都是论述战后农业政策的。

第三，粮食问题。国共两党都重视粮食问题。1932年，洛甫（张

---

① 王景新、鲁可荣、郭海霞：《中国共产党早期乡村建设思想研究》，中国社会科学出版社2011年版，第15页。
② 益三：《中国农业之现势》，《新中华》1948年第4期。
③ 丁壮：《复兴农村运动中的农业生产问题》，《农村》1934年第10期。

闻天）发表《苏维埃政府怎样为粮食问题的解决而斗争》一文，对中国共产党、国民党的不同粮食政策进行了比较："苏维埃政府在粮食问题的解决方面，是完全同国民党政府不相同的。苏维埃政府利用一切方法，帮助民众，解决粮食问题，但是，国民党政府则不但不去帮助民众，而且利用一切方法剥削民众，使民众饿死。苏维埃政府以土地、资本、耕牛、耕具、种子、肥料，帮助农民，使农民提高生产，扩大生产，并且鼓励农民间的互济运动，以发展生产，然而国民党政府则利用一切强暴的方法夺取农民的土地、资本、耕牛、耕具、种子、肥料，使农民缩小生产，以至不能生产，破坏农民经济，造成全中国的灾荒。苏维埃政府只收一种土地累进税，而且免除贫农、雇农，与红军兵士的税，把税收的负担，放在富农的身上，国民党则利用各种各样名称，征收苛捐杂税，把一切税收的负担放在工人、农民与一切劳苦民众的身上。……苏维埃政府尽量发动群众设立平粜局，粮食合作社等，流通苏区内的粮食，而同时坚决的同投机商人与富农做斗争，国民党政府则尽量鼓励粮食的投机买卖，并且自己也或明或暗的进行投机，搜刮金钱，苦死农民。"[①] 研究粮食问题的专著有许璇的《粮食问题》、殷锡琪的《战时粮食动员问题》、秦亚修的《中国粮食问题》、林熙春和孙晓村的《南京粮食调查》、孙晓村和吴觉民的《浙江粮食调查》、孙晓村和罗理的《江西粮食调查》、广东粮食调解委员会的《广东粮食问题》等。研究粮食问题论文有王道的《中国粮食问题》等。

第四，农业推广。1929年3月，国民党第三次全国代表大会通过《中华民国之教育宗旨及实施方针》案，其中第八项为农业推广："农业推广，须由农业机关积极设施，凡农业生产方法之改进，农业技术之增高，农村组织与农民生活之改善，农业科学知识之普及，以及农民生产消费合作之促进，须以全力推行。"[②] 是年6月，国民政府农矿部、内政部、教育部联合公布了《农业推广规程》，确定了农业推广办法及纲要。1930年，国民政府又制定《实施全国农业推广计划》，确定在全国各地设置农业推广委员会，向农民传授农业科学知识。这一时期出现了许多研究农业推广论著，如张天翼的《农业推广问题》、张鸿钧的《农业推广之综合看

[①] 洛甫：《苏维埃政府怎样为粮食问题的解决而斗争》，《红旗周报》1932年第45期。
[②] 彭传彪、郭开源编著：《农业推广学》，农村读物出版社1988年版，第30页。

法》、漆中权的《农业推广之重要使命》、姚石庵的《我国农业推广发展之理论及其问题》、周其辰的《中国农业推广之概观》、储劲的《农业推广》、许振的《农业推广》、孙希复的《农业推广法》等。这些著述表明，我国农业推广理论的架构，民国时期已经基本建立起来了。

第五，农业改良。周纯夫在《略谈中国农业改良问题》一文中说："中国以农立国，……然而农业不发达，不知研究改良，也不能不说是一个重要的原因。"[①] 此后，许多学者都提出改良农业的意见。桂品华的农业改良内容包括改善农具、肥料，品物选择和改良，兴修水利，改良乡村交通，防除病虫，提倡畜牧，振兴森林事业[②]。施珍设计的农业改良方案认为：改良之目标应该是增进农业生产、扶助农民经济、提高农民知识；改良之办法包括改进农业技能、普及农民教育、改良农业人才培植、农业经费和农业环境等[③]。俞铨认为，农业改良最切要的莫过于改良农业耕种方法、肥料、种子和丝茶四项[④]。还有吴锡忠的《中国农业改良》、陈适的《中国农业改良论》、袁辉的《农业改良问题》、胡宝善的《乡村建设与农业改良问题》、许廷星的《农业改良与农业政策》、戴松恩的《我国农业改良之困难》等文章，分析了农业改良存在的问题与困难，提出了一些建议。

第六，农业仓库。实业部曾经令中央农业推广委员会与宁属农业救济协会联合创办中央模范农业仓库，制定《中央模范农业仓库暂行章程》。这一时期，许多研究者重视农业仓库研究，论文如陈岩松的《论农业仓库》、李剑农的《农业仓库的组织及管理》、胡昌龄的《农业仓库之实施问题》、赵建新的《农业仓库的组织及其机能》、朱玉吾的《农业仓库的构造及设备》、李竞的《农业仓库经营人员必具之要件》、金春生的《农民不信任农业仓库之原因及其补救办法》、陶润金的《农业仓库实际问题之检讨》等；专著有徐渊若的《农业仓库论》、侯哲莽的《农业仓库经营论》、孙育万的《仓运管理》、张泰曾的《仓储行政》、王一蛟的《农仓经营概要》等。这些著述，涉及我国原有之仓储制度，现有家仓之实况，农业仓库的性质、经营、资金、业务、效能、保险，联合农业仓库、农业

---

① 周纯夫：《略谈中国农业改良问题》，《诚化》1936年第8期。
② 桂品华：《农业改良问题》，《民教辅导》1936年第7期。
③ 施珍：《改良中国农业应取之途径》，《农业周报》1930年第53—55期。
④ 俞铨：《我国农村经济衰落的原因及其救策》，《时代公论》1933年第69期。

仓库与合作的关系，以及建仓积谷的意义、积谷仓的种类、收谷手续、保管方法，建仓的程序、地点、设备等问题。

第七，农业病虫害防治。重视农业病虫害问题研究从民国初年就已开始。1912年，农商部所属农试场设立病虫害科，专门从事病虫害防治的应用研究。1923年5月12日，北洋政府农商部公布《农作物病虫害防除规则》14条。1933年12月19日，实业部公布《农业病虫害取缔规则》。学者研究建议也值得重视，1933年，《农业周报》第2卷第25期发表社论，指出为了防除病虫害，应该做好四项工作，一是培植病虫防除专才；二是广设病虫防除机关；三是检查出口入口植物；四是设法推广以期普及防除病虫害的基本知识[①]。研究病虫害的专著有邹钟琳编的《农业病虫害防治法》，陆旋编、龚厥民增订的《农作物病虫害》，河北省农矿厅编的《防治农作物病虫害浅说》、李明良的《实用农作物害虫防御法》、熊同和著的《害虫防除纲要》、易希陶编的《农业害虫便览》等多种。

第八，农田水利。1935年4月4日，国民政府公布了《修正兴办水利奖励条例》。韩稼夫的《农田水利与农业经济》一文，论述了农田水利事业之范围、农田水利事业之经济的意义、农田水利与农业经营、农田水利与农业土地问题、农田水利与农业金融等问题[②]，比较全面。研究农业与水利关系问题的专著有过立先的《农田水利学》、沙玉清的《农田水利学》等。

第九，农业机械化。吴景超说："农业机械化在中国的实行，困难甚多，除了资本问题外，还牵涉到田制的问题。"[③] 钟耀山认为，我国农业机械化之所以落后于其他国家的原因大体说来：一是土地分散与零碎，二是农村资金的缺乏，三是人口分配之不均，四是农民知识的缺乏，五是以前的错误[④]。尽管我国农业要实现机械化有许多困难，但是"我们农业之必须机械化，夙为举国人士所公认"[⑤]，"我国农业一天不进于机械化，则

---

① 社论：《复兴农村中之植物病虫害防除问题》，《农业周报》1933年第25期。
② 韩稼夫：《农田水利与农业经济》，《新中华》1943年第6期。
③ 吴景超：《我国农业政策的检讨》，《新经济》1939年第10期。
④ 钟耀山：《我国农业机械化问题》，《新福建》1944年第2期。
⑤ 林查理：《我国农业机械化方案》，《四川经济季刊》1944年第4期。

中国永无富强之一日"[1]。沈宗瀚认为，中国农业虽有种种不适宜机械化之点，但若因地制宜，使用相当之机械，非独不能，且极重要。所以，中国农业必须机械化[2]。马逢周建议，中国农业机械化一定要因地制宜，划分成几个农业机械化程度不同的区域，依理想，大约有五个这种区域。第一个松辽平原区，第二个黄河冲积平原区，第三个西北高原区，第四个长江冲积平原区，第五个南方丘陵地区[3]。为了实现农业机械化，林查理等人设计了《我国农业机械化方案》，中国农业工程师联谊会草拟了《促进中国农业机械化事业计划大纲》。

第十，林业研究。林业属于大农业范畴。1912年8月，宋教仁曾作《代草国民党大政见》一文，把兴办国有山林作为一项亟须要做的产业，指出"中国有最佳最大之山林，政府不知保护兴办，弃材于地，坐失大宗利源。今农林既特设专部，则国有山林宜速兴办也"[4]。1924年8月，孙中山在广州作关于民生主义的演讲时，大声呼吁"要造森林，要造全国大规模的森林"，认为这是防止农业水灾和旱灾最好的方法。中国共产党早期十分重视林业，1932年3月16日，毛泽东与项英、张国焘联名签署公布《中华苏维埃共和国临时中央政府人民委员会对于植树运动的决议案》，1934年1月，毛泽东在中华苏维埃共和国第二次全国代表大会上作《我们的经济政策》的报告时，特别强调"森林的培养，畜产的增殖，也是农业的重要部分"。1944年5月24日，毛泽东在延安大学开学典礼上发表讲话谈到"种树要订一个计划"。为了鼓励人民群众的育苗和造林，晋察冀边区行政委员会还颁布了《奖励植树造林办法》，冀中行政公署甚至将"保护和奖励植树造林"作为恢复和发展农业生产7项办法之一。民国时期的林业研究涉及林业振兴的意义及办法、林业政策、林业科学技术、林业教育等方面；研究著述如郝景盛的《造林学》、李寅恭的《树木学撮要》、高秉坊编的《造林学通论》、陈嵘的《中国树木分类学》、龚厥民编的《造林法》、凌道扬编的《森林学大意》、李英贤编译的《森林管理学》、李英贤编著的《森林保护学》、凌道扬的《大学森林教育方针之商榷》、姚传法的《林业教育》、陈植的《改进我国林业教育之商

---

[1] 萧灌恩：《复兴农村与农业机械化》，《校风》1935年第286—287期。
[2] 沈宗瀚：《中国农业机械化的可能》，《中农月刊》1945年第2期。
[3] 马逢周：《试谈中国农业机械化》，《行总农渔》1946年第90期。
[4] 龚书铎：《中国通史参考资料·近代部分下册》，中华书局1980年版，第351页。

权》、山人的《林业建设中的林业教育问题》、王藩章的《兴办林业教育的必要》、李寅恭的《林业教育问题》、林景润的《造林与林业教育》、郝景盛的《改善高等林业教育管见》等。

应该承认，民国政府的作用以及学术界讨论推动，民国时期的某些时段，农业经济确实呈现增长趋势，比如史学界把1927—1937年称为民国时期的"黄金十年"。相关统计显示，1926—1936年，中国国民经济增长率达8.4%，为旧中国最高，同时，农业经济也得到了相应发展。有关统计显示，1911—1936年，中国农业经济增长率为24.6%，年均增长0.9%，粮食总产量1936年达到了277400万市担①。从1937年起，日本对华侵略全面开始，中国农业经济深受破坏，迅速衰落。

(三) 关于农村问题

乡村建设运动和农村复兴研究都应属于这一领域，前文陈述较多，不赘述。以外，比较重要农村问题研究还有下列方面：

第一，农村经济研究。(1) 农村经济调研方法，其颖曾拟定农村经济调查大纲，内容包括地理上的大概形势，农民的种类及其生活状况，生产的种类，农村的副产，生产的方法，农民的组织，农村的教育，农村的风俗，普通农民生活最低限度标准，农民一般的负担，灾荒情形，农民破产情形，农民的心理和要求，农民运动的状况等十四条内容，每条还列有细目②。(2) 农村经济衰落的原因。虽然不同政党、学派的有不同的认识，但在一些基本方面还是有共识的，如黄贻燕认为，农村经济衰落的主要原因是交通运输之不便，金融机关之不备，地主官吏之压迫，政府重税之影响，舶来商品之摧残，天灾人祸之频来③；史楚琪的看法基本一致，认为国际资本主义之侵略、苛捐杂税之搜刮、高利贷之剥削、鸦片红丸之戕害是农村经济衰落的主要原因④；童雪天也把帝国主义侵略、国际市场的影响、地主阶级剥削、农民负担过重、天灾人祸打击、金融向都市集中

---

① 曹幸穗、孙金荣主编：《近代以来中国农村变迁史论》(1911—1949)，清华大学出版社2019年版，第111—112页。
② 其颖（贺昌）：《调查农村经济状况的大纲》，《中国青年》1925年第106期。
③ 黄贻燕：《中国农村经济问题》，《农业周报》1931年第35期。
④ 史楚琪：《我国农村经济破产之原因》，《新社会》1933年第11期。

等看成农村经济衰败的主要原因①。这种认识有一定的代表性。(3) 改进农村经济的建议。代表性观点如，轶珉认为，发展农村经济之先决问题是必须铲除封建势力，驱除外人在华势力；而后，必须注重农业教育，使农民有地可耕，创办农业救济机关，设立各种农业合作社，应用科学方法，减轻农民租税之负担②。(4) 农村副业研究。据陈增善、卢文迪的界定，"总而言之，所谓农村副业，乃农村本业或主业的相对名词，何者为副业，当以各人的主观条件和各地的情形而定。农业副业的意义，简言之，凡利用余力、隙地、暇时、残料，以从事生产，能补助农家经济之不足的，都可叫作副业。"③ 研究农村副业著述有企华的《农村副业问题》、廖钺的《中国农村副业生产论》、罗舜琴的《增进中国农业生产之管见》、南京中国农民银行编的《中国农村副业问题及其应有之改进》、茂遂的《农家副业论》、冯焕文的《实验养猪学》、陈宰均的《养猪学》、郑学稼的《养猪学》、张金相的《养猪学》、郑学稼的《养鸡学》、李仲连编的《养鸡与鸡病学》、张鼎洽编译的《实验养鸡学》、郑怜生和胡尹明译的《实用养鸡要诀》等。(5) 农村经济综合性研究。论著有：唐启宇和宋希庠的《农村经济》、罗克典的《中国农村经济概论》、陈振鹭和陈邦政的《中国农村经济问题》、陈醉云的《农村经济概论》等。

第二，农村社会问题研究。周谷城是中国农村社会问题研究的专家。1929年，他出版的《农村社会新论》，论述了农村社会之发展、农村之特性、农村社会之种类、农村进步、中国农村社会之新观察等问题。1930年，冯和法出版《农村社会的问题》；1932年，杨开道出版《农村社会》。1934—1935年，以王宜昌、张志澄、王毓铨、王景波（欠宽）等为代表的"中国经济派"与以钱俊瑞（陶直夫、周彬）、薛暮桥（余霖）、孙冶方、赵稞僧等为代表的"中国农村派"，围绕中国农村社会性质等问题展开了激烈论战，前者以《中国经济》杂志为阵地，后者以《中国农村》为阵地，论战文章，被中国农村经济研究会编入《中国农村社会性质论战》，1935年由上海新知书店出版，书中收录论文11篇，其中有余霖的《中国农村社会性质问答》、陶直夫的《中国农村社会性质与农业改

---

① 童雪天：《中国农村经济的崩溃与复兴》，《农业周报》1935年第29期。
② 轶珉：《如何发展中国农村经济》，《法学周刊》1929年第36期。
③ 陈增善、卢文迪：《农村副业指导》，上海黎明书局1935年版，第2页。

造问题》、薛暮桥的《研究中国农村经济的方法问题》、周彬的《中国农村经济性质问题的讨论》、王宜昌的《论现阶段的中国农村经济研究》和《关于中国农村生产力与生产关系》、王景波的《关于中国农村问题的研究之试述》等。中国农村的社会性质是资本主义还是半封建，王宜昌等主张前者，薛暮桥等人主张后者。王宜昌等人认为，中国农村已经资本主义化了，目的就是要否定土地革命运动。薛暮桥等人对王宜昌等人观点的批驳，就是要捍卫土地革命的正确性。

第三，农村组织与治理研究。许振鸾认为，乡村组织的重要性：一是乡村组织是养成人民对于公共事业服务的精神，二是乡村组织是养成善良风俗之基础，三是乡村组织是实现全民政治之基础，四是乡村组织是农业经济合作之基础①。李之屏认为，乡村组织为判别治乱之标准、乡村组织为放大之家族制度、乡村组织为人民天性上之直接产物、乡村组织为实现全民政治之团体②。金轮海认为，"要改造农村的组织，先要发展农村的自治。"③ 如何进行农村自治，杨开道的论述较全面，他先后发表《农村自治事业》《农村自治的人民》《农村自治的区域》《农村自治的人才》《乡村自治的编制》等文，又出版《农村自治》，对农村自治的编制、农村自治的主体、农村自治的组织、农村自治的事业、农村自治的人才、农村自治的经费等问题作了全面论述，认为"农村自治的事业包括最广，凡和个人及社会生活有直接关系的事情，农村自治都要去管他"④。

（四）关于农民问题

第一，农民贫困、原因与解决。民国时期，由于战争不断，灾荒不绝，农民生计呈现向下恶化趋势。1912—1930 年，农村经济发展比较平缓，贫困问题相对较为缓和，1931—1934 年，农村经济急剧恶化，农村破产声浪四起，社会学家柯象峰在《中国贫困人口之估计》（1931）一文分析，"农民在贫困线以下的人口，约有3/4，若以全国 4.5 亿人口计算，

---

① 许振鸾：《乡村组织之意义重要和起源》，《农业周报》1934 年第 20 期。
② 李之屏：《中国乡村组织之特色》，《农业周报》1934 年第 32 期。
③ 金轮海：《农村组织与农村改造》，《东方杂志》1935 年第 1 期。
④ 杨开道：《我国农村生活衰落的原因和解救的方法》，《东方杂志》1927 年第 16 期。

贫困人口不下 2.6 亿人，约占全国的 60%"①。据中央农业实验所对全国 22 省 850 县所作的调查表明，借钱户占全体农民户数的 56%，借粮农户占 48%②。农民生活难以为继，许多农民只能背井离乡。民国后期，中国社会进入失序期，战争连绵不断，农民生活更加凄惨。这种衰败状况一直蔓延至新中国成立前夕。1949 年新中国成立时，全国 5.42 亿总人口中，农村人口比重高达 89.36%，几乎都是绝对贫困人口，农民居民恩格尔系数在 98% 以上，生计难以为继。

农民贫困状况及如何解决，政治学、经济学、社会学的许多学者参与了调查研究。1927 年，上海《东方杂志》第 24 卷第 16 期集中发表了 20 多篇《各地农民状况调查》同名、但不同调查地的文章，包括：浙江鄞县（杨荫深）、义乌（楼俊卿）、平阳（詹选之）、江西新建（裘俊夫）、上海附近（吴一恒和陈叔英）、云南南部（黎保）、江苏武进（龚骏）、句容（巫宝三）、崇明（黄柳泉）、靖江（汪适天）、吴县（严大傅）、无锡（容盦）、松江（邱宗义）、太仓（周廷栋）、江阴（胡川如）、山东省（集成）、广东大埔（刘禹轮）、湖北当阳（呵玄）、湖南南部（何炎）、光山（曾鉴泉）、安徽当涂（滕澄）、合肥（田庚垣）、颍州（庸人）。调查范围涉十余省市。此外，如前文所述，其他各学派和政党也进行了大量农村调查。各派调查得出的关于民国时期农村动荡、凋敝、经济崩溃衰败、农民遭受多重压迫生计陷入困境局面的认识，各政治派别和社会团体大同小异，但对造成农民凄惨生活的原因和解决办法则各不相同。

中国共产党人和中国农村派在这一问题认识上与民国政府及改良主义的乡村建设派截然不同，最大的区别在于，中国共产党人和中国农村派把帝国主义、封建势力、宗法势力以及军阀和地主的残酷压迫和剥削，作为宰割中国农村的几把尖刀，把国家秩序混乱分崩，战祸连年都作为农业农村衰败和农民贫困的重要原因。如李大钊（1925）认为："小农因受外货侵入、军阀横行的影响，生活日感苦痛，农村虽显出不安的现象，壮丁相

---

① 曹幸穗、孙金荣主编：《近代以来中国农村变迁史论》（1911—1949），清华大学出版社 2019 年版，第 384 页。

② 曹幸穗、孙金荣主编：《近代以来中国农村变迁史论》（1911—1949），清华大学出版社 2019 年版，第 140 页。

率弃去其田里而流为兵匪,故农户日渐减少,耕田日渐荒芜。"① "中国的农民在帝国主义压迫之下已日趋难境,重以兵祸连年流离失所,入民国以来,苛捐杂税,负担日重,各省田赋,有预征至数年后者"②,从而导致乡村经济衰落和农民生活日趋贫穷。钱亦石在《中国农村的过去与今后》(1934)描绘,中国农村是"一幅千疮百孔的画图""无疑的,中国农村已一天天向破产的深渊沉没下去了""帝国主义和封建势力是宰割中国农村的两把尖刀"③。1927年11月,中共中央临时政治局会议关于《中国现状与党的任务决议案》指出,由于帝国主义和封建势力的压迫,"农业经济的'重复生产',即使在极隘小的范围内也简直是不可能的了。……再则因为战祸连年的关系,水利灌溉防旱防水的工作,都大受妨害,国家秩序混乱分崩,天灾日益频数(这些天灾亦大半由于中国社会制度而来的),还有财政金融的紊乱,使乡村中多量的出口产品流入城市而不能得着相等的报酬,商业和市场的停滞纷扰,使农业经济上技术方面的准备也日益破毁,乡村中土匪蜂起等。凡此种种,都使农业经济崩败衰落。农业经济的危机是一天天的增加,而有天崩地陷似的暴落的趋势"④;中共中央临时政治局会议通过的《中国共产党土地问题党纲草案》也指出,随着帝国主义和军阀地主的金融渗透,重利盘剥者的势力也不断扩大,广大的贫苦农民"甚至于连维持生活之最小限度的资财也没有。天灾战祸,因而不断的破产失业,还要履行种种旧习惯中糜费的礼节(婚丧赶节等等),都使农民不得不向重利盘剥者借钱。借钱的利息,从月利二分到十分。重利盘剥之中还有一种借贷谷物的办法,这种办法的残酷更是无以复加,简直是公开的掠夺农民";同时,帝国主义利用银价的低落疯狂地掠夺中国人民财富,导致"农村中及城市贫民中最流通的货币(铜元)之价格,日益低落""军阀政府发出许多纸币,军用票国库券等等,这种东

---

① 陈翰笙、薛暮桥、冯和法:《解放前的中国农村》(第一辑),中国展望出版社1985年版,第96页。

② 陈翰笙、薛暮桥、冯和法:《解放前的中国农村》(第一辑),中国展望出版社1985年版,第101页。

③ 陈翰笙、薛暮桥、冯和法:《解放前的中国农村》(第一辑),中国展望出版社1985年版,第507—509页。

④ 王景新、鲁可荣、郭海霞:《中国共产党早期乡村建设思想研究》,中国社会科学出版社2011年版,第44页。

西过不了几天便不值钱了,使农民及城市贫民受巨大的损失"①。正是基于对中国乡村经济特殊性的准确判断,中国共产党明确地把农民问题作为中国革命的首要问题。

第二,农民离村问题。与农民生活难以为继、背井离乡相关联,民国时期农民离村现象非常严重。据 1936 年《农情报告》,1931—1933 年,全国 22 个省份②1001 县,全家离村的农户共计 1920746 户,占报告总农户的 4.8%;另有青年男女离村的农户 3525412 户,占报告总数的 8.9%。有学者据此估算,"若全国家庭平均人口数为 5 人,全家离村人口为 9603730 人;若有青年男女离村农户中每户为 1 人,离村青年男女有 3525349 人。二者相加,离村人口规模达 1312.9 万多人"③。农民离村去向很多,包含流徙于农村之间、流徙于城乡之间、流入城镇、流往外洋等四种去向,后三种为多。农民离村原因:董汝舟认为,一是资本帝国主义者对农村经济的破坏,二是军阀土豪劣绅对农民的榨取,三是天灾人祸对农民加紧压迫④;郑季楷把"经济的破产、为谋生活计,生命财产危险、为求安全计"作为农民离村主要原因⑤;项泽民认为,农民离村原因除内战影响、征兵、灾荒、高利贷与高地租、苛捐杂税等荦荦大者五点外,其他还有列强侵略、外国农产品倾销、农户经济破产,凡此种种,错综复杂,互相关联,皆为促使农民离村之原因⑥。如何解决农民离村问题,仁者见仁,智者见智:有人认为,解决农民离村问题的根本办法在于推翻资本帝国主义与封建残余势力的支配;有人认为,应该停止内战安定民生、废除苛捐杂税、解决土地问题、提高农业技术水准、普遍设立农业金融机构、改善农产运销方法、推行合作制度等措施。研究农民离村的文章还有:赵建新的《农民离村问题》和《农民离村的防止及经济》、金绅良的《中国农民离村问题的研究》、徐承溥的《农民离村问题的商榷》、司徒廉

---

① 中共中央文献研究室中央档案馆编:《建党以来重要文献选编》(1921—1949)第 4 册,中央文献出版社 2011 年版,第 658 页。
② 包括察、绥、甘、宁、青、晋、陕、冀、豫、鲁、苏、浙、皖、赣、鄂、川、湘、滇、黔、闽、粤、桂,未含东北、西藏、新疆等地。
③ 曹幸穗、孙金荣主编:《近代以来中国农村变迁史论》(1911—1949),清华大学出版社 2019 年版,第 113—114 页。
④ 董汝舟:《中国农民离村问题之检讨》,《地政月刊》1933 年第 5 期。
⑤ 郑季楷:《农民离村原因与农村经济建设》,《农村经济》1934 年第 8 期。
⑥ 项泽民:《当前农民离村问题的危机》,《群言》1947 年第 8—9 期。

的《农民离村问题之面面观》、殷梦笔的《农民离村之原因及其补救办法》、振声的《农民离村是复兴农村的致命伤》、楼维和的《中国农民离村心理的研究》等。

第三，农民合作。农民合作运动兴起，是民国时期乡村变迁中不可忽略的事件。孙中山在《建国大纲》中特别强调了合作社的作用，还把地方自治机构举办合作经济看成是改造乡村社会的重要手段，希望通过举办合作经济，培养农民的合作意识与合作观念，实现乡村社会秩序的重建。薛仙舟（1877—1927）是中国宣传合作主义的首倡者和推动者之一，被誉为"合作导师"，他于1927年完成的《全国合作化方案》是国民政府农村合作运动的主要蓝本。1920年，正当我国合作运动初兴，华北广大地区发生严重灾情，灾民达3000多万人。北洋政府面对深重灾难束手无策。在这样的背景下，华洋义赈会应运而生。1922年4月，华洋义赈会设立农利委办会，负责办理农业合作事业，自1923年试办农村合作社至1931年，在河北67县组建各类合作社903个，社员达25633人[①]。华洋义赈会农村合作事业得到了学者赞成，陈隽人的《华洋义赈会农村信用合作社之组织与现状》、张镜予的《农村信用合作社的起源及其发展》等著述，都肯定了其创办农村合作社的成绩。这一时期，农民合作研究著述颇丰，如朱若溪的《农村经济及合作》，书后还附有《合作社法》《合作社法施行细则》；还有郑林庄的《农村经济及合作》、蒋镇的《农村经济及合作》、王惠民的《农村合作》、华北农业合作事业委员会的《农业合作社经营初步》、山东省建设厅合作事业指导委员会的《山东农村合作事业概况》、江西省政府秘书处的《江西省农村合作委员会工作概况》、河南省农村合作委员会的《河南省农村合作委员会工作概况》、华北农业合作事业委员会的《华北农业合作事业委员会报告书》等。

中国共产党早期的乡村建设实践中，农民合作组织发展独树一帜。1932年4月苏维埃临时中央政府颁布《合作社暂行组织条例》，1932年9月中央财政部颁布《合作社工作纲要》。在上述政策文件和法规指导下，苏区农民合组织蓬勃发展起来。农民合作类型多样，规模逐年扩大。

[①] 曹幸穗、孙金荣主编：《近代以来中国农村变迁史论》（1911—1949），清华大学出版社2019年版，第375页。

（1）以解决劳动力缺乏问题成立农业生产互助合作社。截至1934年4月，仅在江西省兴国县就有劳动互助社1206个，社员达22118人；在闽西苏区学会犁耙和莳田的妇女也有1600多人。除了耕田队、劳动互助社，苏区中央政府还在群众中提倡耕牛互助，截至1934年5月，江西省兴国县的犁牛合作社有72个，社员5252人，长汀县有犁牛合作社66个；瑞金县叶坪乡的犁牛合作社还被誉为"模范犁牛合作社"[1]。（2）以保障军需民用成立手工业生产合作社。到1933年8月，在中央苏区南部17县经济建设会议之后出现发展高潮，1934年2月发展到176个，社员32761人，股金58552元[2]。（3）以便利群众生活成立消费合作社。截至1934年2月，中央苏区有消费合作社1140个（普及到各区、乡），社员295993人，股金322525元。苏区临时中央政府和闽、赣两省及17个县建有消费合作总社[3]。（4）以平抑苏区粮价成立粮食合作社。截至1934年2月，中央苏区办有粮食合作社1071个，社员243904人，股金242097元[4]。（5）以抵制高利贷盘剥成立信用合作社。在抗日战争和解放战争时期，在边区和革命根据地，农民合作各类组织发展更上层楼，成为新中国农民合作运动的重要基础。

　　第四，农民教育。（1）农民教育的内涵。林秋白认为："农业教育可分广义的与狭义的两种，所谓广义的农业教育，系指各种教授农业的机关，其种类颇多，如公私立农学院、农业学校、普通中学校的农科、蚕桑学校及农事试验场、蚕桑试验场等机关。因其目的各不相同，于是处理农业的方法也互有差异。狭义的农业教育，指以养成农业技术人才为目的而言，如农业学校、蚕桑学校等是。"[5]（2）农民教育的意义。吴觉农认为，"现在中国的问题，虽层出不穷，而在中国目下的景况之下，要使国家不永远地陷于半殖民地的状态，要使国民能够比现在更有较良的生活，要改

---

[1] 王景新、鲁可荣、郭海霞：《中国共产党早期乡村建设思想研究》，中国社会科学出版社2011年版，第136—137页。

[2] 王景新、鲁可荣、郭海霞：《中国共产党早期乡村建设思想研究》，中国社会科学出版社2011年版，第137页。

[3] 王景新、鲁可荣、郭海霞：《中国共产党早期乡村建设思想研究》，中国社会科学出版社2011年版，第140页。

[4] 王景新、鲁可荣、郭海霞：《中国共产党早期乡村建设思想研究》，中国社会科学出版社2011年版，第141—142页。

[5] 林秋白：《农村建设运动中的农业教育》，《大上海教育》1935年第9—10期。

革因袭的农业,要拯救水深火热中的农民,除从农业教育的改造与普及着手外,决没有彼善于此的方法了。"① (3)农民教育的目的。辛润堂认为,"农业教育之最后与最重要的目的,在普遍增进农民之农业知识与技能,增加农业之农场生产和收入,以谋农民生活程度之提高,故农业教育之最基本工作,在于农民职业之训练,农业教育之重心实为农民职业教育,而非农业研究教育或高等与中等农业教育,农业研究与高级中级农业人才之训练,悉为农民职业教育之一种准备工作,前者是枝叶,后者才是主干。"② (4)农民教育的责任。田康说,农村教育的责任在于灌输政治知识,使有适当的政治观念;鼓起政治兴趣,使有适当的认识;培养合作的精神;给以参加政治的机会③。(5)振兴农民教育计划。杜佐周的计划包括建设各乡村农民小学校、建设农民职业学校、设立农民补习学校、设立农民学校教师养成所、设立农业试验学校及试验场、设立农业专门学校及农科大学、创办农业推广机关、扩充农业文化宣传机关、组织全国农民教育促进会9项④。(6)农民教育经费。杜佐周提出的解决农民教育经费办法,包括由地方税项下筹划,由国税项下筹划,由私人捐款,利用公地官产、地方行政机关所得之各种罚款和充公之劣产及规定特税等项⑤。(7)农民教育专题研究著述。如谭平山的《农村教育的要点》、陈志文的《农村教育要旨》、吴觉农的《我国农业教育的改造问题》、过探先的《我国农业教育的改进》、天玄的《农民教育之必要》、杜佐周的《农民教育问题商榷》等。

民国时期,对乡村建设问题的研究,涉及的方面非常广泛具体,几乎与乡村建设有关的问题,都有论述,只是多少不等而已,以上所言,只是其中荦荦大者。其他如农村人口问题、农村文化问题、农村卫生问题、农村保险问题、土壤肥料问题、畜牧生产问题等等,也有所研究。就是农业推广一项,就涉及农业推广之意义、农业推广之目的、农业推广之要素、农业推广之组织、农业推广之种类、农业推广之原则、农业推广之困难、农业推广员应具备之条件、农业推广应注意之事项、农业推广之步骤、农

---

① 吴觉农:《我国农业教育的改造问题》,《新农业季刊》1925年第5期。
② 辛润堂:《农业教育之重心》,《农林新报》1936年第23期,第643页。
③ 田康:《农村教育的责任》,《中华教育界》1930年第8期。
④ 杜佐周:《农民教育问题商榷》,《教育杂志》1927年第12期。
⑤ 杜佐周:《农民教育问题商榷》,《教育杂志》1927年第12期。

业推广之方法、农业推广与教育、农业推广与民众组训、农业推广与妇女工作、农业推广与农业资金、农业推广与产销、农业推广与工业、农业推广与政治等等,这里不再一一罗列。本《编年》的任务,主要在于还原历史,汇集文献资料,摘录主要观点,让人能够全方位地了解中国现代关于乡村建设研究的具体情况,为有志者的进一步研究民国时期乡村建设史奠定坚实的文献基础!

民国元年　壬子　1912 年

一　乡村建设活动

1月1日，中华民国临时政府成立于南京，孙中山就任中华民国临时大总统，以张謇为实业总长。

2月，丁辛坨等发起成立中国农业促进会，是为民国成立后上海出现的第一个农业社团。

3月10日，袁世凯在北京就任中华民国临时大总统。

4月1日，孙中山正式宣布解除临时大总统职务。

5月4日，孙中山在广州报界欢迎会上发表演说，阐述三民主义的内涵，提出"平均地权"的主张。

按：孙中山说："今于无可平均之中，筹一自然平均之法：一、即照价纳税；二、即土地国有。二者相为因果，双方并进，不患其不能平均矣。照价纳税之法，浅而易行，宜令有业之家，有税亩多少，值价若干，自行呈报，国家即准是以课其若干分之一，则无以多报少及过抬地价之弊。又土地国有之法，不必尽收归国家耶。若修路道，若辟市场，其所必经之田园庐墓，或所必需之地亩，即按照业户税契时之价格，国家给价而收用之。惟买卖之定例，卖者必利其价高，买者必利其价廉。业主既冀国家之收用其土地，其呈报价格高，而国家之土地收入税，亦因之而增长，此两方面不同，而能相需为用。准是而折中之，则地权自无不平均矣。"[①]

6月9日，孙中山在广州与各界会谈，讨论平均地权及地价抽税问题。

8月25日，同盟会改组为国民党，在北京召开成立大会，选举孙中

[①] 于建嵘主编：《中国农民问题研究资料汇编》（第1卷 1912—1949 下），中国农业出版社 2007 年版，第 696 页。

山为理事长，黄兴、宋教仁、王庞惠、吴景濂、王芸祥等为理事。

按：宋教仁撰写《代草国民党大政见》一文，其中说："中国今日苟欲图强，必先致富。以国内贫乏之状况，则目前最亟之举，莫若开发产业。第举宜进行者数端：一曰兴办国有山林。中国有最佳最大之山林，政府不知保护兴办，弃材于地，坐失大宗利源。今农林既特设专部，则国有山林宜速兴办也。"①

是月，北洋政府成立农林部，由农林总长管理农务、水利、山林、畜牧、蚕业、垦殖事务，监督所辖各官署。

9月24日，农林部公布《农会暂行规程》36条、《农会规程施行细则》9条和《农会调查规则》，该《规程》谓农会以图农事之改良、发达为主旨。

11月5日，农林部公布《全国农会联合会章程》，规定全国农会联合会以谋全国农业改良发达，令各省农界代表周知全国农业情形，交换各地农业知识为宗旨。

12月7日，北洋政府公布《农业专门学校规程》，规定农业专门学校以养成农业专门人才为宗旨。

12月11日，农林部制定《东三省国有森林发放暂行规则》，规定各官署以前发给的木植票照一律作废，必须按手续请领新照，始可采伐。

是年，农商部筹设观测所于北京。

是年，浙江嘉兴府设立治螟局，是国内最早的以现代科学指导的专业植保机关。

是年，孙中山在北京中国社会党总部发表题为《社会主义之派别与方法》（一名《社会主义之分析》）的演讲，其中论述了土地问题。

按：孙中山说："欲解决土地问题，我国今日正一极佳时期也。趁此资本未发达，地价未加增之时，先行解决，较之欧美其难易有未可同日以语。然欲解决此项土地问题，须先知土地价值之变迁，就上海土地言之，未开商埠以前，一亩之地不过五两，今则三、四十万者有焉。反观内地则满、蒙、陕、甘、西藏、新疆，其土地之价值，与昔日之上海正相等耳。英大马路自黄浦滩至静安寺，一路之地价，与贵州全省地价已相颉颃。由此可知今日之上海，与今日之内地同一其土地，而不同一其价值，即今日

---

① 龚书铎：《中国通史参考资料·近代部分下册》，中华书局1980年版，第351页。

之上海与昔日之上海，亦同一其土地而不同一其价值，其价值之所以不同一者，非限于天然，实社会进化有以影响之也。上海地价之贵，此已成之势也，将来工商发达，交通便利，内地地价，亦必有如上海之一日。社会之进化，土地再经过二、三十年后，其值可增至万倍，此万倍之利，将属诸何人乎？地主是矣。外人皆知此理，其出资托名以购地者，不知凡几。我国以广大之土地，若无良法支配，而废弃此社会生产之物，将必为外人所乘，而夺此土地生产之权矣。我人研究土地支配方法，即可得社会主义之神髓。土地价值之增加，咸知受社会进化之影响。试问社会之进化，果彼地主之力乎？若非地主之力，则随社会及增加之地价，又岂应为地主所享有乎？可知将来增加之地价，应归社会公有，庶合于社会经济之真理。倘不收为社会公有，而归地主私有，则将来大地主必为大资本家，三十年后，又将酿成欧洲革命流血之惨剧。故今日之主张社会主义，实为子孙造福计也。我国今日而言社会主义，主张土地公有，则规定地价及征收地价税之二法，实为社会主义之政策。即调查地主所有之土地，使定其价，自由呈报，国家按其地价，征收地价百一之税。地主报价欲昂，则纳税不得不重，纳税欲轻，则报价不得不贱，两者相权，所报之价遂不得不出之于平。国家据其地价，载在户籍，所报之价，即为规定之价，此后地价之增加，咸为公家所有，私人不能享有其利，地主虽欲垄断，其将何辞之可借哉（此法广东已提出议案交省议会议决）。"①

是年，北洋政府农林部在北京天坛创办林艺试验场（后改为林业试验场、林场、模范林场）。以后各省相继创办林场，有组织的官营造林活动逐步开展。

是年，云南省长行政公署公布《云南森林章程》。

是年，江苏省立第一农业学校在南京成立，设有林科。

二 乡村建设研究论文

崔学材《论农业与今后国家之前途》发表于《农林公报》第1卷第1—2期。

按：文章说："夫国其国，于天地间者，无不以增拓国富为首务。然

---

① 赵靖、易梦虹：《中国近代经济思想资料选辑》，中华书局1982年版，第39—48页。

国之所恃以为富者，必资于生产事业之增加。而所以为生产事业之本源者，一曰土地，二曰劳力，三曰资本。故《大学》曰：'有人此有土，有土此有财，有财此有用。'今中国土地之广，面积约三千二百六十四万五千一百五十六方里，丁口之众，约四万四千余万人。地大而物产博。人庶则利易辟，而民生凋敝，财用枯竭，所挟持以为生财之道者如此其优且美，而所获之效果如此其劣且恶，何也？地有遗利，民有余力，生植之地未尽垦，山泽之利未尽出，游食之民未尽归农也。夫农者，天下之大本也。民之所恃以生，而田野者，赋税之所由出。国家之盛衰治乱，恒视其兴废以为标准。世未有田野荒秽，农业之民日减而可措国家于磐石之安者。"

伍正名《水产学通论》发表于《农林公报》第 1 卷第 1—3 期。

按：文章说："水产为利益之所在，亦海权之攸关，此我国新事业中所亟宜振兴者也。顾欲求振兴，必从根本上着手，先输入其知识，俾人人知水产学而研究其理，以讲其致用之方，而后事业之兴，各知所适从，庶不致眩瞀而失据矣。今据《农林包报》发刊之机，爰辑斯学大意，以介绍于国人，讲斯学者或不厌土壤涓流之细，而亦采择及之乎？"文章分水产学之意义、动物学之关系、植物学之关系、理学之关系、化学之关系五部分。

章祖纯《论农业教育及振兴农业之策》发表于《农林公报》第 1 卷第 3 期。

按：文章说："二十世纪开幕以来，全球所最注重惨淡经营不遗余力者，厥惟农业。"

崔学材《论农业与今后国家之前途》发表于《农林公报》第 1 卷第 5 期。

伍正名《水产学通论》发表于《农林公报》第 1 卷第 6 期。

崔学材《农村改良论》发表于《农林公报》第 1 卷第 6 期。

何恢禹《水产事业改良谈》发表于《农林公报》第 1 卷第 6—7 期。

崔学材《农村改良论》发表于《农林公报》第 1 卷第 6—14 期。

万勖忠《拟筹贵州农业振兴策》发表于《农林公报》第 1 卷第 8 期。

汤丙南《广西农林调查记》发表于《农林公报》第 1 卷第 14 期。

孙咸山《水产软体动物之运动》发表于《中华教育界》第 1 卷第 6—7 期。

庶晨《农业理财论》发表于《农友会报》第 1 卷第 2—3 期。

庶晨《农业理财论》发表于《农友会报》第 1 卷第 2 期。

程绳植《农业簿记论》发表于《农友会报》第 1 卷第 2—3 期。

张德周《蓝之栽培法》发表于《农友会报》第 1 卷第 3 期。

方圣华《农村振兴策——农业与人生之关系》发表于《农友会报》第 1 卷第 3 期。

耕读轩主人《农业通论》发表于《农友会报》第 1 卷第 3 期。

按：文章说："农学者，农业上学理及经验讲究之学也。其学具体（错杂）而实用，所资非明诸科学旁维侧系，不得自立。据提耶氏之说，农为地中得最高价有机的生产物之术，如是则动植物应研究也。据戈志氏之说，农为动植物经济的生产之技术云云，如是则农业经济应研究也。他如农具之原理，土壤之性质，气象之事实，皆藉物理学而明。肥料、土壤之原质，农业、细菌之繁殖，农业发酵之关系，多由化学而精，人类学有关劳动之事项，社会学有关物价与法律等，殆难殚述。"

王勋卿《德国之农业振兴策》发表于《实业杂志》第 3 期。

郭廷熙《论风与土地之关系》发表于《南京医学报》第 4 期。

梅镇涵《条陈整顿贵州林业》发表于《地学杂志》第 3 卷第 11—12 期。

天翼《瑞典国之水利》发表于《进步》第 3 卷第 1 期。

三　乡村建设研究著作

范扬编述《农家副业》由上海新学会社出版。

按：是书收录楠岩《农产制造学》、畜产协会《畜产学讲义》、须田金之助《蚕学》等 5 篇文章。

［日］佐佐木祐太郎著，沈化夔译《中等肥料教科书》（中等农校用）由上海新学会社出版。

［日］今村猛雄著，叶与仁译《蔬菜栽培法》由上海新学会社出版。

民国二年　癸丑　1913年

一　乡村建设活动

2月3日，农林部在北京召开全国农林联合会，选举叶可梁为会长。大会"以谋全国农业改良发达，令各处农界代表周知全国农业情形，交换各地农业知识为主旨"。

按：北洋政府成立，分实业部为农林、工商两部，以宋教仁及陈其美分任总长。农林部下设农务、牧政、山林、水产四司。宋教仁、陈其美去职后，又并农林部、工商部为农商部，内设总务所、矿政局、农林司、工商司、渔牧司各机构，附属机关有筹备巴拿马赛会事务局、农事试验场、林艺试验场、模范畜牧场、东三省林务局、观测所、农政专门学校、农业场事务所、商标登录局筹备处、全国水利局等。

是日，冯国璋、吴景濂、沈云沛等人创办民富渔业股份有限公司。总公司设在天津，分公司设在北京、保定、济南等11处。

5月19日，农商部公布《修正农会规程》暨其施行细则，由此建立起了一个全国性的农会管理体制。

按：是年，全国已设立直隶、河南、山东、山西、甘肃、浙江、建、江苏、安徽、江西、湖北、湖南、四川、广东、贵州、云南、吉林、黑龙江等省级农会22个，县级农会228个。在一些农业经济比较发达的地区，还成立了乡级农会，如江苏省在民初成立了乡级农会103个，福建省乡级农会达125个。

10月，陆费执、孙钟烜等发起成立国立北京农科大学校友会，分书报、著作、讲演三部，各部设干事，以会长总理之。

是年，农商部所属农试场设立病虫害科，从事病虫害防治的应用研究。

是年，北洋政府设立吉林林务局和哈尔滨林务分局，专管发放国有林事宜。

二　乡村建设研究论文

潘詠雷《论农业组合为改良农务之要图》发表于《农林公报》第2卷第1期。

汤丙南《广西农林调查记》发表于《农林公报》第2卷第1—5期。

何恢禹《敬告全国农民利用池塘扩张养鱼谈》发表于《农林公报》第2卷第4期。

曾公智《就输出入贸易论我国农业之前途》发表于《农林公报》第2卷第4期。

曾公智《奉天省农业之调查》发表于《农林公报》第2卷第5期。

潘詠雷《振兴农业宜先开通农民智识说》发表于《农林公报》第2卷第8期。

按：文章认为，欲开通农民知识，一是发行农业白话报，二是设立巡回讲演所，三是创办立冬季节农业补习学校，四是酌情设立试验场及物产陈列所。

崔学材《厘定田制刍议》发表于《农林公报》第2卷第11期。

按：文章说："驯至今日，一邑之中而拥田万亩者有焉，千亩者有焉，百亩者有焉，数千亩、数百亩、数十亩者有焉，家无一亩之地者，十之七八。夫富豪之拥地如此其多也，上焉者但以重金与农民争售，其甚焉者则计驱势逼，惟予命之是从；有田者既不复有其田，势惟出于为佃，而田主之横征暴取者，所在多有。夫不耕而食，不织而衣，而复于耕者、织者而分其利之强半，乌在而不使农民之生计悉窒也。"

许之衡《论兴农业宜修理河道研究水利始》发表于《农林公报》第2卷第18期。

按：文章说："故今日救贫之善策，莫若兴农业，而兴农业之先务，尤必自修理河道，研究水利始。"

郭凤鸣《水产计划概论》发表于《农林公报》第2卷第18期。

潘詠雷《振兴农业国家须取奖励政策说》发表于《农林公报》第2卷第19期。

潘詠雷《今后之农业宜行猛进主义说》发表于《农林公报》第2卷

第 21 期。

崔学材《修水利当与保安林同时举办说》发表于《农林公报》第 2 卷第 22 期。

杜志文《家庭农业论》发表于《农友会报》第 1 卷第 4 期。

陈澈湘《农业作物学》发表于《实业丛报》第 6 期。

陈建中《欧洲林业之现况》发表于《实业丛报》第 9—10 期。

石如《振兴林业当以教育法律为基础论》发表于《安徽实业杂志》第 7 期。

杨经《筹办云南水利意见书》发表于《云南实业杂志》第 1 卷第 3 期。

彭伯英《吾滇宜亟兴水利以维持农业说》发表于《云南实业杂志》第 2 卷第 2 期。

爱乡《滇省水利问题》发表于《云南南针杂志》第 1 卷第 4 期。

邹经世《农业立国之利弊》发表于《云南南针杂志》第 1 卷第 4 期。

念农《农业概说》发表于《生计》第 5—6 期。

段庐《家畜通论》发表于《生计》第 7—11 期。

按：编者在文章开头说："是编专就畜牧与养蚕发言，最切近于吾国，其他一切腐杂者皆不录。"

溪月《中国农业急宜振兴论》发表于《学海杂志纪念册》12 月号。

按：文章说："今日民国教育之大计划，振兴农业居其一。吾望执政者早日施行，使人民之粮食，且不愧为农业之古国也。"

米如玉《农业效用》发表《协和报》第 4 卷第 5 期。

方飞《乡间小学校宜添设农业一科》发表于《教育界》第 2 卷第 5 期。

潘堃《乡村小学校之困难及其补救法》发表于《教育研究》第 5 期。

安真《土地问题》发表于《人道周报》第 7 期。

裘配岳《土地广大守之以俭者安论》发表于《汇学课艺》第 2 期。

帝民《论吴江水利亟宜开辟》发表于《禊粹》第 8 期。

白月恒《燕赵水利论》发表于《地学杂志》第 4 卷第 1 期。

天翼《挪威国之林业》发表于《进步》第 5 卷第 1 期。

颜穉愚《蒙藏宜注意改良畜牧论》发表于《蒙文白话报》第 8 期。

三　乡村建设研究著作

［日］上野英三郎著《农业土木教科书》由上海新学会社出版。

按：是书分排地整理之性质、耕地整理之利益、耕地之划区、区划之方位、耕地整理之法式等5章。

［日］石坡橘树著，沈化夔译《农业经济教科书》由上海新学会社出版。

胡翔云编译《日本地租论》由长沙编者出版。

［美］顾兰纳著，新学会社编译部译《农艺化学》由上海新学会社出版。

黄毅编《栽培丛书》第2册由上海新学会社出版。

工商部编纂科编《棉业论》由编者出版。

陆自成编《实用作物育种学新编》由上海科学书局出版。

［日］佐佐木祐太郎著，赖昌译述《果树教科书》由上海新学会社出版。

孙钺编《实用森林学》由上海新学会社出版。

李茂新编《实验养猪学》由上海科学书局出版。

胡朝阳编著《实用养猪全书》由上海新学会社出版。

［日］吉田弘藏著，沈化夔编译《实用养蜂新书》由上海新学会社出版。

顾树屏、华堂编《最近实验蜜蜂饲育法》由上海科学书局出版。

农林部编《农林渔牧统计报告书》由编者出版。

民国三年　甲寅　1914年

一　乡村建设活动

1月8日，北洋政府大总统公布全国水利局官制。

按：北洋政府成立的全国水利局，由张謇任第一任总裁，统一管理全国水利事业。张謇曾上书大总统，要求成立水利委员会。

2月27日，奉天都督兼民政长张锡銮公布《奉天水利局办法章程》。

3月1日，国立北京农业专门学校正式成立，路壬甫任校长。在原有农学科的基础上，增设林学科；次年又附设农业教员养成所。

3月3日，北洋政府公布《国有荒地承垦条例》，规定凡承领国有荒地开垦者，无论其为个人为法人，均认为承垦权者。

按：同时颁布《国有荒地承垦条例实施细则》《修正国有荒地承垦条例》《边荒承垦条例》等。

3月18日，北洋政府农商部公布《征集植物病害规则》。

4月11日，北洋政府公布《植棉制糖牧羊奖励条例》8条。

5月1日，北洋政府农商部发布《训令各省整顿国有山林文》。

7月16日，北洋政府农商部公布《国有荒地承垦条例施行细则》。

8月8日，北洋政府农商部公布《东三省国有林发放规则》。

8月18日，北洋政府农商部公布《植棉制糖牧羊奖励条例施行细则》，规定直隶、山东、江苏、浙江、安徽、江西、湖南、湖北、山西、河南、陕西等11省为植棉区域。

9月1日，北洋政府公布《狩猎法》14条，规定不论何人，未经警察官署核准不准狩猎。

9月26日，农商部核定《林艺试验场会计办事细则》。

10月1日，农商总长张謇呈请大总统批准筹办棉糖林牧试验场，因经费欠缺，改定先设棉业试验场3所。

11月3日,北洋政府大总统公布《森林法》32条,对国有、公有及私有森林之经营、管理作出规定。

按:北洋政府制定的这部森林法,内容很不完善,但它是中国第一部森林法,是中国林业法规的嚆矢。①

11月11日,北洋政府大总统公布《修正国有荒地承垦条例》。

12月29日,北洋政府颁布《地方自治试行条例》及《实施细则》。

是年,中华森林会成立。

按:1928年改组为中华林学会,以研究林学,建设林政,促进林业为宗旨。

是年,北洋政府颁布《清丈地亩令文》,设立经界局,专事土地丈量工作。

是年,北洋政府农商部公布修订的《东三省国有林发放规则》。

是年,北京京师大学堂农科大学改为北京农业专门学校,设有林科。

是年,南京金陵大学创办农科,为中国高等农业教育之始。

约是年,南通农业学校育成青芝茎鸡脚棉名种,是为最早育成的改良中国棉种。

二 乡村建设研究论文

学文《农作物与水灾之关系》发表于《江苏省立第二农业学校校友会汇刊》第1期。

仲渊《论各市乡设立农会之意义》发表于《江苏省立第二农业学校校友会汇刊》第1期。

按:文章说:"普及农业于全国,振兴农事于地方,皆非一朝一夕之间所能达其目的。故国家之设农政也,由部而达省,由省而达县,由县而达市乡。农民其阶级如是,故施行法则者,在部省及县,改良农事者,在市乡农会。盖市乡农会,其范围狭小,宣布法则,便于通知。且各处所产种子不同,即气候亦有差异,山林之土不同。河海之滨,千里平原,异于崎岖之地。倘不详细考察,行之以同一之方,施之以同一法则,则土地之肥瘠不均,种子之生育乃阻,如此而期普及农业,振兴农事,安可得乎?

---

① 熊大相:《中国近代林业史》,中国林业出版社1989年版,第99页。

故市乡农会者，可观一地之情形，而用何种方法，则不致受以上之弊病也。农业之发达，其不赖于此乎？设立之意义，其不以此也欤？凡我农界中人，安可不略加注意也。"

侠农《蚕学感言》发表于《江苏省立第二农业学校校友会汇刊》第1期。

侠农《中国蚕学历史谈》发表于《江苏省立第二农业学校校友会汇刊》第1期。

侠农《栽桑沿革史》发表于《江苏省立第二农业学校校友会汇刊》第1期。

古松《论中国农具之改良》发表于《江苏省立第二农业学校校友会汇刊》第1期。

云岩《论农业之必要及改良之不可缓》发表于《江苏省立第二农业学校校友会汇刊》第1期。

顽铁《植物病理与农业之关系》发表于《江苏省立第二农业学校校友会汇刊》第1期。

严枚《振兴中国林业之计划》发表于《中华实业界》第1期。

卢寿籛《小农业之经营改良》发表于《中华实业界》第2期。

爽夷《东三省农业之实况》发表于《中华实业界》第9期。

严枚《美国农业银行之计划》发表于《中华实业界》第11期。

远瞩《今后农民经济上之新时代》发表于《进步》第6卷第3期。

陈玉润《欧美改良都市农村说》发表于《东方杂志》第10卷第7期。

章锡琛《英国今日之土地问题》发表于《东方杂志》第10卷第10期。

生入《西北水利新考》发表于《东方杂志》第10卷第11—12期。

野鹤《德国农村教育之实况》发表于《教育研究》第18期。

巽吾《德国农业教育之近况》发表于《教育杂志》第5卷第11期。

蕉心《关于女子之农业》发表于《妇女时报》第15期。

赵士英《论乡村警察》发表于《浙江警察杂志》第9期。

三　乡村建设研究著作

农商部农事试验场编《农商部农事试验场民国二年试验成绩报告》

由编者出版。

按：报告涉及水稻、小麦、粟、烟草、蔬菜等试验的成绩。

刘大绅编《农业》（师范学校新教科书，下册）由上海商务印书馆出版。

孙观澜著《南通农校主任调查日本农业日记·台湾糖业调查日记》由编者出版。

经界局编《经界法规草案》由广东财政厅土地局出版。

黄毅著《垦荒全书》由上海东方兴业会社出版。

按：是书分垦荒总论、垦荒政策、平原之垦荒、山地之垦荒、水地之垦荒五编。

上海科学书局编辑所编《实验农用种子学新编》由上海科学书局出版。

章祖纯、徐中藩编著《治蝗辑要》由农商部出版。

[美] 德嘉著，刘靖夫、刘靖邦译《棉树栽培新法》由上海商务印书馆出版。

陈淏子编《群芳花镜》由上海大美书局出版。

[日] 斋滕久辅著，徐梦成译《马匹强健法》出版。

李含章译《家禽高产法》由北平中华畜牧学会出版。

[日] 日暮忠、越田德次郎著，杨占春译《水产养殖法》由上海新学会社出版。

按：是书总论，包括养殖生物之范围、养殖之起源及沿革、养殖法与其学理；第一编淡水养法，包括第一章各论，第二章鲑鳟属人工养法；第二编咸水养殖，包括第一章鱼类之养法，第二章贝类之养法，第三章海藻类之养法。

民国四年　乙卯　1915年

一　乡村建设活动

3月，农商部在直隶正定县南门外之木厂村设立第一棉业试验场，聘请美国籍技师周伯逊为植棉顾问。

是春，农商部在江苏南通市琅山前之马场圩设立第二棉业试验场。又在湖北武昌设立第三棉业试验场。

4月14日，北洋政府公布《地方自治试行条例施行规则》，规定分三期实施《地方自治试行条例》，第一期自治事宜之调查，第二期自治事宜之整理及提倡，第三期自治事宜之实行。

6月30日，北洋政府大总统公布《造林奖励条例》11条，凡造林确有成绩者，依据本条例予以奖励。同时公布《森林法施行细则》20条。对划分国有林、保安林，以及承领官荒山地造林作了具体的规定。

是月，北洋政府颁布《劝业委员会章程》。该委员会主要负责征集、陈列国内外各项工艺及原料，并对改良、发明者给予奖励，该政策对农业发展起到了促进作用。

7月，农商部设立农林传习所。

9月16日，农林部派员赴东三省调查荒地。

是月，农商部在北京试办地方天气预报。

10月22日，财政部呈准公布《农工银行条例》，放款范围包括垦荒耕作、水利林业、购办种子肥料及各项农工业原料、农工生产之运输囤积、购办牲畜，修造牧场等。

10月，农商部在安徽祁门县之平里设立茶叶试验场。试验分种类、栽培、修剪、肥料、采制5项。

12月21日，北洋政府大总统公布《各省水利委员会组织条例》。

是年，农商部制定《棉业试验场暂行规则》《林业试验场暂行规则》

《种畜试验场暂行规则》，明确规定各试验场的组建方式和职责任务。

是年，江苏、浙江颁布限制制茧行暂行条例。

是年，南京私立金陵大学设立林科。

是年，北洋政府成立测绘学校——河海工程测绘养成所，以培养河海工程之测绘人才为宗旨。

是年，黄炎培、沈恩孚等在南京创办河海工程专门学校，成为我国第一个水利高等教育学府。

是年，山东长清设立国立林业试验场，主要任务是培育苗木，在津浦铁路沿线和泰山一带造林。

是年，北洋政府规定每年清明节为植树节。

二　乡村建设研究论文

张仁任《南通县农业概况》发表于《农商公报》第2卷第4—5期。

致远《江西省之林业状况》发表于《中华实业界》第2卷第1期。

欧化《欲改良主义农业首在肥料》发表于《中华实业界》第2卷第1期。

欧化《论磷酸肥料对于农业之价值》发表于《中华实业界》第2卷第2期。

张霞瞻《中国促进农业之政策》发表于《中华实业界》第2卷第2期。

海澄《农业副产物造纸法》发表于《中华实业界》第2卷第7期。

觉僧《南通农业概谈节要》发表于《中华实业界》第2卷第8期。

陈咏棠《调查山东农业记》发表于《中华实业界》第2卷第11期。

振庸《工业与农业之比较》发表于《云南实业杂志》第3卷第4期。

常吉德寿《土地清丈之目的》发表于《税务月刊》第2卷第14期。

飞《林业要义》发表于《清华周刊》第48期。

张保《游农林学校林业园记》发表于《清华》第1卷第1期。

秦光荣《松江府水利说》发表于《正志》第1卷第1期。

金如海《论中国林业不能发达之原因》发表于《学生》第2卷第1期。

按：文章说："夫森林之利，近则十余年，远则数百年。愚民不知，贪小利，而滥伐之，此林业所以不能发达之大原因也。"

凌道扬《林业与民生之关路》发表于《进步》第7卷第6期。

黄蔼如《印度水利灌溉说》发表于《中华工程师学会会报》第2卷第8期。

李桂馥《予以农业教育观》发表于《中华教育界》第4卷第7期。

余荫桐《讲求农业论》发表于《绍兴教育杂志》第8期。

金邦正《安徽农业之前途》发表于《教育杂志（安庆）》第2期。

费揽澄《改良农村小学教育之意见及计划》发表于《教育研究》第20期。

陆元甸《商鞅奖农业论》发表于《青年杂志（松江）》第6期。

雪村《都市集中与农村集中》发表于《东方杂志》第12卷第9期。

霆公《德国之粮食问题》发表于《协和报》第5卷第23期。

霆公《中国森林业之进步》发表于《协和报》第5卷第24期。

按：文章说："幸自民国成立之来，政府对于森林之振兴，颇有所规划，非复如前清之置之不论之列矣。"

段本、霆锐《德国粮食供给问题》发表于《协和报》第5卷第41期。

过探先《中美农业异同论》发表于《科学》第1卷第1期。

过探先《农业与战争》发表于《科学》第1卷第4期。

先《东三省林业之一斑》发表于《科学》第1卷第7期。

三　乡村建设研究著作

经界局编译所编《中国历代经界纪要》由都门印刷所出版。

吴仲卿编《黑龙江垦殖说略》出版。

陆绍曾著《农作物篇》（园作须知）由上海中国图书公司和记出版。

李茂新编《实验棉业学丛书汇译新编》由上海科学书局出版。

江志伊编著《种棉法》由上海新学会社出版。

穆藕初著《植棉改良浅说》由上海德大纱厂批发所出版。

胡大望译著《茶叶论》由上海新学会社出版。

按：是书节译自英国伊倍孙论茶之原著，分为9章，概述中国、日本、斯里兰卡、印度等国茶的种植、制造、鉴别、包装、贮藏等方法。

江志伊编《种茶法、种竹法、种蓝法》由上海新学会社出版。

商务印书馆编《园艺教科书》（女子中学校师范学校用）由上海编者出版。

倪吉亢编《学校园园艺新书》由上海新浦东报社出版。

贾润之编《军马学统编》由北京正蒙印书局出版。

按：是书分9篇，第一篇马史，包括原马、动物学上马之地位、马科分类3章；第二篇马政，包括马政总论、马政机关2章；第三篇马种（附各国马政沿革），包括马种总论、马种各论、日本马、中国马（附历代马政）4章；第四篇构造学解剖及生理，包括细胞及组织、皮肤皮黏膜、运动器、神经及五官器、循环器、呼吸器、消化器、泌尿器、生殖器9章；第五篇相马学，包括马体区分、体形及姿势、品位秉性悍威持久力性质体质及习癖、运动及步法、毛色及特征、年龄之鉴定、体尺之检测、马之检查法、对于役务马之选定9章；第六篇卫生学，包括卫生之要义、疾病之原因、保健原则3章和各论，包括空气、风电气及光线、四季、气候之驯化、土壤、牧场、运动场、水、食物、厩舍、马之取圾法、皮肤卫生、作业卫生14章；第七篇繁殖学，包括生殖机能、遗传2章和各论繁殖法，包括纯粹繁殖、交叉繁殖、繁殖用马之选择、繁殖用马之配合、繁殖用马之卫生、幼驹之卫生、马之恶癖、去势8章；第八篇蹄铁学，包括体形及肢势、步样、踏着、趾轴、前后两肢之差异、题字、蹄铁之磨灭、蹄铁工场、蹄铁器械、蹄铁用材料、蹄铁、蹄铁之制造法、蹄钉、装蹄法、异常蹄之装蹄法、步法异常、蹄之卫生17章；第九篇疾病学，包括健康与疾病、疾病之症候、主要之疾病、看护法4章。

顾鸣盛编《实用养鸭学》由上海科学书局出版。

民国五年　丙辰　1916年

一　乡村建设活动

4月，北京农业专门学校教员暨农科三年级学生由许旋教授等率领到日本参观学习。

5月24日，袁世凯先前曾下令清丈全国地亩，扩大田赋收入，因遭到人民群众反对，至此下令清查田亩指示暂行停止，各省也一律暂缓办理。

10月，北洋政府农商部设立林务研究所，从事育苗技术、造林方法、采选树种和制造标本、林产制造、森林知识的普及、森林分布状况的调查、林业经济等方面的研究。

12月，北洋政府农商部制定《林业工会规则》。

是年，创设于清光绪三十二年的农事试验场，改称为中央农事试验场，经农商部订定中央及地方农事试验场联合办法，修改各项规则，试办模范农场，附设农事访问处，并与农林传习所联合开第三次农产品评会暨成绩展览会。

二　乡村建设研究论文

杨永言《科学的农业及中国将来之应用》发表于《江苏省立第一农业学校校友会杂志》第2期。

记者《江北农业教育谈》发表于《农商公报》第2卷第7期。

记者《我国农林业前途之曙光》发表于《农商公报》第2卷第7期。

章祖纯、蒋梦麟《美国农业教育状况》发表于《农商公报》第3卷第1—2期。

谷钟秀《谷总长农商事业计划书》发表于《农商公报》第3卷第

3期。

按：文章说："自辛亥以还，识者咸以为移垦为当务之急。顾边地放荒，向来各自为重，办理或未尽合宜，致使豪强兼并，拥地自封，人民虽欲移垦而不可得。"

记者《北满之林业》发表于《农商公报》第3卷第5期。

利寅《农林之术优土地之争自息论》发表于《广东农林月报》第1卷第1期。

关乾甫《农业救国论》发表于《广东农林月报》第1卷第1期。

关乾甫《德国战时粮食问题》发表于《广东农林月报》第1卷第3期。

周国瑞《经营东三省林业之利》发表于《实业浅说》第33期。

李嘉瑗《荒废的土地宜速栽桑养蚕》发表于《实业浅说》第40期。

芥舟《德意志之林业》发表于《中华实业界》第3卷第5期。

吴雪东《蒙古农业与畜牧》发表于《中华实业界》第3卷第6期。

朱鼎元《乡村教育谭》发表于《教育研究》第28期。

素心《中国之水利工程》发表于《协和报》第7卷第8—9期。

素心《林业浅说》发表于《协和报》第7卷第9—11期。

[法]陆哀抱里《俄国农民裁判所说略》发表于《司法公报》第65期。

晓东《论我国农业之前途》发表于《民铎》第1卷第1期。

按：文章说："我国农业发达最早，自神农作耜以利天下，帝尧命四子以授民时，相沿至今，数千年来，《诗》《书》所述，圣贤所倡，要皆以农业为安民富国之基。为政之道，亦端在乎此。夫以吾国版图之大，人民之众，土地之丰饶，气候之温和，国民之勤俭，水路产物之殷盛，方之各国，殆罕有其匹。是天之所以勖成者甚厚，而征之历代史乘，政府之奖励人民，亦若无以复加。则农业之发达，自当首屈一指，断不肯瞠乎各国之后。即农产物输出之盛，尤当驾乎俄美之上，更不待言。果尔则我国人尝自命为农业国者，必已达最强最富之域矣。况乎国土广大者，国民之规模必大，建国久远者，自然之淘汰必深，以吾国国势言，恰与此二语相合，宜若可以称雄东亚，凌驾欧美，即举足轻重，虽全世界之势力，足以一言而左右之，何至今日而所获之结果，乃适得其反耶？推原其故，我国国体自夏禹传子，汤武革命而后，朝代迭更，其间分裂统合不一而足，下之人常以德者为归，上之人乃以窃国者为智，于是历代君主，竟以愚民之术相尚，皆不遗余力而研究之。秦汉以还，已稍见端倪。而所谓重农尊儒之风渐有不可一世之概。"

侯过《山林与水源》发表于《民铎》第1卷第2期。

万鼎祥《论农业与中国前途之关系》发表于《约翰声》第27卷第4期。

许家庆《农业与兵力之关系》发表于《东方杂志》第13卷第4期。

秋水《吾国农业上之改良问题》发表于《进步》第10卷第3期。

马君武《中国农业改良之第一步——采用人造肥料说》发表于《大中华》第2卷第10期。

捷臣《欧美农业最近进步观》发表于《中华学生界》第2卷第2期。

陆殿扬《德人科学与粮食之关系》发表于《江苏省立第五中学校杂志》第4期。

区萃仑《劝护中国农业私议》发表于《留美学生季报》第3卷第2期。

三　乡村建设研究著作

鲁绍周编《甘肃省农事试验场第一次报告书》由甘肃省农事试验场出版。

章祖纯编《巴拿马博览会农业调查报告》由编者出版。

陆旋编《肥料学》由上海商务印书馆出版。

何述曾编《土壤学》由上海商务印书馆出版。

张赓韶、吴球等编著《实用果树园艺学》（前编）由上海新学会社出版。

张赓韶、吴球等编著《实用果树园艺学》（后编）由上海新学会社出版。

山西农桑总局编《山西农桑总局成绩报告》由编者出版。

凌道扬编《森林学大意》由上海商务印书馆出版。

丁锡华编《种树浅说》由上海中华书局出版。

陆军训练总监订《陆军马学教程》由编者出版。

卢寿笺编《养鸡浅说》由上海中华书局出版。

江苏省立水产学校编《水产动物学》由上海商务印书馆出版。

民国六年　丁巳　1917 年

一　乡村建设活动

是春，经凌道扬等倡议，在南京成立中华森林会，以集合同志，共谋中国森林学术及事业之发达为宗旨。

5月6日，黄炎培联络教育界、实业界知名人士发起成立中华职业教育社于上海，制定了乡村改进计划，在江苏昆山徐公桥、苏州善人桥、镇江黄墟等地举办农村教育改进试验区，开展农村职业教育。

6月，由江苏省立第一农业学校和第二农业学校的校长与教师发起组织的中华农学会成立于上海江苏省教育会内，推举原浙江省立农业学校校长、江苏第一农业学校教师陈嵘为会长，其宗旨是联络同志，研究农学革新农业状态，改良农村组织，以贯彻民生主义。并在上海创设农学研究所，在真如附设农事试验场。

7月，农商部在江西吉安之大洲上地方开办第一糖业试验场。

9月，农商部公布《林业公会组织办法》。

11月23日，农商部公布《林业试验场章程》。

是年底，黄炎培赴江苏江阴、南通、苏州等地考察农业教育，并撰写了《江阴南通苏州农业教育调查报告》。

是年，农商部开第四次农产品评会暨成绩展览会。

是年，顺直水利委员会成立，主持海河规划治理。

是年，虞振镛在北京创办模范奶牛场，发展我国的奶牛饲养业。

二　乡村建设研究论文

杨闵秋《劝告农家注重畜牧》发表于《农业浅说》第5期。

徐钟藩《说水稻钻心虫宜治的大概》发表于《农业浅说》第5期。

吴晓山《农业家宜保护益虫》发表于《农业浅说》第 134 期。

程定一《论中国振兴林业之必要》发表于《国立北京农业专门学校校友会杂志》第 2 期。

刘鸿霖《普及农业知识策》发表于《国立北京农业专门学校校友会杂志》第 2 期。

涂鸣《论中国森林教育之方针》发表于《国立北京农业专门学校校友会杂志》第 2 期。

马元恺《论中国现今森林之概况及植林之方法》发表于《国立北京农业专门学校校友会杂志》第 2 期。

张仁任《论我国农家亟宜推广堆肥制造使用法及其利益》发表于《国立北京农业专门学校校友会杂志》第 2 期。

张金銮《论我国农业之亟宜改良》发表于《国立北京农业专门学校校友会杂志》第 2 期。

郭惠章《森林法之商榷》发表于《国立北京农业专门学校校友会杂志》第 2 期。

尹巨崧《论中国设立保安林所当采取之方法》发表于《国立北京农业专门学校校友会杂志》第 2 期。

王渭箸《论欧洲林业变幻之原因》发表于《国立北京农业专门学校校友会杂志》第 2 期。

周治昭《论设立森林警察为振兴林业之先务》发表于《国立北京农业专门学校校友会杂志》第 2 期。

殷良弼《余之林业趋势观》发表于《国立北京农业专门学校校友会杂志》第 2 期。

汤敏《森林与气象之关系》发表于《国立北京农业专门学校校友会杂志》第 2 期。

郭培厚《论中国农业之关系》发表于《国立北京农业专门学校校友会杂志》第 2 期。

汪租《论欧美林业之近况及其缺乏木材之原因》发表于《国立北京农业专门学校校友会杂志》第 2 期。

廖显模《治河论》发表于《国立北京农业专门学校校友会杂志》第 2 期。

张嘉桦《蚕业振兴说》发表于《国立北京农业专门学校校友会杂志》

第 2 期。

孙铭烜《民林制度刍议》发表于《国立北京农业专门学校校友会杂志》第 2 期。

凌毓横《农业根本改革论》发表于《国立北京农业专门学校校友会杂志》第 2 期。

刘文光《论振兴农业之方法》发表于《国立北京农业专门学校校友会杂志》第 2 期。

尹聘三《整顿萧县农业管见》发表于《江苏省立第一农业学校校友会杂志》第 3 期。

过探先《改良种棉法》发表于《江苏省立第一农业学校校友会杂志》第 3 期。

谢田《农业化学辑要》发表于《农学杂志》第 1 卷第 1 期。

罗世嶷《水与农业》发表于《农学杂志》第 1 卷第 1 期。

余顺乾《欧洲人之中国农业谈》发表于《农学杂志》第 1 卷第 2 期。

罗世嶷《欧战中法国农业之情状》发表于《农学杂志》第 1 卷第 2 期。

罗戢《农商法令表解续》发表于《农商公报》第 36 期。

恺言《劝农民保护益鸟益虫》发表于《湖南省农会报》第 1 卷第 2 期。

泽村真《德意志之农业教育》发表于《湖南省农会报》第 1 卷第 2—4 期。

人治《农业优于工商论》发表于《湖南省农会报》第 1 卷第 4 期。

人治《论湖南民食问题与农业》发表于《湖南省农会报》第 1 卷第 8—9 期。

麦应端《论农业调查之要》发表于《广东农林月报》第 1 卷第 4 期。

韩旅廛《农业利用细菌之新发现》发表于《广东农林月报》第 1 卷第 7 期。

麦应端《广东农业之肥料问题》发表于《广东农林月报》第 1 卷第 7—10 期。

黄锡诰《论改良农业技术以改良农产物之种子为先》发表于《广东农林月报》第 1 卷第 12 期。

麦应端《论农业振兴之难及亟宜整饬农会》发表于《广东农林月报》

第 1 卷第 12 期。

  枯桐《农民之自觉》发表于《广东农林月报》第 2 卷第 2 期。
  汤襄《农业发达全赖交换子种》发表于《实业浅说》第 93 期。
  曹明銮《农业维新说》发表于《安徽实业杂志》续刊第 4 期。
  郑玙《农业概论》发表于《安徽实业杂志》续刊第 6 期。
  卡晓亭《我国森林与林业并其振兴》发表于《山东实业学会会志》第 1 期。
  按：文章说：振兴林业的方法，一是推广山林学校，二是奖励山林人才，三是广设林业试验场，四是分全国为数林区，五是奖励植林事业，六是政府速颁定林业法规，以保护林业。
  卡晓亭《欧美之林业》发表于《山东实业学会会志》第 1 期。
  姜伯明《细菌与农业之关系》发表于《山东实业学会会志》第 1 期。
  张恺《农业与国家》发表于《山东实业学会会志》第 1 期。
  汪本根《婺城乡土地理调查报告》发表于《安徽省立第二师范杂志》第 4 期。
  程本魁《绩溪十四都乡土地理调查报告》发表于《安徽省立第二师范杂志》第 4 期。
  李家骍《祁门全境乡土地理调查报告》发表于《安徽省立第二师范杂志》第 4 期。
  陈霆锐《各国农业上之种稻考略》发表于《青年进步》第 8 期。
  无名氏《林业效用谈》发表于《讲演汇编》第 12—13 期。
  素心《林业浅说》发表于《协和报》第 7 卷第 12—13 期。
  芮思娄、邹应宪《中国畜牧事业》发表于《兴华》第 14 卷第 7 期。
  周建侯《战争中德意志之粮食计划及农业整理》发表于《学艺》第 1 卷第 2 期。
  蒋维乔《菲律宾之农业教育》发表于《教育杂志》第 9 卷第 5 期。
  戴渭清《农村国民学校之课外教养》发表于《中华教育界》第 6 卷第 1 期。
  怀桂琛《农村高等小学校宜注重农业科并设置实习地之商榷》发表于《中华教育界》第 6 卷第 4 期。
  余寄《德国农业女学校制度》发表于《中华教育界》第 6 卷第 6 期。
  高劳《农村之娱乐》发表于《东方杂志》第 14 卷第 3 期。

钟利生《振兴农业策》发表于《南洋华侨杂志》第1卷第1期。

按：文章说："农业者，实业中之最要者也。吾人日食所需均利赖之，故我国古来之贤执政，罔不尽力奖励之，况今日我国之农人甚多，而温带上之土地甚宜种植，故必振兴农业，以裕国裕民也。振兴要策，厥有五端：吾国边疆荒地阔，人烟稀少，未开辟之地甚多，徒令野心之国觊觎耳。故必速行殖边计划，令人开辟之，其策一也。设农学会，以传布新知识，开设农学校，以培养新人才，其策二也。研究机械以助人力之所不建，开设机器制造厂，并于各乡村设租借机关，其策三也。查考化学肥料及畜牧方法，以厚生产，其策四也。奖励改良种子，且凡有害植物者，政府必设法祛除，有发明良法者则奖励之，其策五也。上列诸端，均为我国振兴农业之所必要也，苟能朝野一心，竭力进行，数年以后，国计民生，皆得因而富裕，范蠡畜牧，武侯躬耕，华盛顿、塔孚脱于离总统任后，皆致力于农，然则农业，乌可轻视哉！"

三 乡村建设研究著作

丁锡华编，顾树森校阅《农业浅说》由上海中华书局出版。

张援编著《中华农业地理》由上海商务印书馆出版。

按：是书分东南部与西北部两编，叙述我国各省土地、水利、山林、气候、动植物的分布、农畜产概况。

直隶公立农业专门学校编《直隶农业专门学校成绩报告》由保定印书馆出版。

按：是书涉及该校在气象观测、土肥分析、作物集园艺栽培等方面的成绩。

曹经沅编《民国经界行政纪要》由北京内务部编译处出版。

殖产协会编《殖产协会报》由编者出版。

农商部中央农事试验场编《农商部中央试验场第三期成绩报告》由编者出版。

按：报告涉及树艺科、园艺科、蚕丝科、化验科、病虫害科等部门1916年的工作报告。

卢寿篯编《园艺一斑》由上海中华书局出版。

胡朝阳编《最新中西花卉盆栽法》由上海新学会社出版。

农商部编《各省造林须知》由编者出版。

陆军军官学校编《陆军马学教程》由编者出版。

张鼎洽编译《实验养鸡学》由上海畜养学社出版。

郑怜生、胡尹明译《实用养鸡要诀》由上海新学会社出版。

郑辟疆编《蚕体解剖教科书》由上海商务印书馆出版。

郑辟疆编《蚕体生理教科书》由上海商务印书馆出版。

［德］赫各莫腊透著，照士、啸翁译《金鱼养育法》由上海商务印书馆出版。

四　卒于是年的乡村建设工作者

汤寿潜卒（1857—1917）。原名震，字蛰仙，浙江萧山人。清进士，任国史馆协修。1909年被授以云南按察使，固辞。后任浙江谘议局议长。1911年11月杭州新军起义，被举为浙江都督。后历任交通总长、金华丽正书院山长、湖南南浔浔溪书院山长、上海龙门书院院长等职。著有《危言》《理财百册》，对社会经济问题提出了一系列改革主张，其中农业问题是重要内容之一。认为"农者，立国之本根"，在《危言》中的水田、水利、卫屯等篇，《理财百策》中的卫田、沟田、屯垦、清丈、查荒、寺田等篇，都论述了农业问题。

民国七年　戊午　1918年

一　乡村建设活动

2月，农商部制订办事细则，分总务股为文牍课、庶务课、会计课，树艺股为普通作物课、特用作物课，园艺股为果木课、花卉课、蔬菜课，蚕丝股为蚕桑课、丝织课，化验股为土壤课、肥料课、农产课，病虫害股为病理课、虫害课。

3月，农商部租用京西蓝靛厂外火器营教场，派员筹办第四棉业试验场。试种美棉，以开风气，教导种法，藉资推广。同时订定棉业试验场章程并处务通则、分股办事细则、会计办事细则、产品发售及分给棉种规则暨棉作展览会章程。

是年，《安徽省奖励民办林业暂行条例》公布。

是年，中华农学会开始编辑出版刊物，曾用《中华农学会丛刊》《中华农学会报》等名称，至1948年停刊，前30年共出190期，是20世纪前半叶我国出版史上最重要的农业刊物之一。

是年，大宛农工银行改组成立中国农工银行，总行设于天津。

二　乡村建设研究论文

张天择《改良农业的条件》发表于《农业浅说》第155—156期。

按：文章说："农业改良的方法很多，那内中第一要紧的，就算是技术方面，不过现在所说的一种技术改良，不必用高深学理，又不要准备多大资本，只要在开始经营的时候，通盘筹算，支配得当，就能够永远立于优胜不败的地位，这样看来，对于我们农民的前途，好处正是不少咧。列位不信，待我把它的仔细情形讲：第一是土地的位置。……第二是土地的性质。……第三是农产物的价格。"

丘锄公《论农民宜勤除杂草》发表于《实业浅说》第 159 期。

徐球《中国农业宜注重肥料说》发表于《农商公报》第 5 卷第 3 期。

郑立三《江苏水利协会杂志宣言》发表于《江苏水利协会杂志》第 1 期。

金天翮《江南水道述》发表于《江苏水利协会杂志》第 1 期。

徐守增《淮北水利纲要说》发表于《江苏水利协会杂志》第 1 期。

灌云武《江北水道说》发表于《江苏水利协会杂志》第 1 期。

灌云武《江北行水今昔观》发表于《江苏水利协会杂志》第 1 期。

费承录《三吴水利考》发表于《江苏水利协会杂志》第 2 期。

金天翮《铁道与水利之关系》发表于《江苏水利协会杂志》第 2 期。

沈山灵《三江水利说》发表于《江苏水利协会杂志》第 3 期。

郑立三《长江下游问题》发表于《江苏水利协会杂志》第 3 期。

金天翮《江南水利之商榷》发表于《江苏水利协会杂志》第 3 期。

张嗣堪《注重农业及其副业之曾文正》发表于《云南实业要闻周刊》第 69 期。

杨迺淳、姚当《中国蚕业之改良》发表于《南京高等师范学校校友会杂志》第 1 卷第 1 期。

周时新《富强中国在改良农业论》发表于《岭南大学农学年报》第 1 期。

按：文章说："今之谈富强者，莫不异口同辞曰：法政也，兵备也，学术也，工艺也，商务也，宜悉举而改良之也，斯固然矣。庸讵知中国居近日之时，处近日之势，所以致富之本，植强之基者，尤莫先于改良农业。何以言之？盖无论政也，兵也，学也，工也，商也，设无农业以叄之，则虽能精其业，达其才，而所衣之布，无由而得；所食之粟，无自而来，则有业不能以自养，有才不能以自用，是直有业如无业，有才若无才耳。然今之有业者能自养，有才者能自用，岂非以农为之助乎？农者，布之所由出，粟之由生者也。此而窳败，则贫弱又何逃焉？"

周时新译《中国富于粮食》发表于《岭南大学农学年报》第 1 期。

裴以礼《中国农业上利源之保存》发表于《青年进步》第 17 期。

远瞩《世界粮食问题之概况》发表于《青年进步》第 18 期。

韩旅尘《农民须知自然界之关系论》发表于《东方杂志》第 15 卷第 7 期。

金山、罗罗《美国输入中国农民之提议》发表于《东方杂志》第15卷第8期。

君实《俄国之土地分给问题》发表于《东方杂志》第15卷第9期。

君实译《中国之农业》发表于《东方杂志》第15卷第9期。

按：文章分绪言、中国农业进步之濡缓、农产物之分布、各种农产物状况、农业与交通之关系、中国农业之现情等六节。

君实《俄国之土地分给问题》发表于《东方杂志》第15卷第12期。

吴锡钦《土地之由来》发表于《学生》第5卷第6期。

李寅恭《森林与农业之关系》发表于《科学》第4卷第1期。

按：文章说："一国自然之物产，农林占其二大宗，在科学上各立专部，两项教育，世人并重，分途而进，获享受国裕民富之效果。我自往古，倚农为生，而于林政有所偏废，童山濯濯，弃利于地，非一朝一夕矣。至于今日，凡百宝业待兴，环顾国中，材木缺乏，有心人始稍稍觉悟，或竟大发恐慌，于是造林之说，纷来耳鼓，业农之辈，疑虑遂起，以为清理官荒，只合垦种，民食先于一切，农粟重于林产，率尔闻之，似为不谬，然未知森林与农业，两不相妨，且相依为命也。"

钱振椿《乡土地志编纂细目》发表于《教育公报》第5卷第10期。

黄炎培《江阴南通苏州农业教育调查报告》发表于《教育与职业》第3期。

艾伟《美国之农业教育》发表于《教育与职业》第9期。

三　乡村建设研究著作

吴蛰扈编《中国农业史》由上海新学会社出版。

按：是书分前后两编，前编总论，分农之释义、农业之原起、农业史之大要；后编本论，分农业胚胎时代、发明时代、修明时代、中落时代。我国有农业史专书，以是书为嚆矢。

石英译述《农民与革命》由上海沪滨书店出版。

按：是书分都市劳动者底斗争、社会民主主义者要的是什么、富与穷，农村中的财产底私有者和劳动者、中农到何处去？到土地私有者或地主方面去呢还是到劳动者或无产者方面去呢、社会民主主义者要想为一切的人民一切的劳动者获得怎么样的改善呢、社会民主主义者为凡百的农民获得着怎样的改善、农村中的阶级斗争等7章。

中华新教育社编《生利指南》上册由上海编者出版。

浙江农事试验场编《浙江农事试验场观测科年报》（1916）由杭州编者出版。

浙江农事试验场编《浙江农事试验场观测科年报》（1917）由杭州编者出版。

程绳植编《浙江农事试验场试验成绩报告》第7册由浙江省地方农事试验场出版。

李德祥编《浙江农事试验场试验成绩报告》第9册由浙江省地方农事试验场出版。

陆旋编《病害学》（农业学校用）由上海商务印书馆出版。

李积新编译《稻害虫书》由上海新学会社出版。

江苏实业厅编《螟虫》由编者出版。

张肇镇著《实验花果种植法》由上海交通图书馆出版。

直隶省农事试验场编《洋槐种法撮要》由编者出版。

关鹏万编《畜产学》由上海商务印书馆出版。

王言纶、刘大绅编著《养鸡法》由上海商务印书馆出版。

王言纶、刘大绅编著《最新养鸡法》由上海商务印书馆出版。

刘德元编《养鸡浅说》由天津直隶省农事试验场出版。

郑辟疆编著《养蚕法教科书》由上海商务印书馆出版。

郭葆琳编《中国养蚕学》由上海新学会社出版。

关鹏万编《兽医学》由上海商务印书馆出版。

关鹏万编《兽医学大意》由上海商务印书馆出版。

郑蠡编译《实用养蜂全书》由上海新学会社出版。

凌道扬编《森林要览》由上海商务印书馆出版。

按：是书介绍各国森林面积所占土地百分比、林政经费、国有森林每年收入的净比较，以及美国林务处的组织，并提出振兴我国森林的办法。

民国八年　己未　1919 年

一　乡村建设活动

3月11日，顺直水利委员会在山东济南泺口设立水文站，开始观测水位，站长章锡绶。

4月4日，顺直水利委员会在河南陕县设立水文站，观测水位、流量、含沙量、降雨量等，站长戈福海。

9月7日，北洋政府公布《县自治法》，有总则、县议会、县参事会、财政、监督及附则，共6章19条。

9月14日，为救济湖北水灾，沈敦和发起成立"湖北义赈会"，自任会长，朱葆三、劳敬修任副会长，募款赈济。

是年，国立北京地质调查所在黄河流域进行地质调查，是为黄河流域区域性的地质调查之始。

是年，直隶省成立直隶黄河河务局，以大名道尹姚联奎兼局长，黄河南北两岸各设分局；河南省改河防局为河南河务局，以吴筼孙为局长；山东省改河务总局为山东河务局，劳之常代理局长，次年为局长。

是年，山东南运湖河筹办处奉命成立黄河河套调查团，对宁夏、绥远河套进行调查、勘测。

二　乡村建设研究论文

天忧《多栽冬作以补足稻作水灾之损失》发表于《农业浅说》第3卷第6期。

咏仙《造林家不可不观》发表于《农业浅说》第3卷第6期。

田瑾《蚕种改良概论》发表于《江苏省立第一农业学校校友会杂志》第5期。

按：文章说："我国自昔以产丝闻于世，利用蚕丝，始于黄帝元妃西陵氏。此后逐渐推广，遂声扬宇宙，迄今数千年矣。秦末时代，传至日本。西历五百五十余年，罗马教徒携去桑蚕多种，而蚕桑事业自是分布世界矣。外人潜心研究，次第进步，法、意、日本诸国为尤著。以致我望尘莫及，出口额日形减落。抚今追昔，诚可浩叹！推究其何以致之乎？曰母种不良，品种日劣，有以致之也。"

谢守恒《学潮后农学生之责任》发表于《江苏省立第一农业学校校友会杂志》第5期。

许以翔《栽棉管见》发表于《江苏省立第二农业学校农蚕汇刊》第2期。

陈聪彝《改良蚕种制造之要点》发表于《江苏省立第二农业学校农蚕汇刊》第2期。

朱树谟《中华棉史》发表于《江苏省立第二农业学校农蚕汇刊》第2期。

杨志祥《崇明县农业概况》发表于《江苏省立第二农业学校农蚕汇刊》第2期。

黄兆麟《崇明西乡之主要农具及其使用法》发表于《江苏省立第二农业学校农蚕汇刊》第2期。

安钟祥《无锡安镇附近之副业》发表于《江苏省立第二农业学校农蚕汇刊》第2期。

王骏《对于中国农业发展之意见》发表于《江苏省立第二农业学校农蚕汇刊》第2期。

罗世嶷《欧洲农业实习校记》发表于《农学杂志》第3卷第2期。

罗世嶷《建设农村与改革新农业》发表于《农学杂志》第3卷第3期。

按：文章认为，农村建设的当务之急，一是知识传授，二是卫生环境建设，三是农业建筑，四是农家营业，五是农业保险。

李寅恭《马来半岛农业之状况》发表于《农学杂志》第3卷第3期。

罗世嶷《农工生活之改良与农业之发达》发表于《农学杂志》第3卷第4期。

司徒溯《江西省农林业概况》发表于《农商公报》第5卷第7期。

[美]培蕾作，唐荃生译《土地为文明之基础》发表于《中华农学会

丛刊》第 1 期。

吴元涤《吾国农业教育之缺陷及改革之商榷》发表于《中华农学会丛刊》第 4 期。

陈彰海《农业上之团体》发表于《四川省农会会报》第 5 期。

田培植《培植水稻之好肥料》发表于《实业浅说》第 185 期。

施显民《农业组织法》发表于《实业旬报》第 1 卷第 11 期。

按：文章说："农业为世界上最重要之业，其发达之状况若何，实与吾人生活休戚相关，而农业国尤甚。顾农业有广狭二义，狭义言之，则农业止限于耕种一端，广义则兼指耕种畜牧二者而言之，换言之，则凡培养土地，使有出产者皆可称之为农业也。农业之组织，可以二种，包括之耕种一也，销售二也。销售之范围大小，至无一定，或于本地市场行之，或于外地集中市场行之，咸随农家之趋向而殊异。第农家恒注意耕种方面，至对于商业方面每多忽略，因之收获虽丰，获利仍鲜，斯其缺点也。"

张祖荫《云南林业衰败之原因及其补救之方法》发表于《云南实业改进会季刊》第 2 期。

吴锡忠《中国农业改良》发表于《云南实业改进会季刊》第 3 期。

杜嘉瑜《日本广岛全县林业之调查》发表于《云南实业改进会季刊》第 3 期。

[日] 松田秀雄作，李永振译《英国农业之改造运动》发表于《江苏实业月志》第 1 期。

评论《中国农业教育之缺陷及改革之商榷》发表于《安徽实业杂志》第 22—23 期。

按：文章说："农林各项试验场，宜切实进行也。试验场之设，所以采用新法，培植新种，示社会以模范，导农民以效法者也。其研究必新颖，成绩必优美，其设施必完全，于农业教育与农事改良上，有重大之关系。"

金天翮《解决黄河问题》发表于《江苏水利协会杂志》第 4 期。

冯道立《淮扬治水论》发表于《江苏水利协会杂志》第 5—6 期。

陆逵《浙西水利宜标本并治说》发表于《浙西水利议事会年刊》第 2 期。

潘澄鉴《苏浙治水商榷谈》发表于《浙西水利议事会年刊》第 2 期。

罗章龙《农民的婚姻》发表于《新生活（上海）》第 14 期。

奚廷泽《粮食研究会劝告全省农民多种棉花说》发表于《武进月报》第 2 卷第 4 期。

慰慈《俄国的土地法》发表于《每周评论》第 29 期。

顾复《晚近农业诸问题》发表于《东方杂志》第 16 卷第 8 期。

熙卿译《美国农业计划之改革》发表于《东方杂志》第 16 卷第 12 期。

严光耀等《调查山东之农业状况》发表于《科学》第 4 卷第 5 期。

雨时《满蒙之农业》发表于《科学》第 4 卷第 6 期。

邹秉文《科学与农业》发表于《科学》第 4 卷第 7 期。

按：文章说："作者爰就农业以科学而发达之事实，举其数者以告国人，俾国人知农业与科学关系之密切，而能对于科学及科学的农业有所提倡也。"一曰应用科学以改良动植物种类也；二曰应用科学以防治动植物之虫害也；三曰应用科学以制造肥料也；四曰应用科学以改良农具也；五曰交通之便利有以影响农业之发达也。"故农业非科学莫由振兴，实为人所共晓，而今日之提倡科学的农业，在吾中国尤有不容少缓之势也。"

过探先等《永久农业与共和》发表于《科学》第 4 卷第 8 期。

WPF 生《意大利农民之新思潮》发表于《时事旬刊》第 1 卷第 32 期。

凡《林业效用谈》发表于《京兆通俗周刊》第 10 期。

邹瑄《振兴农业》发表于《翼农丛谭》第 1 期。

陈适《中国农业改良论》发表于《新中国》第 1 卷第 1 期。

按：文章说："改良农业之策，人各异说。而其根本之要点，就生产分配言，一为农业直接之改良，一为间接补助之改良。前者如土地、气候、风土之调查，种子、耕作、收获、畜牧、园艺、肥料、农具等。学术之研究，以及土地之开拓、灌溉等问题，皆有关于农事之生产方面者。后者如田赋、厘金、税制之因革，币制之统一，以及铁道、运河等交通机关之整备，农业金融机关之设置，皆有关于农政设施方面者。但后者，与一般政务之改良相关，涉及商工业及其他国家之一般经济政策，范围广鹜，故不深论。"

［俄］脱尔斯泰作，陈无我译《土地与劳动》发表于《新中国》第 1 卷第 4—5 期。

［美］弗格森作，周由廑译《美国农业富源论》发表于《新中国》

第 1 卷第 5 期。

蒋梦麟《与农业学生谈话》发表于《每周大事记》第 8 期。

按：文章说："农学生的一个通病就是读死书太多，在田场工作太少，所以毕业后，往往比那实地经验的老农还不如。你这种教育，有什么用处，不但人家不信，他自己也便觉得没有用处。照此看来，农学生第一件要注意的就是实行。"

沈淇泉《农业上之教育》发表于《旅杭嘉善学会集志》第 1 期。

钱士鉴《神农氏教民艺五谷而兴农业论》发表于《旅杭嘉善学会集志》第 1 期。

郭华秀《乡民移居城市与农业之关系》发表于《岭南》第 3 卷第 4 期。

林鹤鸣《日本农民与地主争斗之机》发表于《世界大势》第 16 期。

高仲和《战后之农业政策》发表于《世界大势》第 10 期。

林鹤鸣《欧俄劳农政策奖励农业》发表于《世界大势》第 21 期。

江亢虎《农业与社会主义》发表于 12 月 31 日《民国日报》副刊《觉悟》。

按：是为江亢虎在北京农业专门学校的演说。文章说："现在略说这两种文朗：农业有保守的性质，商业有进取的精神；农业是主张朴实的，商业是主张奢侈的；农业是聚族而居，安土重迁，服畴食德的，所以血统关系，乡土感情，格外浓厚些；商业是懋迁有无，奖励冒险，自由竞争的，所以个人探险为先锋，国家武力为后援。商业文明发达在什么时候哩？这也该知道的，大概从蒸汽机发明后才实现。虽然，商业文明与农业文明，究竟有什么关系呢？须知中间又有一种文明，就是工业文明。因为农业出原料，经工业的制造以后，商业才可以贩卖。所以有人说：工业文明可为商业和农业过渡的时代。这实在不错的。"

三　乡村建设研究著作

吴燮编《农业学校农场农事试验报告》由吉林省立农业学校出版。

顾纶泽编《农具学》由上海中华书局出版。

[日] 稻垣乙丙著，胡朝阳编译《农学大意》中编由上海新学会社出版。

江苏实业厅第二科编《江苏实业厅螟虫考查报告书》由江苏实验厅第一科出版。

中国化学工业社编《除虫菊栽培法》由上海中国化学工业社总公司出版。

罗适丹编，姜天佑增订《花卉栽培法》由上海新学会社出版。

刘大绅编著《园艺学》由上海商务印书馆出版。

按：是书分4编，第一编绪论，第二编蔬菜栽培法，第三编国树栽培法，第四编花卉栽培法。附录：主要花卉种子下种时期概要表、主要花卉栽培法概要表。

陈奭棠编译《通俗蚕种学》由上海新学会社出版。

郭葆琳编《栽桑图说》由山东省立模范蚕业讲习所出版。

陈奭棠编《桑树栽培法》由上海新学会社出版。

关鹏万编《水产学大意》由上海商务印书馆出版。

按：是书分4编，第一编总论，包括水产学之定义、水产学与其他合科学之关系2章；第二编渔捞，包括渔船、渔具2章；第三编养殖，包括人工养殖法、保护繁殖法、普通鱼类养殖法、介类养殖法、藻类养殖法5章；第四编制造，包括食用品、肥料制品、工艺用品、药用品3章。

佟兆元著《考察日本林业记》出版。

民国九年　庚申　1920 年

一　乡村建设活动

6月9日，北洋政府农商部再次修订《东三省国有林发放规则》，予以公布。

12月23日，《共产党》月刊第3号发表中国共产党的《告中国的农民》，是为中国共产党最早的一份关于农民运动的重要历史文献，其中对农民的阶级划分、地主剥削农民的手段、农民贫苦生活的程度等问题都作了充分论述。

按：《告中国的农民》文末注明时间是1920年12月23日，发表于次年4月中国共产党上海发起组理论性机关刊物《共产党》第3号，作者署名以及正文第一节全部和第二节前半部的第2面为空白，印有"此面被上海法国捕房没收去了"13个字，文章的标题可以从第4面和第6面的天头上看到，但是作者署名和开头部分则已经无法查找。文章究竟由谁写的，或曰沈定一（玄庐），或曰周佛海，据刘善文《〈告中国的农民〉一文的作者应是毛泽东》的考证，认为只有毛泽东能写出这样的文章。[①] 文章说：有人说中国农民底生活，并不是痛苦的，也不是受十分压制的，因为所谓农民，都是自己有着田地，自己耕种的，并不是单靠着耕人家底田而谋生的。就是耕人家底田，而所得的生产物底分配，乃是平分的，所以也没有甚么分配不平均，既然这样，你就向他们去宣传，也断不能促进他们底自觉，这话都不然。我现在只要把农民底状况记述出来，就可证明这一说底理由不充足了。不过我现在记述的农民状况，是就我住的那一县和附近的各县底状况而论的。我想就以此推想全国，也不过是大同

---

① 中共萍乡市党史工作办公室等编：《毛泽东在萍乡》，萍乡工人报社1993年版，第135—143页。

小异罢了。

一、农民自身里面的阶级　有人说中国底农民，都是各有土地的，这句话是有一部分确实的，然而未免太笼统了。一家三人，所有千亩田，算是所有土地；一家十口人，所有一亩田，也不能不算是所有土地。然而你能以这样的所有，就说农民之间，生活都是一样，没有甚么特别的痛苦吗？设若细细地考察起来，就可知农民自身内面，也有几层阶级：(一) 所有多数田地，自己不耕种，或雇人耕种，或租给人耕种，自己坐着收租。这一种人本算不得纯粹的农民，我乡下叫做"土财主"。(二) 自己所有的土地，自己耕种；而以这个土地底出产，可以养活全家。他们也有于自己底土地之外，租人家底土地耕种的。这一种人就是中等农民。(三) 自己也有一点土地，然而只靠自己土地底出产，决不能养活全家的。所以不得不靠着耕人家底田，分得一点以自赡，这一种人已可谓下级农民了。(四) 这乃是"穷光蛋"，自己连插针的地方都没有，专靠耕人家底田谋生活的。这一种人就是最穷的农民了。上述四种里面，以第三种和第四种的人数为最多。第一种当然是少的，第二种也是很少。第一二种底生活，是丰衣足食的，不是我们问题底目的物。我们底目的物，乃是占农民全数内面的大多数的第三四种农民。第四种农民底苦况，简直是非常厉害，每天到晚，每年到头地苦作，还不够穿衣吃饭，一遇年岁不好，田主顽强（分配底方法，后面详说）的时候，就差不多要饿死。所以这种农民底生活，是非常困苦的。第三种农民，虽然自己有一点田地，还耕一点人家的田，然而因为生活程度日高，不是东挪西扯地来借贷，也是不能维持全家生活的。所以每到收谷的时候，谷总不能全数运到家里来，直接运往债主家里去还账，或还利息去了。因为这种原因，自己所有的一点田，也不得不渐渐卖或当给"土财主"或中等农民，（在后面田地集中里面详说）而堕为第四种农民了。所以他们底生活也是极困苦的。照这样看起来，可见得大多数农民底生活，是非常困难的；只拿着农民都是自己有田地这句话，说农民底生活都没有甚么困苦的先生们，简直是瞎说。这和说劳动者是和资本家同样地有收入，他底生活是不困难的是一样的胡闹。

二、佃户和田主间的分配方法　有人说佃户和田主之间的出产分配法，是以二除，各占一半的，所以这种分配，没有甚么不平均。其实不然，象这样的分配法，行得非常之少，十分之九是行我们乡下叫做"认谷"的方法的,"认谷"就是譬如某丘田相传出十石谷,田主就认要六石。无论该田所出的实际出产,不能十石,或超过十石,田主都不管,他只是认要六石。因为这样办,于田主有两种便宜。(一)可以省多雇用人。因为设若是照实际的出产平分,田主必于每佃户收谷时,派人去田里当场监督,以免细户虚报。而"土财主"所有的土地很多,甚至于百里以外都有他底田地。所以于收谷时,他不得不雇一群平日他信赖的人,分向各地监督;甚有雇几十人或百人的。所以田主方面,非常麻烦,且费用也很大。又如百里以外,要派人去监督,也是件很烦难的事。他因为要省用费和免除烦难,所以简洁了当地每丘田指定认谷若干,自己坐在家里,一点事不做,等着佃户恭恭敬敬地送上门来。(二)田主既然认定了要多少租,他就不至于因年岁不好,减少他底收入。因为有这两种原因,所以田主大概都是"认谷",很少和佃户均分的。然而这种"认谷"的方法,对于佃户有利益没有?这是于他们决无利益的!有人必定以为设若佃户好好耕作,出得十石谷的田,使他能出十石多,那末,这种超过指定数目的出产,归他专有,田主不能来分,这不是他底利益吗?这纯粹是理想的空谈,设若实地调查一下,就可知他底结果,适得其反。原来规定某丘田能出多少谷的标准,不知道以几百千年以前某一岁有了特别的丰收,就以这一年底出产为标准规定某丘田出谷若干的。其实以后实际的出产,不但没有超过原定的数目,大多数反是不足原定的数目的。……这种痛苦,非生长在乡下,与农民接触得久的人,绝对是不知道的。所以一般农民底生活困苦,简直是形容都形容不出来的。说佃户和田主之间的分配平均,所以说农民底生活不困苦的人,也是瞎说。

三、土地集中的倾向　工业上资本集中的原则,就是在农业上也不能逃掉的。在工业方面,有资本集中的趋势,在农业方面则有土地集中的趋势。照前述田主和佃户之间的分配法来看,第四种农民然是非常困苦的。就是自己有着一点土地,而租别人底田耕种的第三种农民,又何尝不是这样?近年来生活程度一天高似一天,年岁又没有甚么好的。他们内里,则要养活全家,外面则要缴清田主底租。所以只靠田里的生产,决不能一年维持去。那末,借贷呀,当田呀,卖田呀,就是他们暂时糊口的方法了。他们并不是不知这样"牵萝补屋,剜肉医疮"的方法不是可以永久的。然而不这样做,一家人就会要即刻饿死,田主把田一收回去,他们就要失掉谋生的路。他们因为要求田主不夺去他们底饭碗,要暂时维持生活,就不得不把自己底一点田，当或卖给田主了。所以田主就慢慢地把这些分散的，零碎的小所有地，吸收起来；而第三种下级农民，就堕落为第四种最穷的农民了。他底结果，就是所有大土地的人数越少，没有插针的地的人数越多。

综观上述，可见中国农民困苦，并不减革命前俄国底农民的。他们底怨气，已弥漫天地，象萍乡今年的事，不过是充满宇宙的怨气，才发泄一道出来罢。他们一时爆发的时期，已是不远了。然而从另一方面看，萍乡今年这件事，也是中国农民觉悟的一点曙光。他们这次的举动，范围虽小，然而正如昏天黑地之中，东方现出一线曙光是一样约。有了这道曙光，青天白日就要随着来的。谁说他们不能觉悟？谁说我们去宣传，他们不肯来听？同志们呀！我们要设法向田间去，促进他们这种自觉呀![①]

是年，金陵大学成立棉作改良部，从事中棉育种与美棉驯化工作。

是年，中华职业教育社成立农业教育研究会，征集专家学者对办农业学校的意见，发表《中华职业教育社农业教育研究会宣言书》。同时派邹韬奋、王纪华等调查各地农业教育状况。

是年，中华基督教教育会议通过决议，把农业纳入教育活动范围，并在教育会下成立农业教育委员会。

是年，督办苏州太湖水利工程局成立，管理天湖地区江苏境内23县、浙江境内16县的河道和湖区水利事项。

二 乡村建设研究论文

王正《林业富国论》发表于《山东公立农业专门学校校友会杂志》第1卷第1期。

元灏田《莱芜县农业调查报告》发表于《山东公立农业专门学校校友会杂志》第1卷第1期。

王铭新《重农说》发表于《山东公立农业专门学校校友会杂志》第1卷第1期。

郭次璋《振兴山东农业之意见》发表于《山东公立农业专门学校校

[①] 中共萍乡市党史工作办公室等编：《毛泽东在萍乡》，萍乡工人报社1993年版，第144—149页。

友会杂志》第 1 卷第 1 期。

陈至《论我国今日宜以蚕业为救贫之法》发表于《山东公立农业专门学校校友会杂志》第 1 卷第 1 期。

王正《林业富国论》发表于《山东公立农业专门学校校友会杂志》第 1 卷第 1 期。

按：文章说："列国强而中国弱，列国富而中国贫。其致病不一，而其致病之原，首在于林业之不振。何则一国土地面积中，农田居其内，河海居其内，山岳居其内，三者并用，然后物阜财丰，国家以裕，若只以农之所生，水之所出，而于广大之山岭置而不理，是以有限之土地，而供无穷之需要也。生寡食众，安有不贫者哉！"

田光灿《中国宜振兴农业论》发表于《山东公立农业专门学校校友会杂志》第 1 卷第 1 期。

陈砚耕《农业经济与国民经济发展之关系》发表于《山东公立农业专门学校校友会杂志》第 1 卷第 1 期。

按：文章说："夫经济之现象，不外生产、交易、分配、消费四种，而农业经济，在吾国实占生产上之大部分。至于农业上之交易，则以粟易布帛之俗，在古已成惯例。即以分配论，吾国尚无地主与劳动者有特殊阶级之现象，较之他国，尚易改革。此时所惧者，惟以生产不见增加，实不足以供给多数人之消费耳。吾国天然力独厚，实天府之地，若尽地之蕴蓄，加人力之培植，实未可限量。特以人民知识幼稚，遂弃利于地，日所务者，惟以固有之成法，耕植其原有之田地而已。……内既不能供国人之消费，外即示以可乘之机，而中国经济之危机立见，故曰改革农业经济，为在所必需者此也。"

孙文卿《山东畜牧之经营》发表于《山东公立农业专门学校校友会杂志》第 1 卷第 1 期。

吴廷华《农业与国家》发表于《农趣》第 2 期。

如梅《论改良农业的条件》发表于《农趣》第 3 期。

守仁《我对于农业教育的希望》发表于《农趣》第 3 期。

按：文章说："国家的强弱富贫，须看他的生产力和国民的财力为定。我们中国古代数千年来，历史载明是以农立国的国家。但是推至现在，我们的国家仍是处在贫穷的地位，这不外乎是农业不发达的原因，也是国家不注重农业的结果。所以，一般的农民，只是墨守成例，不知道从事改革，加之近数年来，天灾累累，国乱不宁，田亩成为战野，收获当然减少，所以连那生活问题都解决无方了。这样，非从改良农业不可，但是要启发农业的智能，也须从农业教育方面着手。"农业教育可分为社会教育和学校教育。

瘦燕《农民大同盟会宜设农艺研究所以促增加生产论》发表于《农趣》第3期。

周建侯《美国之农业教育》发表于《农商公报》第6卷第8期。

刘家瑶《德国农业仓库与粮价之关系》发表于《农商公报》第7卷第4期。

萧诚《北美之林业》发表于《中华农林会报》第6期。

邹秉文《江苏省农业行政计划》发表于《中华农林会报》第6期。

杨兴芝《对于最近农业界技术上增进之调查》发表于《中华农林会报》第8期。

曾济宽《农村社会之改造与农业教育之改进》发表于《中华农学会报》第2卷第3期。

按：文章说："改善农业环境之道，约有五端：一曰普及乡村农事教育；二曰改造地方农事机关；三曰促进地方自治之发展；四曰农业实践人才之养成；五曰农业行政机关之改善。五端者，与农业教育之发达，相辅而行，皆所以促进农业之改良也。"

项金浚《农林业之联合问题》发表于《江西省农会丛刊》第2期。

吕叔元《江苏农业之未来观》发表于《江苏省农会杂志》第5期。

韫庐《论我国现行关税制度与农业之关系》发表于《江苏省农会杂志》第6期。

龙建霞《论吾国农业前途之危机》发表于《江苏省农会杂志》第7期。

王之栋《战后之农业政策与食料自给问题》发表于《黑龙江实业公报》第3—5期。

新益《满蒙畜牧之概况》发表于《实业旬报》第2卷第4期。

绍绪《中国农业之前途》发表于《实业旬报》第2卷第4—5期。

按：文章说："中国之希望在农业。"

徐球《江苏省农业概况》发表于《劝业丛报》第1卷第1期。

高文炳《奉天省农业概况》发表于《劝业丛报》第1卷第2期。

孟真《山东底一部分的农民状况大略记》发表于《新青年》第 7 卷第 2 号。

公展《俄国土地法》发表于《解放与改造》第 2 卷第 1 期。

侣琴《农民解放与平民银行》发表于《解放与改造》第 2 卷第 5 期。

沈思岐《常熟底农民和地主》发表于《解放与改造》第 2 卷第 12 期。

侣琴《农村运动》发表于《解放与改造》第 2 卷第 12 期。

水采田《农民底苦况》发表于《星期评论》第 48 期。

亢孝标《危哉中国农业之将来》发表于《东方杂志》第 17 卷第 11 期。

W《罗马尼亚之农民问题及犹太人问题》发表于《东方杂志》第 17 卷第 14 期。

晓秦《武功的农民生活》发表于《秦钟》第 3 期。

王珍《改良陕省农业意见书》发表于《秦钟》第 5 期。

林骙《林业改造之第一问题》发表于《学艺》第 2 卷第 3 期。

张国经《中国水产业蠡测》发表于《学艺》第 2 卷第 4 期。

顾复《新思想与农业》发表于《学艺》第 2 卷第 4 期。

按：文章说："近代科学勃兴以来，由经验的农业一变而为学理的农业，酿成农业技术上之革命。交通机关之发达，新开国殖民地等廉价农产物，运输便利，老文明国高价之农产物，不足与之竞争，酿成农业经营上之革命。"

林骙《何谓林业》发表于《学艺》第 2 卷第 9 期。

宙康《日帝国主义者侵略之特性——土地侵略》发表于《中国公论》第 4 期。

张骏良《什么叫做国家·政府·人民·土地》发表于《通俗丛刊》第 3 期。

抱愿《民律草案土地债务之存废问题》发表于《法政学报》第 2 卷第 2 期。

刘寰伟《水利刍言》发表于《科学》第 5 卷第 7—9 期。

李寅恭《中日林业之对观》发表于《科学》第 5 卷第 8 期。

汪胡桢《新疆之水利》发表于《河海月刊》第 3 卷第 2 期。

东孙《中国的粮食问题》发表于《兴华》第 17 卷第 37 期。

饶发枝《振兴福建林业刍言》发表于《福建教育行政月刊》第 1 卷第 3 期。

金海观《丹麦的乡村教育》发表于《中华教育界》第 10 卷第 1—4 期。

黄蔼《美国乡村教育的进化史》发表于《中华教育界》第 10 卷第 3 期。

王庭训《普及乡村教育的一个根本问题经费》发表于《安徽教育月刊》第 35 期。

马毓英《雪和农业的关系》发表于《少年（上海）》第 10 卷第 12 期。

余家菊《农村生活彻底的观察》发表于《少年世界》第 1 卷第 2 期。

张闻天《农村改造发端》发表于《少年世界》第 1 卷第 3 期。

唐启宇《新时代之农人》发表于《少年世界》第 1 卷第 3 期。

唐启宇《农村交通的改良与村落文明》发表于《少年世界》第 1 卷第 9 期。

唐启宇《农业机械对于生产及工作之影响》发表于《少年世界》第 1 卷第 10—12 期。

昂成《乡村的用水问题》发表于《青年进步》第 37 期。

王统照译《俄国之农业的社会化》发表于《曙光》第 1 卷第 6 号。

谭平山《我之改造农村的主张》发表于《政衡》第 1 卷第 2 期。

谭鸣谦《我之改造农村的主张》发表于《政衡》第 1 卷第 2 期。

黄枯桐《农村改良问题》发表于《闽星》第 2 卷第 7 期。

刘学志《对于乡村教育之管见》发表于《武进旅宁同学会杂志》第 1 期。

丁鸿章《发展中国农业的我见》发表于《松属旅苏学界同乡会半月刊》第 2 期。

按：作者建议：一是国家应当奖励农民，二是荒地宜从事开垦，三是设立农业银行，四是宜广设农校，五是河道宜开通。

蒋岩石《螟虫害稻之经过及防除方法》发表于《松属旅苏学界同乡会半月刊》第 2 期。

王金吾《论农业中学应有之课程》发表于《留美学生季报》第 7 卷第 4 期。

元叔《新旧两样农业的分别》发表于《旅欧周刊》第8期。

修叔《日本粮食问题》发表于《外事评论》第1卷第1—3期。

晋青《农村改造与教育》发表于《民国日报·觉悟》第8卷第1—6期。

晋青《农村改造与教育》发表于《民国日报·觉悟》第8卷第8—14期。

晋青《农村改造与教育》发表于《民国日报·觉悟》第8卷第16期。

晋青《农村改造与教育》发表于《民国日报·觉悟》第8卷第19—20期。

晋青《农村改造与教育》发表于《民国日报·觉悟》第8卷第22—25期。

晋青《农村改造与教育》发表于《民国日报·觉悟》第8卷第27期。

晋青《农村改造与教育》发表于《民国日报·觉悟》第8卷第29—30期。

三　乡村建设研究著作

直隶农业讲习所编《直隶农业讲习所农事调查报告书》由天津华新印刷局出版。

陆旋著《肥料学》由上海商务印书馆出版。

按：是书绪论、人粪尿、厩肥、渔肥、骨粉、鸟粪及蚕屑、动物质杂肥、绿肥、油粕及其他粕类、堆肥、磷酸质无机肥料、氮气质无机肥料、加里质无机肥料、间接肥料、氮气肥料概论、磷酸肥料概论、加里肥料概论、施肥、肥料试验、肥料之配合、肥料之市价及真价等21章；附录：主要肥料之重量。

邹钟琳著《中国菌病见闻录》由上海中国科学社出版。

谢申图编《虫害学》由上海商务印书馆出版。

按：是书分3编，第一总论，包括界说及昆虫之特征、昆虫之变态、昆虫之外形、昆虫之习性、昆虫之害益、害虫之增加、害虫之发生与自然制裁、害虫之驱除预防法、驱除害虫用具9章；第二编分论，包括稻之害虫、麦粟及大豆之害虫、蔬菜之害虫、果树之害虫、桑茶之害虫、贮谷之害虫、有害动物7章；第三编余论，包括昆虫内部之解剖、昆虫标本制作法、昆虫饲育法、昆虫分类法4章。

整理全国棉业处编《种棉浅说》由编者出版。

整理棉业筹备处编《检选棉种要诀》由编者出版。

华商纱厂联合会调查部编《民国八年棉产调查报告》由上海编者出版。

仙乐种植园森林部编《农林宝筏》由浙江定海仙乐种植园出版。

张伯衡译著《药用藏红花栽培法》由北京兴农园出版。

花好月圆人寿室著《盆栽花木实验法》由上海国华书局出版。

清芬室主人著《艺兰秘诀》由上海国华书局出版。

忏庐编译《实用家禽学》由上海中华科学研究会出版部出版。

美国养鸡联合会编，徐松石译《养鸡图说》由上海新学会社出版。

王宗朴译著《实验栽桑养蚕新法》由上海新学会社出版。

关维震编《养蚕法》由上海商务印书馆出版。

吴志远编《养蚕学》由上海商务印书馆出版。

洪怀祖编《河南樟蚕问答》由南京龙章印刷厂出版。

奚楚明编《实验蚕桑全书》由上海中华全国工界协进会出版。

江西省立女子甲种职业学校编《桑树栽培浅说》由编者出版。

[日] 野野垣淳一著，张品南译《实验养蜂历》由上海新学会社出版。

刘大绅编《养蜂法》由上海商务印书馆出版。

刘大绅编《最新养蜂法》由上海商务印书馆出版。

张品南译《养蜂大意》由上海新学会社出版。

民国十年　辛酉　1921 年

一　乡村建设活动

2月，山西省公布《整理村范规则》，提倡农村自治。

5月，彭湃从日本返回广东海丰县，积极开展农民运动。

6月18日，北洋政府公布《县自治法施行细则》和《县议会议员选举规则》。

是夏，全国农业讨论会第一次会议在济南召开，通过实施全国农业教育计划大纲，提出农业教育应以改良农业为目的，以研究农业、造就农业人才、推广农业为方法。

7月23—31日，中国共产党第一次全国代表大会先后在上海和浙江嘉兴举行，中国共产党宣告正式成立。中国共产党纲明确提出，把工农劳动者和士兵组织起来，宣传共产主义，承认社会主义革命为党的首要政策。

是月，彭湃在海丰创办社会主义研究会，组织会员学习马克思主义和苏联十月革命胜利的经验，探讨中国革命的问题。同时成立劳动者同情会。

8—12月，中国共产党党员沈玄庐与刘大白、宣中华、徐白民、唐公宪、杨之华等人在浙江萧山衙前村领导农民建立农民协会，制订《衙前农民协会章程》，发表《衙前农民协会宣言》，创办"农村小学"，组织"妇女协会"和"农民自卫军"。确立斗争目标，实行"二五减租"。数月间，活动搞得轰轰烈烈，遍及萧、绍、曹娥一带，先后建立了80个农民协会，震动全国。是为中国共产党领导创办的最早的农民协会。年底被当局镇压，会长李虎成死于狱中。

按：成汉昌《中国现代农民运动最早发生于何时何地》说："衙前农民运动与以往传统农民运动相比，有其明显的特点：首先，这次运动的领导力量已不再是小资产阶级或资产阶级，而是无产阶级的政党——中国共产党。共产党员沈玄庐、青年团员宣中华等人直接发动和领导了衙前农民的革命斗争，它是我党在初创时期从事农民运动的一次实践。虽然沈玄庐后来背叛了自己早期的历史，但历史是客观存在过的发展过程，我们今天不应做任意的增减，更不能删去不论。因此，中国共产党领导了1921年的衙前农民运动，这是毋庸置疑的。其次，这次运动提出了较好的革命纲领，这就是衙前农民协会的宣言和章程。这一纲领，正确估计了农民在中国革命中的地位和作用，分析了造成广大农民贫困落后现象的社会制度方面的根源，尖锐地提出了解决农民土地问题的革命主张。同时，还指出，在广大农民与地主资产阶级的阶级对抗与斗争中，农民只有依靠自己的力量，才能达到解放的目的。这些观点体现了无产阶级革命思想的指导。再次，衙前农民的这次斗争，还产生了中国农民运动中的一种崭新的组织形式，即农民协会。这一组织，不仅以先进的思想理论为指导，还具有革命的纲领、正确的政策和策略以及组织原则，是农民群众在'与田主地主立于对抗地位'的斗争中一种阶级的革命的结合。衙前农民运动表现的这些特征，是过去中国历次农民运动所不具备的，也不可能具备的，也是中国共产党领导的中国现代农民运动与以往传统的农民运动根本区别之所在，因而，完全可以确认，衙前农民运动属于中国现代农民运动的一部分。广东海丰的农民运动，是在共产党员彭湃等人的直接组织和领导下发生的，它提出了自己的革命纲领，建立了与农民协会内容相同的'农会'组织。海丰农民运动的规模和影响远过于衙前农民运动，但在上述几个基本特征上，它们是一致的。海丰农民运动是中国共产党领导的中国现代农民运动的一部分，这早已被大家历公认，但必须看到海丰农民运动的发生，海丰农会的建立和它的纲领的提出，都在1922年6月以后，比衙前晚近一年，因此，我们又可以确认，衙前农民运动是中国现代最早的农民运动，衙前农民协会是中国历史上第一个现代农会组织。"[1]

9月14日，农商部公布《狩猎法施行细则》，共23条。

10月，彭湃任广东海丰县劝学所长，向农民宣传马克思主义，宣传苏联十月革命。

---

[1] 中共萧山县委党史资料征集研究委员会等：《衙前农民运动》，中共党史资料出版社1987年版，第130—131页。

是月，以叶恭绰为会长，陈振先为副会长的农具改良研究会在北京成立。

11月16日，由北京国际统一救灾总会牵头组织的各地义赈团体联席会议在上海召开，成立了华洋义赈会，选举艾德夫为首任总干事，章元善为副总干事，总会作为办赈总机关，下设工程水利、农利、森林、移植等分委员会，开始主要在河北农村开展合作运动，发展合作组织。该组织到1949年7月解散，其间为中国的赈灾防灾、兴修水利、复员救济，以及农村经济合作事业等做出了重要贡献。

12月7日，农业教育研究会在南京东南大学召开第四次会议，讨论新学制草案与我国农业的职业教育关系问题。

是年冬，韦拔群回到家乡广西东兰县武篆乡，联络陈伯民、黄大权、黄树林等11位有志青年，组织了改造东兰同志会，开始从事农民运动，领导农民同反动地主、军阀展开斗争，东兰成了广西农民运动最早的发源地。

是年，国立东南大学设立棉作改良推广委员会，从事棉作之实验与推广。

是年，东南大学在南京市江东门外大胜关设立东南大学农事试验总场，金善宝任总场技术员，一直工作到1927年。

二 乡村建设研究论文

季钟和《宝山县农业状况》发表于《江苏省立第二农业学校月刊》第1卷第6期。

张镜明《改良中国蚕种意见书》发表于《江苏省立第二农业学校月刊》第1卷第6期。

卢奏旋《广东潮州底农作物》发表于《江苏省立第二农业学校月刊》第1卷第7期。

高亚宾《安徽水利问题之研究》发表于《实业杂志》第1卷第11期。

天玄《农民教育之必要》发表于《实业杂志》第2卷第3期。

张明纶、高文炳《中国农业之过去现在及将来》发表于《劝业丛报》第1卷第4期。

按：文章说："国之所恃以为富者，不出三物：一曰土地，二曰人民，三曰资本。合成三物而计其所得曰财。三者之盈朒消长，恒为一国之荣瘁所关。我国素称农国，则是三者之中，当以土地、劳力二者为尤重要，盖无足疑。"

乐森璧《美国森林考》发表于《劝业丛报》第1卷第4期。

汤锡福《欧战时列强之粮食政策》发表于《中华农学会报》第2卷第4—5期。

唐志才《与邹秉先生讨论农业教育问题》发表于《中华农学会报》第2卷第7期。

童玉民《农业劳动问题与世界之潮流》发表于《中华农学会报》第2卷第7期。

饶茂森《振兴福建林业刍言》发表于《中华农学会报》第2卷第9期。

童玉民《农业劳动问题与世界之潮流》发表于《中华农学会报》第2卷第9期。

顾复《吾国农业之缺陷及其救济方法》发表于《中华农学会报》第2卷第10期。

杨蕢秋《浙江自治声中之农业谈》发表于《中华农学会报》第3卷第2期。

蒋步瀛《法兰西之农业》发表于《中华农学会报》第3卷第2期。

唐有恒等《农业上的重要问题》发表于《中华农学会报》第3卷第2期。

按：文章认为，农业上重要问题，一是注重实行，二是帮助农民，三是关于农业经济问题，四爱护农民，五是世界农业的联合。

张福延译《德意志在青岛之森林经营》发表于《中华农学会报》第3卷第2期。

汤惠荪《农村之振兴与农民之自觉》发表于《中华农学会报》第3卷第3期。

冯泽芳《法国之农业》发表于《农商公报》第7卷第6期。

彭望恕《调查松花江沿岸之农业》发表于《农商公报》第7卷第11期。

方悌《农林业与自治经费之关系》发表于《浙江省农会报》第1卷

第 1 期。

天择《官样文章之办理林业》发表于《浙江省农会报》第 1 卷第 1 期。

叶震东《农村衰落之原因》发表于《浙江省农会报》第 1 卷第 4 期。

按：文章说："论者每谓农村衰落之原因，不外（一）农产之不能随人口以俱增也；（二）收量因灾歉而锐减也；（三）农人不学，树艺之术未精也；（四）赋税繁重，不胜计吏之搜括也。凡此等等，固皆足以促今日农村之衰落。特其最大之原因，则为都市侵夺农村之经济。"

刘哲《振兴江西林业刍议》发表于《江西省农会丛刊》第 3 期。

陈祖源《农业与教育》发表于《江苏省立第一师范学校月刊》第 3 期。

按：文章说："我们若要注重农业，岂是疏浚几条河道，种许多树木就算了事吗？不是。最要紧的根本解决，还是要提倡教育。因为水旱疾病之灾害，还可以想法救济，至于提高农民的知识，和丰足他们生活，那是非经十年生聚，十年教训，不为功，况且现在及将来的世界，是一个产业竞争的世界。我们要巩固民族发展文化，为全人类谋幸福起见，可不力事畜殖，增加生产额呢？所以教育这椿事情，实为当务之急，而尤以农业教育为尤甚。"

卞鸿儒《东省农村教育问题之研究》发表于《沈阳高等师范学校周刊》第 56—57 期。

王之栋《战后之农业政策与食料自给问题》发表于《黑龙江实业公报》第 7—10 期。

［日］佐野学作，李达译《俄国农民阶级斗争史》发表于《新青年》第 8 卷第 6 号。

按：文章绪言说："农民性格，大概重保守，好平和，常和植物一样，在土地上栽定。古来社会史上，从没有农耕种族做过征服者，站在盘剥阶级的地位；他们是社会的一群，在被盘剥劳动力的悲惨的命运里过活的。可是到了一九一七年俄国大革命的时候，农民却把这社会学的定则打破，干出了正相反对的事业来了。他们那种果敢的革命势力演出的行动，就是罗素那样奉自由主义向来与贫民生活没有情愫的交际的贵族哲学者，也惊异起来了（罗素《游俄感想》中有惊叹农民那革命的态度的一节）。这也不算是奇异的事情。马克思在五十年前，早已指摘道俄国的农民问题,也和当时英国都市劳动者问题一样,都是大的社会的危机之因子。社会主义所说的第四阶级,在俄国就是农民。他们的苦痛,是很久远的。若想到太古奴隶似的农奴时代可怕的惨苦,与为资本主义所拨弄沉沦在乞丐那样穷困的近世农民经济生活,就晓得这次的大革命,对于他们,实是报复过去一千年的深仇的绝好机会。列宁现正严密地把都市的第四阶级做中心,实行建设,这不过是战术上的手段罢了,若不把农民问题好好解决,他的革命,还不能说是根本的成就。我现在把带有这种重大意义的俄国农民历史,极简单地描写出来看看。"

玄庐《衙前农民协会章程》发表于《新青年》第9卷第4号。

按:章程说:第一条本村农民,基于本村农业生产者还租的厉害关系,求得勤朴的生存条件。第二条凡本村亲自下气力耕种土地的,都得加入本会,为本会会员。第三条本会与田主地主立于对抗地位。第四条凡生产工人及社会主义运动者,本会都认为极良好的朋友,遇必要时,本会对于他们的团体或个人,应当尽本会能力所及,加以扶助。第五条本会的组织,基于会员全体:由大会选举委员六人,为本会委员。又由委员六人中互选,选出议事委员三人、执行委员三人。委员一年一任,只得连任一次。执行委员掌管本会名册及登记簿,执行由大会及议事会议决事件,并连络别村与本村同性质的团体。议事委员会,议决关于大会所交议及会员三人以上所提议的事件。凡有利益于本会的事项,议事委员有考查提议的责任。凡本会会员有私人是非的争执,双方得报告议事委员,由议事委员调处和解;倘有过于严重的争执,由全部委员开会审议解决。大会召集,由会员五分之一或议事委员会之主张召集大会。第六条本会会员,月纳会费铜元□枚。每月一号,交由执行委员存贮应用。第七条本会会员,将每年农作所得成数,分春华、秋收两期,报告执行委员会登记。第八条本会会员,每年完纳租息的成数,由大会议决公布。租息成数,以收成及会员平均的消费所剩余的作标准。第九条本会会员,有因依照本会大会议决的纳租成数被田主地主起佃者,本会有维持失业会员的责任。如有因上项情事被田主地主送租者,本会全体会员皆为被告人。第十条会员不得违反本会的决议案。第十一条会员有违反本会决议案及有不利益于本会的行为者,除名。第十二条两村以上的农民协会,得组织农民协会联合会。第十三条凡是关于两村以上的农民利害关系发生时,随时可由联合会协议。议决执行。第十四条本章程由大会议决,大会能随时以多数同意修正。

这宣言和章程已经由衙前全村村民，于一九二一，九，二七，在本村议决。并举出委员六人。附近三四百里内的农民，也正在酝酿同性质的团结。玄庐附记。

萧山衙前农民协会《浙江省萧山衙前农民协会宣言》发表于《新青年》第9卷第4号。

玄庐《衙前农村小学校宣言》发表于《新青年》第9卷第4号。

郑庆云译《俄罗斯水利田之将来》发表于《河海月刊》第4卷第6期。

罗罗《农民生活之改造》发表于《东方杂志》第18卷第7期。

W《意大利西西里岛农民之农地占领》发表于《东方杂志》第18卷第9期。

［日］河田嗣郎作，昔尘译《农业之社会主义化》发表于《东方杂志》第18卷第13期。

坚瓠《都市集中与农村改造》发表于《东方杂志》第18卷第17期。

陈宰均《中国农业革命论》发表于《东方杂志》第18卷第24期。

按：文章说："提倡重农，又必自改革农业行政机关始。盖此等机关，总农业之枢纽，其良善与否，影响于农业者至大。"

陈复《我乡的农民生活》发表于《妇女杂志》第7卷第8期。

玄庐《农民自决》发表于《劳动周刊》第14期。

胡晋接、周懋猷、董钟汉《说徽地林业之重要》发表于《黄山钟》第1期。

王兆枬《俄国农民史论》发表于《时事月刊》第1卷第3期。

短评《农民与中国之前途》发表于《兴华》第18卷第5期。

王宏谟《乡间农民的生活同教会的责任》发表于《兴华》第18卷第35期。

顾润卿《俄国农业之改革》发表于《英语周刊》第315期。

凌道扬《振兴林业为中国今日之急务》发表于《约翰声》第32卷第4期。

按：文章指出，为什么振兴林业为中国今日之急务呢？一是中国所需的大量木材靠进口，为了生产木材，减少资金外流，必须振兴林业；二是中国荒山荒地很多，植树造林，可以兴利；三是中国人口众多，发展林业可以提供就业机会；四是中国连年发生水旱灾害，损失极大；五是铁路、轮船、飞艇、电线等设施，平时有利于交通，战时有利于国防，这些设施需要用大量木材，故发展林业，提供木材，有利于维持国力于不败。他说："我国今日不欲振兴林业则已，苟欲振兴林业，非中央特设林务总机关，管辖全国森林不为功。此何故乎？盖中央五林务总机关，一则主持林政者无其专人，而林政治规划，自难有条不紊。二则办理林业者，无所标准，而林业之进行，亦难免不背道而驰。三则有森林识学者，怀才莫展，而专门之人才，渐至改事他途。四则管理林政者，非其专责，而林业之实效，自难责以考成。有此四大原因，则中央林务总机关之不能缓办者，明甚。"

林骙《北满林业概论》发表于《学艺》第3卷第2—4期。

余家菊《乡村教育运动的涵义和方向》发表于《中华教育界》第10卷第10期。

龙承敏《对于乡土地理之研究》发表于《云南教育杂志》第10卷第4期。

张天才《丹麦之农村教育》发表于《广东省教育会杂志》第1卷第2期。

张天才《改革现行农业教育制度之管见》发表于《广东省教育会杂志》第1卷第6期。

陈志文《农村教育要旨》发表于《教育杂志》第23期。

杨效春《乡村小学教师问题》发表于《教育汇刊》第2期。

王骏声《我国农村经济问题之研究》发表于《教育（东京）》第1卷第1期。

按：文章论述了都市集中与农村经济的关系、我国农村经济困惫的原因、我国农村经济救济的政策3个问题。

高鲁甫《中国新农业教育之希望》发表于《岭南》第5卷第2期。

郭华秀《农业调查之必要及经历谈》发表于《岭南》第5卷第2期。

按：文章所指的农业调查，包括农民生活程度之调查、地势及土质之调查、气候之调查、品种之调查、繁殖法之调查、栽培法之调查、病害虫之调查等。

无逸《妇女解放与农村运动》发表于《家庭研究》第1卷第3期。

李剑秋《吾县乡村国民学校教员应有之觉悟》发表于《青年之友》第1期。

王叶祺《改造农村和地方自治》发表于《安定》第5期。

徐昌第《都市与农村的关系》发表于《安定》第6期。

玄庐《农民自决——1921年9月23日在萧山山北的演说》发表于《劳动周刊》第14—15期。

赵连芳《改良"农民生活"的我见》发表于《清华周刊》第207期。

唐有恒、涂治生《中国现在之农业及其需要》发表于《清华周刊》第212期。

按：文章说："总之，吾人当供给农民以充裕资本，使其金融活动，不受高利之迫胁，而能谋农业之发展。其供给资本之法，宜多设农工银行，政府之力有限，吾人当极力提倡。"

王庚《乡村教育杂评》发表于《江苏省立第二师范学校校刊》第4期。

刘运筹《中国急应解决之农业问题》发表于《重庆中校旅外同学总会会报》第3期。

按：文章认为，中国农业急需解决的问题，一是农业制度，二是农业教育，三协济会的组织，四是国内移民。

羲农《农业金融论》发表于《银行周报》第5卷第34期。

冯养源《南洋农业谈》发表于《钱业月报》第1卷第8期。

唐启宇《农业推广运动之发展》发表于《科学》第6卷第10期。

按：文章说："农业推广运动为革新农业潮流之所必具，以革新农业不当为学士大夫之口头禅，亦当教导农人施诸实用，照美国农业推广事业之效果，其影响于农人的利益非常之大。然举行农业推广事业不限于美国、英、德、法、意、丹、荷等亦竭力进行，但在中国，可谓一点萌芽都未发现，所以希望我们革新农业同志，竭力的向前进，除去黑暗的障碍，建设光明的途径。"

《萧山南沙组织农民团体宣言》发表于12月20日上海《民国日报》副刊《觉悟》。

邵力子《论萧山农民协会被军队摧残事》发表于12月20日上海《民国日报》副刊《觉悟》。

三　乡村建设研究著作

张援编著《大中华农业史》由上海商务印书馆出版。

按：是书分3编，论述我国自神农荒地时代至清代的农业发展历史。是书根据吴蛰虙的《中国农业史》扩充而成，然较吴书内容更丰富，条理更清楚。

［奥］菲里波维奇著，马君武译《农业政策》由上海中华书局出版。

按：是书乃《国民生计政策》1912年第6次改正版中的第一部。分农业生产组织与农业生产政策两部分。前者包括土地分配政策、农业团体与现代生产组织基础，后者包括农业经营及农业信用等。

广东省地方农林试验场编《广东省地方农林试验场第五次报告书》由编者出版。

东南大学农科编《国立东南大学农科之基础与计划》由编者出版。

顾纶泽译著《植物病理学及防治法》由上海新学会社出版。

东南大学农事试验场农作物部编《农作物收支纪实》由编者出版。

童玉民编《作物通论》由上海新学会社出版。

祁家治著《植物之病虫害预防法》由南京金陵大学农学院出版。

苏之耀编《养蚕浅说》由天津华新印刷局出版。

国立中山大学农林科推广部编《水稻良种及蔗之良种》由编者出版。

整理全国棉业筹备处编《庚申植棉试验录》由编者出版。

［日］驹井德三著，整理全国棉业筹备处编译《华棉改良之研究》由编译者出版。

刘德元著《种植美棉浅说》由直隶省农事试验场选种科出版。

华商纱厂联合会调查部编《民国九年棉产调查报告》由上海编者出版。

云南省长公署政务厅第三科编《云南棉业概况》由编者出版。

逢茂拓殖公司农林部编《山林园艺种苗时报》由香港编者出版。

忍公编著《奇花异木志》由上海进化书局出版。

直隶实业厅编《直隶实业厅劝种树浅说》由编者出版。

李英贤编著《森林保护学》由上海新学会社出版。

高秉坊编《山东森林问题》由济南启明印刷社出版。

云南省长官公署政务厅第三科编《云南牧业之近况》由编者出版。

智航著《平民生财术》由实业新报社出版。

按：是书介绍农副业生财之道，包括养鸡术、养蚕术、养鱼术风。

民国十一年　壬戌　1922 年

一　乡村建设活动

1月，共产国际在莫斯科召开远东各国共产党及民族革命团体第一次代表大会，共产国际东方部负责人萨发洛夫发表《第三国际与远东民族问题》的讲话，指出农民"是中国人民的主要成分，他们是中国的柱子"。会议使中国代表明确了农民问题是民主革命中的一项主要任务。

4月，华洋义赈会设立农利委办会，负责办理农业合作事业。总会拨款5000元作为试办农村信用合作社的费用。经过对河北、山东、江苏、浙江、安徽等省的240个村庄的调查，最后决定以河北省作为农村合作运动的试点地区。

5月19日，中华职业教育社暨中华农学会在上海召开农业教育研究会，除通过实施全国农业教育计划大纲及筹划经费办法外，决定联合中华教育改进社，于本年7月4—7日在济南召开各省教育会。召集全国农林同志、各省省教育会、省农会，以及各农校农场代表参加会议，讨论全国农业上一切重大问题。推荐郭次璋、陶行知、唐荃生、王企华、邹秉文5人筹备会议事宜。

是月，韦拔群在广西东兰将同志会改为东兰公民会，以打倒贪官污吏、打倒土豪劣绅为公民会的宗旨。

6月15日，中共中央在《第一次对时局的主张》中，把没收军阀官僚的财产，将他们的田地分给贫苦农民等作为中国共产党人目前奋斗的目标之一。

是夏，彭湃深入广东海丰农村，向农民宣传农民受痛苦的原因和解除痛苦的方法，号召农民组织起来，反抗地主阶级的压迫和剥削。

7月4—8日，全国农业讨论会在山东济南召开，300余名发表出席会议。黄任之致开会辞，郭次璋报告会议筹备经过。会议还在东南大学设立农业展览会，供与会代表参观学习。会议特别组织了全国农业讨论会执行委员会，通过了执行委员会简章和全国农业讨论会章程。

7月16—23日，中国共产党第二次全国代表大会在上海召开，大会制定的最低纲领中把实现工人和农民"言论、出版、集会、结社、罢工的绝对自由"作为工农奋斗的目标之一。

按：《中国共产党第二次全国代表大会宣言》指出："中国三万万的农民，乃是革命运动中的最大要素。农民因为土地缺乏，人口稠密，天灾流行，战争和土匪的扰乱，军阀的额外征税和剥削，外国商品的压迫，生活程度的增高等原因，以致日趋穷困和痛苦。近来农民更可分为三种界限：（一）富足的农民地主；（二）独立耕种的小农；（三）佃户和农业雇工。第一种占最少数，第二、第三两种的贫苦农民至少也占百分之九十五。如果贫苦农民要除去穷困和痛苦的环境，那就非起来革命不可。而且那大量的贫苦农民能和工人握手革命，那时可以保证中国革命的成功。"①

7月29日，彭湃在海丰得趣书室成立6人农会，是为广东省第一个农民协会。

8月，华洋义赈总会在河北香河县基督教福音堂建立了中国历史上第一个农村信用合作社。

10月25日，彭湃主持召开海丰赤山约28乡农会成立大会，选举黄凤麟为会长。并发表《宣言》和《农会利益》传单。

按：《农会利益》传单实际上是赤山约农会的斗争纲领和工作范围，包括17条：1. 防止田主升租；2. 防止勒索；3. 防止内部竞争；4. 呈请减租；5. 调和争端；6. 救济疾病；7. 救济死亡；8. 救济孤老；9. 救济雇灾；10. 防止盗贼；11. 禁止烟赌；12. 奖励求学；13. 改良农业；14. 增进农民知识；15. 共同生产；16. 便利金融；17. 抵抗战乱。②

是月，彭湃主持成立了海丰平岗约、银镇约、青湖约、河口约、西河约、公平约、旧墟约等10余约的农会。

11月5日至12月5日，共产国际在莫斯科召开第四次代表大会，中国共产党派代表出席会议，并向大会作了《关于中国形势的报告》。会议通过了《第四次代表大会关于东方问题的总提纲》，其中第三部分是"土

---

① 李忠杰、段东升：《中国共产党第二次全国代表大会档案文献选编》，中共党史出版社2014年版，第8页。

② 方之光、龚云：《农民运动史话》，社会科学文献出版社2000年版，第98页。

地问题",指出"东方各落后国家的革命运动,如果不依靠广大农民群众,就不可能取得胜利。因此,东方各国的革命党必须明确制定自己的土地纲领。这个纲领应该提出彻底消灭封建主义及其残余的要求"①。

12月,中共中央在《中国共产党对于目前实际问题之计划》中的农民问题部分里,第一次提出了"农业是中国国民经济之基础"的思想,认为无地农民是工人阶级最有力的友军,限田运动和限租运动等是解除农民痛苦的基本政策。

是年,江苏省昆虫局成立,聘请美国昆虫学家吴伟士为局长兼总技师。

是年,内务部扬子江水道整理委员会成立,主持扬子江水道整理工作。

二 乡村建设研究论文

邹秉文、胡培瀚《菲律宾之农业与农业教育》发表于《农业丛刊》第1卷第1期。

吴宏吉《改良我国农业之管见》发表于《农业丛刊》第1卷第1期。

按:文章对于改良农业的建议,一是推广农事试验场;二是建立乡村农学校,是改良农业的根本问题;三是改良农具;四是发散种子,克服目前农业种子大小不一,发芽不一律,性状不同,成熟不齐等弊病。

张季良《忠县农业之现状》发表于《农业丛刊》第1卷第1期。

过探先等《近世进种学之发明与农业之关系》发表于《农业丛刊》第1卷第1期。

胡培灏《科学方法之水稻育种》发表于《农业丛刊》第1卷第1期。

李治楣《中国之旱农问题》发表于《农业丛刊》第1卷第1期。

按:文章说:"欲解决吾国旱农问题,非从'选种''管理'及'改良农制'三项上着手不可。"

汪启愚《中国牧业谈》发表于《农业丛刊》第1卷第1期。

陈家祥《奉化农民之生活状况》发表于《农业丛刊》第1卷第1—

---

① 高熙:《中国农民运动纪事 1921—1927》,求实出版社 1988 年版,第 6 页。

4期。

邹秉文《吾国新学制与此后之农业教育》发表于《农业丛刊》第1卷第2期。

胡培灏《中国民食问题》发表于《农业丛刊》第1卷第2期。

按：文章论述了民食问题与国家之关系、民食问题与民食统计之关系、民食问题与米粮出口之关系、民食问题与农业教育之关系。

黄绍绪《世界农业原理》发表于《农业丛刊》第1卷第2期。

吴宏吉译《农业与国民生活之关系》发表于《农业丛刊》第1卷第2期。

钱崇澍、尤其伟《对于生物有害物质之相消性》发表于《农业丛刊》第1卷第3期。

陈家祥《奉化农民之生活状况》发表于《农业丛刊》第1卷第3期。

龙之田《我之增进农民生活谈》发表于《农业丛刊》第1卷第3期。

王善佺、曾勉《农作物之重要》发表于《农业丛刊》第1卷第4期。

陆云章等《敬告中国人速研究旱地种植法以救灾弭盗》发表于《农业丛刊》第1卷第4期。

龙之田《农业在乡村教育上之价值》发表于《农业丛刊》第1卷第4期。

按：文章认为，农业在乡村教育上的价值，一是可以养成儿童忍苦耐劳通力合作之精神，二是可以使儿童习乎自然而涵养其天机，三是可以立儿童职业之基础，四是可以为改良农业之助。要完成上述四点，还必须教授者有专门之农业知识、有农场或较广之学校园以供实习。

谢远定《农民组合之利益》发表于《农业丛刊》第1卷第4期。

原颂周、赵孝清《农作物增益之要素》发表于《农业丛刊》第1卷第4期。

邹秉文、孙恩麐《江苏全省改良推广棉作计划》发表于《农业丛刊》第1卷第4期。

吴福桢译《农业与民生》发表于《农业丛刊》第1卷第4期。

范静生、陈家祥《公民之养成与农业教育》发表于《农业丛刊》第1卷第4期。

张仲岩《山东农业改进之意见》发表于《山东公立农业专门学校校友会杂志》第3卷第3期。

郭次璋《军队宜施以农业教育》发表于《山东公立农业专门学校校友会杂志》第3卷第3期。

郭次璋《山东农业教育之调查》发表于《山东公立农业专门学校校友会杂志》第3卷第3期。

郭次璋《山东农业状况之调查》发表于《山东公立农业专门学校校友会杂志》第3卷第3期。

汤丙南《劝告农界同志注意农业团体之组织》发表于《山东公立农业专门学校校友会杂志》第3卷第3期。

按：文章说："山东劝业之方针，（一）讲求水利；（二）提倡种树；（三）发达蚕业；（四）普及美棉。"

程葆元《促进农村之卫生》发表于《农事月刊》第1卷第4期。

[美] Butterfield, D. K. L. 作，邹秉文、曾勉译《农业与国民生活之关系》发表于《中华农学会报》第3卷第4期。

于润志《振兴河南农业刍议》发表于《中华农学会报》第3卷第4期。

按：文章建议，一是设立花生扎油厂，二是设立美棉试验场，三是提倡甜菜制糖，四是提倡葡萄酿酒，"若从此极力提倡，则收效殆将倍蓰也"。

原颂周《调查农业谁之责乎》发表于《中华农学会报》第3卷第5期。

饶茂森《经营林业须知》发表于《中华农学会报》第3卷第6—7期。

蔡邦华《改良农业当设植物检查所之管见》发表于《中华农学会报》第3卷第7期。

邹秉文《实施全国农业教育计划大纲及筹划经费办法》发表于《中华农学会报》第3卷第8期。

王舜成《今后设施农业教育之管见》发表于《中华农学会报》第3卷第8期。

唐昌治《农业教育与新学制之商榷》发表于《中华农学会报》第3卷第8期。

唐志才《"新学制"与农业教育》发表于《中华农学会报》第3卷第8期。

顾复《对于中等农业教育之意见》发表于《中华农学会报》第3卷第8期。

顾复《改进吾国农业教育之商榷》发表于《中华农学会报》第3卷第8期。

按：文章建议，一、注重农业经营学、农村社会学、农业教授法等之科目；二、注重普通科学；三、减少作为园艺畜产等科及实习之时间；四、实习宜带试验及设计性质；五、练习农业推广事务，如布置农产品陈列会及赴乡村讲演等。

林在南《答复农业教育讨论会之意见书》发表于《中华农学会报》第3卷第8期。

储劲《农业补习科之实施管见》发表于《中华农学会报》第3卷第8期。

郭次璋《对于农业教育之意见》发表于《中华农学会报》第3卷第8期。

过探先《讨论农业教育意见书》发表于《中华农学会报》第3卷第8期。

唐志才《日本农业教育之发达史》发表于《中华农学会报》第3卷第8期。

按：文章说："要之，日本之农业教育，皆由政府督促进行，经费亦全系官帑维持。私立者除东京农业大学外甚少。"

唐昌治《义务教育与农村》发表于《中华农学会报》第3卷第8期。

王文奎《改良农村学校的我见》发表于《中华农学会报》第3卷第8期。

王文奎《农村社会教育谈》发表于《中华农学会报》第3卷第8期。

唐志才《对于设立农村师范学校之意见》发表于《中华农学会报》第3卷第8期。

潘学璨《余对于中国林业之感言》发表于《中华农学会报》第3卷第9期。

王荫槐《改良推广农业之先锋》发表于《中华农学会报》第3卷第9期。

胡廷久《改良中国农业行政之刍议》发表于《中华农学会报》第3卷第10期。

傅焕光《第一届全国农业讨论会纪实》发表于《中华农学会报》第3卷第11期。

季云《农村组织之商榷》发表于《中华农学会报》第3卷第10—11期。

李承忠《裁兵与农业》发表于《中华农学会报》第3卷第11期。

汤惠荪《改进吾国乡村农业教育之管见》发表于《中华农学会报》第3卷第12期。

方希立《改良农业意见书》发表于《中华农学会报》第3卷第12期。

志《实业界注重农民生活》发表于《中华农学会报》第3卷第35期。

顾倬《办理农村师范学校之管见》发表于《中华农学会报》第3卷第35期。

李寅恭《我国农村协济贸易之需要》发表于《中华农学会报》第3卷第35期。

于树德《农业社会主义论》（续）发表于《湖北省农会农报》第3卷第4—6期。

于树德《农业社会主义论》（续）发表于《湖北省农会农报》第3卷第8期。

莘农《我与农民研究的事》发表于《劝农浅说》第1期。

善《研究陕西农业与全省之经济》发表于《劝农浅说》第1期。

［美］白德斐《改进中国农业与农业教育意见书》发表于《劝农浅说》第6期。

［美］白德斐作，傅焕光译《改进中国农业与农业教育之意见》发表于《实业浅说》第258期。

邵种芗《农村组合与棉业改良之关系》发表于《实业浅说》第264期。

刘凤藻《导淮与世界米荒问题》发表于《水利杂志》第1卷第2期。

冯立民《水产学是什么》发表于《水产》第4期。

按：文章说："水产业中，实包含渔捞、制造、养殖三种，这三种的学问，就称'渔捞学''制造学''养殖学'，总称之曰'水产学'。"

W《美国的农民运动》发表于《东方杂志》第19卷第2期。

化鲁《地方自治与乡村运动》发表于《东方杂志》第 19 卷第 6 期。

W《奥匈诸国战后之土地政策》发表于《东方杂志》第 19 卷第 8 期。

邹秉文《农业与公民》发表于《东方杂志》第 19 卷第 16 期。

吴觉农《中国的农民问题》发表于《东方杂志》第 19 卷第 16 期。

按：文章分农民与中国、我国农村的危机、地主与佃农的关系、农业及经营法的改善四部分。这篇论著，涉及农民在我国政治、经济上的地位问题；土地问题；农民受剥削压迫的问题；农业科学技术与农民教育问题等，对提高当时农民的思想觉悟，促进农民运动的发展，具有一定的作用。

［日］山川均作，方乐胥译《俄国的农民》发表于《东方杂志》第 19 卷第 16 期。

唐启宇《农场管理及农业经济》发表于《东方杂志》第 19 卷第 16 期。

按：文章说："农人为国家之命脉，生产、管理、经济为三足之鼎，以维持农人获最高之利益，安得农学家瘁心力以研求农场管理，及农业经济，以裨益于吾农人者，企予望之！"

董时进《世界和平与农业》发表于《东方杂志》第 19 卷第 16 期。

吴觉农《日本农民运动的趋势》发表于《东方杂志》第 19 卷第 16 期。

［日］河西太一郎作，薇生译《德国农民运动》发表于《东方杂志》第 19 卷第 16 期。

［日］小野武夫作，方乐胥译《意大利最近的农民运动》发表于《东方杂志》第 19 卷第 16 期。

仲持译《英国的农业劳动者》发表于《东方杂志》第 19 卷第 16 期。

黄卓《潘悌的〈基尔特社会主义与农业的复兴〉》发表于《社会主义研究》第 20—21 期。

竺可桢、李治楫《气象与农业之关系》发表于《科学》第 7 卷第 7 期。

按：文章说："气象与农业之关系，至重且要，在吾国古代虽科学不兴，然已知之矣。盖农产物之种类及产量，须视气象之变迁而定，气象在农业上实占重要之位置，而为从事农业者所不可不研究。"文章论述了气象对于农产之限制、气象与农产量之关系、以气象之预知而定农产量之大小等三个问题。

钱天鹤《实业家对于农民之新态度》发表于《科学》第7卷第9期。

徐乃仁《江苏之水利问题》发表于《科学》第7卷第9期。

枫《对于农田水利会之商榷》发表于《吴江》第1期。

钟全人《如何救济农村破产》发表于《铎声》第1卷第6期。

陈问涛《农民社会的离婚和再嫁》发表于《妇女杂志》第8卷第4期。

吴觉农《农村的妇人问题》发表于《现代妇女》第2期。

林可彝《俄罗斯的农民》发表于《学林》第1卷第6期。

义璋《劳动运动和农民运动》发表于《责任》第1期。

宣中华《农民和革命》发表于《责任》第2期。

按：文章说："我们也晓得农民运动没有工人运动那样容易。工人会集一处，而且因都市化的结果，知识都比农民高，胆力都比农民大，举动也比农民灵动，无论施教育、集团体，都比较可能而易达。然我们决不能因农民运动困难而不去运动。何况农民运动不是绝对的不可能绝对的有困难呢！"

义璋《土地的商品化》发表于《责任》第2期。

彭湃《告农民的话》发表于《赤心周刊》第6期。

佩弦《十年来乡村教育之根本缺点》发表于《吴江》第26期。

刘哲《振兴江西林业刍议》发表于《农商公报》第8卷第7期。

于树德《农业社会主义论》发表于《弘毅月刊》第1卷第3期。

郑权《美国农业金融之研究》发表于《钱业月报》第2卷第5—6期。

余家菊《乡村教育的实际问题》发表于《少年中国》第3卷第6期。

顾倬《办理农村师范学校之管见》发表于《义务教育》第9期。

朱连珠《对于农村教育的我见》发表于《义务教育》第10期。

华汝成《农村教育的主鹄》发表于《义务教育》第11期。

朱连珠《农村小学与义务教育》发表于《义务教育》第12期。

陈伯行《美国农村教育之进步》发表于《教育杂志》第14卷第1期。

陈念慈《施行国语后对于乡村教育之管见》发表于《教育杂志》第

14卷第24期。

程湘帆《美国乡村教育与城市教育之比较》发表于《教育汇刊》第4期。

范静生、缪凤林《公民养成与农业》发表于《教育汇刊》第4期。

黄立《今日当注重乡村农业教育》发表于《教育与职业》第38期。

按：文章说："农业学校既当遍设于乡村，则乡农会教育会自应负提倡之责。各视其地方情形，而专从事于农学之设备。其着手方法有三种。"一是经费之筹集，二是地址之妥觅，三是教师之选择。

邹恩润《农村学校与社会》发表于《教育与职业》第38期。

中华教育改进社、中华职业教育社、中华农学会《发起全国农业讨论会宣言》发表于《教育与职业》第38期。

按：宣言说：一、吾国农业之重要　于全国实相维系也。（甲）关系全国人民之衣食。布帛菽粟，人不能一日离，故所需原料致富。然或厄于天时，或困于地力，或拙于人事，有一于此，皆足为增加物产之障碍物，少则价贵，衣食遂有不能遍给之虞。（乙）关系全国农民之职业。吾国托业于农，约计当逾三万万人以上。奈无农业新智识，徒泥守成法，一切种植畜牧之事，有退化无进化，致所入不敷事畜。积其亏累，因而废弛辍耕，致国有失业之农。直接间接之蒙其不利者，皆感非常之痛苦。（丙）关系全国实业之振兴。致富之源，无过实业。今之分道扬镳者，如纱业、丝业、面粉业、糖业、油业、茶业、烟草业、制造业，其中坚也，顾无一不取给予农业。若失败，则生货缺乏，势必转而外求。如去岁棉麦失败，上海实业家不得已输入美棉、印棉各约二万元及美国小麦数千万元以接济之，纱厂、面粉厂始免停业。以此为例，不及时挽救，恐大宗原料购入难乎为继，则工厂窒滞，实业遂无发达之可言。（丁）关系全国各种事业之发达。一国之内，凡百待兴，其尤大彰明较著者，如国家税所出，则教育有费，行政有费，海陆军有费；地方税所出，则省与县之教育有费，警察有费，市政有费。田赋实居国税额之半，地方税直接取于农者，占百分之八十以上者。不为农民谋幸福，驯至收量日绌，则影响于税源甚大，而公家所赖以进行之事，遂致无从发展。……三、吾国农业之改良，在今日当急谋促进也。改良之法有数端。（甲）实行农业试验。农事试验，无论国立、省立或为农科大学所附设，均宜延聘专门学者。初实担任一科有一科之研究，各部分有各部分之研究，庶实事求是，专而易精。

（乙）兴办农业教育。设农科大学，以养成农业专门人才；设中学农校，以养成推广农业人才；并于全国农乡之小学内增设农业教育教员及指导员，教授农民子弟兼指导农民改良农业。（丙）注重农业推广。或发行印刷品，将农业新知识述以浅显文字，印送农人；或组织演讲团，就试验所得结果，派员向农民演讲；或举行实地试验，以资观摩。凡此皆刻不容缓之举。顾试验宗旨应如何贯彻，教育制度应如何确定，农业知识应如何普及，经费与地点应如何筹划，对于全国农业机关应如何分工互助，在关系吾国农业前途，即在与全国恃农为生之一切事业暨人民有密切之利害，所关非细故也。

韩安《农业教育与人生》发表于《教育与职业》第 40 期。

按：文章涉及教育界说之研究、教育宗旨之变迁、教育之旧界说、教育之新界说、农学增人觉悟与应变力、农学与人类之遗产、农民与技术专家、新农业、农学与天然学、农学与教科书、农学长人干才、农学造就真国民、面包与世界和平问题、农学之经济价值、农学对于美之价值、农学之修身价值、农学与宗教等问题。

王守成《我之乡村教育危机与将来改进方法之管见》发表于《安徽教育月刊》第 53 期。

杨彬如《乡村小学教师应该注意乡村的社会化》发表于《南汇县教育会月报》第 3 卷第 1 期。

朱翊新《乡村教育不良的原因及其补救方法》发表于《吴县教育月刊》第 1 卷第 7 期。

唐卢锋《乡村教育观念的根本转移》发表于《吴县教育月刊》第 1 卷第 7 期。

江卓群《乡村教育的训育研究》发表于《吴县教育月刊》第 1 卷第 7 期。

曾祖参《乡村小学添设农业课之商榷》发表于《青浦县教育月刊》第 8 期。

按：文章分农村与国家之关系、教育与农业之关系、各国之农村教育与农业学校、学校中何以须教授农业、我国的农业教育应怎样等五部分。

许绍棣《农业合作概论》发表于《平民百期增刊》第 5 期。

按：文章说："各国底情形不同，所以同是农业合作，各国都应注意本国的情形如何，使其农业合作各有一种特点。……要使农民先了解合作的好处，然后团结力才能坚强，所以教育问题，可以说比什么条件都比较重要些。"

欧华清《根本改造广东农业教育制度之商榷》发表于《广东省教育会杂志》第2卷第2期。

朱有成《乡村地方推行国语的难处和救济的方法》发表于《国语月刊》第1卷第8期。

高文伯《中国农民生活的变迁及将来的影响》发表于《晨光（北京）》第1卷第3期。

陈承荫《农民合作的需要》发表于1月14日《民国日报·平民》第86期。

李大钊《青年与农村》发表于2月20日至23日《晨报》。

按：文章说：要想把现代的新文明，从根底输入到社会里面，非把知识阶级与劳工阶级打成一气不可。我甚望我们中国的青年，认清这个道理。……农村中很有青年活动的余地，并且有青年活动的需要，却不见有青年的踪影。到底是都市误了青年，还是青年自误？到底是青年辜负了农村，还是农村辜负了青年？只要我们青年自己去想！……青年呵，速向农村去吧！

三　乡村建设研究著作

袁民宝著《中国农业制度考》由上海震旦大学院出版。

按：是书分五编，论述我国古代各时期的土地分配、田赋制度及农业学说。

[英] 潘悌著，黄卓译《基尔特与农业的复兴》由上海商务印书馆出版。

王汝通著《全国农产地理新书》由上海国华书局出版。

按：是书分16章，分省技术编者的实地考察资料，其中包括地势、气候、土质、农副产品等。

历城县劝业公所编《历城县农业调查录》由编者出版。

徐正铿编《美国农业教育推广之调查》由江苏省立第一农校农业推广部出版。

白德斐著《改进中国农业与农业教育意见书》由北京教育部出版。

农商部中央农事试验场编《农商部中央农事试验场第四期成绩报告》由编者出版。

江苏省立第一农校农业推广部编《农业推广年报》由南京编者出版。

太平洋书店编《中国农村问题：佃农问题农民负担》由太平洋书店出版。

万鸿庆编《农林学问答》由上海商务印书馆出版。

东南大学农事试验场棉作改良委员会编《棉作试验及事业》由编者出版。

郭仁风著《棉稼去劣选择法》由金陵大学农林科出版。

华商纱厂联合会调查部编《民国十年棉产调查报告》由上海编者出版。

武藻编《植棉报告录》由文蔚阁出版。

丁锡华编《简明园艺学》由上海中华书局出版。

中央农事试验场编《昆虫农产展览会报告书》由编者出版。

厉慕鹗编《实验甘蓝栽培法》由杭州萃芳园营业部出版。

马元恺编《林产制造学》由上海新学会社出版。

董坚志编《畜养全书》由上海新华书局出版。

按：是书介绍了禽、兽、虫、鱼等 100 余种动物的饲养方法。

沈叔贤编译《养蚕学》由上海世界书局出版。

华氏养蜂场著《蜂蜜之效用》由上海华绎之养蜂公司出版。

四 卒于是年的乡村建设工作者

郑观应卒（1842—1922）。观应字正翔，号陶斋，别号杞忧生、慕雍山人等，广东香山人。先后任英商太古轮船公司经理、上海机器织布局会办（后升任总办）、兼任上海电报局总办、轮船招商局总办、开平矿务粤局总办、轮船招商局会办、湖北汉阳铁厂总办、铁路总公司总董、电报局总董、粤汉铁路公司总办等职。著有《盛世危言》《盛世危言后编》等，其中有《农功》《垦荒》《旱潦》《治河》等文章，在重商的同时，非常重视农业发展，提出和阐明了一系列农业经济振兴的理论和政策建议，并且最早提出了出国考察农业经济的主张。

李成虎卒（1854—1922）。成虎，浙江萧山衙前人。1921 年 4 月，积极响应从上海回乡发动农民运动的沈定一,倡导组织农民协会。是年初夏,在社会主义青年团员宣中华等人的指导下,他参与发动、组织农民协会,动员农户团结起来,与地主、奸商作斗争。曾率领农民捣毁坎山、瓜沥一带哄抬粮价的米店,迫使米商降至原价。同年9月27日萧山县衙前农民协会成立后,与陈晋生等6人被选为协会委员,并任议事员,实际负责农协工作。协会发布了反封建地主剥削压迫的《衙前农民协会宣言》和《衙前农民协会章程》,还与陈晋生带领农民开展了以减租反霸抗捐为中心的反封建斗争,实行了三折还租、废除苛倒、捣毁奸商米店、平抑粮价的革命行动。在衙前农协反封建斗争的影响下,萧山全县及绍兴、上虞县农民先后有80多个村建立了农协。1921年12月27日,被萧山反动当局派秘密警察诱捕入狱。1922年1月24日病死狱中。

  陈晋生卒(1878—1922)。晋生,浙江萧山衙前人。1921年9月27日与李成虎等被选为刚成立的衙前农民协会委员,积极带领当地农民开展以减租反霸为主要内容的反封建斗争,实行"三折还租"。同时,还向农民宣传革命道理。影响所及,在萧山、绍兴、上虞三县有80多个村的农民相继成立农民协会。同年12月18日,当各地农民协会联合会在衙前东岳庙召开会议时,遭到绍兴军阀司令部派出的军警的围攻,与单夏兰等人一起被捕,投入监狱。受尽严刑逼供,终不向敌人屈服。后被折磨成重病,官府才同意保释,但医治无效,不到两月,即含恨去世。

民国十二年　癸亥　1923 年

一　乡村建设活动

1月1日，孙中山在上海发表《中国国民党宣言》，在农业经济方面有改良劳动者的生活状况，改良农村组织，增进农民生活；制定土地法，使用土地法及地价税法等。

是日，广东海丰县农民协会成立，彭湃任会长，是为我国第一个革命的能代表农民利益的县级农会。

3月5日，北京农业专门学校改名为北京农业大学，设农艺、森林、畜牧、园艺、生物、病害虫、农业化学等7个系，学制5年。该校成为当时较有影响的农业院校之一。

是月，中共广东顺德支部建立，是为中国共产党最早建立的农村党支部。

4月，中共湘区委派水口山工人共产党员刘东轩、安源工人共产党员谢怀德等人到湖南衡山岳北开展农民运动。

5月12日，北洋政府农商部公布《农作物病虫害防除规则》14条。

是月，共产国际执行委员会作出《关于中国共产党第三次代表大会的指示》，要求中共中央"建立工农联盟""进行土地革命"，以强调农民参加国民革命的重要性。

按：指示强调，"全部政策的中心问题乃是农民问题"。指示还要求中国共产党在"进行民族革命和建立反帝战线之际，必须同时进行反对封建主义残余的农民土地革命"。指示提出："只有把中国人民的基本群众，即占有小块土地的农民吸引到运动中来，中国革命才能取得胜利。"为了能够结成与农民的联盟，共产国际指示中共，必须实现如下土地革命的口号：没收地主土地，没收寺庙土地并将其无偿分给农民；歉收年不收地租；废除现行征税制度；取消各省间的包税和税卡；废除包税制度；铲除旧官僚统治；建立农民自治机构，并由此机构负责分配没收的土地。①

6月12—20日，中国共产党第三次全国代表大会在广州召开，会议通过《中国共产党党纲草案》《关于第三国际第四次大会决议案》《农民问题决议案》《劳动运动决议案》《中国共产党第一次修正章程》《中国共产党第三次全国大会宣言》等文件。其中《党纲草案》指出，"国民革命不得农民参与，也很难成功"。

按：《农民问题决议案》是中国共产党历史上第一个关于农民问题的议案，其中说："自从各帝国主义者以武力强制输入外货以来，一般日用品的价格增高率远超过于农产价格增高率，从前的农民副业（如手工纺织等）也全被摧残。有自辛亥以后，军阀争地盘的战争连年不息，土匪遍于各地，再加以贪官污吏之横征暴敛（如预征钱粮额外需索等），地痞劣绅之鱼肉把持，以致农民生活愈加困难。因此种种压迫农民自然发生一种反抗的精神，各地农民之抗租抗税的暴动，即其明证，故我党第三次大会决议认为有结合小农佃户及雇工以反抗牵制中国的帝国主义者，打倒军阀及贪官污吏，反抗地痞劣绅，以保护农民之利益而促进国民革命运动之必要。"②

按：会议针对农民的利益，提出了五项要求：（一）划一并减轻田赋，革除陋规；（二）规定限制田租的法律；承认佃农协会有议租权；（三）改良水利；（四）改良种子、地质；由国家发给贫农种籽及农具；（五）规定重要农产品价格的最小限度。③

是月，中共中央设立以毛泽东为主任的农民运动委员会。

7月29日，上海市农会成立。

是月，惠州农民联合会改为广东省农民联合会，彭湃任委员长。

是月，广东东兰县农民武装自卫团在韦拔群率领下攻占了东兰县城。

8月26日，中华全国平民教育促进会在北京成立，推举朱其慧为董事长，晏阳初为总干事，以"除文盲，作新民"为宗旨。

9月16日，湖南衡山岳北农工会召开成立大会，是为湖南第一个农

---

① 中国社会科学院近代史研究所：《共产国际有关中国革命的文献资料 1919—1928 第1辑》，中国社会科学出版社1981年版，第78—79页。

② 李忠杰、段东升主编：《中国共产党第三次全国代表大会档案文献选编》，中共党史出版社2014年版，第12—13页。

③ 高熙：《中国农民运动纪事 1921—1927》，求实出版社1988年版，第14页。

民组织，选举刘东轩、谢怀德为正副委员长。会议通过四个与农民相关的决议案：一是关于农民生活要如何改良之决议案；二是关于农村教育之决议案；三是关于本会对政府态度之决议案；四是关于农村妇女的生活要如何改良之决议案。11月，军阀赵恒惕派兵弹压，枪杀农民4人，封闭了岳北农工会。

按：岳北农工会为湖南最早的农民革命组织、全国第一个工农联合的革命组织，也是湖南建立秘密农协的开始，成为湖南农民运动的先声。1927年初毛泽东在衡山考察农民运动时，特别高度评价了衡山农民斗争的创造精神。

是月，彭湃给团中央报告《广东农会之组织及经过》，称广东农会之纲领是：谋农民生活之改善，谋农业之发展，谋农村之自治，谋农民教育之普及。[①]

10月12日，广东省长廖仲恺有《关于都市土地税给大元帅的呈文》，并附有《广东都市土地税理由书》和《广东都市土地税：例草案》。

10月24日，华绎养蜂公司在上海开业，为中国首家养蜂机构。

是月，韦拔群在广西东兰成立农民自卫军，进行公开的武装斗争，是月第一次解放了东兰县城。

11月6日，陆海军大元帅大本营颁发《广东介田土业佃保证章程》的指令，附有《广东田土业佃保证章程》《广东全省田土业佃保证局组织简章》。

11月28日，共产国际执行委员会主席团通过《关于中国民族解放运动和国民党问题的决议》，决议说：民生主义不能解释为国家实行土地国有化，必须向缺乏土地的广大农民说明，应当把土地分配给在这块土地上耕种的劳动者，消灭不从事耕作的土地占有者的制度，因为他们以现金、地租和实物税盘剥农民。决议还指出，国家应当减轻农民的赋税负担，应当大力帮助农民解决灌溉、由人口稠密地区向人口稀少地区移民、开垦荒地等问题[②]。

12月，在国产国际的指导下，中国共产党通过了《中国共产党对于目前实际问题之计划》，其中第一次正式提出了限制地主土地的政策，也

[①] 于建嵘主编：《中国农民问题研究资料汇编》（第1卷 1912—1949 上），中国农业出版社2007年版，第276页。

[②] 高熙：《中国农民运动纪事 1921—1927》，求实出版社1988年版，第20页。

是中国共产党对于中国农村土地问题的第一次宣誓，但对于如何限制地主土地问题没有作出明确规定。

二　乡村建设研究论文

高巍《四川学制会议之农业教育问题》发表于《农业杂志》第1卷第1期。

刁本立《德国战时国民之营养问题关于林业之协力》发表于《农业杂志》第1卷第1期。

秦天盛《四川实施新学制后各中学校添设农科之意见及办法》发表于《农业杂志》第1卷第1期。

何为柏《我之改进农民生活谭》发表于《农业杂志》第1卷第1期。

陈经田《农村运动的我见》发表于《农声》创刊号。

尹崇熙《农业之推广》发表于《农声》创刊号。

按：文章建议，一是增加农业教育经费，二是添设乡村农业机关及地方农事检查所，三是组织乡村农事演讲团，四是举行农品展览会奖励农界。

梁昌汉《谋广东农业之改进当自扩充农专始》发表于《农声》第2期。

邹秉文、李杰《今后的农业教育》发表于《农声》第5期。

李杰《都市问题与农业教育》发表于《农声》第5期。

按：文章说："差不多可以说，破坏农业的是都市，挽救农业的是农业教育，这句话恐怕也是大家承认的。"

欧华清、张菊村《农业与农学的关系及作物学在农学上的位置》发表于《农声》第6期。

尹崇熙《农村教育与农民生活》发表于《农声》第7期。

李杰《农村改造问题》发表于《农声》第9—11期。

按：文章说："今日改造社会的急务，首在农村，我们的理由：第一，在空间上和时间上，农村在中国社会上占极重要的地位；第二，不管外面的情势如何变迁，农村常保着旧有的不变性；第三，改造社会全体，从农村着手，比较容易收效。我们认定改造农村为改造社会中的主要点，但是我们的方法怎样呢？我以为，（一）从新村着手；（二）从教育着手；

(三) 从实力援助着手。"

邓植仪、黄幹桥《中美农业之比较》发表于《农声》第13期。

江亢虎、金慕音《俄国革命与农民》发表于《农学》第1卷第1期。

陈荣鼎、冯泽芳《畜牧与农业之关系》发表于《农学》第1卷第3期。

邹秉文《安徽实行新学制后之农业教育办法》发表于《农学》第1卷第3期。

冯锐《改进我国农业之建设计划书》发表于《农学》第1卷第3期。

傅焕光《改良推广苏省林业计划大纲草案》发表于《农学》第1卷第4期。

冯锐《美国农业行政及农业教育组织之大概》发表于《农学》第1卷第4期。

赵连芳《美国农村生活视察记》发表于《劝农浅说》第20—21期。

林次龙《农业与社会》发表于《农事月刊》第1卷第7期。

陈寿源《农民之乐观》发表于《农事月刊》第1卷第7期。

柯天斧《中国之树林业》发表于《农事月刊》第1卷第8期。

原颂周、金善宝《苏省农业调查之经过》发表于《农事月刊》第1卷第8期。

容秉衡《欲救中国宜先振兴农业》发表于《农事月刊》第1卷第9期。

按：文章说："近日吾国之内讧外患，可谓极矣。忧时之士，每叹我国国力不振，宜兴海陆军，以扫除一般不平等之事；宜兴教育，以培养人才为国家之用；此诚有见到之语。然孰若振兴农业为上策哉！夫农为国本，本固邦宁，则农实为至重要之事。故农不耕作，则工无可得之材料，商无可通之货物，士无应需之衣食各物，如是，国将不堪矣！则急起设法以振之，又乌容缓哉！"

陈寿源《救国根本在道德与农业》发表于《农事月刊》第1卷第10期。

何亮《农村自治》发表于《农事月刊》第1卷第11期。

英以权《丹麦农业及其协办制》发表于《农事月刊》第2卷第1期。

邵尧年《农村娱乐问题》发表于《农事月刊》第2卷第2期。

郭华秀《农村教育之衰弱》发表于《农事月刊》第2卷第2期。

杨泽生《农业的三要素》发表于《农事浅说》第3期。

按：文章所谓农业的三要素，指土地、劳力和资本。

陈寿源《农村教育之我观》发表于《农事月刊》第2卷第4期。

黄植《法国之农业状况》发表于《中华农学会报》第36期。

原颂周《苏省金陵道属农业调查略述》发表于《中华农学会报》第38期。

赵连芳《美国农村生活》发表于《中华农学会报》第38期。

董时进《农民效能之增加》发表于《中华农学会报》第39期。

欧华清《根本改造中华农业教育制度之商榷》发表于《中华农学会报》第39期。

吴焕炎《日本林业之近状》发表于《中华农学会报》第40期。

治《改进农业须有四种要素》发表于《中华农学会报》第40期。

按：文章所指四要素指机关研究、官厅提倡、地方协助、农民觉悟。

于铲《农村改组之管见》发表于《中华农学会报》第41期。

杨杰《改良中国农业政策之管见》发表于《中华农学会报》第41—42期。

于铲《农业为中国立国之基础论》发表于《中华农学会报》第43期。

徐正鉴《农业推广说略》发表于《中华农学会报》第43期。

叶岳崧《农业救国说》发表于《浙江省农会报》第3卷第2期。

按：文章说："是故农业者，救国事业也。农人者，救国事业之中坚分子也。论者不察，往往误因如果，谬谓农业国为共和制之障碍，抑何偾哉！"

沈淋选《改进中国农业与农业教育意见书》发表于《农商公报》第9卷第6期。

席上珍《美国农业发达之真因》发表于《农商公报》第10卷第4期。

邵种芗《农村组合与棉业改良之关系》发表于《实业浅说》第267期。

张炳麟《气象与农业之关系》发表于《陕西实业杂志》第5期。

王振之《北方农业灌溉之调查》发表于《水利杂志》第1卷第6期。

亦农译《世界革命中之农民问题》发表于《新青年》第1期。

中夏《革命主力的三个群众——工人、农民、兵士》发表于《中国青年》第1卷第8期。

中夏《论农民运动》发表于《中国青年》第1卷第11期。

按：文章说：我认定革命主力的三个群众，是工人，农民和兵士。我已把工人运动说过了，现在说农民运动。中国的经济基础，大家都知道差不多完全是农业，那末，中国农民应该至少要占全国人口三分之二，不须统计，我们可毫不犹豫地断定了。这样一个占全人口绝对大多数的农业群众，在革命运动中不是一个不可轻侮的伟大势力吗？是我们青年革命家所可忽视的吗？固然农民的思想保守，不如工人之激进；农民的住处散漫，不如工人之集中，在理论上讲，农民革命似乎希望很少。但是我们如从实际上看，中国农民在这样军阀征徭、外资榨取、兵匪扰乱、天灾流行、痞绅鱼肉种种恶劣环境的当中，生活的困苦，家庭的流离，何时何地不是逼迫他们走上革命的道路？所以我们敢于断定中国农民有革命的可能。……况且中国农民年来因为上文所述的种种环境的逼迫，发生了不少的抗税罢租的运动。如前年浙江萧山的农民，去年江西萍乡的农民，和最近江西马家村的农民，青岛盐田的农民，广东海丰的农民，湖南衡山的农民，都曾"揭竿而起，挺身而斗，痛快淋漓地把他们潜在的革命性倾泻出来"。他们不仅是敢于反抗，并且进一步而有农会的成立，把散漫的群众都集中在一个组织与指挥之下。这样的知能与勇气，恐怕进步的工人也不能"专美"罢，事实，都是在全国报纸上记载得明明白白，当然不是可以捏造得出来的。由此可证明中国农民已到了要革命醒觉时期了，如果青年们象俄国"沙"时代的知识阶级一样，高呼"到民间去"，为之教育，为之组织，恐怕将来农民运动，比现在完全由农民自动的奋斗，还要来得"有声有色"些罢。

仁静《北京政变与农民》发表于《向导》第31—32期。

章龙《江西马家村农民抗税运动》发表于《向导》第41期。

章龙《陈炯明枪刺下的海丰农民》发表于《向导》第43期。

独秀《广东农民与湖南农民》发表于《向导》第48期。

按：文章说："广东海丰农民因为天灾向地主请求要减租，并不算犯了什么天大的王法，而陈炯明的军队居然将农民一万余户所组织的农会解散了，并捕去该会职员二十五人关在监牢内，至今有些还未释放，这场冤案，若是孙中山的军队早打破了海陆丰，那是不会有的了。现在湖南衡山农民因阻禁米谷出口以平谷价，也不算犯了什么天大的王法，而大地主兼贩米出口的商人又兼军阀之赵（恒惕）屠户，乘谭（延闿）军退后，居然调动大军，解散此万余人集合之农会，并杀伤逮捕若干人，这场冤狱，若是谭军不退出衡山，那也是不会有的了。因此，我们应该彻底觉悟：一切工人运动、农民运动、学生运动，都不能离开政治运动，因为政治上的自由，是一切运动所必需的。例如曹（锟）、吴（佩孚）的势力不倒，民主政治不能确定，铁路工会和全国学生总会除广州外何处可以存在？"

巨缘《国民党改组与中国革命运动》发表于《向导》第49期。

按：文章指出，各地农民运动之所以失败，是因为没有全国的组织。"各省的人民，各界的人民尽着受列强和军阀威逼欺罔，仿佛以为事不关己，绝无动作；等到亲身觉到了痛楚——小军阀的就地虐杀苛敛，外国人的横暴淫掠，——也只能做漫无组织系统的反抗运动，随起随灭，丝毫没有效果。譬如衡山的农民，水口山的工人，安徽的学生，何尝不能反抗？可惜没有全国的政治组织，共同的直接行动，相互间的助力，所以失败。"

碧梧《农民运动》发表于《先驱》第4期。

按：文章说："中国是农业国家，则农民运动当然要为革命家所注重，可是农民大多是土著，思想固执得很，且又散漫分立，要做运动很难下手。然据我的观察，却有两种特殊的情形处，比较容易活动而效力是很大的：（一）都市（工业发达者）附近的农民，时而在工厂里作工，时而行商，思想较为活泼，间有染着新文化者，可由做工人运动的人带作农民运动，其效力在起暴动的时候，就可把都市暗中包围着，设若不幸失败，则同志也易潜藏。（二）新辟之地，居民概由别处移来，五方杂处，则旧宗法社会失其效力，且既肯弃其故土而来（普通一般农民都是安土重迁的），必有特殊思想，或为生活所要者，其保守性不甚强，可与言非常之事。……中国农村，处现时代，还是闭塞得很。我们若去农村作运动，须具有坚忍不拔之性，当不惜唇焦笔秃，不顾唾骂欢迎，一意竟行，方有成效可言。中国共产党现在很注重农民运动，本团应当跟着一致进行。"

陈独秀《中国农民问题》发表于《前锋》第1号。

按：是为中共领导人分析农村阶级的第一篇论文。文章对农村的居民作了阶级分析，分为十等五个阶级：（一）大地主，（二）中地主，（三）小地主，统称为"自己不耕作之地主"。（四）自耕农兼地主，

（五）自耕农兼雇主，统称之为"中产阶级"，（六）自耕农民，（七）自耕农兼佃农，统称之为"小资产阶级"，（八）佃农兼雇工，（九）佃农，统称之为"半益农——半无产阶级"，（十）雇工—"农业无产阶级"。

陈独秀《中国革命与社会各阶级》发表于《前锋》第2期。

按：文章说："农民占中国全人口之大多数，自然是国民革命之伟大的势力，中国之国民革命若不得农民之加入，终不能成功一个大的民众革命。"

徐乃仁《农田之水利》发表于《河海季刊》第1卷第1期。

须恺《发展中国水利概论》发表于《河海季刊》第1卷第2期。

按：文章说："水利不振之原因三焉：一曰组织之不备，二曰经费之不充，三曰人才之缺乏。而其根本之原因，则在政府人民之忽视也。"

李协《五十年来中国之水利》发表于《河海季刊》第1卷第2期。

江浚《森林与水利》发表于《河海季刊》第1卷第2期。

中华农村运动社《中华农村运动社宣言》发表于《学汇（北京）》第100期。

晋青《农民之重要》发表于《学汇（北京）》第121期。

晋青《农村改造与教育》发表于《学汇（北京）》第144—159期。

张传郑《经营农业的要件》发表于《豳风杂志》第2期。

刘可强《现代农业之趋势与我国农业之将来》发表于《巴县留京学生会会报》第1期。

按：文章分农业为生产之要素、农工商三者立国之轻重、中国过去之农业、现代中国之农业、将来中国农业应如何图谋等五部分。

洪本桑《不可忽视的中国农民教育》发表于《批评》第5期。

陈善初《农民与民治》发表于《河南自治周刊》第32期。

张士铄《农村运动》发表于《河南自治周刊》第37期。

阿泽《农村组织的我见》发表于《河南自治周刊》第42期。

按：文章说：农村运动最要紧的工作，一曰排除官僚之专横，二曰防止资产阶级之压迫，三曰共谋治安。"要之，吾信农村运动，乃根本之救国方法，若依上述者而实现之，则真正之民治不难实进也。"

董修甲《收用土地法之研究》发表于《道路月刊》第6卷第1期。

陈以益《爪哇土人农业之发达》发表于《侨务》第75期。

赵鸣鹤、贤江《家庭的压迫和农民运动》发表于《学生杂志》第10

卷第 12 期。

菊坡《海丰的农民运动》发表于《新学生》第 9 期。

寿华《民主革命期间的东江农民》发表于《新学生》第 10 期。

吕发文《推广农村教育的几个办法》发表于《江苏省立第一师范学校年刊》第 1 卷第 1 期。

按：文章说：农村教育，是农村运动中一大问题，亦现今唯一的大问题，所以这三个问题（乡民的顽固、教育行政的腐败及教师的不良、经费不足），简直是农村运动中最难解决的问题了。补救的方法，一是对于学校中各种的改革设施，二是对于教育行政方面的改良及教师的重视，三是对于学校经费之扩张。

俞荣《改良乡村教育的我见》发表于《浙江一中周刊》第 9 期。

于树德《农栈与农业经济》发表于《浙江公立法政专门学校季刊》第 8 期。

沈佩弦《乡村小学校教材问题之评论》发表于《教育汇刊》第 6 期。

蒋息岑《我国乡村的初等教育》发表于《初等教育》第 1 卷第 1 期。

卢海珊《农村教育实施的商榷》发表于《教育杂志》第 15 卷第 10 期。

朱国樑《农村小学当以农业为急需》发表于《教育杂志》第 15 卷第 26 期。

范源濂《促进农业》发表于《教育与人生》第 1 期。

过探先《办理农村师范学校的商榷》发表于《义务教育》第 20 期。

邹秉文《江苏实行新学制后之农业教育办法》发表于《新教育》第 6 卷第 2 期。

元浚《改造农村的我见》发表于《辛刊》第 3 期。

按：文章说：改造农村，一是开办半年学校，二是组织农村银行，三是建设农村仓库，四是设立娱乐机关。

孙倬章《农业与中国》发表于《东方杂志》第 20 卷第 17 期。

按：文章说：中国重农之风，自神农至清都没有变更，所以中国的农业，发达至极。但自海禁大开以后，欧美的商业品输入中国，于是始知单靠农业，不足以立国，而振兴工业，挽回权利之说，遂众口一词，洋洋盈耳；鲜有重农抑工，欲恢复三代井田之理论。不图今日偶读章行严先生之《农学会》序，主张以农立国。愚甚怀疑之。

邓初民《土地国有问题》发表于《东方杂志》第20卷第19期。

化鲁《俄国的农业复兴》发表于《东方杂志》第20卷第21期。

钱天鹤《近世文明与农业》发表于《科学》第8卷第6期。

按：文章分农具之改良、新种之输入及传布、农学之进步、农田面积及收获量之增加、农民地位之增进五部分。

原颂周《美国农业近况》发表于《科学》第8卷第12期。

王光祈《全欧各国农业概观》发表于《少年中国》第4卷第4期。

黄慕文《论中国宜提倡畜牧事业》发表于《墨梯》第6期。

胡广训译《中国之农业》发表于《南洋周刊》第2卷第5期。

[日]河田嗣郎作，存统译《劳农俄国底农业》发表于5月13日、15日、17—18日《民国日报》副刊《觉悟》。

章士钊《业治与农（告中华农学会）》发表于8月12日上海《新闻报》。

孤桐（章士钊）《农国辨》发表于11月3日上海《新闻报》。

按：文章说：有杨铨君在《申报》著论，题曰《中国能长为农国乎?》，于愚农村立国之义加以抨击，大旨谓农业与工业未可偏废，以徒农则以原料供人，而其一己之衣食住以及农具与消耗品皆将仰人之鼻息。且中上社会之嗜好方日增，金钱之流出者年以千百万计，非工似漏卮无以塞。以事实言，吾虽不欲兴工，而欧美之制造家已挟其资本建厂于吾腹心之地，大势如此，欲罢不能，农国之谈，徒梦想耳。此其为说，本恒人之公疑，前此屡有所闻，如蒋君梦麟、王君吉占，皆于愚明农之旨不无误会。愚久拟诠释而未有当，今幸有会，请得而言。

然则农国者何也？曰：农国对于当今之工国言之，凡国家以其土宜之所出，人工之所就，即人口全部谋所配置之。取义在均，使有余不足之差不甚相远，而不攫国外之利益以资把注者，谓之农国。反是而其人民生计不以己国之利源为范围，所有作业专向世界商场权子母之利，不以取备国民服用为原则。因之资产集中，贫富悬殊，国内有劳资两级相对如寇雠者，谓之工国。建国之本原既异，所有政治、道德、法律、习惯，皆缘是而两歧，农国讲节欲勉无为，知足戒争。一言蔽之，老子之书，为用极宏，以不如此不足以消息盈虚，咸得其宜也。工国则反之，纵欲有为，无足贵争，皆其特质，事事积极，人人积极，无所谓招损，损更圆满，损满迴环，期于必得，以不如此不足以兴集国富，日起有功也。农国尚俭，贵为天子，以卑宫室、恶衣服、菲饮食相高。……更分言之，农国政尚清静，以除盗安民，家给人足，为兴太平之事；工国则言建设，求进步，争于物质，显其功能，如吾汲黯卧治，彼所不解。农国说礼义，尊名分，严器数；工国则标榜平等，一切脱略，惟利之便。农国于财务节流，于人务苦行，于接物执谦；工国则财以开源为上，人以有幸福求骧虞为上，接物以发扬蹈厉为上。农国重家人父子，推爱及于同里亲族，衣食施与恒不计；工国以小己为单位，视钱如命，伦理之爱，别为一道，姊弟同车，各出铜币一枚，分购车位，反相安焉。农国恶讼，讼涉贷钱分产，理官每舍律例，言人情，劝两造息争以退；工国则财产之事，毫不肯苟，全部民法，言物权债权者八九，讼师数万，蠹食于兹。最后则农国以试科取人，言官单独风闻奏事，不喜朋党，同利之朋尤所痛恶；工国明明言财利，内贿外政，比周为党，立代议制朋分政权。如此之别，不可一二计。综其要归，欲寡而事节，财足而不争（仍史公语），农国之精神也。欲多而事繁、明争以足财，工国之精神也。其精神之所由起，以财源是否在于本国焉断，由此勘入，思过半矣。……本次以谈，吾之立国不当有背于农也，断可识矣！

董时进《论中国不宜工业化》发表于10月25日上海《申报》。

按：作者支持章士钊"以农立国"的主张，认为工业国存在着工厂倒闭、工人失业、社会斗争激烈等"瑕疵"，中国无须"自蹈陷阱"，追求所谓"工业化"，而应坚守传统的"以农立国"的立场。其曰："农业之优点，在能使其经营者为独立稳定之生活，其弱点在不易致大富。然可补贫富悬殊之弊。此短正其所长。农业国之人民，质直而好义，喜和平而不可侮。其生活单纯而不干枯，俭朴而饶生趣。农国之社会，安定太平，鲜受经济变迁之影响。中国有长远之历史，广大之农地，良善之农民，宜发挥其所长，不易与西人为我占劣势之竞争。"

杨铨《中国能长为农国乎》发表于10月28日上海《申报》。

按：文章说：自时贤有农村立国之主张，二百年前欧洲之重农旧说，复为中国今日救世之福音，一时主农主工之说纷起，一似将来之中国，非完全农业化，必至完全工业化。于是忧国卫道之士，遂不得不以工业化之危险，大声疾呼警告国人。其言未尝不是，果能实现，吾人得长作桃花源中之仙民，长享简朴高雅之农家生活，岂非盛事！顾按之事实，竟大不然。不特彼所渴望之农业化，不能完全实现，即其所恐惧之工业化，亦将无完全实现之可能。而吾人之日以重农重工强聒于人者,终成其为痴人说梦而已。

今世之立国,农业与工业不可偏废者也。而在中国为尤甚,徒农则以原料供人,而其一己之衣食住以及农具与消耗品皆将仰人之息。将欲安贫乎?则中上社会之嗜好方日增,金钱之流出者年以千百万计。将欲守古乎?则农产之收成本已不丰,益之以水旱之天灾,苟无农业机械之改良,与水陆交通之建设,自给且不足,何能角逐于世界市场?此就理论言,农之不能独存也如此。更就事实而论,则吾虽不欲兴工,而欧美之制造家已挟其资本建厂于吾腹心之地,其地之人已弃农而工矣。欧战之后,英、美、日皆有移厂中国之计划。故工业应兴,吾不欲兴,人将代我兴之,大势所趋,狂澜不挽矣。夫工固不能偏废,农亦何莫不然。……故工与农实并行而不悖,相得益彰。美国地大物博,农工并重,进可以战,退可以守,遂执世界经济之牛耳。我国何去何从,唯国人自择之。

戴英(恽代英)《中国可以不工业化乎》发表于10月28、30日上海《申报》。

按:文章说:董时进先生以为中国处于工国多余之时,不可以工业化,以为农业为独立稳定之生活,而工业常有生产过剩之危险,故曰农国可不需工国而独立,工国不能离开农国独存。我赞同其所述工业国的情形,而对彼所言农业国之情形有疑义。农业国果可以不需要工业国而独立乎?人食之稻麦,须经碾磨,碾磨乃工业之事;人衣之棉丝,须经纺织,纺织亦工业之事。闭关之时,国人以粗拙之工具,从事碾磨纺织之事,诚无所仰于外人。然既中西交通,人有进步的机器,伟大的工厂,其所碾磨纺织者,成本低,品质良,非我所能与之争竞。而我衣食之所需,乃转而大宗须仰给于外国。如此,米面棉布等衣食之需尚不足以自给,何谓可以不需工业国而可以独立耶?抑尤有可注意者,今日之事,非独我不可以独立而已也。米粮之输入,迫使农民减产,继而失业。准此以推,又造成工人失业。农人工人为外国工业压迫失业,亦何怪国内军队土匪之充斥,而尚许农业为独立稳定之生活耶?外资之纠葛,初何必待中国之将来之工业化,眼前逼近眉睫之事,实已不胜枚举,岂以中国不求工业化遂免于外资之纠葛乎,出入口受外人之操纵,关税盐税为外人把握,中国在工业先进国之下,已成为经济的隶属关系。至今尚虑工业化之为外人操纵,诚不知其何说也。

董先生所谓农业国之优,与中国今日之实情完全不符合。若如其所言,此系农业国强效工业国之过,不知吾辈摧毁现有设施,复返农业,能禁内外交流、外物输入和外人入侵乎?国人贫弱之因,在其生路俱为外国工业所压迫,而日趋逼狭,于是流为兵匪,在他一方面既有赔款,复有外债使国民所担任之赋税日益增高,而上流中流之阶级亦呈中落之倾向,此非吾之工业有以与外国相抗衡,盖惟有万劫而不复,岂尚得谓中国不宜工业化乎?董先生谓工业国不能离农业国而自存,然惟其如此,工国势必挟其工业之优势,以窥窃农国之政权,庶原料之供给,成品之销售不虞其有变动,或为敌国之所攫取,此所以英国再三致意于取得殖民地也。凡为殖民地者永只得以原料供给其所谓母国,而不能供给自己,永只得销售母国之产品,而不得自己制造,结果既以母国之人经济上处处占取优势,而殖民地之土人,必至劳苦不能自给,工业国不能离开农业国而自立,岂农业国之幸也哉?所以,中国亦必化工业国后乃可自存。

杨明斋《评〈农国辨〉》发表于10月28日上海《申报》。

按:《评〈农国辨〉》是杨明斋所著《评中西文化观》一书的第三卷,评论的方法是先摘录章(章士钊)文的基本观点,然后逐一进行批驳。《评〈农国辨〉》比《农国辨》一文长出许多倍,把章士钊的"以农立国论"批驳得体无完肤。最后,在"总解释"中,又着重阐述了"五千年的历史循环在今大变动之所以然是由于农化为工"这一基本命题。作者针对章士钊的观点,用自己的语言,通过大量生动事例,阐明了马克思主义的一个基本观点,即:"政治法律大部分是维持经济的组织及其社会道德习惯与秩序的,今其经济情形已变,则前之政治法律自然的随之而失其效用"。对于杨明斋的《评〈农国辨〉》,有的论者评价甚高,认为它"是中国早期马克思主义者宣传中国应走工业化道路的珍贵文献"[1]。

三 乡村建设研究著作

邹秉文编《中国农业教育问题》由上海商务印书馆出版。

按:是书收录论述中国农业教育现状、改进方法、实行新学制后的问

---

[1] 郑大华:《民国乡村建设运动》,社会科学文献出版社2000年版,第181页。

题等方面的文章8篇。

全国农业讨论会编《第一届全国农业讨论汇刊》由南京编者出版。

中央农事试验场编《中央农事试验场十年来经过情形》由编者出版。

国立东南大学农科编《国立东南大学农科办理农业调查团之原因与组织》由编者出版。

浙江省立农业学校编《新农新声》由编者出版。

[英]许士著，潘公展译述《新村市》由上海商务印书馆出版。

吴南凯编著《查勘陕西泾渠水利报告书》由编著者出版。

顾复编著《农作物改良法》由上海商务印书馆出版。

东南大学农事试验场编《小麦试验》由编者出版。

过探先编著《种棉法》由上海商务印书馆出版。

华商纱厂联合会调查部编《中国棉产统计》由上海编者出版。

王泽敷著《朝鲜棉业调查录》由天津整理棉业筹备处出版。

农商部农林司编《英国农渔部禁止进口植物病虫害汇编》由编者出版。

周拾录编《三化螟虫之研究》由东南大学农事试验场出版。

过探先著《棉》由上海商务印书馆出版。

孟昭升编《最新园艺法》由上海文明书局出版。

云麓山人编《中西花草栽培法》由编者出版。

[日]驹井春吉著，张伯衡译《蜜蜂自然分封法》由北京广安车站兴农园出版。

[日]驹井春吉著，张伯衡、梦深译《蜂群管理法》由北京直隶书局出版。

[日]驹井春吉著，张伯衡译《蜜蜂人工养王法》由北京广安车站兴农园出版。

[日]驹井春吉著，张伯衡译《蜜蜂自然养王法》由北京广安车站兴农园出版。

[日]驹井春吉著，张伯衡译《蜜蜂人工分封法》由北京广安车站兴农园出版。

张品南编译《养蜂采蜜管理法》由上海新学会社出版。

张伯衡译著《养蜂始业》由北京广安车站兴农养蜂园出版。

民国十三年　甲子　1924年

一　乡村建设活动

1月20—30日，在孙中山主持下，中国国民党第一次全国代表大会在广州举行，李大钊等23名共产党人出席大会，谭平山、李大钊、于树德、林伯渠、毛泽东等10名共产党人被选入中央执行委员会。会议通过了由共产党人起草的《对于农民运动之宣言及政纲》。国共第一次合作，为农民运动的发展创造了有利条件。

1月27日，孙中山开始在中山大学及前身院校作三民主义学说系统讲演，每周讲一次，至8月24日因准备北伐而停止，先后讲了民族主义六讲、民权主义六讲和民生主义四讲。其中民生主义第三讲讲吃饭问题，第四讲穿衣问题。

按：孙中山在《民生主义》第三讲中说：中国自古以来都是以农立国，所以农业就是生产粮食的一件大工业。我们要把植物的生产增加，有什么方法可以达到目的呢？中国的农业，从来都是靠人工生产，这种人工生产在中国是很进步的，所收获的各种出品都是很优美的，所以各国学者都极力赞许中国的农业。中国的粮食生产既然是靠农民，中国的农民又是很辛苦勤劳，所以中国要增加粮食的生产，便要在政治、法律上制出种种规定来保护农民。中国的人口，农民是占大多数，至少有八九成，但是他们由很辛苦勤劳得来的粮食，被地主夺去大半，自己得到手的几乎不能够自养，这是很不公平的。我们要增加粮食生产，便要规定法律，对于农民的权利有一种鼓励，有一种保障，让农民自己可以多得收成。我们要怎么样能够保障农民的权利，要怎么样令农民自己才可以多得收成，那便是关于平均地权问题。前几天，我们国民党在这个高师学校开了一个农民联欢大会，做农民的运动，不过是想解决这个问题的起点。至于将来民生主义真是达到目的，农民问题真是完全解决，是要"耕者有其田"，那才算是我们对于农民问题的最终结果。中国现在的农民，究竟是怎么样的情形呢？中国现在虽然是没有大地主，但是一般农民有九成都是没有田的。他们所耕的田，大都是属于地主的。有田的人自己多不去耕。照道理来讲，农民应该是为自己耕田，耕出来的农品要归自己所有。现在的农民都不是耕自己的田，都是替地主来耕田，所生产的农品大半是被地主夺去了。这是一个很重大的问题，我们应该马上用政治和法律来解决。如果不能够解决这个问题，民生问题便无从解决。农民耕田所得的粮食，据最近我们在乡下的调查，十分之六是归地主，农民自己所得到的不过十分之四，这是很不公平的。若是长此以往，到了农民有知识，还有谁人再情愿辛辛苦苦去耕田呢？假若耕田所得的粮食完全归到农民，农民一定是更高兴去耕田的。大家都高兴去耕田，便可以多得生产。但是现在的多数生产都是归于地主，农民不过得回四成。农民在一年之中，辛辛苦苦所收获的粮食，结果还是要多数归到地主，所以许多农民便不高兴去耕田，许多田地便渐成荒芜，不能生产了。我们对于农业生产，除了上说之农民解放问题以外，还有七个加增生产的方法研究：第一是机器问题，第二是肥料问题，第三是换种问题，第四是除害问题，第五是制造问题，第六是运送问题，第七是防灾问题。①

2月1日，改组后的国民党中央执行委员会举行第四次会议，决定成立农民部，设部长1人，秘书1人，助理1人，共产党人林祖涵（林伯渠）任部长，彭湃任秘书。

2月3日，彭湃和李劳工到海丰捷胜乡召开恢复农民协会大会，到会各乡代表200余人，参加的农民有1000余人。

2月20日，国民党中央执行委员会举行第七次会议，通过了农民部的工作职责。

按：农民部的工作要点是：（一）详细调查农民状况及各省田地面积并其分配方法，其要目是：甲、耕户所有之田，田之面积总数及地主之数目；乙、非耕户之所有之田，田之面积及地主之数目；丙、佃农之田，其面积总数及佃农之人数；丁、乡间公有之团，其田之面积总数及佃农之人数；戊、乡内人口数目及其生活状况。以上各项，不过调查大纲，还须起草详细调查表。（二）调查农民组织之目的及其形式。（三）各省通行之

---

① 赵靖、易梦虹：《中国近代经济思想资料选辑》，中华书局1982年版，第127—128页。

税法。（四）制定农民运动计划。（五）出版关于农民状况之小册子及传单。（六）计划召集农民会议，起草国民党土地政纲。建立农民部的基础使之能代表农民利益。（七）与农民发生关系时，与宣传部联合出版一种农民报。（八）农民报未出版前，至少每两星期将调查结果及农民现况，如组织斗争等，用党报或其他宣传形式发表。①

3月19日，国民党中央执行委员会举行第十五次会议，通过了农民部制定的《农民运动计划案》。

按：《计划案》的要点是：先要有精密的团体组织，然后才有农民的运动，应组织的团体是：（一）自耕农协会；（二）佃农协会；（三）雇农协会；（四）农民自卫团。根据以上要求，于成立国民党区党部的地方，设立一个总括农民联合会，在成立区分部的地方，设立各协会。在各农民协会成立的地方，设立如下组织：（一）农民夜校；（二）农民冬期学校；（三）农民演讲团②。

4月12日，国民政府公布《建国大纲》，谓建设之首要在民生，政府当与人民协力共谋农业之发展。

5月5日，在中国共产党的推动下，国民党中央执行委员会第二十六会议通过组织农民运动委员会。农民部建议廖仲恺、戴季陶、谭平山、法朗光参加农民运动委员会。

5月10—15日，中国共产党第三届中央扩大执行委员会会议在上海召开，会议通过《农民兵士间的工作问题议决案》《工会运动问题议决案》等决议。

5月25日至6月1日，青年团粤区委举行第二次代表大会，听取广东各地农民运动报告，部署广东地区的农民运动，提出了开展农民运动的32种方法，如应为农民设法办理农民学校、夜校、冬期学校，从速组织农民自卫团等。

是月，中共中央执行委员会决定成立中央工农部，由王荷波任部长，内设工会运动委员会，邓中夏任书记。中央工农部是中国共产党领导全国工农运动和工农群众组织的工作部门。

6月24日，中国国民党中央执行委员会农民部起草的《农民协会章

---

① 高熙：《中国农民运动纪事 1921—1927》，求实出版社 1988 年版，第 27—28 页。
② 高熙：《中国农民运动纪事 1921—1927》，求实出版社 1988 年版，第 29 页。

程》，共15章83条，经国民党中央执行委员会订定后，呈报孙中山，以军政府名义批准施行。是为中国历史上第一个由官方机构制订颁布的农会章程，对组织农民协会的目的、会员的条件、组织机构、组织纪律、会员权利义务等都作了详细规定。

按：《章程》规定了自耕农、半自耕农、佃农、雇农、农村的手工业者，为"本章程所称为农民者"。《章程》关于农民协会的任务，规定了五条：（一）实行协会之决议及口号；（二）宣传三民主义之农民政策并从事于三民主义建设的工作；（三）说明农民与工商间经济之关系及联络扶助之方法；（四）提倡合作事业；（五）厉行禁止烟赌。还规定了农民协会遇有特别事件，得组织下列团体：（一）农民自卫团；（二）农业改良部；（三）雇农部；（四）佃农部；（五）手工业部。除上述以外，《章程》还对各级协会的组织系统和职权、职员人数，以及经费与其他机关的关系等也都做了规定。①

6月30日，国民党中央执行委员会第39次会议通过农民部提出的《农民运动第一步实施方案》，同意在广州设立农民运动讲习所，经费由国民党中央拨付。此前，中国共产党党员彭湃根据他从事广东海丰农民运动的经验，认为要把农民运动推向新的阶段，必须培养农民运动骨干，因此向国民党中央党部提议，在广州创办农民运动讲习所，是日得到批准。会议还通过《农民运动讲习所组织简章》，对农民运动讲习所的办学宗旨、所员、教授科目的设置、农民运动讲习所的管理等都作了明确规定。

7月3日，第一届农民运动讲习所在广州正式开学，彭湃为主任，招收学生36人。毕业时，有24人做了农民运动特派员，在开展广东农民运动中发挥了积极作用，被称为"农民运动之推进机"。

按：从1924年7月至1926年9月，在广州举办了六届农民运动讲习所（简称广州农讲所），彭湃、罗绮园、阮啸仙、谭植棠、毛泽东先后担任该所所长。一至五届培养广东、广西、湖南等8个省的农民运动干部，第六届学员是来自全国26个省区的农民运动干部，共培养了近800名农民运动干部。毕业学员大多数被派回原籍，在各地领导和开展农民运动。在广东开办的这六届农讲所，对北伐战争的根据地——广东的革命运动的发展和巩固起到了至关重要的作用。作为党的早期思想政治教育实践，农

---

① 高熙：《中国农民运动纪事 1921—1927》，求实出版社 1988 年版，第 30—31 页。

民运动讲习所的思想政治教育活动，无论是在教育目标、教育内容，还是在教育方法上，都有其自身的特点。首先，农讲所的思想政治教育目标明确。党在创设农讲所时，思想政治教育目标很明确，那就是提高人们的阶级觉悟，号召人们为反帝反封建而奋斗；具体任务是培养能够领导和开展农民运动的骨干。因此，在农讲所的培训过程中，无论是教育对象、教育者的选择，还是教育内容的确定、教育方法的使用都是紧密围绕这个目标开展的。其次，农讲所的思想政治教育内容全面。为了培养农民运动的干部，农讲所在教育内容上安排较为全面，主要涉及革命理论教育和工作技能教育。革命理论教育注重革命启蒙教育，主要包括三民主义教育、马克思主义教育、形势政策教育以及农民运动理论与方法等。工作技能教育主要培养干部宣传、组织、动员农民参加农民运动的方式方法和能力。另外，军事训练也是工作技能的一个重要内容，男学员还直接组成农民自卫军，整体进行军事训练。最后，农讲所的思想政治教育方法多样。在思想政治教育方法方面，农讲所既注重理论教育法，又注重实践教育法。理论教育占了学员学习的大部分时间，第六届农讲所规定了25门课程，并对每门课程的课时和教员都作了明确的规定。实践教育方法是多元的，学员通过实习见习、参观考察甚至是参加战斗来接受教育。理论教育促使学员深入思考，实践教育促使学员切身体会，理论与实践的结合，深化了学员对革命理论与方法的认识和理解。[①]

7月15日，由农民部草拟，经国民党中央执行委员会第38次会议修正通过，并报孙中山批准的《国民政府对于农民运动第一次宣言》在广州《民国日报》正式公布，是为广东革命政府对农民运动发布的第一次宣言。

按：主要是：一、农民欲达到解除（帝国主义、军阀官僚）之压迫，应即时组织农民协会，农民协会为完全独立之团体。二、农民协会在目前为防御土匪兵灾起见，特许其在一定计划之下，组织农民自卫军。其办法如下：（一）按照军队及义务军办法组织之。（二）非农民协会会员不得加入农民自卫军。（三）农民自卫军受当地政府监督。但政府不得以农民自卫军作别种攻击或非本村直接防御行动之用。三、各级农民协会中之各

[①] 黄世虎主编：《中国共产党思想政治教育史简论》，河海大学出版社2016年版，第23—24页。

部，均有警告、控告以及代理地税之征收及解决地税问题之权，但无直接行政之权。在控告时，乡农民协会及区农民协会得控告于区官署，县农民协会得控告于县官署。省农民协会得控告于省长。全国农民协会得控告于大元帅。如果向军事长官控告，亦得按此程序行之。至于各农民协会（乡、区、县、省）与各该地之官厅有问题不能解决时，该农民协会应请求其较高一级之农民协会与其所在地方官厅解决之。四、各级农民协会及农民自卫军有使用农旗之特许权。农旗之制式为青天白日满地红之国旗，红幅上加绘一犁，旗之正幅上另备一黄幡，上书某省某县某区某乡农民协会字样。五、各乡中之农民协会为基本组织，每一乡农民协会须有16岁以上之会员20人方能成立。但农会入会之时，有下列条款之一者，皆得拒绝其为会员。（一）有田百亩以上者；（二）以重利盘剥农民者；（三）为宗教宣传者，如神甫、牧师、僧、道、尼、巫等类；（四）受帝国主义操纵者；（五）吸食鸦片赌博者。六、各级农民协会之组织，对于契约承受财产等均得享有法律保护权。七、农民协会对于横暴官吏，有请求罢免之特权。但此等请求，如反抗行政官、司法官或军官个人等，必须经过会员全体大会3/4通过，地方或中央审查委员会审查后，始能执行。审查委员会之主席为检察官，委员为农民协会代表2人，工会、教育会、商会、国民党代表各1人。此审查委员会之判决，应由政府机关执行之。八、农民协会得派代表至各地方或中央各机关之农务会议讨论各种农民问题，如整理水利、救济灾荒、信托贷款及农民教育等。九、农民协会之章程根据三民主义规定之。①

7月28日，孙中山在广州农民联欢会上发表题为《农民大联合》的演说。

8月1日，农商部公布《农作物选种规则令》，谓本规则之宗旨在选用优良农作物之种苗，以促进品种之改良。

8月21日，广州第二届农民运动讲习所开学，罗绮园为主任。招生250人，其中有妇女13名，学习时间两个半月。廖仲恺曾到校作题为《农民运动所当主义之要点》的演讲。

是月，孙中山在广州作关于民生主义的演讲，呼吁"要造森林，要造全国大规模的森林"。

---

① 高熙：《中国农民运动纪事1921—1927》，求实出版社1988年版，第44—45页。

是月，广东省省长廖仲恺在广东香山县农民代表会议上发表《农民解放的方法》的演说，号召农民组织农民协会。

是月，湖北省农会会员杨德棻向农商部提交《关于农业劳动力流入城市拟设法慰留议案》，认为慰留之法，一是安其心，二是养其身。

是月，中共广东区委成立农民运动委员会，实行中国共产党对农民运动的直接领导。随后，彭湃、阮啸仙、罗绮园等各地农民运动的领导人，都成为中共广东区委农民运动委员会的负责人，中国共产党对农民运动的领导更为加强。

10月10日，由蒋丙然、竺可桢等人发起的中国气象学会在青岛成立，以谋气象学术之进步与测候事业之发展为宗旨。

10月14日，福建省农民协会正式成立。

11月19日，中共中央发布《第四次对于时局的主张》，提出重视组织农民协会和武装农民，同时规定了最高限度的租额问题，取消田赋正额以外的附加捐及陋规。

12月12日，广东广宁农会在彭湃等领导下，发动农民开展减租运动，遭到地主武装的镇压。广东革命政府派铁甲车队前往广宁支持农民减租斗争，得到广大农民的欢迎。

12月31日，广州市郊第一区农民协会委员会长林宝宸被地主武装围杀。

是年，韦拔群和陈伯民到广州进入第三届农民运动讲习所学习，认识了农民运动的领导者彭湃、阮啸仙等共产党员，学习了马克思列宁主义著作和农民运动的理论，以及各地农民运动的先进经验，认识到只有以马克思主义思想为指导，才能取得革命斗争的胜利。

是年，丁颖从日本留学回国，任中山大学农学院教授，主持开展中山大学南路稻作试验场水稻育种，是为我国第一个稻作育种场。

是年，旅欧农学研究会改名为新中国农学会，临时会址设于法国朗西。

二　乡村建设研究论文

常林士《淮西农民的生活状况及妇女情形》发表于《新农业季刊》第1期。

庶晨《农业宣传之我见》发表于《新农业季刊》第1期。

觉农《三民主义与中国农民》发表于《新农业季刊》第2期。

任天《谈农业》发表于《新农业季刊》第2期。

[日]泽村真作,孟晓柴译《都会与农业》发表于《新农业季刊》第2期。

钱义璋《中国的农民团体》发表于《新农业季刊》第3—4期。

按:文章分绪言、农会规程与一般农会的现状、过去的衙前农民协会、中国国民党的农民协会章程、农村现在急需的团体组织等五部分。

觉农《农民与青年的新觉悟》发表于《新农业季刊》第3—4期。

[日]河田嗣郎作,旦复译《农业社会主义论》发表于《新农业季刊》第3—4期。

[日]森本厚吉作,志远译《农民社会运动的根本义》发表于《新农业季刊》第3—4期。

按:文章说:"所谓农民的社会运动,在农民阶级中,当然是认定属于自己阶级的权利的享有,与自己阶级的利益的增进计,改善社会组织与合理的秩序的运动了。这样的定义之下,虽然被误认为利己的运动,可是占人口大多数的农民,在合理的社会组织的转变时,当然对于国民大多数的幸福,不能不设法使之增进。何况今日实际上,从事于农耕的农民,所占的地位的不幸,所受的不当的抑压,是任何人都想象不出的。使他们自己觉悟,促他们对于不平与不满的自己的觉醒,为从事社会运动的出发点,这不但是必要,而且是极迫切的。"

觉农《庚子赔款与中国农民》发表于《新农业季刊》第3—4期。

觉农《农民与青年的新觉悟》发表于《新农业季刊》第3—4期。

[日]森本厚吉作,志远译《农民社会运动的根本义》发表于《新农业季刊》第3—4期。

汪茂遂《农家副业论》发表于《新农业季刊》第3—4期。

按:文章说:"其实我国农家,除养蚕畜牧事业以外,尚有多处可以利用经营副业。兹且将可利用,获利之处,约略条举于下,以供农家之采择可耳。"

童玉民《农业上之合作问题》发表于《中华农学会报》第45期。

彭家元《科学对于农业之贡献》发表于《中华农学会报》第45期。

童玉民《农业经营形态与农业阶级争斗》发表于《中华农学会报》

第 48 期。

童玉民《近代资本主义的社会下农业之发达与衰退观》发表于《中华农学会报》第 51 期。

邹秉文《提倡农业之主要原因》发表于《农学》第 1 卷第 5 期。

按：文章认为，提倡农业的原因是：（一）吾国人口号称四万万，而据中外人统计，至少有百分之八十以上业农。所谓士工商三类人物，合计之而与农相较，亦不过为四分之一比例。农民之多既如此，而其所恃为生活者，厥惟农业。为国家计，焉有不注意发达其大多数人民之职业，使其国家日臻强盛者乎？（二）吾国实业以科学之讲求，其现状极堪伤痛。就中幸犹有农业，虽人事未尽，而得天独厚，故尚能于世界商场中稍占位置。而吾国金钱之不尽流入外洋者，实不能不追念此三万万农民之丰功伟绩也。独不思提倡此最大而最有希望之实业，以谋国家整理财政之根本办法乎？（三）吾国实业之亟应提倡，夫人而知之。特事有先后，物有本末。就实业而言，则工商固应提倡，而农之提倡，则较之工商，尤为紧要。盖农为工商之根本故也。不揣其本，而齐其末，吾国实业必永无发达之希望。

徐正铿《吾国农业之危象及其救济方法》发表于《农学》第 1 卷第 6 期。

邹秉文《中国农业教育最近状况》发表于《农学》第 1 卷第 7 期。

谢申图《经营福建省有林建议书》发表于《农学》第 1 卷第 7 期。

田瑾《乡村教育与农村师范》发表于《农学》第 1 卷第 8 期。

邹秉文《江苏农业教育之方针及进行步骤》发表于《农学》第 1 卷第 8 期。

王舜成、过探先、邹秉文《农业委员会组织办法案》发表于《农学》第 2 卷第 1 期。

师勤《我们如何经营农业》发表于《农声》第 23 期。

勤夏《从农会着手实行农民运动》发表于《农声》第 24 期。

洁农《乳业与农业》发表于《农声》第 25 期。

潘盛圭《林业在国民经济上之位置及其在事业上之性质》发表于《农声》第 25—26 期。

按：文章说："林业之直接或间接收益，均与国计民生，关系至巨，然则吾国林业荒废，已达极点，振兴林业，此其时矣。"

黄士辉《丹麦农业及其合作制度》发表于《农声》第29期。

萧诚、彭师勤《苏省之林业与林业教育》发表于《农声》第35期。

彭师勤《十年来我归于中国林业界及林学界之所感》发表于《农声》第36期。

张义明《美国农村问题和农村社会学》发表于《农声》第37期。

卢同高《我国林业不振兴的原因和保存现有森林的必要》发表于《农声》第38期。

按：文章说："我国现在的经济，无论是人民方面，政府方面，通通都是左支右绌，困穷达于极点。所以会弄到这个田地，原因虽然复杂，可是林业不振兴，也是一个绝大的缘故。……近来这个林业问题，似已能够渐引起国人的注意。振兴林业，提倡造林的声浪，也常常冲击到我们的耳鼓。热心林业和有心研究这个问题的人，也好似一天比一天多。"

谭锡鸿《国民十三年农民之新希望》发表于《农事月刊》第2卷第7期。

王颂堂《广东教会与岭南农业之关系》发表于《农事月刊》第3卷第3期。

容秉衡《农村改良与国家盛衰之关系论》发表于《农事月刊》第3卷第3期。

程葆元《农村运动号发刊之旨趣》发表于《农事月刊》第3卷第3期。

程葆元《农村运动应注意之点》发表于《农事月刊》第3卷第3期。

按：文章说："农村运动应注意之根本重要部分在乎教育和组织。"

程德濂《农业与国家之关系》发表于《农事月刊》第3卷第4期。

按：文章说："国家之患，非军旅不雄，非法令不具，非政策不行，非财政不足，实患农业之不振。夫农业者，能使国家富强，民无冻馁，即世界上一介之微，无不赖乎农。而一切所需，亦莫不于农是求。故欲观一国之盛衰者，先察其国内之农业若何以为断。其国之农业发达者，其经济力必裕而强；农业萎废者，其经济力必薄而弱。是则农业之关系于国家者甚大，昭昭然明矣。"

林彬《吾国农业之希望》发表于《农事月刊》第3卷第6期。

何玉馨《农业与妇女》发表于《农事月刊》第3卷第6期。

[日]谷口熊之助作，黄国华等译《日本之农业》发表于《一农半月

刊》第3—4期。

张海秋《小学校亟宜设置学校林》发表于《一农半月刊》第4期。

张伯纶《中国林政考》发表于《一农半月刊》第6期。

萧叔炯、吴功贤、谭玮《世界农业问题及解决方法》发表于《一农半月刊》第6期。

文聪译《中国农业谈》发表于《农社年刊》第1期。

马灿恩《振兴农业》发表于《农社年刊》第1期。

潘慕农《细菌对于农业上之利害》发表于《农智季刊》第1期。

黄世章《乡村小学教育之目的》发表于《云南乡村教育月刊》第1期。

李恩垚《我的乡村教育感想》发表于《云南乡村教育月刊》第1期。

张时珍《乡村教育之我见》发表于《云南乡村教育月刊》第1期。

孙尚贤《乡村小学校不发达之原因》发表于《云南乡村教育月刊》第1期。

李永春《学校生活与家庭生活的比较》发表于《云南乡村教育月刊》第1期。

李占动《乡村教育的设施》发表于《云南乡村教育月刊》第2期。

李占荣《欲望乡村教育之进步观》发表于《云南乡村教育月刊》第2期。

李培元《乡村教育的现状和筹备》发表于《云南乡村教育月刊》第2期。

陈春华《乡村教育的我见》发表于《云南乡村教育月刊》第2期。

郑镕成《我对于改良农业之意见》发表于《陕西实业杂志》第13—14期。

涂宗经《中国之林业》发表于《河南林务公报》第1卷第2期。

袁震《欲发展农业须先振兴水利说》发表于《河南实业周刊》第2卷第32期。

按：文章说："若不先兴水利，只讲求耕田之方法，是舍本求末，欲图农业之发展，不其难哉！"

中夏《中国农民状况及我们运动的方针》发表于《中国青年》第1卷第13期。

按：文章说："中国农民运动在现时只可说是萌芽时期，当然不能像工人运动一样可有编成数十万言专书的资格。虽然，即此萌芽时期所表现几桩运动的事实，已可令我们惊异，已可证明农民革命的潜在性逐渐发泄出来，是各种群众中'崭然露头角'新兴的伟大势力。我上期《论农民运动》文里已说过萧山、萍乡、马家村、青岛、海丰、衡山六处的农民运动都是很剧烈的，可惜我手头只有海丰、衡山两处较完整的材料，现在只能把这两处介绍一番，其余四处暂行从略。"文章对开展农民运动的方针，从组织机构、宣传教育、行动方面都表达了系统性的意见。

林根《黄冈的乡村教育运动》发表于《中国青年》第1卷第20期。

恽代英《何谓国民革命》发表于《中国青年》第1卷第20期。

按：文章指出，要"侧重农民利益"，要"国家拨款辅助农人、小工人、都市贫民组织消费合作社，即以此为筹办各种公益事项的机关"；要"改良租税制度，废除厘金、杂捐、盐税等，加增一般不劳而获者（田主、房主、地皮商、股票商等）的租税，应用累进税制"；要"废除选举上一切财产、学问等限制"，"国家拨款经营移植开垦事业，以安置兵匪游民"，从而"唤起多数国民的参加革命行动"。

天培（恽代英）《四川合江县农民状况》发表于《中国青年》第1卷第22期。

但一（恽代英）《湖北黄陂农民生活》发表于《中国青年》第1卷第23期。

按：文章介绍了黄陂的田地、佃田的人、雇工问题、种田的本金利息问题、普通放账、田赋、耕牛价钱、养猪、自耕农佃户子弟的教育、讨饭的人等各方面的情况。

郁青《河南彰德的农民概况》发表于《中国青年》第1卷第47期。

代英《答惠民农民运动》发表于《中国青年》第2卷第29期。

俊才《山东广饶县农民生活》发表于《中国青年》第2卷第30期。

按：文章提出的"改良"意见是：（一）组织合作社，使本地出境物，免受中间剥削；（二）乡建成人补习学校及义务小学校，使成人文盲及儿童无力求学者，有求学的机会；（三）组织借贷机关，使农民有所通融，免受高利贷剥削；（四）引通沟渠，改良灌溉器具；（五）规定"购地法"，以保存地力；（六）组织乡团，利用本地农民的勇气，成立自卫组织。

代英《预备暑假的乡村运动——"到民间去"》发表于《中国青

年》第 2 卷第 32 期。

按：文章提出学生利益假期"作普遍的全国的大规模的乡村运动"，认为中国的革命，"若不是能得着大多数农民的赞助，不容易有力量而进于成功"。作者提出，"我们必须借各种机会'到民间去'，研究他们的言语与思想，把他们组织于我们的训练与教育之下，耐耐烦烦的做几年工夫，他们自然有一天会完全懂得我们的意思，他们自然有一天为他们自身的利益，成为国民革命的基本势力。"

代英《农村运动》发表于《中国青年》第 2 卷第 37 期。

按：文章指出，今天的农村运动最大的意义，不是鼓吹宣传任何事情，而是应该做"联络农民的感情""研究宣传农民最适当的方法""研究宣传农民最合当的材料""特别注意青年农民"。

代英《乡村运动问题》发表于《中国青年》第 2 卷第 40 期。

按：是为作者为乡村运动问题答复孝承的信。在谈到如何得到农民信任的问题时，恽代英认为，要取得农民的信任，是要肯实心为农民工作，而且用正确的方法去工作。他指出，有人所以不能取得农民的信任，原因是：不注意农民本身的利害，还有鄙弃嫌恶他们的心理，说起话来摆出一副十足的教训人的面孔，自然是惹他们讨厌；何况自己本身还有令人蔑视的地方。要换一个方法去做，诚心去和农民做朋友，为他们的利益积极去活动，农民自然会信任爱帮助他们的人。在方法上，他强调个别谈话。认为若注意个人谈话，就是农忙时也可有很多机会去做。他说："个人谈话，我的意思是要带一种研究农民疾苦与心理的性质。"要使农民赞成革命，须先确实了解他们的疾苦，决定怎样改善他们生活的方略，"然后他们能为他们的利益加入革命军，然后他们能望革命的成功象望真命天子一样。"

健生《农村运动的初步》发表于《中国青年》第 2 卷第 44 期。

按：文章提出把提倡办乡村小学作为开展农民运动基础。

小卒《农民运动之一得》发表于《中国青年》第 2 卷第 48 期。

按：文章着重写了他从事农民运动的感想；第一，农民是顶纯洁的人民，应以极诚恳的态度对待他们，这样，他们就会信任我们。第二，在进行宣传工作时，固然注意青年农民，但对老成持重、素有人望的老农和乡绅，也要注意联络，以收事半功倍之效。第三，用谈话的方式，效果比集会宣讲要好。第四、农民最感痛苦的，"莫过于经济压迫"，若教以相当的经济状况上的改善，他们必非常信任我们，虽使其赴汤蹈火，也是在所不辞的。

新予《由经验得来的"农村运动的方法"》发表于《中国青年》第2卷第49期。

粤枢《农民运动的经验》发表于《中国青年》第3卷第53期。

按：文章说：照此运动下去，必发生下列的现象：一、起手农民必带有依赖绅士之倾向。此种倾向并非农民甘心愿意如此，在久受压迫之下的农民，因畏惧而妥协而帖服使然。故在未入民间去的运动者，有以联络开明绅士为容易入手之见解。其实与绅士联合，无异与虎谋皮，无论他如何开明，等到减租运动利害冲突的时候，他终要出于破坏之途的，这岂不是得不偿失了吗？故当遇农民有依赖绅士之现象发生，即应向之宣传，使之纠正此种在积威之下所必然产生之错误倾向。二、第二步农民们知道绅士势力不足靠，但始终都想得到政治上之保护，此时有要求请县长出示保护之举，他们对于省长出示保护，还以为不如县长出示保护，因县长与他们接近一层。由这可以知道眼前的利益是农民最看得见的。我们若能以阶级斗争的意义，以极简单的例证表示出来，使他们知道自己的力量，他们自然便没有从前那些错误观念了。三、第三步等到他们知道自身组织的力量，他们自然倾心农会，一方面亦会要求武装自卫，因此而有农民自卫军之组织。我们在运动中也发生下列困难之点：一、国民党政府之下的右派驻防军摧残农民；二、国民党政府之下的右派官吏压迫农民；三、国民党的右派分子勾结商团军损害农民。此种事实随处可以显露出来，随处都会惹农民之反诘。遇着这种地方，我们只有离开政府地位，单独作左右派之宣传。因为我们站在农工利益之上，来做国民革命工作，常牺牲农工利益，以迁就国民党右派。一次我们宣传反对田亩捐，因田亩民捐补助广东大学的经费，我们与广大校长邹鲁大碰钉子，但我们并不停止这样为农民实际利益的宣传。

卓汉《皖北寿县的农民生活》发表于《中国青年》第3卷第53期。

曹谷芸《怎样和农民谈话》发表于《中国青年》第3卷第54期。

按：文章指出，与农民谈话，要注意农民的心理、农民的生活状况、农民的家庭情形和乡村教育。文章还指出："我们和农民谈话，不能完全迎合他们的心理，总要多想法开导他们，纠正他们的错误。"

［日］佐野学作，行家庆译《社会主义与农业问题》发表于《青年进

步》第 71 期。

积余《世界农民的国际的运动》发表于《青年进步》第 71 期。

陈独秀《陕西农民的困苦》发表于《向导》第 53—54 期。

按：文章介绍了陕西劣绅对农民的压榨与农民的穷困状况。

为人《乐山农民反抗贪吏劣绅》发表于《向导》第 59 期。

彭湃《关于海丰农民运动的一封信》发表于《向导》第 70 期。

按：信中叙述了海丰农民协会成立的经过，以及和军阀陈炯明、海丰反动势力斗争的情况。

独秀《革命党和农民第一次见面》发表于《向导》第 80 期。

萧楚女《中国的农民问题》发表于《新建设》第 2 卷第 1 期。

按：文章说："要定救济方法，须得先把农民生活上苦痛的来源，剖析出来，然后才好根据着病源下药。中国农民生活之不良，其来源不外下面的几种原因：1. 由于外国商业的侵略。2. 由于赋税繁重和征收手续的苛虐。3. 由于耕地分配不敷农民家口的生活。4. 由于现行佃租制底不良。5. 由于缺乏相当的农事上之扶助机关与指导机关。6. 政治上的直接的影响，如军阀战争，致令农事失时；官吏舞弊，额外需索等。"因此，作者建议："一、对于'农地'，应该从政治上和经济上去加以管理；二、对于'农业'，应该从科学上去加以经营；三、对于'农民'，应该从社会文化上去加以训练与教育。""中国农业之衰微，一半是因为农业底文化程度太低，没有知识，不知团结；则对于农民施行一种教育，实为目前一宗应办的急事。然农民底文化程度之提高，决不是狭义的学校教育所能奏功的；它底真正的办法，还是在使一般农村社会化。换句话说，便是要对于农民施行一种普泛的广义的社会教育。自然，农业学校，及农民补习学校，还是应当急办。然主要在改良农村组织。"

李春涛《海丰农民运动及其指导者彭湃》发表于《晨光（北京）》第 2 卷第 1 期。

按：高一涵在本文开头附注说："海丰农民运动，有主义有组织，是研究中国劳动问题者所应当特别注意的。李君是专门研究经济学的人，而海丰农民运动首领彭湃君又是李君的知己，材料真确，判断公平，可想见了。"

光亮《国民会议与农民》发表于《评论之评论》第 37 期。

李克家《海丰的农民运动的一个观察——和雨后君讨论〈海丰的农

民运动〉》发表于《新琼崖评论》第 19—20 期合刊。

冯锐《我国应用农业科学之状况及其困难问题》发表于《科学》第 9 卷第 7 期。

按：文章说："我国农业科学，尚在胚胎时代，实难一时即有大效，且有各种困难问题，如此等问题不完满解决则农业科学在我国恐难有良好之进步，此为我科学界同人所应当注意者也。"

唐启宇《中国农民之收入》发表于《科学》第 9 卷第 7 期。

董时进《科学的农业与中国之改造》发表于《科学》第 9 卷第 7 期。

按：文章说："中国之农民，可谓尽为迷信的，而无一人可当科学的三字。迷信与科学，乃绝对的相违背之二事；其一不能容其他，正如物理学中所谓物体之不可入性也。中国农民，充满迷信，推其迷信天灾、旱潦、虫害之心理，以迷信人生观、社会、政府，以及一切世事。故时流高谈民治，而三万万之农民，方且祷祝真命天子之出生。领袖者自领导，而和随者无人。是欲国事之修明，岂不等于梦想耶？……第欲建设科学的中国，当采用何种方法乎？将从何方下手乎？概言之，吾人应用任何科学方法，从诸方面下手。唯在农言农，愚窃以为特宜注意于科学的农业。"

谢远定《学生与农民》发表于《学生杂志》第 11 卷第 6 期。

国民党中央《本党对于农民运动之宣言》发表于《浙江周刊》第 10 期。

戴铭礼《中国粮食问题》发表于《商学》第 39 期。

戴铭礼《土地国有计划之讨论与中国历史上的观察》发表于《商学》第 40 期。

郑恺《农业道路》发表于《浙江道路杂志》第 10—12 期。

黎植松《振兴吾邑林业计划之商榷》发表于《苍梧花》第 1 期。

冯福林《吉林省东北部林业》发表于《东北》第 2 期。

班延兆《湖南之林业》发表于《国际公报》第 2 卷第 23 期。

赵宗预《对于农村教育之建议》发表于《国际公报》第 2 卷第 40 期。

按：文章建议，一是特设农村教育委员，二是组织农村暑期讲习会。

班延兆《山西省之林业》发表于《国际公报》第 2 卷第 44 期。

乃德《农业在新中国经济生活中的地位》发表于《生命（北京）》第 4 卷第 4—5 期。

黄卓、丁隆《乡村工业的发达》发表于《生命（北京）》第 4 卷第 4—5 期。

黄卓《中国北部的乡村中的工业》发表于《生命（北京）》第 4 卷第 4—5 期。

章伯寅《乡村教育观察所得之问题》发表于《新教育》第 9 卷第 1—2 期。

储劲《乡村教育之意义与目标》发表于《新教育》第 9 卷第 4 期。

王晋三《乡村教育漫谈》发表于《新教育》第 9 卷第 4 期

柏良《改进乡村学校的步骤》发表于《教育与人生》第 19 期。

曾勉《青年和农村》发表于《教育与人生》第 24 期。

过探先《新学制农业科课程标准草案》发表于《教育与人生》第 26 期。

顾倬《我之农村教育观》发表于《教育与人生》第 33 期。

柏良《乡村学校的新使命》发表于《教育与人生》第 42 期。

楚女《青年与农村教育》发表于《教育与人生》第 42 期。

潘吟阁《都市之教育与农村之教育》发表于《教育研究》第 31 期。

按：文章说："都市之教育，宜注重工商业，无论职业学校、普通中小学校，均宜以工商业为陶冶之中心，于簿记、算术、工艺等科目，不得不注重。而农村之教育，则宜注意农业。于动植物学之知识，均须特别灌输。而训练方针，务宜保其淳朴之旧。若炫于都市之情状，而妄施以都市式之训练，则农村子弟将来且有无其田园，而妄思发展于都市者矣。"

张廷瑞《乡村教育的理论及实际》发表于《教育研究》第 31 期。

祝其乐《乡村生活与教育》发表于《中华教育界》第 13 卷第 8 期。

祝其乐《乡村教师问题》发表于《中华教育界》第 13 卷第 10—11 期。

曹典琦《长沙之农村补习教育运动》发表于《中华教育界》第 13 卷第 12 期。

古梅《乡村小学组织及行政问题》发表于《中华教育界》第 14 卷第 2 期。

缪序宾《乡村小学之缺点及其病原之补救法》发表于《中华教育界》第 14 卷第 4 期。

顾克彬《农村师范应养成何种小学教师》发表于《中华教育界》第

14卷第6期。

孙晓村《中国农产商品化的性质及其前途》发表于《中山文化教育馆季刊》第1卷第1期。

陶直夫《中国现阶段的土地问题》发表于《中山文化教育馆季刊》第1卷第2期。

按：文章说："作者个人对于这个问题的意见，则以为土地分配的不均，确是促成目下农业恐慌的基本的杠杆。第一，全国的农民每年至少要将一万万元以上的巨款，以地租的形态贡纳地主，供其非生产的消费。农民这种巨额的支出，自然是摧残其经营，削弱其生产力的主因。第二，中国农村中商业资本和高利贷资本的猖獗，诚如国内外专家所见，是使农村大众陷于苦海的源泉。不过，现时乡镇商店多数由地主和富农所开设，同时农村中经营高利贷的债主，主要的也就是这些地主和富农。所以就内在的条件而论，现时横行于中国农村中的高利贷资本和商业资本，实以地主的土地所有为轮轴。第三，中国一般军人和官吏的活动，常和这种下层的土地所有为骨干，而由商业高利贷资本为其外缘的机构，保持最密切的关系。他们往往身为地主，同时通常政府征派税捐，终由各地的地主绅士经手。因此各地的苛捐杂税，虽为人人诟病，可是它们与大土地所有的利害，却常相一致。上面的分析虽极简单，可是已够证明一般人所视为造成现时农业恐慌的原因，如高利贷活动，物价剥削，苛捐杂税等等，都以土地所有做它们的基础和骨干。更进一步来说，前者是后者的派生物，同时前者的活动，适以加强后者所具有的内在的矛盾。于此就不难了解，土地问题实是把握中国农业问题的锁钥，同时也是研讨中国整个国民经济问题的关键。"

储劲《乡村社会娱乐问题之商榷》发表于《义务教育》第25期。

李祖勔《美国乡村教育状况》发表于《安徽教育月刊》第60期。

陈善初《云南农业教育之过去与将来》发表于《云南教育会月刊》第1卷第6期。

四皓《农村学校里的农忙假之商榷》发表于《金山县教育月刊》第1卷第6期。

陈赞祺《筑路与乡村之发展》发表于《道路月刊》第10卷第2期。

静值《农民运动的三要点》发表于《共进》第54期。

按：文章所谓三要点，第一是组织，"最要紧的自然是组织农会——

或佃农协会，或雇农协会"。第二是教育，"能多设补习学校或讲演所固然好，或借现成的教育机关讲演也好，或大家靠在柴积上日黄中间谈也好。教育的题目，便是《限租问题》《限田问题》《推翻贪官劣绅》《打倒军阀》《抵制洋货》《实行收回人民的主权》等等"。第三是行动，"这可分为两项，一是经济的，如要求减租、减税，改良待遇等；一是政治的，如要求普通选举，改良水利，组织民团，集会自由等等"。

耿熙旭《从农业上观察东省气候之周期》发表于《奉天省城总商会月刊》第 2 期。

张春浩《乡村中的妇女教育问题》发表于《妇女杂志》第 10 卷第 2 期。

公宪《国民革命与农村运动》发表于《浙江周刊》第 5 期。

中夏《论农民运动》发表于 3 月 29 日《民国日报·平民》第 197 期。

按：文章说："我现在把我对于农民运动的几项意见写了出来：第一，教育方面——多设法设立或参加农村学校和书报社，作农民之识字运动，由此把农民间的文化提高。关于时事之演讲，唱本之改良，新戏之革新，幻术影戏之添置，亦当尽力推行。农民教育是我们一条最稳便而有效的道路，如果把一层办到了，就是我们的第一步蹈进去了。……第二，自治方面——鱼肉农民的恶劣官绅，固然是我们在所必斥，不过如果农民的势力还未加大和巩固的时候，应取慎重的态度。所以此时我们应设此插入乡村间的自治团体，又利用这个地位为农民在政治上得到许多的便利与自由。固然这种方法，不免有些官僚行动的色彩，但是如果这于农民运动有裨益，我们又何苦徒务清高之虚名，而弃置切身之实利呢？关于筹办武装乡团，宣传排斥教会之类，亦当慎省酌量进行。第三，经济方面——完全引导农民作纯经济的斗争，为时尚早。已由衡山、海丰的农民运动给我们证明了，不再细说。"

王贯三《祭农民协会委员李成虎先生文》发表于 4 月 15 日上海《民国日报》副刊《觉悟》。

小卒《农民运动的入手方法》发表于 6 月 26 日《民国日报》副刊《觉悟》。

廖仲恺《请协力组织农会给广东各县县长的命令》发表于 7 月 24 日《广州民国日报》。

三　乡村建设研究著作

张受均编《农业政策》由上海泰东图书局出版。

按：是书分2编，第1编通论农业的性质及其与国家的关系等；第2编论述生产政策与分配政策等。

徐正铿著《美国之农业教育》由上海商务印书馆出版。

吴剑心编著《农业动物饲养法》由上海商务印书馆出版。

云南实业司农林科编《云南农业概况》由编者出版。

徐正铿著《美国之农业教育》由上海商务印书馆出版。

金陵大学农林科编《农产调查表》由南京编者出版。

毛邕编《中国农书目录汇编》由南京金陵大学图书馆出版。

顾复编《农村社会学》由上海商务印书馆出版。

按：是书分农村之意义、农村之起源、农村之种类、农村与都市之关系、农村之环境、农民之特质、农村社会之特征、吾国农村衰微之原因、吾国农村改造之方针、今后农村社会之趋势、农村自治、农村教化、农村金融、农村合作、农事改良之设施、土地问题、农业劳动问题、佃户问题、农村调查等19章。

金陵大学农林科编《两个乡村的观察和比较》由南京编者出版。

胡寄尘编《田家谚》由上海商务印书馆出版。

法政学社编《中国民事习惯大全》由广益书局出版。

颜纶泽编，万国鼎校《四十五大作物论》由上海商务印书馆出版。

原颂周著《中国作物论》由上海商务印书馆出版。

［日］佐佐木祐太郎著，沈化夔译《作物泛论教科书》由上海新学会社出版。

宋毓修著《振兴河南棉业刍议》由北京豫社出版。

吴季诚著《棉花纤维》由上海商务印书馆出版。

吴季诚著《棉花纤维学》由上海商务印书馆出版。

东南大学农事试验场棉作改良委员会编《中棉育种初次报告》由编者出版。

邹钟琳著《江苏省三化螟虫之研究》由江苏省昆虫局出版。

国立中山大学农学院推广部编《种麦》由广州编者出版。

万国鼎编《中国蚕业概况》由上海商务印书馆出版。

吴崡著，庄景仲校《蔬菜栽培新法》由上海新学会社出版。

吴瑜编《果树盆栽法》由上海中华书局出版。

林骙著《林学大意》由上海商务印书馆出版。

谭锡鸿著《广东与桉树》由岭南农科大学出版处出版。

林骙著《林业浅说》由上海商务印书馆出版。

李英贤编著《狩猎学》由上海新学会社出版。

徐正铿编《家禽病害》（初级农业学校教科书）由上海商务印书馆出版。

张伯衡、梦深编《人工孵鱼法》由北京直隶书局出版。

山东西北移垦事务所编《山东西北移垦辑要》由济南编者出版。

四 卒于是年的乡村建设工作者

林宝宸卒（1881—1924）。宝宸，广东花县人。1909年参加同盟会番花分会。1911年3月参加黄兴领导的广州起义。1913年参加孙中山等策划的广东讨伐龙济川反对袁世凯的武装起义。1924年夏在彭湃、阮啸仙等共产党人的帮助下，组织农民协会，开展减租斗争。同年7月组织召开广州市郊第一区农民协会会议，被选为执行委员长。12月13日惨遭地主武装暗杀。

彭素民卒（1884—1924）。素民字自珍，化名彭俭，江西樟树人。早年加入共进会，后加入中华革命党。一直追随孙中山，反清倒袁，征讨军阀，改组国民党，推行"联俄、联共、扶助农工"的三大政策，成为中国国民党的著名左派、中国共产党的亲密朋友。1923年12月任中国国民党临时中央执行委员会上海执行部候补委员。1924年1月参加中国国民党"一大"，被选为中央执行委员会候补委员，4月14日被推选为国民党中央常务委员。4月17日被任命为国民党中央农民部部长，接替林祖涵。在农民部部长任上，组织成立农民运动委员会，起草农民协会章程，发布对农民运动的宣言，制订了农民运动第一步实施方案，并筹办了广州农民运动讲习所，委任彭湃为农讲所第一任主任等，成绩显著。1924年8月3日因病去世。

民国十四年　乙丑　1925 年

一　乡村建设活动

1月1日，广州第三届农民讲习所开学，主任为阮啸仙，招生128人，其中有广西2人、四川1人，其余皆为广东人。毕业时留在国民党中央农民部做见习员的20人，其余全部资遣回自己家乡帮助农会办事。

1月11—22日，中国共产党第四次全国代表大会在上海召开，会议通过了《对于农民运动之议决案》及对于青年运动、妇女运动、党的组织、宣传工作等11个决议案，通过了《中国共产党第二次修正章程》，发表了《中共第四次全国大会宣言》。

按：《对于农民运动之议决案》指出："农民问题，在无产阶级领导的世界革命，尤其是在东方的民族革命运动中，占一个重要的地位。""农民问题在中国尤其在民族革命时代的中国，是特别的重要。"高度评价了列宁关于农民同盟军的思想，认为列宁主义的最大功绩之一便是在农民中找到一个无产阶级的同盟。议决案阐明了农民是无产阶级同盟军的原理，指出以农业经济为基础的经济落后的中国，虽经帝国主义的侵略而崩溃，然而约占全国人口百分之八十的农民至今仍是社会的重要成分，"中国共产党与工人阶级要领导中国革命至于成功，必须尽可能地、系统地鼓动并组织各地农民逐渐从事经济的和政治的斗争。没有这种努力，我们希望中国革命成功以及在民族运动中取得领导地位，都是不可能的"。根据共产国际关于"共产党必须致力于建立工农联盟"和农民问题是"中国共产党的整个政策的中心"的指示精神，充分肯定了农民在中国革命中的重要地位，进一步指明："务必在反帝国主义反军阀的民族革命时代努力获得最大多数农民为工人阶级之革命的同盟。"议决案认为，固然我们可在国民党名义之下以农民协会去团结农民，但要使农民认识到，打倒帝国主义和军阀的压迫束缚，成为无产阶级革命和社会主义的前提，农民阶级才能得到真正的解放。议决案在批评国民党在农民问题上的错误政策的同时,也检查了中共在农民问题上的错误政策,指出"我们须于国民党之外,同时独立地进行本党公开的宣传和支部的工作"。要十分重视对农民的宣传工作和组织工作,注意启发农民的阶级觉悟,提出"农民对于国民党怀疑时,我们当向他们解释国民党的派别关系,并举出实例证明何为右派,何为中派,何为左派。我们并须向他们解释共产党的性质、党纲、策略"①。

是月,为了使青年农民积极参加农民运动,团粤区委拟定了《关于青年农民运动提案》,要求"在农民运动已经开始的地方,应该特别注重青年农民运动;如在农民运动尚未开始之地方,则应该先从事于一般的农民运动,俾从中得到与青年农民接近的机会"。该提案就如何开展青年农民运动提出了具体的指导,为落实提案要求,还出版《青年农工》周刊,作为向青年农民和工人宣传的教育阵地。

2月,毛泽东从上海回到湖南,组织领导了湘潭地区的农民运动,先后在韶山、银田寺一带建立了20多所农民夜校,宣传革命道路,成立雪耻会20多个。至11月,成立了湘潭特别区农民协会,推动了全省农民运动的发展。

3月1日,由中华平民教育促进会总会乡村教育部主办的《农民报》创刊。

4月,韦拔群在广州农民运动讲习所学习结束后,接受中国共产党的分配,以农民运动特派员的公开身份,和陈伯民一起回到东兰县,建立农民武装,组织农民协会,并于9月正式成立了东兰县农民协会,陈伯民任主席,韦拔群任军事部长。

5月1—7日,第二次全国劳动大会在广州召开,会议通过了《工农联合的决议案》《工人阶级与政治斗争决议案》《经济斗争决议案》等30余个决议案,决定成立中华全国总工会。

按:《工农联合的决议案》说:一、无论在哪一国,农民总是占大多数,至少农民也是经济上一个主要势力。他们所受的压迫,不减于工人阶级,或且还有过之,因此他们在现存制度之下,也是一部分革命的势力。

---

① 张静如主编:《中国共产党全国代表大会史丛书·从一大到十七大第2册图文版》,万卷出版公司2012年版,第21—22页。

二、工人阶级要想推翻现存制度，必须结合反对现存制度的一切革命势力，因此他应该努力找寻他的同盟者。这种同盟者的第一个，就是农民。无产阶级倘若不联合农民，革命便难成功。三、我们知道政治的中心总是在城市，因此斗争的中心，也是着重在城市。所以工人阶级应该努力去领导农民来参加这个斗争。四、过去许多国家内劳资两阶级的斗争，如一八七一年巴黎公社的失败，一九〇五年俄国革命的失败，一九二三年德国革命和保加利亚革命失败，其失败的原因，都是因为没有得着农民帮助，或农民势力落在资产阶级手中。反过来说，俄国革命所以成功，就是因为得着农民的援助。五、中国农民占全国人口总数百分之七十五，他们所受的压迫和剥削，较工人尤甚。中国工人阶级要想得到解放，更非联合农民共同奋斗不可。六、农民要得到自身的解放，也只有与工人联络，才有可能。七、工农联合，在目前应该实现下列几点：（一）工人在其回乡时，或在其工作附近地之农村，均应向农民宣传并帮助他们组织农民协会。（二）工会农会之间，得互派代表；工会应设法提携农会进行。并助其发展经济的组织，如合作社等。（三）农民如发生经济上或政治上的争斗，工会应领导工人为实力的援助。①

5月1—12日，广东省第一次农民代表大会在广州召开，正式成立广东省农民协会，是为第一个省级农民协会。会议通过《经济问题议决案》《农民协会今后进行方针议决案》《工农兵联合决议案》《广东农民协会成立宣言》《农民自卫军与民团问题议决案》《关于农村合作运动决议案》《加入赤色农民国际议决案》等重要议决案。罗绮园、彭湃、阮啸仙等当选为广东省农民协会执行委员会常务委员。

按：《农民协会今后进行方针议决案》说："最近一年以来，在革命政府领域之下，农民获有集会结社之自由，久处在淫威积压下求死不得之广东农民，得此机缘，乃崛然兴起，一往无前。二十二县农民协会不旋踵即宣告成立，有组织之会员共二十余万人。平常以压抑农民为事之特殊阶级，莫不为之惊惶失措。盖成事之速，进行之勇，实足令彼辈起莫大之惊疑也。于此可见广东农民要求解放之心至为急切，反抗压迫阶级之意识日渐彰明。观诸一年来各处协会经过事实，虽成功失败，各不相同，而其对

---

① 中共中央文献研究室中央档案馆编：《建党以来重要文献选编（1921—1949）第2册》，中央文献出版社2011年版，第363—364页。

于压迫阶级之实行反抗则均归一致。同时压迫阶级为保持其特殊地位与利益计，亦死力与吾侪为仇。一年之中，此种争斗事实，遍乎各县。凡有协会组织之区，无不大受压迫阶级之摧残，广宁、花县、东莞、宝安、顺德、番禺诸县尤为剧烈。结果失败多而成功少。……现大会为使今后会员明确协会之意义，整理内部及巩固组织以增厚战斗力起见，有将自己以往过失纠正之必要。"因此议决案指出：（一）农民解放能否成功，全视农民自己有无能力为断。如太依赖政府势力，而忽视本身力量，实为错误。（二）同一的危险，就是各级协会会员只依靠协会主持之人或农民运动者而蔑视自己。会员不负责任，把一切的事物，统堆在几个办事人身上，有些办事人不能满足会员之意时，便对办事人埋怨。本来对于领袖固然要信服，但同时不能放弃监督的责任。（三）不观察客观的形势，及检阅自己的实力，以为协会一经组织，以前种种压迫痛苦均可不费气力立刻蠲除，未到时机遽行提出目前不能实行的要求，直不啻促反动势力之团结，向协会联合进攻。（四）在现在民族解放运动时期，农民阶级为扩大自己实力起见，应结合自耕农、半自耕农、佃农、贫农、雇农各阶层，集中于农民协会旗帜之下，在政治的争斗中，固足以壮声援，在经济的争斗中，又足以孤立大地主之势。（五）一年来协会宣传工作，固因劣绅土豪之加紧进攻，因而忽略，然会员竟有不明白协会是自己阶级斗争机关，不知道协会是自己的大本营，而自己是这队伍之一员战士者。同时协会亦不会利用机会训练会员，各级协会执行委员会及会员大会均未依照章程举行。（六）为使协会与会员关系密切起见，会费之征收，实不容放弃。（七）农民协会为整个之组织，故一切政策及主张，均须统一。（八）农民协会是农民阶级的大本营，以与压迫阶级对抗的。协会所谋的利益，只是农民阶级的利益，协会的仇敌，只是农民全体的仇敌。（九）旧式的农民会，或农务会，为绅士的团体，与农民协会大有分别。（十）一年来我们的宣传工作，对我们自己阶级的最大之仇敌国际帝国主义之宣传，仍未能深入人心。此后应努力在农民群众中竭力宣传，帝国主义是农民一切仇敌中之指挥者。（十一）固然，除了第一个敌人帝国主义而外，便数到军阀。凡是压抑农民鱼肉良善之军队，不论是属于哪一边，均以军阀名之。（十二）农民近在眼前的敌人，便是劣绅土豪。（十三）农民与大地主的争斗，在广宁表现出最为明显。而对于买办阶级的争斗，在去年双十事变后已经开始了。（十四）在农民运动中间，自然有些人假借名义想倚靠农民协会力量来谋他自己私利，借农民协会为桥梁，达其升官发财之目的，或在农民协会内作奸细以见好于劣绅土豪，故此等人虽名为农民协会会员，然其祸害将比劣绅土豪为尤烈。（十五）我们之敌人，并不是单个的，而是帝国主义、军阀、官僚、土豪劣绅、大地主、买办阶级之联合压迫。他们虽然形式上没有一种联络的团体，而在阶级的利益上是一致的。因此我们欲打倒敌人解放自己，亦急需与我们在同一地位上的工人阶级互相联络，密切的结合，向我们共同的敌人反攻。我们须纠正以往之过失，向前奋斗，以求达到最后之胜利。①

5月17日，广州第四届农民运动讲习所正式开学，主任为谭植棠，招生98名。学习两个月，毕业生中有湖南人10名，广西人2名。

6月13日，广东省农民协会发表《对粤时局重要宣言》。

7月19—25日，北京大学陕西籍进步学生组织的"共进社"在陕西三原渭中召开第二届代表大会，会议讨论的问题和通过的议决案里，农民问题占有重要地位。

按：在向外活动方针决议案里提出："农民占中国民众最大部分，实力最大，一切军阀恶势力之命脉，全托于农民，已是我们的活动，特别应首先注重于农民。"在向外活动的具体方法里关于农民运动问题，提出：（一）在农村向农民作广大的宣传，多设农村平民学校，广招农民子弟，注重时事及普通常识的宣传，使他们明白本身在社会上之地位及全国与本省的政治经济情况。（二）组织强有力真正的农会。（三）组织农团，实行武装农民。（四）指导农民作反抗一切压迫的实际行动，以上这些都是好的。但提组织农会时，要召集各乡村主任来做是个问题，因为当时农村的村长，多由封建地主或他们的代理人充当，不可能支持代表农民的组织。决议还特别强调了到各地须先作平民教育运动，作为开展运动的入手方法，目的是"减少误会免除反感"②。

是月，国民政府发表《对于农民运动第二次宣言》，申明对农民运动的保护态度，严办摧残农民运动的军人和官吏，给农民运动撑腰。

8月18日，中共中央、青年团中央发布《全国被压迫阶级在中国共产党旗帜底下联合起来呵》，重申工农联合的主张。

---

① 于建嵘主编：《中国农民问题研究资料汇编》（第1卷 1912—1949上），中国农业出版社2007年版，第16—21页。

② 高熙：《中国农民运动纪事1921—1927》，求实出版社1988年版，第75页。

9月13日，河南信阳董柏村农民协会宣告成立，并发表成立宣言。

9月14日，广州第五届农民运动讲习所正式开课，主任为彭湃，招收甲乙两班学生，甲班64人，乙班50人，其中有湖南44人，湖北7人，山东7人，广西6人，江西4人，安徽2人，其余皆为广东人。毕业时，甲班分往河南、湖南、安徽、山东、广西、福建等省工作，乙班则分往广东东江及南路工作。

是月，广东妇女解放协会发表敬告各界同胞书，揭露顺德县土豪劣绅及驻军土匪互相勾结压迫农民、破坏农会的罪行，呼吁各界同胞起来讨贼，援助顺德农民。

10月10日，中国共产党第二次中央扩大执行委员会会议在北京召开，发表第一个对农民公开宣传的重要文件《中国共产党告农民书》，首次提出了"耕地农有"的口号。同时制定了《农民协会组织办法》。会议决定取消中央工农部，分别设立中央职工运动委员和农民运动委员会。

按：《告农民书》说：我们人民自古就分为士农工商四个阶级。在这四个阶级当中，士是专门读书的人，他们是以知识擅长，可以称他们是知识阶级。商人是拿金钱做买卖的，可以称他们是资产阶级。农工都是以劳力谋生的，本是四民中的劳动阶级。从前只有读书的士人有知识，所以做官治民的都是士人。商人有钱即便有势；有钱可以在政府买得官做；有钱可以在城市雇工人开工厂做厂主，做资本家；有钱可以在乡间买田地雇佃户做地主。士人做官发了财，也要到乡间买置田地做起地主来。最苦的只有劳动阶级的工人和农民。世上吃的穿的用的一切东西，哪一样不是农民和工人劳力做出来的？然而工人农民自己的吃穿用却是很苦，完全为厂主地主做了牛马，这是世上第一不平的事。

工人农民在全国人数中，差不多要占十分之九，若说人民应该享幸福，便不该把工人农民除外。在实际上，全国享幸福的人，只有少数资本家和地主，占国民最大多数的工农劳动阶级，不但为厂主地主做牛马，而且还要受其他各方面的压迫，几乎不能活命，还说什么享幸福，现在单就农民说，你们所受各方面的压迫，待我们一一讲来。

第一个压迫农民的自然是地主。……第二个压迫农民的要算外国资本家。……第三个压迫农民的就是军阀。……第四个压迫农民的是贪官和劣绅。农民受上述种种压迫，不但生活艰难，有些并不能在农村安居，只得弃农改业了。各地乡间充满了没有田地耕种的农民和有田种而吃穿不够的农民，再加上水旱兵灾便不得不去当兵随匪替军阀匪首充当炮灰，能跑到城市里做苦力的还算得法。农民做了耕种粮食这样重要的工，又占了国民大多数，现在如此困苦流离，这不但是农民自身的不幸，并且是国家的损失和危险。解除农民的困苦，根本是要实行"耕地农有"的办法，就是谁耕种的田地归谁自己所有，不向地主缴纳租谷，此外，废止盐税和厘金，关系农民生计也非常之大。可是要达到废止盐税厘金和实行"耕地农有"这些目的，那就非农民工人联合起来革命打倒军阀政府不可。因为军阀政府是断不肯把盐税和厘金废止的；至于"耕地农有"，更须革命的工农等平民得了政权，才能够没收军阀官僚寺院大地主的田地，归耕地的农民所有。为农民目前自救计，本党主张全国农民应该有下列几个最低限度的要求：

（一）政府须承认由农民组织的农民协会代替非农民的劣绅所包办的农会。（二）乡村自治机关，应以普通选举法直接选举之，不得由绅士包办。（三）农民协会有会同乡村自治机关议定最高租额及最低谷价之权。（四）由各乡村自治机关动用地方公款办理乡村农民无利借贷局。（五）各乡村须禁止私人积谷居奇。（六）反抗各种苛捐杂税及预征钱粮。应往之钱粮，无论地丁或糟米，均只按照实际市价缴纳，不得缴收陋规。（七）中央及地方政府均须专设治河局，政府预算均须指定治河专款不得移作别用。（八）由农民协会组织自卫军，并要求政府发给枪弹，以防土匪及兵灾。这些都是农民目前急迫的要求。但是要想达到这些要求，非农民自己大家结起团体来出力奋斗不可。怎样的结团体呢？就是组织农民协会。①

10月26日，韦拔群在广西东兰县成立农民运动讲习所，招收学生276人，培养了一批农民运动的骨干，促进了右江地区农民运动的发展。

10月27—28日，国民党中央农民部召开特派员大会，通过《请国民党忠实执行对农民政策的决议严申纪律和要求政府发表第三次对农民运动宣言决议案》，以及刊行《中国农民》月刊等决议案。

是月，湖北省农民协会临时执行委员会成立，出版《湖北农民》半月刊。

---

① 于建嵘主编：《中国农民问题研究资料汇编》（第1卷 1912—1949 上），中国农业出版社2007年版，第29—34页。

11月10日，北洋政府公布《京兆旗产地亩清理简章》。

11月18日，郑州农民协会召开成立大会，两千多人参加大会。

11月19日，广州农民运动讲习所学员120人，由主任及军事教练率领赴韶关，参加曲江县农民协会成立大会，并进行农民状况调查。

是月，中国国民党广东省党部召开第一次全省代表大会，通过《关于农民运动之决议案》。

12月1日，毛泽东为反对当时党内存在着的两种错误倾向而撰写《中国社会各阶级的分析》，认为中国无产阶级革命的最广大和最忠实的同盟军是农民，初步提出了关于中国新民主主义革命的基本思想。

12月23日，中共中央作出《乡村教师运动决议案》，明确中国共产党关于开展乡村教师运动的方针，是中国共产党第一个关于知识分子问题的决议案。

是月，中央农民运动委员会正式成立，但没有专人负责。

是月，广东省农民协会发表《对京沪反段运动宣言》。

是年，中国气象学会在上海成立。

是年，金陵大学农林科与美国康奈尔大学商定5年合作计划，由康奈尔大学派遣育种专家来华讲学，指导和设计作物改良技术，策划与教会组织合作设立农事试验场，每年利用寒假或暑假举办讲习会，研讨有关作物育种的理论与方法，是为我国早期麦作改良史上一项重要举措。

二　乡村建设研究论文

［日］野上俊夫作，李卓吾译《农民运动之心理的考察》发表于《新农业季刊》第5期。

曾济宽、彭师勤《十年来我对于中国林业界及林学界之所感》发表于《新农业季刊》第5期。

汤惠生《从食粮问题论农业之社会化》发表于《新农业季刊》第5期。

许杰《青年与农业》发表于《新农业季刊》第5期。

吴觉农《都市集中与农村问题》发表于《新农业季刊》第5期。

吴觉农《我国农业教育的改造问题》发表于《新农业季刊》第5期。

按：文章说："现在中国的问题，虽层出不穷，而在中国目下的景况之下，要使国家不永远地陷于半殖民地的状态，要使国民能够比现在更有较良的生活，要改革因袭的农业，要拯救水深火热中的农民，除从农业教育的改造与普及着手外，决没有彼善于此的方法了。"

评论《农民有教育国家才能富强》发表于《农民》第7期。

葆琛《农民与国家的关系》发表于《农民》第16期。

冯锐《我国应用农业科学之状况及其困难问题》发表于《农事月刊》第3卷第9期。

按：文章说："中国近数十年来，迫于世界之潮流，各种实业无不效法欧美，虽办法未必尽合国情及人民需要，然比之五十年前则进步多矣。农业虽属最固定及守旧之事业，然亦不能避此改进潮流，而不与之俱进，但细察其进步情形，大不如工商，盖其尚有种种困难存焉，以下三种其尤著者也。"一、中国农业方法，经数千年之沿用，已成习惯，且多由经验而来，适合本地情形，及人民习惯。由外国传进之新法，既未研究修改，以适合本地情形，复乏专门人才，以监理进行，欲将农民积年之经验习惯，一旦革除，焉有成功之希望？近日我国改良农业新法，尚未为农民所经验，自不能为农民所信用，此改良农业困难之一也。二、近二十年来由外邦传进之农业科学，皆在研究及教授之中，多未出校门之外，直接传授于农民者绝鲜，盖所学皆欧美陈法，或书卷知识，绝难施之实用。且复无农业推广制度，虽研究有适用于本地情形者，亦无法直接授之农民。此改良农业困难之二也。三、我国工商未兴，交通梗塞，以致农民团聚一隅，个人耕地太少，农产不能畅销，收入绝微，贫困殊甚。复无农民组合以为改良之团体，乡村借贷之制度，以调剂农业金融，故致改良手续皆无所设施。此改良农业困难之三也。

刘仲轩《林业之效用》发表于《农事月刊》第3卷第9期。

李振《中山先生与农民》发表于《农事月刊》第3卷第11期。

罗明旭《农业上的重要问题》发表于《农事月刊》第3卷第11期。

冯锐《我国应用农业科学之状况及其困难问题》发表于《农事月刊》第3卷第11期。

按：文章说："应用农业科学以改进我国农业，除上陈数种科学外，其余如土壤学、园艺学、肥料学、农业工程学、农业经济学、农场管理学，及农业教育学等，似尚未有成绩之可考，简言之，即我国农业科学，尚在胚胎时代，实难一时即有大效，且有各种困难问题，如此等问题不完满解决，则农业科学在我国恐难有良好之进步，此为我科学界同人所应当注意者也。"

蓝驿堂《中山先生之民生主义与中国之农业问题》发表于《农事月刊》第3卷第11期。

蓝驿堂《农民合作社之利益及其组织法》发表于《农事月刊》第4卷第3期。

陈秀朋《救国之本在农业》发表于《农事月刊》第4卷第3期。

邓瑞宾《改良农业之管见》发表于《农事月刊》第4卷第4期。

蓝辛堂《中国与畜牧》发表于《农事月刊》第4卷第5期。

按：文章说："提倡畜牧者，须谋事业之发展，要求地权之平均，以济民生，而吸外利。今中国土地之大，人民特贫，畜牧一途，实足以补救之也。"

周明《重农主义与农村改造》发表于《农社年刊》第2期。

按：文章说："我国近来提倡重农主义的已有不少的人了，前有章士钊，后有董时进，近时《东方杂志》廿周年纪念，李权时那篇《二十年来中国的经济思想》，把农业国和工业国利弊，都说得很透彻，他一面说工业国的如何险恶，一面就比喻农业国的可安可贵。他虽没下批判，然已证明工业国的危险而且不能独立了。如前所说，农业国是很稳健的。总而言之，重农不惟陷于耕种稻麦……粮食原料一切的生产，农民的知识，农民地位等等政治、经济、卫生……都应包括在内的。"

汪眉山《振兴林业说》发表于《中华农报》第31期。

尹静夫《四川农业之特长及其现状》发表于《四川农学会刊》创刊号。

陈安国译《世界农业上之中国农业地位》发表于《四川农学会刊》创刊号。

陈文进《我国农民劳动之现况》发表于《四川农学会刊》创刊号。

陈鉴坡《我对于农业救国之管见》发表于《农智季刊》第5期。

姚传法《森林救国的理由与振兴林业的政策》发表于《一农半月刊》第7期。

按：森林救国的理由，一是造林能防止水旱，救济农业；二是造林能使多数人民有适当永久的职业；三是造林能供给原料，使交通发达，工商业振兴；四是裁兵造林，一举数得。振兴林业的政策，一是林务机关之组织，二是林业教育之改革，三是基金森林及造成森林之提倡，四是植树节之改良。

李春涛《田地究竟是谁的呢——海丰农民对于土地的观念之正确》发表于《农工周刊》第2期。

李士瀛《中国林业问题》发表于《实业杂志》第1卷第2期。

过探先《绥远农业问题管见》发表于《实业杂志》第1卷第2期。

谢文锦《列宁与农民》发表于《新青年》第1期。

马丁诺夫作，郑超麟译《西欧农民运动的前途》发表于《新青年》第2期。

恽代英《一个小学教师对于农民运动的意见》发表于《中国青年》第4卷第70期。

筱轩《中国农民与资本帝国主义》发表于《中国青年》第4卷第90期。

按：文章说："一般养蚕的农民，因无识的缘故，不晓得这里头的底蕴，不知道剥削他们的是外国资本帝国主义者，这也无足怪的。我们见到这一步的人们，现在应当赶快地到民间去，叫他们认清他们的敌人——资本帝国主义。我们并且要对农民们说我们感受的一切痛苦，都是资本帝国主义者加给我们的。我们现在唯有推倒一切帝国主义者，方能够清除我们身受的痛苦。此外，我们还要把外国资本帝国主义者侵略中国的情形及其始末，详细的解释给农民们听，以激起他们对于资本帝国主义的公愤。我们更要劝农民们于最短期内，都把他们的农会组织起来，坚固他们的团体，以准备着和外国资本帝国主义者作战。"

朱霄《告有志作农民运动的青年》发表于《中国青年》第5卷第106期。

代英《农民中的宣传组织工作》发表于《中国青年》第5卷第106期。

按：文章说：关于农民的宣传工作，我以为应分三方面说，第一是政治方面，第二是经济方面，第三是文化方面。这三方面的宣传，是不应当以同一的态度，同一的方法去进行。政治方面的宣传，若是用描述故事的态度为农民解说各种世界以及中国的大事，他们是很愿意听的。……我们能有人将时事预先编成比较长篇的小说，以为宣传之根据最好，此等小说宜注意除捉住每件事的主要部分以外，要多收集有味、琐事，以鼓励听众的兴趣。能将政治上各种事实编成歌曲弹词剧本自然更好。总之，政治方面的宣传，除了过于枯燥无味的材料以外，农民是易于接受的。在叙述一件事的中间，剖述帝国主义残暴压迫，官商绅董名流学者之不足恃，与人民团结活动之力量，亦很容易使农民指导怎样才可以救中国与救他们自己。而且农民能多受政治的宣传，他自然比较能了解世界及中国的大势，政治觉悟的程度自然提高了，这又使他们将来容易接受我们其他的宣传。经济方面的宣传，是要熟悉农村生活的实际情形，并能洞悉各种农民生活上疾苦之来源及其救济方法，就各个实际问题剖析指示一般农民。这种宣传，是比政治的宣传，更容易打动农民的心坎，而引起他们的实际行动的。亦正因为如此，这种宣传比政治宣传易于遭官府地主劣绅痞棍等所嫉恶。这种宣传要想做得合当，须注意调查农民生活，农村地方状况，并须注意有关于财政经济上的各种常识。

其颖（贺昌）《调查农村经济状况的大纲》发表于《中国青年》第5卷第106期。

按：文章说："农民问题，在中国民族革命中，占一个重要地位。因为经济落后的中国，农业的经济基础，虽因国际帝国主义之侵入而日见崩坏；然而农民群众则至今还是社会的重要成分，约占全国人口百分之八十。所以凡是忠心于民族革命的人们，对于这个问题万无忽视之理。目下到处不断发生农民的组织与暴动，便是表示着农民已不堪压迫而日渐觉醒以从事于反抗了！因此我们应特别注重农村经济状况的调查，了解他们的实际需要，以便根据他们的实际需要进而规定革命的策略与革命的目的以为普遍之宣传。"

徐绍华《农业与教会事业》发表于《青年进步》第82期。

徐绍华《宗教教育与中国农民》发表于《青年进步》第84期。

按：文章认为，中国农民的生活是勤勉的，农民的生活是枯竭的经济的，农民的生活是按时候的，农民的生活是自给的，农民的生活是静止的。

天醉《肥料与农业之关系》发表于《青年进步》第88期。

和森《今年"五一"之广东农民运动》发表于《向导》第112期。

按：文章总结了广东农民运动发展情况和经验，并揭露了一些在革命政府辖下未改造的军队压迫农民的现象。

李大钊《土地与农民》发表于《政治生活》第62—67期。

按：文章说："若想提高贫农的地位，非由贫农、佃农及雇工自己组织农民协会不可。只有农民自己组织的农民协会才能保障其阶级的利益。在乡村中作农民运动的人们，第一要紧的工作，是唤起贫农阶级组织农民协会。"

刘策奇《教育与农业之关系》发表于《教育杂志》第17卷第1期。

过探先《我国农业教育的改进》发表于《教育杂志》第17卷第1期。

按：文章说："农业教育的改进，应切实在'实用'二字上做工夫，而以中等农业教育为尤甚。不仅教材要切于实用，即田间的实习，平时的训练，亦应该注意于实用。从前贩卖东西洋外国讲义书本的农业教育时期，已经过去了。"

吴觉农《我国农业教育改造的途径》发表于《教育杂志》第17卷第1期。

按：文章说："在中国农业教育改进方面，最先应该注意的，是必须先行养成有经验与有专门学识的师资。如其在国内不能养成，不妨请国外有专门学识的外传，或指定科目，选择现在农学校中曾任教务而能热心研究的教员，资送国外，专门研究，归国后，仍旧使其安心服务。这是目下最重大的问题之一。其次，各学校的讲义，亟应由全国各校组织讨论会，或由各省及每校依地方情形自行厘定目录，或请专门家编辑，或摘录各校优良讲义，汇订分送，以资参考，庶可依地方的情形，有良好适用的教材，为学生作参考的资料。其次，各校专科教员不得担任不相干的科目，使其分心，致不能专诚研究。又农业主科教员，如确有学识经验，为学生所信服者，不得因校长之进退而更换。"

周天冲《丹麦之农业教育》发表于《中华教育界》第15卷第3期。

沈子善《农村师范之特殊职能及其课程》《中华教育界》第15卷第6期。

王志莘《中国农村经济合作社》发表于《教育与职业》第69期。

储劲《办理省立农村师范附属小学校的我见》发表于《新教育》第11卷第3期。

姚织芳《农民与平民教育》发表于《民众文艺周刊》第8期。

晋青《农民之重要——在农民生计调查会讲演》发表于《学汇（北京）》第456期。

蔡丽金《中国农民贫困之原因及其救济之方策》发表于《法政学报》第 4 卷第 4 期。

按：文章说："要之，中国农民贫困根本的原因，不外（一）人口分布不均，内地有人满之患，边地则任其荒芜，致生产不足以自给；（二）土地不公，有大多数田地归富人所占，农民纳过量之租，致所得仅足以维持苟且的生活，一遇荒年遂不免于死亡；（三）商人的垄断。外国农民购买需要品，贩卖农产物，皆有协会为之经营，故其收入甚丰，我国农民缺乏这种组织，遂不免为商人所兼并。"救济之方策，一是移民殖边；二是施行孙中山先生的民生主义——耕者有其田；三是组织农业协会。

益群《美国之农业问题》发表于《商旅友报》第 18 期。

学清《保护农民安全生活问题》发表于《蜀评》第 2 期。

民本《四川的农民生活观》发表于《蜀评》第 3 期。

耕青《朝邑农民联合会今后应有之觉悟》发表于《共进》第 77 期。

按：文章指出，最重要的自然是组织农会，或佃农协会或雇农协会，有了组织，农民才可以团结起来，才不至于因地主的压迫而陷于无可奈何的境地。

张世兴《兴平农民空前之大惨杀》发表于《共进》第 87 期。

文藻《丹麦农业之发达》发表于《青年友》第 5 卷第 5 期。

生《古代农业之起点及其进步》发表于《青年友》第 5 卷第 5 期。

傅焕光《绥远之林业问题》发表于《绥远月刊》第 1 卷第 1 期。

绍绪《五卅惨案与农业》发表于《长虹》创刊号。

卢振镛《农学生与农业前途》发表于《清华周刊》第 24 卷第 14 期。

中夏《劳动运动复兴期中的几个重要问题》发表于《中国工人》第 5 期。

按：文章结合当时的革命斗争形势分析了农民在国民革命运动中的重要性，"所以中国农民群众实早已由帝国主义，军阀政治，重租，苛税，高利贷……，驱之于反抗动乱之一途。近年来如湖南、陕西、广东等省的农民运动，已由原始的自然的农民反抗运动而进入于经济组织与政治斗争，已表示他们是中国国民运动中的重要成分。这种现象，特别是在广东已有组织之十六万农民群众中可以看得出来"。

邓中夏《怎样实行工农联合——马上组织"农村宣讲队"到农村去》

发表于《工人之路》特号 34 号。

按：文章说："农民是我们的助手，我们须得亲密地联合起来，以打倒压迫我们的特殊阶级"，但是，在省港大罢工中，"农友们因为地理上所限，尚不十分明白，间或有少数农友为了些微私利，偷运粮食出口事情"。因此，应组织"农村宣讲队"，到农村去宣传"工农联合""借以纠正农友之错误行为""也可以从此结成工农阶级之联合基础"。

徐植璧《土地与人类之关系》发表于《国货评论刊》第 1 卷第 1 期。

代论《中国林业之将来》发表于《四川第五次劝业会日刊》第 27 期。

陈非《农会之过去与未来》发表于《陆安日刊》第 4 号。

曾雄镇《农垦与畜牧相互为用之关系》发表于《西北汇刊》第 1 卷第 5 期。

竞存《移垦与农村经济》发表于《西北汇刊》第 1 卷第 6 期。

按：文章附有《农垦银号组织大纲》，谓本银号以移殖湘民，提倡劳动，改善农村经济为主旨。

董时进《工化与农业》发表于《甲寅（北京）》第 1 卷第 15 期。

点玉《亟待开发之东北农业》发表于《国闻周报》第 2 卷第 9 期。

王世颖《农业消费合作论》发表于《复旦》第 1 卷第 2 期。

按：文章说："农业消费合作不但经营一切日用必需品，并且在许多小农场的区域里，同时更进行组织农业机器合作会社。这要算是农业供给合作很大的扩了，中国农业尚在手工艺时代，试办农业机器合作会社，一时还不是急需。不过此处我们应该略略讨论一点，因为中国如果不愿永久的沉沦下去，农业就非振兴不可。农业在中国，将来必日就演进，而组织此种农业机器合作会社的必要，在将来是必会感受到的。"

东晖《江苏省南部农业状况》发表于《上海总商会月报》第 5 卷第 1 期。

戎承文《俄罗斯农业之新趋势》发表于《上海总商会月报》第 5 卷第 8 期。

陈翰笙《美国农业与世界经济》发表于《国立北京大学社会科学季刊》第 3 卷第 2 期。

按：文章说："近年国内倡农业立国说者，鲜有明白国际间种种关系的。若以为讲农事便可免工业国的践踏，农业立国就能摈去资本主义的流毒，那是一种具主观之客观的幼稚思想。本文非欲和倡农业立国的人辩论，只愿将农业最发达的国家介绍给他们做研究的资料。"

陈翰笙《苏联的农业》发表于《国立北京大学社会科学季刊》第3卷第3期。

田倬之《农民与平民教育》发表于《京报副刊》第50期。

鲁智《列宁党与农民问题》发表于7月31日《晨报副刊》第1236期。

谭平山《在中国国民党广东省代表大会闭会上的训词》发表于10月28日《广州民国日报》。

按：训词中说："第三点是于这大会十日之内，能讨论得良好的政策，尤对农民运动得一良好政策，而农民解放，为现在农民所急切要求的良好政策，今后必能满足农民之要去。现在兄弟所希望的，此后党的组织益加严密，农民运动益加发展云。"

三 乡村建设研究著作

陈翰笙著《苏联的农业》由国立北京大学出版部出版。

按：是书论述苏联农业与世界经济的关系、苏联农产在工商业上的地位、发展苏联农业的障碍、农产教育的成绩等。

颜纶泽编《中等农业经济学》（新学制农业教科书）由上海中华书局出版。

按：是书农业经济的性质，以及农业生产的土地、劳力、资本、农业组织、农业企业、农场组织、农村交易、市场等问题。

凌道扬著《中国农业之经济研究》由上海商务印书馆出版。

按：是书介绍了我国农田面积、农家户数、经营、农作物、畜产、农业收入等。

邓植仪编《广东农运概况调查报告书》由国立广东大学农科学院出版。

按：是书调查广东东江流域及潮梅各属、西北江流域及高雷各属、海南岛的情况，包括地理位置、气候、耕地状况、农民经济状况、作物、园艺、特产等。

东南大学农科编《江苏省农业调查录》由江苏省教育实业联合会

出版。

广东省农民协会宣传部编《农民协会章程与农民自卫军组织大纲》由编者出版。

[美]卜凯著,徐澄译《芜湖附近一百零二农家之社会的及经济的调查》由南京出版。

[美]考活、布土维著,黄泽普译《南中国丝业调查报告书》由广州岭南农科大学出版。

谢彬著《中国丧地史》由上海中华书局出版。

蒋继尹编《中等农艺化学》由上海中华书局出版。

龚允文著《太湖流域农田水利略》由太湖水利局出版。

周汝元编,陆费执校《中等作物学》由上海中华书局出版。

黄绍绪编著《作物学通论》由上海商务印书馆出版。

东南大学农事试验场棉作改良委员会编《美棉品种试验成绩》由编者出版。

东南大学农事试验场棉作改良委员会编《美棉育种报告》由编者出版。

过探先、周凤鸣著《爱字棉驯化育种报告》由上海中国科学社出版。

过探先、周凤鸣著《常阴沙棉育种报告》由上海中国科学社出版。

逸农著《飞蝗之研究》由江苏省昆虫局出版。

浙江省昆虫局编《早春治螟须知》由杭州编者出版。

浙江省昆虫局编《稻之敌害铁甲虫》由杭州编者出版。

周汝沆著《中等稻作学》由上海中华书局出版。

邹盛文著《种菜的方法》由上海中华书局出版。

黄毅著《果木栽培新法》由上海新学会社出版。

童玉民著《桃树园艺》由上海新学会社出版。

无锡园艺研究所编《花草栽培法》由无锡江苏第一农林种苗场出版。

邹盛文编著《种花的方法》由上海中华书局出版。

殷良弼编《中等林学大意》由上海中华书局出版。

按:是书分4编,第一编绪论,包括森林之变迁及林学之成立、林业之目的及林业之特性、森林之效用3章;第二编造林,包括造林之要素及目的、林木之种类及森林之名称、林木生活之原理、林木之性质、造林上树种与气候之关系、造林上立地之关系、树种对于国民经济上之效用、郁闭、单纯林及混交林、森林带、造林法总论、天然造林法、人工造林法等13章；第三编抚育及保护，包括刈除杂草、除伐、打枝、间伐、防火线及森林火灾、各种为害之保护、树病7章；第四编森林作业法，包括乔林、中林、矮林3章。

孟昭升编著《最新艺树法》由上海文明书局出版。

徐正铿编著《养蜂学》由上海商务印书馆出版。

王历农编，董士恺校《实地养蜂法》由上海中华书局出版。

[日] 驹井春吉著，张伯衡译《蜜蜂改良繁殖法》由北京广安车站兴农园出版。

四 卒于是年的乡村建设工作者

王同春卒（1852—1925）。俗名瞎进财，字浚川，河北邢台人。早年在后套自行开大渠5道，支渠270多道，可灌水田7000多顷，熟田27000余顷。清光绪三十年，受清政府委托开凿永济渠，该渠为后套第一大渠。在后套地区，他以识水性，谙地理，精疏浚闻名四方，得到当地农民信任。1903年，清政府搞"移民实边"，他所属之农田、灌渠被迫交给清朝政府。民国以后，他开发后套的事受到北洋军阀政府农商部长张謇及地理学家张相文等人的重视。1914年，张謇约他来北平相商疏导淮河和开发西北事宜，受聘为北洋政府水利顾问并参与制订导淮规划。1915年，他又随张謇等和美国、比利时的两名工程师南下视察淮河。1917年，他在后套指导开凿杨家河。次年又开凿新皂河渠、竣川渠及珊瑚湾。其中新皂河渠于1920年告成，渠长120里，灌田面积很广。1924年，冯玉祥邀请他前往商议开发西北。1925年5月奉命协助冯玉祥军督察水利，6月再至黄河督修水利，因病回家，不久病逝。

孙中山卒（1866—1925）。中山名文，字载之，号日新，又号逸仙，又名帝象，化名中山樵，广东香山人。1894年11月24日在檀香山创立兴中会。1905年成立中国同盟会。1911年辛亥革命后被推举为中华民国临时大总统。1925年3月12日因癌症在北京逝世。1940年，国民政府通令全国，尊称其为"中华民国国父"。早年曾先后写成《农功》《上李鸿章书》等文章，阐述其发展农业、改善民生的思想。1902年与章炳麟等人谈论土地问题，指出贫富不均是社会之害，因而提出按人口分配土地的思想，后来成为"土地国有"和"耕者有其田"的思想。1903年首次提出"平均地权"的口号。1906年在《民报》创刊周年庆祝大会上发表演说，详细阐述了"平均地权"的主张，标志着其土地思想的系统化。第二次革命时，提出了打倒帝国主义、推翻军阀，联俄联共、辅助农工的政策，标志着他对中国农民问题有了新的认识，认为农民是革命的动力之一，没有农民的参与革命不能成功，并且把解决农业问题作为其民生主义的重要内容之一，从而形成了新的农民观。著有《建国方略》《建国大纲》《三民主义》等。今有中华书局出版的《孙中山全集》。

按：张霞说："孙中山兴农思想的主旨是兴办新式农业，并将之视为治国之'大本'。所谓新式农业就是要利用先进的科学技术来发展农业生产，提高生产效率。因此，孙中山主张引进欧美等先进国家的农业技术、方法和设备来改造中国的传统农业，发展近代农业以发展中国农业生产力。他所提出设立农政学堂、兴办农学，运用近代农业科学技术发展农业以解除人地矛盾所造成的饥荒现象，至今仍闪烁着真理的光芒，激励我们要站在当今世界现代农业发展的前沿，以宽广的世界眼光，积极引进并消化吸收世界农业高科技和先进方法。同时，孙中山所提倡的近代农业思想体系也是非常完整的，包括建立科学的农业管理体制；发展农业教育，培养农业科技人才，提高农民的素质；应用西方先进农业科技与方法，以实现农业的增产等，这些思想对于当今解决'三农'问题具有重要的启示和激励作用。……'平均地权'是辛亥革命时期孙中山提倡民生主义、预防社会革命的重要主张，是解决中国土地问题的重要措施，其内容根据亨利·乔治的单税法理论，设想通过征收地价来控制全国土地，进而实现土地的资本主义国有。为了推行平均地权政策，孙中山相继提出了核定全国土地价格、照地价纳税、土地涨价充公和照地价收买地主土地等措施。孙中山认为平均地权实行后，有三个方面的优势：一是可以杜绝少数人垄断土地的现象，政府在兴办公共事业的时候就不愁地皮问题；二是不会侵犯原来土地所有者的利益，因为上涨价格才归公，地主原来应得的不会有所损失；三是通过收地租可以使国家富强起来。由此可以看出，孙中山是同情广大劳动人民的，他提出照地价纳税，实质是想减轻农民的负担、改善农民的生活状况，因为'贵地收税多，贱地收税少。贵地必在繁盛之处，其地多为富人所有，多取之而不为虐。贱地必在穷乡僻壤，多为贫人所有，故非轻取不可'。同时，也说明他关心土地问题是为了解决资本主义经济发展对地皮的需要。然而,平均地权的实施却是不利于资本主义发展的,因为在资本主义社会中,土地的所有权归属于地主,使用权归属于农业资本家,资本主义农业经营的前提就是土地使用权和所有权的分离。而按照平均地权理论,土地实行公有、使用权进行平均的话,是不能发展资本主义农业的。由此可见,孙中山的平均地权理论和思想已经超越了资产阶级革命的范畴。"[1]

  王福三卒(1886—1925)。福三原名露福,广东花县人。1920年冬创办"九湖乡自卫农团",当选为自治会会长。1923年初,在彭湃、阮啸仙等农民运动领导人的教育和引导下,加入中国共产党。1924年4月任九湖乡农民协会执行委员长。10月任花县农民协会副执行委员长。1925年1月18日遭到反动地主武装团的伏击而壮烈牺牲。

---

[1] 张霞:《民国时期"三农"思想研究》,武汉大学出版社2010年版,第79—81页。

民国十五年　丙寅　1926年

一　乡村建设活动

1月1日，中国国民党中央执行委员会农民部机关刊物《中国农民》在广州创刊，毛泽东主编。主要刊载各地农民运动的消息和农民运动的理论。12月出版第1卷第10期后停刊。

1月1—19日，国民党在广州召开第二次全国代表大会，专门通过《农民问题决议案》，分别从政治、经济、教育三个方面提出解决农民问题的具体要求。

按：国民党在广州召开的第二次全国代表大会关于农民运动的决议案中指出："中国之国民革命，质言之即是农民革命，吾党为巩固国民革命之基础，惟有首先解放农民。无论政治或经济的运动，均应以农民运动为基础。党之政策，首须着眼于农民本身之利益，政府之行动，亦须根据农民利益而谋其解放。因农民得解放，即国民革命大部分之完成，而为吾党三民主义实现之根据。"[1]

1月22日，中共中央农委发出第一号通告，要求各地报告农民运动情况和计划，进行农民调查。

按：通告说：多年来农民受着帝国主义经济的侵略，军阀官僚苛捐杂税的暴敛，同时地主劣绅土豪高利债之盘剥，已陷于水深火热穷困不堪的境地，在这重重压迫之下，素称"恭顺"的农民，也渐渐无秩序地暴动起来了。客观的事实已推动去做组织农民的工作，现各地已专设委员会，指挥各地同志去领导成千上万无组织的农民到共产党旗帜之下，去参加国民革命战线。因此农民运动已踏进实际的组织时期，有几省近来更有长足的发展，大有一日千里之势。在这样蓬蓬勃勃的发展当中，中央很想知道

---

[1]　恽代英：《中国国民党与农民运动》，中央军事政治学校政治部1927年版，第6页。

各地农民运动的经过和趋势，以便随时考察指挥，并搜集些农民运动的材料，以供研究和参考。现中央已照前次扩大会议议决设立农委，专管此事。各地农民运动，应时常报告，与中央农委发生关系。兹规定如下报告内容：（一）最近各地农民运动进行计划详细报告；（二）农民运动实际工作和经过，每月至少有一次以上的报告；（三）将各县农民状况作有系统的调查汇齐寄来（调查表另附）；（四）各地农委负责同志列名报告。[①]

1月24日，国民党第二届中央执行委员会常务委员会提出由中共党员林祖涵为农民部长，决议通过，次日林祖涵就到农民部视事，是为林祖涵第二次任农民部部长。

1月28日，李石曾任农业大学校长。

是月，韦拔群在桂西北的东兰县领导各族人民组织农民协会，举行武装起义，一度占领东兰县城，在全县开展减租减息的斗争。

2月5日，国民党中央农民部发出第一号通告，通知林祖涵担任农民部长，并通知经农民部提议中央设农民运动委员会，所拟定的组织大纲及委员名单，经中央第二次常务委员会议决照准。委员有毛泽东、林祖涵、萧楚女、阮啸仙、谭植棠、罗绮园、甘乃光、宋子文、陈公博等10人。

2月6日，国民党中央农民部发出第二号通告，内容为扩充广州农民运动讲习所，通知各省选派学生参加学习。

2月17日，国产国际执委会召开第六次扩大全会，通过《关于中国问题的决议案》，提出"中国民族解放运动的基本问题乃是农民问题"，应在广东各地实行土地改革，以帮助广州国民政府扩大和深化民主化的工作。

2月21—24日，中共中央特别会议在北京召开，任弼时、瞿秋白、谭平山等12人出席会议。会议讨论了现实的政局与党的重要职任、"五一"节在广州召集全国农民代表大会等11个问题，并分别作出了决议。会议讨论了农民问题的重要性，提出了党在北伐战争中的政纲，"必须以解决农民问题作主干"。

按：《关于现实政局与共产党的主要职任议决案》说："五卅"以后国民革命中工人阶级的孤立隔离，更证明农民斗争的奋起，是国民（革命）成功所必不可少的条件，是工人阶级最需要最靠得住的同盟军。帝

[①] 高熙：《中国农民运动纪事1921—1927》，求实出版社1988年版，第104页。

国主义者掠夺中国，根本便是对于农民、工人无限制的剥削，农民和工人的反帝国主义斗争最主要的目的，便就是避免这种剥削，所以只有工人和农民的联盟，足以引导国民革命到最后的胜利。我们的党在前次大会及最近的中央扩大会议上，已经讨论过农民问题，并且有了大致的决定。①

2月22日，广东省农民协会扩大会议开幕，决定本年"五一"召开第二次全省农民代表大会，同时邀请各省代表参加。

是月，广西东兰县知事黄守先与土豪杜瑶等对东兰农民进行残酷的屠杀，制造了震惊南疆的东兰农民惨案。

是月，湖北省农民协会临时执行委员会召开紧急代表大会，通过会务进行决议案、政治报告决议案、参加各团体联合会以应付省政治局面的议决案。

3月1日，国民党广西省党部在南宁开办的省立广西农民运动讲习所开始招生，第1期招生130名，修业期限为6个月，所长是省党部部长陈协五，后为俞作柏。教员有共产党人陈勉恕、张胆、宁培英等。

3月9—10日，山东省农民运动扩大会议在临清召开，18个县的30名代表出席会议，通过了《农民运动目前进行的计划》《农村教育决议》《农民合作决议》《工农联合决议》《给农民国际及全国农民协会的电文》等。

3月16日，国民党中央农民部农民运动委员会召开第一次会议，林祖涵、毛泽东、阮啸仙、谭植棠、甘乃光、罗绮园等出席会议。会议听取了林祖涵的组织农民运动委员会之理由及经过的报告和罗绮园的第六届农民运动讲习所招生经过的报告，决定毛泽东任第六届广州农民运动讲习所所长，林祖涵、张天雷、萧楚女、阮啸仙、熊锐、黄平、邓中夏、刘一声、高语罕、张伯简、谭植棠、罗绮园等为教员。

3月26日，中共中央农委发出第二号通告《关于准备第一次全国农民代表大会的工作》，决定5月1日召集全国农民代表举行第一次代表大会于广州。

3月27日，国民党中央农民部发出通告，要求各省市区党部均须设立农民，与工人部分立，其未设立者，务必于接到通告后，即时成立。

---

① 中共河南省委党史工作委员会编辑：《一战时期河南农民运动》，河南人民出版社1987年版，第43—44页。

3月30日，国民党中央农民部农民运动委员会举行第二次会议，林祖涵、毛泽东、阮啸仙、谭植棠、罗绮园等出席会议，会议通过的决议有：关于要求预算委员会从速决定农民运动讲习所经费；关于高语罕为农民运动讲习所政治训练主任；关于广西学生选派改为"梧州附近各县县籍决心作农民运动之青年同志"；关于援助广宁农民自卫军；关于派韦启瑞前往广西从事农民运动；关于毛泽东提议各省农民运动应以全力注意将来革命军北伐时经过的区域，如湘、赣、鄂、直、鲁、豫诸省及其他各项议案十几件。

是月，军阀吴佩孚封闭了湖北省临时农民协会。

4月18日，河南省农民协会成立，发表了《河南省农民协会成立宣言》。

4月20日，全国第一次农民代表大会在广州召开，中共中央发出《中国共产党致第一次全国农民大会信》，强调农民运动必须与工人运动相结合，农民运动必须接受工人阶级的领导，"本党目前的职责，是领导中国工人农民参加中国民族革命的争斗"。

按：信中指出："中国农民运动要注意两件事：（一）中国完全在外国帝国主义及国内军阀宰割之下，非到推翻帝国主义及军阀的民族革命得着胜利，农民所受六种蹂躏者所给之困苦是不能免除的，因此农民运动必须与全中国的民族革命运动相结合，同时中国的民族革命运动，非得到农民大众的参加，也不会成功。（二）工人是现代革命运动中之最激进的先锋，且城市工人又站在政治上重要地位，因此农民运动有与工人运动结合之必要，而且革命的工人阶级有领导这些运动之必要。本党是代表中国农民工人利益而奋斗的党，本党目前的职责，是领导中国农民工人参加中国民族革命的斗争，同时在民族革命运动中，代表中国农民工人利益而争斗。因此，在此次大会提出'全国农民工人大团结'的口号，以贡献于大会，并祝大会之成功。"[①]

5月1日，全国第三次劳动大会和广东省第二次农民大会同时在广州召开。

是日至15日，广东省第二次农民代表大会在广州召开，广西、福建、湖南、湖北、浙江、江苏、河南、山东、江西、山西、贵州等11省派代

[①]《中国共产党致第一次全国农民大会信》，《向导周报》1926年第151期。

表参加会议，会议听取了林祖涵的《中国国民党农民部两年来工作状况报告》、陈公博《农民运动在革命中的地位》、罗绮园《会务总报告》、阮啸仙《广东农民一年来奋斗之经过报告》以及潮梅、海陆丰、惠州、北江、西江、南路、琼崖等7个办事处和各省的农民运动报告。大会通过《农民运动在国民革命中之地位决议案》《广东农民一年来奋斗经过报告决议案》《关于农民合作运动决议案》等13个议案。

按：《农民运动在国民革命中之地位决议案》说：国民革命是各种阶级联合的解放运动，换言之，即在解放各［被压迫］阶级的痛苦。而在各阶级中，农民占全人口百分之八十以上，是最大的一个群众，并且是要受痛苦和被压迫的一个群众。所以国民革命的真正群众是大多数的农民，国民革命的真正目标也就是在解放这大多数农民的痛苦。因此可以说，半殖民地的中国国民革命便是一个农民革命，换句说话讲，半殖民地中国国民革命运动便是一个伟大的农民解放运动。在经济的观点上和群众的观点上，农民问题是国民革命中的一个中心问题，国民革命能否进展和成功，必以农民运动能否进展和成功为转移。占人口最大多数和占经济地位最重要的农民如果不起来，中国的国民革命绝对不能有真正成功的希望。所以农民运动在中国革命运动中，是占一个最主要的地位，农民运动问题是国民革命运动中的根本问题。……不过在国民革命的基础上，国民革命的群众上说，农民运动，始终站在最主要的地位。①

是日，国民党第二届中央执行委员会农民部长林伯渠在广东省第二次全省农民代表大会上作《中国国民党农民部两年来工作状况》的报告。

5月3日，广州第六届农民运动讲习所开学，毛泽东为该届讲习所所长，讲授"中国农民问题""农村教育"和"地理"课程，明确提出"中国革命的中心问题是农民问题"。9月11日结业仪式上，毛泽东作长篇发言，指明农民运动的迫切任务和学员的责任。毕业学生全部返回原籍从事农民运动。

5月7日，中共中央发出通告第101号《最近政局观察及我们今后工作原则》，其中说取得农民，怎样引导各地风起云涌的农民暴动，是本党目前最主要的工作。

---

① 于建嵘主编：《中国农民问题研究资料汇编》（第1卷1912—1949上），中国农业出版社2007年版，第54—55页。

5月8日，阮啸仙在广州农民运动讲习所作题为《广东农民一年来奋斗之经过》的报告，介绍了省农会成立前的情况和成立省农会的原因及省农合成立后农民奋斗的经过，并分析了广东统一后广东农民运动的情形及取得成功的原因，指出了今后的工作重点。罗绮园报告了过去农民运动情况，阐明农会与国民党的关系、农民自卫军的使命等。

5月9日，彭湃在广州农民运动讲习所报告普宁农民生活之状况和与地主民团斗争的情况。

5月20日和26日，毛泽东在广州农民运动讲习所向学员作《关于中国农民问题》的报告。毛泽东指出，农民问题，就是一个革命问题。农民占全国人口百分之八十以上，一个党若能为农民利益奋斗，得到农民的拥护，就能存在于社会，而且很稳固，否则，就根本不能成为一个党。所以中国最大而且急需解决的是农民问题。①

5月24日，恽代英在广州农民运动讲习所向学员作纪念周政治报告，于树德向学员作《合作概论》的报告。5月25日，甘乃光、彭述之分别在广州农民运动讲习所向学员作《中国国民党史》和《中国政治状况》的报告。

6月1日，广东省农民协会发表《农民协会与土匪》的宣言，揭露反革命派造谣污蔑农民协会为匪的无耻谰言。

6月中旬，李佳竹等发起成立湖南常宁县第一个乡农会——双河口农民协会。

6月26日，国民党四川省农民部召开暑期农民运动讨论会，有14个县的62名代表参加，会后回乡开展农民运动。

是日，四川省南充县农民协会成立。

6月30日，国民党中央农民部发表了对全国农民协会的统计，广东、广西、河南、四川、湖南、山东、直隶、江西、热河、察哈尔、陕西等省已经组织县农民协会36个，区协会294个，乡协会5022人。其中广东、广西、河南、湖北成立了省农民协会。

7月12—18日，中国共产党四届中央执行委员会第三次全体（扩大）会议在上海召开，会议首先由陈独秀代表中共中央作政治报告，会

---

① 许振泳等：《广东广西革命历史文件汇集索引（1921—1936）》，中央档案馆1986年版，第113页。

议通过了《对于广东农民运动议决案》《关于农民运动议决案》《职工运动议决案》《对于红枪会运动议决案》等13项议决案。

按：在农民运动和农民武装问题上，会议认为，农民"在思想上尚不服离封建宗法社会的束缚，而在生活的要求上，不得不是革命的"。并指责农民运动"在各地均发生左倾的毛病"。会议提出，不能放任农民无组织的自由行动，并规定了一系列限制农民革命斗争的办法。在《农民运动决议案》中规定：农民协会的组织"不能带有阶级色彩""不必提出'农民阶级'的字样""此时只宣传'全体农民起来反抗贪官污吏劣绅土豪，反抗军阀政府的苛税勒捐'这一口号""不可简单的提出打倒地主的口号"。并提出了所谓"农村联合战线"的策略，认为在农村联合战线内，当地主与贫农有冲突时，"应设法使旧农会居调停地位"。会议还反对农民的革命武装，极力阻止农民掌握武装。认为农民"有了武装之后，很容易超出于客观限度以外的行动"。对于地主武装——民团，会议提出"以正绅代替劣绅为团总"，就是用一种改良的绅权（所谓正绅的权力）去代替旧的绅权（劣绅的权力），实质上就是反对农民解除地主武装，仍旧保存封建地主阶级的权力。会议还规定农民武装"不要超出自卫的范围""不可有常备的组织"。甚至提出要更改农民自卫军的名目，以免引起反革命派的"误会"和"嫉视"[1]。

按：《关于农民运动议决案》包括农民运动的趋势、经济的与政治的要求、组织问题、宣传问题、对地主民团及地方政府政策、农村联合战线、对教会所取的态度、对土匪政策、武装自卫、农民运动与国民党关系、农村中我们党的发展、工作方法等12个方面的内容。

7月20日，中共广东区委农委决定在广东省农民协会之下设立调查部，制订广东农村调查计划：调查部须办好调查员训练班；然后组织调查员到东江之揭阳、普宁、海丰，中路之顺德、中山、南海、东莞，西江之鹤山、广宁，北江之清远；南路之信宜等11个县进行调查；在整理调查材料基础上于1927年1月订定新的农运计划。

7月22日，罗绮园在中共广东区委会议上作《第二次农民代表大会后广东农运情形》的报告，分析了目前农民运动的形势，指出广东农民

---

[1] 中共中央党校党史教研室资料组编写：《中国共产党历次重要会议集（上）》，上海人民出版社1982年版，第64—65页。

运动目前存在的危机。

8月1日，中共中央发出《中共中央钟字第四号（农字第1号）——成立农委发展农民运动并定期报告农运工作》的通告。

是日，中国国民党中央执行委员会农民部主编的《农民运动》创刊。

8月17日，中国共产党广东区委员会发出《致农民（协会）扩大会议书》。

是日至24日，广东省农民协会执行委员会扩大会议召开，中共中央代表瞿秋白、张国焘出席会议，中华全国总工会代表苏兆征、农民运动讲习所所长毛泽东、国民党中央妇女部长何香凝等到会致辞。会议发表《告全国农民兄弟书》等。

9月1日，毛泽东为编辑出版的《农民问题丛刊》撰写了《国民革命与农民运动》序言，全面总结中国共产党成立以来从事农民运动的经验，明确指出农民问题乃是国民革命的中心问题，并提出进步的工人阶级是一切革命阶级的领导。

按：文章一开头就指出了农民问题的重要性，农民问题是国民革命的中心问题；农民不起来参加并拥护国民革命，国民革命不会成功；农民运动不赶快的做起来，农民问题不会解决；农民问题不在现在的革命运动中得到相当的解决，农民不会拥护这个革命。文章在总结了广东农民运动的经验以后，指出，要知道小国革命的形式只能是这样：不是帝国主义军阀的基础——土豪劣绅贪官污吏镇压住农民，便是革命势力的基础——农民起来镇压住土豪劣绅贪官污吏。中国的革命只有这第一种形式，没有第二种形式。要知道所谓国民运动，其大部分即是农民运动。毛泽东在这里指明了中国革命的特色。他在这篇序言中，还明确提出进步的工人阶级是一切革命阶级的领导，并指出，要有大批的同志，立刻下决心，去做组织农民的浩大工作。他还进一步指出：乡村的农民一起来便碰着土豪劣绅大地主几千年来持以压榨农民的政权（这个政权即军阀政权的基础），非推翻这个政权，便不能有农民的地位，这是现时中国农民运动的一个最大的特色。如果没有农民从乡村中奋起打倒宗法封建的地主阶级的特权，那军阀与帝国主义的势力就不会根本倒下去。他十分推崇广东农民运动的经验，说《农民问题丛刊》中所刊载的海丰农民运动报告等8种广东的材料，是全书最精粹的部分，提供了开展农民运动的方法。他号召党员到乡村中去，了解农民的痛苦和他们的要求，引导农民组织起来，引导农民向土豪劣绅斗争，引导农民与城市的工人、学生建立起联合战线；引导农民参加反帝国主义反军阀的国民革命运动。[①]

9月3日，中共中央为"从速填报农民调查表"发出了钟字第14号（农字第2号）文件。

9月6日，在武汉设立国民党湖北省党部，并成立农民部和农民运动委员会，定期出版《湖北农民》《湖北农民画报》。

9月7日，广州国民政府发表《国民政府对农民运动第三次宣言》。

9月8日，国民党中央政治会议对于广东省农民协会扩大会议为各地抗议迫害农民的大请愿示威，作出具体决议。

按：决议：（一）由国民政府发布告，说明国民党及政府提倡农民运动、奖励农民协会的宗旨；（二）撤换违反政府扶助农民宗旨之县知事数人，由国民政府令省政府分别办理；（三）土豪劣绅指名查办，由省党部调查，交省政府执行；（四）各县农民协会应由中央党部派得力党员，前往指导；（五）军队在地方剿匪，应根据党部、农民协会及地方官确报，由总司令部严定军令办理；（六）解决民团与农团冲突问题，由总司令部、团务委员会、中央农民部、省农会、民政厅、农工厅及各军政治部组织委员会筹商解决办法，由政治会议决定之；（七）中央党部承认农民运动因进行时间尚短，有不少缺点，故训令中央农民部竭力改正此缺点；但此等缺点既为初期运动所不可避免者，则不能利用之以攻击农民运动之本身。[②]

9月14日，北洋政府公布《渔业条例》，规定非中华民国公民不得在中华民国领海内采捕水产植物及依本条例取得关于渔业之权利。

是月，韦拔群带领农民军第二次攻下东兰县城。11月5日，成立东兰县农民协会。

10月1日，鲍罗廷在国民党中央党部发表《中国革命的根本问题——农民问题、土地问题》的演说，认为农民是革命的根基，土地问题是中国革命的根本问题。同日，他在给黄埔军校第四期毕业生作《土地革命》的报告，指出国民革命是要首先解决土地问题，若不解决土地问题，是不能够成功的。

[①] 高熙：《中国农民运动纪事1921—1927》，求实出版社1988年版，第153—155页。
[②] 高熙：《中国农民运动纪事1921—1927》，求实出版社1988年版，第157—158页。

按：鲍罗廷说："土地问题，是革命的根本问题，我们若不解决土地问题则八十五年的革命会因此而无成，恐八十五年后的革命还在讨论中呵！现在叫打倒帝国主义、打倒军阀的口号本是很好的，但实际目前的土地问题，必同时解决，若有人说这是两回事，则可说这个人还不知中国的革命！以前的反帝国主义运动都因土地问题未解决而失败了，这些都是很显明的事实。但现在一谈到土地问题，无论乡村中也好，官厅也好，都起来反对，以为是实行共产主义了，其实土地问题，是国民革命中一个主要问题，其反对解决土地问题的人，是因享有承继太久而不愿放弃，这种人是与满清一样无分别的；要他来反帝国主义也可，如果人民要组织起来，他就不肯来了，国民革命是要首先解决土地问题，若不解决土地问题，是不能够成功的，我们不要唱高调，我们应就实际问题着想——土地问题。土地问题为什么是中国革命的根本问题呢？我们现就中国的农工统计来看看：中国的农户为五千万，每户平均为六人，则得三万万（人），工人为五百万户，平均每户六人，亦得三千万人，四万万人的中国，若此三万三千万的生产者，——农工不解决，革命如何成功呢？"①

10月21—22日，国民党中央及各省区联席会议作出《本党最近政纲决议案》，其中有对农民问题决议案，共22条。

按：关于农民问题者是：（一）减轻佃农田租25%。（二）统一土地税则，废除苛例。（三）遇饥荒时，免付田租，并禁止先期收租。（四）改良水利。（五）保护森林，并限期令各省把童山荒山造成森林。（六）改良乡村教育。（七）设立省县农民银行，以年利5%借款与农民。（八）省公有之地，由省政府拨归农民银行作基金。（九）荒地属省政府，应依定章，分配与贫苦农民。（十）禁止重利盘剥，最高利率，年利不得超过20%。（十一）政府应帮助农民组织各种农民合作社。（十二）政府应帮助组织及发展垦殖事业。（十三）政府应设法救济荒灾，及防止荒灾之发生。（十四）不得预征钱粮。（十五）政府应组织特种委员会，由农民协会代表参加，以考察农民对抗不正当租税及其他不满意事。（十六）禁止租契及押契约等之不平等条件。（十七）乡村成年人民公举一委员会，处理乡村自治事宜。（十八）农民有设立农民协会之自由。（十

---

① 于建嵘主编：《中国农民问题研究资料汇编》（第1卷1912—1949下），中国农业出版社2007年版，第711页。

九）农民协会有保障农民之权力。（二十）农民协会有组织农民自卫军之自由。（二十一）禁止对农民武装袭击。（二十二）禁止包佃制。①

按：在广州召开的国民党中央与各省党部联席会议上，毛泽东提议在农民斗争申明确规定"二五减租"和"二分减息"。会议接受了这一提议，通过了农民政纲，规定"减轻佃农田租百分之二十五""年利不得超过百分之二十"。这样，"二五减租"和"二分减息"成为国共两党一致的主张。

10月26日，湖南省临湘县农民协会成立。

10月31日，广东省农民协会主办的广东第一届农民训练所开学，目的是培养农民运动办事人才，发展农民协会。

是月，湖南、湖北农村大革命爆发。广大农民群众组织起来，向不法地主和土豪劣绅展开了猛烈的攻击。

11月4日，中共中央和国产国际代表联席会议共同拟定《中国共产党关于农民政纲的草案》。

按：中国共产党的农民政纲是：（一）推翻农村中劣绅的政权，由革命的农民建立平民的政权。（二）革命的农民参加县政府组织。（三）武装农民，乡村中一切武装势力受乡村的革命民众政权所指挥。（四）没收大地主、军阀、劣绅及国家宗祠的土地，归给农民。（五）保证佃户在其所耕种地上有无限期租佃的权利，并由农会合同革命政权的代表规定租课额。（六）禁止一切欺负压迫的契约，包农转租契约亦包含在内。（七）取消以前关于租佃的欺压的契约和欠账，禁止重利盘剥。（八）规定整个一定的农业税，取消苛捐杂税，废除陋规。（九）国家经过农村革命政权机关之手帮助农民和农村经济。②

是月中旬，毛泽东由广州到上海就任中央农民运动委员会书记，中央正式决定以毛泽东、阮啸仙、彭湃、易礼容、陆沉、肖人鹄、共青团中央1人共7人组成中央农民运动委员会，领导全国农民运动。其中1名委员常驻中央局工作，另在汉口设立办事处，负责指导湘、鄂、豫、赣、川等5省的农运工作，并计划在武昌创办农民运动讲习所。

11月15日，中共中央批准中央农委在毛泽东主持下制定的《目前农

---

① 于建嵘主编：《中国农民问题研究资料汇编》（第1卷1912—1949下），中国农业出版社2007年版，第873—874页。

② 郑惠等：《中国共产党通志》，中央文献出版社1997年版，第107页。

运计划》，提出农民运动的发展应取集中的原则，强调全国农运除广东外，应以湖南、湖北、江西、河南为重点，同时在陕西、四川、广西、福建、安徽、江苏、浙江7省全面展开。

11月19日，江西省农民协会筹备处在南昌成立。

11月22日，共产国际第七次扩大执行委员会会议通过《中国问题决议案》。

按：决议案说：现时中国民族革命运动发展，着重在土地革命之上。中国的乡村经济，就是一幅图画：许多半封建的经济关系之余迹与正在发展的资本主义元素，互相密切地交缠着。中国一般经济之非常落后，又细小又分散的土地私有制，很多数量的农民是佃农与半佃农，大小农业经济都用原始技术，多量的农民人口的过剩，同时，农产贸易之发展，以及乡村中阶级分化的进程：如此，愈使乡间情形，更为复杂，形成中国土地革命路上的许多障碍。中国乡村间的阶级斗争，因客观环境的关系，其发展有以下的倾向——反对外国帝国主义，反对国内军阀，反对大地主的残余，反对土豪劣绅，反对商业重利的资本，以及部分的反对富农领袖。……在现时革命发展的过程阶段里，土地问题开始紧急起来，成为现在局面的中心问题。哪个阶级能够毅然攫住这个问题而给以彻底的答复，这个阶级就是革命的领袖。中国现在的环境，只有无产阶级是能够实行彻底的土地政策的唯一的阶级。彻底的土地政策之实行，乃是反帝国主义胜利及革命往前发展的先决条件。[①]

是月，中华平民教育促进会正式成立华北实验区，开展农村平民教育试验工作。

是月，中华民国水产学会在上海成立。

12月1日，湖南全省第一次农民代表大会召开，毛泽东在会上发表讲话，提出"国民革命的中心问题，就是农民问题"的主张；岳北农会干部彭桂峰出席大会，并在会上介绍岳北农运发展情况。会议通过《铲除贪官污吏土豪劣绅决议案》《关于乡村自治问题决议案》《关于乡村自卫问题决议案》《关于地租问题决议案》《关于取缔高利贷决议案》《关于田赋问题决议案》《青年农民运动决议案》《没收逆产问题决议案》

[①] 于建嵘主编：《中国农民问题研究资料汇编》（第1卷1912—1949上），中国农业出版社2007年版，第100—103页。

《关于农村合作社问题决议案》等9个决议案。

是日，江浙区农民运动委员会第一次会议召开，通过决议案。

按：决议案说："在革命的意义上说，无产阶级的革命，如果没有大多数的农民群众多加运动，是不能得到最后成功的，尤其是在农民占全国人口百分之八十的中国，要实行革命——民族革命，更非农民群众积极起来参加不可。"[1]

12月6日，湖北政务委员会发布《湖北水利局暂行条例》。

12月13日，中共中央在汉口召开特别会议，陈独秀作政治报告。张国焘、瞿秋白、彭述之和国际代表鲍廷博、维经斯基等出席会议。毛泽东以中央农委书记的身份参加会议。会议通过《关于湘鄂赣三省农运议决案》《关于职工运动议决案》等决议。陈独秀在会上明确地反对土地革命，主张约束农民运动。

按：《关于湘鄂赣三省农运议决案》，制定了湘鄂赣三省农民运动的方针。（一）关于乡村政权问题，《决议案》指出，乡村政权问题即是农民政权代替封建式的土豪劣绅政权问题。在实际运用上，重在实际推翻土豪劣绅的政权，"而不必呼出农民政权的口号，以免除别的小资产阶级分子发生恐慌"。（二）关于乡村联合战线问题，《决议案》认为，乡村中手工业者、小商人等如自动组织起来，不宜加以阻止，只能以农民协会和他们结成联合战线；其未组织者则不应促成之，尽可能地将他们之中的分子吸收在农民协会中，使农协成为统一乡村运动的唯一中心。（三）关于乡村中宗法社会思想问题，《决议案》认为，破除宗法社会思想（尤其是族长把持族租和阻止妇女加入农协）是非常必要的，惟可用国民党党部去做宣传，不必由农协去做，以免发生农协内部的冲突。（四）关于农民武装问题，《决议案》指出，乡村中的武装必须统一在农民手中，这是应当注意的原则。实施的方法，应按照实际可能情况行之。（五）关于农民协会与国民党的关系问题。《决议案》规定，在国民党未废除区党部、区分部这些组织以前，且不用整个的民众团体名义加入，只在农协所辖区域内，组织单独的区分部，农协会员尽量加入，而不和协会外的分子混合。此等区分部，仍须隶属于当地区党部。如此国民党可在农协中发展，而不至和党的组织混淆。（六）关于乡村中粮食问题，《决议案》主张，只可

---

[1] 江苏省档案馆：《江苏农民运动档案史料选编》，档案出版社1983年版，第8—9页。

强制大地主存留一部分米粮,作为荒月平粜之用,而不可无限制地禁阻米粮出口,以致阻滞农村经济的自然流通,引起农民间有余谷者与无谷者的冲突。(七)湖南农运议决集中应增加反抗贪官污吏苛税苛捐的说明。湖南、湖北两省国民党省党部农民部长均应改用国民党左派分子,以免共产党因包办而孤立当冲的危险。(八)江西方面应注意战区灾民救济工作,以引起南浔一带之农民运动。应即办一短期训练班,以养成急于应用的农运人才。这个决议案非常明显地反映出陈独秀右倾机会主义对农民运动指导方针的影响。①

12月15日,共产国际执行委员会第七次扩大会议第二十八次通过了《关于中国形势问题的决议》。

按:决议指出,农民运动已提出政权问题,中国共产党应协助农民建立政权机关。

12月20日,毛泽东应邀在湖南第一次农工代表大会欢迎会上发表题为《工农商学联合的问题》,强调了农民问题的重要性。

12月27日,湖北政务委员会发布《湖北农务局暂行条例》和《湖北林务局暂行条例》。农务局管理湖北全省农事试验场及棉茶、蚕桑、畜牧、水产各试验场;林务局管理湖北全省林务分局及各林业试验场。

是年,中华平民促进会选择河北定县为乡村平民教育实验区,以翟城村为实验中心,并从1929年起,集中全部人力、财力从事该实验区的乡村建设研究实验。

是年,中华职业教育社联合中华教育改进会、中华平民教育促进会、东南大学农科教育科合作办理江苏昆山徐公桥乡村改进试验区,前后坚持了7年,实验期满后交归地方管理。

是年,中山大学丁颖在广州附近的犀牛尾泽地等处发现野生稻,移回种植研究,并与当地栽培的水稻自然杂交,育成"中山一号",开创了我国水稻杂交育种之先河,有"中国稻作之父"之称。

二 乡村建设研究论文

陈公博《〈中国农民〉发刊词》发表于《中国农民》创刊号。

---

① 郑惠等:《中国共产党通志》,中央文献出版社1997年版,第109页。

按：发刊词说："我们中国以农立国，纵使将来工业化了，实际上在很远的将来还是以农作立国的基础。现在以人口论农民占全人口百分之八十，以生产论农品也占百分之九十。如果农民都立于国民革命的阵线，我们相信在短促期间可以完成我们的革命工作。农民既占人口及生产上的重要位置，无论现在加入国民革命，可以促革命的成功，就使将来革命以后，也可以用今日革命的精神来联合农民，容易收孙先生民生主义的效果。"

毛泽东《中国农民中各阶级的分析及其对于革命的态度》发表于《中国农民》创刊号。

按：是文乃《中国社会各阶级的分析》一文部分内容的发挥。文章运用马克思主义的阶级分析方法，将农村居民分为大地主、小地主、自耕农、半自耕农、贫农、雇农、乡村手工业者及游民等8个阶级，并就各个阶级对革命的态度进行了详细的分析。文章提出，农民运动的任务，是组织自耕农、半自耕农、贫农、雇农及手工业工人五种农民于一个组织里面。对于地主阶级用斗争的方法。对于游民无产阶级，要劝他们站在农民协会一边，加入革命运动，切不可逼他们跑入敌人那边，做了反革命的力量。

谭平山《国民革命中的农民问题》发表于《中国农民》创刊号。

按：文章说："这个题目，可分两层来说：第一是国民革命与农民运动，第二是如何使农民起来革命。有许多人都知道中国是受帝国主义压迫，欲求解放，必须打倒帝国主义，并且也要打倒帝国主义的各种工具。又中国的国民经济仍是建筑在农业社会之上，农民是占全人口的最多数，所以国民革命一定要唤起最多数农民起来参加。但是许多同志对农民要起来参加革命他是赞成的。若是讲起打倒大地主来，他就要说大地主是同受帝国主义压迫的人，我们不要打倒他。这种话外表看来是很对的，但是在实际情形看起来，却是似是而非的理论，所以我们要特别注意。须知农民之参加革命是因为被压迫太重了，为求自身解放所以才来参加革命。农民运动的对象便是推倒大地主。大地主虽然一面受帝国主义压迫，然他们同时也是帝国主义及军阀的代理人，严重的去压迫农民。过去的很多事实，都可以证明大地主常做帝国主义的工具。所以要叫农民解放，便要从大地主手中解放出来。在农民自身来讲，他与地主的利益是完全冲突，非先打倒大地主哪能使农民得到利益呢？我们千万不可有一种利用别人做革命一种毛病,即如要利用工人势力的时候,他便请工人来参加革命;为了政治上便利起见的时候,又时时把工人的利益来牺牲。在农民运动也有同样的现象。当农民与地主冲突的时候,军队又往往助地主去杀农民。因为如此,所以至今日工人农民仍有许多尚不了解国民党是甚么?我们党员应该应该负很大的责任。农民来参加革命,不是专来做人的工具,是为求他本身的利益。所以我们同志尤其是做农民运动的同志,对党的错误,时时要负责纠正。"

廖仲恺《农民运动所当注意之要点》发表于《中国农民》创刊号。

按:是为廖仲恺在农民运动讲习所的演讲。他说:"农民运动要点一:吾人做农民运动时,若只对农民要求他加入本党做党员,犹不可靠;必要使他明了何以要起国民革命?国民革命之成败与他有何利害关系?他方有参加革命之希望,此为最要之点。农民运动要点二:如何可以把我国变为一完全独立自由的国家呢?千头万绪,殊非一时所能尽述。然有一要点在,则要使全国农民皆知我国何以会变成如是贫弱,如是痛苦,如何能改变贫弱,除去痛苦?这种重要原理,现在简单加以说明。"

罗绮园《国民革命与农民运动之关系》发表于《中国农民》创刊号。

罗绮园《中山县事变之经过及现在》发表于《中国农民》创刊号。

《中国国民党第一次全国代表大会决议案》发表于《中国农民》创刊号。

亲民《苏俄农村之妇女》发表于《中国农民》创刊号。

彭湃《海丰农民运动报告》发表于《中国农民》第1卷第1、3—5期。

按:文章详细介绍了海丰农民的政治、经济、文化状况,开展农民运动成立农民协会的过程,同海丰地主阶级及军阀陈炯明斗争经过,以及运动的经验和教训等。其中说:"说是农会及耕田同志的力量是不十分对的,还不至大错,说是彭湃个人的力量乃是大错特错的;彭湃如果有力量,还要你们六七千人去做什么?我相信一个彭湃,任你有天大本事是放不出农友来的,但是农会不过是一个农民集合的机关,官僚是不怕的;耕田佬更不必说了。今天得到胜利的力量,是农会能指导六七千的耕田佬团结在一块地方,有一致的行动,集中六七千人的力量,为一个大力量,使官僚不得不怕,不得不放出农友来!我们在今日得到这个经验,大家应该自今日起,更加团结,加紧扩大我们的势力,否则今日的大胜利,会变成将来的大失败!"

《本党第二次全国代表大会农民运动决议案》发表于《中国农民》第1卷第2期。

毛泽东《中国社会各阶级的分析》发表于《中国农民》第1卷第2期。

按：文章把中国社会各阶级分为地主阶级和买办阶级、中产阶级、小资产阶级、半无产阶级、无产阶级，以及数量不小的游民无产者、为失了土地的农民和失了工作机会的手工业工人。

陈公博《农民运动报告》发表于《中国农民》第1卷第2期。

《第一届至第五届农民运动讲习所简介》（1924年7月3日至1925年12月8日）发表于《中国农民》第1卷第2期。

按：文章说：农民运动的目的，一方固然是要求农民了解本党之主义，使之起来参加国民革命之奋斗；而一方亦要使之明白自身阶级之利害，起作自身阶级利益之奋斗，盖必如是方能使之不断的努力，以促进国民革命运动之进行。因此农民运动讲习所学生之取材，在第一二届，则以中国国民党员，志愿从事农民运动，而身体强健能忍苦耐劳者为合格；第三四届，则专招农民协会会员或佃农子弟。……农民运动讲习所自十三年七月开办至今，学生毕业者前后已有四届了。第一届凡三十三人，第二届凡一百四十二人，第三届凡一百十四人，第四届凡五十一人，第五届两班学生共一百一十四人，总共毕业生四百五十四人。在此四百五十四人之中，被选派为本部特派员者约占三分之一，其余三分之二，则分遣回籍使之从事地方农民运动工作。

谭平山《农村的政治斗争》（上）发表于《中国农民》第1卷第2期。

按：文章分叙论、政治是什么、农村的两大阶级、农村的统治者、农村统治者的机关、军阀政府的基础六部分。

彭公达《农民的敌人及敌人的基础》发表于《中国农民》第1卷第3期。

按：文章指出帝国主义、军阀、官僚、买办、地主、豪绅是农民的主要敌人，敌人的社会基础是盘踞乡间的团总、保长封建势力。农民要认清敌人和朋友，组织农民协会和农民自卫军，进行阶级斗争使自身得到解放。这些认识无疑是符合毛泽东的农民革命思想的，也符合农村斗争实际，因此受到毛泽东的重视。

于树德《农民合作概论》发表于《中国农民》第1卷第3期。

阮啸仙《惠阳县农民协会成立之经过》发表于《中国农民》第1卷第3期。

廖仲恺《在中山县农民代表会议之演说》发表于《中国农民》第1卷第3期。

按：文章说："现在还没有组织的，只是你们农民，所以你们最没有力量，最痛苦，最受人家压迫。人们应该从速团结起来，组织起来，预备好你们的力量。旧农会本来是有的，但这是同你们农民无关的，是一班绅士学者组织的。你们要自己起来组织一个真正的农民协会。这个农民协会，就是我拿来救你们的救生圈。我现抛出来救你们了，你们要从速起来接受！农民协会是怎样组织的呢？他有很完善的章程，由国民党决定了办法，已经由省长颁布了。县长也有助长农民协会之责的。"

邹敬芳《中国农民的过去现在及将来》发表于《中国农民》第1卷第4期。

刘伯垂译《社会革命与农民运动》发表于《中国农民》第1卷第4期。

湖北省党部《湖北的农民运动》发表于《中国农民》第1卷第4期。

按：文章说："湖北省农民运动，在客观环境上，大有发展之可能。今年自然的灾变（旱荒），农民革命要求，更为迫切。临时省执行委员会，因厄于人力财力，没有进行。第一次省代表大会为应时势之需要，特注重农民运动，正式省执行委员会农民部，即根据此议，决作成计划，并设立农民运动委员会，以讨论一切农民运动问题，并刊行湖北农民，惟终感受经济困难，人才缺乏，不能充分利用环境，按照预定计划进行，殊为憾事。"

学增《广东南路各县农民政治经济概况》发表于《中国农民》第1卷第4期。

［日］佐野学作，刘伯垂译《社会革命与农民运动》发表于《中国农民》第1卷第4—5期。

守常（李大钊）《土地与农民》发表于《中国农民》第1卷第5期。

按：这篇文章，后被毛泽东选入他主编的《农民问题丛刊》中，作为指导全国农民运动的材料。

邹敬芳译《社会主义与农业问题》发表于《中国农民》第1卷第5期。

陈公博《农民运动在中国国民革命的地位》发表于《中国农民》第1卷第6—7期（广东第二次全省农民代表大会特号）。

按：文章说："我们知道，农民运动不独在国民革命当中占重要的位置，在世界革命当中，亦非常的重要。"

《农民运动在国民革命中之地位决议案》发表于《中国农民》第1卷第6—7期（广东第二次全省农民代表大会特号）。

按：决议案说：大会听了陈公博《农民运动在国民革命中之地位》的报告之后，一致议决如下：（一）半殖民地的中国的国民革命，是在打倒国际帝国主义和封建军阀，而帝国主义和军阀的经济即他们的生命，便是建筑在剥削农民上面。因为帝国主义对于殖民地的经济侵略最主要的是：销售高价的工业品，换买底价的原料；而农民便是工业品之唯一买主和原料品质唯一生产者。至于军阀的经济基础是建筑在农民身上，如租税苛捐……等更是很明显的事实。所以半殖民地的中国农民，犹如资本主义国家里的工人一样，是维持社会的惟一柱石，也就是一切剥削阶级、帝国主义、军阀、地主、贪官污吏、土豪劣绅的唯一对象。（二）在另一方面，国民革命是各种阶级联合的解放运动，换言之，即在解放各阶级的痛苦。而在各阶级中，农民占全人口百分之八十以上，是最大的一个群众，并且是要受痛苦和被压迫的一个群众。所以国民革命的真正群众是大多数的农民，国民革命的真正目标也就是在解放这大多数农民的痛苦。（三）因此可以说，半殖民地的中国国民革命便是一个农民革命，换句说话讲，半殖民地中国国民革命运动便是一个伟大的农民解放运动。……自然，在国民革命中各种民众运动如工人运动、商民运动、学生运动等都格外重要。尤其是工人运动，我们可以说，城市的工人如果不起来作先锋军，国民革命也是不能成功的。不过在国民革命的基础上国民革命的群众上说，农民运动，始终站在最主要的地位。（四）根据以上的理由，本大会站在国民革命的见地上，站在我们农民自身解放的利益上，特别努力完成广东的农民团结，并进而谋全中国的农民大团结。同时应努力指导全广东的农友，并唤起全中国的农友，参加国民革命运动的工作。同时并希望国民革命的政党，国民革命的政府，以及其他一切革命的党派的一切革命分子，特别注意农民的利益，特别注意帮助农民运动的发展，以期国民革命早日成功。

《农民合作运动决议案》发表于《中国农民》第 1 卷第 6—7 期（广东第二次全省农民代表大会特号）。

《工农教育联合决议案》发表于《中国农民》第 1 卷第 6—7 期（广东第二次全省农民代表大会特号）。

《青年农民运动决议案》发表于《中国农民》第 1 卷第 6—7 期（广东第二次全省农民代表大会特号）。

《废除地主对于农民苛例决议案》发表于《中国农民》第 1 卷第 6—7 期（广东第二次全省农民代表大会特号）。

《农村教育决议案》发表于《中国农民》第 1 卷第 6—7 期（广东第二次全省农民代表大会特号）。

按：农村教育决议案涉及五个问题，第一经济问题，第二教师问题，第三农业展览会，第四农民自动兴办各种学校，第五教育之课程。

绮园《广东第二次全省农民代表大会之经过及结果》发表于《中国农民》第 1 卷第 6—7 期（广东第二次全省农民代表大会特号）。

《广东省农民协会第二次代表大会宣言》发表于《中国农民》第 1 卷第 6—7 期（广东第二次全省农民代表大会特号）。

林祖涵《中国国民党农民部两年来工作状况》发表于《中国农民》第 1 卷第 6—7 期（广东第二次全省农民代表大会特号）。

胡汉民《胡汉民先生代表农民国际致祝词》发表于《中国农民》第 1 卷第 6—7 期（广东第二次全省农民代表大会特号）。

阮啸仙《广东省农民一年来之奋斗报告大纲》（附广东农民一年来奋斗经过报告决议案）发表于《中国农民》第 1 卷第 6—7 期（广东第二次全省农民代表大会特号）。

《浙江省之农民政治经济状况》发表于《中国农民》第 1 卷第 8 期。

江苏省党部《江苏农民之经济政治文化状况》发表于《中国农民》第 1 卷第 8 期。

《河南省农民运动报告》发表于《中国农民》第 1 卷第 8 期。

《湖南农民运动目前的策略》发表于《中国农民》第 1 卷第 8 期。

按：是文前有编者按，其曰："这个策略已经在《农民运动》第三期发表过的，因为第一，农民运动的读者未必是《中国农民》的读者；第二，这个策略虽然是根据湖南一省的情形定出来，但是我们这经济落后军阀专横的国家，其他各省的农民状况，也决不会相差很远，在还没有定出策略的省份，知已有策略的省份，大概都可以借来参考的。因此我们特自把它重新在这里介绍出来。我们在这个策略里看出两个要点：（一）策略的根据是从目前客观的事实得来的，不是一种空洞的理论，更不是过去或将来的悬想，空洞的理论没有用处，悬想更没有用处；（二）这个策略能顾及分部革命的利益，不轻易树敌，不作无谓的冲突与牺牲，先求坚固自己的壁垒，勿令敌人造成联合的战线。这两点是很重要而又很易于忽略的地方。读本文的应该很细心地体认出来。"

孙中山《孙总理对农民运动讲习所训词》发表于《中国农民》第1卷第8期。

[苏]罗佐夫斯基《各时期中的农民问题》发表于《中国农民》第1卷第8期。

《本党联席会议对农民问题决议案》发表于《中国农民》第1卷第9期。

《第六届农民运动讲习办理经过》发表于《中国农民》第1卷第9期。

《湖北省农民运动实况》发表于《中国农民》第1卷第9期。

广西省党部农民部《广西省农民政治经济状况》发表于《中国农民》第1卷第9期。

按：文章说："广西农民，在政治上受极大之压迫，要从满清戊戌后各地方次第举行办团始。其时每有劣绅一方面利用击匪拿匪之权，以吓诈农民，他方面更阴行通匪庇匪之术，以自固吾围。由是农民之愚者两受绅匪之鱼肉，黠者遂出入团匪以图存，农民生活乃陷于绝地。民国以后，因仍不变，重以陆阀招匪自卫，农民自是更处于绅团兵匪四方夹攻之地。洎乎民十后一二年，广西农民在洪水猛兽的世界过日子而已，比年来乱兵扫清，匪势亦杀，而团局一日存在，农民固一日未能免劣绅之鱼肉也。"

陈克文《中国农民是不是一个阶级》发表于《中国农民》第1卷第9期。

《湖南省党部第二次代表大会对农民问题决议案》发表于《中国农民》第1卷第10期。

邓良生《农民运动的障碍——绅士阶级》发表于《中国农民》第1卷第10期。

按：文章说："许多人都以为国民革命的对象，只是帝国主义和军阀，因此他们把那助长帝国主义和军阀的绅士阶级的罪恶隐隐地放了过去。绅士阶级是什么？就是宗法社会底下的出产品，是帝国主义和军阀的基础建筑，也就是直接掠夺农民利益，与农民运动的主要障碍。不过他们——绅士阶级——的罪恶，在一般做高等政治运动的人，一定见不到，见得到的只我们'到民间去'的革命同志，因为受过了他们的光顾，才知道得清楚。"

甘乃光《绅士民团县长何以反对农民》发表于《中国农民》第1卷第10期。

克明《绅士问题的分析》发表于《中国农民》第1卷第10期。

阮啸仙《全国农民运动形势及其在国民革命的地位》发表于《中国农民》第1卷第10期。

按：文章指出，全国农民运动发生的原因，一是中国的工业不发达，完全是个农业社会，同时国内军阀连年的内战，简直使农民不能生存了；二是世界革命潮流的影响；三是土匪和军队的扰乱；四是苛捐杂税的繁重；五是强买公债票和行使军用票；六是土地集中与农业资本化；七是天灾水旱；八是广东农运的影响；九是五卅罢工的影响。"以上九点，是最近全国农民运动发展的最大原因，我们必须要弄清楚的。总之最近因为各种原因，农村一天一天崩坏，而农民所受的压迫剥削，日见增加，使他们只有暴动反抗，一点不能忍受了，同时因为世界革命潮流，国内工人运动，情势剧烈，及广东农民运动的影响，使这种反抗成为有组织的，有力量的，全国一致的农民运动。"

编者《广东省农民协会半年来的重要工作》发表于《中国农民》第1卷第10期。

谭平山《国民革命中的农民问题》发表于《农民运动》第1期。

按：文章指出，"须知农民之参加革命是因为被压迫太重了，为求自身解放才来参加革命。农民运动的对象便是推倒大地主。""所以要叫农民解放，便要从大地主手中解放出来。""农民来参加革命，不是专来做人的工具的，是为求他本身的利益。""农民要做革命的领导者，也是不可能的。所以一定要与无产阶级的工人结合"。

《北伐向农民宣传大纲》发表于《农民运动》第2期。

《湖南农民运动目前的策略》发表于《农民运动》第3期。

阮啸仙《廖先生仲恺殉国一周年纪念与农民》发表于《农民运动》第4—5期。

《廖仲恺部长殉难周年对农民宣传大纲》发表于《农民运动》第4—5期。

《江西农民运动概况》发表于《农民运动》第6期。

甘乃光《国民党中央农民部慰勉广东全省农会扩大会议书》发表于《农民运动》第6期。

李荫春《中国的农业》发表于《农民》第2卷第6期。

李荫春《农民清除内乱的方法》发表于《农民》第2卷第15期。

李荫春《农民也要大谈国事》发表于《农民》第2卷第16期。

李荫春《农民的身体》发表于《农民》第2卷第19期。

余必达《做庄稼的怎样去发展农业》发表于《农民》第2卷第20期。

李荫春《乡村的专制与共和》发表于《农民》第2卷第25—26期。

博泉《驱逐乡下的"重利盘剥者"和组织农村合作社》发表于《农民》第2卷第27期。

冯锐、步毓森《改良农村生活方法》发表于《农民》第2卷第27—30期。

按：文章说："中国自古来以农业立国，农夫有几千年的经验，按理说是应当很发达，但是跟各国比较起来，相差得太多了。中国农夫种田少，所以收入少；外国人，每个农夫可以种很多的田，所以收入自然多。这种问题，最大的原因，实在由于我国农夫工作的方法不好，种植的种子，和各种的器具等等，多有不合于科学的方法，所以要改良农村生活，必得要先改良农业。"

汤茂如《农民的责任》发表于《农民》第2卷第31期。

唐启宇、张镇临、吴国栋《农业经济组调查报告》发表于《农学》第3卷第1期。

唐启宇、蒋涤旧《中国之人口食料与土地利用》发表于《农学》第3卷第3期。

唐启宇《中国农业经济问题》发表于《农学》第3卷第3期。

按：文章论述的问题有：第一中国农场之面积太狭小太细分如何扩大，第二中国荒地甚多宜如何开垦，第三佃农应如何使其能达地主之地位，第四农业贷款制度如何推行，第五农产品运输制度应如何求其完善，第六农业机械应如何提倡应用，第七农业组合宜如何提倡实行，第八农产品贩卖方法应如何设法改良，第九农业保险制度应如何提倡设立，第十生产调查统计应实力进行，第十一中国田赋之收入应如何整顿，第十二中国税则是否应行保护关税制度，第十三农产品价格之问题应如何求其适合，第十四吾国立国方针应采商工立国主义或应采农业立国主义。

张镇临《中国土地之垦殖状况》发表于《农学》第3卷第3期。

乔启明《划分农村社会是乡村服务的关键》发表于《农学》第3卷第3期。

汤谨余《中等农业教育与农业推广》发表于《农学》第3卷第4期。

陈安仁《农业与人生》发表于《农事月刊》第4卷第7期。

李振《农村借贷组合的意义》发表于《农事月刊》第4卷第7期。

杨克明《中国农业不发展之原因》发表于《农事月刊》第4卷第7期。

按：文章认为中国农业不发展的原因，一是政治不良，二是制度不良，三是不重学理，四是不改良土地。

余必达《北京西郊一带农村调查纪要》发表于《农事月刊》第4卷第9—11期。

何雄涛译《中国当采之农业政策》发表于《农事月刊》第4卷第10期。

温文光《改进中国农业与注重统计》发表于《农事月刊》第4卷第11期。

王笠民《论林业浸衰之原因及其趋重之倾向》发表于《农事月刊》第4卷第11期。

余必达《中国各省农业刊物之调查》发表于《农事月刊》第4卷第11期。

树玉《四川实业刊物之调查》发表于《农事月刊》第4卷第11期。

杨克明《庚子赔款与中国农业》发表于《农事月刊》第4卷第12期。

杨一清《农民的痛苦和解放》发表于《农事月刊》第5卷第2期。

王世燕《振兴琼州林业谈》发表于《农事月刊》第5卷第2期。

陈秀明《农民的人生》发表于《农事月刊》第5卷第2期。

而圃《农业为国家致富之术》发表于《农趣》第 11 期。

傅梅《农业与国家之关系》发表于《农趣》第 11 期。

按：文章说："国家之富强，视乎工商之发达。工商发达，视乎生产之多寡。而生产之多寡，又视乎农业之兴衰。农业兴，则国不期富而富，不期强而强。衰则贫弱随之，如影随形，不谬一发也。然则农与国之关系，顾不重乎？"

山农《论耕种与畜牧有连带关系》发表于《农趣》第 20 期。

段有恒《林业的生产物》发表于《中华农报》第 39 期。

汤惠荪《土地制度与农业之社会化》发表于《中华农学会报》第 48 期。

汤惠荪《俄国劳农政府之农业社会化政策》发表于《中华农学会报》第 48 期。

曾济宽《整理吾国林业谈》发表于《中华农学会报》第 48 期。

那须皓、吴觉农《现代文明与农业政策》发表于《中华农学会报》第 48 期。

童玉民《农业经营形态与农业阶级争斗》发表于《中华农学会报》第 48 期。

汪厥明《中国农业之缺陷与农学界之责任》发表于《中华农学会报》第 48 期。

按：文章认为，中国农业目前应急需做的事情，一是确立计划，刷新农政；二是普及农业教育，增加农民知识；三是改良农业技术，善化农民境遇。

陈嵘《推广江苏金陵道林业的我见》发表于《中华农学会报》第 49 期。

徐蔚若、黄先难《关税自主与农业》发表于《中华农学会报》第 49 期。

童玉民《近代资本主义的社会下农业之发达与衰退观》发表于《中华农学会报》第 51 期。

董时进《与工程师讨论农业问题》发表于《中华农学会报》第 51 期。

董时进《中国高等农业教育的几个根本问题》发表于《中华农学会报》第 51 期。

按：文章说："余意中国之高等农业教育，应以造就下列诸种人材为宗旨：一、农业技术人材，如试验场之技士及研究员；二、农业教育人材，如农校校长、教员及乡村演讲员。以上两项可统称农业学术人材。三、农民领袖人材，如农会会长，及各种农民团体之首领；四、农业行政人材，如农商部、实业厅、实业局人员及县知事；五、农业经营人材，如开垦、收畜，以及普通农场之经营者。"

马雅师、沈宗瀚《科学的研究在中国农业上之紧要》发表于《中华农学会报》第 52 期。

邓植仪《广东之农业问题》发表于《中华农学会报》第 52 期。

[日] 桥本传左卫门作，汤惠荪译《日本之农业金融》发表于《中华农学会报》第 52 期。

阮啸仙《广东农民运动之现势》发表于《犁头》第 1 期。

按：文章说：说起广东农民运动经过，可分作六个时期：第一期，在职业上的普通联合，渐认识自己的地位。此是国民党改组后农民政策之实施，即为农民运动之初期。此时农民只知道工人有工会，学生有学会，商人有商会，我们农民为甚么未有农会，这些简单的意思。但他们从此就晓得与工商学界是有同情的地位了。第二期，微露阶级的意识，渐觉得到敌方之压迫与自身之反抗，突出地方主义和家族主义之重围，而为一阶级的联合。此时农民协会已纷纷组织起来，便叠次发生地主用武装民团压迫农民之事件。农民亦觉悟到联合抵抗，为求本身之保存，并且他们为各地的联合及异姓的联合，不分甚么宗族地方关系，只知道有农民阶级的利益。这是地主阶级压迫政策相迫而成的事实。第三期由经济斗争急激趋于政治的斗争。……第四期由政治斗争认识民族解放运动。……第五期由民族运动之意义，进而农工联合，为积极反帝国主义运动。……第六期工农两大革命基础势力，统一广东，将农民运动普遍全省，而扩充到全国。

《广东省农民协会执行委员会通令》发表于《犁头》第 1 期。

《中国国民党第二次全国代表大会农民运动决议案》发表于《犁头》第 2 期。

赤夫《为高要事件告各地农友》发表于《犁头》第 2 期。

啸仙《国民党与农民协会》发表于《犁头》第 3 期。

源庄《"二七"事件与农民运动》发表于《犁头》第 3 期。

《广东省农民协会全体执行委员会及各属办事处代表各农民运动特派

员扩大会议宣言》发表于《犁头》第 4 期。

《广西农民运动决议案》发表于《犁头》第 4 期。

《广东省农民协会第二次全省代表大会宣传大纲》发表于《犁头》第 7 期。

《召集第二次广东省农民协会代表大会章程》发表于《犁头》第 8 期。

泰初《农民与司法》发表于《犁头》第 8 期。

《农民国际告中国农民妇书》发表于《犁头》第 8 期。

《广东省第二次全省农民代表大会之经过及结果》发表于《犁头》第 9—10 期。

《广东省农民协会第二次代表大会宣言》发表于《犁头》第 9—10 期。

《取消高利债决议案》发表于《犁头》第 9—10 期。

《废除苛捐杂税决议案》发表于《犁头》第 9—10 期。

《青年农民运动决议案》发表于《犁头》第 9—10 期。

《农民运动在国民革命中之地位决议案》发表于《犁头》第 9—10 期。

《农民合作运动决议案》发表于《犁头》第 9—10 期。

《农村教育决议案》发表于《犁头》第 9—10 期。

《工农兵大联合决议案》发表于《犁头》第 9—10 期。

《工农教育大联合决议案》发表于《犁头》第 9—10 期。

《致全国农会农友电》发表于《犁头》第 9—10 期。

《敬告全国农民兄弟书》发表于《犁头》第 9—10 期。

《广东省农民协会修正章程》发表于《犁头》第 9—10 期。

《农民自卫军组织大纲》发表于《犁头》第 9—10 期。

绮园《广东农民运动之新形势》发表于《犁头》第 11 期。

绮园《农民协会与土匪》发表于《犁头》第 11 期。

绮园《廖仲恺先生与农民运动》发表于《犁头》第 13 期。

啸仙《廖先生殉难一周年纪念与农民》发表于《犁头》第 13 期。

阮啸仙《全国农民运动形势及其在国民革命的地位》发表于《犁头》第 19—20 期。

绮园《农民自卫军与民团》发表于《犁头》第 22 期。

绮园《论广东农潮》发表于《犁头》第 23 期。

绮园《中国国民党广东省全省第二次代表大会农民运动报告大纲》发表于《犁头》第 23 期。

田湜《满洲农业开垦之沿革》发表于《河南实业公报》第 1 卷第 1 期。

田湜《改良河南肥料事业劝告各县农民》发表于《河南实业公报》第 1 卷第 4 期。

耿勉之译《农业与新中国的经济生活》发表于《云南实业公报》第 42—45 期。

《农民合作社之利益及其组织法》发表于《云南实业公报》第 47 期。

李士瀛《中国林业问题》发表于《实业杂志》第 1 卷第 3 期。

第三次全国劳动大会《五一国际劳动节告农友书》发表于《中国第三次全国劳动大会会刊》第 1 期。

毛泽东《工农商学联合的问题》发表于《湖南全省第一次工农代表大会日刊》第 21 期。

按：毛泽东说："国民革命是各阶级联合革命，但有一个中心问题，就是农民问题，一切都要靠农民问题的解决。"

郑超麟《新经济政策之第五年与苏维埃政权底下的农民问题》发表于《新青年》第 4 期。

瞿秋白《世界的农民政党及农民协会》发表于《新青年》第 5 期（世界革命号）。

宗适《渭南农民运动的成绩》发表于《中国青年》第 5 卷第 109 期。

蒋在铭《山西晋祠农民概况》发表于《中国青年》第 5 卷第 111 期。

按：文章介绍了山西晋祠的雇农、佃户和农民生活，以及村政设置等情况。

和鸣《黄梅农民运动失败的经过及教训》发表于《中国青年》第 5 卷第 113 期。

按：文章说，在黄梅经过宣传以后，成立了一个"农民进德会"，但"农民进德会"从成立到失败只有 4 个月的历史。原因是地主劣绅勾结官府进行破坏。此外还因组织太公开，口号太高，在组织不巩固时，就提出反抗佃东、驱逐地主的口号。

罗卓云《农民运动中的一个方法》发表于《中国青年》第 5 卷第

113 期。

按：文章提出，做农民运动的第一步，就是组织"积谷会"，然后引导农民要求减租抗租，组织农民自卫团等。

叶平《广东工农运动与国民政府》发表于《向导》第 144 期。

中国共产党中央委员会《中国共产党致第一次全国农民大会信》发表于《向导》第 151 期。

按：信中说："中国农民的数量，不但在全中国人口比例上居最大多数，在全世界各国农民人数比例表中，亦居第一位。可是中国农民所受的困苦，也居第一位，因为中国农民兼受帝国主义、军阀、地主、贪官污吏、劣绅土豪、兵匪六种蹂躏，是别国农民所未曾同时苦受的。被人指为睡觉的中国农民，现在已经开始醒悟，开始组织自己的团体，并且准备自己的武装，向六种蹂躏者反抗了。

中国共产党中央执行委员会《中国共产党致第三次全国劳动大会信》发表于《向导》第 151 期。

按：信中说："总之，我们必须努力扩大及巩固全国工人农民及一切劳苦群众的联合战线，才能够抵抗一切特权阶级的压迫，以至获得我们政治争斗的初步胜利——民族革命的胜利。"

独秀《红枪会与中国的农民运动》发表于《向导》第 158 期。

按：文章说：中国是一个大的农业国，我们或者可以说农民暴动是中国历史之骨干。远者如陈涉辈辍耕而叹，如赤眉、黄巾，黄巢等役，如闯献之乱，都是官逼农变；近者如洪杨、义和团及红枪会这三件事，更是很明显的农民暴动。无论士大夫怎样诅咒农民暴动，而由陈涉一直到红枪会这二千年一贯的农民暴动历史，是无人能够否认的。任何民族中封建社会时代的农民，他们的思想都不免有顽旧迷信的色彩；他们的行动往往偏于破坏而不免于野蛮，这本是落后的农民原始暴动之本色。士大夫固然有理由诅咒他们的思想与行动，然而没有理由诅咒他们对于统治阶级之反抗暴动。因为中国最大部分生产者是农民，同时却是被统治被压迫的阶级；压迫农民的不但是统治阶级（从前的朝廷，现在的军阀）及其官吏，士大夫表面上好像是站在统治阶级与农民之间，而实际上是接近城市政权，附属于统治阶级，也要压迫农民的；所以分利的统治阶级之暴政一到了某种程度，生产的被统治阶级即起而反抗暴动，即农民对于政府官吏及士大夫之反抗暴动。这本是中国历史的惯例。现在的红枪会运动，就是这历史的惯例之一。有广大农民群众的红枪会，已普遍了河南、山东全省和直隶之南部、安徽、江苏、江西之北部，黑枪会、黄枪会、白枪会，都是他的姊妹团体。河南、山东的军阀，把他们当作土匪，整千整万一连几十个村庄的屠杀，然而他们实是武装自卫的农民，而不是土匪，他们的大多数不但不是土匪，而且仇视土匪，因此土匪时常勾引官兵来屠杀他们。红枪会的政纲是：反抗军阀，反抗贪官污吏，反抗苛捐杂税，反抗土匪。他们的思想顽旧迷信，和前代农民一样，他们的反抗暴动之性质，也和前代农民一样。他们当中也许杂有少数土匪，而大部分是农民，且许多是小有土地的农民。他们的首领也有腐化为军阀利用之可能，而群众是要反抗军阀苛税到底的。

安人《刘镇华治下陕西现状及农民的反抗运动》发表于《向导》第160期。

罗浮《北伐声中之广东农民状况》发表于《向导》第171期。

润之（毛泽东）《江浙农民的痛苦及其反抗运动》发表于《向导》第179期。

毛泽东《关于农民运动决议案》发表于《政治周报》第6—7期合刊。

按：1926年1月19日，毛泽东等在中国国民党第二次全国代表大会上提出《关于农民运动》的提案，被会议通过。其中有增加农民运动经费、开设农民运动讲习所等内容。这个议案表明了毛泽东重视农民问题和农民运动。

李大钊《鲁豫陕等省的红枪会》发表于《政治生活》第80—81期合刊。

按：文章系统地分析了山东、河南、陕西各省的农民自发组织的红枪会运动，指出党要到红枪会里工作，使他们知道农民阶级在革命中的地位和责任及其应走的道路。

郭沫若、陈启修《工农两代表大会纪念马克斯情形》发表于《工人之路》第13期。

笑仙《广东省农民协会扩大会议》发表于《人民周刊》第7期。

大雷《五卅运动之分析及纪念之意义》发表于《人民周刊》第12—13期。

按：文章说："农民所受的痛苦与压迫，使他们有彻底的革命性，能为工人阶级的永久同盟,只有大数量的农民参加,才能使国民革命运动成为一伟大的势力以抵抗强有力的敌人。"

罗绮园《广东第二次全省农民代表大会之经过及结果》发表于《人民周刊》第15期。

大雷《广东一年来奋斗胜利之根本原因》发表于《人民周刊》第15期。

按：文章特别肯定了广东农民自卫军的作用,"在每次军事行动中,乡村农民都能扰乱敌人后方,为革命军作向导或侦探,及帮助革命军运输等",农民自卫军更能镇压反革命派土匪的活动。

绮园《广东农民运动的新形势》发表于《人民周刊》第16期。

绮园《公债票与农民》发表于《人民周刊》第17期。

绮园《廖仲恺与农民运动》发表于《人民周刊》第19期。

大《我们怎样对花县农民》发表于《人民周刊》第20—21期。

潘林《俄国底农民》发表于《人民周刊》第22期。

彭湃《花县匪团惨杀农民的经过》发表于《人民周刊》第23—25期。

绮园《县长与农民协会之关系》发表于《人民周刊》第24期。

彭湃《为五华农友哭一声》发表于《人民周刊》第29期。

绮园《农民自卫军与民团》发表于《人民周刊》第33—34期。

绮园《论广东农潮》发表于《人民周刊》第36期。

按：文章说："我们应该认清：现在的农潮不是别的,就是乡村中民主势力与封建势力的斗争,就是农民为他们生活的改善,生命的保障,财产的安全而起的斗争。我们应该确信：在这种斗争中,只有农民得到胜利,才是民主革命的胜利,才是国民革命的利益。因为这样,才能使一切革命民众团结起来和帝国主义者奋斗。并且必须这样,才能消灭潜伏在各地的反动势力之死灰复燃,使革命基础巩固,一切事业才能从容建设,匪患才能肃清,工商业才能发展。"

刘瑚《改良我国农业之刍议》发表于《清华周刊》第26卷第2期。

倍《贵人与农民》发表于《少年（上海）》第16卷第5期。

顾克彬《农村师范在师范教育中之地位》发表于《中华教育界》第15卷第11期。

徐益棠《农村师范学校国文教学的经验》发表于《中华教育界》第

16卷第2期。

徐国栋《改造农村与教育》发表于《教育与职业》第80期。

王骏声《青年农民的教育》发表于《教育杂志》第18卷第1期。

陶行知《中华教育改进社改造全国乡村教育宣言书》发表于《新教育评论》第3卷第1期。

按：宣言说："本社的乡村教育政策，是要乡村学校做改造乡村生活的中心，乡村教师做改造乡村生活的灵魂。我们主张由乡村实际生活产生乡村中心学校，由乡村中心学校产生乡村师范。乡村师范之主旨在早就有农夫身手、科学头脑、改在社会精神的教师。这种教师必能用最少的金钱，办最好的学校，培植最有生活力的农民。我们深信他们能够依据教学做合一的原则，领导学生去学习那征服自然改造社会的本领。但要想这种教育普遍实现，必须有试验、研究、调查、推广、指导之人才、组织、计划、经费，及百折不回的精神，方能成功。本社的事业范围很宽，但今后主要使命之一，即在厉行乡村教育政策，为我们三万万四千万农民服务。"

王雨时《乡村小学校设施农业教育之研究》发表于《青浦县教育季刊》第3期。

苞桑《日本劳动协会之现状及农民左倾之原因》发表于《太平导报》第1卷44—45期。

林庆云《改良农村之我见》发表于《集美周刊》第139期。

评论《提倡组织农民组合》发表于《台湾民报》第111期。

评论《对农民运动的态度》发表于《台湾民报》第124期。

章士钊《何故农业立国》发表于《甲寅》第1卷第37期。

董时进《农村合作》发表于《甲寅》第1卷第37期。

王立衡《穷乡僻壤之农村生活》发表于《生活（上海）》第1卷第14期。

江价《鲁农民之厄运》发表于《生活（上海）》第1卷第15期。

左偕康《涟水农民的状况》发表于《生活（上海）》第1卷第33期。

朱兆鸾《农民经营副产的利益》发表于《生活（上海）》第1卷第33期。

王子玉《泗州农民生计状况》发表于《生活（上海）》第1卷

40 期。

王先明《提倡两种农村家庭工业》发表于《生活（上海）》第 1 卷第 45 期。

杨流云《宝山的农民副业》发表于《生活（上海）》第 1 卷第 52 期。

钱壮公《农村生活亟宜改良之点》发表于《生活（上海）》第 2 卷第 1 期。

欧阳华汉《五一节与中国农民运动》发表于《洪水》第 2 卷第 16 期。

按：文章说："一八八九年，第二国际在巴黎开会，把五一这天定为了国际的劳动节，就足以证明这次运动在劳动运动史中的价值和意义的伟烈与重大。自兹以后，每年逢着这个国际的纪念日到临，各国的劳动阶级无有不严整自己的队伍，检阅自己的群众，团结自己的势力，向着那剥削他们剩余价值的资产阶级示威和进攻。反之，资产阶级到了今天亦没有不胆战心寒的唆使他们所豢养的附庸（军警）向劳动阶级施以反攻和打击。因此，我们很可以知道：五一节简直是阶级斗争的象征，简直是一张劳资两方实行阶级斗争的好画图！"

杨四篾《农村家庭和改良的方法》发表于《圣公会报》第 19 卷第 19 期。

李景汉《京兆农村的状况》发表于《现代评论》第 3 卷第 71 期。

翰《美国政府与农民》发表于《现代评论》第 4 卷第 84 期。

幹楚《无锡的农民生活》发表于《无锡评论》第 32 期。

《中国国民党湖南省党部农民部对湖南农民第一次全省代表大会闭幕宣言》发表于《长沙评论》第 7 期。

杨汝南《我省农民应有的觉悟》发表于《黔人之声》第 43 期。

朱公准《关于土地增价税设定问题之讨论》发表于《学艺》第 2 期。

黄联芳《改良农村生活谈》发表于《翁钟》第 1 期。

卢恒善《农民运动的我见》发表于《火线》第 2 期。

按：文章说："革命进程中的最大工作，可算是唤醒民众了。而民众之中，是以农民居大多数，也是谁都晓得的。那么从事农民运动，尤其是工作中最要的最要了。……我们革命的目的，是要求大多数农民工人的利益，革命的基础，也要建筑在农民工人上面，如果农民工人的基础不固，革命是决不会成功的。所以我们应当注意的，不独是使他们有革命的觉悟，尤当使他们有革命的知识和能力，有了知识和能力，他们的组织才能发生力量，他们的基础才算结实。根据这层理由，我把我的办法写在下面：（一）每县成立农民运动讲习所。这种讲习所的设立，是要达到两种目的：1. 使农民当中有革命知识分子，庶农民各种组织，不至为地主土豪所包办。2. 人才分配平均，革命活动，易于普遍。因为农民各种组织必要有相当的人才，居间活动和指导，不然，一般无知识的农民，是不会奋斗和工作的。……（二）各乡成立农民俱乐部。我国风俗，向来是各事其事，老死不相往来的。因为这个缘故，所以异常散漫，毫无团结能力。现在要矫正这种习俗，不得不设立一个俱乐部，这种俱乐部所备的性质：1. 要能增加游乐兴趣，并益其身心；2. 要能启其革命思想和供给常识；3. 要能助其社交性，并使其有政治观念。……（三）组织农会。组织农会，本来是农民运动中一件最重要的事，但我以为它的成立，要由农民各个自动的组织，并且要能够运用它，把持它，不要使它为劣绅土豪所包办，这样，它才成为农民运动的利器，才能保障农民的利益。（四）成立农民自卫军。天下的公理，有时而穷，故农民自卫军，实是不可少的。"

李达道《桂林县农民生活状况一斑》发表于《火线》第 2 期。

凌得俊《镇结县农民生活状况》发表于《火线》第 2 期。

韦经五《修仁农民生活的状况》发表于《火线》第 2 期。

卢恒善《河池县农民工人的生活状况》发表于《火线》第 2 期。

梁冠《邕宁农民生活状况》发表于《火线》第 2 期。

莫汉扬《蒙山县农民工人等无产阶级之生活状况》发表于《火线》第 2 期。

定国《英那农民运动》发表于《埔中季刊》创刊号。

刘祥集《平远农民的哭怨声》发表于《平明》第 3 期。

纯熙《平远农村社会的概况和今后改造的方针》发表于《平明》第 3 期。

曾济宽《中国农民经济状况及其革命运动之要点》发表于《鹃血旬刊》第 3 期。

三郎《为什么要作农民运动——要将中国的经济原动力建筑在巩固地基上》发表于《湖州月刊》第 3 卷第 2 期。

威清新、张西曼、杨宗培《中俄两大农业国之互助事业》发表于《北京平民大学周刊》本校四周年纪念增刊。

觉生《林业经理须知》发表于《西北汇刊》第 2 卷第 4 期。

学增《怎样去做青年农民运动》发表于《广东青年》第 1 期。

杜周南《由共产主义至国家资本主义之俄国的农业》发表于《独立青年》第 1 卷第 3 期。

徐行《农业经济之趋势》发表于《独立青年》第 1 卷第 8 期。

杨柏《谈谈乡村青年运动》发表于《少年先锋》第 6 期。

杨柏《再谈乡村青年运动》发表于《少年先锋》第 12 期。

杨望《乡村青年运动之经验谈》发表于《少年先锋》第 12 期。

双才《值得注意的东兰农民运动》发表于《疾呼》第 14 期。

王益《旧农会与农民运动》发表于《战士》第 14 期。

《湘潭农民协会第一次全县代表大会宣言》发表于《战士》第 18 期。

《农民运动与反革命》发表于《战士》第 25 期。

按：文章说："半殖民地的中国国民革命便是一个农民革命，更是一个伟大的农民运动，唯有占全人口中大多数在经济地位最重要的农民参加于国民革命工作，才可以成功国民革命，因此农民问题是国民革命中的中心问题。"

记者《释我们的农民政纲》发表于《战士》第 26 期。

人龙《中国农民运动的趋势》发表于《战士》第 27 期。

金华《农民经济斗争与发达农业生产》发表于《战士》第 28 期。

文之《农民运动与打破迷信》发表于《战士》第 29 期。

[日] 升曙梦作，画室（冯雪峰）译《无产阶级诗人和农民诗人》发表于《莽原》第 1 卷第 21 期。

毛泽东《在湖南全省第一次工农代表大会上的讲话》发表于《湖南全省第一次工农代表大会日刊》第 21 期。

中国国民党中央军人部《本部关于拥护农民通令》发表于《军人周报》第 3 期。

信孚《申论军事工作与农民运动》发表于《军人周报》第 8 期。

秋白《国民革命中之农民问题》发表于《我们的生活》第 4 期。

按：文章深刻阐述了农民问题的重要性，指出真实拥护工农的党才能够领导中国革命，并提出领导农民运动的办法。文章认为加强对农民运动的领导的基本方法，就是：第一，解决农民的经济束缚要用政治的力量。第二，组织农民自卫军，使农民有自己的武装，保护自己的利益。第三，农民参加政权，乡村政权归农民，城市的政权也要有农民代表。

必达《北京西郊一带农村调查——农民对于乡绅地保的感情情形》发表于《国闻周报》第 3 卷第 10 期。

张永淇《农业用电气动力之政策》发表于《兴业杂志》第 2 卷第 1 期。

翰《实业富国莫如振兴农业》发表于《唤群特刊》第 4 期。

鼎祥《农业关系于国家前途》发表于《唤群特刊》第 5 期。

过探先《绥远农业问题管见》发表于《西北汇刊》第 2 卷第 7 期。

尹静夫《十余年来内地战争对于全国农业之影响》发表于《法政学报》第 5 卷第 1—2 期。

徐绍华《农业与乡村牧师》发表于《兴华》第 23 卷第 8 期。

炎《教会急宜振兴农业》发表于《兴华》第 23 卷第 22 期。

冯锐《应用科学改进中国农业的原则和方法》发表于《科学》第 11 卷第 4 期。

按：文章分中国农业已应用科学之程度、应用科学改进中国农业之原则、研究中国农业之方法、中国农业急需研究之事物四部分。

幸农《欧洲各国农业的趋势》发表于《东方杂志》第 23 卷第 17 期。

费毂祥《德国农业推广事业之发达》发表于《东方杂志》第 23 卷第 23 期。

冯叔鸾《土地税施行之研究》发表于《国闻周报》第 3 卷第 25—26 期。

卓之《中国农民的合作制度》发表于《国闻周报》第 3 卷第 41 期。

按：文章说："农业上自从有合作运动的呼声以来，不能不说是占世界上人口二分之一以上的农民的大救星了。我国学者也因为受了世界潮流的驱使，研究提倡的人委实不少。不过大多数都注重在输入与模仿方面，就不惜把自己的情形忽略。本来农民间的合作行为，在我国古来就有的，只是没有像欧美把理由说得很透彻，组织得很完备罢了。"

李佳白《农民亟宜保护》发表于《国际公报》第 28—30 期。

有成《中国国民革命与土地问题》发表于 9 月 12 日广州《民国日报》副刊《思潮》。

三 乡村建设研究著作

顾复编，陆费执校《农业概要》（新师范教科书）由上海中华书局出版。

唐启宇编《农业经济学》由南京中华农学会出版。

按：是书分30章，论述农业经济的意义、范围和性质、货币及其价值、农业在独立国家生产上的地位、农业经营、农业资本与贷款、农工及工值、农场设备与材料、地租与利息、农产品的贩卖与运输、农产品的价格等问题。

龚厥民编《农业经济学》（新学制初级农业学校教科书）由上海商务印书馆出版。

[苏] 米留金著，邹敬芳译《社会主义与农业问题》由中国国民党中央执行委员会农民部出版。

按：是书分10章，论述社会主义的农业理论及数量农业革命的意义及经过。

郭绍周著《热带农业》第1集由京华印书局出版。

周碧猷、黄建农等编《农业万宝全书》由浙江奉化勤生农林场出版。

倪慰农编《中等农业气象学》由上海中华书局出版。

陆费执、陈赓飏编《中等农学通论》由上海中海书局出版。

乔启明著《乡村社会区别的方法》由南京金陵大学出版。

中国华洋义赈救灾总会编《农村信用合作社簿记程式》由北京编者出版。

中国华洋义赈救灾总会编《农村信用合作之在中国》由北京编者出版。

中国华洋义赈救灾总会编《农村信用合作社章则》由北京编者出版。

彭湃著《海丰农民运动》（广东省农民协会丛书）由广州国光书店出版。

按：是书对海丰农民运动的经验作了全面的总结，深刻阐述了农民问题的重要性，提出了领导农民运动的办法，为中国共产党的农民运动理论的形成做出了重要贡献。曾得到瞿秋白、毛泽东的高度评价。周恩来题写了书名。

叶谋兴编《农家便览》由浙江镇海三益农林场出版。

孙文郁著《适用农场簿记法》由南京金陵大学农林科出版。

广州市土地局编《广州市土地局行政纪要》由编者出版。

凌昌焕编著《作物学》由上海商务印书馆出版。

陆旋编，龚厥民增订《农作物病虫害》由上海商务印书馆出版。

谢申图编，刘大绅、龚厥民增订《农作物害虫学》由上海商务印书馆出版。

江苏省昆虫局编《地老虎之研究》由南京编者出版。

孙绳武著《稻》由上海商务印书馆出版。

孙绳武著《种稻法》由上海商务印书馆出版。

汤惠荪编，龚厥民增订《稻作学》由上海商务印书馆出版。

顾复著《种麦法》由上海商务印书馆出版。

冯泽芳编，孙恩麐校《中等棉作学》由上海中华书局出版。

陆协邦编《植棉学》由上海商务印书馆出版。

章之汶著《植棉学》由上海商务印书馆出版。

胡竟良著《实用选棉种法》由国立东南大学农科棉作改良推广委员会出版。

王善佺、袁烯编著《江阴白籽棉》由东南大学农科棉作改良推广委员会出版。

许震宙著《种棉浅说》由江苏省立第一农业学校出版。

邹盛文编《园艺历》由上海新学会社出版。

刘大绅编，龚厥民增订《园艺学》由上海商务印书馆出版。

陆费执编《中等园艺学》由上海中华书局出版。

顾华孙编《中等蔬菜园艺学》由上海中华书局出版。

赵竞南著《中国茶业之研究》由北京银行月刊社出版。

沈纮译《果树栽培全书》由上海中华新教育社出版。

温文光、李良韬编著《实验新法传粉改良果品学》由世界书局出版。

［日］内田郁太著，新学会社编辑部译《实验葡萄栽培法》由上海新学会社出版。

童玉民编著《花卉园艺》由上海商务印书馆出版。

吴君瑜编《花卉盆栽法》由上海中华书局出版。

芮思娄著，康瀚译《学校苗圃概要》由金陵大学出版。

许心芸编《养猪法》由上海商务印书馆出版。

[日]武知彦荣著，周曜丞译《养鸽法》由上海新学会社出版。

朱新予著《夏秋蚕人工孵卵法》由上海新学会社出版。

王历农编《中等养蚕法》由上海中华书局出版。

钟心煊著《中国木本植物名录》（英文本）出版。

四　卒于是年的乡村建设工作者

张謇卒（1853—1926）。謇字季直，号啬庵，祖籍江苏常熟，生于江苏通州海门长乐镇。1885年顺天府乡试考中举人，1894年慈禧太后六十大寿辰设恩科会试，考中状元，授翰林院修撰。1904年被清政府授予三品官衔。1909年被推为江苏咨议局议长。1910年发起国会请愿活动。1911年任中央教育会长、江苏议会临时议会长、江苏两淮盐总理。曾自费组建30多人的测绘队，开始测绘淮河水系。1912年起草退位诏书，在南京政府成立后，任实业总长。1912年任北洋政府农商总长兼全国水利总长。1914年兼任全国水利局总裁。1916年建立第一所民办气象台。著有《张季子九录》《张謇函稿》《张謇日记》等。

周水平卒（1894—1926）。原名侃，号刚直，又名树平，江苏江阴人。1918年留学日本东京高等体育学校。1920年回国，任顾山县立第五高等小学教师，开办平民夜校。1925年加入中国共产党。后回家乡工作，曾发起组织佃户合作自救会，反对地主豪绅刻薄平民回赎田产而炮制的《钱洋折合法》。11月7日，在顾山沈舍里庙会向来自澄镇虞三县交界的农民发表演说，散发油印传单，号召参加佃户合作自救会，团结一致抗拒业主压迫，得到广大农民的热烈拥护。三县地主豪绅33人联合控告周水平。18日被江阴县署拘捕。在审讯中，他以国民党员身份，依据三民主义和"约法"，痛斥军阀政府的非法逮捕，自撰辩诉状、抗告文，要求无罪释放。国民党左派柳亚子等闻悉，转请江苏省长陈陶遗营救。1926年1月被孙传芳密令江阴县署斩决。1926年10月25日，毛泽东在《向导》周刊上以"润之"为名，发表题为《江浙农民的痛苦及其反抗运动》的文章，热情赞颂江苏农民运动先驱周水平的斗争事迹。张太雷在《人民周刊》发表《孙传芳又杀了一位革命先锋周侃》的文章，抨击孙传芳摧残革命志士的罪恶行径。中共顾山镇委员会和江阴市史志办公室编有

《农运先驱周水平》一书。

陈伯忠卒（1901—1926）。伯忠，又名新启，广东四会市人。1924年7月参加党在广州开办的第一届农民运动讲习所的学习。在此间认识彭湃、阮啸仙等农运领导人，并认真学习了农运的理论和经验。8月在农讲所结业，被委任为中央农民部特派员，回广宁、四会领导农民运动，并参与中共广宁、四会支部的领导工作。9月在江头乡成立农民协会。广宁县农民协会成立后，当选为县农民协会副委员长兼农民自卫军军长。1925年9月以中央农民部特派员和国民党四会县党部筹备委员的双重身份，在四会县开展工农运动，建立农民自卫军。1926年在四会迳口召集农民开会遭遇埋伏牺牲，新中国成立后被追认为革命烈士。

民国十六年　丁卯　1927年

一　乡村建设活动

1月1—10日，国民党湖北省第四次代表大会召开，会议通过《农民运动议决案》。

1月4日至2月5日，毛泽东在国民党湖南省党部监察委员戴述人等陪同下，实地考察了湘潭、湘乡、衡阳、醴陵、长沙5县的农民运动。1月5日到湘潭银田寺时，在农会会员欢迎会上作《打倒土豪劣绅，一切权力归农会》的重要讲话。2月12日到达武汉，开始撰写《湖南农民运动考察报告》。从3月5日开始，该报告在湖南省委机关报《战士》上连载，至4月3日刊完。

按：该报告分四部分，第一部分包括"农民问题的严重性""组织起来""打倒土豪劣绅，一切权力归农会"三方面；第二部分包括"糟得很和好得很""所谓'过分'问题""所谓'痞子运动'"三方面；第三部分以"革命先锋"为题；第四部分以"十四件大事"为题。报告贯穿了相信群众、依靠群众、发动群众的思想，成为中国共产党领导农民运动的理论指南。

按：周邦君说："毛泽东的《湖南农民运动考察报告》是马克思主义中国化孕育阶段富有特色的奠基之作。在动机上，它意在为农民运动辩诬，捍卫其正义性。在创作上，它源于作者对农民问题与国民革命本质联系的深入认识和他较早领导农民运动的具体实践。在文本上，其塔式结构与丰富内容相统一，使理论阐发既有美感又有力度。在思想上，它将无产阶级革命的基本理论与中国乡土社会的主要实际结合起来。它在表述上存在若干疏漏，但在总体上为开创马克思主义中国化道路作出了卓越的贡献。"[①]

[①] 周邦君：《〈湖南农民运动考察报告〉与马克思主义中国化》，《古今农业》2016年第4期。

1月5日，湖南省成立审判土豪劣绅特别法庭。

1月6日，广东省农民协会为扩大反英运动发表《扩大反英运动宣言》，揭露英帝国主义的侵华罪行。

1月16日，毛泽东、陈克文、周以栗等组成湘鄂赣农民运动讲习所筹备处，在筹备工作大体就绪时，国民党中央决定将湘鄂赣农民运动讲习所扩大为中国国民党中央农民运动讲习所。

1月23日，汉武善后委员会议决，组织打倒土豪劣绅委员会。

1月28日，中国共产党中央委员会发布《中国共产党对于时局宣言》，指出在高涨的革命形势中，许多省的农民也起来成立他们的争斗组织，和反动势力的地方劣绅斗争。

1月29日，国民党湖北省农民部部长张眉宣、国民党湖南省农民部部长李荣植、国民党江西省农民部部长王礼锡是日联名给国民党中央打报告，要求联合举办农民运动讲习所。

2月12日，湘鄂赣三省农运讲习所筹备会召开第四次会议，通过《三省农民运动讲习所章程》。

2月16日，毛泽东向中共中央写了《视察湖南农运给中央报告》。

是日，国民党中央农民部决定三省农民运动讲习所，改为中央农民运动讲习所，以毛泽东为主任。

2月17日，湖北省农民协会代表大会筹备委员会召开第二次筹备会议，由筹备委员会主任报告工作情况。

2月18日，国民革命军总政治部举行农民问题讨论会，邓演达任主席，聘请李达、毛泽东、恽代英、郭冠杰、陆沉、陈启修、施存统及湖北省党部农民部与汉口特别市党部农民部长为委员。主要讨论中国农民实际生活状况、中国农民在革命中所占之地位、国际农民运动及其生活状况、各国学者的对于农民运动之理论等问题。

2月20—28日，江西省第一次农民代表大会在南昌召开，正式成立江西省农民协会，推选方志敏为委员长。会议通过《江西第一次全省农民代表大会宣言及决议案》《惩办土豪劣绅决议》《采用农民自卫军组织大纲决议》《关于合作社决议案》《减轻田租决议案》《废除苛捐杂税决议案》《自卫军组织决议案》《农村妇女问题决议案》《肃清土匪问题决议案》《保护森林决议案》《改良雇农生活决议案》《统一农民协会组织决议案》《农村娱乐决议案》《严禁烟赌决议案》《整顿水利决议》等文件。

按：《关于合作社决议案》：一、对于各种合作社，向各农民尽力宣传，合作社底利益，热心奖励实行；二、请求政府以各地方底贮米及公款给与农民协会，作各种合作社底基金。

《关于减轻田租决议案》：一、自一九二七年，照国民党最近联席会议底决议案，一律将佃户底田租减少百分之二十五；二、在水旱虫灾等的凶年，一律免除田租；三、佃户于纳付规定的田租之外，将一切陋规——如押金、预金、酒肴等——一全行废除；四、地主不得任意收回租地，如有特别原因时，须得农民协会底同意。①

2月23日，毛泽东在国民革命军总政治部农民问题讨论会第二次常会上作《中国各地农民运动状况》的报告，提出急需继续开办农民运动讲习所，大力培育农运人才。

是月，萧楚女被聘为全国农民运动委员会委员。5月任第六届农民运动讲习所专任教员。

是月，国民党湖南省茶陵县党部在县城陈家祠创办茶陵县农民运动讲习所，名誉所长为陈应炳，主要负责人和教员有中共党员孙少朴、罗养真等，学员60余人，自编的教材有包括《中国民族革命运动史》《社会进化简史》《列宁主义概论》等5部分的《讲义》，并编印《茶陵农运讲习所周刊》1期。

3月1日，湖北省农民协会发表《第一次代表大会宣言》。

3月4—22日，湖北省农民协会第一次代表大会在武昌"红楼"前召开，蔡以忱为大会拟定了《告湖北农民书》。大会特聘邓演达、毛泽东、林祖涵、徐谦、孙科等为大会名誉主席，邓演达、毛泽东、董必武、蔡以忱等在会上发表了演讲。大会通过了扩大反英、土地、地租、农村雇工、县政问题、工农联合、农村公产、农民协会组织、农村合作社问题、查办土豪劣绅等35个决议案，成立了湖北省农民协会，选举邓演达、蔡以忱等17人为省农会执行委员。

按：《湖北省农民协会召集第一次全省代表大会宣言》说：这次代表大会有三个最重大的意义，第一，正式成立省农民协会，使我们的组织更

---

① 魏宏运：《中国现代史资料选编（2）第一次国内革命战争时期》，黑龙江人民出版社1981年版，第458页。

加严密统一,使我们的力量更加伟大;第二,审查我们过去的工作,哪些是做的对的,哪些是做的不对的,作为我们以后工作的教训;第三,确定我们目前的责任,统一我们进行的计划。在革命怒潮中,湖北农民准备着做国民革命运动的总预备队,我们农民组织的严密与扩大,将使帝国主义封建军阀的基础日益摧毁,促国民革命的迅速成功!本会为了革命环境的要求,农民运动的发展,所以决定召集有组织的湖北农民,来讨论我们最重大的问题,这次大会,是湖北农民解放的新纪元;国民革命运动中,将增加更伟大的力量!①

3月7日,中央农民运动讲习所在武昌开学,由毛泽东实际主持工作。中央农民运动讲习所的宗旨是:"养成深明党义之农民运动实际工作人员。"讲习所的任务是造就一批领导农民革命的人才。制订有《中央农民运动讲习所章程》和《中央农民运动讲习所规约》,发表《中央农民运动讲习所开学宣言》。

按:《中央农民运动讲习所开学宣言》说:同志们,同胞们:我们中央农民运动讲习所,当这继续二次北伐的革命的高潮中,举行开学典礼,这实在有非常的意义,其意义之重大,简直等于二次北伐誓师。因为国民革命的目的:是打倒外国帝国主义,及铲除国内封建政治势力,所谓封建势力,即军阀及地主阶级土豪劣绅。我们晓得军阀及土豪劣绅就是帝国主义的两只手,帝国主义有了这两只手,就可尽量的销售洋货,贱价收买原料,以剥削中国广大的农民群众。那么广大的农民群众不能起来,形成一个伟大的斗争力量,则中国革命是不可能的。换言之,不号召广大的农民群众起来,实行农村革命,帝国主义在中国的基础,不能铲除。所以农民问题成为国民革命的中心问题,成了大家不能忽视的革命问题。农民问题之重大,到现在是没有哪一个有勇气敢来否认。谁反对农民运动,谁就是反革命。所以中国国民党为了农民问题,要肃清党内与帝国主义军队妥协的破坏农工政策的右倾分子。为了解决农民问题,要继续二次北伐,扩大农村革命。中央农民运动讲习所的使命,是要训练一般能领导农村革命的人才出来,对于农民问题有深切的认识,详细的研究,正确解决的方法,更锻炼着有农运的决心。几个月后,都跑到乡间,号召广大的农民群众起

---

① 于建嵘主编:《中国农民问题研究资料汇编》(第1卷 1912—1949 上),中国农业出版社2007年版,第195—196页。

来，实行农村革命，推翻封建势力。中央农民运动讲习所可以说是农民革命大本营。今天的开学，可以说是我们的誓师，我们从今天起，决为农民奋斗而牺牲，除了农民运动，没有第二条路走，可是这种重大的工作，这种重大的运动，一切革命民众都负有责任，都与有关系。我们在这奋斗的途中，谨盼望各界革命民众，予以诚恳的指导。①

3月8日，安徽各县农民代表举行省农民协会筹备处成立大会，选举薛卓汉为委员长，张从吾为副委员长。会后致电中央农民部报告，并请备案，农民部复电勉励。

3月10—17日，中国国民党第二届三中全会在汉口召开，毛泽东以国民党候补中央执行委员身份出席会议。会议选举邓演达为中央农民部长，通过《湖北省惩治土豪劣绅条例》《审判土豪劣绅委员会组织条例》。

3月13日，毛泽东、邓演达、陈克文向国民党二届三中全会提交《土地问题案》（后改为《农民问题案》）。

是日，中共湖南区委发表《对湖南农民运动宣言》，严厉批驳对农民运动的污蔑和怀疑的言论。

是日至19日，广东省农民协会第二次扩大会议在广州召开，会议听取了组织问题报告、策略问题报告、人民武装问题报告、减租运动报告、农民要求报告、农民自卫军报告、农民童子团报告等，通过了筹备全国农民协会案、5月1日召开第三次全省农民代表大会案、建立农民运动烈士纪念碑案、加入中国济难会案等多个议案。

3月15日，陶行知创办的晓庄试验乡村师范学校开学，开创了中国现代教育史上民办学校的新里程。

3月16日，中国国民党第二届第三次中央全会通过《关于农民问题决议案》和《对全国农民宣言》，并于19日公布。

按：《对全国农民宣言》说：经济落后半殖民地的中国国民生活的大部分还是农业，人口百分之八十以上是农民。中国农民受了帝国主义军阀地主阶级三重剥削，其困苦达于极点，自求解放之心，十分迫切，因此中国国民革命最大部分的目标，在于使农民得到解放，农民如不得到解放，国民革命断不能底于完成。中国国民党为领导国民革命之最大政党，负有

---

① 于建嵘主编：《中国农民问题研究资料汇编》（第1卷 1912—1949 上），中国农业出版社2007年版，第41—42页。

完成国民革命之使命。民国十三年一月，本党改组时，第一次全国代表大会曾发布宣言，对于农民问题，特加注意。民国十五年一月，第二次全国代表大会，又议决对于农民运动的纲要。同年十月中央各省联席会议，发布新政纲，关于拥护农民利益者二十二条。三年以来，本党党员从事农民运动，组织农民协会，引导广大的农民群众为拥护自身利益参加国民革命，组织之广，几遍全国。使革命风潮特别扩大，革命进行特别顺利。这都是因为农民受痛苦最深，求解放最切，而本党适能拥护其利益，扩大其组织，领导其行动，才有这样的结果。

最近各地农民起来的形势，至为迅猛。特别是湘鄂赣三省，短期间内，有极大的发展。长江下游及北方各省，以北伐军的进展，农民必定迅速地起来，成为拥护革命的主要力量。农民参加革命的第一个行动，除参与战争，扶助革命军得到胜利外，就是打倒土豪劣绅，推翻封建地主阶级在乡村的特权。这个封建地主阶级，乃直接剥削农民最厉害的一个特殊阶级，一切帝国主义军阀贪官污吏对于农民的剥削，都凭附这个特殊阶级才能达到目的。故封建地主阶级乃帝国主义、军阀、贪官污吏及一切反革命派之真实的基础，不推翻这个特殊阶级权力，则帝国主义、军阀、贪官污吏及一切反革命派，虽有形式上之破败，其使之存在的实质并未消灭，时常有使革命改变性质之可能。在农民方面，几千年来被统治于封建地主政权之下，不推翻封建地主在乡村的政权，则一切经济争斗，如减租减息等等，简直无从说起。因此革命的要求需要一个农村的大变动；每一个农村里都必须有一个大大的变革，使土豪劣绅、不法地主及一切反革命派之活动，在农民威力之下，完全消灭；使农村政权从土豪劣绅、不法地主及一切反革命派手中移转到农民的手中，在乡村中建设农民领导的民主的乡村自治机关。这是完成民主政治的唯一道路，本党具有最大之决心，将领导此种争斗，使得到最后的胜利。[①]

3月16—21日，中央农民运动讲习所在武昌举行河南全省武装农民代表大会，来自45个县的69名代表和中央农讲所800余人参加大会，毛泽东、陆沉、陈克文、李立三等到会并讲话，毛泽东作了《湖南农民运动》的报告。会议通过了《河南全省武装农民代表大会宣言》，制定了

---

① 于建嵘主编：《中国农民问题研究资料汇编》（第1卷1912—1949 上），中国农业出版社2007年版，第170—173页。

《发展河南农民协会组织案》及《河南省农民自卫军组织大纲》。

3月19日,国民革命军总政治部农民问题讨论委员会召开第四次常会,通过决定,将本委员会定名为农民问题讨论委员会,主要讨论对象为农民问题的理论、农民实际生活状况及其他相关的材料、农民运动的策略等。

3月27日,国民党中央农民部农民运动委员会扩大会议将筹建全国农民协会列入农民部工作计划。次日,毛泽东、陈克文与湖南、广东、江西省农协代表和河南省农民自卫军代表聚会,决定30日召开联席会议,成立中华全国农民协会临时执行委员会,推举毛泽东、邓演达、彭湃、方志敏、易礼容、陆沉、孙科、谭延闿、谭平山、张发奎等13人为委员,毛泽东、谭延闿、邓演达、谭平山、陆沉等为常委。4月9日,中华全国农民协会临时执行委员会正式成立,发表就职通电,制定了《今后农运规则》。

按:皮明庥说:"全国农协首先制定了《今后农运规则》,对发展各地农会、扩大农民武装、建立农村革命政权和解决土地问题,作了部署。南方各省的农民运动就是根据全国农协的部署,更加迅猛地开展起来的。"[①]

是日,陕西省农民协会筹备处成立,共产党人王尚德为负责人。

是月,毛泽东发表《湖南农民运动考察报告》,批驳了党内外怀疑和指责农民运动的论调,总结了湖南农民运动的丰富经验,提出了解决中国民主革命的中心问题,即农民问题的理论和政策,阐述了共产党领导农民进行革命斗争的重要性和基本方针。

是月,湖北省政府发布《审判土豪劣绅委员会暂行条例》。

4月1日,湖南省审判土豪劣绅特别法庭委员谢觉哉、易礼容、戴述人、吴鸿骞、冯天柱等在省政府就职,推举吴鸿骞为常务委员。

是日,湖北省农民自卫军养成所在武昌开学,训练农民自卫军干部,训练时间为3个月。

是日,湖南省长沙县农民协会第二次代表大会召开,推举徐特立、郭亮、彭公达等为顾问,彭公达在会上报告了湖南农民运动情况。

4月2日,国民党武汉中央土地委员会正式成立,委员有邓演达、徐

---

① 皮明庥:《武汉革命史迹要览》,湖北人民出版社1981年版,第100页。

谦、顾孟余、毛泽东、谭平山。土地委员会成立后，在四、五月间连续召开多次扩大会议，主要讨论毛泽东起草的《解决土地问题之纲领决议案》《解决土地问题决议案》《解决土地问题之意义决议案》《农民政权与解决土地问题决议案》《佃农保护法决议案》《革命军人土地保障条例决议案》《处分逆产条例决议案》等关于土地问题的7项决议案。

按：邓演达在国民党土地委员会第一次会议上发表讲话，他说：我们现在受中央重大的委托，便是应如何去解决农民问题尤以土地问题为中心，即我们最大的任务要设法解决土地问题。土地问题有待解决，不自现在始，数千年来已经存在了。历史告诉我们，农民要解决的大问题，即土地问题。不过土地问题到现在更重要了，现在的除了解决土地问题的要求外还有新的要求，土地问题若果不能解决，我们可以说革命必不能成功。①

4月4日，中央农民运动讲习所在武昌举行开学典礼，全国17省的739名学员参加开学典礼。邓演达主持，周以栗报告该所成立经过，谭平山、彭湃、邓初民、彭泽民、高语罕及法国代表多理越、英国工人代表汤姆、美国工人代表白诺德、苏联女士戈尔登等相继发表演说。

4月5日，湖南省审判土豪劣绅特别法庭判决枪毙有名土豪劣绅、主谋杀害黄爱和庞人诠的要犯李佑文。

4月9日，全国农民协会临时执行委员会在武汉成立，是日通电正式就职，推举邓演达为宣传部长，毛泽东为组织部长，彭湃为秘书长。

4月10日，国民党湖南省党部发表《告全省农民书》，提出农民运动的目的不仅要打倒土豪劣绅，而且要打倒土豪劣绅地主所赖以生存的封建制度；不仅要减租减息，而且要解决土地问题。

4月12日，蒋介石在上海发动反革命政变，捕杀工人和共产党员。随后广东、江西、浙江等省也发生反革命的大屠杀，大批工人农民遇害。

4月17日，河南信阳第一次农民代表大会召开。

4月18日，蒋介石在南京成立国民政府，与武汉国民政府相对立。

4月19日，邓演达、毛泽东在国民党土地委员会第一次扩大会议上发表讲话。

---

① 曾宪林、万云主编：《邓演达历史资料》，华中理工大学出版社1988年版，第96—97页。

按：毛泽东说："如何解决土地问题，即没收土地有何标准，如何分配土地，此点实为（土地）问题的中心问题。……解决土地问题的意义有：（一）使农民得解放，废除地主及一切压迫阶级的剥削和压迫，实为本题的主要意义。（二）土地问题不解决，经济落后的国家不能增加生产力，不能解决农民的生活痛苦，不能改良土地。……土地问题不解决，农民无力改良土地，生产必至日减。故第二个意义为增加生产。（三）保护革命。革命势力目前虽见发展，但亦即到了一个危机，此后非有一支生力军必归失败。要增加生力军保护革命，非解决土地问题不可。其作用，在解决土地问题后即能够解决财政问题及兵士问题。兵士能否永久参加革命，亦即在土地问题解决。因农民要保护他们的土地，必勇敢作战。这三点是解决土地问题的重要意义。……现在关于解决土地问题的意义可再加三项：（一）废除封建制度；（二）发展中国工业；（三）提高文化。"[1]

4月20日，邓演达在国民党土地委员会第二次扩大会议上发表讲话。

4月20日，中共中央发布《中国共产党为蒋介石屠杀革命民众宣言》，认为"民族主义的中国必须建设一个革命的民主主义的政权，这个意思就是国民革命应该首先是一个农民革命""中国人口80%是农民，若不经过农民革命，革命的民主主义的政权是不能够建设的""农民革命是与国民革命不可分的，……所以国民革命再向前进发展便需要一个农民革命，这种事实已经是很明显的"[2]。

是日，中共中央召开全会，决定成立农民土地委员会。

4月22日，邓演达在国民党土地委员会第三次扩大会议上发表讲话。

4月27日至5月9日，中国共产党第五次全国代表大会在武汉召开，会议通过《中国共产党接受共产国际第七次大会关于中国问题决议案之决议》《政治形势与党的任务议决案》《对于土地问题决议案》《职工运动议决案》及《中国共产党第五次大会宣言》。

按：《对于土地问题决议案》说：中国农民占全国人口的绝大多数，没有他们自动的自觉地来参加，国民革命是决不会成功的。农民的精力，必能贡献于国民革命，如果农民的剥削机关能彻底解除。农民革命——打破封建制度——是建立民权制度的革命所不能离的。……中国共产党第五

---

[1] 毛泽东：《毛泽东选集》第1卷，人民出版社1993年版，第42—44页。
[2] 高熙：《中国农民运动纪事1921—1927》，求实出版社1988年版，第231页。

次大会以为必须要在平均享用地权的原则之下，彻底将土地再行分配，方能使土地问题解决，欲实现此步骤必须土地国有。共产党将领导农民从事于平均地权的斗争。向着土地国有、取消土地私有制度的方向，而努力进行。土地国有确系共产党对于农民问题的党纲上的基本原则。

中国共产党第五次大会决议在目前的革命阶段中，为农民问题之解决，须要以下的策略：（一）没收一切所谓公有的田地以及祠堂、学校、寺庙、外国教堂及农业公司的土地，交诸耕种的农民，此等没收的土地之管理，应付诸土地委员会。此等土地的管理形式，是否采取公有制度或分配于耕种者的农民，皆由土地委员会决定之。（二）（甲）无代价的没收地主租与农民的土地，经过土地委员会，将此等土地交诸耕种的农民。（乙）属于小地主的土地不没收。（丙）革命军人现时已有的土地可不没收。（丁）革命军兵士中没有土地者，于革命战役完终后，可领得土地耕种。（三）耕种已没收的土地之农民，除缴纳累进的地税于政府外，不纳任何杂税。未没收的土地之租率，应减至与累进的田税相当的程度。耕种未没收的土地之农民，只缴纳确定的佃租，不纳其他杂税，并永久享有租佃权。（四）取消地主绅士所有的一切政权及权利。建立农民的乡村自治政府，对农村各被压迫阶级所组织的乡民会议负责。农民协会并当参加民权的县政府之创造。（五）解除乡村中反动势力的武装。组织农民自卫军，保障自治政府及革命的胜利。（六）建立国家农业银行及农民的消费、生产、信用合作社，改良水利。（七）取消重利债务的利息。限制重利盘剥，规定最高限度的利率。①

4月29日，国民党中央农民部、全国农协临时执委会、国民革命军总政治部联合组成"战区农民运动委员会"，毛泽东为该委员会常委之一。

4月30日，在中共东江特委领导下，广东海陆丰工农群众举行第一次武装起义，建立了革命政权，但存在10天就失败了。

5月6日，邓演达在国民党土地委员会第六次扩大会议上发表讲话。

5月7日，河南省农民自卫军政治军事特别训练所在信阳开学，98名学生参加训练。

---

① 本书编委会主编：《中国共产党历届代表大会全记录——"一大"到"十七大"》，中共党史出版社2007年版，第205—208页。

民国十六年　丁卯　1927 年　　219

5月9日，国民政府公布《佃农保护法》共10条。

5月13日，湖南省召开县市特别区党部党部联合会议，讨论农民运动土地问题，林祖涵有《关于湖南的土地问题》的报告。

5月14日，中共中央政治局常委研究决定改组中共中央农民运动委员会，由谭平山、毛泽东、周以栗、瞿秋白、任旭、罗绮园、阮啸仙、蔡以忱、陆沉等9人组成新农委，谭平山为中共中央农民部长，任旭为秘书。

5月20日，武汉国民政府发布《关于保护善绅的命令》。

按：命令说："本党所提倡之农民运动，在使农民脱离多年之压迫，而改良其生活。土豪劣绅……其有借端扰乱破坏公共秩序以快意者，既有损于革命之利益，即无异反革命，应由各地党部随时制裁，是为至要。此令。"①

是日，武汉国民党发布《关于纠正工农运动及保护工商业者令》。

5月21日，国民党反动军官许克祥在湖南长沙发动反革命政变，袭击湖南省总工会、省农民协会及其他革命组织，捕杀共产党人和革命群众，史称"马日事变"。

5月22日，国民党中央农民部召开东南各省农民运动代表联席会议，陈克文为主席。

5月24日，武汉国民政府发布《保护军人田产令》。

5月25日，中共中央政治局通过《对于湖南工农运动的态度》的决议，对迅速发展中的湖南工农运动采取了限制的政策。

5月26日，武汉国民政府农政部发表布告，谓农民占全国人口之最大多数，国民革命主要目的之一，在于扶助农民，以求解放。

5月29日，中国国民党江西省第三次全省代表大会在南昌召开，会议通过《关于农民运动决议案》等文件。

5月30日，中华全国农民协会临时执行委员会以常务委员谭平山、谭延闿、邓演达、毛泽东、陆沉的名义，发出《全国农协对湘鄂赣三省农协重要训令》，强调农民武装问题。

是日，国民党中央农民部为"五卅"二周年纪念发出《中央农民部

---

①　湖北政法史志编纂委员会编：《武汉国共联合政府法制文献选编》，农村读物出版社1987年版，第184页。

宣传大纲》。

是月，中共中央宣传委员会在武汉召开关于湖南农民运动等问题的讨论会，由蔡和森主持，陈独秀、瞿秋白、施存统、彭述之、毛泽东等人参加。

是月，毛泽东调中央农讲所学员 200 多人开赴 MA 城，配合武汉政府派出的一营军队，镇压地主武装民团和红枪会叛乱，支持农民运动。

6 月 1 日，中共中央政治局通过在国民政府治下的《农民运动策略大纲》12 条，并以中央通告农字第 5 号发至各省委及各级农民协会党团。

是日至 8 日，陕西省召开全陕第一次农民代表大会，宣告陕西省农民协会在西安成立，选举共产党员王授金为委员长。会议通过了《陕西省农民协会成立宣言》及《政治报告决议案》《会务总报告决议案》《组织审判土豪劣绅特别法庭决议案》等共 26 个决议案。

是日，武汉革命政府夏令解散湖北黄冈、黄陂县党部及县农民协会，并下令通缉黄冈、黄陂县党部及农民协会的全体执行委员。

6 月 2 日，国民党中央执行委员会扩大会议决定停止湖南省党部、省工行、省农民协会的工作。

6 月 4 日，中共中央发表《中国共产党告全国农民群众》书，认为湖南农民是整个农民运动的先锋。

是日，中共中央决定，由任旭担任全国农民协会临时党团书记。

6 月 5 日，国民政府发布《实业部组织法》，实业部管辖全国农工商水利森林垦殖渔牧等实业及其设计组织管理，并监督指导事项。

6 月 6 日，中共中央、中央农民部发出关于纠正农民无组织行动的农字第 7 号通告，要求各地迅速制止农民运动中的无组织行为。这个通告，反映了中国共产党内以陈独秀为代表的右倾机会主义者压制农民运动的错误政策。

6 月 7 日，全国农民协会临时执行委员会分别致函国民党中央党部和国民政府农政部，促其拟具乡村自治条例，早日颁布。

6 月 8 日，国民党中央农民部举行第八次部务会议，陈克文报告农民运动情况。

6 月 12 日，湖北省农民协会发出加强纪律的通告。

6 月 13 日，全国农协发布由毛泽东、谭平山、邓演达、谭延闿、陆沉 5 个常委署名的第 4 号训令——《最近之训令》。

按：训令说：农民运动，过去因为发展甚速，组织上未能健全，加以土豪劣绅猛力反攻，遂使乡村斗争日趋急剧；上级机关之指导偶有不周，即不免发生无组织之行动。已经本会临字第一号训令及第二号训令明令各级农民协会，极力纠正，务使各地农民，俱在农民协会指挥之下，有组织有计划的继续与一切土豪劣绅反动封建势力斗争，以尽我农民在革命过程中推翻帝国主义剥削中国乡村的经济基础，及军阀统治的政治基础之职责；并指出各地农民目前的斗争目标，应为建立乡村自治而奋斗。[①]

6月14日，中共中央和中共中央农民部发出阐明农运政策的《中央通告农字第八号——农运策略的说明》，提出在乡村建立联合战线的主张；其中附有中共五大前中央农委对于农村政权问题的决议案，强调农民运动现在已经到了为建立农民政权而斗争的时期，农民政权应当由贫农与中农掌握，但贫农应当是这个政权的领导者，否则农民政权不能巩固。

6月15日，中共广东特委发出《组织农民进行各种破坏工作》的通告（第3号）。

按：通告附有《广东各县破坏工作纲领》：（1）抗缴一切捐税，破坏各种捐税机关，截劫解征钱粮。（2）焚烧或抢劫银行及财政机关，扰乱金融。（3）没收军阀、贪官污吏、买办、土豪劣绅、大地主租谷。（4）毁坏军阀、贪官污吏、买办、土豪劣绅、大地主土地经经界。（5）毁坏铁路电报及堵塞河道交通。（6）抢掠各江轮渡。（7）焚烧兵房军事机关及土豪劣绅附逆首要屋宇。（8）夺取反动军警、土豪劣绅、地主武装。（9）暗杀军事行政税收官员附逆首要及农会工会改组委员。（10）煽动兵士挟械私逃，运动军队倒戈。[②]

6月24日，中共中央决定组织新的湖南省委，毛泽东任临时省委书记。7月初奉调回武汉，参加中共中央常委扩大会议。在会议通过的《目前农民运动的总策略》中，采纳了毛泽东"上山"主张，为以后发动秋收起义，建立农村根据地奠定了思想理论基础。

6月29日，中共湖南宁乡县委组织领导全县农民自卫军举行武装起义，占领宁乡西部的沩山，与国民党何健部的陈炳谦团相持战斗了近两个

[①] 于建嵘主编：《中国农民问题研究资料汇编》（第1卷 1912—1949 上），中国农业出版社2007年版，第196页。

[②] 中央档案馆：《广东革命历史文件汇集 1927（甲）》，中央档案馆1982年版，第2—3页。

月后终归失败。

6月30日，第四次全国劳动大会在汉口召开，李立三致开幕词。会议讨论的议题有巩固各地工会之联络，使工会之组织巩固而有力；保护产业；保护手工业者；救济失业者；巩固农民之团结；打倒反革命的法西斯主义；充实农工阶级之教育等。

按：李立三说：此次大会意义，约有四点：（一）自蒋介石叛变，大资产阶级脱离革命战线后，革命到了一个新的时期。此时期大资产阶级想消灭革命势力，以成为大资产阶级的革命。我们为着保障革命，应该更努力扩大我们的组织，强固我们的组织。（二）我们要团结我们的同盟军小资产阶级与农人。要团结小资产阶级与农人，必须注意彼此的利益。（三）在国民政府统治外，农工被屠杀者，不知凡几。就是湖南亦有许多被害的。我们对此应一致反抗，并要求国民政府立刻实行其农工政策。（四）实现农工政策，不是工人能单独做到的。现在农民已起来，我们应联合农民，方能实现农工政策。联合农民，便要拥护农民，打倒封建制度的基础，解决农民土地问题，因为这是农民的迫切要求。①

是月，中华全国农协临时执行委员会常务委员谭延闿、谭平山、邓演达、毛泽东、陆沉联名发表《全国农协对于农运之新规划》。

按：新规划说："中国农民运动，已进到一个新时期，必须采取新政策，更能顺利执行起见，再指出下列五事，务望各省农民协会，并转各级农民协会，切实遵照办理。（一）注意强固组织严肃纪律。各级农民协会，过去因为发展甚速，难免不有土豪劣绅等不良分子乘机混入，以遂其破坏农民运动之企图。他们每每假借农民协会名义，作出种种妨害大多数农民利益及农民协会名誉之事实，现欲改正此种不良事件，必须多数农民积极参加各级农民协会，各乡区农民协会更当尽可能地随时召集代表大会，审查过去工作，监督会员行动。如有不良分子发现，必须立即执行革命纪律，予以严厉制裁，并为执行新政策起见，各级农民协会，应即日召集代表大会，增选新职员，增加新的指导工作人员。同时使耕田的贫农、佃农、雇民及自耕农，成为农民协会之坚固的社会础础。（二）注意革命同盟者的利益。农村中的小商人为流通金融之主要分子，并与农民同立于

---

① 于建嵘主编：《中国农民问题研究资料汇编》（第1卷1912—1949下），中国农业出版社2007年版，第724页。

被压迫的地位,农民协会应即领导农民,与之建立亲切的革命联盟。……(三)注意改良乡村旧习惯之步骤。乡间禁酒席,禁斋果香烛,反对一切迷信及宗法社会之旧习;改良乡间妇女之地位等运动,因为打破封建社会恶习之必要的行为,但必经过长时间的宣传,使一般民众俱能了解,社会文化上已提高,方可行之而无碍。倘必操切从事,则不惟得不到良好效果,及使反动分子利用落后思想,造谣煽惑,向进步的农民运动进攻,以破坏乡村的革命联盟。(四)开始乡村建设事业。乡村自治机关之建立,为镇压反动封建势力,巩固农民已得胜利,消灭乡村无政府状态而使农民运动适应于革命新环境之重要工作。已由本会呈请国民政府早日颁布乡村自治条例,各级农民协会,应即联络乡村革命平民,努力进行,务于最短期间,使乡村自治机关,完全建立起来。农民银行,生产合作社,消费合作社,及其他建设事业,各级农民协会,亦应与其他革命平民,共事建设。(五)加紧宣工作。农民运动一有相当发展,土豪劣绅等及封建势力,除一面集中力量,残杀农民外,一面复收买走狗,捏词诬陷,造谣煽惑。贫苦农民,初得相当自由,对于组织协会,既无经验,幼稚行动,万难全免。土豪劣绅更复小题大做,以耸听闻,夏逆叛变以后,其行动尤为猖獗。各级农民协会,过去对于宣传工作,非常懈怠,土豪劣绅颠倒是非淆乱黑白之宣传,遂得以充满于乡村城市,甚至革命同志,亦受其影响而怀疑农民运动。以后各级农民协会,不但要切实将贫苦农民受土豪劣压迫摧残之事实,充分呈露于革命同志革命民众之前,用以解除土豪劣绅进攻农民最大之武器,并真实地将农民运动详细情形,尽量发展出来,使上级农协得以随时指导其工作,纠正其错误。对于本会临字第一号训令,更须作一度很普遍的宣传,使一般农民俱能彻底明了农民运动的新方向,而积极按照本会所示径途,努力工作。①

是月,中共中央、中央农民部发出关于农运策略的《中央通告农字第五号》,要求各省委、各农民部、农民协会党团切实执行中央政治局6月1日会议通过的国民政府下农民运动之策略大纲。

是月,邓演达在湖北省农民协会扩大会议上发表《农民运动最近的策略》的讲话。

---

① 中共广东省委党史资料征集委员会等编:《谭平山研究史料》,广东人民出版社1989年版,第71—74页。

按：邓演达说："农民运动，就是革命运动，是要解放农民的，决不是像蒋介石利用农民，好得到自己的政治地位的。农民要得到解放，一定要注意联合战线，要使佃农、雇农、自耕农都站在一条战线上，去反抗土豪劣绅大地主。"①

是月，《中国农民》在汉口复刊，第2卷第1期为"土地问题"专号。

7月4日，中共中央常委扩大会议在武汉召开，会议主要讨论湖南武装起义计划取消后的善后问题。陈独秀主张将农民协会会员以及工农自卫武装放到武汉政府的武装中去，毛泽东等则主张我党应独立控制自己的武装力量，提出农民武装可以"上山"，但毛泽东的主张未得到重视。

7月6日，中华全国农民协会发出讨蒋通电。

7月13日，中共中央发布《中国共产党中央委员会对时局的宣言》，谴责武汉革命中央和国民政府的放任和帮助反动军队摧残工农运动的反动行径，决定撤回参加国民政府的共产党员。

按：宣言表示："中国共产党将继续解放农民之斗争；地主的田地无代价的交与耕种的农民，保护小田主的土地享有权，不没收的田地当实行极大限度的减租，废除苛捐杂税陋规苛约，改良雇农之待遇增加其工资，解除豪绅地主贪官污吏之武装推翻其政权，力争农民武装自卫之权，建立乡村自治，限制高利盘剥，设立农民合作社，要求国家以充分的经济扶助农业，并实行拨款借贷予农民。"②

7月15日，国民党中央执行委员会第22次扩大会议，同意邓演达辞去总政治部主任和中央农民部部长职务，由陈克文代理农民部部长。汪精卫在武汉公开叛变革命，国共合作破裂，第一次大革命最后失败，轰轰烈烈的农民运动也随之归于失败。

7月16日，武汉国民党中央发出所谓《保护共产党员个人身体自由之训令》和所谓《保护农工之训令》。名为保护，实质是向共产党和共产党镇导的工农运动正式下了镇压与摧残的动员令。

7月20日，中共中央发出农字第9号通告《目前农民运动总策略》，指出目前农民运动的总策略，就是开展土地革命，推翻地主政权，建立农

---

① 曾宪林、万云主编：《邓演达历史资料》，华中理工大学出版社1988年版，第132—133页。

② 高熙：《中国农民运动纪事1921—1927》，求实出版社1988年版，第264—265页。

民政权和农民武装。中国共产党的农民运动政策从此发生急剧变化。

8月3日，中共中央制定《关于湘鄂粤赣四省农民秋收暴动大纲》，暴动的战略是："以农会为中心，号召一切接近农民的社会力量……于其周围，实行暴动。""夺取一切政权于农民协会歼灭土豪劣绅及一切反革命派，并没收其财产。"随后的"八七"会议确认并通过了这个大纲。

8月7日，中共中央在汉口召开紧急会议，会议确定了实行土地革命和武装反抗国民党反动派的总方针，纠正并结束了陈独秀的右倾投降主义路线，会议通过了《最近农民斗争的决议案》等文件，该决议案提出把原来没收大地主土地的政策改为没收大中地主的土地，对小地主减租。在《中共"八七"会议告全党党员书》中，明确指出"土地革命问题是中国的资产阶级民权革命中的中心问题""是中国革命新阶段主要的社会经济的内容"。

按：《告全党党员书·中国共产党与土地革命》说："土地革命问题是中国的资产阶级民权革命中的中心问题；共产国际特别说明这一问题不止一次了。这许多时候，共产国际曾经给我们中国党明显清楚的指示，指示解决土地问题的方法；共产国际执行委员会第八次全体会议的决议，亦就是继续以前的指示。这一决议说，'要引群众来斗争，只有在农村中依据土地革命，在城市中依据工人阶级需要之满足及其政治权利的保障；坚决取消富豪的田租，分配土地，没收地主、寺院、官僚等一切土地；取消贫农所欠重利盘剥者的债务，禁止苛约，坚决的要求减税，而使富人多负税捐的责任，这些要求应当实行之于全国，首先是武汉政府领域之内。这些要求应当可以引起群众反对地主及背叛革命的资产阶级，并反抗北方军阀。'土地革命，其中包含没收土地及土地国有——这是中国革命新阶段的主要的社会经济之内容。现时主要的是要用'平民式'的革命手段来解决土地问题，几千百万农民自己自下而上的解决土地问题，而共产党则应当做这一运动的领袖，而领导这一运动，并且共产党应当在政府中实行一种政策，使政府自己赞助土地革命之发展的政策。只有如此，方能将现时的政府变成工农运动的组织上、政治上的中心，变成工农独裁的机关。"[1]

---

[1] 于建嵘主编：《中国农民问题研究资料汇编》（第1卷1912—1949下），中国农业出版社2007年版，第527页。

8月18日，改组后的中共湖南省委举行第一次会议，制定秋收起义计划，并讨论如何解决农民土地问题。

8月24日，武汉国民政府与南京国民政府正式合流。

8月30日，中共湖南省委常委会会议决定成立中共湖南省委前敌委员会，以毛泽东为书记，领导秋收起义。

9月7日，中共东江特委领导海陆丰农民起义。

9月8日，中共鄂南特委领导鄂南农民起义，由于敌众我寡，起义很快陷于失败。

9月9日，以毛泽东为书记的中共前敌委员会领导工农革命军第一军第一师发动湘赣边界秋收起义。在攻打长沙失利后，转向湘赣边界的井冈山，建立第一个农村革命根据地，开始了农村包围城市，武装夺取政权的革命道路的探索。

9月10日，中共鄂中特委和鄂西特委领导洪湖地区农民起义。

9月16日，广东海陆丰农民自卫军举行第二次武装起义，攻入海陆丰县城，恢复建立了革命政权，但只存在9天。

9月19日，中共中央政治局在武汉召开会议，通过《关于"左派国民党"及苏维埃口号问题决议案》，其中提出在农村，一切政权属于农民协会。

9月29日，毛泽东领导的秋收起义部队到达江西永新县三湾村，为改造这支以农民为主体的革命队伍，进行了著名的"三湾改编"，确定了"党指挥枪"的原则，把党支部建在连上，加强了共产党对军队的绝对领导，以保证用无产阶级思想指导农民革命。

10月3日，中共江西九江特委、星子县委领导星子县农民起义。

10月15日，中共中央南方局和广东省委在香港召开联席会议，张太雷在会上作《"八一"事件之经过、失败原因及其出路》的报告，会议通过《最近工作纲领》及宣传问题、工运问题、农民问题等各种决议案。

是日，中共陕北军事委员会领导陕西清涧农民举行武装起义。

10月18日，中共顺直省委领导河北玉田农民举行武装起义。

10月24日，中共满洲省临委成立。面临东北的形势，省临委认真地分析了农村各阶级的状况，提出了农运工作的方针。在满洲省临委成立大会上，通过了《满洲农民运动决议案》，明确提出"组织农民协会，乡村一切政权归农民协会"，要求各地党组织立即组织健全的农民运动委员会，系指导农民运动之责。

10月26日，中共确山县委和杨靖宇总指挥等领导河南确山农民起义，成立确山县革命委员会和确山农民革命军。

10月28日，中共广东省委发出《关于农民运动工作大纲》，认为农运工作必须有新的改变，纠正改良主义的错误。

10月30日，广东海丰、陆丰农民自卫军举行第三次武装起义，占领海丰、陆丰，成立海陆丰苏维埃政权，并颁布施政纲领，彭湃为政府主席。

是月，毛泽东在井冈山建立农村革命根据地，发动群众打土豪，分财物，筹款子，尤其要巩固和发展地方农民自卫军。

是月，中共琼崖特委在海南岛领导发动农民武装起义。

11月1日，中共江苏省委领导宜兴农民起义和无锡农民起义。

11月7日，中共赣西特委和万安县为领导万安农军暴动，曾4次攻打万安县城，并一度攻占泰和县城。

11月9—10日，中共中央临时政治局扩大会议在上海召开，会议在瞿秋白主持下，通过了《中国现状与共产党的任务决议案》《关于土地问题党纲草案的决议》《职工运动决议案》等。

按：中共中央临时政局扩大会议《关于土地问题党纲草案的决议》后面附有《中国共产党土地问题党纲草案》，其中说：中国共产党认为，只有农民最剧烈的阶级斗争能够消灭劳动民众敌人的经济政治上的权力。中国共产党认为，只有用最"民众式"的阶级斗争的方法，才能完成土地革命，才能真正实行革命的变革土地制度，组织乡村中的农民代表会议政权，建立全国的苏维埃政府。在这一斗争之中，苦力和雇农将要有很重大的作用；中国共产党坚决的反对并驳斥一切蔑视雇农苦力之反革命的理论（如谓农民运动不应是"流氓地痞"的运动等等），而且要努力去组织苦力雇农于阶级的组织之中，引进他们的代表参加革命政权之指导机关。同时，中国共产党要尽力吸引乡村中的中农分子，使他们站到贫民方面来，这些中农也是要推翻旧制度的。

中国共产党认为要彻底变革中国的土地制度，必须肃清一切崩溃混乱的旧社会关系，所以主张为解决农民问题和土地问题起见，必须实行下列的办法：一、一切地主的土地无代价的没收，一切私有土地完全归组织成苏维埃国家的劳动平民所共有。二、一切没收的土地之实际使用权归之于押田制度完全废除，耕者有其田。三、农民代表会议（苏维埃），是乡村中的革命政权机关，他要按照土地之肥瘠水旱位置而分配土地，使旧时佃农中的富裕者不能变成富农，并使革命军队的战士及无地的农民能够分到土地耕种。同时，共产党要努力实行革命的土地改良。四、寺院教会的土地，皇族旗地官地公产等类的土地，一概归农民代表会议支配。此等土地的租田制度，亦一律取消。五、祠产旗产的土地一律归农民代表会议支配。共产党要赞助农民去根本消灭这一种陈腐恶化的土地制度。六、官荒沙田湖田等的土地，亦一律归农民代表议会支配；并且要努力设法，使实行垦殖政策时得有土地分给无地的农民以及工农军的兵士。七、一切豪绅反革命派的财产完全没收。八、农民代表会议要筹措基金，保证无产而丧失工作能力的人（寡老病废等）的生活。九、一切森林矿产完全归苏维埃国家所有，苏维埃国家之中央及地方政府应当设法保护森林种植森林，并开采矿产。十、整顿水利改良灌溉方法之工程，由农民代表会议执行，井泉溪沼等完全归农民使用，农民经过农民代表会议而行使这种权利。共产党并认改良水利扩大灌溉源流，採用新式技术机器电力等，为自己的重要职任之一。共产党组织并赞助农民之改良灌溉的合作社运动。十一、共产党要努力设法实行防止水旱的工程，建堤导河填筑淤地筑造牧场等等；并实行预防饥荒的设备。十二、一切苛约重债一概取消。共产党要组织低息的农业借贷，设立农业银行及农民之借贷合作社。十三、共产党组织并赞助农民之合作社运动：销售农产品及农民之家庭手艺产品，贩卖农民日常的必需品及家庭手艺的原料等。共产党要发展工业而使农民得着廉价的现代新式的农具。禁止贩售肥料的私人垄断——贩买肥料归农民的合作社办理。共产党还要实行乡村中筑路修道的建设事业。十四、军阀政府的一切赋税，完全废除，厘金废除，包捐包税的制度废除。革命政权重定单一的统一税制，税收的一部分应当用作乡村的公费。一年只在收获后收一次税。确定统一的货币及度量衡的制度。十五、颁布保护雇农苦力的法律。政府当以发展工业而开办公共事业的种种工程，修筑道路，奖励农村手艺，以保障苦力失业者的工作。①

11月11日，中共赣西特委领导江西吉安农民起义。

---

① 于建嵘主编：《中国农民问题研究资料汇编》（第1卷1912—1949下），中国农业出版社2007年版，第531—532、541—542页。

11月13日，中共黄麻区特委领导湖北黄安、麻城农民起义，成立黄安农民政府，建立中国工农革命军鄂东军。

11月16日，中国国民党中央特别委员会第十次会议通过《农人运动大纲案》。

按：大纲案说：一、中国民族的经济及生产主力皆以农人为基础，故本党以农人为革命之基础，亦即为建国之基础。二、农人运动当依据本党政纲及决议，尤须精密体认客观之事实，而确定实施方案与步骤。三、农人运动系以农村经济利害相关引起相同之利害观念为相互之关系者——自耕农、半自耕农、佃农、雇农及农村中之体力劳动者为对象。四、农人在本党指导之下，有组织团体之自由，本党应以政治权力扶助其组织，使之充分发展。五、以科学方法改良并扶助农业之发展。六、养成农人之政治能力，以实行乡村自治权，为开始运用政权之基础。七、减轻农人负担，改善其生活。八、农人运动同时须注意到其他工、商、学、兵之利益。①

11月18日，中国工农革命军攻克茶陵县城，成立了湘赣边界第一个红色政权——彩铃县工农兵政府，谭震林任主席。同时还成立了县农会等。

11月25日，中共广东省委发出《关于组织暴动，建立工农兵政权问题》的第25号通告。

11月，国立中央大学鉴于农民知识幼稚，缺乏教育，通令各县兴办农民教育馆，指定箔类特税专款为经费。

是月，湖南萍乡、醴陵举行农民起义；赣西赣南地区举行农民起义。

是月，中共江苏省委作出关于江苏农民运动的第二次计划。

12月5日，中共江苏省委发出第13号通告，追悼宜兴、无锡农民暴动中牺牲的首领万镒、乔心全及其他死难的同志。

是日，中共江苏省委作出关于江苏农民运动之第三次计划。

12月11日，张太雷、叶挺、苏兆征、叶剑英、聂荣臻等领导的广州起义爆发，建立了广州公社，中共广东省委发出《为巩固广州暴动的胜利而继续奋斗》的告工人农民书。

12月14日，中国共产党为广东工农兵暴动，建立苏维埃发表告民

---

① 于建嵘主编：《中国农民问题研究资料汇编》（第1卷1912—1949上），中国农业出版社2007年版，第240页。

众书。

是日，中国共产党中央执行委员会为广州暴动发表告工人书。

是年冬，毛泽东先后到宁冈、永新两地做调查研究，撰写《宁冈调查》和《永新调查》的调查报告。

是年，湖南省第一次农民代表大会召开。

是年，湖北全省农民协会代表大会召开。

是年，上海市农民协会成立。

是年，北京农业大学的京西农民社出版《农光》杂志，以改良农村生活，增进农民知识为宗旨。

是年，中华教育改进社总干事陶行知在江苏创办晓庄中心小学，1929年改为晓庄学校，创办宗旨是成为"改造中国乡村的试验机关"。

是年，江苏省政府颁布《暂订江苏省各县村制组织大纲草案》和《江苏省市乡行政组织大纲》，通令各县遵办。

二　乡村建设研究论文

国藩《农民运动的方法》发表于《农民运动之理论与实践》创刊号。

按：文章说：农民运动，是一种最重要的工作，同时又是一种最难的工作。若是没有妥善的方法，便不能使农民运动做到成功的路上去，而必致失败。所以做农民运动者应十二分的注意去研究农民运动的方法。调查应为农民运动之第一步。江西农民运动，最缺乏调查工作，这是一个很大的缺点。因为没有调查，我们就不知道农民所受的压迫与痛苦，就没有宣传的材料，我们就不知道农村的经济政治形势，就没有解除农民痛苦的方法。所以自后，各地工作同志，应极力做调查工作。调查的范围，可分下列几种：一、农村经济情形：租率，农民成分之分析，利率田赋，及其他等项，包括在内。二、农村政治形势：族政、乡政、县政及其他等项，都包括在内。三、农村教育形势：私塾、小学数目、学生、经济地位、课程及其他等项包括在内。四、农民各种特别的痛苦：依列四种范围，我们去进行调查，当然每种之内，又可分出很多细的节目。调查之后，须有统计，就是把各种参差不齐的情形，统统列出来。这样，才会知道我们的工作与策略，应当注重哪一方面。再则，又把各种参差不齐的情形，平均一下，以得到一个共同的结论，而定下一个普遍的原则——策略。

俞墉《土地问题与政治问题》发表于《中国农民》第2卷第1期（土地问题专号）。

按：文章说："我们知道农民问题不解决，政治不会澄清的。土地问题不解决，革命算不得彻底的成功。这些理论，是大家都知道的，我们总理也说过：真正民生主义实现的时候，必定耕者要有其田。但是现在不但理论上土地问题在革命过程中一定要解决，而且事实上，目前已经到了不能不解决的时候了。我们看了湖南农民的分谷分田的种种举动，以及其他湖北、江西、广东等农民代表大会，无一不提出土地的要求。因此解决土地问题，目前成了一个急待解决的新问题。我们对于上述种种的要求以外，对于解决土地问题，还有更重大的政治意义在："一是解放农民，二是增加生产，三是保护革命，四是打破封建制度推翻帝国主义在农村的基础，五是使中国工业化，六是提高中国农村的文化。总之，"中国现在的国民革命，质言之即是农民革命。农民问题的中心问题，就是土地问题，数千年当中，农民久不久起来革命，为的都是耕者没有其田，所以这个土地大问题，便是今日中国一切政治上的根本问题，成了亟待解决的问题。"

陈独秀、鲍罗廷《怎样解决土地问题》发表于《中国农民》第2卷第1期（土地问题专号）。

按：鲍罗廷的意见是：在国民政府统治下的地区，"最重要为实行农村自治的建立，必有强健的农村自治组织，才可以执行解决土地的办法，不致发生毛病"。陈独秀对于土地问题提出的原则是：（一）国民革命过程中必须解决土地问题，即是没收小地主及革命军人以外之出租土地，分给农民。（二）公布佃农保护法。（三）无土地之革命兵士退伍后，分给土地。（四）解决土地问题之先决问题必须给农民以武装及政权。

布哈林《中国土地问题之商榷》发表于《中国农民》第2卷第1期（土地问题专号）。

孙中山《三民主义演讲里的土地问题》发表于《中国农民》第2卷第1期（土地问题专号）。

《孙中山先生平均地权的理论》发表于《中国农民》第2卷第1期（土地问题专号）。

邓演达《土地问题的各方面》发表于《中国农民》第2卷第1期（土地问题专号）。

按：文章说："土地问题为目前最主要的问题，实为革命的生死问题，革命要发展，必求保障，保障革命，即在解决土地问题。""只有使农民积极地参加革命，革命才有希望，但农民能参加革命与否，必须看农民能解决土地问题与否，土地问题不解决，革命是会埋葬或沉没的。土地问题不解决，是会失去革命民众的同情，革命离开了民众，是不能成功的。"

土地委员会《中国土地分配的调查》发表于《中国农民》第2卷第1期（土地问题专号）。

戴述人《土地问题》发表于《中国农民》第2卷第1期（土地问题专号）。

按：文章说：土地问题如何解决，我个人的意见："第一要准备没收土地的资本。要资本做什么呢？因为没收土地，大小地主不能不给以生活，要使之生活，只有年富力强的，不耕田即易进于工作的工厂，老者幼者废者皆进养老幼稚院，这些办法都是要充分的资本。这个资本由哪里出呢？即是马上没收一部分大地主及土豪劣绅的财产。第二是没收土地的原则，也应在这一般说及的。目的是土地国有，但我个人意见，或许暂时是耕地国有。即是把所有土地交政府，耕地所有权是政府的，土地买卖从此废止，由政府如何分配给农民耕种。农民每年向政府纳农业税，即取谷十石交政府若干，交地方若干，至少农民得七硕以下。随农业之发展，再进而征农业累进税，如此根据此种法则解决，单只就政府农业税中之谷税收入而论，每年可取约二千五百万硕之普，以每硕两元计，即有五千万元以上。"

林祖涵《湖南的土地问题》发表于《中国农民》第2卷第1期（土地问题专号）。

邓文仪《土地问题之研究》发表于《中国农民》第2卷第1期（土地问题专号）。

孟庆暄《平均地权之前后》发表于《中国农民》第2卷第1期（土地问题专号）。

陈克文《土地委员会开会经过》（附土地委员会决议案）发表于《中国农民》第2卷第1期（土地问题专号）。

谭平山《中国农村经济状况——土地分配情形之报告》发表于《中国农民》第2卷第1期（土地问题专号）。

按：文章说："自从外国资本侵入以后，因新式交通的便利，农村经济很快地被工业品的输入和大规模的原料品的榨取所破坏了，穷困和阶级的分化，是一天甚似一天，在农村中发生了商业资本家，和新地主，经过长久时期的军阀们破坏的战争，和在极残酷的政治，以及经济的压迫之下，整个的农业，已被完全的毁坏了。结果是：1. 荒地增加；2. 全国土地的生产减少；3. 放高利贷的利率增高；4. 土地的集中因此扩大了大地主的势力；5. 贫农加多；6. 雇农和佃农加多；7. 农民的负担加重；8. 土匪日多；9. 腐败的地方官吏身世和土豪的权力扩大；10. 农村中阶级争斗日渐严重。……概括起来说，地主阶级、买办，和帝国主义，乃保持半封建的军事势力的基础，他们是国民革命的目标。工业无产阶级和雇农，是革命的主要势力，在城市中无产阶级、手工业者、中小资产阶级，一定要联合成为一个联合战线，在某种条件之下，我们也可以和资产阶级合作。在农村中雇农、贫农和小农、中农，和农村中手工业者，一定要组织一个联合战线。在革命中要获得农工群众的领导，本党要好好地准备城市中以及农村中的联合战线，并且要采取和进行很正确的必要的政策。我们解决土地问题，应定下一种政策，我们的政策（一）须要有多数的农民拥护；（二）农民要有组织，才有力量拥护这个政策（湖南农民颇有力量）；（三）农民要有政权，才可以解决土地问题，即须靠政治力量。所以农民政权为先决问题，现在革命发生许多矛盾现象，此种矛盾，我们须有勇气做去，才可以解决，不解决必发生绝大危险。而且统一全国后，必与帝国主义做最后的决斗，我们用什么力量和帝国主义决斗，必赖农民力量，然后可以得最后的胜利。要得到农民的力量，必须解决土地问题。"

岳尔克《苏俄解决土地问题之经过》发表于《中国农民》第2卷第1期（土地问题专号）。

《〈江左农民〉发刊辞》发表于《江左农民》创刊号。

按：发刊词说："本报是江北农民的喉舌，革命消息的传播人，指示农民卷入革命大道的领导者。希望本报的宣传使命可以尽了，预祝农民的革命胜利完全达到！"

方汉斌《劣绅土豪与农民》发表于《广西农民》第2—3期。

容英才《我们应注重农妇之解放》发表于《广西农民》第2—3期。

邓衍芬《农民运动及其组织》发表于《广西农民》第2—3期。

凤《国民革命与农民》发表于《广西农民》第2—3期。

步毓芝《我国乡村妇女职业的范围》发表于《农民》第 3 卷第 15 期。

虞振镛《农民在社会上的地位》发表于《农民》第 3 卷第 15 期。

按：文章说："试问我们全国最辛苦的是谁？经济最受压迫的是谁？别人都可以读书，唯有我种地的没有受教育的机会；别人都有帮助，唯有我种地的除苍天之外，谁也不肯为我出力！这是甚么缘故？第一，因为没有相当的组织，所以不能抵抗外力；第二，没有合作的精神，所以受外方的欺侮；第三，性情太守旧，所以不肯用新法，没有改良的机会。但我们因为没有受过教育，知识很浅，怎么可以做这些事情呢？现在我奉劝全国最可爱的农夫，快些利用教育机关，你们写信去他们，他们一定很乐意告诉你们的！他们的住址在北京的有中华平民教育促进总会普及农业科学研究所、国立农业大学、燕京大学农科、清华学校的农学系；在南京的有金陵大学，与第四中山大学的农科（即前东南大学）；在广东的有岭南大学。这几个地方，都是为了我全国农夫设的。"

德《农民的担负，要算田赋最重》发表于《农民》第 3 卷第 18 期。

小侠《乡村妇女应注意家庭卫生》发表于《农民》第 3 卷第 25 期。

筠《宜兴的农民运动》发表于《农民》第 3 卷第 26 期。

小侠《怎样改善乡村妇女的生活》发表于《农民》第 3 卷第 26—28 期。

傅葆琛《战后农民的觉悟》发表于《农民》第 3 卷第 27 期。

罗维勤《农民应走的道路》发表于《农民》第 3 卷第 29 期。

徐菊劳《应如何改造农村》发表于《农民》第 3 卷第 30 期。

傅葆琛《定县乡村平民教育普及的计划和进行的情形》发表于《农民》第 3 卷第 31 期。

李荫春《乡村的道路》发表于《农民》第 3 卷第 32 期。

李荫春《农民要自己创办平民学校》发表于《农民》第 3 卷第 33 期。

蒋涤旧《平教总会普及农业科学研究场改良直隶定县棉花的方针》发表于《农民》第 3 卷第 35 期。

黄枯桐《苏俄的农业经济研究所述略》发表于《农声》第 83—85 期。

中国国民党中央党部《中国国民党中央党部扶植农民利益宣言》发

表于《农声》第86—90期合刊。

按：宣言说："国民革命的目的，在中国全体民众，一致参加革命工作，推翻帝国主义及军阀，以建立自由平等的国家。然所谓中国全体民众，农民乃占其百分之八十以上，以中国人口四万万计算，则中国农民乃逾三万万，此三万万人以上之农民所受压迫，有帝国主义者之侵略，军阀之虐暴，贪官污吏之蹂躏，土豪劣绅之鱼肉，土匪之劫夺，地主之剥削，奸商之垄断，不一而足。故中国农民在全体民众所占数量之巨，即所以表示此全体民众所受压迫之重大而已。今言国民革命，苟农民不参加，则国民革命为一饰词；农民之痛苦一日不解除，则自由平等的国家无从建立！本党孙总理有鉴于此，于十三年本党改组之初，即认定以农民为本党革命的基础，并以农民为中国一极大被压迫阶级，以此极大阶级之能否觉悟及信仰三民主义为革命彻底与否之标准。故除手定拥护农民利益之政纲外，复于农民运动，一再为极明白彻底的宣示。遗训具在，昭著日星，本委员会最近观察全国农民状况，认为农民实际之痛苦，并未解除；农民真正之利益，并未获得。……自今日始，本党同志均应尽其力之所能及，以从事本党农民运动之工作。"

绍玄《农友们起来打倒我们的敌人》发表于《农声》第86—90期合刊。

王藩章《铲除农民解放的障碍物》发表于《农声》第86—90期合刊。

林爱群《农村教育之重要及其设施之方法》发表于《农声》第86—90期合刊。

廖迪雍《国民革命中农业界应有之工作——组织农民团体，振兴农业教育》发表于《农声》第91—93期。

于钤《农业推广问题》发表于《中华农学会报》第53期。

罗登义《荷兰之农业》发表于《中华农学会报》第53期。

董时进《中国华洋义赈总会在农村之工作》发表于《中华农学会报》第53期。

吴觉农《农民运动的意义与方针》发表于《中华农学会报》第54期。

冬《英国各政党的农业政策》发表于《中华农学会报》第54期。

塞先达《农业工程学研究之必要》发表于《中华农学会报》第54期。

单乃钧《中国农民经济与农业教育》发表于《中华农学会报》第55期。

按：文章说："今日之中国农业教育，自应以农民经济为中心。……若仍以研究技术为重，置农民经济问题于不顾，是食病夫以梁肉，爱之反以害之，成之反以毁之！"

杨杰《如何解决农村生活》发表于《中华农学会报》第55期。

董时进《农民与政治》发表于《中华农学会报》第55期。

按：文章说："农民是国民中最保守的分子，他们参与政治最迟。所以我们可说：一国的文明程度，政治的良腐，和农民参政的程度成正比例。即农民参政者愈多，参政之知识愈高，参政之能力及欲望愈大，其国必愈文明，政治必愈优良。中国的农民，是完全不问政治的。那么，照我上边所下的论断，中国应该是很野蛮的，中国的政治，应该是很腐败的。请问中国的情形是不是这样？现时国内各大城镇的工商界，已渐表示要干预政治的意思。他们已经有团体的组织，一旦战争平息，要组织正式政府的时候，我相信工商界必将有政治的活动。只有这三万万的农民，还在那儿酣睡，梦见真命天子。然而农民占国民的一大半，农民一天不参与政治，中国一天不能成为真正的共和国。所以我们要促醒农民去参与政治，是替国家着想，不是为哪一阶级的利益。……政治既然是农民应做事业之一种，农民就该具有政治的知识，留心政治的趋势。他们的活动，不应该囿于农业的经营，学农的和农民表同情的知识阶级，除关于技术外，对于农民的政治活动，也负有指导之责任。所以要想为中国农民谋福利的农学家，亦不可不具有政治的眼光和政治的训练。"

《广东解决佃主农民纠纷办法》发表于《中华农学会报》第56期。

子明《论吾国之农民经济》发表于《中华农学会报》第57期。

冬《农民运动及土地问题的参考书》发表于《中华农学会报》第57期。

［美］华维克作，施少明译《美人心目中之中国农业》发表于《中华农学会报》第57期。

许叔玑《中国农业生产之将来》发表于《中华农学会报》第58期。

陈嵘《世界林业之沿革及其趋势》发表于《中华农学会报》第59期。

陆费执《农业书籍选择问题》发表于《中华农学会报》第59期。

民国十六年　丁卯　1927 年

吴觉农《农村文明的创造》发表于《中华农学会报》第 59 期。

按：文章说：所谓农村文明的创造，方针很多，简括起来，可以分作这几个项目：第一是工业的地方分散，第二是教育与文化的移转，第三是改革营利主义的经济组织，第四是农村计划的建设。创造农村的文明，是救济中国救济世界的一条康庄大道，我们该集合起来，大家往这条路上走！

李士腴《社会民主党的新农业政策》发表于《中华农学会丛刊》第 54 期。

罗振基《林业和社会问题》发表于《农事月刊》第 5 卷第 4 期。

杨克明《中国近代农业补救之方略》发表于《农事月刊》第 5 卷第 4 期。

廖锦良《乡民移居城市与农业之关系》发表于《农事月刊》第 6 卷第 2 期。

郑凤桐《丹麦之农业组合制》发表于《农事月刊》第 6 卷第 2—3 期。

吴廷华《乡村宜设立农业学校以谋农业之急进》发表于《农趣》第 4 期。

沈芝泉《农业与国家之关系》发表于《农趣》第 4 期。

吴廷华《农业为立国之本》发表于《农趣》第 5 期。

朱冠群《农业与国家之关系》发表于《农趣》第 5 期。

罗振基《水旱灾害与农业》发表于《农趣》第 5 期。

甘乃光《农工行政与农工运动》发表于《农工行政》第 2 期。

鲁廷贵《农村争斗中农民协会致胜的策略》发表于《农工行政》第 2 期。

毛福全《改良农业之研究》发表于《农工公报》第 2 期。

古之愚《生活主义与农业发展之商榷》发表于《新农报》第 5—8 期。

岳威《革命的江苏农民》发表于《布尔塞维克》第 1 卷第 1 期。

岳威《革命的江苏农民》发表于《布尔塞维克》第 1 卷第 3 期。

薛《江南农民大暴动之开始》发表于《布尔塞维克》第 1 卷第 4 期。

岳威《江苏农民大暴动之过去与将来》发表于《布尔塞维克》第 1 卷第 7 期。

罗浮《中国第一个苏维埃——海陆丰工农兵的大暴动》发表于《布尔塞维克》第1卷第8期。

中共中央《中国共产党为广东工农兵暴动建立苏维埃告民众》发表于《布尔塞维克》第1卷第9期。

按：告民众书说：广州的工人兵士已经暴动起来，将反革命的国民党军阀张发奎、黄琪翔打倒了。广州四乡的农民也已经起来参加革命的暴动。广东各县的农民暴动正在发展，尤其是海丰陆丰等东江一带的农民暴动早已得到胜利。如今全广东几千万的工农兵士都在剧烈的奋斗，要根本推翻土豪乡绅资本家国民党的政权。这是工农兵士群众第一次革命暴动的胜利。……全国的工人农民兵士赶快起来，继续着广东工友农友斗争，争得我们自己的解放。只有这样，才能免除豪绅资产阶级的剥削，才能解放中国于帝国主义压迫之下！

中国的工农民众，在共产党领导之下，已经屡次起来暴动反抗日常不断地奋斗：湖南湖北及最近江苏的农民暴动，武昌纱厂工人的罢工斗争，叶贺军队的南昌起义和占领潮汕，虽然这些争斗都被反革命的国民党所摧残，但是群众的革命势力始终是存在着。如今广东的工农始终在中国共产党领导之下，起来暴动而得着胜利了。这一种革命力量是从工农群众自己的奋斗之中生长出来的；他们不是靠甚么军队来替他们革命，可是他们能够自己创造出真正革命的民众的武力——工农革命军；他们自己暴动起来夺取敌人的武装，他们和兵士群众联合，兵士群众自觉地参加暴动反对反革命的军阀长官，他们不想望任何官僚军阀政府的"法律政治"来解放他们，他们早已看出国民党的所谓农工政策完全是欺骗和屠杀压迫的政策，他们自己起来组织工农兵代表会的政府——苏维埃政府，自己来定出法律政治，真正保护工农的法律政治，真正打倒豪绅地主资本家势力的法律政治。这是全中国工农兵群众的革命先锋。全中国的工人农民兵士同志们！我们的胜利，已经在广东开始了；我们大家要一致起来拥护这一胜利，扩大这一胜利。

全国的农民同志们！赶快团结起来，群众一致的抗捐抗税抗租不还债，武装暴动起来，铲除豪绅地主，没收土地。不要给反革命军阀的粮饷，解除他们的武装；不要让他们的军队通过去打广东的工农兵代表会政府。

秋君《南昌起义后的江西农民运动》发表于《布尔塞维克》第1卷

第 10 期。

罗难《农民运动与反宣传》发表于《战士》第 31 期。

人龙《所谓纠纷问题》发表于《战士》第 31 期。

按：文章说："我们现在要斩钉截铁地说一句：目前农村中农民与土豪劣绅间的冲突，根本不是什么纠纷问题，而实在是农村中的革命。"

亮《军阀遗留于耒阳民众的种种剥削》发表于《战士》第 32 期。

罗难《社会各方面对农民运动的态度及湖南农民的革命功绩》发表于《战士》第 33 期。

按：文章指出：中国的农民运动必定先实现国民革命时期的农民革命，继而实现社会时期的农民革命，这是其发展的两个阶段，具有不同的目的与性质。这两种不同性质的农民革命，都是农民得到解放目的的必然阶段。没有前一种革命不能产生后一种革命，实行后一种革命而不经过前一种革命，这个革命必要失败的。因为每个革命必须看社会经济的变迁，方可以决定。文章对湖南的农民运动，认为做了三件事，即：（一）推翻封建政治基础；（二）动摇了封建思想；（三）团结了全体农民。

毛泽东《湖南农民运动考察报告》发表于《战士》周刊第 35、36、38、39 期（未登完全文）。

按：1927 年 3 月 5 日，毛泽东发表《湖南农民运动考察报告》，此文是为了答复当时党内党外对于农民革命斗争的责难而写的，此前他还到湖南做了 32 天的考察。其主要内容为：（一）充分估计了农民在中国民主革命中的伟大作用。（二）明确指出了在农村建立革命政权和农民武装的必要性。（三）科学分析了农民的各个阶层。（四）着重宣传了放手发动群众、组织群众、依靠群众的革命思想。

《中国共产党湖南区为召集省民会议之宣言》发表于《战士》第 39 期。

李维汉《湖南革命的出路》发表于《战士》第 41 期。

按：文章指出"湖南革命已发展到了一个新时期，这个时期要求我们确定新的策略。这个时期的中心问题，便是土地问题，解决了土地问题，便是解决了我们革命的出路问题"。他认为"土地问题的解决，是推翻封建阶级的最后胜利，是民主革命的最后完成。土地问题的解决，农民问题、财政问题才得着真正解决，工商业才得发达。……才能将封建残余、封建思想兜底打破。农民已从各方面提出了土地问题，我们不起来解决这个问题，便不能领导国民革命成功"。

湘农《湖南的农民》(十一月三十日长沙通信)发表于《向导》第181期。

叔坚《广东农民运动之现状》发表于《向导》第183期。

叔坚《广东农民运动最近状况》发表于《向导》第185期。

实《大学生眼中的农民》发表于《向导》第185期。

毛泽东《湖南农民运动考察报告》发表于《向导》第191期。

按：《向导周刊》只发表了该报告的前半部分，后半部分因故没有继续发表。为此，瞿秋白将《报告》交给中国共产党办的长江书局，以《湖南农民革命》的书名出版。2月28日出版的《湖南民报》作了转载；5月27日出版的95期《共产国际》俄文版也作了转载。

秋白《农民政权与土地革命》发表于《向导》第195期。

按：文章说：现时中国革命的新阶段，不仅在于反动的资产阶级之叛离，而使工农小资产阶级之联盟得以更自由更开展的向前进攻，而且还要认清：革命扫除了表面的军阀统治于湘鄂赣，如果还要继续发展这种胜利于全国（即是北伐的革命战争），便必须有坚决的更进一步的铲除军阀统治及买办剥削之经济根基的政策：就是使国民政府的政权之基础，实现于更深更广的民众，换句话说：便是建立农民政权，实行土地革命。如果不能如此，那么，国民政府在四围反动势力的压迫之下，不能得到工农群众的更积极的帮助，又不能铲除张作霖、蒋介石之奸细于广州的农村之中，——则国民政府的地位是非常之危险的。农民群众应当赶快起来，积极奋斗，赞助国民政府，巩固国民政府，——推翻土豪乡绅的政权，建立农民的政权，没收大地主的土地，使一般农民或因租额的大大减少，或因累进的统一的田税的实施，得到真正享用土地的权利，如此，则军阀统治根本可以铲除，资产阶级在农村中的友军也就受着严重的打击，国民政府的社会基础可以大大的巩固，革命的北伐战争可以吸引极广大的农民群众来参加。中国革命的新时期，在农民政权及土地革命的旗帜之下，将要战胜一切反动势力，将要根本推翻帝国主义在中国统治，将要与世界无产阶级革命合流而直达社会主义！

中共中央《中国共产党告全国农民群众》发表于《向导》第197期。

湖南民众请愿团《湖南农民运动的真实情形：湖南民众请愿团的报告》发表于《向导》第199期。

按：报告认为湖南农民运动今后的任务是：（一）没收贪官污吏土豪劣绅及一切反革命的土地财产；（二）保护革命军人的土地及财产；（三）保护中小地主、商人的利益；（四）从速实现对于农民的政策；（五）建设革命民主的乡村政权；（六）武装农民自卫等。

中共中央《关于国民革命的目前行动政纲草案》发表于《向导》第201期。

按：该政纲涉及农民问题的有9条，即1.农民有组织农会之自由及武装自卫权；2.一律减租百分之二十五，佃农交田租额最高不得超过收获量百分之三十；3.没收大地主及反革命分子的土地由原佃耕种，纳租于政府；4.非地主收回自耕农及农民自愿让佃，地主不得自由换佃；5.废止包田制及押金制；6.取消租额以外之各种苛例，如田鸡小稞等；7.禁止高利借贷，年利不得超过百分之二十；8.由政府设立农民银行，以低利贷款于农民，并由政府扶助农民设立消费生产贩卖信用等合作社；9.取消旧有民团团防局等机关，禁止任何方面武装袭击农民。

彭公达《关于湖南秋收暴动经过的报告》发表于《中央政治通讯》（湖南秋收暴动专号）第12期。

燕声《渭南的农民和青年一年来争斗的成绩》发表于《中国青年》第7卷第2期。

青苇《农村工作应注意的几点》发表于《中国青年》第7卷第16期。

世芹《广西农民运动之过去与将来》发表于《疾呼》第16期。

曲辰《农民运动之我见》发表于《疾呼》第16期。

方绍原《怎样解决农民生活问题》发表于《中央副刊》第24期。

周谷城《中国农村社会之新观察》发表于《中央副刊》第29—31期。

按：文章分耕地之由公有而私有、地主与佃户的关系、地租论、农民的无产化、封建之局、帝国主义与农民六部分。文中说："帝国主义给予中国农民之第一种影响，即使中国农民变为帝国主义的消耗者，而失去中国之生产的资格。……帝国主义给予中国农民之第二种影响，即使中国农民变为帝国主义之生产者，同时失去国货之消耗者的资格，帝国主义侵入中国之后，中国实业界之命运，几全操诸彼之掌握。……帝国主义给予中国农民之影响，当然不仅上述两者。吾特提出此两者单独叙述，意在使人特别注意也。至若帝国主义给予中国之总影响,则在维持中国原有之封建势力,而助长之,并与之结合。中国原来之封建势力,其心核为地主、土豪、劣绅。地主、土豪、劣绅之上,则有贪官污吏、买办阶级。军阀则其最上层之建筑也。帝国主义侵入中国之后,想在中国培植实力,巩固基础,于是豢养一班军阀,以作御用品。军阀得帝国主义者之豢养,其势大张。其他各种封建势力亦复随之大张。反之,帝国主义因得封建势力之拥护,乃在中国肆行无忌。至是封建势力,与帝国主义,乃在中国紧紧结合。封建势力,以帝国主义为护符;帝国主义,以封建势力为基础:两者相合,造成一座铁壁;摇而不能动,摧而不能毁。农民被压在此座铁壁之下,只有死路一条,于是中山先生的民生主义遂有不能不从速实行之势。"

陈克文《土地委员会开会经过》发表于《中央副刊》第63期。

赖琯《农民政权之意义》发表于《中央副刊》第76期。

任旭《农民运动与革命军人》发表于《中央副刊》第80期。

李执中《农民问题与痞子运动》发表于《中央半月刊》第1卷第4期。

起予《苏俄的农民运动及其批评》发表于《中央半月刊》第1卷第8期。

唐模生《谈谈本党的农工政策》发表于《赤潮》第1期。

蒋树《在乡村的军队应该怎样活动》发表于《赤潮》第1期。

绮园《广东省农民协会第二次扩大会议经过及结果》发表于《人民周刊》第48期。

杨耻之《农民运动与暴动》发表于《生活(上海)》第2卷第13期。

李景汉《农村调查运动》发表于《合作讲习会汇刊》第二次。

崔步瀛《中国畜牧改良之必要》发表于《合作讲习会汇刊》第二次。

按:文章说:"至于农村畜牧之提倡与改良法,第一在选择优良种类,第二在饲养管理注意,第三在家畜充分保护。"

刘大钧《农业的重要和特点》发表于《合作讲习会汇刊》第二次。

按:文章说:人类到了农业时代,才有了历史和文化,这是农业重要的第一个原因。第二,我们可以说,现代的社会制度,都是发生于农业时期,与农业有关的。农业重要,还有两个原因。一是人民的粮食,全靠农业。粮食要紧，所以农业要紧。二是中国大多数的人，还都是农人。以上所说的农业重要四个原因，也就是农业的特点。此外，还有几个特点，也可以算是农业的缺点。第一，农田的收成，不能无限的增加。第二，农田要推广，很不容易。第三，农业常受灾害的影响。第四，农业的运输困难。

许振声《合作与农民生计的关系》发表于《合作讯》第21期。

范进忠《组织合作社以振兴农业》发表于《合作讯》第27期。

尤树勋《基督教对于农民生活的责任》发表于《真光》第26卷第5期。

詹文浒《中国农民之经济问题》发表于《太平导报》第2卷第9期。

张继烈《农业重要论》发表于《昆山县立师范学校季刊》第1期。

任卓宣《一年来之农工运动》发表于《黄埔潮周刊》第24期。

甘乃光《农工得政与农工运动》发表于《黄埔潮周刊》第24期。

罗绮园《一年来广东农民运动》发表于《黄埔潮周刊》第24期。

杨望《乡村青年运动与乡村的小学教师》发表于《少年先锋》第1卷第14期。

杨望《怎样在成年农民中间做青农运动》发表于《少年先锋》第2卷第15期。

詹文浒《中国农民之经济问题》发表于《兴华》第24卷第33期。

按：文章说："农村金融机关之缺乏，实为中国乡农生计不安之主因。亦唯如此，故人事地力量皆未尽，国富随而减矣。为今之计，莫如收集农民细资，轻利贷诸农民，以农民之资本，放还农民，使之资本流通，可以安心乐业，勤事生产，而农村信用合作社之组织，实能应付此种需要。吾国农村之中殊有着手组织之必要也。"

泳康《民生主义下之农民问题》发表于《实业杂志》第117期。

曾养甫《怎样干农民运动》发表于《解放（广州）》第4期。

陆哲超《农民运动的策略》发表于《党星》第1期。

按：文章说："我们今后的农民运动，当然是从整顿农民协会及巩固其组织起，尤要纠正过往的错误。农民解放能否成功，全视农民是否能接受本党党义和自己有无能力为断。本党农工政策，就是扶助农民和工人之能力的发展。农民运动者务使农民有坚固之团结，严密之组织，严格之训练，全体主张一致，行动一致，乃能制胜。"

梁镇远《中国国民革命与农民运动》发表于《现代青年（广州）》第 139 期。

陈登皞《论农民银行》发表于《现代评论》第 6 卷第 151 期。

王星拱《农业与工业》发表于《现代评论》第二周年纪念增刊。

赵湘藻《长沙县十九区农民协会经过情形》发表于《长沙评论》第 17 期。

廖锡瑞《农村教育问题》发表于《长沙评论》第 17—19 期。

陈哲知《论农村小学教育问题》发表于《教育杂志》第 19 卷第 8 期。

杜佐周《农民教育问题商榷》发表于《教育杂志》第 19 卷第 12 期。
按：文章说：1. 提倡农民教育之理由有五：（A）欲使农民自起奋斗，解除痛苦；（B）促进农民政治及经济之改良；（C）改良农事，满足全国人民之衣食；（D）完成政府对于农民应尽之义务及（E）增进及保障农民之利益。2. 若就各国之农民教育状况而言，实远胜我国。至于农民教育最辉煌之时期，当推最近五十年。现在各国均已有充分之农民学校，农民专门学校及农科大学，满足其本国之需要。其经费且均非常充足，设备亦非常完备。3. 我国各种农业学校，不特校数甚少，且经费支绌，成绩不良，故不得不急事救济。4. 振兴农民教育，须由各方面共同努力，始有良好之成绩可期。其计划（A）建设各乡村农民小学校；（B）建设农民职业学校；（C）设立农民补习学校；（D）设立农民学校教师养成所；（E）设立农业试验学校及试验场；（F）设立农业专门学校及农科大学；（G）创办农业推广机关，如文字的农业推广、演讲的农业推广、实验的农业推广，及俱乐部的农业推广；（H）扩充农业文化宣传机关及（I）组织全国农民教育促进会。5. 选择教材，当根据社会用度及学生需要与能力。6. 教育之目的要使儿童能解决个人及社会之各种问题，养成团体工作之习惯与技能。为求达到此个目的，在初级农民学校内，最好采用团体设计教学法。学生可以根据分工原理，一同工作，无论在何种学校内，当以启发自动为原则。7. 各种农民学校之组织，须在可能范围内，采用委员制，设立委员会，由与学校直接或间接有关系的团体或教育行政机关之代表组织之。如是，各方面可以贡献意见，互相协助，以便校事之进行。其组织的内容及细则，当视各地方之情形而定。8. 农民教育的经费：（A）可由地方税项下筹划；（B）可由国税项下筹划；（C）可由私人捐款；(D) 利用公地官产；(E) 利用地方行政机关所得之各种罚款；(F) 利用充公之劣产；(G) 规定特税，以为农民教育经费。9. 为便于研究、调查、督促、奖励及指导农民教育起见，全国各省及各县均当设立农民教育局。内可分设农民教育经费股、农民教育组织股、农民教育调查股、农民教育指导股、农民教育文学股及农民教育研究股，分别进行各种农民教育事项。

陶行知《北齐庙会内之农民教育运动》发表于《新教育评论》第3卷第23期。

序英《科学与农业》发表于《教育与职业》第82期。

江恒源《农村教师的使命》发表于《教育与职业》第82期。

邹恩润《丹麦改良农村之基本方法》发表于《教育与职业》第82期。

心水《采取农村合作制度而兴盛之模范国》发表于《教育与职业》第88期。

顾树森《农村教育之新计划》发表于《教育与职业》第90期。

王晋三《农村师范学校训育问题的研究》发表于《中华教育界》第16卷第10期。

楼云林《农村学校流动图书社之组织法》发表于《中华教育界》第16卷第10期。

古梅《乡村教师应负之使命及今后农村师范应注意之点》发表于《中华教育界》第16卷第10期。

季植《农村师范教育科目及实习问题》发表于《中华教育界》第16卷第10期。

陶行知《中国乡村教育之根本改造》发表于《乡教丛讯》第1卷第1期。

王德裕《解决农村教育的困难问题》发表于《昆山县立师范学校季刊》第1期。

李景汉《中国农村经济合作社之发展》发表于《银行月刊》第7卷第1期。

按：文章说："中国农村经济合作运动之开始者，为华洋义赈救灾总会，其目的为提倡乡村农民经济之自助供给农民借贷之便利。该会在民国十一年开始研究东西各国合作之制度，决定仿照德国莱发巽氏农村银行制度，厘定中国农村信用合作社章程。首在直隶涞水县娄村试办信用合作社。"

巨六《中国农村经济之困难及其救济》发表于《东省经济月刊》第3卷第1期。

谢菊曾《论我国农民购买力》发表于《钱业月报》第7卷第7期。

甓斋《中国农民与外货》发表于《钱业月报》第7卷第8期。

戴铭礼《农民贷借研究》发表于《银行杂志》第4卷第14期。

财政《浙省之农民政策》发表于《银行月刊》第7卷第11期。

王恒《将来之农民运动》发表于《建设周刊》第1卷第2—3期。

陈植《改进江苏林业之管见》发表于《江苏建设公报》创刊号。

张福仁《自治团体之财政与林业》发表于《浙江建设厅月刊》第3期。

楼荃《浙江农民运动方法的商榷》发表于《中国国民党浙江省党部周刊》第1卷第3期。

欧世璇《信用合作社与中国农民》发表于《宁波商业学校丛刊》第7期。

张自强《广东农民运动》发表于《工业改造》第4期。

王荣《谁是农民运动的敌人》发表于《南流潮月刊》第11期。

阿宾《国民革命与农民运动》发表于《南流潮月刊》第11期。

冯英才《农民在国民革命的地位》发表于《南流潮月刊》第11期。

按：文章说："农民是国民革命的主力军，是占国民革命很重要的地位。所以，做农民运动，是国民革命一个很重要的工作，是国民党一个和重要的民众运动。但是，我们县里有些不甚明了的同志，以为做农民运动，组织农民协会，是共产党的行动，是共产党的组织，这是很错很错的。"

元法《谁是农民运动的破坏者》发表于《三民周报》第1期。

新新《孙中山先生逝世二周年纪念中之农民运动谈》发表于《三民周报》第1期。

罩垠《农民运动的新纲领》发表于《革命军副刊》第87—88期。

杭州通讯《浙江农民暴动之先声》发表于《无产青年》第1期。

许璇《中国农民之地位及责任》发表于《中国华洋义赈救灾总会丛刊·乙种》第23期。

刘云筹《农具与农民幸福之关系》发表于《中国华洋义赈救灾总会丛刊·乙种》第23期。

罗鸿诏《今后之农民运动》发表于《海涛周刊》第10期。

按：文章说："我们认定农民运动是民众运动的中心，农民的觉悟与否是民族存亡的关键，但是现在的农民究竟怎样呢？各省脱离军阀的统治不久，大多数的农民当然是呼呼鼾睡的，即以广东而论，本党从事于农民运动，已是多年，而被唤起之农民尚属少数，且从前的农民运动全为共产党所把持，农会的会员只知有共产主义，而不知三民主义为何物，只知共产党的策略，而不知国民党的农民政策的真相，我们今后的努力，一方宜把熟睡的农民唤起，一方对于已被煽惑的农民宜根本改造其思想，然后全体农民才能够参加国民革命。"

雯兮《怎样消灭农民运动的障碍物》发表于《海涛周刊》第14期。

记者《农民问题与中国之将来》发表于《东方杂志》第24卷第16期。

按：文章说："什么是农民问题呢？大体说来，所谓农民问题，是包含以下这些问题，就是（1）土地问题；（2）农民经济问题；（3）农业生产问题；（4）农民教育问题。所谓'农民'这一名词，虽然包括了大农小农、自耕农、佃农与雇农等，但是就一般的意义而言，农民乃是指从事土地生产的劳动者而言，那些不劳而获的地主及农场所有者，不在其列。"

徐公干、汪茂遂《宜兴之农民状况》发表于《东方杂志》第24卷第16期。

吴炳若《淮河流域的农民状况》发表于《东方杂志》第24卷第16期。

陈友鹏《嘉应农民状况的调查》发表于《东方杂志》第24卷第16期。

黄主一《川北农民现况之一斑》发表于《东方杂志》第24卷第16期。

王恩荣《安徽的一部——潜山农民状况》发表于《东方杂志》第24卷第16期。

严仲达《湖北西北的农村》发表于《东方杂志》第24卷第16期。

赵德华《井陉农民生活状况》发表于《东方杂志》第24卷第16期。

黄孝先《海门农民状况调查》发表于《东方杂志》第24卷第16期。

陈仲明《湘中农民状况调查》发表于《东方杂志》第24卷第16期。

张介侯《淮北农民之生活状况》发表于《东方杂志》第24卷第16期。

孤芬《浙江衢州的农民状况》发表于《东方杂志》第24卷第16期。

刘家铭《南陵农民状况调查》发表于《东方杂志》第24卷第16期。

雷士俊《陇南农民状况调查》发表于《东方杂志》第24卷第16期。

杨万选《贵州省大定县的农民》发表于《东方杂志》第24卷第16期。

杨开道《我国农村生活衰落的原因和解救的方法》发表于《东方杂志》第24卷第16期。

按：文章说：我国农村生活衰落的原因，一是农民太无知识，二是收入太少，三是交通不便，四是缺乏资本，五是没有领袖人才，六是政府太不负责，七是社会忽视，八是地主的压迫，九是金钱外溢，十是兵灾匪祸，十一是农民保守形态重，十二是没有组织。我国农村生活改善的方法，一是改良农村教育，二是平均地权，三是便利交通，四是开设农业银行，五是提倡农业合作，六是提倡农民运动，七是提倡农村自治。"农村自治的事业包括最广，凡和个人及社会生活有直接关系的事情，农村自治都要去管他。最重要而最显著的事业，可以列成下表：（一）农村教育，包括儿童教育，推广教育，农业教育和公民教育。（二）农村经济，包括生产、销售、消费、运输、金融、合作、土地、农工等问题。（三）农村卫生，包括医药治疗，公众卫生等等。（四）农村娱乐，包括运动、游戏、音乐、诗歌、文学、美术、风景等。（五）农村道德，包括社会伦理、宗教等。（六）农村公安，包括警备、消防等。（七）农村善举。（八）农村社交。（九）家庭及家族各问题。"

杨荫深《各地农民状况调查》（浙江鄞县）发表于《东方杂志》第24卷第16期。

楼俊卿《各地农民状况调查》（浙江义乌）发表于《东方杂志》第24卷第16期。

詹选之《各地农民状况调查》（浙江平阳）发表于《东方杂志》第24卷第16期。

裘俊夫《各地农民状况调查》（江西新建）发表于《东方杂志》第

24卷第16期。

吴一恒、陈叔英《各地农民状况调查》（上海附近）发表于《东方杂志》第24卷第16期。

黎保《各地农民状况调查》（云南南部）发表于《东方杂志》第24卷第16期。

龚骏《各地农民状况调查》（江苏武进）发表于《东方杂志》第24卷第16期。

巫宝三《各地农民状况调查》（江苏句容）发表于《东方杂志》第24卷第16期。

黄柳泉《各地农民状况调查》（江苏崇明）发表于《东方杂志》第24卷第16期。

汪适天《各地农民状况调查》（江苏靖江）发表于《东方杂志》第24卷第16期。

严大傅《各地农民状况调查》（江苏吴县）发表于《东方杂志》第24卷第16期。

容盦《各地农民状况调查》（江苏无锡）发表于《东方杂志》第24卷第16期。

邱宗义《各地农民状况调查》（江苏松江）发表于《东方杂志》第24卷第16期。

周廷栋《各地农民状况调查》（江苏太仓）发表于《东方杂志》第24卷第16期。

胡川如《各地农民状况调查》（江苏江阴）发表于《东方杂志》第24卷第16期。

集成《各地农民状况调查》（山东省）发表于《东方杂志》第24卷第16期。

刘禹轮《各地农民状况调查》（广东大埔）发表于《东方杂志》第24卷第16期。

呵玄《各地农民状况调查》（湖北当阳）发表于《东方杂志》第24卷第16期。

何炎《各地农民状况调查》（湖南南部）发表于《东方杂志》第24卷第16期。

曾鉴泉《各地农民状况调查》（河南光山）发表于《东方杂志》第

24卷第16期。

滕澄《各地农民状况调查》（安徽当涂）发表于《东方杂志》第24卷第16期。

田庚垣《各地农民状况调查》（安徽合肥）发表于《东方杂志》第24卷第16期。

庸人《各地农民状况调查》（安徽颍州）发表于《东方杂志》第24卷第16期。

徐方干、汪茂遂《宜兴之农民状况》发表于《东方杂志》第24卷第16期。

华维克《美人之中国农业观》发表于《东方杂志》第24卷第23期。
褚辅成《扶助农民之根本计划》发表于《浙江》第1卷第4—5期。
刘德桐《建设广西林业的意见》发表于《新广西旬报》第1期。
李剑华《李宁（列宁）的农业政策》发表于《政铎》第2期。
卢开生《先秦农业概况》发表于《政铎》第2期。
岳民《一年来的农民运动》发表于《民众的武力》第1期。
造时《农村运动》发表于《改革（梅县）》第18—19期。
SM生《农民运动的阶级化》发表于《台湾民报》第140期。

按：文章说："在农村的地主和小作人，对土地的'所有'和'贱耕'的关系看来，似乎很有连络关系的，但是从利益分配和社会的差别看来，两者是冰炭不能相容的，阶级的要对立的。但是农民幼稚的时代，农民的阶级意识还没有明了的时代，这两者还会在漠然的农村振兴，或是互相扶助的目标下结合的，但是这是一种变态的显现，两者间的阶级的分立的过程而已。……因为在地主和小作人的两者间，本质上有分明的阶级的差异，和利害相反的原因存在着。第一，地主是个有产者，小作人是个无产者，地主是'所有'者，小作人是'非所有'者，地主是要对所有的土地得最多的利益的，小作人是对劳动要得最多的利益，两者对同一的利益的分配上，就当然不能一致行动的了。第二，地主的目的是在他们的利益拥护。那末他们的目标是甚么呢？他们所注重的农产振兴，米价维持，地租轻减等完全是为着拥护他们的利益的。换一句话说，就要给他们做一个地主对土地的生产，可得多分配利益，和他们做一个农产物的卖却者，能够站在安全有利的地位的。但是在小作人不过是以他们的劳力去'劳动''耕作'的，并不是要将所分配的作富裕的生活，又没有要从

'非所有者'进入作'所有者'的希望,不过是要求以劳动而得生活的人民,能够保障他们安全的耕作权就满足了。"

评论《台湾的农民运动》发表于《台湾民报》第154期。

刘淦芝《孟子理想农业国》发表于《清华周刊》第27卷第9期。

代英《工农兵政权》发表于《红旗周刊》第1期。

彭湃《土地革命》发表于《红旗周刊》第1期。

BT《海陆丰农军奋斗略述》发表于《红旗周刊》第1期。

钟员《中国革命与农民》发表于《北新》第2卷第4期。

按:文章说:"中国的农民问题不解决,中国的革命问题不会彻底底解决。"

前溪《农民问题案评论》发表于《国闻周报》第4卷第13期。

黄绍绪《中等农业学校作物教学法》发表于《自然界》第2卷第4期。

周长信《农村调查》发表于《国立浙江大学农学院周刊》第1卷第2期。

黄健夫《中国国民党与农民》发表于《新广西旬报》第2期。

按:文章分引言、农民政治上经济之状况、国民党对于农民之态度、农民在国民革命中的地位、农民今后应有之认识和努力五部分。

亦生《论农民的解放》发表于2月24日《江西第一次全省农民代表大会会场日刊》第4期。

按:文章说:农民解放的要求是些什么?这虽然是各省、区有个大小的区别,然而在整个的日趋破产的中国农村经济,农民的积极的要求不外是下面这几种:一、在经济上要求减轻租谷,减轻利息,以及废除各种苛捐杂税;二、在政治上要求乡村的地方自治,反对一班万恶的土豪劣绅把持乡村政权,鱼肉人民;三、再进一步使农业生产的方法进步,生产力增高。……我们是要求:第一,实现农民目前所提出的政治的、经济的各种方案;第二,把土地问题弄个解决;第三,把土地农业的新基础建造起来,农业的工业科学化。只有这样,农民问题才能得到正确的解决,同时也只有这个问题解决后中国革命问题才能够彻底成功。

曹聚仁《农民运动之先决问题》发表于1月1日《民国日报》副刊《觉悟》。

《湘鄂赣三省农民运动讲习所章程》发表于2月13日汉口《民国日

报》。

按：该章程第二条规定："本所以养成深明党义之农民运动实际工作人员为宗旨。"

邓演达《在湖北省农民代表大会上的讲话》发表于3月8日汉口《民国日报》。

按：邓演达说："中国国民党是农民求解放武装农民革命的党，但他的力量还很薄弱，所以还不能给与你们以很大的利益，只能给予你们以集会结社的自由。你们要利用这个好机会来团结你们的力量，严密你们的组织，自己来解决自己的事情。广东农民、湖南农民已得到相当的利益，他们是由奋斗得来的，他们工作的经验，你们要学习。"

中央农民运动委员会《中央农民运动讲习所章程》发表于3月8—9日汉口《民国日报》。

《四川省农民自卫军组织大纲》发表于3月15日汉口《民国日报》。

邓演达《在湖北省农民代表大会上的政治报告》（1927年3月13日）发表于3月16日汉口《民国日报》。

邓演达《在国民党湖北省党部纪念周会上的政治报告》（1927年3月14日）发表于3月16—17日汉口《民国日报》。

按：报告说："还有一个根本问题，即农民问题。中央将明白的训令宣布，现在党无具体的策略及利益给予农民做保障，所以党不能领导他们。如果农民不起来，则封建制度决不能打到，就是打到北京，亦不过一般做官的更换而已。现在河南、山东各省，都发生农民问题，这可说是我党唯一的责任。因为除了农民的力量，没有第二个政治力量与之对抗，所以我们要确定政治基础，必定要确定农民的利益。"

邓演达《在湘鄂赣豫四省农民协会执行委员联席会议上的讲话》发表于4月2日汉口《民国日报》。

按：邓演达说："中国革命现在得了一个新发展，所以我们农民应当起快组织起来，谋我们的解放。这在北方固然需要，就是在国民政府底下的农民，也是同样的需要。中国国民党已有很大的决心，要解放农民，要解决农民所需解决的土地问题，就中央对农民决议案，可以看得出来。现在湖南、湖北、广东、江西、河南、山东、江苏、浙江、福建、广西等省的农民运动，都有很大的发展，就目前客观的需要，实在有统一指挥的必要，所以全国农民协会的组织，实在是刻不容缓之举。可否于'五一'

召集全国代表大会，成立全国总农民协会。我们是湘、鄂、赣、豫四省有组织的农民的会议，必须在最短期内，成立全国临时执行委员会。"

邓演达《中国农民运动之发展》发表于4月3日汉口《民国日报》。

按：是为作者在1927年3月底在国民党中央宣传委员会会议上的报告，他说："中国之有农运，始于十三年本党改组时，初为广东，现已有组织农民八十余万，但尚无稳固之基础，因广东非纯粹农业经济，而其政府仍为半封建势力所把持，对于农运常有阻碍，现且有分裂的倾向。其次为湖南，开始组织两年，但现已发展至三百万，一月以来，预计可增百万。在前次北伐期间，进步更速，斗争剧烈，乡村乃几造成一种普遍的恐慌现象。现已渐至平定状态，且乡村政治日即清明，如赌博鸦片盗贼之风，日益减少，此全由农协监督之力，所谓夜不闭户，道不拾遗，昔人传为美政者，不意于数月之间实现于今日，前此之所议农运者，今且歌功颂德矣。湖北始自去年十二月，有组织者约一百五十万，现正为斗争剧烈的时期。江西因领导者不得力，而政府又不加援，故发展颇慢，现三十万。河南因历年兵灾，民不聊生，故乡武装自卫，如红枪会等，虽无统一组织，然为其所支配者，不下百余万。中央此次特召集其他代表开会，加以训练，将来发展，未可限量也。此外广西约三十万，安徽等尚未着手，江南一带，组织颇为困难，因农民生活较优，难于唤起也。至农民要求组织之初期，多为政治要求，再近则为经济要求，现时最近者，则为乡村经济之窘迫，农民银行及合作社，实有设立之必要也。"

邓演达《在中央农民运动讲习所开学典礼上的讲话》发表于4月5日汉口《民国日报》。

邓演达《最近中国农民运动状况及国民党关于农运之计划》发表于4月10日汉口《民国日报》。

按：文章说：农民问题是政治的中心，一切生产都是由农民造出来的，政治的巩固也靠着农民。今天谈这农民问题，不像从前一样。农民暴动动机是一样的，但解决问题不是一样的。从前农民只争得一时的安宁，不久便恢复了痛苦。今天解决农民问题，有不同的动机，不但是因国际间情势的变动，就是用科学的方法增加生产，这也是不同的地方。还有根本不同的，从前是用封建主义来解决这问题，今天虽一样的解决，但终不能变成新封建制。因为中国社会生活的条件，不像古时一样，现在是要和世界打成一片向进步路上走，将来要由农民和工人来造成民主政治，崩溃封建制度，完成民主制度。……总理说："中国革命就是农民革命。"要他们全来参加才能完成国民革命。我们知道要农民起来，由乡村农民改组成乡村政治，才能一步一步地来造成民主政治。真正廉洁政府——国民政府——如农民不参加，定难成功；所以解决中国政治问题，要农民参加才能成为民主政治，同时必要由乡村组织起来，以乡村为中心，再向上的组织起来而成为民主政府。帝国主义之剥削在前面阻碍着中国经济的发展，中国经济之落后，都是因为农民问题没有解决，农民无法来增高生产力。农民自己生产不能增高，也是中国经济不能发达的原因。所以目解决农民问题，也是解决中国经济问题的方法。

《国民政府农政部组织条例》发表于5月19日汉口《民国日报》。

按：国民政府农政部直辖于国民政府，管理全国农政事务，监督农政有关系之各机关，执行国民政府保护农民之政策。

《武汉国民政府农政部布告》发表于5月27日汉口《民国日报》。

按：布告说："照得农民占全国人口之最大多数，国民革命主要目的之一，在于扶助农民，以求解放。本党政府，前才发出宣言及所定政策，对于农民利益，无不特加注意。"

全国农协《全国农协对于农运之新规划》发表于6月8日汉口《民国日报》。

恽代英《农民运动幼稚病之真意义》发表于6月10日汉口《民国日报》。

谭平山、邓演达、毛泽东等《全国农协最近之训令》发表于6月15日、17日汉口《民国日报》。

按：训令由中华全国农民协会临时执行委员会常务委员谭延闿、谭平山、邓演达、毛泽东、陆沉署名发表，其中说："农民运动，过去因为发展甚速，组织上未能健全，加上土豪劣绅猛力反攻，遂使乡村斗争日趋急剧；上级机关之指导偶有不周，即不免发生无组织之行动。已经本会临字第一号训令及第二号训令明令各级农民协会，极力纠正，务使各地农民，俱在农民协会指挥之下，有组织有计划的继续与一切土豪劣绅反动封建势力斗争，以尽我农民在革命过程中推翻帝国主义剥削中国乡村的经济基础，及军阀统治的政治基础之职责；并指出各地农民目前的斗争目标，应为建立乡村自治而奋斗。"

邓演达《我们现在又应该注意什么呢》发表于7月3日汉口《民国

日报》。

按：文章说："中国农民占全国人口百分之八十以上，如果农民不能觉悟的实际的参加反帝国主义的争斗，则民族主义革命必不能完成。解决农民问题，即是解决农村政权问题及土地问题，为使农民觉悟的坚决的参加民族主义革命的重要条件，所以三民主义革命，必然要解决农民问题才可以完成。"

谢觉哉《农民运与国民革命》发表于3月15日《湖南民报》。

按：文章指出，使农民起来革命，第一，须给农民以广大自由权利，使其有发展组织及行动之可能；第二，给农民以实际利益，使其知有发展组织及行动之必要。"只有发展了农民自身的力量，使作阶级斗争，得到目前的迫切需要——如减租……减税等，而且于特殊阶级手里把政治统治的支配权夺过来"。

三 乡村建设研究著作

唐启宇编《农业政策》由南京公孚印刷所出版。

按：是书分34章，论述农业政策的意义、范围，涉及土地登记、移民开垦、农业经营、土地分配、灌溉及排水事业、农业贷款、关税政策、支配政策、消费政策、农业教育等方面；后9章专门论述美、英、德、意、丹麦、苏、日及我国的农业政策。

[日] 桥本傅左卫门著，黄通译《农业政策纲要》由上海商务印书馆出版。

按：是书分绪论和本论两编。绪论部分说明农业的意义、农业经营的种类，以及日本农业概要；本论部分论述耕地、农业金融、农业劳动，以及自种、租种、佃租、产业合作等农业政策。

杨振华、黄琮编《农业常识》由文亦可印刷局出版。

顾树森编《丹麦之农业及其合作》由上海中华书局出版。

按：是书分4章，概述丹麦概况、丹麦之农业及其改良方法、丹麦之合作制度及其运动，以及丹麦参观见闻记。

吴义田著《苏俄农民政策述评》由上海共和书局出版。

[美] 博尔戴斯著，卢冯清译《苏俄的农民生活》由上海太平洋书店出版。

瞿秋白著《俄国资产阶级革命与农民问题——俄国革命运动史之一》由新青年社出版。

毛泽东著《湖南农民革命》（《湖南农民运动考察报告》）由汉口长江书店出版。

按：瞿秋白同志于4月12日写了《湖南农民革命序言》，热情赞扬了湖南农民的革命斗争，高度评价了毛泽东同志的考察工作。他明确指出："中国农民要的是政权是土地。因为他们要这些应得的东西，便说他们是'匪徒'。这种话是什么人说的话！这不但必定是反革命，甚至于不是人！农民要这些政权和土地，他们是要动手，一动手自然便要侵犯神圣的绅士先生和私有财产。他们实在'无分可过'，他们要不过分，便只有死，只有受剥削！中国农民都要动手了，湖南不过是开始罢了。中国革命家都要代表三万万九千万农民说话做事，到战线去奋斗，毛泽东不过开始罢了。中国革命者个个都应当读一读毛泽东这本书，和读彭湃的《海丰农民运动》一样。"并将毛泽东的报告和他的序交给党在武汉办的长江书店出版单行本。该书出版一个月以后，共产国际执委会刊物《共产国际》先后用俄语和英文予以转载，湖南等地的农民运动成为国际共运关注的焦点。1927年7月28日，苏联《真理报》第169号发表斯大林对《时事问题简评》，对中国共产党领导的中国农民革命，对毛泽东的《湖南农民运动考察报告》，对瞿秋白的《湖南农民革命序》，都给予了高度评价。

中央军事政治学校编《中国国民党与农民运动》由中央军事政治学校政治部宣传科出版。

按：是书系搜集中国国民党对于农民问题各项重要文件所辑成。包括中国国民党的农民政策（第一次全国代表大会宣言民生主义中关于农民问题的主张、第一全国代表大会宣言中关于农民问题的政纲、第二次全国代表大会农民运动决议案）、革命政府对于农民运动的宣言（革命政府对于农民运动第一次宣言、革命政府对于农民运动第二次宣言、国民政府对于农民运动第三次宣言，附中央执行委员会政治会议对于农民运动问题之重要决议）、中国国民党中央执行委员会农民部致省署之公函（请通令禁止联团强迫农民协会加入）、总理对农民运动讲习所毕业生训词（耕者要有其田）、总理审定之农民协会章程（附农民自卫军组织大纲、农民协会组织手续）。

[日] 河西太一郎著，周亚屏译《农民问题研究》由上海民智书局

出版。

按：全书分为3编，第一编农业问题底基础的考察，包括资本主义与农业、农业在资本主义社会内展开的倾向2章；第二编农业理论及农业政策底研究，包括马克斯底农业理论及政策、恩格斯底农民政策、列宁底农业政策、伐尔加底农业理论、社会主义与小农土地私有权、法国劳动党及德国共产党底农业纲领等6章；第三编农民运动，包括俄国农民运动概观、世界农民运动现势底一斑2章。

朱亮基编《中山主义农民浅说》由上海中央图书局出版。

中华全国基督教协进会编《江浙两省农民协会的鸟瞰》由基督化经济关系委员会出版。

战士周报社编《湖南农民运动问题论文集》第1种由战士周报社出版。

黄新民编译《世界农民运动》由上海光华书局出版。

按：是书分德意志的农民运动、法兰西的农民运动、比利时的农民运动、意大利的农民运动、挪威的农民运动、丹麦的农民运动、葡萄牙的农民运动、西班牙的农民运动、瑞典的农民运动、爱沙尼亚的农民运动、芬兰的农民运动、奥地利的农民运动、拉得波亚的农民运动、波兰的农民运动、瑞士的农民运动、希腊的农民运动、里托尼亚的农民运动、布加利亚的农民运动、阿尔巴尼亚的农民运动、罗马尼亚的农民运动、乌哥斯拉美亚的农民运动、匈牙利的农民运动、英吉利的农民运动、岐分津哥的农民运动、美利坚的农民运动、加拿大的农民运动、阿根廷的农民运动、墨西哥的农民运动、秘鲁的农民运动、印度的农民运动、埃及的农民运动、巴拉斯之那的农民运动、印度亚细亚的农民运动、印度支那的农民运动、韩国的农民运动、中国的农民运动、日本的农民运动、澳大利亚洲的农民运动等38章。

一青编《农民运动》由上海北新书局出版。

按：是书概述农民运动的计划和农民协会，并说明为何要做农民运动及如何去做农民运动。

甘乃光讲，潘庆涛记《农民运动初步》由广州中山大学政治训育部编辑科出版。

农民协进社编《中国农民问题》由三民出版部出版。

按：是书讲述中国农民生活困苦的原因及改善方法。

甘乃光讲《怎样做农工行政》由广东农工行政讲习所出版。

中央图书局编《农民协会章程释义》由上海中央图书局出版。

中国国民党浙江省执行委员会农民部编《农民协会暂行章程》由编者出版。

王寅生译《英国的佃工生活史》由上海北新书局出版。

唐启宇著《农政学》由南京中国农政学社出版。

张援编《劳农今话》由上海商务印书馆出版。

顾复编《农具学》由上海商务印书馆出版。

[日]大塚孙市著，怀献侯译《农学实验法》由上海商务印书馆出版。

顾复编《作物学泛论》由上海商务印书馆出版。

邹钟琳著《江南除螟撮要》由江苏省昆虫局出版。

《中等植物育种学》由上海中华书局出版。

方尧章著《药用作物学》由上海新学会社出版。

陈植著《造林要义》由上海商务印书馆出版。

罗德民著《山西森林之滥伐与山坡土层之剥削》由南京金陵大学出版。

李蓉编《造林学各论》由上海商务印书馆出版。

曾济宽编《林业经济学》由上海新学会社出版。

按：作者序说："林学之本科，分三大纲：即森林生产学、森林经营学、林政学是也。三者合而研究之，固成为一种有系统之应用科学，而分而专攻之，亦可独成一种专门学术，是以从来讲林学者，咸以林政学独立为一部门而研究之，举凡关于林业之经济原理及经济政策，皆包括于其内。考从前所出之林政学书籍，其含义甚广，对于林业之公私经济的事情，大都相提并论，尚未为细部之分析。迩来经济学之研究愈渐进步，关于公私经济的理论及应用，既已别为原理与政策二部，因之从来所讲之林政学，亦分为林业经济与林业政策二部以论究之。德国林政学大家恩笃莱斯开其先例，日本林学士川岛明八祖述其说，编为讲义，以授诸生；余曩昔曾亲炙其教，获益良多，且因世间尚少此类专门著述，故特整理旧日讲义及年来在广东大学农科所授之教材，编成是书，公诸当世。深知个人浅学菲才，挂漏之讥，在所难免，容俟他日研究有得，当谋补救。兹为急应社会之需要，聊以尽介绍进步的学说之责云尔。"

林刚著《十种主要树木造林法》由南京金陵大学农学院出版。

邹盛文编著《种树法》由上海商务印书馆出版。

邹盛文编《最新种树法》由上海商务印书馆出版。

周国钧编著《马来半岛之橡皮事业》由上海国立暨南大学出版社出版。

黄中成编著《家畜繁殖与配种学》由上海德园家畜函授学校出版。

黄中成编著《家畜选种学》由上海德园家畜函授学校出版。

黄中成编著《天然与人工孵卵学》由上海德园家畜函授学校出版。

黄中成编著《天然与人工育雏学》由上海德园家畜函授学校出版。

魏权予编《畜养丛书》由上海中西书局出版。

黄中成编著《最新鸡具制造学》由上海德园家畜函授学校出版。

许心芸编《养羊法》由上海商务印书馆出版。

梁华编《中等家畜学》由上海中华书局出版。

胡朝阳编《实用养鸡全书》由上海新学会社出版。

黄中成编著《科学的饲鸡学》由上海德园家畜函授学校出版。

黄中成编《雏鸡的研究》由上海德园家畜函授学校出版。

黄中成编著《鸡场管理学》由上海德园家畜函授学校出版。

黄中成编著《鸡之育肥学》由上海德园家畜函授学校出版。

黄中成编著《鸡病与鸡害之研究》由上海德园家畜函授学校出版。

四 卒于是年的乡村建设工作者

康有为卒（1858—1927）。有为字广厦，号长素，改号更生，广东南海人。1895年入京应试时，因清廷与日本签订丧权辱国的《马关条约》而联合各省应试举人1300余人联名请愿，发动"公车上书"。在《上清帝第二书》中，将"务农"作为"养民四法"之一，而务农的主要内容就是土地的开发经营问题，并且主张引进西方先进的农业科技，促使中国农业经济的发展。又上《请开农学堂地质局以兴农殖民而富国本折》，建议成立农学堂和地质局，开展地貌勘察，制定开发规划。在《大同书·去产界公生业·农不行大同则不能均产而有饥民》中，首次从经营模式上指出了中国土地状况的局限性；在《公农》中提出了田地公有的公农理论，认为只有土地公有才能从根本上避免农业生产的无政府状态及其所造成的财富浪费现象。

薛仙舟卒（1877—1927）。原名颂瀛，字仙舟，广东香山人。早年留学美国和德国，攻读经济学。1914年在复旦大学任教，开设财政、公民和合作主义的课程，大力宣传合作主义。1920年起指导早期中国合作事业最重要的理论刊物《平民》周刊，支持复旦大学学生成立合作同志社；1921年创办中国第一个合作金融机构上海国民合作储蓄银行，被选为合作银行董事长。1927年4月应陈果夫之邀起草中国合作运动纲领性文件《中国合作化方案》，集中体现了他"以合作救中国，以合作治中国"政治主张，认为民生主义最主要的精神就是平均地权，节制资本，只有合作社才能做到这两点，是中国合作运动的创始人，被誉为"中国合作运动之父"。

李蔚如卒（1883—1927）。蔚如字郁生，号鸿钧，四川涪陵人。清光绪三十年留学日本，参加孙中山领导的同盟会。1911年参加广州起义。1912年任蜀军第五师参谋。1915年以后，历任护国军四川招讨军参谋兼军法长、四川警军署中将参谋长兼讲武堂堂长等职。1926年加入中国共产党。1927年任涪陵县党部主任委员兼农运部长。曾积极参与以"四镇乡"为基础的农民运动，先后在大顺、堡子、新盛等地，以办团练传习所为名，训练骨干，建立农民武装，同时开展减租减息活动。7月8日被国民党杀害。

谢怀德卒（1892—1927）。怀德，湖南衡山人。早年在安源煤矿当工人。1922年加入中国社会主义青年团。1923年加入中国共产党，并被派遣到常宁水口山铅锌矿从事工人运动。后又受中共湘区委员会派遣，在衡山岳北组织湖南省第一个农民协会岳北农工会，任岳北区农民协会副委员长，组织农民支援北伐。1927年在组织醴陵农民暴动失败后被捕就义。

萧楚女卒（1893—1927）。原名树烈，学名楚汝，又名萧秋，湖北汉阳人。早年考入武昌新民实业学校学习蚕桑专业，毕业后在《大汉报》和《崇德报》任编辑。1919年在武汉参加五四运动。1920年参加利群书社和共存社，开始接受马克思主义。1922年加入中国共产党。1924年任中共中央特派员，领导重庆社会主义青年团工作和四川的革命斗争。1925年到上海与恽代英一起主编《中国青年》。1926年到广州，先后任《政治周报》主编助理、国民党中央农民运动委员会委员、第六届农民运动讲习所专职教员、黄埔军校政治教官。1927年在广州四一五政变中被捕牺牲。发表《中国的农民问题》等论文。

孙逊群卒（1897—1927）。又名孙选，江苏江阴人。1925年加入中国共产党，旋任中共江阴支部书记，与从上海回乡的共产党员周水平一起开展农民运动。1926年3月撰写《江阴县报告——关于江阴之政治、农民、工人教育及学生状况》的农运报告；4月奉命赴广州第六届农民运动讲习所学习，曾当面向毛泽东汇报江阴农民运动状况和周水平组织佃户合作自救会的斗争经历，为毛泽东以后撰写《江浙农民的痛苦及其反抗运动》提供了详细材料。同时加入讲习所按照省籍编排的江浙农民问题研究会，在完成调查项目的过程中，提高了对农村问题的分析能力和综合能力。1927年任江阴农民协会委员长、江阴农民自卫军司令，举办农民运动训练班，培养农运骨干，发展革命力量，领导江阴农民开展轰轰烈烈的农民运动。曾撰写《江阴沙洲农民现状》的报告，提出了农民大规模联合起来的主张。同年"四一二"反革命政变后去无锡，8月任中共无锡地委组织部长，9月任无锡县委书记，10月23日遭到无锡国民党警察的逮捕，11月13日壮烈牺牲。

詹大星卒（1897—1927）。乳名旬生，谱名绪孝，字汝功，号允存，湖北蕲春人。1923年在上海宝山县东门外创办大星农场，着重研究如何把养殖业和种植业结合起来，以解决农民的贫困问题。1926年在广州农民运动讲习所学习，并加入中国共产党。后以湖北省农会特派员身份回蕲春领导农民运动，先后举办两期农运干部训练班，培养了一批农运骨干，推动了农民运动的开展。1927年2月1日任蕲春县农民协会委员长。6月17日被叛军夏斗寅杀害。

宣中华卒（1898—1927）。原名钟华，乳名洪霖，字广文，笔名伊凡，浙江诸暨人。1915年考入浙江省立第一师范学校。1919年"五四运动"爆发后，被选为杭州市学生联合会执行部理事长，兼任浙江省中等学校以上学生联合会理事长。1920年夏被一师聘为附属小学教员。1921年春应陈望道邀请，去上海马克思主义研究会工作，加入社会主义青年团。夏秋间，由中共党员沈玄庐介绍，到萧山衙前农村小学任教，以农村小学为阵地，从事革命活动。与其他进步青年教师经常深入绍兴、萧山等农村，帮助贫苦农民学习文化，宣传革命道理，引导农民组织起来与反动政府、地主豪绅作斗争。9月与沈玄庐等组织发动了以萧山衙前为中心的萧绍农民运动。在短短的一两个月时间内，萧绍平原有82个村的农民组织了农民协会，开展了声势浩大的抗租减租斗争。10月以浙江农民协会代表身份前往苏俄，出席共产国际1922年1月在莫斯科召开的远东各国共产党及民族革命团体第一次代表大会。1924年加入中国共产党。1926年3月当选为浙江省党部执行委员会常务委员兼中国国民党浙江省党部党团书记。1927年4月13日不幸在龙华车站被特务识破而被捕，17日英勇就义。

雷晋乾卒（1898—1927）。晋乾字伯第，号醒顽，湖南祁阳人。1918年以优异成绩考入衡阳湖南省立第三师范。1919年在五四运动的影响下，与进步同学蒋先云、黄静源一起积极投身湘南的反帝爱国运动，参与组织马氏（马克思）学说研究会和衡阳文化书社，并成为革命团体"心社"的首批成员之一。1921年加入了社会主义青年团，1922年加入中国共产党，1923年到衡山县白果指导成立岳北农工会。1924年任衡阳地方团书记。1925年底从广州农民运动讲习所结业回湘，被组织派回祁阳发展党员，建立中共党组织并帮助祁阳县国民党组织发展国民党员，领导全县农民运动。1926年1月任中共祁阳特支书记。8月任国民党祁阳县部农工委员。10月当选为祁阳县农协委员长。1927年元月将县团防总局改为县农民自卫军总队，任总队长。5月因叛徒出卖被捕牺牲。

陈荫林卒（1898—1927）。名森，号荫林，湖北黄冈人。1929年毕业于北京大学西语系英语专业。先后任教于武汉中学、启黄中学、湖北省立第一师范学校，经兄陈潭秋引导参加革命。1921年10月参加中国劳动组合书记部长江分部工作，1923年加入中国共产党。1925年7月在湖北省国民党第一次代表大会上当选为农民部长，次年曾代表中共湖北省委出席中共黄冈县代表会议，北伐军攻占武汉时，曾参加筹备武昌中央农民运动讲习所并任教员。1927年1月当选为国民党湖北省党部执行委员、省政府筹备委员。2月领导成立夏口农协会，后任省农民协会第一次代表大会筹备委员会主任委员兼秘书长。3月省农代会召开时，为大会秘书长，会上被选为省农协执行委员，后当选省农协副委员长。此间曾主持开办湖北省农民武装训练班和农民自卫军养成所，同年8月参加南昌起义，任农工委员会委员。在随军南下途中身染重病，病逝于瑞金。

李芬卒（1899—1927）。芬，湖南茶陵人。1919年12月长郡中学毕业后，回茶陵任教于小车教小学，后受聘为汇文中学教师兼附属小学部主事。1926年5月7日发起在县城召开"五七"国耻纪念大会，发表讲话，散发《警告同胞》传单，宣扬爱国主义，抵制日货。7月下旬由杨孔万、林焕然介绍加入中国共产党。8月与杨孔万、李炳荣到小车进行组织农民协会试点工作，建立了小车乡农民协会，推动了全县农民运动。1926年8月中旬出席中国国民党湖南第二次全国代表大会，为工农利益大声疾呼。10月18日茶陵县农民协会第一次代表大会在县城召开，与陈兰契、陈位文被推为主席团主席。1927年3月县农运特派员范桂荣到茶陵上二十二都做农运工作遇难，他实地调查，报告了真实情况，组织召开了范桂荣烈士追悼会，举行了游行示威。1927年4月被推选为县审判土豪劣绅特别法庭的常委，依照《湖南省惩治土豪劣绅暂行条例》，清理了农运以来的大宗积案，惩办了一批阻挠农运的十恶不赦的土豪劣绅。马日事变后，受党组织安排转入地下活动，继续和小车乡农民协会的干部团结战斗，进行不屈不挠的斗争。1928年春，因叛徒告密，与谭民觉同时被捕入狱，受尽酷刑，但始终坚贞不屈，最后遭国民党反动派杀害。

陆铁强卒（1907—1927）。铁强字心石，化名鲁德成、沈惠农，江苏崇明人。1926年3月，经国民党江苏省党部负责人、共产党员侯绍裘介绍，偕本县俞甫才到广州参加第六届中央农民动讲习所学习，讲习所所长为毛泽东，周恩来、萧楚女、彭湃、恽代英等革命活动家为教官。学习结束后，与俞甫才一起以特派员身份回崇明工作，在本乡建立30多人参加的农民协会，领导农民减租减息。1927年2月，在协平乡建立农民自卫军，率领自卫军打开地主粮仓，夺粮度荒。还培养和发展了60余名贫苦农民和革命知识分子加入中国共产党，相继建立了5个党支部。"四一二"事变后，遭到国民党县政府通缉，奉中共江苏省委之命调上海与恽代英一起在沪西济难总会工作。同年9月调江苏海门县，任江苏省委特派员，不久，任海门县第一任县委书记，以当地中共地下党员为骨干，公开组织农民协会，提出"耕者有其田"的口号，大力开展农民运动。1927年11月12日下午，在曹家镇附近召开农民协会会议，研究进一步开展减租减息活动之际，突遭国民党武装的围捕，不幸被逮捕。次日即被秘密枪杀。陆铁强牺牲后，中共中央机关刊物《布尔什维克》发表了俞甫才《悼我们的战士——陆铁强》的纪念文章。

民国十七年　戊辰　1928年

一　乡村建设活动

1月2日，方志敏、黄道、邵式平等领导江西弋横地区农民起义。

1月3日，中共中央临时政治局会议召开，会议通过《广州暴动之意义与教训》，充分肯定海陆丰革命根据地没收地主土地分配给农民的经验。

1月10日，湖北黄冈举行农民起义；浙江奉化举行农民起义。

1月14日，山东阳谷县举行农民起义。

1月22日，朱德、陈毅和中共湘南特委领导湖南南部地区农民举行起义，先后建立宜章、资兴、永兴、耒阳等县的苏维埃政府。

是月，中共满洲临时省委在沈阳举办第一期党员训练班，主要培训从事农民运动的人才，重点讲述农民运动和工作方法问题。省临委书记陈为人主讲马克思列宁主义和党的建设问题，组织部长兼农运部长吴丽实主讲农民运动问题。

2月5日，国民政府财政部通令全国各机关，禁止重复征收赋税。

2月18日，中华民国建设委员会成立，直隶于国民政府，从事交通、水利、农林、渔牧、矿冶、垦殖、开辟商港、商埠及其他生产之设计开创，并对各省区建设厅负有监督指导之责。

2月20日，江西信丰和南康举行农民起义。

2月29日，北洋政府公布《森林条例》，以取代以前的《森林法》。

3月10日，中共中央发出第37号通告《关于没收土地和建立苏维埃》。

按：通告说：中央关于八七会议提出没收土地，于秋收暴动后提出苏维埃政权。盖中国革命的现时阶段之主要的任务是要实行彻底的民权革命，即绝对地没收土地以消灭封建的政治基础，以肃清封建的社会关系。

同时，这任务的完成，必须在政治上建设无产阶级领导的工农民主独裁的政权——工农兵苏维埃。这正是中国革命的无间断性，在革命的实际上所表现出来的极急迫的需要。去年十一月的中央扩大会议对此曾有极明晰的决定，扩大会议以后，中央更曾给各地以不断地指导和督促。可是各地党部在其所领导的不断的暴动中，对此种根本任务——没收土地和建立苏维埃的任务，执行得异常之迟缓，而且充分表现出来各级党领导机关没有决心。除开海陆丰以外，各地农村暴动，大都只做到杀豪绅、烧地主房屋，进一步做到烧田契债券，而于没收土地的工作，则一点没有做。……总之，各地党部在执行暴动策略的当中，对于暴动的根本任务，没收土地和建立苏维埃，一般的还没有充分的了解，也没有充分的决心去执行。同时主观地放弃了城市工作，减少了无产阶级的领导作用。因此各地斗争，除了极少的地方如海陆丰而外，一般的还停滞在杀人放火的游击战争状况而不能有更广大更深入的发展，造成深厚的革命基础，而且这种迟慢的发展，还有受农民均产观念所支配的趋势。因此中央特训令各级党部更有决心更正确的执行中央暴动的策略，主要的是对于没收土地和建设苏维埃政权的执行。同时中央对于没收土地和建立苏维埃政权决定下面的纲要，为各地执行时的根据。[①]

3月初，湖北巴东举行农民起义。

3月18日，中共豫东南特委书记汪厚之组织领导豫东南大荒坡农民举行起义。

3月25日，江西寻邬举行农民起义。

是月，由周逸群、贺龙等组成的中共湘西被特委，在湘西桑植地区发动农民武装起义，占领桑植县城，建立革命政权和中共桑植县委。

是月，黄中成等在上海成立中国养鸡学社，出版《禽声杂志》《中国养鸡杂志》。

是春，在中共温州县委领导下，共产党人陈卓如率领瑞安驮山农民举行起义，建立浙南第一支农民武装"农民赤卫队"。

4月9日，中共皖北特委领导阜阳农民起义。

4月29日，中共江北特委根据中共江苏省委的指示，领导通海如泰

---

① 于建嵘主编：《中国农民问题研究资料汇编》（第1卷 1912—1949 上），中国农业出版社2007年版，第234—235页。

农民起义。

是月，刘志丹、谢子长、唐澍等领导陕西渭南、华县两地武装起义，为以后建立红26军和陕甘革命根据地奠定了基础。

是月，农矿部正式成立，易培基为部长。内设农务、农民、矿业3司。

5月6日，共产党人吕佑乾、许才升等在陕西枸邑领导农民举行武装起义。

5月20—22日，毛泽东在江西宁冈茅坪主持召开湘赣边界党的第一次代表大会，讨论了发展党的组织，深入土地革命，巩固和扩大红军与革命根据地等项任务。建立了湘赣边界工农兵苏维埃政府，设土地、军事、财政、司法4个部和工农运动、青年、妇女3个委员会。各县、区、乡政府都设立土地委员会小组，领导土地革命的深入开展。这次会议对于建立井冈山革命根据地，开辟以农村包围城市的道路具有重要意义。

是月，中共江苏农委书记王若飞与中共江北特委领导南通农民举行武装起义。

是月，大学院召集全国教育会议于南京，通过广州国立中山大学所提《确立教育方针，实行三民主义的教育建设，以立救国大计》案，其中第三节即系农业推广教育，第一次要求通过政府的行政力量组织协调全国的农业推广工作。

是月，中华林学会筹备委员会在南京成立，姚传法、韩安、皮作琼、康瀚、黄希周、傅焕光、陈嵘、李寅恭、陈植、林刚10人为筹备委员。

6月4日，中共中央发出给朱德、毛泽东并红四军前委的信，提出了关于没收和分配土地等几个策略问题。

按：几个策略的问题：第一，我们势力所到的地方，当然要彻底没收土地分配土地。但以雇农及自耕农之比较的多少，我们的步骤也有不同：在佃农、雇农占多数的地方，以群众的需要我们可以不顾忌的对于自耕农的土地亦实行重新分配，但是自耕农占多数的地方，如万安的自耕农超过百分之五十以上乃至百分之七八十，我们不宜于一开始便重新分配自耕农的土地。在苏维埃的政权必须容纳自耕农参加，但实际仍须做到以工人、贫农为中心的政权。第二，在乡村苏维埃政权成立了的时候，亦应开始组织"雇农会"，并且由县苏维埃颁布雇农保护法。第三，增加农民暴动及区苏维埃的工农意识的领导。现在应在各县乡间以市镇为中心组织工会，团结乡村的手工业工人。这样的工会应派多量代表参加区苏维埃的选举，同时区乡苏维埃须尽量有激进的工人分子当选。第四，在你们现在的区域自耕农数量比较多的地方，为防止农民小资产阶级的意识的影响的发展，应在一切斗争中间充分增进工人的领导力量。第五，对暴动还未起来的地方，我们在宣传上还宜提出没收自耕农土地的口号，单独提出没收地主阶级和一切祠堂庙宇公地的土地。第六，对于尚未占领的城市，我们应当提出每个城市的政纲向群众宣传。这个政纲当然以解放工人为主体，但必须包括城市小资产阶级的利益，尤其在过去烧毁城市的不好影响之下，这样政纲的提出是更有实际的意义的。第七，在我们占领的区域，在某种限制之下，必须保护小商人的贸易，以维持城市与乡村及各区之间的和必需品的流通。第八，对于外县暴动的布置，必须注意城市与乡村的联系及这乡与他乡的联系，使暴动的发展不致因孤立而失败，又暴动尚未起来的乡村须发展农协的组织，使暴动的组织能够有组织地进行。①

6月12日，国民政府为普及农业科学知识，增高农民技能，改进农业生产方法，改善农村组织农民生活，及促进农民合作起见，制定并颁布《农业推广规程》，在法规上对农业推广予以肯定。

6月18日至7月11日，中国共产党第六次全国代表大会在莫斯科召开，会议的主题是总结大革命失败后的经验教训，制定党在新时期的路线和政策。会上，瞿秋白作了《中国革命与共产党》的报告，周恩来作了《组织问题报告和结论》和《军事报告》，国际代表作了关于政治报告的结论。大会通过了《土地问题决议案》《农民问题决议案》《职工运动决议案》《关于民族问题的决议》等议案。

按：《土地问题议决案》分中国的土地关系、高利贷与商业资本、中国土地问题与土地斗争、帝国主义与中国土地问题、土地关系发展之前途五部分。决议说：土地革命是中国革命的主要内容，乡村阶级斗争正在深入。农民的土地革命，仍旧是中国革命现时阶段的主要内容。中国革命所经过的时期，并没有使农民得着胜利。不但如此，封建的地主豪绅和资产阶级的反动，暂时胜利了，他们的力量暂时团结而镇压农民，所以乡村里的统治阶级更加凶恶的压迫农民。同时，中国革命现时的形势，正在乡村

---

① 中共中央文献研究室中央档案馆编：《建党以来重要文献选编》（1921—1949）第 5 册，中央文献出版社 2011 年版，第 235—236 页。

里阶级矛盾和阶级斗争的剧烈与深入之中发展。

农民的斗争是要求得着土地。……中国土地制度之特点有四项。中国土地制度的发展历史，是和大地主与小地主互斗的历史有密切关系的。再则，中国经济的发展有许多特殊条件，因此，最近几百年来，土地制度之中发挥出许多特点。其中最要紧的是：(1) 资产阶级式的土地所有制度已经占着优势，这种优势日益发展（土地大半可以买卖）。(2) "物产地租"仍旧是很广泛的现象（有时仅只是表面上用金钱的形式）。(3) 地主阶级之中小地主比较大地主更占优势（土地集中于地主个人的很少，然而土地集中于地主阶级的过程是非常之剧急）。(4) 各省地主的大小关系是不平衡的。

中国现在的土地关系是半封建制度。中国土地关系，照以上所分析的特点，很明显地表现出来：现在农村的社会经济制度，完全受过去的封建制度之余毒束缚着。中国封建制度的历史发展之特殊情形，和西欧封建制度有许多差异。中国以前的国家封建制度（所谓国有土地）与地主私有土地制度同时并存，这两种制度互相斗争。然而根本的事实并不因此而变更，这个根本事实，就是现在的中国经济政治制度，的确应当规定为半封建制度——现时这种过渡到资本主义的条件之下，凡是上述的那些中国经济的特点，土地关系的特点，很明显的是半封建制度。

中国土地制度的特点并非完全的亚洲式生产。如果认为现代中国的社会经济制度以及农村经济，完全是从亚洲式生产方法进于资本主义之过渡的制度，那是错误的。亚洲式的生产方法的最主要的特点是：(1) 没有土地私有制度；(2) 国家指导巨大的社会工程之建设（尤其是水利河道），这是形成集权的中央政府统治一般小生产者的组织（家族公产社或农村公产社）之物质基础；(3) 公产社制度之巩固的存在（这种制度根据于工业与农业经过家庭而联合的现象）。这些条件，尤其是第一个条件，是和中国的实际情形相反的。

目前资产阶级民权革命阶段中国共产党的土地党纲：根据上面的分析，为了要完全消灭中国农村中所有的封建遗迹，为了要让农村中的阶级斗争尽量发展，所以中国共产党将要采取以下的方针：(1) 推翻豪绅地主官僚的政权，解除反革命势力的武装去武装农民，建立农村中农民代表会议（苏维埃）的政权。(2) 无代价的立即没收豪绅地主阶级的财产土地，没收的土地归农民代表会议（苏维埃）处理，分配给无地及少地农民使用。(3) 祠堂、庙宇、教堂的地产及其他的公产、官荒或无主的荒地沙田，都归农民代表会议（苏维埃）处理，分配给农民使用。(4) 各省区中的国有土地的一部分，作为苏维埃政府移民垦殖之用，分配工农军的兵士，供其经济上的使用。(5) 宣布一切高利贷的借约概作无效。(6) 销毁豪绅政府的一切田契及其他剥削农民的契约（书面的口头的完全在内）。(7) 取消一切由军阀及地方衙门所颁布的捐税，取消包办税则制，取消厘金，设立单一的农业经济累进税。(8) 国家帮助农业经济：A. 办理土地工程；B. 改良扩充水利；C. 防御天灾；D. 国家办理移民事业；E. 国家由农业银行及信用合作社经手办理低利借贷；F. 组织消费及生产的合作社；G. 统一币制、统一度量衡。(9) 一切森林河道归苏维埃政府经营管理。

苏维埃政权巩固后，即当实现土地国有。革命完全胜利之后，在全国或在重要省份中已经建立了巩固的苏维埃政权之后，中国共产党，将进而帮助革命的农民去消灭土地私有权，把一切土地变为社会的共有财产，因为共产党认为土地国有，乃消灭国内最后的封建遗迹的最坚决最彻底的方法。①

7月2日，蔡和森在中国共产党第六次全国代表大会上讨论农民土地问题时作了发言，谈了他对中国土地问题的认识。

按：蔡和森说："第一，土地关系。土地关系的最后趋势没有指出来，报告中只从静的方面分析，没有从动的斗争方面说。静的分析是大地主少，中小地主多，结果垄断土地中国情形与俄国不同，从静的分析确是如此。土地关系随经济关系而变更，应大略的指出趋势。土地集中，集中到地主手里，集中非资本集中，历史上事实是如此。我们要问现在是不是资本主义发展停顿？没有向前发展的因素，资本主义的向前发展，影响乡村的土地关系，使土地关系起变化，走向一定趋势，这趋势即资本集中现象，事实已有过，但发展不多且慢，趋势已有，如垦殖公司、牧畜公司、南通大棉花场都是资本集中的表现。另一方面军阀收买土地数量甚广，成大公司性质。第二，豪绅阶级问题。土地问题决议案说到豪绅资产阶级，又有资产阶级地主，是不是豪绅地主成独立的阶级呢？秋白分析中又分成

---

① 中共中央党史研究室、中央档案馆编：《中国共产党第六次全国代表大会档案文献选编 下》，中共党史出版社2015年版，第867—876页。

两个阶级：豪绅阶级和地主阶级。我以为豪绅不能成单独阶级，因豪绅是地主在乡村的政权代表，农民运动开始反土豪劣绅是要夺取地主政权，农民打坏民团起而夺取地主政权，农民反对地主为了要夺取政权，打民团能得到分配土地，二者都是土地革命现象不能分割。第三，乡村雇农与手工业工人问题。我以为乡村雇农与手工业工人应取一个看待，不能分开。在乡村主要力量是乡村无产阶级——雇农和手工业工人，雇农数量不大，手工业工人数量则甚多，这个数目非乡村资产阶级之外的，而是在其内的。雇农和手工业工人的组织应使联合甚至成一个组织。第四，富农地主问题。整个斗争分两方面，一方面反帝国主义，另一方面反地主和军阀。从整个战线看，整个富农他似可维持中立，但另方必须见到其危险，即土地革命急剧进行，他有迅速反动的可能。第五，游击斗争方面，这个问题在策略上主要的问题首先要问游击斗争方式是不是农民运动的主要方式？是主要方式，不但在南方，北方亦如此，以事实看，无论那地农民运动起来很快的转到武装斗争方面，而阶级斗争一激烈，一定向这方面走。"①

7月26日，中共中央发出《城市农村工作指南》，主张建立工人群众统一战线，以统一各派工人群众的斗争行动。

是月，国民政府公布《农民协会组织条例》，标志着国民党关于农会重建工作的正式开始。

8月4日，中华林学会成立大会在南京金陵大学召开，通过《中华林学会会章》，选举姚传法为理事长。学会以集合会员研究林学，建议林政，促进林业为宗旨。

是月，共产党人朱积垒、郭滴人、邓子恢、郭慕亮、张鼎丞等先前在福建西部的长乐、后田、蛟洋、永定等先后发动农民武装起义，是月将起义部队改编为中国工农红军第七军第十九师。

9月10日，中共满洲省临委召开第三次党员代表大会，通过《满洲省第三次代表大会农民运动决议案》，比较系统地分析了东北地区的农民状况，阐明党在东北农村工作的路线、方针、策略，是满洲省临委开展农民运动工作的纲领性文件。

9月28日，共产党人徐履峻、陈耿、徐福元等在福建崇安农民举行

---

① 蔡尚思主编：《中国现代思想史资料简编》第3卷，浙江人民出版社1982年版，第7—8页。

武装起义，起义地区纵横50余公里。

是月，中共福建临时省委紧急代表会议通过《农运工作决议案》。

是月，国民政府第一次公布《县组织法》，规定县以下的组织依次为区、村（里）、闾、邻四级。

10月14日，毛泽东在井冈山主持召开湘赣边界共产党第二次代表大会，会议通过中国共产党历史上第一部土地法《井冈山土地法》，用法律的形式肯定了农民对土地的使用权。

按：该土地法共9条14款，其主要内容有：第一，没收一切土地归苏维埃政府所有，以分配农民个别耕种为主要办法，特殊情况下可采用分配农民共同耕种和组织模范农场耕种的办法。第二，禁止买卖一切经苏维埃没收并分配后的土地。第三，关于土地分配，以人口为标准，男女老幼平均分配为主要办法，在有特别情形的地方可以以劳动力为标准，能劳动者比不能劳动者多分土地一倍。第四，分配土地的区域标准主要以乡为单位分配，在有特别情形的地方可以几个乡或区为单位进行分配。第五，茶山、柴山等资源照分田办法进行分配，竹木归苏维埃政府所有，但农民经苏维埃政府许可后，可以使用竹木。第六，自己愿意分田的乡村手工业工人可以分得每个农民所得田的数量的一半。第七，红军及赤卫队的官兵，以及在政府工作或从事其他公共服务的人，可以依农民的标准分得土地，由苏维埃政府雇人负责耕种。后来，毛泽东在一个调查报告中指出这个土地法有几个错误：（1）没收一切土地而不是只没收地主土地；（2）土地所有权属政府而不是农民，农民只有使用权；（3）禁止土地买卖。这种分配土地的经验，也为后来其他革命根据地所借鉴。①

是月，湖南桂东和江西袁川举行农民起义。

是月，中华民国建设委员会更名为国民政府建设委员会，隶属于行政院。

是月，满洲农业协会在大连成立。

是月，国民政府颁布《限制田赋令》，规定田赋附税不得超过正税，正附并计不得超过地价的1%。

11月16—24日，中共广东省委在香港召开第二次扩大会议，通过

---

① 赖辉亮：《百年中国大事要览·经济卷》，党建读物出版社2002年版，第75—76页。

《目前政治任务与工作方针决议案》《农村工作决议案》《职工运动决议案》等文件。

11月25日，毛泽东给中共中央报告井冈山的斗争情况，全面总结了井冈山革命根据地实行工农武装割据的经验，进一步阐明了"工农武装割据"的思想。

按：《井冈山的斗争》包括湘赣边界的割据和八月失败、割据地区的现势（军事问题、土地问题、政权问题、党的组织问题、革命性质问题、割据地区问题）两大部分。

11月，中共广东省委第二次扩大通过《关于农村工作决议案》《关于军事工作决议案》《关于党的组织问题决议案》。

按：《关于农村工作决议案》分四部分：一、农村革命的内容与农村革命的前途，包括大多数农民为了地主阶级的剥削不能维持自己的生活；广东农村的资本主义比较发展，但地主阶级始终是农民群众主要的敌人；地主阶级军阀豪绅对农民的半封建的剥削方式；地主阶级并且有封建方式的掠夺土地的事；农民同时亦要反对商业资本与高利贷的剥削；农村工人亦迫切需要一革命的斗争，且在地位上是这一革命的领导者，他们并与贫农关系非常密切；农村革命客观上是求农村资本主义的发展，但应当领导着向社会主义的前途；广东农民将要成千成万的在无产阶级领导下争求农村革命的胜利。二、过去农村工作的教训，包括不注意城市工作与农村工人雇农的工作，亦不能指出农村革命资本主义化的前途；不能明显农村斗争的阶级意识，使富农、中农乃至贫农动摇；不能将反军阀、豪绅的斗争认作反地主阶级斗争的一部分；不注意发动群众武装起来，相信离开群众用军事或其他方法可以获得胜利；农村工作方式不能群众化；主观上比较忽略群众组织的工作；农村工作的不平衡发展；游击战争的意义与策略不明了，结果非阻碍斗争，便陷于失败主义、拼命主义。三、农民工作的总路线，包括现在革命阶段中广泛农民反封建剥削的统一战线；反地主阶级与军阀、豪绅的斗争之关系；没收分配一切土地的口号必须纠立；对于富农不让步，亦不拒绝其参加革命；农村工作的配合问题；第一是城市无产阶级领导权的确立；第二是工农兵阶级力量必须求其配合的发展；第三是重要城市乡村与其周围小乡村工作的平衡发展。四、农村的组织问题，包括农村组织工作，是保证农村斗争胜利的条件；农民需要组织，但因为以前工作方式的错误，所以感觉组织困难；农村的阶级组织贫农组织及工农贫农［民］联盟的组织；农村妇女、青年的组织；雇农、乡村工人的独立组织及其与农会之关系；富农领导的农会，贫农应当尽可能地加入而争取其领导权；要先发动群众组织的要求，不拘名义形式以组织群众；加入农村中原始组织改变为农会或吸收其加入农会；农民团体的民主化及其与党的关系；农民团体的训练与分配工作问题。五、农村的宣传与鼓动，包括农村工作上两个严重的错误；从日常生活问题说明党的主张，这是宣传工作的一个重要原则；各级党部应经常发宣言，但须注意秘密工作而求其群众；宣传的口号与鼓动的口号、行动的口号必须分开；斗争起来时，要特别加强反机会主义、改良主义的宣传；农村宣传须注意妇女青年问题，尤其要特别注意使他们离开老年人的影响。六、农村的斗争，包括发动日常生活斗争的重要；现在农村群众所要求的斗争；所谓反动乡村的群众客观上要求斗争，与红色乡村群众没有两样；农村斗争应为主观的发动的计划，但仍须利用时机鼓动群众起来；斗争一定要是群众直接行动，胜利要能证明是依靠群众的力量；斗争一起要显明是阶级的意义，尤其要注意所谓反动乡村群众起来参加斗争；农村斗争与宣传、组织工作的关系；农村妇女、青年的斗争问题；群众斗争很容易变成武装冲突，但亦有不转成武装冲突便应结束的。七、游击战争，包括游击战争的任务；游击战争的战术；游击战争部队之组织及其成分；游击战争部队之领导者与指挥人员；游击战争的战术，是永远自动地向敌人弱点进攻；游击战争须在整个群众工作布置之下发动起来，但如群众自己起来要求武装斗争之时，便以游击战争方式参加或发动这一斗争；游击战争中两个严重的错误倾向；赤卫军须继续扩大，但一定要在暴动时期方可组织红军；要有决心领导游击战争，但一定要加紧党的工作。八、地方暴动，包括地方暴动的条件；革命委员会与暴动参谋部的工作；暴动是要没收地主阶级土地的，由苏维埃解决，不是平分土地；对反革命要打击其首领，不是无系统的大烧大杀；依据革命的利益决定监督资本家，于必要时征发没收其财产；苏维埃的组织应由劳动群众直接选举，但保证工人、雇农的领导；暴动必须继续进攻向外发展，方能巩固已经获得的胜利；有一地方暴动起来，各地应拿来推进本地的宣传工作。①

---

① 中央档案馆：《广东革命烈士文件汇集 1928（甲）》，中央档案馆 1982 年版，第 129—170 页。

12月5日，农矿部发布《农产物检查条例》。

12月27日，中共山东省委发出《关于农运计划大纲》。

按：大纲分农村现状及党的中心任务、农运之中心区域的选择、农民的武装问题、工作的布置、组织问题、宣传鼓动工作、斗争问题、要建立工农实际的联系及工人对农民的领导作用、农村政治经济的调查与分析等九个方面。

是月，陈果夫、王世颖等在南京成立中国合作学社，出版《合作月刊》，推动合作主义运动。

是年，广西省政府通令成立县农民建设会，以便发展农民建设事业。

是年，江苏省农矿厅设立农业推广委员会，并创立省农民银行，此为我国政府正式设立农业推广机关及专业农业金融机构之始。

是年，梁漱溟在广东向国民党中央提出"乡治"，要"替中国民族在政治上，在经济上，开出一条路来走"，经国民党中央批准，在广州开办了乡治讲习所，宣传他的"村治"理论，培训"村治"人才。

是年，中华农学会与德国爱礼司肥料公司在上海联合创办农学研究所，并附设农事试验场，由许璇兼任所长，研究员由梁希、陈方济兼任，试验场的技术员是周汝沆。合办的目的，是为了从事该公司出产的狮马牌化学肥料对稻、麦、棉等主要农作物的肥效试验。

二 乡村建设研究论文

竹溪《在山东做农运应当首先注意的是什么》发表于《农民》第1期。

子节《农村的建设》发表于《农民》第1期。

按：文章说："本党第一次全国代表大会，对内政策第十条规定：'改良农村组织，增进农人生活。'这是本党改造农村的根本主张。我们依据这个根本主张，提出两个改造农村的原则：即A 政治民主化；B 生产工业化。这两个原则，一个是改良农村组织的——政治民主化，一个增进农人生活的——生产工业化。"

厚《怎样解除农民的痛苦》发表于《农民》第1期。

孟周《农业革新》发表于《农民》第1期。

王衡《农民运动的向左转和向右转走》发表于《农民》第2期。

中国国民党《中国国民党第二次全国代表大会农民运动议决案》发表于《农民》第2期。

按：决议案认为农民运动的政治的目的是："（甲）引导农民使为有组织之民众，以参加国民革命；（乙）排除妨碍农民利益之军阀，买办阶级，贪官污吏，劣绅土豪等；（丙）解散压迫农民之武装团体；（丁）明定农民以自力防御侵害之原则；（戊）制止土豪劣绅垄断乡政，扶助农民之自治团体；（己）无论何时，本党应站于农民利益方面而奋斗；（庚）制定农民保护法；（辛）实行公用度量衡。"

金钰《山东农民运动进程中的一个难关》发表于《农民》第2期。

李鲁航《农民运动问题》发表于《农民》第2期。

按：文章认为农民运动的意义是："中国以农立国，总计农民占全体人口百分之八十。就全国说，其数当在三万万以上。就本省说，也差不多有三千万之多，所以现在我们要说唤起民众，则势非先唤起农民不可。要谈民众运动，则势非先谈农民运动不可。但是我们承认'农民运动是要建设在农业的改良上'的，所以必须使农业改良与农民运动同时进行，农民运动方觉得易于促成，而其意义也更为扩大。""我们作农民运动至少有以下三个目的：1.使农民直接认识本阶级的利益，间接认识本党是为农民及一般民众谋利益的党，共同起来，拥护本党，参加革命。2.使农民在党的指导之下联合起来，组织农民协会，一方面尽力于农村教育、自治、合作社等等新的建设事业；一方面对于农业改良，及农业经济等项，应用合作的方式进行。3.在消极方面，破除迷信，注意卫生，改良一切恶俗及陋习。"农民运动的方法是："甲，设立农民训练班、农民识字班、农童补习学校、农民阅报社、农村巡回书库，及其他一切补救事项。乙，取最新式农业推广方法，如化装讲演、幻影灯讲演、图书、标语、农品展览会、农产竞赛会等，一面促进农业改良，一面指导农民运动。"关于农民行政之标准："1.扶助农民协会之发展；2.提倡农民合作社；3.拥护雇农佃农之利益；4.维持自耕农之地位；5.调停佃农与地主间之纠纷；6.筹设农民贷款局；7.实行下列本党在前所订关于农民行政之政纲：（甲）减轻佃农佃租百分之二十五；（乙）统一土地税，废除苛例；（丙）遇饥荒时得免田租；（丁）禁止重利盘剥最高利率年利不得过百分之二十；（戊）帮助组织及发展垦殖事业；（己）设法救济荒灾及防止荒灾之发生；（庚）农民有组织农民协会之自由。"

吴思《农村情况略谈》发表于《农民》第3期。

厚《打倒农民的敌人》发表于《农民》第3期。

王衡《农民运动的厄运和幸运》发表于《农民》第3期。

李鲁航《模范农村问题》发表于《农民》第3期。

王衡《土地制度之历史观》发表于《农民》第4期。

伯苗《我希望做农民运动的同志的一点》发表于《农民》第4期。

厚甫《改善农民生活之我见》发表于《农民》第4期。

申笑《现在作农民运动工作先要晓得农民爱吃那一日》发表于《农民》第4—5期。

吴渭《如何能使农民参加国民革命》发表于《农民》第5期。

申笑《初作农运工作要使农民自己认识自己》发表于《农民》第5期。

扬扬《国共两党农运的分析》发表于《农民》第5—6期。

荒原《农民运动中的一个小问题》发表于《农民》第6期。

锦玉《不知为什么取消农民自卫军》发表于《农民》第6期。

西昭《现在站在农民群众中来谈谈农民运动》发表于《农民》第6期。

按：文章说："农民运动，在国民革命中，占重要的位置，这几乎成了一般很普遍的常识。所以谈农民运动的，也随着日多一日，关于农民运动的刊物，虽不能说汗牛充栋，而确是不在少数，不就我所听所见的，认为唯一的共同缺点，就是未能站在农民群众中，来谈农民运动。所以总觉得他们所谈的有点子不合实际，所以我现在要站在农民群众中，来谈谈农民运动。"

伯苗《农村经济的救济》发表于《农民》第7期。

罗天宝《农村的现状及其在全国中的地位》发表于《农民》第7期。

按：文章分农村的经济状况、农村的政治情形、农村的文化、农村在全中国的地位四部分。

叶汉儒《农业改进问题》发表于《农声》第95—96期。

沈鹏飞《提倡林业的世界观》发表于《农声》百期纪念号。

冯锐《普及农业科学谈》发表于《农学杂志》第1期。

陈孝治《改良今日吾国农业意见》发表于《农学杂志》第3期。

梁灵活《各区农民亟宜筹办农业联合会保险之献议》发表于《农事

月刊》第 7 卷第 2 期。

廖锦良《论水利与农业之关系》发表于《农事月刊》第 7 卷第 3 期。

陶昌善《农业上所观之中日关系》发表于《中华农学会报》第 61 期。

乔启明《中美农民生活程度之比较》发表于《中华农学会报》第 62 期。

余贻倬《我国农民宜耕种牧养混合》发表于《农工部农工浅说》第 8 期。

唐启宇《中国农民运动——在政治工作人员养成所演讲稿》发表于《农工公报（镇江）》第 1 期。

按：文章说："甚么叫农民运动呢？现在要把农民运动解释得清清楚楚，便先要知道什么是农民，什么是运动，大凡有智能，有力量，从事农业的就叫作农民，组织成一种团体，常常的向前进行富有生活力的就叫做运动。车子的轮，马的足，鸟的翅膀都是为着运动用的，如果不运动，就呈现一种静止的状态，生机停滞，没有进步，要打破静沉的环境，只有运动。商人为他们自己本身的利益组织起来，成就他们的目的，便是商民运动。工人为他们自己本身的利益组织起来，成就他们的目的，便是工人运动。同样，农民为他们自己本身的利益组织起来，成就他们的目的，便是农民运动。""中国为什么要农民运动呢？总括起来讲，是要结成很坚固的团体，求中国之自由平等。分析起来讲，是对内扫除土豪劣绅军阀的障碍，对外抵抗帝国主义的侵略，然后才有方法向农业建设的方面走。"

毛福全《世界林业之沿革及其趋势》发表于《农工公报（北京）》第 3 期。

赵志超《东三省农林业概况》发表于《农工公报（北京）》第 5 期。

毛福全《直隶元氏县之农林业计划》发表于《农工公报（北京）》第 5 期。

杨开道《中国农业问题》发表于《农矿公报（南京）》第 1—2 期。

鲍事天《本党训政时期整顿全国农业生产力之方法》发表于《农矿公报（南京）》第 2 期。

陈蕴奇、谭常恺《改良农业行政组织建议案》发表于《农矿公报（南京）》第 2 期。

施学齐《农业信用概要》发表于《农矿公报（南京）》第 2 期。

孙文郁《农业统计之效用》发表于《农矿公报（南京）》第 4 期。

梁希《请设中央林业试验场案》发表于《农矿公报（南京）》第 5 期。

陈植《对于兵工林业之管见》发表于《农矿公报（南京）》第 6 期。

王志华《经济建设中之农民银行》发表于《农矿公报（南京）》第 6 期。

胡庶华《德国农业之近况》发表于《农矿公报（南京）》第 6 期。

叶杏《中国之农业》发表于《实业杂志》第 123—124 期。

运南《江苏农村经济与目下之农业问题》发表于《实业杂志》第 131—132 期。

王丕显《农民与农运》发表于《农工商周刊》第 9 期。

按：文章说："农运工作是为农民谋解放，为农业求发展的先锋。农运工作是很重要的，应当有一定的目标，否则恐怕知识浅近的农民，往往误入了歧途，益处没有见到，恶处已普遍了。我们的农运工作，有两大目的：第一，唤醒农民，使农民明了自身地位的重要……；第二，指导他们改良农事，使他们增加生产，并加以有系统的组织，以解除压迫的痛苦。倘若这两个目的能完全明了，完全实现，则国民革命的目的，差不多已经完成了一半。"

周泽《中国农业金融应有之救济》发表于《会计学报》创刊号。

龚骏《危机四伏之中国现在农业》发表于《商业月报》第 8 卷第 1 期。

孙文郁《农业统计之效用》发表于《商业月报》第 8 卷第 11 期。

运南《江苏农村经济与目下之农业问题》发表于《实业杂志》第 131—132 期。

洪永权《农业问题与中国农民状况》发表于《经济之微波》第 1 期。

按：文章说："资本主义在农业方面的催命符，虽然没有像工业方面那样的紧迫，但是资本主义之不能永久存在，是可预断的事。所以农业在将来适切社会情状的新制度下充分发展起来，也是可以预料的事实。如果社会主义是适应社会环境的，是替代资本主义的新制度，那末将来的农业必定是：土地归国家公有，共同耕种，收获品由国家共同分配，既没有榨取阶级与被榨取阶级，当然没有贫富不均的病态；而且用国家的大力量去扩大农业经营规模，使能充分应用新技术，资本既然充足，农民生活又有相当调剂不致过度劳作，农业之发展前程，实在是无可限量的。"

周泽《中国农业金融之事业与组织》发表于《经济汇报》第4卷第1期。

周泽《农业金融之意义与性质》发表于《经济汇报》第4卷第2期。

王维驷《改善中国农村生活之我见》发表于《经济汇报》第4卷第2期。

薛鸿远《扬州八邑近年农民经济概况》发表于《经济汇报》第4卷第2期。

孔祥熙《山西农业计划草案序》发表于《工商公报》第1卷第1期。

按：文章说："工商之源，多出于农林蚕牧。""渴望农业之进步，未敢后于人。"

罗登义《二十年来美之农业生产》发表于《商业月报》第8卷第11期。

周泽《中国农业金融概论》发表于《钱业月报》第8卷第5、7—8期。

周浩坤《中国农民利用金融之困难》发表于《钱业月报》第8卷特刊号。

徐克《农业与中国的将来》发表于《银行月刊》第8卷第4期。

按：文章说："著者对于中国最大的希望，就是望中国人快点去发展工业。假使工业发达，农民必齐到都市上来工作。则农村的居民甚少。于此，可将农民的工资加高，鼓励他对于农事上发生很大的效力。与工厂里的工人一样。那末，中国的人口问题和农业问题可以得到解决了。"

清波《法国之农业金融机关》发表于《银行月刊》第8卷第8期。

远钦《民生主义之农业金融》发表于《银行月刊》第8卷第8期。

董时进《中国之农村合作》发表于《银行月刊》第8卷第9期。

庚子《中小工商业者及农村金融机关与产业组合》发表于《银行月刊》第8卷第10期。

子明《吾国亟宜利用机械以振兴农业》发表于《银行周报》第12卷第36期。

鹿鸣《东省之农业教育问题》发表于《东省经济月刊》第4卷第1期。

爱直《北满农业之调查》发表于《东省经济月刊》第4卷第1期。

晓钟《农业浅说》发表于《东省经济月刊》第4卷第2期。

张蜀翘《中国农业所受坟茔制之影响及今后应行改良之商榷》发表于《东省经济月刊》第4卷第5—6期。

柳直荀《湖南农民革命的追述》发表于《布尔塞维克》第1卷第12、14期。

按：文章说："湖南农民最激烈的斗争就是关于土地问题的斗争。土地问题是中国几千年政治上要解决而未解决的问题，政治上既不能替农民解决这样的大问题，湖南农民起而自己动手解决。他们解决的凡是虽在各处表现不同，但是解决土地问题的目的则确是一致的。"

典琦《湘鄂赣川四省农民暴动之新发展》发表于《布尔塞维克》第1卷第14期。

绮园《走投无路之朝鲜农民》发表于《布尔塞维克》第1卷第14期。

胡义《醴陵的农民暴动》发表于《布尔塞维克》第1卷第26期。

李立三《中国革命中的农民问题》发表于《布尔什维克》第2卷第2期。

按：文章说："农民是封建社会过渡到资本主义社会的产物，他是农奴制度的反抗者，即是封建剥削关系的反抗者，所以农民是资本主义在乡村中的代表。农民是资产阶级与无产阶级中间的过渡阶级，他仍在随着资本主义的发展，继续向两极分化——大部分一天天破产渐成为无产阶级，极少数以资本的积累而变为资产阶级。所以农民不论在资产阶级革命或者是社会主义革命的阶段上，特别在落后的国家中，都有重大的关系，所以无产阶级政党，对农民策略的正确，是领导革命胜利的主要条件之一。……但是中国的土地关系与欧洲的土地关系，有很大的不同，农村中的剥削形式，也就异常复杂，农民在各个革命的阶段上，对革命的态度，也就与欧洲有很大的区别，所以中国无产阶级对农民问题的策略也就不能把列宁对俄国农民问题的策略机械的来运用。"

子奇《怎样解放中国农民》发表于《现代中国》第1卷第2期。

包逸宇《中国农民问题》（上）发表于《现代中国》第1卷第4期。

按：文章说："中国农民问题，是一切社会问题当中的中心问题，唤起农民起来，是中国革命运动当中的一个主要的工作。假使农民不来加入革命，中国的革命便失掉了立场，农民问题不解决，中国的革命即无意义。自从民国十三年中国共产党确定农工政策以后，农民问题及农民运动，才被认为政治上及社会上底一个主要问题，在此时以前，这乡下人的闲事，统治阶级和士大夫，一向是不大注意。"关于造成农民痛苦的原因，作者认为，"第一，农村文化底落后，农民知识的锢闭，使他们对于生产方法，还是停顿在一千多年以前的状态，对于土地又没有相当的培养，地力日臻于贫瘠，生产力亦为之锐减，而社会的生活，又是日渐复杂增高，使农民的生活，不得不陷于贫乏困苦的状态中，这是农民痛苦的根本问题。第二，中国大多数的农田，都是在崇山峻岭的当中，农村同城市的交通受了山河的阻碍，运输上极困难，故农业生产品的销售很受影响，价格亦因之降低，又加以水利之不良，河道的淤塞，每当春夏之交，雨水泛溢，河溃堤决，洪水横流，农田为之淹没者十之八九。……因此农业经营益陷于困苦的状态。第三，自国民以来，国内战争，连年不息，……使农村的生活不安定，农民中之优秀者弃农为兵，减少农业经营的力量，而影响生产，又因战争而发行军用票金库券流通券等等，都是吮吸农民膏血而使农民益陷于贫乏困苦境遇的事实。第四，中国关于农民底赋税，在前清的时候，只有丁漕两道，农民担负比较现在是轻多了。自从民国以来，因为内乱战争和举行新政的缘故，关于农民的赋税，比较从前超过得很远。……第五，土地分配的不均，如长江流域及南华各省，农民的劳动量，超过了土地的需要，即是人力超过了地力。黄河流域及西北东北各省，有很多荒地没有开垦，即地力超过了人力。"作者认为，"解决农民问题，安定农业经济，为中国一切问题当中的第一个重要问题。解决农民问题的途径有二，一是自动的，要农民本身感觉得政治上的不安，经济上的不安，他们自动地起来，解决给予他们一切不安的原动力，此种途径虽然中国农民目前的能力，不能达到，但是若照现在的情形一直延长下去，他们到了欲生不得，欲死不能的时候，自然会走上这一个途径。二是被动的，这种途径，是要革命政府，能够站在农民的利益上面，也就是站在国家经济底利益上面，把所有给予农民底痛苦及妨碍农业发展底原动力扫除净尽，最少限度，须把下面的几个问题实行和建设起来。"第一，内乱战争所给予农民的痛苦很大，若是国内战争延长，即是农民的痛苦延长，只有结束内乱战争，使农民得以休养生息，从事农业生产的改进。第二，中国土地分配之不良，所以土地分配问题，为农民问题中底主要部分。第三，农村文化底堕落，不仅是农业生产上底危机，而且是国家和民族问题底危机。所以开发农村文化，亦为解决农民问题中的一个重要问题。第四，改良农具，改良种子，普及人造肥料，为目前农业生产当中极关迫切至紧要的问题。第五，水利不良，河道淤塞，于农民为极不利的事实，因此培养水利人才，改良水利，疏浚河道，为发展农业生产上底一个重要问题。第六，中国吏治之坏，是举国一致底事实，故欲解除农民疾苦，应从事吏治之整理。第七，国税底繁苛，已经是使农民到了不堪忍受的程度了，若只知搜刮，而不知培养元气，则中国经济前途底危机，真不堪设想了。第八，在国际资本主义新式工商业侵入中国底现在，农民之被引诱而脱离农村生活者，其量甚大，而其势甚猛，若无挽回安定的方法，其势必影响到国家经济的破产，这是极明显的事实。第九，农业生产品的销售，及农民生活必需品的供给，现由一般贩卖商人，居间转运，农民因被榨取，益陷于贫乏，为免除此项榨取，应由国家办理或国家辅助农村自行办理消费合作社及生产合作社，既可以免除农村经济的漏卮，又使农民底物质的享受上得到便利。第十，中国农民与政治底隔离甚远，农民虽然是中国立国底基础，而农民本身，并不预闻政治，农民对国家大事，不负任何责任，所以农村自治，为训练农民底基本政治训练，要农民了解政治，参与政治，使他们能够对国家社会负责任的门径，即是农村自治的训练。以上十事，如果政府能够为农民实现出来，中国农民问题亦可以得着暂时的解决，否则就只有看他们去走那第二条路了。

  包逸宇《中国农民问题》（下）发表于《现代中国》第2卷第1期。

  按：是文分农民运动的必要、农民运动的本质和对策、农民运动的历史观、五年来农民运动底回顾、农民运动与劳动运动、从农民间推测到中国革命底前途六部分。

  周泽《中国农民金融季节概论》发表于《暨南周刊》寒假特刊。

  乐的《中国的农业教育》发表于《暨南周刊》第3卷第7期。

  张果存《设施农民教育我见》发表于《暨南周刊》第4卷第2期。

  杨均《农村调查及其调查法》发表于《社会季刊》第1卷第1期。

  按：文章分中国农村之特点、中国农村最近之衰落、农村调查之重要、农村调查之要项、农村调查应备之表格五部分。

  孙宪麟《目前农民经济之需要设施》发表于《正轨》第1期。

  大愿《社会主义下农业问题之差别见解》发表于《策进》第2卷第28—29期。

源明《中国之农业及其将来》发表于《策进》第 3 卷第 63 期。

胡行之《到农村去的两大意义》发表于《浙江》第 1 卷第 7 期。

小岑《今日世界上的农村问题》发表于《再造》第 12 期。

周一志《萧山衙前农村考察记》发表于《再造》第 12—13 期。

吴觉农《对于农民协会的贡献》（在上海市农民协会成立会演说）发表于《教育与职业》第 91 期。

按：文章说：中国以农立国，农民人数占百分之八十以上，欲使中国达到真正自由平等的地位，非尽力奉行总理的民生主义及提高农民的生活不可。农民协会为团结农民，改良乡村，巩固革命基础，完成三民主义的唯一的团体，刚才市党部委员已详细说明农民协会在国民革命中所占的地位的重要，我不再多说了。现在具体把上海市农民协会所处特别的地位，所负特别的使命，与特别的责任分为三项来说：（一）上海市农民协会所处特别的地位。有许多人以为上海是工商的中心，没有农民可言。因为他们所看到的高大的建筑，敏捷的交通，熙来攘往的男女老幼，运进运出的一切货物，没有一件不是工商的事业，几乎没有一个人不是经营商业或是与工厂有关系的。但仔细一想，实在是错了。……上海是一切输出入品的集中地，交通便利，消息灵通，人才集中，如果将来要创办这一种买卖合作社的总机关，上海市农民协会便应该负这一个重大的责任。所以上海市农民协会，实在是中国三万万农民的先锋军，上海市农民协会的地位，是何等的重要啊！（二）上海市农民协会对于特别市所负的责任。现在上海特别市市政府，将规划一个大上海的计划。要完成大上海，第一须把上海附近的农民的一切无知迷信保守懒惰等恶习惯，完全去掉，这一大责任，也完全在农民协会的身上。（三）上海市农民协会与社会农民生活。上海附近的农业，照例应该比别处发达，比别处进步，但事实上殊不尽然。我所看到的上海附近的农业，比任何地方要幼稚，比任何地方要粗荒。上海市农民协会，应该在最短时期内尽力地调查宣传，设法改良农业，这是对于改良农民生活最大也是最重的责任。

顾树森《设施农村事业之计划》发表于《教育与职业》第 92 期。

过探先、邹锡恩、包淑元《农业教育的分工合作》发表于《教育与职业》第 96 期。

武鉴衡《农村合作与国货前途》发表于《教育与职业》第 99 期。

黄启明《中国农村教育不振之原因》发表于《教育杂志》第 20 卷第

7期。

按：文章说：中国农村教育不振的原因，第一是各省的农户耕地面积太不平均，第二是农业组织上太不平均，第三是农民的负担太重。"总之，农村教育是中国教育的根本问题，国内的教育专家们，请你们留点意罢。"

吴增芥《最近丹麦之农村教育》发表于《教育杂志》第20卷第9期。

陈昭莹《农民教育之我见》发表于《广西教育》第1卷第3期。

杨效春《怎样着手解决中国农民教育问题》发表于《中华教育界》第17卷第1期。

周允昭《农村小学教员对于农村社会应负的使命》发表于《金山县教育月刊》第4卷第6期。

朱庆曾、徐天机《调济农村经济之研究》发表于《金山县教育月刊》第4卷第10期。

中央大学《中央大学区各县农民教育馆办法草案》发表于《民众教育》第1卷第2期。

按：草案说明举办农民教育馆的理由是："本大学鉴于一般农民生活之恶劣，环境之不良，不惟教育缺乏，抑且生计艰难，而其人数又占全民众最大多数，故须急谋教养救济之道，以完成其人格，以改良其生活；爰拟在本大学区各县举办农民教育馆。"

执无《东三省朝鲜农民问题》发表于《现代评论》第7卷第164期。

李粗才《由农民问题说到农民运动》发表于《星期评论》第2卷第7期。

韵英《中国农民阶级的出路》发表于《文化批判》第5期。

一真《对于建设新中国农业教育的意见》发表于《革命》第47期。

冯紫岗《农民运动》发表于《革命》第51期。

朱瑞元《中国的农民问题与本党的农民运动》发表于《革命评论》第4期。

按：文章说："农民问题何以有这样重要？我们可以约略地说一说：(一)农民为中国国民经济之基础。我国人口统计，虽无确切的数目，然农民占全人口在百分之八十以上，则为人们所承认。故无论生产与消费及国家财政负担上，农民均占最重要之位置。……(二)农民为国民革命之干部队。"

黄汉瑞《农民暴动与土地问题》发表于《革命评论》第 6 期。

SJ《中国农业发展的三途径——中国农业问题之一章》发表于《革命评论》第 14 期。

按：文章说："最近的将来中国既然有发展农业的可能，那么中国农业将从哪一个方向或途径发展呢？换一句话说将采用哪一个方法去发展农业呢？这当然离不了三条路：一、个人资本主义的农业经营法；二、国家农业主义的经营法；三、国家监督下的个人资本主义经营法，或从个人的小经营到国家的大经营。"

龙鼎《县自治与农民运动》发表于《革命评论》第 15 期。

平凡《中国农业人口之阶级分析》发表于《双十月刊》第 5 期。

按：文章说："总括起来说，地主、雇人耕种的地主、农业企业家、大农等上层阶级，他们是有共同的利害的；无产者和半无产者的下层阶级，他们也是有共同的利害的。所以上层和下层两个阶级，是互相敌对的阶级。至于中小农的中层阶级，由以上的说明，他们和下层阶级大致是接近的，尤其是在打倒帝国主义、打倒军阀和铲除土豪劣绅的利害关系之下，他们毋宁是要站在下层阶级一方面。"

章乃器《农民银行论》发表于《新评论》第 11 期。

周宪文《英国农民的政治运动概观》发表于《贡献》第 3 卷第 5 期。

木易《民生问题与农业》发表于《北平学生》第 1 期。

华鼎彝译《农业与中国的将来》发表于《知难》第 65 期。

罗溥《中国的农村经济与农民》发表于《北新》第 2 卷第 8 期。

按：文章说："中国农民经济的根本问题在于土地的使用和土地的管有。除了租佃之外，也有小块土地的管有，《经济月刊》对于这一点曾有以下的解释：'虽然江苏南部的田亩有大部分是佃耕的，但是农民耕种自有的田地的也不少。每一分田产也许是很小的，但是农民自有的田亩合起来却占耕地总额三分之一呢。'从这政府刊物对于人口最稠密的省份的土地分配的报告，可以看出中国田亩的最大部分是佃耕的。此外，这一类的土地关系，特别见于中国沿海各省，在那里土地已完全具有商业的性质了。在这些地方，耕种技术的改良，和农民经济的商业化，都是以给予农民一种刺激，使之自有田地之外复佃租他人的土地来耕种。"

刘穆译《印度农村底高利贷和农民银行底组织》发表于《北新》第

2卷第17期。

顾来苏《二十五年来美国农村经济的发展》发表于《北新》第2卷第20期。

罗运炎《农民运动》发表于《兴华》第25卷第1期。

按：文章说："农民运动于一九二一年发轫于广东省，那时粤东各县多有农民协会的组织，惟组织法不良，其唯一的愿望，乃在减少租金。因此地主与农民之间发生冲突，结果农民协会被当地官长解散，而此项运动也就因而夭折了。总理于一九二三年恢复权势，从事改组国民党时，农民运动于是又因而死灰复燃。盖总理鉴于已往的失败，知道非从下层工夫着手，以取得占国民三分之一之农民的扶助，革命殊不易成功。且我国农民生活是极苦的。总理的态度既有这样的改变，所以他注意平均地权，以为改良农民状况之计。嗣后，促进农民和劳工的利益，便成为国民党之一重要政策了。因此，国民党第八十四条附则有这样的规定：'农民有组织农民协会之权'；又八十六条：'农民协会有组织团练以自卫之权。'比较地说，别省之有农民运动，自比广东迟。但因为连年战乱，和广东农民运动努力进行的缘故，此项运动乃有如燎原之火，迅布各省之势。但在别省，不如广东有政府的保护，故遭受军阀、贪官、劣绅和土豪等不少的反对，以故进步甚为迟缓。现在呢，情形大佳了，十七行省和特别区，将均须组织农民运动的工作：如广东、广西、安徽、江苏、湖南、湖北、河南、四川、山东、直隶、江西、浙江、福建、陕西、山西、绥远、察哈尔等共有农民协会五千处，会员不下一千万名。但这些协会，有些组织不佳，兼之办理不得其人，故遭受不少的失败。"

申伯《流氓无产者宰割下的中国农民》发表于《党基》第5期。

姚传法《林业教育》发表于《江苏》第2期。

陈其鹿《江苏省农民银行之筹办经过及现在情况》发表于《江苏》第2期。

张继周《实施乡村改造与普及农民教育》发表于《江苏》第9期。

[日] 入江魁作，倬孙译《日本林业的现在和将来》发表于《国立大学联合会月刊》第1卷第9期。

中央常会《农民协会组织条例》（第十七年七月廿六日中央第159次常务会议通过）发表于《中央党务月刊》第3期。

庄崧甫《提高农民生活之研究——应注意增加生产》发表于《生路

（上海）》第 1 卷第 5 期。

［美］洛开德作，杨湘年译《美国科学的农业问题》发表于《青年进步》第 115 期。

杨湘年《从革命建设的出发点论中国农民》发表于《青年进步》第 118 期。

按：文章说："中国革命了，农民解放的呼喊，像催雨的雷电般兴奋着苦旱欲死的农民的耳目。总理曾说：要把农民做革命的基础。第一二次代表大会都有农民运动的议案。革命政府先后又发有农民运动的宣言。一切的一切，令人相信：革命中国的农民不再有呼吁无门的痛苦。理论上实际上，农民政策的颁布，在中国几成逻辑应有之事了。农民的疾苦不只有一件，农民的问题也不仅是单面。并且一地与一地的情形不同，某时与某时的状态各异。所以，所谓农民政策者，本不是泛泛数语可毕，更不是死守条例可行。然而实际施政之时终必须有慎重略轻的选择以为事工的专注，权宜应变之际，尤不能无理想的标准，以为进行之鹄的。季特氏说：'经济的不均……成为一切不均之主。'论中国农民种种疾苦，谓为经济困难所致，极得论断之要点。所以中国农民政策要从经济方面着眼未尝无理。"

周志珊《训政时期应注意的一点——农民教育》发表于《安定学生》第 2 期。

王聪之《中国国民革命与农业问题》发表于《三民半月刊》第 1 卷第 1 期。

按：文章认为，我国富力之基础为农业，我国国民经济之基础为农业，我国财政基础亦在农业，所以，农业在我国经济之地位是非常重要的了。

刘菀《现代世界农业与重要农产品在国际上的贸易》发表于《三民半月刊》第 1 卷第 2—3 期。

邹秉文《对于广西农业改良问题之建议》发表于《广西建设月刊》第 1 卷第 5 期。

岑伯英《训政时期的广西农业问题》发表于《新广西旬报》第 3 卷第 4 期。

谢康《改良广西农村之经济政治及文化组织》发表于《新广西旬报》第 3 卷第 7—8 期。

谢康《广西农民与合作运动》发表于《新广西旬报》第 3 卷第 12 期。

谢康《广西农民的出路》发表于《新广西旬报》第 3 卷第 14 期。

峻公《中国农民的出路》发表于《新广西旬报》第 3 卷第 16 期。

按：作者认为，要解决农民出路问题，主要要做好四项工作，一是各省增设农业推广机关，二是设计农民银行，三是提倡合作运动，四是建设农村文明。

山公《改良农业与统一度量衡制度》发表于《新广西旬报》第 3 卷第 17 期。

莫甘霖《改良广西农业的计划草案》发表于《新广西旬报》第 3 卷第 18 期。

农矿部《农民识字运动大纲》发表于《南京特别市教育月刊》第 2 卷第 3 期。

许璇《浙江财政与农民经济之关系》发表于《浙江财务人员养成所开学纪念刊》第 1 期。

贡《中国农民状况》（民国六年的调查）发表于《国立中山大学湖南同学会会刊》第 1 期。

玉观彬《中国农民运动之过去与将来》发表于《国民公论（上海）》第 6 期。

按：文章分农民运动之起源、农民运动之地方差异、农民运动之困难、农民运动之发展、农民运动之新方针、农民运动之将来六部分。文章指出："中国农民运动，系最近发生之事实，盖中国教育极不普及，农民之觉醒，极为迟钝，但军阀之压迫，已使一般农民之痛苦，达于忍无可忍之地步，又因国民革命势力之扩张，及共产煽动政策之巧妙，农民运动忽发起萌芽，兹将第一期农民运动之重要事实，略述之如下：一、陕西省渭南地方农民数千人，为反对苛捐起见，包围县署，捕杀劣绅一人，与当地驻军激战。二、湖南白果地方，佃户及自作农等组织委员制之农会，然止一般地主向外人销售农产物，因此，地方联络当地军警包围农会，逮捕委员。上述两种运动，前者为反抗军阀之运动，后者系纯粹阶级斗争，在中国现象之下，农民运动自不能不具有此项两种之作用也。"

评论《怎样解除农民之隐痛》发表于《国民公论（上海）》第 6 期。

申彦俊《现代经济组织与农业》发表于《国民公论（上海）》第

6期。

评论《关于农业之新学说及其批判》发表于《国民公论（上海）》第6期。

刘和《筹划中之农民的农业教育机关》发表于《燕大农讯》第2卷第4期。

李锡周译《中国农村经济调查》发表于《燕大月刊》第2卷第1—2期。

李锡周、王建祖译《中国之农村借贷》发表于《燕大月刊》第2卷第3—4期。

乔万选、王逸之《农民合作之原理与方法》发表于《空军》第18期。

梁漱溟《请办乡治讲习所建议书》发表于《国闻周报》第5卷第35期。

按：是为作者提交中央政治会议广州分会的建议书。《国闻周报》在发表加按语说："乡治为适应潮流切合需要之时代产物，举凡伦常重心之民族问题，教养精神之政治问题，均平原则之民生问题，均非建设乡治皆无从得其圆满之解决。现除直隶翟城村之自治，山西省之村治，皆开村本政治之先声，他如江苏之村制（治）育才馆，湖南村制（治）训练所，广东之乡治讲习所，河南之农村训练班，河北之村政研究委员会，以及其他各省村治之计划或实施，均已次第表现。将来村治一项必可通行全国无疑。唯此项根本事业，非仅制度之建设，实有赖于学术的训练。梁君请开乡治讲习所意见书，于民性国情、社会心理、政治习惯，均有详密之考察。梁君现为广东建设委员会主席，欲以讲学从政合而为者。兹录其原书全文如下。"

金守庚《景山乡农民现况之一斑》发表于《春光（上海）》第3期。

王之人《设立农民银行的面面观》发表于《春光（上海）》第4期。

华汉《五一节谈农民问题》发表于《流沙》第4期。

公孙愈之《中国农民问题》发表于《前进（上海）》第1卷第4期。

公孙愈之《中国农民问题》发表于《前进（上海）》第1卷第6期。

[日] 河西太一郎作，希圣译《世界农民运动小史》发表于《洪荒》第1卷第2—3期。

刘试霖《法国社会主义者与农业问题》发表于《新生命》第1卷第

2期。

克宣《农民运动的归趋》发表于《新生命》第1卷第6期。

按：文章说："现在中国的国民革命，有两种最大的对象，第一是帝国主义，第二就是封建势力——军阀官僚土豪劣绅。打倒帝国主义与封建势力，使中国得到自由平等，完全建设民生主义的民主政治，被压迫阶级民众得到了解放，这才算是国民革命的成功。在这革命的过程中，大部分的工作，还是打倒乡村的封建势力：因为乡村之封建势力，很可以阻碍国民革命的成功。为什么呢？因为封建势力足以巩固帝国主义之基础，第二方面是足以妨碍民主政治之设施。……农民占中国全人口百分之八十以上，直接受乡村封建势力之压迫，间接受帝国主义之剥削，欲图解放自己，必须组织起来，打倒土豪劣绅，消灭帝国主义经济侵略之基础，建设民生主义之民主政治。这是农民最大的目标。"

赵叔愚《农民训练的理论和方案》发表于《新生命》第1卷第6期。

按：文章认为，农民训练的三大目标，一是基本的训练，二是政治的训练，三是生产的训练。基本的训练，"内容应包括读书、识字，和一切常识、常能，及最低限度的民族文化。文字是获得知识的简要工具，而常识、常能更是失学民众所需要之最低限度的知识、技能，而民族文化更是做人建国的基础。"政治的训练，"内容包括三民主义的了解、信仰，和誓行，明了革命的意义，认识政治的环境，参与打倒帝国主义势力，组织农民协会，以维护自身的利益，及改进农村的生活，实现农村自治，和农民自卫的计划，并锻炼行使直接民权的能力。可是为避免空洞无物的虚伪训练起见，我们要在'必有事焉'上实施训练，就是一方面从事宣传，而同时指导组织，并参加实际的运动。"生产的训练，"中国是生产落后的国家，所以备受帝国主义的经济侵略，而且正因为有帝国主义的掠夺，产业简直更没有发达的希望。所以须要从政治运动上打倒帝国主义，以谋民权经济的解放，然而这一着即使做到之后，也只能算走了半路。我们还要努力发展产业，才能根本竖起民族经济独立的基础。而中国的民生问题，也正需要积极的解决。总理在《民生主义》曾说：'中国是患贫，不是患不均。'这是在是对于中国民生问题的真知灼见。稍微对于中国实际经济状况有些常识的人，都可以看出。在客观的事实方面，急待解决的大半是生产问题，而不是分配问题。我们当然要发达大规模的生产事业，可是同时对于全体民众，也要实施普遍的生产训练，以增进一般人的生产能力。"

戴时熙《世界农民运动的现状》发表于《新生命》第1卷第6期。

按：文章说："与农业有关系的人，可分别为六种。一、地主；二、资本家投资于农业者；三、自耕农；四、自耕农兼佃户；五、佃户；六、雇农。地主阶级中又可分为甲：收田租的地主，即不直接经营农业，把田租与他人，按时往收租金者；乙：雇用许多农人，自行经营农业者。其次是资本家投资农业者，就是资本家租人土地，雇用农人，经营农业，从中图利者。第三项的自耕农又可分为三等，上等的，除自己耕种之外，兼雇用许多农人；中等的就以自身及家族的劳动者为主，有时也雇用少数的农人；下等的纯以自身及家族中等劳动者自行经营农业。四五六三项，均不言可喻，无待说明。"文章认为世界大战以后农民运动的特色有："第一件重要特色，就是农民运动倾向于政治方面，他们自行团结起来，组织成一种独立自主的政党。此种倾向，实本于农民对于政治之觉悟，也就是战争直接与间接的影响。此种努力不仅出于富裕的农民，即中下级农民也是兴趣蓬勃。"第二个特色是"农民团体组织及纲领的变化""农民的团体，既从混合组织变而为同一阶级的组织，所以他们的理想及纲领也随之而发生变化"。

郭惠民《农民运动之理论与实际》发表于《新生命》第1卷第6期。

按：文章说：中国农民，一方受资本主义侵入的影响，同时更受资本主义发达到极点的帝国主义的侵略。于是农民运动便必然地要发生了。因为中国敌不过帝国主义的枪炮，屡次打败仗。赔款很多，这种赔款都是收取在农民身上，而且外国生产品频频输入，来吸取金钱，于是农业崩坏，经济破溃，农民生活便摇动起来了。本来中国农产品以茶和丝为出口的大宗，自从英国的印度红茶出产以后，中国茶叶的销路便大减；丝自日本和法国改造以后，又加上美国的人造丝，因此丝业也大受打击……至于在政治上，帝国主义的侵略，对于农民的影响，更为显然。帝国主义扶助军阀，增加内乱，制造土匪，增加骚扰……这些都是使农民受莫大苦痛的。农民受到了这些苦痛，已经到了无路可走的时候了，那他们怎不起来反抗呢？所以农民运动，直接是从帝国主义的侵略而发生，根本是从资本主义之发展而起的。然而，农民运动的发生，还有许多使农民在生活上不安之复杂的原因构成的：第一，使农民生活不安的，便是内乱的继续不已。第二，军阀政府的苛抽暴敛，也是使农民不安的。第三，农民更受特殊阶级的剥削,而发生不安的现象。农村中特殊阶级,为劣绅、土豪、局董、团总、族长等,以及贪官污吏,他们都是以剥削农民为生存条件的。第四,便是田租的奇重了。中国的地主剥削佃户,已是人人所晓得的一件残酷事。第五,买办阶级的操纵物价,也是使农民不安的原因。第六,农民受着无法抵御的自然的压迫,就是水灾旱灾等天灾,也是使农民不安的。

现在再把农民的不安的现象,具体的分析于下:一、土地分配的不均。中国农民的现象,有许多地方有人没有耕地,又有许多地方有地没有人耕。第一种因为人多地少,无法安插,所以有许多分配不到土地耕种的。第二种因为军阀的残杀拉夫征兵等等,或者经过许多战争的地方,人都死了逃了,所以有地没有人去耕种。然而,资本主义的侵入农村,使土地渐渐集中在少数人之手,也是使土地分配不均一大原因。二、粮食恐慌。农民既不能平均分配,其生产力量当然不能供给需要。人多地少的地方,需多供少,人少地多的地方,生产量不能增加。且有种种以外的征借灾患,都发生粮食恐慌的现象。三、农产品价格低落。各种物价都一天一天的腾贵,生活程度都一天一天的增高,然而农产品因帝国主义的经济侵略,商人的操纵,它的价格却低落得很。四、购买力不足。农民因农产品的缺乏和价格的低落,更同各种物价的腾贵,于是农民的购买力便不足,而其他事业的发展,也随之而发生阻碍。五、农民的失业和农村的逃脱。农民因上述各种不安的现象,迫得他们不能不失业。或是资本损失,工具破坏,或是突遇兵灾天灾,都可使他们失业。这些失业农民,或是为匪作盗;好的则到都市工厂中去营工银奴隶的生活;而在沿海一带的农民,则相率到新加坡、菲律宾、安南等处去做仔猪,为外人作牛马奴隶。所以农村的逃脱这现象的普遍,使农业更不能发达。六、家庭关系的崩坏。农民因不能维持生活,不得不使妻女为他人作工,或卖人做奴隶,于是农村中的家庭关系,自然要崩坏了。

农民运动有什么意义呢?农民运动第一个意义,便是它的根本目标在于新社会的创设。这就是说在农业上要把土地和经营使它社会化。现在的农村社会是建筑在私有制上面,把土地集中在少数大地主手里的,农民运动便是要打破这个制度的。然而农民运动不是专谋农民一部的利益的运动,因为社会是浑然的统一体,所以农民运动是谋全社会利益之运动,不过特别注意于农民自身利益的获得罢了。农民运动在目前政治上,更有促进政治之进展的意义。但是要农民组织团体,发生政治作用,除农民运动外简直没有办法，这是农民运动的第二个意义。农民运动还有个重要意义，便是只有农民运动发展，可以解决土地问题。这是一个严重的问题，如果这土地问题不能解决，农民的不安不能解除，社会的秩序不能维持。

现在在说一说农民运动的重要。第一，农民是人类世界的功臣，他耕种米谷，供给全人类的吃食，农民的地位，实是非常重要，但居于重要地位的农民的地位，究竟怎样了？老实说，比不重要的，赘瘤的人民的地位还要低十百倍呢！要恢复农民的重要地位，不能不注重农民运动。第二，农民是人数最多的民众。从革命的见地来说，革命是要谋大多数人民的利益，绝不是为一二少数人的地位和利益而革命的。农民的人数既占全国人口百分之八十五左右，那末，中国革命自然是为这大多数的农民群众而革命的了。第三，农民是最受痛苦的民众。革命是要解放人民的痛苦的，农民既是最受痛苦，所以第一要解放他们。但是革命的力量是要有组织的，要有富于奋斗精神的战斗员的，于是农民运动就发生了重大的作用。第四，农民是革命成功的基础。革命是要破坏现代剥削制度的，但哪一种人民能够担任这个责任呢？哪一种人民加入了革命队伍，革命才能成功呢？这自然是人数最多，痛苦最甚的农民群众了。所以农民是革命的基础，革命而离了农民，便不能成功的。第五，农民虽具有丰富的革命性，同时也包含着多分的反动性。他一方可成为革命的基础，一方也可为反革命的后备队。所以对着这种情形，革命者如果不迅速在农民中树立他的基础，破坏统治阶级在农民中的势力，要想革命成功和巩固革命势力是绝对不可能的。所以防止农民地走入歧途，而阻碍革命，也是所以要从事农民运动的重要理由。第六，农民群众更是三民主义实现的根据。

最后，我们要略举几项农民运动特质：农民运动第一个的特质，便是要为农民自身的运动。明白的说，就是要农民自己起来从事于谋自身利益的运动。统治阶级的利用和地主阶级的缓和政策，农民运动是要远避的。但谁是农民呢？这个问题，我们在上面已经答复了，简单地说，不管他有没有土地，凡是把劳力用在土地上面而从事于劳动生产的都叫作农民。而农民运动，就是为纯粹的这些农民自身的运动的。农民运动更要以贫农为中心的运动。这里所说的贫农，是指雇农佃农和半自耕农而言，就是用过量的劳力而得到极小的消费的农民。因为这些农民最富于革命性。至于自耕农，则富有保守精神，在农民运动中，只好算作从属的要素。农民运动要成为有组织的集团的继续的运动。如果是爆发的一时的运动并没有多大的作用的。所以必须要像以解决佃耕争议而被统制于农民组织的结合体，那才是真的农民运动，这是农民运动的第三个特质。农民运动的第四个特质呢，就是意识的或无意识的而以创造新社会为其内在之目的。就客观的看来，农民运动是实现新社会的种子。社会是不断的进化的，社会组织不是停滞的。现在富人全盛的社会组织，迟早必归于灭亡。而将来新社会的创立，农民运动的进展中，却含有这种作用的特质。

农民运动还有几个注意点，第一，要注意不要离开了党的立场。第二，要注意不要自己出风头。第三，要注意工作时的态度。第四，要注意运动方法的运用。第五，要注意运动步骤的活用。如果一个农民运动者，死板板的读熟了各种关于农民运动文献，而不知活用，那他一定要失败的。

圣举《日本右翼农民组合的纲领及主张》发表于《新生命》第1卷第8期。

披神《德国农业问题的论争和社会民主党的农业主张》发表于《新生命》第1卷第10期。

圣律《俄国的农村政策》发表于《新生命》第1卷第11期。

陈家天《博白农民协会之流弊和今后应注意之点》发表于《南流潮月刊》第14期。

刘子静《湖北省东南区农民生活状况》发表于《循道季刊》第1卷第1期。

成信《英国劳动党的农业政策》发表于《先导月刊》第1卷第4期。

希真《日本劳动农民党底成立及其解散》发表于《双十月刊》第1期。

谢涛《中国农民运动的世界性》发表于《双十月刊》第4期。

按：文章说："目前轰动全世界的中国革命中最繁复的农民问题——农民政策的飘摇，农民指导理论没有确立，正是复杂的环境，反映到复杂的意志的表现，也是主观的意识把握不着客观环境的结果。我们要在这繁复广泛的性质中，理解一切事象的因果关系与其本质所发现的必然则法，以推进时代的进化。……中国农民运动，论其形式，民主革命都没有完成，只有连续不断的民权运动。但是世界的趋势已达到最后的阶段，必然的影响中国革命，走上非资本主义的前途，建设'整个性'的革命。明显地说：中国农民运动，形式上尚脱离不掉平分土地的影响，中国的革命若不解决土地问题,决不能引起农民的参加,就是失掉了十分之八九的民众的基础。同时全世界资本主义正在崩溃的时期,不先粉碎资本主义的制度,土地问题决不能解决,土地问题的解决,不建设非资本的前途,决不能得着最后的胜利,走入进化的轨道。"

黄少文《中国国民党与农民运动》发表于《血路》第1卷第4—6期。

按:文章说:"农民就是国民革命的中心力量,就是革命为解除民众痛苦的最大目标!"

叶非英《中国农业经营论(上)》发表于《血路》第1卷第8期。

盛沛东《社会建设与农业合作问题》发表于《致力》第1卷第5期。

刘行骥《整顿中国农业的设施与国民革命》发表于《建设月刊》第1卷第1期。

程鸿书、刘伯轩《中国农业之现状及吾人应尽之责任》发表于《建设月刊》第1卷第1期。

按:文章指出,我们应尽的责任是,一是力为农民谋利益,二是力求学术公开技术社会化。

王炎《中国农业急应改进之理由》发表于《湖北建设月刊》第1卷第4期。

镜元《世界人口与农业》发表于《河南建设月刊》第1卷第8—9期。

翰笙《中国农民担负的赋税》发表于《东方杂志》第25卷第19期。

微知《英国的农业问题》发表于《东方杂志》第25卷第20期。

骆君骍《改进我省农业的当前问题》发表于《广西留宁学会学报》创刊号。

华君《训政时期的农业经济问题》发表于《江苏党声》第23期。

王云禅《热带农业概要》发表于《荷属华侨学生会》第1卷第2期。

蔡斌咸《浙江农民运动之回顾》发表于《民国日报·觉悟》第1卷第1期。

三 乡村建设研究著作

刘宝书编译《马克思与列宁之农业政策》由上海太平洋书店出版。

按：是书介绍马克思、列宁有关农业政策的论述，附录《恩格斯之农业政策》《农业问题之于社会民主党与共产党》。

[日] 河西太一郎著，周亚屏译《农业问题研究》由上海民智书局出版。

按：是书分农业问题底基础的考察、农业理论及农业政策底研究、农民运动3编。

唐启宇著《农业政策》由公孚印刷所出版。

按：是书分农业之意义及范围、农业政策之意义及范围、土地等级之制定、移民开垦、耕地并合、农场之大小、农业经营、土地分配之方法、农业耕作法以及肥料之施用、灌溉及排水事业、农业贷款、田赋、地产业务、农工、关税政策、农业保险、动植物病虫害之预防及检查、农民合作制度、支配政策、消费政策、农业研究、农业教育、农业推广、农业行政组织、美国之农业政策、英国之农业政策、法国之农业政策、德国之农业政策、意国之农业政策、丹麦之农业政策、俄国之农业政策、日本之农业政策、中国的农业政策等34章。

王世颖著《农业合作ABC》由上海ABC丛书社出版。

[日] 河田嗣郎著，黄枯桐译《农业社会化运动》由上海启智书局出版。

唐启宇著《中国农业改造问题丛著》由上海中国农林学社出版。

按：是书分农业经济问题、农民运动、民主主义与土地问题、运销合作之经营4编。

东省铁路经济调查局编《北满农业》由哈尔滨编者出版。

[日] 佐藤宽次著，黄枯桐译《国际经济会议之农业问题》由上海启智书局出版。

黄枯桐编《农村调查》由上海商务印书馆出版。

按：是书分农村调查底必要、国势调查、社会调查与农村调查、农村调查底方法及其项目、结论五部分。

戴乐仁等著，李锡周编译《中国农村经济实况》由北平农民运动研究会出版。

蔡炳章编《新村制》由上海有益书局出版。

赵仰夫译著《丹麦的农村建设》由上海新学会社出版。

按：是书根据美国福德原书译著，概述丹麦农业复兴的近况与丹麦农村社会的生活。

李明良著《农村新生活讲演集》由美道会文字部出版。

江苏省农民银行编《为什么组织乡村信用合作社》由编者出版。

江苏省农民银行编《信用合作社与农村全部改良的关系》由编者出版。

江苏省农民银行编《应当去怎样组织乡村信用合作社》由编者出版。

江苏省农民银行编《乡村信用合作社模范章程》由编者出版。

江苏省农民银行编《信用合作社社员须知》由编者出版。

江苏省农民银行编《信用合作社会计规则》由编者出版。

中国华洋义赈救灾总会编《农村信用合作社会计规则》由北京编者出版。

[德] 恩格斯著，陆一远译《农民问题》由上海远东图书公司出版。

[日] 庄原达著，刘宝书译《农民与政治运动》由上海太平洋书店出版。

按：是书介绍了资本主义社会农民的地位，论述无产阶级政党与农民，日本农民组合与政治运动等问题。

[日] 河西太一郎著，余叔奎译《世界农民运动之现势》由上海太平洋书店出版。

唐仁著《农民问题大纲》由上海励群书店出版。

按：是书分中国农业的崩溃、资本主义与中国农业、中国农民生活的不安、中国农村人口的构成、农民问题的意义及其重要、农民问题的内容、农民问题的对策等七节。

中国国民党中央执行委员会民众训练委员会编《农民协会组织条例》由编者出版。

吴县农民协会筹备处编《吴县农民》由江苏吴县编者出版。

常熟县农民协会筹备处编《常熟农民》由编者出版。

房德安著《成府人口调查》由北京京城印书局出版。

张原絜编《土地问题浅说》由上海商务印书馆出版。

龙商禧著《广东土地行政刍议》由南京大功坊王吉源印刷号出版。

[日] 安部矶雄著，余叔奎译《土地国有论》由上海太平洋书店出版。

刘宝书著《平均地权》由上海太平洋书店出版。

按：是书介绍平均地权的意义、理由、方法及准备工作。

唐启宇著《民生主义与土地问题》由江苏省政府农工厅合作社指导员养成所出版。

按：是书概述民生主义之土地政策。末附：佃租制度之背景以及中国佃租制度之改良办法。

严仲达著《耕者要有其田》由上海民智书局出版。

按：是书分中国现代土地制度之危机、土地制度之沿革、土地制度在中国历史上之经过、耕者要有其田等四章。

中国国民党河北省党务指导委员会宣传部编《平均地权的讨论》由编者出版。

唐守常著《中国土地丧失史》由上海大东书局出版。

朱莲清编著《论土壤与成土物质》由北平中国地质学会出版。

邹作华著《屯垦浅说》由兴安区屯垦公署出版。

农趣报社编《农趣汇刊》由宁波编者出版。

国立中山大学农林科推广部编《怎样造成一种混合肥料》由编者出版。

黄绍绪编著《作物学实验教程》由上海商务印书馆出版。

顾复编《作物学各论》由上海商务印书馆出版。

龚厥民编，夏诒彬、凌昌焕校《栽培学》由上海商务印书馆出版。

沈宗瀚著《我国农作物种子改良及推广方法刍议》由南京金陵大学农学院出版。

国立中山大学农学院推广部编《治虫法》由中山大学出版部出版。

尤其伟著《蝗》由江苏省昆虫局出版。

江苏省昆虫局编《秋蝗治法》由南京编者出版。

吴和叔编《螟虫》由浙江大学农学院推广部出版。

李积新编《防治螟虫的简便方法》由江苏省治法农矿厅出版。

曾鲁编，季子校《蝗虫之敌》由天津华新印刷局出版。

广西实业院编《防御及驱除螟虫的简易法》由编者出版。

陶昌善著《中国米谷问题之研究》由著者出版。

金善宝著《中国小麦分类之初步》由国立第四中山大学农学院出版。

郝钦铭著《金陵大学之改良小麦》由南京金陵大学出版。

金善宝著《小麦栽培浅说》由浙江大学农学院出版。

陈骕声著《世界各国之糖业》由上海商务印书馆出版。

陈骕声著《台湾糖业概要》由北京京师大学工科出版。

许祖植编《最新种甘蔗法》由上海商务印书馆出版。

张宗成、叶元鼎编译《植烟学》由上海民智书局出版。

国立中山大学农学院推广部编《草菇栽培法》由广州中山大学出版部出版。

许心芸编《最新种梨法》由上海商务印书馆出版。

许心芸编《最新种桃法》由上海商务印书馆出版。

于照著《都门艺兰记》由北京晨报出版部出版。

陈植著《观赏树木》由上海商务印书馆出版。

张福仁编《行道树》由上海商务印书馆出版。

葛天民著《造林是防止水旱天灾的根本方法》由江苏省政府农矿厅出版。

浙江省第二造林场宣传股编《林业浅说》由编者出版。

凌道扬编著《建设中之林业问题》由北平大学农学院出版。

杨靖孚编《植树须知》由浙江大学农学院推广部出版。

[英] 菩罗克著，徐璞译《木材》由上海商务印书馆出版。

国立中山大学农学院推广部编《果树剪枝法》由广州编者出版。

陈宰均著《畜产学通论》由北京农业大学出版。

陈宰均著《牛种之选择——纯种乎抑杂种乎》由北京农业大学出版。

汪圣逸编译《实利主义兔与蜂》由上海新学会社出版。

国立中山大学农学院推广部编《猪瘟》由中山大学出版部出版。

龚厥民编《养牛法》由上海商务印书馆出版。

吴志远、龚厥民编《养蚕学》由上海商务印书馆出版。

国立中山大学农林科推广部编《养蚕纪要》由广州编者出版。

国立中山大学农学院推广部《广东种桑指要》由中山大学出版部出版。

李俊著《最新实验养蜂学讲义》由北平李林园蜂场出版。

牛献周著《蜂学》由保定同兴蜂场出版。

周监殷、鱼华仙编《中等水产学》由上海中华书局出版。

四 卒于是年的乡村建设工作者

张森楷卒（1858—1928）。森楷字元翰，号式卿，重庆市合川区人。晚清举人，曾入成都尊经书院学习，后在合州、成都、雅州、邻水等地讲学，曾为成都大学国史教授。1901年在合州大河坝场创办四川省蚕桑公社，自任社长。次年，为蚕桑公社立案，作为四川民主实业中学堂。并亲自前往江浙延聘师资和技术人员，又东渡日本考察蚕桑事业的新技术和新成果，全力在合州境内推广引进良桑种植和新法养蚕缫丝技术，并以新知识教育学生。至1905年，良桑年植7万株，养蚕由一季改为两季。1908年蚕种增至5000余张，并将缫丝厂扩建为四川第一轻纬丝厂，年产"英雄牌"生丝200余担。合州桑种蚕种遍布巴蜀，生丝行销海外，为此清政府授予"三等商勋"奖励。但合州知州陈世虞却诬告他强夺了合州蚕桑事业，使其"实业救国"的尝试失败。但他对川东地区蚕桑业发展的积极作用，值得肯定。晦可撰有《张森楷：清末川丝改良的倡导者》（《世界农村月刊》1947年第1卷第5期）。

黄召棠卒（1879—1928）。召棠字聘珍，湖南吉首人，土家族。1906年资费留学日本。先在东京弘文学院学习日文，一年后转入鹿儿岛高等农林学校农艺化学科。1912年回国，到北京农业专门学校任教。曾与北洋政府农林总长陈振先等共同组建全国农学会联合会，任副会长。1914年任江西省农事试验场场长。后又任湖南省甲种农业学校校长，并主持湖南农事试验场工作。1917年参与中华农学会，将数千银洋捐赠学会，支持学会开展活动。还先后执教于安徽芜湖第二农业学校、国立第三中山大学农学院。1928年病逝后，中华农学会为表彰他培养农艺人才和发展农业科技事业做出的贡献，于1936年设立"黄聘珍先生纪念奖学金"，专门奖给有关农业化学方面的论著作者。著有《果树园艺栽培学》《土壤学》《茶树的栽培》等。

沈玄庐卒（1892—1928）。原名宗传，字叔言，改名定一，字剑侯，号玄庐，浙江萧山人。1903年任云南楚雄府广通县知事。1909年辞官回乡。辛亥革命初，曾任浙江省参议会议长。1917年与侯绍裘等创办《民国日报》副刊《觉悟》。五四运动时，参与主编传播马克思主义的主要刊物《星期评论》。1920年8月与陈独秀、李汉俊等共同发起成立上海共产党组织，参与起草《中国共产党党纲》，又与陈独秀等一起指导上海的工人运动，还与俞秀松等在浙江创建党和社会主义青年团，并与宣中华、刘大白等浙江第一师范进步师生在杭州成立"悟社"，从事马克思主义研究。1921年4月回家乡领导萧山衙前农民运动，是为中国共产党成立后所领导的第一次农民运动。后随陈独秀南下广州，创办《劳动与妇女》杂志，任主编，对工人阶级和广大妇女进行马克思主义启蒙教育。1923年8月参加由蒋介石、王登云、张太雷组成的"孙逸仙博士代表团"出访苏联。1924年任国民党浙江省党部负责人。1925年参加"西山会议"，是会议宣言和决议的主要起草人之一。1927年任浙江省清党委员会主任委员，屠杀共产党人和革命志士。1928年8月28日遇刺身亡。

周其鉴卒（1893—1928）。其鉴，广东广宁人。早年考入广东省甲种工业学校纺织科读书。受五四运动的影响，与阮啸仙、刘尔崧、张善铭等参与领导学生爱国运动，被选为广东省学生联合会副主席。1921年加入中国共产党。1922年秋任中国劳动组合书记部广东分部广州油业工会秘书，积极从事工人运动。1924年初任中共广东区委农委委员，兼任广宁农民协会委员长。组织农会，创建农军，建设党的组织，开展减租运动，有力地打击反动地主武装势力，使广宁成为全省农运较发达的县份之一。1925年5月当选为广东省农民协会执行委员，兼省农协驻西江办事处主任。1926年5月当选为广东省农民协会常务委员，兼驻北江办事处主任。同时兼任毛泽东主办的第六届广州农民运动讲习所教员，讲授《广宁高要曲江农运状况》，介绍自己在西江和北江地区领导农民运动的情况和经验。并撰写《广宁农民反抗地主始末记》一书，详尽地记述了广宁农民英勇反抗地主、迅猛发展农运的动人情景，总结了党发动、组织和武装农民开展政治、军事以及经济斗争的经验。1927年8月参加南昌起义，编入起义军第二十军三师六团。部队南下受挫后，率余部转入海陆丰，被选为中共广东省委候补委员。11月去北江组织农民武装，成立清远红军独立团。12月参加广州起义。1928年初赴北江领导发动武装暴动时，在清远被国民党军队逮捕，英勇就义。

江公甫卒（1894—1929）。别名官福，广东五华县郭田镇郭田村人。1925年4月参加彭湃主办的海丰农民运动讲习所学习。结业后回五华，由古大存介绍加入中国共产党，一起组建郭田农民协会，被选为农会长。同时组织乡农民自卫军，开展"二五"减租斗争。1926年5月代表郭田乡农民出席县农民协会和县农民自卫军会议。1927年12月随五华参观团前往海丰参观学习苏维埃政权创建经验。1928年1月回到家乡，召开农民大会，进行年关暴动，夺取政权。第四区苏维埃政府成立，被选为主席。后因叛徒告密而被捕，惨遭杀害。

曾天宇卒（1896—1928）。原名国香，又名澜挽、南宛，化名梁明，江西万安人。1917年8月赴日本留学，参加旅日学生爱国运动。1918年5月回国，在上海与其他江西留日同学组织成立留日沉重救国团江西支部。同年9月考入北京中国大学政治经济系。1922年加入中国社会主义青年团。同年利用暑假的机会回到万安，在家乡邀集张世熙等10多名青年，组织成立万安青年学会，创办发行《青年》杂志，宣传共产主义思想。1923年11月协助张世熙、文章等人在县城筹办聚华书店。1925年11月加入中国共产党。1926年由党组织送赴莫斯科深造。旋奉召回国，受党派遣在国民党革命第三军政治部任宣传科长，随军转战江西，参加北伐战争。1927年初回到南昌，在朱德创办的第三军军官教育团任政治教官，曾率学员去万安等地调查农村状况，组织农民协会。4月曾指挥军官教育团学员会同工农民众冲垮被国民党右派控制的江西省党部，被任命为省党部和省农民协会特派员，赴余干、景德镇、鄱阳等县指导当地革命斗争。6月底以省委特派员的身份被派回万安组织农民武装斗争，领导万安暴动，建立江西省第一个县级苏维埃政权——万安县苏维埃政府。1928年3月5日在万安县罗塘村遭到国民党包围，在寡不敌众的情形下，为保护村民，壮烈牺牲。

刘东轩卒（1897—1928）。东轩，化名钟德贵，湖南衡山人。1922年参加革命，同年11月加入中国共产党，任湖南水口山工人俱乐部副主任，参加领导水口山铅锌矿工人大罢工。1923年回家乡开展农民运动，建立了湖南第一个农会组织"岳北农工会"，任委员长。大革命失败后，参加湘赣边界秋收起义。1928年6月在组织湘南农民暴动时，遭国民党反动派逮捕杀害。邓中夏在《中国农民状况及我们运动的方针》一文中说，岳北农工会"这种壮烈之举，比较香港海员和京汉铁路工人的罢工，并不逊色"。

古禄卒（1898—1928）。又名古亚禄，改名古兆容，广东五华人。1923年当选为海丰县梅龙去沙埔乡农会会长，后当选为海丰县第一次代表大会代表。1924年到广州农民运动讲习所学习，由彭湃介绍加入中国共产党。1925年4月受彭湃指派,以广东省农民协会特派员身份回五华县从事农运工作,并任五华县农民运动宣传团副团长。5月出席广东省第一次代表大会。1926年初,因春荒严重,县农会发出严禁米谷出口和不准抬高谷价的布告,他与其他宣传员到农村张贴布告,动员农民起来抵制地主、奸商偷运米谷出口,经过斗争,取得了胜利。1928年4月不幸被捕,在监狱里受尽酷刑,宁死不屈,5月8日英勇就义。

罗纳川卒(1898—1928)。原名河林,湖南平江人。1925年加入中国共产党。1926年先后任平江、浏阳农民协会委员长、中共浏阳地方委员会委员、农民部长。1927年以后,历任中共平江县委宣传部长、县委书记,暴动委员会主任。创建平江游击队和工农革命军平(江)湘(阴)岳(阳)游击总队,任党代表。1928年4月因叛徒出卖被捕,次月牺牲。

蔡以忱卒(1899—1928年)。以忱字滨,湖北黄陂人。湖北省立第一师范毕业后,曾在中华大学任教。1923年由董必武介绍加入共产党,历任中共"五大"代表、中共中央首任监察委员与中央农民运动委员会委员,中共湖北区(省)委常委、组织部长、宣传部长、农民部长等,曾参与领导秋收起义。是"大革命期间湖北最得力的农运领袖"。1928年10月25日在湖南澧县组织武装暴动工作时,因叛徒出卖而被捕牺牲。

冯平卒(1899—1928)。原名风蕃,字茂南,海南文昌人。早年入上海文化大学学习。1922年加入中国共产党。1923年赴莫斯科东方大学学习。1925年回国,以国民党中央农民部特派员身份回海南从事革命工作。后任中共琼崖地位委员、广东省农民协会琼崖办事处主任。1927年参加组建琼崖革命武装,后任琼崖工农革命军司令、西路工农红军总指挥。1928年5月被捕,后在澄迈遇害。

彭公达卒(1903—1928)。公达,湖南湘潭人。1924年加入中国共产党,奉命到湘潭开展党的工作,任城区支部委员,与杨昭植、罗学瓒等一起发展平民教育,培养革命力量。1926年3月在《中国农民》杂志上发表《农民的敌人及敌人的基础》一文,号召农民团结起来,"组织农民协会与农民自卫军""解救自己的痛苦",受到毛泽东的注意,被毛泽东介绍到广州担任国民党中央农民部农委秘书、第六届农讲所支部书记。北伐开始后,受党派遣回湘潭任中共湘潭地方执行委员会军事委员,为北伐做准备工作,并建立了农民武装。1927年春调任中共湖南区委农民部长、省农协秘书。在党的八七会议上，被选为中共临时中央政治局候补委员。后任湖南省委书记，领导秋收起义。1927年10月，赴武汉出席中央常委召集的湖南秋收暴动问题谈话会，会后撰写《关于湖南秋暴经过的报告》，总结了起义失败的经验教训，认为今后暴动必须以农民为中心。同时被改任为中共湘西特委书记。1928年不幸被捕牺牲。

李联星卒（1902—1928）。联星，福建龙岩人。早年随父出国，1926年初从新加坡回国，进入广州农民运动讲习所学习，并加入中国共产党。11月以国民党中央农民部特派员兼福建省汀漳龙农民运动办事处负责人身份，随北伐军到漳浦开展农民运动。曾在县城创办农讲所，建立农会，发动农民进行豁免盐税斗争。1927年1月当选为中共闽南特委委员，分管农民农民工作。曾参与领导漳州工农运动讲习所，讲授《农民运动史》等课程，为培养闽南农运骨干做了大量工作。2月任中共福建临时省委执委。大革命失败后，以教员的身份，先后到长桥镇割后村创办醒民学校，组织农会，发展党组织。1928年1月领导漳浦农民开展反抗烟苗捐斗争，先后组织了三次大规模的农民运动，影响之大，使漳浦成为福建农运中心。10月在石码被捕，12月12日壮烈牺牲。

向钧卒（1906—1928）。又名俊奇，湖南平江人。1923年加入中国共产党。1925年赴湖南纺纱厂从事工运。1926年后任中共衡山地委书记、湖南省委委员、湘潭县工委书记、湖南省委农民部长和组织部长、湖南省委军委委员。大革命失败后被捕。1928年1月在长沙就义。

郭竹朋卒（？—1928年）。竹朋，广东顺德人。1923年3月，在中共广东区委阮啸仙支持下，创建顺德大良农团的农民武装自卫组织，随后，把蚕桑自治会发展为本县第一个乡级农会组织，是广东近南路有农民组织的起点。同年冬加入社会主义青年团，次年初转为中国共产党党员。乘国民政府颁布农民协会章程之际，将"改良蚕桑自治会"改为云路乡农民协会，随后又成立农民自卫军，废除大良东关局苛收的各种杂捐。1925年与花县农运特派员王岳峰一同代表广东农民赴京声援孙中山召开国民会议的提议。南归后，连续当选顺德县第一、第二届农民协会委员长。曾先后任顺德党支部委员、顺德县委委员和农运书记等职。1927年"四一二"政变后，秘密活动于各乡，组织农民武装参加广州起义。1928年6月16日壮烈牺牲。

民国十八年　己巳　1929年

一　乡村建设活动

1月6日，中共广东省委根据中央《关于妇女运动工作的任务和方针》的第22号通告，就妇女运动问题发出第45号通告，其中有吸收广大农妇加入农会、争取农妇参加游击战争、苏维埃要保障妇女的特殊利益等内容。

1月9日，中共山东省委发表《关于农运工作的通告》。

按：通告说：1. 在山东现在混乱局面之下，农民运动实容易发展，而且各地农民已有很多的自发斗争。2. 各地斗争虽容易发展，可是发动斗争的地方，没有几处能发动广大的群众参加斗争（除章邱外）。3. 各地都是以抢坡为发动斗争的起点，可是抢坡是对富农的斗争，有时还是对中农的斗争，是站在一部分失业农民意识上及要求上的行动。4. 贫民会的名义无形中限制了富农、中农的加入，成了真正贫农的组织，所以贫民会会员不能很快地发展起来。5. 几个重要工业区域，如淄川、青岛、济南，没有发展农运。6. 农运偏于胶东各县，鲁南、鲁西、鲁北农运很不发展。7. 农民斗争发展的各县，没有工人运动，不能得到工人的领导。8. 各县农运不能普遍的发展，不能有联系相互影响的行动。9. 地主阶级因土匪、溃兵关系已有联庄会、大刀会、红枪会的广大武装组织，把大部分中农吸收去了。所以各地农村斗争一开始就是武装冲突，所以斗争发展的各地都请省委买枪送去。10. 农民开始起来斗争就没有组织了，所以没有在斗争中发展组织，因此斗争也不能扩大。而且群众组织和党的组织常混在一团，党不能在行动中起领导作用。11. 农民因军队土匪骚扰剥削，不堪痛苦，为抗给养，抗苛捐杂税，到处需要斗争。如高唐希望我们领导他们去打县党部，广饶农民要继续吃坡，潍县农民要求砸税局，我们同志都不敢去领导，各地负责人还有机会主义的遗留。12. 下层缺乏干部人才。

13. 整个山东的党，对于农民各阶级在革命过程中的作用没有认识清楚。对于农民斗争的路线和过程也没有正确的了解，以致对于农运的政策，不是右了就是左了，没有一处的斗争能继续扩大下去。……因此我们目前在农村中的工作，应该注意的事项于下：一、农民运动应十分注意与产业工人运动相联系，而且注意组织农村的雇农和佃农、雇工，使他们领导农民会。农民会中应特别提出雇农雇工切身利益的口号，如涨工资、改良待遇之类。目前济南、淄川、青岛、坊子、临城、枣庄、德州及胶济路、津浦路一带，应为农运主要的区域。尤其在淄川和青岛即日开始发展近郊农运，胶东要即日加紧注意城市工作。

二、贫民会应即日扩大组织（变更的手续，须召集会员说明要改名的意义和关系，取得他们一致的同意，作一次宣传工作，不要用命令式的取消。有些地方群众不改名义亦能取得广大群众时，亦可暂时不改变），改为农民会或其他适当名称，尽量使中农参加，富农亦可少量加入。党对同志应提出"夺取中农"口号，要不故意的加紧向富农进攻，把农民会向广大的农民群众开门。各地应十分注意领导农民抗给养、抗一切苛捐杂税、抗租抗债等事，要反转抗给养的斗争，由地主阶级领导而成为农民会领导到我们党的领导，如吃坡抢坡一类的事，不应由我们主张或号召去发动，如贫农群众须要吃坡时，我们也当领导。

三、地主阶级所领导的联庄会、大刀会、红枪会、民团等要开始做分化运动，最主要的还在我们领导农民去抗给养、抗苛捐杂税……定可以使他们回转过来趋向贫民会，接受农民会领导。对土匪也当去分化他们的组织，取得他们的群众，排斥他们的领袖。

四、加紧土地革命和工农兵苏维埃政权的宣传，加紧反豪绅地主阶级、反军阀战争、反日本帝国主义的宣传。

五、农民会中应成立雇农部和妇女部。但是农民封建思想很重，对妇女加入，须先引入妇女参加农村斗争，由斗争去参加组织，不要用呆板形式去组织妇女，惹起农民反感。

六、扩大农村党的组织和加强党的领导作用。党的政策应经过党员群众讨论，参加意见，才可施行，使党一致的负责。党对农民群众策略或主张，应先由党提出，农民会中讨论，取得群众的赞成拥护才能施行。党员在群众中作党团作用。

七、农民武装应由农民自己力量取得，由斗争中夺取反动派的武装，不要等待武装去发动群众。使群众依赖武装，不相信自己的团结的力量。并且初次发动斗争时，群众力量不大，应避免即刻武装冲突的斗争方式，但是群众是要随时随地不忘武装的准备。

八、目前争斗的口号：（1）打倒日本帝国主义；（2）打倒国民党；（3）没收日本在山东一切银行产业；（4）打倒代表豪绅资产阶级的新军阀冯玉祥、蒋介石；（5）取消一切苛捐杂税；（6）抗交一切给养；（7）抗租抗债抗粮；（8）增加雇工工资，改良雇工待遇；（9）救济失业农民；（10）没收地主阶级土地；（11）建立工农兵代表会议，苏维埃代表政权。以上各事是发展农村工作的主要条件，是争取广大群众的方法，各地党部接到这个通告后，应详细讨论，切实执行为要。①

2月3日，中共中央发出《中共通告第28号——农民运动的策略（一）》，认为对富农的政策和土地斗争的主要方式是没收地主阶级的土地而非一切土地，建立农村统一战线的最主要的问题就是对富农的策略。

2月9日，农矿部公布《总理逝世纪念植树式各省植树暂行条例》，规定每年3月12日在植树地点举行植树式，各省、县、市每处至少植树500株或造林10亩。政府各机关长官和职员，各学校师生以及地方团体民众，都要参加。所植树木由地方公安局和林业主管机关切实负责保护管理。

是月，湖北静山庙和江西铅山举行农民起义。

3月20日，农矿部公布《农矿部直辖农产物检查所办事细则》。

3月23日，中国国民党第三次全国代表大会通过《确定地方自治之方略及程序以立政治建设之基础案》《中华民国之教育宗旨及设施方针》。

按：中国国民党第三次全国代表大会通过《中华民国之教育宗旨及设施方针》案，其中第八项为农业推广，"农业推广，须由农业机关积极设施，凡农业生产方法之改进，农业技术之增高，农村组织与农民生活之改善，农业科学知识之普及，以及农民生产消费合作之促进，须以全力推行"。自此正式确立农业推广之方针与范围。

是月，彭禹廷、王鸿一在北京创办《村治》月刊，倡行"求治必于乡村之说"，宣传"以农立国"思想。当时在该刊发表文章的王鸿一、茹春浦、米迪刚、王怉吾、尹仲材等，以及集合于村治学院的学者，统称为

---

① 常连霆主编：《中共山东编年史》第1卷，山东人民出版社2015年版，第627—630页。

"村治派",代表人物和精神领袖是王鸿一。

4月7日,中共中央致信红四军前委,指出现在的主要任务仍然是游击战争,要扩大游击战争的范围,发展农民斗争,深入土地革命。

4月中旬,毛泽东率领红四军第三纵队进驻赣南兴国县城,领导开展兴国县的工作。召开兴国县第一次工农兵代表大会,建立赣南地区第一个红色政权——兴国县革命委员会。并主持制定《兴国土地法》,将《井冈山土地法》中"没收一切土地"改为"没收一切公共土地及地主阶级的土地",从而保护了中农的利益。

4月29日,江西周坊举行农民起义。

是月,国民政府农矿部拟就《农会条例草案》。

是月,浙江省政府公布《浙江省管理森林暂行规则》,对森林登记、采运、保护、林警、奖励、处罚等事项作了详细规定。

5月6日,共产党人周维炯等在河南商南领导农民举行武装起义,起义武装编为红军第十一军第三十二师。

是月,河南光山举行农民起义。

是月,国民政府公布《农业推广规程》。

按:《规程》说:"国民政府为普及农业科学知识,增高农民技能,改进农业生产方法,改善农村组织农民生活,及促进农民合作起见,依本规程之规定实施农业推广。"农业推广之事务分为左列(以下)各款:甲,推行农林试验场农业学校之成绩,其主要任务如下:(一)供给优良种子树苗及畜种;(二)普及优良的农林业经营方法;(三)普及优良的农家副业之原料与方法;(四)普及优良的农具及肥料;(五)普及虫害病之防治方法;(六)推行其他成绩。乙,提倡并扶助合作社组织及改良如下:(一)宣讲关于合作社一切规章法令之解释应用;(二)指导其组织及改良;(三)其他关于合作社事项。丙,直接或间接举办下列各事项:(一)各种农业展览会;(二)农产品比赛会;(三)农产品陈列所;(四)巡回展览;(五)农业示证、合作示证及普通示证;(六)儿童农业团;(七)农业讨论周;(八)农民参观日;(九)农民联欢会;(十)农民谈话会;(十一)森林保护运动;(十二)提倡并扶助正常农林团体之组织;(十三)农林实地指导;(十四)育蚕指导;(十五)其他关于农业指导及提倡事项。丁,为增进知识及技能得举办下列各事项:(一)乡村农林讲习所;(二)乡村妇女家政讲习会;(三)农林讲习班;

(四)农林夜校;(五)农林函授科与农林函询及办事处面询;(六)巡回演讲、特殊讲习、幻灯讲习及农林影片之演放;(七)提倡并扶助乡村公共书报阅览处及巡回文库之设立;(八)其他增进知识及技能事项。戊,提倡并扶助乡村社会之改良事业,其要点如下:(一)扶助新村制度之施行;(二)促进乡村道路之改良及发展;(三)促进乡村卫生之改良;(四)指导农家家政之改良;(五)指导乡村之正当娱乐;(六)扶助失业农民;(七)提倡并指导乡村房屋之改良;(八)扶助农村之自卫事项;(九)其他乡村社会之改良事业。己,提倡并扶助垦荒造林耕地整理及水旱防治。庚,实施关于农业调查及统计,并编辑农业浅说、报告农林教育书及他种定期不定期出版品。①

是月,中国植物病理学会成立,戴芳澜任会长。

6月5日,国民政府修正公布《县组织法》,将原先《县组织法》的村(里)改为乡镇。

6月9日,中共鄂东特别委员会联席会议召开,会议通过《临时土地政纲》和《中小商人和富农问题》等决议,规定凡地主豪绅的所有土地一律没收,拨归佃农耕种;富农的土地不能没收。

6月10日,中共江西省委给中共中央发出《关于党务、宣传、职运、农运和军事工作等问题》的报告(第3号)。

6月14—18日,中国国民党三届二中全会召开,通过《振刷政治案》,其中有奖励农产,发展林业,兴办水利,提倡农村合作,改良农民生活等内容。

6月25—30日,中国共产党六届二中全会在上海举行。会议听取了中央政治局的工作报告和关于政治、组织、农民、土地问题及士兵运动等方面的报告。会议重申中国现阶段革命性质仍是资产阶级民主革命,革命仍处在两个革命高潮之间,党的总任务不是马上组织武装暴动,而是组织和争取广大群众,继续深入土地革命,开展游击战争,扩大苏维埃区域,建立红军,纠正非无产阶级意识,加强公开工作和秘密工作。

按:《中共六届二中全会土地问题报告记录》说:党的土地政纲:(一)推翻豪绅地主官僚的政权,解除反革命势力的武装,去武装农民,

---

① 李瑛编:《民国时期大学农业推广研究》,合肥工业大学出版社2012年版,第214—215页。

建立乡村中农民代表会议的政权。要完成土地革命，必须首先解决政权问题，必须要有工农自己的武装和自己的政权。（二）无代价的立即没收豪绅地主阶级的财产土地，没收的土地归农民代表会议（苏维埃）处理，分配给无地及少地农民使用。没收土地以后，实际上不能全国同样的一致解决，只有归苏维埃代表会议处理，没收以后的土地使用权归农民，同时也可以解决土地的买卖问题，因为到了那时候，便没有人会再买土地。（三）祠堂、庙宇、教堂的地产及其他公产，官荒或无主的荒地、沙田都归农民代表会议（苏维埃）处理，分配给农民使用。（四）各省委中的国有土地的一部分，作为苏维埃政府移民垦殖之用，分配农军的兵士，供其经济上的使用。现在还只是一个政纲，并非目前苏维埃区域可以适用的。（五）宣布一切高利贷的借约概作无效。（六）销毁豪绅政府的一切田契及其他剥削农民的契约（书面的口头的一切在内）。（七）取消一切由军阀及地方衙门所颁布的捐税则，取消包办税则制，取消厘金，设立单一的农业经济累进税。（八）国家帮助农业经济：一、办理土地工程；二、改良扩充水利；三、防御天灾；四、国家办理移民事业；五、国家办农业银行及信用合作社，经手办理低利借贷；六、统一币制，统一度量衡；七、一切森林河道归苏维埃政府经营管理。这些都是将来苏维埃政府要作的，现在还做不到，现在的苏维埃区域不是建设的，是斗争的。①

6月30日，中国共产党六届二中全会按照共产国际《关于农民问题的指示》，将原"六大"决议中"无条件地反对富农是错误的"改为"必须坚决地反对富农"。

按：《中共六届二中全会农民问题报告记录·农村中目前党的总的路线》说：党在农村中的总路线，是针对着农民的阶级分化决定的，农民的阶级是富农、中农、贫农，而农民的种类——于策略的决定上也有关系，但不能与阶级混合，则为自耕农、佃农、半佃农。在土地的分配上假如地主占多数的地方则主要的口号是没收地主土地，自耕农占多数的地方则主要的口号是反对苛捐杂税，但同时应提出没收土地的口号。党在农村的主要任务是反对军阀，反对地主豪绅，这就是说要消灭封建势力。因此，凡属一切反封建的力量，都要团结一致集中力量向封建势力进攻，因

---

① 于建嵘主编：《中国农民问题研究资料汇编》（第1卷 1912—1949下），中国农业出版社2007年版，第549—550页。

此党在农村中的主要任务，是建立反封建的民主革命联合战线，这一联合战线的成分，自雇农起至中农止，这些群众都是受封建势力的压迫而坚决地反对封建势力到底的。富农不能彻底反对封建势力，因为他一方面兼半地主半封建的剥削，而同时他们有转变为地主阶级的可能。因此，富农在土地革命的过程中是动摇不定以至反革命的。福建、云南、井冈山、鄂西等处事实都可以证明富农不能彻底执行这一反封建势力的任务，所以党在目前的路线上是要坚决的反对富农。在反地主豪绅反军阀反苛捐杂税的斗争中富农有时会来参加，我们不一定要拒绝他，但必须与他争取对中农的领导权，因为富农的社会地位较高，文化程度较高，很容易成为农民的领袖。我们一定要领导雇农贫农在组织上思想上发展扩大他们的影响，以影响中农。土地革命深入，要不断地排斥富农。不能采取联合富农或对他让步的策略。党过去对富农的认识发生错误，所以对富农的策略，也发生了错误。六次大会决议：一、要利用富农的革命作用；二、对富农没有自己一定的策略，如果他革命就联合他，动摇就使他中立；三、提出联合富农的口号；四、减低了雇农的要求。这都是错误的。①

是夏，川东革命军事委员会书记王维舟和中共四川省委军委书记李鸣柯等领导川东农民举行武装起义。

7月5日，中国共产党六届二中全会发表宣言，提出15项政治任务，其中有"加紧领导与扩大并深入土地革命""加强对农民运动的领导，更有计划地去进行工作"等内容。

7月10日，中国共产党江苏省执行委员会发布《告全江苏的农民》书。

7月19日，农矿部垦务会议第四次大会审查通过《关于西北农垦计划大纲决议案》。

7月20—29日，中共闽西第一次代表大会在福建上杭举行，会议通过《政治决议案》《关于土地问题决议案》等多个议案，提出土地分配的办法。

按：《关于土地问题决议案》指出："土地革命的主要目标，在改良农业生产方法，使土地改善，生产力提高，农产品增多，以发展农村经

---

① 于建嵘主编：《中国农民问题研究资料汇编》（第1卷 1912—1949 下），中国农业出版社2007年版，第550—551页。

济，解放困苦的农民，而解决全社会的生活问题。要达到上述目的的根本只有用革命的方法，没收一切地主阶级的土地，归于农民生产者，舍用这样痛快的方法，是绝没有其他道路可走的。""农民得了土地，解除了一切封建束缚，开辟了农业资本主义生产之道路，表面上看来是要朝向资本主义那条路跑的。但因为无产阶级在这民权革命当中建设了革命的领导权的缘故，最后的结果是要把农业引向社会主义的道路上发展的。"①

8月，东北大学设立农学院，有农艺学系和园艺学系。次年增加垦牧学系。

是月中旬，广西省第一次农民代表大会在南宁召开，会上成立了广西省农民协会，雷经天为主任，韦拔群为副主任。

是月，中共中央接到共产国际关于农民问题的指示后，经过详细的讨论，认为共产国际关于农民问题的总的路线是完全正确的。因此，中共中央作出《关于接受共产国际对于农民问题之指示的决议》，要求各级党组织对于过去一切决议案上、通告上以及对各地的农民运动指导上所发生的语句上、策略上的错误，切实地加以纠正。

按：决议指出，党在目前农村斗争中主要的任务与策略是：1. 目前党在农村中主要的任务是领导广大农民群众反军阀地主豪绅的斗争，以彻底完成土地革命，以消灭一切封建的半封建的剥削，以摧毁了乡村中之封建基础。2. 完成土地革命与反帝国主义是两个不可分离的任务，因为封建势力是帝国主义统治和剥削中国农民的工具，所以帝国主义极力维持中国的封建势力。因此要完成反帝国主义的任务，必须彻底的完成土地革命；要完成土地革命的任务，必须推翻帝国主义的统治。3. 中国资产阶级早已叛变革命与封建势力妥协，他对农村中改良的企图只是延长封建势力对于农民的残酷剥削之反革命的作用，所以要完成土地革命，必须坚决的反对资产阶级与他对农民的改良欺骗。因此对于现在资产阶级任何一派（国民党、改组派、第三党等），党必须毫无放松的在农民群众中攻击他们的欺骗。4. 因此，党在农民斗争中的总的路线，是建立广大农民群众之反封建势力的革命战线。贫农是土地革命的主要动力，中农是巩固的同盟者，雇农是党在农村中的基础，因此，这一革命战线的内容，应当从雇

---

① 中共福建省委党校党史研究室编：《红四军入闽和古田会议文献资料》，福建人民出版社1979年版，第100页。

农起至中农止。5. 中国富农兼有或多或少之半地主半封建的剥削，在土地革命的过程中，就是动摇妥协以至反革命。所以党的策略决不应企图联合富农在反封建势力的战线之内，而应坚决的反对富农。6. 在农村斗争初起的时候，富农虽还参加反军阀地主的斗争，但党必须看清富农反革命的不可免，坚决的领导雇农贫农的斗争，扩大雇农贫农在思想上组织上斗争上的影响，极力巩固与中农的同盟，以与富农争夺领导权。7. 党应极力发展雇农独立的组织，领导雇农为改良自己生活的斗争，提高雇农的阶级觉悟，同时要领导他们成为反帝国主义军阀地主豪绅之最积极的战士，要告诉他们，不应该离开一般农民反封建势力争取土地的斗争。只有这样才能巩固雇农在一般农民斗争中的领导。8. 现在北方各省农村阶级斗争虽还不激烈，大多数富农虽还留在反军阀战线之内，但党必须毫无犹疑地执行上面指出的路线，以与富农争夺领导权，以严防富农之必然妥协以至反革命，以斩断国民党利用农民的前途。当然整个斗争之主要口号，仍然是反对军阀一切残酷的剥削与没收地主阶级的土地。9. 在满洲的路线应该是：反对军阀一切残酷的剥削，反对地主阶级的封建剥削，反对乡村中资本主义的剥削，反对帝国主义的剥削，应当平列着互相关联着成为满洲农村斗争的主要内容。因此，雇农与贫农之基本力量地树立、中农的吸收，仍成为乡村中巩固的革命战线，而富农则毫无疑义要走向反革命方面。10. 因此在组织上也是一样，农民协会必须以雇农贫农做基础，而吸收广大的中农加入，原则上拒绝富农加入农协；如果富农现在还留在农协之内，必须坚决地加强雇农贫农在组织上的力量，与富农争夺对中农的领导，以至肃清富农于农协之外。同时加坚雇农独立的组织已是目前迫切的任务，不可有丝毫的放松。11. 党在农村中的发展基础是雇农与贫农，但同时要巩固党在乡村中无产阶级的核心作用与领导力量。党必须坚决的拒绝富农入党。12. 党在目前农民斗争的策略，是动员广大群众，组织广大群众，领导他们的斗争，以走向新的革命的高潮。这就是说，现在不是组织暴动而是准备暴动的时候。自然在现在农村中矛盾这样尖锐的时候，农民的自发暴动与游击战争不可避免地要不断的爆发。党对于这些自发的暴动与游击战争，应当坚决的领导与扩大，以深入土地革命，而扩大党在广大农民群众中的影响。党必须使城市工作与农村农民斗争有适当的配合与发动，以促进革命高潮之到来。13. 党要实现动员广大群众的任务，必须坚决的领导群众的日常斗争，提出群众一切迫切要求的口号，反对捐税、反对高利贷。减租、抗租、借粮、分粮、改良待遇、增加工资、反对拉夫拉车、反对摊派军饷等，来发动一切被剥削压迫的群众的斗争。如果认为在农村中只有武装暴动，没有日常斗争，这完全是一种极端错误的左倾思想。14. 现在农村经济日益破产，广大农民群众日益穷困失业，军阀地主豪绅为着消灭农民的土地斗争，实行把农民向他处移殖（如山东顺直的移殖满洲，广大福建的移殖南洋）。党必须在农民中揭破他们这种破坏农民土地革命的阴谋，告诉农民移殖他处还要更加痛苦，领导他们向本地的军阀地主豪绅作坚决的斗争，以争得土地与生活的改善，以深入土地革命。①

是月，江西都昌举行农民起义。

9月10日，山西省政府农矿厅颁布《农业推广委员会简章》。

9月18日，国民政府公布《乡镇自治施行法》。

9月20日，红军第四军政治部印行《农民协会章程》，谓农民协会之作用，在发动农民、组织农民、领导农民，对地主阶级斗争以建立工农兵代表会议政权，没收地主阶级田地分与农民，扫除农村中一切封建势力为目的。

9月27日，中共江苏省委发表第37号通告，题为《接受国际关于农民问题训令及中央决议案》。

按：通告说：省委详细讨论国际对中国农民问题的训令和中央接受国际训令决议案后，认为国际指示和中央的分析都是非常正确，完全接受。……农村一切斗争必须以雇农贫农为领导，雇农须单独成立雇农工会，同时，雇农应加入农协，成立雇农小组，使在农协中起领导作用。"农民委员会"是目前成为争取农民群众的重要工具。它是领导群众争斗的下层机关，它应该领导它底下的所有群众加入革命的农协，以充实农协的群众基础。一切农民群众组织和党的组织在原则上都应拒绝富农参加。江苏各地农会组织，都是从斗争中产生出来的，下层群众组织，实际是农民委员会而不是有系统的农会组织。农民委员会好比工厂委员会，他在目前有重要的作用，但党的任务仍须有计划地建立正式农会组织（从乡村以至一县的有系统组织），使农民斗争能以更广大形势发展深入到没收土地，并且只有这种组织，将来更容易转变到苏维埃政权。最后，关于江苏

---

① 中共中央文献研究室中央档案馆编：《建党以来重要文献选编》（1921—1949）第6册，中央文献出版社2011年版，第430—433页。

农村政治经济形势及农民问题的策略,省委将有更详细的通告发出。目前地方党部必须加紧秋收斗争的发动。一切工作路线必须是向着群众,并须将具体布置情形详细报告省委,以便省委有更具体的指示。①

是月,农矿部召开林政会议,易培基、朱祖翼、姚传法、邹秉文、凌道扬、陈嵘、傅焕光、皮作琼等47人参加会议,会议共提出议案71件、建议案8件,通过了10项决议案,即《关于森林政策之决议案》《关于森林法规之决议案》《关于森林行政系统之决议案》《关于林业合作之决议案》《关于建造森林为防止水旱灾患之决议案》《关于保护和教育各案之决议案》《关于森林调查、试验之决议案》《关于国有林业经营各案之决议案》《关于保护、奖励、指导、监督公私林业之决议案》《关于其他各案之决议案》。

10月2日,国民政府公布《区自治施行法》和《县组织施行法》。

10月10日,中共广东丰顺县委发出致东委的《对待富农的策略、一般斗争与土地革命关系》的报告。

按:报告说:"对富农的策略:富农在没有反革命事实,仍可准其加入农会,但不可给予领导权,一有反革命事实发现时,应即迅速予以解决,党应绝对禁止富农分子加入,但是接受我们的政治宣传已久在试验中,已经证实其是革命分子青年,则可准其加入团的组织。"②

是月,共产党人潘丹桂领导广济地区千余名农民举行起义。

11月1日,国民政府公布《渔业法》。

11月6日,中共闽西特委公布《中共闽西特委第一次扩大会议关于土地问题的决议》,认为领导广大贫苦农民彻底实行土地革命,是闽西伟大斗争的主要目标。

11月7—11日,中华全国总工会在上海召开第五次全国劳动大会,李立三致开幕词,刘少奇作《全国总工会会务报告》。会议通过《工农联合决议案》《农村工人工作大纲决议案》《全国工人斗争纲领》《工会组织问题决议案》等12个决议案。

11月8日,全国民食问题会议召开,会议决定组织粮食研究委员会。

---

① 中央档案馆编:《江苏革命历史文件汇集·省委文件》(1929年9—10月),中央档案馆1986年版,第210—213页。

② 中央档案馆编:《广东革命历史文件汇集1928—1932》,中央档案馆1982年版,第122页。

是日，共产党人舒传贤等领导数千名农民在安徽六安独山镇举行起义。

是月，中国共产党江苏省第二代表大会通过《农民运动决议案》。

是月，陕西周至县、户县、兴平县举行农民起义。

12月5日，全国农政会议在南京召开，农矿部长易培基任会议主席并致开幕词。11日，会议通过关于农业合作、农业贷款、农业教育、农业统计、农业仓库、农业作物、农业预测、禁种有害植物等10余个决议案。

12月6日，中共广西省行动委员会召开会议，决定凡成立苏维埃政府的地区应立即实行按人口分田的政策，由耕者于收成后，向政府交纳总收成的15%的土地税，未成立苏维埃政府的地区，实行二五减租制。

12月15日，中共中央发布第60号通告和《关于农民土地问题报告大纲》，认为土地所有制与土地使用关系是土地问题的中心。

按：在通告中指出："富农领导已经成为各地阻碍斗争之极严重的危险，必须坚决执行反富农的斗争，肃清富农在斗争中的影响，把富农从农民组织中，特别是党的组织中与苏维埃政权内驱逐出去。"[①]

12月20日，国民政府公布《乡镇公民宣誓登记规则》。

12月25日，国民政府设立中央农业推广委员会，作为全国农业推广工作的最高协调机关，负责指导和督促全国农业推广的开展。

12月27日，工农红军在广西右江革命根据地发布《土地革命》的施政纲领，主要规定：没收地主阶级的一切土地归苏维埃公有，而后分给农民耕种；对年满16岁有能力耕种土地的公民分给土地等。

是日，鄂豫边区特委在河南光山县召开第一届工农兵代表大会，成立了鄂豫边革命委员会，通过了《革命委员会政纲》《土地政纲细则》的决议。

12月29日，中共江苏省委发出题为《反对富农的策略》的第6号通告。

是月，中共鄂西第二次代表大会在石首召开，会议通过了特委书记周逸群等人起草的《鄂西党目前的政治任务与工作方针》《农民运动问题》

[①] 胡艳辉、唐振南、王国宇：《中国共产党与中国农民》第1卷，湖南人民出版社2002年版，第248页。

《土地问题》等 12 个决议案。

按：周逸群《鄂西农民运动问题》说："农民运动的路线：（一）加紧群众的日常斗争，同时要做武装冲突的准备。日常经济斗争是最能动员广大群众的。党要利用反对捐税、反对拉夫、反对民团等，发展群众的斗争。目前农村阶级斗争的激烈，几乎每一次的斗争，都有走到武装冲突的可能。因此，党要注意农民的武装组织，由日常斗争中发展到游击战争，以至地方暴动。（二）贫农是土地革命的主要动力，中农是巩固的同盟者，雇农是党在农村中基础。这一反封建势力的革命战线，应当是雇农起至中农止。（三）实行土地革命的政纲并赞成农民所提出的部分要求。土地革命是目前革命阶级中主要任务之一，赤色区域须彻底解决土地问题。其他各地也要注意这一工作的宣传和实行。同时，农民提出的部分要求如减租减息、抗捐税等，党也要帮助他们实现。（四）平分土地问题与开始土地国有的宣传。平分土地如果是大多数人的要求，党应当赞成他们但必须加以批评。指出共产主义是小资产阶级社会主义的一种幻想，只有将来社会主义革命成功，农民才能根本得着解放。土地国有的宣传就要开始做，以打破农民私有的观念。（五）加强对于游击的领导。游击战争是目前农村斗争的主要方式，党必须坚决地去领导，使其更有组织性，与群众的联系更能密切，在斗争中扩大武装组织，建立红军的基础。对于农民自发的暴动，也必须积极去领导，并使其达到最高的组织性。（六）农村工作的配合：1. 农村工作，必须与工运、兵运同时进行，使彼此的斗争互相推动。2. 农村要尽可能地平衡发展，尤其要渐次把组织由穷乡僻壤转移到近郊大道、重要村落。"[①]

是月，在河南省政府主席韩复榘支持下，在辉县百泉创立河南村志学院。

是年，国民党二中全会决议要求在本年内将各省佃租额数、农民生活状况、生产概况调查完竣，为此，内政部制定了 3 种调查表格：各省市或特别市县田租额数调查表式、各省市或特别市县农民生活概况调查表式、各省市或特别市县农民生产概况调查表式，在全国范围内进行调查活动。

是年，在南京召开的农矿部垦务会议通过决议案，建议中央政府成立中央垦殖委员会，并在农矿部成立了由 9 人组成的垦务设计委员会。这些

[①] 周逸群：《周逸群文集》，中央党史出版社 2006 年版，第 290—291 页。

委员都接受了近代的高等教育，其中8人都曾在美日德等国家留学，带回了现代发达资本主义国家的垦殖理论，为南京国民政府的西北垦殖带来了现代气息。

是年，国民政府颁布《土地法》，是为我国历史上第一部土地法。

是年，农矿部公布《东三省国有林整理委员会章程》，准备派员赴东三省执行整理森林事务。

是年，国民党中央宣传部颁布《合作运动宣传纲要》《农村合作宣传大纲》。

是年，江苏省农民识字运动委员会成立，聘请吴稚晖、钮永建、陈剑修、陶行知、江问渔、何玉书、陈和铣、俞庆棠等为设计委员。

是年，梁漱溟由广州到北京，接办《村治月刊》，又在河南创办村治学院，使南北主张"乡治"与"村治"者合二为一，成为乡村建设派之基础。

是年，广东省建设厅为普及农业科学知识，增高农民技能，改进农业生产方法，及促进农民合作起见，设立省农业改良试验区，并发布《农业改良试验区组织章程》。

是年，湖南省建设厅成立农业推广委员会。

二 乡村建设研究论文

杨靖孚《中国今后之林业观》发表于《农业丛刊》第1卷第1期。

谭照鸿、许璇《中国今后之林业观》发表于《农业丛刊》第1卷第1期。

黄枯桐《先秦的土地制度》发表于《农业丛刊》第1卷第1期。

黄枯桐《农村社会问题之特征及其研究方法》发表于《农业丛刊》第1卷第1期。

按：文章说：农村社会问题的研究法，一是历史的文献的研究法，二是比较研究法，三是调查及观察的研究法，四是统计的研究法。

童玉民《美国之实业与农业》发表于《农业丛刊》第1卷第1期。

魏重庆《农业教育中课程问题的商榷》发表于《农业丛刊》第1卷第1期。

冯紫岗《世界各种合作社的组织概况》发表于《农业丛刊》第1卷

第1期。

钱伟《衙前村自治概况》发表于《农业丛刊》第1卷第1期。

汤惠荪《参观晓庄乡村师范后的报告》发表于《农业丛刊》第1卷第1期。

徐巽行《农民问题》发表于《新苏农》第3期。

杨开道《梁漱溟先生村治七难解》发表于《农业周报》第1—3期。

中国农学社《中国农学社章程》发表于《农业周报》第1期。

按：章程指出："本社以联络同志，研究农学，调查农产，指导农民，共谋中国农业之发展为宗旨。"

唐启宇《中国之垦务政策》发表于《农业周报》第3—4期。

之《中国农业教育的前途》发表于《农业周报》第5期。

第《中国农业衰落的致命伤》发表于《农业周报》第6期。

按：文章说："中国农业衰落的恐怖，随处都可以看得出来，而造成这种恐怖的势力，普通却有三种：一种是常识缺乏所表现的荒谬行为，如盲目的食粮平价，无赖的禁运出境等等；一种是思想错误所表现的不良倾向，如改良农业的忘却农民，学农业的止于改良农业等等；一种是环境恶劣所表现的意外阻遏，如苛税、重运、天灾、人祸等等。在最近的过去，我们统通讨论到过。这些恐怖势力，无论有哪一种，就可以妨害农业的发展，何况应运而生的一齐都来！然而我们认为中国农业衰落的致命伤，却还不在这点，而在一般人们忘却本身的立场——农业国的国民，目光旁注，而不把农业放在眼里，去认定他做中国生死存亡的重大问题。我们知道，常识缺乏是可以灌输得的，思想错误是可以纠正得的，环境恶劣是可以改革得的，唯有这种不去注意的态度，最是无可奈何的。有了这种态度，不仅前面所说的灌输、纠正、改革的工作无人过问，而荒谬、不良、意外的行为、倾向、阻遏，也就要接连不断地表现出来，这样基本动摇的中国农业，如何免得了日就衰落！"

杨开道《梁漱溟先生村治七难解》发表于《农业周报》第6期。

乔启明《对于我国举行全国农业统计之建议》发表于《农业周报》第8期。

杨开道《梁漱溟先生村治七难解（续）》发表于《农业周报》第9期。

唐启宇《农民银行与农村合作事业》发表于《农业周报》第11期。

杨开道《梁漱溟先生村治七难解（续）》发表于《农业周报》第11期。

冯锐《共和国家制度与平民教育运动》发表于《农民》第4卷第36期。

谢申图《丹麦之农村教育及产业合作社》发表于《农话》第1卷第18期。

黄德铤《中国不讲究林业的弊害和应提倡改良的我见》发表于《农话》第1卷第28期。

曾守光《如何振兴我国林业》发表于《农话》第1卷第29期。

按：为振兴我国林业，作者建议：一是应多设林业学校，二是增设苗圃，三是重申森林法令，四是厉行强迫造林。

钟承蒲《改良农村的组织和增进农民的生产》发表于《农话》第1卷第30期。

罗振基《发展广东林业的先决问题》发表于《农声》第124期。

福思杰《林业的企业问题》发表于《农声》第125期。

傅思杰《中国农村社会的建设》发表于《农声》第127期。

按：文章分绪言、农村调查、建设农村的先决问题、建设农村社会的方案、结论五部分。

郑廷泰《福建营前模范农村农民生活概况》发表于《农学杂志》特第5—6期。

熊季光《四川农民自卫的概况》发表于《农学杂志》特第5—6期。

杨开道《中国农村自治的现状》发表于《农学杂志》特第5—6期。

按：文章分绪论、北京政府的自治制度和实施、翟城的农村自治、山西的农村自治、江苏的农村自治、国民政府的自治法规六部分。

唐志才《农民最相宜的合作》发表于《农工商周刊》第60期。

王树基《改良中国农村刍议》发表于《农工商周刊》第64期。

稼夫《改良农业的根本问题：农村调查》发表于《工农商周刊》第69期。

钱毯孙《关外农业之概况》发表于《中华农学会报》第67期。

杨树屏《改良江北农业几个先决的问题》发表于《中华农学会报》第68期。

按：文章指出，改良江北农业，应先解决的问题，一是农业习性的问题，二是农业知识的问题，三是农具的问题，四是作物品种的问题，五是灾害的问题，六是交通的问题，七是合作的问题。

童玉民《美国之农业金融》发表于《中华农学会报》第 70 期。

吴觉农《浙江农业的特性与合作运动》发表于《中华农学会报》第 71 期。

许叔玑《信用合作社与农业仓库》发表于《中华农学会报》第 71 期。

陈隽人《华洋义赈会农村信用合作社之组织与现状》发表于《中华农学会报》第 71 期。

冯紫岗《法国之农业合作》发表于《中华农学会报》第 71 期。

宋毅如《农村合作社之意义与性质》发表于《河北农矿公报》第 1 期。

按：文章说："我们要想着图个人的活的安适与挽救农村经济的破产，大而挽救中国经济的破产以抵抗国际资本帝国主义，农村合作的组织，是刻不容缓的事情。"

胡汉民《发展农业是一切建设的基础——在江苏全省农政会议时演讲》发表于《农矿月刊》第 1 期。

按：文章说：中国农产所以不能增加的原因，一方面固由于内乱频仍，一方面也实在由于不用科学的方法，如应用机器以代旧式农具，研究土壤，改良种子，驱除害虫，制造肥料等等，都不知道注意。不过除掉这两层以外，还有几个很大的原因，现在列举如下：第一个关于交通的，第二是关于灾害的，第三是关于贩卖的。……今后我们的第一件事，实在就是领导农民，去增加并改良生产，一切关于农业的事，都要猛进。我们果能如此，而我们国家的基础，也可以巩固，基础上的各种建筑，也无不可以迅速进行，而永久发展了。

宋振榘《从中国农民的实际状况说明本党的农民政策》发表于《农矿公报》第 9、11 期。

皮作琼《关于建设中国林业问题的讨论》发表于《农矿公报》第 10 期。

陈嵘《发展首都附近各县林业意见书》发表于《农矿公报》第 11 期。

乔启明译《中国之农业生产》发表于《农矿公报》第 15 期。

芬次尔、齐敬鑫《自然环境与林业之关系足以影响广东农村经济论》发表于《农矿公报》第 16 期。

童玉民《农村问题要义》发表于《农矿公报》第 18 期。

庸人《中西农业之异同及中国农学家应有之觉悟》发表于《农林汇刊》第 2 期。

傅思杰《经营林业应有之目的及其程序》发表于《林务》第 1—2 期。

罗振基《训政时期实施林业政策的面面观》发表于《林务》第 1—2 期。

王鸿一《建设村本政治》发表于《村治月刊》第 1 卷第 1 期。

[德]凯尔作，杨天竞译《农村改良与家族制度》发表于《村治月刊》第 1 卷第 3 期。

段揆庭《建设村本政治与村治的障碍》发表于《村治月刊》第 1 卷第 4 期。

按：文章分乡村组织的形成、乡村自治的意义、乡村自治的障碍（人才缺乏、钱财困难、腐败社会和环境的包围）、怎样扫除乡村自治的障碍四部分。

吕振羽《农业社会之本质与前途》发表于《村治月刊》第 1 卷第 4 期。

按：文章说："农业社会的第一个问题就是土地，离开土地问题来讨论农业社会问题，就无异全无意义。"

吕振羽《乡村自治问题》发表于《村治月刊》第 1 卷第 6 期。

按：文章说："今日要改良农村，第一个问题，就是农村经济问题，如果这个问题不得相当解决，无论乡村自治或其他一切理想上的建设和农村社会之改造等问题，均将束手而无办法。"

若愚《中国农村疲弊的过程》发表于《村治月刊》第 1 卷第 6 期。

按：文章分农村经济破产的原因、农村经济破产的现状、耕地分配的形态、怎样振兴农村、结论五部分。

杨天竞《由解放佃耕农到农民总解放》发表于《村治月刊》第 1 卷第 6 期。

茹春浦《发展农业的重要问题》发表于《村治月刊》第 1 卷第 7 期。

方曙《农村经济之发展及其没落》发表于《村治月刊》第1卷第7期。

按：文章说："中国号称以农立国，源于中国农业上的人口占了全部人口百分之八十以上。惟其如此，所以农村经济问题是我们必须研究的。固然，帝国主义侵入中国，使中国的国民经济复杂化，使城市与乡村的经济界限愈划分的清楚；也就是使农村经济渐渐的失却了重要性，而成了城市的附属品（这种现象也是资本主义发展上，必然的结果）。但是，为要解决农民问题，便不能不研究土地问题；为要解决土地问题，便不能不研究农村经济问题。总之，对农村经济不了解，便不能解决土地问题；土地问题不解决，也即是农民问题的不解决。所以，农村经济问题，是我们极应明了，且极应实行解决的。"

方曙《资本主义下农村经济之落后性》发表于《村治月刊》第1卷第8期。

徐辉儒《北满农业经济之趋势》发表于《村治月刊》第1卷第9期。

萧然《农业国的制度及其影响》发表于《村治月刊》第1卷第10期。

天明《中国农民与农村的现状》发表于《村治月刊》第1卷第10期。

骆长松《改良农村组织的刍议》发表于《工商学报》第3期。

毛邦汉《农民银行与农村合作运动》发表于《银行周报》第3卷第13期。

周泽《近代世界农业金融概况》发表于《经济汇报》第5卷第1期。

杨毓春《农民经济改进之实施》发表于《经济汇报》第5卷第1期。

季莾《典当与农业金融之关系》发表于《东省经济月刊》第5卷第2期。

纸戈《关于农民经济的一点贡献》发表于《东省经济月刊》第5卷第10期。

王道《中国粮食问题》发表于《世界月刊》第2卷第2期。

按：文章说：粮食昂贵的原因，一是因为遍地灾荒，收成歉薄；二是交通梗阻，运输不便；三是捐税太重；四是洋米来源缺乏；五是私运出洋；六是奸商囤积居奇；七是因为平常没有公积。救济的办法分为治标和治本两种，治标的办法：一是购买大批洋米；二是向有余的省份输入；三是商请中外轮船公司减提米粮水脚；四是通令路局减提米粮运费；五是禁止偷运出口；六是平抑粮价禁止居奇；七是举办平籴；八是提倡吃杂粮；九是禁止酿酒制糖。治本的办法：一是提倡农业教育，奖励农作事业；二是疏浚河道，开垦荒区；三是调济盈虚，禁止过籴；四是预防灾害，改善农耕。

黄汉瑞《农民与土地问题》发表于《土地月刊》第 2 卷第 10—11 期。

王志澄《中国革命与农业问题》发表于《土地月刊》第 2 卷第 17 期。

中共中央《接受国际对于农民问题之指示的决议》发表于《布尔塞维克》第 2 卷第 10 期。

学增《五卅运动后广东农民运动状况》发表于《红旗周刊》第 15 期。

胡应连《中国农民穷苦的原因》发表于《新民半月刊》第 2 期。

曼生《农村自治》发表于《新民半月刊》第 3 期。

应连《中国农村经济的概观》发表于《新民半月刊》第 5 期。

按：文章分三部分，一、中国农村经济的地位如何？包括由耕地面积观察、由农家户数观察、由国家财政观察、由时代精神观察；二、中国农村经济的现况怎样？包括土地分配不均、壮年农民流徙、荒地面积扩大、农产品额低落；三、怎么拯救衰落的中国农村？包括注重农村教育、应用科学方法、倡导农业合作、发展农村自治。

认众《中国农业经济凋敝的原因及其状况》发表于《新民半月刊》第 8 期。

按：文章说：要考究我国农业经济凋敝的原因，及现在的状况，有下列几种特性应该知道：一是中国水利经济不断的衰落，二是中国不规律的森林的斩伐，三是不适宜的肥料的应用，四是家畜利用的减少，五是手工的应用。中国农业经济凋敝的原因很多，大别之可以分为两部。（一）国内的不良现象：1. 政治的紊乱；2. 租税制度的苛刻；3. 禁止谷米输出的命令；4. 交通经济的不发达；5. 经济组织的不良。以上这五点是说明我国内的不良，致使农业经济不能发达。（二）帝国主义的侵略：1. 外债及赔款；2. 经济的剥夺；3. 商品的榨取；4. 农民副业的衰退。

迈其洛可夫作，鲁筠译《欧洲农民革命运动的过去》发表于《新民半月刊》第 9 期。

胡应连《解救中国农村经济几个先决问题》发表于《新民半月刊》第 9 期。

按：文章说："所谓先决问题，至少有下列三个，即（一）各军征敛及苛捐杂税能不能取消？（二）盗匪能不能消弭？（三）交通能不能恢复？"

何会源《改造农业之方策》发表于《新民半月刊》第 10 期。

胡应连《农村的特性》发表于《新民半月刊》第 12 期。

按：文章说：农村的特性，就经济现象看：1. 生产品物多为原料；2. 劳动资本较多合一；3. 经济组织较为简单。就社会状况看：1. 家庭为生活中心；2. 老弱妇孺数较多；3. 阶级之别不显现。就文化思想看：1. 文化程度较低；2. 高等想象力缺乏；3. 个人主义发达；4. 守旧心理浓厚。

朱子爽《农村教育问题》发表于《民众教育》第 1 卷第 4 期。

杨昔耒《农村民众教育的初步》发表于《民众教育》第 1 卷第 4 期。

邵绥章《实施农民教育的信条》发表于《民众教育》第 1 卷第 9 期。

徐烈扬《金山县农民教育馆概况》发表于《民众教育》第 1 卷第 9 期。

茅宗俊《青浦县农民教育馆进行计划》发表于《民众教育》第 1 卷第 12 期。

庞幻生《实施农民教育者应有的修养》发表于《民众教育》第 2 卷第 1 期。

江问鱼、朱秉国《农村教育与农村自治》发表于《教育与民众》第 1 卷第 2 期。

黄裳元《训政时期的民众、农民、教育》发表于《南昌教育界》第 2 期。

胡坤荣《办理农村教育应有之觉悟》发表于《教育与职业》第 103 期。

周惕《金陵大学农林科特设农村服务专修科概况》发表于《教育与职业》第 103 期。

杨锡类《今后推行农村教育之管见》发表于《教育与职业》第 103 期。

邹树文、杨炳勋《农民教育》(十八年八月在中华职业学校联合会年会讲演)发表于《教育与职业》第 107 期。

吟阁《农村经济之调查》发表于《教育与职业》第 108 期。

抱一《江苏十七县农民生计调查的结果》发表于《教育与职业》第 108 期。

江恒源《调查江苏十七县农民生计状况后的感想》发表于《教育与职业》第 108 期。

潘莲舫《教育中心的农村改良方策》发表于《陕西教育周刊》第 2 卷第 43—45 期。

陶行知《谈农村之我见》发表于《辽宁教育月刊》第 1 卷第 6 期。

邵俊文《开发东北农村教育之我见》发表于《辽宁教育月刊》第 1 卷第 8 期。

黄质夫《栖霞乡村师范服务社会之实况》发表于《地方教育》第 3 期。

邬孟晖《关于农业的发展是向哪方面推进底问题的争论》发表于《泰东月刊》第 2 卷第 9 期。

秉刚《对富农策略的正确运用》发表于《学习半月刊》第 5 期。

学增《阅了农民问题决议案以后》发表于《学习半月刊》第 5 期。

廖崇真《创设广东农业改良试验区之意见》发表于《新建设半月刊》第 1 期。

邝子俊《革命建设和中国农业经济》发表于《新建设半月刊》第 5 期。

白舆《中国农民问题之解剖》发表于《建设月刊》第 1 卷第 5 期。

按：文章说："农民问题有广义的和狭义的两种解释，站在社会或国家的立场，批评农村经济的，政治的，文化的……各方面的组织及生活，并图改良与发展，这是广义的农民问题。如站在农民的立场，研究脱去现在农民的经济的、政治的、文化的困难与缺陷的方策，便是狭义的农民问题了。我们目前所要讨论的，自然是狭义的农民问题，因为广义的农民问题，把一切社会问题都归纳在里面，研究起来，很不容易，而且不是直接解决农村中从事于农业的人的一切问题的方策。"

万灿《苏俄的现状和农民问题》发表于《建国月刊》第 1 卷第 5 期。

刘锴《英国工党之农业政策》发表于《建国月刊》第 2 卷第 2 期。

黄山《农民运动与农村建设》发表于《建国周刊（广州）》第33—34期。

按：文章认为，农村建设首先要做的事情，是农业教育。"这种农业教育的目的，在我国农村是没有人计及的。农业教育一面既须农学理论，一方又须农学经验，而又另须顾到商业及普通生计知识。而在农学理论及实验方面先又须普通教育做基础，这事在中国农村普及起来，恐真不是一时可以办到。但我们如不忘记农业之振兴先有待于技术之改正，则农村之新建设，实当以农业教育为先题。农业教育又既须以普通教育为先题，则从事农民运动的人，该不能忘记在农村中谋教育之发达，乃是农运中当前的急务。我国农村衰微的原因，及其所以赶不上欧美的农村的缘故，就是因（一）我国农民固守旧法，不知根据学理以图改良；（二）农民本身缺乏资本，又无处可以借贷，以致不能实行改良；（三）农村文化程度甚低，农民知识浅薄，阻碍进步；（四）农民团结不能一致。上述几种原因，除了第（二）种外，无一不与教育有关系。农村教育尚不发达，则一切进步，都无可言。其二，讲农村建设，当然不能不留意农业上的问题。总理在民生主义中所讲的七个生产方法内中有四个——肥料、换种、除害、防灾——是直接的农业上的问题，其余那三个——机器、制造、运送——也是间接与农业问题有关，这些在做农运的，都不该不留意。中国农业之所以不振，农村经济之所以低落，都是因为大家一向安陋守拙，不留意农业上的问题。……其三，讲到农村建设，自然又须讲到农村自治的问题，总理所定的地方自治开始实法，所办的计有六事——清户口、立机关、定地价、修道路、垦荒地、设学校。这六事固不限于农村，但在农村也得举办这六事却是无疑。"

王维骃《如何改善中国农村生活》发表于《暨南周刊》第4卷第7期。

按：文章说：改善农村生活的方法，一是农民工作能力的增进，包括改善农用器具、改良乡村道路、改良肥料和种子、防止病虫害、厉行植林、兴修水利、开垦荒地；二是农民团体的组织，包括生产合作、购买合作、贩卖合作、借贷合作；三是农业行政及农业教育；四是农村卫生及娱乐。

卓树元《农民之生计问题》发表于《四中周刊》第58期。

刘光华《农业振兴与农村调查》发表于《社会科学论丛》第1卷第

3期。

按：文章说："农村调查是农业振兴的先决问题。我们要想振兴农业，必要树立振兴的方策，而振兴方策地树立，又必要调查农村的现状，以便对症下药。"

孙文恩《农民识事运动》发表于《青年进步》第121期。

宋希庠《化学肥料与中国农业》发表于《东方杂志》第26卷第6期。

张镜予《中国农民经济的困难和补救》发表于《东方杂志》第26卷第9期。

[日]汤川又夫《日本农学应用与农业发展之关系》发表于《东方杂志》第26卷第9期。

大同译《捷克斯洛伐克的农业救济》发表于《东方杂志》第26卷第9期。

[美] Luckett, J. D.《美国科学的农业问题》发表于《东方杂志》第26卷第9期。

哲生《俄国农民的手工艺术》发表于《东方杂志》第26卷第14期。

彭补拙译《法国的农业合作》发表于《东方杂志》第26卷第22期。

曾铁忱译《中国农村经济之研究》发表于《社会月刊》第1卷第1期。

乔启明《农村社会调查的研究》发表于《社会学刊》第1卷第2期。

按：文章分社会调查的历史、农村社会调查之手续及方法、调查材料的整理和解释、建议、推广、农村社会调查之类别六部分。

陈明府《北方农业概况及其改进》发表于《社会月刊》第1卷第3—4期。

曾铁忱译《中国农村经济之研究》发表于《社会月刊》第1卷第5—6期。

[日]田中忠夫《中国农民的离村问题》发表于《社会月刊》第1卷第6期。

傅定堃《实事求是的改进农业谈》发表于《科学月刊（上海）》第1卷第9期。

张镜予《农村信用合作社的起源及其发展》发表于《社会学界》第3期。

按：文章分合作运动的原因、我国农村信用合作社的特点、华洋义赈会总会计划创办合作社的经过、一个早期成立的农村信用合作社、农村信用合作社的发展与现状五部分。

刘光华《农业振兴与农村调查》发表于《社会科学论丛》第1卷第3期。

黄菩生译《英国农村制度》发表于《社会科学论丛》第1卷第11期。

刘光华《土地自然增价应归公有论》发表于《社会科学论丛》第1卷第12期。

许兆恺《农民生活困苦之原因》发表于《青岛社会》创刊号。

轶珉《如何发展中国农村经济》发表于《法学周刊》第4卷第36期。

按：文章说：发展农村经济之先决问题，一是封建势力必须铲除，二是驱除外人在华势力；解决农村经济之第二步办法，一是注重农业教育，二是使农民有地可耕，三是创办农业救济机关，四是设立各种农业合作社，五是应用科学方法以谋农业生产之增加，六是农民租税之负担应减轻。

宇林《中国农村社会的崩坏与失业问题》发表于《津声》第1卷第2—4期。

宇林《中国农村社会的崩坏与失业问题（续）》发表于《津声》第1卷第7期。

宇林《中国农村社会的崩坏与失业问题（续）》发表于《津声》第1卷第10期。

按：文章说："中国农村社会的崩坏，到底是甚么原因？关于这一点，我们可以简单地把所有的原因，概况为两种：（一）内在封建势力的庞大，（二）外在帝国主义的侵入。这两种力量，在中国农村社会里，起了一种密切的相互作用，就是封建势力要依存于帝国主义的开展，才能继续；帝国主义要依赖于封建势力的继续，才能开展。即是封建势力依存于帝国主义的开展，帝国主义开展于封建势力的继续。在封建势力的继续中，在帝国主义的开展中，中国的农村社会，便处于一种夹攻的形式，而开始其崩坏的途程了。"

宇林《中国农村经济的重要性》发表于《津声》第1卷第10期。

按：文章分从人口上观察、从出产上观察、从财政上观察三部分。

褚辅成《扶助农民之根本计划》发表于《月刊（上海）》第3—4期。

王天任《训政时期的农民运动》发表于《河北周刊》第5期。

龚光朗《印度之合作事业与农村问题》发表于《安徽建设》第5—10期。

刘行骥《从我国农民状况谈到农业推广》发表于《安徽建设》第11期。

李团《农业金融》发表于《浙江民政旬刊》第4期。

谌克终《我国农村疲弊之原因及其振兴方法》发表于《浙江民政旬刊》第5期。

按：文章说：中国农村疲弊的原因，一是负担之过重，二是兵匪之横行，三是劳动力之减少，四是农村人材之缺乏，五是天灾之袭来。振兴农村的具体方法，一是农村教育，二是农民银行之设立，三是各地创设国立农事试验场，四是提倡合作，五是派遣农业巡回指导者，六是奖励畜产。

李团《农村信用合作社》发表于《浙江民政旬刊》第8期。

中央宣传部《中央宣传部对农民宣传大纲》发表于《浙江党务》第34期。

愁《农民对取消二五减租应有的认识》发表于《浙江党务》第36期。

亦平《农村经济与土地问题》发表于《广东党务》第7期。

按：文章说："农业国的一切，是大半随农村经济的消长为转移，欲求根本解决农村经济问题，必须实行'耕者有其田'。其实现方法又必以民生主义的平均地权原则为依归。在耕者未有田或为佃农时，减租是必要的。"

君华《发展农业经济应有的设施》发表于《江苏党声》第25期。

刘振群《乡村农民组织消费合作社的利益》发表于《江苏》第17期。

张继周《农业行政之重要及其应有之组织》发表于《江苏》第27期。

何玉书《我国农村现状与改进之方针》发表于《江苏》第43期。

葛尚德《农民运动概论》发表于《革命的江苏》第1—2期。

按：文章分前言、历史上的中国农民运动、中国农民之现状、中国农民运动之意义及其重要性、中国农民运动应注意之点、中国农民运动之方法、结论等七部分。

罗锦澄《现代日本的农业问题》发表于《革命的江苏》第5期。

李懋曾《地方自治与农村教育》发表于《明日之江苏》第10期。

资北《训政与农民解放》发表于《云南训政半月刊》第5期。

王镜铭《农村自治的先决问题》发表于《冀南新声》第1卷第2期。

郭湛波《从农村经济破坏说到农民暴动》发表于《冀南新声》第1卷第4—5期。

润涛《东三省农村经济概况》发表于《三民半月刊》第2卷第8期。

那须皓、刘钧《农村问题概论》发表于《三民半月刊》第2卷第9期。

按：文章分农村问题的复杂性、农村问题的定义、现代农村问题的起因和特质、各国农村问题发生的事实、农村问题的对策（其一——土地和农业经营的社会化）、农村问题的对策（其二——自然对人类和都市对农村的问题）六部分。

林念仁《训政时期农村先决问题》发表于《自治季刊》创刊号。

金学廉《训政时期之农村教育》发表于《自治季刊》创刊号。

童玉民《怎样解决农村问题》发表于《自治季刊》创刊号。

沈若愚《训政时期的农民运动问题——农村自治建设问题》发表于《自治》第41期。

赵愚如《新西北经济建设中的农业与水利》发表于《新西北》第1期。

何惟忠《化学与农业》发表于《大夏月刊》第2期。

郭炳瑜《化学的近代农业上之应用》发表于《工学月刊》第1期。

一鸥《中国的农民问题》发表于《星》第2期。

惕文《中国农民与世界》发表于《星》第4期。

雷天锡《中国农业问题》发表于《知难》第100期。

王建公《俄罗斯农民问题史的考察》发表于《致力》第2卷第2—4期。

社言《乡村宜多办合作社以解除农民的压迫》发表于《兴华》第26卷第8期。

孙友农《对于农民教育的贡献》发表于《兴华》第 26 卷第 47 期。

萧铮《日本农民问题》发表于《新生命》第 2 卷第 5 期。

实君《中国农民问题及其对策》发表于《新生命》第 2 卷第 7 期。

按：文章说："现在中国的农民问题，已是非常严重了，所以我们现在不是研究应不应该解决的问题，而是怎样解决的问题。解决农民问题，有两条道路（故反映出有两种不同的主张），即是按着改革地主经济的道路（主要对象，是生产技术方面），或是按着取消地主田产的道路（主要对象，是生产关系方面）——包括取消高利贷、限制商业资本等。换言之，即是改良，或是革命。中国农村经济，以资产阶级的发展，可以从大地主经济做发动，逐渐变成资产阶级经济，逐渐以资本主义剥削方法，代替封建式的剥削的方法。但亦可以革命势力的发展，从小农经济出发，用革命方法，从社会生产机中，割去了封建田产制的赘瘤，中世纪商业主义的遗物，和帝国主义的支配，然后按照资本主义农村经济的道路，自由发展。……农民问题，有两个大关键：一个是切近的'土地问题'，他们很容易看得见；一个是较远的'资本问题'（自然土地问题，即是资本问题的一部），他们就不容易了解。自然一切佃农、雇农、失业的农民，需要土地，非常迫切。即自耕农和半自耕农，亦未尝不需要较多的土地。所以土地问题的解决，是解决了农民问题的大部分。并且根据土地问题之解决，消灭地主阶级的经济基础，便可断送封建势力的生命。"

马迪亚《中国的农业经济》发表于《新生命》第 2 卷第 8 期。

王志澄《中国革命与农业问题》发表于《新生命》第 2 卷第 10 期。

朱佩我《中国农村经济现状的分析》发表于《新生命》第 2 卷第 11 期。

按：文章说："帝国主义的侵略与封建势力的剥削，使农业经济崩溃的危机，日甚一日的严重的发展；农村革命之发展，将由反帝国主义反封建势力，而转入于民生主义的前途。"

赵景深《农民诗人与俄国》发表于《小说月报》第 20 卷第 1 期。

戈登《俄罗斯农业政策的今昔》发表于《现代中国》第 3 卷第 1 期。

沈清尘《中国农业问题两方面的观察》发表于《党军月刊》第 3 期。

按：文章说："中国所有一百八十多万万亩土地中，不是完全适宜于耕种的，有一大部分因为受了天时地利种种限制，不能划在农田范围之内，总计中国不能耕种的土地，大概受了四种限制：第一是水量的限制；

第二是温度的限制；第三是地质的限制；第四是土质的限制。……现在中国农民，所以发生饥饿的恐慌，中国农业所以发生衰退的现象，是由于大多数的土地，没有开垦。大多数的土地所以没有开垦，是由于农民劳动力的限制。所以，改良耕作的工具，增加农民的劳动力，是发展中国农业解决中国农民问题的根本办法，这是我们单就土地状况方面观察所得的结论。另一方面，我们如果单就土地分配情形来观察，……中国农民所以不能安于生活，是由于大多数农民没有土地，大多数农民之所以没有土地，是由于土地分配之不均衡，土地分配不均，非但有碍于大多数农民的生活，并且无形中阻碍农业的发展，所以要增进中国的农业，改良农民的生活，就非平均土地不可，这是我们单从土地分配的情形的观察而所得的结论。"

蘅《中国古代农业考》发表于《破浪（北平）》第1期。

秦含章、唐启宇《中国农业经济问题：中国农人的移徙》发表于《劳大论丛》二周年纪念刊物之二。

秦含章、陈翰笙《中国农业经济问题：中国的耕地》发表于《劳大论丛》二周年纪念刊物之二。

秦含章、陈翰笙《中国农业经济问题：中国农业经济研究的重要》发表于《劳大论丛》二周年纪念刊物之二。

秦含章、陈翰笙《中国农业经济问题：中国的税捐》发表于《劳大论丛》二周年纪念刊物之二。

秦含章、陈翰笙《中国农业经济问题：中国的佃制》发表于《劳大论丛》二周年纪念刊物之二。

秦含章、黄绍绪《中国农业经济问题：中国的农产》发表于《劳大论丛》二周年纪念刊物之二。

秦含章、王寅生《中国农业经济问题：中国农业经济问题的过去》发表于《劳大论丛》二周年纪念刊物之二。

黄植《中国之劳动家畜问题——中国农民经济之一斑》发表于《实业杂志》第143期。

陈翰笙讲，王健民笔记《研究中国农业经济之重要》发表于《大夏月刊》第2卷第2期。

按：文章说："研究中国农业经济，对中国可以有下列几种贡献：第一，学理方面：学理根据事实，有了事实，学理才有根据。我们要从中国农业经济中找出学理来。马寅初先生是中国有数的经济学家，他在《经济月刊》所发表《耕者有其田》一文中所举的田租，都是外国的，而不是中国的。第二，决定政策：我们若对于农业经济要行某种政策，也非得先研究中国经济不可。以前北京农商部统计，对于地主、自耕农，以及自耕农而兼雇农的都称为自耕农。这种错误，是由于没有从事于农业经济之研究所致。第三，决定革命策略：我们假使对于土地要行一种革命的策略，也须将农业经济先加一番研究。以前农民运动的失败，也是由于没有从事于农业经济之研究所致。"

李执中《农民问题与痞子运动——湖南农运之分析的报告》发表于《中央半月刊》第1—4期。

起予《苏俄的农民运动及其批评》发表于《中央半月刊》第5—8期。

陈翰笙、戴匡平《研究中国农业经济的重要》发表于《北大日刊》第2218期。

高凤桐《中国是否要作永远的农业国》发表于《东北大学周刊》第87—88期。

虞振镛、李献琛《中国农业问题》发表于《燕大月刊》第4卷第1期。

按：文章说："乡间小学人才之培养与城市者不同，必须具有乡村知识，对于农事亦应有相当之了解，若乡村教育不设法改良，则错误失当殊深，为益殊浅尠也！为今之计，以下的几件事有重加考虑，须加以良之必要：（一）农村教育之目的与课程；（二）学习时期之分配；（三）农村学校及其经济问题；（四）教师之知识须适合农村之俗习与需要。"

王逢辛《中国农民经济问题》发表于《中央大学商学院丛刊》第5期。

尤逸农《美国之水稻事业》发表于《国立中央大学农学院旬刊》第13期。

汪呈因《法兰西最近农业经济状况》发表于《国立中央大学农学院旬刊》第15期。

过探先、江国仁《农业问题之分工合作》发表于《国立中央大学农学院旬刊》第17期。

黄立鹏《上海杨思乡之农民生活概况》发表于《国立中央大学农学

院旬刊》第35期。

杨任农《合作与农业的关系》发表于《国立中央大学农学院旬刊》第35期。

陈翰笙、王寅生《黑龙江流域的农民与地主》发表于《国立中央研究院社会科学研究所专刊》第1期。

按：作者利用中日俄有关资料编撰而成，为农村调查树立了阶级分析的典范。

晋《改良中国农业的先决问题》发表于《国立劳动大学周刊》第2卷第1期。

蓝启盛《中国农业衰落之原因》发表于《广东国民大学周报》第2卷第9期。

按：文章认为，中国农业衰落的原因，一是帝国主义之侵略，二是内战之影响，三苛捐杂税之增加，四是耕种方法的恶劣，五是繁华都市之吸引。

勋《江彰农民的地位及其运动》发表于《江彰旅省联合学会会刊》第18期。

顾因明《暹罗农民合作运动略况》发表于《南洋研究》第2卷第6期。

滕懿《菲律宾之农民运动》发表于《环球旬刊》第1期。

马札阿、王思微《中国农民经济的经济学及其发展的倾向》发表于《世界月刊》第2卷第1、3期。

王世义《中国农村经济的统计》表于《世界月刊》第2卷第2期。

三　乡村建设研究著作

[德]考茨基、马希阿尼著，邓毅译《农业的社会化》由上海新生命书局出版。

[日]河西太一郎著，黄枯桐译《农业理论之发展》由上海乐群书店出版。

按：是书除绪论外，分马克斯的农业理论及政策、恩格尔斯的农民政策、埃加柳斯与李卜克尼希、柯茨基的农业理论及政策、列宁的农业理论及政策、第三国际的农民政策、批判及反批判等7章。

［苏］恰耶诺夫著，王冰若译《社会农业》由上海亚东图书馆出版。

按：是书分社会农业的定义与任务、社会农业的工作方法、社会农业工作计划的意义与发展、到社会农业工作之路、社会农业的组织、用语言文字做社会农业宣传的方法与辅助工具、用语言文字宣传的设施、用介绍方法宣传的设施、社会农业的辅助营业、社会农业者是组织家、社会农业与协作社、社会农业地方事务所的设立、社会农业工作的大纲及其结果的估计等13章。

［苏］恰耶诺夫著，王若冰译《社会农业及其根本思想与工作方法》由上海亚东图书馆出版。

按：是书根据1917年俄文第1版的德译本转译。分为13章，论述农业经济政策及理论的意义、范围，农业理论工作者的工作方法等，以期从根本上达到提高生产力的目的。

［苏］恰耶诺夫著，李季译《社会农业及其根本思想与工作方法》由上海亚东图书馆出版。

［德］考茨基、马希阿尼著《农业的社会化》由上海新生命书局出版。

［日］牧野辉智著，黄枯桐译《日本的农业金融机关》由上海商务印书馆出版。

胡大刚著《中国农业之国计民生》由南京三民导报社出版。

按：是书为作者在党狱中所著，分为8章，论述农业的定义、重要性、历史与现状，农业技术、生产、教育、分配等。

邹亚雄著《农业建设方略》由长沙实业杂志社出版。

按：是书分上下编，上编10章，论述中国农业建设与经济的关系，经济关系与物价问题，合作社的意义、种类，信用合作与农村经济等；下编2章，内容有如何指导农村合作、创办农民银行，灾害的预防与救济、创设农业保险，施行土地所有权的清查与登记，施行地价税法，改良农具设备等。

张心一著《试办江苏句容县人口农业总调查报告》由国防设计委员会出版。

中山大学农科学院编《广东农业概况调查报告书续编》由编者出版。

［日］河田嗣郎著，陈大同、陆善炽译《农村经济》由上海卿云图书公司出版。

按：是书分3篇，第一何谓经济，包括经济之表现、经济与经济的行为、经济行为与经济机关、经济机关与经济组织、经济组织与资本主义经济、不可区分之二事实、经济一词之起源、唯物史观、社会之变革等9节；第二篇农村经济，包括都市与农村之对立、工商业之榨取、农村之收支状态、工商业与农业之比较、米作农业之经济、农村之金融、农村之财政等7节；第三篇农村之经济问题，包括经济之变迁与农村经济问题、佃租问题、农村经济问题与政治、农村经济问题与金融等4节。

黄维时编著《农村合作造产之研究》由上海农村合作研究社出版。

按：是书分3编，分析农村的地位、农村经济衰落的原因，提出农村实行合作造产的具体实施办法与程序等。

周谷城著《农村社会新论》由上海远东图书公司出版。

按：是书分农村社会之发展、农村之特性、农村社会之种类、农村进步、中国农村社会之新观察5章。

冯锐著《乡村社会调查大纲》由中华平民教育促进会出版。

杨开道著《农村社会学》由上海世界书局出版。

按：是书阐述农村社会的特质及农村生活基本原理，包括农村社会的起源、进化、人口、环境、农村社会生活、农村社会组织等8章。

中华基督教青年会编《改造旧农村》由苏州编者出版。

按：是书乃中华基督教青年会唯亭山农村服务处第一年工作报告，内容涉及该会在培养人格、灌输常识、提倡卫生、改良社会生活、改良经济状况等方面所做的成绩。

［美］福德著，赵仰夫译《丹麦的农村教育》由上海新学会社出版。

［苏］列宁著，石英译《农民与革命》由上海沪滨书局出版。

按：是书内容包括都市劳动者的斗争、社会民主主义者要的是什么、"富与穷，农村中的财产底私有者和劳动者"、农村阶级斗争等。

［苏］列宁著，李竞仲译《俄国农民问题与土地纲领》（1905年至1907年俄国革命中的农民问题与社会民主党的土地纲领）由上海平凡书局出版。

［日］山川均著，高希圣译《俄国革命与农民》由上海平凡书局出版。

按：是书包括新中国成立后的农奴、土地的分配、皇政时代的农民生活、农民革命的热潮、立宪民主党的土地政策、社会革命党对于土地问题的纲领、布尔什维克党与农民、革命与农民等。

王仲鸣译《中国农民问题与农民运动》由上海平凡书局出版。

按：是书分中国农民问题、中国农业制度与农业政策、中国农业人口之阶级的分析、中国的农村经济、中国农民担负的赋税、中国农民的离村问题、土地与农民、农民合作概论、中国农民阶级的出路、社会主义与农民运动、中国农民运动概观等十一部分。

文公直著《中国农民问题的研究》由上海三民书店出版。

按：是书分12章论述农民问题的社会意义和农民经济状况、农民运动的本质和对象、农民问题与中国革命的关系，并提出了解决农民问题的途径。

郭真著《中国农民问题论》由上海平凡书局出版。

按：是书分8章论述资本主义与中国农业、帝国主义与中国农民问题、中国的土地问题和农民政策、中国农业人口减少的现象、农业衰落的趋势、农民生活不安定的原因等。

冯紫岗著《农民问题概论》由南京岐山书店出版。

按：是书分6章论述农业社会的沿革、封建时期的农奴制、资本主义的农业状况，并对解决土地问题的各派学说和近代各国农业社会的发展趋势做了介绍。

中国国民党河北省党务指导委员会民众训练委员会编《农民运动》由编者出版。

朱宜风著《整理农民运动必读》由民治书局出版。

按：是书分农运之政策、农村的现状、调查、组织和训练、经济的行动、农运应注意的问题、农民协会的工作等7章。

中华职业教育社编《农民生计调查报告》由中华职业教育社出版。

谢六逸著《农民文学ABC》由上海ABC丛书社出版。

按：是书包括6章，即绪论、俄国的农民文学、爱尔兰的农民文学、波兰与北欧的农民文学、法国的农民文学、日本的农民文学。

公孙愈之等著《中国农民及耕地问题》由上海复旦书店出版。

孙中山著《总理关于农人的遗教》由中国国民党中央执行委员会宣传部出版。

刘大钧著《我国佃农经济状况》由上海太平洋书店出版。

［美］卜凯著，孙文郁译《河北盐山县一百五十农家之经济及社会调

查》由南京金陵大学农林科出版。

江苏省农政会议秘书处编《江苏省农政会议汇编》由上海利国印刷所出版。

杨开道编《农场管理》由上海商务印书馆出版。

［德］李卜克内西著，郭之奇译《土地问题论》由上海启智书局出版。

李健人著《平均地权的理论与实践》由上海泰东图书局出版。

按：是书介绍土地所有权的变迁史、平均地权之原理及实施，分析世界主要经济学家的土地理论及有关政策。

训政学院编《土地测量法大要》由河南书局出版。

按：是书分总则、图根测量、细部测量、制图4章。

万国鼎著《土地改良法》由上海商务印书馆出版。

董时进著《食料与人口》由上海商务印书馆出版。

按：是书分8章，分析世界各大洲粮食问题与人口的关系，以及由此而引起的国际争端。

内政部编《地权限制及分配计划书草案》由南京编者出版。

按：是书内容有土地分配之标准、额外土地出让及收买、援助无地农民及贫农等。

向绍轩著《平均地权初步之商榷》由上海太平洋书店出版。

中央宣传部编撰科编《平均地权浅说》由中央宣传部出版科出版。

按：是书分7章，介绍中国土地分配的现状及平均地权的方法。

浙江省民政厅编《土地整理和土地陈报》由杭州编者出版。

冯节著《中国田赋研究》由上海民智书局出版。

江苏省立劳农学院编《学术演讲集》第1集由江苏无锡编者出版。

绥远垦务局编《绥远垦务辑要》由北平中华印书局出版。

宿正中著《绥西垦殖计划纲要》由著者出版。

彭家元著《绿肥》由四川省农业改进所出版。

新中工程股份有限公司编《灌溉新编》由上海编者出版。

李书田编《朝鲜农田水利事业调查报告》由国立北平研究院出版部出版。

唐启宇著《重要作物》由上海商务印书馆出版。

胡朝阳编译《害虫驱除权书》由上海新学会社出版。

王历农编《害虫歼除法纲要》由上海商务印书馆出版。

邹钟琳著，张巨伯、吴福桢校《二化螟虫》由江苏省昆虫局出版。

包容编《肥田粉不可滥用的理由》由国立浙江大学农学院推广部出版。

浙江省昆虫局编《螟虫》由杭州编者出版。

庄崧甫编著《实用螟虫防除法》由上海新学会社出版。

国立中山大学农学院推广部编《禾稻害虫》由广州编者出版。

盛莘夫编《稻作增收法》由上海新学会社出版。

冯次行编《中国棉业论》由上海北新书局出版。

许罗云编《植棉须知》由国立浙江大学农学院推广部出版。

徐丽生编译《东三省之柞蚕业》由辽宁东北新建设杂志社出版。

俞大绂、陈鸿逵著《江苏省大麦之坚黑穗病》由上海中国科学社出版。

戴芳澜著《花红苹果锈病及其防治法》由上海中国科学社出版。

周清、赵仰夫编著《实用蔬菜园艺学》由上海新学会社出版。

黄绍绪编著《种菜法》由上海商务印书馆出版。

许植方著《萧山红萝卜之研究》由浙江省农矿调查所出版。

孔宪乾著《实用果树园艺学》由广州南华耕作同志社出版。

童玉民著《桃树栽培浅说》由国立浙江大学农学院推广部出版。

上海特别市社会局编《龙华桃》由编者出版。

夏诒彬著《种葡萄法》由国立中央大学农学院农业推广组出版。

许植方著《浙江黄岩桔之研究》由浙江省农矿调查所出版。

刘振书著《种草花法》由上海商务印书馆出版。

上海特别市市立园林场编《栽菊术》由编者出版。

安事农、凌道扬著《森林的利益》由南京农矿部林政司出版。

农矿部林政司编《造林树种宜如何选定》由南京编者出版。

［日］川濑著，李英贤编译《森林管理学》由上海新学会社出版。

［德］茨次尔著，齐敬鑫译《中国森林问题》由广东造林运动大会出版。

任承统著《山西林业刍议》由山西旅京学友会出版。

农矿部设计委员会特种会议秘书处编《农矿部林政会议汇编》由编者出版。

凌道扬编《建设全国林业意见书》由北平大学农学院出版。

王兆泰著《孵化法之研究》由国立清华大学出版。

军官教育团编《最新马学教程》由北平武学书店出版。

山西省农矿厅编《养鸡须知》由编者出版。

邬祥赓编译《养蚕法》由上海新学会社出版。

龚厥民编《养蚕学》由上海商务印书馆出版。

[美] 密勒著，冯焕文译《密勒氏养蜂问答》由上海新学会社出版。

冯俊卿著《实验最新养蜂学》由上海养蜂研究社出版。

冯焕文译著《实验养蜂学》由上海新学会社出版。

贺子固著《最新实验养蜂法》由北平民生养蜂讲习所出版。

刘文海选辑《实验养蜂择要》由上海养蜂研究社出版。

周霖编著，冯焕文增订《养蜂浅说》由上海新学会社出版。

[日] 青柳浩次郎著，曾仙舟译《四十年实地经验养蜂实务志》由北平民生养蜂场出版。

[日] 野野垣淳一著，甘子刚译《蜂王养成法》由上海新学会社出版。

严竹书、赵仰夫编译《英格兰之小作法》（小作农丛书）由上海新学会社出版。

四　卒于是年的乡村建设工作者

过探先卒（1886—1929）。探先，江苏无锡人。1910年赴美国留学，先入威斯康辛大学，后转入康奈尔大学，专攻农业科学。1915年回国，受江苏省教育当局委托，调查江苏省农业教育状况。随后任江苏省立第一农业学校校长。1916年发起成立江苏省教育团体公有林，作为全省农业教育的基产，也是我国实施大规模造林活动之始。1918年发起成立中华农学会。1919年应上海华商纱厂联合会之聘，承担棉花品质的改良任务。1921年任东南大学农科专业教授，并兼任农艺系主任，仍主持棉作事业。1925年应聘任金陵大学农科主任。1928年兼任农矿部设计委员、江苏省农民银行经理、江苏省育林委员等。1929年3月病逝。先后发表了《改良推广全国棉作的计划》《棉种选择论》《中美棉异同论》《爱字棉纯化育种报告》《美国之森林》《农业训育问题》《中国农业问题》等论文。

彭湃卒（1896—1929）。湃乳名天泉，原名彭汉育，化名王子安、孟安等，广东海丰人。1917年赴日本留学，就读于早稻田大学政治经济科。1921年夏回国，任海丰县教育局局长。1923年7月至1925年底，在广州举办五届农民运动讲习所，任第一和第五届农讲所主任。参加两次东征。1925年5月当选为广东省农民协会执行委员会常委、副委员长。中共广东区委成立后，任区委委员，1926年10月任中共海陆丰地委书记兼潮梅海陆丰办事处主任。1927年3月到武汉农讲所工作。5月在中共第五次全国代表大会上当选为中央委员。1927年10月在广东海陆丰地区领导武装起义后，建立海丰、陆丰县苏维埃政府，是中国第一个工农兵苏维埃政权。1927年8月1日参加南昌起义，任中共前敌委员会委员。在"八七"会议上缺席当选为临时中央政治局候补委员。11月领导海陆丰武装起义，任海陆丰工农民主政府委员长和中共东江特委书记。1928年7月在中共第六次全国代表大会上当选为中央政治局委员。同年冬任中央农委书记兼江苏省委军委书记。1929年8月24日因叛徒白鑫出卖而被捕，30日在上海龙华与杨殷、颜昌颐、邢士贞4人同时英勇就义。2009年被评为100位为新中国成立作出突出贡献的英雄模范人物。著作编为《彭湃文集》。

李鑫卒（1898—1929）。又名金三、李木子，化名施鸿祥，云南龙陵人。1924年毕业于北京农业大学园艺系。1925年加入中国共产党。1926年经毛泽东推荐，被中共广东区委和国民党中央农民部派回云南工作，任中共云南省特别支部书记。1927年初，根据毛泽东提名，以中国国民党云南农民运动办事处主任的公开身份，在昆明主办农民运动训练班，培养农民骨干，先后有14个县成立农民协会。4月10日任云南省农民协会主席。1929年被杀害于蒙自。

朱也赤卒（1899—1929）。原名朝柱，又名克哲，广东茂名人。早年就读于广东高等师范学校、广东医药专门学校。1922年参加中国社会主义青年团。1925年参加中国共产党。同年底受组织委派回高州开展革命工作。1926年任省农业协南路办事处总干事、中共茂名县党支部书记、茂名县农协筹备处主任等职。1927年主持成立南路农民革命委员会，统一领导南路武装斗争。先后任南路农民革命委员会主任、中共南路特派委员、肃清反革命委员会广东分会南路支会委员。1927年12月赴信宜县组织领导怀乡农民暴动，成立信宜县苏维埃政府。1928年12月因叛徒告密被捕。1929年12月23日英勇就义。

黄学增卒（1900—1929）。原名学曾，广东遂溪人。1920年夏考入广东省立甲种工业学校就读。1921年参加马克思主义研究会，并加入中国社会主义青年团。1922年春转为中国共产党员。从1923年秋起，受中共广东区委的派遣，先后到花县、广宁、高要等地开展农民运动和建党工作。1924年6月被选送到广州农民讲习所学习。结业后，被任命为中国国民党中央农民部农运特派员。同年10月被选为中国社会主义青年团广东区委候补委员，后又任中国共产党广东区委农委委员。1925年7月被聘为省港工作委员会顾问，参与省港罢工领导工作。8月出席广东省第一次农民代表大会，被选为省农民协会第一届执行委员。1926年初，先后被任命为国民党广东南路特委委员、广东农民协会南路办事处主任、中共广东南路特派员，积极领导阳江、茂名、化县、电白、海康等县建立农民协会，开展反封建斗争。1927年初，任中共广东南路地方委员会书记。2月中旬出席广东省农民协会执委会第二次会议。1928年4月出席中共广东省委在香港召开的第一次扩大会议，被选为省委委员。5月以省委巡视员的身份前往海南恢复和重振革命力量。任特委书记兼独立师政委。1929年7月由于叛徒出卖，在海口市福音医院被捕牺牲。是与彭湃、阮啸仙、周其鉴等人齐名的广东省四大农运领袖之一。

茅学勤卒（1900—1929）。化名陈国英、王天明，江苏张家港金港镇后塍人。1927年3月北伐军进驻江阴后，他参加了县农民协会举办的农运骨干训练班学习，学习结束后回家乡组织农民协会，并当选为会长。10月加入中国共产党，并任江阴农民革命军副司令。11月9日中共江阴县委根据江苏省委《关于组织全省暴动计划的紧急决议案》精神，决定在农运基础较好的后塍举行首次暴动。11月15日深夜，他率领农民军攻占后塍公安分局，又将从乡行政委员俞道聘家中搜出的田契、债据、租簿等付之一炬。1928年1月被选为县军事委员。4月渡江北上，到靖江一带开辟农民武装斗争的新战场。6月当选为中共江阴县执委书记。8月任中共苏常特委委员兼特委红军总指挥。旋任特委军委书记。1929年1月任中共淞浦特委军委书记，与杭果人、陈云、严朴等一起领导奉贤县庄行暴动。后因叛徒告密而被捕，2月6日英勇牺牲。

林克嵩卒（1903—1929）。克嵩，海南定安县黄竹镇后田村人。1926年春由雷永铨、蔡春晖介绍加入中国共产党。1926年秋任黄竹小学校长，积极配合琼崖农运特派员梁拔焕等人开展农民运动，建立农会，任定立区农会主席。当年10月，在黄竹小学成立黄竹党支部，任支部书记。1927

年初在黄竹小学创办农民训练所，培训农民运动骨干，先后有40多人受训。是年琼崖"四二二"事变后，他带领支部成员转入农村活动，秘密建立黄河、黄北、黄东、黄白、黄桥、杨亨、边头、至才坡、红带、北曲等10多个党支部。是年秋任中共定二区委书记。10月配合中共琼崖特委郭儒灏等人做争取土匪林树标的工作，将林树标的队伍改编为琼崖讨逆军第十路军。1928年8月任定安县委书记，积极开展内洞山、母瑞山周围地区党的各级组织及苏维埃政权建设，成立以内洞山周围地区为中心的中共定五区委员会，创建了内洞山革命根据地。同时领导根据地人民开展以减租减息为中心的土地革命。1929年7月15日因先前在战斗中负伤，医治无效，是日去世。

朱积垒卒（1905—1929）。积垒，福建平和人。1923年就读于厦门集美学校师范部，在校期间积极投身学生运动。1926年3月进入毛泽东主持的广州农民运动讲习所第六期学习，同年6月加入中国共产党。10月受命以国民党中央农民部特派员的身份，随北伐军回到平和开展工农运动。12月在上坪村组建中共平和支部，任记。1927年1月任中共闽南特委委员。大革命失败后转入农村开展农民运动，组织武装斗争。9月任中共平和县委书记兼县农民协会会长。1928年2月组建福建工农革命军独立第一团，任团长兼"平和暴动"委员会总指挥。暴动遭挫后，率部转入平和西北山区开展游击战争，组建中国工农红军第二营，创建革命根据地。1928年8月被捕牺牲。

刘真卒（1906—1929）。原名刘珍，江西永新人。1924年考入吉安胜利第七师范学校，逐步接触马列主义思想，积极投入到爱国运动之中。1926年1月加入中国共产党，2月回家乡创办平民夜校，向农民宣传革命道理。9月任永新县党部执行委员会委员和农运部长，从事农运工作。10月与刘作述道西乡视田组建农会，培养了一批农会干部。1927年3月率领农民自卫军到西乡花汀村摧毁土豪贺调元的私人武装，没收其财产，推动了永新革命运动。10月任中共永新特别区委书记。1928年任中共永新县委书记。1929年不幸被捕牺牲。

民国十九年　庚午　1930 年

一　乡村建设活动

1月4日，中共江苏省委发出题为《农民中的组织问题》的第7号通告。

按：通告说：一、江苏在"八七"会议后，误以农民委员会代替农民协会，结果一般不注意发展农民协会（或农民会）的组织，同时农民委员会亦没有在正确意义下组织起来。农民委员会与农民协会至今混淆不清，而农民组织也就成了零碎的、散乱的东西。二、农民委员会是群众直接选举的领导斗争的组织，它没有会章，不收会费，和工厂委员会一样，能够而且应当成为农协的下层组织基础。它可以与农协同时存在，并且不断吸引群众加入农协，帮助建立与发展农协的组织。它并且是农村苏维埃的基础。在现在农协还没有广大群众基础的时候，党要发动并领导广大农民斗争，运用农民委员会的组织，尤其有重大的意义。三、农民委员会既然是下层群众直接选举的组织，它常常是以村为单位而成立的。党要在每一个农村中，抓住日常斗争的机会，号召农民群众（召开）会议，选举代表，组织领导机关（如某种斗争委员会等），公开（向群众公开）的领导斗争。农民委员会应经常的存在，如遇委员会或委员动摇，应由群众大会撤退［换］或改组。在失败区域，农民害怕加入农协，更要加紧运用农民委员会组织，才容易领导斗争，帮助农民协会的发展。四、在(有) 赤色农会组织的地方，赤色农会会员更要在农民委员会中起领导作用。经过农民委员会的活动，领导更广大的群众斗争，同时吸引更多农民加入赤色农会。就是某一村的农民完全加入了赤色农会的时候，根据群众的需要，农民委员会可以依然存在。五、在黄色农协中，更要运用农民委员会的策略。只有以群众直接选举的农民委员会，加紧领导雇农、贫农的斗争，不经过黄色机关的领导，才更容易促进反地主富农的斗争，根本驱逐反动领袖，消灭黄色农会的组织，使群众加入赤色农会中来。六、土地革命深入时，农民委员会可以转变成下层苏维埃；苏维埃成立，农民委员会即无继续存在之必要。①

1月5日，毛泽东给林彪的复信（即《星星之火，可以燎原》），批评林彪等人对时局的估量及行动问题上缺少正确的认识，标志着毛泽东关于中国革命应走农村包围城市道路的思想初步形成。

是月，河南村治学院招生开学，彭禹廷为村治学院院长，梁仲华为副院长，郭海封为教务长，王怡柯为总务长，梁漱溟为主任教授，冯悌霞为农场场长。梁漱溟起草了《河南村治学院组织大纲》，明确学院创办的宗旨是研究乡村自治及一切乡村问题，培养乡村自治及其他乡村服务人才，以期指导乡村自治之完成。

2月1日，凌道扬代表中华林学会致函立法院院长胡汉民，请早日公布《森林法》；同日致函考试院院长戴传贤，请在考选委员会各组中添设林学一组。

2月7日，中共赣西、赣南特委和红五、红六军军委及红四军前委召开联席会议，毛泽东主持会议，会议制定了《赣西南苏维埃土地法》。

2月17日，国民政府农矿部公布《农业金融讨论委员会章程》。

2月26日，中共中央发出第70号通告，其中要求在组织地方暴动的总策略下，首先要深入农民的土地斗争与发展游击战争，尤其重要的是，反富农路线的斗争是深入土地革命的先决问题，雇农工会的建立，必须成为党的每一农村支部最迫切的任务。

是月，皖西潜山举行农民起义。

3月3日，中国国民党第三届中央执行委员会第三次全体会议通过《关于建设方针案》，其中提出要注意农业发展和农民教育，并限期各省成立农业银行，扶助农村经济之发展。

3月15日，赣西南工农民主政府正式成立，曾山任主席。

是月中旬，毛泽东和朱德在赣西南的东固获悉兴国无敌军驻扎，率部南下兴国。毛泽东在兴国做了三件事：一是召集县委开会，对如何进行土地革命、扩大红军和支援前线等问题作了指示，强调土地分配首先是要

---

① 中央档案馆编：《江苏革命历史文件汇集·省委文件》（1930年1—3月），中央档案馆1985年版，第13—15页。

"分",其次是要"快";二是指导召开兴国县第三次工农兵代表会议,成立了兴国苏维埃政府;三是颁布了《兴国县苏维埃政府土地法》。

是月,山东养蜂研究会成立。

是月,农矿部成立农业金融讨论委员会,聘请马寅初、唐启宇、王志莘、寿勉成等为委员,并派陈郁、谭常恺等为委员。指定陈郁为主任,唐启宇为副主任。

是月,国民政府公布《河川法》,分为总纲、管理、河川使用限制之防卫、河川经费及土地使用、奖惩、附则6章,共29条。

4月1日,国民政府农矿部颁布《中央模范农业推广区组织章程》。

4月12—13日,中华林学会会员曾济宽、张海秋、傅焕光作为中华农学会代表团成员参加日本农学会年会特别扩大会,并分别在特别演讲会、林学会和造园学会分组会上作专题演讲。

4月16日,中央研究院召集全国气象会议,确定国内各气象台天气预报一律采用徐家汇气象台所定之天气旗号。

5月1日,广西右江苏维埃政府根据井冈山开展土地革命的经验和本地区的实际情况,颁布了《土地暂行条例》,对土地的没收分配政策作了如"每一劳动力分全份""非劳动单位分半份"等规定。

5月1—2日,冯玉祥在中原大战前夕来到百泉视察河南村治学院,并在该院与阎锡山举行会议,正在山西推行"土地村公有"的阎锡山在会上发表《三民主义的好处及村治之重要》的演讲。

5月20—22日,中共中央和中华全国总工会中央执行委员会在上海召开第一次全国苏维埃区域代表大会,会议通过《土地暂行法》,规定凡属于地主的土地,一律无偿的没收。同时通过《劳动保护法》《目前革命形势与苏维埃区域的政治任务》《苏维埃组织法》等文件。

是月,毛泽东在江西省寻乌县邀集有关方面代表召开调查会,撰写了《寻乌调查》。

是月,广东东江第一次工农兵代表大会选举产生东江苏维埃政府。

6月11日,中共中央政治局会议在上海召开,由中央政治局常委兼宣传部长李立三主持会议,会议通过由李立三起草的《新的革命高潮与一省或几省的首先胜利》的决议案。决议反对以农村包围城市、最后夺取城市的正确道路,指责这"无疑义是极端错误的",是"农民意识的地方观念与保守观念",标志着李立三为代表的左倾冒险主义在中央占了统治地位。

6月11—13日,中共红四军前委和闽西特委联席会议在福建长汀召开,会议通过《富农问题》和《流氓问题》两个决议,规定了"抽肥补瘦"的土地分配原则。

按：富农问题决议说：（一）什么是富农 富农有三种：第一种是半地主性的富农,就是自己耕种同时有多余土地出租的一种人；第二种是资本主义性的富农,即不把土地出租,有些还向别人租入土地,雇佣工人耕种的一种人；第三种是初期的富农,即不出租土地,又不雇佣工人,单以自己劳力耕种,但土地劳力两俱充足,每年有多余粮食出卖或出借的一种人。各种富农对于贫苦群众的剥削有两种共同的方式：第一种就是高利贷（钱利、谷利、猪利、牛利、油利）和商业性的出卖粮食；第二种富农各有一种特殊方式的剥削,即半地主性富农的剥削地租,和资本主义性富农的剥削雇佣劳动。此外各种富农中许多是兼营商业的——开小商店及贩卖产品,则是用商业资本方式剥削贫苦群众。（二）富农的反革命性 富农是农村资产阶级,但中国富农的剥削则一般带着半封建的残酷性。无论在地租方面,在高利贷方面,在雇佣劳动方面,在商业资本方面,都表现富农的剥削比较地主更残酷。因此这个阶级的利益和贫农雇农阶级的利益根本冲突。这个阶级自始至终是反革命的。在革命初起时,富农阶级虽然有反军阀苛捐杂税的需要,但为了他们的根本利益（土地和资本）,只要革命是从贫农雇农方面起来的,他们一定站在地主方面和贫农雇农作对。……在革命由危急走向失败时,富农就由动摇妥协,以至完全叛变,站在地反路线向贫农雇农进攻。①

6月30日,国民政府颁发《土地法》,规定中华民国领域内之土地,属于中华民国国民全体。其经人民依法取得所有权者,为私有土地；但附着于土地之矿物,不因取得土地所有权而受影响。

是月,鄂豫皖边第一次工农兵代表大会在光山县南部召开。大会讨论了扩大红军和地方武装、分配土地等问题,选举成立了鄂豫皖边区苏维埃政府,甘景元任主席。

是月,江苏无锡将民众教育学院与劳农学院合并成立江苏省立教育学

---

① 于建嵘主编：《中国农民问题研究资料汇编》（第1卷 1912—1949下）,中国农业出版社2007年版,第576页。

院，以高践四为院长，以培养从事农民教育和民众教育的专门人才为办学宗旨。

7月7日，国民政府修正公布《县组织法》和《区自治施行法》《乡镇自治施行法》。

7月19日，国民政府公布《乡镇坊自治职员选举及罢免法》。

7月29日，湖南省工农兵苏维埃政府发布《暂行土地法》《暂行劳动法》。

按：《暂行土地法·总则》说：第一条 "要土地"为目前广大农民迫切的要求，故凡以暴动推翻军阀豪绅地主官僚政权的区域，必须立即建立苏维埃政府，实行宣布土地法，彻底解决土地问题，以满足农民之要求。第二条 凡过去豪绅政府及地主压迫农民所订之一切田契佃约，无论其为书面的或口头的概作无效，并须收集一切田契及其他剥削农民的契约，限宣布土地法三日内概行当众焚烧。第三条目前土地问题之根本原则，在于巩固苏维埃政权，改变土地所有关系，故没收地主阶级及一切反动派的土地，交工农兵代表会议处理，为目前解决土地问题之根本原则。其解决土地问题之方式，以满足广大贫农之要求及巩固中农之同盟，以反对富农，使广大的地少或无地的农民实际得着土地耕种为原则。①

8月，共产国际东方部作出《关于中国农民问题决议案》。

按：决议案说："关于农民问题，以前我们曾有几封指示信给你们，这些指示我们认为依然是有效的，现在我们特别提出使你们注意！党对于农民的策略必须分为苏维埃区域与反革命统治的区域两方面来说。苏维埃区域之中，党在乡村中的基本组织任务，是组织雇农、苦力工会及贫农会，在这一原则之下，必须把贫农与中农联合起来，以对付反革命派及富农等阻碍土地革命发展的企图。……为着组织雇农工会、苦力工会及产业与手工业工人的工会，以及吸引他们之中最勇敢最积极的分子入党，应当组织各种补助团体，使党经过这些团体很容易地接近苦力、雇农与工人群众。对于雇农妇女及女工也当与男的雇农与工人一样，吸收他们加入这些团体。他们在这些团体之中，也得享有与男子同样的权利。"②

是月，中央政治会议通过《实施全国农业推广计划》，其目标在使全

---

① 王先进主编：《土地法全书》，吉林教育出版社1990年版，第852页。
② 孙晓梅主编：《中国近现代女性学术丛刊》续编9第28册，线装书局2015年版，第339页。

国各县均设立农业指导员,教导和扶持全国农民。并限全国各省分四期举办,于次年内完成。

是月,毛泽东、朱德以中国革命军事委员会的名义颁发《苏维埃土地法》(又称《军委土地法》),共四章31条,明确规定了土地没收与分配的各项政策与原则,以乡为单位,按人口平均分配,在原耕地基上,实行抽多补少。

是月,经立法院153次会议讨论通过《农会立法原则草案》。

是月,江浙养蜂学会在浙江嘉兴成立。

9月13日,农矿部公布《农矿部农产物检查所检查农产物处罚规则》。

是月,湘鄂西特委第一次紧急会议召开,会议通过中共鄂西特委书记、鄂自联县苏维埃政府主席周逸群与湘鄂西联县苏维埃政府土地部部长屈春阳等人起草的《土地问题的基本政策》的文件,为湘鄂西土地革命制定了正确的政策。

按:鄂西土地问题的基本政策是:(一)凡有土地自己不耕种,也不雇人耕种,而只出佃,坐收租谷者为地主。凡自耕农土地有余,而兼雇人耕种或以余田出租者,及佃农虽自己无土地、资本,租得大批土地,所收获超过需要,并雇人耕种者为富农。不论自耕农、佃农,土地仅是自给者为中农(中农原分二等:一种富裕的中农,一种非富裕的中农。富裕的中农虽兼雇用少数工人耕种,因其土地数量与其人口需要刚刚相符,仍不失其为中农。不能因其稍有余裕,便认为富农。富裕的中农接近于富农,但不能与富农同等看待)。虽有小块土地,但不能维持生活,而兼做零工及其他副业方能维持生活者为贫农。完全没有土地而专被人雇佣耕种者为雇农。(二)党对农民的策略,应该是抓住雇农、贫农,联合中农反对地主土豪劣绅。雇农是乡村中的无产阶级,贫农是半无产阶级,应是党在乡村中的基本群众。中农是乡村中的小资产阶级,应是党在乡村中的同盟者。富农是乡村中的资产阶级。但现在不是消灭富农这一阶级的时期。(三)没收土地的标准是没收地主阶级的土地,对于富农的土地,只没收所余出佃坐收租谷的那一部分,绝对不应侵犯中农的土地。(四)平分土地当然不是社会主义,但较革命进步的方法,党应坚决赞成之。平分土地决不能最后解决贫苦农民的痛苦,党须向群众指出要最后解决痛苦,只有社会主义。没收地主阶级及富农所余出佃的土地,主要的是平均分给失地及少地的农民，中农土地不动，甚至土地如果有余时，还可分给非富裕的中农一点，富裕的中农亦须尽可能地不侵犯其利益。如果在中农很少的地方，失地及少地的农民群众要求将一切土地平分时，党可以赞成之。（五）雇农可以分给土地，所谓"流氓""地痞"亦可分给土地，红军家属更应分给土地。总之，凡在苏维埃区域内之无地及少地的农民，不论男女老幼，有分得土地的权利。（六）废除租佃制度，但不禁止雇佣耕种。（七）分配土地，党主张以人口为标准，但有耕种能力之男女可得全份（红军虽在外，应以有耕种能力看待），否则可得半份，决不能完全以耕种能力及生产工具为标准。（八）如果是群众的要求，土地可以数年、一年平均一次。（九）苏维埃须尽可能设立公共农具场，以购置及没收富农所余之农具充之，借给无农具的农民使用。（十）红军家属土地，可以雇佣耕种，苏埃政府应该帮助之。（十一）富农为抵制雇农改良生活的适当要求而实行怠工，以土地交给苏维埃，并令富农将全部农具交出，这不是没收富农土地，而是对于怠工者之适当的处罚。（十二）现在就须开始做平分土地的广大宣传，特别是要得到基本群众（无地及少地的农民）的热烈拥护，使平分土地变成群众自己的要求与主张，而不是仅仅变成苏维埃命令主义的法令。[①]

是月，广东省政府修正公布《广东省荒地承领造林暂行规程》。

10—11月，毛泽东先后到兴国、东塘、木口村等地调查，并撰写《兴国调查》《东塘等处调查》《木口村调查》《赣西土地分配情形》《江西土地斗争中的错误》等文章，解决了土地革命中的许多政策问题。

是月，湘鄂西第二次工农兵代表大会通过《土地革命法令》，主张没收一切地主阶级的土地和财产，没收富农所余出租的一部分土地，不动中农的土地。

是月，红一方面军总前委与江西省行委联席会议在江西新余召开，会议通过《土地问题决议案》。

是月，中央农业推广委员会决定资助设立乌江农业推广实验区，由金陵大学具体办理各项事务，其工作范围不再限于棉种推广，而是涉及农业技术推广、经济合作、农民教育、农村卫生等多项内容。是为我国中央政府举办农业推广实验事业之最早者。

[①] 周逸群：《周逸群文集》，中央党史出版社2006年版，第360—362页。

11月7日，闽西革命根据地工农银行在龙岩创立。

11月20日，中共中央发出《苏维埃区域土地农民问题决议案》。

按：决议案说："正确的解决土地农民问题是苏维埃区域政策最主要的问题。苏维埃运动还没有发展到直接的全国的革命爆发。这一事实阻碍着苏维埃区域土地改革的进程。贫农、中农主张，没收地主土地的行动，已经充分显明的毫无疑义的表现出来了。但是同时，在苏区内却发生了为分配土地的方法的斗争。富农与豪绅高利贷者有密切的关系，总是妨碍土地的没收。在土地没收以后，富农便竭力要将地主豪绅高利贷者的土地转交于原个的佃农手里，就算了事，或者主张按生产工具来分配，以适应它自己的利益。在许多苏区的农民群众自己实行平均分配土地。平分是唯一的方法。足以保证，并彻底肃清一切封建的与高利贷的特权和残余。另一方面在许多苏区内，我们可以看到对解决土地革命的任务的动摇态度，甚至对没收地主的土地也是动摇的。有些苏区内，竟散布着只没收五十亩以上的地主的土地的口号，以及对五十亩以下的地主高利贷者的债务必须偿还的口号。小地主豪绅企图侵入国家机关，居然并不是不能达到目的的事，并不是不顺利的。至于富农在有些区域之内，已经坐在苏维埃里面，钻到国家机关和红军中去。但同时还有些个别情形，企图在目前革命阶级中，消灭富农阶级——这绝对的不是对的。赤党里面对于土地问题也有许多动摇的，不正确的错误的决议，企图把大的经济变成苏维埃农场，□□下的决定联合一切以分得田地的雇农，成为集体农场，散布只平分已没收的地主土地的原则，不运用平分一切土地的原则（农民的土地，农民私有土地亦包括在内）。有些地方则禁止土地的买卖租赁，这些办法显然在目前革命阶段上，是过早的办法。有些地方对于红军士兵分配土地的问题，也有不正确的决定，他们认为只有在全国苏维埃政权建立以后，才能分配土地给红军兵士。在解决土地问题时，最危险的倾向，便是对于没收土地问题发生动摇的右倾和再分配土地中之右倾的富农倾向，坚决的反对右倾，为目前主要的危险，同时党亦应该克服跳过阶段的'左倾'方向，就是在目前革命发展的阶段上，就企图自上而下的组织苏维埃农场与集体农场。这些倾向的存在，表明出：目前运动内部的弱点，这种运动在阶级关系上，尚没有充分的分化。中国共产党对于运动还没有充分的领导，苦力、雇农、贫农的组织，还是柔弱。只有坚决的为着平分土地，首先是要保证雇农、贫农、革命战士的利益，而实行坚决的不调和的斗争，中国共产党才能领导主要的农民群众反对破坏农民土地革命的富农。党在这个问题上的一切消极行为，必然是放弃无产阶级的独立地位，向富农投降。而农民的个别企图——要创立原始形式的共同耕种土地的协会——表明着群众运动向前的一切扩大和深入，将要在土地斗争之中，引起中国农村的各种不同的人民集团的划分和明显的阶级分化。……土地关系的复杂，国内战争时情形的剧变，力量相互关系的转变，使着我们对于解决这一些具体问题，完全没有可能给一个确定的决定。中国共产党应该在所有的一切转变之中，保存并运用无产阶级与基本农民群众联合的原则，运用此种策略，并实行自己的主要路线的时候，共产党立刻开辟革命群众自己的创造力的道路。"①

是月，中共中央政治局制定《关于苏维埃目前工作计划》，其中有关于土地分配政策的内容。

按：关于土地分配政策的主要内容有：（一）无条件地完全没收一切地主的土地和店田祠田以及其他大私有土地者的土地（地主富农出租的土地也完全没收），由各地方工农兵会议（苏维埃）执行平均分配。分配的标准是人口和劳动力的混合标准，凡乡村中有劳动能力的男女都有分配土地的权利。分配时应得的亩数和"附加亩数"应由当地苏维埃按各地实际情况去规定，但每人"附加亩数"不能够超过每人"分配亩数"的四分之一，一方或一区人口过于多而土地不够分配的时候，可以迁移一部分居民到邻近人口较少的地方去，以便于实行适当的土地分配。（二）共耕制度，必须是在不得已的时候（例如贫农分得土地而没有充分的耕具的时候），由农民自愿订立契约去实行，不应当由政府强迫施行。苏维埃政府没收地主及其他反革命分子的耕具适当地分配给贫农；雇农在分配土地后，仍旧继续做雇农的，党应当组织雇农工会，政府对他们要实行劳动法的保护，赞助他们的斗争，雇农要求分配土地的地方，党应当赞助这种要求。（三）在土地问题上必须反对两种错误倾向。一是投降富农而不彻底进行土地革命的右倾机会主义。二是"没收一切土地"和勉强地实行共耕制度以及现在就用政府的法令或者党的决议禁止土地买卖和租借的脱离全国农民群众的左倾错误。土地没收的原则，不应用到农民身上，不应

---

① 西华师范大学历史文化学院：《川陕革命根据地历史文献资料集成上》，四川大学出版社2012年版，第119—120、124页。

用到富裕的中农身上，平均分配土地的结果，不是侵犯中农利益，而是对中农群众有极大的利益，土地革命的利益首先应当及于广大的贫农群众，贫农群众在无产阶级领导之下，要团结中农于自己的周围。一方面肃清封建残余，消灭地主私有土地制度，另一方面开展广大的反对富农剥削的阶级斗争。要广泛地宣传土地国有的政策，宣传只有建立工农政权，才能实行土地国有政策来保障和巩固土地革命的胜利成果，才能进一步在无产阶级领导的国家工业化之下，改造农业经济的技术基础．同时进行真正的集体农场和国有农场的建设，真正改造小农经济成为社会主义的经济，真正开辟彻底解放农民群众的道路。①

是月，张瑞芝等在上海成立中国养鸡学术研究会，出版《鸡与蛋》刊物。

是月，国民政府行政院公布《堤防造林及限制倾斜地垦殖办法》。

12月30日，国民政府公布《中华民国农会法》，共9章36条，规定农会以发展农民经济，增加农民知识，改善农民生活，而图农业之发达为宗旨。

是年，中国国民党第一次全国代表大会召开，会议通过关于农民的政纲。

按：关于农民的政纲内容主要有：一、严定田赋地税之法定额，禁止一切额外征收，如厘金等类当一切废绝之。二、清查户口，整理耕地，调整粮食之产销，以谋民食之均足。三、改良农村组织，增进农人生活。四、由国家规定《土地法》《土地使用法》《土地征收法》《地价税法》，私人所有土地，由地主估价，呈报政府，就价征税，并于必要时，得依报价收买之。②

是年，国民政府的农矿部和工商部合并为实业部，孔祥熙为部长。内设总务、农业、渔牧、工业、商业、矿业、劳工等7司。

是年，由吴耕民、管家骥、林汝瑶、胡昌炽、章文才等发起成立中国园艺学会。

是年，浙江省政府公布《浙江省县立农业改良场规程》，以改良全县农业为宗旨。

---

① 郑惠等：《中国共产党通志》，中央文献出版社1997年版，第1933—1934页。
② 《中国国民党第一次全国代表大会关于农民的政纲》，《农民》1930年第22期。

是年，江苏农矿厅召集从事乡村改进工作的一些重要团体举行农村改进会议，议定农村改进的五项方针："一、以改良产业，提倡合作为农村改进之基础；二、以农村调查、农村教育为农村改进之方法；三、以顺应环境，逐渐改善为农村改进之原则；四、以改善农民整个生活为农村改进之目标；五、以确定经费、联络进行为农村改进之要件。"① 这次会议提出的五项方针在全国乡村建设中属于首创。

是年，邓植仪创建广东土壤调查所，率先在广东开展分县土壤调查。至开展前夕，先后完成广东土壤提要、广东土壤分布图等研究项目，调查范围包括广东省的 1/3 县市。

是年，金陵大学开展"中国土地利用问题研究"，对长江、黄河流域诸省的土壤进行了广泛的调查，其成果以《中国土壤》为题，发表于实业部地质调查所《土壤报告》第一号上。

是年，河北定县实验区创办高级平民学校，中华平民教育促进会为此编写了《高级农民课本》两册，全书共用汉字 3420 个。同时还编有《农民千字课本》《农民千字课自修本》《农民高级文艺课本》等。

二 乡村建设研究论文

武公《谷价低落对于农民生活的影响》发表于《农业周报》第 12 期。

杨开道《法国的农村自治》发表于《农业周报》第 12—13 期。

重生《我国农民情形及佃农制度应有之补救》发表于《农业周报》第 13 期。

俞摩西《浙江省办理合作指导事业之过去现在及将来》发表于《农业周报》第 13 期。

第琳《中国农民的地位》发表于《农业周报》第 14 期。

汝真《目前农民最困难的两问题》发表于《农业周报》第 14 期。

按：文章说："吾所认为目前农民最困难的两问题，不外二事：一为佃农与业主间的纠纷事件须有适当的处分；二为农民的保卫问题须有切实的办法。"

---

① 孔雪雄：《中国今日之农村运动》，中山文化教育馆 1934 年版，第 158 页。

[日]泽村康作，黄明译《日本合作社制度改造论》发表于《农业周报》第14期。

杨开道《农民娱乐问题——娱乐的意义》发表于《农业周报》第14—15期。

凯声译《菲律宾农业经济的现状》发表于《农业周报》第15期。

杨开道《农民教育的意义》发表于《农业周报》第16期。

杨开道《农民教育问题》发表于《农业周报》第17期。

杨开道《农民家庭教育》发表于《农业周报》第18—19期。

杨开道《农民娱乐问题——农村娱乐的种类》发表于《农业周报》第20期。

王宗祐《改良我国畜种之重要及步骤》发表于《农业周报》第21期。

杨开道《农民娱乐问题》发表于《农业周报》第21—22期。

武公《合作制度及其对于农民生活的影响》发表于《农业周报》第22—24期。

第琳《心目中无农民的农民经济问题解决者》发表于《农业周报》第25期。

杨开道《中国古代的农村自治》发表于《农业周报》第25期。

杨开道《农村自治的单位》发表于《农业周报》第28期。

周启文《中国棉业问题》发表于《农业周报》第28期。

第《农村工作者不应有的态度》发表于《农业周报》第29期。

余生《农村自治的系统》发表于《农业周报》第30期。

唐启宇《美国农业教育之设计教学法》发表于《农业周报》第30期。

杨开道《全国农民组织》发表于《农业周报》第31期。

冯和法《社会的意义与农村社会》发表于《农业周报》第32期。

之《江苏农村自治的前途》发表于《农业周报》第33期。

何玉书、杨开道等《江苏省农村事业协进会章程草案》发表于《农业周报》第33期。

第先《农民有自动组织的必要》发表于《农业周报》第34期。

陈宪《中央模范林区组织的精神和应负的使命》发表于《农业周报》第34期。

刘桐身《世界各国之水产养殖业》发表于《农业周报》第35期。

蒋涤旧《耕地扩张之讨论》发表于《农业周报》第36期。

冯和法《农村社会的问题》发表于《农业周报》第38期。

按：文章说："农村社会问题的产生，是农村社会事实的存在的表现，农村社会学家把农村社会问题当作农村社会的因子和趋势看待，可以因之了解农村社会的实质。农村社会问题不是单独产生，也不是单独所可以解决的。"

王士勉译《合作能为农民干些什么》发表于《农业周报》40期。

陈翰笙《关于保定农村调查的一些认识》发表于《农业周报》第41期。

姚溥荪《怎样改革目前农民痛苦的生活》发表于《农业周报》第41—42期。

杨开道《农村自治事业》发表于《农业周报》第42期。

国立中央研究院社会科学研究所《中国农村经济研究之发轫》发表于《农业周报》第46期。

冯和法《农村与都市》发表于《农业周报》第49期。

杨开道《农村自治的人民》发表于《农业周报》第50期。

郭相森《合作运动与中国农民经济》发表于《农业周报》第50—51期。

陈翰笙《中国田地问题》发表于《农业周报》第53—55期。

按：文章论述了"田地问题是什么""中国田地问题的征象""中国田地问题如何形成"三个问题。

傅葆琛《我国农村社会改造的途径及方法》发表于《农业周报》第53—55期。

按：文章说："农民生活的不改善，农业也无从振兴；农业不能振兴，我们国家的基础便不稳固；我们民族的生存，便有危险。若是我们彻底地振兴农业，改善农民的生活，必须改造整个的农村社会。"

方凡《中国农民组织问题》发表于《农业周报》第53—55期。

按：文章分绪言——中国农民组织之需要、农民组织的意义、农民组织的特性、农民组织的功用、农民组织的方法及步骤、农民组织的工作、中国农民的几个切身问题、结论——中国农民组织之困难等八个部分。

石桦《中国农村经济的衰败及其现状》发表于《农业周报》第53—

55期。

按：文章分绪言、衰败的原因、中国农村经济的现状、结论四部分。

袁辉《农业改良问题》发表于《农业周报》第53—55期。

王善佺《我国近来农业上之进步》发表于《农业周报》第53—55期。

按：文章所谓的进步，一是栽培法之进化，二是品种之改良与输入，三是病虫害之防除，四是蚕业之进化，五是垦殖法之改善，六是农业经济组织之改良。

施珍《改良中国农业应取之途径》发表于《农业周报》第53—55期。

按：文章提出了今后改良农业应取的方案：1. 改良之目标，包括增进农业生产、扶助农民经济、提高农民知识；2. 改良之办法，一是改进农业技能，如选育良种、改良栽培、防除灾害；二是提倡农业合作，如信用合作、利用合作、运销合作、消费合作；三是普及农民教育；3. 改良农业人才培植；4. 改良农业经费之确定；5. 改良农业环境，铲除改良农业进行上之一切败类，引起全民众对于改良农业之认识。

冯和法《农村社会的改进对策》发表于《农业周报》第53—55期。

刘振群《合作社与改良乡村的关系》发表于《农业周报》第56期。

石桦《中国农村固有的金融机关和信用合作社的需要》发表于《农业周报》第58期。

杨开道《农村自治的人才》发表于《农业周报》第60期。

[日]田中忠夫作，魏文让译《中国之农具经济问题》发表于《农业周报》第61期。

杨开道《农村自治的区域》发表于《农业周报》第62期。

董时进《在中国办理农业推广应具的基本观念》发表于《农业推广》第1期。

赵冕《农业推广与民众教育》发表于《农业推广》第1期。

周明懿《农业推广实施方法》发表于《农业推广》第2期。

蒋鹤麓《农民运动与农业推广》发表于《农业推广》第2期。

按：文章分本党农民运动之方针与农民政策之回顾、训政时期农民运动原则之研究、农民组织有助于农业推广之实施、过去农会与农民协会制度之缺点今后应如何改善、增加农业生产之具体计划与目前急需注意之事项五个部分。

邱漱汀《农业推广与乡村小学》发表于《农业推广》第 2 期。

任培元《中国农业经济问题的商榷》发表于《村治》第 1 卷第 4 期。

邢幸农《中国农业区域划分刍议》发表于《村治》第 1 卷第 5 期。

天明《中国农民与农村的现状》发表于《村治》第 1 卷第 11 期。

剑霞《中国农业之衰败及其救济》发表于《村治》第 1 卷第 11 期。

刘绶三《苏俄农民政策之研究》发表于《村治》第 1 卷第 11—12 期。

逸箫《湖南农民的实际状况》发表于《村治》第 1 卷第 11—12 期。

石甫《兵荒马乱中急待解决的几项农民问题》发表于《农村月刊》第 6—7 期。

霏秋《博山农民之现在与将来》发表于《农村月刊》第 8 期。

心弦《农民在诗歌中之位置》发表于《农村月刊》第 9 期。

韩鲁瞻《吾国农业不振之原因》发表于《农村月刊》第 9 期。

按：文章认为，我国农业不振的原因，一是轻农谬说之遗毒，二是实心倡导之乏人，三是农工农学之分离，四是新的农术之失信。

若雨《怎样改革农村教育》发表于《农村月刊》第 9 期。

董时进《农业推广教育的几个根本问题》发表于《农村月刊》第 10 期。

按：文章说：农业推广教育应该注意的问题，一是办推广的人，必须有切实的农业训练，必须深明农间的情形和农民的需要，必须对于农民具有同情；二是在各地与农民接触之推广员，最好用各本地的人民，因为他们才熟习本地的农业情形，和农民的需要；三是本地方的农民，必须直接参加推广事情，不可把推广当作公家一面的活动，而以为农民只需虚心接受就可以成功，推广必须公家与农民合作，方始能有效果；四是全国推广组织，不可采过于统一集中的形式，各地方的情形差别很大，应该给各地以充分自动的机会；五是开办推广之时，人才的训练，殊不可少；六是开办推广是一种能源教育，那么以农业学校去办理，必定是最适当的；七是应行包括于推广工作以内的事项甚多，然而轻重缓急不可不分别，农业和农家调查，可以帮助我们去作这种分别，但是用普通调查方法去调查，事既烦慢，而且不容易得到可靠的结果，若多沿用本地人民办理或使农民直接参加，则推广方案之制定，推广事情之选择，当非难事；八是农民识字教育，似乎在推广工作中，也应有一地位；九是关于乡村生活的事情，自然是在农业推广的正当范围之内，不过这里面的事项，非常之繁复，而且琐细，若举办不得其要，反恐图多而一无所成。

稚《农业推广教育概论》发表于《农村月刊》第 11 期。

按：文章分何谓农业推广教育、农业推广教育的特点、农业推广教育施行的方法三部分。

阎若雨《从兵荒马乱中说到农村建设》发表于《农村月刊》第 11 期。

知非《对于河南村治学院的希望》发表于《农村月刊》第 11 期。

按：文章说：对河南村治学院和做农村工作者的希望，一是生活乡村化，二是思想现代化，三是学识科学化。

志超《乡村教师之责任是什么》发表于《农村月刊》第 13 期。

董时进、阎若珉《在中国研究农村问题之重要》发表于《农村月刊》第 13 期。

坚之《农业和交通的关系》发表于《农民》第 5 卷第 26 期。

冰森《公民道德的意义》发表于《农民》第 5 卷第 27 期。

王同《山西昔阳县黄岩村的平民教育》发表于《农民》第 5 卷第 27 期。

冰森《提倡农村合作事业》发表于《农民》第 5 卷第 32 期。

雨廷《信用合作社与农民》发表于《农民》第 6 卷第 13—15 期。

鹤逸《我们为什么刊行"农业展览会"专号》发表于《农民》第 6 卷第 18 期。

洪逸鸥《农产展览会的功效与使命》发表于《农民》第 6 卷第 18 期。

《中华平民教育促进会农业教育部第四次秋季农产展览会宣言》发表于《农民》第 6 卷第 18 期。

按：宣言说："本会同人在定县工作，其中最大的目标，就是要改良农民生计：一方面改良农业，以增加生产；一方面促进合作事业，以改良分配。我们敝部同人，对于上述两项事业，知道有相当的困难，但是我们总希望在五年至十年之间，做出相当的成绩来，庶几不负定县父老，和我们自己，现在我们要做的，有三样事：一、改良农产品；二、改良家畜；三、驱除病虫害。"

冰森《取消苛捐杂税问题》发表于《农民》第 6 卷第 19 期。

张范村《农民应有的养猪知识》发表于《农民》第 6 卷第 19 期。

子怙《农民改良运动计划》发表于《南通农民》第 2 期。

台僧《从教育功能和教育现状说到比较切近农民本身问题的教育》发表于《南通农民》第 2 期。

崇德《怎样普及农村教育》发表于《南通农民》第 2 期。

朱涛《昆山农民的生产情形及经济状况》发表于《苏农》第 1 卷第 8 期。

包淑元《合作与农民》发表于《新苏农》第 7 期。

龚鼎《改良农村生活和农民生计的关系》发表于《农声》第 137 期。

唐启宇《全国农业金融制度及其实施方案》发表于《中华农学会报》第 74 期。

贾成章《东北农林业之调查》发表于《中华农学会报》第 75—76 期。

唐启宇《中国农业政策简论》发表于《中华农学会报》第 78—79 期。

傅思杰《农村社会的意义及中国农村社会调查问题》发表于《中华农学会报》第 80—81 期。

穆藕初《今后农业之管见》发表于《中华农学会报》第 82—83 期。

彭昭贤《我国人口与农业》发表于《农话》第 2 卷第 19 期。

村生《解决农村问题的第一步——农村调查》发表于《农话》第 2 卷第 19 期。

[日] 三轮寿壮作, 段有恒译《最近日本农民运动史》发表于《农矿公报》第 25 期。

先觉《提倡农民文艺的基本工作——识字运动》发表于《民众》第 3 期。

齐园《中国农民组织问题》发表于《民权旬刊》第 2 期。

灵辉、射曼《东方革命与农民问题》发表于《民权旬刊》第 6 期。

羊君《第二次世界大战未爆发前中国农民应有的觉醒》发表于《民权旬刊》第 7 期。

吴黎平《农村革命与反帝国主义斗争》发表于《萌芽月刊》第 1 卷第 5 期。

按：文章说："土地革命与反帝国主义斗争，是不能牵强地割裂开来的，它们并行前进，而成为目前中国革命运动的基本任务。彻底地土地革命，即所以铲除帝国主义统治中国的社会基础，彻底地反帝国主义斗争，即所以击破中国封建残余的后台老板。谁要是不能把这两个基本任务联系起来，只说反帝国主义斗争，而遗忘土地革命或只说土地革命而遗忘反帝国主义斗争，那么他既不能了解反帝国主义斗争的实质，也不能了解土地革命的实质。这两个任务必须紧密结合进行才能完成。"

姚传法《林业教育刍议》发表于《林学》第2期。

鲁慕胜《中国古代森林荒废之原因》发表于《林学》第2期。

萧诚《发展广东林业意见书》发表于《林学》第3期。

陈植《改进我国林业教育之商榷》发表于《林学》第3期。

纸戈《对于中国农业经济的观察》发表于《东省经济月刊》第6卷第1期。

童玉民《农业仓库要义》发表于《合作月刊》第1卷第11期。

童玉民《日本产业合作社振兴刷新之要纲》发表于《合作月刊》第1卷第12期。

童玉民《美国之运销合作事业》发表于《合作月刊》第2卷第3期。

王世颖《农业合作组织通论》发表于《合作月刊》第2卷第9—10期。

童玉民《消费合作社经营方法纲要》发表于《江苏合作》第11期。

君山《东方农民问题论发凡》发表于《新东方》第1卷第4期。

君山《朝鲜农民问题》发表于《新东方》第1卷第8期。

君山《日本农民问题概观》发表于《新东方》第1卷第9、11期。

君山《日本帝国主义下的台湾农民》发表于《新东方》第1卷第12期。

陶希圣《中国之商人资本及地主与农民》发表于《新生命》第3卷第2期。

徐仁寿《北满松花江流域的农民经济生活》发表于《新生命》第3卷第9期。

胡平《读郭真先生的〈中国农民问题论〉》发表于《新思潮》第4期。

郑景《中国历史上两次最大的农民暴动》发表于《新思潮》第5期。

吴黎平《中国土地问题》发表于《新思潮》第5期。

按：文章说："土地问题一日不得解决，中国农村经济的发展，中国农民的解放，一日没有希望。所以，土地革命，是数万万农民群众的切身的急迫的要求，是中国革命目前阶段上的中心问题，是中国资产阶级革命的关键。"

郭伯棠《俄国的新经济政策与农业问题》发表于《青年进步》第134期。

谭振民《最近苏俄农民问题》发表于《青年使命》第1卷第2期。

秋白《中国革命和农民运动的策略》发表于《布尔塞维克》第3卷第4—5期。

按：文章说："中国革命的枢纽，是农民的土地革命。反对帝国主义的资产阶级民权革命里，无产阶级必须取得对于农民群众的领导权，必须站到土地革命的领袖地位，方才能够真正彻底的推翻帝国主义的统治。这是中国革命里无产阶级策略的中心问题。一九二五到二七年的中国大革命，不但证明：革命动力的变更过程明显的指示出，不肃清中国封建式的土地关系，便绝不能推翻帝国主义的统治；且暴露了中国无产阶级政党里的机会主义，大部分和中国土地革命问题相关联着。机会主义策略的基础，便是宁可联合妥协的资产阶级，而抛弃革命的农民群众。'随后，事实证明了'中国资产阶级和封建式土地关系，密切的联系着，因而坚决的起来反对革命，同时亦就投降帝国主义，成为绝对的反革命力量。那时，机会主义又暴露于'宁可联合富农而抛弃乡村无产阶级和贫农群众'的公式。中国共产党内的机会主义，使农民运动的策略里，表现许多次极严重的动摇，这些动摇的根本意义，其实就是拒绝资产阶级民权性的反帝国主义革命里的无产阶级领导权。"

乔启明《农民生活与农村组织的改进》发表于《生存》第1—2期。

张心一《吉林省农业概况估计报告》发表于《统计月报》第2卷第12期。

卢约《发展农村经济问题之研究》发表于《福建财政月刊》第4卷第3期。

范绍韩《由个人农业到社会农业的过程》发表于《法商周刊》第1卷第2期。

钱世经《中国农业经济底特质及其影响和救济》发表于《商学期刊

（上海）》第 3 期。

邵元冲《中国之经济建设与农业政策》发表于《认识》第 1 期。

吴景超《中国农民的生活程度与农场》发表于《新月》第 3 卷第 3 期。

陆一远《农民问题的理论与实际》发表于《乐群》第 3 卷第 13 期。

林《扬州农民反对国民党斗争》发表于《劳动》第 27 期。

陈振骅《中国之农业信用问题》发表于《厦大周刊》第 9 卷第 10 期。

林科棠《诗经中之农民诗歌与农民生活》发表于《大夏月刊》第 3 卷第 2 期。

周廷栋《江苏太仓农民的现状》发表于《社会科学杂志》第 2 卷第 1 期。

朱涔《中国农民阶级的分析》发表于《日邮副刊》第 181—183 期。

朱涔《中国农民底阶级斗争》发表于《平报副刊》第 54—55 期。

刘岱如《中国农民教育与农业推广》发表于《民众教育》第 2 卷第 6 期。

田康《农村教育的责任》发表于《中华教育界》第 18 卷第 8 期。

按：文章说：农村教育的责任，一要灌输政治知识，使有适当的政治观念；二是鼓起政治兴趣，使有适当的认识；三是培养合作的精神；四是给以参加政治的机会。然后他们的生活，才有改进的希望。社会的福利，自有，自治，自享的目的，也能圆满的解决。

郭人权《新中国建设中之农村教育》发表于《陕西教育周刊》第 3 卷第 29 期。

薛焕武《中国农村的危机》发表于《学生杂志》第 17 卷第 8 期。

按：文章说：我国农村的危机，一是农民经济生活的危机，二是租农制度的弊害，三是农田分配之不足与不均。

伊卡《中国农村问题的特色》发表于《学生杂志》第 17 卷第 12 期。

按：文章分引言、农村问题的性质、特色的意味、封建制度依然残存、封建势力的层层剥削、国际资本主义生产的压迫、贫农占全人口的多数、问题解决的方向等八部分。

杨幼炯《三民主义的农民政策》发表于《中央半月刊》第 2 卷第 19—20 期。

海峰《世界农村经济的破产及农民运动之概况》发表于《新民月刊》第1—2期。

应涟《解决中国农民问题的一个和平方法》发表于《新民半月刊》第16期。

觉农《中国的农村经济与农民》发表于《三民半月刊》第3卷第9—10期。

澈澄《苏俄农民之过去与现在》发表于《三民半月刊》第3卷第9—10期。

吕振羽《中国农业经济的前途》发表于《三民半月刊》第3卷第9—10期。

吴祥春《中国农民运动之过去与将来》发表于《三民半月刊》第3卷第9—10期。

宋斐如《日本近世农业经济的发展》发表于《三民半月刊》第3卷第9—10期。

鲍幼申译《美国之农业社会工业化运动》发表于《三民半月刊》第3卷第9—10期。

刘菀《关于现代中国农民问题的研究与其文献》发表于《三民半月刊》第3卷第9—10期。

吴祥春《中国农业地位之重要及其振兴之方法》发表于《三民半月刊》第3卷第11期。

按：文章说："中国人口四万万农民要有三万万以上，农民既占了这大多数人口比例率十分之八。那末，中国一切政治的建设，当然要以农民的利益为依归，中国政治的好坏，也就要视农民的情况如何为断定，但要使农民安居乐业，改善他们的生活，必须发展他们的农业；假如农业疲敝，农民生活艰难，连带的便影响到政治纷乱。中国每一次农业上恐慌，政治上便发生了多少变化，这在历史上是不少实例的。我们研究政治现状的缺陷，就是忽视了农业问题，以致其余的问题，都无法可解决，这可知农业与政治有密切的关系了。"

余平《怎样解决中国农民问题》发表于《三民半月刊》第4卷第6期。

阎伯伦《民生主义中之土地问题（下）：土地问题与农民运动》发表于《三民半月刊》第5卷第1—2期。

袁公明《农民之痛苦及其解救方法》发表于《明德旬刊》第7期。

蒋鹤麓《训政时期农民运动之商榷》发表于《建国月刊》第3卷第3期。

邵元冲《中国之经济建设与农业政策》发表于《建国月刊》第3卷第6期。

夏赓英《中国土地制度与农业建设》发表于《中国建设》第1卷第1期。

刘和《农业建设的我见》发表于《中国建设》第1卷第2期。

廖家楠《发展苏省农业之实施计划》发表于《中国建设》第1卷第6期。

陈文《中国农业经济衰落原因之研究》发表于《前导月刊（青岛）》第1卷第1期。

按：文章认为中国农业经济的衰落表现是：一是荒地增加，二是农产品减少。"中国农业经济是在一种被剥削的关系之下而日趋于衰落的。其最大的摧残力有二：一为帝国主义的经济侵略，一为连年不息的内战。但是自来的农业本身，亦存着一种易于崩溃的弱点。因此，我们可将中国农业经济衰落原因大致分为三方面来研究：（甲）本身弱点；（乙）外资侵略；（丙）国内战争。"

季尺译《都会对农村关系之辩证法的发展》发表于《北新》第4卷第14期。

［日］田中忠夫作，汪馥泉译《中国农业上的资本主义底发展样式》发表于《北新》第4卷第15期。

李团《欧洲各国的农业政策与总理的农政方针》发表于《浙江民政旬刊》第12期。

李团《丹麦的农村及其教育》发表于《浙江民政旬刊》第19期。

蒋鹤麓《农民运动与农业推广》发表于《浙江民政旬刊》第21期。

李团《丹麦的农村及其教育》发表于《浙江民政旬刊》第24期。

李团《丹麦的农村及其教育》发表于《浙江民政旬刊》第27期。

赵建新《农民离村问题》发表于《浙江民政旬刊》第27期。

［日］桥本传左卫门作，沈介三译《德国的农业土地政策》发表于《浙江民政旬刊》第29期。

卢约《发展农村经济问题之研究》发表于《浙江民政旬刊》第

37 期。

按：文章分农村经济衰落的原因、发展农村经济的方法、结论三部分。

吴觉农《日美两国农民生活标准的比较观》发表于《浙江省建设月刊》第 4 卷第 1 期。

蔡斌咸《浙江农民特殊环境上所需要之信用合作》发表于《浙江省建设月刊》第 4 卷第 2 期。

吴觉农《日美两国农民生活标准的比较观（续）》发表于《浙江省建设月刊》第 4 卷第 3 期。

王德建《合作事业与农民问题》发表于《浙江省建设月刊》第 4 卷第 35 期。

徐少兵译《中国革命中之农业问题》发表于《安徽建设》第 18 期。

蒋宗仁《纪念廖仲恺先生要努力农民运动》发表于《贵州党务旬刊》第 9 期。

周化鹏《对于今后江苏农民运动之管见》发表于《江苏党务周刊》第 5 期。

李玉藻《民生主义的农业问题》发表于《江苏党务周刊》第 5 期。

源峻《中国农民问题与农村合作》发表于《江苏党务周刊》第 6 期。

按：文章说："中国的国民革命，要以农民为成功的基础，因之要解决中国的问题，须从农民的解放上着手，才是根本办法。但农民解放的鹄的，又必以经济问题为指归。现在中国农村经济，濒于破产，而农民本身，亦痛苦万分。所以目前救济的方法，唯有农民自动的努力，而政府从旁监视之，诱导之。农民自动的努力无他，合作组织要算是最好的方法。丹麦、苏俄各国，即是实际的例子。因之中国农村经济之振兴，与乎农民痛苦之解除，只有采取合作组织，才可以望解决。那么现今对合作运动之应如何提倡指导，以及农民如何可以认识合作的效用，并实际自动地起来组织，便是我们大家应有的责任了。"

童玉民《建设农村之计划》发表于《江苏党务周刊》第 10 期。

童玉民《合作概论》发表于《江苏党务周刊》第 13 期。

童玉民《厉行乡村卫生方略》发表于《江苏党务周刊》第 14 期。

童玉民《农村金融概要》发表于《江苏党务周刊》第 17 期。

李玉藻《中国农村经济救济的探索及采行农村经济工业化的管见》

发表于《江苏党务周刊》第 19 期。

按：文章分绪言、闭关时代的农村经济、经济侵略后的农村经济、救济农村经济的探索、实行农村经济工业化的先决问题、农村经济工业化的价值及其进行上应注意的几个问题、结尾七部分。

陈一道《几个运销合作社的实际问题》发表于《江苏党务周刊》第 19 期。

李希仁《发展中国农业的七大政策》发表于《江苏党务周刊》第 21 期。

按：文章认为，发展中国农业的七大政策，一是推广耕地面积，二是提高土地生产力，三是救济灾害，四是农村金融的救济，五是提倡农业教育，六是农产运输的改善，七是粮食的储蓄和节制。

刘永润《合作事业与农民生活问题》发表于《江苏党务周刊》第 24 期。

岫云《农村合作社的效用》发表于《江苏党务周刊》第 24 期。

童玉民《合作运动宣传周的由来》发表于《江苏党务周刊》第 24 期。

童玉民、陈一道《推行合作运动方案》发表于《江苏党务周刊》第 24 期。

童玉民《本党与合作运动》发表于《江苏党务周刊》第 24 期。

童玉民《振兴农业与肥料改良》发表于《江苏党务周刊》第 25 期。

厚《中国的农业劳动者》发表于《江苏党务周刊》第 33 期。

祁锡福《农业社会化与合作运动》发表于《江苏党务周刊》第 35 期。

杨和竦《农业保险问题及其合作社》发表于《江苏》第 51 期。

童玉民《江苏合作事业之现在与未来》发表于《江苏》第 56 期。

孟文庄《苏省十八年度之农村改进事业》发表于《江苏》第 61 期。

安石如《我国人口集中对于农业之影响》发表于《新河南》第 9 期。

敏平《解决西北农民问题的途径》发表于《陕灾周报》第 8 期。

敏平《农业与林业》发表于《陕灾周报》第 8 期。

亦怀《林业与工业之关系》发表于《新苗汇刊》第 32 期。

山人《林业建设中的林业教育问题》发表于《新苗汇刊》第 32 期。

王藩章《兴办林业教育的必要》发表于《新苗汇刊》第 32 期。

王藩章《林业与农业之关系》发表于《新苗汇刊》第 32 期。

范芝平《从中国农民经济说到农村信用合作社》发表于《上海法政学院大法壬申级季刊》第 1 期。

刘泮珠《中国农民问题发生之原因》发表于《交大月刊》第 2 卷第 3 期。

张迺修《农民经济与民生主义》发表于《交大季刊》第 2 期。

沈寄衣《我国农村之危机》发表于《金大农专》第 1 卷第 2 期。

按：文章认为，农村的危机表现，一是盗匪横行，二是烟赌日炽，三是苛政暴敛，四是天灾流行，五是生计压迫，六是交通蔽塞，七是迷信为害。

傅兆文《实施农民教育的先决问题》发表于《金大农专》第 1 卷第 2 期。

陈镇华《改进四川农业之我见》发表于《金大农专》第 1 卷第 2 期。

江问渔、蒋杰《中国当前之危机——农村社会完全破产》发表于《金大农专》第 2 卷第 1 期。

李士达《农村经济发展与农业改进》发表于《金大农专》第 2 卷第 1 期。

按：文章分绪论、发展农村经济（现时经济状况、今后经济之改进）、改进农业（现在农业之状况、今后农业之改进）、结论四部分。

周绍溱《中国农业经济问题的商榷》发表于《国立劳动大学月刊》第 1 卷第 9 期。

赓甫《中国国民党农业经济政策》发表于《劳大周刊》第 4 卷第 4 期。

陈耿光《中国农村教育建设之出路》发表于《劳大周刊》第 4 卷第 5 期。

按：文章分中国农村教育的特殊意义、农村居民分布之现状、农村现存之症结、最近农村教育的批评、农村教育的两个条件、农村教育的量与质、余论等七部分。

鼎昌《世界农民运动》发表于《劳大周刊》第 4 卷第 12 期。

蔡致通《古代农业组织与农田共产制问题》发表于《国立中央大学半月刊》第 2 卷第 6 期。

向乃祺《自马克思农业理论之发展论到我国土地问题》发表于《国

立北京大学社会科学季刊》第 5 卷第 1—2 期。

陈康《中国农业经济是否应该积极的发展》发表于《国立成都大学旅沪同学会会刊》第 1 期。

郭景芳《从中国经济基础上对于农业合作之认识》发表于《时潮月刊》第 1 卷第 5—6 期。

同光《苏俄加于农民之迫害》发表于《北辰》第 2 卷第 3 期。

蔡縠华《我国农业不发达之原因》发表于《明德校刊》第 12 月。

阮家驹《论公路与农业之关系》发表于《潭冈乡杂志》第 11 卷第 5 期。

常冰《关于农民问题》发表于《健行》第 2 卷第 1 期。

刻士《中国农民问题》发表于《健行》第 2 卷第 3 期。

村夫《秦以后历代农民骚动之概观》发表于《渭潮》第 3、5 期。

青《农民解放与学校教育》发表于《朝阳》第 48 期。

杨悦礼《国际帝国主义与中国农民问题》发表于《新声月刊》第 2 卷第 2 期。

庄心在《日本农民问题与农民运动的现势》发表于《新声月刊》第 2 卷第 3 期。

彭家元《农业农学和中国农业的几个重要问题》发表于《新声月刊》第 2 卷第 5 期。

按：文章所谓中国农业的几个重要问题，一是谋农民的安居乐业，二是到农村去，三是扩张耕地，四是农民经济，五是农业教育，六是农业改良。

杨悦礼《中国农民问题与合作运动》发表于《新声月刊》第 2 卷第 6 期。

陈宗器《武进农民生活一瞥》发表于《区政导报》第 10 期。

王镜铭《毒品蔓延与农村社会》发表于《拒毒月刊》第 43 期。

王镜明《中国农村毒品蔓延原因的探讨》发表于《拒毒月刊》第 45 期。

按：文章分导言、毒品的历史及性质、农村毒品蔓延问题的研究、农村生活黑化的过程、结论五部分。

一如《欧洲革命农民运动底进展》发表于《现社会》第 1 卷第 1 期。

陈翰笙《山西的农田价格》发表于《社会科学杂志》第 1 卷第 1 期。

钱仲南《本市农民的副业问题》发表于《社会月刊》第2卷第4期。

乔启明《中国农民生活程度之研究》发表于《社会学刊》第1卷第3期。

按：文章说：我国农民生活程度，从事实上看去，实已低到极限。而其所以致此之由，概括起来，约有四种：第一，农村人口过多，家庭过大，生产者少而消费者多；第二，农场面积过狭；第三，生产效力过低；第四，交通方法幼稚。改进的方法，第一，应实行移民殖边，提倡实业，使内部人口，不至过密，农场人口，可以被一部分的工场吸收，他若节制生育，在某种范围以内，亦可实行。第二，根据以上的结果，农场面积自能增大。农家进款，自能增高，生活状况，亦自然能够较为舒畅了。第三，农场既然增大，当可利用机器，对于生产效力上，当能增加。效率增加，生产费用，即可随之而减低。第四，交通发展，实为目下的急务，倘国家方面，能尽力提倡发展，那末农产物的销路，自然随之而增高继涨，由是可得之净利，农民当能较多，不致再有谷贱输不出的苦况了。以上四项，皆为提高农民生活程度的方法，惟各项类有相互关系，忽略其一，农民的生活终受制裁，提倡增高农民生活的实行家，应当注意到先提倡这四件事才好。

毛一波《日本的农民文学论》发表于《真善美》第5卷第5期。

易康《俄国的农民文学》发表于《前锋周报》第14期。

杨宪曾《新经济政策之失败与新农业政策之将来》发表于《中外评论》第21期。

庄心在《国货运动当从农民做起》发表于《七项运动》第39期。

继山《我国农民生活实况与农村合作问题》发表于《七项运动》第40期。

冯紫岗《如何发展中国的农业和农村》发表于《晦鸣》第1卷第1期。

按：文章分扩充耕地面积、增加作物收获、发达畜产经营、提倡合作事业、倡导农民团体五部分。

谢寿芳《农村信用合作之研究》发表于《群言》第7卷第1期。

少峤《最近日本农业问题概述》发表于《革命行动》第1期。

童玉民《日本之合作运动》发表于《新生命》第3卷第3期。

谢次颜《俄国农民之过去与现在》发表于《文物月刊》第1卷第

3 期。

姜文宝《中国农村的经济生活及其救济方策》发表于《建中》第 1 卷第 1 期。

湛伦《谈谈中国农业问题》发表于《台中半月刊》第 22 期。

锦佩《中国农民与帝国主义》发表于《国民外交周报》第 35 期。

邓季雨《俄国农业及其在世界市场之位置》发表于《中央半月刊》第 2 卷第 23 期。

成信《意大利农业社会化运动》发表于《世界月刊》第 3 卷第 1 期。

西溪《苏联五年经济计划中之发展农业计划》发表于《俄罗斯研究》第 3 期。

三　乡村建设研究著作

[苏]密尔郁汀著，蒯君榮译《社会主义的农业理论》由上海联合书店出版。

[德]考茨基著，章子建译《农业问题论》由上海神州国光社出版。

按：是书分农业与资本主义、农业劳动手段、农业与社会主义等 3 节。

[日]河西太一郎著，李达译《农业问题之理论》由上海昆仑书店出版。

按：全书分绪论、马克思的农业理论和政策、恩格斯的农民政策、爱克柳斯和李卜克内西、考茨基的农业理论及政策、列宁的农民理论及政策、共产国际的农民政策、批评与反批评等 7 章。

中国国民党中央执行委员会宣传部编《中国国民党农业政策浅说》由编者出版。

按：是书分农业政策的意义和目的、农业政策的实施纲领、实行农业政策政府应有的准备等 5 章。

陈其鹿著，叶楚伧校《农业经济史》由上海商务印书馆出版。

按：是书分 15 章，介绍我国农业发展各个时期的特征、中国农业当前所存在的问题，以及英、法、德、丹麦、美、俄、日等国农业发展所经历的不同途径等。

冯锐、步毓森等著《农业常识》由上海商务印书馆出版。

按：是书包括什么是农业、什么是农学、中国农业的重要、动植物受两大势力的支配、农业改进最重要的常识（甲关于动植物遗传的常识、乙关于动植物环境的常识）等内容。

农矿部编《农业金融制度及法规草案》由编者出版。

[法]季特著，彭补拙译《农业合作》由中国合作学社出版。

盛叙功编译，黄绍绪校《农业地理》由上海商务印书馆出版。

按：是书论述各种生产事业的地理关系，介绍世界农业生产事业的状况和中国农业的具体情况。

农矿部上海农产物检查所编《农业特刊》由编者出版。

[美]绮斯门著，许复七译《最近美国农业之进步》由上海民智书局出版。

冯锐、步毓淼、蒋涤旧编《农业常识》由上海商务印书馆出版。

褚黎照编《农场管理》由上海中华书局出版。

按：是书介绍农场管理、经营计划、劳力分配和监督、农产物贩卖等。

董之学编《世界农业史》由上海昆仑书店出版。

按：是书分罗马农业史、中世纪的农业、英国农业的发展、法国农业的发展、德国农业的发展、俄国农业的发展、欧洲东南的农业史、美国农业发展史等8章。

吴觉农编《世界农业状况》由上海大东书局出版。

杨开道著《农村组织》由上海世界书局出版。

按：是书简述农村组织的重要意义、农村家庭、阶级、事业组织等。

杨开道著《农村问题》由上海世界书局出版。

按：是书分农村问题的解剖、农村问题与都市问题、农村问题的历程等6章。

杨开道著《农村领袖》由上海世界书局出版。

按：是书分绪论、农村领袖、农村领袖的人物、农村领袖的资格、农村领袖的训练、农村领袖的方法等6章。

杨开道著《农村调查》由上海世界书局出版。

按：是书分绪论、农村调查的预备、农村调查的大纲、农村调查的表格、农村调查的材料5章。

赵仰夫、盛莘夫译《农村问题及其对策》由上海新学会社出版。

按：是书包括农村问题与其救济策、农业改造方策、都会和农村的分裂、农村土地爱着心冷却的倾向等五部分。

[日]那须浩著，刘钧译《农村问题与社会理想》由上海神州国光社出版。

村治学月刊社编《村治之理论与实施》（村治丛书）由编者出版。

陈翰笙著《封建社会的农村生产关系》由上海国立中央研究院社会科学研究所出版。

袁家海著《合作运动与农村经济之改造》由湖南省建设厅合作事业设计委员会出版。

刘大方著《中国乡村合作师资理论与实施》由南京京华印书馆出版。

丁达著《中国农村经济的崩溃》由上海联合书店出版。

按：是书分6章，论述帝国主义、中国封建制度和地主阶级对中国农村经济的摧残，农村经济崩溃的趋势。

[苏]马札亚尔著，宗华译《中国农村经济之特性》由上海北新书局出版。

[苏]马札亚尔著，陈代清、彭桂秋译《中国农村经济研究》由上海神州国光社出版。

朱新繁著《中国农村经济关系及其特质》由上海新生命书局出版。

按：是书分中国革命与农民问题、帝国主义入侵前后的农村经济状况、军阀制度的构成及其对农村的剥削关系、农村中的封建残余、富农在农村阶级中的特殊性、土地关系的特点、农业伟绩的严重性、匪害及其性质分析、农业经济发展方向等10章。

[日]末弘严太郎著，邓日译《农村法律问题》由立法院编译处出版。

按：是书分4章，讲述佃耕问题与佃耕法、佃耕争议与佃耕调停法等。附录：关于佃耕调停法之施行期及施行外之指定地区等事项。

彭禹廷、王怡柯编《农村自卫研究》成书，未刊行。

江苏省农民银行编《乡村信用合作社浅说》由编者出版。

张镜予编《中国农村信用合作运动》由上海商务印书馆出版。

王志莘编著《印度农村合作运动》由上海中国合作学社出版。

按：是书分7节，概述印度农村合作运动史略，印度农村的信用合作社、积谷合作社、农用品购买合作社、耕种合作社等。

［美］博尔戴斯著，陈泽生译《苏俄农村生活》由上海联合书店出版。

［美］博尔戴斯著，易鸿译《苏维埃的乡村生活》由上海启智书局出版。

李伟森编《俄国农民与革命》由上海泰东图书局出版。

按：是书叙述十月革命前的农奴制度、农奴暴动及农奴解放、十月革命农民问题的解决，以及苏联农业的状况等。

［美］博尔戴斯著，卢逢清译《苏俄的农民生活》由上海太平洋书店出版。

［美］斯特龙著，叶鸿译《苏联农民与妇女》由上海秋阳书店出版。

［匈］伐尔加著，王开化译《世界农民运动概况》由上海乐群书店出版。

按：是书分欧洲农民运动、美洲农民运动、非洲农民运动、亚洲农民运动、澳洲农民运动等五部分。

［丹麦］腓特烈蒙著，李锡周编译《丹麦的农民合作》由上海世界书局出版。

刘梅庵编著《合作与农民》（农民丛书之五）由上海卿云图书公司出版。

按：是书分引端、前论、合作制度与民生主义、农业合作经营论、各国农业合作运动概况、各国合作运动者传略等6章。

章子健译《农民问题概论》由上海乐群书店出版。

按：是书论述了无产阶级革命与农业人口，绝对地租、差额地租、暴利地租，大经营与小经营等问题。

江苏省立劳动学院同学会编《农民教育研究集》由无锡编者出版。

贺灵扬编《农民运动》（上、下卷）由中央党务学校出版。

按：是书分国民党的农民运动、农民运动的实际状况、各地农民之生活调查、国际农民运动之概况、各种法例汇览、各种各样报告汇例等8篇。

杨开道著《农民运动》由上海世界书局出版。

孟及人编《农民信用合作浅说》由河南中山大学农业推广部出版。

楼荃等著《村农民协会之指导工作》由中国国民党浙江省党部农人部出版。

徐仁寿编《北满松花江流域的农民经济生活》由新生命月刊社出版。

陈翰笙著《难民的东北流亡》由中央研究院社会科学研究所出版。

陶希圣编《中国之商人资本及地主与农民》由上海新生命月刊社出版。

马君武著《中国历代生计政策批评》由上海中华书局出版。

国民出版社编《中国的新工农业》由编者出版。

黄越川著《东三省水田志》由上海开明书店出版。

黄通编《土地问题》由上海中华书局出版。

按：是书分欧洲土地问题的意义、土地制度的沿革、土地问题的理论、土地问题的对策、平均地权论等5章。

章植著《土地经济学》由上海黎明书局出版。

按：是书分15章，论述土地经济问题、土地经济学原理、土地的特点及其分类、土地利用、地权、地租、地价、土地信用、地税、土地政策等问题。

[日]河田嗣郎著，李达、陈家瓒译《土地经济论》由上海商务印书馆出版。

潘楚基著《中国土地政策》由上海黎明书局出版。

立法院秘书处编《土地法》由上海民智书局出版。

按：是书分总则、土地登记、土地使用、土地税、土地征收5编。附录：土地法原则。

国民政府文官处印铸局编《中国政府土地法》由编者出版。

郭元觉辑校《中华民国土地法》由上海法学编译社出版。

浙江省民政厅第六科编《土地法规》由编者出版。

聂国青著《中国土地问题之史的发展》由上海华通书局出版。

章渊若著《中国土地问题》由上海泰东图书局出版。

按：是书分3编，论述土地与人类的关系，中国农业土地的范围、概况，以及落后的原因，土地的分配状况、分配制度等。

朱执信等著《井田制度有无之研究》由上海华通书局出版。

[俄]拉比杜斯著，王纯一译《地租论》由上海南强书局出版。

按：是书分资本主义经济中的地租、资本主义以前的地租形式、苏联经济中的地租问题3章。

[日]高畠素之著，夏维海、胡一贯译《地租思想史》由新生命出版

社出版。

四川中心农事试验场编《四川中心农事试验场农艺科事业计划大纲》由编者出版。

青岛大学农学院农事试验场编《一年来的青大农事试验场》由编者出版。

林大椿著《预备荒年》由中华平民教育促进会出版。

李乃垚、韦镜权编著《农家副业》由上海商务印书馆出版。

包容著《肥料学》由上海广学会社出版。

冯翔凤编《肥料浅说》由河南中山大学农业推广部出版。

周惟诚编《肥料浅说》由上海中华书局出版。

[日] 吉村清尚著，刘友惠译《肥料学讲义》由上海商务印书馆出版。

冯翔凤编《尿的贮藏法》由河南中山大学农业推广部出版。

黄毅著《土壤学》由上海新学会社出版。

周惟诚编《土壤浅说》由上海中华书局出版。

孙钺编《中等农业昆虫学》由上海中华书局出版。

张维藩著《陕西民生渠工程报告书》由陕西省水利局出版。

中国华洋义赈救灾总会编《用耐旱籽种来防灾》由北平编者出版。

河北省农矿厅编《防治农作物病虫害浅说》由编者出版。

浙江省昆虫局编《春季治虫浅说》由杭州编者出版。

浙江省立植物病虫害防治所编《冬季治虫的意义和方法》由杭州编者出版。

冯翔凤编《治蝗要诀》由河南大学农业推广部出版。

广东省建设厅农林局推广课编《治蝗虫法》由广州编者出版。

陈瑞卿著《除螟撼言》由上海旅沪全浙救灾会出版。

任明道著《铁甲虫研究报告》由浙江省昆虫局出版。

金维坚著《稻虱及其防治法》由浙江省昆虫局出版。

楼人杰著《兰溪稻作害虫第一期调查报告》由浙江省昆虫局出版。

山东省立第二棉业试验场编《山东省立第二棉业试验场成绩报告》由编者出版。

褚藜照编《种稻浅说》由上海中华书局出版。

徐大宣著《东三省水稻及其耕作法》由东北新建设杂志社出版。

顾复著《改良江苏稻作刍议》由江苏省立稻作试验场出版。

邹树文等编《浙江省稻作栽培概况》由浙江省昆虫局出版。

金善宝著《小麦开花时期之研究》由国立浙江大学农学院出版。

张幼鸣编《麦的防病选种简便法》由河南中山大学农业推广部出版。

储藜照编《麦的栽培浅说》由上海中华书局出版。

中东路局地亩处编著《豆类之用地》由编著者出版。

黄绍绪著《种豆法》由上海商务印书馆出版。

褚藜照编《种豆浅说》由上海中华书局出版。

山西省农矿厅编《改良种棉浅说》由编者出版。

周惟诚编《植棉浅说》由上海中华书局出版。

叶元鼎等编《中国棉花贸易情形》由工商部上海商品检验局出版。

叶元鼎等编《中国棉业状况》由工商部上海商品检验局出版。

叶元鼎等译述《美国棉业法规》（振兴中国棉业之借镜）由工商部上海商品检验局出版。

戴礼澄编著《蚕丝业泛论》由上海商务印书馆出版。

张勘著《种苎麻法》由上海商务印书馆出版。

李石曾著《大豆》由国立北平研究院出版部出版。

许祖植著《种甘蔗法》由上海商务印书馆出版。

陈让卿著《种烟法》由上海商务印书馆出版。

张幼鸣编《果树嫁接法》由河南中山大学农业推广部出版。

吴耕民著《菜园经营法》由上海商务印书馆出版。

龚厥民编《果树园艺》由上海商务印书馆出版。

褚藜照编《果树栽培浅说》由上海中华书局出版。

王太乙著《种苹果法》由上海商务印书馆出版。

许心芸著《种梨法》由上海商务印书馆出版。

许心芸著《种桃法》由上海商务印书馆出版。

许心芸著《种栗法》由上海商务印书馆出版。

许祖植著《种柿法》由上海商务印书馆出版。

周宗璜、刘振书编著《木本花卉栽培法》由上海商务印书馆出版。

黄绍绪编著《花园管理法》由上海商务印书馆出版。

童士恺编《栽花》由上海中华书局出版。

夏诒彬著《种菊法》由上海商务印书馆出版。

民国十九年　庚午　1930年

许公武著《菊花栽培法》由上海民智书局出版。
夏诒彬著《种兰法》由上海商务印书馆出版。
凌道扬编《造林防旱》由南京首都造林运动委员会出版。
凌道扬编《造林防水》由南京首都造林运动委员会出版。
皮作琼著《森林与治水问题》由南京首都造林运动委员会出版。
姚传法著《林业教育刍议》由首都造林运动委员会出版。
陈嵘著《世界林业之沿革及其趋势》由首都造林运动委员会出版。
余必达编著《水灾与种树》由中华平民教育促进会出版。
曾济宽著《中国南部残余天然林之鸟瞰》由南京农矿部林政司出版。
中国国民党浙江省执行委员会宣传部编《植树浅说》由编者出版。
河北省政府农矿厅编《造林简编》由编者出版。
陈植著《造林须知》由南京首都造林运动委员会出版。
安事农著《都市之造林运动》由南京首都造林运动委员会出版。
华北森林学会编《造林运动特刊》由北平编者出版。
姚传法著《造林救国办法之商榷》由南京首都造林运动委员会出版。
高秉坊著《抵制外材与造林运动》由南京首都造林运动委员会出版。
中国国民党浙江省执行委员会宣传部编《造林运动宣传纲要》由编者出版。
广东建设厅农林局林业系编著《广东路树须知》由编者出版。
任承统著《经营村有林的好处和办法》由南京金陵大学农学院出版。
张福延著《森林经营常识》由南京首都造林运动委员会出版。
林刚著《森林保护常识》由南京首都造林运动委员会出版。
陈嵘著《中国十种重要树木之性质及造林法》由南京首都造林运动委员会出版。
广东省建设厅农林局推广课编《松树造林法》由广州编者出版。
李象元著《中国北部常见的植物病害及其防除方法》由北平中华平民教育促进会出版。
王太乙著《果树园经营法》由上海商务印书馆出版。
姚传法著《日光与林木之关系》由南京编者出版。
陈嵘著《中国主要树木造林法》由首都造林运动委员会出版。
农矿部林政司编《最近德国林业行政及其设施》由南京编者出版。
楼人杰著《松毛虫初步研究报告》由浙江省昆虫局出版。

王修著《畜牧》由上海商务印书馆出版。

叶鸿编著《家畜管理法》由上海商务印书馆出版。

陈宰均著《家畜遗传学原理》由北京农业大学出版。

陈宰均著《养禽学》由北京农业大学出版。

陈宰均著《养猪学》由北京农业大学出版。

郑学稼编著《养猪学》由上海世界书局出版。

陈宰均著《养牛学》由北京农业大学出版。

冯焕文译《绵羊管理法》由上海商务印书馆出版。

张伯衡译《饲兔法全》由北平兴农园出版。

冯焕文著《实验养鸡学》由上海新学会社出版。

[日]仁部富之助、千叶幸藏著,赵仰夫译《副业养鸡法》由上海新学会社出版。

黄中成编《养鸡拾零》由上海德园鸡场出版。

吴德铭著《养鸭法》由上海商务印书馆出版。

江苏省立棉作试验场编《改良鸡脚棉》由南通编者出版。

夏诒彬著《种桑法》由上海商务印书馆出版。

河北省政府农矿厅编《蚕桑浅说》由编者出版。

山西省农矿厅编《蚕桑浅说》由编者出版。

彭允之编《蚕种浅说》由河南中山大学农业推广部出版。

冯焕文著《养蜂图说》由上海新学会社出版。

冯焕章著《实验蜂学丛书》由北平养蜂研究社出版。

刘德元编《实用养蜂学》由北平新业养蜂场出版。

史秉章编著《怎样养蜂蜜》由中华平民教育促进会出版。

张敬农主编《养蜂自习》由北平养蜂试验场出版。

山西省农矿厅编《养蜂浅说》由编者出版。

冯焕章著《实验养蜂要诀》由北平养蜂研究社出版。

李俊著,黄子固校《养蜂始业要义》由北平李林园养蜂场出版。

陈椿寿著《养鱼法》由上海商务印书馆出版。

四 卒于是年的乡村建设工作者

王鸿一卒(1874—1930)。原名朝俊,字鸿一,山东甄城人。早年留学日本，加入孙中山的同盟会。1903年毕业回国，任曹州官立高等小学教员。1905年任曹州中学监督，劝镇守使创办实业学堂，在小教场设立肥料场，科学配制肥料，以振兴农业。辛亥革命后，任山东提学使。1917年任山东省长公署顾问，与省议会议长张介礼等组织民治社于烟台、青州、东昌、济南等处，创设鱼、蚕、棉、矿各项试验厂。1921年邀请梁漱溟来山东济南第一中学讲演东西文化和哲学，结为好友，认为欲昌明中国文化，厉行村治为最有效的方法。在韩复榘的支持下，与梁漱溟在曹州创办重华书院（1929年春迁到郓城黄安），又在北平办《中华日报》《村治月刊》，在百泉设村治学院。以华北人稠地少，生计艰难，遂建议省府向西北移民，并亲自联络冀豫两省，组办西北垦殖公司，在垦地设置新村。1930年7月病逝于北京。曾发表《建设村本政治》《中国民族之精神及今后之出路》《中国文化之重心问题》等论文。

罗学瓒卒（1893—1930）。学瓒，湖南湘潭人。1912年考入湖南省立第四师范学校，后该校并入湖南省立第一师范学校，与毛泽东为同班同学。1918年4月加入新民学会。1919年7月赴法国勤工俭学，与李维汉等组织工学励进社，学习马克思主义。1921年10月因参加革命活动而被法国政府遣送回国。1922年加入中国共产党，回到长沙从事工人运动。1923年任湖南外交后援会文书主任、青年救国团主席，积极参加反帝爱国运动。曾以省特派员的身份视察农民运动。1925年11月调任中共醴陵地方执行委员会书记。曾先后举办6期农民干部训练班，为全县培训了一大批农运骨干，有力地促进了全县农民运动的开展。1927年春，陪同毛泽东对全县各地农民运动进行实地考察，为毛泽东撰写《湖南农民运动考察报告》一文提供了许多十分有价值的素材。大革命失败后坚持斗争，受中央委派，与夏明翰共同负责湖南省委组织部的工作。1927年9月任中共湖南省委委员兼湘潭工委书记。1928年5月被调到上海工作。1929年被派往杭州参加中共浙江省委的领导工作，先任省委宣传部部长，随后任省委书记。后因叛徒出卖而被捕牺牲。

王德三卒（1898—1930）。德三字懋廷，原名正麟，云南祥云人。1921年考入北京大学预科班。1922年加入中国社会主义青年团，同年转为中国共产党党员。1923年到陕西华县成林中学和绥德省立第四师范学校任教，从事工农运动。1925年任中共绥德支部书记。1926年春到广州，任黄埔军校政治部宣传科长兼政治教官。1927年2月奉党组织派遣到昆明进行建党工作，任中共云南省临时工委书记。在昆明领导成立了农民学会、昆明市总工会等革命团体。大革命失败后，先后到开远、蒙山、文山等地区指导当地的农民运动。1928年出席在莫斯科召开的中国共产党第六次全国代表大会。会后任中共云南省委书记，直接领导发动了文山农加衣武装起义。1929—1930年，又先后领导发动了马关八寨、文山小塘子、陆良旧州、三贫河等地的武装起义。1930年11月19日因被叛徒出卖而被捕，随后英勇就义。

胡幼松卒（1898—1930）。化名慎之、赤工，湖北沔阳人。1924年7月加入中国共产党。国民党沔阳县党部成立后，任委员兼农民部长。1925年初在家乡成立农民协会，组织农民自卫军。1927年3—6月到武昌中央农民运动讲习所学习。结业后，被省农协会委任为潜（江）沔（阳）农民运动特派员。同年8月任中共西区区委书记，组织了坡段场、拖船埠等地秋收武装暴动，曾率暴动队攻打沔城，救出娄敏修等同志和革命群众。1928年元月初，任沔西区苏维埃政府主席，领导贫苦农民打土豪、烧田契、分土地，在潜沔边区纵横百里的土地上实现了红色武装割据。后任潜（江）沔（阳）游击大队政委。1930年2月22日率潜沔游击大队、赤卫队配合由段德昌率领的红六军进攻潜江县城，火烧县衙，捣毁了县财政局。战后，将潜沔游击大队300余人编入红六军，补充和壮大了红军主力。同年4月24日因叛徒告密不幸被捕，旋被残酷杀害。

陈伯民卒（1900—1930）。原名陈新读，后改陈新图，广西人，壮族。1921年与韦拔群等人在武篆区组织"改造东兰同志会"和"三三同盟会"。1924年赴广州参加广州农民运动讲习所学习。次年同韦拔群在武篆区北帝岩（后称列宁岩）开办广西第一届农民运动讲习所，任管理员兼教员。1926年任东兰县革命委员会委员。同年与邓无畏在都安县城开办农民运动讲习所。1927年初任河池县农民协会主任，加入中国共产党。4月与邓无畏到都安大化乡花可易家成立大化乡农协会，后两人同到都安县城，开展革命活动。7月在都安、河池等地选送一批农民骨干到东兰第三届农讲所学习。8月与邓无畏、陈鼓涛在都安东区拉烈同覃子升、曾诚、潘雁宣等创办农讲所，学员70余人，并建立农民赤卫团。1929年8月任河池县长职务。1930年2月组织都安西区覃道平、花联煮、唐向岩、花卜凤和东区的覃友松等所领导的赤卫军共2000余人，分东、西、北三路围攻都安县城，解放都安县城。3月19日，当赤卫军向东兰进发时，不幸遭土豪田德高武装伏击而被捕，在狱中受尽严刑审讯，坚贞不屈。4月1日在都安县城英勇就义。

刘辉霄卒（1900—1930）。又名善庆，江西宁冈人。1922年考入南昌高升巷私立政法学校，曾参加学生爱国运动。毕业后返回宁冈县新城，创办文明小学校，任校长，组织成立文明社，进行革命宣传活动。1926年7月为策应北伐革命，组织了宁冈县马克思主义小组，广泛传播马克思主义。10月积极配合龙超清，策动了袁文才率保卫团起义，一举攻克新城，捣毁县清乡局，驱逐县知事沈清源出境。随后成立宁冈县人民委员会，当选为常务委员，负责总务兼宣传，同时成立宁冈县农民自卫军，袁文才任总指挥。宁冈县农会成立后，任农会的秘书长兼党团书记，与龙超清等领导农民开展减租减息土地革命运动。1927年9月底，毛泽东率领工农革命军来到永新县三湾村。他与龙超清当即支持袁文才打开山门，迎接毛泽东来宁冈建立根据地。11月初，毛泽东在茅坪象山阉召开宁冈、永新、莲花三县党组织负责人会议，指示各县重建党的组织，开展土地革命，建立农民武装。他与龙超清立即行动，领导了宁冈的土地革命。1928年2月21日中共宁冈县委正式成立，被选为县委委员，任宣传部长。5月湘赣边界党的第一次代表大会召开，又被选为特委委员、候补常委。1929年1月被任命为中共红四军前委秘书长，随军下井冈山参加转战赣南扩大革命根据地的斗争，后留在中共赣南特委工作。1930年春曾任红五军参谋长，同年夏任红五军第三纵队八大队政治委员，率部参加巩固扩大湘鄂赣革命根据地的作战。不久任赣南新编地方红军（亦卫军）第七、第八军政治委员。9月率所部参加第二次攻打长沙城的战役。同年11月16日在赣南战斗中遇敌机轰炸牺牲。

林宏梓卒（1904—1930）。宏梓，海南陵水光坡镇港坡村人。从高级学堂毕业后，回乡任私塾教师，积极参加农民运动，成为港坡村农运骨干分子。1926年3月加入中国共产党，5月到仲恺农工学校受训。1927年11月，与陈光华、李茂昌等人率领陵水北路农军配合黄振士等人领导的县农军主力多次攻打县城，建立陵水县苏维埃政府，并任政府主席，领导北区人民进行土地革命，镇压反动地主豪绅，没收其田地分给农民。1928年夏天撤离县城，转移到北区的彭谷园、港坡和西区的东光一带建立据点，继续与敌人斗争。1929年8月任中共陵水县委书记。1930年10月被北区岭头村地主杨家豪引敌杀害。

民国二十年　辛未　1931 年

一　乡村建设活动

1月23日，国民政府实业部公布《保护耕牛规则》。

1月26日，实业部公布《林业考成暂行办法》。

1月31日，国民政府公布《农会法施行法》12条，规定中华民国人民，具有农会法所定农会会员资格，年满25岁，始得被选为农会职员。同时公布《省党部特别市党部及县市党部指导农会组织办法》《农工矿业团体登记规则》等法律文件。

2月8日，中共苏区中央局发出《土地问题与反富农策略》的第9号通告，主张实行"以劳动力为主，人口作辅"的分配原则，要求坚持平分土地的口号，但不能机械地来执行一切土地的平均分配。

按：通告说："目前中国的革命依然是在工农民权革命的阶段，所以土地革命是中国革命最主要的内容。中央在共产国际的正确领导之下，对于这一问题曾有极多的精详讨论和正确的决议，但各苏维埃区域中党部在执行土地革命的任务中，发生许多不正确理论上的认识和策略上的错误，这些错误无疑的要妨害土地革命之发展和深入，影响到整个中国革命的推进。因此中央局认为，对这些错误加以详细的说明和迅速的纠正，是非常重要的迫切要求。"[①]

2月22日，中共湘鄂西特委代理书记、湘鄂西联县苏维埃政府主席周逸群以中共湘鄂西特委名义向中央写了《关于土地分配中的两点疑虑》的信，对中共中央在土地分配中的"左"倾政策进行质疑和间接批评。1931年3月，中共中央派夏曦到洪潮，接管了湘鄂西党政大权，将周逸

[①] 于建嵘主编：《中国农民问题研究资料汇编》（第1卷 1912—1949下），中国农业出版社2007年版，第583页。

群排斥在领导之外，推行"平分一切土地"的"左"政策，不仅将富农房屋、耕牛、农具、船只全部没收，土地彻底平分，还没收了一部分富裕中农的土地和财产，捆绑吊打，逼死富农的事到处发生。有的中农被逼逃跑在外，少数中农被逼得"反水"。这种混淆敌我，损害中农以及不给出路，在经济上、肉体上消灭地富的做法，造成了混乱．扩大了对立面，对农业生产的发展也产生了十分有害的影响，为湘鄂西革命根据地的丧失埋下了一定的祸根。

2月27日，毛泽东以中央军委总政治部主任的名义致信江西省工农民主政府，题为《民权革命中的土地私有制》，明确指出土地由农民所有，租借买卖，他人不得侵犯，肯定了农民土地的私有权。

是月，中共中央政治局和共产国际远东局共同为全国苏维埃第一代表大会起草了土地法、劳动法、经济政策、红军决议案、苏维埃组织法等文件，提出了许多"左"的政策。

3月14日，全国棉产改进统计会议在上海召开，决定成立中华棉产改进会。

3月25日，上海市政府公布《上海市农会登记规则》。

3月27日，周逸群参加中共湘鄂西特委、湘鄂西联县苏维埃政府、江左军、军校领导、新六军干部以及中共监利县委、监利县苏维埃政府领导参加的联席会议。对于夏曦指责湘鄂西特委执行"富农路线"的问题进行了驳斥，认为是不符合实际，没有事实根据的污蔑。

按：周逸群说："3月10日，中央给湘鄂西特委的信指责湘鄂西特委'执行了富农路线'。还说富农甚至地主的残余都侵入了党内，政府的领导机关、红军的干部不少是富农。这种指责和说法是不符合实际情况的，是没有根据的。特委的指导思想一直非常明确，一直是坚持树立雇农、贫农的优势力量，集中力量打击豪绅、地主、湖霸，以及进行反富农斗争。我们现阶段没有没收富农的一切财产，只是没收富农多余出佃的那一部分土地，不禁止雇佣耕种，那是因为富农是乡村中的资产阶级，在地主阶级还没有完全消灭之时，现在还只能是反富农时期，而不是消灭富农这一阶级的时期。我们坚持的正是列宁主义和革命发展阶段论。再说，我们不能把地主阶级、富农阶级同出身于这两个阶级的革命知识分子混为一谈，认为他们的领导就是地主阶级和富农阶级的领导。只要他们参加了共产党，就应该是工人阶级的先进分子，他们的领导也就是无产阶级的领导。怎么能说是地主、富农残余侵入呢?"①

3月31日,实业部公布《人造肥料检验规程》。

是月,江西省苏维埃政府发布《关于土地问题所有权的布告》。

是月,中央工农民主政府颁发《耕田队条例》《劳动互助社组织纲要》。

4月2日,毛泽东以中央革命军事委员会总政治部主任的名义发出《关于调查人口和土地状况的通知》,初步从质和量的方面对富农问题作了阶级分析,纠正了先前将富农作为"反革命"的错误。

按:红军各政治部、地方各级政府:我们现规定了人口和土地两种调查表格。这两种表格主要的是要统计各阶级土地和人口比例,更具体地以铁的事实来解答我们现在许多问题。过去许多地方往往忽视实际事实的调查,只凭自己空想去决定工作计划,去指导下级工作,结果计划是行不通的,指导是错了的。

现在这两种表格,我们如能照深刻注意实际的正确的统计填写起来,是能解决我们许多问题的,特别是现在分配土地中的许多实际问题。深望红军政治部每到一处注意填写,地方政权机关逐乡去填写,尤望红军中和政府中每个负责人随时随地做此种调查和统计。到底如何才能使调查所得的材料真实正确呢?第一,必须建立对这一工作的深刻认识,看清楚这一工作的重要,才会以大力注意。第二,调查的人要不怕麻烦。调查这一乡,必须找到他们的分田的人口和土地调查本子,找到这一乡的经手分田的土地委员和熟悉这一乡情形的人,先把每一家人的阶级成分和每一亩田为哪个阶级占有(属于地主、富农、中农、贫农……)分别清楚,再用硬算的办法统计清楚,按照实际数目填写上去。第三,上级政府派出去指导的同志和政治部负责任的同志,须将两张表格的内容及调查时要注意之点,详细向执行这一工作的同志说清楚。特别是要说清楚:富农标准要是以剥削为他收入的相当部分。那些少量放账或借账的人还是列在中农。那些原是雇农,中间(未革命前)已经租得土地耕种的人还是列入贫农。那些全家不耕田,专靠独立劳动(做裁缝、木匠等)谋生活的才叫独立劳动者。半耕半做手艺的还是按照他的经济地位列入贫农、中农或富农里面去。自由职业者与流氓的分别,是在自由职业者谋相当正业(如医生、

---

① 周逸群:《周逸群文集》,中央党史出版社2006年版,第425—426页。

教员等），流氓无一定职业，生活行为亦不一定，而且都是做坏的事多。以上各项，如果调查时不弄清楚，则自己茫无把握，必致把阶级成分弄错了，失了统计的正确价值。这两张表格——土地表格和人口表格有密切联系，填写时必须同时进行。无论个人或团体，填写好了可封好直接邮寄中央革命军事委员会总政治部收。我们的口号是：一、不做调查没有发言权。二、不做正确的调查同样没有发言权。①

4月3日，国民政府司法院行政院同公布《区乡镇坊调解委员会权限规程》。

4月15日，中共湘鄂西中央分局书记夏曦主持召开湘鄂西持委会议，作出《接受四中全会决议的决议》。接着又召开共青团扩大会议、湘鄂西工会代表会、各县委扩大会，作出《湘鄂西苏维埃政权及群众组织问题》《关于农民土地反富农斗争问题》《关于职工运动问题》等多项决议，全面否定了湘鄂西党组织经过长期斗争取得的成绩和经验，开始贯彻推行王明左倾冒险主义。

4月16日，闽西革命根据地苏维埃政府召开土地委员会扩大会议，修改以人口为单位平均分配一切土地的做法，决定收回以前给予地主阶级的土地，以后豪绅地主及其家属一概不能分田。

4月17日，苏区中央局在宁都县青塘举行扩大会议，通过《接受国际来信及四中全会决议的决议》《土地问题决议》《关于富田事变的决议》等文件。

4月18日，实业部公布《农村合作社暂行规程》。合作社之种类包括信用合作、供给合作、生产合作、运销合作、利用合作、储藏合作、保险合作、消费合作及其他合作。

4月21日，李仪祉、李书田等发起的中国水利工程学会在南京成立，以联络水利工程同志，研究水利学术，协力促进中国水利建设为宗旨。下设出版、人才介绍、技术咨询、水利工程标准、水利名词编订、中心问题研究、基金保管、水利工程课本审查等专门委员会。出版《水利月刊》。

4月24日，实业部公布《实业部商品检验局牲畜产品检验规程》。

4月27日，闽西苏维埃政府发布《关于深入土地革命分配土地的原

---

① 中共中央文献研究室中央档案馆编：《建党以来重要文献选编》（1921—1949）第8册，中央文献出版社2011年版，第322—323页。

则及制度问题》的布告。

是日，山东乡村建设研究院公布《农业改良宣传大纲》。

是月，国民政府实业部开始筹建中央农业实验所，作为全国最高农业科研实验机关。

是月，教育部发布训令，要求各省增设中等农业学校，以培养农场技术员、指导员、农业推广员等各项农业人才。

5月5日，安徽农学会在南京成立。

5月27日，实业部公布《管理国有林公有林暂行规则》。

是月，中共中央决定重新成立中央农民部，由张闻天任部长。

是月，国民政府实业部颁布《农村合作社暂行规程》。

6月1日，中共苏区临时中央政府土地人民委员会发布《关于实行土地登记》的公告，规定实行土地登记，由苏维埃政府发给农民土地证，以确定农民的土地所有权，他人不得侵占。

6月4日，鄂豫皖中央分局发布《关于春耕运动的通告》。

6月5日至8日，第十五届国际农业会议在捷克斯拉夫国际城拍拉瑞举行，31个国家的700多名代表参加会议，中国代表汤惠荪出席会议。会议通过农政及农业经济、农业教育及宣传、农业合作、植物生产、动物生产、农艺工业、农村妇女等多个决议案。

6月12日，江苏省政府公布《江苏省农业推广委员会组织章程》。

6月15日，中共中央发出《给苏区各级党部及红军的训令》，其中阐明了中央关于苏区的土地与经济政策，要求必须执行彻底的重心平分一切土地的办法。

是日，山东乡村建设研究院在邹平正式成立，下设乡村建设研究部、乡村服务人员训练部、乡村建设试验区，梁仲华、孙泽让分任正副院长，梁漱溟任研究部主任，并选定邹平为乡村建设试验区，开始进行乡村建设实验，从而掀开了山东乡村建设新的篇章。山东乡村建设研究院的成立，奠定了乡村建设派的据点。他们与各地乡建运动进一步联系，扩充力量，以后还组织了中国乡村建设学会，于是乡村建设派正式形成。

按：梁漱溟执笔《山东乡村建设研究院设立旨趣及办法概要》，其曰：中国原来是一个大的农业社会，在它境内见到的无非是些农村，即有些城市（如县城之类），亦多数只算大乡村，说得上都市的很少。就此这点上说，中国的建设问题便应当的"乡村建设"。……所谓乡村建设，事项虽多，要可类归为三大方面：经济一面，政治一面，教育或文化一面。虽分三面，实际不出乡村生活的一回事；故建设从何方入手，均可达于其他两面。例如从政治方面入手，先组成乡村自治体；由此自治体去办教育，去谋经济上一切改进，亦未尝不很顺的。或从教育入手，由教育去促成政治组织，去指导农业改良等经济一面的事，亦可以行。但照天然的顺序，则经济为先；必经济上进展一步，而后才有政治改进教育改进的需要，亦才有做政治改进教育改进的可能。如其不然，需要不到，可能性不够，终是生强的做法。我们从事乡村建设，原是作促进社会进步的工夫，固不能待其天然自进，然于此中相因相持之理不知留意，建设必将无功。

所谓乡村经济的建设，便是前所说之促兴农业。此处所说农业并概括有林业、蚕业、茶业、畜牧、养鱼、养蜂、各项农产制造等，一切乡村间生产事业皆在内。所谓促兴农业又包括两面的事：一是谋其技术的改进；一是谋其经济的改进。技术的改进，是求生产的品质与量数有进益，诸如改良种子，防病除虫，改良农具，改良土壤，改良农产制造等事皆是。经济的改进，是求生产费之低省与生产值之优厚，一切为农家合算着可以省钱或合算着多赚钱的办法皆是；其主要者即为各项"合作"。如信用合作、产业合作等。这两面的改进自有相连相需之势，即技术上的改进，每有需合作才能举办者；而合作了，亦会自求其技术的改进。二者交济，农业之发达是很快的。农业果然兴起，工业相因而俱来。或应于消费的需求，径直由消费合作社举办；或为农业原料之制造，由产业合作社而举办；其矿冶等业则由地方自治体以经营之。由此而来的工业，自无近代工业所酿的危害。在适宜情形之下，农民并可兼做工人；近代工人生活机械之苦于此可免，那是文化上更有意义的事。

山东省政府为谋本省的乡村建设，经政务会议议决而有本院——山东乡村建设研究院之设立。所有一切办法，或秉承省政府命令所示，或由院拟订呈请省政府核准备案；其既经公表之文件，则有本院组织大纲，本院学则及课程。兹分项撮要，概述如次：本院所要做的事，是一面研究乡村建设问题，一面指导乡村建设的实施。本院内部组织，即准此而分为：一、乡村建设研究部；二、乡村服务人员训练部；三、实施乡村建设的试验县区。乡村建设研究部的命意，约有两层：一层是普泛地提倡这种研究，以为学术界开风气；一层是要具体地研究本省各地方的乡村建设方案。大概初创之时，以前层意思为多；渐渐才得作到后一层。因为这不但要萃集各项专门人才，并且要有几个机关协同着作才行的。此项研究生的招收，原是要受过高等教育者为合格；不过亦不愿拘定大学专门毕业的资格，致失奖励知识分子转向乡村去的本意，所以又有"同等学力"的规定。大抵以具有较高知识，对于乡村问题向曾留意者为合适。其研究程序，先做一种基本研究，那便是乡村建设根本理论的研究。次则为专科研究；随着各人已往学识根底的不同，和现在兴趣注意的不同，而自行认定一科或数科研究之。例如原来学农业的，就可以从事于农业改良研究；而现在有志于乡村教育的，就可以从事于乡村教育研究。各科的范围宽狭不同，细目亦将别为一科，但科目的认定，必取得研究部主任的审量许可；作业的进行，须听部主任及教师的指导。本部课程，除间有必要外，不取讲授方式；或个别谈话，或集体讨论；并于南北各大学聘有特约导师担任指导，以函授行之。修业期限，规定二年；但于修业期间，得有研究结果，提出论文经部主任及导师评定合格者，亦得请由院长核准予以提前结业。①

是月，教育部调查农业高等学校设置，计有北平大学农学院、河北大学农学院、河北省立水产专科学校、东北大学农学院、察哈尔省立农业专门学校、河南大学农学院、山西公立农业专门学校、青岛大学农学院、中央大学农学院、金陵大学农学院、劳动大学农学院、南通学院农科、浙江大学农学院、江西省立农业专门学校、四川大学农学院、中山大学农学院、岭南大学农学院等17所。

7月，中华海产生物学会在福建厦门成立，是中国专事海洋生物学研究的学术团体，也是中国第一个群众性海洋学术组织。

是月，中华作物改良学会成立。

8月16日，全国水灾救济委员会在上海成立。

8月21日，中共苏区中央局通过《关于土地问题的决议案》，肯定闽西苏区实行的平均分配土地、抽肥补瘦的政策，并决定执行地主不分田、富农分坏田的土地政策。

8月22日，新中国农学会第七届常年大会在上海举行，决定将《新农通讯》扩充为《新农月刊》，推举何尚平、汪呈因、马寿征、蔡无忌、冯紫岗等5人组成《新农月刊》筹备委员会。

---

① 于建嵘主编：《中国农民问题研究资料汇编》（第1卷1912—1949上），中国农业出版社2007年版，第438、442、445页。

9月18日，实业部公布《中央模范农业推广区组织章程》。

9月19日，由余粟、方伯康、陈承增、周念先、聂光坡等发起的中国殖边社在上海成立，主要任务是从事边疆地区的研究与边疆开发。

10月14日，内政部、教育部、实业部联合公布《各省训练农业推广人员办法大纲》14条。

10月17日，湘赣省第一次苏维埃代表大会在江西莲花县花塘村召开，通过了《湘赣苏区各级苏维埃政府暂行组织法》《土地问题决议案》《红军与地方武装工作计划》《经济问题决议案》《婚姻问题》等文件。

10月31日，实业部公布修正的《中央农业实验所章程》，实验所的任务是研究及改进发展中国森林、蚕丝、渔牧、农艺及其他农业技术及方法等。

11月7日至20日，中华工农兵苏维埃第一次全国代表大会在江西瑞金召开，会议通过《中华苏维埃共和国宪法大纲》《中华苏维埃共和国劳动法》《中华苏维埃共和国土地法》等文件，宣布成立中华苏维埃共和国临时中央政府，选举毛泽东为中华苏维埃共和国中央执行委员会主席，项英、张国焘为副主席。

按：《中华苏维埃共和国土地法》规定：没收所有封建地主、豪绅、军阀、官僚和其他大私有主以及富农、一切反革命的组织者及白军武装队伍的组织者和参加反革命者的财产和土地；一切祠堂庙宇及其他公共土地，在取得农民自愿赞助后，无条件地交给农民。没收的土地，经过苏维埃由贫农与中农实行分配。土地不禁止出租与买卖，但应向群众宣传，在条件具备时要实行土地国有制。这个土地法还规定地主不分田，富农如不参加反革命活动而且自己耕种土地时，可分得较坏的劳动份地。"地主不分田，富农分坏田"，这是王明左倾机会主义的表现。这个土地法颁布后，成为各个根据地解决土地问题的准则。[1]

11月11日，中国国民党第三届中央执行委员会第二次临时全体会议通过《推进地方自治案》，内容包括整理各县财政以确定自治经费、按各省情形分别完成自治之期限、厘定自治团体之任务范围、提高县长职权以重责成、严格训练区长并使之深入民众、整顿各县警政并从速完成县保卫之组织、积极发展乡村经济等。

---

[1] 郑惠等：《中国共产党通志》，中央文献出版社1997年版，第1796页。

按：在《积极发展乡村经济》中说："今日乡村两大痛苦，一为秩序不宁，一为经济枯竭，故除一方努力地方自治之外，尤当积极发展乡村之经济。吾国以农立国，乡村经济之发达与否，实占国民经济之重要部分，连年天灾人祸交相为害，乡村生计窘迫万分，稍有力者咸皆迁居城市，因之乡村日益空虚，各种设施皆无从进行。总理谓地方自治团体不止为一政治组织，亦并为一经济组织，故主张应同时举办各种合作事业，诚为洞察症结之言。按我国民间虽亦有类于此种之组织，惟是缺漏不备，流弊滋多，已难适合时代之需要，惟合作制度简便易行，且能随所需而运用，当为今后发展乡村经济有力工具，应由地方党部及地方自治团体等先行试办，以资模楷，一经提倡，推行自易。此外，政府对于农工业之改良、指导以及奖励、保护等，亦当采用适当之政策，以助长生产之发达，培植社会之实力，此实建设地方之根本问题。虽其效果不可期之旦夕，要为推行地方自治所当积极从事不容稍缓者也。"①

11月15日，国民政府财政委员会和全国经济委员会在南京成立。

11月26日，《实业部林业考成暂行办法》正式公布。

12月1日，中华苏维埃共和国《土地法》正式颁布，共14条。

按：《土地法》说：第一条：所有封建地主、豪绅、军阀、官僚以及其他大私有主的土地，无论自己经营或出租，一概无任何代价地实行没收。被没收来的土地，经过苏维埃由贫农与中农实行分配。被没收土地的以前的所有者，没有分配任何土地的权利。雇农、苦力、劳动贫民，均不分男女，同样有分配土地的权利。乡村失业的独立劳动者，在农民群众赞同之下，可以同样分配土地。老弱残废以及孤寡，不能自己劳动，而且没有家属可依靠的人，应由苏维埃政府实行社会救济，或分配土地后另行处理。

第二条：红军是拥护苏维埃政府、推翻帝国主义和地主资本家政府底先进战士，无论他的家庭现在苏维埃区域或在尚为反动统治的区域，均应分得土地，由苏维埃政府设法替他耕种。

第三条：中国富农性质是兼地主或高利贷者，对于他们的土地也应该没收。富农在没收土地后，如果不参加反革命活动而且用自己劳动耕种这

---

① 于建嵘主编：《中国农民问题研究资料汇编》（第1卷 1912—1949下），中国农业出版社2007年版，第963—964页。

些土地时，可以分得较坏的劳动份地。

第四条：没收一切反革命的组织者及白军武装队伍的组织者和参加反革命者的财产和土地；但贫农中农非自觉地被勾引去反对苏维埃，经该地苏维埃认可免究者，可在例外；对其头领则须无条件地按照本法令执行。

第五条：第一次代表大会认为：平均分配一切土地，是消灭土地上一切奴役的封建关系及脱离地主私有权的最彻底的办法；不过苏维埃地方政府无论如何不能以威力实行这个办法。这个办法不能由命令来强制执行，必须向农民各方面来解释这个办法，仅在基本农民群众愿意和直接拥护之下，才能实行。如多数中农不愿意时，他们可不参加平分。

第六条：一切祠堂庙宇及其他公共土地，苏维埃政府必须力求无条件地交给农民；但执行处理这些土地时，须取得农民自愿的赞助，以不妨碍他们奉教感情为原则。

第七条：较富裕的农民，企图按照生产工具多少来分配被没收的土地。第一次大会认为，这是富农有意阻碍土地革命发展和为自己谋利益的反动企图，须给以严重的制止。地方苏维埃政府应根据各乡村当地情形，选择最有利于贫农中农利益的方法；或按照每家有劳动力之多寡同时又按人口之多寡——即混合原则来进行分配；或以中农贫农雇农按照人口平均分配，富农以劳动力（即按照人口平均分配土地的地方，富农每个有劳动力者，所得分田数量，等于按人口平均分配每一人所得分田数量）为单位，人口为补助单位去分配。分配土地时，不仅应计算土地的面积，而且应估计土地的质量——（特别是收获量）。在土地分配时，还应尽可能地使之适合于进行土地改革，预备消灭官荒，片段，大阡陌等各种封建遗迹。

第八条：没收一切封建主、军阀、豪绅、地主的动产与不动产，房屋、仓库、牲畜、农具等。富农在没收土地后，多余的房屋农具牲畜，及水碓油榨等，亦须没收。经过当地苏维埃，根据贫农中农的利益，将没收的房屋分配给没有住所的贫农中农居住，一部分作学校俱乐部，地方苏维埃，党及青年团委员会，赤色职工会，贫农团和各机关使用。牲畜和农具可由贫农中农按组织按户分配，或根据贫农意见，自愿的将各种没收农具办初步合作社，或在农民主张和苏维埃同意下，设立牲畜农具经理处，供给贫农中农耕种土地的使用，经理处应由地方苏维埃管理，农民得按照一定规则，支付相当的使用金，所有农具的修理，经理处工人的供养以及新农具新牲畜的购备，由农民加纳使用金的百分之几，以资弥补。

第九条：没收地主豪绅的财产，同时必须消灭口头的及书面的一切佃租契约，取消农民对这些财产与土地的义务与债务，并宣布一切高利贷债务无效。所有旧地主与农民约定自愿偿还的企图，应以革命的法律加以严禁，并不准农民部分的退还地主豪绅的土地，或偿还一部分的债务。

第十条：一切水利，江河，湖沼，森林，牧场，大山林，由苏维埃管理，来便利于贫农中农的公共使用。桑田，竹林，茶山，鱼塘等，必如稻田麦田的一样，依照当地农民群众的自愿，分配给他们使用。

第十一条：为着实际的，彻底的，实现土地革命的利益，中华工农兵苏维埃第一次全国代表大会宣布雇农工会，苦力工会，贫农团，是必要的团体，认为这些组织是苏维埃实行土地革命的坚固柱石。

第十二条：苏维埃全国代表大会认为在苏维埃政权下，土地与水利的国有，是彻底消灭农村中一切封建关系，而事实上就是使农村经济达到高度的，迅速的发展必经步骤。不过实际实行这个办法，必须在中国重要区域土地革命胜利与基本农民群众拥护国有条件之下，才有可能。在目前革命阶段上，苏维埃政府应将土地与水利国有的利益向群众解释；但现在仍不禁止土地的出租与土地的买卖，苏维埃政府应严禁富农投机与地主买回原有土地。

第十三条：地方苏维埃如在该地环境应许条件之下，创办下列事业：一、开垦荒地；二、办理移民事业；三、改良现有的及建立新的灌溉；四、培植森林；五、加紧建设道路，创办工业，促进农村经济的发展。

第十四条：本法令不但适应于现已成立之苏维埃区域，而且应用于非苏维埃区域及新夺取的苏维埃政权的区域。各苏区内已经分配的土地，适合本法令原则的，不要再分；如不合本法令原则的，则须重新分配。①

是日，江西省苏维埃政府颁布《对于没收和分配土地的条例》。

12月20日，中华苏维埃共和国中央执行委员会通过《关于实行劳动法的决议案》。

12月24日，中共中央针对各地贯彻"关于平分一切土地"口号中发生的严重侵犯中农利益的错误，作出《关于平分一切土地的口号的决

---

① 戴逸主编：《中国近代史通鉴 1840—1949 南京国民政府时期》，红旗出版社1997年版，第653—655页。

议》，提出中农的土地以不动为原则，并允许中农的土地可以多于一般的贫雇农。

是年，国民政府公布《农业政策实施纲领》，其要点是奖励生产、发展林业、兴办水利、提倡农村合作、改良农民生活。

是年，实业部公布《江浙农作物改良委员会组织规则》《管理国有林公有林暂行规则》。

是年，《全国乡村改进机关联合会章程》公布，该会以团结精神，交换意见，促进全国乡村改进事业之发展为宗旨。

是年，湖北农业技术研究会、台湾水产会成立。

是年，为了整合各教会的乡村建设力量，由华北公理会倡导的华北基督教农村事业促进会成立，该组织进一步推动了乡村实验区的实施。

二 乡村建设研究论文

杨志复《中国农民经济问题》发表于《新农业》第1期。

按：文章认为，农民经济衰落的救济办法，一是解决土地问题，二是开辟荒地，三是增加生产量，同时建议，改良农具、改良品种、提倡自然肥料、慎用化学肥料、驱除害虫、防治病害、预防水旱；四是改良农村社会，包括实行农村自治、提倡合作事业、改善农村教育、举办农民借贷、创办游民工厂；五是提倡农民副业，包括畜牧和养蚕。

杜修昌《中国农业机械问题》发表于《新农业》第1期。

社论《农业推广与农民的要求》发表于《农业周报》第1卷第2期。

社论《国民会议中之发展农业问题》发表于《农业周报》第1卷第2期。

杨蔚《农村社会调查之研究》发表于《农业周报》第1卷第3期。

唐启宇《论农业建设进行之程序》发表于《农业周报》第1卷第3期。

峭岩《欧洲农业的改造》发表于《农业周报》第1卷第4期。

童玉民《怎样推行农村副业》发表于《农业周报》第1卷第5期。

凌道扬《开发东三省森林之建议》发表于《农业周报》第1卷第6期。

社论《论农民离村之因果》发表于《农业周报》第1卷第7期。

童玉民《如何扶助我国农业之发展》发表于《农业周报》第 1 卷第 18 期。

李寅恭《森林与水利》发表于《农业周报》第 1 卷第 19 期。

冯泽芳《如何造就中国的农业人才》发表于《农业周报》第 1 卷第 22 期。

蔡元培《救济水灾应增加农产注意造林》发表于《农业周报》第 1 卷第 22 期。

陈午生《发展中国农业问题及其步骤》发表于《农业周报》第 1 卷第 23—24 期。

社论《东北农业与中国》发表于《农业周报》第 1 卷第 25 期。

马成春《中国棉业推广之研究》发表于《农业周报》第 1 卷第 25 期。

按：文章说："自民国成立之初，有振兴实业之说。民国三年适值持棉铁救国之张季直为农商总长，设法奖励植棉，于民国四年特聘美人周伯逊氏（H. H. Johson）为顾问，设立试验场于正定、南通、武昌等处。民国五年更设立试验场于北平，同年又公布美棉奖励细则。其余各省亦有提倡植棉事业之兴起，如江苏之南汇、山东之临清、浙江之余姚、山西之汾阳等处，均有棉场之设立。"

曲直生《农业之起源问题》发表于《农业周报》第 1 卷第 28—30 期。

行骥《对于农业推广工作的几种感想》发表于《农业周报》第 1 卷第 30 期。

伍玉璋《中国农业金融制度及其实施论》发表于《农业周报》第 1 卷第 30 期。

邹树文《用商业眼光调查农村经济》发表于《农业周报》第 1 卷第 31 期。

黄明《各国合作社法之比较》发表于《农业周报》第 1 卷第 33 期。

宇薛《农民运动之新机》发表于《农业周报》第 1 卷第 35 期。

黄贻燕《中国农村经济问题》发表于《农业周报》第 1 卷第 35 期。

按：文章认为，农村经济衰落的原因，一是交通运输之不便，二是金融机关之不备，三是地主官吏之压迫，四是政府重税之影响，五是舶来商品之摧残，六是天灾人祸之频来。至于农村经济之改进，文章建议，一是改善交通,二是改良农具,三是防止病害,四是提倡副业,五是设置农业仓库,六是举行农业借贷,七是推行合作事业。

李昌周《合作事业与农村问题》发表于《农业周报》第1卷第36期。

杨开道《农村自治的经费》发表于《农业周报》第1卷第64—67期。

冯和法《中国农村的一般趋势》发表于《农业周报》第1卷第68期。

冯和法《中国农村的一般趋势(续)》发表于《农业周报》第1卷第71期。

冯和法《中国农村的一般趋势(续)》发表于《农业周报》第1卷第73期。

杨开道《乡村自治的编制》发表于《农业周报》第1卷第75期。

陈大宁《关于林业设施之所见》发表于《农业周报》第1卷第76期。

和法《中国农民贫乏之造因》发表于《农业周报》第1卷第76—78期。

王士勉译《农业起源于何地》发表于《农业周报》第1卷第77—78期。

第先《国民会议中农民代表的地位》发表于《农业周报》第1卷第79期。

和法《中国农民贫乏之造因》发表于《农业周报》第1卷第79—80期。

愚公《教导农民最有效的方法》发表于《农业推广》第3期。

刘来宾《改进农民生活》发表于《农村月刊》第16期。

严慎修、王静如《村治与乡治之研究、农民运动一点小经验》发表于《村治》第2卷第3期。

[日]田中忠夫作,李育文译《衙前农民运动》发表于《村治》第2卷第3期。

按:文章说:"现在中国的农民,沉沦于种种困苦中。因其力量之不足,又无团结力,故隐忍屈从。若有有力者,以真正热烈的精神,与彼等提携,指导彼等,则彼等为自己的利益起见,当团结起来,从事于种种活动的事业，以发展彼等固有能力。处此形势下，浙江省萧山县衙前村的农民协会，破坏传统的习惯而出现了。惜其协会不久受压迫而致解散，然在中国农民运动史上，应占一重要的地位的。"

[日] 平林广人作，张我先译《丹麦的农业与农民》发表于《村治》第2卷第6—7期。

[日] 田中忠夫作，李育文、蓝梦九译《各省农村经济与农民运动》发表于《村治》第2卷第7期。

饶茂森《振兴云南林业刍言》发表于《农林新报》第8卷第4期。

黄贻燕《农民教育的意义与范围》发表于《农林新报》第8卷第6期。

孙友农《丹麦的农民》发表于《农林新报》第8卷第13期。

昔耒《农民教育的对象：贫、病、苦》发表于《农林新报》第8卷第16期。

童玉民《美国之农业生产》发表于《中华农学会报》第91期。

管生《中国农民在今日之地位》发表于《农话》第3卷第13—14期。

按：文章认为，目前应注意的问题是：一是"拥护和平统一"，二是"养成健全思想"，三是"保持固有德性"，四是"增进生产能率"，五是"完成发明能力"。

林汶民《师范生应有农业知识》发表于《农话》第3卷第13—14期。

赵国鸿《农民需要救济之急迫和我们应有的努力》发表于《苏农》第2卷第3期。

胡平齐《改善农民固有之合作》发表于《苏农》第2卷第6期。

周明懿《对于农民的小贡献——乡村领袖》发表于《苏农》第2卷第8期。

童玉民《对于农民银行之感想》发表于《苏农》第2卷第12期。

水澄《都市生活和农村生活》发表于《农民》第6卷第22期。

坚之《对于高头村教育谈话会以后的希望》发表于《农民》第6卷第24期。

劭青《农业教育各种庄稼的选种法》发表于《农民》第6卷第32期。

黄贻燕《农民教育概要》发表于《农民教育》第1卷第6期。

周越常《为什么要提倡农民教育》发表于《农民教育》第1卷第7期。

邵晓堡《夏季农忙期间农民教育实施办法》发表于《农民教育》第1卷第7期。

陈子笛《怎样来改造农村社会和增进农民知识》发表于《无锡农民》第1卷第3期。

余予初《合作事业浅说》发表于《无锡农民》第1卷第3期。

傅葆琛《东北农业情形》发表于《新农民（北京）》第4期。

马锟录《我希望新农民与乡农民合作》发表于《新农民（北京）》第4期。

汝南《农村合作概要》发表于《新农民（北京）》第5期。

王立箴《日本近两年的农业情形》发表于《新农民（北京）》第5期。

冯紫岗《中国农村改造之主要问题》发表于《新农通讯》第2卷第4期。

郑坡《从丹麦计划向法移殖农民想到一切移殖问题》发表于《大华农报》第7期。

李寅恭《德国之林业锐进史》发表于《国立中央大学农学院旬刊》第68期。

郑廷泰《一九二七苏联的林业概况》发表于《国立中央大学农学院旬刊》第69—71期。

杨逸农《农业推广与民生问题》发表于《国立中央大学农学院旬刊》第75—76期。

曾济宽、江国仁《国民会议中之农业建议问题》发表于《国立中央大学农学院旬刊》第75—76期。

陈午生《发展中国农业目前三大要政》发表于《国立中央大学农学院旬刊》第77—78期。

按：文章所谓三大要政，一是改革全国农业行政机关，二是举行全国农村精确调查，三是提倡农业教育培植专门人才。

杨任农《安徽合作事业的建设计划》发表于《国立中央大学农学院旬刊》第77—78期。

陈翰笙、陆国香《中国的农村研究》发表于《国立劳动大学劳动季刊》创刊号。

按：文章说："农村诸问题的中心在哪里呢？它们是集中在土地之占有与利用，以及其他的农业生产的手段上，从这些问题，产生了各种不同的农村生产关系，因而产生了各种不同的社会组织和社会意识。直到现在，中国的农村调查不是为了慈善救济起见，便是为了改良农业，要不然也不过是供给社会改良的讨论题目。它们都自封于社会现象的一种表列，不曾企图去了解社会结构的本身。大多数的调查侧重于生产而忽视了生产关系。它们无非表现调查人的观察之肤浅和方法之误用罢了。……故过去十四年间，在十五省内虽有五十一此农村调查，现时中国的农村研究者还不得不自己去搜集材料自己去实行调查。"

凌道扬《大学森林教育方针之商榷》发表于《林学》第4号。

按：文章认为，发展林业必须重视发展林业教育。作者提出在小学教科书中加入有关林业的知识，使人们从幼小的时候起即对树木、森林开始有所认识，养成爱林、造林的习惯。作者认为大学森林系的教学必须考虑各地的具体情况。中国地域大，各地气候、土壤和森林情况不同，各地森林学校的教学内容应各有侧重。东北森林多，林业工作主要是采伐利用，森林学校就应以教授森林利用学为主。中部和北部各省荒山荒地多，水旱灾害严重，急需造林，森林学校应注重教授造林学。南方气候土壤条件好，树木自然繁殖力强，只要不加残伐，斧斤以时入山林，天然森林自然可以繁茂，森林学校则应注重教授森林管理和保护学。森林学校的课程内容必须适用，并且要注重实验，使学生学到实际本领。

童玉民《日本之农业法规与农业推广》发表于《江苏农矿》第2—3期。

童玉民《日本之农业法规与农业推广》发表于《江苏农矿》第6期。

童玉民《农业政策概论》发表于《江苏农矿》第10—11期。

孙晓村《农业经济本质论》发表于《财政经济汇刊》第1卷第2期。

江波《东三省林业概况》发表于《中东经济月刊》六周年纪念专号。

鲍幼申《中国之农业生产及其在国际贸易上之地位》发表于《中东经济月刊》第7卷第10期。

一鸥《中国农民问题》发表于《民权旬刊》第15期。

昆玉《社会主义农业理论之论战》发表于《民权旬刊》第22期。

唐复《欧洲农业的新趋势》发表于《民友（上海）》第1卷第2期。

谢福球《中国农业今后应有的觉悟》发表于《新民》第1卷第5期。

李秉铭《农民痛苦及其应有之觉悟》发表于《新民众》第9期。

杨锡类《农业推广与农民教育馆》发表于《民众周报》第181期。

金培松《中国农民生活之现状及其改进之出路》发表于《劳大周刊》新年增刊。

陈文《中国农业经济衰落原因之研究》发表于《前导月刊（青岛）》第1卷第2期。

按：文章说："农业经济是中国国民经济的主体，是中国立国的基础，这是谁都承认的，然而，数十年来的中国农业经济，只呈往下倾落的趋势，事实昭示，这也是谁也不能否认的。农产丰收，并不是农业生产力增进，而是偶然的侥幸，农产一丰收时，并不能担保遏制农业经济倾落的趋向，但在这个时机，却有希望复兴及发展的可能。十九年七月以前的农业经济的颓丧，总括其原因不外三种：一为农业经济本身固有的弱点，其大者有佃租制度、土地分散、高利贷、地价过高，及生产方法落后等，凡此都足以妨碍农业生产的改良与发展。一为帝国主义之侵略，有经济的侵略，有政治的侵略，经济侵略的方式有二：一为以中国为原料供给地，一为以中国为商品推销市场。其结果，破坏农村自足经济，代替了农民的副业，断绝农民生活的第二源泉，提高粮食及一切原料，日用品价格，使农民生活日陷于困难。政治的侵略，就是勾结军阀，延长中国内乱，沟通土匪，扰乱社会安宁，使中国的生产业永无发达希望，而维持帝国主义在中国的经济支配势力。一为国内的战争。无论军阀混战或革命战争，自农业经济方面观之，都会给予二种影响：一为提高赋税额，一为直接破坏农作业，此二者，也是农业经济上的阻力。十九年七月以后的农业经济，农业丰收，军事结束以后的农业经济，于认清过去颓丧的原因之余，将抱着十二万分的作治标治本改革的热望！"

林林《福建长乐农民的武装斗争》发表于《红旗周报》第27期。

拓天《我们怎样领导农民分粮食的斗争》发表于《红旗周报》第27期。

愈之《农业的印度》发表于《东方杂志》第28卷第1期。

杜若译《欧洲农业的复兴》发表于《东方杂志》第28卷第7期。

［日］那须皓作，夏诒彬译《日本农业的特质》发表于《东方杂志》

第 28 卷第 9 期。

仲英《国际新农业问题》发表于《东方杂志》第 28 卷第 16 期。

王栋《近世农业机械化之趋势》发表于《东方杂志》第 28 卷第 22 期。

陈豪《农民运动的回顾与前瞻》发表于《学生杂志》第 18 卷第 7 期。

按：文章说："中国的农民运动，也随世界潮流的鼓荡而起了。原因是（一）国民革命的进展，三民主义的宣传，引起农民本身的觉悟。（二）军阀的苛政，土劣的专横，迫得农民无路可走，不得不自求解放。因此，而近年来的农民运动，便一日一日地膨胀起来。""国民党对于农民运动的领导工作，可分三时期：第一萌芽时期，十三年——十五年；第二发育时期，十五年——十七年；第三整理时期，十七年以后。""中国农民运动的方式，大概可分为四种：（1）由下层组织联络而成上层的组织，此式为十三年到十五年广东时代的国民党所指导。其系统为：乡农民协会——区——县——省——全国。（2）由上层组织分派而成下层的组织，此式初在广西采用之（十五—十七年），后及于河南、山东各地。此种组织为速成式，不甚健全。至于采用此式的原因：一为依赖政治运动，根本不知农民运动的本质；二为利其速成；三为误解广东时代的细胞式组织为有危险性。（3）改组旧有团体，如北方一带已成立的红枪会等等，由政府去改组为农民团体。（4）移政治经济的斗争于温和的政策之内，大概为江南人民，性质温和之处采用之。如为农民调停纠纷，提高农民知识等事。此为十五至十七年时，江浙等省采用之。"

程汉舆《中国农民问题》发表于《法政周刊》第 2 卷第 6 期。

亦昂《中国农民经济的危机及其解决》发表于《进展月刊》第 1 卷第 1 期。

庄心在《朝鲜革命与农业问题》发表于《建国月刊》第 4 卷第 3 期。

可浊译《马克思的农业理论与实施》发表于《燕京月刊》第 8 卷第 3 期。

王彬《中国农民问题之研究》发表于《互助周刊》第 5 卷第 9 期。

孟椒《从中国历史上农民革命说到国民革命》发表于《互助周刊》第 6 卷第 6 期。

笑髯《世界农业问题与社会化运动的趋势》发表于《互助周刊》第

7卷第9期。

杨雅卿《中国农民问题》发表于《珠江期刊》第1期。

和法《中国农民的起居注》发表于《新型社会》第2期。

杨君雅《农业统计与新中国》发表于《商学期刊》第5期。

赵简子《近代日本的农民问题与农民运动》发表于《中央导报》第21期。

李琳《农民运动与农民问题》发表于《军声（广州）》第3卷第7期。

袁希安《民生主义的农民政策之研究》发表于《自新》第22—23期。

易希亮《欧美都市主义之弊害与我国农业衰落之危机》发表于《自治月刊》第1卷第3期。

李磐桢《中国农村教育问题》发表于《生存》第2卷第2期。

章元善《中国农业复兴中的合作：它的意义、方式及使命》发表于《合作月刊》第3卷第7期。

桂祥《灾区农业合作社办法》发表于《合作月刊》第3卷第8期。

林家崇《中国农业之衰落及其救济》发表于《桂潮》创刊号。

按：文章说：现在我们想解除农民的痛苦，满足农民的欲望，及使农业的发达，生产的增加，就要实现下列几点：一是推广农业合作，二是流通农民金融，三是提倡造林，四是预防天灾，五是发展交通，六是消除障碍，七是指导农民的知识。

黄光祖《谈谈农民教育》发表于《青浦教育月刊》第8期。

华卓成《对于实施农民教育的一点意见》发表于《无锡教育周刊》第149期。

傅葆琛《实施农民教育者应该注意的几件事情》发表于《民众教育》第3卷第3期。

邵筱宝《农民教育之理论的探讨》发表于《民众教育》第3卷第3期。

丛啸侯《农民识字教育之理论与实施》发表于《民众教育》第3卷第11—12期。

王香炎《建设新中国与农民教育》发表于《民众教育研究》第1卷第2期。

李树棠《农业合作与农村改良》发表于《教育与民众》第3卷第4期。

崔彭寿《怎样保障农民的健康》发表于《山东民众教育月刊》第2卷第4期。

马鸣译《荷兰帝国主义与南洋农民革命》发表于《三民半月刊》第5卷第9—10期。

裴如《日本资本主义的农民问题》发表于《三民半月刊》第6卷第3—4期。

吕振羽《农村自治问题论》发表于《三民半月刊》第6卷第7—8期。

按：文章说："实施农村的经济建设，第一步便当防止农民的离村，防止农民离村的有效设施，便在给农民以相当的土地，换言之，就是要使'耕者有其田'。"

[日]松冈氏作，周振汉译《日本的农民运动及其政治经济之影响》发表于《浊流》第1卷第3期。

汤卜生《我对于中国农民生活与农村工业的感想》发表于《女青年月刊》第10卷第4期。

赵建新《农业仓库的组织及其机能》发表于《浙江省建设月刊》第4卷第6—7期。

吴福桢《中国重要农业害虫问题》发表于《浙江省建设月刊》第5卷第6期。

张范村《畜牧问题》发表于《浙江省建设月刊》第5卷第6期。

按：文章说："中国农业上最大之问题，在于农业知识，不能灌输农民，而农民视吾等亦格格不相入。自设施农业教育与农业事业以来，纵历有三十年之久，而所得之知识与技术，能输入于农民者，实寥寥无几。究其原因，即在彼此少接触，不相往来之故。故近来各省有鉴及此，均注意于农业推广工作之进行，此等工作，即以吾人之知识与所得，灌输于农民是也。夫如是，农业始有发展之希望，否则，各不相谋，农业事业与农民，则毫不相关也。"

毛应章《中俄农业政策之比较》发表于《安徽半月刊》第8—10期。

陈良佐《改进安徽农业之途径》发表于《安徽建设月刊》第3卷第7期。

龚光朗《世界农业经济衰落与中国农业前途》发表于《安徽建设月刊》第3卷第7期。

胡越《中国农业建设问题》发表于《湖北建设月刊》第3卷第1—4期。

童玉民《社会经济组织与合作运动》发表于《东省特别区市政月刊》第6卷第7期。

曲直生《西北农业开发应注意的几个问题》发表于《西北研究》第2期。

坚如《资本主义下农民层之分化》发表于《新北方》第2卷第3期。

艺英《由中国农业破产影响到世界和平》发表于《艺园》第1卷第27期。

何默《德奥两国社会民主党的农业政策》发表于《青年进步》第141期。

王家桢《新中国之建设与农业问题》发表于《上海青年》第31卷第22期。

陈翰笙《工业化与无锡的农村副业》发表于《女青年月刊》第10卷第4期。

瑞鹏《农业与日本国民经济》发表于《文化论坛》第1卷第2期。

大白《广东珠江三角洲上的农民状况》发表于《革命行动》第4期。

金绅良《中国农民离村问题的研究》发表于《政治旬刊》第15期。

吴剑青《苏俄的劳工与农民》发表于《政治月刊》第2卷第6期。

吴之谦《中国农业经济现状之解答》发表于《南华评论》第1卷第22期。

郭昌锦《中国农民地位的转变及其前途》发表于《民间评论》第1期。

郭昌锦《中国国民党与农民问题》发表于《民间评论》第2期。

按：文章说："国民党以前的农民运动的方略，主要的是诱发农民的革命性，使其起来反对土豪劣绅，更进而反抗军阀。这种运动的方法，在已往的历史中是收了相当的效果，特别是在民国十四年的第一第二两次东征，民国十五年国民革命军北伐在湖南、江西、湖北诸省的战争中，农民对于革命军尽了极大的帮助，使革命军能迅速地打倒军阀。但是这种方略也有弱点。主要的是给了共产党以煽惑的机会。现在的革命形势已与民国十六年以前完全不同，所以党对于农民的方略，也应有不同的而适应于目前新需要的路线。中国革命在目前的主要任务，已由破坏而进于建设，党对于农民问题的方略的改变，亦当以此为出发点。党以前所希望于农民的，是起来反抗军阀，破坏军阀的反动，使革命政权能够迅速建立起来，现在革命的政权早已建立，所以党希望于农民的，是增加生产，由建设的努力来巩固革命的政权。"

王志文《中国农民问题研究》发表于《社会杂志》第1卷第4期。

曲直生《美国农民运动与农产品运销的关系》发表于《社会科学杂志》第2卷第4期。

熊得山《中国农民问题之史的叙述》发表于《读书杂志》第1期（中国社会史论战专号）

六一《无政府共产主义的农民组合》发表于《安那其》第2期。

杨清源《发展农业生产与解除农民痛苦——平均地权》发表于《认识》第5期。

赵建新《农民离村的防止及经济》发表于《认识》第14期。

陈丧《中国林业发展之现状》发表于《时事月报》第4卷第4期。

毛一波《农民文学论》发表于《橄榄月刊》第17期。

按：文章说："现在的所谓农民文学，当然是对抗着都会文学的，而且否定了都会文学。都会文学的阶级基础是资产阶级小有产者，及游惰阶级，而农民文学是劳动无产大众的。正因为是这样，所以农民文学必然地成为劳动阶级的文学了。而所谓劳动阶级的文学，乃是自然地当作劳动阶级的斗争武器的。在这一点，劳动阶级文学论与农民文学论，是有其相同的地方。"

孔祥熙《中国的林业问题》发表于《中央周报》第166期。

笃其译《俄政府的农业政策与俄国农民》发表于《国民周刊》第1卷第12—14期。

［美］洽利斯作，叶琦译《苏俄农民之生活》发表于《黄埔月刊》第1卷第12期。

刘寿祥《中国革命与中国农民》发表于《黄埔月刊》第2卷第2期。

张丽波《中国农业生产的特性》发表于《俞塘》第1卷第1期。

恨庐《浙江省之农民经济》发表于《钱业月报》第11卷第7期。

之昇《日本农民学的跃进》发表于《文艺新闻》第8期。

漆琪生《中国农业资本主义化的现状及其展望》发表于《现代学术》第1卷第2期。

吴宽《汉朝的农业政策和行政》发表于《南开大学周刊》第105期。

颜也《世界列强之林业》发表于《时兆月报》第26卷第1期。

立群《中国的农业》发表于《文友周刊》第1卷第3期。

铁忱《日本农业的危机》发表于《中国杂志》创刊号。

笑伊《中国农村经济崩溃与中国农民》发表于《中国杂志》创刊号。

施忠义《农业经济观点上中国气候底特征》发表于《平等杂志》第1卷第9—10期。

石天倪《中国革命与中国农民问题》（1—7）发表于《京报新法学副镌》合订本第1期。

范理《欧洲农民解放之原因及其结果》发表于《京报新法学副镌》合订本第1期。

仲英《中国农业衰落的过程与国际资本主义》发表于《世界杂志》第1卷第2期。

悲天译《俄国新农民革命》发表于《俄罗斯研究》第2卷第1期。

孤雁《苏俄集体农业的研究》发表于《俄罗斯研究》第2卷第4—5期。

黎国昌《荷属东印度农业概况》发表于《南洋研究》第3卷第4期。

李耀商《荷属东印度农业之将来》发表于《南洋研究》第3卷第5期。

黎国昌《荷属东印度之农业》发表于《南洋研究》第3卷第5—6期。

毛邦汉《谈谈合作社组织的三种性质》发表于7月4日《中央日报》。

三 乡村建设研究著作

黄绍绪著《农业概论》（上）由上海商务印书馆出版。

童玉民著《农业经济学》由上海新学会社出版。

按：是书分两篇，第一篇总论，包括经济学之分类、农学之分类、农业经济学之意义、我国农业在国民经济上之地位、我国农业经济衰落之原因、我国农业经济改进之方策 6 章；第二篇本论，包括生产论、交易论、分配论 3 章。

秦含章著《中国农业经济问题》由上海新世纪书局出版。

曹鸿儒著，鲁宗尧译《中国农业经济之发展》由北平三民学社出版。

按：是书论述农业在国民经济中的地位，中国农业经济的特殊地位、组织、基础、现状、农民、产生疲弊的原因，发展中国农业经济的重要性、先决条件、政策、方案等。

刘拓等著《中华农业化学会演讲录》由中华农业化学会出版。

宋希庠著《农垦》由上海商务印书馆出版。

按：是书分 6 章，说明农垦的重要意义、农垦经营涉及方案及农垦实施步骤，并对我国及世界各国的农垦概况做了介绍。

沈觐寅编《农艺化学》由上海商务印书馆出版。

[德] 考茨基著，宗华译《近代农村经济的趋向》由上海国立中央研究院社会科学研究所出版。

杨开道著《农村政策》由上海世界书局出版。

按：是书分绪论、农村社会政策、农村经济政策、农村教育政策、农村自治政策、农村宗教政策 6 章。

唐启宇、宋希庠著《农村经济》由上海世界书局出版。

按：是书分 11 章，论述农村经济的意义及性质、农业生产与土地利用、农业生产与劳力及资本的关系、农业贷款制度、农场的经营、运输与贩卖等。

古梅编著《中国农村经济问题》由上海中华书局出版。

按：是书分绪论、中国的农民、中国的农地、中国的农产、中国的畜牧和蚕桑、中国的佃农和工农、中国农家的经济状况、中国农村经济的问题、解决中国农村经济问题的途径、今后中国农村经济政策的问题等 10 章。

国民政府军事委员会委员长行营湖北地方政务研究会调查团编《调查乡村建设辑要》由湖北地方政务研究会出版。

[日] 田中忠夫著，李育文译，蓝梦九校《国民革命与农村问题》由北平村治月刊社出版。

按：是书分 8 编，叙述中国农业与资本的发展形式，中国的农村组织、农民运动、农民劳动、佃作问题等。

严恒敬著《中国乡村合作实际问题》由南京中国合作学社出版。

董时进著《农村合作》由国立北平大学农学院经济系出版。

按：是书分合作之意义及功用、合作运动之起源、信用合作、购买合作、销售合作、生产合作、利用合作、保险合作、外国合作发达之概况、中国之合作运动等10章。附录中国华洋义赈救灾总会之信用合作社模范章程等共24种。

侯哲荞著《农村合作运动》由上海黎明书局出版。

梁子美编《农村合作社设施法》由山东省民众教育馆出版部出版。

按：是书分5章，概述农村合作社的性质、功用及组织法，并收入山东省合作社暂行章程、乡村信用无限合作社模范章程。

杨开道著《农村自治》由上海世界书局出版。

按：是书分绪论、农村自治的编制、农村自治的主体、农村自治的组织、农村自治的事业、农村自治的人才、农村自治的经费、结论等8章。

傅葆琛著《乡村平民教育的理论与实际》由江苏省立教育学院出版。

建设委员会调查浙江经济所统计课编《浙江临安县农村调查》由杭州编者出版。

按：是书调查农村经济、农民生计、农业生产、政治组织及社会事业等情况。

山东乡村建设研究院编《乡村建设》由编者出版。

冯和法著《农村社会学大纲》由上海黎明书局出版。

按：是书分农村的社会性质、农村与都市的差异、中国农村的人口基础、一般趋势、经济结构、剥削关系、土地政策与农村改造、农村教育等12章。

任曙著《中国经济研究绪论》由中国问题研究会出版。

按：是书第五章为《中国农村经济问题》。

包布夫编《马克思和恩格斯对于农民问题的意见》由上海春耕书店出版。

[苏]列宁著，李竞仲译《俄国农民问题与土地政纲》由上海平凡书局出版。

[匈]伐尔加著，王林修译《世界农民运动之现状》由上海大东书局出版。

王寅生等编《中国北部的兵差与农民》由南京中央研究院社会科学

研究所出版。

孙希复编《农民教育实验报告》由江苏南通县农民教育馆出版。

余牧人等编《高级农民宗教读本》第3册由上海广学会出版。

[英]福底海母孟塔究等著，曲殿元译《英国的农工》由上海商务印书馆出版。

向乃祺著《土地问题》由北平宣内槐抱椿树庵出版。

按：是书分9章，介绍土地与古代经济制度的关系、历代的土地制度、各国的土地制、土地所有权的研究、我国的土地问题与政策等。

[日]高畠素之著，王亚楠译《地租思想史》由上海神州国光社出版。

立法院制定《土地法》由上海新学会社出版。

郭元觉编《中华民国土地法》由会文堂新记书局出版。

瞿世镇编，沈函碧校《土地法规》（最新编订）由上海三民公司出版。

朱采真编《土地法释义》由上海世界书局出版。

王效文著《土地法论》由上海会文堂新记书局出版。

按：是书分5编，论述土地法与土地问题、土地法的编制、法例及施行、土地登记、土地使用、土地税以及土地征收等。附录：土地法原则、胡汉民氏在中央纪念周关于土地法内容的演讲词、土地征收法、不动产登记条例。

王先强著《中国地价税问题》由上海神州国光社出版。

万国鼎著《井田之迷》由南京金陵大学出版。

黄秉勋著《考察日本地租改正事业纪要》由培英印务公司出版。

肖查理著，邵德馨译《中国土壤——概观之实地考察》由实业部地质调查所出版。

邓植仪编著《广东土壤调查暂行办法》由广东建设厅农林局土壤调查所出版。

顾复编著《农具》由上海商务印书馆出版。

褚藜照编《农具浅说》由上海中华书局出版。

福州电气公司农村电化部编《电气灌溉》由编者出版。

李吟秋编著《凿井工程》由国立北平研究院出版部出版。

江苏省农矿厅编《江苏省最近二年农业推广状况》由编者出版。

上海市粮食委员会编《上海民食问题》由上海市社会局出版。
陆精治著《中国民食论》由上海启智书局出版。
浙江省立农业改良场编《选留纯种的好方法》由杭州编者出版。
李明良著《农家自行选种法》由中华基督教会四川协会文字事业委员会出版。
魏新农编《最新种植丛书》由上海中西书局总店出版。
杨其蔚编著《实用农产保藏学》由上海新学会社出版。
曲直生著《河北棉花之出产及贩运》由上海商务印书馆出版。
浙江省立植物病虫害防治所编《秧田期治虫的意义和方法》由杭州编者出版。
李明良著《实用农作物害虫防御法》由成都华英书局出版。
浙江省立植物病虫害防治所编《治螟浅说》由杭州编者出版。
王历农编《治螟新法》由上海商务印书馆出版。
浙江省立植物病虫害防治所编《杀虫药剂浅说》由杭州编者出版。
敖远桥主编《耐旱籽种一年来的经过》由中国华洋义赈救济总会出版。
叶声钟著《种甜菜法》由上海商务印书馆出版。
程天绶著《种茶法》由上海商务印书馆出版。
赵烈著《中国茶业问题》由上海大东书局出版。
胡竟良著《种瓜法》由上海商务印书馆出版。
严竹书、赵仰夫编译《果树园经营法》由上海新学会社出版。
傅开松编《园艺实验录》由浙江奉化大利园艺场推广场出版。
吴英华编著《苹果园艺学》由上海新学会社出版。
刘之常编《良乡栗子》由江苏省立镇江民众教育馆编辑部出版。
曾勉编著《种柑橘法》由上海商务印书馆出版。
夏诒彬编著《花卉盆栽法》由上海商务印书馆出版。
许心芸著《种蔷薇法》由上海商务印书馆出版。
李寅恭著《森林与水利》由江苏省教育林杂志社出版。
广东建设厅农林局编《广东育苗指南》由编者出版。
广东省建设厅农林局编《山林》由广东建设厅农林局潮安林场出版。
中央模范林区管理局编《造林浅说》由南京编者出版。
中国国民党浙江省执行委员会宣传部编《造林的利益》由编者出版。

许少初编《森林利用学》由上海新学会社出版。

广东省建设厅农林局编《广东农林》由广州编者出版。

按：是书收录论文10篇，其中有廖崇真的《发展广东农业方针的商榷》、谢申的《广东农业建设谈》、张景欧的《广东农业上的三角问题》、戴旭升的《森林与国民经济之关系》、张福达的《荒山造林要诀》、邓植仪的《化学与农业》《农业改良试验区土壤调查报告》、梁定蜀的《最近世界生产化学肥料状况》、园艺股的《广州市蔬果贸易调查报告》、李蔚霞的《潮安林场林野调查报告》、胡佐熙《东莞县林野调查报告》等。

司马迁著，潘吟阁注《史记货值传新诠》由上海商务印书馆出版。

毕卓君编《种油桐法》由上海商务印书馆出版。

［日］岛村继夫、大岛甚三郎著，赵仰夫译《竹林培养法》由上海新学会社出版。

李正谊编《畜产制造学》由上海商务印书馆出版。

黄中成编译《增卵学》由上海德园家禽专科学校出版。

吴球著《最新家畜饲养论》由上海新学会社出版。

国立中山大学农学院推广部编《牛瘟》由编者出版。

实业部渔牧司编《牛疫浅说》由南京实业部总务司编辑科出版。

郑学稼编《养牛学》由上海世界书局出版。

郑学稼编《养羊学》由上海世界书局出版。

实业部渔牧司编《美利奴羊》由南京实业部总务司出版。

樊志尊著《实用养兔法》由蜀南资中新学堂出版。

路润生编著《畜兔新法撮要》由平西海甸华北畜兔场出版。

齐雅堂编《养兔法》由上海商务印书馆出版。

张月如著《最新实验养兔法》由北平协和印刷局出版。

王兆泰著《实用养鸡学》由北平华北种鸡学会出版。

郑学稼编著《养鸡学》由上海世界书局出版。

福州电气公司农村电化部编《养鸡大意》由编者出版。

张伯衡、梦深编《养狐新知识》由北平新林书店出版。

李天化编译《白燕养殖法》由编译者出版。

按：白燕即金丝雀。

顾青虹编《养蚕法讲义》由南京民丰制种场出版。

江苏省昆虫局编《野蚕浅说》由编者出版。

尹良莹编著《中国蚕业史》由南京国立中央大学蚕桑学会出版。
赵英若编《种三浅说》由上海中华书局出版。
浙江省立植物病虫害防治所编《桑螟》由编者出版。
甘纯权编《养蜂指导》由上海中华职业教育社出版。
冯焕文著《最新蜂王育成法》由上海新学会社出版。
李俊著《蜂群渡冬法》由北平李林园养蜂场出版。
李俊著《人工养王法》由北平李林园养蜂场出版。
费鸿年编《中外渔业概观》由上海商务印书馆出版。

四 卒于是年的乡村建设工作者

宋育仁卒（1857—1931）。育仁字芸子，四川富顺人。清光绪时进士，历任翰林院检讨、出使英法意比四国公使参赞等职。后回四川办理商务、矿务，兴办各种实业公司，创办《渝报》《蜀学报》等刊物。辛亥革命后任国史馆修纂、成都国学院院长等。著有《时务论》《采风记》《经世财政学》等。在《经世财政学》里提出了将农业立为国本的主张，同时主张提高农产品价格，防止出现工农产品价格剪刀差的扩大。

王凤池卒（1893—1931）。又名王道矩，安徽金寨人。1927年加入中国共产党，在葛藤山、花园、王畈一带从事农民运动。1928年9月与詹谷堂、袁汉铭等人发动广大农会会员举行"文字暴动"。一夜之间，将南溪、丁埠、汤家汇、竹畈、银山畈等乡村集镇的墙壁、大树、地主豪绅的大门上，贴满了反帝反封建的标语，吓得地主豪绅坐卧不安。1929年5月与詹谷堂、袁汉铭等组织南溪明强小学师生和200多名农会会员参加立夏节起义。起义胜利后，先后任商城县革命委员会秘书长、赤城县苏维埃政府秘书长、皖西北道区苏维埃政府秘书长等职。1931年10月因"肃反"扩大化被错杀于麻埠。

罗绮园卒（1894—1931）。绮园，广东番禺人。1916年考入上海同济大学，攻读文科。1919年五四运动后，受到革命运动的熏陶，经常发表爱国言论，积极参加学生社团组织。1922年加入中国共产党。1924年11月被选为中共广东区委委员，又任中共广东区委农委书记，与彭湃同为广东农民运动的主要领导人。同年8月至12月，任中国国民党中央执行委员会农民运动讲习所第二届主任。曾将学生组成农民自卫军，参加平定广东商团的战斗。同年11月接任国民党中央农民部秘书工作。翌年春，与杨广率一团革命军到中山县石岐镇，支持农民斗争，打垮地主武装，在各乡建立革命农会组织。5月与彭湃、阮啸仙三人被选为广东省农民协会常务委员，担负领导全省农民运动重任。1927年春任中共广东省委农民部长。9月任中共中央中南局秘书。10月5日被选为中共广东省委候补委员。11月任中共中央宣传部长。12月参加广州起义，任农军总指挥。1929年在中共六届二中全会上，改任中共中央宣传鼓励部副部长，任党机关刊物《布尔什维克》主编。1930年兼任中共中央农民运动委员会副部长。1931年7月中共中央宣传部副部长。曾利用工作关系和权力影响，无视党的工作纪律，霸占下属胡章原的妻子陈小妹，导致胡章原向国民党告密而被捕，随即叛变，但仍被蒋介石下令枪决。1931年8月28日中共中央通过《中央关于叛徒罗绮园决议》，决定永远开除罗绮园的党籍。所发表的研究"三农"的论文有《国民革命与农民运动之关系》《中山县事变之经过及现在》《广东第二次全省农民代表大会之经过及结果》《广东农民运动的新形势》《廖仲恺与农民运动》《县长与农民协会之关系》《论广东农潮》等。

邓演达卒（1895—1931）。演达字择生，广东惠阳人。1909年加入同盟会，早期专门从事军事运动。军校毕业后追随孙中山参加护法战争、平定陈炯明叛乱、黄埔军校的筹办及北伐的军事指挥工作。1926年1月任黄埔军校教务长，6月任国民革命军总政治部主任，注重军队的思想政治工作。1927年2月18日主持总政治部农民问题讨论会，并发表演说阐述农民问题的重要性。3月1日国民党中央农民部开办的中央农民讲习所在武昌正式开课，任所长。3月4日湖北省农协第一次代表大会于武汉举行，与毛泽东、林祖涵、李汉俊等人为大会名誉主席。3月10日在武汉出席国民党二届三中全会，与毛泽东等联名在会上提出关于土地问题的提案，获大会通过，并被选为中央执行委员、中央政治委员会委员及中央农民部部长，并被任命为中央军事委员会总政治部主任。3月13日到湖北省农民代表大会工作政治报告，鼓励农民要联合一切革命力量，勇敢起来投入斗争，将来必可造就一个农民世界。3月16日向国民革命军第四、第十一军军官作报告，其中阐述了农民问题的重要性。3月22日湖北农民协会第一次代表大会闭幕，与陆沉等17人当选为执委会委员。3月27日在中央农民运动委员会会议上做报告，强调武装农民的重要性。3月28

日主持国民党中央农民部召开的各省农运负责人会议，讨论关于筹备成立全国农民协会等问题。3月30日主持湘赣鄂豫4省农民协会执行委员联席会议，讨论和决定成立全国农协临时执委会，以负责筹备召开全国农民代表大会、成立全国农协等事宜。会议决定成立全国农民临时执委会，与毛泽东、彭湃、方志敏等13人当选为执行委员，并与毛泽东、陆沉等5人为常务委员。3月底国民党湖北省党部农民部决定组织湖北农民运动委员会，与毛泽东等9人被聘为委员。4月4日主持中央农民运动讲习所正式开学典礼，在致辞中论述了农民问题的重要性。4月8日国民党中央决定成立土地委员会，与谭平山、徐谦、顾孟余等为委员。5月5日与毛泽东等出席中央农民部召开的大会，欢送战时农民运动委员会的工作人员出发前方工作。6月19日主持中央农民运动讲习所毕业典礼，在会上发表了题为《农民运动的理论和实际》的演说。6月20日湖北省农协扩大会议开幕，与彭湃等9人为主席团成员，曾在会上发表题为《农民运动最近的策略》的演说。7月13日公开发表《辞职宣言》，斥责汪精卫一伙无耻叛变革命。9月15日，抵莫斯科考察。以后先后去德国、意大利、土耳其、伊拉克、印度等国考察，1930年5月在外国考察结束后回国，返抵上海。1931年8月17日在上海愚园路为干部训练班作结业讲话，因叛徒告密，被上海租界巡捕逮捕。1931年11月29日被秘密杀害于南京麒麟门外沙子岗。所发表的研究"三农"的论文有《土地问题的各方面》《在湖北省农民代表大会上的政治报告》《在湘鄂赣豫四省农民协会执行委员联席会议上的讲话》《中国农民运动之发展》《在中央农民运动讲习所开学典礼上的讲话》《最近中国农民运动状况及国民党关于农运之计划》等。

按：叶洪添说："在大革命后期，邓演达兼任中央农民部长时，虚心接受共产党人的建议，积极支持开展农民运动。为培养大批的农运干部，他以国民党中央农民部的名义在武昌开办中央农民运动讲习所，具体领导与支持毛泽东在该所开展各项工作；他主持的农民问题讨论会，聘任毛泽东、恽代英、李达为委员；他主持的土地委员会，邀请毛泽东、谭平山等人共同拟草一系列文件。邓演达十分重视农民和农民的土地问题。他认为，农民解放的关键，在于解决土地问题。他说：'土地问题为目前最主要的问题．实为革命生死问题''土地问题解决了，才算是农民问题解决了'。因此．积极支持发动农民，摧毁农村的封建势力，没收豪绅地主的土地，将土地分配给农民，使乡村政权掌握在农民手中，并以武装农民保卫农民政权，造成新的社会秩序，铲除封建经济统治的基础。他这些正确的观点和主张，不只是在当时的国民党中是难能可贵的，就是在共产党内，达到这种认识高度的人，也是为数不多的。可见，在领导农运方面，他与毛泽东等共产党人保持了一致的立场。因此，毛泽东说：'大革命时代作农民运动，陈独秀、彭述之不同我合作，倒是邓演达同我合作。'"①

黄学楷卒（1898—1931）。原名曹学凯，湖北黄安人。1925年加入中国共产主义青年团，1926年转为中国共产党党员。同年回到家乡自办小学，招收贫苦农民的子弟，晚上办农民夜校，并领导建立紫云区第一个农民协会，即刘家园农民协会。1927年2月负责黄安县农民协会工作，领导农民义勇队、自卫军与地主土豪劣绅作斗争。11月参与领导以贫苦农民为主力的黄麻起义，攻占县城后，任黄安县工农民主政府主席。12月，黄安县城被敌人攻陷，他随鄂东军移至黄陂县木兰山区坚持游击活动，将鄂东军改编为中国工农革命军第七军，任军党委委员。1928年第七军改编为中国工农红军第十一军第三十一师，任师参谋长。1929年12月当选为鄂豫边区革命委员会主席。1930年3月任红一军总预备队政治委员。1931年先后任第十一师和第十三师政治部主任，参与鄂豫皖根据地第一、二次反"围剿"作战。1931年冬在肃反扩大化中被张国焘杀害于河南光山白雀园。

薛卓汉卒（1898—1931）。卓汉字云长，原籍安徽寿县，生于安庆。1919年在安徽芜湖参加五四运动。1922年考入上海大学，加入中国共产党。1923年5月与同乡方运炽等在芜湖组织"马克思主义研究会"。1924年在《中国青年》第53期上发表《皖北寿县农民生活》的文章，揭露了地主剥削阶级的罪行。1925年到广州农民运动讲习所学习，同年底任国民党安徽党部执行委员兼农民部部长。1926年与曹广化、廖运周等人赴广州参加北伐，任毛泽东同志的秘书。1927年3月回安庆召集各县农运代表举行安徽农民协会筹备大会成立大会，成立筹备委员会，任委员长。1930年底调入鄂豫皖苏区，任中国工农红军第一军政治部副主任。1931年底在肃反扩大化中被错杀。1951年10月被皖北人民行政公署追认为革命烈士。

---

① 叶洪添：《邓演达研究》，广东高等教育出版社1993年版，第9—10页。

吴丽实卒（1899—1931）。原名吴苓生，字松仙，化名吴丽石、吴力石、赵云容、卢一之等，江苏沭阳人。1919年参加五四运动。1923年2月加入中国社会主义青年团，不久，转为中国共产党党员。同年暑期，由李大钊介绍，受党组织委派，赴苏联莫斯科共产主义劳动大学（莫斯科东方大学）学习。1924年9月从苏联回国，来哈尔滨从事党的工作，历任哈尔滨特支书记、北满地委书记、满洲省委组织部长，在哈尔滨及北满地区进行反帝反封建的英勇斗争。1927年兼任农运部长，指导各地农村党的组织，开展农民运动，并创办农运干部培训班，亲自主讲农民运动问题的课程。1929年2月调到山东省任省临时书记。1930年2月因叛徒出卖被捕。1931年4月5日在济南被敌杀害。

徐百川卒（1901—1931）。原名张舟泰，又名张泉，安徽合肥人。黄埔军校毕业，参加过第六届广州农民运动讲习所学习，曾任安徽省农民运动委员会委员，回乡从事农民运动。大革命失败后，参加南昌起义，随军南下后又参加海陆丰农民起义。1927年12月参加广州起义。1928年加入中国共产党。任中共合肥特别区委员，领导该地区农民运动。同年冬参加领导皖西北六（安）霍（山）农民起义。1930年1月任新组建的红一军第三十三师师长。5月任中央独立第一师师长，率部在皖西革命根据地开展游击战争。是年秋在肃反扩大化中被杀害于湖北黄安。1945年中共"七大"被追认为革命烈士。

李家俊卒（1902—1931）。家俊，四川万源人。1927年10月加入中国共产党，任中共万源县特别支部书记。1929年4月发动和领导万源固军坝农民武装起义，并建立川东第一路游击军，后改名为四川工农红军第一路游击队，任司令员。同时建立县农会，并任农会主席。1930年调到中共四川省委做军事工作，先后在江津、合川、忠县、长寿等地发动农民武装起义。1931年春任川东特委军委书记、江巴中心县委军支书记，负责领导以重庆为中心的川东各地的军事武装斗争。同年10月被叛徒出卖而被捕入狱，英勇就义。

潘心源卒（1904—1931）。心源字国卿，又名潘心元，化名彭清泉，湖南浏阳人。1923年加入中国共产党。1924年受党组织委派回浏阳开展革命工作，次年建立浏阳第一个农村党支部和浏阳农村第一个农民协会，掀起农村革命高潮。1926年10月建立中共浏阳地方执行委员会，任书记。1927年2月根据革命形势的发展，积极培训农民革命武装力量，及时组织浏阳工农义勇队，任党代表。4月作为湖南代表赴武昌出席中国共产党第五次全国代表大会，在会上积极支持毛泽东提出的建立农村政权和武装农民的主张。9月参加秋收起义的准备工作。1928年任中共湘东特委副书记、中共湖南省委委员兼农民部长，坚持在平、浏、醴地区领导革命斗争。1929年任中央巡视员，到湘赣红军中传达党的六大精神，检查工作，参加朱毛红军的领导工作。1930年2月当选为红四、五、六军总前委常委。历任红三军代理政委、红四军政委、红一方面军总前委委员。1931年在浙江玉环因叛徒出卖，被捕牺牲。

李梯云卒（1906—1931）。又名李锦堂，湖北罗田人。1924年秋考入董必武创办的武汉中学。1925年6月加入中国共产党。1926年暑假与何宝善、金翰高、徐继达、何笃斋等人受党组织派遣回罗田，在滕家堡建立中共罗田支部，任支部书记。1927年2月9日任中共罗田县委书记。领导全县人民开展了打倒贪官污吏、惩办土豪劣绅、取消苛捐杂税、反对封建迷信、禁止买卖婚姻等方面的革命斗争。1928年2月任中共商城南邑区委委员，3月当选为中共商城县委委员，为发动商南农民暴动做了大量的艰苦而细致的发动工作，并领导商南农民取得了"均粮"斗争的胜利。曾担任中共商南临时县委书记、中共商罗麻特别区委委员。1929年5月与肖方、周维炯等人组织和指挥了商南起义，成立中国工农红军第11军第32师，任32师党委书记兼政治部主任。1930年4月中共鄂豫皖特委成立，继续担任中共商城县委书记并任特委委员。1931年5月2日在与六安反动民团作战时，不幸被敌弹击中腹部，抢救无效而牺牲。

民国二十一年　壬申　1932 年

一　乡村建设活动

1月13日，中华苏维埃共和国临时中央政府工作人员消费合作社正式成立。

1月17日，实业部公布《修正中央农业推广委员会组织章程》。

1月22日至30日，中共湘鄂西中央分局在林利县周老咀召开党的第四次代表大会，通过《政治任务决议案》《土地、经济及财政问题决议案》《关于农民土地及反富农斗争问题》等文件。

1月27日，中华苏维埃共和国临时中央政府人民委员会第五次常务会议通过并颁布《关于借贷暂行条例的决议》，规定取消和废止一切高利贷形式的借贷，过去高利贷的契约，宣布完全无效。

是月，中央农业实验所在南京成立，隶属于国民政府实业部，钱天鹤任所长。在全国聘请了6000余名"农情调查员"，负责搜集并上报各地农村的有关经济数据，依行政关系逐级上报，最后由中农所编辑出版。该项工作被列为国家统计项目，定期出版《农情报告》《农情报告汇编》等。同时颁布了《中央农业实验所章程》，目的是研究及改进发展中国农业、森林、蚕丝、渔牧、农艺及其他农业技术及方法。

是月，上海农村医药改进社成立。

2月10日，中华苏维埃共和国临时中央政府发布《关于春耕问题的训令》。

2月25日，湘鄂西苏维埃政府规定征收土地税、营业税和海关税三种税收。

是月，《湖南各县林业公会暂行规则》正式公布。

是月，四川农学研究会成立。

3月4日，中共四川省委发布《川西南北边区少数民族工作决议案》。

3月16日，毛泽东、项英、张国焘联名签署公布《中华苏维埃共和国临时中央政府人民委员会对于植树运动的决议案》。

按：决议案说：实行普遍的植树运动，这既有利于土地的建设，又可增加群众之利益。现值初春之时，最宜植树，特决定以下办法，各级政府必须切实执行。

一、由各级政府向群众作植树运动广大宣传，说明植树的利益，并发动群众来种各种树木。二、对于沿河两岸及大路两旁，均遍种各种树木。对于适宜种树之荒山，尽可能地来种树以发展森林，必须使旷场空地都要种起树来。三、在栽树时，由各乡区政府考察某地某山适合栽种某种树木，通告群众选择种子。四、为保护森林和树木发育起见，在春夏之时，禁止随意采伐，免伤树木之发育。五、这一运动最好用竞赛来鼓动群众，以后要注意培养树木种子，在每年春天来进行此种运动。①

3月18日，福建省第一次工农兵代表大会在长汀召开，会议讨论了土地问题、劳动法问题、财政经济问题、苏维埃建设问题等决议案，选举成立了福建省苏维埃政府和苏维埃政府执行委员会主席团，张鼎丞任主席。

3月20日，中华棉产改进会在上海成立。

是月，中华苏维埃人民委员会第十次常务委员会通过《中华苏维埃人民委员会对植树运动的决议》。

4月12日，中华苏维埃临时中央政府发布《关于合作社暂行组织条例》，把合作社作为发展苏维埃经济的一个重要形式，规定合作社限于消费合作社、生产合作社和信用合作社三种，宣布自5月1日起生效。

4月30日，中华苏维埃共和国临时中央政府批准并转发江西省苏维埃政府《关于没收和分配土地的条例》。这个条例根据中华苏维埃第一次全国代表大会通过的《土地法》，对江西省土地的没收和分配作了严格的规定。

是月，山西导农学社在太原成立。

5月1日，江西省第一次工农兵代表大会在兴国召开，通过了《江西省苏维埃政府工作报告》《土地问题决议》《财政与经济问题决议》等文

---

① 中共中央文献研究室、国家林业局编：《毛泽东论林业》（新编本），中央文献出版社2003年版，第11—12页。

件，选举产生新的江西省苏维埃政府执行委员会，曾山继续任主席。

是月，中华林学会理事长凌道扬代表我国前往加拿大温哥华出席泛太平洋科学协会第五次会议，并被选为协会的林业组主任。

7月23日，梁漱溟与中华书局编辑所及《中华教育界》社同人发表谈话，谈山东乡村建设研究院的工作问题，主要有实施乡村建设的试验区、乡村建设研究部和宣传服务人员训练部3项。

是月，福建省苏维埃政府颁布《检查土地条例》，从此福建省开始查田运动。

8月1日，湘赣省第二次苏维埃代表大会在永新召开，通过了《土地法执行条例》《劳动法执行条例》《经济政策执行条例》《文化教育问题》等文件。

8月10日，赣东北革命根据地苏维埃政府公布《土地税征收法》，规定凡赣东北区的农民种有土地者，均须缴纳土地税。

8月21日，中华苏维埃共和国临时中央政府颁布《粮食合作社简章》，共8章32条。

是月，国民政府教育部指令江苏省立南京民众教育馆办理乡村教育实验，为全国各地提供一个办理乡村民众教育的模范，划定江宁县第十区西善桥镇、茂林乡、化林乡为实验区，面积约150方里，70余村落，人口8500人，总办事处设在西善桥。

9月15日，中共中央作出《关于目前农民斗争的形势与我们的任务的决议》，阐明了中国共产党领导白区农民运动的方针。

按：决议说："在中国农民运动蓬勃发展，一切反革命派别用一切方法来镇压与缓和这一运动的状况之下，只有中国共产党表现了它是中国农民运动的唯一领导者。在以工农的武装推翻了地主资产阶级统治，建立了民众政权的苏维埃区域内，几千万劳苦的农民群众，已经分得了土地，取消了一切军阀官僚的苛捐杂税，改善了农村经济，提高了土地的生产力。中国苏维埃政府与红军的存在，告诉全中国的民众，只有中国共产党所指出的道路，是农民群众求得解放的唯一道路。苏维埃与红军在广大农民群众中影响是扩大了。许多农民的斗争找求着我们党的领导，或是已经在我们党的领导之下。中国共产党自从四中全会之后，在领导农民斗争中虽是已经有了伟大的光荣的成绩，但这主要的还是在苏维埃区域内。……加强无产阶级对于农民运动的领导，对于中国民主资产阶级革命的胜利，带有决定的意义。领导千千万万农民的日常斗争，领导他们反对日本帝国主义的民族革命战争，大规模的组织他们，武装他们，使这些斗争转变为反对一切帝国主义与地主资产阶级的斗争，使这一广大的农民运动与工人运动等汇合起来，成为一个巨大的推翻帝国主义与国民党统治，建立苏维埃政权的潮流，应该是无产阶级政党——中国共产党目前的中心任务。"[1]

9月16日，国民政府公布修正后的《森林法》，分10章77条。

9月19日，国民政府内政部、实业部、财政部和教育部在南京开会，商讨有关开发西北的办法，经过讨论决定成立垦殖调查组。其任务是实地考察河套、宁夏荒地及垦殖情况；选定垦殖区域；拟订垦殖计划；编制调查报告。

9月24日，新中国农学会第八次年会在南京举行，并改选执行委员。

是月，中华苏维埃共和国临时中央政府教育人民委员部在苏区成立了工人、农民、红军、苏维埃职员等研究革命戏剧的组织——工农剧社，目的是发展戏剧艺术。

是月，全国基督教协进会与华北各教会组织联合成立了华北基督教工业改进社。社长由南开大学校长张伯苓担任，干事由燕京大学教授戴乐仁担任。改进社的主要使命是"设法来发展乡村手工业，以提高乡村民众的经济生活，并辅之以合作组织，俾能兴都市中工商业去平衡发展，而为中国社会树立一个新的经济制度"[2]。

10月1日，中华养蜂研究会在上海成立。

10月17日，江西省政府公布《江西省畜牧奖励规程》，凡人民在江西省内独资或集资牧养畜群，改良畜种者，得依本规定奖励之。

是月，豫鄂皖三省"剿匪"总司令部公布《"剿匪"区内各省农村土地处理条例》。

12月15日至22日，中国国民党四届三中全会在南京开幕，大会通过了确定教育标准与改善制度、开放米禁、厉行积谷、恢复农村经济、救济农村、救济陕西灾情等17条议案。

12月28日，中华苏维埃共和国临时中央土地人民委员部发布第一号

---

[1] 中国档案馆编：《中共中央文件选集第8册》，中共中央党校出版社1991年版，第472—474页。

[2] 庐广绵：《华北工业改进社事工进行概况》，载章元善、许仕廉编《乡村建设实验第1集》，中华书局1934年版，第167页。

训令《为深入土地斗争，彻底没收地主阶级财产》。

是月，中央执行委员会发布《关于提前春耕集中力量粉碎敌人大举进攻的训令》。

是月，湖北农学会成立。

是年，第二次全国内政会议召开，会议邀请乡村建设的领袖人物梁漱溟、晏阳初、高践四、李景汉等人参加会议，并采纳他们的意见，通过了一系列有关决议。会议决定设立河北的定县、山东的邹平、菏泽、江苏的江宁和浙江的兰溪等"五大县政建设实验县"。

是年，中央农业实验所与有关省农学院及农事试验机关合作进行全国性小麦区域试验，是为中央与地方在麦作事业上相互联系协作的开端。

是年，中华棉产促进会正式成立。

是年，《广东省乡村林业促进委员分会暂行章程》和《广东省各县林业促进委员会暂行章程》正式公布。

是年，四川农学研究会成立。

是年，山东合作协会成立。

是年，上海商检局等单位联合创办上海兽医专科学校，培养专门兽医人才。

是年，李秉权在山西阴县创办省立岱岳畜牧学校，亲任校长，是一所为培养穷家子弟的学校，实行半工半读，开设畜牧、兽医、药物、饲养、土壤、畜产品制造学、遗传学等课程。

是年，浙江省建设厅为改良全省农业，成立了省立农业改良总场，下设稻麦场、棉场、蚕桑场、缫丝场、蚕种取缔所、化学肥料管理处、林区林场等机构。

二 乡村建设研究论文

郑世芳《合作社与农民经济》发表于《新农业》第2期。

林志豪《农村教育之重要点》发表于《新农业》第2期。

冯锐《今后广东农业建设之政策》发表于《农业革命》第1卷第1期。

冯锐《广东农业革命之方略》发表于《农业革命》第1卷第1期。

冯锐《我国农业推广制度的产生》发表于《农业革命》第1卷第

4 期。

冯锐《抗日当中粤省的农业建设》发表于《农业革命》第 1 卷第 6 期。

冯锐《广东农业的救济办法》发表于《农业革命》第 1 卷第 9 期。

［日］田中忠夫作，李育文、蓝梦九译《各省农村经济与农民运动》发表于《村治》第 2 卷第 8—10 期。

言心哲《我国农村人口问题的研究》发表于《村治》第 2 卷第 9—10 期。

孙尚宾、赵夔《中国的耕作制度和各区域的农业》发表于《村治》第 3 卷第 1 期。

阮模《中国土地问题与农业问题》发表于《村治》第 3 卷第 1 期。

按：文章分中国土地问题、中国农业问题、土地问题解决之新途径、土地问题解决与农业问题之连锁关系、农业生产合作制与土地公有论、农业生产合作制与农村建设、尾语等七部分。

马资固《特区农民生活问题与我们的设计》发表于《乡村建设》第 1 卷第 21—30 期。

张同合《石门庄附近的农民问题》发表于《乡村建设》第 1 卷第 21—30 期。

宋紫云《中国农村改进问题》发表于《乡村建设》第 2 卷第 1 期。

按：文章分中国农村的地位、中国农村的现状、农村改进的理论、农村改进的实例、农村改进的效果五部分。

李承忠《农村改进事业考察团纪要》发表于《乡村建设》第 2 卷第 24—25 期合刊。

王仲英《中国农村经济衰落的原因及其补救的方法》发表于《乡村改造》第 1 卷第 4 期。

按：文章分中国农村经济的破产、中国农村经济衰落的原因、怎样补救中国农村经济之衰落（关于抵抗天然压迫者：成立中央防灾总机关、设立主要河道管理机关、设立国立林场、设立农业除害研究所、实行水利视导制度、厉行移民垦荒；关于抵抗人为压迫者：厉行关税保护政策、振兴轻工业、厘定战时征发丁夫车马给养及赔偿办法、限期肃清"匪共"、厉行紧缩政策、严申派捐禁令、废除牙行陋规、厉行禁烟政策、普设农业推广机关、改良乡村教育、设立农村金融机关、提倡合作事业）三部分。

吴克刚《一个小农村的改造》发表于《乡村改造》第1卷第4期。

蓝梦九《农业机械化问题》发表于《乡村建设旬刊汇要》第1期。

按：文章分农业机械化的趋势、我国农业机械化之必要、机械的种类、机械利用法四部分。作者说："农业的机械化，已成为一种必然的趋势。"

蓝梦九《农村的穷及其救济法》发表于《乡村建设旬刊汇要》第1期。

蓝梦九《本院农业改良宣传大纲》发表于《乡村建设旬刊汇要》第1期。

崔汝惠《农村问题的重要与怎样解决》发表于《乡村建设旬刊汇要》第1期。

按：文章说："总之，现在农村问题的重要，是无人否认的，我以为现在第一个问题，就是一切研究或办理乡村自治、农业改良等问题的机关，应当有一个正式的联合，作更精确的研究与计划。第二个问题，就是唤起一般民众的注意，使其成为一个有力量的运动，来共同地解决这个复杂的农村问题。"

李文元《察省口北外农民之生活》发表于《县村自治》第2卷第6期。

陈联衡《指导汤山农民生计教育的计划》发表于《教育与农村》第12期。

徐承溥《农民离村问题的商榷》发表于《教育与农村》第20期。

陆叔昂《农村改进事业实施大纲》发表于《教育与农村》第20期。

张少逸《今后农村教育的革进》发表于《教育与农村》第20期。

金幽桥《办理农村教育应有的认识》发表于《教育与农村》第23期。

曾济宽《"现代农村"发刊的意义和使命》发表于《现代农村》创刊号。

王德修《中国民众痛苦的原因和解决的方法》发表于《现代农村》创刊号。

佐邦《中国农村教育不普及的原因及其补救的方法》发表于《现代农村》创刊号。

按：文章认为，中国农村教育未能普及之总的原因，一是国家无全盘教育之筹划，二是政治不良之影响，三是教育经费无保障，四是教育制度多为抄袭；具体原因，一是农村教师之缺乏，二是无优良之师资，三是学校教材之不切实用，四是农村人民误解现教育之不良，五是知识分子太少，六是经济力薄弱，七是交通不便之影响，八是子女教育未提倡。

地丁《国难期中农民应有的努力》发表于《农讯（北平）》第1卷第1期。

齐明《绥远省丰镇县农村现况之一般》发表于《新农民》第6期。

傅葆琛《东北农业情形》发表于《新农民》第6期。

蒋希益《乡村抗日展览会的设计》发表于《农民教育》第2卷第3期。

许治玉《农村幼儿教育之实际设施》发表于《农民教育》第2卷第3期。

邵晓堡《办理农民教育者应付乡村领袖的办法》发表于《农民教育》第2卷第3期。

晓堡《乡村民众教育实际问题讨论》发表于《农民教育》第2卷第3期。

孙枋《我们民众学校添设儿童班的动机》发表于《农民教育》第2卷第3期。

徐承溥《乡村民众学校行政组织及设备的商榷》发表于《农民教育》第2卷第3期。

马溪水《吴县农民教育馆历史教育宣传周实施报告》发表于《农民教育》第2卷第3期。

周佛海《三年来之汤山农民教育》发表于《农民教育》第2卷第4—6期。

蔡元培《三年来之汤山农民教育》发表于《农民教育》第2卷第4—6期。

潘志福《吴县农民教育馆项六教育扩大宣传实施经过》发表于《农民教育》第2卷第7期。

刘书传《农民心理问题的实地观察》发表于《农民教育》第2卷第7期。

潘宗柏《从解决农村经济问题说到民众教育》发表于《农民教育》第2卷第7期。

按：文章引用杨开道先生的话作为文章的结尾："文字教育，不是唯一的民众教育，不是农村最需要的教育。农村最根本问题，是'贫'与'陋'，是经济困顿，是心理阻滞。有了知识，自然可以增加生产，改善经济，然而没有饭吃的人，是没有工夫，没有心思去求知识的。富而后交的老话，并不是骗人，而是千真万确的。肚皮经济，是任何事业的前提，肚皮恐慌，不要说爱国、服务、卫生、娱乐，高尚的精神，不能养成，就是杀人放火的罪恶，也不可遏止的。所以一定先要有饭吃，然后才可以讲文字教育及其他教育。"我们看了杨先生所说的话，就知道办理民众教育第一个先决条件，是要解决农民经济的问题，这是毫无疑义的。

邵晓堡《农民教育馆实施之具体目标与原则的商榷》发表于《农民教育》第2卷第7期。

宋紫云《乡村民众教育实际问题讨论——改良阅报室的一个建议》发表于《农民教育》第2卷第7期。

邵晓堡《农民教育馆之事业与范围的商榷》发表于《农民教育》第2卷第8期。

吴锐锋《乡村学校推行社会教育之回顾》发表于《农民教育》第2卷第10期。

陈联衡《农村民众学校的举办时间问题》发表于《农民教育》第2卷第11—12期。

邵晓堡《农民教育实施的步骤与方式的商榷》发表于《农民教育》第2卷第11—12期。

孙枋《中国农村衰落的原因和救济方法》发表于《农民教育》第2卷第11—12期。

报告《以民国为中心之新村治》发表于《农民教育》第2卷第11—12期。

林宗礼《乡村民众教育实际问题讨论——民教实施问题的讨论》发表于《农民教育》第2卷第11—12期。

彭侃《从苏俄农业建设谈到英国农民的危机》发表于《农声》第164期。

魏叶贞《中国农村经济问题与耕种合作》发表于《农讯》第1卷第7—8期。

按：文章分引言、农村经济现状、农村经济凋敝的原因、农村经济组织改善的方策、推行合作事业所需要各方面的力量、结论六部分。

金仲贤《从农村教育说到农民思想的改造》发表于《农一九三三》第 5 期。

胡公德《湖口林业之我观》发表于《中华农学会报》第 98—99 期。

童玉民《党国之农业政策》发表于《中华农学会报》第 98—99 期。

金绎如《改进中国畜牧问题》发表于《中华农学会报》第 100 期。

按：文章分中国畜牧业概况、经营畜牧之要素、中国畜牧之过去及现在情形、改进中国畜牧业之方针、结论五部分。对于改进中国畜牧业之方针，作者建议：一是进行调查，以为畜牧选种入手之初步；二是设立畜牧改良场；三是开畜种品评会；四是推广优良品种；五是提倡种畜合作社；六是组织生产合作社；七是设立畜疫防治所；八是设立公共屠宰场及畜产品检验处；九是培植畜牧及兽医人才。

许璇《东北问题与中国农业前途》发表于《中华农学会报》第 101—102 期。

吴觉农《世界农业恐慌中吾人应有之认识》发表于《中华农学会报》第 101—102 期。

童玉民《重农简说》发表于《中华农学会报》第 101—102 期。

童玉民《农业政治总论》发表于《中华农学会报》第 101—102 期。

按：文章分农业政策及农政学之意义、经济政策、农政学之组织三部分。

周桢《飞机在林业上之价值》发表于《中华农学会报》第 104 期。

冯紫岗《农业经济学在农学中之地位及研究农业经济之必要》发表于《中华农学会报》第 104 期。

按：文章分引言、农学之体系及分类、农业经济学之意义及分科、农业经济学（狭义的）之研究事项、农政学之研究事项、农家经济农村财政及农村综合经济之研究、研究农业经济之必要等七部分。

童玉民《现代我国农村问题及其焦点》发表于《中华农学会报》第 105—106 期。

按：文章说："现代我国农村问题之焦点，似为佃农问题，何以言之，一、我国农民户口中，以全国之平均而论，佃农及佃农兼自耕农约占半数，佃农之处境较诸自耕农劣甚。故增进佃农生活，就人口及人道上而言，最为切要。二、业佃农纠纷风靡已久，自应由国家制定种种法规，避免业佃双方间之冲突。三、'平均地权''耕者有其田'为孙中山先生遗教，亦为中国国民党要政之一。佃农乃无田者也，当如何使之有田，以安其生活，提高其地位，实不失为目前治国急务。四、佃农多为贫农，知识愚昧，易为不良思想所熏染，往往走入歧途。"

李寅恭《吾人对于林业进展之热望》发表于《中华农学会报》第112期。

杨开道《农业与农民》发表于《安徽农学会报》第2期。

冯紫岗《农业经济在农学上之地位及重要》发表于《安徽农学会报》第2期。

按：文章分引言、农学之体系及分类、农业经济学之意义及分析、农业经济学（狭义的）之研究事项、农政学之研究事项、农家经济农村财政及农村综合经济之研究、研究农业经济之必要、结论等八部分。

王庭松《劝告农友要积极兴修水利和改良农业》发表于《皋农》第2卷第10期。

贺瑞璋《农村文化运动与农村造产运动》发表于《民众生活》第26期。

苑声《论中国农民运动》发表于《民众运动》创刊号。

按："中国是以农立国的，何以中国是农立国？因为中国农民人口占了全中国的人口最大多数，同时农业经济，又占了全国民经济的最大部分，所以中国农民运动的性质和方式，皆有其特殊性的，是故中国农民运动的最必要在此，中国农民运动最必要的意义亦在此。故此，吾人即可确定的说：(1) 中国国民革命运动，应以农民运动为中心。(2) 改造中国国民经济，应从改造中国农业经济起。"

洛三《日本农民运动小史》发表于《民众运动》创刊号。

范苑声《农民的水利问题》发表于《民众运动》第1卷第2期。

范苑声《农民运动与二五减租问题》发表于《民众运动》第1卷第3期。

吴云峰《中国农民运动研究》发表于《民众运动》第1卷第4期。

吴云峰《中国农民运动底自我批判》发表于《民众运动》第1卷第5期。

按：文章说："在本刊的前一期，在《中国农民问题研究》这个题目之下，我曾反复地说过：我们要解决农民问题，必须摧毁农民问题的根本对象，换言之，必须打倒帝国主义与封建势力。帝国主义和封建势力，在破坏中国国民经济与阻挠中国革命两大使命上，常常是结成联合的战线，所以，中国革命现阶段的任务，就是号召广大的农民，起来作反帝反封建的运动。特别是对于土地问题，原则上应站在'耕者有其田'的立场，使中国土地的生产机能，渐渐脱离个人主义的经济进到集体经济——社会主义。土地问题的最后解决是土地国有——即土地社会化。"

张鸣秋《中国农民的过剩与救济》发表于《民众之路》第4期。

雷宜尔、任海珊《苏联农业合作社的法律基础及商业活动》发表于《民众之路》第8期。

雷宜尔、任海珊《苏联农业合作社之于农民经济及其财政状况》发表于《民众之路》第9期。

雷宜尔、任海珊《苏联农业合作社国际贸易之输入》发表于《民众之路》第10期。

雷宜尔、任海珊《苏联农业合作社国际贸易的输出》发表于《民众之路》第11期。

猩猩《中国农民的生活》发表于《民众三日刊》第1卷第28期。

真《农民的抗日大暴动》发表于《民众三日刊》第1卷第58期。

叔鸾《我国农村经济的现状》发表于《民众旬刊》第2卷第19—20期。

俞庆棠《救济农村衰落的方法》发表于《民众教育通讯》第2卷第7期。

林秋《日本农业恐慌之分析与展望》发表于《现代社会经济》第1卷第2期。

白草《美国农业恐慌》发表于《现代社会经济》第1卷第2期。

白虹《世界农业恐慌诸形态》发表于《现代社会经济》第1卷第2期。

豪君《苏联第二次五年计划中农业的展望》发表于《现代社会经济》第1卷第2期。

冯小青《苏俄农业发展底路线》发表于《现代社会经济》第1卷第2期。

海子《朝鲜农业恐慌的实况》发表于《现代社会经济》第1卷第2期。

白木《德法农业之恐慌》发表于《现代社会经济》第1卷第2期。

陶洵行《我国农业信用之现状及今后应有之改进》发表于《财政经济汇刊》第1卷第6期。

侯哲荨《最近日本之农村合作事业》发表于《合作月刊》第4卷第1期。

陈岩松《中国农村经济之过去与将来》发表于《合作月刊》第4卷第1—3期。

桂祥《绥远农村合指会积极推行合作》发表于《合作月刊》第4卷第5期。

侯哲荨《西南农村经济振兴策》发表于《合作月刊》第4卷第5期。

袁怡如《农村经济组织的破坏和复兴》发表于《合作月刊》第4卷第10期。

邹树文《用合作方法救济农村》发表于《合作月刊》第4卷第10期。

侯哲荨《利用合作与中国农村经济问题》发表于《合作月刊》第4卷第10期。

伍玉璋《救济农村经济声中之合作与银行》发表于《合作月刊》第4卷第10期。

童玉民《以信用生产合作为发展农村合作事业的中心》发表于《合作月刊》第4卷第10期。

朱衍源《怎样利用合作方法来救济中国农村经济的衰落》发表于《合作月刊》第4卷第10期。

童玉民《江苏省最近合作事业概况》发表于《合作月刊》第4卷第11期。

侯哲荨《战后法国之农业相互信用制度》发表于《合作月刊》第4卷第12期。

萧国藩《中国农业金融与农民经济》发表于《银行周报》第16卷第6—9期。

萧国藩《中国农业金融与农民经济》发表于《银行周报》第16卷第11期。

熊得山《中国农民问题之史的叙述》发表于《读书杂志》第1卷第4—5期。

朱云影《中国农民诗集序》发表于《读书杂志》第2卷第1期。

孙倬章《中国土地问题》发表于《读书杂志》第2卷第1期。

按：文章分资本主义生产关系下的土地问题、资本主义的占有关系、封建剥削的佃租关系、机械唯物论经济学的批判、封建剥削下的雇农阶级、中国土地问题的前途六部分。

[德]恩格斯作，钱啸秋译《德国农民战争》发表于《读书杂志》第2卷第2—3期。

薛铁珊《评熊得山的〈中国农民问题之史的叙述〉》发表于《读书杂志》第2卷第5期。

汪馥泉《中国农民底"生活线"》发表于《读书杂志》第2卷第6期。

汪馥泉《中国农业人口与耕地》发表于《读书杂志》第2卷第9期。

[苏]列宁《资本主义在农业中的发展》发表于《理论与现实》创刊号。

洛甫（张闻天）《苏维埃政府怎样为粮食问题的解决而斗争》发表于《红旗周报》第45期。

洛甫（张闻天）《论革命的工农民主专政》发表于《红旗周报》第48期。

[日]铃木茂三郎作，李九思译《日本资本主义的农民问题》发表于《现代社会》第1卷第4—5期。

高岩、黄现璠《元代之农民生活》发表于《社会杂志》第3卷第3—4期。

钧陶《中国农村经济破产的几个契机》发表于《社会杂志》第3卷第5—6期。

按：文章分中国农村经济的多样性、帝国主义经济势力对农村经济之破坏、新兴资产阶级和封建势力之对立三部分。

半农《中国农村经济研究》发表于《社会评论》第1卷第5—6期。

周宪文《农村经济的破产与民族复兴运动》发表于《社会导报》第1卷第14期。

鲍幼申《中国农业工业化与农业合作化》发表于《社会导报》第2卷第3—4期。

按：文章分绪言、农业工业化之意义及其特质、农业合作化之意义及其特质、农业工业化对于中国农业经济之重要性、农业合作化对于中国农业经济之重要性、结论等六部分。

苏鸣松《中国农民问题的检讨》发表于《社会导报》第2卷第3—4期。

大道《中国农村经济之解决》发表于《社会导报》第2卷第10期。

陆胜侬《中国农村经济概观》发表于《国家与社会》第1—2期。

按：文章分研究上之困难问题、中国农村之危机、中国农业上各种问题概观、农村社会层之分化与农村本身之破坏、农村金融之恐慌与外国资本之榨取、农业出产品之每况愈下、结论七部分。

平鸣《中国农业与民食问题》发表于《新社会》第3卷第10期。

张载华《东北农村经济鸟瞰》发表于《新创造》第2卷第1—2期。

斯文《中国社会的病态与农民》发表于《新路》第16期。

根石《中国农民生活线的探讨》发表于《新路》第16期。

公衡《中国的农村问题》发表于《新出路》第2期。

薛暮桥《江南农村经济衰落的一个缩影》发表于《新创造》创刊号。

李作周《中国底田赋与农民》发表于《新创造》第2卷第1—2期。

裴荣《军人割据下的四川农民》发表于《新创造》第2卷第1—2期。

马加尔、叶民《中国底高利贷资本商业与农民经济》发表于《新创造》第1卷第3期。

今能《农村经济崩溃过程中的中国农民》发表于《自决（北平）》创刊号。

按：文章分中国农村经济崩溃的现状、中国农村经济崩溃的原因、农民斗争的倾向三部分。

凌青《中国农村经济问题》发表于《自决（北平）》第1卷第13期。

按：文章分中国农村经济的性质、中国农村经济中封建残余的分析、中国农村经济地解决问题三部分。

自强《怎样解决中国农村经济的问题》发表于《自决（北平）》第1卷第13期。

椎夫《中国农村经济的现状》发表于《自决（北平）》第1卷第13期。

林敏《中国农村经济之史的演进》发表于《自决（北平）》第 1 卷第 13 期。

按：文章分引言、历史演进的一般法则、中国农村经济演进的过程、中国农村经济的特征四部分。

小毅《各国解决农村经济问题的实例》发表于《自决（北平）》第 1 卷第 13 期。

西雅《中国革命期中应采行之农业政治纲领》发表于《自决（北平）》第 1 卷第 13 期。

按：文章说："在中国最受压迫的，当然不能例外，也是农工。而农民又占全国人口的百分之八十以上。所以中国革命问题中，农业问题，当然是重要问题中之一。既然农业问题，是中国革命期中的一个重要问题，自然应当有个解决此问题的具体方案。这个方案，即是这个问题的政治纲领。过去中国革命的失败，虽是种因不少，可是没有分析各个问题的中心，也没有一个解决的纲领，这也是失败原因之一。"

凌铭《都会与农村关系之辩证法的发展过程》发表于《自决（北平）》第 2 卷第 2 期。

求知《中国的农民暴动问题》发表于《自决（北平）》第 2 卷第 5 期。

秦镜《农村问题的由来和怎样解决农村问题》发表于《新秦先锋》第 1 卷第 4 期。

按：文章分怎么把握着农村问题的中心、现代中国农村问题的本质是什么、农村问题的解决途程、农村问题的中心问题、怎样解决农村问题五部分。

老汉《汉中农村破产的惨状》发表于《新秦先锋》第 1 卷第 4 期。

谷民《陕西农村经济调查发轫》发表于《新秦先锋》第 1 卷第 4 期。

雷震甲《改进陕西农村教育问题之商榷》发表于《新秦先锋》第 1 卷第 4 期。

子青《陕西农村问题解决的步骤》发表于《新秦先锋》第 1 卷第 4 期。

丕经《怎样救济陕西农村的衰落》发表于《新秦先锋》第 1 卷第 4 期。

［日］铃江言一作，直夫译《中国农村高利贷者与农民》发表于《新

秦先锋》第1卷第4期。

石筍《陕西灾后的土地问题和农村新恐慌的展开》发表于《新秦先锋》第1卷第4期。

子忠《农村社会中的封建局面》发表于《新秦先锋》第1卷第4期。

石庵《中国农村衰落一般的观察》发表于《新秦先锋》第1卷第4期。

景生《农村自治的途径及方法》发表于《新秦先锋》第1卷第4期。

按：文章分农村自治的意义和目的、吾国农村的统治制度的沿革、农村的性质及区别、村自治机关的组织、农村自治的事务、农民对农村自治应有的认识、结论八部分。

陈午生《发展中国农业问题及其步骤》发表于《河南政治》第2卷第2期。

按：文章分绪论、发展中国农业的重要、中国农业破产的情形、中国农业衰落的原因、中国民族今后应有的觉悟、发展中国农业应有的步骤（1. 改革全国农业行政机关；2. 举行全国农村精确调查；3. 提倡农民教育培植专门人才；4. 灌输农民知识实行直接指导；5. 整理全国土地利用机械耕种；6. 扩充农村设备直接辅助农民；7. 实行农业奖励政策；8. 厉行农业保护政策；9. 提倡移民开拓边陲；10. 利用外资增加实力。）、结论等七部分。

诗莖《如何振兴河南农村经济》发表于《河南政治》第2卷第6期。

杨智《中国农村经济问题的理论与实际》发表于《河南政治》第2卷第6—7期。

按：文章分中国国民革命与农村经济问题、中国农村经济之史的回顾、中国农村结构概况、中国农村经济的发生、中国农村经济今后的救济五部分。

张铭《如何恢复河南农村经济》发表于《河南政治》第2卷第8期。

法和《中国农村社会崩溃之症结》发表于《河南政治》第2卷第12期。

按：文章分土地制度、小农经营与租佃制度、农村崩溃的表现三部分。

郑震寰《从中国农村经济说到中国农村教育问题》发表于《涪陵县政周刊》第23期。

郑震寰《从中国农村经济说到中国农村教育问题》发表于《涪陵县政周刊》第 26 期。

大公《怎样救济中国农村经济的破产》发表于《九一八周报》第 1 卷第 9 期。

大公《怎样救济中国农村经济的破产（续）》发表于《九一八周报》第 1 卷第 11 期。

何廉《中国农业生产要素之概况》发表于《独立评论》第 6 期。

叔永《农业教育与改良农业》发表于《独立评论》第 21 期。

董时进《如何救济农民》发表于《独立评论》第 24 期。

戴蔼庐《中国农村之凋敝》发表于《民治评论》第 1 卷第 2 期。

保三《对于救济山西目前农村经济恐慌之我见》发表于《政法月刊》第 8 卷第 8—9 期。

按：文章分引言、山西农村经济过去之情形、山西农村经济目前恐慌之状况及其原因、农村金融恐慌之救济、结论五部分。

赵彬《山西农村破产之原因与概况及其救济之方策》发表于《政法月刊》第 8 卷第 10 期。

按：文章分绪言、农村破产之原因与概况、救济方策、结论四部分。

周宪文《日本农村经济恐慌与其政局的前途》发表于《申报月刊》第 1 卷第 2 期。

叶恭绰、王志莘、俞庆棠《中国农村衰落的原因和救济方法》发表于《申报月刊》第 1 卷第 4 期。

汪以文《世界农村组织与我国农业之改良》发表于《民鸣月刊》第 4 卷第 2 期。

缪启愉《我国农村社会改进方策》发表于《民鸣月刊》第 4 卷第 3 期。

按：文章分提高农村生活程度、增进农民识智和道德及社会心、促成农村社会各方面的组织、结论四部分。

姚惠泉《农村改进与中国前途》发表于《教育与职业》第 139 期。

庄泽宣《中国农村改进运动》发表于《教育与民众》第 4 卷第 2 期。

郑昂《农民的痛苦》发表于《兰溪教育半月刊》第 6 期。

遗尘《农民生活史与儿童生活史》发表于《集美初等教育界》第 3 卷第 2 期。

张海涛《中国农民生活与农民教育》发表于《教育论坛》第2卷第1期。

蔡挺生《谈我省民众教育厅从农民教育办起及其办法》发表于《教育论坛》第2卷第2期。

丁经宝《农民心目中的学校和私塾》发表于《我们的教育：徐汇师范校刊》第6卷第8期。

卜允新《论乡村学校应组织农业俱乐部之重要》发表于《江西教育行政旬刊》第4卷第4期。

蔚青《农民教育问题之研究》发表于《山东民众教育月刊》第3卷第2期。

董时进《农业教育之真义》发表于《山东民众教育月刊》第3卷第5期。

按：文章说："农业教育的意义可以分成三项，即是：一、教育人，这是与各项教育共同的。二、改良农业和乡村生活，这里面包括农业（技术的及经济的）和乡村生活问题研究，及其解决方法的探讨，与对于农业和农民之同情心思的养成。三、技艺和方法的传授，这里面包括组织管理、计算，及复杂机械的使用、病虫害的防除等，不专是锄地拔草。"

性儿《我国农民的生活》发表于《广州公教青年月报》第7期。

雷通群《苏俄农民底生活和教育》发表于《教育与民众》第3卷第7期。

叶松坡《乡村小学农业教学的设施》发表于《义务教育》第4期。

琴《中国农村经济问题》发表于《南中学生》第1卷第9期。

按：文章分中国农业经济之重要、中国农村之剥削关系、中国农业与土地之分配、中国农村的阶级分化、结论五部分。

童玉民《农业经营新论》发表于《江苏省实业厅半月刊》第1期。

按：文章分农业经营之意义、农业经营之目的、农业经营之方法、农场组织之模范四部分。

洛夫《江苏省农业改良计划》发表于《江苏省实业厅半月刊》第4期。

邹钟琳《苏省农业上之病虫害问题》发表于《江苏省实业厅半月刊》第7期。

童玉民《如何改良农村组织增进农人生活》发表于《江苏省实业厅

半月刊》第 10 期。

邹秉琳《农业上之试验问题》发表于《江苏省实业厅半月刊》第 11 期。

童玉民《现代我国农村问题及其焦点》发表于《江苏省实业厅半月刊》第 15 期。

张镇勋《中国农业金融之整理》发表于《广东建设月刊》第 1 卷第 2 期。

按：文章说："农村经济问题乃诸问题的中心，是解决目前中国农业问题的焦点。换一句来说，农村经济问题解决了，同时农业上的一切问题，便可由此而解决，而社会问题的大部，也可由此而减少。所以农村经济问题，实有左右其他问题的大势。"

董志立《我国之农业问题》发表于《浙江省建设月刊》第 5 卷第 9 期。

童玉民《日本新村碧海郡合作事业志略》发表于《浙江省建设月刊》第 6 卷第 2 期。

许康祖《合作与改良农业技术的关系》发表于《浙江省建设月刊》第 6 卷第 2 期。

方达观《我国农业没落之原因及其补救之方策》发表于《甘肃建设》第 1 期。

按：文章提出的补救方策，一是改良品种和肥料，二是改良农具和栽培的方法，三是防除病虫害，四是改善农村生活和农业经营，五是创设农业金融机关，六是实施农业推广，七是垦殖荒地，八是振兴水利，九是提倡造林，十是设立农业保险制度，十一是促成耕者有其田，十二是普及农村的科学，十三是实施农村自治。

杨堃楸《宁夏省林业调查概要》发表于《中国建设》第 6 卷第 5 期。

陈世义《发展中国农业的步骤》发表于《梅陇月刊》第 32 期。

按：文章认为，发展中国农业的步骤，一是开垦荒地，二是建筑公路，三是肃清土匪，四是设立农事试验场，五是养成农科人才。

骆谷《中国农业经济的现状及其前途》发表于《平旦周报》第 5—6 期。

凌不弱《世界农业恐慌问题》发表于《广州月刊》第 10 期。

袁愈佺《意大利农业保护政策》发表于《交行通信》第 1 卷第 9 期。

富均《中国农民的出路》发表于《秀州钟》第11期。

荷芳《农村教育与农民运动》发表于《南风（广州）》第2卷第5期。

许文华《农民运动的先决问题》发表于《洗心期刊》第4期。

马松玲《中国农民的离村向市问题》发表于《生存月刊》第4卷第1期。

徐振业《世界经济恐慌中之日本农民经济》发表于《再生》第1卷第3—4期。

季良《急待拯救之农民疾苦》发表于《生机》第11—12期。

徐佛严《农村经济破产与农民"信用合作"》发表于《平论》第2期。

评论《今后中国文学的方向——新农民文学的提倡》发表于《絜茜》第1卷第2期。

按：文章说："我以为今后的中国文学应该走上新农民文学的路子。……我所谓的农民文艺，是有着革命的新的意义。对于旧的因固文艺或的农民文艺，在我是极端反对的。新农民文艺，是民众艺术，是无产阶级的艺术。"

毁儒《日本农民经济的危机》发表于《突进》第5、7期。

金戈《中国农村中的领袖》发表于《突进》第10期。

孟明《农村土地处理条例与集体农场制》发表于《江潮》第3期。

吴景超《加增中国农民收入的途径》发表于《清华周刊》第38卷第7—8期。

按：文章说："中国农民生活程度的低下，凡是做过比较研究的人都知道的。现在如欲提高他们的生活程度，大约可以从三方面努力。第一便是增加他们的收入，第二便是减轻他们的负担，第三是要由政府举办社会事业，使农民不必自己花费，便可满足几种生活上的需要，如教育、娱乐、卫生等等。"

陆叔昂《徐公桥乡村改进区农民经济近况》发表于《海光（上海）》第4卷第7期。

杜素民《中国农民经济之衰落及其救济》发表于《人文（上海）》第3卷第5期。

杜素民《谷价低落中农民救济问题》发表于《人文（上海）》第3

卷第 9 期。

仲康《中国的农民生活》发表于《新西北（上海）》第 1 卷第 3—4 期。

黄菩生《东三省农业恐慌与农民》发表于《流火月刊》第 2 卷第 1 期。

寿景伟《论我国农业之救济》发表于《中行生活》第 1 卷第 5 期。

郑华峰《中国农村经济的崩溃和救济的方法》发表于《读书集刊》第 1 卷第 1—4 期。

按：文章分绪言、中国农村经济的重要、中国农村经济崩溃的现象、中国农村经济崩溃的原因、救济中国农村经济的方法、结论六部分。

阔亭《从中国方兴的都市说到垂死的农村》发表于《读书集刊》第 1 卷第 3—4 期。

静轩《日本农业经济之检讨》发表于《复兴周报》第 5 期。

逸箫《苏联的农业分化与地域分配》发表于《探讨与批判》创刊号。

范春水《中国的农业经济是朝着衰落的路上走》发表于《全国邮务职工总会半月刊》第 1 卷第 7 期。

劳夫《农村救济问题》发表于《壬申半月刊》第 1—2 期。

陶因《我国农业之衰颓及民族之危机》发表于《壬申半月刊》第 6 期。

骆伟夫、刘悦槐《农业种子改良之重要》发表与《希望月刊》第 9 卷第 3 期。

王振山《中国与日本在东北移民农业工业之对比》发表于《自新》第 37—38 期。

伟民《德国国家社会主义劳动党的农业纲领》发表于《国风月刊》第 1 卷第 4 期。

江公怀《现代农业机械化的倾向》发表于《东方杂志》第 29 卷第 7 期。

漆琪生《农业问题研究的诸问题》发表于《文化杂志》第 1 期。

按：文章分农业问题的实质、农业问题最主要的发展阶段、近代农业问题地理的分布、近代农业问题的前提、农业问题在理论研究上的任务五部分。

朱其华《一九二五至二七年革命中的农民运动》发表于《创化》第

1卷第3期。

村火《中国农民问题之一般的考察》发表于《南针（上海）》第1卷第7—9期。

无厂《复兴农村的大前提》发表于《南针（上海）》第1卷第22期。

荷芳《农村教育与农民运动》发表于《南风（广州）》第2卷第5期。

廉武《中国农村经济研究》发表于《武装的民族》第2期。

鸣九《中国农民的生活状况》发表于《平论》第7—8期。

沈文鸿《今日中国严重的农民问题》发表于《青年进步》第149期。

汪馥泉《各农民层间耕地底分配——农民问题资料》发表于《现代学术》第1卷第5期。

罗浮《农民论》发表于《高冈》第1期。

按：文章说："中国数千年来的历史，即是一部农民运动史。所谓黄巢之乱、太平天国、义和团运动，俱是显著的农民暴动之历史事实。自从废除井田，实行土地资源买卖，中国经济曾经有一个长足的发展，使着分散的土地很快的集中起来，所谓富者拥有万石，贫者无立锥之地，大部分是失掉了土地，致流离载道，而构成中国历史上一治一乱农民暴动之主因。在每次大暴乱之中，土地便分散一次，经过数十，百年经济之发展而又复集中。因此，中国农民便因此散而复来集而复散，而终不能解决。中国经济更陷入停滞之状态。迨乎近代，资本商品伸入了农村之后，破坏了中国农村固有社会秩序，加重了农民剥削，促进了农民破产和穷困化。遂反映到政治上，便是失掉了他们的自由。因此，反帝国主义民族独立运动，便成了当今返急任务之一。由上面所罗列的许多显著事实中，我们可以看到，在历史上，特别是在发生社会突变时期，农民所居的地位。换句话说，无论是资产阶级性的革命，或社会主义性的革命，以及无产阶级专政社会主义的建设时期，农民问题都是一个重要的问题。对于农民策略，能否正确的运用，对于农民问题，能否适当的解决，是决定胜败的主要标尺之一。"

潘仁启《我国农民何以不能致富》发表于《苏中校刊》第2卷第60—61期。

乐《救济农村经济的几点认识》发表于《晨光（杭州）》第1卷第

5期。

影呆《日本农民生活的不景气》发表于《礼拜六》第462—463期。

[日] 铃木茂三郎作，李柏林译《日本资本主义的农民问题》发表于《空军》第1—6期。

[日] 镰田正忠作，朱美予译《农民心理之研究》发表于《民智月报》第11期。

思补《世界经济恐慌下的各国农村》发表于《中国出路的研究》第1卷第4期。

金艾《中国农业问题》发表于《新生》第1卷第2期。

炳若等《晋代土地所有形态和农民问题》发表于《大戈壁》第1卷第4期。

凌不弱译《中国农业资本主义化之现状及其趋势》发表于《青春》第1卷第10期。

短斧《绥远农民受苦的原因以及今后救济之刍议》发表于《塞魂》第2期。

罗杏芳《中国农业经济现状之观察》发表于《警光》第1卷第1期。

凌不弱《农业恐慌与日本资本主义》发表于《抗日旬刊》第16期。

强《农业与交通》发表于《建设周刊》第5—6期。

含华《怎样将都市金融救济农村经济》发表于《革命军人导报》第14期。

按：文章分农村经济衰落的原因、都市经济的畸形发展、农村经济的救济方法（设立并贷款农民银行、贷款农村金融合作社、利用钱庄及典当业）、银行业务应有的转变四部分。

殷仲珊《日本农民之贫困》发表于《外交月报》第1卷第3期。

张宝瑞《中国农村运动的先决问题》发表于《华北公理会月刊》第6卷第3期。

周一和《日本之农村恐慌与其救济策》发表于《日本评论》第1卷第2期。

钱芝君《日本农村经济恐慌的真相》发表于《日本评论》第1卷第4期。

姜解生译《日本的农业恐慌与农民运动》发表于《世界与中国》第2卷第3期。

曹亮《苏联组织大规模农业的新方法》发表于《世界与中国》第 2 卷第 3 期。

陈洪进《鸦片问题与中国农村经济破产之趋势》发表于《世界与中国》第 2 卷第 4—5 期。

青青《集体农场与周围的农民》发表于《俄罗斯研究》第 3 卷第 1 期。

徐绪昌译《苏俄各地农民的自述》发表于《俄罗斯研究》第 3 卷第 1 期。

民权《俄国农民问题之史的观察》发表于《俄罗斯研究》第 3 卷第 1 期。

吴觉农、李宗藩《世界农业恐慌与国际贸易》发表于《国际贸易导报》第 4 卷第 5 期。

董汝舟《印度农民生活状况》发表于《国际译报》第 2 卷第 1 期。
圣律《苏联农业政策的进展》发表于《国际译报》第 2 卷第 1 期。
史郁成译《德国农业之危机》发表于《国际译报》第 2 卷第 1 期。
赵简子《德国农民的经济状况》发表于《国际译报》第 2 卷第 2 期。
健郎《苏联之农业与农民》发表于《国际译报》第 2 卷第 3 期。
野萝《苏联的新农业税法》发表于《国际译报》第 2 卷第 3 期。
顽夫《国际农业恐慌几个结果》发表于《国际译报》第 2 卷第 3 期。
圣律《日本农民目下的悲境》发表于《国际译报》第 2 卷第 3 期。
健民《法西斯蒂与农业》发表于《国际译报》第 2 卷第 3 期。
宗华《法国农业政策的危机》发表于《国际译报》第 2 卷第 3 期。
戈奇《农业恐慌之特殊性》发表于《国际译报》第 2 卷第 3 期。
天堃《美国农业恐慌之现势》发表于《国际译报》第 2 卷第 3 期。
锦衣译《苏联农业的成就及其任务》发表于《国际译报》第 2 卷第 10 期。

三　乡村建设研究著作

［英］哈洛培克著，曲直生译《农业的起源》由南京近代出版社出版。

刘光华著《农业政策》由江苏南京书店出版。

按：是书分第一篇绪论，包括经济政策概说、农业及农业政策的意义、农业的特性及其在国民经济上的地位、农业的经验方法4章；第二篇农业土地政策，包括土地私有制的是非、自耕与佃耕、土地国有的进行方法3章；第三篇农业劳动政策，包括农业劳动者的种类、农业劳动的必要与缺乏、农业劳动节省的方法、对于农业劳动者的保护4章；第四篇农业金融政策，包括农业金融的特性及其分类、不动产信用、土地信用机关、动产信用、对人信用5章；第五篇农业合作政策，包括产业合作社的特质、农业合作社发达的原因及其要件、农业合作社的社员、合作社的种类、合作社的兼营、合作社的联合6章。

曹之彦编著《现代新农业》由北平震亚书局出版。

［日］稻村隆一、稻田顺三著，艾秀峰编译《日本的农业恐慌》由天津大公报社出版。

按：是书分13章，介绍日本农业发展史、资本主义经济对农业发展的阻碍作业、小农经营的方向及其后果、明治维新与土地革命的关系等。

顾树森编《德国农业信用合作》由上海中华书局出版。

［日］牧野辉智著，王世颖译《农业金融概论》由上海黎明书局出版。

董绍明、蔡泳裳译《苏维埃式的现代农场》由上海良友图书印刷公司出版。

顾树森编《苏俄农业生产合作》由上海中华书局出版。

按：是书分8章介绍苏联农业合作的现状、主要法规、商业活动、财务状况、对外贸易，以及各中央联合社、合作社的驻外代表等情况。

顾树森著《丹麦农业生产合作》由上海中华书局出版。

陈方济编著《浙江省立农业改良场年报》由浙江省立农业改良场出版。

河北省立实验乡村民众教育馆编《举办农业展览会经过报告》由编者出版。

张心一著《中国农业概况统计》由南京金陵大学农业经济系出版。

杨开道著《农村社会》由上海世界书局出版。

按：是书分农村社会的研究、农村社会的意义、农村社会的人口的基础、农村社会的地域的基础、农村社会的心理的基础、农村社会的文化的基础、结论——农村社会的特征等7章。

侯哲荛著《农村信用合作经营讲话》由上海社会书店出版。

按：是书为《农村合作社经营讲话》之一，介绍农村利用合作的实质，以及农村各种利用合作形式。

卢作孚著《乡村建设概要》由四川川康团务委员会训练科出版。

按：是书分建设的意义、乡村地位的重要、乡村的教育建设、乡村的经济建设、乡村的治安建设等8章。

郭人全著《农村教育》由上海黎明书局出版。

按：是书分上下编，上编绪论，包括农村社会、中国农村之现状、农村建设的途径、农村教育与现代中国4章；下编本论，包括农村教育、农村小学教育、农村幼稚教育、农村成人教育、农业教育、农村之社会教育、农村学校之教师等7章。

[德]恩格斯著，李一新译《德意志农民战争》由上海乐华图书公司出版。

汤茂如著《定县农民教育》由中华平民教育促进会出版。

朱云影译《农民小说集》由上海神州国光社出版。

江苏省农民银行总行编《江苏省农民银行历年放款之回顾及改进计划》由编者出版。

王海波著《东北移民问题》由上海中华书局出版。

余任民著《美国农工苦况》由上海华风书店出版。

宋斐如著《土地政策研究》由北平西北书局出版。

[日]安部矶雄著，张知本译《土地公有论》由上海华通书局出版。

按：是书分5章，概述土地公有制的理论、土地所有制的历史变化、土地公有化的方法和手续、土地政策等。

刘竞波著，钱天范校《孙总理整个的土地政策》由南京东南印刷所出版。

上海法学编译社编《土地法问答》由上海编者出版。

张霄鸣著《中国历代耕地问题》由上海新生命书局出版。

按：是书分4章，论述中国耕地占有之由来、封建时代的耕地问题、商业发展后的耕地问题等。卷首有绪论。

曹慎修著，唐启宇校《中国土地问题之研究》由南京明日书店出版。

[日]长野郎著，强我译《中国土地制度的研究》由上海神州国光社出版。

按：是书论述中国土地制度，涉及土地分配及所有权问题、土地整理问题、土地课税问题与佃种制度等。

陈登元著《中国土地制度》由上海商务印书馆出版。

按：是书论述历代土地制度与农民的关系，私有制度与土地改革，土地制度与工业化、移民垦殖的关系。

郑学稼著《地租论》由上海黎明书局出版。

按：是书分11章，论述地租的意义、形态，剩余利润与地租、绝对地租、资本主义地租史等。附录：地租思想史的发展、论报酬递减律。

马质夫译述《中欧土地制度之改革》由上海世界书局出版。

湖北财政厅编辑股编《湖北田赋概要》由编者出版。

安汉著《西北垦殖论》由南京国华印书馆出版。

按：是书分总论和分论，总论为西北垦殖理论，分论分别论述西北各省的气候、土壤、水利、交通、物产、荒区实况、开发规划等。

中国社会学社编《中国人口问题》由上海世界书局出版。

上海市市立农事试验场编《上海市市立农事试验场概况》由编者出版。

广西农林试验场编《广西农林试验场报告书》由编者出版。

顾复编《肥料》由上海商务印书馆出版。

邓植仪编著《番禺县土壤调查报告书》由国立中山大学农学院广东土壤调查所出版。

北平大学农学院农业经济系编《农谚和农歌》由编者出版。

唐志才编著《改良农器法》由上海世界书局出版。

李子棠著《凿井浅说》由河南村治学院同学会出版。

张廷枬著《沟洫举隅》由上海新学会社出版。

范云书编著《改良耕种法》由上海世界书局出版。

衢县县政府治虫委员会编《衢县县政府治虫委员会工作报告》由编者出版。

陈方济著《天然肥料的功效和施用法》由浙江省立农业改良场出版。

浙江省立植物病虫害防治所编《植物病虫问题解答汇录》由编者出版。

王正著《农艺化学试验》由北平震东印书馆出版。

［日］小贯信太郎著，胡朝阳译《农用昆虫学教科书》由上海新学会

社出版。

王历农编《乡村小学治虫参考教材》由浙江省立植物病虫害防治所出版。

国立中山大学农学院推广部编《水稻害虫剃枝虫除治法》由编者出版。

陈梦士编著《行军虫防除设计》由广东建设厅农林局推广课出版。

张心一著《中国粮食问题》由中国太平洋国际学会出版。

潘简良著《稻麦育种之方法》由浙江省农业改良总场稻麦场出版。

邓宗岱著《北方实用稻作法》由河北省农事第一试验场出版。

沈学年编著《水稻直播移植比较试验成绩报告》由浙江省立农业改良场出版。

浙江省立农业改良场编《栽种双季稻的利益》由编者出版。

丁颖编著《水稻肥料试验报告》由国立中山大学农学院出版。

莫定森、周凤鸣著《中国小麦栽培状况调查报告》由国立中央大学农学院出版。

浙江省建设厅编《棉的用途》由杭州编者出版。

[英]波尔士著，黄培肇节译《棉花品质之研究》由实业部汉口商品检验局出版。

赫铁振编《美棉》由河北省立实验乡村民众教育馆出版。

潘志农著《人工种菇问答》由福州三山农艺社种菇部出版。

温文光著《柑橘类栽培改良法》由广州中山大学农学院推广部出版。

李驹、章恢志编《浙东杨梅调查报告》由浙江省立农业改良场出版。

黄艺锡著《菊鉴》由北平财政部印刷局出版。

李觉、陈时森调查《琼崖水源林调查报告书》由广东建设厅农林局推广课出版。

中央模范林区管理局编《森林法》由南京编者出版。

按：是法包括总则、国有林及公有林、保安林、林业合作社、土地之使用及征收、监督、保护、奖励、罚则、附则，共10章77条。

云南省实业厅编《云南造林须知》由编者出版。

广东建设厅农林局推广课编《森林保护须知·森林火灾与人民利害关系》由编者出版。

青岛农林事务所冬期农事讲演会编《松树保护的要点》由编者出版。

温文光编著《苦楝造林法》由广东建设厅农林局推广课出版。

浙江省农业改良总场丽水林场编《实验特用树种营林法》由编者出版。

温文光编著《桃树剪枝法》由广东建设厅农林局推广课出版。

广东省建设厅农林局园艺系编《柑橘类果树剪枝法》由广东省建设厅农林局推广课出版。

广东省建设厅农林局林业系编《油桐造林法》由编者出版。

陈振铎编《牧畜改良事业报告书》由福州电气公司农村电化部出版。

方舜华编译《最新畜产学》由上海新学会社出版。

杨世杰编《山羊喂养浅说》由实业部汉口商品检验局出版。

薛明剑编《实地养兔法》由江苏无锡杂志社出版。

郑学稼编《养马学》由上海世界书局出版。

按：是书分马的进化史、马体的结构、马的种类、马的鉴别、马的育种、马的饲料、马的饲法、马的管理 8 章。

广东建设厅农林局推广课编《牛瘟预防及免疫方法》由编者出版。

冯焕文编《鸡病学》由上海新学会社出版。

赫铁振编《鸡的卫生》由河北省立实验乡村民众教育馆出版。

张祝三、李化鲸编《养蚕概要》由浙江省立蚕丝改良场出版。

姚江村、姚幼叔著《陶工实验养蜂学》由广州陶工养蜂讲习所出版。

陆精治著《实用养鲤法》由学术研究会出版。

四　卒于是年的乡村建设工作者

刘大白卒（1880—1932）。原名金庆棪，字伯贞，辛亥革命后改姓刘，名靖裔，字清斋，别号大白，笔名汉胄，浙江绍兴人。早年因参加反袁斗争而被通缉，与沈定一逃亡日本、南洋等地。1916 年回国，曾任浙江第一师范国文教员，兼浙江省教育会总干事。1920 年因协助校长经亨颐革新教育，被当局迫害离校，到上海编辑《星期评论》和《民国日报》副刊《觉悟》。1921 年春，应沈定一邀请在萧山衙前筹办农村小学，领导开展衙前农民运动，参加起草《衙前农村小学校宣言》《衙前农民协会宣言》和《衙前农民协会章程》。衙前农民运动失败后，为纪念衙前农民协会领导人李成虎，写有《每饭不忘》《成虎不死》等诗歌。1923 年后曾在上海复旦大学任教。著有《中国文学史》《中诗外形律评论说》等。

李振声卒（1893—1932）。振声字日照，化名陈伯南，浙江温州瓯海新桥人。1925年接受革命思想，曾创办吞上小学并亲任校长。在中共温州独立支部开展初期，任村农民协会会长，旋任新桥乡农会会长和永嘉县农会主任。1926年加入中国共产党，1929年8月任中共永嘉县委委员。同年11月19日参与组织永嘉西内区农民武装和成立红军游击队。1930年3月参与筹建红军第十三军工作。同年5月9日任红十三军分队长，后任政治部主任。同年9月20日参加乌岩战斗后，到富阳从事农运工作。1932年7月在富阳被捕后惨遭杀害。是浙南农运的先驱。

韦拔群卒（1894—1932）。拔群，曾用名韦秉吉、韦秉乾、韦萃，广西东兰人，壮族。1916年初在贵州加入讨伐袁世凯的护国军，参加护国战争。后入贵州讲武堂学习，毕业后到黔军任参谋。1920年离开黔军到广州加入"改造广西同志会"，次年回东兰从事农民运动，先后组织"改造东兰同志会"和"国民自卫军"，指挥农军三打东兰县城，赶跑县知事和团总。1925年初入广州农民运动讲习所学习，结业后回东兰继续从事农民运动，主办农讲所，培养骨干，发展农会和农民武装，把农运推向右江地区。1926年领导成立东兰县革命委员会，任主任，同年冬加入中国共产党。1929年12月参与领导百色起义，建立右江根据地，任右江苏维埃政府委员、中国工农红军第7军第3纵队司令员、第21师师长。1930年11月红7军主力奉命北上后，他服从军前委命令，带领百余人留在右江根据地，坚持游击战争。1932年10月19日被叛徒杀害于广西东兰赏茶洞。

柳直荀卒（1898—1932）。直荀，湖南长沙人。1912年考入长沙广益中学，后考入雅礼大学预科。结识进步人士杨昌济以及毛泽东、何叔衡等人，开学学习马克思主义，参加新民学会。1920年10月加入中国社会主义青年团。1924年2月经何叔衡等人介绍加入中国共产党。1926年任湖南省农民协会秘书长，为推动湖南农民运动蓬勃发展做出重要贡献。1927年参加南昌起义。1928年9月任中共顺直省委秘书长。1929年冬调任中共湖北省委书记，不久又任中共中央长江局秘书长和中央军委特派员。1930年4月受命到洪湖革命根据地工作，任红二军团政治部主任、军团前敌委员会委员兼红六军政委。1932年在肃反运动中被夏曦杀害。1945年4月中共中央为他平反昭雪，追认为革命烈士。

王秀松卒（1902—1932）。秀松，湖北黄安人。早年入董必武、陈潭秋创办的武汉中学读书，接受革命思想教育，参加学生爱国运动。1925年加入中国共产党。1926年夏被派赴广州，入毛泽东主办的广东农民运动讲习所第六期学习。同年冬结业后，任国民党中央农民部特派员，被派回黄安领导开展农民运动，组织农民协会，建立农民自卫军，开展反封建斗争。1927年10月任中共黄安县委委员兼少共书记。11月参与领导黄麻农民起义，胜利后被选为黄安县农民政府委员。1928年10月任中共鄂东特委书记。1929年5月任中共鄂东北特委委员，后调任特委黄陂县办事处主任。1931年12月任红四方面军政治部秘书长。1932年9月在肃反扩大化中被杀害于河南光山。在拘禁期间曾写了《红四方面军的创建史》。后追认为革命烈士。

邓拔奇卒（1903—1932）。拔奇，别名邓岗，广西怀集人。1922年秋考入厦门大学攻读法律。1924年加入中国共产主义青年团。1925年赴广宁县领导青运工作并任县团委书记。1926年加入中国共产党。参加广东的工农运动，曾任党的基层和地方组织领导工作。1927年5月受中共广东省委派到梧州组建中共广西地方执行委员会，任组织部部长。9月曾与黄启滔等领导发动苍梧道四县农民武装攻打桂平县城，后转入十八山区坚持游击战争，遭到国民党当局镇压。10月继任中共广西地委书记。1928年1月任中共广西特委书记。领导特委整顿各级党的组织，训练干部，发展党员数百名，秘密组织农民武装。9月任中共广西临时省委委员，积极做好发展党组织工作，培养农民运动骨干，建立广西工农武装。1929年初赴莫斯科中山大学学习，后因工作需要于同年9月回国到广东省委机关负责指导广西的革命活动。1932年春到东江特委参加武装斗争。10月10日在大南山根据地田乾村召开东江特委常委扩大会时，被国民党反动军队四面包围，突围时壮烈牺牲。

彭显模卒（1903—1932）。显模，广东南雄人。1925年8月与彭显善等筹建南雄县最早的农会——朔溪农民协会，组织农民兴修水利，发展冬种，建义仓，办学校。旋加入中国共产党。1927年夏，到海丰、陆丰学习彭湃开展农民运动的经验，回来后即组织农民运动，开展武装斗争。1928年2月领导农民暴动，建立南雄县苏维埃政府，被选为县苏维埃政府委员和第六区苏维埃负责人，领导农民开展土地革命。1929年4月被选为赣南西河行动委员会委员。11月任中共南雄县委书记兼油山游击大队政委，转战粤赣边区。1931年1月调到赣南西和行委工作。1932年2月被污蔑为"AB团"而遭到杀害。中华人民共和国成立后被平反昭雪，追认为革命烈士。

陈奇卒（1904—1932）。原名陈祖汉，号贯一，湖南桂东人。1924年加入中国共产党。1926年6月任中共桂东支部书记。1927年3月以湖南省委特派员身份领导桂东农民运动，先后领导成立了农民协会、农民自卫军，有力地推动了农运的蓬勃发展。1928年4月任中共桂东县委书记兼苏维埃政府主席、县游击队大队长，领导创建桂东游击根据地。1929年初调到红五军第五纵队，任第二大队党代表，参与领导开辟鄂东南革命根据地的斗争。1930年6月调任红八军第四纵队司令员。10月任红十五军政治委员。1931年先后任第十师和第十三师政委及第十师师长等职，参加了鄂豫皖革命根据地第二、三次反"围剿"作战，为保卫革命根据地作出了重要贡献。1932年3月在苏区肃反扩大化中被秘密杀害。1945年在中国共产党第七次全国代表会上被追认革命烈士。

陈洪涛卒（1905—1932）。原名陈素华，广西东兰人。壮族。1924年考入省立第五中学（百色）。曾被选为校学生会主席，参与组织东凤留邕色学会，任百色分会会长，领导同学开展革命宣传活动。1925年辍学，回乡随韦拔群开展农民运动。同年冬，入梧州国民党广西省立"宣传员养成所"学习，加入中国共产主义青年团。1926年春加入中国共产党。1926年10月受党组织指派回东兰开展建党活动，筹办田南道农运办事处。协助韦拔群领导右江地区的农民运动，参与办农民讲习所，11月建立县农民协会，任秘书，主持日常工作。1927年6月主持召开右江各县农运负责人会议，成立三南总部，组织农民自卫军。1928年1月参与领导发动向都农民暴动。1929年8月到南宁出席广西省农民代表大会和中共广西省代表大会，当选为广西省农民协会执行委员，负责右江农民协会办事处，领导右江各县农民运动。9月被选为中共广西特委常委，12月率右江农民武装参加百色起义。1930年9月任中共右江特委书记和右江苏维埃政府主席，领导巩固和建设右江革命根据地。11月兼任红7军21师政治委员、师党委书记，与韦拔群等留在右江革命根据地坚持革命斗争。1932年12月9日因叛徒出卖被逮捕。12月22日在百色城慷慨就义。

戴克敏卒（1906—1932）。克敏，湖北黄安人。1924年加入中国社会主义青年团，次年转为中国共产党党员。1927年2月受党组织派遣回家乡开展农民运，任黄安县农民协会常委。旋如武昌中央农民运动讲习所学习，任第一大队大队长。4月曾率领农民讲习所学生赴麻城参加平定反动地主武装暴乱。6月从讲习所结业后，任中共黄安县委委员，兼农民自卫军大队长。10月参加鄂东特委的领导工作。11月与潘忠汝等人组成黄麻起义总指挥部，任工农革命军鄂东军党代表。1928年1月鄂东军改编为中国工农革命军第七军，继续任党代表。6月与吴光浩等率部进驻光山县柴山堡第七，发达农民建立政权，实行武装割据，开创了鄂豫边革命根据地。1930年3月任中国工农红军第一军第一师政委，与徐向前率部转战于鄂豫边界，先后参加了鄂豫皖根据地的第一、二、三次反"围剿"战争。1931年被降为红四军警卫团团长。1932年春，调任红四方面军二十五军七十五师政委，随后被张国焘以肃反为借口秘密杀害。

谢泰谦卒（1908—1932）。泰谦，广东南雄人。1926年加入共产主义青年团，被派到六区（大塘、乌迳一带）组建农民协会。同年夏，加入中国共产党，与彭显模一起在六区建立党组织和农民协会，开展减租减息，反对苛捐杂税的斗争。1928年2月组织领导六区农民参加全县农民暴动，被选为南雄县苏维埃政府委员。10月被选为中共南雄县委委员，负责军事工作。1930年10月任北江红军独立营政委。1931年任北江红军独立团团长。1932年11月任油山游击队队长。12月8日在战斗中英勇牺牲。

民国二十二年　癸酉　1933年

一　乡村建设活动

1月11日，国民政府行政院颁布《流通国内米麦案》及《开放米禁令并厉行积谷办法换回权利调节民食案》，电令各省市政府，要求省与省及县与县之间应绝对流通，不能阻留。

1月24日，国民政府行政院通过《修正农业推广规程》。

1月26日，在无锡举行的江浙蚕丝业会议决定设立江浙蚕丝业联合统制委员会，蚕丝统制的首要内容是蚕种统制。

是月，湖南养蜂学会成立。

是月，中国地政学会在南京成立，以研究土地问题，促进土地改革为宗旨。

2月11日，国民政府召开整理田赋附加会议，确定田赋附加不得超过正税；附捐共同征收额不得超过田价的1%。

2月17日，浙江省为提倡饲养家畜家禽并改良其品种及饲养方法，特制定并公布《浙江省奖励畜牧规则》。

2月中旬，川陕省第一次工农兵代表大会在通江城召开，正式成立川陕省工农民主政府，熊国炳任主席。

2月25日，中华苏维埃共和国临时中央政府颁布《开垦荒地荒田办法》；中央土地部发布《开荒规则和动员办法》的第8号训令。

是月，浙江省成立农业推广人员养成所，以培养农业推广人才。

3月3日，留学界农业专家及旅华德籍工程家魏梯锡等数十人，在天津发起成立中国农业协会。

3月5日，上海市渔业公会成立。

是月，中华苏维埃共和国临时中央政府土地人民委员部发布《关于组织犁牛站的办法》。

4月1日至7日，中华苏维埃共和国第一次农业工人代表大会在江西瑞金召开。大会要求农工会在老区发起和组织普遍的"查田运动"，彻底没收隐藏的地主残余分子的田地和一切财产，把富农的好田换为坏田，并以此补给没有分到足够好的田地的贫农和雇农。会议选举成立了中国农业工人工会中央委员会，通过了《关于目前形势与中国农业工人任务》《关于苏区农业的工钱工人经济斗争》等决议案。

4月7日至20日，在全国基督教协进会的倡导之下，华北基督教农村事业促进会等组织积极协助，在定县举办农村建设讨论会，会议的议题为"基督教对于今日中国乡村建设的贡献"。

4月15日，中华苏维埃共和国临时中央政府土地人民委员部发布《关于组织犁牛合作社的训令》。

4月16日，中国土地学会成立，包道平为负责人。

4月18日，国民政府行政院第97次会议通过《农村复兴委员会章程》。

4月25日，张嘉璈、钱永铭、李铭等36人组成农村复兴委员会。

是日，上海县农民教育馆为促进农民健康，改进农村生活，举行第一次志农会，同时举行土布展览。

4月30日，上海市农会成立。

5月5日，行政院农村复兴委员会在南京举行第一次会议，提出保障农民安全、整理铁道运输、废除苛捐杂税的"救民办法"。

按：国民政府为计划农村复兴办法，筹集复兴款项，并补助复兴事业之进行起见，特于南京成立农村复兴委员会，专门负责农村复兴，以行政院正副院长及内政、财政、实业、交通、铁道部部长为当然委员，此外由行政院院长聘请专家担任委员。

5月9日，国民政府行政院第100次会议修正《农村复兴委员会章程》。

5月20日，南京国民政府行政院决定设立专门解决农村金融并包含垦殖金融的中央农业银行，其资本的筹集方式基本上按照垦殖设计委员会的设计来进行。

5月27日，中华苏维埃共和国临时中央政府国民经济人员委员部长林伯渠发布《关于倡办粮食合作社与建造谷仓问题》的第二号训令。

是月，河北省县政建设研究院正式成立，以定县为县政建设实验县，内设调查部、研究部和实验部，其中研究部主要研究乡村建设的政治、社会和行政等方面的问题，并根据研究结果，制定执行建设计划的程序；定县被选为研究院的院址。

按：先后整理和出版的定县调查材料有：《定县社会概况调查》《定县秧歌选》《社会调查讲演挂图》《实地社会调查方法》《定县农村工业调查》《定县选样人口调查》《定县土地分配调查》《定县农民生活费调查》《定县借款调查》《研究区内社会调查》《研究区内田场经营调查》《研究区内集市调查》《研究区内猪羊鸡调查》《研究区内家庭卫生调查》《定县经济调查一部分报告书》《定县赋税调查报告书》《定县自治概况调查报告书》《河北省定县实测绘图》等，其中以李景汉编的《定县社会概况调查》和张世文编的《定县农村工业调查》两书最重要，影响也最大。

6月1日，中华苏维埃共和国临时中央政府颁布《中央政府关于查田运动的训令》，要求"在查田运动中，要坚决执行阶级路线。把一切冒称'中农''贫农'的地主、富农，完全清查出来，没收地主阶级的一切土地财产，没收富农的土地及多余的耕牛、农具、房屋，分配给过去分田不够的及尚未分到田的工人、贫农、中农，富农则分与较坏的劳动份地"。这是一个带有"左"倾思想色彩的文件。

6月2日，中共苏区中央局作出《关于查田运动的决议》。

6月17日至21日，毛泽东主持召开瑞金、会昌、于都等8县查田运动大会，并在会上作《查田运动是广大区域中的中心任务》和《查田运动的第一步——组织上的动员》两个报告。

是月中旬，中华苏维埃共和国临时中央政府召集瑞金、金昌、宁都、胜利、博生、石城、宁化、长汀8县贫农团代表召开大会，通过了《八县贫农团代表大会决议》，认为贫农团目前最中心的工作是查田运动。毛泽东在会上作《八县查田运动大会上报告》。

是月，中央国民经济人民委员部颁布《发展合作社大纲》。

7月14日至15日，王怡柯、李景汉、梁耀祖、晏阳初、高践四、章元善、许仕廉、张鸿钧、杨开道、严慎修等11人联名发起的乡村建设学会在邹平山东乡村建设研究院举行成立大会和"乡村工作讨论会"第一次年会，与会代表就乡村建设问题进行了发言讨论，会后编有《乡村建设实验》（第1集），由中华书局出版。

8月8日，国民政府行政院修正公布《农村复兴委员会章程》。

按：章程第一条说："国民政府行政院为计划复兴农村方法、筹集复兴款项并补助复兴事业之进行起见，设农村复兴委员会。"①

8月20日，由胡先骕、辛树帜、李继桐等19人发起的中国植物学会在北平成立，设有植物园协会、真菌分科协会两个分会，以及植物分类、植物形态、植物生理、植物生殖生物学、植物组织培养、植物细胞、植物化学、植物生态、古植物、植物科学画、植物分子生物学等11个专业委员会。

是月，唐贻荪、闻惕生、张济民、李育民、吴涵等在武昌发起成立中国农学社，发表启事和《中国农学社简章》，征求会员。该社以研究农学，发展农业为宗旨。

9月1日，中央人民委员会发布《开展查田运动》的布告。

9月4日，国民政府行政院第124次会议通过《黄河水灾救济委员会章程》。

9月8日，中共苏区中央局作出《关于查田运动的第二次决议》。

9月10日，中央工农民主政府颁布《生产合作社标准章程》共36条。

9月18日，中华苏维埃共和国临时中央政府公布《农业税暂行税则》。

9月30日，实业部公布《中央模范农业仓库暂行章程》。

10月10日，中华苏维埃共和国临时中央政府作出《关于土地斗争中一些问题的决定》。

按：决定中所涉及的问题，包括劳动与附带劳动、富裕中农、富农的剥削时间与剥削分量、反动富农、富农捐款、富农应有的土地房屋耕牛农具、富农的义务劳动、破产地主、贫农、知识分子、游民无产者、宗教职业、红军战士中地主富农出身的分子与土地、工人的家庭是富农或地主者、地主富农资本家与工人农民相互结婚后的阶级成分、地主富农兼商人、管公堂、一部分工作人员的生活问题、公共事业田、债务问题等。

10月15日，中央执行委员会作出《关于重新颁布劳动法的决议》。

10月26日，中央人民委员会会议通过并发布《农业税暂行税则补充

---

① 中国第二历史档案馆编：《国民党政府政治制度档案史料选编上》，安徽教育出版社1994年版，第189页。

条例》。

10月31日，江西基督教农村服务联合会在南昌成立。

是月，毛泽东为纠正在土地改革工作中发生的偏向、正确地解决土地问题而写了《怎样分析农村阶级》一文，由当时中央工农民主政府通过，作为划分农村阶级成分的标准。

按：《怎样分析农村阶级》指出：一、地主：占有土地，自己不劳动，或只有附带的劳动，而靠剥削农民为生的，叫作地主。地主剥削的方式，主要的是收取地租，此外或兼放债，或兼雇工，或兼营工商业。但对农民剥削地租是地主剥削的主要的方式。管公堂和收学租也是地租剥削的一类。有些地主虽然已破产了，但破产之后仍不劳动，依靠欺骗、掠夺或亲友接济等方法为生，而其生活状况超过普通中农者，仍然算是地主。军阀、官僚、土豪、劣绅是地主阶级的政治代表，是地主中特别凶恶者。富农中亦常有较小的土豪、劣绅。帮助地主收租管家，依靠地主剥削农民为主要的生活来源，其生活状况超过普通中农的一些人，应和地主一例看待。依靠高利贷剥削为主要生活来源，其生活状况超过普通中农的人，称为高利贷者，应和地主一例看待。

二、富农：富农一般占有土地。但也有自己占有一部分土地，另租人一部分土地的。也有自己全无土地，全部土地都是租人的。富农一般都占有比较优裕的生产工具和活动资本，自己参加劳动，但经常地依靠剥削为其生活来源的一部或大部。富农的剥削方式，主要是剥削雇佣劳动（请长工）。此外，或兼以一部土地出租剥削地租，或兼放债，或兼营工商业。富农多半还管公堂。有的占有相当多的优良土地，除自己劳动之外并不雇工，而另以地租赁利等方式剥削农民，此种情况也应以富农看待。富农的剥削是经常的，许多富农的剥削收入在其全部收入中并且是主要的。

三、中农：中农许多都占有土地。有些中农只占有一部分土地，另租人一部分土地。有些中农并无土地，全部土地都是租人的。中农自己都有相当的工具。中农的生活来源全靠自己劳动，或主要靠自己劳动。中农一般不剥削别人，许多中农还要受别人小部分地租债利等剥削。但中农一般不出卖劳动力。另一部分中农（富裕中农）则对别人有轻微的剥削，但非经常的和主要的。

四、贫农：贫农有些占有一部分土地和不完全的工具；有些全无土地，只有一些不完全的工具。一般都须租人土地来耕，受人地租、债利和小部分雇佣劳动的剥削。中农一般不要出卖劳动力,贫农一般要出卖小部分的劳动力,这是区别中农和贫农的主要标准。

五、工人:工人(雇农在内)一般全无土地和工具,有些工人有极小部分的土地和工具。工人完全地或主要地以出卖劳动力为生。①

是月,蒋介石召开赣湘鄂豫皖冀浙苏沪粤10省市粮食会议,通过《限制田赋附加,裁废苛捐杂税》的决议。

是月,梁漱溟接替梁仲华为山东乡村建设研究院院长。

是月,浙江省蚕种制造技术改进会成立。

11月18日开始,中华苏维埃共和国临时中央政府主席毛泽东为总结苏区乡苏维埃工作的经验,给即将召开的"二苏大"做准备,先后到江西兴国长冈乡、福建上杭才溪乡进行社会调查工作,并写了《长冈乡调查》(原题为《乡苏工作的模范(一)——长冈乡》)和《才溪乡调查》(原题为《乡苏工作的模范(二)——才溪乡》)。

11月21日,江苏省政府公布《江苏省农业仓库规程》。

12月19日,实业部公布《农业病虫害取缔规则》。

是月,由陈翰笙、王寅生、钱俊瑞、薛暮桥、吴觉农、孙冶方等发起组织的中国农村经济研究会在南京成立,会员约500余人,成员多为农业经济学界的理论工作者、教育工作者和实际工作者,其主要任务是进行农村经济实况的调查研究,揭示中国农村生产关系的性质,宣传中国共产党的抗日民族统一战线的主张和减租减息政策,并出版刊物等。

是年,国民政府建设委员会设立振兴农村设计委员会,承建设委员会之命,担任研究农村救济方案及农村经济问题、计划促进农村文化及改善农民生活方案、筹办振兴农村实验区和其他有关振兴农村事项。

是年,中央农业学校在江西瑞金东郊乡东山寺成立,校长徐特立,设本科、预科和教员研究班,凡农民、农业工人及志愿学习农业的公民经土地他们委员部介绍均可入学。

是年,国民政府制定《农仓业法》,规定"凡为调节人民粮食,流通农村金融,而经营农产品之堆藏及保管者,得依本法设立农仓"。并通过农民银行建立农业仓库。

---

① 陆学艺、王处辉主编:《中国社会思想史资料选辑·民国卷下》,广西人民出版社2007年版,第184—185页。

是年，国民政府颁布《各省县农业机关整理办法纲要》，要求年经费在600—20000元之间的各县立农事试验场、农业改良场或农场改为农业推广所或农业指导员办事处，以便能够实际农业推广工作的开展。

是年，农圃研究会在北京成立。

是年，浙江省政府建设厅发布《浙江省提倡奖励农村畜牧事业方案大纲》。

二 乡村建设研究论文

唐启宇《近百年来中国农业之进步》发表于《农业周报》第2卷第4期。

童玉民《农业经营新论》发表于《农业周报》第2卷第4期。

按：文章分农业经营之意义、农业经营之目的、农业经营之方法、农场组织之模范四部分。

唐启宇《四十年来之中国农业教育》发表于《农业周报》第2卷第5期。

按：文章说："中国之有近代的农业教育，自光绪二十二年江西蔡金台等设蚕桑学堂于高安县始。……辛亥革命，中华民国成立后，元年十月间教育部颁布有《大学令》，大学分为七科，农居其一，分为四门。"

董时进《中国食粮之救济办法》发表于《农业周报》第2卷第7期。

匝《吾国目前农业改良之急务》发表于《农业周报》第2卷第7期。

唐启宇《中国农业改造刍议》发表于《农业周报》第2卷第7—8期。

社论《都市金融机关与乡村贷款》发表于《农业周报》第2卷第8期。

社论《民众教育与农业推广》发表于《农业周报》第2卷第9期。

叶友琪《乡村人口之移动性》发表于《农业周报》第2卷第14期。

杨任农《安徽农村教育的建设》发表于《农业周报》第2卷第15期。

李铭侯《农村复兴与垦殖问题》发表于《农业周报》第2卷第18期。

御众《农村复兴与农产价格》发表于《农业周报》第2卷第18期。

唐启宇《农村衰落与社会经济》发表于《农业周报》第 2 卷第 18 期。

王士勉《农村复兴与提倡副业》发表于《农业周报》第 2 卷第 18 期。

唐启宇等《农村复兴中之农业金融问题》发表于《农业周报》第 2 卷第 19 期。

宇《在复兴农村呼声中政治建设须先于经济建设》发表于《农业周报》第 2 卷第 19 期。

社论《乡村经济与乡教经费》发表于《农业周报》第 2 卷第 20 期。

蒋仁《中国之乡村改进事业》发表于《农业周报》第 2 卷第 20—23 期。

按：文章认为，乡村改进事业之所以失败的原因，一是政局不定，二是领袖缺乏，三是经费不足，四是人才不足。

社论《农村金融调济问题》发表于《农业周报》第 2 卷第 21 期。

社论《应用合作方法兴办地方农田水利事业》发表于《农业周报》第 2 卷第 23 期。

社论《复兴农村中之植物病虫害防除问题》发表于《农业周报》第 2 卷第 25 期。

按：为了防除病虫害，社论建议，一是培植病虫防除专材；二是广设病虫防除机关；三是检查出口入口植物；四是设法推广以期普及。

曲直生《中国农产市场制度》发表于《农业周报》第 2 卷第 25—26 期。

赵配乾《中国农村经济衰落之总因》发表于《农业周报》第 2 卷第 27 期。

按：为了发展农村，解决农民问题，文章建议，一是清除匪患免去兵差，二是蠲免苛捐杂税，三是组织农民发展乡村自治事业，四是重订田赋制度铲除积弊停止预征，五是严禁重利盘剥清理农民债务，六是提倡农产品比赛会奖励农业生产，七是提倡农村合作事业。

王士勉译《美国农民之生产劳动及其购买力》发表于《农业周报》第 2 卷第 30—31 期。

梅光复《我国农村衰落之原因论略》发表于《农业周报》第 2 卷第 33 期。

按：文章认为，我国农村衰落的原因，一是帝国主义之侵略，二是政治腐败之影响，三是地主之剥削，四是耕种技术不良，五是天灾。

刘承章《中国农村人口与耕地》发表于《农业周报》第2卷第34期。

陈长蘅、房师文《中国农村人口实况》发表于《农业周报》第2卷第36期。

房师文《中国农村之人口问题》发表于《农业周报》第2卷第36期。

社论《论土地平均分配》发表于《农业周报》第2卷第37期。

李鸿毅《农民生活费用之分类价值及比较》发表于《农业周报》第2卷第38期。

许振鸾《我国历代乡村组织之变迁》发表于《农业周报》第2卷第38期。

社论《复兴农村在中国之地位》发表于《农业周报》第2卷第40期。

按：文章说：中国农业，"尤必应用近代之组织及技术，使我国之农业能与他国之农业相比较而不致落伍，于此则有数点应为深切之注意"：一是实行有系统的具体的计划，二是应用国家整个的力量，三是完成永久的严密的组织，四是采用最新的机械及技术。"复兴农村在积极的方面苟能本上述四项方针行之，则其实现之期会当不远也。"

梅光复《中国农民心理概观》发表于《农业周报》第2卷第42期。

按：文章说：中国农民的心理特点，一是心理单纯，二是保守性，三是家庭观念浓厚，四是相信迷信。

王士勉译《如何分析与解决农场管理问题》发表于《农业周报》第2卷第43期。

董中生《我国农民离村之原因》发表于《农业周报》第2卷第44期。

社论《中国耕地面积日减论》发表于《农业周报》第2卷第45期。

吴景超《讨论"中国农民何以这样多"》发表于《农业周报》第2卷第45期。

许振鸾《农民与乡村组织》发表于《农业周报》第2卷第46期。

董中生《救济农村之农业与农民银行》发表于《农业周报》第2卷

第 46 期。

仲蒋《畜牧事业之经营与改良》发表于《农业周报》第 2 卷第 46 期。

按：文章说："我国畜牧事业，在边陲虽甚发达，而在人民繁殖之区亦不少经营。惟以种类分歧，血统混杂，体质衰弱，能力低减，以与欧美各国之牲畜比较，其生产效用相差甚远。则育成优良之品种与生产标准之品质实为至要。"

任安《鄂省枣阳县之农村经济概况》发表于《农业周报》第 2 卷第 46 期。

黄星韶《农业仓库问题》发表于《农业周报》第 2 卷第 47 期。

李明良《四川农民经济穷困的原因》发表于《农业周报》第 2 卷第 50 期。

居厉今《农民对于抗日之责任》发表于《农业世界》第 1 卷第 8—11 期。

叶展玉《造林运动的起源及其意义》发表于《农业世界》第 1 卷第 13 期（造林运动专号）。

［日］田中忠夫作，丁树农译《中国之农家经济与负债》发表于《农业推广》第 2 期。

冯锐、邝剑平、张伟鹏《中国农业生产与农村救济》发表于《农业推广》第 3—4 期。

宋希庠《中国历代劝农制度考》发表于《农业推广》第 4—5 期。

陈桂生《农林推广成功的要素》发表于《农业推广》第 5 期。

芳痕《满洲农村教育之我见》发表于《农业进步》第 2 卷第 8 期。

钟兴正《现代农业研究之趋势》发表于《农林新报》第 10 卷第 2 期。

按：文章说：农业在现代已非简单之问题，须有良好之科学基础，及优美之实验方法完善之设备研究不可，现代研究农业之趋势可分五类：（一）基本原理之应用；（二）农业问题研究之合作；（三）节制环境及遗传因子；（四）创造之趋势；（五）应用统计方法。

周鉴章《农民之卫生问题》发表于《农林新报》第 10 卷第 6 期。

章之汶、李醒愚《农业推广概论》发表于《农林新报》第 10 卷第 12 期。

按：文章说："农业推广之意义，可分狭义与广义两者言之。所谓狭义之农业推广，即以农业学术机关研究改良之结果，推广于农民普遍种植或使用，以增进农业之生产而已。至广义云者，除推广改良成绩外，且教育农民，培养领袖，进而改善其整个的适当生活。"

张履鸾《物价与农民》发表于《农林新报》第10卷第29期。

哲文《农村破产中之农民借贷问题》发表于《农牧月报》第4期。

搏云《农村之特性及农业推广之途径》发表于《通农期刊》第1卷第1期。

载之《农民问题与农学生的出路》发表于《通农期刊》第1卷第1期。

鲍尚贤《刑法修改与中国农业》发表于《中华农学会报》第111期。

杜修昌《农业对于人口的影响》发表于《中华农学会报》第115期。

按：文章认为，农业对于人口的影响，一是农业对于人口收容力的弹性，二是农业对于人口的出生率，三是农业对于人口的品质。

童玉民《农业仓库之经营与推行》发表于《中华农学会报》第116期。

司徒廉《农民离村问题之面面观》发表于《农声》第172期。

按：文章说："农民离村，在经济条件之下，可以分两方面来说，一方面是农村知识分子的离村，另一方面是农村壮丁的离村，这两方面人的离村，简直就是农村的致命伤。关于第一点，因乡里较为富有的农民，深觉耕田之困难，不愿他们的子弟将来亦同受此种困难，多命他们的子弟出外读书。因此一举，不特能减子弟将来之困迫，借此可以夸耀乡里，学成之后，若得一官半职，尚能荣祖耀宗，光前裕后，真是一举而三得。"

侯勋《农民与租税》发表于《现代农村》第3—4期。

王德修《中国农业经济衰落的原因和发展的方法》发表于《现代农村》第5期。

按：文章认为，发展中国农业经济的方法，一是彻底解决土地问题，二是移民开垦，三是发展交通事业，四是实行村治，五是整理耕地，六是改良品种，七是施用肥料，八是防除害虫，九是振兴水利，十是提倡畜牧，十一是提倡农民教育，十二是发展农村合作事业，十三是改订农业行政。

孙育万《研究农村问题的先决问题》发表于《现代农村》第5期。

童玉民《农村复兴之原理》发表于《农村经济》第1卷第1期。

吴遵义《复兴农村与救济国难》发表于《农村经济》第1卷第1期。

李骏良《复兴农村之我见》发表于《农村经济》第1卷第1期。

乔启明《农业推广与农村复兴》发表于《农村经济》第1卷第1期。

按：文章说："凡是做农业推广的要注意，第一要确定一个很好的农业推广单位，在我国就是以市镇的范围，做推广单位，以农会做推广的中心；第二要扶植农民有自助的精神，养成良好乡村领袖；第三是因地制宜拿农民需要的东西推广计划；第四要训练农民做一个忠实的份子，共同协作，可使农村完全的复兴。"

陈绍琳《怎样改进中国农业教育》发表于《乡村改造》第2卷第7期。

张潜《贡献给乡村运动者几种农民心理》发表于《乡村建设》第2卷第27—19期。

李鼐《研究农村问题的方法》发表于《乡村改造》第3卷第11期。

阮模《中国土地问题与农业问题》发表于《村治》第3卷第2—4期。

孙尚宾、赵夔《中国的耕作制度和各区域的农业》发表于《村治》第3卷第4—5期。

苏邨圃《三代以前之土地制度》发表于《农村》第1卷第1期。

黄实之《日本的农业统制及其实施》发表于《农村》第1卷第6—7期。

曾养甫《农业总场设立之意义与所负之责任》发表于《新农村》第1卷第1期。

李复天《农村破产之原因及其救济办法》发表于《新农村》第1卷第5期。

按：文章分发展生产努力于工业机器化、改进生产努力于货美价廉、保护生产努力于经济统制、限制农田种植努力于有利趋势、发行纸币畅行汇兑努力于建设基础、均输平籴努力于粮价救济、农村组织努力于经济合作、限定资格考任村主任努力于农村建设等八部分。

南柯《中国土地政策之史的发展过程》发表于《新农村》第1卷第6期。

翟品三《中国农村经济现阶段的认识》发表于《新农村》第1卷第

7期。

其鸣《组织利用合作社的几个注意点》发表于《农村合作》第26期。

李振藩《我国农村衰落之原因和今后补救之方法》发表于《农村合作》第29期。

渭《农产运销之重要及其困难》发表于《农村合作》第30期。

刘统勋《吉安农民生活状况》发表于《农村合作》第30期。

文群《赣豫鄂皖四省之农村合作运动》发表于《农村合作》第38—39期。

武光英《关于中国合作运动的诸问题》发表于《农村合作》第38—39期。

按：文章分合作的目标、合作系统化、合作业务经营专门化、合作组织普遍化、合作领导人才、合作资金与合作指导六部分。

蔡伴佛《农村消费合作社的诸问题》发表于《农村合作》第40期。

路《再论农村合作之统一运动》发表于《农村合作》第43期。

李安陆《农村利用合作经营论》发表于《农村合作》第53期。

曹增祺《农村生产教育的意见和实施》发表于《教育与农村》第30期。

周棲梧《中国农业衰落的原因及改良的方法》发表于《高农期刊》第2期。

按：文章认为，中国农业衰落的原因，一是土地分配之不平均，二是金融流通方法之不良，三是农民迷信的深挚，四是农民知识浅陋和富有保守性，五是农民缺少良好的组织，六是军阀盗匪的蹂躏及政府和社会的忽视，七是农民卫生的不讲究。改良的方法，一是平均地权，二是设立农业银行，三是兴办农村教育，四是组织有政治的团体，五是设备农村的公安，六是注重农村卫生，七是设备农村的娱乐。

曹铎《发展吾湘农业教育之管见》发表于《高农期刊》第2期。

苏文炳《森林之重要及我省林业应有之提倡》发表于《高农期刊》第2期。

江尚斌《世界经济问题与中国农业发展之关系》发表于《高农期刊》第3期。

黄初《我国农业经济破产之因果及其挽救方法》发表于《高农期刊》

第 3 期。

按：文章认为，挽救中国农业的方法，一是广设农事试验场，育成优良品种；二是注重农业专门人才；三是移民边疆；四是多栽森林；五是改良土壤肥料；六是创办农民银行及各种合作社；七是促农工商业互相抚助；八是研究作物之病虫害病广设预防驱除所；九是提倡副业；十是疏浚川泽河湖；十一是实行模范乡村小学教育并速办农民成人夜校；十二是寓兵于农；十三是减轻农民负担并严防苛捐杂税及土劣扰民；十四是提高改良农产之价格。

鄞裕洹《科学与农业》发表于《高农期刊》第 3 期。

蒋哲文《中国农业之危机》发表于《农牧月报》第 1 期。

非文《中国农村与农业合作》发表于《沪农》第 1 卷第 1 期。

蔡藩国《由中国农村经济的崩溃讲到"农民合作社"、世界合作运动之进展》发表于《南大经济》第 2 卷第 2 期。

卢子芩《中国鸦片问题和对于农村的影响》发表于《南大经济》第 2 卷第 2 期。

冯锐《挽救我国农村经济崩溃之具体办法》发表于《南大经济》第 2 卷第 2 期。

按：文章说：挽救我国农村经济崩溃之办法，一应先使土地和现有人工均能从事生产，而在此办法中应行的事情约有三点：（甲）减低农产品生产费；（乙）保护农村现有的生产；（丙）农产制造及农村工业之发展。二应提高农民之国民程度；三应改进农村之组织。

许缉纲《复兴农村之四大经济问题》发表于《经济学报》第 2 期。

按：文章分绪论、农村金融问题（农村金融之实相、金融枯竭之原因、金融救济之办法）、农民副业问题（农村副业状况、从农村副业衰落想到马氏小工业说）、生产农业问题、农产运销问题（中国之交通状况、农村运销之方法、运销之科学管理）、结论六部分。

王砺经《中国历代农民战争之分析及今后农民问题解决的道路》发表于《中国经济》第 1 卷第 1 期。

按：文章指出，历代农民暴动都为了反抗过度的剥削和夺取土地，太平天国表面上是争政权，其实它心目中的目标，还是要解决土地问题。

高家栋《复兴农村与改善农村金融问题》发表于《银行周报》第 17 卷第 34 期。

蔡致通译《古代农业组织与农田共产制问题》发表于《地政月刊》第1卷第1期。

重生《我国农民情形及农佃制度应有之补救》发表于《地政月刊》第1卷第4期。

翰笙《中国农民负担的赋税》发表于《地政月刊》第1卷第5期。

董汝舟《中国农民离村问题之检讨》发表于《地政月刊》第1卷第5期。

按：文章说：农民离村的原因，一是资本帝国主义者对农村经济的破坏，二是军阀土豪劣绅对农民的榨取，三是天灾人祸对农民加紧压迫。解决农民离村问题的根本办法，在于推翻资本帝国主义与封建残余势力的支配，至于治标的办法，一是提倡移民开拓边疆，二是各乡村都要设立一所乡村小学，而且把这所小学作为乡村的行政机关。小学教师除教养儿童外，负责指导农民耕种的责任，并替他们解决各种难题。三是根据中山先生平均地权的政策，解决土地问题，使地权不为少数土豪劣绅所操纵。四是奖励造林，并兴修水利，以防水旱之灾。五是利用机器，提倡合耕。六是扩充农村设备，直接辅助农民。首当创设者，一为农民银行，一为消费合作社。银行之设立，使农民金融活泼流通，可免高利贷者之剥削；消费合作社之组织，促成大量购买，直接取之于生产者，免除商人之垄断，二者皆有益于农民。其次，创办乡村医院，改良国医国药，免费诊治，俾农民疾病有所咨询，旦夕祸福，得有急救。再次，筹设各种大规模之工厂，如食品制造厂、裁缝工厂等，以供农民物质生活上之充分需求。

民权《俄国农民问题之史的观察》发表于《地政月刊》第1卷第6期。

啸秋《苏联农业的集体化成绩》发表于《地政月刊》第1卷第6期。

冯华德《"复兴农村"的先决问题——平均农民的负担》发表于《地政月刊》第1卷第7期。

江声远《中国农民与耕地问题》发表于《地政月刊》第1卷第9期。

陈翰笙《现代中国的土地问题》发表于《地政月刊》第1卷第9期。

作周《最近中国农民负担的田赋》发表于《地政月刊》第1卷第10期。

汤惠荪《农业经营与土地利用》发表于《地政月刊》第1卷第12期。

冯紫岗《繁荣农村与土地政策》发表于《地政月刊》第 1 卷第 12 期。

[德] 达马熙克作，高信译《农业建设与土地问题》发表于《地政月刊》第 1 卷第 12 期。

丁亨斋《我国农业之今昔观》发表于《地学季刊》第 1 卷第 2 期。

毛泽东《查田运动的初步总结》发表于《斗争》第 24 期。

按：文章说："无疑的，查田运动是在广大地区的内开展了。但当这个运动前进的时候，当我们正确估计了已得成绩，并奠定了运动发展的基础的时候，我们还要警觉地注视运动中途的障碍物。只有发动两条战线斗争的火力去清除这些障碍，才能推进查田运动更加迅速地前进。开展反右倾的思想斗争，反对对查田运动严重意义的估计不足，及对地主富农的妥协投降，反对对群众斗争的尾巴主义，是每个共产党员的责任。同时要把侵犯中农的危险唤起全体党员的注意，要严厉打击任何侵犯中农利益的企图，因为这是目前查田工作中已经明显表现出来了的十分严重的危险。对富农不正确观念，也无疑要影响到中农上去。一切命令主义的蛮干，对于联合中农是最大的危害。用两条战线斗争的火力，来扫荡查田运动道路上的一切障碍物，查田运动就可以大踏步前进，他的彻底胜利就有了充分保障了。"

[苏] 斯达林《应当使集体农民变成小康者》发表于《斗争》第 35 期。

博古《为着布尔什维克的春耕而斗争》发表于《红色中华》第 51 期。

按：文章说："千百年来广大的农民群众在地主豪绅富农的奴役和剥削之下，终年忙碌勤劳的结果，只是供给地主豪绅的奢侈宴饮；而自己依然是饥饿着、冷冻着。在苏维埃政权之下，劳苦农民群众第一次能够耕种自己的土地，自由地吃自己的耕种的收获。这便造成了劳苦农民群众勃发伟大的耕种劳动热忱的基础。党和苏维埃政权的任务，是在组织、激发、提高这个伟大的自发的群众的劳动热忱，提早春耕，扩大耕地，争取收获量的增加，要使得没有一寸苏维埃的土地荒弃着，没有一分人力闲暇着，用与进行战争同样的热忱与英勇来开展在经济战线上、生产战线上的突击。生产战线上的胜利，是前方战争胜利的重要保证。让我们的党、团和一切群众组织紧急的动员起来，为着布尔什维克的春耕而斗争。"

通讯《最近半年来白区的农民斗争》发表于《红色中华》第 93 期。

洛甫（张闻天）《收集粮食运动的战斗任务》发表于《红色中华》第 96 期。

解生《中国农业恐慌底现阶段》发表于《中华月报》第 1 卷第 6 期。

作周《最近中国农民负担的田赋》发表于《中华月报》第 1 卷第 6 期。

和法《商业高利贷资本与中国农村》发表于《中华月报》第 1 卷第 6 期。

吴清友《农民史的观察》发表于《中华月报》第 1 卷第 6 期。

罗君素《农业恐慌之理论》发表于《中华月报》第 1 卷第 6 期。

按：文章说："所谓恐慌，不过是暂时解决经济发展之矛盾的一种必经的过程。在这过程中所表现的，就是物价低落到生产成本费的水平线之下，其次，是复生产过程的停止。暂时解决经济发展中的矛盾，在作者的意思，这只是一种社会关系，而非简单的生产阶段。作者之所以特别指出这一点，因为有许多号称为学者的人，将'农业恐慌'与'农村经济恐慌'两者划为两个不同的问题。他们认为农业经济恐慌属于生产的范畴，而农业恐慌则属于社会关系的范畴。这样的划分，是不合事实的。因为我们研究生产过程决不能离开社会关系，我们认为恐慌纯粹是属于社会范畴的。"

万叶《苏俄农业生产的研究》发表于《中华月报》第 1 卷第 6 期。

洛夫《农业推广之重要及中国推广设计》发表于《棉业》第 1 卷第 2 期。

童玉民《农村复兴运动与农村经济之发展》发表于《苏声月刊》第 1 卷第 1 期。

按：文章分农村复兴运动之趋势、农村复兴运动中之核心运动、农村经济复兴运动与都市经济复兴运动、厉行农村经济复兴运动与党政设施、农村经济复兴计划、结论六部分。

顾兆昌《中国农村崩溃之原因与复兴之方法》发表于《苏声月刊》第 1 卷第 2 期。

按：文章说：复兴农村之方法，一是注意关税政策，二是废止内战，三是造林治水，四是废除苛捐杂税，五是调剂金融，六是改良风俗，七是实施民众教育，八是推广良种。

辛玉堂《中国农村之现状》发表于《苏声月刊》第 1 卷第 2 期。

黄光祖《中国农村经济问题》发表于《苏声月刊》第 1 卷第 2 期。

童玉民《调剂农村金融简论》发表于《苏声月刊》第 1 卷第 2 期。

石民傭《复兴农村的途径》发表于《苏声月刊》第 1 卷第 2 期。

按：文章说：复兴农村的途径，一是振兴教育（发展学校、感化社会、涵养智德、改善娱乐）；二是增加生产（改进农业、提倡副业、扩张耕地、减少灾害）；三是融裕经济（充裕财政、流通金融、推行合作、勤俭储蓄）；四是发挥自治（增进健康、便利交通、组织警备、广行救恤）。

吴遵义《江苏农村经济问题》发表于《苏声月刊》第 1 卷第 3—4 期。

董汝舟《中国农民离村问题之检讨》发表于《新中华》第 1 卷第 9 期。

林克多《苏联农业的政策与现状》发表于《新中华》第 1 卷第 9 期。

周祗愉《中国农村经济衰落的过程与救治》发表于《新社会》第 4 卷第 1 期。

吴耐冰《田赋和农民》发表于《新社会》第 4 卷第 6 期。

史楚琪《我国农村经济破产之原因》发表于《新社会》第 4 卷第 11 期。

按：文章说：我国农村经济破产之主要原因，一是国际资本主义之侵略，二是苛捐杂税之搜刮，三是高利贷之剥削，四是鸦片红丸之戕害。

阮有秋《日本农业恐慌及其本质的解剖》发表于《前途》第 1 卷第 1 期。

朱通九《中国农村经济的前途》发表于《前途》第 1 卷第 3 期。

按：文章分绪言、农村经济的实况、农村经济衰落的原因、救济的方法四部分。

梁园东《论复兴农村的理论与实际》发表于《前途》第 1 卷第 6 期。

冯和法《转形期的中国农业雇佣劳动》发表于《前途》第 1 卷第 8 期。

阮有秋《日本农业恐慌及其本质的解剖（续）》发表于《前途》第 1 卷第 9 期。

孙伯謇《中国农村中的剥削关系与农村经济的将来》发表于《前途》第 1 卷第 9 期。

白瑜《非常态的中国农村衰落与复兴的先决问题》发表于《前途》第 1 卷第 9 期。

按：文章分非常态的农村衰落、复兴农村的先决问题两部分。

李崇厚《中国农村经济解体的过程》发表于《前途》第 1 卷第 9 期。

刘炳藜《农村复兴的意义》发表于《前途》第 1 卷第 9 期。

国联特派驻华农业专员特来贡尼《中国农业政策初步研究报告》发表于《前途》第 1 卷第 9 期。

黄通《复兴农村与田赋问题》发表于《前途》第 1 卷第 9 期。

王波《中国农村经济崩溃的总检讨》发表于《前途》第 1 卷第 12 期。

按：文章分前言、帝国主义的侵略对于农村经济崩溃的影响、天灾人祸对于农村经济崩溃的影响、市场性质对于农村经济崩溃的影响、金融之偏在都市对于农村经济崩溃的影响、总结六部分。

冯和法《商业高利贷宰制下之中国农村金融》发表于《前途》第 1 卷第 9 期。

傅衣凌《论中国的生产方式与农民》发表于《现代史学》第 1 卷第 3—4 期。

董家遵《唐末的经济恐慌与农民》发表于《现代史学》第 1 卷第 3—4 期。

用中《山西农村社会之危机及补救方法》发表于《监政周刊》第 2 卷第 1 期。

王春《阳城县农村状况概观》发表于《监政周刊》第 2 卷第 5 期。

井《农村经济建设之途径》发表于《监政周刊》第 3 卷第 4 期。

赓析《复兴农村与政治》发表于《监政周刊》第 3 卷第 9—10 期。

佩萱《中国农村经济与农业合作》发表于《求实月刊》第 1 卷第 1—3 期。

按：文章说：农民贫困的原因大概不出下列数种：1. 天灾，水灾旱灾是我们中国农民的致命伤。2. 人祸，所谓人祸即指内战。3. 农业技术上的缺乏，不知利用肥料，不知利用机器。4. 农村经济组织的缺乏。5. 农村副业不发达。6. 中国农民缺乏团结力。7. 最后一个而又是最要紧的一个农民贫困的原因，就是农村教育问题。农民无知识，你虽说得天花乱坠，农村应如何如何改良，他们还是充耳不闻，所以农村教育是农村问题中最要紧的。

武军平《农村武装教育计划纲要》发表于《感化月刊》第1卷第1期。

甘祠森《中国农业恐慌的严重性》发表于《商兑》第1卷第4期。

朱鼎《中国农村经济崩溃的原因与实况及救济方法》发表于《蕙兰》第1期。

按：文章分绪言、中国农村经济崩溃的原因、中国农村经济崩溃的实况、中国农村经济崩溃的救济方法（彻底解决土地问题、取缔一切苛酷的剥削、发展交通事业、农业的改良、普及乡村教育、发展农村合作事业）、结论五部分。

蒋国炎《西北的农业问题与如何利用地力》发表于《西北问题》第1卷第3—4期。

赵定《农村教育与农民》发表于《民生》第2卷第7期。

汪中《农村救济的资金调济问题》发表于《救国通讯》第59期。

华坚《中国农业经济之统制问题》发表于《晨光（杭州）》第2卷第25期。

育隆《农村教育与农业改造》发表于《时代青年》第16期。

方镇五《民族复兴与发展农业》发表于《青年评论》第25—26期。

按：文章分农业之重要、农业之发展、农业发展之后发展工业三部分。

罗郁芬《农民应如何武装自卫》发表于《兴华》第30卷第3期。

曾宪文《东北农民的生活》发表于《国风（南京）》第3卷第1期。

姚传法《中国农业改造的新途径》发表于《生力（南京）》第5期。

按：文章说："教育以农业为重心，其第一件的工作，就是要普及农村教育或乡村教育，农村教育普及，国本教育自然成功。所以我以为与其办从前的农业教育，不如办农村教育；与其培植找不到出路的农业学生，不如教育已有生产能力的农民。"

民《农村复兴委员会与农民》发表于《团结》第5期。

鸢鹤《中国农村经济的危机及其补救》发表于《新声》第4期。

梁松襌《由农业衰落后的中国社会说到民生问题》发表于《南溟》创刊号。

胡嗣春《解决中国土地问题的需要与方法：改良农业生产》发表于

《人民评论》第 1 卷第 10 期。

毅萍《最近中国农业恐慌的检讨》发表于《人民评论》第 1 卷第 19—21 期。

按：文章分导言、世界农业恐慌中的中国农业、中国农业恐慌的原因、中国农业恐慌的现状、中国农业恐慌前途的展望五部分。

冯鉴滉《国民党农业政策之理论及其实施》发表于《独立第三师月刊》第 10—12 期。

董自修《中国农村经济破产与帝国主义的关系》发表于《七师期刊》创刊号。

松子《中国农业经济之研究》发表于《朔望半月刊》第 3 期。

按：文章说："我们要了解中国社会，非研究中国农业经济不可。"

王集丛《复兴中国农村经济的前途》发表于《朔望半月刊》第 12 期。

龙庄《中国农村土地问题》发表于《朔望半月刊》第 12 期。

罗舜琴《合作与农民》发表于《大夏周报》第 10 卷第 6 期。

罗舜琴《中国农民问题的前途》发表于《大夏周报》第 10 卷第 14 期。

鲁成《农民问题》发表于《大声》第 1 卷第 18 期。

鲁成《中国农民教育问题》发表于《大声》第 1 卷第 22 期。

飞瀑《家畜业在中国农村的意义》发表于《国防论坛》第 1 卷第 9 期。

宗流《中国农村经济崩溃中之地租问题》发表于《进展月刊》第 2 卷第 2 期。

未田《中国农村经济破产之过去与现在》发表于《进展月刊》第 2 卷第 5—6 期。

按：文章分引言、帝国主义之东来、资本主义经济使中国农村经济破产之过程、中国地主之作用、中国农村破产与欧美农业恐慌之不同、世界农业恐慌与中国农业、与时俱进的中国经济之隶属性、结论等八部分。

鲁恩《中国农村经济的现况及其诊断的把握》发表于《进展月刊》第 2 卷第 5—6 期。

胡守愚《中国农村经济现状底观察》发表于《学术月刊》第 1 卷第 2—3 期。

孙敬《现阶段中国农业经济的分析》发表于《法商半月刊》第 1 卷第 2 期。

李荣廷《汉代农业经济》发表于《政法月刊》第 9 卷第 1 期。

冠一《中国农业经济的探讨》发表于《行健月刊》第 3 卷第 1—2 期。

按：文章说：推求中国农业凋敝的原因，总括有下列各项：A. 国内政治紊乱，缺乏统一的政治中心；B. 国际帝国主义的榨取、压迫和武力侵略；C. 未能普遍利用国内荒地；D. 土地集中；E. 交通不便；F. 金融周转呆滞；G. 苛捐杂税的压迫；H. 农业工具和经营方法的恶劣；I. 地租和高利贷的奇重。有了这些原因，所以振兴中国农村，应该施行下列的办法：1. 垦殖荒地。2. 实施限田政策。3. 设法保护佃农。4. 周转农村金融。5. 减免苛捐杂税。6. 改善农具。7. 便利交通。

敏《关于农村工人分得土地的问题》发表于《转变》第 1 期。

敏《工人雇贫下中农出租的土地是否要没收》发表于《转变》第 1 期。

声《什么是富农》发表于《转变》第 1 期。

林学就《封建政治对于农民之剥削》发表于《复兴月刊》第 2 卷第 4 期。

吴景超《都市教育与乡村教育》发表于《独立评论》第 40 期。

董时进《论复兴农村》发表于《独立评论》第 56 期。

按：文章说："救济农民，必须有真为农民谋利益及为农民而牺牲之诚意，苟以压榨为目的，以救济为手段，则视农民最多不过一泌乳之牛，产卵之鸡耳。"

守愚《复兴农村与农民负担》发表于《独立评论》第 66 期。

佩萱《中国农村经济与农业合作》发表于《革命军人》第 19 期。

张瑛《在帝国主义侵略下发展中国农业可能么》发表于《民众生活》第 49 期。

熊得山《中国农民问题之史的叙述》发表于《读书杂志》第 3 卷第 3 期。

任忠道《统制经济与中国农业》发表于《读书杂志》第 3 卷第 7 期。

山樵《应如何能除农民痛苦——复兴农村》发表于《大侠魂》第 2 卷第 11—12 期。

杨大荒《中国土地制度沿革与农民战斗》发表于《对抗》第8期。

铁心《宗教与农民》发表于《对抗》第8期。

东生《中国农业经济之危机与复兴方策》发表于《生命线》第1卷第3期。

东生《中国农业经济之危机与复兴方策》发表于《生命线》第1卷第5—6期。

景尊《山西省林业状况》发表于《生命线》第1卷第16—17期。

力君《中国农业经济破产的原因与将来补救的方法》发表于《生命线》第2卷第16期。

按：文章认为，"生产技术的幼稚，耕地的过度分裂，人口分配的不平均，地主及高利贷与商业资本的剥削的凶暴，家庭手工业的破产，国际农业的竞争，农村资本的缺乏"，是中国农业经济破产的经济方面的原因。

姚宝贤《日本明治维新与农民运动之发展》发表于《大陆杂志》第2卷第4期。

其亮《复兴农村会议与农民》发表于《人民周报》第70期。

玉《农民合作在法国最近的现势》发表于《北辰杂志》第5卷第20期。

范苑声《农村破产中的农民运动之新认识》发表于《民众运动》第1卷第6期。

罗郁芬《农民应如何武装自卫》发表于《民众运动》第1卷第6期。

江声远《中国农民与耕地问题》发表于《劳工月刊》第2卷第8期。

何庆云《农业建设声中之农民教育问题》发表于《时代公论》第46期。

叶元龙《农村经济破产的几个原因》发表于《时代公论》第47期。

俞铨《我国农村经济衰落的原因及其救策》发表于《时代公论》第69期。

按：文章说："改进农业技术以求达产量的增加，最切要的莫过于以下四点：（一）改良农业耕种方法；（二）改良肥料；（三）改良种子；（四）改良丝茶。总之，救济农村经济最大的责任，仍然是在政府，好在近来行政院已经有农村复兴委员会之组织，我们希望该会能博采群议，切实工作，以救济奄奄一息的农民。"

卢森堡《中国农民与"耕者有其田"》发表于《中州青年》第 6 期。

镇道《农民离村的出路与移殖东北之研究》发表于《广西青年》第 30 期。

逸民《中国农民离村向市问题的解剖》发表于《时代青年》第 16—17 期。

季高《论农民自卫权》发表于《青年评论》第 38 期。

建三《如何拯救中国的农民》发表于《青年评论》第 45—46 期。

伍玉璋《中国农业金融论》发表于《青年世界杂志》第 2 卷第 1—2 期。

按：文章分金融概要、金融经济、金融政策、农业金融之理论、农业金融之实际、中国农业金融机关上、中国农业金融机关中、中国农业金融机关下等八部分。

曾济宽《从现代农村问题的特质说到中国农村问题》发表于《政治评论》第 40 期。

吴正《中国农村经济之病理探源》发表于《政治评论》第 55 期。

刘怀溥《日趋干涸的中国农村资金》发表于《政治评论》第 55 期。

卢伯鸥《兴复农村声中之乡村师范教育》发表于《政治评论》第 57 期。

按：文章分中国乡村社会的内在观察、改造中国乡村的途径、现在中国农村所缺的是甚么、乡村师范教育的使命、乡村师范教育的前进之路、最后的希望六部分。

黄公安《德国农村信用合作社组织法》发表于《政治评论》第 66 期。

刘冠雄《中国复兴农村须促进乡村工业之建设》发表于《政治评论》第 76 期。

郁禹昌《中国农村经济的根本问题》发表于《政治评论》第 79 期。

余《关于农民信用合作社底种种》发表于《民间周报》第 3 期。

祝存《农村破产中的婚姻》发表于《星期三》第 1 卷第 14 期。

莘莘《德国的农民》发表于《星期三》第 1 卷第 19 期。

王慰农《从农村经济衰落之原因说到救济的办法》发表于《军需杂志》第 23 期。

素心《中国农民的悲哀》发表于《循环》第 3 卷第 17 期。

钟英《中国的农村问题》发表于《效实学生》第4期。

张根虎《可怜我国的农民》发表于《儿童世界》第31卷第7期。

邹碧辉《农村衰落与复兴农村》发表于《无锡童报》第8期。

按：文章说："我想救中国，先要复兴农村；要复兴农村，先要做下面几种工作：第一种工作，要减轻农民的负担；第二种工作，要救济灾民，治理河道；第三种工作，要剿灭匪队；第四种工作，要抵制外国货，提倡国货；第五种工作，要改良种田方法。能够把这五种工作都做到了，那末农村便有复兴的希望了。"

黄灿《中国农村经济破产的必然性》发表于《微音月刊》第2卷第10期。

杨柳岸《农民文学概述》发表于《微音月刊》第3卷第3期。

黄灿《中国封建国家朝代的变换与农民战争——对陶希圣王礼锡理论的批评》发表于《微音月刊》第3卷第4期。

王检《苏俄农业集产化的方法和成绩》发表于《申报月刊》第2卷第5期。

顾谦吉《对于中国农业改造的我见》发表于《申报月刊》第2卷第5期。

按：文章说："农村组织的改良，我以为最要紧的一点就是村主任保甲而外，由省政府派出多少农事指导员，来劝助他们。农村的改造差不多就在这般农事指导员的身上。农村指导员既然有如此重大的责任，那么人的资格当然值得研究。第一，这般人必须是还没有染到恶习而肯往乡村去工作的青年，最好是农家的子弟。第二，他们得有相当的农业科学练习，同农村组织的方法。第三，他们得有做好领袖的能力和才具。同时也和善可亲的没有官气味。"

孙怀仁《中国农业恐慌之解剖》发表于《申报月刊》第2卷第7期。

按：文章分中国农业之特质与其重要性、农产物价格崩落与农产恐慌、苛捐杂税与农业恐慌、地方金融冻结与农业恐慌、外国贸易与农业恐慌、结尾六部分。

吴觉农《中国农业的现代化》发表于《申报月刊》第2卷第7期。

按：文章分农业现代化的先决问题、个人主义经营农业的苦痛、农业资本主义化的困难与危机、结论四部分。

胡宏基《振兴中国农业之方法》发表于《申报月刊》第2卷第9期。

按：文章说："农村改进之要点，以余观之，一须测量土地；二由政府实施耕地整理；三修农道；四建农渠；五改良农舍；六改良畜舍；七设农村图书馆；八建村民大会堂及讲演厅；九设立社教俱乐部，改正农民之娱乐；十办合作社，使居间商人难以渔利；十一立农民夜校，使教育得以普及；十二遍设邮电，使交通日捷；十三宣传宗教，使农人道德日趋高尚；十四改良团练，充实自卫之实力。果能彼此进行，则'理想之农村''合理之农村'当不难立见也。"

马星野《什么是美国农民问题》发表于《申报月刊》第2卷第12期。

寿昌《地方自治与农村经济》发表于《建国月刊》第8卷第2期。

高迈《中国农村教育问题之检讨》发表于《建国月刊》第8卷第4期。

按：文章分绪论、农村教育的意义和价值、中国农村教育特殊的情状和背景、建设中国农村教育的先决问题、建设中国农村教育的方案、建设中国农村教育的基本原则、结论七部分。

陈有丰《农村再建设之途径》发表于《建国月刊》第8卷第6期。

邹枋《中国农民的再离村问题》发表于《建国月刊》第9卷第1期。

董汝舟《三民主义的农村建设》发表于《建国月刊》第9卷第1期。

赵简子《芬兰的农民合作银行运动》发表于《东方杂志》第30卷第19期。

韦特《中国农村经济的没落与农民问题》发表于《自决（上海）》第1卷第3期。

刘开化《农民运动与中国革命》发表于《自新》第41—44期。

梁明致《中国农民之根本的困难》发表于《自强杂志》第1卷第2期。

志华《中国农村经济的衰敝及其救济的方法》发表于《政训旬刊》第28期。

李家光《谈谈农场管理的几个比较重要的问题》发表于《金大农专》第3卷第1—2期。

黄夏彝《中国农村固有的金融合作》发表于《金大农专》第3卷第1—2期。

李冠东《对于中国农村教育问题的一点意见》发表于《金大农专》

第 3 卷第 1—2 期。

碧川《中国的农民与革命》发表于《生力（南京）》第 2 期。

唐志才《农村复兴声中之农业问题》发表于《中国建设》第 8 卷第 5 期。

按：文章分振兴农业生产、实行农业联合两部分。

金超《复兴农村与农业推广》发表于《中国建设》第 8 卷第 5 期。

按：文章分绪言、农业推广之重要、农业推广之范围、全国农业推广工作人员之养成及其组织之系统、经费之估计、结论六部分。

黄延缵《欧洲各国农业政策之对垒》发表于《南华评论》第 4 卷第 5 期。

万仲文《地方自治与农民解放》发表于《南华评论》第 4 卷第 7 期。

万仲文《复兴农村的三个根本问题》发表于《南华评论》第 4 卷第 17 期。

按：文章所谓的三个根本问题，是指政治问题、利用外资问题和土地问题。

段冷光《从农村救济到农村复兴》发表于《南华评论》第 4 卷第 17 期。

石玉昆《千疮百孔的中国农村经济》发表于《南方杂志》第 2 卷第 4 期。

梁左榮《恐慌潮中的丹麦农业近况》发表于《南方杂志》第 2 卷第 6 期。

刘彻《中国农村过去的概况》发表于《南方杂志》第 2 卷第 6 期。

刘彻《中国农村崩溃的原因及其现状》发表于《南方杂志》第 2 卷第 7 期。

按：文章分由欧美产业发展说到中国农业技术的停滞、帝国主义经济的侵略、战争的破坏和损失、天灾流行的损失、盗匪的扰乱和损害、结论六部分。

刘彻《中国农村复兴的方法和意见》发表于《南方杂志》第 2 卷第 8 期。

学林《中国农村中业佃关系的探讨及其改革的途径》发表于《南方杂志》第 2 卷第 8 期。

徐冰若《军阀与农民》发表于《三民主义月刊》第 1 卷第 3、5 期。

谦实甫《苏俄的农业协同组合》发表于《三民主义月刊》第 2 卷第 1 期。

徐天一《平均地权与农业经营》发表于《三民主义月刊》第 2 卷第 1、4 期。

丘允元《中国农村的经济崩溃》发表于《持志》创刊号。

潘镇《中国农民运动之过去现在及将来》发表于《公道》第 1 卷第 9 期。

按：文章分关于农民运动之史的认识、过去的农民运动之回顾、现在的农民运动之检阅、将来的农民运动之商榷四部分。

伍玉璋《中国农业金融论》发表于《合作月刊》第 5 卷第 1—2 期。

于永滋《农业合作先从信阳办起》发表于《合作月刊》第 5 卷第 5 期。

西耕《我省实施地方自治声中之农民教育与乡村建设》发表于《实业杂志》第 178 期。

廖岂凡《民生主义与中国农民经济》发表于《社会与民族》第 1 卷第 1 期。

邹树文《农业与国防》发表于《科学的中国》第 1 卷第 9 期。

焜《如何使农村工业化》发表于《科学的中国》第 2 卷第 2 期。

帆《复兴农村声中的我国土壤问题》发表于《科学的中国》第 2 卷第 10 期。

庄泽宜《中国的农业教育》发表于《中华教育界》第 21 卷第 3 期。

按：文章说："中国的农业教育虽自光绪二十二年已经开始，但是直到现在尚无成绩可言。……农业教育没有成绩的内包原因，就全国来讲是没有整个的计划，就各校来讲是制度不良。中国自创办新学校以来，即完全抄袭外国，不问本国需要，一切的职业学校办法亦是如此的。"

清原译《托洛斯基论中国农民运动与无产阶级》发表于《社会与教育》第 5 卷第 9 期。

刘俊传《乡村教师与农民》发表于《教育动向》第 8 期。

袁昂《从农村复兴说到农村教育》发表于《教育与中国》第 2 期。

马溪水《吴县北桥农民教育馆归农运动宣传实施报告》发表于《吴县教育》第 3 期。

李景汉《华北农民健康与卫生状况》发表于《教育与民众》第 4 卷

第 6 期。

钮永建《民族复兴之问题与途径及乡村建设之要点》发表于《教育与民众》第 5 卷第 1 期。

按：其《乡村建设要点》是：（一）乡村建设运动之到来为必然的：1. 以民族自救运动屡次无功，乃有此最后觉悟；2. 以乡村破坏日亟，乃有今日之救济乡村运动及乡村自救运动。（二）乡村建设之目前工作，要在能为乡村发现一最简易之组织。其必要条件：1. 由此组织而外间最易灌输新知识、新方法，或供给各种资料于乡村。2. 由此组织而乡村内部最易引起多数人之力量，以渐形成一团体。（三）同时，更要使国内得相当安定，开出机会以容乡村建设之进行。乡村建设运动，就是使国内得相当安定的力量。换言之，此机会必赖自己开出。

潘吟阁《考察河北山东农民教育报告》发表于《教育与职业》第 145 期。

邱冶新《怎样提倡农民副业》发表于《民众教育通讯》第 3 卷第 6 期。

一鸣《怎样解决农民教育问题》发表于《民众教育周报》第 37 期。

徐震《农民教育应注意的几点》发表于《民众教育周报》第 47 期。

张任之《萧县城北村政改进会办理农民学校经过》发表于《教育新路》第 22 期。

论坛《我们应根本去解决农民生活问题》发表于《教育新路》第 39 期。

曹芝清《世界性的农民教育》发表于《松江县教育季刊》第 2 期。

黄希周《江苏农业教育之过去与将来》发表于《江苏教育》第 2 卷第 5 期。

枫《改进江苏农业教育之商榷》发表于《江苏教育》第 2 卷第 5 期。

李维章《改造农业教育之宗旨与计划》发表于《江苏教育》第 2 卷第 5 期。

谢不敏《无锡农民教育的新路线》发表于《无锡民众教育评论》第 4 期。

颜悉达《从中国农村社会经济的基础谈到中国教育的出路》发表于《湖北教育月刊》第 4 期。

逸笙《中国农民的生计》发表于《河北省立民众教育实验学校周刊》

第 39 期。

陈治策《定县的农民戏剧工作》发表于《山东民众教育月刊》第 4 卷第 8 期。

曾也鲁《农民与戏剧》发表于《山东民众教育月刊》第 4 卷第 8 期。

阎哲吾《农民剧之研究》发表于《山东民众教育月刊》第 4 卷第 8 期。

庶明《中国农民之现状与特性》发表于《民声周报》第 1 卷第 3 期。

按：文章认为，中国农民的特性，一是"坚苦耐劳，即能忍受过量的痛苦与压迫"；二是"相信天、神与命运"；三是"自谦自虚，看不见自己力量"。

二白《沪郊农民生活之变迁》发表于《上海周报》第 1 卷第 9 期。

王树基《欧战后的农民运动底特色》发表于《上海市农会成立大会特刊》4 月。

志良《农民运动管见》发表于《上海市农会成立大会特刊》4 月号。

蔡斌咸《浙江省农民经济的几个实际问题的探讨》发表于《浙江省建设年刊》。

董直《合作农场与我国农业之改造》发表于《浙江省建设月刊》第 7 卷第 2 期。

按：文章分我国农业改造之急要、怎样改造我国的农业、合作农场的优点、合作农场对于我国农业改造的使命、合作农场的实施、尾声六部分。

沈友仁《农民金融机关之意义与使命》发表于《浙江合作》第 1 期。

袁东《农村崩溃声中之改进意见》发表于《浙江合作》第 4 期。

袁东《农仓的机能与农村的现状》发表于《浙江合作》第 5—6 期。

陈岩松《论农业仓库》发表于《浙江合作》第 5—6 期。

按：文章分农业仓库的意义和它的必要性、农业仓库的利益、仓库的地址及建筑、农业仓库之经营手续四部分。

黄东阳《农村合作仓库之实施》发表于《浙江合作》第 9 期。

林味豹《改进农村的两个先决问题》发表于《浙江合作》第 10 期。

吴志广《森林合作社与农民的利益》发表于《浙江合作》第 10 期。

高立德《乡村师范与农业合作》发表于《浙江教育行政周刊》第 4 卷第 41 期。

张福良《农民节的意义》发表于《金陵神学志》第 15 卷第 3—4 期。

李培基《仓储制度与农民金融》发表于《河南民政月刊》第 11 期。

朱济《中国农民信用制度问题》发表于《湖南大学期刊》第 8 期。

李明良《四川农民经济穷困的原因》发表于《四川月报》第 2 卷第 6 期。

刁星耀《农村经济与农民银行》发表于《大夏四川同学会会刊》创刊号。

温广彝《安徽的农民》发表于《皖人公论》第 2 期。

王鉴余《中国农民经济困难之原因》发表于《安徽省立第二中学校刊》第 3 期。

西怀《农民运动中的几个问题》发表于《龙岩月刊》第 2—3 期。

王天马《绥远农村经济的现阶段与其农民问题的新观察》发表于《西北新农月刊》第 2 期。

郑拔驾《农村自治与农民自觉》发表于《中华周报》第 107 期。

张福良《农民节的意义》发表于《中华归主》第 134 期。

张福良《乡村教会平信徒训练问题》发表于《中华归主》第 135 期。

陈颜湘《西康的农业问题》发表于《中国革命》第 1 卷第 11 期。

乐德《希特拉与德国农民运动》发表于《中国革命》第 2 卷第 2 期。

尚肇《农民与中国革命》发表于《中国革命》第 2 卷第 3 期。

尚肇《希特拉农民运动之成功给与中国之启示》发表于《中国革命》第 2 卷第 8 期。

木弟《苏联农民反抗政府运动的真相》发表于《中国革命》第 2 卷第 13 期。

述评《农民的中国》发表于《中国革命》第 2 卷第 21—22 期。

子钟译《二十世纪中的俄国农民运动与组织》发表于《清华周刊》第 39 卷第 11—12 期。

马维益《林业与农业之关系》发表于《河北实业公报》第 26 期。

按：文章说："盖林业与农业有密切之关系，若林业不兴，欲求农业发展者，未之有也。但知水旱天灾、兵匪人祸，而不知其所自来者，皆缺乏森林之故也。缘林业一兴，则可含水源，固泥沙，寓失业，安社会，农业之障碍尽破矣。总理之森林为水旱灾难治本之遗训，良有以也。是知不欲图我国农业发达则已，苟欲图其发达，则非将林业极力提倡不为功，然则林业与农业之关系大矣哉！"

马维益《振兴林业为救国之急要》发表于《河北实业公报》第 26 期。

童涵荣《欧洲各国林业概况》发表于《新青海》第 1 卷第 12 期。

漆琪生《农业理论之诸问题》发表于《文化（上海）》第 1 卷第 2 期。

按：文章分金融资本统制农业的问题、农业合理化的问题、工业化与农业化的问题、农业改良问题、农民分裂化与革命化的问题等十部分。

陈植《十五年来中国之林业》发表于《学艺》学艺百号纪念增刊。

李大超《我国古代的农本主义与农业政策》发表于《中庸》第 1 卷第 4—5 期。

陈翰笙《破产中的汉中的贫农》发表于《东方杂志》第 30 卷第 1 期。

孙以坚《中国农业金融之现阶段》发表于《中法大学月刊》第 3 卷第 4—5 期。

按：文章说："我们知道要救中国农村，必要建立起农村的金融政策，于是农村的金融制度，是组织的，系统的，统一的，农村金融制度之计划的进行，实是刻不容缓的了。"

王世颖《论农业金融之特征》发表于《中央时事周报》第 2 卷第 9 期。

按：文章认为，中国农业金融的特征，第一，农业上需要长期的贷款；第二，行于农业金融界的信用应为低利的；第三，农业金融具有特种的安全性；第四，农业资金之需要，因季节关系而异其繁闲；第五，农业金融界中，有地方的资金之过不足的现象；第六每份农家资金之供需分量，非常零细；第七，农业金融界资金流通的方法，与工商业异；第八，农业金融界中资金之流通速度，颇为迟缓；第九，农业金融具有高气压的现象。

尤颂光《九一八与农民》发表于《远东月报》第 1 卷第 5 期。

[苏]卢利叶作，浩吾译《论集团农场农民之社会主义的训练》发表于《中国与苏俄》第 1 卷第 3 期。

高桥克己《苏联畜牧业的现况》发表于《苏俄评论》第 5 卷第 1 期。

璧如《苏俄的农业恐慌和农民的反政府运动》发表于《苏俄评论》

第 5 卷第 3 期。

吴静源《日本农业恐慌与农民运动》发表于《日本评论》第 3 卷第 2 期。

谢劲健《十年来日本之农业政策》发表于《日本评论》第 3 卷第 3 期。

陈希文《越南之农业概况》发表于《南洋研究》第 4 卷第 5—6 期。

陈希文《菲律宾农业概况》发表于《南洋情报》第 1 卷第 5 期。

陈乃昌《农业社会主义建设之理论的根据》（社会主义大经营的优越）发表于《国际每日文选》第 66 期。

三　乡村建设研究著作

董时进著《农业经济学》由北平文化学社出版。

按：是书分 20 章，论述农业的起源及经济特性、土地的分类及利用、佃租制度及佃租问题、农业信用合作、农产贩卖、农产的国际贸易、粮食及垦殖等。

唐启宇著《近百年来中国农业之进步》由国民党中央党部印刷所出版。

唐启宇著《中国农业改造刍议》由农业周报社出版。

按：是书包括中国农业改造之方针及其对策、中国农产五年计划、中国农业建设进行之程序三部分。

杨开道著《农业教育》由上海商务印书馆出版。

管世楷编《东北的农业》由上海中海书局出版。

上海市社会局编《上海之农业》由上海中华书局出版。

[苏] 雅柯李夫著，高志翔译《苏联农业五年计划》由上海申报社出版。

按：是书分美国的大规模农业组织、苏联大规模农业组织、苏联农业发展的新任务、巩固和发展共营农场所必需的组织方法、结论等 5 章。

杨亦周著《日本之农业》由南京正中书局出版。

袁梓青著《兴农救国策》由杭州我存杂志社出版。

杨开道编《农场管理学》由上海商务印书馆出版。

[日] 中泽辨次郎著，莫仇、林梓译《农村经济研究》由北平平凡社

出版。

按：是书分农村经济序论、都市和农村的经济关系、农业恐慌之世界的发展、日本农业恐慌概说、失业现象与农村人口过剩、近郊农村之社会的变动、农村经济与新兴运动、米价问题研究等8章。

天南行者笔记《农村破产实施救济法》出版。

蔡丹华著《动荡中之中国农村》由上海良友图书印刷公司出版。

翟克著《中国农村问题之研究》由广州国立中山大学出版部出版。

按：是书分10章，论述农村问题的重要性，我国农村的社会结构、弊病、崩溃的趋势等。

连宝棠著《怎样救济中国农村经济》由广州大学法科学院出版。

按：是书分析农村经济衰落的原因和影响，提出了补救办法。

刘涤寰著《中国农村社会崩溃的研究及补救》由广州大学法科学院出版。

闽西农村工作人员训练所编《农村问题》由编者出版。

太平洋书店编《中国农村问题》（总论）由上海编者出版。

太平洋书店编《中国农村问题——佃农问题·农民负担》由上海编者出版。

侯哲荞等著《中国农村问题——农村合作·村治运动》由上海太平洋书店出版。

王云五主编《农村经济》（上、下册）由上海商务印书馆出版。

按：是书上册收录3篇论文，论述中国农村经济恐慌问题；下册收录2篇论文，论述中国农民担负的赋税与中国佃租制度。

冯和法编《中国农村经济资料》由上海黎明书局出版。

孙怀仁著《中国农村现状》由上海生活书店出版。

按：是书分析了中国农村人口、耕地面积、阶级构成、农村经济、农产品流通、农业危机、农村经济繁荣的障碍等问题。

滕仰支等编《农村工学教育实施》由上海黎明书局出版。

按：是书分农村教育运动的发端、农村教育运动的发展、农村教育运动的现状、立达学园农村教育科的工学实验、黄渡乡村师范的工学实验、湘湖乡村师范山海工学团晋江乡村师范的工学实验等6章。

张天放著《日本农村调查报告》由中华平民教育促进会出版。

李景汉著《定县社会概况调查》由中华平民教育促进会出版。

李景汉著《北平郊外之乡村家庭》由上海商务印书馆出版。

中华平民教育促进会编《定县的实验》由编者出版。

梁漱溟编《村学乡学须知》由山东邹平乡村建设研究院出版股出版。

中华平民教育促进会编《农村幼童开会纪要》由上海编者出版。

江西省政府特派国内农村改进事业考察团编《江西省政府国内农村改进事业考察团报告书》由编者出版。

杨溥著《察哈尔口北六县调查记》由京城印书局出版。

［苏］列宁著，苏联研究社编《俄国社会民主党与农民问题》由上海中华书局出版。

孔雪雄编《日本之农民运动》由南京正中书局出版。

薛农山著《中国农民战争之史的研究》由上海神州国光社出版。

按：作者认为，每一次的农民暴动，都是历史变动的动力。

蔡雪村著《中国历史上的农民战争》由上海亚东图书馆出版。

按：是书在中国最早的系统研究农民战争史的著作之一。

浩平著，民众运动月刊社主编《中国农民离村问题之研究》由南京编者出版。

侯次公著《农家生活》由上海广益书局出版。

［美］卡佛尔著，张素民、伍康成译《分配论》由上海黎明书局出版。

姚素昉编著《中国古代土地制度研究》由上海建华书局出版。

［日］长野郎著，陆璞译《中国土地制度研究》由上海新生命书局出版。

孟普庆著《中国土地法论》由南京市救济院印刷厂出版。

邹枋著《中国土地经济论》由上海大东书局出版。

太平洋书店编《中国农村问题——土地问题》由上海编者出版。

邹枋著《平均地权方法论》由上海大东书局出版。

安徽省土地整理筹备处编《安徽试办土地清丈特刊》由编者出版。

［比］窝德亚塔著，彭补拙译《欧洲农地改革》由上海商务印书馆出版。

按：是书分4章，概述农地改革的原因及其学说，介绍德国、保加利亚、希腊、匈牙利、俄国等14个国家农地法及其应用、农地改革的几种形态等。

农业部中央农业实用所编《中央农业实验所十年来工作概要》由编者出版。

河北省农事第一试验场编《河北省农事第一试验场中华民国二十一年试验成绩报告》由编者出版。

河北省农事第四试验场编《河北省农事第四试验场二十一年成绩报告》由编者出版。

山东省立第一农事试验场编《山东省立第一农事试验场农艺部二十二年工作进行计划》由编者出版。

山东省立第一农事试验场编《山东省立第一农事试验场试验报告》由编者出版。

山东省立第一农事试验场农艺化学部编《山东省立第一农事试验场农艺化学部试验成绩报告》由编者出版。

江西省湖口农业试验场编《江西省立湖口农业试验场民国二十一年作业报告》由编者出版。

广西农林试验场编《广西农林试验场报告书》由编者出版。

太平洋书店编《中国民食问题》由上海编者出版。

郎擎霄著《中国民食史》由上海商务印书馆出版。

按：是书乃《中国民食政策》一书第五编的单行本。分为5章，介绍谷物历史，历代粮食、农民保护、垦荒、水利政策，以及历代粮食流通、调剂、消费节约政策。

李醒愚编《农林新报三百期》由金陵大学农学院农林新报社出版。

邵晓堡编著《农事指导》由江苏省立教育学院研究实验部出版。

张继龄编《农艺化学浅说》由上海商务印书馆出版。

叶元鼎《农艺化学》由上海黎明书局出版。

按：是书分述土壤、肥料、作物、家畜等的化学成分与变化。书末附有土壤化学分析法及分析结果之报告、棉植之营养问题等。

苏旭光调查《广东化学肥料营业施用情况调查报告书》由国立中山大学农学院出版。

浙江省建设厅农业改良总场化学肥料管理处编《肥料问题》由编者出版。

林邦焘著《论中国历代田赋之制度》由广州大学法科学院出版。

王云森、陈启昌编《土壤学》由上海商务印书馆出版。

褚乙然编《土壤学》由上海商务印书馆出版。

［荷］慕尔著，［美］潘德顿英译《热带土壤之生成及发育》由实业部地质调查所出版。

［美］潘德顿著，朱莲青、陈恩凤译《广东省中部土壤约测报告》由北平实业部地质调查所出版。

彭家元、刘天乐等编《中山县土壤调查报告》由国立中山大学农学院广东土壤调查所出版。

刘茂青编著《南海县土壤调查报告书》由国立中山大学农学院广东土壤调查所出版。

夏大山编著《中华农谚》由南京金陵大学出版。

夏德甫编《农业昆虫学》由上海商务印书馆出版。

李炳芬编著《改良农具图说》由广东建设厅农林局推广课出版。

福州电气公司农村电化部编《农村电化部事业概略》由编者出版。

奚楚明编《农工商业生产新书》由上海商业书局出版。

曲直生编《农产品运销研究的方法》由北平社会调查所出版。

冯雄著《灌溉》由上海商务印书馆出版。

华北水利委员会编《滹沱河灌溉计划》由天津编者出版。

孙绍宗著《陕西引洛工程计划书》由陕西水利局出版。

山东建设厅编《山东黄河沿岸虹吸淤田工程计划》由编者出版。

江苏省建设厅编《江苏省十九、二十两年度农业推广情形概况》由编者出版。

邱琨著，王椿荣校《栽培集中律》由平汉路管理委员会出版。

唐志才、冯明吴编《育种学》由上海商务印书馆出版。

金孟肖、张允晋、刘莹著《几种重要仓库害虫》由浙江省昆虫局出版。

张巨伯等著《浙江省昆虫局特刊》由浙江省昆虫局出版。

陈方洁、陆瑜著《植物病虫问题解答汇录》由浙江省昆虫局出版。

邹钟琳编《农业病虫害防治法》由上海商务印书馆出版。

夏诒彬、许心芸编《植物病理学》由上海商务印书馆出版。

朱学曾著《植物病害标本采集制作保存邮递法》由浙江省昆虫局出版。

张巨伯著《民国二十二年浙江省虫害之发生及防治概况》由浙江省

昆虫局出版。

山西实业厅编《治蝗办法暨蝗虫防除法》由编者出版。

薛德煜著《蝗》由上海新亚书店出版。

柳支英、马同伦著《春季灌水除螟试验》由浙江省昆虫局稻虫研究所出版。

广东建设厅农林局编《治螟设计》由编者出版。

陈鸿逵等著《小麦杆黑粉病之防除试验》由南京金陵大学农学院出版。

武藻著《棉作育种学》由山西省棉业试验场出版。

叶元鼎著《棉作之疾病》由实业部上海商品检验局农作物检验组出版。

张巨伯著《浙江省之几种重要棉作害虫》由浙江省昆虫局出版。

浙江省昆虫局编《民国二十一年浙江省红铃虫为害调查》由编者出版。

河北省农事第一试验场编《治植物病圣药》由编者出版。

上海市立农事试验场编《麦作试验成绩报告》由编者出版。

余既滋编著《米与麦》由上海新生命书局出版。

巫宝三、张之毅著《福建省食粮之运销》由上海商务印书馆出版。

陈宗孟著《不费财不费时的增加米量并改良米质法》由著者出版。

沈骊英译《中国水稻改良法》由浙江省农业改良总场稻麦场出版。

何畏冷编《麦子高粱黑穗病浅说》由国立中央大学农学农业推广组出版。

李风荪著《棉大卷叶虫之生活史及防治法》由浙江省昆虫局出版。

陈燕山著《中美棉纯系育种程序》由上海中国科学社出版。

马广文编著《棉作学》由上海商务印书馆出版。

实业部汉口商品检验局编《植棉浅说》由编者出版。

实业部汉口商品检验局编《美棉的栽培》由编者出版。

广东省建设厅蚕丝改良局编《广东蚕丝复兴运动专刊》由广州编者出版。

南柔编《日本蚕丝业之统制》由南京正中书局出版。

褚乙然著《油料作物栽培法》由上海商务印书馆出版。

杨志复编著《除虫菊与薄荷》由上海商务印书馆出版。

邵惕公编《人参栽培法》由武昌湖北农学会出版。
山西实业厅编《种烟常识》由编者出版。
黄绍绪编《蔬菜园艺学》由上海商务印书馆出版。
潘志农著《四季栽培人工种菇大全》由福州三山农艺社种菇部出版。
王陵南著《高等果树园艺学》由北平著者书店出版。
黄绍绪编《热带果树栽培法》由上海商务印书馆出版。
中国禾丰农林场种苗部编《果树栽培浅说》由浙江平湖编者出版。
庄国熙编《葡萄栽培法》由南京国立中央大学农学院农业推广组出版。
新华书局编《花果种植法》由上海编者出版。
施士知编著《花卉宝鉴》由上海世界书局出版。
章君瑜编《花卉园艺学》由上海商务印书馆出版。
杨三恺编译《花卉园艺》由上海大华农场农书出版部出版。
刘振书编《梅花栽培法》由南京国立中央大学农学院农业推广组出版。
夏诒彬著《花坛》由上海商务印书馆出版。
韦瑞星编《苗圃管理学》由广西省政府建设厅出版。
贾成章著《林木耐阴性质研究》由上海正中书局出版。
陈嵘著《造林学概要》由上海商务印书馆出版。
陈嵘著《造林学各论》由南京中华农学会出版。
［日］川濑原著，李英贤编译《林政学》由上海新学会社出版。
安事农著《林业政策》由上海华通书局出版。
按：是书介绍中国、德国、意大利、美国、英国、法国、瑞士、比利时、丹麦、挪威、芬兰、日本等国的林业政策及森林火灾保险等。
龚厥民编《造林法》由上海商务印书馆出版。
中国国民党中央宣传委员会编《森林营造法》由编者出版。
安事农著《实用造林法》由上海华通书局出版。
广东建设厅农林局林业系编《乡村林之经营》由编者出版。
青岛市农林事务所编《森林附近居民应尽的责任》由编者出版。
安事农著《森林虫害要览》由上海华通书局出版。
唐燿著《木材识别法》由中国科学社出版。
奚铭己编著《工业树种植法》由上海商务印书馆出版。

杨起燮著《木业心得录》由福建省建设厅出版。

广东建设厅农林局林业系编《玉桂树造林法》由编者出版。

立达学园农场种鸡场编《孵化的原理》由上海立达学园农场出版部出版。

立达学园农场种鸡场编《育种原理》由上海立达学园农场出版部出版。

立达学园农场种鸡场编《选种的方法》由上海立达学园农场出版部出版。

郑学稼著《家畜饲养法》由上海黎明书局出版。

李秉权著《青贮塔与青贮草》由著者出版。

立达学园农场种鸡场编《营养与营养料》由上海立达学园农场出版部出版。

立达学园农场种鸡场编《饲料之配制与喂饲》由上海立达学园农场出版部出版。

［日］内山雄次郎编，张龙文译述《马匹处理者之参考》由南京军用图书社出版。

广东建设厅农林局推广课编《改良广东猪种设计》由编者出版。

黄中成编著《世界标准鸡种谱》由上海德园家禽函授学校出版。

甘纯权编《养鸡指导》由上海中华职业教育社出版。

王兆泰著《实用养鸡讲话》由广东养鸡学会出版。

甘纯权编《养鸭指导》由上海中华职业教育社出版。

赵仰夫编《养鹅法》由上海中国实业书店出版。

王毓庚、黄锡璨编《军马卫生辑要》由军政部出版。

立达学园农场种鸡场编《鸡病》由上海立达学园农场出版部出版。

林志恂著《蚕桑浅要》由上海大东书局出版。

浙江省农业改良总场蚕桑场编《浙江省蚕业指导讲演录》由编者出版。

尹良莹编《蚕体地理学》由上海黎明书局出版。

尹良莹编《普通养蚕学》由上海黎明书局出版。

江蝶庐编《实用养蚕法》由上海新民书局出版。

山东省立蚕业试验场编《养蚕浅说》由编者出版。

崔毓桂编述《鲁桑栽培浅说》由山东省立蚕业试验场出版。

祝汝佐著《桑尺蠖生活史之考查》由浙江省昆虫局出版。

陈方洁著《桑螟》由浙江省昆虫局出版。

李林园养蜂场编《蜂种蜂具图说》由北平编者出版。

王历农著《养蜂法的新研究》由上海新亚书店出版。

贺子固编《采蜜之理论与实验》由北平养蜂月报社出版。

林书颜编著《西江鱼苗调查报告书》由广东建设厅农林局推广课出版。

上海市渔业指导所编《淡水产供食鱼养殖法浅说》由编者出版。

广东建设厅农林局水产系编《鱼虱之预防及治疗法》由编者出版。

广东建设厅农林局水产系编《鱼苗运输改良法》由编者出版。

屈若搴著《日俄渔业争霸战》由上海良友图书公司出版。

屈若搴著《日本之水产业》由南京日本评论社出版。

青岛市农林事务所编《青岛市农林法规》由编者出版。

按：是书辑录农林事务所暂行组织规则、造林奖励规则、乡村行道树经营保护办法、青岛市委托试验地规则、农林事务所特约农田简则、农业推广指导服务规则等30余种。

四　卒于是年的乡村建设工作者

张相文卒（1866—1933）。相文字蔚西，号沌谷，江苏泗阳人。1900年加入同盟会。1903年3月间应聘任安徽寿州阜丰商业学校校长。1906年春任淮阴江北师范学堂教务长。1909年秋任北洋女子高等学校校长，9月与白毓昆等发起成立中国地学会，次年出版《地学杂志》。1912年被选为众议院议员。民国初年，曾多次到淮河中下游考察，对淮河中下游水系情况，了解较深。著有《论导淮不宜全淮入江》《导淮一夕谈》等文，反对全淮入江，对治理淮河提出不少建设性的建议。又因生于农民家庭，到外地考察，对各处农田水利情况，特别重视。见晋、鲁以及口外高原等地，水土流失严重，导致民生贫困，非常痛惜，因而提出了一些防止水土流失的宝贵意见，认为要防止水土流失，最好采取植树造林的生物措施与建造大小闸坝和水库的工程措施相结合的方式。1914年春受农商部长张謇的委托，对西北农田水利进行调查。并组织"西通垦牧公司"，到后套开垦，得到五原县农业会长王同春的支持。1917年应蔡元培聘请为北京大学国史馆编纂，兼北大教授。1922年创建中国第一个中国地质学会。1926年应聘为辅仁大学董事会董事。1929年应江苏省政府之聘，任江苏省通志局编纂，任水利、宗教二门。1933年1月16日因病逝世。著有《初等地理教科书》《中等该国地理教科书》《最新地质学教科书》《新撰地文学》等。

杨其珊卒（1871—1933）。其珊，乳名妹娘，广东陆丰新田人，移居海丰公平大湖村。少年跟堂叔父杨育月往福建少林寺学武术兼学医，成年以后开武馆和行医为业。1922年结识开创农民运动的彭湃，参与组织农会，协助彭湃领导农民斗争。1923年任海丰总农会副会长。又任广东省农会执行委员、财政部长。1925年2月加入中国共产党，4月20日与林苏、郑志云一同往广州参加广东省第一次农民代表大会。向大会提出"拥护农民利益""民选县长""取消杂捐""撤销驻防军队"等多项提案。1926年8月12日至19日在海丰县农民协会举行第二次代表大会上，再次当选为执行委员。1927年4—5月间，在武汉举行的中国共产党第五次全国代表大会上，当选为中央委员。是年参与领导海陆丰三次武装起义。1928年3月国民党重兵攻陷海丰县城后，他在山区坚持领导农民斗争。12月海陆惠紫暴动委员会改组为海陆惠紫革命委员会，被选为委员。1930年6月东江苏维埃惠州十属特别委员会成立，也当选为委员。1933年9月在陆丰碣石溪被叛徒杀害。是海陆丰农民运动和苏维埃革命斗争时期享有盛名的农民领袖之一。

罗宇衡卒（1892—1933）。宇衡，广东番禺横沙堡横沙村人。1925年，当中共广东区委农民运动委员会委员、第二届广州农民运动讲习所主任罗绮园到横沙村以教师身份为掩护，秘密地进行农民革命运动时，他接受教育，带着罗卓卿、罗敦仁等100多人去参加广州农民讲习所学习，并运用在农讲所学得的革命道理指导开展革命活动。1926年4月26日番禺县农民协会在省农会召开第三次代表大会，与李惠覃、曾铁生被选为大会主席团成员。1927年12月11日广州工农革命起义的枪声打响时，他作为横沙农民协会主席组织会员前往参加战斗。广州起义失败后，国民党反动派大肆捕杀革命群众，横沙村的地主恶霸也四处搜寻农会会员。他被迫逃到增城县新塘镇虾公岩村隐藏，1933年在该村病逝。

毛福轩卒（1897—1933）。福轩号恩梅，湖南韶山人。1922年秋，经毛泽东介绍到湖南自修大学附设补习学校当校工，在何叔衡等引导下开始接受革命思想，和毛泽民一起受党组织派遣到安源煤矿从事工人运动，同年加入中国共产党。1925年初与毛泽东先后回到韶山从事农民运动。先后任韶山支部书记、党总支书记，以及湖南区委特派员和农运特派员，负责湘潭、宁乡、湘乡三县边区党的工作和农民运动。中共"八七"会议后，当选中共湖南省委委员。1927年初，陪同和协助毛泽东考察湖南农民运动，毛泽东写有著名的《湖南农民运动考察报告》。1928年春被党调往上海，从事党的地下出版工作。1933年2月27日由于叛徒的出卖，被国民党特务秘密逮捕。5月18日在南京雨花台英勇就义。

　　王平章卒（1901—1933）。原名王远清，湖北汉川人。1920年考入由董必武创办的武汉中学，受到革命思想教育。1924年5月加入中国共产党。1925年回到汉川建立中共汉川特别支部，组织农民协会，成立农民自卫军，领导开展农民运动。1927年任湖北省农民协会执行委员，随后进入湘鄂赣农民运动讲习所第一期学习。学习结束后，回鄂中继续领导农民运动。7月受党组织指示去九江，参加南昌起义。8月回湖北任中共鄂中特委书记。9月参与领导鄂中汉川、京山、天门、应县农民的秋收起义，任鄂中四县暴动指挥。1929年9月调任鄂豫边特委常委。1931年5月任中共鄂豫皖中央分局常委兼中共皖西北道委书记。10月任中国工农红军第二十五军政委。1933年1月任皖西红二十八军政委。后在战斗中头部中弹，抢救无效，壮烈牺牲。

民国二十三年　甲戌　1934 年

一　乡村建设活动

1月14日，中国地政学会第一届年会在江苏镇江举行，以"中国土地问题的重心"为会议讨论的主要议题。参加会议的有54人，赞成以分配问题为目前我国土地问题之重心者21人，赞成以利用问题为目前我国土地问题之重心者7人，赞成利用分配系一问题之两面，而应并重者24人。会议一致"以依照土地测量登记正式程序为原则"，正式确定了地籍整理的程序。

1月25日，中国国民党第四届中央全会第四次全体会议通过《整理田赋先举行土地陈报以除积弊而裕税源案》《减轻田赋附加以救济农村解除民困案》等议案。

1月27日，中华乡村教育社在南京召开成立大会，以研究乡村教育，促进社会事业为宗旨。推荐何玉书、彭百川、黄质夫为常务理事，处理日常事务。

是月，中央土地部作出《关于开展春耕运动的决议》。

2月7日，国民党中央政治会议决定由经济委员会、内政部、财政部联合组建土地委员会，对全国土地进行系统的调查，并决定全国水利机关暂时隶属于全国经济委员会。

2月17日，国民政府立法院公布《合作社法》，是为国民政府关于合作运动的最高法律文件，经中央政治会议通过，于本年3月1日通令全国施行。

2月20日，江苏省政府设立蚕业改进管理委员会，对蚕丝业实行统制政策，制定了各项统制办法章则等。

3月1日，国民政府正式公布《合作社法》。

按：第一章原则："第一条　本法即称合作社谓依平等原则，在互助组织之基础上，以共同经营方法，谋社员经济之利益，与生活之改善，而其社员人数及资本额均可变动之团体。第二条　合作社为法人。第三条　合作社之业务，得为左列各款之一种或数种：1. 为谋农业之发展，置办社员生产上公共或各个之需要设备，或社员生产品之联合推销；2. 为谋工业之发展，置办社员制造上公共或各个之需要设备，或社员制造品之联合推销；3. 为谋社员消费之便利，置办生产品与制造品，以供给社员之需要；4. 为谋金融之流通，以低利贷放生产上或制造上必要之资金于社员，并以较高利息收受社员之存款与储金；5. 为谋相互之扶助，对于社员之灾患、疾病、养生、送死。及其所经营事业之灾害办理保险；6. 其他不违反第一条之规定者。"[1]

3月15日，中央人民委员会发布《关于继续开展查田运动的问题》的第1号训令，强调要反对查田运动中的右倾思想。

按：查田运动是一次贯彻"左"倾错误路线的群众性的土地运动。这次运动损害了中国共产党同农民（尤其是中农）的关系，使党在领导农民通向解放的道路上遭受了一次严重的挫折，为中国共产党以后领导农民进行土地改革运动留下了深刻的教训。[2]

3月17日，中国生产教育社在上海成立。

3月26日，全国经济委员会在南京召开第一次全体会议，通过棉麦借款支配案、提高糖米价格、救济农村破产、实行火柴统制及修治河北各河计划等议案。

4月，中华苏维埃共和国中央教育人民委员部颁布《中央农业学校简章》，规定中央农业学校的任务是培养农业建设中下级干部，搜集苏区农民群众经验和农事试验场的经验，加以科学地整理，广泛进行一般农业技术传播，并计划苏区的农业建设。

是月，中央棉产改进所在南京成立，孙恩麟任所长，冯泽芳任副所长。

5月1日，中华苏维埃共和国国民经济人民委员部、财政人民委员部颁发《为发展信用合作社彻底消灭高利贷而斗争》的布告。

5月20日，中华苏维埃共和国人民委员会公布《关于地主富农编制

---

[1] 童雪天：《合作概论》，世界书局1930年版，第60—61页。
[2] 方之光、龚云：《农民运动史话》，社会科学文献出版社2000年版，第132页。

劳役队与没收征发问题的训令》。

是月，《改进浙省林业实施纲要》公布。

6月1日，中国第一水利工程试验所在天津举行奠基典礼。

7月15日至17日，新中国农学会第十届年会在青岛山东大学科学馆召开。

7月21日，黔东特区召开第一次工农兵苏维埃代表大会，通过了《没收土地和分配土地条例》《农村工人保护条例草案》《关于苗家问题决议》《扩大红军及地方战斗问题决议》等文件。

7月23日，华北农业合作事业委员会成立，张伯苓为主席。

8月2日，国民政府全国经济委员会同财政部、内政部联合组建的土地委员会在南京成立，于8日通过了土地调查纲要6项决议，并决定自10月起进行土地调查工作。

8月21日，陕西省农业合作事业委员会成立，并公布《陕西农业合作事业实施原则》。

9月15日，华北农业合作事业委员会第一次常会议决通过《华北农业合作事业实施原则》。

10月10日，由中国农村经济研究会主办的《中国农村》月刊在上海创刊。曾在中国农村社会性质大论战中发挥了主宣传阵地作用。

是日至12日，乡村建设学会在河北定县平民教育促进会总会举行"乡村工作讨论会"第二次年会，全国11个省市的150余名代表出席会议。会后编有《乡村建设实验》（第2集）一书。

10月24日，国民政府内政部公布《土地测量实施规则》《三角测量实施规则案》。

10月30日，江苏省政府为提倡畜牧改良品种及饲养方法起见，公布《修正江苏省奖励畜牧规则》，对于本省人民或团体经营畜牧事业，具有成绩者，予以奖励。

12月，中国水产协进会成立。

是年，邓植仪、彭家元、陈方济等倡议成立中华土壤肥料学会。

是年，国民政府公布《合作社法实施细则》规定合作社分为信用、消费、生产、运销、供给、利用、劳动、运输、公用及保险等10种合作社类型。

二 乡村建设研究论文

童玉民《农业统制与合作》发表于《农业周报》第 3 卷第 1 期。

社论《中国农业之回顾与前瞻》发表于《农业周报》第 3 卷第 1 期。

社论《我国农业教育之新途径》发表于《农业周报》第 3 卷第 3 期。

王孙译《农民合作运动与丹麦土地政策》发表于《农业周报》第 3 卷第 3 期。

宇蒋《农民离村向市问题》发表于《农业周报》第 3 卷第 4 期。

帖毓歧《我国旧有农产贸易中之不良习惯》发表于《农业周报》第 3 卷第 4 期。

宇《再论农民离村向市问题》发表于《农业周报》第 3 卷第 6 期。

按：文章说："夫中国农村衰落之主要原因，既在人口稠密，土地稀少，而生产微薄，陷于生寡食众之结果，而边疆内地，犹多荒芜未垦之区，则移垦政策之施行，实可使农村人口有适宜之分配，农业土地得合理之使用，农业生产亦得日趋于充足。至于振兴工商业以消纳过剩之农民，只可循工商事业自然之发展，不可以工商事业为唯一之尾闾，而酿成社会上之种种问题也。"

成自亮《复兴农村方策及其实施步骤》发表于《农业周报》第 3 卷第 6—7 期。

李范《中国之农村教育问题》发表于《农业周报》第 3 卷第 6—7 期。

李寅恭《农村复兴中林业问题》发表于《农业周报》第 3 卷第 9 期。

社论《倡导农产副业问题》发表于《农业周报》第 3 卷第 14 期。

社论《论垦殖》发表于《农业周报》第 3 卷第 18 期。

许振鸢《乡村组织之意义重要和起源》发表于《农业周报》第 3 卷第 20 期。

按：文章认为，乡村组织的重要性在于：一是乡村组织是养成人民对于公共事业服务的精神，二是乡村组织是养成善良风俗之基础，三是乡村组织是实现全民政治之基础，四是乡村组织是农业经济合作之基础。

李鸿毅《中美农民生活费用之比较》发表于《农业周报》第 3 卷第 22 期。

徐洪奎《土地国有与农业生产问题》发表于《农业周报》第3卷第24期。

郝钦铭《救济农村应从增加生产着手》发表于《农业周报》第3卷第26期。

赵晋三《农民运动之研究》发表于《农业周报》第3卷第27—29期。

按：文章分农民运动之意义及目的、中国农民运动发生之原因、农民运动之组织、农民运动之策略、近代中国农民运动之历史及批评五部分。

王文甲《农产运销合作社之经营》发表于《农业周报》第3卷第27—28期。

赵武《法国农学教育之概况》发表于《农业周报》第3卷第29期。

社论《中国农村之宗教》发表于《农业周报》第3卷第29期。

李之屏《中国乡村组织之特色》发表于《农业周报》第3卷第32期。

按：文章分乡村组织为判别治乱之标准、乡村组织为放大之家族制度、乡村组织为人民天性上之直接产物、乡村组织为实现全民政治之团体四部分。

社论《浙省提倡厚利作物之得失》发表于《农业周报》第3卷第33期。

房师文《中国农村人口实况》发表于《农业周报》第3卷第31—35期。

侯朝海《我国渔业概况与渔政设施方案》发表于《农业周报》第3卷第35期。

童润之《丹麦农业合作之近况》发表于《农业周报》第3卷第36期。

孙逢吉《中国之棉业问题》发表于《农业周报》第3卷第38期。

张镇临《农业推广实施方法概论》发表于《农业周报》第3卷第39—40期。

按：文章说："农业推广之先决问题，为人才、材料与经费。盖农业教育培养之人才，为推广而培养也；农业研究与试验所求得之改良材料，为推广而研究试验也；若不推广，则农业教育失其本旨，研究试验失其价值矣。至于经费，当为事业之母，推广何能独异！"

社论《乡村间厉行保甲制度之重要》发表于《农业周报》第3卷第40期。

李昌咸《救济农村方法论》发表于《农业周报》第3卷第42—43期。

按：文章说："救济农村，究以何种建设为先呢？我认为是合作事业。因合作运动，一方面可培养成团体的生活，运用团体的力量，以求经济的改善；一面还可得到新知识新技术的灌输。"

沈时可《中美农民生活程度之比较》发表于《农业周报》第3卷第44期。

社论《土地之意义及其在政治法律方面之性质》发表于《农业周报》第3卷第44期。

诸葛笑萍《江西省农业院调查临川实验区农民养猪统计及其实施推广计划》发表于《农业周报》第3卷第45期。

社论《土地之技术的及经济的性质》发表于《农业周报》第3卷第45期。

李之屏《我国乡村之自治问题》发表于《农业周报》第3卷第45—46期。

按：文章分乡村自治之机能、乡村自治之组织及训练、乡村自治之业务、乡村自治之实施步骤、乡村自治已往事例的批评五部分。

戴日镰《中国人口密度与食粮问题》发表于《农业周报》第3卷第45—46期。

按：文章说："中国人口集中内地，边原荒废，为今日中国最大困难之一。由作者观之，中国之经济、社会、军事、政治诸问题，实以内地人口过多，出产不足需要，边地人烟稀少，无力开发，未能地尽其利为其重心。"

社论《土地之社会的特性及其与农业之关系》发表于《农业周报》第3卷第46期。

王璐《江苏省土地问题及其解决方法》发表于《农业周报》第3卷第50期。

翟克《欧美日本的农业经济学者之理论体系》发表于《农业世界》第2卷第6—15期。

黄枯桐《农村复兴问题》发表于《农业世界》第2卷第6—15期。

田爱邦《森林与民生之关系》发表于《农业世界》第 2 卷第 6—15 期。

李郁馨《中国历代整理耕地之失败》发表于《农业世界》第 2 卷第 19—21 期。

迪心《险象环生的南通农民》发表于《农业世界》第 2 卷第 22 期。

赖卓洲《农业救国论之面面观》发表于《农业世界》第 2 卷第 23—24 期。

宋希庠《中国历代劝农制度考》发表于《农业推广》第 6 期。

漆中权《农业推广之重要使命》发表于《农业推广》第 7 期。

按：文章说："农业推广的使命，是在以科学的方法，科学研究的结果，改造乡村社会，俾人民能有饭吃，使乡村社会为合理之发展，然后乃能谈及其他建设及文化事业，是以农业推广在今日农村复兴运动中，所负的使命，很为重大。"

刘世模《四川农村之病态》发表于《四川农业》第 1 卷第 4 期。

郭筱璧《提倡农业合作为解决农业问题之途径》发表于《四川农业》第 1 卷第 8 期。

按：文章说："以广义言，所谓农业问题，实包括农业、农民、农村三方面，农业以业为主，农民系操作农业之人，而农村乃人民共同生活之村落社会。以吾国现状而论，农业则技术不进，生产锐减；农民则终岁劳动，不堪一饱；农村则环境险恶，衰败不堪，在以农立国而农民占百分之八十以上的中国，竟有如何异乎常规之现象，如不早谋解决之道，则国本形将动摇矣！解决之法，固有多端，而提倡农业合作，实为目前急务，亦系根本之法。"

希桓《辅助农民调查即是爱护农民》发表于《四川农业》第 1 卷第 10 期。

耿立德《怎样解决农村之"没有钱"的问题》发表于《农业进步》第 2 卷第 8 期。

芳痕《满洲农业开发上之三大事业》发表于《农业进步》第 2 卷第 9 期。

芳痕《我国古代之农本主义》发表于《农业进步》第 2 卷第 11 期。

童德兴《南京农民借贷方法》发表于《农林汇刊》第 4 期。

蒋杰《中国农业土地问题及其解决方法》发表于《农林汇刊》第

4期。

按：文章说："政府当局，应知土地问题已成为中国社会间之中心问题，且有日进于严重之趋势，故农业土地之经营、整理、分配诸问题，以及失土之收复等，均有待此后之努力，若能聘请专家，从事于土地问题上之种种研究，则成效更大。农民本身，应屏除不劳而获坐分土地之妄念，须知人生事业之成功，莫非由奋斗中得来，故应奉行政府之策划，接受学者之指导，各自从事于农业土地上之经营及整理，务使土壤之生产量，日渐增高，而于分配问题之观念，则不必操之过急，盖自有当局诸公，为我等之前锋也。"

夏文燨《农民本身几个缺点和救济方法》发表于《农林新报》第11卷第4期。

卜凯、孙文郁《中国目前应有之几种农业政策》发表于《农林新报》第11卷第5—6期。

包伯度《世界农业恐慌之实情》发表于《农林杂志》第1卷第1期。

童玉民《说合作社之成功》发表于《农林杂志》第1卷第2期。

静远《中国农业衰落与农村生产合作》发表于《农行月刊》第1卷第4期。

薛暮桥《怎样研究中国农村经济》发表于《中国农村》创刊号。

按：文章说：农村经济学是经济学中的一个特殊部门，也可以说是研究"农村问题"底一种基础知识。在中国，农村问题底有系统的研究，大概只是十年以内的事情。然而在这短短十年中间，由于经济上政治上的种种剧变，竟使农村问题一天一天严重起来，成为全国民众热烈讨论着的一个中心问题。同时农村经济底"事实底分析"和"理论底探讨"，也就引起全国学者底特殊的兴味；虽然到现今还没建立一个完整的体系，但已无疑地成为一个极重要的研究对象。

尹行信《农民离村问题的探讨》发表于《农村》第1卷第3期。

熊肇元《发展林业与江西农村》发表于《农村》第1卷第3期。

刘汉祥《关于江西农业经营改制问题》发表于《农村》第1卷第3期。

刘汉祥《农业教育今后应取的途径》发表于《农村》第1卷第5期。

冯和法《中国农民土地资本概观》发表于《农村》第1卷第6期。

冯和法《中国农民的农产贸易》发表于《农村》第1卷第7—8期。

丁壮《复兴农村运动中的土地问题》发表于《农村》第1卷第9期。

丁壮《复兴农村运动中的农业生产问题》发表于《农村》第1卷第10期。

按：文章说："农村经济既为国民经济的基础，那么以增加生产来复兴中国国民经济，则无疑的必须首先增加农业生产，以恢复农村经济，使农村繁荣。……故欲提高并发达国民经济，又应从改造并发达农村经济做起。而发达改造农村经济，只有增加农业生产较为可靠。""中国小农经济的生产，为障碍农村历来生产方法和生产技术改良的主要原因之一。所以要使农村经济的工业化和生产力的高度发展，应该把这种小农制度打破，使散漫的农村经济，集体化起来。假使能够集体化，耕种的机器，就可以广大的应用，耕种技术进步的速效，必会飞快地提高。"目前中国农业生产衰落的原因，一是中国在各帝国主义的共同经济侵略下，中国成了一个次殖民地的国家，中国不单要供给各帝国家的廉价原料，同时中国还须做各帝国主义销售商品的尾闾；二是中国的农业生产，除少数外，基本的还依靠原始的"死"的"活"的工具；三是目前中国的耕地是在细分与集中的进程中，在这样的畸形状态之下，给予农业生产有莫大的影响；四是商业资本在农村中作祟，贻害农民，自古至今，没有间断过；五是中国农民科学知识的欠缺，死守着数千年传下来的常识，垦种方法不求改进，这也是中国农业生产的一个根本问题。上述五个原因，它们并不是各自独立存在着，而是互有联系互相影响着，才使农业生产一落千丈，有不能挽救之势。

李若舟《农业政策概论的实质及其重要性》发表于《农村》第1卷第12期。

按：文章说：农业政策包括农业生产政策、农业收益维持增进政策、农村社会政策、农村文化政策、农业社会化政策。

戴林《后套临河县农村实况》发表于《农村》第1卷第13期。

王枕心《中国农村改进运动往哪里去》发表于《农村》第2卷第1期。

王枕心《改进农村与农村领袖》发表于《农村》第2卷第3期。

王枕心《现阶段中国农村改进运动之任务》发表于《农村》第3卷第3期。

曾济宽《浙省农业生产之重要原则及今后实施改进之步骤》发表于

《新农村》第 1 卷第 5 期。

祁明堂《中国田赋与农民》发表于《新农村》第 1 卷第 8 期。

杨中《农民自卫之研究》发表于《新农村》第 1 卷第 8 期。

薄坚石《从农村破产声浪里谈谈农民文艺运动》发表于《新农村》第 1 卷第 9 期。

乔晓明《农村植树问题及农民对于植树事业之关系》发表于《新农村》第 1 卷第 9 期。

赵燕亭《农村社会调查》发表于《新农村》第 1 卷第 13—14 期。

杨静斋《美国农业金融制度研究》发表于《新农村》第 1 卷第 16 期。

赵竹南译《希特勒与德国农民》发表于《新农村》第 1 卷第 17 期。

宇《指导员必须农民化》发表于《农村合作》第 54 期。

赵简子《波兰的农业合作》发表于《农村经济》第 1 卷第 2 期。

童玉民《提倡农村副业与开发农村生产》发表于《农村经济》第 1 卷第 2 期。

童玉民《改进农家劳力之使用与增加农家经济之收入》发表于《农村经济》第 1 卷第 4 期。

蓝名诂《发展农业与复兴农村》发表于《农村经济》第 1 卷第 5 期。

陶思麒《分析我国各派对于农业政策之意见及其批判》发表于《农村经济》第 1 卷第 6 期。

按：文章分分析我国各派对于农业政策之意义、何种主张最易实现之批判两部分。

姚石庵《农民生计教育与乡村经济建设》发表于《农村经济》第 1 卷第 6 期。

黄震瀛《中国农业资本主义发展的现状》发表于《农村经济》第 1 卷第 6 期。

郑季楷《农民离村原因与农村经济建设》发表于《农村经济》第 1 卷第 8 期。

按：文章说："农民离村最大的原因，一由于经济的破产，为谋生活计；一由于生命财产的危险，为求安全计，遂不得不忍痛远别乡井，向都市来集中。……我们既了解农民离村的原因及其严重性，惟不可无以补救之，补救之唯一办法，首在建设农村经济，以挽狂澜于既倒。"

储玉坤《数字中的中国农业》发表于《农村经济》第1卷第8期。

赵简子《爱沙尼亚的农业合作》发表于《农村经济》第1卷第8期。

黄若琦《复兴农村中的农业仓库问题》发表于《农村经济》第1卷第8期。

蓝渭滨《江苏徐海之农业与农民生活》发表于《农村经济》第1卷第9期。

赵简子《世界恐慌中之波兰农业金融》发表于《农村经济》第1卷第9期。

赵简子《世界恐慌中之匈牙利农业金融》发表于《农村经济》第1卷第10期。

蓝渭滨《展开农民阵线》发表于《农村经济》第1卷第10—11期。

李宏略《中国农业经济的现阶段》发表于《农村经济》第1卷第11期。

按：文章说："农业生产力的衰退，使农民限于贫乏；农民生活的贫乏，更助长了农业生产力的衰退，如此便构成了中国农业经济之崩溃的连索！"

唐寿三《周庄农民的苦况》发表于《农村经济》第1卷第12期。

赵简子《芬兰的农业合作》发表于《农村经济》第1卷第12期。

章绶孙《苏联农业革命史的观察》发表于《农村经济》第1卷第12期。

张一凡《最近各国农业恐慌之新局面》发表于《农村经济》第2卷第1期。

陈位达《目前农民问题严重性之检讨》发表于《农村经济》第2卷第2期。

吴法军《由"简笔字"说到农民识字问题》发表于《乡村改造》第3卷第25期。

江问渔《参加第二次乡村工作讨论会后感想》发表于《农村改进》创刊号。

陆叔昂《沪西农村未来的危机》发表于《农村改进》创刊号。

李涛等《高桥农村改进区实习工作报告》发表于《农村改进》创刊号。

杨璠《萧山东乡的自治事业》发表于《农村改进》创刊号。

《一年来复兴农村政策之实施状况》发表于《农村复兴委员会会报》第2卷第3期。

江苏农村金融救济委员会《农业仓库暂行办法大纲》发表于《农村复兴委员会会报》第2卷第3期。

按：大纲的内容包括：(1) 江苏省政府为调剂农村金融起见，先于各县重要市镇设立农业仓库，先行办理食粮储押业务；(2) 仓库之储藏粮食，以米稻豆麦为限；(3) 仓库所储藏之食粮，以农民直接来仓库储押者及政府为调节食粮收买者为限；(4) 粮食运用之资金由省政府向银行界洽商，放款以五百万元为限；(5) 各银行承担之食粮仓库放款，由农民银行、江苏银行负责办理；(6) 食粮仓库借款，除以储藏仓库之食粮为担保品外，如有损失，由省政府负责拨还；(7) 各县农业仓库管理委员会负责办理该县仓库之责；(8) 各县粮食管理委员会，应受财政厅之指挥及监督。

罗理译《印度农民的负债及其救济方策》发表于《农村复兴委员会会报》第2卷第10期。

兆熊《常熟农民之经济状况》发表于《中国农村经济研究会会报》第1期。

梁漱溟《本院成立旨趣及办法概要》发表于《乡村建设》第3卷第27期。

梁漱溟《民众教育何以能救中国》发表于《乡村建设》第4卷第7—8合刊。

左泽生《湖北农民对"农村合作"应有的态度》发表于《湖北农村合作》创刊号。

陈立刚《农民银行与农民》发表于《农友》第2卷第1期。

朱永德《一般农民生活的写真》发表于《农友》第2卷第7期。

牛葆祥《对豫鄂皖赣四省农民们的希望》发表于《农友》第2卷第7期。

程歧鸣《组织运销合作是农民脱离穷苦的一个好方法》发表于《农友》第2卷第9期。

周志英《农村经济之改进》发表于《宜兴农民月刊》第1期。

汤瑞春《复兴农村与农会之使命》发表于《宜兴农民月刊》第1期。

徐卧云《挽救现在农村经济破产之管见》发表于《宜兴农民月刊》

第1期。

毛木君《复兴农村之曙光》发表于《宜兴农民月刊》第1期。

原垚《中国农民的气质》发表于《农声》第178期。

杜修昌《农业仓库在经济上之目的》发表于《农报》第1卷第1期。

马中定《改进农产物买卖制度以裕农民经济》发表于《农报》第1卷第17期。

郑肇城《中国农业改进之刍议》发表于《通农期刊》第2卷第1期。

按：文章分导言、农民应有之训练、农民应具之特质、政府应负之使命、结论五部分。

林聚光《畜牧事业对于国计民生之重要性》发表于《通农期刊》第2卷第1期。

按：文章分绪论、畜牧事业对于国家之兴衰、畜牧事业对于国家经济之得丧、畜牧事业对于民族之强弱、畜牧事业对于工业之隆替、畜牧事业对于劳力之替代、畜牧事业对于垦荒前途之利钝、畜牧事业对于杂草废物之利用、畜牧事业对于农田肥料之供给、畜牧事业对于农民生活之调节、结论等十二部分。

王永铨《提倡琼崖农民副业谈》发表于《琼农》第10期。

王庭松《农民道德之商榷》发表于《皋农》第4卷第4期。

许绍南《从复兴农村说到中国的林业问题》发表于《蜀农学会会刊》第1期。

培植《山西夏县东乡之农民》发表于《醒农半月刊》第1卷第5期。

晏阳初《在第一次乡村工作讨论会上的报告》发表于《农复会会报》第2卷第3期。

按：文章说：所谓愚，我们知道中国最大多数的人民，不但缺乏知识，简直他们目不识丁，所谓中国人民有百分之八十是文盲。所谓穷，我们知道中国最大多数人民的生活，是在生与死的夹缝里挣扎着，并谈不到什么叫作生活程度、生活水平线。所谓弱，我们知道中国最大多数人民是毋庸讳辩的病夫，人民生命的存亡，简直付之天命，所谓科学治疗，公共卫生，根本谈不到。所谓私，我们知道中国最大多数人民是不能团结、不能合作、缺乏道德陶冶，以及公民的训练。因此，作者主张"四大教育"：文艺教育培养智识力以救其愚；生计教育培养生产力以救其穷；卫生教育培植强健力以救其弱，公民教育培植团结力以救其私。

刘兴唐《农业技术之史的发展》发表于《中国经济》第2卷第1期。

郭垣《美国农业金融的概观》发表于《中国经济》第2卷第2期。

赵纯《河南唐河之农耕方法及生产关系》发表于《中国经济》第2卷第2期。

王毓铨《几个研究中国农业经济的重要问题》发表于《中国经济》第2卷第9期。

武仙卿《秦汉农民生活与农民暴动》发表于《中国经济》第2卷第10期。

赵简子《美国的农业金融及其问题》发表于《中国经济》第2卷第11期。

王宜昌《从农民上看中国农村经济》发表于《中国经济》第2卷第12期。

伴农《中国农民负担之研究及苏联新农业税》发表于《经济评论》第1卷第1期。

弘久《农业恐慌的一般特征及其原因》发表于《经济评论》第1卷第1期。

按：文章说："世界大战以后的农业恐慌，很明显的是全世界一般共通的特征，恐慌的状态其程度固因各国经济发展与其经济构成之不同而各相异，然而其受农业恐慌之重大袭击则同轨。酿成农业恐慌的要素，第一是农产物价格之过于低廉。"

伴农《中国农民负担之研究及苏联新农业税》发表于《经济评论》第1卷第1期。

彭瑞夫《论危殆之中国森林业及其挽救之对策》发表于《经济评论》第1卷第9期。

[日]田中忠夫作，邹若愚译《中国农业恐慌与土地问题》发表于《经济学月刊》第1卷第3期。

孔雪雄《本年春期之中国农村经济并对于农民运动之前瞻》发表于《劳动季报》第2期。

郑槐《我国农民生活程度之研究》发表于《实业统计》第2卷第5期。

张绍泰《中国土地政策之沿革》发表于《实业季报》第1卷第4期。

张闻天《关于继续开展查田运动的问题》发表于《红色中华》第

164 期。

[日]鸣野三郎作,林德祥译《苏俄的共产党与农民之斗争》发表于《中国革命》第3卷第8期。

吴宿光《苏俄农民的地位》发表于《中国革命》第3卷第10期。

徐鑫《由农民的心理与性格谈到农村建设》发表于《中国革命》第3卷第14期。

黄明明《印度农民之贫困救济策》发表于《政治月刊》第1卷第2期。

穆岩《华北农村经济问题》发表于《政治月刊》第1卷第4期。

童玉民《复兴农村的整个计划》发表于《政治评论》第86期。

成《中国农民负担加重之情形》发表于《政治评论》第100期。

旭威《农产品入口激增与中国农业之衰落》发表于《政治周刊》第20—21期。

季文《苛捐杂税剥削农民之一斑》发表于《政法月刊》第9卷第9—10期。

钱亦石《中国农村的过去与今后》发表于《新中华》第2卷第1期。

按:文章认为,中国农村破产的姿态,有以下几个特点:第一是耕地面积逐渐缩小;第二是自耕农减少,佃农增加;第三是农产品价格的跌落;第四是农村金融枯竭;第五是农民离开故乡,向外逃亡。"如上所述,一方面是帝国主义的侵略,一方面是封建势力的剥削,这两把尖刀,便决定了中国农村的命运。农村破产,当然是农民首蒙其殃;但广大的农民失掉了购买力,即民族工业失掉了国内市场,影响所及,势必促成全部国民经济的总崩溃。中国近年来一切祸乱的根源,其主要原因就在这里。"

兆熊《常熟农民之经济状况》发表于《新中华》第2卷第2期。

刘献之《五台山的僧侣地主与农民》发表于《新中华》第2卷第14期。

熊得山《农业经济的技术问题与政治问题》发表于《新中华》第2卷第21期。

成萍踪《湖南零陵之农民状况》发表于《新中华》第2卷第23期。

胡伊默《中国农业恐慌的特殊性》发表于《新中华》第2卷第23期。

按：文章说："中国农业恐慌的病症，源远流长，内亏外感，兼而有之，要图复兴，有绝大的困难。假如复兴的意义，是恢复数十年以前的农业生产，即是说，征服封建性的恐慌，如安定农村，开垦荒地，减轻苛捐杂税，防备水旱两灾等。姑无论这些条件，在现在情形之下，是否能充分实现，即令能充分实现了，仍然不能抵御国际势力的压迫，即不能抵御资本主义性的恐慌的侵袭。假如复兴的意义，是要使中国农业，在国际竞争之下能独立生存与发展，则在经济上应是完全新式的耕种方法，要如美国、俄国一样的使用电力与摩托来代替人力与兽力；在政治上要能自由运用关税政策，以防止国外农产品的倾销。然而这里有更严重的困难，第一，中国土地分散，不适宜求新技术的使用，若图农业的改造，须先解决土地问题。第二，中国农民穷乏到饥饿线以下，畜生式的生活尚不能维持，更何来巨量资本以购买新式工具。第三，就令中国资本家具有足够资本，可以投入农业生产，然在目前中国的社会政治条件之下，与国际商品压迫之下，决不能有好的前途。"

周莹《日本农民经济的现形》发表于《新社会》第6卷第1期。

何鲁成《农民问题》发表于《新社会》第6卷第5期。

陈高佣《中国农民的生产问题》发表于《新社会》第6卷第7期。

[日]贺丰彦作，陶鲁译《日本复兴农村经济方策》发表于《汗血周刊》第3卷第8期。

按：文章分树木农业之确立、畜牧农业之进出、农村经济之组织化、农村机械化之范围、农村电气化之范围、农产物加工问题、使农村成为一化学工厂等七部分。

醒愚《从农村副业的重要谈到湘湖农民的副业》发表于《锄声》第1卷第1期。

刘载黎《欧洲农民阶级的研究》发表于《锄声》第1卷第4—5期。

许叔玑《论绥远应振兴畜牧》发表于《寒圃》第3—4期。

王高才《改良西北畜牧之管见》发表于《寒圃》第3—4期。

李藻《绥远乡村金融及当铺对于农民营业状况调查报告》发表于《寒圃》第5期。

李嘉猷《贫穷线下的中国农民生活与国民经济》发表于《寒圃》第13期。

李良辰《中国共产党工作方式之批判——中国共产党的农民运动》

发表于《反省月刊》第 3 期。

若舟《农民问题与中国》发表于《大道半月刊》第 19 期。

陈烟梅《从我国农村经济说到农民生计教育》发表于《大道旬刊》第 5 期。

蔚亭《晋北失业农民赴绥之失望》发表于《监政周刊》第 5 卷第 6—7 期。

仲平《德国注意农民经济》发表于《劳工月刊》第 3 卷第 11 期。

黄汉生《怎样与农民合作》发表于《棉业》第 1 卷第 4 期。

溪九《复兴农村声中的农民》发表于《十日谈》第 40 期。

林贯明《中国农村崩溃中的农民》发表于《十日谈》第 40 期。

漆琪生《中国赤区的农业政策》发表于《国闻周报》第 11 卷第 49 期。

羊君度《提倡村有林以发展林业之建议》发表于《晨光周刊》第 3 卷第 16 期。

鹤声《德意志拉梯斯底农业统制政策》发表于《警醒》第 1 卷第 11—12 期。

霜露《苏维埃联邦的农业问题》发表于《警醒》第 2 卷第 6 期。

彭蠡《从对外贸易中观察中国农业经济》发表于《北方公论》第 68 期。

王旬等《中国农民的生活程度》发表于《进展月刊》第 3 卷第 11—12 期。

蔚庭《近年来中国农业经济情况》发表于《新建设》第 1 卷第 18 期。

石坚白《改良我国农业经营的管见》发表于《江潮》第 1 期。

丘三《中国农业之展望》发表于《白刃》第 7 期。

伯臧《中国农民与西医》发表于《健康杂志》第 2 卷第 4 期。

陈晖《中国农业灾荒原因的分析》发表于《当代杂志》第 1 卷第 1 期。

按：文章说："总结起来说，中国农业灾荒的频仍，其根底上并不是由于什么天然条件的变化，而和其他一切经济病态一样，都是帝国主义与封建军阀的双重压榨的结果。"

杨春绿《提倡国货与改良农业》发表于《乡教研究》第 6 期。

吕希清《福建农业生产及其将来的开展》发表于《福建学院月刊》第 1 卷第 7 期。

秉钧《广西成年农民所需要的基础教育》发表于《教育旬刊》第 1 卷第 7—8 期。

半农《农民生活村》发表于《生产教育》第 3 期。

许公鉴《从挽救农村经济说到民众教育的功能》发表于《教育与民众》第 5 卷第 5 期。

陈斯龄《农民自卫问题》发表于《教育与民众》第 5 卷第 7 期。

杨翼心《当代中国各种乡村运动在地方自治上之评价》发表于《教育与民众》第 5 卷第 7 期。

郑一华《谈苏州农民事件与民众教育》发表于《教育与民众》第 6 卷第 3 期。

周其辰《中国农业推广之概观》发表于《民众教育通讯》第 3 卷第 9 期。

周其辰《中国农业推广之概观》发表于《民众教育通讯》第 4 卷第 2 期。

倪培坤《农民淡视政治之原因及其补救方法》发表于《教育新路》第 49—50 期。

陈翰笙、熊增善《中国农村经济的几个问题》发表于《教育新路》第 59 期。

按：文章提出的问题：一是研究中国经济问题应以何者为中心？二是研究中国农村经济问题应以何者为出发点？三是研究中国农村经济的主要项目为何？四是对于这个土地所有权的现状与趋势的观察若何？五是对于中国佃农及雇农之现况与趋势之观察若何？六是中国农村经济崩溃的主因为何？七是挽救中国农村经济的途径若何？

赵光涛《我们的农村调查与施教方向》发表于《教育新路》第 59 期。

朱孟乐《善桥农民教育馆第二次稻作比赛实施报告》发表于《吴县教育》第 2 卷第 11—12 期。

王琳《救济本省失业的劳动者与不能得到耕地的农民其道何由》发表于《安徽地方政务研究周刊》第 1 卷第 4 期。

陈翰笙《广东的耕地所有与耕地使用》发表于《中山文化教育馆季

刊》第1卷第2期。

林敬之《实施农民生计教育的新动向》发表于《山东民众教育月刊》第5卷第1期。

屈凌汉《从实施农民生计教育得到的一点认识》发表于《山东民众教育月刊》第5卷第4期。

虞杏林《农业推广与乡村建设》发表于《山东民众教育月刊》第5卷第7期。

按：文章说："乡村建设的下手处是乡村经济的建设，而经济方面所欲建设的事业，又全为农业推广。虽然乡村建设最后目的是辟造正常形态的人类文明，要使中国民族得能自救，并负起责任为人类造幸福，绝不是拘于乡村，又非仅仅于经济，更非就止于农业推广。然而其赖农业推广之助力必甚大，而无疑也。"

童玉民《怎样促进中国合作运动》发表于《山东民众教育月刊》第5卷第9期。

王陵南《举办冬期农民讲习班与振兴农业之实际效益》发表于《河南建设》第2期。

社言《德国注重我农民文化》发表于《兴华》第31卷第32期。

岑昭仁《广西水利的建设与农业复兴论》发表于《群言》第11卷第6期。

汪兆翔《农民的借贷问题》发表于《福音光》第43期。

元本《农村高利贷与农业合作》发表于《青海评论》第15期。

按：文章分农村生活之困难、农村高利贷的实况、农业合作——增进农民利益三部分。

刘兴唐《站在社会学之见地解析太平天国的农民革命》发表于《文化批判》第1卷第3期。

李若舟《中国农民问题之史的发展》发表于《文化批判》第1卷第4—5期。

威远《中国农民战争之史的简述》发表于《众志月刊》第2卷第1期。

宋斐如《日本农业兴衰之史的考察》发表于《法学专刊》第2期。

刘耀燊《苏俄农业的发展》发表于《行健月刊》第4卷第2期。

郑仲谟《中国革命与农民问题》发表于《扫荡》第52—53期。

师韩《农民的食粮问题》发表于《平凡（上海）》第1卷第9期。

主有《农民自治运动》发表于《平凡（上海）》第1卷第10期。

蒋斐《中国农业的现状及其趋势》发表于《人言周刊》第1卷第8—9期。

荐秋《我国农民和田亩之近数》发表于《人言周刊》第1卷第12期。

也夫《皖北的农民生活》发表于《人言周刊》第1卷第22期。

陈敏书《农民运动者必具的三个条件》发表于《人民周报》第107期。

张瑞海《超农民的教育与农民教育》发表于《人民评论》第37期。

东初《俄人眼中之东北农民抗日战》发表于《黑白》第2卷第11—12期。

张镇道《农民离村与移殖东北》发表于《复兴月刊》第2卷第6期。

若英《生活程度与农民土地耕种权的关系》发表于《清华周刊》第42卷第6期。

何浦苇《中国农业往何处去》发表于《清华周刊》第42卷第6期。

按：文章分中国农业生产力的衰落、中国农业恐慌的原因、两个前途、中国农业与工业前途的联系四部分。

若英《中国农民生产率与死亡率》发表于《清华周刊》第42卷第7期。

郭慎英《中国农民之分析》发表于《清华周刊》第42卷第7期。

朱怀衡《廿二年来之中国农民运动》发表于《中华月报》第2卷第1期。

按：文章说："中国的革命，为便于叙述起见，可以分成三个阶段：五四运动以前是一个阶段，自五四运动到一九二七年是一个阶段，一九二七年以后是一个阶段。但是在这三个阶段中，农民运动都是占很重要的地位。"

直夫《中国农业恐慌与土地问题》发表于《中华月报》第2卷第4期。

按：文章分中国农业恐慌底特质、土地所有与农业恐慌、恐慌下的地主与农民三部分。

文公佣《苏俄的农民》发表于《中华周报》第119期。

张福良《第二届农民节浅说》发表于《中华归主》第 146 期。

李彦林《山东龙山乡村教会实试验区的农民节礼拜》发表于《中华归主》第 147 期。

邝善武《白银协定对于米价及农民之影响》发表于《中兴周刊》第 2 卷第 12 期。

周汇潇《荷属东印度之农民运动的历史与起因》发表于《中南情报》第 7 期。

编者《农民教育中的实际问题》发表于《民众园地》第 2 卷第 6 期。

编者《以信用合作社为起点的本馆农民教育的实施概况》发表于《民众园地》第 2 卷第 6 期。

梁上燕《县民众教育馆从事农民教育的方略》发表于《民众园地》第 2 卷第 6 期。

守平《西班牙农民的新生活》发表于《礼拜六》第 549 期。

殷梦笔《农民离村之原因及其补救办法》发表于《礼拜六》第 574 期。

海曙《棉区农民之负担》发表于《礼拜六》第 582 期。

佛《新生活运动与农民》发表于《民间（北平）》第 1 卷第 1 期。

佛《农民的伟大和修养》发表于《民间（北平）》第 1 卷第 1 期。

李景汉《定县农村经济现状》发表于《民间（北平）》第 1 卷第 1 期。

郑耿裳《广播无线电在农民教育中的实验》发表于《民间（北平）》第 1 卷第 6 期。

李景汉《定县人民出外谋生的调查》发表于《民间（北平）》第 1 卷第 7 期。

陈养才《旱灾声中之昆山农民生活》发表于《民间（北平）》第 1 卷第 9 期。

董时进《农民的出路》发表于《民间（北平）》第 1 卷第 11 期。

晏阳初《农村运动的使命》发表于《民间（北平）》第 1 卷第 11 期。

按：文章说：中国的农村运动的使命，到底是什么？据我们很清楚地看来，它耸着巨大的铁肩，担着"民族再造"的重大使命。中国今日的生死问题，不是别的，是民族衰老，民族堕落，民族涣散，根本是"人"

的问题；是构成中国的主人，害了几千年积累而成的很复杂的病，而且病至垂危，有无起死回生的方药的问题。这个问题的严重性，比较任何问题都严重；它的根本性，也比较任何问题还根本。我们认为这个问题不解决，对于其他问题的一切努力和奋斗，结果恐怕是白费力，白牺牲。近数十年来一切的改革建设失败的经验，已经够给我们认识这个问题的根本性与严重性了。农村运动，就是对着这个问题应运而生的。它对于民族的衰老，要培养它的新生命；对于民族的堕落，要振拔它的新人格；对于民族的涣散，要促成它的新团结新组织。所以说中国的农村运动，担负着"民族再造"的使命。

李景汉《农村高利贷的调查》发表于《民间（北平）》第1卷第14期。

马千里《中国农民负担之田赋》发表于《大学（上海）》第2卷第2期。

瑞《农民经济的分解过程》发表于《申报月刊》第3卷第2期。

涤尘《日本农民的粮食保障运动》发表于《申报月刊》第3卷第12期。

孙伏园《农民文学用字的研究》发表于《矛盾月刊》第2卷第5期。

雪愚《农村经济破产声中的"农民食盐问题"》发表于《四十年代》第4卷第2—3期。

马千里《请看农民的负担——谈谈中国的田赋问题》发表于《自由言论》第1卷第24期。

振鹭《苏州农民暴动的严重性》发表于《正论旬刊》第1卷第1期。

华水《基督教与农民的改放》发表于《希望月刊》第11卷第3期。

杨凤麟《嘉兴农民告荒》发表于《时代》第6卷第9期。

和斋《农民自办仓库的好处》发表于《新北夏》第44期。

贾季秀《大农业国之国民与农民》发表于《交河周刊》第10期。

礽《谈谈农民的生活》发表于《塞外人语》第7—8期。

陆叔昂《改善农民生活的最低限度》发表于《国讯》第81期。

仲君《崇德农民的遭遇》发表于《现实（南京）》第1卷第15—16期。

黄熙耀《欲化农民必先农民化》发表于《乡道》创刊号。

澄宇《集体生活底苏俄农民》发表于《老实话》第17期。

民《农民的心理测验》发表于《国难专报》第36—37期。

静若《农民生活的贫困》发表于《重心半月刊》第12期。

高践四、汤逸人《农村工作之总关键——农民的组织》发表于《消息（上海）》第7卷第9期。

箴君《山西五县税收概况及农民反响》发表于《拓荒》第2卷第1期。

罗麟藻《西北农民副业的重要性》发表于《拓荒》第2卷第3期。

林健飞《农业问题与农民状态》发表于《平明杂志》第3卷第9期。

弋廷《一九三三年白区农民斗争的形势与我们今后的任务》发表于《红旗周报》第64期。

枋《西班牙农业改革条例所订须移转于农民之土地》发表于《建国月刊》第10卷第1期。

董汝舟《中国农民生活状况的检讨》发表于《建国月刊》第11卷第5期。

辜接林《农民的教养卫》发表于《大夏学生》第1卷第10期。

赵景源《我国田亩农民调查》发表于《儿童世界》第32卷第8期。

乌孙《一年来中国农民之厄运》发表于《南方杂志》第3卷第1期。

严蕊青《中国的农业》发表于《南风（福州）》第8期。

赵鉴塘《改良农民生活的我见》发表于《青北月刊》第2卷第3期。

马溥荫《秋收冬藏中所见的农民副业》发表于《南大半月刊》第17期。

庸川《农民离村与妇女离家问题》发表于《国立浙江大学校刊》第173期。

童玉民《日本产业组合之教育的活动》发表于《合作月刊》第6卷第1期。

冯紫岗《合作与农村复兴运动》发表于《合作月刊》第6卷第5期。

童玉民《我国合作社应分六大群解》发表于《合作月刊》第6卷第7期。

陈岩松《中国农业金融机关今后动向之商榷》发表于《合作月刊》第6卷第7期。

吴志广《劝告农民合作书》发表于《浙江合作》第13期。

管子《农业生产合作社浅说》发表于《浙江合作》第17期。

林昧豹《改良农业应取之途径》发表于《浙江合作》第 17 期。

按：文章说："改良农业的方法，千途万径，各有不同，然就普通言之，可分下列两个步骤，即农村教育的普及和农村经营方法的改善。"

罗虔英《以农业生产合作为发展本省农业生产事业的中心》发表于《浙江合作》第 22—23 期。

丁眉孙《农业借贷所与合作社之关系及平湖农民借贷之概况》发表于《浙江合作》第 31 期。

吴钟蔡《世界各国农业金融制度》发表于《浙江合作》第 31 期。

徐颂椒《中国农业金融机关今后业务之动向》发表于《浙江合作》第 31 期。

陈熙辉《中国农业金融机关筹资方法的我见》发表于《浙江合作》第 31 期。

孔宪钟《中国农业金融问题的探讨》发表于《浙江合作》第 31 期。

按：文章说："中国农业的极度衰落，虽然是由各种纵的横的复杂的因子所造成，但金融问题的无法解决，是各种原因中最占有力的成分。因为经营农业的要素是劳力技术资本及土地，农民所有的只是劳力和普通的陈旧的技术，而土地的缺乏，只限于一部分的佃农。只有资金的缺乏是一切农民的普遍问题。"

罗曼《中国农业工业化的可能性土地耕种合作社的推行》发表于《浙江合作》第 35 期。

金鸟《丹麦农业合作特性》发表于《浙江合作》第 36 期。

童玉民《农业统制与合作》发表于《浙江合作》第 36 期。

蔡斌咸《一九三四年中国农村的预测及救济之原则》发表于《浙江省建设月刊》第 7 卷第 7 期。

蔡斌咸《由二五减租到耕者有其田》发表于《浙江省建设月刊》第 7 卷第 8 期。

金炤华《浙江水产建设问题之检讨》发表于《浙江省建设月刊》第 7 卷第 9 期。

陈仲明《农业合作与农业金融之关系》发表于《浙江省建设月刊》第 7 卷第 10 期。

[日] 松村四郎《苏联之农政与农民——苏联共营农场之各种问题》发表于《浙江省建设月刊》第 7 卷第 10 期。

董直《美国农业发展之史的检讨》发表于《浙江省建设月刊》第7卷第10—11期。

寿毅成《农村救济之实际问题》发表于《浙江省建设月刊》第7卷第12期。

庄崧甫《救济农村之我见——生产会议开幕时演说》发表于《浙江省建设月刊》第7卷第12期。

杨占春《嘉善县之物产及农村状况》发表于《浙江省建设月刊》第7卷第12期。

陈宝麟《鄞县之物产及农村状况》发表于《浙江省建设月刊》第7卷第12期。

曾济宽《浙省农业进步迟缓之原因及实施统制管理之必要》发表于《浙江省建设月刊》第8卷第1期。

周斐《实施造林之步骤与方法》发表于《浙江省建设月刊》第8卷第2期。

叶华《浙江省农村经济之研究》发表于《浙江省建设月刊》第8卷第2期。

张镜义《武义县十乡农村概况及指导农民之经过》发表于《浙江省建设月刊》第8卷第3期（农村建设专号）。

蔡桂芳《农村建设声中之县单位农业推广》发表于《浙江省建设月刊》第8卷第3期（农村建设专号）。

冯紫岗《农村建设的重要及其展望》发表于《浙江省建设月刊》第8卷第3期（农村建设专号）。

蓝士琳《农村建设之基本工作》发表于《浙江省建设月刊》第8卷第3期（农村建设专号）。

黄石《农村建设中心论》发表于《浙江省建设月刊》第8卷第3期（农村建设专号）。

孙育万《农村建设的先决问题》发表于《浙江省建设月刊》第8卷第3期（农村建设专号）。

吴美继《农村建设概论》发表于《浙江省建设月刊》第8卷第3期（农村建设专号）。

蔡斌咸《农村建设根本问题的探讨》发表于《浙江省建设月刊》第8卷第3期（农村建设专号）。

方悴农、探真《一封给农村建设工作者的信：中国农村建设运动的鸟瞰》发表于《浙江省建设月刊》第8卷第3期（农村建设专号）。

蒋灏《对于农村建设之贡献：防灾除害》发表于《浙江省建设月刊》第8卷第3期（农村建设专号）。

马俊超《农村建设与虫害问题》发表于《浙江省建设月刊》第8卷第3期（农村建设专号）。

丁文霖《农村崩溃论之总检讨》发表于《浙江省建设月刊》第8卷第3期（农村建设专号）。

朱延平《浙江省农村建设中之水利问题》发表于《浙江省建设月刊》第8卷第3期（农村建设专号）。

成必庄《一个农村建设的计划：武义》发表于《浙江省建设月刊》第8卷第3期（农村建设专号）。

郑厚博《兰溪农村调查散记》发表于《浙江省建设月刊》第8卷第3期（农村建设专号）。

孙颂楠《从汤溪农村建设说起》发表于《浙江省建设月刊》第8卷第3期（农村建设专号）。

黄冠《开化县第一四两区农村概况及指导农民之经过》发表于《浙江省建设月刊》第8卷第3期（农村建设专号）。

董直《农村建设与农业金融制度之创立》发表于《浙江省建设月刊》第8卷第4期。

劳乃心《再论都市与农村之根本关系》发表于《浙江省建设月刊》第8卷第5期。

张固《农业改良与农村教育》发表于《浙江省建设月刊》第8卷第6期。

曾济宽《土地利用与农业改良问题》发表于《浙江省建设月刊》第8卷第6期。

曾养甫《农业改良失败之原因及今后应采之方法》发表于《浙江省建设月刊》第8卷第6期。

按：文章说：改良农业之方法，"一为以政治之力量，推动改良事业，即社会人士有合作之可能，亦以政治力量为先锋；二为以科学方法，从事实验改良耕作，以真凭实据，转移人民怀疑之心理；三为由政府实行统制管理，使一切经营，适合科学与经济原理，期改良事业之迅速成功。"

吴福桢《中国国防与农业教育》发表于《浙江教育行政周刊》第5卷第27—29期。

按：文章分农业在国防上之重要性、我国农业现状之国防观、我国国防上应有之重要农业设施、以国防为对象之我国农业教育设施、结论五部分。

于铲《国防教育声中之农业教育》发表于《浙江教育行政周刊》第5卷第27—29期。

储裕生《农村崩溃与今日农民自救问题》发表于《嘉善建设》第1卷第15—16期。

杜涤尘《中国农民的苦况》发表于《四川民众》第6期。

葛定华《农民负担与地税问题》发表于《河南大学校刊》第18—21期。

李为祥《农民借贷问题之分析》发表于《江苏学生》第3卷第6期。

赵杰《江苏各县农民教育馆调查》发表于《江苏月报》第1卷第5期。

绪《救济农村与农民贷款》发表于《西北论衡》第12—13期。

郭德润《西北农民的出路问题》发表于《西北春秋》第13—14期。

邱令之《枣阳农民生活及其负担》发表于《江汉思潮》第2卷第1期。

李高翥《农民离乡问题及其解决方法》发表于《江汉思潮》第2卷第1期。

罗舜琴《增进中国农业生产之管见》发表于《大夏期刊》第4期。

按：文章主张提倡农民副业，认为农民副业之所以衰落的原因，一是农民墨守旧法，不知改良，因之不唯产量不丰，而品质亦劣。二是因帝国主义商品经济之侵略，致家庭手工业不能立足而趋于衰败。三是因经济之不景气，各国皆以其过剩商品向国外倾销，同时又实行保护政策，以排斥他国之商品，我国农民副业之产品，因国内捐税之繁重，成本既已提高，复遭此打击，致出口量大为减少。四是国内连年战争，灾荒频仍，复加以匪盗之骚扰，使农民不安于省，而副业亦大受打击。

顾吉甫《农民偿债问题》发表于《社会周报》第1卷第10期。

龙世雄《德国关于农民离村问题的学说》发表于《社会科学论丛》

第 1 卷第 4 期。

唐嗣尧《科学与农业》发表于《科学时报》第 1 卷第 2 期。

陈绍熙《世界农业恐慌的原因及其对策》发表于《南方青年》第 2 卷第 9 期。

醒民《关于农民生计教育与乡村经济建设》发表于《中华实业商报》第 1—3 期。

祖仁《世界农业恐慌的本质》发表于《大道半月刊》第 20 期。

孙晓村《中国农业金融考察》发表于《正论（南京）》创刊号。

邹枋《中国田赋附加的种类》发表于《东方杂志》第 31 卷第 14 期。

朱偰《四川省田赋附加税及农民其他负担之真相》发表于《东方杂志》第 31 卷第 14 期。

西超《河南农村中底雇佣劳动》发表于《东方杂志》第 31 卷第 18 期。

秦元邦《苏联之农业建设》发表于《大学（上海）》第 2 卷第 1 期。

秦元邦《苏联之农业建设》发表于《大学（上海）》第 2 卷第 6 期。

沈鹏飞《中国之农业》发表于《文化建设》第 1 卷第 2 期。

吴觉农《中国农业的现实》发表于《中学生》第 41 期。

按：文章分崩溃中的中国农业、衣食住的原料恐慌、丝茶等产品的危机、农业产品价格的惨跌、结论五部分。

顾高扬《中国革命中之农业政策》发表于《前途》第 2 卷第 1 期。

张慕霖《德国之农业恐慌与国家社会党之救农政策》发表于《前途》第 2 卷第 2 期。

张一凡《新宪法草案中农业政策之研究》发表于《前途》第 2 卷第 4 期。

杨华波《法西斯意大利之农业政策》发表于《前途》第 2 卷第 4 期。

君谷《各国农业恐慌之现状及其原因》发表于《校风》第 129—130 期。

炽《秦汉农民生活与农民暴动》发表于《史地社会论文摘要月刊》第 1 卷第 2 期。

和《农民的出路》发表于《史地社会论文摘要月刊》第 1 卷第 2 期。

［日］佐野袈裟美作，张果译《作为农民战争的太平天国》发表于《时事类编》第 2 卷第 28 期。

陈啸江《西汉政府的农业政策及其批评》发表于《国立中山大学文史学研究所月刊》第 2 卷第 5 期。

赵紫宸《基督徒对于国内的农村事业最低限度的认识与行为》发表于《真理与生命》第 8 卷第 6 期。

石楚耀《东方各殖民地的劳工运动及农民运动》发表于《南洋研究》第 5 卷第 1 期。

山风译《朝鲜之农业与农民》发表于《新亚细亚》第 8 卷第 6 期。

[日]泽村康作，李立侠译《日本之农业及农业问题》发表于《日本评论》第 4 卷第 2 期。

张觉人《一九三四年日本之农业恐慌》发表于《日本评论》第 6 卷第 1 期。

王朴《德国的农业恐慌》发表于《中国与苏俄》第 2 卷第 6 期。

允卓《苏联之农政与农民——苏联农村中的阶级斗争》发表于《苏俄评论》第 7 卷第 1—2 期。

苗迪青《满洲农民生活苦痛的深刻化》发表于《世界论坛》第 1 卷第 5 期。

李景清《苏俄农业生产的发展及其技术的改善》发表于《世界论坛》第 1 卷第 15 期。

王药雨《山东农民离村的一个检讨》发表于 5 月 23 日天津《益世报》。

李晓初《山西离石县高利贷方式的演进》发表于 7 月 14 日天津《益世报》。

王子建《农业与工业》发表于 12 月 8 日天津《益世报》。

按：文章说：乡村建设运动的农业理论可归为四点：一、认为中国永远不能走上近代工商业之路。原因是近代工商业之路已过时，不合国家统治经济计划经济的趋势。二、在当今国际大势下，中国在外缺乏国际市场，在内农村破产、金融偏滞、产业凋落，所以只有从复兴农村入手，走振兴农业引发工业之路。三、先农业后工业有许多优点。如中国有农业基础而无工业基础，农业技术发展可引发工业技术，农村购买力可刺激工业发展等。四、即使中国要有工业，也应当是乡村工业或家庭小工业。上述理论芜杂矛盾，不成系统。其根本的错误在于不顾国际大势，不察中国的特殊地位，因袭百年前闭关自守的见解，妄图实行新的"门罗主义"，使中国回复到经济自给的社会。第二个错误在于认不清农业与工业的关系，不能给出一个清晰的农业和工业的概念。……第三个错误是认为"中国将永久不能走上近代工商业路"。

三 乡村建设研究著作

黄绍绪著《农业概论》由上海商务印书馆出版。

[日] 田中忠夫著，汪馥泉译《中国农业经济研究》由上海大东书局出版。

按：是书分8编，第一编中国农业上的资本主义底发展形势；第二编中国农业底电气化；第三编中国底农村组织；第四编中国农民离村问题；第五编中国底租佃问题；第六编中国底农业劳动问题；第七编中国底农具经济问题；第八编中国底劳动家畜问题。

[日] 田中忠夫著，汪馥泉译《中国农业经济资料》由上海大东书局出版。

按：是书分7编，第一编中国农民底负担；第二编山东底农村经济与农民运动；第三编江西底农村经济与农民运动；第四编湖北底农民运动与农民生活；第五编四川底农村经济；第六编江苏底农村经济与目下的农业问题；第七编中国底农民运动与红枪会及人民蜂起。附录：中国农民经营底经济及其发展底诸倾向。

[日] 河田嗣郎著，郑里镇译《农业经济学》由上海文华书局出版。

按：是书分8编，第一编绪论，包括农业经济学之意义与任务、农业经济学之地位与发达2章；第二编农业经济之一般性状；第三编农业经营；第四编农业企业；第五编农地；第六编农业劳动；第七编农业资金；第八编农产之买卖。

唐志才、储劲编《农业及实习》（黎明师范教本）由上海黎明书局出版。

吴承禧著《中国银行业的农业金融》由国立中央研究院社会科学研究所出版。

中国社会教育社理事会事务所编《由乡村建设以复兴民族之实施要点》由编者出版。

赵立编《农业大意》由上海中华书局出版。

中国华洋义赈救灾总会编《农业合作社会计规则》由编者出版。

唐启宇著《农业清查》由中央统计联合会出版。

[苏]廖谦珂著，吴觉农等译《农业经济学》（上卷）由上海黎明书局出版。

按：是书分8章，论述农业经济学的对象和方法、农业经济学的自然主义概念和肥沃度递减法则、农业经济学上的地租问题，以及俄国的土地诸关系、资本主义的土地诸关系及土地所有独占问题、资本主义的农业劳动与劳动力形成问题等。

[美]卜凯著，孙文郁译《中国目前应有之几种农业政策》由南京金陵大学农业经济系出版。

李正谊编著《世界各国之农业组织与其产业合作之发达》由上海艺林书局出版。

杨国藩著《农业经营》由上海大华书局出版。

按：是书论述农业经营的基本观念、农业经营的类别、农业的要素，以及农业经营的实施等。

宋希庠著《农业论丛》由南京农业周报社出版。

张农、翟克编《农业经济论丛》由国立中山大学农学院推广部出版。

按：是书分农村经济、农村社会、农业合作与金融、农业土地问题、粮食问题、农业改良及农业行政等七部分，收录论文37篇。

张援著《中国农业新史》由上海世界书局出版。

按：是书分3编，概述我国历代农业发展历史、行政制度、帝王的农业设施等。

[苏]马札亚尔著，陈代青、彭桂秋译《中国农村经济研究》由上海神州国光社出版。

王世颖、冯静远编《农村经济及合作》由上海黎明书局出版。

按：是书分绪论、什么是合作、农业、农业生产的要素、土地问题、农业经营、农场管理、农业劳动、农业信用、农业政策、农村消费合作、农村生产合作、农村贩卖合作、农村信用合作、农村合作联合会、结论等16章。

余霖著《农村经济讲话》由上海青年协会书局出版。

国际贸易导报编辑室编《中国农村经济参考资料索引》由上海编者出版。

行政院农村复兴委员会秘书处编《一年来复兴农村政策之实施状况》由南京编者出版。

按：是书分10章，包括农村金融调剂、仓库制度之推行、蚕丝业之改良与救济、茶业复兴、棉业推广等。

章鹏若著《农村复兴之理论与实际》由上海商务印书馆出版。

按：是书分中国农业的重要性、农村衰落的主要原因、复兴的前提、农村的金融、合作、副业、教育、土地问题、水利建设等9章。

罗克典著《中国农村经济概论》由上海民智书局出版。

按：是书分12章，论述耕地与荒地、地租与高利贷、农民收支及农场副业、水利、家畜、农村剩余劳动、帝国主义侵略对中国农村的影响等。

冯和法编《中国农村经济论》（农村经济论文选集）由上海黎明书局出版。

孔雪雄著《中国今日之农村运动》由南京中山文化教育馆出版物发行处出版。

言心哲著《农村社会学概论》由上海中华书局出版。

按：是书分17章，论述农村社会学的意义、范围，介绍农村的人口、生存程度、卫生、娱乐、组织、家庭、经济、教育等情况。

章元善、许仕廉编《乡村建设实验》（第1集）由上海中华书局出版。

按：是书乃乡村工作讨论会于1933年7月在邹平召开时的工作报告汇编。

梁漱溟著，李澂辑录《乡村建设论文集》（第1集）由济南乡村书店出版。

按：是书收录作者《自述》《解决中国经济问题之特殊困难》等16篇文章。

晏阳初著《定县的乡村建设实验》由中华平民教育促进会出版。

蔡衡溪著《中国农村之改进》由河南教育厅编辑处出版。

朱若溪编著《农村生产合作》由江苏省立教育学院研究实验部出版。

按：是书分5章，介绍江苏省养鱼和养蚕两种合作社的组织方法和形式。附录：中华民国合作社法、江苏省各县合作协会设立规程、养鱼合作社章程、江苏省各县合作协会章程范本等7种。

徐正学著《农村问题》由南京中国农村复兴研究会出版。

文诏云讲述《农村问题集》由南昌新记合群印刷公司出版。

按：是书讲述农村工作在国策上之重要性、农村工作应如何着手、推行农村合作制度、农村救济与救济方案等18个问题。

杨幼炯主编《中国农村问题》由上海中国社会科学会出版部出版。

茹春浦编《中国乡村问题之分析与解决方案》由编者出版。

徐正学著《农村问题——中国农村崩溃原因的研究》由南京中国农村复兴研究会出版。

刘伯量著《农村建设概论》由四川省社会军训干部训练班出版。

按：是书概述民生主义与农村建设的关系、农村与国民经济的关系、农村中的动植物生产、农村教育与交通、农村合作与自治等问题。

行政院农村复兴委员会编《江苏省农村调查》由上海商务印书馆出版。

行政院农村复兴委员会编《河南省农村调查》由上海商务印书馆出版。

行政院农村复兴委员会编《陕西省农村调查》由上海商务印书馆出版。

行政院农村复兴委员会编《浙江省农村调查》由上海商务印书馆出版。

冯紫岗编《南阳农村社会调查报告》由上海黎明书局出版。

行政院农村复兴委员会编《日本救济农村法规汇编》由上海商务印书馆出版。

按：是书分9编，概述日本经济复兴与计划中的方针、农村负债整理纲要、日本政府为整理农村负债颁布的各种法规、日本农家负债整理概况、耕地扩张改良事业概况、国营林业机关实施救济事业之成果等。

侯哲莽著《农村运销合作社经营法》由南京中国合作学社出版。

郭人全著《乡村民众教育》由上海黎明书局出版。

按：是书分乡村民众教育的意义与目的、民众教育之史的发展、各国民众教育概述、乡村民众教育之实施、乡村民众学校教育实施法、乡村民众教育的实验等。附：民众学校办法大纲等6种。

傅葆琛著《乡村教育纲要》由北平辅仁大学出版。

余家菊著《乡村教育通论》由上海中华书局出版。

陈翰笙著《广东农村生产关系与生产力》由上海中山文化教育馆出版。

蔡衡溪著《淮阳乡村风土记》出版。

金轮海著《农村复兴与乡教运动》由上海商务印书馆出版。

方怀毅著《一个寒假中的乡村改造运动》由上海儿童书局出版。

山东乡村建设研究编《山东乡村建设研究院概览》由编者出版。

花呗农业合作事业委员会编《农村信用合作社是什么》由编者出版。

朱若溪编著《农村金融流通之设备》由江苏省立教育学院研究实验部出版。

蓝渭滨著《农民阵线》由江苏镇江农村经济月刊社出版。

中央农业推广委员会编《农业文库》初集由南京编者出版。

农业进步社编《新农业》第2辑由编者出版。

赵英若编著《农业气象浅说》由上海中华书局出版。

徐特立编《农业常识》由中央苏区教育人民委员部出版。

张佛编《农谚》由上海商务印书馆出版。

实业部中央农业实验所编《农情报告汇编》由南京编者出版。

实业部中央农业实验所农业经济科编《农情报告是什么》由编者出版。

王益滔编译《苏俄农业政策》（国际丛书）由上海中华书局出版。

按：是书论述苏联革命初期及第一个五年计划期间的农业政策及其对农业、农民的影响。

[苏] 斯大林著，翦伯赞译《苏俄集体农场》由上海太平洋书店出版。

[苏] 哥宁列夫等著，程大森译《苏联集团农场组织方略》由上海国际书局出版。

国立中央研究院社会科学研究所图书馆编《农民阵线》由编者出版。

按：是书分展开农民阵线、农村社会事业之理论与实施、苏联各邦农业行政组织与农业政策、江苏徐海之农业与农民生活等四部分。

江苏省农民银行总行编《江苏省农民银行办理农民仓库及合作事业概况》由编者出版。

按：是书分合作事业概况、农业仓库概况、合作运销概况3章。

中共仙游县委逦澄编《中共仙游县委逦澄给省委的报告支部、农运与反帝工作情况》由编者出版。

阎振熙等著《定县实验区考查记》由北平众志学社出版。

李景汉等著《定县经济调查一部分报告书》由河北省县政建设研究院出版。

张冰著《救农运动》由江苏镇江大华书局出版。

按：是书分析了农村的救济制度、我国农村经济崩溃的原因，探讨改进的办法。

宋希庠编著《中国历代劝农制度考》由南京实业部中央农业推广委员会出版。

吴景超著《从佃户到自耕农》由国立清华大学出版。

[美]卜凯著，乔启明著《佃农纳租平议》由南京金陵大学农学院出版。

土地委员会编《土地问题研究项目》由编者出版。

郭卫校勘《土地法》由上海法学书局出版。

王效文著《土地法要义》由上海法学书局出版。

按：是书分5编，论述土地私有与公有问题、土地法的编制、土地的意义与种类、土地所有权、土地登记、土地使用、土地税、土地征收等问题。

黄灿著《中国土地问题纲要》由上海青年协会书局出版。

殷震夏著《中国土地新方案》由南京正中书局出版。

按：是书分上下编，上编5章，介绍各国土地现状、我国土地沿革、土地私有的弊病等；下编4章，论述我国土地改革方案、赋税的整理、农村经济的补救、移民屯垦等。

韦孝先著《土地问题与土地法》由南京首都女子法政讲习所出版。

浙江省民政厅测丈队编《浙江省杭县土地统计》由编者出版。

[比]窝德亚塔著，张淼译《战后欧洲土地改革》由南京正中书局出版。

蓝梦九著《土壤肥料实验法》由国立北平大学农学院出版。

彭家元编《广东重要土壤肥沃度概述》由广东土壤调查所出版。

梭颇、侯光炯著《江苏省东部盐渍三角洲区土壤约测》由实业部地质调查所出版。

周昌芸等编著《江苏省句容县土壤调查报告书》由实业部地质调查

所出版。

邓植仪编著《广东土壤提要》由广东土壤调查所出版。

邓植仪、谢申等编著《东莞县土壤调查报告书》由国立中山大学农学院广东土壤调查所出版。

刘茂青编著《顺德县土壤调查报告书》由国立中山大学农学院广东土壤调查所出版。

刘茂青、覃树辉编著《新会县土壤调查报告》由国立中山大学农学院广东土壤调查所出版。

谢申、陈宗虞编著《高要县土壤调查报告书》由国立中山大学农学院广东土壤调查所出版。

广东省建设厅琼崖实业局编《琼崖土壤调查报告书》由编者出版。

广西普及国民基础教育研究院编《埌地问题研究》由编者出版。

广西普及国民基础教育研究院编《埌——五村农民农食所寄的地方》由编者出版。

河南省地政筹备处编《河南省地政创刊》由编者出版。

万国鼎著《中国田制史》由南京正中书局出版。

刘道元著，陶希圣校《中国中古时期的田赋制度》由上海新生命书局出版。

上海市市立农事试验场编《上海市市立农事试验场最近三年间进行概要暨试验成绩报告》由编者出版。

四川中心农事试验场编《四川中心农事试验农业化学科事业计划大纲》由编者出版。

汪厥明著《围场试验误差及其估计理论》由国立北平大学农学院出版。

赵植基、孙祖荫编《十个中等农业职业学校调查的研究》由南京金陵大学农学院乡村教育系出版。

江苏省立教育学院编《江苏省立教育学院农场概况》由编者出版。

国立中山大学农学院编《国立中山大学农学院农场概要指南》由编者出版。

国立中山大学农学院推广部编《肥料》由国立中山大学出版部出版。

梁式堂著《凿泉浅说问答》由河北省农田水利委员会出版。

胡焕庸编订《两淮水利盐垦实务》由南京中央大学地理系出版。

察哈尔省建设厅编《察哈尔省农田水利纪要》由编者出版。

张鸿烈等著《虹吸灌溉工程》由山东省政府出版。

模范灌溉管理局编《模范灌溉》由编者出版。

朱庭祜等著《江西南昌附近之地下水》由行政院农村复兴委员会出版。

  按：是书分地形、地质概略、地下水概说、水利及附记等六部分。

江西省第八区行政督察专员公署编《农村水利》由编者出版。

马保之编《中国作物改良研究会议演讲集》由南京实业部中央农业实验所出版。

冯柳堂著《中国历代民食政策史》由上海商务印书馆出版。

陈金璧编《浮尘子》由广西农林局出版。

广西农林局编《冬耕及冬期作物栽培浅说》由编者出版。

浙江省昆虫局编《浙江省昆虫局十年大事记》由编者出版。

熊同和著《害虫防除纲要》由国立中央大学农学院农业推广组出版。

安化县政府编订《防蝗要览》由编者出版。

实业部中央农业实验所植物病虫害系编《治蝗浅说》由编者出版。

浙江省昆虫局编《治蝗浅说》由编者出版。

黎国焘编《治螟浅说》由广西农林局出版。

黄修明编《积谷害虫》由实业部上海商品检验局农作物检查组出版。

易希陶编《农业害虫便览》由南昌江西省农业院出版。

吴宏吉、陆瑜、徐新著《害虫防治法》由浙江省昆虫局出版。

蔡邦华编《谷象产卵受湿温度影响之实验》由南京实业部中央农业实用所出版。

魏景仁著《稻作病害》由南京金陵大学农学院出版。

鲍尚贤著《稻作改良种之稻热病问题》由浙江奉化武岭职业农业学校出版。

蛰庵著《小麦之病害》由实业部上海商品检验局农作物检验组出版。

吴昌济编《国内麦类黑穗病分布之初步调查报告》由实业部中央农业实验所出版。

俞大绂等著《粟粒黑粉病种子消毒试验》由南京金陵大学农学院出版。

浙江兰溪实验县政府编《兰溪重要蔬菜害虫防除浅说》由编者出版。

陈梦士著《荔枝椿象之研究》由广东建设厅农林局出版。

唐志才编《稻作学》由江苏苏州文怡书局出版。

林亮东、丁颖著《广东野生稻不实现象之观察》由广州市稻作试验场出版。

沈骊英著《水稻试验之统计分析》由实业部中央农业实验所出版。

全国经济委员会农业处编《米谷统计》由南京编者出版。

全国经济委员会农业处编《小麦统计》由南京编者出版。

金善宝著《实用小麦论》由上海商务印书馆出版。

杨国藩编《小麦》由上海中华书局出版。

梁逸飞编《小麦栽培法》由广西农林局出版。

徐天锡著《高粱天然杂交之研究》由南京金陵大学农学院出版。

李先闻编著《粟作育种法之研究》由河南大学农学院出版。

杜修昌编《浙江省米价变动之研究》由实业部中央农业实验所出版。

莫定森编《特用作物学》由上海黎明书局出版。

黎献仁著《菲律宾糖业考察记》由国立中山大学农学院出版。

陈燕山译《中国棉花改良法》由实业部中央农业试验所出版。

广西农林局编《棉花栽培法》由编者出版。

叶量著《中国棉货总产销量之结算》由财政部国定税则委员会出版。

方显廷著《中国之棉纺织业》由上海国立编译馆出版。

朱美予编著《世界蚕丝概观》由上海商务印书馆出版。

陈贵琴编《日本蚕丝业之概况》由南京日本评论社出版。

广西农林局编《苎麻栽培法》由编者出版。

王绶著《金陵大学农学院改良大豆之成绩》由南京金陵大学农学院出版。

顾笃周编《最新种大豆法》由上海南星书店出版。

杨国藩编著《大豆的栽培及改良》由上海商务印书馆出版。

尹喆鼎著《山东之落花生》由实业部青岛商品检验局出版。

按：是书介绍落花生的生产、性质、形状、用途及其贸易概况等。

甘纯权、张万纬编《种植薄荷指导》由上海职业指导所出版。

秦翊编《园艺历》由上海中华书局出版。

吴耕民著《山东园艺改进刍议》由国立山东大学农学院出版。

谌克终编著《果树剪定法》由上海商务印书馆出版。

李俊著，李庆丰校《番茄研究》由北平燕京农园出版。

潘志农著《实验人工种菌百答》由福州三山农艺社种菌部出版。

孙云蔚编《最新西瓜百合栽培法》由上海中华书局出版。

吴耕民、管超等著《德县西瓜调查报告》由国立山东大学农学院出版。

[日]田中长三郎著，贾祖璋译《果树》由上海商务印书馆出版。

吴耕民编《果树园艺学》由上海商务印书馆出版。

夏诒彬编著《花卉盆栽法》由上海商务印书馆出版。

吴耕民编《青岛果树园艺调查报告》由青岛市农林事务所出版。

范樱著《爪哇苏门答腊之茶业》由实业部上海商品检验局出版。

吴耕民编著《肥城桃调查报告》由国立山东大学农学院出版。

胡昌炽著《柑橘》由上海商务印书馆出版。

胡昌炽著《中国柑橘栽培之历史与分布》由南京金陵大学农学院出版。

秦翊著《种花浅说》由上海中华书局出版。

高秉坊编《造林学通论》由上海商务印书馆出版。

广西农林局编《公有林经营浅说》由编者出版。

顾恒德编译《森林与社会》由上海新亚书店出版。

[日]本多静六著，谢申图译《山东林相变化与国运之消长》由实业部直辖山东模范林场出版。

周汉藩著，胡先骕校《河北习见树木图说》由北平静生生物调查所出版。

徐刚建著《造林理论及其实施》由上海商务印书馆出版。

[日]本多静六著，沈化夔译述《造林学本论》由上海新学会社出版。

秦翊编《种树概说》由上海中华书局出版。

陆志鸿、朱会芳著《中国中部木材之强度试验》由国立中央大学出版组出版。

唐燿著《评印度商用木材》由中国植物学会出版。

唐燿著《中国木材问题》由中国植物学会出版。

李寅恭著《松栎锈病交互寄生之研究》由福建省建设厅出版。

国立中山大学农学院推广部编《有加利造林法》由国立中山大学出

版部出版。

刘瑚等编《桐树与桐油》由实业部汉口商品检验局出版。

李昌隆编著《中国桐油贸易概论》由上海商务印书馆出版。

赵英若编《畜牧浅说》由上海中华书局出版。

顾谦吉著《中国的畜牧》由长沙艺文丛书编辑部出版。

军用图书社编《马学教程》由编者出版。

李正谊（李秉权）著《实用养猪学》由太原光华书社出版。

刘宇清、李子干编《实验养鸡新法》由察哈尔省种鸡协进社出版。

舒联莹、叶德备编著《北京鸭》由上海商务印书馆出版。

王兆泰著《实用养鸭学》由北平华北种鸡学会出版。

训练总监部军学编译处编《传书鸽》由南京军用图书社出版。

李宗法编《犬和它的家族》由上海商务印书馆出版。

王承钧编著《豚病学》由上海新学会社出版。

山东省政府建设厅合作事业指导委员会编《蚕学大意》由编者出版。

陆星垣编著《蚕体生理学》由上海商务印书馆出版。

薛德焴著《蚕》由上海新亚书店出版。

朱美予编《蚕体解剖学》由上海商务印书馆出版。

求良儒编著《蚕种学》由上海新亚书店出版。

江苏省蚕种制造技术改进会编《蚕种制造须知》由浙江省蚕种取缔所出版。

桂应祥著《广东特异蚕卵之形态与遗传学的研究》由广州仲恺农工学校出版。

尹良莹编《普通栽桑学》由上海黎明书局出版。

戴礼澄编《桑树栽培学》由上海商务印书馆出版。

张景欧编《蚕桑害虫学》由上海黎明书局出版。

赵英若著《养蜂浅说》由上海中华书局出版。

张玺著《烟台海滨动物之分布》由国立北平研究院出版部出版。

震东著《水产浅话》由河北省立水产专科学校出版委员会出版。

江苏省渔业试验场编《养鱼浅说》由编者出版。

吴吉人著《金鱼饲养法》由上海鱼乐有限公司出版。

黄中成著《实利养蛙法》由上海成善出版社出版。

四 卒于是年的乡村建设工作者

许璇卒（1876—1934）。璇字叔玑，浙江瑞安人。1902年入上海南洋公学。1907年留学日本，初入京都第三高等学校，继入东京帝国大学农科。1913年回国后，先后执掌北京、浙江等高等农业院校，曾四度出任北京农业大学校长。1924年任浙江省立农业学校校长。1925年至1935年任中华农学会会长。1930年任北京大学农学院院长。最早开设农业经济、农村合作和粮食问题等课程，提出融学术教育与农村事业于一炉的教育方针，创建农村建设实验区，毕生为农业教育事业做出卓越贡献。是我国早期著名农学家、农业教育家，中国农业经济学科之先驱。著有《农业经济学》《粮食问题》等。

黄治峰卒（1891—1934）。又名书群，广西奉议人，壮族。早年在谭浩明部任职。1923年，他受韦拔群在东兰一带发动农民斗争的启发，以二都（奉议县甫圩、仓圩和百育乡北区一带）为中心，发动和组织农民群众，开展反抗苛捐杂税的斗争。1926年1月从韦拔群创办的农讲所学习结业返回奉议，积极筹办奉议县农民运动讲习所和筹建奉议县农民协会。3月，国民党广西省党部农民部委任他为奉议县农民运动名誉委员。4月各乡农协会联合办事处成立，任主任。在此期间，他注重组织建设，培养了60多名农运骨干。1927年7月右江地区各县农军进行统编，奉议、恩隆两县为第二路，党组织任命他担任这路农军的总指挥。于是组织成立两县革命联合会，统一领导农军开展打土豪的武装革命斗争。1928年10月加入中国共产党，并任中共奉议县支部委员会委员。1929年率领农军参加邓小平、张云逸领导的百色起义。历任右江赤卫军总指挥、中国工农红军第七军营长、第四纵队纵队长、第二十师副师长、红七军参谋处处长。1930年随红七军主力去江西中央革命根据地。1934年奉命回广西工作，途中遇害。

周以栗卒（1897—1934）。以栗，湖南长沙人。1924年加入中国共产党。1925年"五卅运动"发生后，以"青沪惨案湖南雪耻会"负责人之一，领导了长沙市的罢工、罢市、罢课和示威游行。1925年3月参与组建湖南临时委员会，12月出席湖南省第一次工农代表大会，被选为大会顾问，同时当选为省农民协会执行委员。1927年春赴武昌与毛泽东等筹办湘鄂赣三省农民运动讲习所，任教务主任。大革命失败后，调任中共河南省委书记。在豫南指导特委，发动群众，恢复农民协会，实行土地改革和开展武装斗争。1928年4月15日在开封被捕。次年底被党组织营救出狱，1931年2月任中共中央革命军事委员会总政治部代理主任。4月被增补为苏区中央局委员，并被任命为中共闽赣边区工作委员会书记。同年夏，调任红一方面军总政治部主任。先后参与指挥中央苏区第二、第三次反"围剿"战斗。11月，在全国第一次工农代表大会上，当选为大会主席团常务主席、中华苏维埃中央执行委员和内务人民委员。12月任中华苏维埃政府机关报《红色中华》主笔。1934年11月在转移途中被国民党军包围，突围时壮烈牺牲。

陈宰均卒（1897—1934）。宰均字孺平，浙江余杭人。1916年考入清华学校，1918年留学美国伊利诺伊大学，专攻畜牧学。1921年获农学士学位，复入康奈尔大学研究院，研究营养化学及家畜饲养学，获硕士学位。1923年又由美赴德，入柏林大学研究院，从师生物化学名家阿布德海丹教授学习。1924年归国，任青岛农林局畜牧组主任技师。1925年任山东省青岛农林事务所李村农场场长。1926年任河北大学教授。1929年春，主持北平大学农学院成立动物营养实验室，进行动物营养及维生素之研究，成为我国农业院校中最早从事动物营养研究的机构。1927年任京师大学农科教授。1928年至1934年任国立北平大学农学院教授。1934年8月15日病逝于北平。著有《畜产学通论》《中国农业革命论》《工化与农化》《农化解》《家畜遗传学原理》《养猪学》《养牛学》《家禽学》《大麦蛋白质与米糠蛋白质之互补的功效》《饲料与饲养》等。

俞甫才卒（1906—1934）。甫才，化名俞大明、俞子明、俞舍吾、张正华、张一松，江苏崇明人。1917年到陆铁强父亲陆伯良开设的布庄当学徒。1926年3月与陆铁强一起到广州农民运动讲习所学习。同年9月，与陆铁强以中共江浙区委特派员身份回崇明工作。在本乡建立了一个30多人参加的农民协会。又与陆铁强到西沙领导农民开展减租斗争。组织县农民协会，发动佃农开展抗租斗争。1927年9月，任第一届中共崇明县委书记。11月成立崇明县工农革命军联军总司令部，准备发动崇明暴动。但暴动计划泄露，于是组织农民运动骨干转移到上海浦东等地，自己仍在原地坚持斗争。12月调任海门县县委书记。1934年春因劳累过度，旧伤复发，由党组织送上海医治。3月12日因医治无效逝世。

中国近现代乡村建设研究
编年史
(1912—1949)

下卷

俞樟华　王景新　编著

中国社会科学出版社

下卷目录

民国二十四年　乙亥　1935 年 …………………………………（539）
　一　乡村建设活动 ……………………………………………（539）
　二　乡村建设研究论文 ………………………………………（543）
　三　乡村建设研究著作 ………………………………………（588）
　四　卒于是年的乡村建设工作者 ……………………………（604）

民国二十五年　丙子　1936 年 …………………………………（608）
　一　乡村建设活动 ……………………………………………（608）
　二　乡村建设研究论文 ………………………………………（611）
　三　乡村建设研究著作 ………………………………………（656）
　四　卒于是年的乡村建设工作者 ……………………………（668）

民国二十六年　丁丑　1937 年 …………………………………（669）
　一　乡村建设活动 ……………………………………………（669）
　二　乡村建设研究论文 ………………………………………（671）
　三　乡村建设研究著作 ………………………………………（699）
　四　卒于是年的乡村建设工作者 ……………………………（708）

民国二十七年　戊寅　1938 年 …………………………………（709）
　一　乡村建设活动 ……………………………………………（709）
　二　乡村建设研究论文 ………………………………………（712）
　三　乡村建设研究著作 ………………………………………（725）
　四　卒于是年的乡村建设工作者 ……………………………（729）

民国二十八年　己卯　1939 年 …………………………………（731）
　一　乡村建设活动 ……………………………………………（731）
　二　乡村建设研究论文 ………………………………………（733）
　三　乡村建设研究著作 ………………………………………（746）
　四　卒于是年的乡村建设工作者 ……………………………（752）

民国二十九年　庚辰　1940 年 ……………………………………（754）
　　一　乡村建设活动 ………………………………………（754）
　　二　乡村建设研究论文 …………………………………（759）
　　三　乡村建设研究著作 …………………………………（774）
　　四　卒于是年的乡村建设工作者 ………………………（780）

民国三十年　辛巳　1941 年 ……………………………………（784）
　　一　乡村建设活动 ………………………………………（784）
　　二　乡村建设研究论文 …………………………………（789）
　　三　乡村建设研究著作 …………………………………（806）
　　四　卒于是年的乡村建设工作者 ………………………（813）

民国三十一年　壬午　1942 年 …………………………………（815）
　　一　乡村建设活动 ………………………………………（815）
　　二　乡村建设研究论文 …………………………………（820）
　　三　乡村建设研究著作 …………………………………（838）
　　四　卒于是年的乡村建设工作者 ………………………（844）

民国三十二年　癸未　1943 年 …………………………………（846）
　　一　乡村建设活动 ………………………………………（846）
　　二　乡村建设研究论文 …………………………………（850）
　　三　乡村建设研究著作 …………………………………（872）
　　四　卒于是年的乡村建设工作者 ………………………（878）

民国三十三年　甲申　1944 年 …………………………………（880）
　　一　乡村建设活动 ………………………………………（880）
　　二　乡村建设研究论文 …………………………………（885）
　　三　乡村建设研究著作 …………………………………（900）
　　四　卒于是年的乡村建设工作者 ………………………（905）

民国三十四年　乙酉　1945 年 …………………………………（907）
　　一　乡村建设活动 ………………………………………（907）
　　二　乡村建设研究论文 …………………………………（910）
　　三　乡村建设研究著作 …………………………………（924）
　　四　卒于是年的乡村建设工作者 ………………………（927）

民国三十五年　丙戌　1946 年 …………………………………（929）
　　一　乡村建设活动 ………………………………………（929）

二　乡村建设研究论文 …………………………………… (937)
　　三　乡村建设研究著作 …………………………………… (951)
　　四　卒于是年的乡村建设工作者 ………………………… (954)
民国三十六年　丁亥　1947年 …………………………… (957)
　　一　乡村建设活动 ………………………………………… (957)
　　二　乡村建设研究论文 …………………………………… (963)
　　三　乡村建设研究著作 …………………………………… (988)
　　四　卒于是年的乡村建设工作者 ………………………… (996)
民国三十七年　戊子　1948年 …………………………… (997)
　　一　乡村建设活动 ………………………………………… (997)
　　二　乡村建设研究论文 …………………………………… (1007)
　　三　乡村建设研究著作 …………………………………… (1042)
　　四　卒于是年的乡村建设工作者 ………………………… (1049)
民国三十八年　己丑　1949年 …………………………… (1051)
　　一　乡村建设活动 ………………………………………… (1051)
　　二　乡村建设研究论文 …………………………………… (1055)
　　三　乡村建设研究著作 …………………………………… (1063)
　　四　卒于是年的乡村建设工作者 ………………………… (1067)
参考文献 ……………………………………………………… (1069)

民国二十四年　乙亥　1935 年

一　乡村建设活动

1月，琼崖农业研究会成立。

是月，广西农林学会成立。

2月4日，实业部公布《森林法施行规则》，对《森林法》作了详细的补充性的规定。

是月，由交通、金城、上海、浙江、四省（豫、鄂、皖、赣）农民银行等五大银行联合发起，并有四行储蓄会、中南、大陆、国华、新华等五行参加，组织成立"中华农业合作贷款银团"，以发放农村贷款为宗旨，以棉业贷款为主。

3月12日，全国经济委员会、行政院农村复兴委员会、实业部联合召开全国合作事业讨论会，并发表《大会宣言》，谓必须倡导合作事业，为国民经济立其基础。

3月13日，浙江省政府公布《浙江省建设厅农业管理委员会组织规程》。

3月14日，华北农产研究改进社在北平正式成立，张伯苓、何廉、梅贻琦、杨开道、谢家声、晏阳初、周作民等出席成立大会。

3月16日，江西农村服务区管理处成立。至1936年1月1日，临川、南城、丰城、新淦、高安、永修、南昌、吉安、上饶、宁都共10个地方农村服务区全部成立。

3月20日至4月3日，华北基督教农村事业促进会在河北通县潞河乡村服务部举办乡村工作领袖训练会，来自5个省7个宗派的代表80人参加了训练会。

3月24日，沪郊农村协进会成立。

是月，金城银行、南开大学等在北京成立华北农业改进社。

4月1日，"豫鄂皖赣四省农民银行"总行由汉口迁至南昌，更名为"中国农民银行"。该行主要办理农业贷款、农业建设投资、发行兑换券、农业债券和土地债券等业务。

4月4日，国民政府公布《修正兴办水利奖励条例》，对兴办水利确有成绩或于水利上有重大贡献者予以奖励。

4月5日，国民政府公布《土地法施行法》共91条。

4月5日至7日，中国地政学会在南京召开第二届年会，以"中国目前之土地政策"为大会讨论的主题。

按：会议决议说：吾国土地政策，自须以中山先生所主张之平均地权为依据。关于平均地权之诠释，各方意见虽稍有歧异，然原则上认识则相同，承认土地应属于国民全体，故纯粹地租应归国有，而以地价税及增价税之方法行之，使全体国民可得平均享受土地权利之机会，而排斥私人垄断，以土地为巧取豪夺之具。基此主张，并观察国民经济及社会组织之现状，中国今日之土地政策，应注重左列四项：一、迅速规定地价，施行累进制之地价税及增价税，以平均人民之负担，限制豪强之兼并，俾国家可收应得之地租，人民可除苛杂之压迫，而土地得尽量经营利用，以期国民经济之繁荣，社会之和平发展。二、立即依照规定地价，严定租额，并基于平等合作之精神，改正佃租制度，俾业佃两方权利义务之分配，合乎公平妥善之原则，使劳资密切合作，地尽其利，农村安定，整个社会之进步可期。三、实行设立农业及土地金融机关，以调剂农村经济，奖励土地生产，扶植自耕农，于监督贷款用途之中，寓统制土地使用之意，庶使符于国民经济生产建设之趋向。四、国家应速注重土地利用，实行移垦政策，以求土地与人口之调剂，地利之开发，生产之增进，边疆之充实。至办理边疆垦殖，宜以国营为原则。凡此四端，本会同人认为系中国目前土地政策之纲领，而须努力求其实现。[1]

4月6日，杜月笙、丁凤山、黄任之等33人发起组织上海高桥农村改进会。

6月29日，蔡无忌、王兆祺等在上海成立中国兽医学会。

是月，为贯彻落实《土地法》和《土地法施行法》，内政部决定召开全国土地工作会议。

---

[1] 中国地政年会：《中国目前之土地政策》，《地政月刊》1935年第4期。

民国二十四年　乙亥　1935年

8月，中国水利学会成立，李仪祉为会长，李书田为副会长。

9月14日，上海畜产改良促进会成立。

9月16日，山西阎锡山发表《土地公有案办法大纲》。由村公所发行公债，收买全村土地为村公有，分给农民耕种，一人一份。

9月23日，山西阎锡山向南京国民政府呈送《土地村公有办法大纲》及《土地村公有办法说明》，要求国民政府准许他在山西试办土地公有制。

10月10日至12日，乡村建设学会在江苏无锡省立教育学院举行"乡村工作讨论会"第三次年会，全国19个省市的171名代表出席会议。晏阳初和梁漱溟分别发表题为《农民运动与民族自救》《如何使中国人有团体组织》的演讲。会后编有《乡村建设实验》（第3集），由中华书局出版。

按：晏阳初在报告中说：现在乡村建设运动，要以农民为对象，要发现这伟大力量，仅仅有这种抱负和目标是不够的，我们更要研究如何运用方法来培养民力。[1]

是月，中央农业实验所为了解各省农民离村现象之实际情况，制成农民离村调查表，对察、绥、甘、宁、青、晋、陕、冀、豫、鲁、苏、浙、皖、赣、鄂、川、湘、滇、黔、闽、桂等22省的1001个县进行调查。其中全家离村的农建，平均为百分之八，各省离村之百分率以贵州、甘肃、湖北三省为最高，而以山西、广西两省为最低，至于有报告各县之中农户数占全省农户之百分比，平均则在百分之七〇以上。[2]

11月19日，中国国民党第五次全国代表大会通过《关于积极推行本党土地政策案》。

按：决议：通过积极推行本党土地政策纲领五项如左：一、实行土地统制，以便调整土地分配，促进土地使用，而利整个国民经济之建设；二、迅速规定地价，实行累进之地价税及增值税，以图平均人民之负担，充裕政府之收入；三、实现"耕者有其田"，以谋改进农民之生活，增加农业之产量，兼以巩固农村之组织，奠定民族之基础。四、促进垦殖事业，以扩大可耕之面积，增加国家之富力，兼以调剂人口，充实边疆；

---

[1] 谷迎春、杨建华主编：《20世纪中国社会科学（社会学卷）》，广东教育出版社2005年版，第467页。

[2] 陈灼：《中国农民离村之危机及其挽救对策》，《农民》1937年第6—8期。

五、活动土地金融，以调剂农村经济，取缔高利贷，扶植自耕农，增加农村资本，奖励土地生产。①

12月1日，毛泽东就转变对富农的策略问题等事致信张闻天，掀开了纠正对待富农问题上的"左"倾思想的大幕，为随后中共中央制定《关于改变对富农策略的决定》作了准备。

按：毛泽东在信中说："对富农策略的转变基本同意，但决议（指《关于改变对富农策略的决定》）上应指出，当斗争发展，贫农、中农要求平分富农土地时，党应赞助这一要求。富农可与贫农、中农分得同等土地，过去分坏田的原则是不对的；但富农土地完全不动的原则，在苏区尤其在南方苏区也是不对的。在土地问题上，对富农策略同对中农应该有一点区别。农村中的党应善于领导与监督富农，严防为富农所领导。要指出当斗争深入时富农必然转入地主阵线，这是中国半封建富农阶层的特点。对有劳动力又破产了的小地主阶层，在群众同意下应按富农待遇。"②

12月4日，中国国民党第五届中央执行委员第一次全体会议通过《确定国民经济建设实施大纲案》，其中对农村农业协会的组织、经费、管理等作出具体规定。

12月6日，中共中央在瓦窑堡举行政治局会议，批准由张闻天起草的《关于改变对富农策略的决定》。指出不能没收富农所经营的土地、商业以及其他财产，以保障其扩大再生产与发展工商业等自由。

按：中共中央长征到达陕西后，为公开纠正"左"的错误政策而作出了《关于改变对富农策略的决定》，张闻天在主持制定这个决定的中央政治局会议上作了《改变对富农的策略》的报告和结论。

是日，《贵州省各县县长办理林业行政奖惩暂行办法》公布。

12月8日，毛泽东、彭德怀、刘志丹联名发表《告陕甘苏区劳苦群众书》，号召苏区工农劳苦群众用一切力量来保卫苏维埃的土地和自由，保卫苏维埃政权。

12月15日，中华苏维埃人民共和国中央执行委员会颁布以毛泽东主席署名的《中华苏维埃共和国中央执行委员会关于改变对富农政策的命令》，决定改变对富农的政策：①出租土地一律没收；②牲口不没收；

---

① 于建嵘主编：《中国农民问题研究资料汇编》（第1卷1912—1949下），中国农业出版社2007年版，第990页。
② 魏建国主编：《瓦窑堡时期中央文献选编下》，东方出版社2012年版，第261—262页。

③不加税；④在不反苏维埃前提下，保障经营自由；⑤与农民一样分土地；⑥无权参加革命武装。

12月22日，阎锡山在山西省五台县召开土地村公有实施研究讨论会，决定在他的家乡晋西北的五台县试点。

是年，全国稻麦改进所在南京成立，开始实施全国稻麦改进方案。并由行政院农村复兴委员会、全国经济委员会、军事委员会、资源委员会、财政部、实业部等部门联合组成全国稻麦改进监理委员会，负责监督指导全国稻麦改进所的工作。

是年，山东省政府公布《山东省推广林业章程》和《山东省森林管理规则》。

是年，山东省农业改进委员会成立。

是年，邓植仪、张乃凤、侯光炯作为中国代表首次出席在英国牛津召开的第三届国际土壤学会大会。

是年，邓植仪在创建中山大学研究院土壤学部，为当时国内唯一培养土壤学科硕士研究生的机构。同年与彭家元合著《土壤学》。

二 乡村建设研究论文

刘许《森林与农业的利益和造林的方法简述》发表于《新农业》第2期。

何天锡《对于普及农村教育的我见》发表于《新农业》第2期。

王之梾《改进中国农村的我见》发表于《新农业》第2期。

李蔚《农村放款与信用合作》发表于《新农业》第2期。

李金沽《中国农村的出路问题》发表于《新农业》第2期。

按：文章说："中国农村究竟要往哪里去呢？我以为外烁内在的压迫，当然要消除，但非同时把农村建设起来不可。即一面缓和帝国主义和军阀土豪贪官的摧残作用而至于消灭，一面建立农村的基础，双方同时并进，不能等待外烁内在的原因消除而后才去建设农村，也不能置破坏的作用于不顾而只顾农村的建设，这才是中国的农村的出路。"

韦仁纯《舒城农民之负担》发表于《农业周报》第4卷第1期。

曾省《农民教育实施的初步》发表于《农业周报》第4卷第1期。

唐启宇《中华民族之伟大与土地之利用》发表于《农业周报》第4

卷第 1 期。

按：文章说，古代人们迁徙的原因有 10 种，一是因内部之发达而逐渐移徙者，例如春秋时齐鲁之开发山东，而合东夷类之。二是因实边屯田驻防而逐渐移徙者，例如汉宣帝时之屯田河湟，汉明帝时之屯田伊吾庐。三是因怀柔远人而使异族迁徙内地者，例如周初之移陆浑之戎于洛阳城南，汉武帝时之移闽越瓯越之众，南越士人之一部分于江淮间。四是消弭反侧而移徙者，例如周初之徙殷顽于洛邑。五是因军事行动而行移徙者，例如两汉之移乌桓部落于右北平辽东辽西以及塞内一带，以御匈奴。六是因避乱而行移徙者，例如东晋六朝之际，五胡乱华，而中原之士流寓江左。七是因爱族而行移徙者，例如箕子之率国人五千至朝鲜，以另辟新域。八是因饥馑而行移徙者，例如战国之时，河内凶荒，梁移河内之民于河东。九是因异族之发展而行移徙者，例如五胡之入中原，辽金元之主中夏，以及清朝之入关，其胜也凌厉无前，肆其狂悍之性，及其末也，终融化于一炉。十是因其他关系而行移徙者，例如游宦而居异乡，行贾而处他地，以及务农作工而赴他区等。

王敬可《惠民土地调查纪行》发表于《农业周报》第 4 卷第 1 期。

社论《厉行农业推广复兴我国农村议》发表于《农业周报》第 4 卷第 2 期。

张淑琼《中国农村破产之原因及救济办法》发表于《农业周报》第 4 卷第 3 期。

按：文章认为，中国农村破产的补救之道，一是用保护关税政策排除帝国主义之经济侵略，二是排除封建势力之剥削，三是减低田赋及废除苛捐杂税，四是限制重佃租及高利贷，五是政府设法流通金融，六是设立创库，七是解决土地问题，八是改进农业生产。

陈致恭《定县宿家左村农民之生活概况》发表于《农业周报》第 4 卷第 3 期。

文路《中国农村人口问题之严重性》发表于《农业周报》第 4 卷第 3 期。

沈时可《中国农民生活用品来源之检讨》发表于《农业周报》第 4 卷第 4 期。

周宗颐《几个月来办理土地调查之经过及其感想》发表于《农业周报》第 4 卷第 6 期。

郑林庄《复兴农村亟须提倡农村工作》发表于《农业周报》第 4 卷第 9 期。

查君硕《被压于高利贷下的西北农民》发表于《农业周报》第 4 卷第 10 期。

冯赞元《如何提倡农业生产合作》发表于《农业周报》第 4 卷第 10 期。

李梦敖《顺义农民之负债情形》发表于《农业周报》第 4 卷第 10 期。

林开方《龙溪农民生活概况》发表于《农业周报》第 4 卷第 12 期。

童玉民《推进中国合作运动管见》发表于《农业周报》第 4 卷第 14—15 期。

按：文章说，合作运动为改善乡村民众生活之运动，合作运动为改善都市民众生活之运动，合作运动为酿成新社会经济组织之运动，合作运动为促进地方自治之运动，合作运动为完成国民革命之运动，合作运动为实现三民主义之运动。

陈贻廛《中国提倡造林之先决问题》发表于《农业周报》第 4 卷第 14 期。

尹吉三《由农村改进实况说到从事农村改进者之修养问题》发表于《农业周报》第 4 卷第 18 期。

王文甲《即墨县农民生活概况》发表于《农业周报》第 4 卷第 20 期。

钟兴正《中国土壤之管理问题》发表于《农业周报》第 4 卷第 23 期。

社论《农业推广之监督指导问题》发表于《农业周报》第 4 卷第 26 期。

童雪天《中国农村经济的崩溃与复兴》发表于《农业周报》第 4 卷第 29 期。

按：文章认为，中国农村经济衰落的原因，一是帝国主义的侵略，二是国际市场的影响，三是地主阶级的剥削，四是农民的负担过重，五是天灾人祸的打击，六是金融向都市集中。中国农村经济崩溃的反映，一是农民生活的贫困，二是农民与耕地分裂，三是农民脱离了农村，四是农业生产的低落。中国农村经济复兴的方策，一是土地使用平均，二是劳力配置适当，三是调剂农村金融。

叶乾初《农民生活问题论略》发表于《农业周报》第 4 卷第 30 期。

朱学诗《乡村学校的社会教化论》发表于《农业周报》第 4 卷第 30 期。

社论《农产品价格之涨落及其与货币价值涨落之关系》发表于《农业周报》第 4 卷第 33 期。

熊鼎盛《改善农民生活之途径》发表于《农业周报》第 4 卷第 35 期。

诸葛达《农业推广员必具的几个基础》发表于《农业周报》第 4 卷第 36 期。

按：文章说："农业推广员如具有'硬干''快干''实干'的几个要素，和坚苦卓绝的奋斗精神，那农业非但可以推广，就是中国农村亦不难复兴起来吧！"

让卿《现今四川基础的农业设施》发表于《四川农业》第 2 卷第 1 期。

童玉民《日本农村经济更生计划树立方针》发表于《农业推广》第 9—10 期。

源山《农业推广人员应有的修养》发表于《浙江农业推广》第 1 卷第 2 期。

杨曾盛《农业推广之材料》发表于《浙江农业推广》第 1 卷第 2 期。

秦元邦《复兴中国农村问题》发表于《浙江农业推广》第 1 卷第 2 期。

胡昌峻《实施农业推广前应注意之点》发表于《浙江农业推广》第 1 卷第 3 期。

曹舒《农业推广与乡村小学》发表于《浙江农业推广》第 1 卷第 4 期。

吴维贤《推广农家副业养鸡问题》发表于《浙江农业推广》第 1 卷第 4 期。

杨曾盛《农业推广意义的商讨》发表于《浙江农业推广》第 1 卷第 4 期。

李仁柳《怎样去和农民亲近》发表于《浙江农业推广》第 1 卷第 5 期。

胡有勋《乡村小学教员是我们的良好助手》发表于《浙江农业推广》第1卷第5期。

卢炘《农业推广之组织单位与系统》发表于《浙江农业推广》第1卷第5期。

杨曾盛《农业推广与其他农业及农村改进事业之关系》发表于《浙江农业推广》第1卷第5期。

杨曾盛《农业推广之目的与范围》发表于《浙江农业推广》第1卷第6期。

李仁柳《农业推广员应有之认识》发表于《浙江农业推广》第1卷第6期。

储劲《农业推广材料问题》发表于《浙江农业推广》第1卷第7期。

诸葛达《农业推广员应有的三种精神》发表于《浙江农业推广》第1卷第7期。

萧三《单纯之农业技术改良能否促进中国农村繁荣》发表于《农村》第3卷第1期。

按：文章说："要提高农业技术，必须首先除去妨碍农业技术向上的一切东西。除去农业技术向上的障碍物，是不能回避的。此项工作，至少应当与提高农业技术的工作相并行。只有这样，农业技术的改良才有可能，也只有这样，农业技术的改良才能促进农村的繁荣，才能为农村社会所吸收。"

王子明《农民问题研究》发表于《农村》第3卷第2期。

汪正亚《中国土地现状与出路》发表于《农村》第3卷第2期。

按：文章说："土地问题实构成中国五千余年社会历史治乱的总因。故关于土地问题的解决理论和事实，尝占历史第一重要地位。"

张锡昌《河南农村经济调查》发表于《中国农村》第1卷第2期。

按：文章说："近年来河南农村中贫困的农民离乡背井出外谋生者一天天增加，也是农村经济极度衰落的一种反映。"

骆耕漠《信用合作事业与中国农村金融》发表于《中国农村》第1卷第2期。

钱俊瑞《中国目下的农业恐慌》发表于《中国农村》第1卷第3期。

瞿明宙《中国农田押租底进展》发表于《中国农村》第1卷第4期。

卢株守《江苏萧县东南九个村庄的农业生产方式》发表于《中国农

村》第1卷第5期。

应墨如《浙江浦江的农民生活》发表于《中国农村》第1卷第5期。

余霖《中国农业生产关系底检讨》发表于《中国农村》第1卷第5期。

孙晓村《浙江的土地分配》发表于《中国农村》第1卷第5期。

钱俊瑞《评陈翰笙先生著〈现今中国的土地问题〉》发表于《中国农村》第1卷第5期。

钱俊瑞《现阶段中国农村经济研究的任务——兼论王宜昌、韩德章两先生农村经济研究的"转向"》发表于《中国农村》第1卷第6期。

按：文章说："首先我们应当指明什么是中国农村生产关系改造中的核心问题。据我们的意见，土地问题是中国农村问题的核心。"

韩德章《研究农业经济所遇到的技术问题》发表于《中国农村》第1卷第6期。

江菊林《江苏常熟沙洲市的农民生活》发表于《中国农村》第1卷第8期。

张益圃《江苏的土地分配和租佃制度》发表于《中国农村》第1卷第8期。

编者《关于中国农村社会性质的论战》发表于《中国农村》第1卷第9期。

按：文章说："最近，中国农村经济研究会所编《中国农村》月刊，又掀起了一个关于中国农村社会性质的论战。而且，这次论战已由各方面的作家，热烈地参加，延续到半年以上了。不消说得，这次参加论战的各位'战士'，他们所以抖擞精神，冲锋陷阵者，目的决不在经无谓的'械斗'，而是为着真理，为着实现真理而作战。他们看到：农民的'破产'，已经产无可破了，而新兴的资本却在乘机'加油'；他们看到：农民的不安，已经日甚一日，而有人却在借重外力以'复兴农村'，从事'经济建设'；他们又看到：问题的解决，一天一天的迫切，而新新旧旧，各色各样的骗人理论，却在蒙蔽群众，麻醉群众。因此，他们就用起他们在理论上的武器，来解剖目前的事实，说明中国农村社会的性质，这样可以指明农民的不安，究从何处来，究向那里去。一般人所提倡的复兴与建设，究竟是什么一套把戏。所以尽管他们自己迎拒厮杀扭成一团，可是他们都在巴望，这种厮杀，能够杀到他们真正敌人的头上去。他们的心是热的，他们的血在沸腾。他们希望这种论战不流为'纸上谈兵',而能作为实践的借镜。这本小册子,就是最近十多个作者参加论战的产物。这次参加论战的作者,大概可以分成两大阵营:第一是王宜昌、张志澄、王毓铨、王景波、张志敏诸先生(目录中的Ⅱ和Ⅲ),第二是中国农村经济研究会底几位朋友(目录中的Ⅰ)。论战中的中心问题,第一是农村经济的研究方法,即生产力和生产关系问题;第二是中国农村社会性质及其动向问题。但在此次论战中间,第二个问题无疑地比较第一个问题重要得多,或者我们可说,前一问题的讨论,只是讨论后一问题的准备工作吧了。因为如此,这本小册子,所选集的文章虽然讨论前后两个问题,我们仍愿叫它《中国农村社会性质论战》。"

李作周《重重负担下的凤阳农民》发表于《中国农村》第1卷第9期。

倪养如《漆塘山中的农民生活》发表于《中国农村》第1卷第10期。

孙冶方《农村经济学的对象》发表于《中国农村》第1卷第10期。

孙冶方《论农村调查中农户分类方法》发表于《中国农村》第1卷第10期。

按:文章指出,中国农村派认为,中农是指"具有能够过活的中等富力而在雇佣关系上不剥削他人,也不被人剥削的农户";富农是指"雇佣长工或雇佣散工而超过当地普通农户所必需要的忙工人数,如其耕地数超过中农的标准,可称为富农";贫农是指"凡所耕亩数不及中农底标准,而耕作之外又往往要藉工资或其他收入才能过活的农户";雇农是指"不在家耕种或耕种极微小的一块田地,而主要地靠着出卖劳力替人耕种以过活,换言之,几乎纯粹地在雇佣关系上被人剥削得都是雇农"。

王宜昌《评"广东农村生产关系与生产力"》发表于《中国农村》第1卷第10期。

李亚夫《帝国主义侵略中国农村的一个实例》发表于《中国农村》第1卷第11期。

薛暮桥《研究中国农村经济的方法问题——答复王宜昌王毓铨张志澄诸先生》发表于《中国农村》第1卷第11期。

吴大琨《论现阶段中国农村经济研究的任务》发表于《中国农村》第1卷第11期。

按：文章对钱俊瑞发表于《中国农村》第 1 卷第 6 期上的《现阶段中国农村经济研究的任务》一文中的中国现阶段农村主要"核心问题"是"列强资本的统治问题"的观点，提出了批评。

胡养元《李景汉先生定县农村借贷调查略评》发表于《中国农村》第 1 卷第 11 期。

陶直夫《中国农村社会性质与农业改造问题》发表于《中国农村》第 1 卷第 11 期。

按：文章分问题的提出及其意义、决定社会结构的基本指标、中国今日农村经济生活的骨干、农村再生产过程中的支配因素及农业改造的任务、对于目前两种重要意见的批判五部分。

陈洪进《江苏盐垦区农村经济速写》发表于《中国农村》第 1 卷第 12 期。

郑林庄、柯象峰《实业部中央农业实验所附近二十三村农民职业调查》发表于《中国实业》第 1 卷第 6 期。

时评《从中国土地问题谈到意国平均地权》发表于《农村经济》第 2 卷第 3 期。

陈一《农民合作仓库实验的发端》发表于《农村经济》第 2 卷第 5 期。

郑季楷《农业恐慌中的棉业问题》发表于《农村经济》第 2 卷第 5 期。

余歧童《广东某县的地主与农民》发表于《农村经济》第 2 卷第 5 期。

曾干桢《安远寻邬信丰三县土地状况》发表于《农村经济》第 2 卷第 5 期。

通讯《沭阳农业农村农民之概况》发表于《农村经济》第 2 卷第 6 期。

赵简子《论世界农业生产的不平衡》发表于《农村经济》第 2 卷第 6 期。

张觉人《战后欧洲各国土地政策》发表于《农村经济》第 2 卷第 7 期。

吴一心《土地所有形态的回顾与前瞻》发表于《农村经济》第 2 卷第 7 期。

按：文章说："各国土地改革计划，大体可别为六：即其一，如劳农俄国经由集体农场而达到根除土地私有的剥削关系；其二，如捷克、罗马尼亚、匈牙利，以及东欧、中欧诸国经由国家之手，强制地收用土地，或以为国有，或以之分给自耕农；其三，如英德法诸国，皆于自耕农的小农地之设定，与以种种的奖励与援助，惟大都取间接设定的方法，使为此等事业而设立之团体行之，国家不引为自身的事业；其四，如意大利用了强烈的国家组织的能力，动员全国从事于垦荒竞种的计划，也表示出一种奇异的机构；其五，如美国渐倾向于社会化；其六，如中国之从自己环境中创生的'平均地权'。其间虽有程度的不同，而其趋向则均以国有公有为目标。近来世界经济的极度困惫，当然依存着千头万绪的原因，但是土地所有形态亦为其中主要的推动因素，实在是谁都无可否认。不过此种深刻的经济恐慌，也可说是推进国有公有土地形态之有力的因子。"

杨大荒《中国的地制和农民战》发表于《农村经济》第2卷第8期。

大凯《平山农民食物之调查》发表于《农村经济》第2卷第8期。

黄若琦《农民运动概述》发表于《农村经济》第2卷第8期。

张觉人等《关于中国农业的几个统计》发表于《农村经济》第2卷第8期。

王缵绪《波斯农民状况之研究》发表于《农村经济》第2卷第9期。

朱博能《民生主义的土地政策》发表于《农村经济》第2卷第9期。

王兼三《高利贷资本底本质及其在农业经济发展中之作用》发表于《农村经济》第2卷第10期。

按：文章分引言、高利贷资本底成因（商品交换经济底发达、资本蓄积底长成）、高利贷资本底本质、高利贷资本在农村中所起的作用（领主阶级底破坏与农奴解放、中小农民层向无产阶级的转化、促使资本主义底成立、对于农业经济极度发展的妨碍）四部分。

农锡瑞《农民负担与农村前途》发表于《农村经济》第2卷第10期。

钟梦龄《太平天国之农民革命及其思想》发表于《农村经济》第2卷第10期。

李宏略《广东农业经济概观》发表于《农村经济》第2卷第10期。

张觉人《解决中国土地问题的理论与实践》发表于《农村经济》第2卷第12期。

按：文章说："中国土地的分配最不平均，而地主对佃农的剥削榨取又非常残酷，中国的土地问题急待解决，自无待论。对这个问题的议论，在一盘散沙的中国，有如春天的野外，万花齐开，各相斗妍。但归纳起来，理论的系统，可分三派。一为国家主义的土地问题解决的理论，一为三民主义的土地问题解决的理论，一为共产主义的土地问题解决的理论。然这三派理论之中，在现在的中国成为中心的理论的，不能不推三民主义的土地问题解决的理论。所以，我们在这里所欲叙及的，亦只有这中心的理论。"

李锡勋《如何解除中国农民在夹攻中的苦痛》发表于《农村经济》第 2 卷第 12 期。

赵辛任《中国土地问题之解剖》发表于《农村经济》第 3 卷第 1 期。

按：文章分导言——土地问题之重要性、土地所有权的分配、全国荒地的清理、土地经营的姿势、租佃制度的弊端、田赋增加的趋向、土地集中的方式、土地所有的形态、土地与民族问题、结论——土地问题解决的途径等十部分。

张觉人《土地制度改革论的发生背景及其派别》发表于《农村经济》第 3 卷第 1 期。

陈一《土地村有问题》发表于《农村经济》第 3 卷第 1 期。

饶荣春《现阶段的中国农业经济》发表于《农村经济》第 3 卷第 1 期。

按：文章说："现阶段的中国农业经济，其根本的症结所在为土地问题的严重，取消地租或限制地租，使耕者有其田，乃是暂时对小农让步的办法。中国的农业应当朝着大农生产方面发展，以集体农场或国有农场方式，利用科学方法，从事于耕地的整理，才可以提高农业的生产量，挽救农业本身的危机。"

曹钟瑜《农民银行论》发表于《农村经济》第 3 卷第 2 期。

张觉人《社会主义的土地制度改革论》发表于《农村经济》第 3 卷第 2 期。

曾济宽《土地之最经济的利用方法——提倡多角式农林业经营》发表于《新农村》第 1 卷第 6 期。

陈夕康《农民的新生活运动要从信字做起》发表于《新农村》第 1 卷第 20 期。

钱天鹤、尹吉三《中国农业研究及其实验现况》发表于《新农村》第1卷第20期。

王雅轩《关于土地村公有之我见》发表于《新农村》第1卷第24期。

[苏]维诺梭夫作，峻峰译《苏联农民的债务及积蓄》发表于《新农村》第1卷第25期。

范郁文《现阶段中国农村土地公有化的必要及可能》发表于《新农村》第1卷第25期。

乡农译《日本与高丽农民》发表于《新农村》第1卷第26期。

张中人《改造农业教育之我见》发表于《新农村》第1卷第26期。

士杰《改良我国农业的意见》发表于《绥远农村周刊》第38期。

李西成《复兴农业与土地公有》发表于《绥远农村周刊》第81期。

黎康民译《日本与朝鲜农民》发表于《乡村建设》第5卷第2期。

殷云台《常熟农村土地生产关系及农民生活》发表于《乡村建设》第5卷第3期。

张伯安、朱抱坚《我们的农民科学馆》发表于《乡村建设》第5卷第8—9期。

农《中国农民银行之农村工作》发表于《农村合作月报》第1卷第1期。

吴志忠《农村经济破产下的土地问题》发表于《农村合作月报》第1卷第2期。

按：文章说："数千年来以农业为立国根本的我国，土地问题，成为社会上最严重的问题。土地问题得到平衡的解决，广大的农民大众，能够使用土地，从事耕耘，则秋收冬藏，食用无缺，社会得以安定；货物的交换，货币的流通，无缺乏恐慌之虞，则农村经济能够得到有定律的向前发展，而不至于有畸形的向下崩溃之患；因此，中国农村中的土地制度，成为目前复兴农村经济的主要因素，无论是现政府体系下的革命者，或地下党的反革命者，都持着他们各自不同的理论见解，而以此为解决现社会的归宿。"

李安陆《由土地私有制的弊害谈到平均地权的实行》发表于《农村合作月报》第1卷第3期。

李奇流《中国农村土地问题与农村利用合作》发表于《农村合作月

报》第1卷第3期。

马凌甫《土地问题与农村合作的关系》发表于《农村合作月报》第1卷第4—5期。

按：文章说："要而言之，我们解决土地问题的核心，即在实现耕者有其田的一点，唯欲达到这个目的，而又求国情民情和环境所容许，自当于私有制度的立场上，扩大经济单位的范围，以统制土地使用权为最完善的政策。因为我们农村社会的最大弱点，第一是生产落伍，第二是分配不合理。使二者能得到相当解决，惟有拿合作的方法来运用土地，较为简捷。"

李奇流《农村利用合作与农业经营论》发表于《农村合作月报》第1卷第4—5期。

按：文章分农业经营的规模问题、大经营优秀论、大小经营论的批评、农村利用合作的农业经营之原则四部分。

蒋名川《如何指导农民选种》发表于《农村服务通讯》第2期。

陈文炳《中国土地制度之流弊及其补救》发表于《新村半月刊》第32期。

刘鼎彝《从土地测量说到土地登记》发表于《新村半月刊》第50期。

彭子明《土地在农业生产中的地位》发表于《农村复兴委员会会报》第2卷第8期。

李顺卿《中国现在应采之林业政策及其实施方案》发表于《中华农学会报》第140—141期。

按：文章分提倡林业须先确定政策、中国林业之急待提倡（森林如何能减少水灾、森林如何能减少旱灾）、现在应采之林业政策（提倡农业森林使农林得收互相调剂之效、提倡村村官山合作林及其办法、责令路矿及公路局造自用林、责令水利委员会速造保安林、提倡公园风景林、严令各县县长保护荒山利用天然造林、矫正过去植物节之敷衍形式、改变现有森林试验场及造林场之施业方针、乡民造林指导书之编印法、中央宜集中人才与经费设立森林科学研究机关）、结论四部分。

冯紫岗《霍邱东西两湖水利与兴建新村计划》发表于《安徽农学会报》第1卷第4期。

崔毓俊《农村放款与土地分类之关系》发表于《农林新报》第12卷

第 16 期。

乔启明《对阎百川氏土地村公有之我见》发表于《农林新报》第 12 卷第 33 期。

张明《复兴农村与改良农业》发表于《农林杂志》第 1 卷第 3—4 期。

叶颐《灾难中的中国农民》发表于《沪农》第 3 卷第 3—4 期。

林缵春《农业推广在中国的重要性及其状况》发表于《琼农》第 17 期。

邱鹤鸣《农民必须提倡合作以自救》发表于《农友》第 3 卷第 8 期。

牛葆祥《农村合作是农民自拔自救的上策》发表于《农友》第 3 卷第 12 期。

刘运筹《定十一月十一日为农民节之创意》发表于《农学》第 1 卷第 2 期。

张夐《南京尧化门农民离村调查》发表于《农报》第 2 卷第 1 期。

杜修昌《中国农业商品生产之形态》发表于《农报》第 2 卷第 1 期。

朱耀炳《编辑农业论文索引之目的》发表于《农报》第 2 卷第 27 期。

赵丕钟《苏州光福农民的副业》发表于《农报》第 2 卷第 27 期。

涂元尧《中国农业土地问题》发表于《农声》第 181—182 期。

按：文章分绪论（农业土地问题之重要性、农业土地问题之两方面）、农业土地问题一般的概念（农业土地之范围、农业土地利用之起源、农业土地问题之开端、中国农业土地问题之史的演进）、中国农业土地问题之现状（农业土地利用之贫乏、农业土地荒废之增进、农业土地之集中、农业土地之分散、农业土地之负担、农业土地生产之衰退）、中国农业土地问题解决的方针与途径之讨论（开拓与重划、赋税与分配、制度之成立）、结论五部分。

邓植仪《发展我国西北农业之管见》发表于《农声》第 184—185 期。

李育庆《中国周代农业史》发表于《农声》第 187 期。

爱亭《农民所需要的是哪一种自卫》发表于《乡民旬刊》第 2 卷第 29—30 期。

爱亭《农民自救的途径》发表于《乡民旬刊》第 2 卷第 34 期。

李雄《农具改良与现代农业》发表于《西北农学社刊》第1卷第2期。

赵志钧《西北农业与旱农制度》发表于《西北农学社刊》第1卷第3期。

赵俊峰《中国农业土地分配问题之检讨》发表于《西北农学社刊》第1卷第3期。

按：文章说："农业土地问题，在中国历史上为各朝各代治乱兴亡的重心，具体地说：人口稀少，耕地分配平均则治；人口加多，耕地分配不足则乱，即目前中国社会之纷乱。其构成之因子，亦多为农业土地分配问题，其他现状仅为此种问题之果而已。……中国农业生产占全生产量百分之九十，农民人数占全人口百分之八十以上，其问题之重要，更较世界各新兴国家为显著，而农业土地分配问题之复杂，在过去之事实现在之理论上，亦较其他各国宜重视。"

赵俊峰《中国农业土地分配问题之探讨》发表于《西北农学社刊》第1卷第4期。

按：文章说："1. 农业土地分配问题，其重要可以支配整个社会的安危，影响民族国家的盛衰存亡。故各国对此问题，均有相当的重视，而我国以农立国，此问题尤当特别留意，方可走上自强之路，而达到康乐的社会。2. 中国历代各朝的治乱兴亡，均因土地分配问题而起，各朝虽有农地分配的施政，但因为方策欠妥，而问题终未解决，演成了今日的严重局势，故此问题之研究制定及施行，均为当今朝野之急务。3. 中国目前的已耕地过少，而可耕之地荒芜者多，且有配置不均，分配不足，土地兼并，劳力过剩，生产不足等情，造成了此问题的严重性，显出农村破产，农民愚弱，政治不上轨道的情形。而影照出中国前途的悲观黯淡。4. 欲求中国农地分配问题之解决，在原则上，应采孙中山先生之遗教。先以农地农有为前提而渐达到农地国有的地步。在方法上，应第一在求农地之增加和整理，从移民垦殖、土地重划上去做；第二按平均地权之原则，厘定土地分配之标准，以适应农民之生活及耕地之利用；第三以累进减租，累进征税，政府收买等办法，以促进地主土地之出让，而推翻数千年来不合理的制度；第四以政府的力量，农民的利益而用种种方法，将地主出让之田，直接属于耕者自主，并加以合理的限制，而达到农地分配问题根本上的解决。"

赵俊峰《今日中国之农业土地问题》发表于《西北农学社刊》第 1 卷第 5—6 期。

按：文章指出，我国土地问题的现状，一是农业土地不能充分利用，二是已耕地之减少，三是农业土地兼并与分散，四是农业土地之负担过重及生产质量之落后。文章说："我国农业土地问题现状之分析结果，已知农业土地不能充分利用，耕地之日渐减少，土地之兼并与分散，负担过重，及生产落后诸端，实影响于中国之土地问题。今欲求问题之根本解决，虽非易事，但按症下药之原理，决不能悖。"对于解决方法，作者建议：一是开拓新农地，二是农地重划，三是实行农地分级与赋税倍率制，四是平均分配农田，五是确定土地国有制度。

胡昌龄《农业仓库之实施问题》发表于《农行月刊》第 2 卷第 3 期。

冯静远译《农业资本概论》发表于《农行月刊》第 2 卷第 3 期。

周与农《意大利新农业政策及其方案》发表于《农行月刊》第 2 卷第 3 期。

童玉民《合作先驱者之合作思想》发表于《农行月刊》第 2 卷第 3 期。

童玉民《合作制度与三民主义》发表于《农行月刊》第 2 卷第 3 期。

童玉民《合作制度与社会主义》发表于《农行月刊》第 2 卷第 3 期。

刘永润《农业季节与农行业务》发表于《农行月刊》第 2 卷第 4 期。

张觉人《罗斯福总统对于农业金融机关的改革》发表于《农行月刊》第 2 卷第 4 期。

朱玉吾《农业仓库的构造及设备》发表于《农行月刊》第 2 卷第 5 期。

胡昌龄《论农业仓库为复兴农村经济之要具》发表于《农行月刊》第 2 卷第 5 期。

李竞《农业仓库经营人员必具之要件》发表于《农行月刊》第 2 卷第 5 期。

李剑农《农业仓库的组织及管理》发表于《农行月刊》第 2 卷第 5 期。

按：文章说："农业仓库内部管理，尤须采用科学的方法，以使农产品之保管安全，免遭意外损耗，亦为经营农业仓库者之重要事项。"

陈厂《农民自办合作仓库以流通农村金融之实例》发表于《农行月

刊》第 2 卷第 5 期。

童玉民《农业仓库底经营主体及政府应有之保护与监督》发表于《农行月刊》第 2 卷第 5 期。

褚玉如、褚挺如《农业仓库实际问题之研讨》发表于《农行月刊》第 2 卷第 5 期。

陶润金《农业仓库推进过程中之检查问题》发表于《农行月刊》第 2 卷第 5 期。

金春生《农民不信任农业仓库之原因及其补救办法》发表于《农行月刊》第 2 卷第 6 期。

刘星全《丹阳农业现状调查》发表于《农行月刊》第 2 卷第 6 期。

夏元钊《最近美国农业之调整》发表于《农行月刊》第 2 卷第 7 期。

彭师勤《农业经济及合作》发表于《农行月刊》第 2 卷第 7 期。

童玉民《农产品销售问题与销售组织之改造》发表于《农行月刊》第 2 卷第 8—9 期。

祁锡福《从农业社会化谈到农业合作》发表于《农行月刊》第 2 卷第 10 期。

陶润金《农业仓库实际问题之检讨》发表于《农行月刊》第 2 卷第 11—12 期。

赵棣华《我国农业金融今后之展望》发表于《农行月刊》第 2 卷第 12 期。

仵建华《由"农村合作"说到"农民自卫"》发表于《西北农学社刊》第 2 卷第 2 期。

中国地政学会《中国地政学会拟请修改土地法意见书》发表于《地政月刊》第 3 卷第 1 期。

郭汉鸣《欧洲古代土地制度之研究》发表于《地政月刊》第 3 卷第 2 期。

李黎洲《瑞典之土地制度及其土地政策》发表于《地政月刊》第 3 卷第 2 期。

李黎洲《中国目前应采之土地政策》发表于《地政月刊》第 3 卷第 4 期。

按：文章认为，中国目前的土地政策，应以中山先生之"平均地权"为原则，平均地权的方法，治标为"照价纳税"，治本为"土地国有"，而土地国有之手段，则为"照价收买"。

本届年会决议《中国目前之土地政策》发表于《地政月刊》第3卷第4期。

李庆麐《中国目前之土地政策》发表于《地政月刊》第3卷第4期。

按：文章说："土地是人类的生产工具，我们有土地才能生产出来我们日用所需的衣食原料，我们的住行，才能有所寄托，土地之所以有价值的缘故，亦就是因为它能发生这种种的效用，可以满足我们的欲望。土地既然是人类求生的工具，那么它的用途，是否纯正，使用它的方法，是否合理，使用它的人，是否得当，这等问题，都是与国计民生有恳切的关系。假使土地的用途，妨害公共的福利；或是土地使用的方法，违反地尽其利的原则；或是有土地的人，不能耕种；而能耕种的人，可没有土地。这些问题在社会上往往曾引起许多纠纷，如果这些纠纷，不用适当的方法去解决，而让它们慢慢地把范围扩大，结果不是许多个人倾家荡产，不能生活，就是把整个的国家闹得天翻地覆。中外的历史上因为土地纠纷而把政府推掉的例子，亦不知道有多少。所以凡是聪明的政府，没有不在初执政的时候，规定一个土地政策，使人民知道使用土地的途径、方法和限制。这样在消极的方面，可以解决土地纠纷，消灭土地问题，安定社会人心；在积极的方面，亦可以使地尽其利，增加生产，提高人民的享乐。"

吴尚鹰、董中生《平均地权与土地法》发表于《地政月刊》第3卷第4期。

王仲年《土地登记之审查事项》发表于《地政月刊》第3卷第5期。

段绍斌《河南省地政筹备处土地行政报告》发表于《地政月刊》第3卷第5期。

高信《南京市之土地问题》发表于《地政月刊》第3卷第5期。

曾济宽《土地之最经济的利用方法——提倡多角式农林业经营》发表于《地政月刊》第3卷第5期。

胡品芳《城市地价申报与城市土地问题》发表于《地政月刊》第3卷第6期。

郭汉鸣《欧洲古代土地制度之研究》发表于《地政月刊》第3卷第6期。

汪浩《苏俄土地法》发表于《地政月刊》第3卷第6—7期。

胡品芳《无锡县土地登记概况》发表于《地政月刊》第3卷第8期。

仇元《美国之土地利用问题》发表于《地政月刊》第 3 卷第 8 期。

黄通《达马熙克先生与德国土地改革运动》发表于《地政月刊》第 3 卷第 9 期。

祝平《俄国斯托列宾的土地改革》发表于《地政月刊》第 3 卷第 11—12 期。

祝平《目前土地行政几个重要问题——全国地政会议开幕典礼会员代表答词》发表于《江苏地政》第 1 卷第 3 期。

骆力学《地政会议与土地问题——全国地政会议开幕典礼骆委员演词》发表于《江苏地政》第 1 卷第 3 期。

黄松龄《中国农民经济之商业化的几个特征》发表于《经济学报》第 1 卷第 1 期。

王宜昌《从土地来看中国农村经济》发表于《中国经济》第 3 卷第 1 期。

按：文章经过分析说："现在就我们关于土地研究的结果所见的中国农村经济简单说来：土地私有集中，无土地农民众多，租佃数量日多而自耕农日减。地租已发展了货币形式，生出资本制了。地价、荒地及垦殖也表示出资本制度的兴起，土地关系也趋向资本化了。"

王宜昌《从农业来看中国农村经济》发表于《中国经济》第 3 卷第 2 期。

周佐治《现阶段中国农业恐慌的检讨》发表于《中国经济》第 3 卷第 2 期。

束以范《吾国土地问题的严重及今后应施行之土地政策》发表于《中国经济》第 3 卷第 2 期。

按：文章说："今日我国土地问题的严重，一个是生产不振，一个是分配不均。当然今后的土地政策，无疑的是以解决这个严重的土地问题为对象，就是一方面要发展土地的生产，一方面要平均土地的分配。可是上面也已说过，在我国历史上的土地政策，简直可以说是没有关于这两方面的精密实施，所以今后的土地政策，应该打开一种新局面，创造出一种合于时代需要的新制度来。……总之，今后的土地政策，应该开创中国政治实施的一个新纪元，也就是造成土地行政的一个新转机。其与往昔历史上所行土地政策不同者，就是昔者偏重于财政问题，今后则偏重于民生问题；昔者注意于土地的赋税，今后则应该注意于土地的生产；昔者很少干涉土地的使用，今后则不但干涉土地的使用，且更应进而干涉土地的所有权；昔者仅涉及耕地，今则应兼涉及于市地矿产森林等等。"

[日] 中山卯次郎作，张汉译《中国农民经济的商品性——商业资本的作用》发表于《中国经济》第3卷第3期。

郭垣《美国农业问题与农村经济》发表于《中国经济》第3卷第4期。

张觉人《农民离村原因的研究》发表于《中国经济》第3卷第7期。

杨捷之《中国农业仓库之兴起及其评价》发表于《中国经济》第3卷第9期。

彭迪先《农业恐慌论》发表于《中国经济》第3卷第9期。

按：文章分绪言——对象与方法、经济恐慌的一般理论与农业恐慌、农业恐慌的概念、农业恐慌与工业恐慌、农业恐慌的特殊性、农业恐慌的周期性的问题、十九世纪末叶的农业恐慌和战后的农业恐慌、农业恐慌之社会影响（农业生产的退化、农民经济状态的恶化、农民的阶级分化之急进、殖民地农村经济的破产）、农业恐慌的救济方策的检讨（限制生产的救济方法、减少生产的救济方法、扩张消费的救济方法、关税政策及其他救济方法）等九部分。

马乘风《汉代农业生产的诸问题》发表于《中国经济》第3卷第10期。

彭迪先《农业问题与瓦尔加之理论的误谬》发表于《中国经济》第3卷第11期。

王毓铨《考茨基论农业合作制》发表于《中国经济》第3卷第11期。

黄铮《资本制农业的几个问题》发表于《中国经济》第3卷第12期。

张觉人《中国的农业恐慌与农村状况》发表于《中国经济》第3卷第12期。

王宜昌《中国农村经济研究答客问》发表于《中国经济》第3卷第12期。

按：王宜昌以《中国经济》杂志为阵地，认为中国农村经济的主要研究对象是生产力，生产关系和生产力的矛盾是人和人的关系与人和自然的关系之间的矛盾，从根本上抹杀了生产力的社会性，并认为资本主义生产方式在中国占统治地位。王宜昌是托派分子,他的言论遭到了以孙冶方为代表的马列主义者的批评。孙冶方以《中国农村》杂志为阵地,对托派的观点进行批驳,认为中国农村经济的研究对象是生产关系,中国农村仍是封建剥削关系。

邓达章《评阎锡山之土地村有论》发表于《中国经济》第3卷第12期。

树人《苏俄集团农业经营的组织》发表于《经济评论》第2卷第2期。

彭瑞夫《从各国农业改革的实例探讨中国农村复兴策》发表于《经济评论》第2卷第3期。

余醒民《再论阎百川氏的"土地村公有"》发表于《经济评论》第2卷第10期。

梁园东《井田制非土地制度说》发表于《经济学季刊》第6卷第3期。

方显廷《中国土地问题文献述评》发表于《政治经济学报》第3卷第4期。

孙荷曾《中国农业统制之方案》发表于《经济丛刊》第4期。

吴韶咸《中国土地制度变迁之史的观察》发表于《经济丛刊》第5期。

阎锡山、徐永昌《阎锡山呈国民政府请由山西试办土地村公有制原文》发表于《社会经济月报》第2卷第10期。

姚庆三、章乃器、祝平《对于土地村公有制之意见》发表于《社会经济月报》第2卷第10期。

舒昌镐《论农业仓库及其会计制度概要》发表于《银行期刊》第2期。

朱通九《土地村有问题的检讨》发表于《银行周报》第19卷第40期。

舒恬波《最近各国农业金融机关与趋势》发表于《钱业月报》第15卷第7期。

陈长蘅《我国土地与人口问题之初步比较研究及国民经济建设之政策商榷》发表于《钱业月报》第15卷第9期。

按:文章说:"一个国家经济建设所必需的要素有三:一是土地,二是人工，三是资本。这三个要素，须配合最为适当，国民经济方能健全发达，蒸蒸日上。就我们现在贫穷的中国来说，这三个要素之中，以资本最为缺乏，土地次之，只有人工最多。这些基本的事实，我们要认识得很清楚，才能对症开方下药，去解救我们国民经济前途莫大的危机。"

曾謇《殷周之际的农业的发达与宗法社会的产生》发表于《食货》第2卷第2期。

王兴瑞《王安石的政治改革与水利政策》发表于《食货》第2卷第2期。

王瑛《太平天国革命前夕土地问题的一瞥》发表于《食货》第2卷第3期。

耀斌《河北农民生活述略》发表于《政治评论》第137期。

张折桂《一个华北农村的土地调查及农作分析》发表于《政治评论》第137期。

耀斌《河北农民生活述略》发表于《政治评论》第139期。

胡鸣龙《农业仓库之研究》发表于《政治评论》第141期。

蔡邦华《解决农业害虫问题之途径》发表于《政治评论》第152—153期。

赵连芳《全国农业改进与技术合作》发表于《政治评论》第152—153期。

曾济宽《发展江苏省农业刍议》发表于《政治评论》第152—153期。

唐启宇《如何使农业现代化》发表于《政治评论》第152—153期。

按：文章说：现代的农业与过去的农业不同之点，约有下列数端：第一，科学化；第二，机械化；第三，农产商品化；第四，农业组织化。

镇南译《丹麦农业》发表于《政治评论》第163期。

张宗汉《阎锡山氏之"土地村有"制评议》发表于《政治评论》第177期。

高信《土地村有与中国国民党之土地政策》发表于《政治评论》第180期。

刘能超《兰溪实验县土地推收制度之过去与现在及将来》发表于《政治月刊》第2卷第5期。

曹颉苹《总理土地政策之研究》发表于《政治月刊》第3卷第5期。

按：文章说："民生主义的土地政策，一言以蔽之，就是总理所创的平均地权。总理鉴于土地问题为人民生活的要素，故主张解决民生问题，必定先要解决土地问题。如土地问题不解决，民生主义也必落于空想，所以总理曾说：'中国革命，也可说就是土地问题的解决'。又说：'土地问题能够解决，民生问题，便可解决一半了。'"

张伯华《中国土地行政上之重要问题》发表于《政治月刊》第3卷第5期。

左治生《最近中国农业恐慌之面面观》发表于《政治周刊》第2卷第5期。

钱俊瑞《目前恐慌中中国农民的生活》发表于《东方杂志》第32卷第1期。

张柏香《农村救济问题——整理田赋应规定农民生活最低限度》发表于《东方杂志》第32卷第1期。

许涤新《农村破产中底农民生计问题》发表于《东方杂志》第32卷第1期。

朱偰《农村经济没落原因之分析及救济农民生计之对策》发表于《东方杂志》第32卷第1期。

按：文章认为，救济农民生计问题，一是减轻人民税捐的负担，二是少发公债，三是重征洋米进口税，四是制止汇价倾销。至于积极方面，更应进行下列各项：一是筹设小本借贷处，以维持内地小本营业；二是由地方政府或市政府经营典当，目的不专为营利，以活动农场金融；三是使银行投资目标，转向农村，以流通资金；四是提倡摇会等中国固有之信用合作事业；五是由中央政府及地方政府合作，大规模举行冬赈，但须行之有效。

黎启宝《广西永淳的乡村建设与农民》发表于《东方杂志》第32卷第2期。

吴大琨《最近苏州的农民闹荒风潮》发表于《东方杂志》第32卷第2期。

漆琪生《中国国民经济建设的重心安在——重工呢？重农呢？》发表于《东方杂志》第32卷第10期。

按：文章说：重农与重工的区别，不是绝对的，而是阶段性的。……现阶段中国国民经济建设的中心任务，是消除农村危机和恐慌，恢复和建设农村经济。……我倡导以农为重的经济建设，有八个理由：第一，可以最直接而迅速地解决农民的贫困问题，使国民经济好转，并为国民经济的积极建设奠定基础；第二，可以奠定国本，舒缓危急；第三，可为工商各业提供发展的前提和基础；第四，相比工业，农业建设的障碍小且容易见效；第五，国际形势和内在经济结构决定了中国农业资本主义的前途比工业化大；第六，可增进农产品输出，调整入超的关系；第七，可解决失业问题；第八，可以促进经济发展，完善政治设施，有利社会安定。所以，重农主义最合理最正确。

苏锡生《无锡农民副业之今昔观》发表于《东方杂志》第32卷第10期。

杨哲明《都市土地政策之检讨》发表于《东方杂志》第32卷第11期。

按：文章说："土地评价法的标准既定，则收买都市中的私人土地，以供公共事业之用者，均可本评价法以定土地的价格，则高抬地价，垄断居奇的积弊，自不难消除。"

沈学源《中国农民与肥料问题》发表于《东方杂志》第32卷第15期。

和泰《河北省内丘县农村副业之今昔观》发表于《东方杂志》第32卷第16期。

袁聘之《论中国国民经济建设的重心问题——重农重工问题之探讨》发表于《东方杂志》第32卷第16期。

按：文章说："农业建设不能达到中国国民经济建设的目标，所以不能解救中国国民经济的危机，故不能作为国民经济建设的重心。漆琪生主张进行以农业为重心的经济建设，救济中国国民经济当前的危机，并在农业建设的方式上，主张将中国农业的生产方式彻底资本主义化，使农村经济的生产关系极度合理化与高度化。……漆君列出了农业重心的经济建设的八条理由。这些理由也存在明显的问题。第一，中国农村经济破产的主要原因，不是内在的农村生产之落后，而是由于帝国主义对农村的残酷榨取。救济农村非建设农业可以济事，必须阻止帝国主义商品入侵，才能达到目的。第二，中国处于半殖民地的地位，是由于国民经济机构以农业为中心。只有以工业为基础，才能摆脱帝国主义的压榨，取得独立地位。第三，中国民族工业不发达是由于帝国主义的经济政治压迫所致，而非农村经济破产所致。第四，帝国主义的农产品倾销，严重压抑了中国农业的发展，至于资金、技术、人才、行政效率低下等，更加大了农业建设的难度。第五，国际形势与内在的经济结构决定了工农业只有在国内寻求和开辟市场，工业化较农业资本主义化，希望更多。第六，中国贸易的失衡，不仅在于农产品输出过少，而在于工业品输入过多。第七，资本主义化的农业建设不仅不能解决失业问题，反而会加剧农村失业和农村劳力的贫困化。第八，资本主义的农业建设方式易引起对抗和纷扰，不利社会秩序安定。总之，农业资本主义不能解救中国国民经济的危机。"

李树青《中国农民的贫穷程度》发表于《东方杂志》第32卷第19期。

国纲《土地村有制度》发表于《东方杂志》第32卷第20期。

朱偰《土地村公有乎实行增值税乎》发表于《东方杂志》第32卷第21期。

新桥《土地村有不可能》发表于《东方杂志》第32卷第21期。

唐启宇《评阎锡山之氏之"土地村有"》发表于《东方杂志》第32卷第21期。

朱章宝《评阎锡山氏之土地村有办法》发表于《东方杂志》第32卷第21期。

按：文章说："综合以上评论土地村有之各项管见，再为简括言之：一曰土地村有不合于平均地权之原理也；二曰土地村有无补于复兴农村之政策也；三曰土地村有不足为防共之有效办法；四曰土地村有未可许为真正土地公有也；五曰土地村有殊有碍于国家行政统一也。"

张培刚《民国二十三年的中国农业经济》发表于《东方杂志》夏季特大号。

史惠康《中国农业经济的特质及其恐慌的根源》发表于《新中华》第3卷第4期。

吴清友《中国土地问题》发表于《新中华》第3卷第13期。

按：文章说："如果说复兴农村是目前中国经济建设之前提，那末，无疑的，土地问题是复兴农村的核心，这一核心是以合理地解决土地所有权与土地使用权间的矛盾为内容的，是以发展农村生产力为依归的。"

漆琪生《从土地村有制说到中国一般的土地问题》发表于《新中华》第3卷第23期。

凌青《论山西的"土地村公有"大纲》发表于《新中华》第3卷第23期。

按：文章说："'土地公有'这个政策是对的，'土地公有'是解放农民，并且是开辟中国农业经济发展的道路。但是问题在于阎氏的纲领中的百分之三十的重税的榨取。问题在于阎氏纲领想以这种典型的小农经济作为中国农村的长治久安的制度，想实现井田制的乌托邦，而没有从农业经济之历史的发展过程，现实的中国经济关系，现实的世界经济状况与趋势，来考虑这个小农经济的地位与命运，更没有想到这小农经济可能发展的道路，而准备未来的转变，甚至于连一个概略的指明都没有。"

振声《农民离村是复兴农村的致命伤》发表于《汗血周刊》第4卷第7期。

子素《介绍几种调剂农民经济的组织办法》发表于《汗血周刊》第4卷第8期。

张溪愚《土地调查的价值及意义》发表于《人言周刊》第2卷第8期。

按：文章认为土地调查的意义是："（一）土地性质的肥瘠，地价税征收的轻重，租佃制度的良窳，以及一般农民日常底生活消费的经济行为，其与农业之发展，农村社会的繁荣，以及农民生计的开展等，大有关系。但这必须经过土地调查之后，方能知其实况及加以兴革。所谓'因地之宜，取地之利，树裕国富民之基，收事半功倍之效'的话，当不难一一实现。此其一。（二）频年以还，中国因天灾人祸的洊臻，及被帝国主义者贪得无厌的侵略，致大部人民的生活陷于水深火热的地步；即整个国家底经济命脉，亦大有奄奄一息岌岌不可终日之势。故此次土地调查的最大的意义，亦即在树立国家经济政策的'基础'，以保障并图谋全国民众底永久的'福利'。此其二。（三）地大物博，这是我们对中国的一句'自夸'语，亦'自负'语。可是试从实际方面来说，则中国'地'诚'大'矣，而'物'则未必'博'也。良以中国的耕地，却是十分缺乏；童山，秃岭，废地，荒田，几乎触目皆是。这样，农产物的数量，又哪会'广博'？故欲达到物博的程度，于耕田面积的大量增辟，实为根本之关。但这些亦必须于土地调查工作完成后，才能详知我国荒地的实数，土质之肥瘠，以及荒芜的原因等，再从而计划垦殖及增辟的方法，使地无弃利，国无荒地，地大物博之语，方不成为'夸大狂'的废话。此其三。

（四）谁都有这样的感觉：农村社会中不幸而又最普遍的'事象'，即为地主与佃农间的相互'对立'。……故此次土地调查，有于怎样使地主和佃农间消除对立的现象以及怎样来设法一个救济和解决的良好方案，亦属应尽的使命之一。这样，地主和佃农间的利益，自可日趋调和而不致冲突，便是农村社会之安定和繁荣，亦不难计日而待了。此其四。（五）国家领土的大小，有一定的'限度'，而人口的繁殖及增多，则与时间成'正比例'，迄乎今日，每一个国家多在发生着严重的'人口问题'——地少人密的现象。究其原因，就为这一个缘故。中国在目前，虽尚无如何显著的实相，但以东南部与西北部较，则东南部在最近的将来，必然的会有同样的问题发生。最适当的解决方法，除尽力实行'开发西北'及'移民垦边'的政策外，还应努力于'农业技术'的改良，以使生产的增多。因为经济学的原理教训我们'经济的繁荣关键，是在生产质量的增加；而生产质量的增加，更基于生产技术的科学化与合理化'。唯其如此，故此调查土地之目的，尤其看重生产技术的改进，以谋整个农村经济之繁荣。此其五。（六）从大体上说，中国农民负担最重，而生活亦最苦。终岁'劳动'，不能获得最低限度的'享受'者，几比比皆是。不特如此，各地农村的生产情形与农民负担的'轻重'的'比率'，亦复不尽公允。所谓'苦乐相殊，劳逸不均'，实为全农民生活实况底最恰当的'写照'。因此，土地调查，无论从哪一方面观察，都已成了最迫切的最需要的政治工作，因为这不啻是中国全部农民底生活上的'总检阅'啊！等到一经总检阅之后，即可从事生产之改进，耕地赋税制度的改革，以及苛捐杂税的废除了。而且，其所得之效果，必可准确公允，及满足农民的要求及期望。此其六。"

绥之《贫不堪命的温台农民》发表于《人言周刊》第 2 卷第 39 期。

郝玲星《印度的农民问题》发表于《新人周刊》第 1 卷第 30 期。

淑均《印度农民的贫困》发表于《新人周刊》第 1 卷第 37 期。

清晨《中国的土地问题》发表于《新人周刊》第 1 卷第 44 期。

按：文章说："土地问题是农村经济的中心问题，它的内容，主要的是土地分配问题与土地制度问题。所谓土地分配问题者，系指中国已耕土地在各种农民中间分配的情形而言，换句话说，即中国已耕土地，究竟是地主或富农占有的比例较大呢，还是自耕农占有的比例较大呢？这种问题便叫作中国的土地分配问题。所谓土地制度问题者，系指中国已耕土地上历代的分配与耕作法则而言，如佃农所耕的土地是以怎样条约从地主手中取得的，历代的田赋制度有怎样不同，古代是否有井田制度？这些问题便总叫作中国的土地制度问题。中国是农业国家，农民的数量占全体人口的百分之八十五以上，所以土地问题是中国各社会问题中的最重要问题之一。"

敬斋《试论阎锡山氏之土地村有》发表于《新人周刊》第2卷第9期。

按：文章说："综观阎氏之土地村公有办法大纲，其要点约有下列二点：一、由村公所发行无利公债，收买全村土地为村公有；二、就土地之水旱肥瘠，以一人能耕之量划为若干份，平均分配给农民耕种。所以他的终极目的是在于使一切农业劳动者都变成自耕农，农民对于土地只有使用权而无所有权，既不能出租他人，亦不得私于变卖，从而废除一切租佃制度，使一般坐收地租的大地主没有产生，以解决农民的贫困。此种思想与见地，我人当然不能否认其为进步的，惟值兹私有财产制度之下，土地仅为社会生产工具之一部，在整个社会其他生产工具未经完全社会化之前，欲求以土地之公有平均分配与农民为解除农民之贫困，挽救农村经济破产之危机，实属徒劳无益的事。因为在同一时空的社会里，实不许有两种矛盾的制度存在，社会的其他生产工具之私有制和土地公有，这两者之间，实具有很充分的矛盾性。这个矛盾之不予先行解决，则期求这件工作之顺利进行，恐为缘木求鱼之举。"

秦镜《农村破产与农民问题》发表于《互励月刊》第1卷第3期。

雷仲山《农村救济与农民政策之检讨》发表于《互励月刊》第1卷第3期。

漆琪生《不复兴农村中国也可以工业化吗》发表于《独立评论》第137期。

董时进《江西农业生产之现状及应采之政策》发表于《独立评论》第143期。

吴景超《土地分配与人口安排》发表于《独立评论》第155期。

吴景超《阎百川先生的土地政策》发表于《独立评论》第174期。

陈恭禄《土地利用和我国前途》发表于《独立评论》第181期。

东流《土地村有问题的透视》发表于《现代评论》第1卷第7期。

按：文章说："我们认为中国今日土地的最大问题，（一）为耕地不足，（二）为分配不均，（三）为农场过小与耕地零碎。换句话说，这三个大问题，构成了中国今日土地问题的全面，能把这三个问题解决了，土地的根本问题解决才可，其他依存的枝节问题，自然就会跟着解决了，病象既去，自然健全的幸运就会到来。"

傅衣凌《晋代的土地问题与奴隶制度》发表于《现代史学》第2卷第3期。

王兴瑞《中国农业技术发展史》发表于《现代史学》第2卷第3—4期。

金鑫《"土地村有"再评议》发表于《礼拜六》第614期。

按：文章说："第一，土地村有而不国有，则可以避免中央政府的干涉（有人说，没有强有力的中央政府，不能实施土地国有。这只有一部分的理由，其实土地国有正是加强中央权力的条件），可任阎锡山及其他省主席等好自为之。第二，在土地革命一来，把土地白给老百姓以前，替地主们卖给农民。第三，从来是以地租形式榨取农民。这样看来，这办法对于阎锡山是有利的，因为一来可以防止土地革命的骚乱，可以保境安民，二来可以取得农民们的一时的欢心；其次对于地主们也有好处，因为一来可以免除收地租的麻烦，二来由村公多保证相当的地位，最后对农民是怎样呢？名义上'耕者有其田'了，但实际上要他们缴纳的租税未必比从来的地租减少，或者比过去负担更重也说不定，所以从农民的立场看来，一样是换汤不换药的办法。"

徐行《对"土地村公有"之意见》发表于《礼拜六》第615期。

朋武《日本的农民运动》发表于《礼拜六》第618期。

光畅《"土地村有"的批判》发表于《国货月刊》第2卷第9—10期。

按：文章说："我以为'土地村有制'，第一点最值得我们批判的便是它在生产上之不利。……土地村有制在生产上既极端不利，而其分配上尤为困难。土地村有制之分配标准，至今含混，按其办法之规定，以一人能耕之量为分配单位。此所谓'一人能耕之量'究应如何确定，实亦问题中之问题。"

尚希贤《农业仓库之理论和实施》发表于《复兴月刊》第3卷第8期。

黄溥泽《我国农民离村问题》发表于《复兴月刊》第4卷第1期。

祝平《整理土地之要义》发表于《苏声月刊》第2卷第3期。

邓白突《中国农村土地分配论》发表于《生力月刊》创刊号。

按：文章说："农村问题以土地问题为中心，而土地问题又以分配为焦点。土地分配问题，无论在以往和现在，都是一个最严重的问题。在经济学上，向来也成为一种大争论，学者聚讼纷纭，见仁见智，莫衷一是。"作者建议："（一）统一土地合作行政，收事半功倍之效。（二）提倡土地合作教育，使人人能认识，能信仰。（三）健全土地合作组织，增进力量，使能尽其预期的作用。（四）普及并谋全国土地合作的总联合。最后不能忽略的是（五）实行土地国有应有的准备和步骤。"

陈颖光《日本之农村恐慌与农民救济》发表于《建国月刊》第13卷第1期。

章彭年《中国农业经济之崩溃及其成因》发表于《进展月刊》第4卷第3—4期。

按：文章认为，中国农业经济崩溃的现状，一是农产物之进口激增与出口锐减，二是农产物价格惨跌，三是荒地面积之增加，四是高利贷的盘剥。

单伦理《济南的农民婚姻》发表于《女青年月刊》第14卷第3期。

范苑声《农民为甚么要有新生活》发表于《新生活月刊》第1卷第2—3期。

林作民《阎锡山氏土地村公有之检讨》发表于《警察月刊》第3卷第9期。

常荣德《土地税之理论的研究》发表于《存诚月刊》第1卷第6期。

按：文章说："土地税既为租税之一种，其征收主体为国家或公共团体，其征收客体为一般人民的财富。其征收手段采强制主义，其征收的目的系供给公共经费的支出，此与一般租税的含义均属相同，自不待言。惟土地二字的解释，又有种种之不同，就政治上的观点言之，土地为国家的要素，与主权、人民、组织并列为四。所有人民与集合体的生存，以及一切政治施设的建立，皆以土地为依存之根据。而且土地的范围，与主权所活动的面积同一广袤，举凡领空、领海、领陆，均包括在内；就法律上的观点言之，普通民法多取狭义的解释，以土地为不动产之一部，我国民法第六十六条规定：'称不动产者，谓土地及其定着物。'是征土地与定着物各为不动产的一部分，两者虽有主从之关系，究不能视为一体。"

龙大均《论土地村有制度》发表于《中华月报》第 3 卷第 11 期。

郑震宇《推进县土地行政之研究》发表于《内政研究月报》第 1—2 期。

张金鉴《美国农民问题之现阶段》发表于《申报月刊》第 4 卷第 1 期。

叶秋《土地村有问题》发表于《申报月刊》第 4 卷第 10 期。

按：文章说："土地村有办法，与国民党的土地政策，本异途而同归，在理论的范围内是值得讨论的一种新建议，当无疑义。"

饶涤生《日趋严重的农民离村问题》发表于《申报月刊》第 4 卷第 12 期。

洪为溥《复兴农村与农民心理之研究》发表于《华年》第 4 卷第 21 期。

洪为溥《乡村谚语中农民心理的探讨》发表于《华年》第 4 卷第 22—23 期。

陈和坤《土地村有问题的商榷》发表于《时论（南京）》第 5 期。

韦复祥《阎锡山氏土地村有之评价》发表于《时论（南京）》第 7—8 期。

李安陆《由土地私有制的弊害谈到平均地权的实行》发表于《建设评论》第 1 卷第 2 期。

童镰《阎百川先生"土地村有制"述评》发表于《建设评论》第 1 卷第 3 期。

曾明《农民的力量及其灾害》发表于《民鸣周刊》第 2 卷第 13 期。

杨松如《国难期间农民应负的责任》发表于《民鸣周刊》第 2 卷第 15 期。

陈光虞《评阎锡山氏之土地村有制度》发表于《民鸣周刊》第 2 卷第 20 期。

亦鸣《土地利用与合作》发表于《合作界》第 1 卷第 6 期。

按：文章说："自阎锡山氏提出'土地村有'办法后，言论界众议纷纷，赞否不一。依中国目前状况观之，土地公有，固属迫切急需，生产落伍，亦属严重问题。吾人解决土地问题，似不应偏重于土地分配，对土地利用，亦宜兼筹并重，不可忽视。现今我国土地分配情形，固不合理，而对土地利用，亦未能达到地尽其力之期望。任何土地政策，若无充分利用土地之功能，虽分配上极端合理，对土地问题之全部，绝不能谓之彻底解决。故解决土地问题，当自土地利用方面着手，以求达到土地分配之合理，土地利用问题当非'土地村有'所可完全解决也。"

张仿近《土地村有与农村合作》发表于《合作界》第1卷第4期。

苑景芳《农民的出路》发表于《合作讯》第121期。

新鄂《宜昌农民银行整理各区农村合作社》发表于《合作月刊》第7卷第7—8期。

叶乐群《我国农业经营法之过去与其将来》发表于《前途》第3卷第4—5期。

汪洪法《海外诸国之农民负债状况》发表于《前途》第3卷第7期。

汪洪法《中国农民负债之特质》发表于《前途》第3卷第12期。

姚石庵《农民生计训练与农业推广》发表于《民间（北平）》第2卷第7期。

按：文章说：农民生计训练的大原则是："（一）利用农民领导农民的方法，由领袖而推动全体农民，使农民总动员而从事建设。（二）农民训练的设施，须合乎农村文化即经济的水平线，使教育能打入实际生活。（三）捉住农村实际问题，使一切训练设施均能对症下药。"在生计训练实施上应注意三点：一是精神陶冶实际生活指导，养成国民经济意识；二是团体经济活动，培养经济组织能力；三是实际从事生产，训练现代化生产技术。

西光《农村家庭组织的特点及其与农业的关系》发表于《民间（北平）》第2卷第10期。

居父《苛捐杂税之横溢与农民之没落》发表于《民间意识》第2卷第2—4期。

居父《卖办资本鲸吞中的四川农民离村问题》发表于《民间意识》第2卷第5期。

擎天《四川农民纳税所出生产所入的比较论》发表于《民间意识》第2卷第18—20期。

鲍幼申《发展农业生产与国民经济建设》发表于《现实（武昌）》第2卷第1—3期。

李秋帆《从土地村有说起》发表于《现实（南京）》第2卷第22期。

何思敬《英国农民土地被剥夺史略》发表于《新宇宙》第 1 卷第 10 期。

刘骥《秦汉两时代农民革命之经过》发表于《新宇宙》第 2 卷第 3 期。

董百洵《周代农业经济的研究》发表于《新宇宙》第 2 卷第 3 期。

孙啸凤《中国土地问题与土地法》发表于《中国社会》第 2 卷第 2 期。

按：文章说："我国土地问题之所以延而未决，在客观上虽是遭到封建地主的反抗和招致高利贷资本的阻挠而失败；而其最主要的原因，乃是只知用政治的力量，而忽略了农村经济困窘的解除（未从经济方面着手），只知局部的改革，而未求土地问题彻底根本解决的办法。所以历代土地沿革的趋向，在意识上虽有不满于土地私有制的存在，而因不能彻底解决之故，致告流产。本党在总理革命精神指导之下，对于土地问题之解决，其手段虽主张用政治力量，而其终极的目的，则是主张废除私有制而实行土地国有，本当历次宣言暨总理演说阐述至为明白。"

罗敦伟《当前的工业统制与土地统制》发表于《中国社会》第 2 卷第 2 期。

按：文章说："最近阎锡山先生主张'土地公有'，即所谓'土地村有'。本来土地问题为农业经济学上的基本问题，而且土地问题不解决，农民经济问题也没有方法解决的，所以在原则上，我们对于阎先生的主张表示同意。可是在事实上问题却太多了，现在我简单的提出来讨论讨论。"第一，土地公有与政权的改造问题。第二，土地与革命的展开。第三，土地公有不足以解决土地问题。"我以为最好的方法，还是实行土地统制政策。运用政治上的力量，对于各地方的情形，按照孙中山先生所提示的原则，即所谓'平均地权'的原则，而做到'耕者有其田'。"

彭家礼《中国土地问题与农村生产关系的检讨》发表于《中国社会》第 2 卷第 2 期。

刘行骥《中国畜牧问题》发表于《中国实业》第 1 卷第 3 期。

按：文章分绪论、畜种改良问题、兽疫防治问题、牧垦冲突问题、畜产贸易问题、结论等 6 节。

王慕韩《从农业经营上说明江苏盐垦区土地利用问题》发表于《中国实业》第 1 卷第 11 期。

刘行骥《国民经济建设运动下我国畜牧事业之展望》发表于《中国实业》第1卷第12期。

按：文章认为，发展畜牧事业之方法，一是改良我国各类种畜，并谋普遍之推广；二是防治兽疫，兼及入口牲畜之检查；三是改善运销方法；四是提倡畜产品之制造；五是利用国内以及边陲之荒山荒地，广为放牧，并提倡农村副业，以牧畜为主体；六是消弭垦牧纠纷。

周维丰《解决中国农民生活问题之零碎策略》发表于《中华实业月刊》第2卷第4—8期。

童玉民《农村复兴漫谈》发表于《中国建设》第11卷第2期。

童玉民《农人与合作》发表于《中国建设》第11卷第2期。

童玉民《复兴农村与合作事业》发表于《江苏建设》第2卷第5期。

童玉民《合作宣传与合作教育》发表于《江苏建设》第2卷第11期。

雷澄林《本党土地政策之实施与农村调查》发表于《淮海》第1期。

许叔彪《土地陈报之理论与实施》发表于《淮海》第3期。

鸿荃《中国土地制度的沿革》发表于《上海党声》第1卷第2—3期。

居正《从清代土地制度说到中国土地之急待整理》发表于《上海党声》第1卷第33期。

萧铮《评阎锡山氏之土地村有》发表于《上海党声》第1卷第38期。

屏群《一九三四年之中国工业危机与农业恐慌》发表于《前锋（北平）》第19期。

石人《中国农民问题与农村领袖》发表于《前锋（北平）》第20期。

谌小岑《从土地侵略到经济侵略的日本对华政策》发表于《劳动季刊》第5期。

孙育万《农民运动途径的探讨》发表于《晨光周刊》第3卷第35期。

童雪天《中国农民与土地问题》发表于《晨光周刊》第4卷第13期。

按：文章说："中国经济的基础，全都建筑在农民的身上。然而中国农村中有百分之六十五的穷苦的农民，皆因为耕地的没有或不足，以致辗转于饥饿线下。所以我们现在要谈复兴农村，是在如何使耕者有其田，而增加其生产品的问题。就目前农村土地关系上的现状而言，第一是土地分配不均，第二是地未尽其利。所谓金融的枯竭，生产的减退，农民的离村等等，皆因此而起。所以这两个问题，实为中国目前之最严重的问题。"

楼维和《中国农民离村心理的研究》发表于《晨光周刊》第4卷第16期。

万叶《战后德国的土地政策》发表于《民族（上海）》第3卷第5期。

李树青《中国农民的借贷》发表于《民族（上海）》第3卷第12期。

陶因《中国古代的土地制度》发表于《民族周刊》第6—7期。

纯五《谈农村建设与农民常情》发表于《建设评论》第1卷第2期。

罗迪良《中国之农业开发与上海资本》发表于《建设评论》第1卷第3期。

李若舟《农业政策概论》发表于《文化批判》第2卷第2—3期。

［日］青木惠一作，胡惠康译《日本农业之特质》发表于《文化批判》第3卷第1期。

胡昌龄《我国实施农业仓库制度之商榷》发表于《文化建设》第1卷第5期。

漆琪生《中国的农业建设与农村利用合作社》发表于《文化建设》第1卷第12期。

李又曦《两宋农村经济状况与土地政策》发表于《文化建设》第2卷第2期。

漆琪生《中国土地问题发生的由来及其对策》发表于《文化建设》第2卷第2期。

按：文章说："近世所行之土地制度，共有四种：一为土地国有制，二为土地公有制，三为耕地农有制，四为既成的土地私有制。至于现行之农业生产政策，亦有四种：一为集体的大农经营政策，二为集体的小农经营政策，三为私营的大农政策，四为私营的小农政策。此种制度与政策之成立，缘由其历史与社会条件之不同。……在现阶段中，我国土地问题解决的中心任务，最首要的是在于废止现行的地主经济，以消弭农村中封建剥削之基础，使直接生产的农民获得土地，土地归其所有，取得农业生产最重要之生产手段，保证其参加生产之可能性与稳定性。同时更因自己有其耕地，便于合计划与合目的整理土地，利用土地，发展生产。"

阿尼《滇西农民对火把节的真实意义》发表于《文化生活》第1卷第10期。

云山《近年来农民流亡之检讨》发表于《文化与社会》第2卷第2期。

晋《山西与土地问题》发表于《秦风周报》第1卷第30期。

鸣楚《农业概论》发表于《秦风周报》第1卷第33期。

戴家齐《陕西土地分配之现势》发表于《秦风周报》第1卷第35期。

鸣楚《农业概论》发表于《秦风周报》第1卷第37期。

鸣楚《农业概论（续）》发表于《秦风周报》第1卷第39期。

商恩普《农民的自觉》发表于《自觉》第31期。

纪自由《土地村有制的研究》发表于《自觉》第38期。

刘冰石《农业机械化的面面观》发表于《金大农专》第5卷第2期。

按：文章分前腔、农业机械化的暗礁、农业机械化的正作用、农业机械化的副作用、尾声五部分。

张宗麟《农民运动的主角是谁》发表于《金大农专》第5卷第3期。

毛善民《中国农业之病态》发表于《金大农专》第5卷第4—5期。

高向杲《土地问题之严重性》发表于《燕大周刊》第6卷第1期。

思毅《日本的农业恐慌——日本的农业与农民》发表于《清华周刊》第43卷第3期。

潘文安《农业仓库的管理问题》发表于《复旦学报》第1期。

郑励俭《乡土地理调查方法》发表于《女师学院期刊》第3卷第2期。

周其辰《如何使农业仓库有益于农民》发表于《教育与民众》第7卷第3期（民众教育与合作事业特辑）。

严恒敬《农村合作的几个实际问题》发表于《教育与民众》第7卷第3期（民众教育与合作事业特辑）。

喻育之《关于改进农村合作社的几点意见》发表于《教育与民众》第7卷第3期（民众教育与合作事业特辑）。

按：文章分贫农入社问题、自筹资金问题、业务充实问题三部分。

邹树文《民众教育如何助成地方自治并促兴社会生产——如何使中国农民改良农业》发表于《教育与民众》第7卷第4期。

童润之《乡村民众教育机关如何促兴农业生产》发表于《教育与民众》第7卷第4期。

秦柳方《农村破产现况下民众教育应有之努力》发表于《教育与民众》第7卷第4期。

洪荒《实施农民生计教育的探讨》发表于《民教辅导》第1卷第7期。

湛以燸《农民们口述中的农村现况》发表于《民教半月刊》第16期。

半生《农民的法律——堕胎杀婴的原因与其救济方法》发表于《教育短波》第46期。

林秋白《农村建设运动中的农业教育》发表于《大上海教育》第2卷第9—10期。

按：文章说："农业教育可分广义的与狭义的二种，所谓广义的农业教育，系指各种教授农业的机关，其种类颇多，如公私立农学院、农业学校、普通中学校的农科、蚕桑学校及农事试验场、蚕桑试验场等机关。因其目的各不相同，于是处理农业的方法也互有差异。狭义的农业教育，指以养成农业技术人才为目的而言，如农业学校、蚕桑学校等是。"

萧灌恩《复兴农村与农业机械化》发表于《校风》第286—287期。

按：文章说："我国农业一天不进于机械化，则中国永无富强之一日。"

王盈川《中国农业起源地的新探索》发表于《学风（安庆）》第5卷第8期。

陈汝夔《中国古代土地及赋税制度研究》发表于《学风（安庆）》第5卷第9期。

彭心如《资本主义与农业发展之关系研究》发表于《读书季刊》第1卷第2期。

隆《中国需要农民文学吗》发表于《沪江附中季刊》创刊号。

裘德顺《孙中山先生和农民》发表于《敬业附小周刊》第73—74期。

民国二十四年　乙亥　1935 年

彭懋忠《中国农民离村问题》发表于《西大学生》第 2 期。

金粟《诗经时代之农业与农民》发表于《学生生活》第 3 卷第 7 期。

澄《中国农民离村问题》发表于《效实学生》第 5 期。

莺谷《上海市农民运动概况》发表于《上海党声》第 1 卷第 2 期。

陈维藩《生产合作与农民之关系》发表于《上海党声》第 1 卷第 27 期。

艾鲁瞻《商民与农民应注意的几件事》发表于《天津商检月刊》第 1 期。

程振基《农业合作与农村金融》发表于《浙江合作》第 3 卷第 3 期。

沈桂林《谈谈农民经济困难的原因》发表于《浙江合作》第 3 卷第 7—8 期。

罗曼《合作与农业》发表于《浙江合作》第 3 卷第 39—40 期。

彭定爵《农业合作与生产建设》发表于《浙江合作》第 3 卷第 39—40 期。

朱朴《丹麦农业合作状况》发表于《浙江合作》第 3 卷第 41 期。

罗曼《农业合作在国民经济建设运动中所居的地位》发表于《浙江合作》第 3 卷第 44—45 期。

按：文章说："农业是构成中国国民经济的主要因素，推行农业合作是中国国民经济建设运动应走的合理的新路线，唯有普遍的推行农业合作，而后农业生产的发展始为整个的，繁荣的新国民经济才可以在这'整个的'基础上建设起来。"

彭定爵《苏俄农业合作运动的变迁》发表于《浙江合作》第 3 卷第 46 期。

王启虞《浙江省农业生产教育应注意昆虫学之我见》发表于《浙江教育》第 1 卷第 2 期。

楼如牧《提倡畜产的先决问题》发表于《浙江畜牧》创刊号。

按：文章说："我国畜牧不能发达的原因，第一在于农民知识的缺乏；第二在于交通不便，畜产不能运送远地；第三在于政府方面没有注意到畜牧事业，亦没有改进畜牧的机关，农民得到优良的畜种；第四在于治安问题不能解决，畜牧事业不能扩展。假如这些问题解决，则畜牧事业如潮水自涨，国计民生都有美的解决了。"

罕塵《中国畜牧问题之经济的检讨》发表于《浙江畜牧》创刊号。

吴纪棠《中国施行畜产合作之途径》发表于《畜牧兽医季刊》第1卷第4期。

汪呈因《中国农业改进之整个问题》发表于《浙江省第五区农场年刊》第1期。

吕允福《一年来中国农业之回顾与今后之展望》发表于《浙江省第五区农场年刊》第1期。

阮模《中国农业之改造问题》发表于《浙江省建设月刊》第8卷第7期。

按：文章分中国民族复兴之新动向、农业生产力与生产关系、农业生产组织与生产管理、农业改造之中心理论、农业改造与复兴农村、中国农业改造之展望六部分。

张见龙《水利建设与农业生产》发表于《浙江省建设月刊》第8卷第10期。

按：文章说："农业生产建设之道多端，其关系最大者，又莫若水利建设，证之以往历代各大政治家之注重农田水利，信然无疑；而观于过去水旱灾于农产之损失，尤令人不寒而栗，水利建设之重要，宁待再言。"

周莹《意大利的农业统制及其合作事业》发表于《浙江省建设月刊》第9卷第2期。

张天翼《农业推广问题》发表于《浙江省建设月刊》第9卷第4期。

按：文章说："农业推广之意义，言人人殊，概括之可分广狭两义：以农政实施视为农业推广者，为广义之解释；以农业推广为改良农业之手段者，为狭义之解释。总之，农业推广，须将农学与农业混作一片，将改良农业研究的结果，以有效之方法与步骤，介绍农民，使之成适当之应用，亦即集合各项相关之农业行政——经济——教育——社会等问题，而谋整个农业问题之求得解决办法者也。"

冯紫岗《农村调查之检讨》发表于《浙江省建设月刊》第9卷第4期。

蒋蕙荪《发展林业声中之侧重点》发表于《江苏月报》第3卷第4期。

皮作琼《关于中国林业问题的商榷》发表于《江苏月报》第3卷第4期。

按：文章说：欲图振兴中国林业，究竟怎样去办？一、由中央通令规定"林业建设时期";二、实行"以林造林";三、实行"兵工造林"计划;四、创设林务员系统;五、改造林业教育。

贡伯范《振兴我国林业之途径》发表于《江苏月报》第3卷第4期。

按:文章认为,欲振兴中国林业,一是确定造林经费,二是造就林业专门人才,三是调查国内森林和荒山,四是制定造林的永久计划,五是普及森林知识,六是严厉执行森林法,七是广设林业机关,八是实行林业合作,九是任用专门人才。

陈嵘《论复兴农村宜兼重林业及造林上应有之方针》发表于《江苏月报》第3卷第4期。

吴文域《林业复兴私议》发表于《江苏月报》第3卷第4期。

马宝华《苏省整理土地之行政效率》发表于《江苏月报》第3卷第6期。

郑康模《土地登记之意义及其利益》发表于《江苏月报》第3卷第6期。

鲍德澂《土地登记概论》发表于《江苏月报》第3卷第6期。

朱福成《解决中国今日土地问题之途径》发表于《江苏月报》第4卷第2期。

按:文章说:"中国今日欲解决土地问题,一方面固应注意土地分配问题,而设法防制土地分配不均之趋势,一方面尤应注意土地利用问题,而积极垦荒,增加生产,救济国内粮食之恐慌,同时更应对于国内所有土地,根据经济原则使用,实行集约经营,使国内面积甚小之耕地,获得大量之生产,用以维持全国人口之生活需要,救济国内人地不相平衡之危险,斯三者皆中国目前解决土地问题所应遵循之途径也。"

黄应昌《江苏省土地清丈总计划之推进》发表于《江苏月报》第4卷第3期。

陈斯龄《铜山区农民自卫概况》发表于《江苏月报》第4卷第5—6期。

许叔彪《土地陈报之理论与实施》发表于《江苏月报》第4卷第5—6期。

高永森《农村改进与农民信仰》发表于《江苏评论》第4卷第5期。

刘支藩《最经济的整理土地方法之商榷》发表于《江苏研究》第1卷第6期。

邹树文《三年来之中国农业教育》发表于《江苏教育》第 4 卷第 1—2 期。

关锡年《参观黄安所得到农民的现况和今后救济的我见》发表于《湖北特教半月刊》第 1 卷第 5 期。

赵文魁《农民本身缺点和救济的方法》发表于《绥远农村周刊》第 60 期。

宗景岐《总理对于农民状况及合作社之遗训》发表于《历城县合作特刊》创刊号。

家恭《合作与农民》发表于《历城县合作特刊》创刊号。

曾省《农民教育实施的初步》发表于《山东民众教育月刊》第 6 卷第 1 期。

熊佛西、赵冠华《定县农民剧的实验》发表于《山东民众教育月刊》第 6 卷第 3 期。

许可钧《农民过去生活上之不良并应改善之理及今后生活上应有之目标与规律》发表于《山西省新生活运动促进会会刊》第 5 期。

周顺吉《农民新生活之目标及具体规律》发表于《山西省新生活运动促进会会刊》第 5 期。

宫正斋《农民新生活的规律》发表于《山西省新生活运动促进会会刊》第 5 期。

刘枝美《怎样实现农民的新生活》发表于《山西省新生活运动促进会会刊》第 5 期。

王净瑶《农民之新生活》发表于《山西省新生活运动促进会会刊》第 5 期。

张广容《农民的新生活规律》发表于《山西省新生活运动促进会会刊》第 5 期。

杜力戈《农业的改造与农民的新生活》发表于《山西省新生活运动促进会会刊》第 5 期。

蔡殿芳《农民新生活》发表于《山西省新生活运动促进会会刊》第 5 期。

成宝山《实行井田意义的土地制度》发表于《山西建设》第 8 期。

思明《土地村公有之理论的发生及其确立》发表于《山西建设》第 8 期。

田众生《土地公有的理论与实际》发表于《山西建设》第 8 期。

冯惠《欧洲各国土地改革述评》发表于《山西建设》第 8 期。

丁宗许《农业推广与民众教育》发表于《苏声月刊》第 2 卷第 3 期。

董时进《江西农业生产之现状及应采之农业生产政策》发表于《江西农讯》第 1 卷第 7 期。

孜善《中国耕地与农民》发表于《中国文化建设协会山西分会月刊》第 1 卷第 9 期。

王孟昭《农业衰落原因之研究》发表于《中国建设》第 11 卷第 2 期。

旭村《现阶段的中国农民与都市劳动者的生活概况》发表于《飞鸿》第 95—96 期。

李文杰《土地制度比较论》发表于《绸缪月刊》第 1 卷第 10 期。

谢俊《创立农民银行刍议》发表于《民钟季刊》创刊号。

刘映藜《中国土地制度的变迁与今后改革应有的注意》发表于《县训》第 2 卷第 7 期。

按：文章认为，今后土地改革之方法："一、应用经济的力量维持小农的生存；二、应积极对于自耕农予以辅助及奖励；三、不能偏重于国家税收的整理，而忽略于农民经济的困难；四、不能只用一种制度去对付局部的障碍，而应注意整个的土地问题，以谋土地问题彻底地解决。以上所谈，仅就狭义的而言，广义的土地问题，则水陆空等均包含在内。"

任祖述《农民"抗租"地主"欠赋"问题》（吴江通讯）发表于《国讯》第 96 期。

王云章《东北农民之特长》发表于《北强月刊》第 2 卷第 3 期。

向诚《日本与高丽农民》发表于《正中》第 2 卷第 8—9 期。

光君《中国土地分配与人口分配之原则》发表于《再生》第 3 卷第 1 期。

按：文章说："家庭单纯的对于土地发生关系，土地的自然分配，土地的盛衰分配，社会力的分配，政治力的分配，这五个原则便是认识这个尤其是华北的农村经济的主要关键。"

薛维垣《苏联远东区农业之发展及农民生活概况》发表于《时事月报》第 12 卷第 6 期。

王育三《比国农民合作社》发表于《我存杂志》第 3 卷第 7 期。

高德明《中国农业金融的建设》发表于《青年（杭州）》第 2 卷第 4—5 期。

照松《在苏联的德国农民》发表于《北调》第 2 卷第 2 期。

范苑声《新生活运动——农民的新生活》发表于《新生活周刊》第 1 卷第 46 期。

岱《土豪劣绅剥削农民的新方式》发表于《向道半月刊》第 1 卷第 4 期。

张映南《我国亟宜为土地公有之准备》发表于《实报半月刊》第 3 期。

直心《农民和教育》发表于《纯泉》创刊号。

高信《南京市之土地问题》发表于《市政评论》第 3 卷第 11 期。

佐钱《中国农村破产浪潮中的吾埔农民苦痛的解剖》发表于《大潮》第 3 期。

郑大洲《土地村有制之商榷》发表于《正风半月刊》第 1 卷第 24 期。

张导民《中国土地问题与农村经济》发表于《正中》第 1 卷第 4 期。

按：文章说："土地人民，是立国的要素，土地更为人民生活的泉源，中国是建立在所谓土地与人民的衣食住行合成的社稷观念之上，而以人民自治为基础的农业国家，所以土地问题，是中国政治社会经济的根本。中国历朝的治乱，和国民生计的安危，都与这个问题息息相关，一直到现在，由这个问题所反映到国家政治经济的隆污与替情形，依然健在。"

慕唐《我国历代土地制度及其目的与得失》发表于《蕉中月刊》第 3 期。

秦绶章《农业恐慌之本质的认识》发表于《中山周报》第 39 期。

杨骏如《乡村小学取得农民信仰的几个有效办法》发表于《实验研究月刊》第 10 卷第 1 期。

盛叙功《中国农地的灌溉问题——气候与土地条件支配下的中国农地灌溉状况》发表于《地学季刊》第 2 卷第 2 期。

王智《宁夏土地清丈与田赋改革的透视》发表于《西北杂志》第 1 卷第 1 期。

［日］田中忠夫作，甘全礼译《中国农民经济的极贫化》发表于《西

北评论》第 2 卷第 6 期。

赵长年《中国农业概观》发表于《新青海》第 3 卷第 4 期。

杨少言《广东之农业与农民》发表于《新广东》第 26 期。

史枚《土地村有及其批评之批评》发表于《客观》第 1 卷第 7 期。

姚仲白《从农村经济崩溃说到农业统制》发表于《国防论坛》第 4 卷第 9—10 期。

剌平《中国农业恐慌激化之由来》发表于《黄埔新潮》第 1—3 期。

诸立安《贫穷线下及合理圈外之中国农民生活》发表于《正论旬刊》第 1 卷第 17—19 期。

[日] 宫协贤之介作，李家献译《国民革命与农民运动》发表于《中国农工季刊》第 1 期。

王昌华《中国目前亟须之土地政策及其实施方案》发表于《苏衡》第 1 卷第 6 期。

按：文章说："中国目前之危机，国人多认为在经济衰落，而经济衰落之根本原因，又在农村凋敝，而土地制度之不良，复为农村凋敝原因中之原因。于斯内忧外患交相煎逼之际，自应针对症结所在，察其缓急先后，下极大之决心，改革数千年来之积弊，树立新土地政策，然后制定消极的防卫国民生活上必需农产品之生产政策及积极的奖励国际农商品之生产政策，藉免本国农业受外国农业之压迫，俾教养政策得顺利施行，徐图复兴崩溃之农村，巩固国民经济之机构，使我农业国家之基础，建筑在健全之农民阶级上。"

安《土地村公有之商榷》发表于《前途》第 3 卷第 10 期。

周第先《中国农业建设的前途》发表于《科学世界》第 4 卷第 9 期。

马寅初、韩学仁等《生产建设声中之农业金融问题》发表于《商学研究》第 2 期。

王邵洪《土地法上之土地税的探讨》发表于《法学杂志》第 1 卷第 1 期。

施伯钧《日本农民阶层之构成》发表于《大道（南京）》第 4 卷第 6 期。

季平《西京市区分划问题刍议》（土地问题）发表于《西北生活》第 4 期。

小石《新生活和农民生活》发表于《社会周报》第 1 卷第 50 期。

吴承禧《中国银行业的农业金融》发表于《社会科学杂志》第6卷第3期。

按：文章指出："实际上它们（指农业银行）既不重农，也不重工。他们有的只是在努力钞票的发行；有的转为商业银行，竟以投机为务；有的曾经经营不正当的业务（风传有某农行曾一度贩卖特货，大赚其钱）；有的只是某一省的省银行或某一市的市银行，与农无缘，与工无涉！"

朱其华《农业生产的衰落与救济》发表于《中国新论》第1卷第7期。

按：文章说："农村经济的破产，不外下列的诸原因：（一）资本主义先进国家的商品侵入农村，洋货代替了土货，破坏了原有的经济关系，农村金融因外国商品的囊括而开始枯竭。（二）捐税的繁重，使农民负担日重，农产物的成本日益增加。（三）一方面，农产物的成本日益加重，但另一方面，因为外国商品的竞争与世界市场不景气的影响，农产物的价格日益低落，在一进一出之间，使农民虽极度丰收，仍不足以维持现状。（四）在上述的原因之外，虽收获丰富，毫无灾害，尚且不能维持，更何况水旱蝗虫之灾，几于无年无之，自然更加速农村的破产。（五）因为农村经济衰落，大部分农民被迫破产而离开了土地，于其中一部分不得不流而为匪，社会秩序遂陷于极端混乱，而此种混乱，更加进农村破产的程度。"

魏绍征《土地调查与民生问题》发表于《每周评论》第156期。

梦幻《悲惨命运下的农民》发表于《七日谈周报》第1卷第4期。

天然《复兴农村声中之土地问题》发表于《青年（杭州）》第2卷第6期。

曲直生《中国农业的地位》发表于《河北通俗农刊》第2卷第1期。

陈长蘅《我国土地与人口问题之初步比较研究及国民经济建设之政策商榷》发表于《中山周报》第56期。

雷鸣春《丹麦的土地政策合作运动与高等民众学校近况》发表于《现代生产杂志》第1卷第7期。

权《论土地制度之改革》发表于《国衡》第1卷第12期。

按：文章说："我国夙为农业国，故土地问题在我国国民经济上关系綦大，孙中山先生即以平均地权为实现民生主义方法之一。"

刘君煌《中国农地问题与阎锡山氏之土地村有计划》发表于《新新

月报》第12期。

国庄《土地调查之感想谈》发表于《纯泉》创刊号。

祁之晋《土地村有制之检讨》发表于《国闻周报》第12卷第50期。

老农《农村崩溃声中之土地问题》发表于《灿烂》第1卷第3期。

金慕陶《青岛土地行政之沿革》发表于《都市与农村》第7—8期。

锦堂《中国农民问题》发表于《行健月刊》第6卷第3期。

仁《中国土地问题与农村生产关系的检讨》发表于《史地社会论文摘要月刊》第2卷第2期。

按：文章说：中国农村经济问题虽然十分复杂，但归根究底还是一个土地问题。中国在土地私有制度之下，地权的集中与使用的分散，实是极大矛盾。中国农村经济一方面受着资本主义前期性或半封建性的摧残，同时又受着国际金融资本压迫而处于附庸的半殖民的地位。中国是个农业国，土地关系对于农村经济有决定的作用。中国土地关系的半封建性还领着绝对的优势，资本主义的前途非常黯淡，它在农村里还没有萌芽便遭没落。加以帝国主义的势力深入农村之后为了开辟自己商品市场，巩固其榨取额外利润的基础，一方面促成了中国农村的货币商品经济的发展，同时对于古旧的封建剥削关系又尽力加以保持。商业资本和高利贷剥削加速了农民失地的过程，土地的集中到了非常高度。而强盗式的租佃制度，使土地所有与使用的矛盾更趋尖锐。由此可知农民需要土地的急迫。欲解决此问题，必须消灭这种土地所有权与使用权的矛盾现象。

和《中国农民营养问题》发表于《史地社会论文摘要月刊》第2卷第3期。

矫《中国古代土地及赋税制度研究》发表于《史地社会论文摘要月刊》第2卷第3期。

复《两宋经济状况与土地政策》发表于《史地社会论文摘要月刊》第2卷第3期。

史惠康《现阶段中国农业经济恐慌论》发表于《学术界》复刊第1卷第1—2期。

蒋匀田《中国农业经济崩溃之原因与复兴之途径》发表于《再生》第3卷第3期。

按：文章说："复兴农村，不可单以农业着手，须辅之以工业。欲工业之发达，唯有实行政府统治。然统制工业生产，尤须与农业生产能确立数字对照之关系。故同时亦须统制农业。统制农业，则唯有采取集合农场制，而后复兴农业之百年大计，始可确立。"

顾甦人《筹设农民医疗救济机关之建议》发表于《医事公论》第 2 卷第 17 期。

夏美驯《农民对于巫医迷信之思想应如何铲除》发表于《医事公论》第 3 卷第 2—3 期。

张爱棠《百泉乡农民卫生状况谈》发表于《医药评论》第 123 期。

钱天鹤等《中国农业研究工作之鸟瞰》发表于《科学世界》第 4 卷第 7 期。

钱天鹤《中国农业与科学》发表于《科学的中国》第 6 卷第 12 期。

常志箴《农业化学革命与学习农业的途径》发表于《科学时报》第 2 卷第 9 期。

魏绍华《中国之农业生产与复兴农村》发表于《长城（绥远）》第 1 卷第 1 期。

按：文章说："中国的农业生产，已和国际的农业生产发生了联系，亦即是说农产品的交换价值，不仅是要受国内市场价格高低的支配，同时还要受国际市场价格高低的支配，因此深知中国农业生产的衰落，实系受了和资本主义的生产方法对立之影响，而始形成了中国农村经济的破产，所以要复兴农村，除积极的发展农业生产，增加农民富力，树立工业原料给源基础之外，实无其他途径。"

力力《帝国主义资本侵略下的中国农业恐慌》发表于《长城（绥远）》第 1 卷第 2 期。

姜君辰《波兰的农业恐慌与农业政策》发表于《世界知识》第 2 卷第 2 期。

丁文江《实行耕者有其地的方法》发表于 10 月 13 日天津《大公报》。

三　乡村建设研究著作

秦亚修著《中国农业概况》由上海建国书局出版。

按：是书概述农地、农民、租佃、土地、农作物、农业技术，以及农业行政等。

杨国藩著《农业概论》由上海大华书局出版。

董时进讲述《农业讲义》由江西省县政人员训练班出版。

[英]欧伯利昂著，巫宝三译《农业经济学》由上海商务印书馆出版。

按：是书分一半农产品的价格、个别农产品的价格、国家与农业3章。

西门宗华著《苏俄农业合作社组织法》由南京中国与苏俄杂志社出版。

[日]气贺勘重著，谭国栋译《农业政策》由上海商务印书馆出版。

按：是书除绪言外，包括总论、土地所有权之分配及其经营、土地所有权之分配的限制、农业团体、农业劳动关系、耕地改善政策、农业经营术之促进政策、农业保险、农业信用等9章。

储劲编《农业推广》由上海黎明书局出版。

按：是书分农业推广之意义与范围、吾国农业推广之演进、吾国农业推广事业概况举隅、农业推广之行政组织、农业推广人才之养成、农业推广与农村问题、农业推广之方法、农业推广材料问题、农业推广之对象、农事讲习会、育蚕指导所、农事改进会、青年农艺团、特约农田、农事展览会等15章。附录：修正农业推广规程、各省县农业机关整理办法纲要等。

陆费执、管义达、许振著《农业推广》由上海中华书局出版。

孙希复编《农业推广法》由上海商务印书馆出版。

按：是书分绪论、我国筹划农业推广之过去、我国农业推广之现在、美国农业推广之概论、我国农业推广应有之组织、农业推广之方法、农业推广之准备、农业推广之材料、农业推广员应有之技术、农业推广之工具、农业推广之实例、农业推广员应有之农业常识、农业推广员应有之修养、农业推广应与各方面之联络、农业推广之经费问题、农业推广之法规等16章。

童玉民著《农学概论》由上海中国农学社出版。

按：是书分论农学、论农业、论农村3篇。

潮安、蓝渭滨、蓝名诂编著《农业合作》由江苏镇江新民印书馆出版。

陈遵妫著《农业气象学》由上海商务印书馆出版。

段天爵编《农林概要》由安徽省区政训练所出版。

［日］气贺勘重著，谭国栋译《农业政策》由上海商务印书馆出版。

按：是书分9章，概述农业在国民经济中的地位、土地所有权的分配、经营、农业团体、农业劳动关系、耕地改善政策、农业保险、农业信用等。

兰渭滨、兰名诘编《农业合作》由江苏镇江农村经济月刊社出版。

吴敬敷、徐渊若著《农业金融制度论》由上海商务印书馆出版。

［法］波雅查格鲁著，冯静远译《农业信用——农业金融原理》由上海黎明书局出版。

［日］本位田祥男著，王沿津译《欧洲各国之农业合作》由上海商务印书馆出版。

［美］格剌斯著，万国鼎译《欧美农业史》由上海商务印书馆出版。

徐渊若著《日本之农业金融》由上海商务印书馆出版。

汪呈因著《中国农业整个改进之意见》由浙江省第五区农场出版。

邓植仪编述《出席国际土壤学大会暨沿途考察农业与农业教育概况报告书》由国立中山大学农学院广东土壤调查所出版。

梁光商、黎献仁编《国立中山大学东亚农业考察团报告书》由广州中山大学东亚农业考察团出版。

吴剑心编著《农业动物饲养法》由上海商务印书馆出版。

吴福桢、徐硕俊著《中国农业害虫之防治及研究情况》由南京实业部中央农业实验出版。

中央农业推广委员会编《全国农业推广材料一览表》由编者出版。

朱耀炳主编《农业论文索引续编》由私立金陵大学图书馆出版。

林和成编著《中国农业金融概要》由长沙编著者出版。

中国华洋义赈救灾总会编《农业合作社簿记程式》由编者出版。

华北农业合作事业委员会编《华北农业合作事业委员会报告书》由编者出版。

华北农业合作事业委员会编《农业合作社经营初步》由编者出版。

徐渊若著《农业仓库论》由上海商务印书馆出版。

［日］井上龟五郎著，欧阳翰存译《农仓经营论》由上海商务印书馆出版。

按：是书分为绪论、农仓法规、农业仓库之经营、农业仓库之资料、农业仓库之实务5编。

吕威讲述《仓储述要》由江西省县政人员训练班出版。

高弘编《中央农场特刊》由上海中央农场出版。

广西柳州农场编《广西柳州农场报告书》由编者出版。

翟克编著《中国农产问题之研究》由国立中山大学农学院出版部出版。

余兰园编著《农产分析及工业分析》由北平出版。

建设委员会经济调查所统计课编《浙江之农产》由杭州编者出版。

沙玉清编著《农田水利学》由上海商务印书馆出版。

按：是书分6编，第一编基本的原理和方法；第二编灌溉；第三编排水；第四编放淤及洗碱；第五编垦泽；第六编农田水利的事业。

钱亦石等著《中国农村问题》由上海中华书局出版。

王枕心著《农村问题论文集》由江西农村改进社出版。

晏阳初著《农村运动的使命》由北平中华平民教育促进会出版。

国民政府军事委员会委员长行营湖北地方政务研究会调查团编述《调查乡村建设纪要》由武昌编者出版。

王镜铭著《华北农村问题的实际考察》由天津佩文书局出版。

吴正编《农村问题》由中央军校特别训练班教务组出版。

按：是书除前言（国民经济建设之中心问题）外，分为7编，第一编农村问题之意义；第二编农村现状；第三编农村衰落之原因及其改造方针；第四编农村组织问题；第五编农村经济问题；第六编农村教育问题；第七编农村合作社。

国民政府军事委员会委员长南昌行营编《农村建设概要》由上海中华书局出版。

许莹涟、李竟西著《全国乡村建设运动概况》由山东乡村建设研究院出版。

方悴农著《农村建设实施纪》由上海大华书局出版。

陈一著《现代中国之农村建设实验运动及其前途》由南京中国建设协会出版。

邹树文著《新生活与乡村建设》由南京正中书局出版。

彭凤昭著《政教富卫合一的农村建设》由鄂湘川边区"剿匪"总司令部党政处出版。

唐启宇、宋希庠著《农村经济》由上海世界书局出版。

按：是书分农村经济的意义及性质、经济货及其价值、农业生产与土地利用、农业生产与劳力及资本、农业贷款制度、农场的经营、运输与贩卖、市场与价格、农作物的调查、农作物及畜产的保险、农村合作等11章。

[日]清水长乡著，张佳玖译《农村经济》由上海商务印书馆出版。

陈振鹭、陈邦政著《中国农村经济问题》由上海大学书店出版。

按：是书分12章，论述农村经济的重要性、中国农村经济的现阶段与中国农民生活的现状、中国农民离村运动的性质、平均地权、地租及地税、农业生产、农村金融、农业仓库、农产推销、农村工业等。

朱若溪编《农村经济及合作》由上海中华书局出版。

按：是书分绪论、中国的农业、农业生产的要素、土地问题、农村金融、农村改进之设施、农村合作之实施、农村信用合作、农村贩卖合作、农村消费合作、农村生产合作、农村合作的联合、结论等13章。

郑林庄编《农村经济及合作》由上海商务印书馆出版。

蒋镇编《农村经济及合作》由上海黎明书局出版。

按：是书分4编，介绍我国农村经济状况，以及农村消费、生产、合作情况。

中国农民银行总行编《农村经济及合作文选》由编者出版。

王惠民著《农村合作》由上海大华书局出版。

按：是书分8编，介绍合作社的意义及其分类，农村信用、利用、购买、运销合作的经验，合作社的组织系统与联合制度，农村合作运动的发展趋势等。

江西省农村合作委员会编《农村利用合作社意造账》由编者出版。

江西省农村合作委员会编《农村供给合作社意造账》由编者出版。

山东省建设厅合作事业指导委员会编《山东农村合作事业概况》由编者出版。

江西省政府秘书处编《江西省农村合作委员会工作概况》由编者出版。

江西省农村合作委员会编《江西省农村合作委员会工作实施概况》由编者出版。

河南省农村合作委员会编《河南省农村合作委员会工作概况》由编

者出版。

萧一飞著《复兴中国农村问题》出版。

[日]冈田温著，李化方译《农村复兴原理与计划》由译者出版。

按：是书分两编，调查日本农村贫困的原因、小农自给经济的特征及其复杂性，提出农村复兴应具备的条件和复兴计划。

董成勋编著《中国农村复兴问题》由上海世界书局出版。

兰名诂著《中国农村建设之途径》由江苏镇江农村经济月刊社出版。

中国农村经济研究会编《中国农村社会性质论战》由上海新知书店出版。

冯和法编《中国农村经济资料》（续编）由上海黎明书局出版。

中国农村经济研究会编《农村通讯》由上海中华书局出版。

千家驹等著《农村与都市》由上海中华书局出版。

宋其正编《农村常识》由安徽华中书局出版。

言心哲编《农村家庭调查》由上海商务印书馆出版。

吴天澈著《新农村与西北》由新民书报社出版。

按：是书分16章，评述国内有关新农村的一些主张和办法，研究新农村的创设，提出土地、劳力、资本、消费、组织、垦殖、合作等方面的意见。

蒋杰著《乌江乡村建设研究》由南京中央日报馆发行课出版。

山东乡村建设研究院编《邹平农村金融工作报告》由邹平实验县农村金融流通处出版。

山东乡村建设研究院编《邹平农村金融工作实验报告》由编者出版。

李宗黄著《考察江宁邹平青岛定县纪实》由南京正中书局出版。

按：作者指出："农村破产即国家破产，农村复兴即民族复兴。"

冯紫岗编《兰溪农村调查》由国立浙江大学农学院出版。

曹平旦著《于潜农村一瞥》由浙江于潜暑期民众讲进会出版。

江西省农业院推广部编《南昌全县农村调查报告》由江西省农业院出版。

林缵春著《琼崖农村》由国立中山大学农学院推广部出版。

行政院农村复兴委员会编《广西省农村调查》第2版由上海商务印书馆出版。

行政院农村复兴委员会编《云南省农村调查》由上海商务印书馆

出版。

陈增善、卢文迪编《农村副业指导》由上海黎明书局出版。

徐正学编《中国农村建设计划》由南京国民印务局出版。

章元善、许仕廉编《乡村建设实验》（第2集）由上海中华书局出版。

按：1934年10月，乡村工作讨论会在河北定县举行第二次集会，是书乃这次会议的工作报告汇编，收录30篇报告和文章。

江恒源著《农村改进的理论与实际》由上海生活书店出版。

河北省县政建设研究院、中华平民教育促进会编《定县农村教育建设》由编者出版。

按：是书包括师范各村一般社会状况的叙说、教育状况与问题、农村建设与农民教育、各村建设工作推动的实况等5章。

方显廷著《华北乡村织布工业与商人雇主制度》由南开大学经济研究所出版。

西华近代文献征集处编《四川农村崩溃实录》由成都民间意识社出版。

贺扬灵著《察绥蒙民经济的解剖》由上海商务印书馆出版。

陈增善、卢文迪编《农村副业指导》由上海黎明书局出版。

按：是书除导论外，分为农村副业的发生及性质、中国农村经济与农村副业、副业经营的先决条件、副业选择上的必要条件、副业经营上应注意的事项、各种栽培法、林产、畜产、水产、农产制造等10章。

薛农山著《中国农民战争之史的研究》由上海神州国光社出版。

范苑声著《农民的新生活》由南京正中书局出版。

按：是书包括前言、什么叫作新生活、农民为什么要有新生活、怎样才是农民的新生活、怎样才能消灭农民新生活的障碍、结言等6章。

孙伯才著《农学》由上海亚细亚书局出版。

南京市农会编《京市农运概况》第2期由编者出版。

邵仲香著《农家清查账》由南京金陵大学农学院出版。

陈正模编著《各省农工雇佣习惯及需供状况》由南京中山文教馆出版。

吴顺友著《江西之农佃概况》由北平文化批判社出版。

山东乡村建设研究院编辑部编《乡农教育》由编者出版。

冯雄著《灌溉》由上海商务印书馆出版。

徐士圭著《中国田制史略》由上海中华学艺社出版。

按：是书分15章，概述我国自周代至清代的土地制度的变迁历史。

陈伯瀛著《中国田制丛考》由上海商务印书馆出版。

张之龙著《中国土地制度与土地法之研究》由上海私立友德小学出版。

按：是书分土地问题在国家地位上之重要、土地制度之沿革、土地私有问题、土地共有问题、中国国民党之平均地权政策、土地法之特点、民法上之特点问题与土地法之比较、结论等8章。

朱通九著《土地政策的检讨兼评土地村有制度》由著者出版。

陈顾远编著《土地法》由上海商务印书馆出版。

吴尚鹰著《土地问题与土地法》由上海商务印书馆出版。

按：是书论述国民党平均地权政策之由来、人口增加与地价增长之因果、土地私有制度、土地共有问题，以及土地法之内容及条文等。

阎锡山拟订《土地村有办法大纲》由西北周报社出版。

土地村公有实施办法讨论会编《土地村公有问题言论集》（第1集）由编者出版。

山东绥省两署"防共"联席会议编《土地村公有案及与各方之讨论》由编者出版。

中国地政学会编《土地村有问题》（各方对土地村有问题意见汇编）由编者出版。

熊漱冰讲述《土地整理纲要》由江西省县政人员训练所出版。

张辉著《上海市地份研究》由南京正中书局出版。

江苏省财政厅编《江苏省清理沙田官产事务章则汇编》由编者出版。

赵棣华编《江苏省土地陈报纪要》由江苏省财政厅出版。

高信编著《南京市之地价与地价税》由南京正中书局出版。

万国鼎著《南京旗地问题》由南京正中书局出版。

王仲年编《南京市土地登记审查注意事项》由编者出版。

南京市政府编《第一次全国地政会议南京市土地行政报告》由编者出版。

南京市政府秘书处编《南京市土地行政概况》由编者出版。

南京市地政局编《南京市土地行政》由编者出版。

蒋廉著《市地评价之研究》由南京正中书局出版。

按：是书论述市地之意义、特性、价值、价格和市地评价之重要性与方法等。

江西省政府秘书处编《江西省土地整理概况》由编者出版。

湖北省政府民政厅编《湖北土地测量汇编》由编者出版。

湖北省政府民政厅编《湖北土地清丈登记汇编》由编者出版。

浙江财务学校编《嘉兴县秀字地籍员训练班讲演汇刊》由编者出版。

杨汝南著《河北省二十六县五十一村农地概况调查》由北平大学农学院农业经济系出版。

[法] 施亨利著，郭汉鸣译《十八九世纪欧洲土地制度史纲》由南京正中书局出版。

[德] 达马熙克著，高信译《德国之土地改革》由中国地政学会出版。

中央大学经济资料室编《田赋附加税调查》由上海商务印书馆出版。

萧纯锦著《整理田赋问题》由江西省政府经济委员会出版。

孙佐齐著《中国田赋问题》由南京著者出版。

刘世仁著《中国田赋问题》由上海商务印书馆出版。

刘和著《土壤学》由上海商务印书馆出版。

杨炳勋编《中等土壤学》由上海中华书局出版。

浙江省化学肥料管理处编《土壤与肥料》由杭州编者出版。

陈方济、陈伟编著《江宁土壤报告》由南京国立中央大学出版组出版。

彭家元、温大明等编著《三水县土壤调查报告》由广东土壤调查所出版。

蓝梦九著《广西土壤调查所野外调查标准》由广西土壤调查所出版。

蓝梦九著《广西土壤调查所野外化验标准》由广西土壤调查所出版。

蓝梦九著《广西邕宁县土壤调查报告书》由广西土壤调查所出版。

广西土壤调查所编《广西土壤调查所一览》由编者出版。

李积新著《垦殖学》由上海商务印书馆出版。

蒋涤旧著《作物育种学》由北平文化学社出版。

唐启宇著《重要作物》由上海商务印书馆出版。

唐志才著《品种改良》由上海新学会社出版。

须君悌讲述《水利事业与中国粮食》由导淮讲习会出版。

殷锡琪著《战时粮食动员问题》由重庆中山文化教育馆出版。

许璇著《粮食问题》由上海商务印书馆出版。

秦亚修著《中国粮食问题》由上海建国书店出版。

林熙春、孙晓村编《南京粮食调查》由上海社会经济调查所出版。

孙晓村、吴觉民编《浙江粮食调查》由上海社会经济调查所出版。

孙晓村、罗理编《江西粮食调查》由上海社会经济调查所出版。

广东粮食调节委员会编《广东粮食问题》由广州编者出版。

陈开泗编，何隼修订《兰溪实验县清查地粮纪要》由浙江兰溪实验县政府秘书室出版。

农艺部作物组编制《二十四年度稻作实验报告》由江西农艺部作物组出版。

国立中山大学农学院稻作实验场编《稻作实验场概况》由编者出版。

浙江省农业改良总场稻麦场编《浙江省改良场稻麦实验成绩报告》由编者出版。

孙仲逸著《高粱品系之天然杂交》由南京金陵大学农学院出版。

李积新编《肥料学》由上海商务印书馆出版。

孙亚蔚编《西洋菌栽培法》由上海中华书局出版。

王修著《畜牧》由上海商务印书馆出版。

孙钺编译《实用养牛全书》由上海新学会社出版。

齐雅堂编《养兔法》由上海商务印书馆出版。

冯焕文编著《养鸽法》由上海商务印书馆出版。

程振华编著《养蜂研究》由上海大中华书局出版。

谢肇齐、胡序荃译《马事指针》由陆军骑兵学校出版。

中华平民教育促进会编《植物生产改进组作物改良报告》由编者出版。

浙江省昆虫局编《浙江省昆虫局年刊》由编者出版。

曾勉编著《种柑橘法》由上海商务印书馆出版。

章文才编《实用柑橘栽培学》由上海商务印书馆出版。

李英贤编译《森林管理学》由上海新学会社出版。

龚厥民编《造林法》由上海商务印书馆出版。

按：是书总论、造林学、造林法、森林保护学等4章。

凌道扬编《森林学大意》由上海商务印书馆出版。

陈植节译《欧美林业教育概观》由上海商务印书馆出版。

包伯度著《广西农林考察记》由上海中国农学社出版。

河南省第五区农林局编《河南省第五区农林局概况》由编者出版。

赵仰夫译著《林业经营学》由上海新学会社出版。

按：是书分总论、林地的性质、森林之所有与所有的保全、林业施业的方法、造林的方法、森林的改良法、森林的保护、森林材积的算定、收益之计算、森林之采伐等9章。

邹盛文编著《种树法》由上海商务印书馆出版。

吴景澄编《实验园林经营全书》由上海园林新报社出版。

李驹编《苗圃学》由上海商务印书馆出版。

汪琇编《烟草》由上海新生命书局出版。

关鹏万编《兽医学》由上海商务印书馆出版。

胡寄尘编《田家谚》由上海商务印书馆出版。

广西农事试验场编《广西农事试验场廿三年度工作报告书》由编者出版。

湖南农事试验场编《湖南农事试验场工作报告》由编者出版。

王绶著《变量分析法之农艺应用实例》由南京金陵学报出版。

中山大学农学院推广部编《国立中山大学农学院推广部概况》由编者出版。

唐志才、储劲编《农艺及实习》第2—4册由上海黎明书局出版。

中山大学农学院推广部编《农林顾问汇刊》由编者出版。

江蝶庐著《民众生产指导》由上海新民书局出版。

余兰园编著《农产分析及工业分析》由北平编者出版。

南宁骨粉厂编《骨粉的效用和用法》由编者出版。

高士蔼编《泾渠志稿》由西安编者出版。

蒋涤旧著《作物育种学》由北平文化学社出版。

中华平民教育促进会编《植物生产改进组作物改良报告》由编者出版。

李植三编《最新种植丛书》由上海中西书局总店出版。

吴福桢、郑同善著《实业部中央农业实验所民国二十三年全国蝗患调查报告》由编者出版。

浙江省昆虫局编《浙江省昆虫局年刊》由编者出版。

黄泽苍著《中国天灾问题》由上海商务印书馆出版。

按：是书论述天灾的成因、中国天灾的深广度、天灾流行对于农村经济的影响、天灾的预防及其救济政策等。

梁庆椿著《中国旱与旱灾之分析》由国立中央研究院社会科学研究所出版。

吴福桢、徐硕俊著《中国农业害虫之防治及研究情况》由实业部中央农业实验所出版。

陶元珍著《三国食货志》由上海商务印书馆出版。

刘和、官熙光著《我国肥料问题之自行解决方法》由国立浙江大学出版。

江西省农业院编《蝗虫》由编者出版。

邹钟琳著《中国飞蝗之分布与气候地理之关系及其发生地之环境》由实业部中央农业实验所出版。

张服真编《除螟要略》由云南省建设厅出版。

江西省农业院编《螟虫》由编者出版。

俞曜著《地老虎》由全国经济委员会棉业统制委员会中央棉产改进所出版。

蔡邦华、张延年著《米象产卵温湿度影响之实验》由实业部中央农业实验所出版。

刘调化著《柳州稻苞虫之研究》由广西农事试验场出版。

邹钟琳著《江苏省数种水稻生长期与三化螟为害之关系》由国立中央大学农学院出版。

朱凤美、吴昌济著《温汤处理法对于麦类黑穗病之防治效果》由实业部中央农业实验所出版。

张仙芝等编著《绿豆象虫生长与温湿度之关系》由实业部上海商铺检验局出版。

杨景潜编《棉红铃虫》由全国经济委员会棉产改进所出版。

曾省、陶家驹著《棉蚜》由济南国立山东大学农学院出版。

吴振钟编《棉蚜》由全国经济委员会中央棉产改进所出版。

俞曜著《棉大卷叶虫》由全国经济委员会中央棉产改进所出版。

全国经济委员会中央棉产改进所编《棉铃金刚钻虫》由编者出版。

全国经济委员会棉业统制委员会编《棉花产销合作社会模范章程》由编者出版。

李国桢编《陕西棉业之回顾》由编者出版。

孟学思编述《湖南之棉花及棉纱》由湖南省经济调查所出版。

云南省实业厅编《云南推广种棉章程》由编者出版。

浙江省昆虫局编《油菜重要病害浅说》由编者出版。

广州区第一蔗糖营造场编《甘蔗害虫防除法》由编者出版。

陈金璧著《甘蔗害虫粉虱之研究》由广西农事试验场出版。

黄修明著《苦丁茶蛀虫之形态及习性的初步观察》由实业部上海商品检验局出版。

张若菁著《国外重要果虫》由实业部上海商品检验局出版。

江苏省立麦作试验场编《江苏省立麦作试验场民国二十一年份事业进行计划书》由编者出版。

浙江省稻麦改良场编《浙江省稻麦改良场试验成绩报告》由编者出版。

江西省农业院农艺部农作物组编《二十四年度稻作试验报告》由编者出版。

江苏省立棉作试验场编《江苏省立棉作试验场成绩汇报》由编者出版。

福建电气公司农村电化部编《水稻二期不混作栽培法》由编者出版。

孙仲逸著《高粱品系之天然杂交》由南京金陵大学农学院出版。

舒联莹编述《特用作物》出版。

江西省政府经济委员会编，萧纯锦译《农产物之贩卖统制》由江西省政府统计室出版。

张伯康编《棉》由上海商务印书馆出版。

浙江省棉业推广指导员训练班编《浙江省棉业推广指导员训练班演讲录》由编者出版。

冯泽芳著，曹诚英译《亚洲棉与美洲棉杂种之遗传学及细胞学的研究》出版。

楼荃著《种棉浅说》由全国经济委员会中央棉产改进所出版。

赖为屏编《美棉之栽培》由河北省农事第四试验场出版。

河北省农事第一试验场编《美棉栽培法、耐旱高粱栽培法》由编者出版。

蔺香山编《耐旱种棉法说明书》由太原经济建设委员会出版。

全国经济委员会蚕丝改良委员会编《中国蚕丝》（第2号）由杭州编者出版。

全国经济委员会蚕丝改良委员会编《中国蚕丝》（第5号）由杭州编者出版。

谢光蘧著《江西苎麻及其利用法之调查》由黄海化学工业研究社出版。

王绶著《大豆之重要及农民改良大豆的方法》由金陵大学农学院推广部出版。

孙醒东著《华豆花不孕情形之新发展》由河北农林学刊出版。

江西省农业院编《大豆》由编者出版。

广州区第一蔗糖营造场编《甘蔗种植浅说》由编者出版。

广州区第一蔗糖营造场编《广州三角洲之甘蔗栽培》由编者出版。

石作秋著《发展广东糖业意见书》由广州冼天成印务局出版。

财政部食糖运销管理委员会编《糖鉴》（第1—2辑）由上海编者出版。

周承源著《薄荷》由江苏嘉定思同田舍出版。

湖南茶事试验场编《茶树栽培法》由编者出版。

汪琇编《烟草》由上海新生命书局出版。

陆费执编《园艺学》由上海中华书局出版。

吴景澄著《山东园艺改进刍议》由上海园林新报社出版。

胡浩川、吴觉农著《中国茶叶复兴计划》由上海商务印书馆出版。

孙云蔚编著《果树繁殖法》由上海商务印书馆出版。

［日］守屋贯雅著，温守诚译《果树接木法》由中外语文学会出版。

秦翌著《种菜浅说》由上海中华书局出版。

熊同和编《蔬菜栽培各论》由上海商务印书馆出版。

李先闻著《香南瓜与南瓜之杂交及其染色体制研究》由实业部中央农业实验所出版。

史公山编著《食用菌栽培法》由上海商务印书馆出版。

孙云蔚编《西洋菌栽培法》由上海中华书局出版。

萧苇编《果树栽培法》由上海中国农学社出版。

胡昌炽著《梨之不结实性》由南京金陵大学农学院出版。

永茂农场编，费善元校《桃树园艺栽培概要》由苏州编者出版。

江西省农业院编《特用树种——核桃、板栗》由编者出版。

李石锋编述《湖南之桐油与桐油业》由湖南省经济调查所出版。

夏诒彬译著《最新柑橘改良栽培法》由上海新学会社出版。

章文才著《实用柑橘栽培法》由上海商务印书馆出版。

温文光著《广东柑橘繁殖选择砧木之比较试验》由广东建设厅农林局出版。

吴耕民、管超著《莱阳梨调查报告》由国立山东大学农学院出版。

李驹编《苗圃学》由上海商务印书馆出版。

江西省农业院编《育苗法》由编者出版。

江西省农学院编《种树法》由编者出版。

陆费执编《种树法》由上海中华书局出版。

[日] 本多静六著，徐承镕译《森林数学》由上海新学会社出版。

李寅恭著《黄山森林视察记》由国立中央大学农学院出版。

陈嵘著《学校林经营之实例》由南京金陵大学农学院推广部出版。

赵仰夫编译《林业经营学》由上海中国农学社出版。

按：是书总论包括森林之意义、森林之种类、森林之效用、森林之概念、林业之特质、林业经营法6节，另外分林地的性质、森林之所有与所有的保全、林业施业的方法、造林的方法、森林的改良、森林的保护、森林材积的算定、收益之计算、森林之采伐、木材之性质、木材识别法、木材之利用等12章。

朱会芳著《中国木材之硬度研究》由南京金陵大学农学院出版。

广西省政府农林局编《广西各县植桐推广办法》由编者出版。

张伯康编《桑树》由上海商务印书馆出版。

孙觉三编《桑树栽培法》由上海大华农场农书出版部出版。

刘行骥著《中国畜牧问题》由实业部中央种畜场出版。

洪明佑编著《畜牧学》由上海商务印书馆出版。

吴信法编《普通畜牧学》由上海商务印书馆出版。

[德] 凯尔纳著，刘运筹、崔廷质译《农畜饲养学》由上海商务印书馆出版。

[美] L. M. Klevay 等著，陆思曼译《家禽饲料学》由北平中华畜牧

学会出版。

李明宣著《相良马图说》由著者出版。

程宗颐编《实验养牛问答》由上海南星书店出版。

刘行骥编《中国耕牛问题》由实业部中央种畜场出版。

孙钺编译《实用养牛全书》由上海新学会社出版。

军事委员会军训部编《马事汇编》由编者出版。

冯焕文编著《养鸽法》由上海商务印书馆出版。

张伯康编《养鸽》由上海商务印书馆出版。

凌鸿瑶编《养羊》由上海商务印书馆出版。

冯焕文著《乳用羊饲养法》由上海中国农学社出版。

许振英、董德风著《养猪报告》由河南大学农学院出版。

冯焕文著《最新养兔法》由上海中国农业书局出版。

郑学稼编《养鸡学》由上海商务印书馆出版。

张宗元编著《养鸡》由上海商务印书馆出版。

刘启贤著《养鸡之秘诀》由旅顺农业进步社出版。

贺克编《家畜传染病学》由上海商务印书馆出版。

陆星垣编《蚕种学》由上海商务印书馆出版。

程宗颐编《实验养蚕问答》由上海南星书店出版。

秦翌著《养蚕浅说》由上海中华书局出版。

张伯康编《养蜂》由上海商务印书馆出版。

贺子固编《养王名著选辑》由北平养蜂月报社出版。

程振华编《养蜂研究》由上海大中华书店出版。

张进修著《中蜂改良箱研究报告》由广东建设厅农林局出版。

苍德玉编《养蜂始业要义》由吉林长春农业进步社出版。

陈椿寿、林书颜著《中国鱼苗志》由浙江省水产试验场出版。

[日] 木村重著《崇明岛产鱼志》由上海自然科学研究所出版。

徐季搏编著《上海食用鱼类图志》由上海市立渔业指导所出版。

胡一臧编译《金鱼的饲养法》由上海商务印书馆出版。

张元贤编《金鱼饲养实验谈》由上海元昌广告公司出版。

许和编《金鱼丛谈》由上海新中华图书公司出版。

徐建安编著《渔捞浅说》由上海市渔业指导所出版。

江苏省立渔业试验场、江苏省立水产学校编《墨鱼渔业试验报告》

由编者出版。

阎月麟编《水产物的利用》由河北省立水产专科学校出版委员会出版。

陈同白编《墨鱼干制试验报告》由浙江省水产试验场出版。

张仁琦编《渔业》由河北省立水产专科学校出版委员会出版。

山东省建设厅合作事业指导委员会编《山东全省沿岸渔业概况》由编者出版。

金之玉编《定海仙渔业调查报告》由浙江省水产试验场出版。

陈子英主编《福建省渔业调查报告》由厦门大学理学院生物学系出版。

四 卒于是年的乡村建设工作者

阮啸仙卒（1897—1935）。原名熙朝，字建备，号瑞宗，别号晁曦，广东河源人。1921年春参加广东的共产党早期组织。1922年秋受广东党组织的委托，负责筹备成立社会主义青年团广东区委员会的工作，被选为团区委书记。1923年6月出席在广州召开的中共第三次全国代表大会。1924年10月代表省农民协会参加花县农民协会暨二区农民协会成立大会。1925年春受党组织的委派，赴顺德帮助建立农会。10月任区委农民运动委员会书记。1926年11月，中共中央设立农民运动委员会，毛泽东担任书记，与彭湃等为委员，领导全国农民运动。1928年1月受党组织的派遣，到粤北仁化县配合广州起义组织武装暴动。6月18日至7月11日，与邓中夏、苏兆征、李富春等人作为广东代表团代表参加在莫斯科举行的中国共产党第六次全国代表大会，并在会上就"六大"政治报告和农民与土地问题作了发言，对仁化农民武装暴动的斗争情况作了详细介绍。1929年奉党中央之命，从莫斯科回国，旋即参加江苏省委的领导工作。翌年春，奉调党中央宣传部工作。又调任中共北方局组织部长，辗转于天津、内蒙古、辽宁、上海等地。1930年冬赴沈阳指导中共满洲省委工作。1934年2月3日被中华苏维埃临时人民政府任命为中央审计委员会主任，成为共产党第一任中央审计委员会主任。9月奉命调中央赣南省委，任省委书记兼任军区政治委员。1935年与赣南军区政治部主任刘伯坚等率领赣南省党政机关向赣粤边方向突围时，不幸被流弹击中，壮烈牺牲。著有《中国农民运动》等。

竺清旦卒（1899—1935）。清旦，字起元，号照卿，化名包起凤、竹卿、贞大房、刘晓平等，浙江奉化人。1917年起先后在奉化、镇海、鄞县的一些小学当教员或校长。1925年加入中国共产党，在宁波鄞县成立农民协会。1926年3月任中共宁波地委委员兼农民运动委员会书记。4月国民党宁波市党部改组，被选为执行委员兼农民部长。5月赴广州参加毛泽东主持的第六届农民运动讲习所。8月因宁波缺乏农运干部，奉命提前返回。11月任江浙区农民运动委员会委员。12月宁绍台农民协会成立，被选为会长。1927年组织盐民协会，被推为主任，同时成立盐民自卫军。6月出席在汉口召开的全国第四次劳动代表大会。7月被送往苏联东方大学学习。1928年夏天转入莫斯科中国劳动者共产主义大学。1930年10月被派遣回国，被安排在国民党新疆省督办盛世才直接掌握的教导团工作。1935年12月被国民党新疆督办盛世才杀害。

方志敏卒（1899—1935）。原名远镇，江西弋阳人。1922年8月介入中国社会主义青年团，次年3月加入中国共产党。1925年7月当选为国民党江西省党部执行委员，兼农民部部长。随后回到弋阳，组织农民协会进行减免租债的斗争。1926年5月到广州参加广东省第二次全省农民代表大会。12月任江西省农民协会筹备处秘书长。1927年2月当选为江西省农民协会执行委员兼秘书长，领导全省农民运动进入全盛阶段，领导农民运动，建立了农民自卫军，农协会员发展至80余万。3月出席中共中央农委扩大会议，当选为中华全国农民协会临时委员会执行委员，旋与刘一峰等8人以国民党中央特派员身份回赣代行省党部职权，并在南昌创办江西农民运动训练班，组织农民自卫武装。6月以武汉全国农协特派员的身份，发动和领导了吉安、吉水、安福、莲华四县以"二五减租"为内容的农民运动。8月南昌起义后，返回弋阳发动秋收暴动，先后任中共弋阳区委书记、中共横峰区委书记。11月至1928年2月，与黄道等人组织领导了弋横暴动，时任中共弋阳、横峰、贵溪、铅山、上饶五县工作委员会书记兼暴动总指挥。1928年4月任中共弋阳县委书记，并创建工农革命军第二军第二师第十四团一营一连，领导建立了弋阳、横峰县苏维埃政府，任弋阳县苏维埃政府主席。1929年任中共信江特委书记兼中共贵溪县委书记、信江特区苏维埃政府主席，领导建立江西红军独立第一团。1930年任信江苏维埃政府革命军事委员会主席，率独立团在赣东北、闽北一带开辟根据地。先后领导了贵溪、万年等县的农民暴动,多次粉碎了国民党军的局部性"围剿"。7月领导成立中国工农红军第十军。8月当选为赣东北特区革命委员会主席。9月当选为赣东北行委执行委员。1931年3月当选为赣东北特区苏维埃政府主席兼文化委员会主席。3月下旬任红十军政委后当选为赣东北特委常委。9月被选为中共赣东北省委常委。11月在第一次全国工农兵代表大会上当选为中华苏维埃共和国临时中央政府执行委员、主席团委员。同年当选为赣东北省苏维埃政府主席兼财政部长。1932年12月任闽浙赣省苏维埃政府主席。1933年1月红十军改编为红十一军,兼任政委,并组建新红十军。12月任中共闽浙赣省委书记、闽浙赣军区司令员。1934年1月在中共临时中央局召开的六届五中全会上增补为中央委员,并在第二次全国工农兵代表大会上再度当选为中央执行委员、主席团委员。1935年1月29日在江西玉山县怀玉山区不幸被俘,8月6日被国民党反动派秘密杀害。2009年被授予100位为新中国成立作出突出贡献的英雄模范人物。

  按:1925年3月,毛泽东在《中国社会各阶级的分析》中明确指出:"中国无产阶级的最广大和最忠实的同盟军是农民。方志敏从事农民运动比彭湃晚几个月,比我毛泽东早几个月。"方志敏同毛泽东、彭湃一起被公认为"农民大王"。

  瞿秋白卒(1899—1935)。原名瞿双,改名瞿霜、瞿爽,号熊伯,江苏常州人。中国共产党早期主要领导人之一,伟大的马克思主义者,卓越的无产阶级革命家、理论家和宣传家;对中国农民革命理论作出了杰出贡献。1920年,以北京《晨报》特派记者的身份赴苏联采访,对农民在俄国革命中的作用有深刻认识,认为1917年俄国两次革命都靠了农民才成功的。1922年提出"无产阶级革命没有农民的辅助,不能有尺寸功效"。后来他提出,中国国民革命的意义是在解放农民,农民问题是中国革命的基本问题。1923年他在起草党的三大党纲时提出,"国民革命不得农民参与,也很难成功",认为"农业亦为中国的主要生产事业",农民是无产阶级"最有力最伟大最主要的同盟军"。同时提出"耕地农有"的主张,认识到农民问题的核心是土地问题,"中国国民革命应当以土地革命为中枢,中国没有土地革命,便绝不能铲除帝国主义、军阀之统治和剥削的根基"。1926年发表《国民革命与农民运动》,认为"农民问题乃国民革命的中心问题,农民不起来参加并拥护国民革命,国民革命不会成功"。同年8月，在广东省农民协会扩大会议上发表《国民革命中之农民问题》的演讲，指出："中国国民革命的意义，是在解放农民""解决了农民的一切苦痛才能说是国民革命成功。"强调"没有无产阶级的领导，农民革命不能取胜，而无产阶级如果不与农民阶级结成工农联盟，也没有取得革命胜利的可能"。1927年5月，发表《农民政权与土地革命》，提出"中国国民革命应当以土地革命为中枢"的著名论断；8月，在大革命失败的历史关头，瞿秋白在汉口主持召开中共中央紧急会议，即"八七会议"，确立了土地革命和武装反抗国民党反动派的总方针，为挽救党和革命做出重要贡献。同时为毛泽东的《湖南农民运动考察报告》撰写序言，支持将该报告出版单行本。在《纪念彭湃同志》一文中，赞扬"彭湃同志为中国农民运动第一个战士""除湖南农民的毛泽东同志以外，再没有别的同志能够和他相比了"。11月发表《中国革命中无产阶级的新策略》，提出"实行土地国有"的主张。1928年，他主持制定《党的"六大"政治决议案》，规定"彻底的实行土地纲领"。1930年发表《中国革命和农民运动的策略》，指出"中国革命的枢纽，是农民的土地革命。反对帝国主义的资产阶级民权革命里，无产阶级必须取得对于农民群众的领导权，必须站到土地革命的领袖地位，方才能够真正彻底的推翻帝国主义的统治。这是中国革命里无产阶级策略的中心问题。"1934年在瑞金任《红色中华》报社社长，并策划创办《工农报》，撰写《红色中华社发刊〈工农报〉的计划》。著有《俄国资产阶级革命与农民问题——俄国革命运动史之一》等。

郝清玉卒（1904—1935）。郝玉，河北正定人。1925年3月加入中国共产党，创建正定第一个工人支部，任党支部书记。1926年任地委委员，负责领导工运和农运工作。1927年5月领导正定地区万余群众参加的农民抗捐斗争。1928年任中共顺直省委委员兼省委农运部长。后又任省委常委兼农运书记。1930年夏，调任中共保定特委书记，曾组织和领导完县五里岗和博、蠡一带的农民暴动。1931年3月因叛徒出卖被捕。1935年9月病逝于北平监狱。

民国二十五年　丙子　1936年

一　乡村建设活动

1月1日，中华苏维埃人民共和国中央政府西北办事处作出《陕甘苏区土地斗争中的一些问题的决定》，纠正了陕甘苏区部分地区在土地分配中的"左"的倾向。

按：决定涉及"决定阶级的标准""豪绅""地主兼商人""游民无产者（习惯上叫流氓）""宗教职业者""红军战士中地主、富农阶级出身的分子与土地""革命前去当白军团丁的分子及其家属的处置""逃跑的群众""反革命分子"等9个方面的政策。

1月3日，陕北省苏维埃土地部召开赤源、子长、延川、秀延、瓦窑堡六县贫农团大会，贯彻中央关于土地问题的新决定，解决土地问题。郭洪涛作政治形势报告，中央土地部部长王观澜作土地问题报告，陕北省苏维埃政府主席马明方作关于贫民团组织与工作报告。

1月19日，中央政府西北办事处召开第九次会议，讨论春耕及土地问题，确定农民对分配到的土地拥有所有权，并进行土地登记，发给土地证，农民可以自耕、租种或出卖。

2月15日，中华苏维埃共和国中央政府执行委员会发布关于改变对富农政策的命令。规定对于富农的土地和农具牲畜，除高额佃租外，无论其好坏均不予以没收；除统一累进税外，禁止地方政府对地主征收其他特殊捐税；富农在不违反苏维埃法令时，各级政府应保障其经营工商业及雇佣劳动者的自由；富农有与普通农民分得同样土地的权利。

3月8日，中华苏维埃中央政府西北办事处发出《关于土地政策的指示》。

3月16日，实业部公布《中央农业实验所与各地方农场技术合作办法》。

4月2日，清华大学、燕京大学、南开大学、金陵大学、协和医学院与河北省定县平民教育委员会联合组织华北农村建设协进会在北平成立，目的是合作培养农村建设人才，制定了《华北农村建设协进会工作大纲》，晏阳初任会长。

4月4日，中国地政学会第三届年会在杭州举行，提出"租佃问题"为会议讨论的中心议题。

按：会议开了三天，作出的决议是：现行租佃制度应予彻底改革，其改革途径应以总理耕者有其田之主张为最高原则。为求达成此目的，必须用切实有效之方法，以适应现阶段之经济状况及解决社会问题之需要。本会认为今日租佃制度之改革，应采下列办法："一、租佃制度之最大流弊在地主侵取不当所得，欲求改革，应由政府严定租佃条件，俾业佃关系，得合于社会正义之原则。二、农民今日之痛苦，在缺乏购买土地之资金，故政府应组织土地金融机关，援助农民取得土地，并应励行土地法之规定，在田地移转时，农民有优先承买权。三、现在佃耕农地之佃农，得备地价之百分之二十至五十请求政府代为征收地主土地，其余未付价款由政府担保其分年摊还。四、从速实行累进地价税，使不自耕之地主逐渐放弃其土地，使佃农有取得土地所有权之机会，以达耕者有其田之目的。五、现有佃农过多及地权过于集中之区域，政府应发行土地债券，征收土地，分给佃农。这个决议案明确表示租佃改革的途径，与第二届年会'土地政策'的讨论结果，前后相承，只是所定的办法更为具体。"[1]

4月14日，国民政府行政院通过《土地赋税减免规程》。规定公有土地一律免税；登记注册的私立学校及有显著成绩的学术机构免税；体育场、公园、农村、试验场、医院等酌情减免。

5月23日，中央政府西北办事处发布关于节约粮食的命令。

是月，河北棉产改进社成立。

6月，经国民政府行政院会议通过，实业部成立农本局，总揽全国农业金融事业，并公布农本局办法大纲。

7月18日，刘行骥、蔡无忌等发起的中国畜牧兽医学会在南京成立。目的是研究畜牧事业及兽疫防治之方案与改良办法，促进兽医学术之运用，培植兽医人才，协助实际兽医技术等。出版《畜牧兽医月刊》。

---

[1] 钱志超：《中国地政学会与中国土地改革》，《中国世界经济情报》1937年第7期。

7月22日，中共中央作出《关于土地政策的指示》，规定改变"地主不分田"的土地政策，指出一律没收地主阶级的土地、粮食、房屋、财产等，但仍分给其耕地和必需的生产工具及生活资料。

按：指示说：为着使苏维埃真正成为全国人民团结的中心，必须使苏维埃现行各种政策具有明确的人民性质与深刻的民族性质。土地政策在苏维埃各种政策中，至今占着主要的地位。实现土地革命的意义，不但是给占全国人民百分之八十的农民群众解除封建的剥削，而且同时就是推动这百分之八十的人民积极参加民族解放，强大民族革命力量。自去年十二月中央政治局会议后，苏维埃在土地政策方面做了许多重要的改变（如富农政策、小地主政策、分析阶级及一些特殊问题的决定等等），这种改变已经得到了广大人民的拥护，在苏区里面已经收得实际的成效。但是，为要使土地政策的实施能够实现清算封建残余与尽可能地建立广大的人民抗日统一战线的目的，需要进一步的审查现施土地政策，并给以必要的改变。[①]

7月24日，中国养鸡学术研究会在上海成立，张瑞芝为会长。

8月5日，《中共中央、中央政府西北办事处关于土地政策的几个问题答复》指出：对于抗日战争中表示中立的其他帝国主义国家的教堂土地，应按苏维埃政府颁发的土地租借条例处理而不能没收；对于和尚、道士、阴阳先生等应积极争取他们回到生产中来，如有愿意改善务农者，经当地农民同意，可以分给其土地。

8月23日，马寿征、彭家元等发起的中国土壤肥料学会在江苏镇江成立。

是日，中华农学会第十九届年会暨该会20周年纪念大会在江苏镇江伯先公园举行。

12月，民国政府实业部颁布《合作金库规程》，规定合作金库的机构分为中央、省（市）、县三级，在全国推行。

是年，《军政部对于畜牧事业奖励助成办法》由国民政府行政院核准施行。

是年，中央农业实验所与全国稻麦改进所联合举办规模较大的作物改

[①] 中国延安精神研究会编：《中共中央在延安十三年资料（2）重要资料选辑上》（1935.8—1940.12），中央文献出版社2017年版，第42页。

良冬季训练班,召集各省农业技术人员参加,并邀请英籍生物统计学家韦适、美籍育种学家海斯主讲生物统计、作物育种等课程。国内的专家、教授也在训练班上做报告,交流技术经验,会后编有专集。

二 乡村建设研究论文

社论《中国农业之路》发表于《农业周报》第5卷第2期。

按:文章说:"窃以为今日农业问题中之首要业务,则为国内农产之自给自足,由自给自足而进于有余。"

董中生《中国农村经济枯竭之原因》发表于《农业周报》第5卷第3期。

按:文章说,农产品价格低落之原因,一是农民需款孔急,二是运输之不便,三是捐税之征收,四是商人之囤积,五是因世界生产过剩。

张辉《论农业经营中的劳力》发表于《农业周报》第5卷第3期。

童玉民《农村家庭教育问题》发表于《农业周报》第5卷第6期。

帖毓岐《中国农产贸易述略》发表于《农业周报》第5卷第14期。

开步联《如何联络改善农村合作社与农民银行》发表于《农业周报》第5卷第18期。

梅光复《我国农村之现状》发表于《农业周报》第5卷第26期。

朱隐青《农业推广员应如何完成其任务》发表于《浙江农业推广》第1卷第9—10期。

韩雁门《湘湖乡村建设计划大纲草案》发表于《浙江农业推广》第1卷第11—12期。

朱隐青《乡村建设之特殊目的及其作用》发表于《浙江农业推广》第1卷第11—12期。

按:文章说:"我们所主张的乡村建设,其主要目的,在抵御资本帝国主义的经济侵略,以排除国民经济建设的最大障碍,其特殊的作用,就是以合作制度实现自给自足的计划经济。故此中乡村建设运动,不限于对内地盗匪的自卫,而是对敌国外的自卫;不主张空想的伦理本位的新社会组织,而注重以生产为本位且使生产和消费保持均衡的经济组织;不采用迂缓的民众教育手段,而主张养教合一(即寓教于养),直接谋生产技术的增进,共同生活的改善;不偏重于农业建设,并注重乡村工业,欲使乡村都市化，以谋人民一切生活资料之自给自足；且为避免产业各部门的自由竞争和凌乱散漫等弊害，必须限制个人赢利主义的生产，防止各地方产业形成割据的局势，则又有赖于政府之通盘筹划和集权的控制，断非如今日各处所试办的乡村建设实验区之各自为政而缺乏联络和统一的。"

杨曾盛《办理农村建设实验区最应注意之几个原则》发表于《浙江农业推广》第 1 卷第 11—12 期。

王观华《新农具与农民》发表于《浙江农业推广》第 2 卷第 1 期。

朱隐青《平均地权与土地法》发表于《浙江农业推广》第 2 卷第 2 期。

杨曾盛《农业推广行政》发表于《浙江农业推广》第 2 卷第 2 期。

朱隐青《平均地权与土地法》发表于《浙江农业推广》第 2 卷第 2 期。

马春芳《农业多角化与发展农村林业的适性》发表于《农业进步》第 5 卷第 11—12 期。

汪子瑞《林业经营学概论》发表于《农报》第 3 卷第 7 期。

按：文章说：林业经营学在林业学上之位置：林学之范围甚广，约可分为三大科，一为森林生产学，一为林业经营学，一为林政学，林业经营学为林学三大科之一，其重要可知矣。

傅葆琛《我们的农民教育实施方案》发表于《农学》第 2 卷第 1 期。

傅葆琛《从四川农村的现状说到四川农民的解放》发表于《农学》第 2 卷第 4 期。

乔启明、蒋杰《一个乡村的人口和土地的变迁》发表于《农林新报》第 13 卷第 1 期。

流水《农民与公路》发表于《农林新报》第 13 卷第 10 期。

汪冠群《东北的农民》发表于《农林新报》第 13 卷第 13 期。

蒋杰译《中国农民生命表》发表于《农林新报》第 13 卷第 16 期。

潘鸿声《中国农民资金之检讨》发表于《农林新报》第 13 卷第 16 期。

潘鸿声《中国农民目前之需要》发表于《农林新报》第 13 卷第 22 期。

崔毓俊《安徽繁昌县之土地分类》发表于《农林新报》第 13 卷第 22 期。

辛润堂《农业教育之重心》发表于《农林新报》第 13 卷第 23 期。

按：文章说：我国之有现代农业教育，实始于光绪二十二年，时蔡金台首创蚕桑学堂于江西之高安，光绪二十四年，政府颁布各省设立农务学堂之谕，山西首成立农林学堂，河北、湖北等省相继开办，至民国元年有甲种农校 39 所，乙种农校 219 所，及大学农科 1 所；至民国二十年，全国有中等农校 68 所，附设农科 18 所，大学农学院 13 所，农业专门学校 5 所，最近两年间，农业学校之数字，更有极显著的增加。"农业教育之最后与最重要的目的，在普遍增进农民之农业知识与技能，增加农业之农场生产和收入，以谋农民生活程度之提高，故农业教育之最基本工作，在于农民职业之训练，农业教育之重心实为农民职业教育，而非农业研究教育或高等与中等农业教育，农业研究与高级中级农业人才之训练，悉为农民职业教育之一种准备工作，前者是枝叶，后者才是主干。"

崔毓俊《安徽省南陵县之土地分类》发表于《农林新报》第 13 卷第 25 期。

汪冠群《谈组织农民》发表于《农林新报》第 13 卷第 27 期。

崔毓俊《土地分类研究之方法》发表于《农林新报》第 13 卷第 28 期。

崔毓俊《安徽省东流县之土地分类》发表于《农林新报》第 13 卷第 33 期。

崔毓俊《安徽省芜湖县之土地分类》发表于《农林新报》第 13 卷第 34 期。

陈嵘《世界各国林业行政之组织》发表于《农林新报》第 13 卷第 35 期。

崔毓俊《安徽省铜陵县之土地分类》发表于《农林新报》第 13 卷第 36 期。

童玉民《国民经济建设与农村复兴》发表于《农林杂志》第 2 卷第 1 期。

童玉民《农村社会的中心建筑问题》发表于《农林杂志》第 2 卷第 2 期。

童玉民《农学研究的目的与其构成的内容》发表于《农林杂志》第 2 卷第 4 期。

包叔良《农民应了解人造丝之由来》发表于《农林杂志》第 2 卷第

4期。

余霖《乡村工作的理论和实践——读了教育与民众七卷一二两期后的感想》发表于《中国农村》第2卷第1期。

叶民《土地村有方案的实际意义》发表于《中国农村》第2卷第2期。

按：文章说："许多人都惊奇阎锡山为什么主张土地村有而不主张土地国有，不知道这真是山西政治的特色。山西的村政是闻名全国的，山西因为村政而得到了模范省的荣誉，就是研究村政的权威梁漱溟先生也一口称赞山西村政之得力。"

西超《怎样领导农民参加救亡运动》发表于《中国农村》第2卷第2期。

张锡昌《怎样做农村调查》发表于《中国农村》第2卷第3期。

按：文章认为，农村调查，旨在"研究帝国主义怎样侵略中国农村，妨碍农业生产的发展，其次要研究土地和其他生产资料的分配，地主豪绅的各种榨取方式，以及他们同帝国主义和都市资本之间的联系。第三要研究各类农民的经济地位，他们的生产方式和农村劳动大众所受到的各种榨取。最后更要研究各种复兴政策的意义和效果，暴露出各种改良主义的本质，并替农村劳动大众指出一条正确的出路"。

徐雪寒《东北农民的生活和奋斗》发表于《中国农村》第2卷第3期。

薛暮桥《中国农村中的土地问题》发表于《中国农村》第2卷第3期。

按：文章说："现今中国土地问题所以如此严重，不仅因为分配不均，最主要的还在这种土地关系妨碍农业生产力的自由发展。许多博士教授以为土地革命只能解决分配问题，不能解决生产问题，甚至会使农业生产愈益衰落。可是我们以为现今中国的农业生产所以如此衰落，现存土地关系也是一个基本原因。只有彻底解决土地问题（自然同时还要解决其他基本问题），方才能使农业生产迅速发展。所以我们研究土地问题的主要目的，就在驳斥各种错误理论，并替中国的农业生产计划一条自由发展的平坦道路。"

薛暮桥《中国农业中的雇佣劳动》发表于《中国农村》第2卷第5期。

孙冶方《为什么要批评乡村改良主义工作》发表于《中国农村》第2卷第5期。

按：文章说："一切乡村改良主义运动，不论它的实际工作是从那一方面着手，但是都有一个共同的特征，即是都以承认现存的社会政治机构为先决条件；对于阻碍中国农村以至阻碍整个中国社会发展的帝国主义侵略和封建残余势力之统治，是秋毫无犯的。"

薛暮桥《中国现阶段的农业经营》发表于《中国农村》第2卷第6期。

按：文章说："在中国的农业生产中间，土地比较资本占有更重要的地位，这是显而易见的事情。无论地主或是富农，他们最主要的要求，不是更多的资本，而是更多的土地。那末资本对于中国的农业生产，是否到今没有多大作用呢？那也不然。前面曾经说过，自从帝国主义的势力侵入中国农村以后，中国的农业生产一大部分已经变成商品生产。因此帝国主义和国内的买办资本，已经可以通过市场，而来控制中国的农业生产和农民生活。这就是说：资本虽然不曾占有农业生产，但是它的力量已经能够直接间接地来支配农业生产。这种变化，是研究现阶段的中国农村经济所绝对不应当忽视的事情。"

赵槑僧《中国土地问题的本质》发表于《中国农村》第2卷第6期。

按：文章说："现在中国农业资本主义发展的程度，比起革命前的俄国来还要落后的多，在农村经济中，毫无疑义的是封建主义的生产方式占着优势；农业中的资本主义还不过是个幼儿。阻碍农村经济发展，使千百万农民陷于贫困，破产，黑暗与绝望境地的主要根源是封建制度，是农奴式的剥削；农民痛苦的主要原因，在今天来说，还不是由于资本主义的发达，而是由于资本主义的落后，所以地主与农民的对立，在这次中国改革的过程中，必然具有更本质的更现实的意义。"

余霖《贫困现象的基本原因——土地报酬递减法则批判》发表于《中国农村》第2卷第6期。

孙冶方《民族问题和农民问题》发表于《中国农村》第2卷第7期。

薛暮桥《农产商品化和农村市场》发表于《中国农村》第2卷第7期。

薛暮桥《农村副业和农民离村》发表于《中国农村》第2卷第9期。

编者《关于农民运动中的几个实际问题》发表于《中国农村》第2

卷第 10 期。

立人《保甲生活中的江西农民》发表于《中国农村》第 2 卷第 10 期。

章乃器《农村联合战线与土地问题——关于土地纲领问题的检讨》发表于《中国农村》第 2 卷第 10 期。

李紫翔《农村建设运动应有的转变》发表于《中国农村》第 2 卷第 10 期。

薛暮桥《中国农村经济的新趋势》发表于《中国农村》第 2 卷第 11 期。

按：文章说："大战以后，中国的农村经济，已经随着帝国主义势力的深入农村而纷纷破产了。尤其是在民国二十年后，农村经济更达到了总崩溃的阶段。从这时起，就连帝国主义、银行和民族资产阶级，以至农村中的地主豪绅，都在那里高呼农村破产，高倡农村复兴。就这一点，已经可以窥见现今农村问题的严重程度了。促成农村经济总崩溃的基本原因，是帝国主义侵略，地主豪绅们的各种半封建剥削。""其次，世界经济恐慌的袭击，也是促使农村经济总崩溃的一个主要因素。""这样看来，中国的农村经济，正从半殖民地向着殖民地的道路发展，这种趋势，跟着领土和主权的丧失，从东北而华北，从华北而华中华南，正在节节推进之中。"

编者《日本农民运动》发表于《中国农村》第 2 卷第 12 期。

任子寿《傀儡组织统治下的商都农民》发表于《中国农村》第 2 卷第 12 期。

王渔村《中国农业问题讲话》表于《中国农村》第 2 卷第 12 期。

按：文章分中国农业的特殊性、中国农业问题的全貌、中国农业问题的症结及其在现阶段的动态、今后的救济方策四部分。

王范生《两个农民问题的实质与处置》发表于《农村服务通讯》第 6 期。

李奇流《先秦封建组织之特质与其土地制度》发表于《农村合作月报》第 1 卷第 6—8 期。

梁以安《现代中国土地所有形态的分析》发表于《农村合作月报》第 1 卷第 6 期。

成圣昌《中国土地问题诸主流之解决方策及批判》发表于《农村合

作月报》第1卷第6期。

独石《合作运动在中国农业改进前途的展望》发表于《农村合作月报》第1卷第6期。

李奇流《农村利用合作与农业劳动》发表于《农村合作月报》第1卷第7期。

成圣昌《中国土地问题诸主流之解决方策及批判》发表于《农村合作月报》第1卷第7期。

按：文章说："土地问题不能孤立解决。土地为生产关系中之一部门，土地制度之构成，及其所有严重的原因，非仅土地本身所造成，而系整个社会生产关系各部门反应配合的积虑，与非经济文化心理因素发展之总和。土地问题不能从整个社会生产关系中分割以作局部解决，而必调整全社会生产关系，由各生产部门配合联系推进，方能彻底解决，尤其当兹由自给自足的农业经济社会，发展至资本主义的最后阶段金融资本主义时代，社会经济重心由农村转入都市，土地与农业经济完全立于该支配的附庸地位，如若分割整个社会生产关系，单求土地问题之解决，绝为事实所不许。"

梁以安《现代农业的展开倾向》发表于《农村合作月报》第1卷第10期。

逸生《爱尔兰农民运动之史的发展》发表于《农村合作月报》第1卷第10期。

《中国农民银行之沿革及其推行农村合作之概况》发表于《农村合作月报》第1卷第12期。

[苏]布克瓦德作，达辛译《苏联农民何以赞成合作公耕》发表于《农村合作月报》第2卷第1期。

李林中《农业合作之经济的任务与其评价》发表于《农村合作月报》第2卷第1期。

蒋学楷《英国的农业合作》发表于《农村合作月报》第2卷第1期。

茹春浦《农民的负债与整理》发表于《农村合作月报》第2卷第4期。

梁在琴《苏联农业合作的前途》发表于《农村合作月报》第2卷第5期。

仰忠《丹麦农业合作发展的特质》发表于《农村合作月报》第2卷

第 5 期。

[日] 铃木耕二氏作，赵允恭译《丹麦农民的合作事业》发表于《农村合作月报》第 2 卷第 5 期。

郑季楷《中国土地沿革的问题与展望》发表于《农村经济》第 3 卷第 3 期。

张觉人《农民离村现象的面面观》发表于《农村经济》第 3 卷第 6 期。

张觉人《单一税主义的土地制度改革论》发表于《农村经济》第 3 卷第 7 期。

吴可《解决中国土地问题应走哪条路》发表于《农村经济》第 3 卷第 7 期。

按：文章说："土地问题之产生，实由这种'富者田连阡陌，贫者地无立锥'的分配情形而来。此问题之越趋严重复杂的原因，孙中山先生说：'土地因政治改良，与社会进步，所增之价，于土地私有制度之下，全由私人享受所致。'使中国土地越趋'破碎'的原因在此。中国土地问题，农地为其中最重要的一个重心。只要农地得到相当的解决后，其他土地便容易支配了。现在中国的农民有百分之五十五，是没有耕地的。有百分之二十，有极少的耕地。共计有百分之七十五的农民均是要求土地的。这些农民是因为土地变为私产，可以自由买卖，他们的耕地，便兼并在少数的富豪手中。他们的痛苦，孙先生曾有一段很沉痛的话：'中国农民的生活情形怎样呢？中国的农民是不是过了一点"人"的生活呢？讲到这里，我们可以简单答复一句话：中国的农民所过的是牛马生活，是牛马不如的生活，土匪为什么这样不怕死？尽管你杀，越杀越多。娼妓为什么这样不要廉耻？尽管唾骂，越骂越多。黑暗的工厂生活为甚么大群的男女老幼甘之如饴？尽管你加倍的虐待，攀援求进，总是越来越多。唉！这是农民受生计压迫的结晶。农民死里求生的表现！强者"铤而走险"，终身过兵匪的生涯，弱者卖妻鬻女，飞蛾投火似的寻找吃饭地。可怜的农民原来是出于不得已啊！'孙先生这段话，很明显地把土地分配不均的罪恶表露出来了。"

李宏略《由土地村有说到耕者有其田》发表于《农村经济》第 3 卷第 7 期。

胡余暄《宋代的土地整理与均税问题》发表于《农村经济》第 3 卷

第 7 期。

祝平《实行计划经济与"土地统制"》发表于《农村经济》第 3 卷第 7 期。

姚同槭《计划经济与土地改革》发表于《农村经济》第 3 卷第 7 期。

曾济宽《土地改革与农业改良》发表于《农村经济》第 3 卷第 7 期。

按：文章说："土地改革与农业改良，其间有一明确之界限，即土地改革属于行政手段，农业改良实为技术问题。自来农业技术家对于改进农业，企图以纯粹的记述方法达其目的，而未尝深究农业改良与土地改革发生不可分离之关系，以来是我国兴学讲农达数十年，设场试验，无虑百数，而结果所在，成效莫睹，可深长思矣。窃有感于此问题之重要，值兹国民经济建设运动高涨之际，辄欲贡述个人之管见，以求国内专家之研讨焉。……土地制度不有完美之改革，农业殆无改良之可言，故农业改良与土地改革之互为因果，于此可以益信。"

罗虔英《现阶段中国土地问题全貌之透视及其解决之对策》发表于《农村经济》第 3 卷第 7 期。

阮模《中国本位之农业改造问题》发表于《农村经济》第 3 卷第 8 期。

朱中良《中国农业经济的战时机构论》发表于《农村经济》第 3 卷第 8 期。

王劲《鲁东农作物与农民生计之调查研究》发表于《农村经济》第 3 卷第 8 期。

张保丰《农业仓库统制刍议》发表于《农村经济》第 3 卷第 9 期。

颜大可《目前农业仓库经营业者应有之认识》发表于《农村经济》第 3 卷第 11 期。

童耀庭《中国土地问题之解决》发表于《农村经济》第 3 卷第 12 期。

按：文章说："土地问题，是现代农村经济的中心问题。因为土地所有的关系，不但是指农村的经济关系，而且与农村的技术也密切的关联着。所谓经济，是指在农业生产过程中，参加这生产过程的人们，彼此间相互的关系，换言之，是农业生产过程中人与人的关系；所谓技术，是指人们支配自然力的方法。"

姚方仁《农业经营法述要》发表于《新农村》第 2 卷第 1 期。

莫定森《农业科学化问题》发表于《新农村》第2卷第2期。

方悴农《农业推广的理论与实施》发表于《新农村》第2卷第2期。

蒋学楷《农业保险问题》发表于《新农村》第2卷第2期。

成宝山《实行井田意义的土地制度》发表于《新农村》第2卷第27—28期。

成宝山《土地村公有应如何规定土地的价格》发表于《新农村》第2卷第27—28期。

默农《中山先生对于农民问题的意见》发表于《农村》第4卷第1期。

郭培师《土地陈报之过程与目的及其具体办法》发表于《乡村建设》第5卷第18—19期。

唐义《对于乡村工作的一点重要意见》发表于《乡村建设》第6卷第2期。

秦蕴芬《中国农民读物改编的商榷》发表于《乡村建设》第6卷第3期。

徐宝谦《乡村建设运动的精神基础》发表于《乡村建设》第6卷第3期。

按：文章说："所谓乡村建设运动，自然是知识分子下乡的运动。本运动的精神基础，可以从好几方面去研究。第一，我们应当扪心自问，我们加入本运动的动机，到底在哪里？除开民族自救、唤醒民众，各种门面话以外，我们动机之中，是否掺杂了趋时、图名、满足领袖欲望种种不纯洁的动机？如果有，我觉得乡建运动的前途，实在不容乐观。……第二，我们应当注意我们自己的态度与习惯。知识分子下乡，固然是中国历史中一个空前的举动。不过，我们应当记得：从孟子以来，所谓劳心者治人劳力者治于人的心理，已经根深蒂固，一时决不易拔除净尽。况且，好静恶动，又成了中国读书人的第二天性。因为以上两种原因，一个知识分子下乡，即使具了绝大决心实行下乡，实际上仍与置身'象牙之塔'无异。……第三，从事乡村工作者，应特别注重自身的准备及修养。乡村生活，同都市比较，是很单调的，而且是简陋的。同时，农村工作又非常辛苦忙碌。因此，乡村工作者，须锻炼他的身体与性情。往往看见知识分子，因一时冲动，下乡工作，不及一年半载，抱病回家。又见乡村工作者，因工作繁重，穷于应付，暴烈性情，毕露于外。凡此种种，无非是因为缺少锻炼与修养。一个有修养工夫的人，不论外面生活怎样紧张，他的内生活总是恬静闲逸的。所谓好整以暇，逆来顺应，大概就是这种境地。"

鞠子政《如何取得农民的信仰》发表于《乡村建设》第 6 卷第 4 期。

王枕心《乡运者的话：对于农村建设的意见》发表于《乡村建设》第 6 卷第 5 期。

王联奎《我国土地分配问题资料之分析研究》发表于《乡村建设》第 6 卷第 9 期。

华《宣传与农民》发表于《乡村改造》第 5 卷第 18 期。

吴钟沅《长兴沙农民之副业》发表于《大众农村副业月刊》第 1 卷第 6 期。

陆予新《贵阳中国农民银行之合作事业》发表于《合作与农村》第 9 期。

社评《提倡农村工业，发展农民经济》发表于《绥远农村周刊》第 87 期。

社评《欲图改进农业必先训练农民》发表于《绥远农村周刊》第 96 期。

凡体《由竞争生存说到组织绥远之农民》发表于《绥远农村周刊》第 131、134 期。

齐敬鑫《陕西省防旱工作中林业之任务》发表于《中华农学会报》第 145 期。

王兆澄《农业化学之使命》发表于《中华农学会报》第 146—147 期。

朱明《四川畜牧业之现状及今后改进之途径》发表于《中华农学会报》第 150—151 期。

骆君骕《广西农业经济的特制及其农业经营》发表于《中华农学会报》第 152 期。

骆君骕《广西农业经济的特制及其农业经营》发表于《中华农学会报》第 152 期。

杜修昌《中国农业商品生产之发展条件》发表于《中华农学会报》第 154 期（农业经济专号）。

冯紫岗《农产品生产费计算之效用及其方法》发表于《中华农学会

报》第 154 期（农业经济专号）。

杨铭崇《中国农村经济问题之检讨》发表于《中华农学会报》第 154 期（农业经济专号）。

黄枯桐《农村建设问题》发表于《中华农学会报》第 154 期（农业经济专号）。

傅葆琛《中国农村人口的出路》发表于《中华农学会报》第 154 期（农业经济专号）。

徐壮怀《最近六年来中国主要农产品之输出与输入》发表于《中华农学会报》第 154 期（农业经济专号）。

王益滔《论商业银行之农村放款》发表于《中华农学会报》第 154 期（农业经济专号）。

陈嵘《中国造林事业之商榷》发表于《中华农学会报》第 155 期。

廖文光《从林业与国家关系说到振兴我粤林业之问题》发表于《农声》第 198—199 期。

傅思杰《加拿大之林业及林政》发表于《农声》第 202 期。

小江《关于农村合作社》发表于《农民须知》第 1 卷第 2 期。

小江《关于农业合作社的组织》发表于《农民须知》第 1 卷第 3 期。

静之《森林对于人生的直接利益》发表于《农民须知》第 1 卷第 4 期。

按：文章说："森林关系于人民的生计，最重要的约有两端：一是容纳雄厚的资本，一是能容纳多数的人工，因森林所占面积和区域很广，所以人民依赖森林为生活的也很多，故投资机会也颇大。"

傅永庆《农产物加工之重要及利益》发表于《农民须知》第 3 卷第 1 期。

刘焕章《清苑县刘村农民生活概况》发表于《津南农声》第 1 卷第 2 期。

张作舟《元氏县农民生活概况》发表于《津南农声》第 1 卷第 2 期。

杨梦云《栾城县农民生活概况》发表于《津南农声》第 2 卷第 1 期。

郑绍祖《永年县农民生活概况》发表于《津南农声》第 2 卷第 1 期。

高仁山、杨润华等《无极县农民生活概况》发表于《津南农声》第 2 卷第 1 期。

王寿岳《大城县农民生活概况》发表于《津南农声》第 2 卷第 2 期。

赵耀先《盐山县农民生活概况》发表于《津南农声》第2卷第2期。

彬《我国林业不振及应革新的要点》发表于《林学》第5期。

按：文章说："应特别多多培植林业技术人才，以为发展林业之基础。"

朱源林《复兴林业之三大问题》发表于《林学》第5期。

李寅恭《中国林业问题》发表于《林学》第6期。

陈植《林业应如何推广》发表于《林学》第6期。

李林海《畜牧概言》发表于《西北农林》创刊号。

按：文章说："我国畜牧事业之不振，原因多端，最大者莫如人民素昧畜牧之利，政府缺乏提倡之举，认畜牧为农业之副产，等闲视之，洎至今日家畜品种之日趋恶劣，饲料之缺乏尤甚，遑云进步，视诸他邦，得毋相形见绌耶。"改进之目标，一是品种之改良，二是饲料之研究，三是防疫之需要，四是人才之训练。

戴家齐《复兴中国农业论》发表于《西北农林》创刊号。

唐永萱《贵阳农村合作事业及其经济状况》发表于《中国农民银行月刊》第1卷第1期。

刘青山《农村合作与农村》发表于《中国农民银行月刊》第1卷第1期。

葛穉荪《战后世界合作运动的动向》发表于《中国农民银行月刊》第1卷第1期。

按：文章说："战后各国情况大非昔比，不是政治制度解体，即是社会经济机构变革：一九一七年苏俄十月革命成功，从此整个世界遂黑白分明地形成社会主义与资本主义的对垒；合作运动因对社会政治素无主张，其自身命运不得不任人主宰；一九二二年意大利法西斯蒂政权确立，合作运动又遭重大打击。最近两三年来，资本主义的繁荣已日暮途穷，世界经济的崩溃与恐慌，日趋严重，各资本主义国家为苟延残喘起见，不是以邻为壑，拼命倾销，即是高建关税障壁，实行自足经济。于是什么产业复兴，集团经济，像煞有介事地闹个不休。合作运动就在这复兴统治的美名之下，免不了有一番更迭，虽实际上合作运动依然继续进行，并未中止，但遭受一次变故，本质上多少就有些不同，这是不容轻轻看过的。"

程乃丰《农村副业问题》发表于《中国农民银行月刊》第1卷第2期。

曹钰《湖南常德农村之现状》发表于《中国农民银行月刊》第1卷第2期。

牛葆祥《陇海路上之三县农村经济》发表于《中国农民银行月刊》第1卷第2期。

程乃丰《我国农村内在的组织性》发表于《中国农民银行月刊》第1卷第2期。

李国珍《甘肃天水农村之鸟瞰》发表于《中国农民银行月刊》第1卷第2期。

刘正赓《河南镇平县农村状况》发表于《中国农民银行月刊》第1卷第2期。

孙友农《皋兰之农村经济》发表于《中国农民银行月刊》第1卷第2期。

吴华宝《中国之农业生产》发表于《中国农民银行月刊》第1卷第3期。

侯厚仁《安阳县出产及其合作社之调查》发表于《中国农民银行月刊》第1卷第3期。

[日]小平权一作,翁德操译《德国之农业金融》发表于《中国农民银行月刊》第1卷第3—5期。

侯厚仁《新乡县合作指导之商榷》发表于《中国农民银行月刊》第1卷第3期。

彭兆琪《江西萍乡农村概况》发表于《中国农民银行月刊》第1卷第3期。

王福畴《万县农村之调查》发表于《中国农民银行月刊》第1卷第4期。

潘学德《泸县农村经济概况》发表于《中国农民银行月刊》第1卷第4期。

刘青山《农村问题与农村合作》发表于《中国农民银行月刊》第1卷第4期。

刘青山《中国合作运动的特性》发表于《中国农民银行月刊》第1卷第4期。

按：文章说认为，中国合作运动的特性是：1.中国合作运动，即为中国农村合作运动。中国是农业国家，农村人口占全国百分之七十以上。

无疑的农村富饶，则社会安宁；农村贫乏，则社会纷扰。在今日的中国农村已经到了崩溃的时期，所以我们要想去救济它，就需用合作方法。如农村有了生机，即中国有了生机，农村得到救济，即中国得到救济。故中国合作运动，应以农村合作运动为中心，以其适合中国国情也。2. 中国合作运动，即为中国民族复兴运动。中国如要生存，须先求中国民族的生存，民族的生存，在于民族的团结自觉。合作运动，除在经济上解决了重大的危机外，还可以组织民众，教育民众就是利用经济结合的机会，使民众明了民族自身的危机，加强反抗危害民族的势力，如贪污土劣军阀官僚、帝国主义等的自觉意识，进而团结互助发扬合作主义的连锁精神，中国民族始得以自救复兴。3. 中国合作运动，即为中国计划经济的运动。自由主义资本主义的经济运动，是自私的盲目的，不但不能解决全人类的生存问题，而会演出人类的侵略残杀等恶剧，即如今日之世界现象是。合作经济即为计划经济之一种，可以调整适合人类生存的消费生产。今日中国的合作运动，即以此为目标。而办法，在上层设立推进指导机关，如各省设立农村合作委员会是。下层由农民组织农村合作社，由各村合作社组织区合作社联合会；由各区合作社联合会，组织县合作社联合会；由各县合作社联合会，组织省合作社联合会；由各省合作社联合会，组织中央合作总会。成一整个的全国合作化系统，从而调整全国消费生产制造运输等经济行为，计划经济得以实现，人民的康乐幸福，自可期待！

吴华宝《中国之农业合作》发表于《中国农民银行月刊》第1卷第4期。

林康《运销合作社经营业务时最要注意的两点》发表于《中国农民银行月刊》第1卷第4期。

王药雨《河北高阳县旧城村实地调查》发表于《中国农民银行月刊》第1卷第5期。

郑兆元《水利与农村》发表于《中国农民银行月刊》第1卷第5期。

袁贤能《中山先生平均地权计划的检讨》发表于《中国农民银行月刊》第1卷第5期。

编者《京市附近农村概况》发表于《中国农民银行月刊》第1卷第7期。

尹经理《农村投资问题》发表于《中国农民银行月刊》第1卷第7期。

［日］小平权一作，翁德操译《德国之农业金融》发表于《中国农民银行月刊》第 1 卷第 7—9 期。

寿勉成《我国合作政策之检讨》发表于《中国农民银行月刊》第 1 卷第 8 期。

按：文章论述了 8 个问题，一是如何健全全国合作事业委员会之组织，二是如何健全中央及地方之合作行政机关，三是如何促进地方及中央合作社之联合社，四是如何发展合作社及联合社之业务并使其健全，五是如何促成中央及地方合作银行之实现并使其健全，六是如何发展合作事业之辅导机关并使其健全，七是如何充分利用今后全国及地方之合作会议，八是如何维护各个合作运动之进展。

谢洪畴《谈农业金融制度》发表于《中国农民银行月刊》第 1 卷第 8 期。

张珏《农业对人信用金融机关》发表于《中国农民银行月刊》第 1 卷第 8 期。

寿勉成《中国合作运动向哪里去》发表于《中国农民银行月刊》第 1 卷第 9 期。

张珏《农村之高利贷》发表于《中国农民银行月刊》第 1 卷第 9 期。

邹枋《中国农民产品运销合作之展望》发表于《中国农民银行月刊》第 1 卷第 10 期。

周朴仙《中国乡村建设运动之现状与今后应取路径之商榷》发表于《中国农民银行月刊》第 1 卷第 10 期。

［日］小平权一作，翁德操译《德国之农业金融》发表于《中国农民银行月刊》第 1 卷第 10—11 期。

郑厚博《中国合作社实状之检讨》发表于《中国农民银行月刊》第 1 卷第 12 期。

按：文章说："五四运动以后，合作运动渐渐传入中国，至今已有十余年之历史，全国合作社已分布二十一省七市，计有二万余社，社员一百余万人。表面上看来中国合作运动已有相当发展，然考其实际合作社之分布既不能算普遍，组织亦欠健全，社务之不发达，业务之未见开展，均为显著之事实。所以现在中国之合作社，什九尚未健全，考其原因，固有多端，然以往合作社行政机关之不统一，合作指导制度之不健全，合作教育之不发达，以及合作金融之呆滞，实为主因。"

星《中国合作运动之本质及其所负之使命》发表于《中国农民银行月刊》第1卷第12期。

沈鏖《怎样改进我国农业金融机关》发表于《中国农民银行月刊》第1卷第12期。

陆予新《谈贵州农村推行合作之种种困难及其补救方法》发表于《中国农民银行月刊》第1卷第12期。

童玉民《江苏省园艺副业之推进问题》发表于《农行月刊》第3卷第1期。

童玉民《农业保险问题》发表于《农行月刊》第3卷第9期。

沈宜荪《高淳合作事业停之原因及其救济方案》发表于《农行月刊》第3卷第9期。

按：文章指出：在江苏高淳县，"乡村中的狡狯之徒，利用农民名义以组织合作社，而获得合作社之理事、主席或重要职员，假公济私，从中渔利；社员以知识浅薄，不知底细，徒供利用，虽间有不满，然格于情势，亦无可奈何也。"

童玉民《如何推进农村副业》发表于《农行月刊》第3卷第10期。

万国鼎《土地村公有办法平议》发表于《地政月刊》第4卷第1期。

郭汉鸣《欧洲各国之土地分配》发表于《地政月刊》第4卷第1期。

郑振宇《中国土地行地之前途》发表于《地政月刊》第4卷第4—5期。

汤惠荪《西南各省之土地利用与农业问题》发表于《地政月刊》第4卷第4—5期。

王祺《一年来我国土地政策之推行》发表于《地政月刊》第4卷第4—5期。

高信《中国土地改革与国民经济建设之途径》发表于《地政月刊》第4卷第4—5期。

李庆鏖《中国粮食与土地问题》发表于《地政月刊》第4卷第4—5期。

曾济宽《土地改革与农业改良》发表于《地政月刊》第4卷第4—5期。

曾济宽《苏省农业改进问题》发表于《地政月刊》第4卷第4—5期。

黄通《中国现阶段的土地问题》发表于《地政月刊》第 4 卷第 4—5 期。

萧铮《中国的土地与人口问题》发表于《地政月刊》第 4 卷第 4—5 期。

按：文章说："土地与人口，自来是两个极端，土地的量是固定的，人口的量是变动的，而且大体的趋势是增加的。因人是依赖土地生活的，于是世界上便自然发生土地与人口的调剂问题。历来经济学家对这个问题，观点不同，有人以为土地的性能既是相当的固定，而人类则孳生不已，结果，人类生活资源的分配，必感缺乏；于是社会上便自然发生贫困和各种罪恶，以求人口减少，来适应这个生活资源不够的问题。这是悲观派的主张。马尔萨斯便是这个理论很著名的代表。另一部分人，恰恰和这个主张相反，以为土地与劳动，同是生产要素，所谓'劳动是财富之父，土地是财富之母'，任何一方面增加，都是'生产可能'的增加。生产增加，结果正可以解决人类生活问题。土地的面积，虽属有限，但土地的栽培力与营养力则大有增进的可能，因为人类改良土地的能力是继续增加的，就近代自然科学及技术机器进步的状态看起来，将来人类创造力愈大，土地愈能改良，人类生活亦愈将美满，地球上不会有人满为患的，何况人口增加的趋向，并不是无限大呢！现代的悲剧，只是人类经济制度之不良及生产技术未进步的关系，这是乐观派的主张。"

祝平《实行计划经济与"土地统制"》发表于《地政月刊》第 4 卷第 4—5 期。

黄通《民生史观与土地政策》发表于《地政月刊》第 4 卷第 6 期。

张丕介《德意志之农业与农业政策》发表于《地政月刊》第 4 卷第 6 期。

郑震宇《土地法土地登记编修正问题》发表于《地政月刊》第 4 卷第 7 期。

施勒、张丕介《苏俄农业集团化之意义与前途》发表于《地政月刊》第 4 卷第 7 期。

李庆麐、高信《湖北省完成土地整理工作四年计划大纲》发表于《地政月刊》第 4 卷第 10 期。

梅光复《平湖县之土地登记》发表于《地政月刊》第 4 卷第 11 期。

伍受真《平湖县土地行政之机构及其效率》发表于《地政月刊》第

4卷第11期。

单维廉、张丕介《胶州行政中之土地政策》发表于《地政月刊》第4卷第12期。

蒋廉《平湖县土地调查经过情形》发表于《地政月刊》第4卷第12期。

胡焕庸《中国之农业区域》发表于《地理学报》第3卷第1期。

朱通九《土地政策的检讨兼评土地村有制度》发表于《经济学季刊》第7卷第1期。

章午云《今日我国应采之土地金融政策》发表于《经济学季刊》第7卷第1期。

贾士毅《复兴农村应实施农业保护关税》发表于《经济学季刊》第7卷第1期。

朱其傅《非常时期我国农业金融应取途径之商榷》发表于《经济学季刊》第7卷第3期。

按：文章分导言——释非常时期与经济、非常时期经济政策中之重农问题、改进农业金融为发展农业生产之基本、目前缺陷之检讨与今后补救之方针、经济国防下进谋农业金融新路之试辟、结论等六部分。其补救方针，一是以法令严厉取缔高利贷，二是调整农业金融机构统一农资贷放，三是需要政府资助奖励之设施，四是农业信用须以促进生产为前提教养兼施为职能，五是合作社为救农之本源应切实改进。

唐庆增《农业经济问题》发表于《经济丛刊》第6期。

按：文章分农业经济之意义及范围、农业生产之要素、农业所得分配问题三部分。

张培刚《中国农村经济的回顾与前瞻》发表于《经济评论》第3卷第3期。

按：文章说："自从民国二十年的大水灾后，我国农村经济的崩溃，日趋显著。其实崩溃的因子，并不始自近几年，只不过愈到近年，国内灾害的程度愈深，国外商品势力的侵入愈剧，因而加速农村的破败，加甚农民生活的贫窘。年来朝野的改良运动，虽呼声极高，和者甚众，行之亦颇力，但因根本的因子未能铲除，'头痛医头，脚痛医脚'，自难收实效。可是，我国的农村经济，就是这样一蹶而不能复振了吗？究竟近几年崩溃的真相是怎样？崩溃的因子是什么？前途又将如何？这些便是本文所要讨论的。"

徐光《土地增值税之研究》发表于《经济评论》第3卷第7期。

凌绍祖《农民离村之影响及其救济》发表于《国民经济建设》第1卷第3期。

汪疑今《从土地法来考察中国土地问题》发表于《中国经济》第4卷第4期。

彭瑞夫《苏俄农业之工业化与集团农业的经营》发表于《中国经济》第4卷第5期。

胡明《日本的农业问题及农村合作》发表于《中国经济》第4卷第7期。

彭迪先《历代土地制度概要》发表于《中国经济》第4卷第8期。

沈松林《土地法施行之耕地减租问题》发表于《中国经济》第4卷第8期。

按：文章说："因实施《土地法》所引起的减租问题要能尽量减少实施上的障碍，力求推行的顺利，就必须以'快刀斩乱麻'的手段去解决。同时还要兼顾到地方习惯，才不会因拘泥条文而少实效。倘若大家重视《土地法》的施行，不把它当作一个具文，就会必然发生全国减租问题。这种问题关系国内几千万农民的生活，若实施减租有良好结果，农村经济多少可以活跃些，一般农民的生活固然获得了改进的机会，就是复兴经济的基础也可以巩固些。"

[日]向坂逸郎作，谭辅之译《农民之历史的性质》发表于《中国经济》第4卷第10期。

李涛《欧战各国农业目的及其农业状况》发表于《社会经济月报》第3卷第1期。

许道夫《中国农业金融政策之将来》发表于《社会经济月报》第3卷第11期。

按：文章分叙论、农村金融之枯窘及其因果、都市金融之膨胀及其出路、农业金融政策之动态、农村投资中之问题、结论六部分。

路《吴兴农民家庭经济概况》发表于《经济统计月志》第3卷第7期。

刘宣《南宁市近郊农民借贷调查之所见》发表于《统计月报》第11—12期。

民国二十五年　丙子　1936年

范敬贤《土地陈报与土地统计》发表于《福建省统计时报》第2卷第5期。

林鉴辉《福建省土地利用之一斑》发表于《福建省统计时报》第2卷第8期。

沈麐《我国农业金融改进之途径》发表于《银行周报》第20卷第42期。

按：文章说："我国以农立国，农民占全国人口百分之八十以上，唯因金融事业之发展较他国为晚，故国内之有农业金融，亦较他国为落后。往昔民间多盛行典当与合会，借以流通资金。我国之有正式农业金融机关，实滥觞于民七年之中国农工银行。次之，则有民十六之江苏农民银行、民十七之浙江农民银行。民廿二始有较大规模之豫鄂皖赣四省农民银行之组织，民二四更名为中国农民银行，是我国之有大规模之金融机关，当以此为嚆矢。"

王毓铨《清末田赋与农民——近代农民问题研究之一》发表于《食货》第3卷第5期。

许宏杰《秦汉社会之土地制度与农业生产》发表于《食货》第3卷第7期。

许宏杰《明代土地整理之考察》发表于《食货》第3卷第10期。

俭德《从我国现今之农村经济说到中国农民银行》发表于《首都国货导报》第23期。

朱中良《发展中国林业经济的方针》发表于《中国实业》第2卷第1期。

钱天鹤《中国农业与科学》发表于《中国实业》第2卷第1期。

杨缵春《海南岛之林业》发表于《中国实业》第2卷第3期。

李寅恭《林业教育问题》发表于《中国实业》第2卷第3期。

朱博能《促进福建林业刍议》发表于《中国实业》第2卷第3期。

凌道扬《对于美国近年林业猛进之感想》发表于《中国实业》第2卷第3期。

唐启宇《我国土地之垦殖指数与耕地指数》发表于《实业部月刊》第1卷第4期。

陈长蘅《我国土地与人口问题之初步比较研究及国民经济建设之政策商榷》发表于《实业部月刊》第1卷第5期。

李蕃《法国农业调查统计纲要》发表于《实业部月刊》第 1 卷第 8 期。

刘端生《中国农业雇佣劳动者现状的分析》发表于《实业部月刊》第 1 卷第 9 期。

周维丰《解决中国农民生活问题之零碎策略》发表于《中华实业月刊》第 3 卷第 1—7 期。

高信《我国现在之土地问题》发表于《实业公报》第 272 期。

按：文章论述了土地分配问题、土地利用问题、租佃问题、地租问题、地价问题和土地金融问题。

轻微《畜牧普及中国民间的重要及办法》发表于《畜牧兽医季刊》第 2 卷第 4 期。

汪国舆《农民对于政府信仰心之增进》发表于《畜牧兽医月刊》第 3—4 期。

黄茂辉《农业害虫防除要览》发表于《现代生产杂志》第 2 卷第 12 期。

罗俊《中国水利经济建设与农业生产的前途》发表于《现代生产杂志》第 2 卷第 12 期。

按：文章分序论——中国水利建设问题的严重、中国农业生产形态的特质——灌溉性、历年水旱灾害与农业恐慌、治水事业的基本方策、中国古代灌溉制度之史的探究、灌溉水利设备与农业生产、排水设备与抽水机的推广应用、副业的水面利用法、结论——中国农业生产的前途与水利建设等九部分。

高信《中国土地问题》发表于《中国社会》第 2 卷第 4 期。

孙晓村、青云梯、王德箴《中国农村经济现状与农民的出路》发表与《中国社会》第 3 卷第 1 期。

孙晓村《中国农村经济现况及其农民的出路》发表于《中国社会》第 3 卷第 1 期。

唐启宇《国民经济建设与耕地问题》发表于《中国社会》第 3 卷第 1 期。

彭家礼《农民离村的出路》发表与《中国社会》第 3 卷第 2 期。

杨拱辰《国民经济建设运动中之农业合作问题》发表于《中国建设》第 14 卷第 6 期。

梁明德《中国的问题的症结及其解决之途径》发表于《中国建设》第14卷第6期。

按：文章介绍中国共产党的土地政策说：这种主张的土地政策，乃法自苏俄，它认为中国土地问题之所以严重深刻，由于土地建筑于私有制度上，因为土地可以私有，遂形成土地所有关系，与使用问题的矛盾。因此它主张将地主之土地所有权，以暴力无代价没收，永远废止土地私有制。今将其土地政策要点，续写于下：A. 无代价的强制没收一切地主、豪绅、军阀、官僚、富农、反革命派、高利贷者之土地，及各种庙产祀产之公地。富农多余之牲畜，及农具，亦均在没收之列。B. 被没收之土地，经雇农、贫农之意见，党与红军之监督决定，便由地方（乡或村）群众大会，宣布分配于雇农、贫农、中农、红军、工人。富农被胁反水者，及以耕地为主，宗教为副之迷信者，均可有条件的分得土地。C. 分配标准，有以人口为单位，劳动力为单位，及混合分配三种，但最后则趋向于人口为单位之标准。分定以后，生者不补，死者不退。D. 焚毁原有一切口头及书面之契约，宣布高利贷借约概作无效，设立单一农业经济累进税。E. 一切水利江河湖溪森林牧场大山林由苏维埃管理建设。为便于贫农中农的公共使用，桑田竹林茶山鱼塘等，必如稻田麦田一样，依照当地农民群众之自愿，分配使用。F. 在目前阶段上，不禁止土地出租与买卖，惟严禁富农投机，与地主买回原有土地。以上是共产党土地政策的要点，至于它的发展过程，可分为三个阶段。第一阶段，是"打土豪，分田地"，没收一切地主土豪之田地，分给贫苦农民。第二阶段，是"抽多补少""抽肥补瘦"，土地多者，抽出补于少者，肥者抽出补于瘦者。第三阶段，实行以人口为标准，平均分配。

蔼堂《中国土地问题之检讨》发表于《新建设》第3卷第8期。

晋生《土地问题之检讨》发表于《新建设》第3卷18期。

晋生《土地问题之检讨》发表于《新建设》第3卷20期。

白绍易《山西省农业概述》发表于《新建设》第4卷第4期。

童玉民《推进农村副业与合作经营》发表于《江苏建设》第3卷第2期。

胡守菜《"土地村公有制"的批判》发表于《前途》第4卷第1期。

陈恭禄《土地利用和我国前途》发表于《前途》第4卷第1期。

孙春宁《"土地村公有"制度之商榷》发表于《前途》第4卷第

2 期。

  白屯《中国土地问题之症结及其对策》发表于《前途》第 4 卷第 4 期。

  按：文章说："土地问题包含有两个质点，一是土地的分配问题，一是土地的使用问题。至于土地行政问题和土地立法问题，不是土地问题的本质，而是对付土地使用和分配的问题。分配问题和使用问题之相对的重要，是和经济发展程序之不同相关联的；所以讨论土地问题的人，每每以着眼点的轻重而起争执。不过，不管哪一个是最重要，哪一个是次重要，两者有着密切的关系，却是任何学者不能否认的。我国土地既分都市和农村两种。都市土地是承载工商业的基础，但它不是推动工商业，使都市繁荣的；反之，工商业和金融的情况是促成都市土地发生问题的因素。农村土地就不然，它是农村经济发展或衰败的主体。虽然生产手段与劳动技术，在因果一方面说，给了土地以重大的影响。究竟不能脱离土地的分配和使用两大范围。现在检讨中国土地问题就可分作都市土地问题和农村土地问题两方面。目前，因为农民人口占全国人口四分之三，农村土地问题较之都市土地问题，当然更重要。将来工农商业发展，城市代兴，都市土地问题将因地价之激增而引起社会极大的不安，或许又比农村土地问题更加重要。所以，我们权衡轻重，就很可以说，农村土地问题是目前的土地问题，都市土地问题是未来的土地问题。农村土地问题有四个要点，一是土地集中地主，耕者无有其田；二是耕地分配不均匀；三是农场面积过狭小；四是耕地的零星分散。一二两点属于分配问题，三四两点属于使用问题。"

  包超时《吾国农业金融机构之现阶段》发表于《前途》第 4 卷第 6 期。

  郑厚博《中国农业生产现状之检讨》发表于《前途》第 4 卷第 6 期。

  王理传《林业振兴之刍议》发表于《前途》第 4 卷第 7 期。

  匡在兹《中国农民的负担与救济》发表于《前途》第 4 卷第 8 期。

  沈昧荔《法国农业恐慌及其救济政策》发表于《前途》第 4 卷第 12 期。

  李景汉《中国农村土地与农业经营问题》发表于《东方杂志》第 33 卷第 1 期。

  按：文章在谈到土地问题的解决时说："没有地主与佃农的不平等关

系，则土地问题可以解决了一大部分，土地经济也可以合理的发展。土地私有制度，无疑的是土地问题的重心。农民因为没有土地，即生产之主要工具，所以才受种种剥削，农业上的一切弊害也因之而发生。无论在中国的已往或是现在大致是一样，各国的古今情形也是大致相同。若不在私有制度上想解决的办法，则一切其他的努力总归无效。对于土地问题的解决亦大致分为两类，即治标与治本的两种主张。第一类是承认现状而计划部分的修正，主张以缓进的办法来限制土地私有制的发展；有主张仅将大地主的土地收归国家所有，而自身经营的小自耕农土地则保存其私有权；有主张将土地私有制度，去实留名，以租税方法将地主的不劳所得完全吸尽。……主张治本者是主张土地革命，以激进的方法彻底的根本铲除土地私有权，把地主的土地所有权无代价的立即充公，以期一劳永逸。"

许德佑《法国农民运动之检讨》发表于《东方杂志》第33卷第6期。

林和成《我国农业金融制度应该怎样》发表于《东方杂志》第33卷第7期。

孟维宪《洞庭湖滨之农民生活》发表于《东方杂志》第33卷第8期。

薛裕生《破产中的金华农民》发表于《东方杂志》第33卷第10期。

洪范《瑞安农村中的农民和盐民》发表于《东方杂志》第33卷第12期。

萧铮《中国土地与人口问题再检讨》发表于《东方杂志》第33卷第21期。

张培刚《我国农业生活程度的低落》发表于《东方杂志》新年特大号。

按：文章说："农业经营与工商企业不同。工商企业虽然一旦投下了资本和劳力，但若经营无利，则可转投手他种较有利的工业或商业。这种转投资，纵然因为固定资本过多或他种要素的限制，没有绝对的自由，但其移动性比较大，则不容否认。农业经营却完全不同，因为土地的固定性和相邻的联系性，即令经营亏损极大，农家仍是要忍受并维持下去。然则，这种亏短如何填补呢？唯一的路径便是农家减少自身的支出，大部分是减少生活费的支出，其结果便是农民生活程度的降低。我国的农业经营，虽然对于土地的利用极为集约，而经营的方法则颇幼稚。数千年来所以能维持不败者，主要原因在于有廉价的劳工。我们如果把自有的廉价劳工也算进生产成本中，则农业经营的结果，无不表示亏损。所以我国农民的生活程度，自始就很低。近年来，更加外来的，内在的，天时的，人为的各种原因凑在一块，致使农村经济日趋崩溃，农民生活日渐贫乏。关于这些，已有许多论文叙述过，不再赘言。本文的趣旨，仅在将我国农民生活程度实际低下的情状，及这几年来降低的趋势，简要的揭示出来。"

张香山《苏联农民文学的一个考察》发表于《东方文艺》第 1 卷第 1—3 期。

王行《日本农业金融与农家负担》发表于《复兴月刊》第 5 卷第 1 期。

夏炎德《英国工党的土地农业政策》发表于《复兴月刊》第 5 卷第 2 期。

董汝舟《发展西北农业的几个重要问题》发表于《建国月刊》第 14 卷第 2 期。

董汝舟《中国土地分配和分散的趋势》发表于《建国月刊》第 15 卷第 1 期。

薛溥海《我国农业工业化的必要及其应采的途径》发表于《建国月刊》第 15 卷第 5 期。

董浩《中国土地整理之鸟瞰》发表于《建民周刊》第 14 期。

按：文章说："民国成立以后，政府深知整理土地之必要，民国三四年间有全国经界局之设置，于全国土地整理多所筹划，但终以新政初创，人民多所疑惑，继以内战迭兴，岁无宁日，政府遂无暇顾此，土地行政亦陷于停顿。迨民国十七年北伐告成，国民党秉承中山主义认为中国目前土地问题有亟待解决之必要，十九年有土地法之颁布，二十年有中央地政机关之筹设，各省市之土地局或地政机关皆纷纷于此时设立，积极整理土地，以使国民党之土地政策急速实行，中国土地问题早日谋得合理之解决也。惟在我国目前，整理土地有两方法，一位土地测量，一位土地陈报，土地测量完竣以后，继之以完善之土地登记，实为整理土地治本办法，惟费钱较多，需时较久。土地陈报多系以整理财政为出发点，因其程序简易，时间金钱均可节省，而为一治标办法。"

相抱轮《农民底性质与民族解放》发表于《现代青年》第 4 卷第 3 期。

幻《农民租税负担与离村》发表于《金大青年》第 5 卷第 1 期。

漆琪生《中国土地问题解决的正轨与各派理论的检讨》发表于《中国学生》第 2 卷第 1—4 期。

张伯谨《美国对于农民生活之推广教育》发表于《教育杂志》第 26 卷第 4 期。

章焱《上海农民生活写真》发表于《生活教育》第 3 卷第 4 期。

鲁家《怎样和农民谈话》发表于《生活教育》第 3 卷第 9 期。

李志平《小学教师究应怎样取得农民的信仰》发表于《教育短波》第 71 期。

孙晓村《现代中国的农业金融问题》发表于《中山文化教育馆季刊》第 3 卷第 4 期。

按：文章分绪言、德英美三国农业金融制度建立时的背景、中国农村中旧有的借贷关系、中国农村高利贷的性质与作用、新式农业金融机关的阵容及其前途五部分。

王骧《乡土地理教育研究》发表于《教与学》第 1 卷第 11 期。

陈君谋《在死亡线上挣扎着的常熟农民》发表于《励学》第 2 卷第 1—2 期。

刘于艮《怎样改善农民的娱乐》发表于《民众教育通讯》第 6 卷第 2 期。

陶思麒《中国农民自卫问题》发表于《民众教育通讯》第 6 卷第 3 期。

尤蔚祖《非常时期的农业推广工作》发表于《教育与民众》第 7 卷第 10 期。

陈礼江、陈友端《农民对于文化反映心理之调查与研究》发表于《教育与民众》第 8 卷第 1 期。

沈厚润《北夏农民生活漫谈》发表于《教育与民众》第 8 卷第 3 期。

胡耐秋《最近中国的农民离村问题》发表于《教育与民众》第 8 卷第 3 期。

孙晓村《现代中国的土地问题》发表于《教育与民众》第 8 卷第 3 期。

古梅《中国农村社会转变的枢纽——土地问题》发表于《教育与民众》第 8 卷第 3 期。

孙文山《中国农民离村原因的研究》发表于《教育与民众》第 8 卷第 4 期。

按：文章说："就资本主义社会言，农民离村，是资本主义发生和发展的必然结果，其理由如下：（一）资本主义发达的结果，使散在农村中的家庭手工业，均趋工业化且集中于都市，从而农村过剩的人口，即不能不流入都市。（二）资本主义愈发达，则工业生产扩大之势愈强，从而对劳动的需要亦愈强。（三）工业生产愈扩大，而商业、交通业以及凡百自由职业亦愈扩大，从而吸收农民为劳动者之力亦强。由上三种吸引力，再加乡村耕地的缺乏，于是农民离村遂成为资本主义社会发展的必然趋势。"

王德建《浙西农民生活杂写》发表于《教育与民众》第 8 卷第 4 期。

古梅《孙中山先生"平均地权"思想的发展——中国土地问题研究之二》发表于《教育与民众》第 8 卷第 4 期。

王子吉《改进福建农业教育的我见》发表于《福建教育》第 2 卷第 3 期。

吴抱月《合作事业与农民生计的研究》发表于《生计教育》第 1 卷第 3 期。

刘凤翔《乡村小学教师怎样去接近农民》发表于《基础教育》第 1 卷第 3 期。

傅葆琛《非常时期农民教育的商榷》发表于《教育辅导》第 2 卷第 1 期。

桂品华《农业改良问题》发表于《民教辅导》第 2 卷第 7 期。

按：文章认为，农业改良的主要内容，一是农具的改善，二是肥料的改良，三是品物的选择和改良，四是水利的兴修，五是乡村交通的改良，六是病虫的防除，七是畜牧的提倡，八是森林事业的振兴。

汪洪法《我国农民负债之特质》发表于《文化建设》第 2 卷第 6 期。

张觉人《中国旧有土地制度改革论》发表于《文化建设》第 2 卷第 6 期。

翁之镛《土地村有问题评价》发表于《文化建设》第 2 卷第 6 期。

童玉民《农村社会的特性及其改进》发表于《江苏广播双周刊》第 22 期。

童玉民《农村教育总说》发表于《江苏广播双周刊》第 25 期。

童玉民《农村组织概述》发表于《江苏广播双周刊》第27期。

张心一《战时中国农业问题》发表于《是非公论》第26期。

杨宜河《怎样解决农民当前的痛苦》发表于《江汉思潮》第4卷第1期。

万澈清《乡村的农民》发表于《江汉思潮》第4卷第4期。

玉璧《中国农业机械化刍议》发表于《天地人》第1卷第7期。

按：文章认为，中国农业机械化前应有的准备，一是平均地权，先办到土地私有权的民众化，再办到土地所有权的社会化，以便采用大规模的生产；二是实行土地重划以求扩大农场面积；三是开垦荒地以求扩大耕地面积；四是发展实业以消纳过剩的农民人口；五是推行农业贷款以便活动农村金融；六是开办农业机械制造，培养农业技术人才。

刘广惠《中国农业土地问题及其对策》发表于《经理月刊》第2卷第1期。

罗溥贤译《世界大战中的土地与人民》发表于《经理月刊》第2卷第1期。

董时进《江西农业之现状及应采之农业生产政策》发表于《江西省农业院院务报告》第3期。

罗虔英《从中国土地问题的严重性说到土地利用合作的经营》发表于《浙江省建设月刊》第9卷第8期。

李修《林业合作问题》发表于《浙江省建设月刊》第9卷第9期。

徐渊若《农业仓库与合作仓库之分野》发表于《浙江省建设月刊》第10卷第1期。

余言《龙游县状元乡等农村概况及指导农民之经过》发表于《浙江省建设月刊》第10卷第2期。

金成业《泰顺县里五乡等农村概况及指导农民之经过》发表于《浙江省建设月刊》第10卷第2期。

申屠瑜《天台县东林乡等农村概况及指导农民之经过》发表于《浙江省建设月刊》第10卷第2期。

孙颂楠《汤溪县后童乡等农村概况及指导农民之经过》发表于《浙江省建设月刊》第10卷第2期。

杨曾盛《农业推广与农村建设》发表于《浙江省建设月刊》第10卷第2期。

章景瑞《欧洲各国的战时土地政策》发表于《浙江省建设月刊》第10卷第5期。

洛亚《农村破产与农民教育》发表于《浙江民众教育》第4卷第6期。

梁漱溟、汪士汉《启发农民自觉与精神教育》发表于《浙江民众教育》第4卷第9期。

沈咸恒《嘉兴县地方农民银行办理农业仓库概况》发表于《浙江合作》第3卷第15期。

胡钦海《植桐的农民应赶快组织合作社》发表于《浙江合作》第3卷第20期。

谭浩雄《从农村资金的缺乏和来源谈到农业金融的特质》发表于《浙江合作》第3卷第22期。

掌舟《普设农业仓库之必要》发表于《浙江合作》第3卷第23—24期。

周建人《我国古代之荒政与今日之农业仓库》发表于《浙江合作》第4卷第4期。

琴声《农村合作的重要性》发表于《浙江合作》第4卷第5—6期。

廖玉《农业金融的几个实际问题》发表于《浙江合作》第4卷第5—6期。

按：文章分农业金融本身之正确问题、农业金融与土地分配问题、农业金融的多角经营问题三部分。

王焕美《从农业仓库谈到运销合作》发表于《浙江合作》第4卷第10—11期。

徐传馨《我们村里的农民》发表于《浙江自治》第1卷第13期。

胡彭寿《农民的痛苦》发表于《浙东》第2卷第1期。

毅仲《农业仓库之研究》发表于《浙光》第2卷第11期。

徐镇玮《非常时期之农民军事训练》发表于《江苏学生》第7卷第4期。

钮长耀《关于非常时期教育之意见及方案——非常时期中社教机关应如何训练青年农民》发表于《江苏教育》第5卷第1—2期。

飏轩《林业合作在中国的重要性》发表于《江苏合作》第3期。

罗虔英《农业合作面面观》发表于《江苏合作》第4期。

良能《合作社的开拓与农民银行的投资问题》发表于《江苏合作》第8期。

卡尔《中国农民合作之前路》发表于《江苏合作》第10期。

按：文章提到的农民合作，包括购买合作、耕种生产合作、公用合作、信用合作、运销合作、保险合作、储仓合作、消费合作等。作者说："目前中国农村最大的病症，就是'贫''愚''弱''散'四大问题，这四问题都是互为因果的。农民有了合作就是解决散的问题，这个散的问题得到了解决，其他的问题亦可互为解决的。因为散变为合作而有组织成社，农村经济便得有复兴与繁荣了。这么，贫的问题也就随之而解决。已是不散，而复不贫，由是便有力于教养，且有教育的设备，而愚的问题也就解决。散的，贫的，愚的问题都已解决，这时的农民们已是有团结，而知保生，亦有力于养生了，那么弱的问题，那也可有得到解决了，农村四大病症都已是解决了，负难深重的中国，自可转危为安底强盛起来了。"

许康祖《以畜牧为农村副业之推进办法》发表于《江苏建设》第3卷第2期。

陈仲明《农业推广与合作》发表于《江苏建设》第3卷第4期。

曾济宽《农业合作与中国农制改革》发表于《江苏省建设月刊》第3卷第11期。

陈范予《农民教育之需要意义与实施计划——本省实施农民教育之办法》发表于《福建县政》第1卷第3期。

郑厚博《生产合作与改进中国农业生产》发表于《山东民众教育月刊》第7卷第9期。

按：文章分耕作合作社与农业出产之改进、特种农业生产合作社与农业生产之改进、农业利用合作社与农业利用之改进、农村运销合作社与农产运销之改进、结语五部分。

李春浓《农业贷款方法之检讨》发表于《陕行汇刊》第9期。

李村农《农业仓库在中国的评价》发表于《陕行汇刊》第9期。

李春浓《由"国防教育"谈到"农民教育"的重要性》发表于《陕行汇刊》第9期。

成宝山《土地村公有应如何规定土地的价格》发表于《山西建设》第9期。

蔡旨直《中国土地问题之检讨》发表于《山西建设》第10期。

华生《统一战线中之农民问题》发表于《现实（广西）》第 1 卷第 3 期。

杨韦《农民痛苦之基本原因》发表于《现实（广西）》第 1 卷第 3 期。

李培基《仓储制度与农民金融》发表于《河南政治》第 6 卷第 1 期。

萧明新《中国历代之土地政策》发表于《河南政治》第 6 卷第 7 期。

涤麈《土地村有之面面观》发表于《西北论衡》第 4 卷第 22—23 期。

仵建华《由"农村合作"说到"农民自卫"》发表于《西北农学社刊》第 2 卷第 4—5 期。

谈善言《研究畜牧应先具备之基本学识与态度》发表于《新青海》第 4 卷第 5 期。

按：文章说："欲知研究畜牧应先具备之基本学识，必须先要明了畜牧学之范围。然而畜牧学之范围甚广，内容与性质至为复杂。畜牧学之大要范围，约包括家畜饲养学、家畜管理学、家畜鉴别学、家畜育种学、乳业学、普通疾病学、兽医学、畜产制造、畜产销售，及畜牧合作学等。"

乔玉琇《西北畜牧业之检讨》发表于《新青海》第 4 卷第 5 期。

仁《调查农民教育实验区》发表于《湖北民教》第 1 卷第 3 期。

贺正河《论土地村公有制》发表于《湖南大学季刊》第 2 卷第 1 期。

冯紫岗、刘端生《怀宁东流 406 村户人口土地的分析研究》发表于《安徽大学季刊》第 1 卷第 4 期。

高信《国民经济建设应注意的问题》发表于《政问周刊》第 4 期。

吴文晖《中国农村土地问题之真相及其解决途径》发表于《政问周刊》第 7 期。

按：文章说："土地为农业经营之基本要素，亦即农民生活之根本泉源。目前我国农地之不足以供农民的需求，以及农地所有与农地使用的恶化，实为促成农村经济崩溃之基因，而农村经济崩溃乃为我国目前的一大危机。故农地问题实把握着中国农村问题以至整个民族问题之关键，居今而言复兴农村，复兴民族，必须亟求农地问题之解决。我以为现代中国农地问题，至少包含三个重要方面，即农地不足问题、农地分配不均问题，以及农地使用分散问题。"解决的途径，"垦殖辟荒，以增农地面积；化农为工，以减过剩之农业人口，此为解决农地不足问题之主要途径。实行

'征收地价税'、'涨价归公'与'照价收买'，以平均地权；设法使佃农升为自耕农，以实现'耕者有其田'，此为解决农地分配不均问题之主要途径。提倡合作农场，以使用新式生产方法；积极整理土地，以免土地碎割之弊，此为解决农地使用分散问题之主要途径。"

孙伏园《十年来的农民报》发表于《民间（北平）》第2卷第2期。

鲁绍柳《定县城西各村农民经营粉条副业之状况》发表于《民间（北平）》第2卷第21期。

衡《农民银行办理土地抵押》发表于《民间（北平）》第3卷第4期。

吕迪吉《冀南农民生活》发表于《县乡自治》第6卷第2期。

孙晓谭《农民生活状况》发表于《县乡自治》第6卷第2期。

琨《中州农民的几种副业》发表于《县乡自治》第6卷第4期。

朱博能《一年来土地行政之进展》发表于《国防论坛》第5卷第1期。

介《中国农业政策与国防》发表于《军事杂志》第87期。

［日］田畑为彦作，陶鲁书译《意大利法西斯制度下之农业》发表于《革命空军》第3卷第7期。

章澄若《土地制度改革之意义及其理论的分野》发表于《复兴月刊》第4卷第8期。

按：文章说："今日所谓土地改革论之具体的内容是甚么呢？这虽有种种不同，然大别可分做社会主义制土地改革论、地租公收制土地改革论，及私有制土地改革论等三类。社会主义制土地改革论，更可分为社会主义土地改革论（含共产主义土地改革论）与农业社会主义土地改革论两种。社会主义土地改革论者，其目的欲以土地与其他全部生产手段作为国有或公有，然其主张，亦有不同，有的主张欲以土地并全部生产手段同时作为国有或公有，有的仅主张先以土地作为国有或公有。总之，他们以为生产手段一被私有，则以此私有的资本家及地主，于社会上将展布其独裁的权力，在利息及地租等等的形态下，可榨取他人的劳动，尤其关于土地方面，不仅地租之剥削，此外尚有过分腾贵的土地价格，实可招致农业农民于不利之境。要之，此派是从生产手段之私有为一切社会的弊害之源的观点而出发。主张这种理论者，有第三国际斯沛恩司、亚蒲赖爱恩等等。农业社会主义土地改革论，则以一般生产手段与土地私有区别。他们的主张，是认一般生产手段为私有，仅以土地为国有或公有，而其中又有主张以全部的土地、农业地，或仅以一定所有面积以上之农业地作为国有或私有之范围的种种意见。他们认为土地有独占的性质之原因，故当与其他生产手段有明确的区别，同时他们的论据认为土地之私有，为社会恶化之根源。若一任私人之自由放任，以滥行其使用收益处分等权，则必致诱发各种社会的弊害。主张这种理论者，有葛森、奥厚尔维诸氏，及英国之自由党和劳动党、德国之民主党等等。"

夏炎德《英国工党的土地农业政策》发表于《复兴月刊》第 5 卷第 2 期。

吴景超《土地法与土地政策》发表于《独立公论》第 191 期。

万国钧《由土地问题论到土地登记》发表于《中兴周刊》第 6 卷第 18 期。

更耶《现阶段中国农业恐慌的特质》发表于《中兴周刊》第 7 卷第 1 期。

孙兆乾《一年来中国土地问题论战回顾与展望》发表于《中论旬刊》第 11 期。

吴泽《一个半殖民地农民革命史实的新览本》发表于《劳动季报》第 4 卷第 9 期。

赵志钧《西北农业之发展与旱农制度》发表于《蒙藏月报》第 4 卷第 6 期。

刘熙《蒙古农业之研究》发表于《蒙藏月报》第 5 卷第 4 期。

重天《西康农民应具备的新知识》发表于《康藏前锋》第 3 卷第 6 期。

刘广惠《中国历代仓库制度与现代农业仓库的推进》发表于《经理月刊》第 2 卷第 1 期。

朱博能《中国农业仓库论》发表于《华商月刊》第 2 卷第 1 期。

按：文章分仓库制度沿革之述评、农业仓库之性质、农业仓库之机能、农业仓库之进展、现行农业仓库制度之缺点、结论六部分。

王缵绪《我国农业劳工之状况及问题》发表于《劳工月刊》第 5 卷第 1 期。

派克《华北农民穷困之实况》发表于《汗血周刊》第 6 卷第 22 期。

失名《河南农民的疾苦》发表于《工读半月刊》第 2 卷第 2 期。

啸黎《国难期中的农民教育》发表于《沪农》第4卷第1期。

蔚文《海陆丰农民运动史实》发表于《中外问题》第14卷第4—5期。

白桥《宋代农民问题之史的考察》发表于《新宇宙》第3卷第7期。

世安《现阶段中国农民的贫困状况》发表于《真理评论》第3—4期。

思劲《中国农村衰落与土地问题》发表于《遗族校刊》第3卷第4期。

黄宇桢《中国农民金融问题》发表于《时代知识》第1卷第4期。

赵世铭《农民美术概观》发表于《美术（广州）》第4期。

沈其益《农业人才的迫切需要和培植》发表于《科学世界》第5卷第6期。

陈恭禄《土地利用和我国前途》发表于《新生活周刊》第1卷第76期。

马超俊《中国土地问题之症结》发表于《上海党声》第2卷第1期。

按：文章说："现在讨论中国土地问题者，大概采取两个途径，第一是注重土地分配问题，第二是注重土地利用问题。注重分配问题者，目的在解决农民被剥削的痛苦，而欲使耕者有其田。……欲解决中国之土地问题，首先要彻底明了中国经济环境，依吾人之观察有下列数端应予注意：（一）中国是生产不足的国家。（二）中国生产技术之落后。（三）中国无控制自如的能力。（四）中国无大地主存在。（五）中国是被侵略的国家。综上几点，吾人欲彻底解决中国的土地问题，首先要从发达生产做起，生产发达的结果，我们可以期望着以下几个结果：（一）农民家计可以充裕。（二）农业人口可以容纳。（三）工商业可以发达。（四）国家财政可以充裕。（五）可以达到平均地权的目的。"

卢振兴《宁夏的农民》发表于《民众周报》第1卷第10期。

周文钦《苏联农业电化》发表于《现代读物》第6卷第16期。

周游龙《苏联农民政策之进步和农民生活之现状》发表于《现代读物》第8卷第18期。

徐柏图《农民解放与民族解放》发表于《现代读物》第9卷第19期。

寿石《中国的农业问题》发表于《礼拜六》第625期。

蔡邦华《我国农业害虫防治上几个问题之商榷》发表于《昆虫问题》第3期。

周纯夫《略谈中国农业改良问题》发表于《诚化》第8期。

按：文章说："中国以农立国，农民占全国人口百分之八十左右，故农业之在中国，极为重要。然近年以来，我国农产品不足以自给，皆仰给于外国，农民的生活，已窘困达于极点；农村破产之声浪，早已甚嚣尘上，农民之颠沛流离，殊非一般都市中人所可想象。最近关于农村困苦写真，充斥于报章杂志，读者当然阅及，不待喷喷赘述。推其原因，虽然由于天灾人祸之频仍，帝国主义者之侵略所致，然而农业不发达，不知研究改良，也不能不说是一个重要的原因。"谈到中国农业改良所取的途径，固然很多，但总不外乎用科学方法发展农业生产，这些方法，约而言之，计有下列数端：1. 改良品种；2. 浸种，也是改良农业中最重要的一点；3. 播种，播种的方式，一定也是要有经验的。4. 连种与轮种。所谓连种者，是就一块地中，年年种做一种类似的作物。若是所种的作物种类年年更换，便是叫着轮种了。

钦汉章《天目山下的几种农民生活》发表于《论语》第83期。

云《苏州的农民》发表于《读书生活》第4卷第5期。

张素民《中国农业经济的透视》发表于《华年》第5卷第35期。

按：文章说："中国农业经济的症结，（1）农场太小，而且土地分散零碎，不易于采用新式管理及耕作改革。（2）资本缺乏，不能改良设备，增加畜力的应用。（3）人力太贱，可以阻止许多改良，否则人口更没有出路。（4）农民知识太幼稚，思想太保守，不易采纳新的技术和管理方法。（5）外部的摧残过甚，如天灾兵祸税捐及交通的阻碍等。因此要提高农民生活，改良农业经济，应当对症下药，即（1）整理土地，合并农场；（2）扩充信用借款；（3）限制人口生育，和发展都市以容纳农存入口，以及奖励垦殖移民等；（4）增高农民教育；（5）扫除一切外部的障碍，如改良交通，防止灾荒，扫除兵祸及废止苛捐杂税等皆是。"

任峋《中国农民经营经济状态及其发展趋势》发表于《大道（南京）》第6卷第5期。

施伯钧《我国农业政策之检讨》发表于《大道（南京）》第7卷第2期。

吴百思《中国农民离村》发表于《沪江大学月刊》第25卷第2期。

周克谋《我国土地问题之演进》发表于《蜀风月刊》第1卷第1期。

王杰生《非常时期的农民教育》发表于《现代民众》第2卷第9期。

苑振鹏《苏联的新农民状况》发表于《现代评论》第1卷第19期。

杨村彬《定县的农民戏剧实验》发表于《自由评论》第8期。

得笑《提倡农民新剧》发表于《市街》第4—5期。

青云梯《灾荒下挣扎的四川农民》发表于《生路（南京）》第2期。

姚颛《豫东农民之组织》发表于《华风（南京）》第1卷第15期。

谭戈易《安岳农民耕作概况》发表于《技训周刊》创刊号。

纹隐《法国农民之古代遗风》发表于《公教周刊》第8卷第37期。

王丙三《启东和壁乡农民生活状况》发表于《福音光》第12卷第4期。

宗谷《中国农业经济研究的方法问题》发表于《中兴周刊》第6卷第17期。

按：文章说：中国农业经济研究的方法，一是确定研究的对象——进行经济的研究，必确定研究的对象。亦即认识生产力与生产关系之二大范畴，每因对生产力与生产关系的不同，研究的对象也就各异。二是现象和本质的认识——当我们进行研究的时候，仅仅把握了研究的对象是不够的。因为所接触的并非一般的法则，而是具体的现实。而里面有事件的现象，也有现象中包含的本质。我们研究的目的，就是要从杂乱现象中去找寻匿在的本质。三是半殖民地及半封建性之对立的统一——封建经营和资本主义经营，本来是对立的，然而在中国这二者是对立的统一。四是理解形式与内容——在我们搜集统计及调查材料的，是应特别注意内容与形式。在同一形式，有时内容绝不相同，同一内容，有时也不同一形式。五是注重一般性及特殊性——解释现实问题时，除通用一般的法则外，还要寻找它特殊的原因。因为只注意一般而不观察特殊，则使研究的对象模糊，而不能作进一步的认识。反之只注意特殊而忘记了一般，则使研究的结论，而成为孤立的事实。

余和顺《土地法及其施行法关于耕作地租赁之特别规定》发表于《中华法学杂志》新编第1卷第2期。

郭汉鸣《土地分配问题之总合研究》发表于《中央时事周报》第5卷第23期。

徐日琨《我国新式农村土地抵押贷款问题之商讨》发表于《中央时

事周报》第 5 卷第 30—31 期。

卓厂《农民自卫之重要》发表于《乡民（河北）》第 3 卷第 4 期。

高庆丰《中国农村土地问题》发表于《进德月刊》第 2 卷第 4 期。

按：文章说："土地分配问题，是土地问题的核心，土地分配问题不能解决，其他的问题都是谈不到的，所以我认为这是最重要，而把它首先提出来讨论。然而分配问题的发生，是由于土地私有制度的确立。有了土地私有制度，土地才会商品化，资本家可以购买大量土地，居奇垄断，坐待地价之增高；土地即便任其荒废，也不许他人耕种。在佃农方面则'无立锥之地'，勤苦耕种也不过仅够给大地主纳租而已，因是严重的问题便发生了。土地问题既然发生，便不能不谋有效的方法去解决这种问题。"

陈文源、陈定祥、陈观沧《家乡的农民生活》发表于《武岭农职校刊》第 4 期。

邓志振《如何解决灾荒与土地问题》发表于《民钟季刊》第 2 卷第 1 期。

丕显《乡村小学教师应与农民为伍》发表于《生生》第 4 卷第 2 期。

柳中行《中国的土地问题》发表于《新中华》第 4 卷第 17 期。

按：文章说："中国的社会经济基础，是建筑在农业经济之上，这是毋庸怀疑的。农业的生产工具和生产技术，是决定农业经济结构的条件。农业最主要的生产工具，当然是土地。所以土地问题，是农业经济的核心问题。在中国呢，土地问题就可以说是中国社会经济的核心问题了。土地问题中，包括两个最重要的问题，就是土地占有问题和土地经营问题，中国的社会与政治的变异，大多数的场合，是被决定于这两个问题，而现在这两个问题，又显然的一天一天严重起来了。"

沈松林《土地法实施后之耕地减租问题》发表于《新中华》第 4 卷第 17 期。

基《东北农民痛苦》发表于《生路》第 1 卷第 2 期。

李白炎《云南边地农民概况》发表于《黄埔（南京）》第 6 卷第 5 期。

萧泽溥《我国的农村经济与农民分化问题》发表于《新黔》第 2 卷第 3 期。

李心毅《田赋问题与四川农民负担之检讨》发表于《蜀曦》第 2 期。

云山《近年来农民流亡之检讨》发表于《文化与社会》第2卷第3—4期。

李又曦《福建之农民问题》发表于《众力》第1卷第3期。

仇重《编制新文字农民用的课本的原则》发表于《中国语言》第4期。

显超《匈牙利农民结婚的风俗》发表于《女铎》第25卷第4期。

祝平《计划经济与土地统制》发表于《中兴》第1卷第1期。

蓝名诂《中国土地问题的演变及其解决》发表于《生力月刊》第1卷第5期。

按：文章分绪论、土地问题在历史上的演变、耕地面积与人口增加的失衡、土地集中的形态及其弊害、欧洲土地革命与我国土地利用、解决土地问题的根本对策、结论七部分。

黄耕野《从中国土地问题的本质说到今后应行之土地政策》发表于《正中》第3卷第1期。

常鸿《我国古代之土地制度考》发表于《青年（上海）》第4卷第8—9期。

马凌甫《土地问题与农村合作的关系》发表于《周讯（安徽）》第3—11期。

阮尊《我国土地问题研究》发表于《路向》第8—10期。

欧阳超《中国土地公有制度》发表于《史地知识》第1卷第3期。

［日］田中忠夫作，林炎西译《中国土地问题与山西土地公有问题》发表于《时代知识》第1卷第4期。

吴志忠《陕北土地问题的检讨》发表于《西北向导》第3期。

赵似沧《目前整理西北土地之方法》发表于《西北向导》第17期。

邱致中《都市土地政策之总批判》发表于《中心评论》第3期。

田客尘《现阶段中国土地问题的检讨》发表于《中心评论》第8期。

按：文章认为，解决现阶段土地问题的途径是：第一，推翻佃农制度，实行耕者有其田，俾达"平均地权"之最后鹄的，以为今后过渡为土地国有之准备。第二，提倡合作农场，以使用新式方法，依集体的农业生产，俾达革新农业生产方式之目的。第三，实行保护关税，使本国经济不受帝国主义之操纵，而得循本国自定道路独立的向前进展。第四，举办农垦移民，使无地可耕之农民，得以获有土地，无人耕种之荒地，得有人耕种。

风《农村破产与土地问题》发表于《自由评论》第16期。

青鉴《裁判萧铮与陈长蘅的论争——关于中国土地与人口问题》发表于《中外评论》第4卷第1期。

端公《日本现代的土地制度》发表于《中法大学月刊》第9卷第5期。

萧林《饥饿线上的四川农民》发表于《生活日报周刊》第1卷第11期。

陈范予《农民教育之需要意义与实施计划——本省实施农民教育之办法》发表于《建民周刊》第17期。

漆琪生《新货币政策与土地问题》发表于《交易所周刊》第1卷第50期。

董浩《中国土地整理之探讨》发表于《交易所周刊》第2卷第27期。

君煌《近年我国之土地改革与土地整理》发表于《交易所周刊》第2卷第30期。

闵得泉《土地法与土地法施行法关于土地登记之一个原则问题之研究》发表于《法令周刊》第306期。

包超时《我国农民借贷之利率问题》发表于《钱业月报》第16卷第7期。

孙本文《各省农民离村现象之分析》发表于《时事月报》第15卷第3期。

李万居《法国农民运动的重要性》发表于《时事类编》第4卷第2期。

李靖宇《怎样使农民和图书馆发生关系》发表于《图书馆学季刊》第10卷第3期。

林骥材《物产证券与土地村有之检讨》发表于《中山文化教育馆季刊》第3卷第1期。

王瑛《太平天国革命前夕的土地问题》发表于《中山文化教育馆季刊》第3卷第1期。

孙晓村《现代中国的农业经营问题》发表于《中山文化教育馆季刊》第3卷第2期。

按：文章说：中国的农业经营，由于全部经济体系及土地关系的决定，再加上他本身的内容，在最近几年来，已完全显出没落的趋向，其中主要的特征，可以指出三点：第一，中国农业经营内在的诸般低劣的条件，前面已经讲过。除此以外，还有许多外铄的不良的条件，最重要的自然是外国农产品的倾销，本国农产品价格的跌落，苛捐杂税及高度地租的重负，高利贷商业资本的剥削，以及水旱灾荒的袭击。这样"内忧外患"夹攻的结果，所有全国的农业经营几无一不是亏损。第二，由于农业经营成为一种亏折的无利的经营，以致在中国在最富资本主义成分的富农经营，近年来呈现着显著的衰落。最后，我们必须得指出的，就是土地关系永远滞留在落后状态中，农田的生产力也就永远不会增进。

薛暮桥《封建土地关系的资本主义化》发表于《中山文化教育馆季刊》第3卷第4期。

李墨卿《土地村公有问题》发表于《劳动生活》第1期。

交文《土地村公有与赤区土地政策的比较研究》发表于《劳动生活》第1期。

思明《实行土地村公有与成人教育》发表于《劳动生活》第1期。

胡哲夫《中国土地问题的基本问题》发表于《劳动季报》第9期。

孙辅世《灌溉与中国农业土地问题》发表于《广播周报》第110期。

范迪瑞《我国封建时代之土地制度及其蜕变》发表于《学行月刊》第1卷第3期。

侯鸿智《中国土地私有制度之研究》发表于《磐石杂志》第4卷第3—4期。

张警铎《以公教立场批判土地村有制》发表于《磐石杂志》第4卷第4期。

郑浩铭《中国农村土地问题底归趋》发表于《研究与批判》第2卷第3期。

张式良《屯垦土地分授与否之研究》发表于《实行》第73期。

曦哲《土地问题与农村合作的关系》发表于《蒲声》第2期。

左铭《土地国有之研究》发表于《蒲声》第2期。

洪绩《中国土地问题的商榷》发表于《台风（北平）》第1卷第3—4期。

萧铮《中国土地与人口问题》发表于《中央周报》第410期。

陈立夫《举行全国土地调查之经过及其所得之结果》发表于《中央周报》第423—424期。

张廷休《北京市土地税之施行问题》发表于《中央周刊》第431期。

李宗黄《地方自治与土地问题》发表于《中央周刊》第444期。

亦钦《中国农业经济破产之今昔观》发表于《自力旬刊》第8期。

周洁人《论农业仓库与农村经济》发表于《生力（上海）》第2期。

杨开道《农业起源的理论》发表于《社会学刊》第5卷第2期。

汪洪法《中国农业上的国防问题及其解决方案》发表于《青年公论》第1卷第2期。

按：文章提出的方案，一是使消费、贩卖与信用等合作熔为一体，完成统制以调节需给；二是提倡与改良购置合作土地以图增加生产；三是改善县建设科之组织，使成为农业指导机关；四是训练农夫，使知新式耕种方法，以为改良农耕之帮助；五是设农业金融调整机关，以为贫农垦荒之补助；六是减少农场之交界处所，集中各地主之耕地，以增加耕种效率。

董修甲《欧战时各国农业之救济与我国农业应采之方策》发表于《青年公论》第1卷第4—5期。

戈吉《土地村有制之我评》发表于《时代知识》第1卷第1期。

王世曦《土地归国家公有是应该而且可能的》发表于《志成月刊》第3期。

胡焕庸《中国农业区域简表》发表于《地理教育》第1卷第2期。

楼桐茂《亚洲之农业地理区域》发表于《地理教育》第1卷第6期。

胡宝善《乡村建设与农业改良问题》发表于《民教月刊》第1卷第2期。

刘茂增《欧洲土地信用机关之基本原则》发表于《青年学术研究会季刊》第2卷第1期。

何炳贤《我国的农业与对外贸易》发表于《民族（上海）》第4卷第12期。

封志豪《广西农业之检讨》发表于《科学世界》第5卷第5期。

藻溪《农业机械之改进》发表于《科学时报》第3卷第11—12期。

同《日趋严重的农民离村问题》发表于《史地社会论文摘要月刊》第2卷第4期。

轼《中国农村土地与农业经营问题》发表于《史地社会论文摘要月

刊》第2卷第4期。

伯《法国大革命时的土地改革》发表于《史地社会论文摘要月刊》第2卷第4期。

伯《从土地村有制说到中国一般的土地问题》发表于《史地社会论文摘要月刊》第2卷第4期。

伯《论山西的"土地村公有"大纲》发表于《史地社会论文摘要月刊》第2卷第4期。

骏《评阎锡山之土地村有论》发表于《史地社会论文摘要月刊》第2卷第4期。

和《土地公有论与实际》发表于《史地社会论文摘要月刊》第2卷第5期。

炽《清末赋与农民》发表于《史地社会论文摘要月刊》第2卷第5期。

复《秦汉社会之土地制度与农业生产》发表于《史地社会论文摘要月刊》第2卷第6期。

仁《土地问题与土地统制》发表于《史地社会论文摘要月刊》第2卷第6期。

和《我国农民负债之特质》发表于《史地社会论文摘要月刊》第2卷第7期。

烈《法国农民运动之检讨》发表于《史地社会论文摘要月刊》第2卷第7期。

轼《中国之土地问题与土地政策》发表于《史地社会论文摘要月刊》第2卷第7期。

和《土地村有问题评价》发表于《史地社会论文摘要月刊》第2卷第7期。

伯《"土地村有"下之晋北农村》发表于《史地社会论文摘要月刊》第2卷第7期。

炽《中国土地与人口问题》发表于《史地社会论文摘要月刊》第2卷第8期。

伯《"土地村有"问题之检讨》发表于《史地社会论文摘要月刊》第2卷第8期。

伯《明代土地整理之考察》发表于《史地社会论文摘要月刊》第2

卷第8期。

克凡《魏晋时人口移动中之农民与地主的关系》发表于《史地社会论文摘要月刊》第2卷第9期。

复《宋代的土地整理与均税问题》发表于《史地社会论文摘要月刊》第2卷第9期。

幼《华北农民穷困之实况》发表于《史地社会论文摘要月刊》第2卷第9期。

复《解决中国土地问题应走哪条路》发表于《史地社会论文摘要月刊》第2卷第9期。

和《由土地村有说到耕者有其田》发表于《史地社会论文摘要月刊》第2卷第9期。

和《中国今日应采之土地政策与人口政策》发表于《史地社会论文摘要月刊》第2卷第9期。

按：文章认为，就目前食粮原料等之生产状况论，人口诚多，然节育不能收减低人口之效，而生产则可增加，以补今日之不足。到生产激增，生活程度提高的时候，始能减少生育而减低人口增加率，与地利之供给相适应。故于土地政策，除限制兼并坐食及扶植自耕农外，尤须积极注重土地利用与增加农产。

复《土地的民族共有到家族共有之转化过程》发表于《史地社会论文摘要月刊》第2卷第9期。

复《鲁东农村土地所有权转移的问题趋势》发表于《史地社会论文摘要月刊》第2卷第9期。

和《现阶段中国土地问题全貌之透视及其解决之对策》发表于《史地社会论文摘要月刊》第2卷第9期。

按：文章说，中国土地问题发生的原因，可列举五点：（一）国际帝国主义的侵略，他们是需要保持能供给他们榨取的最高限度，把广大的农场做他们过剩生产品的倾销场。（二）残余封建势力的剥削，大多数地主的经济不是建筑在自己耕作的生产本身上，而是建筑在高额地租及高利贷的剥削上。（三）过小农生产方式之停滞，农民如过度肉体劳动，易种劳态病困的祸根。（四）天灾人祸不断之摧毁，如水旱蝗雹，兵匪战乱等，愈加扩大农民贫苦而遗弃土地之惨象。（五）贫愚病弱四症之作祟，亦为造成中国土地问题之因素。

轼《中国目前土地问题及其应有之方策》发表于《史地社会论文摘要月刊》第 2 卷第 10 期。

斨《中国农民目前之需要》发表于《史地社会论文摘要月刊》第 2 卷第 11 期。

炽《明代对于农民的征敛》发表于《史地社会论文摘要月刊》第 2 卷第 12 期。

和《中国农村经济现状与农民的出路》发表于《史地社会论文摘要月刊》第 2 卷第 12 期。

骏《历代土地制度概要》发表于《史地社会论文摘要月刊》第 3 卷第 1 期。

克凡《南宋的土地问题》发表于《史地社会论文摘要月刊》第 3 卷第 1 期。

箕《中国土地整理之鸟瞰》发表于《史地社会论文摘要月刊》第 3 卷第 1 期。

超《唐代的土地问题及田赋制度的变革》发表于《史地社会论文摘要月刊》第 3 卷第 2 期。

炽《中国土地与人口问题再检讨》发表于《史地社会论文摘要月刊》第 3 卷第 2 期。

和《云南边地农民概况》发表于《史地社会论文摘要月刊》第 3 卷第 3 期。

和《中国土地问题之解决》发表于《史地社会论文摘要月刊》第 3 卷第 3 期。

尧《日本目前之土地问题与自耕农创设事业》发表于《史地社会论文摘要月刊》第 3 卷第 3 期。

郑林庄《我国农业贷款的新姿及问题》发表于《国闻周报》第 13 卷第 29 期。

林凡野《中国农业金融制度的展望》发表于《国闻周报》第 13 卷第 45 期。

廖兆骏《陕西农业经济之调查》发表于《国际贸易导报》第 8 卷第 1 期。

刘怀溥《最近欧洲各国的农业政策》发表于《国际贸易导报》第 8 卷第 10 期。

忍冬译《法国的农民运动与农民阵线》发表于《中外评论》第 4 卷第 4 期。

楚子译《苏联的农民》发表于《中苏文化》第 1 卷第 3 期。

郑佑安《农村改造运动中中国教会应有的贡献》发表于《中华归主》第 171 期。

周振铎《中国农民贫穷程度之透视》发表于《伊斯兰青年》第 2 卷第 3 期。

曾紫绶《边疆土地问题之研究》发表于《新亚细亚》第 11 卷第 1 期。

按：文章说："西康虽交通不便，然荒地甚多，此刻为剿共军事区域，事定之后，若边局得人，中央赞助，移垦不难，故现在办理移垦，似应采取如次之方法。A. 先整理省县垦区内之熟荒。B. 次及于已经报垦而未丈放之地。C. 再次及于省有国有之地。D. 无论汉蒙藏回于个人私有之草地，如愿易牧为农者，准各该地主有招人领垦自由贸易权。E. 蒙旗自愿开垦其地者听之。此为自治原则之所定，当不至有何异议。"

董汝舟《西北土地利用问题》发表于《新亚细亚》第 11 卷第 2 期。

李公衡《东北林业地理》发表于《新亚细亚》第 11 卷第 3 期。

朱茂榛《苏联集体农民生活实况》发表于《苏俄评论》第 10 卷第 4 期。

林辰《十月革命与土地问题》发表于《苏俄评论》第 10 卷第 11 期。

彭光毅《一九三五年日本农业界之收获》发表于《留东学报》第 1 卷第 5 期。

冯一民《日本农业及农业土地问题概观》发表于《留东学报》第 2 卷第 4 期。

正刚《农业经济的基本认识》发表于《留东学报》第 2 卷第 4 期。

萧强《日本农业经营的特质》发表于《留东学报》第 2 卷第 4 期。

光毅《谈谈日本农业教育》发表于《留东学报》第 2 卷第 4 期。

三　乡村建设研究著作

［苏］廖谦珂著，吴觉农、薛暮桥译《农业经济学》（资本主义的农业底体系）由上海黎明书局出版。

按：是书分6章，论述农业经济组织与农业生产的各种形态、市场与农业、农业的配置、收益问题、农业与资本主义、资本主义与农业伟绩等。

[美]约德著，万国鼎译《农业经济学导论》由南京正中书局出版。

王志莘、吴敬敷编著《农业金融经营论》由上海商务印书馆出版。

按：是书分7编，第一编绪论；第二编农业金融之需求；第三编农业金融之供给；第四编农业金融之机关；第五编农业金融之利率；第六编农家负债之整理；第七编政府与农业金融。附录：农业金融法规。

林和成编《中国农业金融》由上海中华书局出版。

中央银行经济研究处编《中国农业金融概要》由上海商务印书馆出版。

朱其傅著《非常时期我国农业金融应取途径之商榷》出版。

按：是书分德国农业金融问题之概述、德国现有之农业金融机关及制度、德国之农业负债问题、结论等4章。

侯厚培、侯厚吉编《农业金融论》由上海商务印书馆出版。

[日]小平权一著，欧阳瀚存译《农业金融新论》（原名《农业金融与农家负债整理》）由上海中华书局出版。

章之汶、李醒愚著《农业推广》由上海商务印书馆出版。

徐渊若著《德国之农业金融》由上海商务印书馆出版。

王志莘编《德国之农业金融》由上海商务印书馆出版。

安汉、李自发编著《西北农业考察》由国立西北农林专科学校出版。

汪洪法著《农业与国防》由正中书局出版。

按：是书分绪论、农业的性质、农业的要素、中国的农业、土地与动力问题、资本问题、农业经济上的自给问题、战时的农业生产与粮食问题等8章。

[法]A. J. Boyazogiu著，赵鼎元译《农业信用概论》由上海商务印书馆出版。

华北农业合作事业委员会编《华北农业合作事业委员会规章汇编》由编者出版。

上海新学会社编辑部编《全国农业图书总目录》由编者出版。

安汉、李自发编著《西北农业考察》由国立西北农林专科学校出版。

胡焕庸著《中国之农业区域》由中国地理学会出版。

[美] 摩根主编，彭子明译《中欧各国农业状况》由上海商务印书馆出版。

按：是书论述奥地利、保加利亚、捷克斯洛伐克、希腊、匈牙利、波兰、罗马尼亚等中欧 7 个国家的农业生产状况、土地利用、农业人口、土地改革、农业教育等。

李蕃著《法国农业调查统计纲要》出版。

江西省农业院编《江西省农业院概况》由编者出版。

江西省农业院编《江西省农业院廿四年度工作报告》由编者出版。

邵仲香著《农家成本账》由南京金陵大学农学院出版。

汤惠荪、杜修昌著《中国农家经济之记账的研究》由南京实业部中央农业实验所出版。

罗大凡著《农场簿记》由上海中华书局出版。

国营金水流域农场编《国营金水流域农场征收土地评价办法》由编者出版。

国营金水流域农场编《国营金水流域农场土地出售规则》由编者出版。

国营金水流域农场编《国营金水流域农场土地清理规程》由编者出版。

国营金水流域农场编《国营金水流域农场土地清理规程施行细则》由编者出版。

国营金水流域农场编《国营金水流域农场授田章程》由编者出版。

胡勤业、王镜铭编《如何举办农产展览会》由河北省立实验乡村民众教育馆出版。

实业部中央农业实验所农业经济系编《民国二十三年农情报告汇编》由编者出版。

薛暮桥著《中国农村问题》由大众文化社出版。

薛暮桥、王宜昌等著《中国农村社会性质论战》由上海新知书店出版。

按：是书收录薛暮桥《研究中国农民经济的方法问题》等论文。

[日] 玉木英夫著，刘怀溥、徐德乾译《中国农村社会论战批判》由上海不二书店出版。

薛暮桥著《农村经济底基本知识》由上海新知书店出版。

按：是书乃《中国农村经济常识》一书的姊妹篇。分为封建社会的农业生产关系、农业中资本主义发展的特殊法则、农业经营中的土地所有问题、农业经营中的劳动问题和资本问题、殖民地农村经济的特质、资本主义社会的农业恐慌、农业改良政策和苏联的农业革命等7章。

范苑声著《中国农村社会经济研究》由上海神州国光社出版。

按：是书分五部分，研究农村经济与农村复兴、中国土地政策与土地税、中国农民问题、日本农村经济问题等。

朱其华著《中国农村经济的透视》由上海中国研究书店出版。

按：是书分7章，包括旧中国农村经济崩溃的真相及农村破产的原因、近代革命运动与农村问题、农村改良运动的产生背景及其根本任务等。

陈醉云编《农村经济概论》由上海中华书局出版。

李寅北编著《农村社会合作经济概论》由南京正中书局出版。

按：是书分绪论、农村合作事业的种类、合作社的组织、合作社的责任、合作社的经营、合作社的管理、合作社的理财、合作社立法、合作社各种簿表等9章。

［日］清水长乡著，张佳玖译《农村经济》由上海商务印书馆出版。

按：是书分6编，第一总论，包括农村振兴问题、农村收益增加论、农村分配公正论3章；第二编农业经营；第三编农地问题；第四编农村金融；第五编自耕农问题；第六编佃耕农问题。

寿勉成、李士豪编著《农村经济与合作》由南京正中书局出版。

按：是书分3编，论述农村经济的意义、农村经济的改进、农政设施、农村合作、农业的起源和发展、农业的特性及种类、农业生产的三要素等。

蒋镇著《农村经济及合作》由上海黎明书局出版。

按：是书分4编，第一编最近农村经济的实况；第二编农村的消费；第三编农村的生产；第四编农村合作。

朱其华著《中国农村经济的透视》由上海中国研究书店出版。

千家驹编《中国农村经济论文集》由上海中华书局出版。

徐正学编《中国农村建设计划》由南京国民印务局出版。

梁漱溟著《乡村建设大意》由山东邹平乡村书店出版。

千家驹、李紫翔编《中国乡村建设批判》由上海新知书店出版。

千家驹著《中国的乡村建设》由上海大众文化社出版。

按：是书介绍了中国乡村建设运动社团、乡村建设运动各派的内容，以及对各派政治立场观点的分析批判等。

张铭编著《农村合作之理论与实际》由河南第十一区行政督察专员公署农村经济研究会出版。

南京市社会局农村改进委员会编《农村改进会第一届农村改进讲习会汇刊》由编者出版。

袁植群著《青岛邹平定县乡村建设考察记》由成都开明书店出版。

周作孚编《考察日本及国内青岛、广西乡村建设日记》出版。

许莹涟、李竞西编《全国乡村建设运动概况》由山东乡村建设研究院出版股出版。

沙鸥著《农村的歌》由学林书店出版。

中国农村经济研究会编《中国农村描写》（农村通讯选集第 2 版）由上海新知书店出版。

河南省农村合作委员会编《农村合作法规汇编》由编者出版。

张则尧著《合作社法十讲》由江西省农村合作委员会出版。

中华平民教育促进会编《定县农村合作社章则汇编》由北平编者出版。

陈伯庄著《平汉沿线农村经济调查》由上海交通大学研究所出版。

冯紫岗编《嘉兴县农村调查》由国立浙江大学、嘉兴县政府出版。

张世文著《定县农村工业调查》由河北定县中华平民教育促进会出版。

按：晏阳初在序中说，该书"使我们对于中国一个整个县单位的农村工业的实际状况，得以一目了然。这不但是为我国研究农村工业的人，很有参考价值的经济史资料，而且对于实际从事农村工业的同人，也是一个重要的贡献"。

吕平登编著《四川农村经济》由上海商务印书馆出版。

吴知著《乡村织布工业的一个研究》由上海商务印书馆出版。

萧克木著《邹平的村学乡学》由山东邹平乡村书店出版。

山东县政建设实验区长官公署编《乡村建设问答》由编者出版。

高赞非著《地方自治与民众组织》由山东乡村建设研究院第一分院出版。

徐宝谦编《农村工作经验谈》由上海青年协会书局出版。

山东乡村建设研究院编《山东乡村建设研究院及邹平实验区概况》由编者出版。

王士勉著《商资流入农村之先河》（一个成功的试验）由西安训政楼出版。

龚心印译《日本复兴农村经济计划及新生活运动》由上海育才中学校出版。

徐渊若编著《日本之农村合作与农业仓库》由上海商务印书馆出版。

按：是书分8章，介绍日本农业合作事业的中央及各地下属组织，评述日本农业仓库的优缺点、合作社五年计划、反合作运动、合作社与政治运动等。

[日]千石兴太郎著，孙鉴秋译《日本农村合作运动》由南京中国合作学社出版。

按：是书分5编，介绍日本农村经济组织——产业合作社之形成与发展过程，以及各种不同性质的合作社组织概况。

[日]本位田祥男著，王大文等译《欧洲各国农村合作制度》由南京中国合作学社出版。

[德]瓦格勒著，王建新译《中国农书》由上海商务印书馆出版。

按：是书论述中国的气候状况、土地状况、民族的前史在文化形成中的深远影响、社会状况、农业政策状况、交通状况、农业种植及家畜饲养等。

宋希庠编著《中国历代劝农考》由南京正中书局出版。

[美]卜凯著，张履鸾译《中国农家经济》由上海商务印书馆出版。

张培刚著《清苑的农家经济》由中央研究院社会科学研究所出版。

华北农产研究改进社编《华北农产研究改进社工作报告》由编者出版。

王又民著《津南农村生产建设实验场农事试验所民国二十四年份农事试验报告书》由津南农村生产建设实验场出版。

实业部中央农业实验所编《农事问答汇编》由编者出版。

朱章宝著《土地法理论与诠解》由上海商务印书馆出版。

李如汉编《土地法要论》由编者出版。

胡崇基著《土地立法论》由著者出版。

李之屏著《土地法释义》由上海法学编译社出版。

王效文、陈传纲著《中国土地问题》由上海商务印书馆出版。

按：是书分土地问题的概念、中国土地问题、中国土地制度的沿革、中国土地的现状、解决中国土地问题的理论与实践等5章。

郑震宇著《土地制度与土地行政》由中央政治学校出版。

［德］考茨基著，岑纪译《土地问题》由上海商务印书馆出版。

李如汉著《地政刍议》出版。

郭培师著《土地陈报之过程与目的及其具体办法》由山东邹平乡村建设研究院出版。

江西省地政局编《土地登记要览》由编者出版。

陈正模著《中国各省的地租》由上海商务印书馆出版。

金陵大学农学院农业经济系编《豫鄂皖赣四省土地分类之研究》由编者出版。

金陵大学农学院农业经济系编《豫鄂皖赣四省之租佃制度》由编者出版。

冯德华、李陵著《河北省定县之田赋》由南开大学经济研究所出版。

李景汉著《定县土地调查》由国立清华大学出版。

宁夏地政局编《宁夏省地政实施计划书》由编者出版。

江苏省地政局编《江苏省土地行政报告》由编者出版。

浙江省民政厅编《浙江省一年来的土地行政》由编者出版。

包容著《土壤学》由上海中国农业书局出版。

徐仁民著《化验浙江各处黏土报告》由浙江省民政厅卫生实验处出版。

梭颇、熊毅著《察哈尔张北县——幼年柱状碱土之性质》由实业部地质调查所出版。

熊毅著《中国盐渍土之初步研究》由北平实业部地质调查所出版。

梭颇著《中国之土壤》由北平实业部地质调查所出版。

马寿征等编著《浙江省杭县土壤调查报告》由浙江省土壤研究所出版。

彭家元、刘天乐、黎旭祥编著《广宁四会土壤调查报告》由广州中山大学农学院出版。

彭家元等著《曲江县土壤调查报告》由广州中山大学农学院出版。

刘茂青等编著《博罗、惠阳土壤调查报告》由广州中山大学农学院出版。

刘茂青、覃树辉等编著《花县从化佛冈土壤调查报告》由广州中山大学农学院出版。

谢申、朱达龙编著《宝安增城县土壤调查报告》由广州中山大学农学院出版。

谢申、陈宗虞等编著《梅县大铺蕉岭土壤调查报告》由广州中山大学农学院出版。

陈宗虞、温大明编著《澄海潮安土壤调查报告》由广州中山大学农学院出版。

蓝梦九编著《广西柳州县土壤调查报告书》由广西土壤调查所出版。

蓝梦九编著《广西桂林县土壤调查报告书》由广西土壤调查所出版。

陈登原著《中国田赋史》由上海商务印书馆出版。

汗血月刊社编《田赋问题研究》（论文集）由上海汗血书店出版。

徐味冰著《田赋积弊之检讨》由编者出版。

万国鼎著《中国田赋鸟瞰及其改革前途》出版。

蒋贻谷著《中国土地税之研究》由杭州嘉泰印刷局出版。

唐启宇著《垦殖学》由上海商务印书馆出版。

唐启宇著《我国土地之垦殖指数与可耕地指数》由实业部统计处出版。

帅仲言著《湖北土地陈报概况暨改进方案》由武昌椿华楼印刷所出版。

河南省土地陈报处编《河南省第一期土地陈报陕县试办报告》由编者出版。

河南第六区行政督察专员公署编《河南南阳县土地清丈专刊》由河南南阳县整理田赋委员会出版。

汪呈因著《中国粮食自给论》由浙江省第五区农场出版。

汗血月刊社编《粮食问题研究》由上海汗血书店出版。

尹以瑄著《国防与粮食问题》由南京正中书局出版。

按：是书分两编，第一编论述平时的粮食问题，各国粮食统制政策，我国人口、土地和粮食供需情况；第二编论述战时粮食统制的重要性，欧战初期各国的自动节约政策，强制定量统制和粮食品的节约方法等。

梁庆椿著《世界粮食问题》由上海商务印书馆出版。

冯柳堂编《中国民食行政之总检讨》由实业部上海商品检验局出版。

曹立瀛著《中国稻麦生产统计之初步研究》由实业部统计处出版。

吴正著《皖中稻米产销之调查》由上海交通大学研究所出版。

江西省政府秘书处统计室编《江西之米谷》由编者出版。

浙江省衢县区保长训练班编《积谷讲义》由编者出版。

周灵钧著《积谷计划》由浙江兰溪区保长训练班出版。

杨开渠编著《家庭农艺》由南京正中书局出版。

许啸天主编《畜植与生产》由上海明华书局出版。

董志坚编著《生产技术丛书》由上海文业书局出版。

彭家元著《肥料学》由上海商务印书馆出版。

倪靖著《肥料学》由上海中华书局出版。

［日］田中贞次云著，樊作哲译《农业土木学》由上海中国科学公司出版。

大光书局编译所《中国历代食货志》由上海大光书局出版。

中央统计处编《各省二十四年灌溉水利工程》由编者出版。

陆费执、刘崇佑编《农作学》由上海中华书局出版。

金陵大学农艺系编《农艺论文摘要》由南京编者出版。

［日］近藤万太郎著，杨开渠译《农林种子学》由上海商务印书馆出版。

王绶编著《中国作物育种学》由上海商务印书馆出版。

沈学年编著《改良种子推广法》由中央农业推广委员会出版。

郝钦铭、张汝俭著《改良品种之繁殖与推广》由金陵大学农学院出版。

孙慕迦著《各国战时食粮统制政策》由南京拔提书店出版。

崔伯棠编《植病丛谈》由上海中国科学图书仪器公司出版。

［日］草野俊助著，陈铭石译《植物病理原论》由上海商务印书馆出版。

云南建设厅编《治虫须知》由编者出版。

蔡邦华著《中国螟虫研究与防治之现状》由实业部中央农业实验所出版。

俞大绂等著《大麦条纹病抗病性试验》由南京金陵大学农学院出版。

民国二十五年　丙子　1936年

楼作舟著《积谷害虫高温致死度之试验》由实业部上海商品检验局出版。

蔡迩宾著《中国蜀黍论》由著者出版。

叶元鼎编译《棉作病虫害学》由上海商务印书馆出版。

沈其益著《中国棉作病害》由全国经济委员会棉作统制委员会中央棉产改进所出版。

李风荪、马骏超著《中国棉作害虫》由上海中华书局出版。

金国宝著《中国棉业问题》由上海商务印书馆出版。

河北省棉产改进会编《河北省棉花产销问题》由编者出版。

桂少良编《棉花运销合作社》由山东省第一民众教育辅导区出版。

陕西棉产改进所编《陕西棉产改进所推行合作事业报告》由编者出版。

山东省政府建设厅合作事业指导处编《山东省政府建设厅二十三年度推广美棉产销合作工作报告》由编者出版。

全国经济委员会棉业统制委员会河南棉产改进所编《河南棉业》由编者出版。

吴振钟编《红蜘蛛》由全国经济委员会棉作统制委员会中央棉产改进所出版。

江西省农业院编《蔬菜害虫》由编者出版。

何畏冷著《广东果树病害汇志》由广州岭南大学农学院出版。

曹自晏编《农用杀虫杀菌药剂》由上海黎明书局出版。

顾玄著《农用杀虫杀菌药剂学》由上海商务印书馆出版。

全国经济委员会农业处编《茶业技术讨论会汇编》由南京编者出版。

彭先泽著《稻作学》由上海商务印书馆出版。

王绶著《大麦之遗传》由南京金陵大学农学院出版。

黄艺锡著《棉衡》出版。

江少怀编《油类作物全书》由上海中国农业书局出版。

乐文等译著《药用植物及其他》由上海商务印书馆出版。

史公山编《药用植物栽培法》由上海商务印书馆出版。

史公山著《除虫菊事业》由上海世界书局出版。

萧苇编著《除虫菊》由上海中国农业书局出版。

王显恩著《实验种烟法》由上海中国茶业书局出版。

吴锦森、吴建时编译《实用园艺术》由上海中华书局出版。
孙灌园主编《园艺常识》由浙江奉化园艺生产合作社出版。
吴耕民著《蔬菜园艺学》由上海中国农业书局出版。
颜纶泽著《蔬菜大全》由上海商务印书馆出版。
孙云蔚编《萝卜白菜栽培法》由上海中华书局出版。
庄逸林著《山东胶菜四川榨菜栽培法》由上海中国农业书局出版。
廖文毅著《日本之糖业》由南京大承出版社出版。
全国经济委员会农业处编《祁门冬期茶业合作训练班讲演集》由编者出版。
全国经济委员会农业处编《荷印之茶业》由编者出版。
全国经济委员会农业处编《印度锡兰之茶业》由编者出版。
吴觉农编著《印度锡兰之茶业》由实业部上海商品检验局出版。
孙云蔚著《甘蓝栽培法》由上海中华书局出版。
孙云蔚编《番茄草莓栽培法》由上海中华书局出版。
孙云蔚编《西瓜百合栽培法》由上海中华书局出版。
谌克终著《果树园艺学》由上海商务印书馆出版。
郑坡著《果树园艺学》由上海大华农场农书出版部出版。
孙云蔚编《实用果树栽培法》由上海中华书局出版。
陈锡鑫编著《梅果脱湿试验》由南京金陵大学农学院出版。
胡昌炽著《福建之柑橘》由福建省农林改良总场出版。
宋本荣编著《长安金柑调查报告》由广西农事试验场出版。
江西省农业院编《草莓》由编者出版。
花好月圆人寿室主人著《花果种植法》由上海国华新记书局出版。
陈端木编著《草木花卉》由南京正中书局出版。
沐绍良编译《观赏植物图谱》由上海商务印书馆出版。
唐燿著《中国木材学》由上海商务印书馆出版。
按：是书乃中国近代第一部关于木材学的专著。
王毓瓒编译《森林昆虫学》由国立北平大学农学院出版。
广西省政府统计局编《广西农林》由编者出版。
庄逸林编《油桐棕榈栽培法》由上海中国农业书局出版。
缪炎生编著《畜产学》由南京正中书局出版。
卢稼轩编《生物畜养指导》由上海南星书店出版。

梁华、刘崇佑编《家畜》由上海中华书局出版。
江蝶庐著《实用养牛法》由耕民书局出版。
实业部上海商品检验局畜牧检验组著《养牛浅说》由上海编者出版。
潘念之编《乳牛饲养学》由上海中国农业书局出版。
江蝶庐编《实用养羊法》由上海新民书局出版。
冯焕文著《绵羊》由上海中国农业书局出版。
实业部上海商品检验局编《养山羊浅说》由上海编者出版。
四川省家畜保育所编《养猪浅说》由成都编者出版。
程宗颐著《实验养猪问答》由上海南星书店出版。
四川省家畜保育所编《种用猪的饲喂和管理法》由成都编者出版。
四川省家畜保育所编《怎样去选择种用猪》由成都编者出版。
甘纯权编《养兔指导续编》由上海农村副业月刊社出版。
江少怀编《养狗法》由上海中国农学社出版。
郑学稼著《家禽全书》由上海生活书店出版。
程宗颐编《实验养鸡问答》由上海南星书店出版。
齐凝之著《养鸡之学理与实际》由南京正中书局出版。
黄中成编著《养鹅讲座》由上海德园家禽函授学校出版。
江蝶庐编《实用养鸽法》由上海新民书局出版。
［日］岩田岩著，贺云译《信鸽训练法》由上海中国农业书局出版。
四川省家畜保育所编《除防瘟症的方法》由成都编者出版。
四川省家畜保育所编《畜舍卫生》由成都编者出版。
吴信法编著《家畜传染病学》由南京正中书局出版。
钱天达著《中国蚕丝问题》由上海黎明书局出版。
戴礼澄编《蚕丝业泛论》由上海商务印书馆出版。
［日］梅谷与七郎著，汪协如译《蚕种学》由上海商务印书馆出版。
熊季光、李绍宜编著《家蚕品种改良法》由上海商务印书馆出版。
朱洗、赵汝翼著《蚕卵单性发育与正常发育之比较》由北平中法大学出版。
黄作夫、陈家熊编《养蜂学》由上海中华书局出版。
江蝶庐编《实用养鱼法》由上海新民书局出版。
李士豪著《中国海洋渔业现状及其建设》由上海商务印书馆出版。
浙江省立宁波民众教育馆编《浙江沿海各县渔盐概况》由编者出版。

方显廷、毕相辉著《由宝坻手织工业观察工业制度之演变》由天津南开大学经济研究所出版。

四 卒于是年的乡村建设工作者

郭滴人卒（1907—1936）。原名上宾，福建龙岩人。1924年任家乡小学教师。1926年春赴广州入毛泽东主持的第六届农民运动讲习所学习，改名滴人。6月加入中国共产党。9月以国民党中央农民部特派员身份在北伐军东路军总政治部工作，10月随北伐军回到龙岩，在该部汀漳龙办事处岩平宁分处工作，领导农民运动，支持张旭高开办农民运动宣传队人员养成所，培养了一批农民骨干，吸收进步青年加入共产党。翌年1月，中共龙岩县总支委员会成立，任组织委员。与总支的同志一起深入农民、工人、学生中帮助建立农会、工会和学生会。在龙岩各界代表大会上通过了"二五减租""对半减息"，反对封建婚姻，禁鸦片，禁赌等决议，打击了地主豪绅。大革命失败后，仍然坚守在闽西，组织和领导农民运动，发动东肖后田等9个乡村建立秘密农民协会，会员达10万人。1928年3月与邓子恢等领导龙岩后田武装起义，组建闽西第一支游击队，坚持武装斗争。1929年5月领导龙岩全县农民武装暴动，率领游击队配合入闽的红四军三打龙岩，全歼守城国民党军。龙岩县苏维埃政府成立后，当选首任苏维埃主席，并领导组建闽西红军第一团，任政治委员。1930年后，历任中共闽西特委书记、闽西苏维埃政府常委兼文化部长、闽西革命军事委员会委员、中共闽粤赣省委宣传部部长、中华苏维埃共和国政治保卫局福建分局局长、福建省军区独立第八师政治委员。参加中央苏区历次反"围剿"作战。1934年春入中央党校学习，同年10月随红三军团参加长征。到达陕北后，任中共陕北省委宣传部部长、中央局组织部干部科科长。1936年11月18日病逝于陕西保安。

民国二十六年　丁丑　1937年

一　乡村建设活动

1月5日，国民政府行政院颁布《垦荒实施条例》。

是月，赵连芳、周拾禄、柯象寅等发起组织的中华稻作学会在南京成立，出版《中国稻作》刊物。

2月2日，实业部公布《培植保护特种林木监督办法》。

2月10日，中共中央致电国民党三中全会，提出五项要求和四项保证，提出为促成抗日民族统一战线的建立，停止没收地主土地的政策。不久，中共中央提出没收汉奸卖国贼的土地分配给农民、救济受灾农民、发放农业贷款、组织劳动互助、发展根据地经济等措施，以改善农民生活。

2月19日，中央土地部作出《关于春耕运动的决定》，要求不荒芜一垧耕地，增加收成，奖励生产。

3月28日，华北农村建设协进会在北平协和医学院召开第一届年会，决定取消原有的研究训练委员会，另行设立农村建设实习处，负责进行研究训练和实习工作。

4月1日，中国气象学会在南京召开第三届年会，决定设立中央气象局。

4月20日，中共陕西省委发出关于救济陕西灾荒运动的初步指示。

4月29日，陕甘宁边区政府发布《关于处置回苏区的豪绅地主的办法》。规定地主回来可分给一份土地，受政府保护，但必须遵守苏维埃的一切法令，不得欺压群众，反抗政府。

是月，中国地政学会召开第四届年会，讨论"如何实现耕者有其田"的问题。

5月5日，国民党中央政治会议通过了《修正土地法原则》。规定地租最高额为地价的80％，发行土地债务；重划土地；扶植自耕农；开垦荒地等项政策。

5月27日，中华苏维埃中央政府西北办事处发布禁止种植和吸食鸦片的布告。

是月，由唐启宇、李适生、汤惠荪、赵葆全、黄通、徐仲迪、张心一、孙文郁、乔启明等发起的中国农业经济学社在南京金陵大学农学院成立，出版《中国农业经济学社季刊》。

6月27日，中共中央在《民族统一纲领草案》中提出修订并实行国民政府颁布的土地法，整理田赋，改良租佃制度，减轻地租，禁止地租以外的其他要素，并保证耕者有其田；整理农民债务，减低利息，禁止高利贷，规定最高利率，提倡农民信用合作社，增加农村贷款，改良借贷办法，使农村银行及其他贷款机构，能真正为农民服务。

6月29日，陕甘宁边区公布经济建设实施计划（1937年7月—1938年12月），要求发展水利，改良与扩大土地，增加粮食，发展畜牧业，培养农业干部等。

7月2日，国民政府立法院公布《修正保甲条例》。

7月15日，中共中央将《中国共产党为公布国共合作宣言》交付国民党，约定由共产党发表。其中有"停止以暴力没收地主土地的政策"等内容。

是月，国民政府为适应抗战需要，特设立农业、工矿、贸易三个调整委员会，隶属于军事委员会。

8月18日，国民政府公布《战时粮食管理条例》。

8月22日至25日，中共中央政治局在陕北洛川召开会议，发表《抗日救国十大纲领》，其中把减租减息作为抗日战争时期解决农民问题的基本政策。

8月27日，中共陕甘宁边区党委发布《关于贫农团改造的决定》。

是月，军政部和实业部公布《军队造林办法》，倡导地方驻军厉行造林。

9月20日，陕甘宁边区政府颁布《土地所有权证条例》，以保障农民已分得土地的所有权。

10月1日，陕甘宁边区政府颁布《征收救国公粮条例》，对征收救国公粮的计算标准、方法及征收对象作了明确规定。

10月16日，刘少奇发表《抗日游击战争中的各种基本问题》，将党的解决农民土地问题政策进一步具体化，提出了抗日革命根据地的十大土地政策。

按：十大土地政策是：没收汉奸的土地分配给无地或少地的农民；逃走的地主的土地，无租息地分配给农民耕种；地方公有地分给农民；普遍减租，规定最高租额；保障永佃权；认真办理水利及救灾；协助农村合作社的发展；保障农民有组织农民协会的自由；惩治敲诈盘剥农民的土豪劣绅；禁止高利贷等。①

11月24日，中国共产党陕甘宁边区党委提出了《特区政府施政纲领》。规定保证农民已经分得的土地，实行耕者有其田；废除苛捐杂税；减租减息，采用统一累进税率制；实行八小时工作制，改善工人待遇等。

是年，中央农民部改为中央农村工作委员会，由王观澜任主任。

二 乡村建设研究论文

社论《中国农业机关之调整问题》发表于《农业周报》第6卷第1期。

唐启宇《中国农业金融制度之确立问题》发表于《农业周报》第6卷第1期。

按：文章分近代农业金融制度之发轫、农业金融之性质及其目的、农业金融之运用、办理农业金融成功与失败之迹、中国农业金融制度之透视五部分。

社论《社会化的农业制度之得失》发表于《农业周报》第6卷第3期。

社论《铁路对于农业发展应有之努力》发表于《农业周报》第6卷第9期。

杨锡类《农业推广与农村青年教育》发表于《农业周报》第6卷第10期。

杜元载《怎样建设乡村发动农民抗战》发表于《四川农业》第3卷第2期。

吴香魁《战时农产品加工问题》发表于《四川农业》第3卷第2期。

---

① 方之光、龚云：《农民运动史话》，社会科学文献出版社2000年版，第135页。

吴士英《战时农业青年出路问题》发表于《四川农业》第3卷第2期。

曹钟瑜《战时农业及农业金融》发表于《四川农业》第3卷第2期。

陆理成、林聚光《畜牧事业对于国计民生之重要》发表于《中国新农业》第1卷第3期。

按：文章从畜牧事业之于军备、畜牧事业对于国家经济之得失、畜牧事业对于民族之强弱、畜牧事业对于工业之隆替、畜牧事业对于劳力之替代、畜牧事业对于垦荒前途之利钝、畜牧事业对于废地杂草及各项遗弃物之利用、畜牧事业对于肥料之供给、畜牧事业对于农民生计之盈亏、畜牧事业对于农民生活之调剂等10个方面论述了畜牧业对于国计民生的重要性。

王泽南《民族解放与农民》发表于《中国农村》第3卷第1期。

洁人《农业仓库与农村经济》发表于《中国农村》第3卷第4期。

闵挽澜《谈国难中的农民教育》发表于《中国农村》第3卷第5期。

老农《日本炮火下的平津农民》发表于《中国农村》战时特刊第1期。

韦健雄《战时农业生产问题》发表于《中国农村》战时特刊第1期。

恽逸群《组织农民的主要问题》发表于《中国农村》战时特刊第2期。

霖《改善农民生活》发表于《中国农村》战时特刊第3期。

张西超《组织农民武装农民的必要》发表于《中国农村》战时特刊第3期。

冯和法《被忽略了的农民生活问题》发表于《中国农村》战时特刊第5期。

霖《如何动员农民》发表于《中国农村》战时特刊第6期。

狄超白《对目前合作运动之评价》发表于《中国农村》第3卷第2期。

意檀《农业推广工作的困难》发表于《中国农村》第3卷第3期。

王效文、陈传钢《中国土地问题》发表于《中国农村》第3卷第4期。

《中国土地调查报告纲要》发表于《中国农村》第3卷第4期。

冯和法《平均地权与土地所有问题》发表于《中国农村》第3卷

5期。

雨林《中国土地问题和商业高利贷》发表于《中国农村》第3卷第5期。

孙寒冰《中国农业政策的新阶段》发表于《中国农村》第3卷第6期。

按：文章说："修正土地法原则的通过，是中国农政进入新阶段的初步。中国土地问题的彻底解决，唯有顺序渐进，自耕农经济是其中一个阶段。最后的目标自应是'土地国有'，集体耕种的实现。因为唯有这么，农村问题才能得到根本的解决。"

益圃《新土地政策的实施问题》发表于《中国农村》第3卷第7期。

陈翰笙《侵略政策和人口问题》发表于《中国农村》第3卷第7期。

评论《全国的农民起来抗战》发表于《到农村去》第1卷第1期。

傅不畏《农民总动员》发表于《到农村去》第1卷第2期。

杨贻书《广东农民动员问题》发表于《到农村去》第1卷第2期。

李大超《如何发挥农民抗战的力量》发表于《到农村去》第1卷第2期。

徐可生《如何发动农民抗战》发表于《到农村去》第1卷第2期。

郑季楷《农民组织与训练及其义务》发表于《到农村去》第1卷第2期。

蓝名诂《非常时期之农业统制问题》发表于《农村经济》第4卷第2期。

方释之《论各国农业之盛衰与外国农村之复兴》发表于《农村经济》第4卷第3—4期。

俞时彦《农民生活改善》发表于《农村改进》第1卷第2期。

王振纲《农民纠纷的法律观》发表于《农村改进》第1卷第2期。

鲁一屏《农业资金的供给源及低利问题》发表于《农村改进》第1卷第5期。

张经武《农民应粮食自给》发表于《农村改进》第1卷第5期。

王振纲《我国土地法的特质》发表于《农村改进》第1卷第5期。

按：文章说："我国土地法的特质，第一是关于所有权方面的规定，土地法第二章土地所有权第七条规定——中华民国领域内之土地，属于中华民国国民全体，其经人民依法取得所有权者，为私有土地，但附着于土地之矿，不因取得土地所有权而受影响。同条第二项——前项所称之矿，以矿业法所规定之种类为限。这一条的特点，是在于一方规定土地为国有，一方从法律上承认私有，这与苏俄土地法的规定，就截然不同。"

翟志达《农家的负债整理》发表于《农村改进》第1卷第5期。

按：文章说："农家负债累增的原因，不外外来恐慌的压迫，及内部经济的崩溃，我们可分直接与间接的原因来说明它。"

章元善《中国合作实际问题》发表于《乡村建设》第6卷第1期。

褐夫《怎样使农民能接受我们的一切建议》发表于《乡村建设》第6卷第10期。

王联奎《我国土地分配问题资料之分析研究》发表于《乡村建设》第6卷第10期。

方铭竹《战后罗马尼亚土地制度改革史》发表于《乡村建设》第6卷第11—12期。

尹树生《农业机器化与农具利用合作社》发表于《乡村建设》第6卷第13期。

项天及《现阶段中国土地问题及其解决途径》发表于《乡村建设》第6卷第16期。

项天及《现阶段中国土地问题及其解决途径（续）》发表于《乡村建设》第6卷第19期。

冯静远《中国农业金融的趋势及其问题》发表于《农村合作月报》第2卷第6期。

按：文章分新农业金融的兴起、新农业金融的普及问题、新农业金融发展的不均问题、借贷的利息与时期问题、借款抵押与借款用途问题、新农业金融与农业改进等六部分。

陈君鹏《法国及其殖民地的农业合作》发表于《农村合作月报》第2卷第7期。

胡翼孙《农业合作保险之经营》发表于《农村合作月报》第2卷第8期。

李孟麟《中国推行农业保险合作问题》发表于《农村合作月报》第2卷第8期。

按：文章分中国推行农业保险之必要、中国农业保险中之组织问题、中国亟应推行之农业保险种类三部分。

民国二十六年　丁丑　1937年

刘青山《日本农业保险合作制度》发表于《农村合作月报》第2卷第8期。

曹贯一《中国的土地问题与农村合作》发表于《农村合作月报》第2卷第11—12期。

启凡《广西的农村》发表于《农村合作月报》第2卷第11—12期。

李隆《中国农业经营的现状及其发展前途》发表于《农村合作月报》第2卷第11—12期。

按：文章分限制着农业经营发展的历史条件、中国农业经营的面积、一般农业经济的内容、中国农业经营问题的前途四部分。

胡恕生《非常时期的农民教育》发表于《农村服务通讯》第18期。

葛言《复兴农村必先从事农民教育》发表于《绥远农村周刊》第140期。

瑞光《农民心理的缺陷》发表于《乡村运动周刊》第9期。

方铭竹、翟茂林《土地制度与产业合作》发表于《乡村运动周刊》第23期。

李振院《长期抗战与动员农民大众》发表于《农声》第210—211期。

曹承宗《农民应协力援助农村振兴运动》发表于《农业进步》第5卷第2期。

文圃《挽救棉业前途危机为农民进一言》发表于《农建旬刊》第20期。

王殿芳《农民应有正当娱乐》发表于《农建旬刊》第24期。

孙文圃《"农民化"与"化农民"》发表于《农建旬刊》第25期。

坪《青县农民得到福利》发表于《农建旬刊》第28期。

萧觉非《一年来杭州中国农民银行之合作事业》发表于《农友》第5卷第1期。

乐《请求中国农民银行扩展甘肃农村合作建设工作》发表于《农友》第5卷第4期。

萧复宗《放款救济合作农民》发表于《湖南农讯》第44期。

柳树人《农村之合作的性质》发表于《农民（开封）》第1卷第6—8期。

何一平《关于研究农村经济的话》发表于《农民（开封）》第1卷

第6—8期。

陈灼《中国农民离村之危机及其挽救对策》发表于《农民（开封）》第1卷第6—8期。

按：文章说：挽救农民离村的方法，第一要扫除破坏农村促成农村崩溃的一切障碍，第二要建设农村经济，使农民安于农村。前者为抗外力之袭击，后者以谋自身之健全，双管齐下，兼筹并顾，庶目的可达，事半而功倍。

杞人《近年来我国银行投资农村的趋势及其内容》发表于《农民（开封）》第1卷第6—8期。

赵允恭《德国之农业组织》发表于《农民（开封）》第1卷第6—8期。

蒋时敏《土地问题与民族解放》发表于《农民（开封）》第1卷第18期。

徐晴岚《中国农民合作》发表于《农民（开封）》第1卷第18期。

郑精诚《我国农村衰弱之因素及其应施之政策》发表于《农民（开封）》第1卷第18期。

李凤楼《本乡的租佃制度》发表于《农民（开封）》第1卷第18期。

王理传《抗战中之农业》发表于《农民（开封）》第1卷第18期。

柳树人《中国农业经营的原则》发表于《农民（开封）》第1卷第18期。

按：文章分大农经营与小农经营之比较、大农经营之弊点、大农经营与小农经营之目的、中国农业经营的特殊性四部分。

原玉印《繁荣农业生产与国民经济建设》发表于《农民（开封）》第1卷第18期。

陈为刚《英国消费合作运动》发表于《农民（开封）》第1卷第18期。

杨启后《农家记账问题在农村经济中的重要性》发表于《农民（开封）》第1卷第18期。

明《中国农产运销合作运动之回顾与前瞻》发表于《中国农民银行月刊》第2卷第1期。

王醒吾《如何建设贵州的农村》发表于《中国农民银行月刊》第2

卷第 1 期。

吴学森《农业金融方策之检讨》发表于《中国农民银行月刊》第 2 卷第 1 期。

按：文章说："农为百业之根本，其能影响一国经济之荣枯，故各对于农业金融，莫不积极研究，以及政府之援助，此外尚有下列，以事鼓励：一、提倡——如德之腓力大帝提倡土地抵押信用协会，威廉士第二之奖励雷发巽运村信用合作运动。二、创设官立农业金融机关——如法国之中央农业合作银行，德之普鲁中央银行。三、低利贷金——如德之细策细亚土地抵押信用协会，资金定年利二厘。四、特权——授予农业金融机关以特权，他们所发行的债券，享有特殊之保障。五、严密监管及指挥农业金融机关的营业——如法国法兰西银行之总裁，系由政府任命；日本劝业银行总裁，亦由政府任命。"

明《合作社单营兼营问题论战之调解》发表于《中国农民银行月刊》第 2 卷第 1 期。

[日] 小平权一作，翁德操译《德国之农业金融》发表于《中国农民银行月刊》第 2 卷第 1—4 期。

孙晓村《现代中国的农业金融问题》发表于《中国农民银行月刊》第 2 卷第 2 期。

高希恺《豫北豫西各县农村合作社暨经济概况调查》发表于《中国农民银行月刊》第 2 卷第 2 期。

久《推行合作之最基本的问题》发表于《中国农民银行月刊》第 2 卷第 2 期。

明《农村合作社组织与经营之困难及其解决方法》发表于《中国农民银行月刊》第 2 卷第 2 期。

万剑非《河南密县经济及合作调查》发表于《中国农民银行月刊》第 2 卷第 2 期。

久《办理农村合作事业之我见》发表于《中国农民银行月刊》第 2 卷第 2 期。

按：文章说：合作事业，关系三民主义之实行，国民经济之建设，农村社会之复兴，非常重要，但欲推行尽利，期收实效，首先应注意下列数事：（一）应注意自给自足；（二）应促进对外输出；（三）应注重经济统制；（四）应促成农村副业工业化。以上几点，是办理农村合作事业本身所应注意的,至于从事农村合作事业工作同志方面,也有几点须加注意的是:(一)农村合作事业,关系国家前途及三民主义之实现,如此重大,做领导的人员,必须有保姆的态度,扶持协助,使萌芽的合作事业,能渐渐地发展。(二)对于农民要有"循循善诱"忠实导师的态度,而且要竭力扶助表现出服务的精神,才可以取得民众的信仰。(三)从事农村合作运动要有任劳任怨的精神,切忌因旁人的误解,而变更了我们的计划,改变了固定的方向。(四)办理农村合作同志,要利用农村处处表现合作性的优点,使乡村中不致有各种派别发生,设法联络起来,致力于合作事业,做到"人人为我,我为人人"的要境地。这都是我们办理农村合作事业人员所应注意的。

久《农村合作社的自立途径》发表于《中国农民银行月刊》第2卷第2期。

张铮友《河南开封县农村合作事业调查》发表于《中国农民银行月刊》第2卷第2期。

中《非常时期我国合作事业》发表于《中国农民银行月刊》第2卷第3期。

陈隽人《二十五年份我国农产情形》发表于《中国农民银行月刊》第2卷第3期。

方家成《福建省崇安县特产调查》发表于《中国农民银行月刊》第2卷第3期。

王聿爵《经济生产事业中之林业合作》发表于《山东合作事业指导月刊》四月号刊。

王长富《世界各国森林及林业之概要》发表于《中华农学会报》第157期。

齐三《四川之林业政策及其实施办法》发表于《四川林学会会刊》第1期。

佘季可《四川林业目前应注意之问题》发表于《四川林学会会刊》第1期。

曾省之《发展林业之先决问题》发表于《四川林学会会刊》第1期。

刁群鹤《最近德国林业行政系统》发表于《四川林学会会刊》第1期。

半老《贵阳的农民》发表于《农林新报》第14卷第11期。

金守拙《农民的责任》发表于《农林新报》第 14 卷第 21 期。

金守拙《抗战中的农业生产与农村现状》发表于《农林新报》第 14 卷第 24—25 期。

王荔支《中国农民劳动制度的经济基础》发表于《农林杂志》第 2 卷第 5—6 期。

韦和勤《农民肉卫生问题的检讨》发表于《农林杂志》第 2 卷第 6 期。

皮作琼《复兴林业的两条大道》发表于《林区通讯》第 3 期。

李相符《苏维斯联邦的林业及木材业》发表于《平汉农林》第 1 卷第 5 期。

汪子瑞《江西省林业教育之过去与将来》发表于《江西农讯》第 3 卷第 7 期。

刘端生《农业经营合理化的方向》发表于《安大农学会报》第 1 卷第 1 期。

王尧《中国农业衰落原因及改进方法之鸟瞰》发表于《安大农学会报》第 1 卷第 1—2 期。

按：文章分农业在中国国民经济上地位之重要、农业衰落之现象、农业衰落原因之剖视、农业改进方法之刍议四部分。

胡江《现阶段中国农业金融机构的评价》发表于《安大农学会报》第 1 卷第 2 期。

刘德富《化学肥料与我国农业前途》发表于《安大农学会报》第 1 卷第 2 期。

白方策《农业金融问题之研究》发表于《农行月刊》第 4 卷第 2 期。

张时敏《国民经济建设与农业机械化》发表于《农行月刊》第 4 卷第 3 期。

高程云《社会生产发展过程中的合作与农民》发表于《河北棉产汇报》第 30 期。

非斯《〈诗经〉中表现的土地关系》发表于《食货》第 5 卷第 7 期。

杨廷贤《明末农民暴动之社会背景》发表于《食货》第 5 卷第 8 期。

雷无我《虞舜就是农民的好榜样》发表于《田家半月报》第 4 卷第 4 期。

王海山《农民救穷的法子——组织合作社》发表于《田家半月报》

第 4 卷第 9 期。

章元善《农民怎样可以走上富裕之路》发表于《田间》第 101—102 期。

蔡无忌《中国兽医事业前途之展望》发表于《畜牧兽医季刊》第 3 卷第 1 期。

按：文章说："我们应希望政府，为着农民的福利，为着本国畜牧兽医事业的前途，用极大的力量，来扶植畜牧兽医教育的发达。'百年树木，十年树人'，这句话若使是正确的，我们应当目前就妥着手于兽医人才的培养，临时抱佛脚，是无补于事的。"

黄通《扶植自耕农与土地金融》发表于《地政月刊》第 5 卷第 2—3 期。

赵棣华《耕者有其田与土地购买贷款问题》发表于《地政月刊》第 5 卷第 2—3 期。

泽村康作，刘岫青译《德意志农民解放与土地整理》发表于《地政季刊》第 1 卷第 1 期。

孙辅世《振兴中国农业的途径》发表于《水利》第 12 卷第 5 期。

按：文章说："中国现在要大规模的科学化经营农业，使短时期内得以达到振兴的目的，应该采取哪一种方式，实在是我们现在振兴农业的先决问题。第一种美国的个人资本主义，当然已经不能适合现在的时代；第二种丹麦的合作制度，成效很慢，并且根本是一个普及教育的问题，这是在小制度中一个变通而不得已的办法；第三种俄国的集团制度，固然是一个革命的方法，但是因此而引起社会的扰乱，影响国家的稳固，是我们应该避免的，所以三种办法，都不能说是完全我们可以仿效的。为适合中国的实地情形起见，我们应该采取的是下面的方式：中国的荒地非常的多，有人说占可垦地面积百分之五十，有人说不过四分之一，虽然没有确切的统计，但是面积的广，是不成问题，这一类的荒地，应该一律保留或收归国有，由国家的资历来垦殖同大规模的经营。至于旧有农田，就应该赶速清丈，农村教育应该积极推广，以便于短期内彻底的推广合作制度。如此双方兼顾，缓急并进，于不违背社会制度，经济原理之下，以达到振兴农业的目标，在今日的中国应该是行得通的一个根本办法。"

彭凤年《中国森林业危机之横剖面及其挽救方策》发表于《中国经济》第 5 卷第 3 期。

李立中《关于中国土地与人口问题论战》发表于《中国经济》第5卷第3期。

按：文章说："总之，在资本主义社会的现代，成为问题的，只是人口过剩问题；绝不是绝对的人口过剩问题，将现代的人口问题，认为是古代社会的绝对的人口过剩问题的继续，这简直是对于社会经济史的一种强奸，而且'现代学者'之流更将破碎了的玄学的马尔萨斯的抽象人口律，不折不扣的适用到中国来，这更是僵尸思想复活的表现。虽然在半殖民地化的中国资本主义社会里，因帝国主义的侵蚀，农业生产力之发展，极其迂缓，农村中必然现有更高度的相对的人口过多，然而它的由来，正是帝国主义宰制的结果，绝不是甚么地理上的自然限制，故今日主要的课题，是在怎样积极的解脱帝国主义的羁绊，而不是消极地去'削足适履'，笨拙的去实行节制人口生育。"

王先强《嘉兴县土地问题及其解决方案》发表于《中国经济》第5卷第6—7期。

许道夫《经营农业仓库之先决问题》发表于《社会经济月报》第4卷第9期。

郭乐民《从罗斯福改善美国农民生活方案谈到江苏省农民生活的改善问题》发表于《国民经济建设》第2卷第3期。

郭汉鸣《土地调查之业户与农户分类问题》发表于《国民经济建设》第2卷第5期。

陈长蘅《我国土地与人口问题之初步比较研究及国民经济建设之政策商榷》发表于《广东经济建设月刊》第1期。

冯紫岗《建设中之霍邱西湖农垦区》发表于《经济建设半月刊》第7期。

秀峰《整理土地与田赋之基础》发表于《财政研究》第7—8期。

济航《整理本省田赋与举办土地陈报》发表于《财政研究》第7—8期。

权时《今日中国之经济建设应侧重农业论》发表于《银行周报》第21卷第48期。

按：文章说：一、欲救目前农村之危急，非侧重农业不可；二、就从业员人数多寡言之，吾国今日亦应侧重农业；三、为谋减少对外贸易巨额入超起见，吾国今日应侧重农业；四、欲求工业原料之自给起见，吾国今日应侧重农业；五、为应付非常时期之民食军食起见，吾国今日应侧重农业。

陈维藩《农业仓库论》发表于《商业月报》第 17 卷第 4 期。

宋淑贤《苏联集体化农业之发展》发表于《商学汇刊》第 5 期。

卜愈之《法国农业信用合作》发表于《商学丛刊》第 4 期。

宝珊《中国之农民问题》发表于《新建设》第 4 卷第 10—14 期。

余其心《四川农业调查问题及其解决方法》发表于《建设周讯》第 2 卷第 1—2 期。

李贤堃《四川之土地利用》发表于《建设周讯》第 2 卷第 3 期。

汪次堪《非常时期中之川省畜牧兽医工作》发表于《建设周讯》第 3 卷第 1 期。

张保丰《发展农业生产与推行生产合作》发表于《建设评论》第 4 卷第 1 期。

郑约斋《建设国民经济与研究农业社会科学》发表于《建设评论》第 4 卷第 1 期。

邹宗伊《建设农业仓库之重要及其方案》发表于《建设评论》第 4 卷第 2 期。

张天翼《农业推广问题》发表于《建设评论》第 4 卷第 3 期。

按：文章分绪言、农业推广之意义、农业推广之目的、农业推广之要素、农业推广之组织、农业推广之种类、农业推广之原则、农业推广之困难、农业推广员应具备之条件、农业推广应注意之事项、农业推广之步骤、农业推广之方法、结论等十三部分。

欧阳涤尘《农业制度与土地所有权问题》发表于《建设评论》第 4 卷第 4 期。

陈立夫《历届中国地政学会年会对中国土地问题的讨论和决定》发表于《建设评论》第 4 卷第 4 期。

欧阳涤尘《农业制度与土地所有权问题》发表于《建设评论》第 4 卷第 4 期。

凯丰《抗日民族统一战线阶段上的农村革命政纲》发表于《解放》第 1 卷第 11 期。

按：文章说："中国土地问题的严重，这是成为全国人士所公认的事实了。急待解决中国的土地问题，这也是没有人否认的。现在的问题是，在抗日民族统一战线的阶段上，用怎样适当的方法而使中国土地问题求得合理的解决。为着探讨这个问题，我们把现阶段上对于农村改革应采取的方针提出，以与全国关心农村改革的人士共向商讨。同时也愿以此意见供献给南京政府在正式修改土地法时应采取真正改革农村的土地立法。……怎样才能求得在现阶段上合理的解决农村问题呢？我们认为要有具体的改革现在农村经济状况的纲领，而这些纲领的实现，确是于农民有利的，而且是能够实现，并且是必须要实现。这些纲领的实现，可以经过各方面的力量，如民众的力量，国家的立法等等，如果徒托空言，或拿永不能实现的计划，或于农民没有利益的计划，这是不能采用的。因此我们主张在抗日民族统一战线阶段上最低限度的农村改革政纲，应当是：（一）由国家出资认真办理救灾治水的事业。（二）规定减租至最低限度。（三）废除苛捐杂税代以统一的农业累进税。（四）没收汉奸卖国贼之土地分给无地或少地之农民。（五）整理农民债务、禁止高利盘剥，由国家和银行出资以低利直接贷与农民。（六）国家帮助发展农村合作社，整理和改造现有合作社，由农民直接管理，以便发展农村生产、消费、信用事业。（七）惩治贪官污吏，农村政权由农民直接选举。（八）修改土改法，使于农民有利，规定最高限度的地租，保障农民有永久佃借他所耕种的土地之权等等。（九）修改农会法，保障农民有组织农民协会之自由，以及获得言论出版集会之一切民主权利，实施农村普及教育。（十）改善和改造民团和壮丁队的工作与组织，武装农民，逐渐施行义务兵役制，以便在抗日战争中军队获得不断的补充和扩大。……'耕者有其田'和'平均地权'是孙中山先生手定的农民土地政策，这个政策的真正的意义就是要经过民众的力量与立法的方法，使农民获得土地。即是把土地从地主的私有变为农民的私有。这种变动可以使农民生产能够自由地发展，使农村和农民生活能够真正地改善。我们应当继续孙中山先生的这种政策，真正实现'耕者有其田'。……所以中国共产党过去的平分土地，只是彻底的实现耕者有其田，不过不是采取立法的方法，而是采没收地主土地的方法来实现平均地权。所以平分土地不是社会主义，只是实现孙中山先生的'耕者有其田'的政策的最彻底的方法。"

金子《日本工人与农民运动的高涨》发表于《解放》第 1 卷第 12 期。

章之汶、辛润棠《我国农业教育政策》发表于《经世》第 1 卷第 1—

2期。

张卫滨《中国农业经济衰败之症结与对策》发表于《经世》第2卷第2期。

按：文章分农业在中国之重要、我农业经济衰败之症结有二、救济农村经济衰落之方策、结论四部分。

朱麒寿《化学与农业》发表于《崇实季刊》第22期。

特《工农业在中国目前的展望》发表于《崇实季刊》第23期。

忆年《谈谈农业技术的改良问题》发表于《时论（南京）》第45期。

按：文章说："总之，我是绝对主张技术改良的，我也是科学万能的信徒，然而我绝不以为中国今日农村之危机是由于'生产落后'或'技术不精'所造成，因而我也根本否认'提高生产'或'改良技术'在今日中国农村是一副对症良药。把中国农村危机视为一个单纯的技术问题是有意蒙蔽事实的，我要给他以无情的批判，我要他一针见血！虽然我绝不反对在现状下作局部的技术改良工作，但做这种工作的人却不可不自觉的认识其工作之有限之意义，我希望从事技术改良的同志们不可忽略了这一点。"

张荣之《国防建设中之农业统制》发表于《时论（南京）》第47期。

卢德龢《如何组织农民》发表于《民力》第1卷第12期。

廖兆骏《中国之土地问题及其解决之途径》发表于《大道（南京）》第7卷第6期。

李凤鸣《民生主义与农民问题》发表于《大道（南京）》第7卷第6期。

廖兆骏《中国之土地问题及其解决之途径》发表于《大道（南京）》第8卷第1期。

按：文章认为，解决中国土地问题之方策，一是土地照价征收，二是土地涨价归公，三是殖民边地，四是限制私有土地额，五是创设及保护自耕农，六是整理土地，七是改进农业技术。

廖兆骏《民生主义土地经济政策的理论与实施》发表于《大道（南京）》第8卷第1期。

黄立群《中国农业危机之剖视》发表于《公余》第1卷第3期。

民国二十六年　丁丑　1937年　　　　　　　　　　　　　　　685

按：文章说："目前中国农业的危机，更因帝国主义的直接掠夺，进到一个严重的新阶段。特别是日本帝国主义的武装走私，商品尽量地向农村倾销，同时在'工业日本，农业中国'的经济提携政策之下，中国的农业生产已经走上了典型的殖民地的原料生产的途径。"

陈瀛《都市土地政策》发表于《公余》第1卷第3期。

甘汉生《农业金融制度论》发表于《公余》第1卷第4期。

陈东帆《战时日本农业生主力与农村计划》发表于《公余》第1卷第4期。

吴至信《中国农民离村问题》发表于《公余》第2卷第2期。

张培刚《我国农民生活程度的低落》发表于《文摘》第1卷第2期。

冯和法《中国农村与地政问题——为土地国有而奋斗》发表于《文摘》第1卷第5期。

钱志超《近年来的农民纠纷》发表于《文摘》第1卷第6期。

曹钟瑜《中国农民生活的现状与农业金融的使命》发表于《合作前锋》创刊号。

周鸿文《日本之农业仓库事业》发表于《合作前锋》第1卷第2期。

奇哉《土地问题与耕种合作》发表于《合作前锋》第1卷第2期。

林志豪《浙江省农业金融机关资金问题之检讨》发表于《合作前锋》第1卷第2期。

包毅《浙江省合作社对于省农民银行的需要》发表于《合作前锋》第1卷第7期。

卢伯鸥《日本土地制度与合作事业》发表于《合作研究》第1卷第3期。

李寅北《实行农民纳税合作的商榷》发表于《合作旬报》第37期。

庄宏德《推行农业生产合作之重要性》发表于《合作行政》第14期。

按：文章认为，农业生产合作在目前合作实施上之重要性，一是生产合作为养成合作职业者之唯一途径，二是生产合作可以完全合作的积极行为。

九《中国农民融通资金的来源及其改进》发表于《合作行政》第15期。

童玉民《合作社的责任问题》发表于《合作行政》第17期。

凫《农民心坎上要有信用合作社》发表于《合作生活》创刊号。

唐启宇《中国农业金融制度之确立问题》发表于《合作与农村》第11期。

冯紫岗《一年来霍邱西湖农垦区之进行概况》发表于《合作与农村》第17期。

章元善《农民怎样可以走上富裕之路——发展农村手工业》发表于《江苏合作》第13—14期。

凌秋鹗《推行农业合作与采用新式农具》发表于《江苏合作》第16—17期。

章元善《农民怎样可以走上富裕之路》发表于《江苏合作》第20期。

罗青山《世界各国农业合作金融制度之概况》发表于《江西合作》新第2卷第1期。

徐侠成《德法日俄等国农业金融制度之概况》发表于《江西合作》新第2卷第1期。

李安陆《中国农业金融的现状及其救济方针》发表于《江西合作》新第2卷第1期。

按：文章分中国农业资金融通的普通方式、中国近年来新农业金融的兴起、目前中国新农业金融的缺憾、中国农业金融之救济方针四部分。

金鸣《农民贫困与合作农仓》发表于《华北合作》第3卷第10期。

徐廉源《合作是救济农民的福音》发表于《华北合作》第3卷第13—14期。

杨景珊《怎样农民才能普沾合作的实惠》发表于《华北合作》第3卷第15—17期。

刘友声《定县示范村农民援绥募捐活动》发表于《民间（北平）》第3卷第17期。

张绍钫《农业推广问题之商榷》发表于《民间（北平）》第4卷第3期。

董时进、廖俊《改进中国农业之实际问题》发表于《民间（北平）》第4卷第5期。

按：文章讲了5个问题，第一中国农业之特质及改进应取之方针，第二粮食生产问题，第三畜牧，第四园艺，第五森林。

陆盖《从史的检讨农民生活学校的意义及其办法的商榷》发表于《社教通讯》第2卷第7期。

俞诏麒《农民生活学校理论和设施的纲领》发表于《社教通讯》第2卷第7期。

吴锡钦《农民生活学校的学生农事实习》发表于《社教通讯》第2卷第7期。

冯国华《生活教育与农民生活学校》发表于《社教通讯》第2卷第7期。

刘平《农民所需要的农民生活学校》发表于《社教通讯》第2卷第7期。

钮长耀《本省社教转型其中的新设施农民生活学校及其评价》发表于《社教通讯》第2卷第7期。

吴锡钦《从丹麦和日本的民众高等学校说到农民生活学校》发表于《社教通讯》第2卷第9期。

章元善《农民怎样可以走上富裕之路——发展农村手工业》发表于《社教通讯》第2卷第10期。

俞松汶《农民的人生观》发表于《民众教育》第5卷第9—10期。

尹耕莘《农民的原始科学》发表于《民众教育》第5卷第9—10期。

新广《农民的气象学》发表于《民众教育》第5卷第9—10期。

按：文章说："我国是个农业发达最早的国家，农民的气象学，也自然已有悠久的历史，前代关于农民的著作，如后汉崔实的《四民月令》、明代徐光启的《农政全书》等，都多少地保存着这方面的一些资料。不过，这种资料，是十分丰富的，大规模的搜集，尚有待我们今后的努力哩。"

古梅《现阶段的中国土地问题》发表于《教育与民众》第8卷第6期。

土地委员会《全国各省县农民与土地调查》发表于《教育与民众》第8卷第7期。

显能《邕宁农民生活的一斑》发表于《教育与民众》第8卷第7期。

顾复《日本之乡村建设及农民教育》发表于《教育与民众》第8卷第8期。

张宗麟《战时农民教育》发表于《战时教育》第2期。

萧铮《我国的土地问题》发表于《播音教育月刊》第1卷第5期。

阮荫槐《土地法与民法关系之检讨》发表于《教育与科学》第1期。

汪世禄《西汉时代的土地兼并与农民暴动》发表于《历史教育》第2期。

蔡懋贞《民众学校留生及农民离村问题之研讨》发表于《江西民众教育》创刊号。

朱佐廷《中国乡村教育演进的轨迹及其新近的动向》发表于《山东民众教育月刊》第7卷第10期。

倪思毅《中国农村金融之调剂与合作运动之使命》发表于《山东民众教育月刊》第7卷第10期。

史恺三《如何推进农村合作》发表于《山东民众教育月刊》第7卷第10期。

马成鉴《我们农民宜兴水利》发表于《昆明实验县教育》第3卷第10期。

吴正祥《非常时期农民应有的责任》发表于《昆明实验县教育》第4卷第5期。

涂元尧《非常时期的农民训导》发表于《浙江省中等教育研究会季刊》第6期。

陈正谟《平均地权与中国历代土地问题》《中山文化教育馆季刊》第4卷第3期。

曹日昌《中国农民的教育能量》发表于《教育论文摘要》第1卷第5期。

胡焕庸《经济侵略与土地侵略》发表于《闽侯教育辅导》第1卷第10—11期。

江世禄《西汉时代的土地兼并与农民暴动》发表于《历史教育》第2期。

彭国钧《抗战时期青年农民应负的责任》发表于《中国青年》第1卷第5期。

成本俊《青年怎样去发动农民抗战》发表于《青年战士》第4卷第5期。

张平子《全国总动员中的农民》发表于《青年战士》第4卷第5期。

顾百朋《浙西农民生活及其意识诸形态》发表于《内地青年》创

刊号。

石格光《复兴农业声中粮食问题之积极政策》发表于《青年（上海）》第6卷第1期。

按：文章认为，今日粮食问题有三个，一曰生产不能自给，二曰仓储制度未备，三曰运销方法不良。中国目前最低限度之设施，须谋解决民食，而当注意于下列三项问题：一是厉行粮食产销自给，二是办理粮食仓储制度，三是统制粮食运销之实施。

恽逸群《组织农民的主要问题》发表于《抵抗》第9期。

吴一民《农民的政治训练》发表于《抵抗》第19期。

冯和法《不要忽略农民问题》发表于《文化战线》第8期。

刘惠之《抗战中的农民问题》发表于《战线》第8期。

一弹《农民心理与持久抗战》发表于《抗敌呼声》第2期。

《农村救亡工作纲领草案》发表于《救亡呼声》第2卷第1期。

按：草案指出：救亡工作，显然的，不是一个或两个英雄们所能成功的，占着全国大多数的农民群众，和劳工群众，必然地要巩固地组织起来，才是伟大的力量，而抗战的成功才有切实的把握。因此，怎样动员广泛的农民群众到抗日救亡战线上，这是农村工作的中心任务。

林青《发动农民抗敌组织》发表于《救亡（成都）》第4期。

晏阳初《农民抗战的发动》发表于《救亡文辑》第3期。

丁元培《凤阳的农民生活》发表于《共信》第1卷第16期。

皮云《准战经济体制下的日本农民》发表于《共信》第1卷第20期。

宋宪民《青年农民的教育》发表于《新北辰》第3卷第8期。

王育三《中华农民益友社报告》发表于《新北辰》第3卷第9—10期。

杨谦《中国共产党解决土地问题的政策》发表于《保安半月刊》第2卷第8期。

按：文章说："共产党解决土地问题的政策有二，第一是没收一切土地，重行分配；第二是将土地收归国有。前者为夺取人民财产之策略，后者为其对土地之根本策略，此种策略与本党之土地政策之目的相同。"

杨谦《中国土地问题发生的原因》发表于《保安半月刊》第2卷第11期。

按：文章说："土地问题究竟是怎样发生的呢？我以为，有下列几个原因：第一，帝国主义的侵略。中国的土地，虽然自秦时成立私有制度以来，时时因土地所有与土地使用之矛盾冲突而发生问题，但并不如现在之严重。自从资本帝国主义侵略到中国以来，情形就大变了。中国原有家庭手工业之基础，被资本帝国主义的工业品之武器摧毁了。中国农业与家庭手工业之纽带，因之而断绝；自食自给的自然经济的地位因之而动摇；农民不特不能从事家庭手工业的副业生产，以补助农业收入的不足，并且因为不得不出卖自给的农业品，来买进日常必须的工业品，而增加其支出。……因而造成中国农业生产衰落，国民经济基础动摇，农村秩序紊乱之局势。而这种种情形，又都由于资本帝国主义者的侵略所致。第二，封建经济机构的持续——中国土地问题发生的原因。如从中国经济的自身之内在的关系言之，则当封建经济机构之持续，为其内在之要因。……第三，中国农民的科学知识太欠缺——中国的农民，没有一点科学知识，对于耕田的方法，总是死守着数千年来祖传的一点农业知识，什么都是听天由命，不求改进，这也是中国农民陷于绝境的一种原因。……第四，中国内地的交通太不利便——中国的农业不能发展，农民的生活不能改善，以至造成了现在的情形，原因固然很多，而中国内地的交通不太利便，实在亦是一种大原因。……其他如中国的过小农的园艺式之生产方式，对于中国土地问题，亦有相当的关系。这种生产方式的优点，固然是尽量地可以发挥了小农经济之长，能够极巧妙精致而又极细心地从事耕作，启发地利，但是这些优点，乃是以农民极高度的肉体劳动为前提，因而在这种生产过程中，实潜伏着劳瘁病困的祸根。同时农民这样的辛苦耕耘的动机，往往是被迫于生活负担的过重。他们在各种封建剥削的压力下，与在家庭手工业解体而副业收入减少的局势下，除却在生产行程中，极大量的支出其自身之肉体劳动，以求获得较大数量的农作收入，别无他策。所以他们的劳动所得，通常好的仅是恰敷支出，坏的还是感觉不够用。此种极脆弱的生活状态，自易为意外的事变和恐慌所袭击，而陷于贫苦之境。所以过小农经济，不惟在生产原则上不能与大农经济相竞争，并且常为农民贫乏之根本。农民因其生产方式之不利而日趋贫困，势必益加助长其出卖土地之倾向，激化土地问题之深刻。是故过小农的园艺式生产方式之停滞，亦唯中国土地问题发生之原因。不过，过小农园艺式生产方式之停滞，主要的还是由于资本帝国主义之摧残，与地主经济之阻碍。"

苏知沆《农民教育的重要及如何创办农民学校》发表于《保甲训练》第 3 卷第 1 期。

俞振辉《中国农民应如何善用农闲》发表于《兴中月刊》第 1 卷第 1 期。

朱镜江《吾国土地整理之检视》发表于《兴中月刊》第 1 卷第 3 期。

周金嗣说《日本农业教育之沿革及其现状》发表于《复兴月刊》第 5 卷第 7 期。

夏孟辉《苏联农民负债问题与农家经济》发表于《复兴月刊》第 5 卷第 8 期。

姚心垂《常熟县农民生活特写》发表于《江苏时事月刊》第 6 期。

树《关于农民生活学校》发表于《江苏时事月刊》第 7 期。

朱朴《修正土地法与土地问题》发表于《中华月报》第 5 卷第 7 期。

汪幽之《中国农民问题之一斑》发表于《进德月刊》第 2 卷第 7 期。

薛暮桥《资本主义农业在中国》发表于《认识月刊》第 1 卷第 2 期。

范泳波《从中国农村现势来分析所谓"土地政策"》发表于《民鸣月刊》第 1 卷第 10 期。

陈小逸《一九三六年的农民纠纷》发表于《女子月刊》第 5 卷第 1 期。

尚木《不要忘记青年和农民》发表于《茶阳月刊》第 2 卷第 5 期。

厚生《我国国防训练应以农民为对象》发表于《民众月刊》第 5 期。

栗寄沧《农业经济学的对象及任务》发表于《思想月刊》第 1 卷第 4 期。

柴建仕《训政建设中土地整理问题》发表于《前进半月刊》第 3 期。

肩《在推行中的土地改革》发表于《新秦月刊》第 1 卷第 1 期。

李树人《实施土地陈报之我见》发表于《河北月刊》第 5 卷第 1 期。

文哉《中国农民心理的特质》发表于《晨光周刊》第 6 卷第 17 期。

骆俊夫《平湖农民生活素描》发表于《晨光周刊》第 6 卷第 26—28 期。

黄通《土地法修正之意义》发表于《新中华》第 5 卷第 11 期。

景文《中国小地主特多之原因及其与土地利用之关系》发表于《新中华》第 5 卷第 13 期。

郭青亭《在加强肃反工作中农民情绪提高了》发表于《新中华报》

第 370 期。

　　文心《山中的农民生活》发表于《新学识》第 1 卷第 7 期。

　　懦夫《滨湖农民生活的概况》发表于《新学识》第 1 卷第 11 期。

　　秉初《由粮价上涨谈到农民的生活》发表于《通俗知识》第 2 期。

　　楼化如《农民痛苦从哪里来的》发表于《通俗知识》第 4 期。

　　刘伯通《农民问题与救亡运动》发表于《通俗知识》第 4 期。

　　沈经保《农业合作运销概论》发表于《现代读物》一周年特大号。

　　杨铭崇《四川省七县土地利用之研究》发表于《现代读物》第 2 卷第 29—30 期。

　　个农《农民读书生活》发表于《读书》第 1 卷第 3 期。

　　薛暮桥《关于农业经济学的初步认识》发表于《自修大学》第 1 卷第 6 期。

　　张家良《中国农村经济复兴问题的研究》发表于《中国社会》第 4 卷第 1 期。

　　按：文章分前言、农村金融改善的方法和步骤、农民劳力的运用须合理化、改良农村生产方法及实施生产统制、农产物贩卖统制、注意农家经济支配的方法及其用途、各种灾害的防止等七部分。

　　胡利锋《苏联集体农业之完成及其展望》发表于《社会科学论丛》第 3 卷第 1 期。

　　陶因《战后东欧诸国的土地政策》发表于《国立武汉大学社会科学季刊》第 7 卷第 4 期。

　　吴起亚《中国土地分配问题》发表于《中国新论》第 3 卷第 3 期。

　　贾思《关于中国农民运动的考察》发表于《中国研究》第 1 卷第 2 期。

　　鸣《土地法与各国土地政策》发表于《汗血周刊》第 8 卷第 20 期。

　　鹤《改善农民生活的初步要求》发表于《汗血周刊》第 8 卷第 19 期。

　　梁维藩《中国古代均田制及现行土地法之检讨》发表于《三秦政论》第 1 卷第 1 期。

　　沈君健《现时我国农业应有之准备》发表于《三秦政论》第 1 卷第 1 期。

　　张志端《复兴农业应先革新农政》发表于《三秦政论》第 1 卷第

1期。

符致逵《从中国农产商品化谈到中国农民应有之觉悟》发表于《三秦政论》第1卷第2期。

董浩《土地陈报之理论与实施》发表于《三秦政论》第1卷第2期。

溥荪《建立农业长期金融机构之检讨》发表于《东方杂志》第34卷第2期。

张元济《农村破产中之畜牧问题》发表于《东方杂志》第34卷第15期。

吴至信《中国农民离村问题》发表于《东方杂志》第34卷第22—24期。

按：文章分农民离村之时代背景、中国农民离村之原因、中国农民离村严重性之数字的分析、农民离村后之出路、农民离村之社会影响、中国农民离村之展望、结论等七部分。

卢劲秀《世界最近土地制度改革的动向》发表于《月报》第1卷第6期。

鲁尔叶《最近苏联之土地改革政策》发表于《月报》第1卷第6期。

李紫翔《对于"修正土地法原则"的意见》发表于《月报》第1卷第6期。

范振鹏《改进我国土地利用刍议》发表于《现代评坛》第2卷第17期。

简斋《苏联农业集体化运动史的过程》发表于《现代评坛》第2卷第17期。

许敏之《如何能使农业科学知识普及于农民》发表于《金大农专》春季号。

潘鸿声《中国农民复兴之途径》发表于《金大农专》冬季号。

按：文章认为中国农民复兴之途径，一是肃清匪患、防除灾害以安定农村；二是训练农民以造成新农民；三是厉行迟婚节育，整理赋税，以减轻农民负担；四是实行移民、垦荒、平墓，以增加农民之耕植面积；五是创办实业，提倡农村副业，以谋农民之出路；六是提倡农村娱乐，以调协农民之生活；七是开发交通，兴办仓库，以便运输及储藏；八是创设农村合作银行，以流通农民之金融；九是广设农村议员及诊疗所，以除农民疾苦；十是成立调解组织，以息农民纠纷；十一是设立农村调查处，以收集农民间之疾苦及症结。

杨良乘《对"中国土地制度研究"的理解》发表于《福建反省院期刊》第3期。

王雍皞《土地分配是否中国最严重的土地问题》发表于《福建反省院期刊》第3期。

林汉杰《解决土地问题的我见》发表于《福建反省院期刊》第3期。

郑震宇《土地行政与地方自治》发表于《地方自治专刊》第1卷第1期。

骆力学《全国土地行政之概况》发表于《地方自治专刊》第1卷第2期。

鲍德澂《土地登记述评》发表于《地方自治专刊》第1卷第2期。

李宗黄《民生主义与土地政策》发表于《地方自治专刊》第1卷第2期。

彭百川《江宁县土地整理》发表于《地方自治专刊》第1卷第2期。

唐启宇《土地利用》发表于《地方自治专刊》第1卷第2期。

杨在春《合作事业与土地问题》发表于《地方自治专刊》第1卷第2期。

刘家杰《土地整理之理论与实际》发表于《行政研究》第2卷第4期。

王梦邻《中法土地征收法的比较研究》发表于《政治季刊》第2卷第1期。

郭汉鸣《论修正土地法原则》发表于《政问周刊》第73期。

李天阳《解决中国土地问题之正确途径》发表于《政问周刊》第82期。

按：文章说："现阶段中国土地问题的核心，很显著地展开在我们面前：一为土地分配问题，一为土地使用问题。前者即是土地所有权问题，后者则为农业生产问题，而后者常为前者的制约者。因为现行土地所有关系的不当，于是形成地主经济优越，自耕农经济衰落的生产关系。正因为这种生产关系的存在，所以才有土地不能合理和不能为有利的使用之土地使用问题发生，方出现前资本主义地过小农经营之生产方式停滞的现象，使农业生产衰落，农民贫困益甚，因而爆发今日之土地问题。"

易景云《土地整理与农村经济》发表于《县训》第6卷第7期。

洪振铄《中国农业的起源》发表于《学风（安庆）》第 7 卷第 4 期。

侯哲华《振兴我国农业之先决问题》发表于《狂风》第 2 期。

孙辅世《振兴中国农业的途径》发表于《新新月报》第 3 卷第 5 期。

蔡鼎《从救灾谈到农业的根本问题》发表于《独立评论》第 236 期。

孙怀仁《战时的农业问题》发表于《非常情报》创刊号。

陈贯《中国农业改革刍议》发表于《国民公论》第 2 期。

陈维藩《农业资金论》发表于《新人周刊》第 3 卷第 25 期。

戴容《中国土地问题的研究》发表于《诚化》第 2 卷第 5 期。

苏宗文《福建土地利用研究》发表于《南钟》第 1 卷第 11—12 期。

张觉人《日本农民负债之现况与其整理》发表于《日本评论》第 10 卷第 3 期。

翟唐《谈谈宣传农民》发表于《梧州学生》第 3—4 期。

朱朴《修正土地法与土地问题》发表于《兴业邮乘》第 65 期。

戴问梅《农民新生活与现代国家之建设》发表于《新运导报》第 9 期。

许宏杰《解决目前广东农民问题之主要方策》发表于《更生评论》第 1 卷第 7—8 期。

刘亦蘋《甘肃省土地面积统计之调查》发表于《边疆》第 3 卷第 3 期。

世昌《整理绥远土地刍议》发表于《边事研究》第 5 卷第 3 期。

吴至信《中国农民离村问题》发表于《民族（上海）》第 5 卷第 7 期。

朱逸茜《广西农民银行与农民借贷》发表于《创进》新第 2 卷第 2 期。

石人《中国农业的恐慌及其挽救》发表于《更生（上海）》第 4 期。

按：文章说："总之，目前国人对于农业振兴的注意和努力，与其说是自动的求农业之进步，毋宁认为是受全国整个农业恐慌的驱策。中国伟大的政治家孙中山先生在民生主义中，更特别注意到中国农业的保护和发展，主张除鼓励和保障农民外，还提出七个增加生产的方法。第一是机器问题，第二是肥料问题，第三是换种问题，第四是除害问题，第五是制造问题，第六是运输问题，第七是防灾问题。我们希望政府当局，仍然遵照中山先生的遗教，努力作去，同时国内一般注意农业的人，也应当对以上几个问题,有深刻的研究和体验,那么,中国农业问题的解决是容易成功的。"

农《如何才能和农民接近》发表于《纯泉》第 5 期。

孙耀《非常时期农民的任务》发表于《建言》第 1 卷第 4 期。

邱赞杰《今日中国之土地问题》发表于《时论(南京)》第 43 期。

编者《农村服务运动与农民生活的改造》发表于《鸡与蛋》第 2 卷第 7 期。

彭石鸣《非常时期之土地政策问题》发表于《国防建设》第 1 卷第 4 期。

郑天牧《国民经济建设运动与农民吃饭问题》发表于《南尖季刊》创刊号。

胡有猷《如何向农民宣传抗战》发表于《中华周刊》第 598 期。

唐希贤《农民对于合作及银行农贷工作的希望》发表于《浙光》第 3 卷第 10 期。

张朝鉴《西康之土地问题》发表于《戍声周报》第 1—30 期合订本。

萧明新《中国现代土地政策述评》发表于《中兴》第 2 卷第 3—5 期。

按:是文分中国国民党之土地政策、国民政府之土地法、浙江省之二五减租、豫鄂皖赣四省之土地处理办法、闽西之计口授田法、阎锡山氏之土地村有制、中国共产党之土地政策、结论等八部分。

黄欣周《我国土地问题》发表于《国论》第 2 卷第 10 期。

陶镕成《国民经济建设运动中之土地问题》发表于《实业部月刊》第 2 卷第 5 期。

刘兴唐《东汉的土地制度》发表于《文化批判》第 4 卷第 3 期。

高信《中国土地改革运动的目的和方法》发表于《统一评论》第 4 期。

按:文章说:"中国的土地问题,分配之不合理,利用之不适当,孙总理早已见到,所以他在同盟会四大政纲里,就提出平均地权的主张,冀使中国领土以内的土地,均能各尽其利,以为解决民生问题之基础,可惜这种主张迟迟未能实现。国民政府成立以后,虽于民国十九年大致已依孙总理这种主张制定中华民国土地法公布,但数年以来,一方面因军事的扰攘,政治之未入正轨,同时又因为一般人对于这个问题,未加以深切的重视，故土地法公布虽久，延未施行（直至廿五年三月一日方宣布施行）。中国之土地问题之严重与日俱进，加以近数年来帝国主义者农产品倾销之摧残，与夫天灾人祸之频至，贪官污吏之盘剥，土地生产愈形衰退，地权集中愈加急剧，故是项问题愈加严重……因为有此种现象和事实，中国之土地改革运动，就应时而起，遂于民国二十二年元旦集合一班对于是项问题有研究者，热心者，组织成立中国地政学会于首都，希望对于中国土地问题加以深切之研究，彻底的改革。这个学会成立，迄今已有四年，在理论与实际上的贡献确算不少。……故中国土地改革运动者之主张，是'和平的'，是'渐进的'，是合乎中国此时此地之需要的，是要使中国的耕者能逐渐得到他们的田地，同时也使中国的住者逐渐可有其地，这些都是中国土地改革运动的目的和解决中国土地问题所采用的方法，也可以说中国土地改革运动的内容。"

冯紫冈、吴宏黎《复兴农村与土地问题》发表于《湘湖生活》第4卷第2期。

叶繁《我国土地经济的几个重要问题》发表于《新粤》第1卷第9期。

李树青《中国国民党的土地理论与现行土地政策》发表于《民族（上海）》第5卷第2期。

张志让《对于土地法修正原则之商榷与希望》发表于《申报每周增刊》第2卷第22期。

赵锡麟《全国土地调查结论》发表于《实报半月刊》第2卷第15期。

按：调查报告分农业人口之疏化、土地利用之改进、自耕农之扶植、租佃制度之改革、土地金融制度之确定、整理田赋与改办地价税、防止土地投机与涨价归公等七部分。

刘蔼《复兴农村必先从事农民教育》发表于《绥农》第1卷第14—15期。

杨寔《察哈尔省农业区之自然环境》发表于《禹贡》第7卷第8—9期。

龙远《中国的大学农业教育》发表于《是非公论》第38期。

李潮亨《工业农业机械化与中国》发表于《进化》第8期。

理图《苏俄农业及土地制度改革之经过》发表于《中法大学月刊》

第 11 卷第 1 期。

理图《苏俄农业及土地制度改革之经过》发表于《中法大学月刊》第 11 卷第 1 期。

陈洪进《农民组织工作的几个问题》发表于《时事类编》特刊第 4 期。

潘蕙田《抗战中的农民动员问题》发表于《时事类编》特刊第 5 期。

李孟达译《苏联集体农场对于农民之贡献》发表于《时事类编》第 5 卷第 4 期。

潘蕙田译《法西意大利农民的贫困》发表于《时事类编》第 5 卷第 15 期。

修《中国农村土地问题》发表于《史地社会论文摘要月刊》第 3 卷第 4 期。

英《十月革命与土地问题》发表于《史地社会论文摘要月刊》第 3 卷第 4 期。

和《我国农民生活程度的低落》发表于《史地社会论文摘要月刊》第 3 卷第 5 期。

尧《丹麦农民的合作事业》发表于《史地社会论文摘要月刊》第 3 卷第 6 期。

超《我国的土地问题》发表于《史地社会论文摘要月刊》第 3 卷第 7 期。

科《中国农民问题之一斑》发表于《史地社会论文摘要月刊》第 3 卷第 9 期。

让《明末农民暴动之社会背景》发表于《史地社会论文摘要月刊》第 3 卷第 9 期。

复《中国古代土地之所由兴及租税之起源》发表于《史地社会论文摘要月刊》第 3 卷第 9 期。

焕《国民经济建设中的土地问题》发表于《史地社会论文摘要月刊》第 3 卷第 9 期。

钱志超《中国地政学会与中国土地改革》发表于《中国世界经济情报》第 1 卷第 7 期。

李隆《东北四省沦亡后的农业经营及土地问题底特质》发表于《中国世界经济情报》第 1 卷第 16 期。

朱朴《修正土地法与土地问题》发表于《中国世界经济情报》第1卷第17期。

汤佐平《雁荡风景区的农民生活》发表于《中国世界经济情报》第2卷第1期。

鲁尔叶《最近苏联之土地改革政策》发表于《苏俄评论》第11卷第4期。

抱朴《苏联工人职员农民的生活状况》发表于《苏俄评论》第11卷第5期。

叔静《苏联的农业建设》发表于《苏俄评论》第11卷第6—7期。

方秋华《论苏联农业之集体化》发表于《中苏文化》第2卷第3期。

鹤译《西班牙内战中的土地问题》发表于《世界文化》第1卷第9期。

三　乡村建设研究著作

[日]北原金司著，章澄若译《应用农业经济学》由上海商务印书馆出版。

陈振骅著《农业信用》由上海商务印书馆出版。

茹焘之著《战时农业生产》由战争丛刊社出版。

章之汶、辛润棠著《农业职业教育》由上海商务印书馆出版。

按：是书分农业职业教育、我国农业教育概况、美国农业教育、农业职业学校师资、我国农业教育政策、农业职业学校、课程编制、教案举例、教学方法、农场、农场实习、农场工艺、农场机械、农事改良活动、农业展览等15章。

刘百川主编，徐钧达著《国防与农业统制》由上海汗血书店出版。

按：是书分国防与农业统制问题、各国农业统制之国防化、国防农业统制方案、农业生产技术之统制四部分。

[美]洛夫著，沈骊英译述《农业研究统计法》由上海商务印书馆出版。

[英]陶内著，陶振誉编译《中国之农业与工业》由南京正中书局出版。

按：是书导言、农业组织、农民问题、农村发展之可能性、分新旧工业制度、政治与教育6章。

陆费执等编《农业及实习》由昆明中华书局出版。

章之汶、辛润棠著《农业职业教育》由上海商务印书馆出版。

洪子良编《农业生产实验指导》由上海广益书局出版。

秦亦文、尹树生著《利用合作经营要论》由山东邹平乡村书店出版。

按：是书分7章，介绍利用合作的性质、种类及特点，利用合作与农村、产业、国计民生的关系，英、法、德、意、美、苏、日等国利用合作运动的概况。

[日]北原金司著，章澄若译《应用农业经济学》由上海商务印书馆出版。

按：是书分5编，论述日本农业经济学的意义以及农业诸要素、农业经营方式、经营形态、管理特点，农产品的交换、零售、保管、运输、价格等。

胡求真著《农业经济概论》由上海中华书局出版。

按：是书分绪论、土地、耕农、地租、劳工、农业金融、利润、运销、农业管理、农业合作与农业仓库等10章。

四川省农村合作指导人员训练所编《农业调查》由编者出版。

陆费执编《农业法规汇辑》由上海中华书局出版。

乔启明拟《中国农业经济建设方案》由南京金陵大学农学院农业经济系出版。

黄公安著《农业保险的理论及其组织》由上海商务印书馆出版。

[日]小平权一著，殷公武译《农业保险之机能与组织》由南京正中书局出版。

恽逸群著《抗战与农民》由上海大时代出版社出版。

侯哲荞编著《农业仓库经营论》由南京正中书局出版。

庐山暑假训练团编《中国仓储问题》由编者出版。

福建省政府编《福建省长乐县人口农业普查报告》由编者出版。

赵楷著《日本农业经济》由上海中华书局出版。

李景汉著《中国农村问题》由上海商务印书馆出版。

按：是书分绪论、农村土地问题、农村金融问题、农村合作问题、农业经营问题、农村组织问题、农村教育问题、农村卫生问题、其他农村问题、结论等10章。

薛暮桥著《中国农村经济常识》由上海新知识书店出版。

按：全书分14章，分别分析了帝国主义和中国农村、中国农村中的土地问题、中国农村中的租佃关系、中国农业中的雇佣劳动、耕畜农具和农业资金、中国现阶段的农业经营、农产商品化和农产市场、中国农村中的高利贷、中国农村中的田赋和税捐、农村副业和农民离村、中国农村经济的新趋势、农村合作运动和农产统制、知识分子的乡村改良运动等。是书由日本米泽秀夫译成日文，东京从文阁出版，书名改为《支那农村经济概论》。

千家驹著《中国的乡村建设》由上海北新书局出版。

金轮海著《中国农村经济研究》由上海中华书局出版。

按：是书分8章，论述我国农村经济的性质及其崩溃原因、农村金融、土地问题、农村经济建设运动等。

许性初著《抗战与农村经济》由长沙商务印书馆出版。

按：是书分中国抗战与农业经济之密切关系、现代战争的经济基础、中国的抗战前途、中国农村衰落的原因与振兴的可能性、中国民族复兴的关键等5章。

中国农村经济研究会编《中国农村动态》由上海编者出版。

侯哲荸著《农村合作》由上海黎明书局出版。

按：是书分农村合作的意义、农村合作的组织及其事业、农村购买合作、农村贩卖合作、农村利用合作、农村信用合作、农村合作的联合、中国之农村合作运动等8章。附录：合作法规及参考章则。

冯静远编著《农村经济及合作》由浙江省教育厅出版。

按：是书分绪论、土地问题、农产市场、农业金融、农业劳动、农村合作等7章。

金轮海编著《农村建造》由上海商务印书馆出版。

按：是书分农村建设运动的发展及其动向、农村组织与农村建造、农村经济的特质及其建造、农村土地与农村建造、农业统制与农业经营、农村教育与农村建造、农村迷信的改革与新宗教的建造、农村卫生与农村建造、农民觉醒与农村建造等9章。

乔启明著《中国今后乡村建设应有之途径》由南京金陵大学农学院农业经济系出版。

梁漱溟著《乡村建设理论》由山东邹平乡村书店出版。

按：是书包括认识问题、解决问题两部分，论述了有关乡村建设运动的兴起、旧社会构造在今日崩溃的由来、政治问题的解决等。

梁漱溟著《乡村建设理论提纲》由山东邹平乡村书店出版。

按：梁漱溟在《乡村建设理论提纲》一文中，系统地阐述了他的乡村建设理论。

江问渔、梁漱溟编《乡村建设实验》（第3集）由上海中华书局出版。

按：1935年10月，乡村工作讨论会在江苏无锡召开第三次集会，此书就是这次会议的工作报告汇编。

言心哲编《农村社会学导言》由上海中华书局出版。

按：是书分绪论、农村人口与农村社会生活的关系、农村环境与农村社会生活的关系、农村组织与农村社会生活的关系、农村人民心理与农村社会生活的关系、农村领袖与农村社会生活的关系、农村生活程度与农村社会生活的关系等7章。

毛麟峋著《实用农村簿记》由上海黎明书局出版。

冯和法编《中国农村经济资料》由上海黎明书局出版。

冯和法编《中国农村经济论》由上海黎明书局出版。

王世颖编《农村经济及合作》由上海黎明书局出版。

蒋镇编《农村经济及合作》由上海黎明书局出版。

[美]卜凯著，张履鸾、乔启明译，孙文郁校订《中国农家经济》由上海商务印书馆出版。

李天民著《农村教养卫研究》由新新印刷社出版。

按：是书分农村运动的由来、农村运动现势的鸟瞰上、农村运动现势的鸟瞰下、农村教养卫工作的认识、农村教养卫的实施、教的工作的实施方法、养的工作的实施方法、卫的工作的实施方法等8章。

绥远省政府乡村建设委员会编《绥远的乡村建设》由编者出版。

张锡昌编《农村社会调查》由上海黎明书局出版。

毕范宇著《中国乡村教会调查》成书。

刘怀溥译《中国农村社会论战批判》由上海黎明书局出版。

陆叔昂著《农村改进实施法》由上海中华书局出版。

按：是书分卫生事业、教育事业、经济建设事业、地方治安、民众组织、农家调查等9章。

姚惠泉、沈光烈编《农村改进概说》由上海中华职业教育社出版。

按：是书概述农村改进之意义、农村改进与农村教育、农村自治之关系，以及农村改进之方法等。

乔启明著《中国农村社会经济学》由四川省农村合作指导人员训练所出版。

实业部统计处编《农村副业与手工业》由南京实业部总务司第四科出版。

张文涛编《山东省农村经济状况实地调查报告》由山东省政府建设厅合作事业指导处出版。

陈希诚编《福建紫阳村经济调查》由福建协和学院农业经济系出版。

陈启天著《非常时期乡村工业之建设》由上海汗血书店出版。

龙发甲著《乡村教育概论》由商务印书馆出版。

按：是书分总论、中国乡村生活状况、乡村与社会问题、乡村社会之特性、乡村教育、乡村教育之目的、实施乡村教育之方法、乡村学校之教师、乡村教育之经费、乡村学校之校舍和设备、乡村教育之行政、乡村教育之编制、乡村教育之课程、乡村学校之训育、乡村教育与乡村建设、乡村教育之社会任务、丹麦之乡村教育、美国之乡村教育、日本之乡村教育、结论等20章。

汪洋编述《农村合作指导的初步实验》由编者出版。

俞庆棠编《农村生活丛谈》由上海申报馆出版。

新生活运动促进总会编《学生农村服务手册》由编者出版。

何凤山著《土耳其农村经济的发展》由上海商务印书馆出版。

胡士琪编著《丹麦之农村建设》由南京正中书局出版。

王育三著《比国农民合作社》由上海商务印书馆出版。

陈毅著《怎样动员农民大众》由上海杂志公司出版。

按：是书分为什么要到农村去、到农村去前的准备、到农村以后干什么、把组织推向更高阶段——游击战争，兼论农村民众统一阵线等4章。

席微庸著《全民抗战中的农民》由中华平民教育促进会出版。

社会部组织训练司编《农运法令辑要》由编者出版。

按：是书收录《农民政策纲领》《农会法》《示范农会实施办法》《二五减租办法》《土地法》等15种。附录：农会法修正草案。

孙冶方著《战时的农民运动》由上海生活书店出版。

按：是书分抗战中动员农民的特殊任务、农民运动中政治动员的重要性、抗战中改进农业生产的必要和内容、怎样着手做抗战中的乡村工作四部分。附录：非常时期乡村工作大纲草案。

广西农民银行拟订《农民借款协会模范章程》由编者出版。

金陵大学农学院农业经济系编《农会推进乡村建设之实验》由编者出版。

吴铁峰编《非常时期之农民》由上海中华书局出版。

按：是书分绪言、中国农村复兴底根本问题、非常时期之农业统制政策、非常时期农民应负之使命等四部分。

汤惠荪、杜修昌著《农家记账法》由南京实业部中央农业实验所出版。

毛鳞峋著《实用农产簿记》由上海黎明书局出版。

农业进步社编《农家快览》由旅顺农业进步社代理部出版。

［日］后藤格次著，周建侯译《农艺化学泛论》由上海商务印书馆出版。

王育三著《比国农民合作社》由上海商务印书馆出版。

［日］横尾总三郎著，丁松成译《日本农民教育馆的真精神》由上海商务印书馆出版。

王桢著《农书》由上海商务印书馆出版。

孙晓村等著《中国土地问题与商业高利贷》由上海黎明书局出版。

上海法学编译社辑校《中华民国土地法》由上海会文堂新记书店出版。

姜圣如编著《土地问题及其文献》由上海学生书局出版。

中国农村经济研究会编《中国土地问题和商业高利贷》由上海黎明书局出版。

江西省地政局编《地政法规辑要》由南昌编者出版。

内政部编《地政法规汇编》由南京编者出版。

土地委员会编《全国土地调查报告纲要》由编者出版。

按：是书分绪言、土地利用、土地分配、租佃制度、土地与农村金融、地价、地税、结论等8章。

帅仲言编《土地陈报之理论与实务》出版。

中山文化教育馆研究部编《中国地租问题讨论集》由上海商务印书

馆出版。

［日］鹫野隼太郎著，史文忠译《地租论》由南京县市行政讲习所出版。

南京市地政局编《南京市土地估价表》由编者出版。

郭汉鸣、洪瑞坚编著《安徽省之土地分配与租佃制度》由南京正中书局出版。

李庆逵著《土壤分析法》由实业部地质调查所出版。

方铭竹编《战后罗马尼亚土地制度改革史》由济南乡村书店出版。

邓云特著《中国救荒史》由商务印书馆出版。

乔启明、蒋杰著《中国人口与食粮问题》由上海中华书局出版。

按：是书分5节，论述研究人口与粮食问题的方法，分析中国人口与粮食统计资料，指出解决问题的途径。

徐颂周编《非常时期之食粮》由上海中华书局出版。

按：是书分5节，概述我国历代粮食政策、非常时期的粮食自给政策和统制政策，并介绍了欧美各国的农业关税及粮食统制政策。

陈正谟著《战时粮食问题的解决方法》由南京中山文化教育馆出版。

黄善生著《广东粮食问题》由广州东成印务局出版。

日本农林省米谷局编，沐绍良译《世界各国之食粮政策》由上海商务印书馆出版。

蒋继尹编《中等肥料学》由上海中华书局出版。

福建省建设厅编《堆肥浅说》由编者出版。

费洁心著《中国农谚》由上海中华书局出版。

杨逸农辑《中国经济昆虫资料》由江苏省立教育学院农事教育系出版。

无锡工艺机器厂编，华洪涛校订《农田机器灌溉》由无锡人报社出版。

陆费执编《农学要义》由上海中华书局出版。

鲁葆如编著《实用农艺化学》由上海商务印书馆出版。

孙醒东著《中国食用作物》由上海中华书局出版。

汪呈因编著《植物育种学》由上海商务印书馆出版。

［日］近藤万太郎著，忻介六译《米谷贮藏之理论与实际》由上海商务印书馆出版。

孙钺著《植物病理》由上海中华书局出版。

［日］三浦密成著，满洲行政学会编译《农产物病害防除知识》由实业部农务司农产科出版。

张景欧著《稻作害虫学》由上海商务印书馆出版。

吴友三著《小麦腥黑粉病》由实业部中央农业实验所出版。

贵州省政府建设厅编《棉作病虫害简单防除法》由编者出版。

华北农业合作事业委员会编《协助植棉报告》由编者出版。

河北省棉产改进会编《中华民国二十五年河北省棉产调查报告》由编者出版。

王益滔译《世界主要产棉国家之棉业金融问题》由国立北平大学农学院农业经济系出版。

吴味经编《日本朝鲜棉业近况》由上海中国棉业贸易公司出版。

李佑元著《果树病虫害防除法》由上海中国农业书局出版。

河北省棉产改进会编《棉产改进事业工作总报告》由编者出版。

苍德玉编著《农作物怎样增收》由旅顺农业进步社出版。

孙醒东著《作物育种学大纲》出版。

彭先泽编著《稻作学》由上海商务印书馆出版。

杨开渠著《再生稻研究初步报告》由国立四川大学农学院出版。

［日］长尾正人著，彭光泽译《稻之遗传与育种》由上海商务印书馆出版。

沈宗瀚、万德昭等著《中国各省小麦之适应区域》由实业部中央农业实验所出版。

中央大学农学院编《中央大学五种改良小麦品种》由编者出版。

沈骊英著《小麦杂交育种法》由实业部中央农业实验所出版。

［日］明峰正夫著，许调履译《育种学概要》由上海中国农业书局出版。

郝钦铭著《人工自交对粟作之影响》由南京金陵大学农学院出版。

杨宝茹编著《棉作学》出版。

冯奎义编著《棉作学》由上海黎明书局出版。

云南棉业处编《种棉浅说》由编者出版。

中国棉业经济研究会主编《棉花贸易学》由上海编著出版。

柳支英著《除虫菊之昆虫学观》由国立浙江大学出版。

民国二十六年　丁丑　1937年

俞诚如编著《日本除虫菊调查》由上海中国化学工业社股份有限公司出版。

褚孟胜著《银耳培育法》由上海中国农业书局出版。

萧林编《竹与笋》由上海中国农业书局出版。

朱美予编著《中国茶业》由上海中华书局出版。

吴觉农、范和钧著《中国茶业问题》由上海商务印书馆出版。

实业部国产检验委员会上海商品检验局编《屯溪茶叶调查》由上海编者出版。

贺峻峰编《中日台茶考察记》由安徽大学农学院出版。

张肖梅、赵循伯编著《四川省之桐油》由上海商务印书馆出版。

方兵孙编著《四川桐油贸易概述》由四川省银行经济调查室出版。

广东省调查统计局编《蔗糖统计资料续编》由广州编者出版。

陈嵘著《中国树木分类学》由南京中华农学会出版。

按：是书乃中国第一部全面记载中国树木的专著。

延陵陶编《农林要览》由上海生生农场出版。

庐山暑期训练团军训组编《林垦》由编者出版。

孙云蔚著《果树园艺通论》由上海中华书局出版。

葛廷焜著《中国重要果树园艺》由上海中华书局出版。

谢成珂著《黄岩柑橘调查报告》由浙江省园艺改良场出版。

钱崇澍主编《中国森林植物志》由上海中国科学图书仪器公司出版。

梁华编《中等畜牧学》由上海中华书局出版。

实业部渔牧司编《畜牧法规》由编者出版。

金宸枢编《畜养通论》由上海黎明书局出版。

郑林庄著《平津一带鸡卵之产期》由燕京大学经济系出版。

四川省家畜保育所编《肥用猪的饲喂和管理法》由成都编者出版。

冯焕文著《养兔十二讲》由上海中国农业书局出版。

翰章著《养兔要诀》由上海中国农业书局出版。

苍德玉编著《实地养兔法》由旅顺农业进步社出版。

冯焕文著《皮用兔》由上海中国农业书局出版。

穆莘农译《种畜近亲交配法》由上海中国农业书局出版。

庞敦敏著《兽医学大意讲义》由北平农学月报社出版。

冯焕文编著《养鸡十二讲》由上海中国农业书局出版。

章乃焕编《养鸡》由上海黎明书局出版。

华汝成编《传书鸽》（非常时期补充读物）由上海中华书局出版。

罗清生编著《家畜传染病学》由兰州中国兽医学会出版。

王志敏著《兽医药物学及治疗学》由上海中国农业书局出版。

朱美予著，严敦杰校《栽桑学》由上海中华书局出版。

赵鸿基著《秋蚕期间桑树枝条皮纹之研究》由浙江省蚕桑改良场出版。

沈文纬著《中国蚕丝业与社会化经营》由上海生活书店出版。

廖毓辉著《中国蚕丝问题》由上海商务印书馆出版。

程宗颐编著《实验养蜂问答》由上海南星书店出版。

黄子固著《最新养蜂学》由北平李林园养蜂场出版。

史公山著《最新养鲤法》由南京正中书局出版。

王净沙编《淡水大虾养殖法》由上海中国农业书局出版。

［日］部坂晋三著，黄中成译《最新养蛙法》由上海成善出版社出版。

李士豪、屏若搴著《中国渔业史》由上海商务印书馆出版。

杨勋民著《渔盐问题》由著者出版。

王刚编著《渔业经济与合作》由南京正中书局出版。

四　卒于是年的乡村建设工作者

马和福卒（1885—1937）。回族，甘肃临夏人。1936年5月任豫旺区苏维埃主席。8月当选为豫海县回民自治政府主席，并加入中国共产党，领导当地回、汉民众成立农会和游击队等组织开展打土豪分田地，参加红军，筹集粮草等活动，为红军大会师和北上抗日作出了积极贡献。同年11月被国民政府逮捕，次年牺牲。

民国二十七年　戊寅　1938年

一　乡村建设活动

1月1日　国民政府调整中央行政机构，改实业部为经济部，全国建设委员会和经济委员会的水利部分、前军事委员会的农产品调整委员会和工矿调整委员会等并入该部。经济部设农林司，主管农蚕林垦渔牧经济及农村合作等事项。

1月10日，陕甘宁边区政府政务会议决定，加紧整理边区合作社，加强对合作社的领导。

是月，贵州成立省立农业改进所，皮作琼任所长；四川、湖南继之，分别由赵连芳、孙恩麟任所长；原广西省立农事试验场由马保之任场长。

2月9日，晋察冀边区政府颁布《减租减息单行条例》，规定地主土地收入，不论租佃还是耕种，一律照原租额减收25%；严禁庄头剥削；以前定的利息收入，不论新债旧欠，年利率一律不准超过1分等项政策。

2月19日，《晋察冀边区垦荒实行条例》公布，目的是扩大耕地面积，增加农业生产。

按：条例规定："凡本边区内未垦之地，已垦而连续两年未耕种者不论公有私有，一律以荒地论，准许人民无租垦种。"①

2月21日，晋察冀边区政府颁布《奖励兴办农田水利暂行办法》和《垦荒单行条例》。

是月，晋察冀边区政府发出《关于减租减息单行条例的执行问题指示信》，认为减租减息在各地执行不统一，还发生了纠纷，这对于扩大与巩固统一战线是有害的。

---

① 中国社会科学院及经济研究所现代经济史组：《中国土地改革史料选编》，国防大学出版社1988年版，第9页。

3月4日，晋察冀边区工人救国会、农民救国会和妇女救国会同时成立。

3月6日，晋察冀边区政府发布《停止县合理负担，实行村合理负担》的通知。

3月10日，上海战区难民发表《出发赣南垦荒宣言》。

按：宣言说："我们虽然是战区的难民，但也是国民，在此全面抗战的时候，凡属国民，都有应尽的义务，为国效劳。我们不愿老等在难民收容所里，只是消耗，而不生产，以增加国家的负担；所以我们不怕艰难困苦，抱着最大的决心，结集我们的难兄难弟，一齐到江西去垦殖田地，从事生产，既可以养父母，蓄妻子，又可以增加国防生产，充实国力，以轻国家后顾之忧，亦即我们报效于国家的义务。此外，赣省荒地甚多，土地非常肥沃，气候也异常温和更适宜于生产种植。同时承江西省政府拨给大批荒地及一切帮助，给我们上海的难民前往垦殖以莫大的便利，我们此去的目的，除了增加国家生产，充实国力外，最大的要求，还在建立新村社会。我们将以最进步的思想，实现最进步的制度。务使生产与消费平衡，资产分配公允，工作单位适中的确定，以避免旧社会利用土地制度剥削他人的弊病。"①

3月，晋察冀边区行政委员会发布《关于杂租、小租、送工之解释发布训令》。

是月，晋察冀边区行政委员会颁发《区、村、镇公所组织法暨区县村长镇长闾邻长选举法》。

是月，中国生产促进会成立。

4月1日，陕甘宁边区政府制定并公布《土地所有权条例》。规定在土地分配的区域，确定农民的土地所有权，普遍实行重新登记土地，颁发给农民土地所有权证，其他契约一概无效。

是日，陕甘宁边区政府发布《关于处理地主土地问题的布告》，对地主回乡从事耕种后的土地债务问题的处理，作了明确规定。

是月，陕甘宁边区政府公布《陕甘宁边区农民工人工会（雇佣工会）章程》等决定。

5月15日，陕甘宁边区政府、第八路军后方留守处发布布告，凡在

---

① 《上海战区难民出发赣南垦荒宣言》，《江西农业》1938年第1期。

国内和平开始时，属于边区管辖地域内，一切已经分配过的土地房屋和已经废除的债务，本府本处当保护人民既得利益，不准擅自变更。

6月1日，国民政府财政部第一次金融会议在武汉召开。会议主要讨论并通过了继续推行贴放事宜、提倡节约、奖励储蓄；奖助出口事业；训练金融人才；扶助内地必需品生产；推广农村贷款；增设内地金融机构；完成金融网等。

6月15日，陕甘宁边区政府公布《关于边区房屋、土地、森林、农具、牲畜和债务纠纷问题处理的决定》。

8月21日，中共苏鲁豫皖区委发布敌后根据地实行累进税的原则和办法。其原则是：钱多多出，钱少少出；贫农中农不超过所得5%，富农10%，小地主20%，中地主30%，大地主35%。工商业者按财产依上述累进税率纳税。

是月，现代农民社在四川成都成立，出版《现代农民》月刊。

按：该社1942年1月奉国民党中央社会部令改称为中国农业协进社，1946年1月又改名为中国农业协会，以董时进为主要领导人。

9月，晋察冀边区为增进生产以利抗战，发布《垦修滩荒办法》。

10月1日，冀南成立农民救国总会，下有31个县农会，4196个村农会。

10月10日，由四川大学农学院长董时进主编的《现代农民》创刊。

10月11日，晋西北农民救国会第一次代表大会在山西岢岚召开，通过了《晋西北农救会工作纲领》和减租减息等项提案，选举15人为执行委员。

10月31日，中央社会部制订《社会部制订各级农会调整办法稿》，规定农民运动须以抗战建国纲领为一般工作之准绳。

是年，冀南行政公署规定减租减息办法。

是年，国民政府颁布《农工职业教育计划实施令》，提倡发展农业职业教育，并通令四川、西康、陕西、甘肃、宁夏、青海、广西、贵州等9省执行。

按：这些省份的农业职业教育，原先几乎是空白，此令颁布以后，到1939年，这9个省已设立高级农业职业学校7所，初级农业职业学校35所，农业职业教育开始走上一个新的发展阶段。

二 乡村建设研究论文

徐庆恒《兴农的根本——土地开垦法》发表于《农业进步》第 6 卷第 7 期。

叶奇峰《浙江省战时农业之推进》发表于《浙江农业》第 1 期。

莫定森《农业改进与农产之检验》发表于《浙江农业》第 4 期。

王寅生《抗战建国的农业政策纲领刍议》发表于《农声》第 218—219 期。

按：文章说："一、彻底肃清汉奸，并严格惩治对于政府动员令法不切实遵办的各级官吏，以一人民视听而振作民气；二、鼓励农民自动组织各种抗敌救亡团体职业团体，使能在集体各种讨论中逐渐提高其抗战情绪和生产技能；三、鼓励农民参与各级农政，以加强农民的国家观念；四、迅速普及适切各地战时农民生活和战时农业生产的教育。甲、切实训练现有农村小学教员和塾师，使有抗敌救亡和改进农业生产的认识和技能；乙、普设乡村学校，并规定要尽量多设夜班半日班隔日班或三日班，免除学生一切费用，使每个农民，无论儿童或成人，都有接受教育的机会。丙、规定教课内容，须以加紧学生抗敌救亡的政治的军事的农业的知识技能为主。五、武装农民使尽保卫乡土之责，并从农民的各种武装自卫组织中选拔志愿兵，以辅助征兵制的推行。"

邓植仪《改进我国农业教育刍议》发表于《农声》第 218—219 期。

按：文章说，我国农业教育现有之弊病，一是农业教育只具有笼统之目的或方针，二是农业教育与农业建设之不相呼应，三是农业教育制度之欠完备，四是教育材料之不充实，五是教师任用之不经济；改进农业教育的建议，一是农业教育应依据整个农业政策而规划，二是农业教育制度应加订正，三是农业教育与农业建设当谋沟通，四是集中农业专材为最经济之分配，五是积极推广农村义务教育。

陈任生《中国农业之出路》发表于《农声》第 220 期。

按：文章说："目前中国农村中间最基本的问题，第一就是民族解放问题，第二就是土地问题。换句话说，就是为了要发展中国的农业，解决中国的农村问题，那必须怎样去打破帝国主义者的经济束缚，特别是要怎样的去把日本帝国主义驱逐出中国，和怎样肃清农村中的残余封建势力。

因为我们知道，自从帝国主义侵入中国以后，它对中国的农村经济起了这一点恶劣影响：在积极方面，第一，它摧毁了中国农村中的自然经济体系，促成农业和手工业的分离，更进一步的发展农业本身中的商品生产。第二，它使中国的农业生产直接间接依赖着世界市场，这样它就能够通过了复杂的市场体系，而来控制中国的农业生产和农民生活。在消极方面，第一，由于整个国民经济的发展受了障碍，因而一般地削弱了资本主义农业经营发展中的必要条件。第二，帝国主义对于农村劳动大众的政治上和经济上的榨取，阻碍了农业资本的蓄积，这使农业生产一般不能扩大，甚至于连原有的生产规模都很难维持。第三，帝国主义的勾结封建残余势力，利用它来榨取中国农村劳动大众，会使资本主义农业经营的发展更为困难。总说一句是，帝国主义一面扩大了资本对于中国农村经济的支配作用，一面又阻遏着农业生产本身地向着资本主义道路自由发展。"

履健《抗战中动员农民问题》发表于《农情》第29期。

斌咸《从农民特性观测抗战前途》发表于《农情》第30—31期。

养吾《抗战期内农业技术人员应负的使命》发表于《农情》第34—35期。

薛暮桥《抗战中的动员农民问题》发表于《中国农村》战时特刊第7期。

按：文章说："动员农民是抗战现阶段的中心任务，更是我们乡村工作者的重大责任。单就军事上的需要来说：第一，为着补充旧军和建立新军，就要很广泛地动员农民，过去所用'捉壮丁'的办法，不但会使壮丁逃亡，达不到征兵的目的，而且被捉来的壮丁对于抗战早存厌恶畏惧心理，决不能够成为英勇战士。第二，为着发展民众游击运动，更非动员农民不可。因为游击队的活动，必须要有民众来支持；游击队的给养，必须要有民众来补充和供给；就连游击运动本身，也应当在广泛的民众运动中间发展起来。"

孙晓村《改善农民生活就是增加抗战力量》发表于《中国农村》战时特刊第7期。

赵梅生《怎样展开武装农民运动》发表于《中国农村》战时特刊第8期。

石西民《战时的农业金融问题》发表于《中国农村》战时特刊第9期。

薛暮桥《战时农民教育问题》发表于《中国农村》战时特刊第10期。

振农、曾纾《武装农民的经验和意见》发表于《中国农村》战时特刊第10期。

徐特立《关于武装农民问题》发表于《中国农村》战时特刊第10期。

按：文章说：中国的国民经济，主要的还是农业生产，因此中国人口百分之八十是农民。在目前抗战时期，经济上、财政上、军事上、政治上，农民确是一个伟大的力量，因此我们抗日救亡，首先就要使农民得以自卫自治。

余霖《关于农民迷信问题》发表于《中国农村》战时特刊第13期。

薛暮桥《怎样向农民宣传》发表于《中国农村》战时特刊第14期。

潘逸耕《怎样培养和提拔农民干部》发表于《中国农村》战时特刊第15期。

王文成《急需领导的豫皖间农民群众》发表于《中国农村》战时特刊第17期。

胡求真《抗战期间之农业合作》发表于《战时乡村》第1卷第6期。

按：文章认为，现行农业合作事业已经百孔千疮，必须加以彻底改革，因此作者建议，一是改组指导机关，二是设立战时合作指导委员会，三是各省设立省合作指导委员会，四是每村至少先立合作社一所，五是成立区县省中央合作联合社，六是政府及今日机关，对联合合作社金融上须予以充分之便利，七是尽量吸收贫农，八是业务兼营，九是组织共同耕耘合作社，十是组织垦殖合作社，十一是合作社兼营农仓。

王枕心《如何充实改进农村的干部》发表于《中国农村》第3卷第6期。

林景亮《本机关实施战时青年农民教育计划》发表于《福建农报》第4期。

江子萼《平均地权与土地国有》发表于《政经学报》创刊号。

吴景超《农业建设与农民组织》发表于《新经济》第1卷第2期。

按：文章说：我们的农会法，已于十九年十二月公布，农会法施行法，也于二十年一月制定施行。但是自从这些法规公布之后，各地的农会，并未组织完成，即已组织成功的农会，也多名实不符，难负建国的重任。为矫正这种缺点起见，有几件事是现在要办理的。第一，我们要确定促进及监督农会的上级机关。第二，我们应当修改农会法，使从事农业的人，都要加入农会。第三，为使各地的农会，得以早日成立起见，政府应训练大批的指导人员，来担任组织的工作。

谭熙鸿《四川林业与国民经济建设》发表于《四川经济月刊》第9卷第4期。

黄松龄《动员农民与耕者有其田》发表于《四川经济月刊》第9卷第6期。

穆深思《论当前推展农业金融之重要》发表于《银行周报》第22卷第1期。

王范群《农业生产与抗战前途》发表于《边事研究》第7卷第6期。

陈权《农业仓库保管问题之研究》发表于《合作通讯》第1卷第10期。

宋瞻骥《农业仓库之实际经营与管理技术》发表于《合作通讯》第1卷第10期。

陈镜人《为什么农民要组织信用合作》发表于《华北合作》第4卷第1—2期。

郭嵩《中国农业土地问题》发表于《四川省合作通讯》第2卷第4期。

按：文章说："农业以土地为生产对象，没有土地，便根本没有农业。所以土地问题，实是农村经济问题的基本问题。中国是个以农立国的国家，一切社会活动都建筑在农村经济上面，而土地又为农村经济的基础，所以土地问题，也可以说就是中国的主要的社会问题。换言之，国家的强盛，系乎国民经济的旺盛；国民经济的旺盛，系乎农村经济的繁荣；而农村经济的繁荣，又系乎土地问题的解决，土地问题的重要，不难于此想见。"

郓中客《西充农民的生活与性格》发表于《四川省合作通讯》第2卷第5期。

郭《中国农业劳动问题》发表于《四川省合作通讯》第2卷第5期。

郑季楷《农民动员与农村建设》发表于《广东合作通讯》第1卷第6期。

夏勉之《芷江东乡的农民负债问题》发表于《湘西合作》第2期。

冯紫岗《发展乡村工业与合作组织》发表于《合作月刊战时版》第6—7期。

高信《广东之土地问题与土地整理》发表于《广东地政》第1卷第1期。

叶繁《战时的土地问题与土地政策》发表于《广东地政》第1卷第1期。

洪瑞坚《中国之土地行政》发表于《广东地政》第1卷第1期。

按：文章说："中国的土地行政，为的历史太浅，人才缺乏，一切可说在试验尝试之中，因而过去的情形，可批评的地方很多，关于这点，我以为不必讳疾忌医，所以特地提出来，希望大家共同研究。最大感觉到的缺陷，是土地法规的不完备和不统一，这是有因果关系在里面。国民政府土地法，自十九年颁布以后，直到廿五年才开始实行，在这六年期间，各省都先后举办地政，可是缺乏根本法规依据，只好自己来拟订，有的固然遵照土地法的规定，而别出心裁，亦未尝没有，其结果现时各省市通行的行政法规，五花八门，各是其是，就是土地法施行以后，有的为了积重难返，仍然没有改变，有的简直认土地法不合实用，暂且搁起。至于中央政令所不及的地方，更不用说是自成一格，不与人同了。自然我们不能否认国家立法，要是和实际需要，但立法应该有其本身的最高原则，同时法律必须合理，在可能范围内，总希望求其一致，然而我们检讨各地方现行地政法规，是否如此，无疑的是没有做到这个地步，这是法规方面的缺点。"

孙兆乾《欧战各国的粮食生产与土地统制》发表于《广东地政》第1卷第2期。

李振《完成台山县土地整理之我见》发表于《广东地政》第1卷第2期。

李惩骄《番禺县之土地整理》发表于《广东地政》第1卷第2期。

赵世昌《新会先土地登记概述》发表于《广东地政》第1卷第2期。

思慕《战争重压下的日本农民》发表于《世界知识》第8卷第5期。

马导源《甘肃省的农田与畜牧业》发表于《西北论衡》第6卷第9期。

冯一民《战时农业统制政策》发表于《中山周刊》第3、5期。

梁栋《抗战中的农民生产问题》发表于《中山周刊》第7期。

雨生《战时土地政策》发表于《中山周刊》第9期。

按：文章提出的战时土地政策，主要是"分授战士田产"和"移垦失业难民"。

冯一民《战时农业统制政策》发表于《中山周刊》第9期。

雨生《战时土地政策》发表于《中山周刊》第12期。

剑琴《怎样动员农民》发表于《中山周刊》第15期。

荆三林《战时农村工作与农民组织》发表于《中山周刊》第18期。

李诗豪《怎样打破农民宿命论的人生观》发表于《中山周刊》第18期。

姚克夫《怎样发动农民参加抗战》发表于《全民周刊》第1卷第5期。

汪海粟《如何开展农民组织》发表于《动员周刊》第1卷第8期。

邵荃麟《动员农民群众的方式问题》发表于《动员周刊》第1卷第9期。

按：文章认为，动员农民的方式，必须特别注意，第一，我们工作必须是自上而下、自下而上的互相配合，政府的指导系统与农民自己的组织系统必须有密切的联系，政府从行政系统下去推行战时政策，农民从群众的组织中响应政府的领导。第二，政府对于农民和组织的活动，必须予以明确的合法保障。第三，我们做农运工作的同志，无论在生活上态度上，决不能站在一个特殊的地位去领导农民，必须把我们自己看作农民群众的一分子，我们必须以刻苦耐劳、坦白诚恳的态度去获得的信仰，不能凭借自己的特殊身份与地位，以博取农民的服从。第四，我们在农运工作中，首先应建立农民的干部以及培植这些干部的威信，缺乏这个条件农民工作是无法展开的。第五，我们不能空洞的高谈抗战理论，而必须从农民实际和琐碎生活问题上，去使他们认识抗战与生活的关系。第六，我们在把农民组织建立了以后，必须立刻使其有中心的工作，这些工作在最初大概是对农民本身生活的改善问题。第七，我们不能把宣传组织训练工作机械地分离开来，像那些先宣传后组织再训练的机械论说法，我们必须在宣传鼓励中间进行组织，而在组织中间不断地加以鼓动与教育。第八，我们在农民群众中间一切事情，必须牢守公开公平的原则。

俞坚《做农民运动的要点和技术》发表于《动员周刊》第1卷第12期。

健彭《广西农民如何起来捍卫乡土》发表于《动员（绥靖）》第2期。

张知辛《动员农民大众的实际问题》发表于《战斗（武汉）》第2卷第1期。

痴农《抗战期间的农业教育》发表于《学锋》第1卷第3期。

邓植仪《改进我国农业教育刍议》发表于《黄花岗》第2卷第1期。

沈经保《不列颠帝国农业合作之发展及现况》发表于《现代读物》第3卷第2期。

马寿征《战时农业教育的新动向》发表于《现代读物》第3卷第4期。

宋紫云《战时农业生产表述》发表于《现代读物》第3卷第9期。

黄公安《战时的农业自给政策》发表于《新政周刊》第1卷第12—13期。

受百《战时农业问题》发表于《商业月报》第18卷第1期。

赵荇译《没有土地的日本农民》发表于《文摘》第13期。

涤新《如何发动农民组织》发表于《大风（金华）》第22期。

东陵《组织农民的一些技术问题》发表于《大风（金华）》第59期。

按：文章认为，组织农民的技术问题，第一是怎样开始组织；第二是怎样培植干部；第三是建立小组，小组的作用不仅在承上转下，还在解决自组内的单独问题；第四是密切注意周围一切活动；第五是一切问题由农民自己来提出，不要由工作者来提出；第六是在组织中进行文化活动。

孙易《怎样取得农民的信仰》发表于《大风（金华）》第60期。

童玉民《非常时期的合作政策》发表于《浙江潮（金华）》第6期。

胡瑟友《动员农民与宣传》发表于《生力（长沙）》第2卷第15期。

雷丁《农民宣传与农民动员》发表于《民意（汉口）》第35期。

张之毅《农民动员与经济结构》发表于《民意（汉口）》第35期。

王一帆《农民动员问题》发表于《抗战行动》第3—4期。

金哲民《日本帝国主义压榨下的朝鲜农民》发表于《抗战行动》第7期。

岂川《从速武装农民参战》发表于《抗战行动》第8期。

薛暮桥《乡村运动与农民政纲》发表于《抗战（上海）》第 38 期。

王法一《抗战与农民》发表于《抗敌先锋》第 3 期。

孟坚《论保卫广东与农村救亡运动》发表于《抗战大学》第 2 卷第 3 期。

按：文章说："欲开展乡村农运工作，经济问题是不能忽视的。目前农民生活确是走到不能维持最低限度的生活地步。新近几年来，由于日寇种种侵略与无耻的走私，农村经济已达到极度的恐慌，如大埔方面陶器，广州附近各县蚕丝业、土布业，皆受重大的打击，前几月如中山县容奇等埠糖厂被炸毁后，几千顷甘蔗，没有销路，任其枯烂，使栽种甘蔗者，叫苦连天，另一面农产物价格低落，外品腾贵，更足威胁农民生活。所以为要广大农村群众参加抗战工作，应该给以生活上相当改善。"

碧野《"同志"和农民们》发表于《抗战文艺》第 1 卷第 4 期。

王家俊《组训农民应有的工作》发表于《全面战》第 25 期。

李觉民《抗战期间之农民运动巡回工作队工作计划刍议》发表于《全面抗》第 44 期。

徐进《动员农民的一个核心问题——领导农民的艺术之一》发表于《抗建论坛》第 2 卷第 2 期。

徐进《怎样着手做农村工作——领导农民的艺术之二》发表于《抗建论坛》第 2 卷第 3 期。

余金生《组织农民》发表于《抗战青年》第 14—15 期。

郭芬《在学习中的农民——安吴战时青年训练班特写之一》发表于《全面抗战》第 13 期。

刘得明、骆耕漠《农民组织问题》发表于《抗建论坛》第 1 卷第 6 期。

东明《动员农民与乡村小学教师》发表于《抗战教育》第 6 期。

林父《对乡村农民的观感》发表于《抗战教育》第 8 期。

张劲夫《保卫大武汉和农民动员》发表于《战时教育》第 2 卷第 1 期。

王正之《敌人后方的农民干部训练》发表于《战时教育》第 3 卷第 3 期。

一霖《如何动员农民》发表于《抗敌周刊》第 11 期。

李奉先、杨国恩《农民对戏剧的认识》发表于《战时戏剧》第 1 卷第 4 期。

周彦《抗战期中农民戏剧的功能》发表于《战时戏剧》第 1 卷第 5 期。

马哲民《抗战与农民》发表于《战时乡村》第 1 卷第 1 期。

芸夫《对于组织训练和武装农民的意见》发表于《战时生活》第 9 期。

谢扶雅《中华平民教育促进会的农民抗战教育团》发表于《战时民训》第 11 期。

勒勃兰作，陈远译《保卫共和及其土地的西班牙农民》发表于《公论众书》第 1 期。

白芒《略谈抗战时期的土地——农民问题》发表于《民族公论》第 1 卷第 2 期。

任毕明《怎样训练农民》发表于《民族生路》第 1 卷第 6 期。

任文俊《怎样可使目前的四川全体农民立刻都合作起来》发表于《工作周讯》第 108 期。

冯和法《战区农民动员问题》发表于《大众生路》第 1 卷第 6—7 期。

何伟初《怎样发动农民参加抗战》发表于《大众生路》第 2 卷第 1 期。

按：文章认为，要发动农民参加抗战，必须特别注意几个基本条件，第一，改善农民生活；第二，宣传农民，提高农民的民族意识；第三，健全原有的保甲组织；第四，抗日自卫团为组织农民的中心工作。

王皓明《动员农民保卫广东》发表于《大众生路》第 2 卷第 8 期。

中原《怎样动员农民参加抗战》发表于《生力军》第 11 期。

周天佑《抗战期中组织武装农民的必要》发表于《新巴琼》第 2 期。

杜师预《抗战一年来的农民》发表于《前线》第 13 期。

心默《潮州的农民》发表于《奋斗》第 13 期。

仲述《怎样发动农民力量》发表于《同仇》第 3 期。

鲁彦《伟大的农民》发表于《同仇》第 6 期。

仲德《抗战与发动农民》发表于《苦干》第 9—10 期。

大用《怎样才能动员农民》发表于《游击》第 4 期。

陈亮《死亡线下的昆山农民》发表于《内地》创刊号。

义田《关系最后决胜的农民问题》发表于《国讯》第 191 期。

裕民《从长期抗战谈到农民运动》发表于《国魂》第 18 期。

黔子《倭寇竭力压榨下之东北农民生活》发表于《动机》第 2—3 期。

欧阳驹《当前农民的义务》发表于《新粤》第 2 卷第 4 期。

晏阳初《学生与农民》发表于《杀敌旬刊》第 1 卷第 2—3 期。

斌武《殖民地的土地所有关系》发表于《杀敌旬刊》第 1 卷第 5 期。

王庸《中国历史上之土地疆域图》发表于《国命旬刊》第 10 期。

陈仲明《一年来本省农民生活及农产之产销》发表于《胜利》第 8 期。

志平《民族抗战与农民武装》发表于《政论（汉口）》第 1 卷第 6 期。

毕明《怎样组织农民——给下乡工作的同志们》发表于《新战线》第 5 期。

李如汉《战时土地政策应该怎样》发表于《民意（汉口）》第 34 期。

高田青《怎样组织农民训练班》发表与《浙江潮（金华）》第 5 期。

洪荒《解除农民痛苦和政治工作队的使命》发表与《浙江潮（金华）》第 5 期。

周佐年《关于农民干部的培养对乡村工作问题的讨论》发表与《浙江潮（金华）》第 41 期。

费孝通译《中国农村社会团结性的研究——一个方法论的建议》发表于《社会学界》第 10 期。

按：文章说："农村社区研究是中国农村社会学的焦点及基础。"

章元善《农民怎样可以走上富裕之路》发表于《实业部月刊》第 2 卷第 6 期。

黎富思、胡秀英等《利用合作革除农民不良的习惯》发表于《合训周刊》第 15 期。

董广英《奠定农民本位的抗战教育基础》发表于《民训指导》第 11 期。

郑清瑜《谈谈农民的总动员》发表于《惠师学生》第 3 期。

龚理天《怎样动员农民起来抗战》发表于《江西地方教育》第

108 期。

按：文章说："我们知道，这次战争的胜负，是系于农民抗战是否成功。农民若不起来，则抗战的胜利，也就难有把握，所以今日如何动员农民抗战，实在最急切不过的问题，兹将我个人对于动员农民抗战的方法，揭橥数点，以供参考。"一是加紧实施农民教育，二是彻底改变农民生活，三是积极指导农民组织与训练。

刘总队长《抗战中我们对农民的希望》发表于《初中集训周刊》第3期。

王聪《农民与国家的关系》发表于《昆明实验县教育》第4卷第8期。

孙寿英《农民与国家的关系》发表于《昆明实验县教育》第4卷第8期。

邹树文《农民教育》发表于《教育通讯》第18期。

何家兴《繁荣农村与土地生产合作》发表于《工作周讯》第99期。

陈云《创造农民节的建议》发表于《新中国》第1卷第4期。

按：我国国庆，谁也知道是十月十日那一天。我国既为农业国，则农民当然在国民中占首席的地位，所以次于国庆的重要日子，要算农民节。

阿朱《农民自己选举保甲长》发表于《救中国》第15期。

张执一《动员农民与保甲制度》发表于《国民公论》第1卷第3期。

刘纵弋《农民意识与农民运动》发表于《国是公论》第9期。

白芒《略谈抗战时期的土地——农民问题》发表于《公论众书》第2期。

张佩玖《如何使农民去与其天敌：农作病害奋斗》发表于《时兆月报》第33卷第11期。

东明《农业仓库及农产储押业务经营之讨论》发表于《浙光》第4卷第5期。

徐进《动员农民的一个核心问题》发表于《福建导报》第1卷第6期。

邓植仪《广东土地利用与粮食生产之关系》发表于《新粤》第2卷第7期。

孙兆乾《战时粮食生产与土地利用》发表于《新粤》第2卷第7期。

周量平《整理川省财政与整理土地》发表于《政声》第1卷第

14 期。

李维馨《如何发动农民》发表于《江彰旅省联合学会会刊》第 7 期。

萧泽钧《抗战时期如何推动江彰农民教育》发表于《江彰旅省联合学会会刊》第 7 期。

萧倬殷《动员农民大众的一个根本问题——调整保甲组织》发表于《江彰旅省联合学会会刊》第 7 期。

阮荫槐《地价税与土地增值税在学理上之根据及其实施》发表于《云南县政半月刊》第 2 卷第 6—9 期。

杨正礼《我国土地制度沿革概略》发表于《云南县政半月刊》第 2 卷第 10 期。

高信《广东土地问题概述》发表于《新政周刊》第 1 卷第 3 期。

陈植《非常时期我国农业上应有之调整》发表于《东方杂志》第 35 卷第 5 期。

张维光《抗战期中之土地使用管理与粮食生产统制》发表于《东方杂志》第 35 卷第 8 期。

杨之春《西班牙农民在战争中》发表于《东方杂志》第 35 卷第 17 期。

邹秉文《抗战期中吾国农业设施方案》发表于《新闻杂志》第 1 卷第 5 期。

林景润《造林与林业教育》发表于《生力旬刊》第 1 卷第 4 期。

曾应之《怎样进行农村工作——献给农村工作的同志们》发表于《抗敌导报》第 2 卷第 6 期。

按：文章说：为了使每个下乡工作的队伍，每个下乡工作的同志，能够最好的执行和完成自己的任务，对于战时农村工作队的任务和特点，必须有清楚的认识。战时农村工作队的任务是什么呢？第一，加紧宣传教育工作。针对着群众中发生的现象，把持久战，游击战术和敌人的暴行……等作一深刻具体的宣传和教育。第二，尽一切力量和当地的上层当局取得密切的联系，说服推动，拥护他们起来领导当地民众，保卫家乡田园。第三，积极帮助当地民众武装，特别是自卫团的政治教育工作。第四，努力进行组织民众的工作。联系和帮忙当地知识分子青年同志，建立工作队或其他救亡团体共同工作，用各种方式组织护乡团，游击小组……等民众自卫武装组织。第五，在工作中把自己变成一个坚强的队伍。

林畏之《当前农业问题的商榷》发表于《苦斗》第2卷第3期。

冷少泉《抗战中的农业》发表于《国光》第7期。

新宇《改进农业与抗战》发表于《生力军》第10期。

胡希汾《农业仓库与农村经济建设》发表于《时事月报》第19卷第3—4期。

李植清《白马洲的农民》发表于《时事类编》特刊第8期。

黄松龄《动员农民与耕者有其田》发表于《时事类编》特刊第10期。

李乡朴《调整保甲组织与动员农民抗战》发表于《时事类编》特刊第14期。

许涤新《怎样改良农民的生活》发表于《时事类编》特刊第15期。

方秀芝《土耳其的新农业政策》发表于《时事类编》特刊第15期。

洪进《施行抗战建国的农业政策》发表于《时事类编》特刊第15期。

董时进《改善农民经济与改造农业》发表于《时事类编》特刊第15期。

薛暮桥《抗战时期的土地政策》发表于《时事类编》特刊第15期。

康瀚《战时林业政策之革新》发表于《时事类编》特刊第15期。

陈植《抗战时期我国林业问题之商榷》发表于《时事类编》特刊第16期。

斐多洛夫作，冯子弗译《法西斯蒂德国的农民》发表于《时事类编》特刊第22期。

马拉比尼作，韦明译《意大利法西主义的战争政策和农民状况》发表于《时事类编》特刊第23—24期。

[苏] 拉普捷夫作，于绍文译《苏联社会主义农业的机械化》发表于《时事类编》特刊第28期。

陈方洁《害虫与战时农业生产》发表于《科学世界》第7卷第5期。

按：文章说："增加农业生产，是维持长期抗战的要素，此为举国上下大家都认识得很清楚的。要求农业生产之增加，则害虫损失，即成为急需解决之严重问题。因为害虫是朝朝夕夕的破坏我们耕种的农作物，或偷窃我们已收获的农产品，易言之，直接或间接的减少我们的生产量。"

冯紫岗《如何解决农民之三大问题》发表于《中国留法比瑞同学会

［苏］尼古拉也夫作，金辛译《罗马尼亚农民之贫穷化》发表于《国际编译社通讯》第 62 期。

李伯球《怎样开展农村抗敌运动》发表于 1 月 18 日《救亡日报》。

潜《乡村工作开展的动力——抗教社特训班》发表于 1 月 20 日《救亡日报》。

沙扬《动员千百万农民参加抗战》发表于 2 月 7 日《救亡日报》。

杨秋田《怎样动员农民上前线》发表于 3 月 21 日《救亡日报》。

海行《漫画宣传在农村——广职服务团工作报告》发表于 4 月 11 日《救亡日报》。

三　乡村建设研究著作

龚厥民编，邵德馨改编《农业经济学》（职业学校教科书）由长沙商务印书馆出版。

按：是书分 5 张，阐述农业经济学的意义、农业的要素、农村金融、农产贸易及农场经营管理方法。

任君著《苏联的农业改造》由上海世界书局出版。

胡元民著《抗战建国中之农业经济政策》由重庆中山文化教育馆出版。

［苏］克莫斯基著，曹贯一、刘运筹译《农业哲学》由长沙商务印书馆出版。

沈曾侃、夏文华著《抗战期中四川农业仓库实施之研究》由成都著者出版。

任君著《苏联的农业改造》由上海世界书局出版。

吴宝华著《美国之农业金融》由上海商务印书馆出版。

穆藕初著《农产促进委员会之任务及希望》由重庆农产促进委员会出版。

独立出版社编《抗战与农产》由重庆编者出版。

高叔康著《战时农村经济动员》由长沙商务印书馆出版。

按：是书分战时农村经济动员的意义及其计划、战区内的农村经济问题的对策、战区外的农村经济建设的方针、战时农村经济统制等四部分。

孙晓村著《中国战时农村问题与农村工作》由南昌江西大众文化社出版。

郑维著《农村工业救国论》由重庆中山文化教育馆出版。

按：是书分两编，论述农村工业与抗战建国的关系及其实施办法。

农产促进委员会编《组织农会与合作社》由重庆编者出版。

陶陶然著《农村组织讲话》由汉口生活书店出版。

陈毅著《农村工作讲话》由汉口扬子江出版社出版。

李振院编《怎样做乡村工作》由广州战时读物编译社出版。

张迈群、潘超著《乡村工作手册》由长江出版社出版。

林中奇、罗剑魂著《农村妇女干部训练的实例》由南宁民团周刊社出版。

晏阳初著《农民抗战与农村建设》由长沙中华平民教育促进会出版。

薛暮桥著《战时乡村工作》由新知书店出版。

按：是书包括怎样开展乡村救亡运动、抗战中的动员农民问题、怎样充实乡村民众组织、怎样武装农民协助抗战、乡村工作中的几个技术问题、乡村工作的民主与独裁等六部分。

霍衣仙著《怒吼的农村》由上海抗战文学社出版。

新生活运动促进总会编《学生暑期农村服务手册》由编者出版。

教育部民众读物编审委员会编《抗战与农村复兴》由重庆正中书局出版。

郭人全编《战时乡村建设》由浙江省教育厅附设师资进修通讯研究部出版。

［德］恩格斯著，钱亦石译《德国农民战争》由重庆生活书店出版。

按：是书分农民战争时期的经济状况与阶级关系、农民战争中的各种反对派及其领袖、农民暴动的简史、贵族暴动的简史、农民战争纪实及其失败的主要原因（上、下）、农民战争与其结果的历史意义等7章。

谢扶雅、曹日昌等编《如何发动农民——农民抗战教育团工作经验实录》由中华平民教育促进会出版。

按：是书分农民抗战教育运动、农民抗战教育团、调查及准备、宣传、训练、组织、几个重要的建议等七部分。

韦健夫编《怎样动员千百万农民》由汉口自强出版社出版。

按：是书分动员千百万农民参加抗战、组织训练与武装农民、怎样开展农村救亡工作、抗战期中农村工作的途径、动员乡村力量的基本做法、加强农民抗战力量的几个问题、动员农民与耕者有其田、农村工作之实践与教训等八部分。

民族革命社编《民族革命与农民运动》由民族革命出版社出版。

按：是书分民族革命问题与农民问题、抗日战争与农民运动、农民工作提纲、切实发展农民运动之路、向全国总农救走去、关于组织并加强农民救国会、县农民救国会组织章程、组织农民救国会之途径、怎样组织农民救国会、汾城农救会代表大会几种不良倾向、沁县农救会成立大会记、赵城县农救会代表大会决议案、扩大春耕运动、春耕运动及协助办法等十四部分。

刘铭基著《怎样动员渔民大众》由重庆中山文化教育馆出版。

《农会法规汇编》由重庆农产促进委员会出版。

任国梁编《农林须知》由冀东建设厅出版。

[法]罗班著，万锡九译《土地征收之学理与实施研究》由长沙商务印书馆出版。

萧铮著《民族生存战争与土地政策》由武昌中国地政学会出版。

萧明新编述《土地政策述要》由长沙商务印书馆出版。

按：是书分5章，论述有关土地问题的各派学说、各国土地政策、中国自井田制至现代土地政策等。

赵巨思编《土地法令选编》由福建省县政人员训练所出版。

梅光复著《战时财政问题与整理田赋》由上海杂志公司出版。

邵惕公著《日本租佃制度》由汉口华中图书公司出版。

按：是书概述日本租佃的名称、种类及其现状，租佃的意义、佃租制度的一般内容等。

张开滇编著《垦殖与建设》由江西合作同仁互助社出版。

按：是书分5章，概述垦殖与建设的关系、垦殖事业的重要性、垦务行政的沿革、近年荒地统计等，并介绍美、德、意、丹麦、俄、日等各国垦殖概况，今后垦殖政策等。

唐启宇著《我国垦殖事业的方针和方式》出版。

周承澍著《我所见到的难民移垦问题》由江西省垦务处出版。

哈佛燕京学社引得编纂处编《食货志十五种综合引得》由编者出版。

汤惠荪编《云南羊街坝垦区概况》由华西垦殖公司出版。

唐启宇编著《耕与战》由江西省垦务处出版。

教育部社会教育司编《抗战与生产》由重庆正中书局出版。

卢显能著《怎样办理村街仓》由南宁民团周刊社出版。

内政部统计处编《仓储统计》由编者出版。

孟受曾编著《战时的农仓》由长沙中华平民教育促进会出版。

广西省政府民政厅编《广西仓储概况》由编者出版。

黄绍绪编著《食料管理》由长沙商务印书馆出版。

杨礼恭编著《粮食管理篇》由重庆正中书局出版。

巫宝三、张之毅著《福建省食粮之运销》由长沙商务印书馆出版。

江西省政府建设厅编《江西省谷米概况》由编者出版。

张人价编述《湖南粮食生产调查》由湘米改进委员会粮食调查委员会出版。

张培刚著《广西粮食问题》由长沙商务印书馆出版。

刘树藩编著《祁茶漫记》由南昌合群印刷公司出版。

广西省政府编《广西省家畜保险法规》由编者出版。

福建省政府秘书处统计室编《福建农林》由编者出版。

苍德玉著《实用堆肥学》由旅顺农业进步社出版。

苍德玉著《堆肥读本》由旅顺农业进步社出版。

马溶之著《甘肃西北部之土壤》由经济部地质调查所出版。

周建编著《几种主要作物的栽培方法》由广西南宁民团周刊社出版。

黄修明编《积谷害虫名汇》由上海中国科学社出版。

江西省农业院编《茶树害虫》由编者出版。

任国梁著《种棉须知》由冀东建设厅出版。

李世材著《种棉法》由四川省棉作试验场出版。

金城银行总经理处汉口调查分部编《湖北之棉花》由编者出版。

冯肇传、施珍著《壅土在棉作栽培上之价值》由湖北棉业改良委员会试验场出版。

云南省建设厅第三科编《除虫菊栽培法》由编者出版。

江西省农业院编《桃树》由编者出版。

孙文郁等编著《江西柑橘》由金陵大学农业经济系出版。

四川省政府建设厅编《四川柑橘调查》由成都编者出版。

郭益进著《江津之柑橘》由四川省园艺试验场出版。

四川省政府建设厅编《四川之森林》由成都编者出版。

白垛编译《森林立地》由国立北京大学农学院出版。

国立北京大学农学院编《造林学各论》由编者出版。

刘讽吾编著《四川油桐栽培之现状与改进》由四川省园艺试验场出版。

中央陆军军官学校教育处编《马学教程》由编者出版。

许振英、彭文和等著《一年来之养猪研究报告》由中央大学农学院畜牧兽医系出版。

华汝成、薛明剑编《实地养兔法》由广州中华书局出版。

李之干编著《牲畜防疫及卫生》由长沙商务印书馆出版。

云南省建设厅第三科编《牛瘟防治浅说》由编者出版。

林汉达编著《科学化金鱼饲养法》由上海世界书局出版。

四 卒于是年的乡村建设工作者

李仪祉卒（1883—1938）。原名李协，字宜之，陕西蒲城人。1904年考取北京京师大学预科德文班。1909年由西潼铁路局派赴德国柏林皇家工程大学土木工程科留学。1913年入丹泽工业大学学习工科。曾与陕西水利局局长郭希仁一道遍游俄、德、法、荷、比、英、瑞等欧洲诸国，考察河流闸堰堤防，目睹欧洲各国水利事业的发达景象，比较我国水利事业的颓废，百感交集，立下了专攻水利科学技术，振兴祖国水利事业之鸿志。1915年回国，参与创办中国第一所高等水利专门学府南京河海工程专门学校，任教授、教务长，曾一度主持教务，主讲河工学、水文学、大坝设计等课程，培养了中国第一批水利专门人才。1922年任陕西省水利局长兼渭北水利局总工程师，开始了兴修水利的生涯。1928年任华北水利委员会委员长，兼任北方大港筹备处主任。1929年任导淮委员会委员兼总工程师。1930年任陕西省政府委员兼建设厅厅长、全国救济水灾委员会委员兼总工程师、中国水利工程学会会长。并开工兴建泾惠渠。泾惠渠竣工后，遂辞去建设厅厅长，任省水利局局长，集中精力兴修水利，在杨虎城的支持下，成立洛惠渠工程局。1933年至1935年任黄河水利委员会委员长兼总工程师，在深入调查研究的基础上，提出了科学的治河方略，先后撰写了《黄河概况及治本探讨》《导治黄河宜注意上游》《治黄关键》《黄河水文之研究》《函德国恩格尔斯教授关于黄河质疑之点》等40余篇论文与报告,提出了对黄河治理必须是上中下游并重的指导思想,防洪、航运、灌溉和水电兼顾,改变了几千年来单纯着眼于黄河下游的治水思想。1934年6月任国立西北农林专科学校水利组首任主任并执教。曾在北京大学、清华大学、同济大学、第四中山大学、交通大学执教,造就了大批科技人才和志士仁人,为我国水利工程教育事业作出了卓越贡献。著有《农业与国家》《河工学》《冰川学》《李仪祉水利论著选集》等,发表《陕西灾情与农村经济破产原因及状况报告》等论文。

梁庆根卒(1898—1938)。庆根字耀棻,广东顺德人。1925年入广州农民运动讲习所第五期学习,并加入中国共产党。结业后,以中国国民党中央农民部特派员身份,返回顺德开展农运工作。先后担任党的顺德支部和县委常委,分工负责农运,因而兼任县农民协会常委,与郭竹朋、李民智等下乡搞宣传、发动工作,组织区乡农民协会,培训农民自卫军,并取得显著成效。在顺德县农协领导下,全县先后建立了8个区农会,120多个乡农会,入会农民三、四万人,还建立和发展了好几千农民武装。1927年12月广州起义前夕,广东省委通知顺德县委任命梁庆根为顺德工农讨贼军总指挥,担负组织顺德各地武装农民响应和支援广州起义的任务。后因起义失败,各路起义队伍才散回各地。抗日战争期间,曾在其家乡逢简组织一个农民抗日自卫大队,并自任大队长。1938年因病去世。

民国二十八年　己卯　1939 年

一　乡村建设活动

1月26日，中共中央书记处讨论边区生产问题，决定成立中共中央生产运动委员会，林伯渠为主任，李富春为副主任，负责领导边区的生产工作。

2月2日，中共中央在延安召开生产动员大会，毛泽东在会上提出"自己动手，克服困难"的号召，动员边区军民克服经济困难，开展生产竞赛，巩固抗日根据地。中央财政经济部部长李富春代表中央在会上做《加紧生产，坚持抗战》的动员报告，阐明了开展生产运动的目的和意义，提出了发展生产的具体计划。陕甘宁边区生产委员会也同时宣告成立。大生产运动从此正式开始。

按：为了开展大生产运动，党中央和毛泽东还为此制定了一系列具体方针和政策，如在工农商各项经济事业中，实行"以农业为第一"的方针；在农业生产中，实施减租减息、增开荒地、推广植棉、不误农时、调剂劳动力、增加农贷、提高技术和累进税制等。

2月26日，中央执行委员会社会部公布《社会部核准施行农会组织须知》，规定农会以发展农民经济，增加农民知识，改善农民生活而图农业之发达为宗旨。

4月3日，晋察冀边区政府颁布《奖励生产事业暂行条例》和《奖励合作社暂行条例》。

4月4日，陕甘宁边区为适应抗战建国之需要，根据国民政府颁布的土地法之基本原则，与边区土地改革之实际情形而公布了《陕甘宁边区土地条例》。条例所称土地，包括农地、林地、房地、荒地、山地、水地及一切水陆天然富源。

4月7日，陕甘宁边区政府公布《生产运动奖励条例》。

4月10日，陕甘宁边区政府公布《陕甘宁边区人民生产奖励条例》和《督导民众生产勉励条例》，具体规定了对群众生产加强组织领导的有力措施。

是月，陕甘宁边区根据国民政府颁布之土地法基本原则与边区土地条例，制定并公布了《地权条例》（草案），确定土地私有制，凡领取政府颁发之地权证，取得私有地权之业主，对于其土地，有完全买卖、处分、收益、使用之全权。

是月，陕甘宁边区根据国民政府抗战建国纲领和改善民主之原则，并适应边区实际情况，制定并颁布了《土地租佃条例（草案）》。

5月，山西省农民救国会第一次代表大会在晋东南举行。

是月，由乔启明、毛雍、钱天鹤等发起的中国农业推广协会在重庆成立，大会通过组织章程，确定中心工作五项：一是策进农业推广运动，二是办理农业推广技术人才登记及介绍，三是研讨农业推广实际问题，四是征求新会员，五是筹设各地分会，使业务深入农村。

6月，陕西省政府发布《陕西省各县土地测量队各项业务检查规则》。

是夏，林学家郭普、程景皓、周重光从兰州出发经天水、武都，对沿途陇南、洮岷一带的天然森林资源进行初次调查，共采集植物标本1500余号，木材标本数十种，并撰写《甘肃西南部天然林调查记》。

7月23日，延安农业学校举行开学典礼，朱凯铨任校长。林伯渠等出席典礼并发表讲话。学校附设试验农场1所，分设农艺、园艺、畜牧三个部。

8月15日，中共陕甘宁边区委员会发出《关于乡村党与政府及民众团体组织问题的决定（草案）》。

8月30日，晋察冀边区政府发布《关于救灾治水安定民生的具体办法》。

9月，晋察冀边区行政委员会公布《保护公私林木办法》。

10月2日，为保护森林资源，晋察冀边区政府颁布《禁山办法》，规定50度以上之山坡，得由村公所分别缓急，逐年划为禁山。

10月5日，陕甘宁边区合作社第一次代表大会，会议选举成立了边区合作社联社，通过了《陕甘宁边区合作社联合社组织章程》。

是月，国民政府行政院第434次会议，正式修正通过财政、经济两部呈《为健全各地方农会组织，举办农村改进事业，以图改良农业增进农民知能，发展农村经济，并改善农民生活起见，经会同中央社会部拟具中央补助农会事业费办法，请核定案》。

11月8日，陕甘宁边区政府建设厅主持修建的裴庄水利工程竣工，可浇地1500亩。

12月，甘肃开办土地测量短期训练所，培训地政人员，学期3个月，两年共培训学员170人。并在工科职业学校内广设测量系，加强测量专业技术教育。

是年，国民参政会第四届会议通过《请政府加紧组织县乡农会，俾利动员民众，增进农产，促进兵役，藉以增强抗战力量，奠定自治基础》案。

是年，国民政府成立合作事业管理局，各省设立合作事业管理处，县一级设立合作指导室，为农村合作事业的发展提供组织保证。

是年，惠迪人、吴士英、詹纯鉴等发起的中国农村文化建设运动协会在重庆成立。该会主要从农村出发，从实编整保甲、农村调查等工作。

二 乡村建设研究论文

沈曾侃《怎样辅导农民组织乡农会》发表于《农业推广通讯》第1卷第4期。

谢先进《抗战中浙江之农田水利事业》发表于《浙江农业》第10—11期。

孙维梅《农田水利常识谈》发表于《浙江农业》第10—11期。

莫定森《抗战时期的农业推广问题》发表于《浙江农业》第13期。

李寅恭《四川林业刍议》发表于《教育与农业》第1卷第1期。

马寿征《战时农业教育的新动向》发表于《教育与农业》第1卷第1期。

曹钟瑜《边地乡村建设》发表于《教育与农业》第1卷第2期。

马寿征《抗战期间农村经济建设的发展》发表于《教育与农业》第1卷第3期。

曹钟瑜《战地合作社办理问题》发表于《教育与农业》第1卷第3期。

王范群《农业生产与抗战前途》发表于《教育与农业》第1卷

3期。

杨东莼《利用文化机构来动员农民》发表于《中国农村》第5卷第5期。

雷宾南《广西农业的复杂性》发表于《中国农村》第5卷第5期。

徐特立讲，潘逸耕记《农民的伟大与落后》发表于《中国农村》第5卷第7期。

按：编者按："一月十三日，中国农村经济研究会邀请路过桂林的老革命家徐特立先生讲演农村工作问题。本文即其讲演的记录，因为徐先生很快就离开了桂林，所以不及送请校阅。如有与原辞不符的地方，应由记者负责。"

千家驹《论农民组织与农村生产》发表于《中国农村》第5卷第8—9期。

按：文章说：假如中国各地的农民，都有了组织，特别是农会的组织，结果就大不同了。第一，有了农会的组织，我们就有可靠的耕地统计，农作物面积统计，农作物产量统计。这些统计，假如由中央政府或地方政府派人去调查，那可以说是难极，不知哪一天可以完成，即使完成了，其准确性亦大可怀疑。第二，农民如果有了组织，不惟可以推行政府的生产计划，而且还可以发挥农民对生产的积极性。

思益《抗战以来的诸暨农民运动》发表于《中国农村》第5卷第8—9期。

罗俊《战时的农业金融问题》发表于《中国农村》第5卷第8—9期。

姜君辰《以积极动员农民来纪念抗战二周年》发表于《中国农村》第5卷第11—12期。

[苏]瓦尔加作，陈洪进译《资本主义国家中的农民生活》发表于《中国农村》第5卷第11—12期。

罗英才《抗战建国与土地改革问题》发表于《中国农村》第5卷第11—12期。

周熙《抗战以来山西的农民运动》发表于《中国农村》第6卷第1期。

薛暮桥《现阶段的土地问题和土地政策》发表于《中国农村》第6卷第1期。

按：文章说：土地问题是中国问题中间极重要的一环，但在今天，它同民族问题比较起来已经处于次要地位。当然，土地问题和民族问题是不能机械地对立着的，民族解放战争的胜利，是解决土地问题的最重要的保证。反之，土地问题的适当处理，也是保障抗战胜利之一极重要的条件，自从前年抗战爆发，抗日民族统一战线成为全国不愿做亡国奴人民共同信守着的最高国策以后，如何规定一个适合于抗战需要的新的土地政策，这问题便常常在我们的头脑中萦绕着。现在我想根据抗战两年来的教训，提出下面几点意见，作为关心土地问题的学者们的参考。（一）怎样认识现阶段的土地问题：在中国革命的现阶段，我们研究土地问题和土地政策，自然必须把争取抗战胜利作为中心目标，在今天来说"中国土地属于日本帝国主义，还是属于中国人，这是首先待解决的问题。"（毛泽东《中国抗日民众统一战线》）为什么呢？因为抗战所争取的是整个中华民族的自由生存，如果民族陷于奴隶状态，土地问题必然日益严重。离开了民族解放来解决土地问题，完全是件不可能的事情。（二）中国土地问题的具体内容：中国的土地究竟有多少集中在地主手里，目前我们还没有很可靠的统计。根据土地委员会和农村复兴委员会等政府机关的农村调查所得到的材料估计起来，我们大致可以断定，全国地主大约占有了全国耕地的40%到50%。如果把地主富农所占有的土地合并计算，大概占有了全国耕地的60%到70%；而他们的人口数额，仅占全国农村人口的10%上下。这就是说，占农村人口90%的中农、贫农、雇农，他们只占有全国耕地的30%到40%。这里我们应补充说明的是：地主不但占有了大量的土地，而且占了最肥沃的土地。（三）怎样解决现阶段的土地问题：怎样解决现阶段的土地问题，最好是把三民主义和中国国民党的土地政策来作最主要的研究根据。三民主义关于土地问题所提出的主张，便是"平均地权"。什么叫作平均地权？现在我们还不容易得到一个很明确的解释。用中山先生自己的话来说："我们解决农民的痛苦，归结是要耕者有其田。这个意思，就是要农民得到自己劳苦的结果，要这种劳苦的结果，不令别人夺去。"不过中山先生并不主张没收地主土地，而主张以和平的手段，来帮助农民购买土地，并减轻他们的目前的负担。根据上述原则，国民政府所颁布的土地法，便规定政府有权照价征收地主所有土地。前年5月5日国民政府所公布的土地法修正原则，更具体的规定佃农对不在地主的土地和继续租种五年的土地，可以要求政府照价收买。当然，在缺乏土地银行，农民银行也不能作长期低利放款的今天，这种规定是不会发生实际效果的，尤其在抗战爆发后，帮助农民收买土地，事实上有许多困难。抗战时期既然不能通过收买政策解决土地问题，那么比较最切实的办法，自然只有减轻农民负担，主要便是实行中国国民党二五减租政策。二五减租所以会在中国占有特别重要地位，首先因为中国广泛地存在着中小地主，而且地主经营极不发展，贫苦佃农在农民层中占着比较大的数量，所以为着动员几千万户贫苦佃农起来保乡卫国，为着争取几百万户中小地主使他们也同情抗战，二五减租是最适合于抗战现阶段的土地政策。（四）抗战建国中的土地政策：前年抗战爆发以后，中国共产党的抗日救国十大纲领首先提出"减租减息"等类口号。到敌军深入的山西，晋省当局颁布民族革命十大纲领，在这纲领的第八条中规定："切实执行合理负担，逐渐减租减息，改善人民生活。"接着减租减息政策便在晋省各乡村中开始实行，尤其是合理负担，更收到了极良好的效果。山西省（晋察冀边区除外）对减租减息采用说服方法，政府并未明白规定减租减息数额。但因领导得法，地主债主很多自动宣布减租减息。例如晋中赵城县的许多地主自动减租四分之一到二分之一，债主自动减息到年利一分，甚至宣布在抗战时期免租免息。政府对于这种义举给以名誉奖励。最后，长期抗战中政治上的进步，是和平解决土地问题的最有力的保证。在抗战过程中，在抗战胜利后的建国过程中，以各党派各阶级亲密合作为基础的民主政权，必然能够遵循三民主义所指示的道路，通过和平合法的手段来彻底解决中国土地问题。因为土地问题的解决，乃是实行民生主义经济建设和创造三民主义新中国的必要前提。至于三民主义新中国的土地立法具体内容如何，这是一个次要问题。应当根据那时候的国内外条件，以及各地特殊情形，求得适当解决。如果我们离开这些现实问题，预先拟订一个抗战胜利后的土地问题解决方案，那只是乌托邦的空想，对于土地问题的实际解决是丝毫没有帮助的。

姚质中《陕北的农民生活》发表于《中国农村》第6卷第2期。

陈传纲《论民族革命战争中土地问题底意义》发表于《中国农村》第6卷第2期。

驹《发动广西农民保卫家乡》发表于《中国农村》第6卷第3期。

秦柳方《广西推行土地法耕地租用条款的意见》发表于《中国农村》第6卷第3期。

刘君煌《近年来我国各派土地改革政策之比较及批评》发表于《农村建设（贵阳）》第1卷第4期。

评论《改良政治与农民》发表于《现代农民》第2卷第3期。

刘仲融《干农村工作应具之态度》发表于《现代农民》第2卷第4期。

评论《改良乡村道路》发表于《现代农民》第2卷第4期。

时进《农民与持久抗战》发表于《现代农民》第2卷第6期。

阎若雨《农民的十大需要》发表于《现代农民》第2卷第6期。

蓝梦九《为农村合作社诸同志进一言》发表于《现代农民》第2卷第6期。

评论《高等教育与农民负担》发表于《现代农民》第2卷第7期。

阎若雨《改革乡村小学意见》发表于《现代农民》第2卷第7期。

曾广墀《目前农村合作社的几个严重问题》发表于《现代农民》第2卷第7期。

按：文章所谓的几个严重问题，一是股本问题，二是信用评定问题，三是借款数额与还款期限问题。以上三点，为目前亟待解决之严重问题。

田倬之《农民须知国际形势》发表于《现代农民》第2卷第8期。

何荫乔《秦岭山中的农民》发表于《现代农民》第2卷第8期。

阎若雨《乡村政治应改革的几点》发表于《现代农民》第2卷第9期。

徐奉五、陈凯等《人工昂贵对于农业的影响》发表于《现代农民》第2卷第11期。

关渡《满洲的农民》发表于《新农民》第12期。

关瑞廷《农村金调融济法》发表于《新农民》第12期。

邵维坤《林业建设的理论与实际》发表于《农林新报》第16卷第6—8期。

沈经保《中国农民生活程度改进的前瞻》发表于《农林新报》第16卷第20—22期。

乔启明《农业经济之意义与重要》发表于《农林新报》第16卷第20—22期。

按：文章说："近年以来，我国农村经济日就崩溃，朝野人士一致认识农村经济建设之重要，而处兹抗战建国之际，农业经济建设，尤有刻不容缓之势。顾常人辄以为举行农贷，流通农村金融，或改良品种，增加农业生产，即尽农业经济之能事，而不知农业经济之范围甚广，包括土地利用，农场经营，农产运销，农具使用，农场劳力，农佃制度，农村组织等等，且与其他农业生产部门有密切之联系。农业经济之目的，在指导农民获得优良之耕种方法，优良之经营实施，与优良之生活状况，而达到农业经营之成功。农业经济之重要，于此可见。然农业经营之成功，必有其基本之经济法则。农业经济之任务，即在调查研究农业事实，根据所知之经济法则，予以适当之处理，俾农民获享最大之利益。所以农业经济不尚空谈，而重实际。往者，我国农业生产采取放任主义，故农业经营成效甚微。今后如欲效法各国实行计划经济，则对于农业经济一端，尤宜特加致力焉。"

潘鸿声《中国农具之经济研究》发表于《农林新报》第16卷第20—22期。

应廉耕《川东田赋制度改革刍议》发表于《农林新报》第16卷第20—22期。

陈鸿根《美国农村组织概况》发表于《农林新报》第16卷第20—22期。

潘鸿声《论农场管理》发表于《农林新报》第16卷第20—22期。

沈经保《合作与土地问题》发表于《农林新报》第16卷第29—31期。

通讯《农田水利贷款之裨益于农民者》发表于《农本》第15—18期。

史凌云《鹤峰的农民生活》发表于《农本》第21期。

沈经保《中国农民生活程度改进的前瞻》发表于《农本》第23期。

陈卓勋《彭水农民的衣食住行》发表于《农本》第31期。

［日］山县千树《满洲农民之租税公课负担》发表于《农学》第1卷第1期。

刘君煌《论云南之限制土地买卖》发表于《新经济》第1卷第5期。

沈宗瀚《中国的土地利用》发表于《新经济》第1卷第7期。

郭垣《抗战期中的云南农业金融概观》发表于《新经济》第1卷第7期。

吴景超《中国农民生活》发表于《新经济》第1卷第11期。

李树青《中国农业社会的分析》发表于《新经济》第 2 卷第 1 期。

按：文章说："从以上的分析中，我们了解中国农村问题的特质与其症结所在。唯一的出路是在替农民创造更多的经济机会与职业机会，便是工业化。有了这些机会，一面可以增加了农产物的用途，提高了农产物的价格，同时又可减轻农村中人口的拥挤。衰弱的人体中，注入一管鲜血，可以逐渐地使关节活动起来。已经骨化停滞的农业社会，加以工业革命，也可使它由静止而流动。因为工业化所创造出的经济机会，职业机会，有增高农业工资，减轻地租，和降低利息的作用。在停滞社会中之作为划分阶级不可逾越的壁垒者，都可变成用作攀登的阶梯。所以工业化是欧洲各国由停滞社会走入流动社会的唯一途径。"

欧阳蘋《论工业合作与农业合作》发表于《新经济》第 2 卷第 4 期。

陶继侃《农业金融与农业阶梯》发表于《新经济》第 2 卷第 4 期。

吴文晖《中国农业经济问题之真相》发表于《新经济》第 2 卷第 10 期。

按：文章说："中国农业经济问题之焦点是农民生活程度之低下，而农民生计困难，乃是许多农业内在的和外在的压力、缺点和病症所造成的。……农业政策应该是整个计划经济政策之一部门，其重要节目应包括：一、实行民生主义的土地政策（如按照地价征累进地价税及增值税，并照价收买，保护佃农与雇农，扶植自耕农，实行土地重划，开垦荒地，提倡集体经营之合作农场等）；二、建立健全的农业金融机构（如发展农村信用合作社及合作金库，改进农民银行，扩大农本局组织，创立长期农业金融机关等）；三、调整农产运销（如发展交通，添设并改进农村运销合作社与农业仓库，实行农产贸易统制等）；四、振兴水利，预防水旱灾。"

吴景超《我国农业政策的检讨》发表于《新经济》第 2 卷第 10 期。

按：文章说："农业机械化在中国的实行，困难甚多，除了资本问题外，还牵涉到田制的问题。现在中国的农场，是小农场，平均面积不过二十余亩，在这种小农场上，施行机械的耕种与收割，是不可能的。"

吴平《四川之土地利用》发表于《战时经济》第 2 卷第 4 期。

侯厚培《战区内农业金融问题之商榷》发表于《经济动员》第 3 卷第 9 期。

朱通九《战时的农业金融》发表于《经济动员》第 3 卷第 9—12 期。

张荫麟《北宋的土地分配与社会骚动》发表于《中国社会经济史集刊》第 6 卷第 1 期。

纪德《农业合作发展上的障碍》发表于《华北合作》第 5 卷第 2—3 期。

苏锡彤《意大利之农业复兴》发表于《华北合作》第 5 卷第 11—12 期。

陈楷人《抗战时期的农业推广问题》发表于《浙江自治》第 14 期。

莫定森《抗战时期的农业推广问题》发表于《浙江自治》第 15—16 期。

赵曾珏《农业化的中国向工业化迈进途径之检讨》发表于《浙江工业》第 5 期。

杜宋绥《建立中国农业保险机构刍议》发表于《浙光》第 6 卷第 9 期。

按：文章分问题之提出、农业保险之性质、农业保险与工商业保险之区别、农业保险在中国之重要性、中国所需要之农业保险种类、中国农业保险机构之组织方法、农业保险在中国法律上之根据、结论等八部分。

陆合丰《抗战新阶段中的农业改进问题》发表于《浙江潮（金华）》第 56 期。

曹斌《浙江省战时食粮管理与农业仓库》发表于《浙江潮（金华）》第 59 期。

王钧《中国农民的生计问题》发表于《中国公论》第 1 卷第 3 期。

天星《农民干部问题》发表于《大风（金华）》第 77 期。

蒋克伦《如何得到农民信仰》发表于《大风（金华）》第 93 期。

秋依《游击区的农民》发表于《大风（金华）》第 96 期。

青农《世界各国最近农业金融制度之趋势》发表于《近代杂志》第 1 卷第 12 期。

杨荣《绥西的农民生活》发表于《西北论衡》第 7 卷第 23 期。

王维藩《怎样展开农民动员工作》发表于《决胜》第 18 期。

黄俊德《全民抗战与土地改革》发表于《民意（汉口）》第 62 期。

郭汉鸣《抗战建国应加紧土地整理》发表于《民意（汉口）》第 63 期。

李承绩《中国土地制度之沿革》发表于《内务资料》第 3 卷第 9—

11期。

吴文中《告农民书》发表于《社会月刊》第1卷第6期。

文烈《农业仓库之经营与推行》发表于《社会月刊》第2卷第5期。

按：文章说："农业仓库经营之目的，与普通仓库不同。不得以营利为目的，故求盈余金多，对于出资者，多予分配红利，非经营农业仓库之本旨也。"

陈戚鹏《农村合作社与土地问题》发表于《建设研究》第1卷第5期。

孙治公《关系西南边县农民生活的六个问题》发表于《建设研究》第2卷第4期。

朱博能《中国农民之负债与整理问题》发表于《信托季刊》第4卷第3—4期。

赉君《冀察冀边区农民动态》发表于《大夏生活》第6期。

李铁枝《纪念"七七"要加紧农村宣传及农民组织》发表于《中华评论》第2卷第5期。

张振农《乡小教室与动员农民》发表于《教育短波》第3期。

童渭川《中国应对农业教育多下工夫的理由》发表于《教育与民众》第9卷第7期。

按：文章分只有农业教育能刺激农民受教的需要、只有农业教育能启发农民向上的自觉、只有农业教育能促进农民团体的组织三部分。

段永嘉《日本之农业教育》发表于《教育与民众》第9卷第7期。

王一蛟《农业教育与农业经济学科之教学》发表于《教育与民众》第9卷第7期。

林宗礼《我国农业教育急应纠正的几种不良现象》发表于《教育与民众》第9卷第7期。

陈重寅《怎样实施农业补习教育》发表于《教育与民众》第9卷第7期。

刘同圻《怎样训练高级农业职业学校师资》发表于《教育与民众》第9卷第7期。

余桂甫《高级农业职业学校之目的》发表于《教育与民众》第9卷第7期。

童润之《我国农业教育今后之路向》发表于《教育与民众》第9卷

第 7 期。

按：文章认为，农业教育今后之路向，一是初级农校不宜大量增设，二是高级农业学校应力求社会化，三是农业补习教育应广为实施，四是农业推广工作必须加紧实施，五是调整农教农业行政及技术之机关使之密切配合，六是农业师资急待培养，七是农业研究实验之选择与进行应针对本国需要以求切实，八是农业教学方法应力求改进。

童润之《农业推广的教育意义》发表于《教育通讯》第 2 卷第 24 期。

章之汶《对于外国农业教育改进贡献几点意见》发表于《教育通讯》第 2 卷第 47 期。

廖泰初《从学田研究见到的土地财政和农村教育问题》发表于《教育学报》第 4 期。

珊波、曹若茗《战争与日本的农民状况》发表于《文化月刊》第 2 期。

骆耕漠《诸暨农民运动》发表于《持久战》第 2 期。

微知《战时农业建设的"特质"与"方针"》发表于《胜利》第 38 期。

按：文章认为，战时农业建设的方针，一是强迫垦荒扩大农作物的栽培面积，二是各种特产品举行生产统制，三是兴修农田水利暨推广良种良法。

何汉章《全国农民武装起来》发表于《良友》第 141 期。

心原《农民生活之复兴问题》发表于《新民报半月刊》第 1 卷第 1 期。

朱刚健《从强迫冬耕说到农民自动生产》发表于《战时南路》创刊号。

荫索《怎样发动农民大众争取抗战胜利》发表于《文楼月报》复刊第 17—18 期。

平《我们怎样推进农民运动》发表于《衢民旬刊》第 2 期。

张德昌《近十年来欧洲两种农业政策的试验》发表于《今日评论》第 1 卷第 24 期。

朱晋卿《一个有效的组训农民方式》发表于《国讯》第 220 期。

奚茂绎《故乡农民的生活状况》发表于《绍中月刊》创刊号。

无名氏《福建农民家庭生活费之初步比较研究》发表于《闽政月刊》第 5 卷第 3 期。

金永晖《抗战新阶段中的农民动员问题》发表于《胜利》第 10 期。

吴望伋《农民的新生才是中国的新生》发表于《胜利》第 56 期。

按：文章说："我们要了解，国民革命的基础是在农民身上，国民革命的中心，是农民问题，国民革命亦可以说是农民革命，在历次革命的最高潮上，最占重要地位的，也就是农民。"

万国鼎《中国农业之特质及其前途》发表于《时代精神》第 1 卷第 5 期。

曾育群《怎样对农民谈国际问题》发表于《动员（绥靖）》第 23 期。

吴无吾《贵州之土地陈报与田赋改革》发表于《新世纪》第 5 期。

乔启明《战时农民组织与农会》发表于《政治建设》创刊号。

培凤《饥寒交迫的西班牙农民》发表于《政治情报》第 52 期。

许饯侬《财政观点下之四川土地整理》发表于《新政治》第 1 卷第 6 期。

汪祥春《抗战建国期中的土地政策》发表于《新政治》第 2 卷第 3 期。

按：文章说："不论古今中外，土地问题是经济问题中的要角，土地政策是经济政策中的主流。在我国百分之八十五以上的人民是农民，全国人民所恃以生存及发展的是农业，因之，土地更有绝对的重要性，尤其在抗战建国的时候，土地是我国兴亡成败的关键，因为要抗战必胜，我们必要内求足衣足食，外求取得军械，办法是尽量发展土地的生产力；要建国必成，基本的工作是平均地权，使耕者有其田，办法是调整地权的分配。但是，怎样才能达到发展土地生产力与调整地权分配的目的？答案是树立合理的完善的土地政策。"

熊漱冰《土地行政的基本工作》发表于《地方政治》第 2 卷第 3 期。

熊漱冰《田赋与土地税》发表于《地方政治》第 2 卷第 4 期。

吴涛《农民经济建设刍议》发表于《县政研究》第 1 卷第 2 期。

庞伯虞《现阶段土地整理之切磋》发表于《县政研究》第 1 卷第 5 期。

庞伯虞《公私有土地及其权利论》发表于《县政研究》第 1 卷第

7期。

邬时洛《天台的农民》发表于《新青年》第2卷第12期。

宋特夫《农民动员与长期抗战》发表于《征训月刊》第1卷第1—2期。

方影波《加紧训练农民游击队》发表于《译报周刊》第1卷第19期。

思益《抗战以来的诸暨农民运动》发表于《译报周刊》第1卷第20期。

切肤《民国以来土地制度的改革》发表于《新世纪》第12期。

庸人《中国农业之特色及中国农学家应有之素养》发表于《罗汉菜》第1期。

黄毓甲《宋元土地私有制之发展》发表于《金陵学报》第9卷第1—2期。

胡毓杰《改良土地税征收制度之我见》发表于《燕京新闻》第6卷第16期。

林永俣《中国农村土地问题》发表于《燕京新闻》第6卷第16期。

按：文章说："我以为我国农地问题分析起来，可以分为三方面：（一）农地不足的问题；（二）农地分配不均的问题；（三）农地使用不良的问题。"

叶寿铿《土地陈报地积估计标准之商榷》发表于《国是公论》第25期。

甘绩镛《奠定四川财政基础与整理土地问题》发表于《新四川月刊》第1卷第1、3期。

乔力、谈锋《农民救亡运动在晋西北》发表于《福建导报》第1卷第18期。

姜君辰、章新之《怎样动员西南农民保卫家乡》发表于《国民公论》第2卷第10—11期。

许其田《中国农业现代化问题》发表于《燕京新闻》第6卷第10期。

段伯群《新民主义与农民》发表于《新民周刊》第24期。

余生《农村合作与农民经济之关系》发表于《新民周刊》第39—41期。

岑诗寿《国民营养问题与本省农民粮食消费》发表于《星焰》第7期。

曹若茗译《战争与日本的农民状况》发表与《乡建通讯》第5期。

李奋《怎样办理土地重划》发表于《保政通讯》第1卷第2期。

陈立夫《革命进展中之土地政策》发表于《特教通讯》第1卷第2期。

林钦辰《国防建设与土地征收》发表于《新动向》第3卷第3期。

曹锡光《战时农业建设与农村工业化》发表于《现代读物》第4卷第3期。

贝幼强《怎样树立游击区的农业政策》发表于《现代读物》第4卷第4期。

王化西《森林与农业》发表于《南岳林垦简讯》第3期。

陈熹《战争与农业》发表于《南岳林垦简讯》第4期。

董健飞《农业仓库与战时农村》发表于《东方杂志》第36卷第6期。

李宏略《二期抗战中增进农业生产的基本问题》发表于《东方杂志》第36卷第13期。

楼桐孙《中国农民在抗战建国大时代中应有地位》发表于《时事类编》特刊第29期。

姚传法《抗战期中西南林业问题》发表于《时事类编》特刊第37期。

李孟达《德法的农民状况》发表于《时事类编》特刊第42期。

黄毓甲《宋元农村经济与农民生活》发表于《金陵学报》第9卷第1—2期。

刘世超《抗战建国途中之农业改造》发表于《精诚半月刊》第9期。

杨鸿典《战时农业生产总动员》发表于《黄埔（重庆）》第2卷第12期。

旭升《农村复兴与农业改进》发表于《天南号角》第3期。

仲瑜《战时提倡农业的基本条件》发表于《民力周刊》第13期。

按：文章说：我国是个农本位国家，在开发资源各项部门中，自以提倡农业为首要。而谈到农业，就得先具备基本条件，约述其概要如左：一、讲求农业教育；二、奖励农产输出；三、增高农民能力；四、改善农村生活。

漆琪生《中国战时农业土地政策的基本原则》发表于《时代精神》第1卷第5期。

按：文章分问题的提起、战时农业土地政策之目的、一般的原则、后方的原则、战区的原则五部分。

郭汉鸣《中国土地问题与地方自治》发表于《时代精神》第1卷第5期。

［日］筑后三郎作，王沿津译《日本农业之解剖》发表于《时代精神》第1卷第5期。

童玉民《目前农村工业推进问题》发表于《小工艺》第1卷第8期。

童玉民《近年来日本农村工业的新的动态》发表于《小工艺》第1卷第10期。

陈洪流《日本战时农业生产的危机》发表于《战时日本》第2卷第3期。

宋斐如《日本农业经济的特质》发表于《战时日本》第2卷第3期。

东闵《日本战时农业政策批判》发表于《战时日本》第2卷第3期。

黄松龄《斯大林建设社会主义农业的理论与政策》发表于《中苏文化》（斯大林六十寿辰庆祝专号）。

薇杰《集体化的农业在苏联》发表于《中苏文化》第3卷第4期。

三　乡村建设研究著作

［德］艾雷贝著，陈彝寿译《农业政策》（上）由商务印书馆出版。

按：是书分2册，第一册农业政策之国民经济学与经营学之基础，包括农业之一般经济学基础、国家为农业与一般经济之范围、价格与技术辅助品对于农业上农场价值与土地价值之影响、农业之经济制度与集约度论、农业劳动制度发展史之回顾与近代农业劳动工资、土地所有权与土地租赁、农业之经营大小与地产大小及其对于农业劳动者之工资生产物价格生产工具价格暨自然情形之倚赖性、农场暨其经营部门之纯收益与生产费以及物价变动对于此类部门收益性所生之影响等8篇；第二册农业政策之最重要问题及其解决，包括人口问题土地所有权之分配与继承、农业教育制度与农业教育政策、农业租税与租税政策、农业关税政策及物价政策、农业信用政策、农业劳工政策、移民政策与土地所有权分配之变更等7篇。

黄绍绪编著《农业概论》（下）由商务印书馆出版。

[日]河村清著《满洲农业概况》由满洲帝国政府特设满洲事情案内所出版。

按：是书分总说、满洲的自然条件、满洲的农业资源、满洲特殊农耕法、满洲农业在国内及世界上所占之地位、满洲国之农业行政及其施设六部分。

王世颖著《农业合作经营论》由香港正中书局出版。

福建省政府建设厅合作事业管理局编《农业指导》由编者出版。

按：是书包括土壤、肥料、作物、畜产等方面的合作指导。

贵州省农业改进所编《贵州省农业概况调查》由编者出版。

农产促进委员会编《农产促进委员会工作报告》由编者出版。

农产促进委员会编《农产促进委员会主办事业预期效果报告书》由编者出版。

浙江省农业改进所编《浙江省农业改进所二十七度工作报告》由编者出版。

浙江省农业改进所编《浙江省农业改进所二十八年度事业进行计划》由编者出版。

江西省农业院编《江西省农业院事业概况》由编者出版。

江西省农业院编《江西省农业院工作报告》由编者出版。

四川省农业改进所编《四川省农业改进所施政报告》由编者出版。

朱通九著《我国农业金融机关最近对于融通农业资金之鸟瞰》由重庆中国合作学社附设中国合作通讯社出版。

王子吉编《农事常识》由福建省保训合一干部训练所出版。

王琳编著《小学农事指导法》由上海世界书局出版。

中国农村经济研究会编《抗战中的中国农村动态》由桂林新知书店出版。

按：是书分为"敌人铁蹄下的中国农村""斗争中的中国农村""生长中的中国农村"等5辑。

汪洪法著《农村副产与地方工业建设》由重庆青年书店出版。

中国经济统计研究所编《吴兴农村经济》由上海编者出版。

按：是书分5章，介绍农家人口与家庭经济、生活费用及生活程度、土地问题、社会概况等。

庄泽宣编《乡村建设与乡村教育》由昆明中华书局出版。

按：是书分绪论、乡村社会的过去与现状、中国的乡村问题与乡建运动、中外的乡村教育运动、乡村教育概观、乡村小学、结论等7章。

古梅编著《乡村教育》由长沙商务印书馆出版。

莫润萧著《农村住宅之研究》由福建省政府公报室发行股出版。

徐旭编著《日本农村青年教育》由上海中华书局出版。

［英］石德兰著，欧阳苹、张履鸾译《农村金融与合作》由上海中华书局出版。

［德］Max Beer 著《近代农民斗争及乌托邦社会主义社会斗争通史》第3卷由上海神州国光社出版。

按：是书分5章，即中世纪之末期、农民革命、民族的及异教的社会斗争、德国社会运动、乌托邦之世纪、英国的乌托邦主义者、意大利之乌托邦著作、法兰西之乌托邦及社会批评。附录：美国的宗教社会主义之移民地。

浙江省农会编《战时农民运动法规方案汇编》由编者出版。

布谷著《农民抗战讲话》由国际商业印务公司出版。

四川省农业改进所编《施用肥料以增加粮食生产浅说》由编者出版。

［日］关丰太郎著，蓝梦九译《土壤学概要》由长沙商务印书馆出版。

葛绥成编《乡土地理研究法》由上海中华书局出版。

张君约著《历代屯田考》由长沙商务印书馆出版。

按：是书分9章，根据典籍考证两汉至明代的屯田制度。

孙育万著《仓运管理》由浙江省油茶棉丝管理处茶叶部出版。

按：是书介绍仓运管理的意义、目标、机构和办法等。

新民合作社中央会编辑股编《农仓经营概要》由北平编者出版。

张泰曾编《仓储行政》由江西省地方政治讲习院出版股出版。

何南陔编《办理仓储须知》由四川省政府民政厅出版。

丁苏民著《广西仓谷会计》由广西省政府会计处出版。

农产促进委员会编《农产促进委员会工作实施方案》由编者出版。

江西省政府秘书处统计室编《江西省农业统计》由编者出版。

民国二十八年 己卯 1939年

中国国民党中央执行委员会宣传部编《抗战与农产》由编者出版。

黄通编著《民生主义的土地政策》由重庆独立出版社出版。

按：是书介绍土地政策的概念及其变化，着重介绍民生主义土地政策的理论与实践。

中国地政学会编《中国土地政策》由重庆独立出版社出版。

国民出版社编《中国土地政策》由浙江金华国民出版社出版。

吴尚鹰著《土地问题》由中央训练团党政训练班出版。

吴尚鹰著《平均地权》由中央训练团党政训练班出版。

吴尚鹰著《平均地权》由中山文化教育馆出版。

丘式如编《平均地权政策讲话》由重庆青年书店出版。

［美］薛福德著，胡子霖译《地价税论》由上海商务印书馆出版。

按：是书阐述地价税之要点及其存在之理由，并就地价税在澳大利亚、德国、英国、加拿大、美国的实施状况，探讨其施行之利弊。

福建省政府编《福建省初步整理土地概况》由编者出版。

福建省政府编《闽省初步整理土地后之地籍管理》由编者出版。

按：是书分地籍整理经过、设置地籍机构、编造图册、补正地粮等。

福建省地政局编《福州土地登记》由私立福建协和学院农业经济系出版。

民团周刊社编《中国的失地》由广西南宁编者出版。

沈崇瀚著《农林垦牧》由中央训练团党政训练班出版。

黄霖生、朱通九等著《战时粮食问题》由重庆独立出版社出版。

按：是书分6章，论述战时如何增加粮食生产，确立粮食的征收制度，调整运销机构，同时介绍了胡佛的战时粮食管理方案。

朱通九著《战时粮食问题》由重庆独立出版社出版。

孙兆乾编著《战时粮食生产统制》由重庆独立出版社出版。

徐天胎著《福建战时食粮问题研究》由福建连城生力学社出版。

江西水利局编《农田水利工程简易图说》由编者出版。

江西省农业院编《仓储技术管理》由编者出版。

王历农编著《作物病理学》由长沙商务印书馆出版。

曾省编著《螟虫》由长沙商务印书馆出版。

江西省农业院编《稻作害虫》由编者出版。

苍德玉编《水稻栽培法》由旅顺农业进步社出版。

国立四川大学农学院编《再生稻研究》由成都编者出版。

徐季吾著《云南之小麦与面粉》出版。

耿立德编《果树蔬菜害虫》由旅顺农业进步社出版。

华北棉产改进调查科编《华北棉产改进会业务概要》由北平编者出版。

按：是书附有华北棉产改进会章程、暂行组织大纲等。

江西省农业院编《稻麦选种法》由编者出版。

许传桢著《改良稻种赣早籼一号》由江西省农业院出版。

沈骊英著《中农廿八小麦之改良经过》由四川荣昌经济部中央农业实验所出版。

步毓森著《蝗虫研究》由上海中华书局出版。

经济部中央农业实验所编《四川植棉浅说》由编者出版。

李良骐著《贵州气候与植棉》由著者出版。

王一蛟著《棉花产销合作社之组织与经营》由上海中华书局出版。

华北棉产改进会调查科编《华北棉花事情》由编者出版。

金城银行总经理处天津调查分部编《天津棉花统计》由编者出版。

焦启源著《油菜与菜籽油之研究》由上海中国科学社出版。

财政部贸易委员会编《怎样采茶》由编者出版。

朱美予编著《中国桐油业》由上海中华书局出版。

孙云蔚著《实用园艺学》由山东青岛著者出版。

陆费执、顾华孙编《蔬菜园艺》由昆明中华书局出版。

李师颐著《改良段木种菇术》由上海中国农业书局出版。

江西省农业院编《西瓜栽培法》由编者出版。

伊钦恒编《实用果树园艺》由上海世界书局出版。

顾华孙编《果树园艺各论》由昆明中华书局出版。

江西省农业院编《梨树栽培法》由编者出版。

孙云蔚编著《最新葡萄栽培法》由上海中华书局出版。

王培仁编《种柿浅说》由行都慈幼院出版。

徐正铿编《中等植物育种学》由上海中华书局出版。

吕锦堂著《造林与治河》出版。

按：是为作者在天津工商学院所写的论文。

朱惠方著《大渡河上游森林概况及其开发之刍议》由南京金陵大学

农学院森林系出版。

樊庆生著《成都六十种落叶树木之冬态》由南京金陵大学农学院森林系出版。

江西省农业院编《白蚁及其防治法》由编者出版。

江西省农业院编《乡镇林业造产》由编者出版。

江西省农业院编《特用树种——油桐、油茶、乌桕》由编者出版。

梁希、周慧明著《中国十四省油桐种子之分析》由国立中央大学农学院出版。

财政部贸易委员会编《如何办理茶叶贷款》由编者出版。

财政部贸易委员会编《茶树怎样栽培》由编者出版。

[日] 诸冈存著，吕叔达编译《茶与文化》由浙江省油茶棉丝管理处茶叶部出版。

寿景伟著《我国西南新茶区之开发及其进展》由中国茶叶公司出版。

民团周刊社编《造林与种桐》由广西南宁编者出版。

[美] 亨利著，莫礼逊重著，陈宰均译《饲料与饲养》由长沙商务印书馆出版。

按：是为我国最早翻译的一部畜牧名著，对我国畜牧科技和畜牧业的发展，起到了重要作用。

杨同椿著《马厩勤务》由陆军辎重兵学校出版。

陆军辎重兵学校编《马学教程》由编者出版。

中央陆军军官学校教育处编《马事汇编》由编者出版。

吴信法编著《乳牛学》（职业学校教科书）由长沙商务印书馆出版。

徐光昭编，杨华夫书写《四川的猪》由四川省李成都实验小学合作社出版。

陆星垣编，常宗会校《初级养蚕概要》由云南省建设厅蚕桑改进所出版。

陆星垣编，常宗会校《蚕户训练教本》由云南省建设厅蚕桑改进所出版。

周占梅编《培育桑苗计划》由云南省建设厅蚕桑改进所出版。

周占梅编《培苗栽桑浅说》由云南省建设厅蚕桑改进所出版。

王启虞、顾玄编著《养蜂学》由上海中国科学图书仪器公司出版。

貉菱编述《河南之烟叶》由河南农工银行经济调查室出版。

刘桐身编《实用养鱼法》由长沙商务印书馆出版。

按：是书分两篇，第一篇总论，包括鱼池、池水、鱼种、放养数、饵料、鱼病（附害敌）、蓄养及冬围7章；第二篇各论，包括鲢鱼养殖法、青鱼养殖法、草鱼养殖法、鲤鱼养殖法、鲫鳊养殖法、鳗鲻养殖法、蛙鳖养殖法7章。

谢愤生著《香港渔民概况》由上海中国渔民协进会出版。

按：是书分7章，概述渔民生活、鱼市萧条的景象，提出施行渔民教育、组织渔业合作社、改良鱼市及捕鱼法、设立渔业银行等措施与计划。

四　卒于是年的乡村建设工作者

涂正坤卒（1897—1939）。原名王德，湖南平江人。1925年加入中国共产党。1926年8月北伐军攻占平江后，他发动群众组织了嘉义区农民协会，被选为副会长。1927年参加了毛泽东领导的秋收起义。1928年7月受党组织委派，任中共平江县第四区区委书记兼赤卫大队大队长，积极策应彭德怀等领导的平江起义。1930年任中共平江县委书记，5月率领赤卫队配合红军主力攻占了平江城。1931年9月在湘鄂赣边区第一次工农兵代表大会上，当选为湘鄂赣省省苏维埃政府常务执行委员，同时被任命为财政部部长。1934年10月中央红军主力长征后，他留在湘鄂赣边区坚持游击战争，兼任省苏维埃粮食部部长。1937年2月任中共湘鄂赣省委书记。1938年2月以新四军上校参议兼留守处主任的公开身份，在湘鄂赣边区发动人民群众开展抗日斗争。1939年6月12日，在国民党制造的对新四军平江留守处袭击的"平江惨案"中光荣牺牲。

黄道卒（1900—1939）。原名黄瑞章，别号一鸣，江西横峰人。1923年考入北京高等师范学校教育系。1924年加入中国共产党。1925年5月五卅运动爆发后，领导北师大同学积极参加反帝爱国运动。1926年回江西，以上饶中学师范部主任的身份为掩护，从事革命活动。11月被任命为国民党横峰县党部负责人。1927年3月率领农民协会会员占领横峰县政府，实行一切权力归农会，成立了县农民协会。大革命失败后，积极参与"八一"南昌起义的准备工作，发动南昌人民捐款支援起义部队。是年底，与方志敏等领导了弋阳横峰的年关暴动，创建赣东北革命根据地。1931年4月调任中共闽北特委书记兼军分区政治委员，发动群众打土豪分田地，到 1934 年，将根据地范围扩大到十几个县。红军长征后，他奉命留在闽北打游击。1936 年 4 月任中共闽赣省委书记，为坚持南方三年游击战争做出了积极努力。1938 年 1 月调任新四军驻赣办事处主任。1939 年 5 月被国民党特务暗害，光荣牺牲。

　　王礼锡卒（1901—1939）。礼锡字庶三，一字丽明，笔名王庶三、王博今，江西安福人。1917 年考入江西省第七师范学校。1922 年考入南昌心远大学学习。1924 年经廖仲恺推荐，在江西从事农民运动，任国民党江西省农民部长。1926 年受广州革命政府的委托，与毛泽东同志一起在武汉创办农民讲习所，任马列主义教员，提出了"首先是要农民有了革命理论"的观点，与毛泽东同志关于农民革命运动路线的观点相吻合。1929 年在上海创办神州国光社，翻译出版共产主义典籍和世界进步文学作品。1930 年去日本，开始编印《读书杂志》。1931 年回上海，倡导展开中国社会史问题的讨论，论文结集为《中国社会史的论战》出版。1933 年流亡欧洲，先后参加过布鲁塞尔国际反侵略大会、伦敦国际反侵略大会、苏联第一次作家代表大会。在苏联他写了许多著名散文和诗篇，被高尔基称誉为东方的"雪莱"。1938 年 10 月回国，被选为中华全国文艺界抗敌协会理事。1939 年 6 月任作家战地访问团团长，不幸病逝于洛阳天主堂医院。

民国二十九年　庚辰　1940年

一　乡村建设活动

1月9日，毛泽东在陕甘宁边区文化协会第一次代表大会上发表《新民主主义论》（原题为《新民主主义的政治与新民主主义的文化》）的讲演。

按：毛泽东说："这个共和国将采取某种必要的方法，没收地主的土地，分配给无地和少地的农民，实行中山先生'耕者有其田'的口号，扫除农村中的封建关系，把土地变为农民的私产。农村的富农经济，也是容许其存在的。这就是'平均地权'的方针。这个方针的正确的口号，就是'耕者有其田'。在这个阶段上，一般地还不是建立社会主义的农业，但在'耕者有其田'的基础上所发展起来的各种合作经济，也具有社会主义的因素……。斯大林说：'所谓民族问题，实质上就是农民问题。'这就是说，中国的革命实质上是农民革命，现在的抗日，实质上是农民的抗日。新民主主义的政治，实质上就是授权给农民。新三民主义，真三民主义，实质上就是农民革命主义。大众文化，实质上就是提高农民文化。抗日战争，实质上就是农民战争。现在是'上山主义'的时候，大家开会、办事、上课、出报、著书、演剧，都在山头上，实质上都是为的农民。抗日的一切，生活的一切，实质上都是农民所给。说'实质上'，就是说基本上，并非忽视其他部分，这是斯大林自己解释过了的。中国有百分之八十的人口是农民，这是小学生的常识。因此农民问题，就成了中国革命的基本问题，农民的力量，是中国革命的主要力量。"[①]

1月16日，陕甘宁边区第二届工农业展览会在延安开幕。

2月1日，晋察冀边区政府公布《修正晋察冀边区减租减息单行条

[①] 毛泽东：《毛泽东选集》第2卷，人民出版社1991年版，第678、692页。

例》。

2月13日，浙江省政府公布《修正浙江省农业改进所组织规程》。

2月21日，中国农民经济研究会在重庆成立，以研究农民经济，促进农村建设，增强抗战建国之力量为宗旨。

2月29日，中共绥米地区特委公布《关于土地问题暂行调整办法》。

是月，晋察冀边区为巩固抗日民族统一战线，争取民族革命战争的彻底胜利，调剂群众利益，改善人民生活，特根据中华民国土地法及中华民国民法债权物权编制了《晋察冀边区减租减息单行条例》（第一次修正），并正式公布。

4月，陕甘宁边区政府公布《陕甘宁边区森林保护办法》《陕甘宁边区植树造林办法》。

6月11日，中共中央发出关于华北应注意解决粮食问题的指示。

6月15日，晋察冀边区政府颁布《县区村暂行组织条例》《边区参议会暂行条例》和《边区暂行组织条例》。

7月1日，国民政府农林部正式成立，以陈济棠为部长。内设农事、林业、渔牧、农村经济及总务5个司，以及垦务总局等。附属机关有中央农业实验所、中央林业实验所、中央畜牧实验所、粮食增产委员会、农产促进委员会、西北羊毛增产委员会等。

7月9日，陕甘宁边区政府公布《陕甘宁边区优待外来难民和贫民办法》，规定难民享有正常民主权利，可以分配土地，并要遵守政府法令。

7月31日，中共中央作出《关于在敌后地区没收大汉奸土地财产问题的指示》，明确规定了执行没收政策时应注意的具体问题。

按：指示说：（一）罪大恶极的大汉奸的土地财产，经当地群众的真正要求可以没收，但须经当地政权之正式判定并出布告。在判定书中，以抗战建国纲领及中央法令中的条文为根据。（二）但这种没收，仅仅应对付个别的罪恶昭著的大汉奸。因此，对每一次的没收，必须事前经过慎重的考虑，绝不应没收一切汉奸的土地财产，绝不应把没收汉奸土地财产变成普遍的没收土地与分配土地的运动。（三）对一切反共顽固分子，不论其罪恶如何重大，不论其勾结日寇有无证据，在他们未公开投敌当汉奸前，均不能没收其土地财产。在反共顽固分子公开当汉奸以后，也只能没收其中最坏最大者的土地财产，而不没收一切当了汉奸的反共顽固分子的土地财产。（四）为争取伪军反正抗日，所以一切伪军官长的土地概不没收。如伪军军官全家逃亡，其土地可由政府暂时代管，不宣布没收。其土地可由政府以低租租给农民，使其反正时即退还其土地财产。（五）对于全家逃亡敌占区的普通汉奸或普通地主之土地财产不能宣布没收，而应由政府暂时代管，以低租租给农民，俟其返回重新抗日时，即退还其土地财产。（六）抗日军队及政权经费之来源，主要的依靠税收、公债及救国公粮。新区域则依靠募捐及合理负担。应反对以打汉奸作为财政主要出路，反对在敌占区任意汉收和罚款等之错误办法。（七）已被没收之土地财产，由当地民主政权机关处理，或政府出租给农民，但只收轻微租税或由政府分配经受了日寇汉奸摧残的贫苦农民。（八）没收某个大汉奸的土地财产的具体决定权，属于特委以上、旅以上、专员以上的党、政、军机关，并且须共同商决并报告上级。特委以下、旅以下、专员以下的机关，概无没收土地财产之决定权。①

是月，陕甘宁边区绥德分区发布《减租减息暂行条例（草案）》，本条例根据警备区临时参议会通过之减租减息案而制定，共14条。

是月，陕甘宁边区绥德分区专员公署发布《关于旧债赎地暂行办法》，宣布民国元年以前的账债一律废除。

9月3日，为提倡改良畜牧品种及饲养方法，并增加产量起见，农矿部公布《奖励畜牧办法》，对于经营畜牧事业确有成绩者予以奖励。

9月15日，冀南、太行、太岳行政联办公布《修正合理负担条令》，规定农副产品一律暂不列入任何负担，负担标准不得超过每人每年收入的30%。

9月25日至10月10日，中共中央北方局党的高级干部会议在晋东南召开，彭德怀在会上做《关于根据地政权及农村统一战线问题》的报告。

按：对于农村统一战线问题，彭德怀说：（一）农村统一战线的基本问题是农民与地主关系的问题。1. 华北农村在战前就已陷于严重的破产。其原因：帝国主义的侵略，军阀战争的摧毁，苛捐杂税的繁重，高度的封建地租与高利贷典当等的剥削，结果土匪会门横行，地主组织各种武装自卫，对破产农民残酷屠杀，造成了地主与农民尖锐的对立。2. "七七"

---

① 中国社会科学院及经济研究所现代经济史组：《中国土地改革史料选编》，国防大学出版社1988年版，第35—36页。

事变后，日本帝国主义之侵略与屠杀，使地主与农民同蒙灾害，但地主对农民之剥削却未放松，更有不少地主，企图在抗战中受的损失取偿于农民（八路军占优势区域比较好些），因而民族仇恨虽超过阶级矛盾，但阶级矛盾本身并未减轻。3. 正确地解决农民与地主间的矛盾，是坚持敌后抗战，巩固抗日根据地的重要环节。农民是坚持敌后抗战的主力军，不满足农民一定程度的要求，想发动农民高度的积极性，是不可能的。所以，除了在政治上坚决建立"三三制"的阶级平等的民主政权，打破历来农村中地主阶级的统治外，同时还须实行二五减租和适当的减息。为了实现这些，必须经过一段艰苦的斗争。地主阶级一般的是不大乐意这样改善的，不过其中会有些开明士绅，在民族危机中，在敌寇的烧杀掠夺奸淫下，经过一定的解释，经过政治上的争取，还愿意这种让步与改善，还可能在地主阶级中起某种好的影响，另有少数大地主分化出去也是必然的，但应争取分化得愈迟愈少愈好。4. 改善农民生活，实行减租减息，在各根据地内执行得非常不够。做得比较普遍的，只有晋察冀区及太行区，但这两区也未全部执行。今后必须做到地租普遍减少25%，利息减至不过一分五厘。为了做到这一点，政府命令虽然必要，但绝不是仅凭一纸命令所能奏效的，还须要有艰苦的群众工作。党的支部必须成为在乡村中减租减息的组织者与领导者，但党不能成为脱离群众的包办主义者。（二）其次，农村统一战线中还有雇农与雇主的问题。1. 华北农村雇工待遇非常恶劣。2. 正确地解决雇工与雇主的关系，适当地增加工资，提高雇工的劳动热忱，这在目前是非常必要的。3. 各根据地最高行政机关应颁布雇农工人劳动单行法令，这在目前非常必要。（三）纠正农村中统一战线中"左"的现象。①

10月1日，为巩固统一战线，调剂群众利益，改善人民生活，根据中华民国土地法，山西第二游击区（晋西北）发布《减租减息单行条例》。

10月18日，中共中央作出《关于纠正冀南过"左"的土地政策的指示》。

11月10日，晋察冀边区政府公布《统一累进税暂行办法》，规定把

---

① 山西省档案馆编：《太行党史资料汇编》（第3卷 1940.1—1940.12），山西人民出版社1994年版，第644—649页。

过去"村合理负担"制度改为"实行有免征点和累进最高率的统一累进税",以粮、秣、钱三中形式缴纳。

11月11日,山东省为改善人民生活,增强抗战力量,调整阶级关系,巩固民族团结起见,制定并颁布了《减租减息暂行条例》共14条。

11月13日,浙江省政府公布《浙江省农业改进所有机肥料厂组织规程》。

12月11日,陕甘宁边区政府林伯渠主席发出《陕甘宁边区政府关于推广棉麻的训令》,强调种植棉麻以解决工业原料的重要性。

12月3日,冀南、太行、太岳联合行政办事处颁布《减租减息条例》。

12月7日,冀中行署成立统一累进税推行委员会,组织干部深入调查研究,并编印宣传大纲,在农民群众中广泛宣传统一累进税实行的意见和办法。

12月13日,中共中央作出《关于华中各项政策的指示》,其中要求"土地政策应实行部分的减租减息以争取基本农民群众,但不要减得太多,不要因减息而使农民借不到债,不要因清算旧债而没收地主土地,同时应规定农民有交租交息之义务,保证地主有土地所有权,富农的经营原则上不变动,要向党内及农民说明,目前不是实行土地革命的时期,避免华北方面曾经发生过的过左错误。"[①]

12月25日,毛泽东在为中共中央起草的对党内的《关于时局与政策的指示》中,进一步强调了"土地政策"的重要性。

是月,《山东省合作社暂行规程》正式公布,共11章79条。

是年,陕甘宁边区政府颁布《陕甘宁边区森林保护条例修正案》和《土地问题暂行调整办法》《生产合作社组织办法纲要》。

是年,中央农产促进委员组织农业推广巡回辅导团,分农业推广、农村经济、农业生产、作物病虫害、畜牧兽医及农村妇女等6组。以流动式之辅导,加强各地农业推广工作。并制定了《农业推广巡回辅导团办理计划纲要》。

是年,由乐天宇、李世俊、陈凌风、方悴农等人发起,在延安成立中

---

① 中国社会科学院及经济研究所现代经济史组:《中国土地改革史料选编》,国防大学出版社1988年版,第42页。

国农学会，以研究农业学术，普及农业知识，辅成新民主主义的农业建设为宗旨。乐天宇为主任委员。

是年，陈翰笙、陈洪进、刘述舟等人深入云南西双版纳的景洪农村，对6村68户农民的经济情况进行了调查，又对66个村庄农民情况作了通信调查，然后编成《西双版纳的土地制度》一书。

二 乡村建设研究论文

任碧瑰《希望于农业推广辅导团者》发表于《农业推广通讯》第2卷第3期。

古龙《如何树立全国农业推广督导机构》发表于《农业推广通讯》第2卷第3期。

包望敏《农业推广辅导问题》发表于《农业推广通讯》第2卷第3期。

夏文华《农会与合作社贷款方式的比较》发表于《农业推广通讯》第2卷第4期。

欧阳蘋《扩大农贷中生产贷款途径与办法之商榷》发表于《农业推广通讯》第2卷第4期。

乔启明《论农业推广与农贷关系及其联系》发表于《农业推广通讯》第2卷第4期。

按：文章分扩大农贷要义与对推广之影响、推广与金融之关系、推广与农贷联系之途径三部分。文末附有《关于农会经营农贷办法之意见》。

蓝廷珍《训练农业青年应有的认识》发表于《农业推广通讯》第2卷第5期。

夏文华《农民娱乐在农业推广中的地位》发表于《农业推广通讯》第2卷第5期。

姚石庵《我国农业推广发展之理论及其问题》发表于《农业推广通讯》第2卷第5期。

按：文章说："我国是个农业社会，国家基础的力量潜伏在农村。所以农村建设是国家建设重要的一部，这是谁都知道的事实。农村怎样建设，重要的应先注重生产事业的发展，因为农村建设，必以经济建设为要，经济建设则以生产事业为主。农村主要的生产事业，当然是农业。这样注重农业建设,就是农村建设或国家建设实施了。农业建设推进的重要配备,条件有四:第一,须有健全的农业行政机构;第二,须有持久的事迹研究场所;第三,须有充分的金融力量;第四,须有广遍的推广组织。这四种条件,是有相互成果关系的,缺一即难得合理运用。但是在不得已的情况下,四种条件不能完全具备时,则农业推广应为一最基本的条件,尤应积极推进。"

郭从义《高陵农民生活》发表于《农业推广通讯》第 2 卷第 6 期。

朱晋卿《怎样用农会组训农民》发表于《农业推广通讯》第 2 卷第 7 期。

乔启明《农民运动与抗战建国》发表于《农业推广通讯》第 2 卷第 7 期。

董鹤龄《推进贵州各县农业推广事业商榷》发表于《农业推广通讯》第 2 卷第 7 期。

乔启明《农会经济自立之途径》发表于《农业推广通讯》第 2 卷第 9 期。

李国桢《经济繁殖农场与农业推广》发表于《农业推广通讯》第 2 卷第 9 期。

章柏雨《德国战时农业统制与粮食管理》发表于《农业推广通讯》第 2 卷第 9—10 期。

乔启明《如何利用冬季推进农业推广事业》发表于《农业推广通讯》第 2 卷第 10 期。

张少钫《新趋势中陕西的农业推广》发表于《农业推广通讯》第 2 卷第 11 期。

潘鸿声《我国农具改进之重要性》发表于《农业推广通讯》第 2 卷第 11 期。

按:文章说:"过去产量低劣,灾害损失,农工时间过长,操劳过度,牛马生活,农家经济穷困,生活低下凡此种种,皆为农具粗笨,农工效率低下所造成。今如设法采用现有优良农具,并研究改进粗劣农具,增加农工效率,则产量可望增加,损失亦可减少,且可免除农忙时恶劣气候中工作,过度之操劳,而保持其健康状态。同时,可节省农家支出,并可增加其收入,其生活亦得因之改善。"

李鲁航《苏联工业化中之农业》发表于《农业推广通讯》第 2 卷第

11期。

刘荣基《战时广东农业建设的实施》发表于《广东农业通讯》第1卷第1期。

施永锟《农业对于青年之出路》发表于《农业之友》第1卷第2期。

界俗《确立中国农村金融制度之商榷》发表于《华北农业》第1卷第1期。

王一蛟《关于农村信用合作社的几个问题》发表于《广西农业》第1卷第1期。

按：文章分农村信用合作社的功用、组织农村信用合作社的步骤、农村信用合作社社员、农村信用合作社的理事与监事四部分。作者指出："按目前的情形，其领袖的缺乏，管理的欠妥，这是不可讳言的实事。在抗战的大时代中，我们没有充分利用这种机构来动员民众，增加后方生产，尤其可惜。今后宜如何改进它的缺点，扶植它的发展，增加它的效能，使它在抗战建国中有所贡献，这是值得注意而不可忽略的一个问题。"

秦汾、方颖保《抗战期中之中国农业》发表于《广西农业》第1卷第2期。

蒋丙然《研究农业气象之目的与方法》发表于《农学》第3卷第5—6期。

按：文章说，农业气象对农业的作用，一是利用天气预报，以分配农场每日之工作，如工人之支配耕田、播种、灌溉、收获工作之处理是也；二是利用气候统计，为农场经济之根据。如耕种地与放牧地之分配，收获品之种类与变种，家畜之种类，需要与应用，农具之性质与需要，工人人数与长短工之比例，均可依此而决定之；三利用气候统计，作为农业经营上科学应用之参考。如风力水力与水量之供给等是也；四是利用以往有关于收获之气象报告，参之以当时气象状况，可以预测未来之收获量；五是利用气象统计，参以当时之气象报告，可以预测病虫害之季节；六是利用气象统计，可以研究如何抵抗恶劣天气之方法。

汤擎民《连县东陂的农民生活》发表于《中国农村》第6卷第5期。

驹《改进农业生产与改善农民生活》发表于《中国农村》第6卷第6期。

千家驹《农村工作者当前的任务》发表于《中国农村》第6卷第

6期。

冯西坡《从抗战中壮大起来的山西农民》发表于《中国农村》第6卷第6期。

沙白《黔北桐梓山地的农民》发表于《中国农村》第6卷第7期。

李甦涛《"节制地权"与土地改革》发表于《中国农村》第6卷第7期。

映秋《闽西南农民的痛苦》发表于《中国农村》第6卷第9期。

宜之《普宁北隅一带农民的生活》发表于《中国农村》第6卷第9期。

秦柳方《农业政策与农业生产》发表于《中国农村》第6卷第10期。

陈翰笙《农村与抗战》发表于《中国农村》第6卷第10期。

秦柳方《战时土地改革问题地再检讨》发表于《中国农村》第7卷第2期。

石础《论战时农业劳动力》发表于《中国农村》第7卷第2期。

按：文章说："中国的人口中有百分之八十以上是农民，在整个国民经济体系的构成中，农村经济无疑的是最主要，最基本的部分，正因为如此，农村才能成为一切人力、物力、财力的源泉，才能成为争取抗战胜利建国成功的坚强堡垒，因此，正确地去了解与把握今天农村中实际问题的所在，从而研究具体有效的对策，乃是今天农村经济研究中最迫切的课题。"

评论《利用现代农民方法》发表于《现代农民》第3卷第12期。

霍席卿《陕西农业改进之回顾及今后应取之途径》发表于《陕农月报》第1卷第1期。

张绍钫《陕西农业推广的展望》发表于《陕农月报》第1卷第1期。

城《农村植树问题及农民对于植树之关系》发表于《山西农学会刊》第3—4期。

永生《漫谈多角式的农业经营》发表于《农业之友》第1卷第2期。

李奇流《农业金融之需要与供给》发表于《中农月刊》第1卷第1期。

朱通九《我国农业金融机关最近对于融通农业资金之鸟瞰》发表于《中农月刊》第1卷第1期。

王世颖《农业金融之使命》发表于《中农月刊》第1卷第1期。

冯紫岗《农产品成本计算之重要与方法及其实施》发表于《中农月刊》第1卷第1期。

辛膺《西康省合作事业与农业金融》发表于《中农月刊》第1卷第3期。

冯左泉《湘省合作事业与农业金融》发表于《中农月刊》第1卷第3期。

叶祖彭《美国农业金融制度》发表于《中农月刊》第1卷第3期。

楼桐孙《全国农民起来》发表于《中农月刊》第1卷第4期。

任华《论耕者有其田》发表于《中农月刊》第1卷第4期。

李长年译《最近法国农业合作之发展》发表于《中农月刊》第1卷第4期。

袁炳文《理想中新中国之土地制度及其实施办法》发表于《中农月刊》第1卷第5期。

侯厚培《近代农业金融机关之发展及其比较研究》发表于《中农月刊》第1卷第5期。

王兆新《美国农业信用制度之史的发展》发表于《中农月刊》第1卷第5期。

姚公振《论农业合作金融制度》发表于《中农月刊》第1卷第5—6期。

王世颖《我国近代农业金融之发轫》发表于《中农月刊》第1卷第6期。

周鸿绪《政府统治下的农业信用制度》发表于《中农月刊》第1卷第6期。

郑菊英《美国的农业合作》发表于《中农月刊》第1卷第6期。

南秉方《中国农业金融现状之分析及其改革意见》发表于《中农月刊》第1卷第6期。

按：文章分引言、农村借贷之来源、农村借贷之用途、农村借贷之季节及期限、农村借贷之数量、农村借贷之利息、农业金融之改革意见等七部分。

周鸿绪《德国农业金融制度史的发展》发表于《中农月刊》第1卷第8期。

汪荫元《农业信用利用之原则》发表于《中农月刊》第 1 卷第 8 期。

彭俊义《农业仓库对于农村金融之调节作用》发表于《中农月刊》第 1 卷第 8 期。

按：文章分引言、农业仓库之种类、农业仓库之业务、对于农产之调节作用、农仓金融之调节方式、农仓金融之特点、我国农业仓库之概况及其展望等七部分。

章之汶《对我国政府农业建设设施进一言》发表于《农林新报》第 17 卷第 1—3 期。

包望敏《三论农业推广之本质》发表于《农林新报》第 17 卷第 4—6 期。

仇元《贵州农业之转变及其出路》发表于《农林新报》第 17 卷第 10—12 期。

夏文华《农业推广基层机构》发表于《农林新报》第 17 卷第 28—30 期。

辛润棠《农民教育问题》发表于《农林新报》第 17 卷第 28—30 期。

施中《现阶段农业推广的新动向》发表于《农林新报》第 17 卷第 28—30 期。

按：文章所谓的新动向，第一是推广工作的普遍化，第二是推广工作的统制化，第三是推广工作的组织化，第四是推广工作的技术化。

林庆森《农业推广工作站之选择与人员分配》发表于《农林新报》第 17 卷第 28—30 期。

按：文章分选择之困难、工作站地址与环境选择条件、适当地点与不适当地点之举例并加证明、工作站理想的分布、工作人员之选择方法、工作人员之工作分配、执行工作分配、结论等八部分。

韩梦麟《农业合作贷款实效之商榷》发表于《农本》第 32 期。

王兆新《美国农业信用制度略史》发表于《农本》第 34 期。

钱致平《农业仓库收取保管费之研究》发表于《农本》第 35—36 期。

魏方《洞庭湖区农地改革的展望》发表于《明日之土地》第 10 期。

洪声《洞庭湖水利问题》发表于《明日之土地》第 10 期。

张品林《开展地籍整理之路》发表于《明日之土地》第 10 期。

余觉《土地法关于私权之规定》发表于《明日之土地》第 10 期。

邓卓《论农地改革三大急务——限租、护佃、扶植自耕农》发表于《明日之土地》第 10 期。

萧家林《我对于湘省耕地租用实施办法的感想》发表于《明日之土地》第 11—12 期。

大容《论限租护佃》发表于《明日之土地》第 11—12 期。

萧训《展开限租护佃运动——湖南省耕地租用实施办法草案说明》发表于《明日之土地》第 11—12 期。

李树青《农业的恶性循环》发表于《新经济》第 3 卷第 1 期。

郭垣《农业经济建设与合作金库制度》发表于《新经济》第 3 卷第 3 期。

汪正琯《农业推广之重要》发表于《新经济》第 3 卷第 3 期。

按：文章认为，农业推广存在着问题，一是农业推广之理论基础尚未树立，二是工作人员难得，三是推广经费尚未确定，四是农民尚乏接收推广机构，五是推广材料之缺乏。因此，作者建议：一是农业教学研究，应以推广为对象，研究教学如树之根与枝干，推广则为其所开之花果，推广为教学研究最终之目的。二是推广人员尤其首脑部，计划人员应密切注意时代进展，政治演变，盖推广制度与实施，必须配合整个政治制度，吻合国家政策，故应以远大之眼光根据历年之演变，并参考实际情形，建立理论基础，则推广人员对其所负之时代使命，有明确之概念与信仰，则不致见异思迁，动摇整个事业矣。三是推广人员之来源及训练，应特别留意。四是政府对推广经费，应通盘熟筹。五是推广人员组织训练工作，宜特别注意辅导树立农业推广接收机构，使广大散漫之农村，成一个有机体，则推广工作迎刃而解。六是推广材料在中央农业实验所，应推成供给大本营，并收罗全国良种善法，在各省作区域试验比较。

刘君煌《中国农业经济的趋势》发表于《新经济》第 3 卷第 6 期。

费孝通《农期参差性和劳力利用》发表于《新经济》第 3 卷第 7 期。

巫宝三《我国农业政策之商榷》发表于《新经济》第 3 卷第 8 期。

汤佩松《战后土地利用问题》发表于《新经济》第 3 卷第 8 期。

唐耀《中国林业问题》发表于《新经济》第 3 卷第 10 期。

费孝通《内地农村尚未缺乏劳力》发表于《新经济》第 3 卷第 11 期。

张鸿钧《农业推广之综合看法》发表于《新经济》第 3 卷第 11 期。

按：文章论述了农业推广与教育、农业推广与民众组训、农业推广与妇女工作、农业推广与农业资金、农业推广与产销、农业推广与工业、农业推广与政治等问题。

郑震宇《研究中国土地经济初步意见》发表于《新经济》第 4 卷第 1 期。

董时进《我对于中国农业政策的主张》发表于《新经济》第 4 卷第 2 期。

戴松恩《农业机械化与农具改良》发表于《新经济》第 4 卷第 3 期。

章景瑞《游击区的农业生产问题》发表于《新经济》第 4 卷第 6 期。

李树青《土地经济学》发表于《新经济》第 4 卷第 8 期。

王世颖《我国之战时农业金融》发表于《经济汇报》第 1 卷第 5—6 期。

按：文章分战时农业金融之使命、抗战以来的农业金融实施、战时农业金融之改进问题三部分。

林崇墉《滇西边地之土地问题》发表于《经济汇报》第 1 卷第 7 期。

邱正伦、杨承厚《我国农业仓库之检讨》发表于《经济汇报》第 1 卷第 8 期。

按：文章认为，农业仓库存在的缺点，一是地域上之偏重，二是监督上之懈弛，三是设备上之缺陷，四是业务之狭小，五是运用之不当，六是收费标准之失调。改进意见，一是建立由内向外辐射之农仓网，二是严密农仓之监督，三是增加农仓之奖励，四是充实农仓之设备仓，五是推广农仓之业务，六是改善农仓之运用。

杨蔚《调整吾国农业金融机关之管见》发表于《经济汇报》第 1 卷第 14 期。

陈正谟《战时土地政策上所当注意之点》发表于《经济动员》第 4 卷第 3 期。

陈正谟《兵役与土地问题》发表于《经济动员》第 4 卷第 8 期。

崔毓俊《中国农业区》发表于《经济周讯》第 15 期。

石晓钟《四十年来中国农业政策之鸟瞰》发表于《经济周讯》第 21—25 期。

童玉民《中国合作运动概观》发表于《中国经济评论》第 2 卷第 2 期。

张文超《农民银行宜从速筹设之商榷》发表于《中国经济评论》第2卷第4期。

元泽《地价税实施问题的商榷》发表于《中国经济评论》第2卷第5期。

赵毓松《关于中国农村救济问题》发表于《中国经济评论》第2卷第6期。

李泰初《中国人贫乏之原因与土地利用》发表于《财政评论》第4卷第3期。

叶祖彭《美国农业金融制度的特征》发表于《财政评论》第3卷第5期。

崔永楫《四川农业经济概况》发表于《财政评论》第3卷第5期。

记者《农民银行努力复兴农村》发表于《金融周报》第9卷第16期。

汤佩松《战后土地利用问题》发表于《金融导报》第2卷第8期。

冯伯钧《战时之农业与后方之农村》发表于《实业季报》第6卷第2期。

按：文章分导言、西南与西北之土地与人口、西南各省之农村与物产、西南之农产概况、西北各省之农村与物产、水利建设之猛进、移垦计划之实施、圆滑农村金融、调节粮食及其储备等九部分。

冯伯钧《中国农业雇佣间之关系》发表于《实业季报》第6卷第3期。

按：文章分绪言、农业雇佣劳动在农业经营中的作用、现存农业雇佣劳动者的种类、劳动报酬与雇佣方法、结论五部分。

方显廷《论农业与工业之关系》发表于《西南实业通讯》第1卷第3期。

罗远才《改进我国农业金融机构之初步商榷》发表于《西南实业通讯》第2卷第1期。

杨蔚《调整吾国农业金融机关之管见》发表于《西南实业通讯》第2卷第1期。

谢家声《三年来之农业改进》发表于《西南实业通讯》第2卷第2期。

章之汶《农业建设与人才培养》发表于《西南实业通讯》第2卷

5期。

乔启明《西南经济建设与农业推广》发表于《西南实业通讯》第2卷第5期。

孙恩麟《湖南省农业改进所三年来之垦务概况》发表于《西南实业通讯》第2卷第6期。

沈宗瀚《中央协助西南各省农业工作之检讨》发表于《西南实业通讯》第2卷第6期。

陈甫华《战时中国农民银行之农村放款》发表于《合作事业》第2卷第1—2期。

冯紫岗《农业合作之经营原理》发表于《合作事业》第2卷第1—2期。

按：文章分农业合作之概念及其重要性、农植物生产合作经营原则、农动物生产合作经营原则、合作农场经营原则、农村信用合作与农业之发展、结论六部分。

谢允庄《农业生产合作社会计概要》发表于《合作事业》第2卷第1—2期。

王树基《战时我国农业机关之调整与建设概述》发表于《合作事业》第2卷第1—2期。

寿勉成《我国农业合作之重要及其推进方针》发表于《合作事业》第2卷第1—2期。

林熙春《以合作为中心之农业仓库网》发表于《合作事业》第2卷第1—2期。

王世颖《我国农业合作之回顾与展望》发表于《合作事业》第2卷第1—2期。

按：文章说：我国农业合作之时代的使命，第一是农村工业化与农业合作，第二是开垦荒地与农业合作。

王世颖《我国农业合作之回顾与展望》发表于《合作通讯》第4卷第1—2期。

按：文章分我国农业合作之渊源与其发展之原因、农业合作之效用、我国农业合作过去业绩之检讨、我国农业合作之时代的使命、今后之展望五部分。

洪传经《促进地方自治与我国农民经济生活》发表于《地方自治》

第 1 卷第 2 期。

汪子瑞《怎样推进地方林业》发表于《地方政治》第 3 卷第 5 期。

黄宁一《土地测量之理论与实际》发表于《地方政治》第 3 卷第 9 期。

萧纯棉《县各级地方政府对于农业应有之认识》发表于《地方政治》第 3 卷第 9 期。

张霞岑《实施土地陈报的我见》发表于《地方政治》第 3 卷第 11 期。

黄宁一《土地登记之理论与实施》发表于《地方政治》第 4 卷第 3 期。

邹湘《怎样推动农业生产建设》发表于《地方政治》第 4 卷第 5 期。

按：文章说：我国农业生产不进步的原因，一是耕地使用之过于分散，二是农业资本的缺乏，三是农业技术的缺乏与守旧，四是农产运销的困难。

费孝通《农村土地权的外流》发表于《今日评论》第 3 卷第 11 期。

费孝通《土地继承和农场的分碎》发表于《今日评论》第 3 卷第 17 期。

按：文章说："农田继承是发生在农田可以继续不断被人利用，和农田所有者的个人有生有死的矛盾上。团体的生命并不和个人的生命一般，团体分子虽有生死，团体的本身却可以较长地维持下去。团体超越了个人，团体所有的农田就不会一代一代地发生继承的手续，团体中分子的数目虽则可以多起来，可是这个人口压力却压不碎农场的整个性，至多压低一些各人所能获得的利益罢了。"

韩德章《产业资本与中国农民》发表于《今日评论》第 4 卷第 5 期。

曾省《对于各级农业教育之管见》发表于《今日评论》第 4 卷第 15 期。

费孝通《农村游资的吸收》发表于《今日评论》第 4 卷第 22 期。

按：文章说："我们所谓吸收游资的意思，是在使这一笔可能的生产力实现出来，换言之，是要把农民现在所收藏的钱用在生产事业上。因之减少入藏的最捷途径，自应是增加用在农业上的资本，使农民自己来利用他们的储蓄。这问题又牵连到我们的农业中还能吸收多少资本的题目上来了。反过来说，我们要吸收游资，还得开辟农业投资的门路。"

张洪仁《本党的农业经济政策和农运指导方针》发表于《浙江民众》第 1 卷第 2 期。

余宗瑞《训练农民的技术问题》发表于《浙江民众》第 1 卷第 2 期。

林里《论发动战地农民工作》发表于《决胜》第 4 卷第 10 期。

李仁柳《当前农业建设应有的动向》发表于《决胜》第 4 卷第 10 期。

按：文章说："农业推广原来是深入农村的，在战时还要深入到敌后去，而且其工作的立场，必须跳出纯经济的圈子，参与政治斗争，在发展农业生产的实践中，组织民众，训练民众，把广大的民众动员起来，一致献身于'抗建'的伟大使命。"

赵舒、杨持《向新生之门跃进中的浙西农民》发表于《胜利》第 64 期。

金钟《怎样做游击区的农民工作》发表于《战地》第 6 卷第 5 期。

勒妮《开展潮汕农村妇女运动》发表于《抗敌导报》新第 1 卷第 8 期。

按：文章说："总之，进行农村妇女工作是一个艰苦的事情，但也并非不能进行的事情，问题只在于决心耐心和苦干的精神。我相信：在全国全潮汕觉醒的姐妹们的努力下面，动员和组织广大农村妇女是完全可能的。"

苏时人《中国现阶段的农民意识》发表于《抗战时代》第 2 卷第 4 期。

陈明达《对农民宣传大纲》发表于《战时南路》第 6 期。

夏发汶《农民运动的商榷》发表于《党讯》第 1 卷第 3 期。

白云霄《农民运动研究》发表于《党讯》第 2 卷第 1 期。

杨登元《中国土地问题之商榷》发表于《党义研究》第 2 卷第 1 期。

按：是文分导言（农农生活改善之史的观察、农民疾苦与社会安宁）、中外土地制度之透视（中国土地制度之纵剖面集横剖面、世界各国土地制度之鸟瞰）、解决中国土地问题之锁钥（平均地权之理论、平均地权之方法）、结论四部分。

徐军《解决中国土地问题之方法》发表于《党义研究》第 2 卷第 2—3 期。

施中一《农民自动建设中的温江乡村》发表于《国讯》第 248 期。

穆欣《陕北各地的农民生活》发表于《国讯》第 252 期。

周绍模《滇西边地农业现状及其发展的可能》发表于《西南边疆》第 10 期。

韩清涛《陕西的农业合作事业》发表于《西北资源》第 1 卷第 2 期。

姜国干《发展农业与建设西北》发表于《西北资源》第 1 卷第 3 期。

万建中《中国土地问题及其解决的途径》发表于《西北资源》第 1 卷第 3 期。

韩进《关于华北敌后抗日根据地的农村阶级问题》发表于《党的生活》第 13—14 期。

按：文章说：我们华北敌后各个抗日根据地，一般的都建立在农村里面，因此，分析与估量农村里面的社会各阶级，并根据这种分析与估量，来推行党在农村中的政策，乃是目前华北各地党的主要任务之一。

吴文晖《中国土地问题及其解决途径》发表于《青年中国》第 1 卷第 2 期。

吴文晖《现阶段我国农业金融组织之检讨》发表于《青年中国》第 1 卷第 3 期。

刘光华《中国土地制度问题的商榷》发表于《青年中国》第 1 卷第 4 期。

江观纶《对于推进中国农业合作与工业合作问题的商榷》发表于《青年中国》第 2 卷第 1 期。

按：文章分前言——国际化的合作事业及其效能、中国合作事业发展的趋向、战时及战后农工业振兴问题与合作、农业合作与农民生计、改进中国农业合作问题、推进中国工业问题、中国合作行政指导系统的调整问题、结论等九部分。

许道夫《农业仓库之使命》发表于《青年中国》第 2 卷第 1 期。

沈宗瀚《青年与农业改进》发表于《青年中国》第 3 卷第 4 期。

周立三《芬兰的土地与文化》发表于《青年月刊》第 9 卷第 2 期。

圣凯琼《中国战时农业金融之设施》发表于《美商青年》第 2 卷第 8—9 期。

章振乾《农村经济与农业经济》发表于《现代青年》第 2 卷第 3 期。

王力明《总理对于农民运动的指示》发表于《西南青年》第 11 期。

张海如《农业青年的革命任务》发表于《西农青年》创刊号。

陈戚鹏《广西土地问题》发表于《建设研究》第2卷第5期。

陈戚鹏《解决广西土地问题的意见》发表于《建设研究》第2卷第6期。

钱实甫《国父关于土地问题的遗教》发表于《建设研究》第3卷第6期。

杨世贤《农业仓库与农村经济》发表于《建设研究》第4卷第1期。

按：文章分农业仓库的起因、农业仓库的性质、农业仓库的种类、农业仓库的事业、农业仓库的效用五部分。

郑季楷《农业现代化与粮食国防》发表于《新建设》第4期。

沈经保《土地合作与土地问题》发表于《现代读物》第5卷第2期。

黄席群《中国土地之研究》发表于《现代读物》第5卷第2期。

郝景盛《改善高等林业教育管见》发表于《教与学》第5卷第6期。

章柏雨《农业职业教育与人生价值》发表于《教育与职业》第192期。

郑梅坡《推行农民体育的重要性与设施》发表于《闽清教育通讯》第2卷第3—4期。

施奎龄《甘肃整理土地问题》发表于《甘肃科学教育馆学报》第2期。

夏萤《农民运动与民主革命》发表于《学习》第2卷第10期。

顾颉刚《春秋时的农民生活与商工业》发表于《学术》第3期。

郭树人《中国历史上的土地问题及今后的解决方法》发表于《学生之友》第1卷第2—3期。

施建生《论我国农业金融机构的调整》发表于《东方杂志》第37卷第18期。

按：文章分我国农业金融机构的检讨、世界农业金融制度的四种雏形、现代农业金融的趋势、我国现行机构应有的调整四部分。

张腾霄《秦汉以上农业制度》发表于《新东方》第1卷第2期。

丁夫《救济农村的实际办法——平均农民负担》发表于《新东方》第2卷第2期。

冯和法《当前的农产管制与农民经济》发表于《浙江潮（金华）》第113期。

尚武《怎样打破农民的自私观念》发表于《大风（金华）》第

120 期。

冯和法《当前的农产管制与农民经济》发表于《上海周报》第 2 卷第 6 期。

魏清《战后农村土地问题的检讨》发表于《更生（上海）》第 7 卷第 4 期。

沈明达《四川省办理土地陈报概述》发表于《新四川月刊》第 2 卷第 1 期。

蜀石《妇女参加农业生产与农村经济》发表于《江西妇女》第 4 卷第 3—4 期。

邓植仪《从土地利用观点论我粤主要农产发展前途之可能性》发表于《广东省政府公报》元旦特刊。

伍振雄《日本农业金融之剖视》发表于《东北论坛》第 2 卷第 4—5 期。

陈鹤声《棉作对于土地之选择》发表于《华北棉产汇报》第 2 卷第 12 期。

李仁柳《战时我国的农业金融问题》发表于《政干通讯》第 1 卷第 4 期。

杜衡之《川康建设与农民运动》发表于《政衡半月刊》第 1 卷第 6 期。

三艹君《宋代的农民生活》发表于《正风》第 10 期。

高荣铣《论公有土地之利用》发表于《县政研究》第 2 卷第 9 期。

郑震宇《实施新县制与土地行政》发表于《训练月刊》创刊号。

莫定森《战时农业与农业教育》发表于《英大周刊》第 9 期。

无名氏《论日本农民问题》发表于《新新新闻每旬增刊》第 2 卷第 29 期。

唐志才《亟待解决的几个农业问题》发表于《大美周报》第 55 期。

逸民译《马克思与恩格斯论革命中的农民》发表于《奋斗》第 1 卷第 4 期。

钱歌川《丹麦的农业教育》发表于《时代精神》第 2 卷第 1 期。

魏宝珪《整理甘肃田赋与办理土地陈报》发表于《陇铎》第 2 卷第 1 期。

张天野《抗战建国与动员农民问题》发表于《建军半月刊》第

14期。

鲍昌勋《土地租赁与地上权之区别》发表于《立信月报》第3卷第4期。

邢诒淇《论中国现代土地问题》发表于《公余生活》第3卷第6期。

德《产业资本与中国农民》（书评）发表于《图书季刊》新第2卷第2期。

李树青《丹麦的土地政策》发表于《新动向》第3卷第7—8期。

鲁《农民利益与粮食问题》发表于《时代批评》第3卷第61期。

景超《农业生产机械化问题》发表于《建国月刊》第1期。

张肖梅《农业中国何以能操胜算》发表于《改进》第3卷第9期。

陈卓勋《从增加战时生产谈到农业合作》发表于《行健》第2卷第2期。

何其芳《曾经是地主的农民》发表于《文学月报》第2卷第1—2期。

黄岳《战时农民演剧论》发表于《戏剧战线》第9期。

田汉《湘北农民》发表于《文艺新闻》第11期。

陈翰笙《合作运动与农村机构》发表于《中苏文化》第7卷第2期。

陈翰笙《繁荣的苏联农业》发表于《世界知识》第10卷第7期。

汤啸云《现阶段游击区的农民问题》发表于《中美周刊》第1卷第34期。

日本评论社《日本之农村崩溃与农民运动》发表于《日本评论》第12卷第4期。

三　乡村建设研究著作

朱子爽著《中国国民党农业政策》由重庆国民图书出版社出版。

按：是书分绪言、中国农业衰落的原因和概况、总理对农政和农业建设的遗教、中国国民党农业政策的方针和纲领、中国国民党农业政策的实施、实行农业政策农民应有的觉醒和努力等6章。

董时进著《中国农业政策》由长沙文史丛书编辑部出版。

按：是书分制定农业政策之重要、中国农业的现状及其改造的必要、粮食自给与农业解放、进取主义的农业政策、新农业的展望和新产品的销场、外国的榜样、如何实施、种种利益及各方面的出路、总结等十部分。

[苏] 布雪、梭格洛夫著，陈洪进译《农业》由重庆生活书店出版。

徐鼐著《抗战建国的农业政策》由重庆青年书店出版。

按：是书分7章，论述中国农业问题的本质，以及农业生产、渔业、牧业、农业金融系统、农产品统制的政策等。

邢慧鸣著《展兴中国农业计划大纲》由著者出版。

侯哲荛编著《农业金融纲要》由上海黎明书局出版。

巫宝三著《农业贷款与货币政策》由国立中央研究院社会科学研究所出版。

四联总处农业金融处编《有关农贷各种法规汇编》第1辑由编者出版。

韦和勤编《农业改良》由浙江金华国民出版社出版。

按：是书论述近年来我国农业衰落的现状和原因、农业生产技术的改进和新县制下的农业建设等。

张幼锐编《农业常识概要》由福建公训服务社出版。

谢松培编述《农业仓库经营》由广东省地方行政干部训练团出版。

徐志廉编《仓储与救恤》由浙江金华国民出版社出版。

中支建设资料整备委员会编《支那农业关系资料目录》由上海编者出版。

莫定森编著《浙江省农业改进所二十八年度工作报告》由浙江省农业改进所出版。

福建省农业改进处编《福建省农业改进处概况》由编者出版。

湖南省农业改进所编《湖南省农业改进所二十八年度工作报告》由编者出版。

广西农事试验场编《广西农事试验场概况》由编者出版。

教育部编《农民经验调查录》第1册由编者出版。

石裕鼎讲述《中国农村经济问题研究》由安徽省地方行政干部训练团出版。

按：是书分绪论、中国及本省农村经济概况、农村经济崩溃原因、农村中几个重要问题的讨论4章。

四川省训练团编《农村建设概要》由编者出版。

按：是书讲述农业常识、农业调查、农业推广、农家副业、气象大意、林业常识，以及垦务、矿业、水利等方面的知识。

沈经保著《实用农村合作》由重庆教育部特种教育委员会出版。

按：是书包括合作原理、合作运动的起源与发展、合作的效能、合作的种类、合作的组织和经营、问题解决办法等内容。

吴藻溪著《利用合作经营论》由重庆农村科学出版社出版。

按：是论述农村经济利用合作的意义，以及各种合作社的经营方法。

钱承绪编《浙川甘之农村与水利》由上海中国经济研究所出版。

汪宇平编《东北农村金融的分析》由重庆东北问题研究社出版。

李宗文编著《日本之模范农村》由重庆正中书局出版。

朱敬一著《一个实验的乡村教会》由金陵神学院出版。

[美] 费尔顿著，杨昌栋、杨振泰译《基督教与远东乡村建设》由上海广学会出版。

[英] 李特尔著，费一民译《农村科学》由昆明中华书局出版。

许闻天编著《中国农民运动概述》由中央社会部出版。

按：是书概述中国农民运动几个根本问题、中国国民党的政策、农运方略及其演变、农民组织的沿革，并总结过去农民运动中的问题及未来农民运动的工作对象与方略等。

沈曾侃编《农会事业表册汇编》由乡村建设丛书编印社出版。

中国国民党中央执行委员会社会部编《农运法规方案》由编者出版。

农产促进委员会编《廿九年度农产促进委员会主办事业预期效果报告》由编者出版。

章之汶、辛润棠编《农学大意》由金陵大学农学院出版。

苍德玉编《农家增产秘诀》由旅顺农业进步社出版。

李振著《土地登记概论》由新建设出版社出版。

谭可庵著《土地评价要义》由新建设出版社出版。

按：是书分5章，包括土地评价的重要性、土地的价值与价格、地价变动的因素、土地评价之实施、评价人员应具备的条件等。

叶繁编《土地政策讲义》（地政类）由广东省地方行政干部训练班出版。

按：是书包括土地问题的形成和发展、中外各派解决土地问题的学说和批判、我国历代的土地政府、国民党的土地政策的理论与实施、战时和战后的土地政策等内容。

陈传纲著《民族革命战争中的土地政纲问题》由民族革命出版社出版。

李君明著《中国土地问题浅说》由广东新建设出版社出版。

陈太先著《土地分配问题》由广东新建设出版社出版。

张建新、李振编《地政法规辑要》由广东省地方行政干部训练团出版。

江西省地方政治讲习院编《土地行政》（民政概要）由编者出版。

按：是书内容包括地政机关、土地测量、登记、土地税、土地使用、征地等。

李如汉编《土地陈报》由广东省地方行政干部训练团出版。

按：是书讲述土地陈报之意义、目的，现行之田赋制度，土地陈报史略及其实施。

江西省政府建设厅编《江西省地政概况》由编者出版。

江西省地方政治讲习院编《土地整理》由编者出版。

林诗旦、黄大伦、黄振乾编《荒地调查》由福建将乐风行印刷社出版。

广东地政局编《广东地政》由广东省政府秘书处第二科出版。

梅光复编《四川省土地行政概况》由四川省地政局出版。

祝平著《四川土地陈报概要》由四川省训练团出版。

陈培锴著《田赋改征实物的研究》由福建南靖经征处出版。

粮食部田赋署编《田赋法令汇编》由编者出版。

夏之骅、李天祐著《土壤肥素可用量之化学速测》由福建省研究院出版。

张含英译《土壤之冲刷与控制》由长沙国立编译馆出版。

符宏洲、郭魁士等编者《广西省平乐县土壤调查报告》由广西农事试验场出版。

潘信中编《垦殖学讲义》由广东省地方行政干部训练团出版。

蒋荫松编《垦殖浅说》由重庆正中书局出版。

冯紫岗著《垦荒与合作》由重庆黎明书店出版。

陕西省垦务委员会编《垦荒运动》由编者出版。

中山文化教育馆编译部编《中国粮食问题》由上海正中书局出版。

钱承绪编《中国粮食问题地再检讨》由上海中国经济研究会出版。

杨礼恭著《战时粮食管理》由重庆青年书店出版。

张培刚、张之毅著《浙江省粮食之运销》由长沙商务印书馆出版。

杨礼恭编《军粮管理之组织与实施》由重庆青年书店出版。

浙江省粮食管理处编《粮食管理研究意见书》由编者出版。

第九战区购粮委员会编《粮管统计》由编者出版。

浙江省粮食管理处编《浙江省粮食管理规章汇编》由编者出版。

浙江省粮食管理处编《浙江之粮食管理》由编者出版。

蒋中正著《实施四川粮食管理》由中国国民党中央执行委员会宣传部出版。

陈正模著《米谷生产成本调查及川粮管理问题》由四川北碚中山文化教育馆出版。

熊良、宋鸿淳编《贵州省粮食消费之研究》由贵州省粮食增产督导团出版。

彭家元、陈禹平著《肥料试验结果报告》由四川省农业改进所出版。

江西省农业院编《天然肥料》由编者出版。

[日]矢野宗干著，褚乙然译《害虫及益虫》由长沙商务印书馆出版。

四川省水利局编《四川省高地灌溉机械改进推广办法》由编者出版。

俞德凌、蔡希陶编译《农艺植物考源》由长沙商务印书馆出版。

薛志陶编著《米谷贮藏法之研究》由国立师范学院附设民众教育馆出版。

农林部中央农业实验所编《抗战以来中央农业实验所植物病虫害系工作概况》由四川荣昌编者出版。

四川省政府编《四川省预防旱灾办法》由编者出版。

王历农编著《作物害虫学》（职业学校教科书）由长沙商务印书馆出版。

四川省农业改进所编《红蜘蛛防治浅说》由编者出版。

行政院农产促进委员会编《蔬菜害虫防治》由编者出版。

四川省农业改进所编《四川省水稻品种检定调查初步报告》由编者出版。

行政院农产促进委员会编《水稻螟虫防治浅说》由编者出版。

沈骊英、张宪秋等著《贵州之小麦》由四川荣昌经济部中央农业实郝钦铭著《棉作学》由长沙商务印书馆出版。

谢家声讲《中国棉业问题》由中央训练团党政训练班出版。

四川省农业改进所棉作试验场编《四川植棉浅说》由编者出版。

江西省政府建设厅编《江西省改善麻业概况》由编者出版。

黄瑞纶、李酉开著《广西两种糖蔗品质比较及成熟期之测定》由广西农事试验场出版。

刘宝善、周太炎编著《经济药用植物学》由重庆正中书局出版。

彭先泽著《安化黑茶》由湖南修业高级农业职业学校出版。

黄晃著《中国热带作物》由长沙商务印书馆出版。

江西省地方行政干部训练团编《生产教育实施法》由编者出版。

傅宏镇辑《中外茶业艺文志》由安徽屯溪茶业改良场出版。

殷伦第编著《怎样种菜》由重庆正中书局出版。

江西省农业院编《番茄栽培法》由编者出版。

谢循贯著《闽北种制香菇之调查研究》由著者出版。

王国瑞著《合江荔枝调查报告》由四川省农业改进所园艺试验场出版。

孙云蔚著《北京之庭园树木》由实业总署农事试验场出版。

唐燿编译《林产利用术语释义》由经济部中央工业试验所木材试验室出版。

唐燿编译《木材之力学试验》由经济部中央工业试验所木材试验室出版。

唐燿编译《影响木材力学性质诸因子》由经济部中央工业试验所木材试验室出版。

唐燿编译《木材力学试验指导》由经济部中央工业试验所木材试验室出版。

翁礼馨编《福建之木材》由福建省政府秘书处统计室出版。

王一桂编著《竹类栽培与竹材造纸》由重庆正中书局出版。

王一桂编著《油桐与漆树》由重庆正中书局出版。

李俊著，吴小峰校《乳羊》由昆明中华书局出版。

［日］农林省畜产局著，沈华辉译《家畜药物治疗法》由昆明中华书局出版。

沈华烨编著《兽医药理学撮要》由上海世界书局出版。

张家骏编《毛皮动物饲养法》由上海世界书局出版。

金宸枢编著《养鸡学》由昆明中华书局出版。

庄逸林、江少怀著《兔之饲料》由上海中国农业书局出版。

戴礼澄编著《养蚕学》由长沙商务印书馆出版。

王天予著《战时蚕丝动员》由四川乐山蚕丝月报社出版。

按：是书分 4 章，论述抗战期间发展蚕丝业的意义、纲领、步骤、机构，与国家建设、国际交往的关系。

钱承绪编《中国蚕丝业之总检讨》由上海中国经济研究会出版。

按：是书乃论文集，收录论文 9 篇，其中有《中国蚕丝产地分布》《中国蚕丝业发展之回顾》《中国蚕丝业盛衰之演变》《江浙蚕业改良报告》《江苏蚕丝业之现状》《浙江蚕丝业之现况》《战后中国丝厂之毁灭与新生》《过去中国蚕丝之统制》《改良蚕丝计划》等。

刘润涛、潘鸿声著《四川三台蚕丝之产销研究》由金陵大学农学院出版。

四川省农业改进所编《桑木虱防治法》由编者出版。

刘廷蔚等著《贵州白蜡种虫品质问题》由贵州省农业改进所出版。

高德培著《中国畜牧问题》由国民政府农矿部出版。

朱碧光编著《养鱼法》由重庆正中书局出版。

江西省政府建设厅编《池塘养鱼浅说》由编者出版。

江西省政府建设厅编《流水式养鱼法》由编者出版。

翰章著《热带鱼》由上海中国农业书局出版。

章乃焕著《食用蛙饲养法》由昆明中华书局出版。

田鹏编著《日苏渔业纠纷之检讨》由重庆航空委员会政治部出版。

四　卒于是年的乡村建设工作者

庄崧甫卒（1860-1940）。崧甫原名袠存，又名景仲，字崧甫，号求我山人，以字行，浙江奉化人。1903 年任奉化县立龙津中学堂舍监。1905 年主持上海新学会社，编刊《蚕业丛书》等学生课本和农业读物。1908 年加入同盟会，与陈其美组织国民公报社。1910 年在余杭创办杭北林牧公司。1912 年任浙江省军政府财政司长，后改任盐政局长。1920 年与人合办临安安北造林场，次年在虹桥增设安北第二林场。1922年推为浙江省议会议员、奉化县议会议长兼县水利总局局长、省水利联合会主任理事。1925年在西湖洪春桥创办杭州种苗场，次年任浙江省临时政府委员。1927年与孙表卿、张泰荣等创办奉化孤儿院，任终身院长。次年任浙江省政府委员、国民政府首届立法委员。1931年起任导淮委员会副委员长。著有《农政新书》《水利实验谈》《养蚕必读》《螟虫防治法》《求我山人杂集》等。

罗振玉卒（1866—1940）。振玉字叔蕴，一字叔言，号雪堂、贞松老人，浙江上虞人，出身于江苏省淮安。早年潜心研究农业，主张发展林业。光绪二十二年（1896年）与徐树兰等在上海创办农学会，主持日常事务，并设立农报馆，办《农学报》，专门翻译日本农书，编译出版《农学丛书》7集，共计82册，内容涉及作物栽培、土壤肥料、畜牧、果林、园艺、生产工具等农业各方各面。1900年秋，任湖北农务局总理兼农务学堂监督。后任武昌江楚编译局帮办、上海南洋公学虹口分校校长，并赴日本考察教育。1903年被两广总督岑春煊聘为教育顾问。翌年，在苏州创办江苏师范学堂，任监督。1906年调北京，在清政府任学部参事兼京师大学堂农科监督。曾先后发表《振兴林业策》《运河堤种树说帖》《江干种树议》《与友人议制樟脑办法》等，编为《农事私议》单独出版。致力于学习推广西方先进的农学以改良中国传统的农业，对现代农学有开拓之贡献。

按：乔敏说："罗振玉把近代农业科学知识介绍给中国，给中国传统农业带来了现代的曙光，他是中国现代农学的重要传播者和开拓者。《农学报》和《农学丛书》在宣传介绍国外先进农业经验、实用生产技术、优良品种等方面功不可没，是我国准备用近代科学改进农业跨出的第一步。农史专家杨直民教授认为，《农学丛书》'将中国传统农学与实验农学结合在一起，使之初具现代农学的雏形''它确实记载着实验农学在中国起步，中国传统农学在迈向新的途程'。罗振玉又是将中国传统农学与西方现代农学交汇的践行者。罗振玉为了改变千百年来中国'农不通学，士不习农'的传统观念，一方面身体力行，垦荒兴农，设立试验田，引进培植推广良种，一方面投身农业教育，培养翻译人才，兴办农务学堂。1900年罗振玉应张之洞邀请赴武昌主持湖北农务局，兼任湖北农学堂监督。其间，他把自己发表在《农学报》上关于农事思想的二十多篇文章整理为《农事私议》出版发行,这是其'农业强国'抱负的生动记录。他在《郡县兴农策》中阐述了发展农业生产的七项事业:'一曰开荒芜、二曰兴水利、三曰考物产、四曰兴制造、五曰课农学、六曰励山林业、七曰兴牧利',并于其后作了详细论述。1909 年罗振玉被任命为京师大学堂农科大学首任监督(校长),被现代人公认为中国农业大学的第一任校长。可以说,罗振玉为中国传统农学向现代农学转变做出了不可磨灭的贡献。正如杨直民在其文章中所言:'象罗振玉这样三十岁时立志学农,在当时农业科学、教育、报刊、译书、撰著、下过十多年功夫,同时在农业学术上达到较高造诣的,尚属不多……清末有一些在发展农业、推进农业技术改革、创办农业学堂、出农书、办农报作出贡献的人物出现,罗振玉在当时是较受推重的一位。'"[①]

张国恩卒(1880—1940)。又名眉宣、梅轩,别名梅先,湖北黄安人。1902 年考入武昌文普通中学堂学习,结识宋教仁等革命志士,加入日知会。1906 年考入两湖书院,加入共进会。1911 年任湖北军政府理财部秘书,同时加入同盟会。1914 年 1 月与董必武东渡日本,入日本大学法律科。7 月 8 日谒见孙中山,加入中华革命党。1917 年春与董必武在武昌合办律师事务所,从事革命活动。1921 年应聘任湖北第一师范教务主任,为工农运动做宣传鼓动工作。1925 年 7 月在国民党湖北省第一次代表大会上当选为执行委员会委员。1927 年春任国民党湖北省党部执委兼农民部长、湖北省农协执委兼建设部长、湖北省政府常委兼民政厅厅长。湘鄂赣三省农民运动讲习所在武昌创办,为筹建人兼教员。1939 年 10 月 30 日任伪武汉特别市政府劳工协会理事兼实业部部长。1940 年 8 月任汪伪政府社会运动指导委员会湖北省分会主任委员。后在南京病故。

别廷芳卒(1883—1940)。廷芳字香斋,河南内乡人。历任内乡县民团第二团团长、宛属十三县联防司令、河南省第六区抗战自卫团司令等职。在政治上推行以"自卫、自治、自养"为内容的乡村自治措施。在经济上,大办农业,植树造林,兴修水利,治河改地。在教育上,主持编写了《地方自治》《治河改地》《植树经验谈》《民众课本》等书,作为在校学生和强制推行民众扫盲的必修课程。1931 年在西峡口南关关帝庙

---

① 乔敏:《罗振玉与农学会〈农学报〉和〈农学丛书〉》,《办公室业务》2019 年第 21 期。

创办公文讲习所，训练自治指导人员。1933年建立农林自治指导班，培养地方自治骨干。同年，在邓县、镇平、淅川合办培养小学教师的宛西乡村师范，并设有培养地方自治干部的自治班。1940年3月病逝，国民政府主席林森有"努力乡村建设，不求闻达于世"的挽联。

　　杨靖宇卒（1905—1940）。原名马尚德，又名顺清，字骥生，河南确山人。1923年秋考入开封纺织染料工业学校。1926年加入中国共产主义青年团。同年冬，受党组织委派，回确山县从事农民运动，以迎接北伐军进军河南。1927年2月主持召开确山县第一次农民协会代表大会，当选为先农民协会会长。4月领导确山大暴动，率领万余农民攻占奉军盘踞的县城，活捉伪县长，成立了确山县第一个人民政权——确山县临时维持治安委员会，当选为委员。5月5日由李则青介绍加入中国共产党。大革命失败后，他被迫率领农军撤出确山县城，转移到刘店、洪沟庙一带农村坚持斗争，正式成立确山县农民革命军，自任总指挥。1928年任中共豫南特委书记。1929年奉调到东北抚顺工作，任中共抚顺特别支部书记。1931年任中共哈尔滨市委书记。1932年4月任中共满洲省委代理军委书记。1933年11月任南满游击队政委。1934年4月任南满抗日联合军总指挥。1936年春任东北抗日联军第一军军长兼政委，在桓仁、兴京地区开展游击战争。6月任东北抗日联军第一路军总司令兼政委。1940年初，在与日寇战斗中英勇牺牲。

民国三十年　辛巳　1941 年

一　乡村建设活动

1月12日，晋察冀边区政府为稳定市场，保障粮食供给，成立平粜会。

1月13日，山东省参议会颁布《山东省减租减息暂行条例》。

1月15日，中共北岳区党委发出《关于一九四一年村选及村建设的决定》。

2月12日至21日，陕甘宁边区政府在延安召开边区专员、县长联席会议，总结征粮谷子，布置选举、经济建设等工作，林伯渠在会上做《把握统一战线的政策》的报告。

按：林伯渠在报告谈到了土地政策和农业政策，他说："我们停止了没收土地的政策，现在要做到的，是就现有的土地关系加以调剂，保护地主与农民双方的利益。第一，保障农民从土地中获得的利益，禁止地主算旧账，向农民索回已分的土地。第二，减租应以二五减租即原租100石减25石为原则。因各地特殊情形及年岁丰歉可有出入，但也不能减得太低，致影响地主的生活。经过减租，农民应有交租的义务。减息，应以一分到一分半为原则。第三，正确地处理公地，分给土地与移民。""在边区经济中，小农经济还占重要的地位，因此对发展农业，应视为经济建设的中心一环，并依着一定的方针去进行。第一，发展农业应以增加粮食的产量为主，这就要继续开荒，修水利，而且注意改良农业技术，提高每亩地的收获量。第二，对工业原料的生产，应加努力，并大量发展特产输出边区之外。第三，爱护与调剂劳动力，奖励移民。第四，保护森林，发展畜牧业及其他农村副业。第五，实行低利农贷，活泼农村金融。第六，统一粮食管理，严禁粮食出口，以保证部队及机关给养与调剂民食。"[①]

[①] 林伯渠：《林伯渠文集》，华艺出版社1996年版，第212—214页。

民国三十年　辛巳　1941 年

2 月 16 日，鲁南生产运销合作社总社成立。

是月，刘澜涛在中共晋察冀边区北岳区党委扩大会上做《北岳区当前的农民土地政策》的报告，认为为"照顾到农民的利益，继续调整农民与地主的关系，争取大多数农民坚持边区抗战，目前不是彻底解决土地问题的时期，目前应采取过渡办法和革命改良办法"[①]。

3 月 4 日，晋西北行署召开财经会议，决定以农业为主，广泛发展生产事业，以达到自给自足。

3 月 12 日，晋察冀边区行政委员会作出《关于保障土地所有权保障土地使用权的说明》，强调抗日民主统一战线的政府是保障财产所有权和土地使用权的。

是日，国民政府农林部在重庆召开全国农林行政会议，讨论农林部提交的《三年施政纲领》，其中涉及农业推广的，有辅导农民组织，改良农场经营，以增进农民地位，期逐渐达到"耕者有其田"之目的；改进农业金融，举办保险，并提倡副业，以发展农村经济。

3 月 17 日，毛泽东为《农村调查》作序。

按：毛泽东说：现在党的农村政策，不是十年内战时期那样的土地革命政策，而是抗日民族统一战线的政策。全党应该执行一九四〇年七月七日和十二月二十五日的中央指示，应该执行即将到来的七次大会的指示。所以印这个材料，是为了帮助同志们找一个研究问题的方法。现在我们很多同志，还保存着一种粗枝大叶、不求甚解的作风，甚至全然不了解下情，却在那里担负指导工作，这是异常危险的现象。对于中国各个社会阶级的实际情况，没有真正具体的了解，真正好的领导是不会有的。要了解情况，唯一的方法是向社会做调查，调查社会各阶级的生动情况。对于担负指导工作的人来说，有计划地抓住几个城市、几个乡村，用马克思主义的基本观点，即阶级分析的方法，作几次周密的调查，乃是了解情况的最基本的方法。只有这样，才能使我们具有对中国社会问题的最基础的知识。要做这件事，第一是眼睛向下，不要只是昂首望天。没有眼睛向下的兴趣和决心，是一辈子也不会真正懂得中国的事情的。第二是开调查会。东张西望，道听途说，决然得不到什么完全的知识。我用开调查会的方法

---

① 中国社会科学院及经济研究所现代经济史组：《中国土地改革史料选编》，国防大学出版社 1988 年版，第 46 页。

得来的材料，湖南的几个，井冈山的几个，都失掉了。这里印的，主要的是一个《兴国调查》，一个《长冈乡调查》和一个《才溪乡调查》。开调查会，是最简单易行又最忠实可靠的方法，我用这个方法得了很大的益处，这是比较什么大学还要高明的学校。①

3月25日，浙江省政府委员会第98次会议通过《修正浙江省农业改进所补助各县农林场经费暂行办法》。

是月，晋察冀边区为巩固民族统一战线，调剂群众利益，改善人民生活，发展土地生产，根据中华民国民法债权物权编及中华民国土地法之规定，发布《晋察冀边区减租减息单行条例》（第二次修正稿）和《晋察冀边区减租减息单行条例施行细则》。

4月1日，山西省第二游击区（晋西北）发布《晋西北减租减息暂行条例》。

是日，中国国民党第五届第八次中央全会通过《为实现本党土地政策应从速举办地价申报案》，并附列《申报地价办法大纲》。

4月2日，国民党五届八中全会举行第十一次大会，通过"各省田赋归中央接管""确立战时经济体系""扩大生产，实行统制经济""三年建设计划大纲"等议案，并增设贸易部、粮食部，决定建立专卖制度。

4月19日，毛泽东为《农村调查》作跋，系统论述了党在抗日战争时期的总政策和各项具体政策。

4月21日，苏北盐城农民救国会第一次全国代表大会召开，决议实行四六分包租，二五减租，废除额外剥削与牙税。

是春，三五九旅响应毛泽东、朱德提出的"屯田政策"的号召，把主力开进南泥湾，开展以农业为主的生产运动。

4月30日，农林部公布《国有林区管理规则》。

5月1日，中共陕甘宁边区中央局公布《陕甘宁边区施政纲领》（又称《五一施政纲领》）。《纲领》在经济方面对土地制度、商业政策、劳资关系、税收制度作了具体说明，提出了10小时工作制。后陕甘宁边区第二届参议会第一次会议决定将该纲领作为边区施政纲领。

5月10日，晋冀鲁豫边区发布《减租减息暂行条例》。

6月12日，农林部和侨务委员会共同公布《奖励华侨投资营林办

---

① 毛泽东：《毛泽东选集》第3卷，人民出版社1991年版，第789—790页。

法》。

7月1日，汪伪政府清乡委员会开始推行"清乡运动"。

7月7日，晋察冀边区为保障人民财产所有权，巩固与发展抗日民族统一战线，增加生产，特制定并公布《抗战期间逃亡户财产代管办法》。

8月9日，国民政府公布《乡镇组织暂行条例》，乡镇之划分以人口、经济、文化、交通等状况为标准，由县政府拟订，绘具图说，呈请省政府核准施行，汇报内政部备案。

是日，国民政府公布《乡镇民代表选举条例》《县参议会组织暂行条例》《县参议员选举条例》。

8月13日，陕甘宁边区政府民政厅决定，于秋季在绥德、清涧、吴堡、安定等地对已分配过土地而未实行土地所有权登记者，进行一次普遍登记，确定土地所有权，以安定民心，有利生产。

8月17日，山东胶东行政区为适应抗战建国之需要，正确的处理土地问题，特制定并公布《山东胶东行政区土地暂行条例》和《山东胶东行政联合办事处关于土地问题的决定》。

8月22日，国民政府行政院公布《县农业推广所组织大纲》，规定县政府为增加农业生产，发展农村经济，得设立县农业推广所，受县政府之监督指挥，并受省农业改进所或其他省农业改进之集中组织之指导办理农业推广事宜。

8月28日，农林部公布《奖励经营林业办法》。

是月，国民政府行政院公布《县农业推广所组织大纲》和《县农林场组织章程》。

9月13日，毛泽东对中央妇委、西北局联合组成的妇女生活调查团发表《关于农村调查》的讲话。

9月19日，浙江省政府委员会第1226此会议通过《浙江省农业改进所林产制造示范场组织规程》。

10月，《晋冀鲁豫边区合作社条例》正式公布，共24条。

是月，晋冀鲁豫边区政府公布经边区临时参议会通过的《林木保护办法》。

11月5日，中共中央发出《关于农民土地问题给李雪峰的指示》，认为对农民土地政策，"还是有过左之处"。

11月6日至21日，陕甘宁边区第二届参议会第一次会议在延安召开,通过了《关于农业税收工作的决议》。

12月22日,中国国民党第五届第九次中央全会通过《土地政策战时实施纲要》。

按:纲要说:一、为适应战时需要,推行本党土地政策起见,制定本纲要。二、主管地政机关,应加强整理地籍工作,限期完成。三、私有土地应有所有人申报地价,照价纳税,税率起税点为百分之一至百分之二,累进至百分之五。其土地之自然增价,应即征收土地增值税,暂依累进制征收之。四、国家为调剂战时军粮民食起见,对于农地地价税折征实物,其实物全归中央。在所征实物期间,由中央按各该县(市)地价税实收金额,以百分之五十之现款拨归各该县(市)作为补助。五、为实施战时经济政策或公共建设之需要,得随时依照报定之地价征收私有土地,其地价之一部并得由国家发行土地价券偿付之。六、私有土地之出租者,其地租一律不得超过报定地价百分之十。七、土地之使用应受国家之限制,政府并得依国计民生之需要,限定私有农地之耕作种类。八、农地以归农民自耕为原则,嗣后农地所有权之移口(转),其承受人均以能自为耕作之人民为限。不依照前项规定移转之农地,或非自耕农所有之农地,政府得收买之,而转售于佃农,予以较长之年限,分年偿还地价。九、荒地之可为大规模经营者,由国家垦务机关划设垦区,移殖战地难民或后方有耕作能力之人民,并供给生产工以资耕作。私有荒地由政府征高额地价税,并限期使用;逾期不使用者,得由政府估定地价,以土地债券征收之。十、立法机关应根据此纲要,迅速制定实施办法,由中央专设地政机关,勉期实施。①

12月25日,陕甘宁边区政府颁布《陕甘宁边区禁止粮食出境修正暂行条例》。

是年,中央林业实验所在重庆成立。

是年,中央畜牧实验所在广西桂林成立。

是年,苏中地区为改善农民生活,提高农民生产热情,增加战时农业生产并调整业佃关系,使能团结一致贡献力量于抗战,特制定并发布《苏中地区让租暂行章程》。

---

① 于建嵘主编:《中国农民问题研究资料汇编》(第1卷 1912—1949下),中国农业出版社2007年版,第641—642页。

是年，国民政府教育部设立农业教科书编辑委员会，下设农艺、园艺、蚕桑、森林、水产、农业制造、农业经济、土壤、肥料、病虫害、气象、地质农业、土木农业、地理、农具等10余个编辑组，大量编印农用教科书，对农业教育的发展起到了积极作用。

二　乡村建设研究论文

曲秉善《农村青年与尊农奉仕精神》发表于《农业进步》第9卷第4期。

苍德玉《农家救贫之道》发表于《农业进步》第9卷第4期。

贤修《农村绿化之重要性》发表于《农业进步》第9卷第4期。

蒋杰《现阶段农业推广方法材料》发表于《农业推广通讯》第3卷第5期。

按：文章说："材料的供应，是农业推广的基本问题之一。一般的说，农业推广材料应该包括两方面，即实物材料和方法材料。前者如改良种子、种苗、种畜、肥料、农具、血清、药剂等等皆属之；后者的范围包蕴得相当广发，凡是有关农业推广的一切制度、办法以及各种农业技术，如何用文字、图表、标本、模型、电影等表达出来的，都在其列。"

王达三《农业推广与工业化运动》发表于《农业推广通讯》第3卷第5期。

施中一《从新县制观点论农业推广》发表于《农业推广通讯》第3卷第5期。

郭敏学《欧美农业之新趋势》发表于《农业推广通讯》第3卷第5期。

乔启明《农业推广人员应有的认识与修养》发表于《农业推广通讯》第3卷第5期。

按：文章分现阶段农业推广人才问题、农业推广人员应有的认识（第一农业推广与抗战建国、第二农业推广与时代精神、第三农业推广与农民运动、第四农业推广与经济建设）、农业推广人员应有的修养（第一要有中心思想、第二要确立服务的人生观、第三要注意对人对事的态度、第四加强学习不断进步）、几点希望四部分。

邹念鲁《美国新县土地利用制》发表于《农业推广通讯》第3卷第

5期。

中一《战时全国乡村建设鸟瞰》发表于《农业推广通讯》第3卷第5—8期。

汪冠群《战时中国农林刊物概观》发表于《农业推广通讯》第3卷第7期。

郭敏学《吾国合作社之病态及其防止》发表于《农业推广通讯》第3卷第7期。

蒋杰《抗战四年来的农业推广》发表于《农业推广通讯》第3卷第7期。

李国桢《西北农具改进应由设立农具站开始》发表于《农业推广通讯》第3卷第8期。

潘鸿声《川北当前农村问题之剖视》发表于《农业推广通讯》第3卷第8期。

沁青《农会组织的运用》发表于《农业推广通讯》第3卷第8期。

党林涵《河南农业推广之鸟瞰》发表于《农业推广通讯》第3卷第8期。

翟克《中国农业推广新建设之理论与实施》发表于《广东农业通讯》第2卷第1期。

金刀《今日的农业建设之正确性》发表于《广东农业通讯》第2卷第2—3期。

翟克《中等农业职业教育失败之内在原因》发表于《广东农业通讯》第2卷第2—3期。

方君直《广东连县之农村经济》发表于《广东农业战时通讯》第2卷第6—7期。

刘伯玑《广东农村经济问题》发表于《广东农业战时通讯》第2卷第6—7期。

涂元尧《农业推广区域范围问题》发表于《福建农业》第1卷第11—12期。

林岑森《农业推广材料问题》发表于《福建农业》第2卷第1—2期。

林景亮《农业建设在西南》发表于《福建农业》第2卷第1—2期。

包伯度、黄遗子《中国管理化学肥料概况》发表于《福建农业》第

2卷第3—4期。

柳子明《农业之历史地理的意义》发表于《福建农业》第2卷第3—4期。

按：文章分农业上之认识问题、农业之历史的发达、农业之地理的因素三部分。

缪进三《战时农村工业建设之初要》发表于《福建农业》第2卷第5—7期。

穆藕初《促进农业生产之展望》发表于《湖南农业》创刊号。

孙恩麐《湖南省三年来农业推广工作之检讨》发表于《湖南农业》创刊号。

章绍尧《改进地方林业之管见》发表于《浙江农业》第40—41期。

项泽恒《推行乡镇林业造产》发表于《浙江农业》第40—41期。

朱大鼎《森林与国防》发表于《浙江农业》第40—41期。

徐一亨《森林之国防效用》发表于《浙江农业》第40—41期。

李修《本省造林运动之回顾与展望》发表于《浙江农业》第40—41期。

谢先进《造林运动之重要性》发表于《浙江农业》第40—41期。

许葆珩《森林与水利》发表于《浙江农业》第40—41期。

朱智贤《中国农民教育的昨天今天和明天——给农村教育工作者》发表于《中国农村》第7卷第3期。

陈翰笙《三十年来的中国农村》表于《中国农村》第7卷第3期。

按：文章分农产商品化的加速、纯封建制渐归消灭、高利贷制变本加厉、地权集中农民离散、劳力锐减熟荒骤增五部分。

陈翰笙《目前中国的农村》表于《中国农村》第7卷第6期。

易今《解放农民与增加生产》发表于《中国农村》第7卷第9期。

秦柳方《如何确立当前的土地政策》发表于《中国农村》第7卷第9期。

西超《土地金融与土地政策》发表于《中国农村》第7卷第12期。

熊外生《关于农民节》发表于《现代农民》第4卷第4期。

陈子模、何端甫《农村问题》发表于《现代农民》第4卷第8期。

或金《农村中的娱乐问题》发表于《现代农民》第4卷第6期。

孙科《促进农业生产现代化——在中华农学会二十四届年会演讲》

发表于《现代农民》第 4 卷第 8 期。

陈钦模《设置农业仓库解决粮食问题刍议》发表于《现代农民》第 4 卷第 8 期。

蒋楠生《江苏武进县南乡农村情况》发表于《现代农民》第 4 卷第 9 期。

吴士雄《评"现代农民"》发表于《现代农民》第 4 卷第 12 期。

朱富藻《征收实务与农民负担》发表于《中行农讯》第 5 期。

张心一《战时农业经济及建设农村动员》发表于《中行农讯》第 5 期。

李师吉《最近浙江之农业金融概况》发表于《中行农讯》第 5 期。

崔永楫《论农本》发表于《中农月刊》第 2 卷第 2 期。

张友三《论佃农购置耕地贷款兼及合作购地问题》发表于《中农月刊》第 2 卷第 2 期。

陈颖光《当前我国农业应有之改进》发表于《中农月刊》第 2 卷第 4 期。

按：文章认为当前我国农业应有的改进，一是品种之改良，二是肥料之改良，三是农具之改良。

邹念鲁《论美国新县土地利用制》发表于《中农月刊》第 2 卷第 4 期。

陈永龄《土地重划与农村设计》发表于《中农月刊》第 2 卷第 5 期。

饶荣春《粮食增产与战时农业改进》发表于《中农月刊》第 2 卷第 5 期。

按：文章分粮食增产在战时的重要性及其所发生的问题、粮食增产工作的回顾与展望、粮食增产与农业改进三部分。

李长年《法国农业之战时统制》发表于《中农月刊》第 2 卷第 5 期。

程洪祖《农业仓库与乡村经济》发表于《中农月刊》第 2 卷第 6 期。

按：文章分农业仓库之起因、农业仓库之使命、农业仓库之种类、农业仓库之业务、农业仓库之功效五部分。

叶谦吉《论农业贷款之意义及其实施》发表于《中农月刊》第 2 卷第 6 期。

欧阳蘋《农业金融之当前问题》发表于《中农月刊》第 2 卷第 6 期。

中国农民银行四川省农村经济调查委员会《绵阳县农村经济调查初

民国三十年 辛巳 1941 年

步报告》发表于《中农月刊》第 2 卷第 6 期。

中国农民银行四川省农村经济调查委员会《南充县农村经济调查初步报告》发表于《中农月刊》第 2 卷第 7 期。

张有龄《西北与西南农田水利之展望》发表于《中农月刊》第 2 卷第 7 期。

按：文章说："在国家之立场，西北农民之地位较重于西南，而其经济能力则次于西南，换言之，开发西北农田水利，农民自身无此经济能力，必需政府全力之协助，方克有成。其主要原因在：(一)灌溉规模以广大为经济；(二)农民自身之经济能力薄弱；(三)受自然环境之限制，非个人或少数人所可为力；(四)对于民生之需要较切。故吾人主张西北之农田水利以国营为当，而投资建设之眼光，尤宜远大，盖农民受惠即国家之福也。"

中国农民银行四川省农村经济调查委员会《万县农村经济调查初步报告》发表于《中农月刊》第 2 卷第 8 期。

黄通《中国土地金融问题》发表于《中农月刊》第 2 卷第 9—10 期。

周昌茂《土地金融机关与地政机关之联系问题》发表于《中农月刊》第 2 卷第 9—10 期。

袁沣兰译《土地改革与自由经济》发表于《中农月刊》第 2 卷第 9—10 期。

蒋廉《土地金融与土地估价》发表于《中农月刊》第 2 卷第 9—10 期。

罗醒魂《土地债券之性质与发行》发表于《中农月刊》第 2 卷第 9—10 期。

洪瑞坚《土地改革与土地金融》发表于《中农月刊》第 2 卷第 9—10 期。

朱寿麟《各国土地金融制度》发表于《中农月刊》第 2 卷第 9—10 期。

天和《农村凋敝中农业金融之需要》发表于《中联银行月刊》第 1 卷第 6 期。

林刚《湖南林业概况及建议》发表于《全国农林试验研究报告辑要》第 1 卷第 3 期。

姚传法《民生主义的森林政策》发表于《林学》第 7 期。

按：文章建议，全国办四五所林科大学或高等林业专门学校，分别设于东三省、西北、中部、东南和西南。还应设立中央林科大学，其使命是：(1) 培养高级林业人才；(2) 研究解决中国的种种林业、林政问题。各林科大学应提高师资水平，充实设备，精分课目，造就适应时代需要的林业专门人才。

曾启《实现农工政策与救济顺德县农民》发表于《农刊》第1卷第1期。

周昌芸《青海北部及甘肃河西之土壤与农业》发表于《土壤》第1卷第4期。

桂鏖《漫谈墓制与土地利用》发表于《人与地》第1卷第3期。

杨予英《土地金融制度建立之商榷》发表于《人与地》第1卷第3期。

桂鏖《妇女与土地改革》发表于《人与地》第1卷第4期。

周泽扬《战时土地问题》发表于《人与地》第1卷第4期。

萧铮《地价与土地政策》发表于《人与地》第1卷第5期。

苏渊雷《战争·土地·农民》发表于《人与地》第1卷第6期。

崔永楫《国际局势紧张中之农业政策》发表于《人与地》第1卷第6期。

张丕介《论国营农场》发表于《人与地》第1卷第6期。

万国鼎《中国土地问题鸟瞰》发表于《人与地》第1卷第8—10期。

丘信《我国现阶段的土地投机问题》发表于《人与地》第1卷第11期。

杨予英《论土地债券》发表于《人与地》第1卷第14期。

万国鼎《粮食问题与土地政策》发表于《人与地》第1卷第15期。

崔永楫译《土地估价与农贷政策》发表于《人与地》第1卷第16期。

杨予英《意大利农业金融制度之最近改革》发表于《人与地》第1卷第16—17期。

李树桐《公有土地应如何清理问题之研究》发表于《人与地》第1卷第17期。

黄通《财政粮食与土地》发表于《人与地》第1卷第17期。

万国鼎《中国农业之特质与前途》发表于《人与地》第1卷第

19期。

按：文章分立国基础、主要特点、晚近变革、前途展望四部分。

罗醒魂《发生土地债券推行粮食及土地政策》发表于《人与地》第1卷第20—22期。

崔永楫《土地金融与土地政策》发表于《人与地》第1卷第20—22期。

蒋明氓《论丹麦农业合作》发表于《西南实业通讯》第3卷第1期。

南秉方《中国农业金融现状之分析及其改革之意见》发表于《西南实业通讯》第3卷第1期。

按：文章分引言、农村借贷之来源、农村借贷之用途、农村借贷之季节及期限、农村借贷之数量、农村借贷之利息、农村金融之改革意见等七部分。

史家麒《我国农业机械化问题之检讨》发表于《西南实业通讯》第3卷第1期。

王树基《如何发展西南农业生产合作》发表于《西南实业通讯》第3卷第2期。

李亮恭《手纺织工业与中国农业》发表于《西南实业通讯》第3卷第3期。

刘世超《西北农业与西北文化》发表于《西北问题论丛》第1辑。

盛克中《我国战时农业金融之各种设施》发表于《实业季报》第7卷第3期。

按：文章分战时农业金融的重要、农业金融制度及法规的制定、农业资金融通诸设施底分析三部分。

何天行《中国人口与土地的不均》发表于《实业季报》第7卷第4期。

章柏雨、汪荫元《集体农场与土地重划》发表于《新经济》第5卷第4期。

董时进《中国农业政策的讨论》发表于《新经济》第5卷第7期。

陈鸿根《我国农田土地金融机构设立之原则》发表于《新经济》第6卷第3期。

华兴鼐《论农业的现代化》发表于《新经济》第6卷第10期。

按：文章分农业与工业的对比、农业现代化的条件、中国农业的现代化问题三部分。

谷苞《云南田赋征实与农民负担》发表于《新经济》第6卷第11期。

刘觉民《平均地权在近代土地租税学说上之地位》发表于《经济季刊》第1卷第1期。

赵葆全《战时物价高涨中的农民》发表于《经济汇报》第3卷第3—4期。

厉德寅《我国农业金融制度之展望》发表于《经济汇报》第3卷第9期。

史世珍《当前之土地整理问题》发表于《经济汇报》第4卷第2期。

彭馨《近年来四川农业改进概况》发表于《经济汇报》第4卷第3期。

陈敬先《四川农民之实物》发表于《经济汇报》第4卷第7期。

刘光华《论民生主义的农业政策》发表于《经济汇报》第4卷第8期。

按：文章分导言、农业土地政策、农业生产政策、农业经营政策、农业劳动政策、农业金融政策、农业分配政策、结论等八部分。

逸庵《最近世界各国农业金融制度之趋势》发表于《中国经济评论》第4卷第5期。

黄公安《创建战时土地银行制度刍议》发表于《财政评论》第6卷第3期。

高信《实施我国土地政策之步骤》发表于《财政评论》第6卷第3期。

吴尚鹰《土地之分配与生产问题》发表于《财政评论》第6卷第3期。

吴觉民《土地陈报按地价改订科则之商榷》发表于《财政评论》第6卷第3期。

丁道谦《贵州的土地分配及所有权问题》发表于《财政评论》第6卷第3期。

本社资料室《中国土地政策之沿革》发表于《财政评论》第6卷第3期。

按：文章分导言、土地国有时期、土地私有时期、土地国有制复兴时期、土地私有制确立时期、三民主义下之土地政策、尾语七部分。

华丁夷《广东农民与农村经济》发表于《广东省银行季刊》第1卷第2期。

伍连炎《广东土地利用及其改革》发表于《广东省银行季刊》第1卷第4期。

沈桂祥译《农业合作与社会》发表于《四川合作金融季刊》第4—5期。

赵连芳《合作金融与农业推广》发表于《四川合作金融季刊》第6—7期。

杨寿标《我国农业金融问题之总检讨》发表于《四川合作金融季刊》第6—7期。

按：文章分绪言、农业金融在我国之特殊重要性、战前我国农业金融之简史、战时我国农业金融之演进、对于我国现行农业金融之批判、改进我国农业金融之途径等六部分。

刘广沛《如何加强工业合作与农业合作的联系》发表于《合作事业》第3卷第1期。

杨智《战时农业政策与农村合作之基本任务》发表于《合作事业》第3卷第1期。

邹树文《农业推广上合作组织与农会组织之讨论》发表于《合作事业》第3卷第1期。

陈希诚《促进土地利用合作案》发表于《合作事业》第3卷第5—9期。

邹树文、吴文晖《农村合作与农业技术应有密切配合案》发表于《合作事业》第3卷第5—9期。

陈颖光《农业经营上合作共耕之重要》发表于《合作评论》第1卷第3期。

陆文明、张伯远《浙省农业金融问题》发表于《合作前锋·战时版》第7期。

阮模《农业合作与农业改进》发表于《合作前锋·战时版》第7期。

陈翰笙《中国农村底认识》发表于《合作前锋·战时版》第8期。

步毓森《合作与农民》发表于《华北合作》第7卷第1期。

步毓森《农村合作与农民经济之关系》发表于《华北合作》第7卷

第 4 期。

赤脚《丹麦土地制度与合作》发表于《华北合作》第 7 卷第 5 期。

贵星南《农民参加运销合作社的利益》发表于《华北棉产汇报》第 3 卷第 6 期。

盛克中《中国战时农业金融之各种设施》发表于《中央银行月报》第 10 卷第 5 期。

巫宝三《农业与经济变动》发表于《社会科学》第 3 卷第 1 期。

按：文章说："农业国家的农业生产，虽然是占全国收入之大部，可是除非有一个大的国外市场，需要的弹性常比工业国家为小，而国外市场又常常是有竞争性的。至于工业国家的农业生产，虽然在全国收入中占小部分，需要弹性则较农业国家为大，并且国外市场愈大，需要弹性也愈大。农产物的丰收，也许可以在农业国家引起经济繁荣，但不一定在工业国家也可以如此。各国经济结构的不同，是这些歧异的根本所在。"

何之硕《合作银行与农业金融》发表于《社会旬报》第 7 期。

毛震旦《改善农民生活唯有提倡农村利用合作》发表于《社会旬报》第 12 期。

秦亚修《农村建设的现实问题》发表于《社会旬报》第 19 期。

高雪汀《中国农民运动》发表于《社会旬报》第 19 期。

高雪汀《国民革命与农民运动》发表于《社会旬报》第 20 期。

吴华宝《中国农业政策》发表于《地方建设》第 1 卷第 1 期。

刘培德《中国农业机械化问题》发表于《地方建设》第 1 卷第 3 期。

按：文章说："农业建设应注意的事项很多，大致可分为制度方面与技术方面二种。在制度方面，有关于地权问题的，有关于资本问题的，有关于分配问题的，大都均属于政治及经济的改革。至于技术方面，亦有多种，如品种的选择，肥料的改良，机械农具的采用等等，均为农业建设中之重要问题，并互有密切关系。"

吴华宝《中国是一个农业国》发表于《地方建设》第 1 卷第 3 期。

林松年《改进我国农业金融政策刍议》发表于《地方建设》第 1 卷第 4—5 期。

按：文章说：过去农业金融政策的缺陷，一是贷款对象尚未注意普及贫苦农民，二是贷款数额未能适合实际需要，三是贷款与还款时间多为一律，四是贷款所定用途与事实不相符，五是贷款偏重短期，六是贷款利率不合标准，七是贷款手续过于麻烦，八是贷款偏重保证。

胡先骕《战后土地制度之商榷》发表于《地方建设》第1卷第4—5期。

质夫《土地陈报与田赋整理》发表于《地方政治》第6卷第9—10期。

王憎蝠《怎样运用乡村公有土地实行公耕》发表于《基层建设》第2期。

陈戚鹏《东欧各国土地改革政策的研究》发表于《建设研究》第4卷第6期。

粟寄沧《土地问题与土地行政》发表于《建设研究》第6卷第3期。

赵培芝《我国农业经济与农业金融》发表于《青年月刊》第12卷第4期。

汪洪法《振兴农业的三个基本政策》发表于《青年中国季刊》第2卷第4期。

按：文章所谓三个基本政策，是指土地政策、劳力政策和资本政策。

徐国屏《当前农业推广之五大问题》发表于《青年中国季刊》第2卷第4期。

按：文章说，当前农业推广的五大问题，一是机构问题，二是经费问题，三是人才问题，四是材料问题，五是业务问题。

李之屏《生养教卫管用与整理土地》发表于《湖南青年》第2卷第7期。

张赞卿《合作与农民》发表于《新武周刊》第1期。

施琳《当前的我国土地政策》发表于《上海周报》第4卷第3期。

陈启辉《新县制与土地整理问题》发表于《行政干部》第1卷第5期。

汪秉全《中国林业教育问题》发表于《行政干部》第2卷第4—5期。

廖冰凌《田赋征实与农民》发表于《行政干部》第2卷第7—8期。

黄智百《整理田赋与土地陈报》发表于《行政干部》第2卷第7—8期。

陈济棠《中国农业建设之目的与方法》发表于《现代读物》第6卷第1期。

杨开渠《如何打破靠天吃饭的农业现状》发表于《现代读物》第6卷第1期。

陈石达《中国农业金融论》发表与《本行通讯》第11期。

徐次长《中国农民银行行员应有的认识》发表与《本行通讯》第11期。

卢祖清《农民运动与抗战建国》发表于《浙江民众》第8期。

隐公《中国战时土地政策应该怎样》发表于《总行通讯》第48期。

李树桐《经济建设与土地整理》发表于《闽政月刊》第8卷第1期。

傅敦烈《土地编查在土地整理工作中的地位》发表于《闽政月刊》第8卷第2期。

陈仪《如何发行土地债券与设立土地银行的我见》发表于《闽政月刊》第8卷第5期。

黄绍绪《中国农业技术的改进问题》发表于《学林》第4期。

按：文章说：中国农业技术的优点，一是善用自然肥料，二是擅长水田栽培，三是巧妙调节农时；中国农业技术的缺点，一是农具简陋，二是不善选种育种，三是忽视虫害病害，四是没有合作组织；中国农业技术改进的现状，一是农具的改良，二是作物的育种，三是病虫害的防治，四是园艺的改进，五是造林建设，六是畜牧与兽医，七是蚕桑事业，八是农业推广，九是农业教育；今后农业改良应采的方针，一是农业技术要工业化，二是农人头脑要科学化，三是农业教育要实际化，四是农人生活要物质化。

杨贻书《广东农业区域的划分》发表于《民族文化》创刊号。

高信《中国国民党之土地政策》发表于《民族文化》创刊号。

陈凤冈《粮价高涨与农民生活》发表于《民族文化》第5期。

张腾霄《中国农民离村问题及其救济方案》发表于《中国公论》第5卷第4期。

徐雪寒《试论目前中国土地问题》发表于《国民公论》第5卷第1期。

毅锋《土地政策中的几个具体问题》发表于《党的生活》第39期。

按：文章说：第一，现阶段的全部政策，是根据于抗日民族统一战线的战略方针而定的，因此解决土地问题，也要坚持抗日民族统一战线的基本原则，调整各阶级的关系，团结一切抗日人民，争取抗战的胜利。第二，是合理使用土地，以发展农业生产。真正彻底的最合理的使用土地，是土地国有，实行"耕者有其田"，直至农业社会主义的经营，但这不是目前要解决的问题。目前只能在保持土地私有权的原则下，进行各种必要的可能的合理使用，以充分发挥土地的生产效能，铲除一些太不合理的致使土地荒芜生产低落的现象。第三，是适当的改善基本群众的生活。在坚持抗日民族统一战线的基本原则之下，改善基本群众的生活。改善的办法，主要的是从下列几方面进行：（一）限制地主的超经济的封建剥削；（二）减轻基本群众的负担；（三）在各方面尽量寻找可能给予基本群众的利益，如分给没收死心塌地大汉奸的土地，租种低租公地与逃亡地主土地，开垦各种荒地，应该给予贫苦抗属（特别是荣誉军人及其家属）及贫苦人民的各种优先权等。

浦敏璇《土地法论评》发表于《政治月刊》第2卷第3期。

按：文章说："民国十一年广州护法时代，曾有土地局之设立，后颁布土地税法，未及施行。然该法实为土地法之嚆矢。十二年又聘德人单维廉博士从事实地调查。十七年国民政府成立，以平均地权为原则，着手起草土地法，经立法院会议通过，于十九年六月三十日明令公布。二十五年三月一日施行，都凡三百九十七条。而土地法施行法亦于二十四年四月五日公布，二十五年三月一日施行。依余管见，法文中纰缪之处，尚属难免。"

金山石《中国农村适用农业机械制造法》发表于《工业技术》第2期。

芝《复兴农业机械厂》发表于《工业技术》第2期。

施建生《对于国父土地政策之综合的研究》发表于《新湖北季刊》第1卷第3期。

史家麒《我国农业金融制度之展望》发表于《新湖北季刊》第1卷第3期。

按：文章分二十九年以前之农业金融概况、二十九年度政府对农业金融之调整及其概况、近世各国农业金融之重要趋势、我国究应建立何种农业金融制度、制度内容之建议及其推进办法五部分。

范扬《本党土地政策之内容与实施》发表于《新湖北季刊》第1卷第4期。

储裕生《土地问题的解决》发表于《新湖北季刊》第1卷第4期。

费孝通《增加生产与土地利用》发表于《当代评论》第1卷第13期。

按：文章说："中国是个农业国，因之一切经济问题的打算，归根结底，总离不了土地。我们这一片土地已经养活了我们几千年的民族，到现在，我们还是没有法子减轻它的负担，敌人有大炮、飞机、坦克打来，我们得向这片土地讨取招架回击的东西。前线上留着几百万大军，都市里住着比以前多了好几倍的人口，嗷嗷待哺，我们又要向土地讨取这一笔粮食。这一片老大的土地，还能应付我们愈来愈重的要求么？"

孙毓棠《汉代的农民》发表于《当代评论》第1卷第16—17期。

费孝通《论贫农购买耕地》发表于《当代评论》第1卷第20期。

谷春帆《历史上农业人口与土地分配》发表于《当代评论》第1卷第25期。

费孝通《农田的经营和所有》发表于《今日评论》第5卷第6期。

按：文章说："抗战一起，似乎很少人再谈'耕者有其田'了。据闻中共执政区域也改变了多年来不惜流血争取的土地纲领。这改变的原因是政略的。现在这些区域实行的减租减息政策，是在容许地主继续存在的原则下改善佃农和一般小农的经济地位。不过内地农村的主要形态是自营的小农，我在本书以上的几篇文章中已经说明这种形态的基础，在这里不再重述。自营小农的形态，却让我们看到农田经营和所有合一的'耕者有其田'也有其弊病。在抗战以前，尤其是在沿海诸省，农村的问题可以说是在分配的不均上；抗战发生以后，分配问题似乎推到了幕后，注意的集中点转到了生产问题。大家要求的是如何谋增粮食的自给，如何推广可以出口的农产物，如何增加工业中所需的农业原料的产量——一言以蔽之是在求农业生产的增加。在这要求之下就看到小农制的弊病。"

费孝通《农民的离地》发表于《今日评论》第5卷第10期。

按：文章说："农村金融恐慌的结果，使农民们不能不如饮鸩止渴一般地以高利来吸收市镇资本的济急，农民所保有的土地权加速地向市镇输送，引起了地主的'离地'。地主的离地使农村里的人民普遍地佃户化，这辈佃户重重地压在地租和高利的榨取之下，劳作终年也不能避免妻儿的冻馁。他们既和土地脱离了'所有'的联系，生活的压迫，很容易把他们逼出农村，在农业之外另求他们安身立命之道：人口从农业里流出来，农民的离地！"

伊圣《日本农业政策之过去与现在》发表于《日本评论》第 2 卷第 4 期。

秦亚修《事变前中国农民之分析》发表于《中日文化》第 1 卷第 2 期。

王国栋《中国国民党的土地政策》发表于《中山月刊》第 4 卷第 2—3 期。

沈经保《德国战时农业与食粮的统制》发表于《现代读物》第 6 卷第 2—4 期。

章柏雨、汪荫元《论土地重划》发表于《现代读物》第 6 卷第 6 期。

可佩《资本主义农业发展的障碍》发表于《学习》第 4 卷第 5 期。

施琳《对中国土地问题的基本认识》发表于《学习》第 4 卷第 10 期。

按：文章说："在战前，解决中国土地问题的理论，真是众说纷纭。但主要的可以分为国有论及私有论两个阵营。至于问题的'重心'，则又有分配论、利用论，和分配利用并重论三种。大致说来，'实权派'方面，主张土地私有，并以利用为重心。进步的舆论方面，则主张调整土地分配关系，以发展土地利用，至于所有权则不必急求国有的实现。在这些理论争辩之外，山西阎锡山氏于二十五年九月提出'土地村公有'办法，并拟以山西试行。但因缺点太多，未能实现。此外，共产党则在江西实行没收地主土地，加以分配，这是共产党在江西获得众民支持的主要原因。抗战中，土地问题不但未能有所解决，反而推上了更严重的阶段。这从农民的贫穷化和粮食的恐慌等方面表现出来，所以政府在今年亦积极提出实施'平均地权'的号召。不过，怎样能把地主手上的土地移转分配给劳动农民呢？政府没有宣布什么有效办法。土地要分给农民，必然要先从地主手中取得土地，如何取得土地呢？不外有三种：（一）踢去地主（强制没收）；（二）税去地主（用累进重税使地主放弃土地）；（三）买去地主（向地主收买）。我们政府将采什么方法呢？第一种方法自然不能，第二种则政府迄今仍未见有此决心的表征；用第三种方法吗？政府何来这笔大款？要农民自己出吗？农民有如负债买田，还不如做佃农来得好些。所以我们相信这三条路在抗战时期中都是走不通的。"

袁之领《受农业教育者的责任与出路》发表于《开封教育月刊》第 10 期。

袁之领《我国农业的价值及其在历史上的变迁》发表于《开封教育月刊》第 11 期。

邹树文《农业职业教育实际问题》发表于《中等教育季刊》第 1 卷第 3 期。

按：文章认为，农业职业教育存在的问题，一是经费困难问题，二是师资问题，三是教学教材问题，四是毕业生出路问题，五是四川省农业教育问题。

江观纶《由农民生计问题谈到我国今后推行合作的重庆及其改进方策》发表于《黄埔季刊》第 3 卷第 1 期。

李鲁航《农业机械化与农业革命》发表于《三民主义周刊》第 2 卷第 4 期。

按：文章分工业革命和农业革命、中国农业与机械生产两部分。

郑鸿祺《中国土地问题的检讨》发表于《北华月刊》第 1 卷第 2 期。

刘兴朝《抗建时期之西北林业》发表于《西北论衡》第 9 卷第 8 期。

梁启桢《本党土地政策的阐扬和展望》发表于《抗战时代》第 3 卷第 2 期。

韦汉钧《农民与土地》发表于《抗战时代》第 4 卷第 3 期。

凌祖荫《中国农业教育的几个根本问题》发表于《中大学生》第 2 期。

按：文章论述了农业教育的宗旨问题、教材问题、试验场问题、农校分工问题和实习问题。

蔡介公《调整战时粮食的土地问题》发表于《广大计政》第 7 卷第 3 期。

王静达《论农民运动之史的意义》发表于《哲学》第 2 卷第 3 期。

刘文渊《农业仓库与农村经济建设》发表于《浙光》第 8 卷第 13 期。

［南］普利皮契维支作，许天虹译《巴尔干的农民》发表于《改进》第 5 卷第 3 期。

罗平造《农民动员问题》发表于《吉安动员》第 3—4 期。

李若生《农业在经济作战上的重要性》发表于《时事月报》第 24 卷第 5 期。

吴志忠《中国国民党农民运动的理论与实际》发表于《大路（泰

和）》第6卷第3—4期。

按：文章分历史上农民自发运动的检讨、中国国民党农民运动的出发点、中国国民党关于农民运动的纲领与农民运动的进展、中国国民党农民运动政策的转变、抗战时期农民运动的特点、今后农民运动的展望六部分。

幾堤《一个青年农民的自述》发表于《向前》第4—5期。

苏明《论目前的土地政策》发表于《求知文丛》第25期。

曾子楚《苏联农业的电气化》发表于《中华（上海）》第105期。

饶荣春《中国战时及战后土地问题的解放与平均地权》发表于《时代批评》第3卷第63期。

彭泽益《太平天国战后土地之丧乱及其整理》发表于《现代史学》第4卷第3期。

费孝通《农村劳力的利用》发表于《社会科学学报》第1期。

按：文章分农业里的忙闲、利用农期参差性以减少农闲、农村劳力有时不足有时过剩、因土地制度而发生的闲人和忙人、农业之外劳力的利用、农田上劳力的供给、一个传统的经济态度、农村劳力的动员等八部分。作者认为，"如何充分利用农村劳力以增加生产，是我们中国经济建设过程中必须解决的一个实际问题"。

吴伯卿《战时农业经济建设论》发表于《大麓校刊》第14期。

按：文章认为，农业经济建设之途径，第一，扩大耕地改进水利，第二调剂农村金融，第三改良农作工具，第四调剂供需，第五指导农业生产，第六增种杂粮以作代用品。

孙毓棠《战国时代的农业与农民》发表于《战国策》第17期。

孙科《促进农业生产现代化》（三十年三月十六日在中华农学会二十四届年会演讲）发表于《时事类编》特刊第63期。

洪进《农贷合作与农业生产》发表于《时事类编》特刊第64—65期。

李德明《中国土地问题之将来》发表于《中美周刊》第3卷第7期。

按：文章分我国土地制度之沿革、我国土地分配之现状、孙中山先生对于土地问题之主张、今后土地问题之展望四部分。作者在结论中说："孙中山先生平均地权之办法，既不如土地私有论者之妥协环境，亦不如土地公有论者之不顾现实，故不但为解决中国土地问题之锁钥，而且足以为解决世界土地问题之普通原则，我国政府于战前即已颁布《土地法》，举行土地丈量，吾人正庆幸土地问题之解决有日，不图'七七'事起，使此工作之进行，受一重大打击，但吾国土地政策既已确立，只求当事者按照实施，不稍瞻徇，则战事结束后，土地问题之解决，亦不远矣，暂时之停顿，不足为土地问题前途病也！"

张雄《抗日根据地的土地政策》发表于6月7日《大众日报》。

按：文章认为，除了减租减息之外，还须从各方面去积极改善农民生活，主要有：一是增加农业生产；二是处理庙田公地黑地；三是正确的处理逃亡地主的土地，及所没收的死心塌地的汉奸的土地；四是垦荒；五是取消苛捐杂税；六是实行公平负担；七是优待与抚恤抗日军人家属。

三 乡村建设研究著作

胡求真著《农业经济概论》由上海中华书局出版。

按：是书分绪论、土地、耕农、地租、劳工、农业金融、利润、运销、农业管理、农业合作与农业仓库等10章。

王世颖编著《农业金融简论》由中国农民银行行员训练班出版。

欧阳苹编《四川省农业金融》由中农印刷所出版。

广东农林局编《广东农业概况》由新建设出版社出版。

王兆新著《战时农业政策》由重庆独立出版社出版。

按：是书分绪论、强化农事组织、增加农业生产、统制农产运销及消费、调剂农业金融、沦陷区的农政设施等6章。

农林部编《抗战四年来之农业》由重庆编者出版。

中国农业经济研究会总务课编《中国农业经济研究会要览》由编者出版。

穆藕初著《将来之农业》由重庆农业促进委员会出版。

中国国民党中央执行委员会宣传部编《四年来的农业建设》由编者出版。

萧纯锦编《十年来之江西农业建设》由江西省政府出版。

广东农林局编《广东农业概况》由广东曲江新建设出版社出版。

农产促进委员会编《农产促进委员会各项章则及办法汇辑》由编者出版。

沈宪耀著《农林部中央实验所三年来之农情报告概况》由农林部中央农业实验所出版。

江西省农业院编《江西省农业院工作报告》由编者出版。

鲁昌文著《合作农场之理论与实际》由农林部辅导重庆南岸合作农场办事处出版。

周宪文编《中国不能以农立国论争》由香港中华书局出版。

按：是书收录周宪文、杨开道、杜沧白、王亚南、朱伯康、彭立谟等6人所写有关"中国能否以农立国"的争论文章12篇。卷末附录二十年代董士进、恽代英、杨杏佛、章士钊等人所写"中国以农立国还是以工立国"的争论文章7篇。

[苏]列宁著，匡亚明译《农村工作论文集》由新华日报华北分馆出版。

毛泽东著《农村调查》由延安出版。

按：毛泽东于1941年3月17日和4月19日为他编著的《农村调查》撰写了序言和跋。是书收入1928年12月毛泽东在井冈山制定的《井冈山土地法》，是当时红军颁布的第一个土地法，也是第一次正式刊行。又收入1929年4月毛泽东在江西兴国县制定的《兴国县土地法》，也是首次正式刊行。这两个土地法后收入《毛泽东农村调查文集》。

傅家麟编《福建省农村经济参考资料汇编》由福建省银行总管理处经济研究室出版。

新民会中央总会著《乡村合作社组织之次第》由北平新民会中央总会弘报室出版。

童润之编《乡村社会学纲要》由重庆正中书局出版。

按：是书包括乡村社会学的意义、范围及研究方法、乡村社会的性质及与都市社会的区别、乡村社会的起源与进化、乡村人口、乡村家庭等16章。

毛庆祥著《新县制下的农村建设刍议》由重庆文化书店出版。

梁漱溟著《答乡村建设批判》由重庆中国文化服务社出版。

按：是书乃对千家驹、李紫翔编著的《中国乡村建设批判》（1936年4月新知书店出版）一书的批评，分10个问题。

沈光烈著《农村改进的实施》由昆明中华书局出版。

按：是书论述农村改进的定义、起源、范围、演进、农村的学校教育、社会教育、自治问题、经济设施等。

潘鸿声编《四川省农村经济调查总报告》由中国农民银行出版。

蒋旨昂著《战时的乡村社区政治》由四川巴县乡村建设研究所出版。

李安陆著《利用合作总论》由中国合作文化协社出版。

于飞黄编《土地问题与土地政策》由抗战复兴出版社出版。

按：是书分9章，论述研究土地制度的意义、中国历代土地制度与田制理论、现代中国的土地经济概况、世界各国的土地政策与专家学者的观点、民生主义的土地政策、现行土地法、土地村公有制、中共的土地革命等。

国民政府主计处统计局编《中国土地问题之统计分析》由重庆正中书局出版。

黄公安著《中国土地问题》由广东曲江民族文化出版社出版。

按：是书分导言、农地问题、市地问题、山地问题、土地行政、土地金融及结论7章。

张建新编《地政应用法规讲授纲要》由广东省地方行政干部训练团出版。

按：是书分绪论、土地法本论、修正土地测量实施规则本论三部分。

罗孝先编著《土地行政纲要》由地方行政干部训练团第六七八区联合训练班出版。

按：是书介绍我国地政史略及现况、国民党之土地政策及实施、地方行政中之土地行政实务及地政机关等。

傅角今、邹序儒编著《土地行政·土地使用》由中央训练委员会出版。

西康省地方行政干部训练团编《土地陈报》由编者出版。

［美］卜凯主编，金陵大学农学系译述《中国土地利用》由金陵大学农学系出版。

祝平著《四川省土地整理业务概况》由成都明明印刷局出版。

熊伯蘅、王殿俊编《陕西省土地制度调查研究》由国立西北农学院农业经济系出版。

林诗旦编《土地政策之理论与实际》由福建将乐风行印刷社出版。

按：是书分7章，介绍福建将乐县推行土地政策的准备工作，开垦荒地、进行土地分配和重划工作等。

民国三十年　辛巳　1941年

林诗旦、屠剑臣编《土地经济调查》由福建将乐风行印刷社出版。

按：是书分9章，报告福建将乐县人文、地理概况，以及地权分配、农业经营与土地利用、农村金融、地价、田赋、农业灾害、农民生活等情况。

应廉耕编《四川省租佃制度》由重庆中国农民银行四川农村经济调查委员会出版。

按：是书分10章，调查佃农半自耕农、自耕农所占土地增减率，租佃制度及其与农业生产、农民借贷的关系，佃农的生活概况等。

云南省财政厅编《云南清丈概况》由编者出版。

[苏] 择金斯基著，鲍德澂译《欧洲土地制度》由重庆中国文化服务社出版。

林诗旦、陈维纲、翁伯璋编《人地管理》由福建将乐风行印刷社出版。

林诗旦、屠剑臣、何望霓编《土地编查》由福建将乐风行印刷社出版。

林诗旦、王守经、陈问培编《公产调查》福建将乐风行印刷社出版。

林诗旦、黄大伦、黄振乾编《土壤调查》福建将乐风行印刷社出版。

地政局编《宁夏省垦务实施概况》由编者出版。

江西省地政局编《江西省地政概况》由编者出版。

陈克诚编《土壤力学挈要》由《学林》杂志社出版。

宋达泉编著《福建永春县志土壤》由福建省建设厅地质土壤调查所出版。

夏之骅等编著《将乐之土壤》由福建省研究院出版。

夏之骅等编著《沙县志土壤》由福建省研究院出版。

谢申等编著《云南省澄江之土壤》由国立中山大学农学院出版。

夏之骅、林汝昌著《改良土壤之新植物》由福建省研究院出版。

郁斋著《简易农仓》由浙江丽水江南出版社出版。

中国国民党中央执行委员会宣传部编《世界各国战时粮食管理之实施》由重庆编者出版。

全国粮食管理局编《全国粮食会议报告》由编者出版。

中国国民党中央执行委员会宣传部编《国父关于粮食问题的遗教》由重庆编者出版。

粮食部编《粮食管理法规》由重庆编者出版。

福建省粮食管理局研究室编《为什么要查报余粮》由编者出版。

吴文源编著《粮政概论》由安徽省地方行政干部训练团出版。

按：是书论述粮食管理的原则、机构，粮食的调查统计，粮食的生产、价格、分配、消费、仓储管理等。

徐萍渚著《浙西之粮荒与粮政》由浙西民族文化馆出版。

福建省粮食管理局编《福建省粮食管理行政之机构》由编者出版。

广东省粮食管理局编《广东省粮食管理概况》由编者出版。

农林部粮食增产委员会编《三十年度各省粮食增产初步报告》由编者出版。

广东省政府秘书处编译室编《广东粮食问题研究》由编者出版。

按：是书分两编，上编收录论文19篇，其中有孙科的《粮食问题与抗战建国》、李汉魏的《广东的粮食问题》、胡铭藻的《广东的粮食管理》、刘耀燊的《广东的粮价解决问题》、何彤的《公耕与民政》、黄元彬的《垦植杂粮与推行公耕的意义》等；下编专门论述粮食管理概况及粮食增产经过。附录：广东省粮食增产督导办法、战时荒地承垦条例、节约粮食办法等有关章则20种。

张梁任著《四川粮食问题》由重庆振华印书馆出版。

行政院经济会议秘书处编《四川省粮食统计汇编》由编者出版。

四川省银行经济研究室主编《四川征购粮食办法概论》由编者出版。

四川省政府财政厅、财政部四川省田赋管理处编《四川省征购粮食法令辑要》由编者出版。

任敏华编《四川田赋概况》由四川省银行经济研究室出版。

赵云梦编著《实用肥料分析法》由浙江金华正中书局出版。

陈禹平著《四川之肥料》由四川省政府建设厅出版。

顾凤池编《农用器具学新编》由上海科学书局出版。

建设总署水利局编《山东省泰安县灌溉计划地区调查报告》由编者出版。

汪厥明编《多品种比较试验之理论与实际》由福建省农业改进所出版。

张鲁智著《异群部等组织多品种比较试验》由福建省农业改进所出版。

黄震著《福建省仓库害虫之初步调查报告》由福建省研究院出版。
农林部中央农业实验所编《治螟指导手册》由编者出版。
甘肃省粮食增产委员会编《防治谷实类黑穗病》由编者出版。
邱式邦著《广西之玉米螟》由中央农业试验所病虫害系出版。
吴达璋、向承亨著《棉小造桥虫之研究》由四川省农业改进所出版。
[日]高桥奖著，钟德华译《园艺害虫防治法》由昆明中华书局出版。
陈方洁著《桔天牛之初步研究》由四川省农业改进所农事实验总场出版。
张权著《实际农药解说》出版。
马鸣琴、俞斯健编《五谷浅说》由行政院营养改进运动出版。
程洪祖编著《中国十五种农作物之研究》由成都成城出版社出版。
杨开渠、姜齐兴著《再生稻之研究》由国立四川大学农学院出版。
杨开渠著《水稻分蘖之研究》由国立四川大学农学院出版。
广东省建设厅农林局稻作改进所编《水稻品种检定报告书》由编者出版。
福建省农业改进处农事试验场编《福建省水稻地方品种检定初步报告》由编者出版。
杨守仁著《如何栽"两季谷"》由中央农业实验所、四川省农业改进所出版。
马鸣琴编著《杂粮浅说》由行政院营养改进运动出版。
中央银行经济研究处编《重庆之米价》由编者出版。
管家骥编著《马铃薯栽培浅说》由行政院营养改进运动出版。
管家骥著《我国马铃薯之改进》由《广西农业》杂志社出版。
顾元亮编著《棉和麻》由重庆正中书局出版。
季军勉编《棉作》由昆明中华书局出版。
河南农工银行经济调查室编《河南之棉花》由编者出版。
四川省农业改进所编《四川省大麻调查》由编者出版。
钟崇敏著《四川蔗糖产销调查》由重庆中国农民银行经济研究处出版。
杨显东、谭炳杰著《四川省之药材》由四川省农业改进所出版。
四川省农业改进所编《四川省之药材调查报告》由编者出版。

广东省政府建设厅农业管理处编《金鸡纳树在菲律宾栽培概况》由编者出版。

唐永基、魏德端编《福建之茶》由福建省政府统计处出版。

戴龙孙编著《茶》由金华正中书局出版。

赵保康著《茶》由安徽立煌皖报社出版。

吕允福著《茶树育种法》由浙江省农业改进所出版。

段伦第编著《战时之军需蔬菜》由金华正中书局出版。

管家骥编著《番茄栽培浅说》由行政院营养改进运动出版。

陈俊愉编著《瓜和豆》由重庆正中书局出版。

翰章、肖苇编《科学的种菇法》由上海中国农业书局出版。

潘鸿声、陈鸿根著《四川金堂橙桔生产运销成本之研究》由金陵大学农学院出版。

四川省农业改进所编《四川白蜡之生产与运销》由编者出版。

孙云蔚著《华北之果树园艺》由著者出版。

杨锦波编著《果树园艺学讲义》由河北潞河乡村服务部出版。

孙云蔚编著《苹果栽培学》由重庆正中书局出版。

中华林学会编《林学》（第7号）由重庆编者出版。

周映昌、顾谦吉著《中国的森林》由长沙文史丛书编辑部出版。

冯钟粒等编著《贺兰山森林调查报告》由宁夏编者出版。

朱惠方著《西康洪坝之森林》由金陵大学农学院森林系出版。

农林部编《中国之林业建设》由编者出版。

贵州省地方行政干部训练委员会编《垦荒造林》由编者出版。

广东建设厅农林局编《广东林业概况》由广东曲江新建设出版社出版。

陈济棠讲《农林建设》（中央训练团党政训练班讲演录）由农林部出版。

云南农林植物研究所编《云南农林植物研究所概况》由编者出版。

白垛编译《森林植物学表》由国立北京大学农学院出版。

林渭访编述《公路树栽植保护及管理法》由编者出版。

唐燿编《木材技术丛编》由经济部中央工业试验所木材试验室出版。

唐燿编《中国木材用途之初步记载》由经济部中央工业试验所木材试验室出版。

民国三十年　辛巳　1941年　　　　　　　　　　813

唐燿编著《建树中国林产工业应有之动向》由经济部中央工业试验所木材试验室出版。

汪秉全著《植桐技术》由广东农林出版社出版。

西康省地方行政干部训练团编《畜牧学要旨》由编者出版。

陈兆耕、许宗岱编《四川畜产》由四川省农业改进所出版。

宁夏省畜牧总场编《宁夏省畜牧总场事业概况》由编者出版。

蒋次升著《四川松潘草地畜牧兽医调查报告》由四川省政府建设厅出版。

华北绵羊改进会编《绵羊之饲养管理》由华北编者出版。

廉建中编《实验养猪法》由昆明中华书局出版。

濮成德编著《养鸡浅说》由行政院营养改进运动出版。

陆军兽医学校编《兽医必携》由编者出版。

贵州省地方行政干部训练委员会编《畜牧兽医》由编者出版。

四川省农业改进所兽疫防治督导团编《四川省兽疫防治报告》由编者出版。

张延凤著《我国家畜保险之理论与实务》由南开大学经济研究所出版。

按：是书介绍家畜保险的意义、作用及必要性，以及我国家畜保险的实际经营情况和应采取的政策等。

黄子固著《养蜂始业须知》由北平李林园养蜂场出版。

江西省政府建设厅编《水田养鱼浅说》由编者出版。

农林部淡水鱼养殖场丛刊室编《池塘养鱼浅说》由编者出版。

周氏著《渔业研究集》由广东黄冈李莲食物研究所出版。

广东农林局编《广东渔业概况》由广东曲江新建设出版社出版。

四　卒于是年的乡村建设工作者

张福达卒（1884—1941）。福达字四明，广东东莞人。早年留学日本鹿儿岛高等农林学校，攻读森林学。民国初年回国，曾任广东大学教授，开设林学课程，造就林学人才甚多。1929年到调任广东农林局工作，先后创办南华、潮安、德庆、鼎湖、罗浮等林场。1937年在东江增设河源苗圃、紫金苗圃、龙川公路苗圃等。1940年策划设立东西南北中各林业促进指导区，自兼任西区林业促进指导区主任。1941年8月11日因积劳成疾而病逝。编著有《广东造林法摘要》等。

陆沉卒（1899—1939）。原名卢斌，字吉珊，后化名陆沉，湖北黄冈人。早年入武昌中华大学中学部学习，曾参加五四反帝爱国运动。1920年随恽代英去四川泸州川南师范学校，曾参与恽代英、林育南、李求实、林毓英（张浩）、萧楚女等人组织的利群书社。1921年冬加入中国共产党，不久被派往安源，和李立三、刘少奇一起开展工运，曾任安源团地委书记，1924年冬任安源路矿工人俱乐部主任。1925年赴广州任黄埔军校政治教官，后任中央农委委员、广州农民运动讲习所教员、1927年任湖北省农协执行委员会委员长，与谭延闿、邓演达、毛泽东、谭平山任全国农协临时执委会常委、中央农民运动委员会书记。大革命失败后任鄂北特委书记。1928年调任江西省委书记。1929年后调至江苏河北等处工作，参加了托派组织，1930年被开除党籍。1935年加入国民党中统特务组织。派赴青岛任中统胶东特派员。抗日战争爆发后，在台儿庄大战中负伤。1941年因内部矛盾，被蓝衣社杀死在鲁南。

民国三十一年　壬午　1942 年

一　乡村建设活动

1月24日，中共中央政治局、中央书记处书记兼中央宣传部长张闻天是年1月至1943年3月率领农村调查团到陕北和晋西进行了一年多时间的调查研究，整理了《贺家川八个自然村的调查》《兴县十四个自然村的土地研究》等多份报告。调研结束后，张闻天还给中央写了《出发归来记》的长篇报告，从理论和实际结合上深刻总结了调研情况。

1月28日，中共中央发布《关于抗日根据地土地政策的决定》，规定目前在各抗日根据地的土地政策是：一方面实行减租减息，一方面实行交租交息。该决定还有《关于地租及佃权问题》《关于债务问题》《关于若干特殊土地的处理问题》3个附件。

按：决定说：既然减租减息与保障农民的人权、政权、地权、财权是我党土地政策的第一个方面，既然各根据地内尚有许多地方并未普遍的认真的彻底的实行减租减息，而其原因，不是地主抗不实行，就是党与政府的工作人员采取漠不关心与官僚主义的态度。因此，各根据地内党与政府的工作人员，必须对自己工作加以严格的检查，派员下乡分途巡视各地实行的程度，加以周密的调查研究，全般的总结各地经验，发扬正确实行的例子，批评官僚主义的例子。须知发布口号发布法令与实行口号实行法令之间，是常常存在着很大的距离的，如不严惩官僚主义，反对右倾观点，就无法使口号法令见之实行。[1]

2月6日，中共中央作出《关于如何执行土地政策决定的指示》，全面系统地阐述了党在抗日战争时期关于解决农民土地问题的理论、政策和

---

[1] 中国社会科学院及经济研究所现代经济史组：《中国土地改革史料选编》，国防大学出版社1988年版，第82页。

策略，要求各地严格贯彻落实中共中央的发布的《关于抗日根据地土地政策的决定》。

按：指示说："在农民已经充分发动，彻底执行了减租减息，经过了打的阶段，因而进入了拉的阶段的地区，由于我们开展自我批评纠正过火行动，彻底实行三三制度与保障地主的人权、地权、财权，地主阶级必然要抓住新政策之有利于自己方面加以扩大和农民作斗争。这一阶段（拉的阶段）各阶级的争议，只能采取民主合作的合理的方式去进行，而文化落后的农民群众，甚至区村干部，遂容易被老奸巨猾的地主所欺骗，或被地主收买操纵区村政权，或被地主打击而不敢回击。因此必须教育县区村三级干部学会与地主作合法斗争的本领，熟习政用的法令，熟习拉中有打的策略，以便对付某些奸猾地主的无理进攻，必须防止被收买。"①

2月5日，国民政府农林部定2月5日为农民节。

2月22日，中共北岳区党委发出《关于一九四二年村选的决定》，明确村选工作的重点是实行"三三制""精兵简政"和进行游击区村政的建设。

3月12日，晋冀鲁豫边区政府颁布《晋冀鲁豫边区农业贷款办法》。

3月18日，广东省政府公布《广东省土地测量实施细则》。

3月20日，农林部颁发《农林部奖励经营林业办法》。

是日，晋察冀边区政府两次修正公布《晋察冀边区减租减息单行条例》。

是日，中国粮政协进会在重庆成立，以策动民众及社会力量，协助政府，推行粮食政策，充裕军粮民食，加强抗建力量为宗旨。

是月，中国稻作学会在成都成立。

4月9日，《山西省林业试验场林业技术训练所章程》由省政会议通过公布。

4月15日，中共太行区党委作出《关于如何执行土地政策的指示》。

4月22日，国民党中央宣传委员会，图书杂志审查委员会奖励《中国农村经济研究》《中国社会问题》《三民主义的科学研究法》《总理遗教初稿》《福建辛亥光复史料》等著作。

---

① 中国社会科学院及经济研究所现代经济史组：《中国土地改革史料选编》，国防大学出版社1988年版，第87页。

4月24日，国民政府立法院提出修正《土地法》案，规定私有土地应由所有人申报地价，照价纳税，税率为1%—5%。农业用地地价税折征实物，全归中央。

4月30日，延安《解放日报》发表题为《边区农民向吴满有看齐》的社论，号召农民中成千上万吴满有涌现出来。

5月3日，中国农村建设协会第二届年会修正通过《中国农村建设协会章程》。

5月4日，中共山东分局作出《关于减租减息改善雇工待遇开展群众运动的决定》。

按：决定指出："减租减息工作，是我党在抗战时期实现土地政策的一个战略任务，过高的地租的剥削，旧债的拖累，以及借贷的困难，与雇工实质工资的锐减，是今天广大农民群众最痛苦的事情，也是广大农民群众最切望的事情，故减租减息是发动群众运动的决定条件。为了更广泛的动员与组织基本群众，纠正过去错误，克服脱离群众与孤立的危险，分局特郑重决定以认真执行减租减息发动群众运动，为建设山东根据地的第一位斗争任务，并首先成为自麦收到年底这一时期的第一位工作，山东全党的领导及党政军民的一切工作，今后均须围绕着并贯彻的完成这一中心任务。"[①]

是日，中共山东分局发出《关于减租减息改善雇工待遇工作的补充指示》。

5月13日，农林部公布《国有林区初查及复勘实施办法》。

5月15日，为提高生产，改善民生，调整租佃关系，增强抗战力量，依据中国国民党抗战建国纲领和中国共产党关于抗日根据地土地政策的决定，以及中华民国土地法及山东省战时施政纲领的精神，山东省发布《山东省租佃暂行条例》和《山东省借贷暂行条例》。

是月，《晋察冀边区合作社组织条例》正式颁布，共8章36条。

是月，甘肃省水利林牧公司与黄河水利委员会、全国资源委员会共同成立查勘队，查勘甘肃省境内的黄河、洮河、大夏河流域20个县市的农田水利、水力发电、水土保持等，历时一年零三个月完毕。

[①] 中国社会科学院及经济研究所现代经济史组：《中国土地改革史料选编》，国防大学出版社1988年版，第92页。

7月7日，国民政府公布《水利法》，共9章71条。

7月9日，是日上午和晚上，张闻天率领的调查团全体人员就农村阶级关系问题开了两次讨论会，张闻天作了题为《关于当前农村阶级变化问题》的发言。

9月20日，晋西北行署颁布《减租减息条例》。

10月1日，晋冀鲁豫边区政府发布《减租减息布告》。

10月10日，中共中央西北局作出《关于彻底实行减租的指示》。

按：指示说：一、占边区人口一半的未经分配土地区域的农民，在经济上还受着相当重的封建剥削。要发动这些地区的广大农民起来积极参加抗战及民主建设，并调节农村各阶层间的关系，正确的彻底的实行减租交租政策，实有决定的意义。二、边区施政纲领虽有关于减租交租的规定，各地参议会也都通过了各种减租法令，可是严格检查起来，各地能认真按照这些法令实行减租的还是少数，在减租中还未减到法定额或明减暗不减的现象。租种地减的比较多，伙种地则减的极少。虽然也有个别农民不交租或交租不足法定数额，但若与不减租或减不足法定额的现象比较起来，却占极少数。在执行减租政策中，各地发生地主采取许多的方法实行抵抗，主要的如收回租地、假典、假卖、提高租额、重量土地、租种改为伙种、定额制改为活租制、粗粮租子改为细粮租子、实行预租现租、使用大斗收租、将减去租额作为欠租实行额外需索（如杂租、送礼、民工及其他各种无酬劳役）、借撤佃或其政治地位来威胁农民不敢减租、串通租户明减暗不减，以及借打官司拖农民下水，以迫使农民不敢减租等。而这一切都是为了抵抗减租，使之不能实行。或即使减了租，地主又利用别的方法从农民方面取回减租损失的补偿，使农民得不到减租的实果。[①]

10月11日，晋冀鲁豫边区依据现有土地关系，敌后环境及抗战建国纲领，为团结抗战，增加生产及改善民生，特制定并发布《修正晋冀鲁豫边区土地使用暂行条例》。

10月17日，晋冀鲁豫边区政府因为在部分地区发生严重的灾荒，加重了今年减租的意义，特发布《关于减租工作指示》。

[①] 中国社会科学院及经济研究所现代经济史组：《中国土地改革史料选编》，国防大学出版社1988年版，第112—113页。

是日，国民政府修正公布《黄河水利委员会组织法》，规定黄河水利委员会隶属于全国水利委员会。

10月24日，晋西北临时参议会在兴县召开，通过了《巩固和建设晋西北的施政纲领》《减租减息条例》《保障人权条例》等文件。

10月31日，由虞振镛、蔡无忌、程绍迥、罗清生、崔步瀛、盛彤笙等发起组织的中国畜牧兽医学会在成都成立，虞振镛为理事长。

是月，晋察冀边区农学会成立。

11月6日，为确实实行减租交租，保障地主和农民的地权，调整租佃关系，发展农业生产起见，《晋绥边区减租交租条例》是日公布。

11月25日，晋察冀抗日根据地政府规定处理典地回赎的基本原则，内容包括：第一，典地是地无租、钱无息、活买活卖的土地买卖关系。第二，处理典地回赎纠纷，保证地主土地所有权和农民使用权。

12月9日，陕甘宁边区根据边区施政纲领，为合理调整边区租佃关系，发展农业生产，特制定《陕甘宁边区土地租佃条例草案》。

是月，中国农村福利协会在南京成立，以举办各种农村中之社会事业为宗旨。

是年，为调整苏中地区业佃关系，增加根据地农业生产，团结各阶层人士，加强抗日民主建设力量，依据中国国民党第二次代表大会二五减租办法的决议、国民党抗战建国纲领和中国共产党关于抗日根据地土地政策的决定，公布《苏中区土地租佃条例》。

是年，《晋冀鲁豫边区政府执行减租清债办法》正式公布。

是年，国民政府农林部颁布《农林部直辖垦区垦民贷款办法》，将中央补助经费中的条款细化，以便于移民垦地过程中实施。

是年起，国民政府农林部先后成立川、陕、甘、黔、滇、桂、鄂、湘、赣、粤等省农业推广繁殖站，具体办理各地农业推广的调查、研究、良种繁殖、推广示范及推广人员培养等业务。

是年，中国农具学会在重庆成立，以研究及改良中国农具，介绍及防制外国农业机械，并集合同好，建立适合国情之农业机械学和农具学为宗旨。

是年，《四川省农业改进所林业改良场组织规程》公布。

是年，延安自然科学院成立农业系，开展对农业的研究。

二　乡村建设研究论文

尹福清《青年人应如何学农》发表于《农业进步》第10卷第1期。

王振经《满洲农业技术问题谈》发表于《农业进步》第10卷第3期。

赵锡祚《农学生对于乡村之责任与观念》发表于《农业进步》第10卷第11期。

李相璞《从农民心理说起》发表于《农业推广通讯》第4卷第4期。

程洪祖《战时全国农林刊物分类介绍》发表于《农业推广通讯》第4卷第4期。

汪正琯《缅甸农业建设鸟瞰》发表于《农业推广通讯》第4卷第4期。

乔启明《略论我国农业金融》发表于《农业推广通讯》第4卷第12期。

罗文祥《福建省之垦务》发表于《福建农业》第2卷第8—9期。

孙世华《工业与农业生产之关系》发表于《福建农业》第2卷第10—12期。

李宗黄《新县制与农业》发表于《福建农业》第2卷第10—12期。

林学渊《增加本省粮食生产之途径》发表于《福建农业》第2卷第10—12期。

朱仁珑《今日之农民生活》发表于《福建农业》第3卷第1—2期。

宋增榘《农业建设与治虫问题》发表于《福建农业》第3卷第1—2期。

陈洪进《中国农村经济研究需要新的开展》发表于《福建农业》第3卷第1—2期。

按：文章分先从研究的条件说起——谁有机会接近事实、研究的能力从哪里产生？由于综合的认识与个别事物的洞察、从五个部门举要来说——基本的研究对象、唯一的需要——不迟疑不间断的努力四部分。

张西超《抗战中土地关系发展的趋向》发表于《福建农业》第3卷第3—4期。

按：文章说：中国目前几种土地分配特点：（一）土地私有是集中

的。根据战前一般研究者估计，中国全部的耕地，大约有百分之七十集中在占农村人口仅仅百分之十的地主和富农手里。而占全部人口百分之九十的中农穷农和雇农，却只百分之三十的土地。而且根据若干区域的调查，我们还知道地主所有的土地质比较优，而贫农所有的土地质最劣。这种土地分配不均的事实，从现在的租佃关系上看来，便充分说明了中国式的土地集中，并没有成为发展农资本主义的前提，反而成为它的反对物。

（二）土地使用是分散的。中国地主和富农从土地上积累起资本来以后，并没有投放于生产过程中，因而扩大其生产，它们主要活动的源泉，是从事商业和放高利贷，因此所有土地都是零碎出租给农民，以地租的收入从事于商业和高利贷的活动。因此而招致的结果，是农民的失地，大批劳动力的荒废，农业生产的衰落，农村破产。

魏方《土地经济学体系的探讨》发表于《福建农业》第3卷第3—4期。

按：文章认为，土地经济学的内容，包括地权形态、土地利用论、地租论、地价论和土地信用论。

张西超《论农产品与工业品价格的剪刀差》发表于《福建农业》第3卷第3—4期。

李世材《合作农场与我国新政治经济》发表于《福建农业》第3卷第3—4期。

郑麟翔《苏联农业金融概观》发表于《福建农业》第3卷第5—6期。

曹锡光《美国农业金融概观》发表于《福建农业》第3卷第5—6期。

黄卓《英国农业金融概观》发表于《福建农业》第3卷第5—6期。

朱剑农《论战时的农业金融》发表于《福建农业》第3卷第5—6期。

郑林宽《论新旧农业的技术基础》发表于《福建农业》第3卷第5—6期。

朱博能《农贷之特质及其趋势》发表于《福建农业》第3卷第5—6期。

按：文章说："农贷之性质与农赈不同，农赈只是消极的社会慈善事业，农贷则为安定社会，解救贫困，及促进经济繁荣之一种政策。其所以不同于慈善救济者,第一,不以目前救济一时之贫困为中心;第二,不以消极的救济为满足;第三,不以零星的分散的施赈方式为手段;第四,不以慈善家之态度来经营。所以农贷之本息须归还,而赈款则反是。农贷之本旨,在增进农业之生产力,而农赈之目的,在解救农民之危急。"

黄瑞采《广西土壤与农林之关系》发表于《广西农业》第3卷第1期。

孙渠《苏联农业科学的贡献》发表于《广西农业》第3卷第2期。

梁士钟《论基层农业推广组织》发表于《广东农业通讯》第3卷第11—12期合刊。

张策《战时粤西农村》发表于《广东农业通讯》第3卷第11—12期合刊。

陈景荣《新兴县农业之趋势》发表于《广东农业通讯》第3卷第11—12期合刊。

叶萌《反纳粹战争中的苏联农民》发表于《中国农村》第8卷第2期。

陈翰笙《关于农业增产的两个建议》发表于《中国农村》第8卷第3期。

乔启明《物价与农民生活》发表于《中国农村》第8卷第5—6期。

陈翰笙《物价与中农》发表于《中国农村》第8卷第5—6期。

王得信《临洮农民的生活》发表于《甘肃农推通讯》第1卷第4期。

魏绍徵《中国农民运动历史的演进》发表于《中国农民》创刊号。

刘运筹《中国农业改进与农民品质提高问题》发表于《中国农民》创刊号。

中国农民经济研究会《中国农民经济研究会章程》发表于《中国农民》创刊号。

按:章程指出:"本会以研究农民经济,促进农村建设,增强抗战建国之力量为宗旨。"主要任务:一是关于农民经济之调查统计事项,二是关于农民经济之研究事项,三是关于农村建设之促进事项,四是关于农民经济刊物之编印事项,五是其他有关事项。

陈坚瓯《抗战建国与农民》发表于《中国农民》创刊号。

中国农民经济研究会《中国农民经济研究会工作计划大纲》发表于《中国农民》创刊号。

张启蔚《大后方农业金融问题与合作金库》发表于《中国农民》创刊号。

阮有秋《从战时农村金融政策谈到战时土地问题》发表于《中国农民》创刊号。

史维焕《现阶段农业金融的适应性和应负的使命》发表于《中国农民》创刊号。

谭振民《日本战时农村劳力问题》发表于《中国农民》创刊号。

孟宪章《国民党土地政策的理论与实际》发表于《中国农民》第1卷第2—3期。

按：文章说："我们可以说，总理（孙中山）一生革命，所最注重的，就是平均地权一事。惜北伐完成以后，因内忧外患，互相乘除，致未能全力实施此项重要土地政策，而一般经济学者之言论与立法，似亦不免对遗教有所曲解之处。"

黄通《中国土地今日与中国农民》发表于《中国农民》第1卷第2—3期。

王辅宜《前方和沦陷区农民努力的方向》发表于《中国农民》第1卷第4期。

林嵘《新县制与农民经济》发表于《中国农民》第1卷第5期。

朱剑农《怎样改进战时的农村》发表于《中国农民》第1卷第5期。

黄石华《现阶段自耕农之创设问题》发表于《中国农民》第1卷第5期。

吴藻溪《论农村工业化》发表于《中国农民》第1卷第5期。

董德明《川东边区农民生活素描》发表于《中国农民》第1卷第5期。

祝公健《论今日农村之高利贷》发表于《中国农民》第1卷第5期。

刘光华《农村轻而易举地几件事》发表于《中国农民》第1卷第5期。

士化《怎样研究农民问题》发表于《中国农民》第1卷第5期。

张朋《我们应该怎样研究农民经济》发表于《中国农民》第1卷第5期。

秦璋《改善农业金融之途径》发表于《中国农民》第1卷第6期。

张朋《农业金融与农业建设》发表于《中国农民》第1卷第6期。

阮有秋《论今日我国农贷的任务及其工作精神》发表于《中国农民》第 1 卷第 6 期。

黄懋仁《从后方的农业说到农业金融》发表于《中国农民》第 1 卷第 6 期。

殷锡琪《中国农业金融今后应注重运销信用论》发表于《中国农民》第 1 卷第 6 期。

丁道谦《贵州的农业金融》发表于《中国农民》第 1 卷第 6 期。

李拓之《中国农业经济的物质》发表于《中国农民》第 1 卷第 6 期。

姚公振《论汉代之农业金融》发表于《中国农民》第 1 卷第 6 期。

文浩然《德国农业金融制度》发表于《中国农民》第 2 卷第 1—2 期。

朱剑农《农产价格上涨与农民生活改善问题》发表于《中国农民》第 2 卷第 1—2 期。

蒋镇澜《意大利农业经济之一瞥》发表于《中国农民》第 2 卷第 1—2 期。

西门宗华《苏联集体农场之生产与分配》发表于《中国农民》第 2 卷第 1—2 期。

刘慕梁《贫农加入合作社问题之研究》发表于《中国农民》第 2 卷第 5 期。

临风《论中国近代农村改良运动》发表于《中国农民》第 2 卷第 5 期。

按：文章说："中国自私有制度形成以后，土地关系的矛盾，便成为我国社会经济、政治演变的主要动力。历史上各个朝代的更替，也莫不与土地问题息息相关。及至满清入关，建立所谓'大清帝国'以来，这种矛盾益发变得尖锐化，严重化了。直到目前，我们还不曾把这个严重问题根本解决，并且在这个严重问题的周围，又派生许多的矛盾和危机。所有这些，我们统称之曰农村危机或农村问题。农村问题既以土地问题为中心，而土地问题又是由私有制度与土地兼并发生出来的。土地愈为少数人所独占，这样矛盾就愈加尖锐化，农村危机也就愈加深入。"

陈法正《农村副业与农业贷款》发表于《中国农民》第 2 卷第 5 期。

夏文华《论家民组织与农会》发表于《中国农民》第 2 卷第 5 期。

秦璋《中央合作金库与农业金融机关之统一》发表于《中国农民》

第 2 卷第 5 期。

朱剑农《不平等条约废除后中国农村经济的出路》发表于《中国农民》第 2 卷第 5 期。

董时进《战后的农业》发表于《现代农民》第 5 卷第 1 期。

评论《农业与抗战》发表于《现代农民》第 5 卷第 1 期。

贾文林《山西的农村》发表于《现代农民》第 5 卷第 2 期。

评论《改进农业的新路线》发表于《现代农民》第 5 卷第 4 期。

熊外生《农学是怎样产生的》发表于《现代农民》第 5 卷第 5 期。

何瀛仙《裁减乡村人员减轻人民负担》发表于《现代农民》第 5 卷第 6 期。

评论《改良农民与改良农业》发表于《现代农民》第 5 卷第 8 期。

熊外生《农业生产的军事化》发表于《现代农民》第 5 卷第 10 期。

李子明《救济灾区农民》发表于《现代农民》第 5 卷第 10 期。

退思《关于增加农业生产》发表于《现代农民》第 5 卷第 10 期。

董时进、胡竟良等《西洋科学与中国农业》发表于《现代农民》第 5 卷第 12 期。

唐瑛《农民的新生路》发表于《劳农》创刊号。

王有恒《农民解放问题》发表于《劳农》创刊号。

凌义《农民精神的发扬》发表于《劳农》创刊号。

符致远《粮食涨价与农民生活》发表于《新农季刊》第 2 卷第 1 期。

杨蔚《农业金融政策地再检讨》发表于《中农月刊》第 3 卷第 1 期。

崔永楫《我国土地金融事业之回顾与展望》发表于《中农月刊》第 3 卷第 2 期。

章柏雨《从农场管理上论农业金融如何实施农家贷款方案》发表于《中农月刊》第 3 卷第 3 期。

夏文华《农业金融与实物贷放》发表于《中农月刊》第 3 卷第 3 期。

陈颖光《今日之农业金融与粮食增产》发表于《中农月刊》第 3 卷第 3 期。

陈鸿根《农田土地金融之估值问题》发表于《中农月刊》第 3 卷第 5 期。

郭天乙《日本战时之农业金融》发表于《中农月刊》第 3 卷第 5 期。

张之毅《中国农业经济研究之动向》发表于《中农月刊》第 3 卷第

5 期。

按：文章分中国农业经济研究之历史、中国农业经济研究之改进途径两部分。

陈正谟《论地力动员》发表于《中农月刊》第 3 卷第 6 期。

梁庆椿《论吾国过去农业经济研究之缺点及增设研究机构之必要》发表于《中农月刊》第 3 卷第 7 期。

杨开道《中国农业问题的两大基本问题》发表于《中农月刊》第 3 卷第 7 期。

史登泼、吴传钧《英国土地利用与经济政策》发表于《中农月刊》第 3 卷第 8 期。

沈文辅《论今后中国农业经营之展望》发表于《中农月刊》第 3 卷第 8 期。

巫宝三《论我国农业金融制度之贷款政策》发表于《中农月刊》第 3 卷第 8 期。

侯哲荛《论今后我国农业金融制度的改进》发表于《中农月刊》第 3 卷第 10 期。

乔启明《战后农业之资金需要》发表于《中农月刊》第 3 卷第 11 期。

邢长铭《土地自然涨价为什么应该归公》发表于《人与地》第 2 卷第 1 期。

刘岫青《"土地政策战时实施纲要"的分析》发表于《人与地》第 2 卷第 1 期。

陈人龙《后方的地价与土地使用问题》发表于《人与地》第 2 卷第 2 期。

叶以强《对于中共"抗日根据地土地政策"的检讨》发表于《人与地》第 2 卷第 2 期。

杨振錩《加强土地改革运动的主动力量》发表于《人与地》第 2 卷第 3 期。

熊鼎盛《我国新兴的土地金融业务述要》发表于《人与地》第 2 卷第 3 期。

李显承《土地改革与社会进步》发表于《人与地》第 2 卷第 4—5 期。

孟光宇《土地登记权状之发给问题》发表于《人与地》第 2 卷第 4—5 期。

吴铁城《民族与土地》发表于《人与地》第 2 卷第 6 期。

孟光宇《中国土地登记之过去现在与将来》发表于《人与地》第 2 卷第 7 期。

吴思华《土地公有与私有之理论及其批判》发表于《人与地》第 2 卷第 7 期。

王乃式《从粮食问题说到土地重划》发表于《人与地》第 2 卷第 7 期。

魏方《土地经济学发凡》发表于《人与地》第 2 卷第 9—10 期。

徐步达《江西的土地行政》发表于《人与地》第 2 卷第 9—10 期。

孟光宇《欧洲各国之土地估价》发表于《人与地》第 2 卷第 9—10 期。

郑震宇《国父遗教中土地问题之系统的说明》发表于《人与地》第 2 卷第 9—10 期。

林诗旦《解决龙岩县土地问题之商榷》发表于《人与地》第 2 卷第 9—10 期。

翁之镛《我国应取之土地政策》发表于《人与地》第 2 卷第 11—12 期。

潘公展《从经济进化观点略论土地政策》发表于《人与地》第 2 卷第 11—12 期。

刘子钦《农贷的基本问题——土地问题》发表于《人与地》第 2 卷第 11—12 期。

孟光宇《土地登记之权利审查问题》发表于《人与地》第 2 卷第 11—12 期。

唐陶华《土地制度演变之史的分析》发表于《人与地》第 2 卷第 11—12 期。

吴乔木《当前的农业金融措施》发表于《经济导报》第 1 卷第 4—5 期。

抗之《皖南的土地分配》发表于《经济导报》第 1 卷第 4—5 期。

达《赣南新土地政策》发表于《经济导报》第 1 卷第 6 期。

雄飞《我国之农业金融体系》发表于《中国经济评论》第 5 卷第

5期。

按：文章分农业金融之发轫、农业金融机构之建立、农业金融体系之检讨、结论四部分。

韩德彰《中国农业建设之方针》发表于《经济建设季刊》创刊号。

按：文章分中国农业科学化之可能性、小农经营的前途、农产商品化的新估值、农业金融事业之前途、农村工业化的新认识、结语等六部分。

朱剑农《论土地国有与土地农有——兼论平均地权之目的》发表于《经济汇报》第6卷第3期。

陈鲁泻《论太平天国的土地革命》发表于《经济科学》第2期。

张之毅《改进中国土地利用之新途径》发表于《浙大农业经济学报》第3期。

徐孝恢《宁属农业劳力问题》发表于《西康经济季刊》创刊号。

朱斯煌《我国乡村合会与农业合作金融》发表于《银行周报》第26卷第47—48期。

巫宝三《论我国农业金融制度与贷款政策》发表于《金融知识》第1卷第4期。

乔启明《我国农业金融之展望》发表于《金融知识》第1卷第5期。

姚公振《我国农业金融的回顾与前瞻》发表于《金融知识》第1卷第6期。

陈颖光《论我国农业金融之使命及其应有之改进》发表于《金融知识》第1卷第6期。

陈安夏《从中国农村经济社会的特质上论证农业所得税的开征问题》发表于《财政知识》第2卷第1期。

陈正谟《如何推行土地政策与粮食政策》发表于《财政评论》第7卷第1期。

曹茂良《土地税》发表于《财政评论》第7卷第3期。

黄通《实施总动员法与我国土地政策》发表于《财政评论》第7卷第6期。

杨寿标《银行专业化与我国农业金融制度》发表于《财政评论》第8卷第4期。

侯哲荐《论今后我国农业金融制度的改进》发表于《财政评论》第8卷第4期。

邹念鲁《土地评价问题的商榷》发表于《财政知识》第6期。

专论《增产运动与指导农民》发表于《商业》第7卷第1期。

李时哲《土地政策与社会问题的关联性》发表于《福建粮政》第1卷第2—3期。

李黄《土地问题与土地政策》发表于《江西粮政》第1卷第7期。

黄通《土地金融与地力动员》发表于《江西粮政》第1卷第8期。

宋同钢《中国国民党之土地政策》发表于《江西粮政》第1卷第8期。

按：文章说："民国以来，战乱相仍，国愈民困。迨民国十六年北伐成功，国府建立于南京，始秉承总理遗教，订立土地法，于十九年公布之。论其内容，已距平均地权之主张远甚；然犹未能见诸实施，时人莫不惋惜。抗战以还，国家建设突飞猛进，都市及农村土地价，均日涨无已，地主收入已增，而土地所涨之价，复悉数饱其私囊，……故如何调整分配，促进利用，以应战时需要，尤为当务之急。中央有鉴于此，年来先后成立土地金融处、地政署，使其在实施土地政策，俾民生主义早日实现，但当兹新业开始之际，欲求其顺利推行，不能不努力宣传，以使人民彻底了解，协助进行。"

费孝通《乡村工业的两中型式》发表于《工业合作》第2卷第5—6期。

阮模《农业合作与农民训练》发表于《合作前锋·战时版》第17期。

愚夫《农业信用与信用合作》发表于《华北合作》第8卷第1期。

按：文章分前言——信用之发生及重要、农业信用（农业信用于一般信用中之地位及主旨、农业信用之特质、农业信用之根本基础及担保之必要、农业信用方式之分类及其工具）、我国农业信用（我国农业信用状况、我国农业信用之缺点、我国农业信用不振之原因）、信用合作与农业信用之改良（农业信用发展之条件、农业信用改良之标准、信用合作、农民及农业银行）、结论五部分。

春岸《农业灾害及其对策问题》发表于《华北合作》第8卷第7期。

联《几种农民对合作社认识的错误心理》发表于《合作同工》第5卷第2—4期。

朱慕唐《我国土地问题与土地政策》发表于《地方建设》第2卷

1—2 期。

按：文章认为，在土地使用上，存在着土地利用的贫乏、土地使用的分散、土地荒废的增进问题；在土地分配上，存在着地权分配的不均、土地负担的不合理问题。

仲坚《新国民运动与农业教育》发表于《教育建设》第 3 卷第 4 期。

谢春满《建设中国农业生产教育》发表于《教育建设》第 3 卷第 5 期。

陈际云《农业辅导员的师资问题》发表于《教育建设》第 4 卷第 4 期。

翟克《我国中等农业职业教育之改造》发表于《广西教育研究》第 3 卷第 3 期。

贾好同《安定农民生活论》发表于《开封教育》第 3 卷第 28 期。

胡连云《土地金融之认识》发表于《新认识》第 4 卷第 5 期。

郭汉鸣《法兰西大革命时代之社会思潮与土地问题》发表于《新认识》第 5 卷第 2 期。

卢道纲《农业建设的土地问题与技术问题》发表于《新认识》第 5 卷第 4 期。

按：文章分问题的提起、农业建设中的土地问题、农业建设的技行问题三部分。

章之汶《论战后我国农业建设》发表于《新认识》第 5 卷第 4 期。

卢道港《农业建设的土地问题与技术问题》发表于《新认识》第 5 卷第 4 期。

郭汉鸣《战时土地动员》发表于《新认识》第 5 卷第 5 期。

方纪《中国的土地改革与农民问题》发表于《学习生活》第 3 卷第 1 期。

张雪岩《征辑农民自传的原因及目的》发表于《读书通讯》第 56 期。

按：文章说：我们征集农民自传的目的有三个：第一，鼓励读者写作，促进大众写作的自信心。传记和自传向来为两种人所霸占：一是"流芳百世"的贤哲；二是"遗臭万年"的恶霸。替造福人类的贤哲写传，记盛德，载丰功，示范后人，创建良轨，固然应当，但若完全片面夸张，毫无春秋责贤意味，把人铺张成神，扬厉为灵，未免有失写传本意。

传记文学在中国向未发达，有也大半限于"流芳"和"遗臭"的背后，是由于主观道德见解的作祟，因为向来的传记作者，都沉醉在这种传统的迷信的道德观里，所以代表真实人生的传记，就永远产生不出来。同时因为这类传记，多是有意造成崇拜英雄的结果，所以传记园地就永为贤豪所占，不但平民，就连造福乡邦有功地方的乡贤，也很少插足的余地，从此大众心灰意冷，自惭形秽，再也不敢稍存奢望而萌写作之念了。自信心一失，还有什么作为！所以为了破除迷信，特藉自传的尝试，鼓动其写作之兴趣，增加其写作的自信心。平民写书，尤其是集体地写，在中国史上恐怕这是破天荒第一遭。为了保其原貌以借示鼓励，除稍事修删外，未敢多动笔墨，所以，体裁与技巧方面，也许咬文嚼字的人觉得毫无价值。不过其质直朴实天真自然的风格，却非远离人间的风筝文人所得了解。璞中之玉，俗眼哪能识透。

征集自传的第二个目的，是引起知识阶级对民众之注意及敬信。中国社会自儒家以"君子""小人"或"士"与"庶人"定界之后，人间关系从此画了鸿沟，分为天上地下的两大阶层。君子是学而优则仕的官绅，小人是目不识丁的老百姓。我们为扫除士大夫妄自尊大的优越感，特征集这部自传，敬献于文人学者官绅名士们，以便于茶余酒后，略赐阅览，看看究竟老百姓是否"其愚不可及"，是否应该永沦于"治于人者"的地狱层！我们更希望上层的君子能从下层的"老百姓"学些真诚、坦白，以及忍苦奋斗的美德。所以这本平凡集体作，也许会收打破阶级之效，把社会关系，藉"君子"对"小人"的敬信，重得合理的分界。

第三个目的，是为民众争取历史地位。我们认为今后历史的动向，至少民众应与英雄豪杰平分天下。即以目前这个历史阶段而论，抗战建国这幕庄严伟大的史剧，的确是人类历史舞台上空前的大场面。为国家民族献身的忠才良将固然出了不少，但这辈英雄的成功，却非单凭自身的聪明才力和忠诚勇敢，最重要的还是民力的贡献。例如我们这次抗战建国策的运用，是"有钱出钱，有力出力"，因为这是达到"抗战必胜，建国必成"的唯一绝对条件。试问力由何出，钱自何来，一言以蔽之，争取胜利的人力物力，皆由平民大众而来。更明白地讲，壮丁和实物这抗建的两大支柱，何一非自民间而来？争取的基本条件，兵源、物质既皆出自民众，遇有讴歌功勋，却单归一二将领，而把造成功勋的大众，完全忘掉，绝口不提，何不公允之甚耶？征集民间抗建史料，实属史家当前要务，如游击队之母赵老太，如驱车投江的胡阿毛，抗战来这类可歌可泣的故事甚多，其影响民气士气，并不减于一个兵队的大捷，尤其捐产献国、送子从军之类感动天地的义行和壮举。民族复兴的大业，是这类伟大事件集成的，其彪炳辉煌并不减于任何英雄豪杰之丰功伟业。所以这些老百姓应当入正史，应当占一光荣地位。这样国史才算入正轨，写史才算有正法。同时为求信实，民众的事还是由民众自行执笔为当，如能发起运动，大量征集民间抗战史料，定有重大收获，收集到手然后由专家加以整理，必然蔚为大观，这是创新的做法，我们希望政府注意，专家采用。所以我们征集自传的最后一个目标，就是为历史开辟新路，为民众争取应得的历史地位。

章之汶《论战后我国农业建设》发表于《学思》第1卷第7—8期。

吴元训《关于今日小学民众学校与农民学校课本的研究》发表于《学思》第2卷第6期。

关吉《战时财政与地价税》发表于《中央周刊》第4卷第21期。

廖仲衡《陪都土地问题全貌》发表于《中央周刊》第4卷第27期。

黄通《土地币值与税制》发表于《中央周刊》第5卷第21期。

杨戈《国父关于土地政策的遗教》发表于《中原月刊》第5卷第4期。

杨子英《宜宾的农民与农村手工业》发表于《中国劳动》第1卷第6期。

谢绍康《论中国农业经营的特质》发表于《时代中国》第6卷第4期。

按：文章分问题的提出、土地与资本问题、耕地的细小与割裂、工资劳动的分析、资本的低度有机构成、结论——克服旧的，创造新的等六部分。

日新《我国农业之今昔观》发表于《经纬月刊》第2卷第3期。

病马《从解除粮食恐慌说到振兴农业》发表于《新东方杂志》第6卷第2期。

专论《德国农民与工人之地位》发表于《国民杂志》第2卷第2期。

戴松恩《我国农业改良之困难》发表于《铭贤周刊》第10卷第1期。

按：文章说：国内现有之作物（即庄稼）及家畜等均不甚优良，故须设法改进，改进之方法，不外有三种，其一为引种，其二为选种，其三为杂交。所谓引种者，即将国外或国内其他区域之优良种引入试种或试养，以确定其是否适合于该处之环境。所谓选种者，即在现有材料中，举行严格选择，冀获优良种一种，从事繁殖及推广。所谓杂交者，即将不完全理想之甲乙两种交配，冀将甲乙之优点合并于一体，成为一种理想之个体。第一法（引种）需时最短，第二法（选种）需时较长，第三法（杂交）需时最长，但就其效果言，其重要性适为反是，际此抗建期间，适宜尽量采用第一法，以应急需。

平子《中国土地金融制度建设刍议》发表于《力行（西安）》第5卷第5期。

李桓《中国土地整理方策评议》发表于《地方行政（广东曲江）》第3卷第1期。

黄企华《农民是建设新赣南的主力》发表于《新赣南》第4卷第1期。

梁仲鸾《平均地权与中国土地法》发表于《党员通讯（韶关）》第21期。

赵启祥《土地登记之要义》发表于《贵阳市政》第2卷第2期。

王庸《中国历史上之土地疆域图》发表于《史地杂志》第2卷第1期。

美仁《土地政策与民生问题》发表于《和平杂志》第1卷第6期。

按：文章说："我国地大物博，著称于世，但向来对于土地的整理，很不加以注意。在中日事变以前，各省县虽设立土地局，但仅知依据土地征收赋税，赋税如何改革，征收的种种利弊，莫不穷原竟委，研究不厌其详，然而对于土地之如何使用，如何使得增加生产，不大过问，便任人民自耕自给，以致生产有减无增，税收日见短绌，国计民生，交收其困。土地、人民、主权，为立国的三大要素，而土地居其首。土地非仅是国家组成的要素，并且亦为国家生产的要素。凡属人类所需日用的衣食原料等等，莫不是取给于土地。土地既为人类生存的工具，那么，土地用途是否纯正，实用土地方法是否合理，使用土地的人是否得当，这种种问题，在与国计民生很有密切之关系。假使土地的用途，妨害公众福利或是土地使用的方法违反地尽其利之原则，或是有土地的人，不能耕种，而能耕种的人，可没土地，这些问题，在社会上往往引起纠纷，如没有适当方法为之解决，必致民穷国亡而后已。"

林蔚人《中国历代土地税性质之演变》发表于《斯文》第 2 卷第 21 期。

李林中《中国农业问题之过去现在及将来》发表于《大学（成都）》第 1 卷第 5 期。

曹茂良《中国农业经济学之建立》发表于《大学（成都）》第 1 卷第 11 期。

戴之焌《水利与土地问题》发表于《服务（重庆）》第 6 卷第 4—5 期。

苏渊雷《民生史观下之土地政策》发表于《服务（重庆）》第 6 卷第 4—5 期。

魏树东《县土地行政之服务经验谈》发表于《服务（重庆）》第 6 卷第 4—5 期。

张联渊《甘肃土地整理问题》发表于《服务（重庆）》第 6 卷第 4—5 期。

江观纶《由土地整理谈到实行本党土地政策》发表于《服务（重庆）》第 6 卷第 4—5 期。

冯小彭《四川地籍整理与土地陈报》发表于《服务（重庆）》第 6 卷第 4—5 期。

罗醒魂《土地征收与土地金融》发表于《服务（重庆）》第 6 卷第 4—5 期。

文奎《土地政策与土政测量》发表于《服务（重庆）》第 6 卷第 4—5 期。

郭汉鸣《土地法修正论》发表于《服务（重庆）》第 6 卷第 4—5 期。

孟光宇《我国各省土地登记之比较研究》发表于《服务（重庆）》第 6 卷第 4—5 期。

唐陶华《土地测量考核问题》发表于《服务（重庆）》第 6 卷第 4—5 期。

孙文周《我国土地问题应在战时解决》发表于《服务（重庆）》第 6 卷第 4—5 期。

金海同《四川省土地整理概述》发表于《服务（重庆）》第 6 卷第 4—5 期。

祝平《江苏省推行土地政策之实例》发表于《服务（重庆）》第6卷第4—5期。

郭秉中《贵州省土地陈报》发表于《服务（重庆）》第6卷第4—5期。

崔永楫《战时土地政策与粮食问题》发表于《服务（重庆）》第6卷第4—5期。

唐陶华《土地征收之补价问题》发表于《服务（重庆）》第6卷第4—5期。

鲍德澂《土地重划之目的与方法》发表于《服务（重庆）》第6卷第4—5期。

洪瑞坚《中国土地金融事业之前途》发表于《服务（重庆）》第6卷第4—5期。

郭汉鸣《俄国之土地改革》发表于《服务（重庆）》第6卷第4—5期。

符致远《农业与工业》发表于《改进》第6卷第4期。

张三译《中国共产党的新土地政策》发表于《新进》第3卷第1期。

按：是文译自日文《东亚》9月号。文章说："中国的国内问题，归根结底便是农村问题，解决农村问题的关键，完全在于如何处理土地问题。尤其中国共产党，向置基础于农村，以拥护农民利益自任，对土地问题更非常重视。中共解决土地问题的根本政策，便是全面否认土地私有制。第一次国共分裂南昌起义失败后，在九江举行的八七紧急会议（一九二七年八月七日），为谋党的更生，议决了广泛而且具体的新政策。其中关于土地的决议，最被一般重视。即该会议认为中国革命应走的路线，是由资产阶级的民主主义革命至社会主义革命。在现下民主主义革命阶段的中心课题，是断然实行土地革命。其具体的办法是：没收大中地主的土地分配于贫农，使小地主减低地租，俟到达一定时期后，即在'耕者有其田'的口号下，实施土地国有及土地的重新分配。"

船公《南安土地权利形态的研究》发表于《新南安》第1卷第3—4期。

李旭旦《陇南之地理环境与土地利用》发表于《新西北》第6卷第1—3期。

卜宪基《甘肃农家土地利用之分析》发表于《西北问题丛论》第

2辑。

张觉人《农业金融制度的建立》发表于《西南实业通讯》第6卷第3期。

戴成宗《怎样发展目前工农业生产》发表于《西南实业通讯》第6卷第6期。

范云迁《广西农业建设及农业经济问题》发表于《建设研究》第7卷第1期。

陈戚鹏《整理我国土地底意见》发表于《建设研究》第8卷第1期。

吴尚鹰《土地之分配与生产问题》发表于《革命理论》第5—6期。

孙家山《汉代农民对于国家的贡献》发表于《义史杂志》第2卷第9—10期。

张西超《抗战中土地关系发展的趋向》发表于《文化杂志》第2卷第4期。

申兰生《今日江南农民的负担问题》发表于《东方文化》第1卷第2期。

谢彬《实施农业生产教育的根本问题》发表于《东方文化》第1卷第5期。

华岗《对于〈土地政策战时实施纲要〉的研究和建议》发表于《群众》第7卷第22期。

按：文章说："我们的抗日民族战争正处在艰巨阶段，各地土地关系比前益趋复杂，亦更严重，特别是土地投机、地价高涨、租额过高、高利贷的猖獗、土地集中于非生产者之手，都障碍了农业生产的发展。因此我们要使土地政策施行有效，就必须根据平均地权和耕者有其田的原则，针对目前土地问题的症结，把工作重心放在切实扶助农民，调整地主与农民的关系，减轻封建剥削，实行减租减息与交租交息的办法，以提高广大农业劳动人民的生产热忱，发挥抗战力量等基本环节上，这不仅是当前国家民族利益所必需，而且也是推动中国土地问题向有利解决方向发展的重要步骤，幸国人亟起图之。"

华岗《论中国佃农问题》发表于《群众》第8卷第6—7期合刊。

按：文章说："目前是抗战时期，抗战利益高于一切，而抗日战争的胜利，还正待我们群策群力去奋斗争取。农民是抗日与生产的基本力量，根据这个前提，我们必须扶助农民，消灭地主的剥削，实行减租减息，保障农民的人权、政权、地权和财权，借以减轻农民的痛苦，改善农民的生活，提高农民抗日与生产的积极性。佃农占农民中最大的比重，所以保障佃农，也就应该包括在这个扶助农民的政策里面。但中国目前的地主阶层中，有些也还有抗日要求，尤其是沦陷区与接近沦陷区的地主，因为身受或目击日寇三光政策的摧残踩躏，容易激起民族义愤，有些较开明的地主士绅，甚至愿意对农民让步，以便能够合力打击日寇。在大后方的地主，除很少数的例外，一般的都还没有这种觉悟，有些地主还利用战时条件，加紧剥削佃农。可是只要他们还没有丧失民族立场，还愿意把日寇打出去，我们还是要努力争取他们。告诉他们，如果大家不能合力把日寇打退，佃农固然遭殃，地主的利益也不能保持，而要合力打退日寇，就必须互忍互让。所以我们主张于实行减租减息之后，又须实行交租交息，于保障农民的人权、地权、政权和财权之后，又须保障地主的人权、地权、政权和财权，借以联合进步地主一致抗日，只是对于少数怙恶不悛、认贼作父的汉奸分子，才能采取没收其土地，立刻消灭其封建剥削的政策。根据上面的分析，可知我们目前要达到增加抗战力量与发展农村生产的目的，必须切实扶助佃农，提高佃农的地位，同时又不放松争取地主来抗日。因此目前土地政策的实际内容，应该是减租减息，提高佃农地位，改善佃农生活，以促进农村经济的发展。"

韩进《论目前党对富农的策略》发表于《党的生活》第58期。

按：文章说："目前，党对富农的基本方针，是联合富农。但是，联合富农，并不等于把富农当作基本农民看待，联合富农是有条件的，有时间性的，富农不是我们的永久同盟者。富农，由于它在经济上的矛盾的地位，形成其政治上的两面性：一方面，富农是农村中的剥削阶级，依靠剥削雇农的剩余劳动为主，这就形成它反动的一面。因此，它对共产主义与无产阶级是采取仇视态度的。另一方面，富农是农村中的劳动农民，它参加生产过程，要求农业经济之发展，反对阻碍农业经济发展的封建制度，这就形成它进步的一面。因此，它对共产党的民主革命阶段纲领基本上是赞同的，在资产阶级民主革命阶段，富农可以和我们同路。……我们党对于富农的这种策略，是根据富农的两面性而来的，我们对于富农的态度是：在联合中有斗争，以斗争的巩固联合。而这个斗争又是农村统一战线内部的斗争，必须服从于抗日战争与民主革命的总方针。"

朱尚志《中国林业之回顾与前瞻》发表于《经纶月刊》第3卷第5—

6期。

梅思平《建设中国林业的几个实际问题》发表于《晋铎》第15期。

李云万《抗战建国中的土地问题》发表于《国防周报》第4卷第9期。

记者《华北各地农民及青年知识分子的思想和情绪》发表于《三六九画报》第18卷第12期。

[日]铃木俊作，中英译《唐代之土地制度与财政》发表于《真知学报》第2卷第4期。

余学骥《中国土地问题的探讨》发表于《新新新闻每旬增刊》第4卷第23期。

童大林《读"农村调查序言二"》发表于5月28日《解放日报》。

刘型《读"中央关于调查研究决定"及"农村调查序言二"以后》发表于6月27日《解放日报》（学习）第12期。

社论《保障佃权是贯彻减租交租的关键》发表于12月28日《解放日报》。

三　乡村建设研究著作

汪洪法著《农业金融体系的研究》由广东省银行经济研究室出版。

按：是书分绪说、农业金融注说、德国的农业金融、法国的农业金融、美国的农民金融、意国的农业金融、英国及其他诸国的农业金融、结论等8章。

北京特别市公署宣传处编《农业常识》由编者出版。

乔启明著《农业推广论文集》（第3辑）出版。

广东省建设厅农林局编《广东农业战时通讯》由编者出版。

熊伯蘅、万建中编《陕西农业经济调查研究》由国立西北农学院出版。

陕西省农业改进所编《陕西省之农业建设》由编者出版。

福建省农业改进处编《福建省农业单行法规汇编》由编者出版。

福建省农林处统计室编述《福建省各县区农业概况》由编者出版。

王一蛟著《农仓经营概要》由桂林国防书店出版。

毕云程著《经济部农本局概况》由重庆经济部农本局研究室出版。

杨觉天著《农村合作大纲》由重庆中央训练团印刷所出版。

按：是书论述世界合作运动、合作社之组织与财政、农村的信用合作、产运销合作、购买合作、保险合作，以及丹麦与中国之农村合作。

章柏雨编《农村组织现状及其改进》由重庆农产促进委员会出版。

农山著《战时乡村建设论》由江西上饶战地图书出版社出版。

郭大力著《我们的农村生产》由江西赣县中华正气出版社出版。

按：是书分析和研究农村生产及其物质基础，自耕农、佃农与雇佣劳动者，地租与蓄积，高利贷与利息，商业资本与商业利润等与农村生产有关的问题。

［匈］瓦尔加等著，中国农村经济研究会编译《战争与农村》（二次大战中的各国农村）由重庆农学书店出版。

程炳华编著《实物贷放与农村金融》由重庆农产促进委员会出版。

中国农民银行经济研究处编《农村经济金融法规汇编》由重庆编者出版。

蒋洁之著《农民与抗战建国》由重庆独立出版社出版。

按：是书分弁言、抗战建国的基本条件、兵员与农民、粮食供给与农民、衣料供给与农民、用品供给与农民、国民工役的实施与农民、总结等。

张雪岩、刘龄九编《田家读者自传》由四川成都田家社出版。

按：是书收录农民、工人、商人及普通劳动者自传、生活述略100余篇。文章为《田家半月报》征稿所得，可了解各地民众生活实况，发现社会问题，供社会学、社会的理学及史学等专家研究参考之用。书前有顾颉刚、杨开道、李安宅及张雪岩的序。

中国农民经济研究会编《中国农民经济研究会概览》由编者出版。

苍德玉著《农家救贫之道》由农业进步社出版。

严岩编著《农家百事问答》由上海中国农业书局出版。

社会部组织训练司编《农会组织须知》由编者出版。

朱剑农著《民生主义土地政策》由重庆商务印书馆出版。

按：是书介绍各派经济学说有关土地政策的理论，阐述民生主义的土地政策，涉及地税、地价的理论与方法，耕者有其田的思想，建立集体农场的设想等。

李从心著《平均地权之理论与实施》由国民图书出版社出版。

按：是书分3编，第一编论述平均地权与解决中国土地问题的关系，第二编介绍地政实施概况，第三编论述今后应如何贯彻平均地权的问题。

郑震宇著《土地问题》由中央训练团党政训练班出版。

蒋廉编《土地征收放款之理论与实施》由中国农民银行土地金融处出版。

蒋廉编《照价收买土地放款之理论与实施》由中国农民银行土地金融处出版。

广东省政府秘书处编译室编译《土地问题浅说》由广东省政府秘书处第二科出版。

祝平编《四川省地政概况》由四川省地政局出版。

邓平寰著《怎样实施耕地租用条例》由广西南宁民团周刊社出版。

王光仁、林锡麟编《抗战以来各省地权变动概况》由重庆农产促进委员会出版。

湖北省地方行政干部训练团编《实施土地陈报参考资料》由编者出版。

财政部湖南省田赋管理处编《湖南省土地陈报章则汇编》由编者出版。

甘肃省政府编《甘肃省举办土地陈报纪实》由编者出版。

甘肃省政府编《甘肃省之土地行政》由编者出版。

张丕介等调查《甘肃河西荒地区域调查报告》由农林部垦务总局出版。

胡希平等编《宁夏省荒地区域调查报告》由农林部垦务总局出版。

李显承著《马克思及其地租论》由上海独立出版社出版。

按：是书内容包括马克思传略、马克思哲学批判、马克思经济学说评述、马克思的地租论及马克思地租论的提示与批判等。

国民政府主计处统计局编《中国租田制度之统计分析》由重庆正中书局出版。

黄通著《土地金融问题》由重庆商务印书馆出版。

李新一编《土壤学》由重庆农业

山西省第四次治安强化运动实行委员会厚生部编《土壤浅说》由编者出版。

彭家元等著《四年来之土壤肥料工作》由四川省农业改进所农事实

验总场出版。

宋达泉、沈梓培编著《福建建瓯建阳邵武崇安区之土壤》由福建省建设厅地质土壤调查所出版。

宋同福著《田赋征实概论》由中央银行经济研究处出版。

钱承绪编著《中国之田赋制度》由上海中国经济研究会出版。

戴日镰著《战时田赋征实与战后粮食问题》由重庆独立出版社出版。

朱博能著《中国田赋改造》由赣县中华正气出版社出版。

郭垣著《战时整理田赋问题》由重庆国民图书出版社出版。

按：是书叙述抗战时期整理田赋的必要性及其实施。附录有关通则、办法、规程等资料12种。

过立先著《农田水利学》由贵阳文通书局出版。

农林部编《农林部农田水利法规》由编者出版。

章元义编《抗战胜利后之农田水利事业建设》由农产促进委员会出版。

刘钟瑞著《陕西灌溉事业之实际问题》由陕西水利局出版。

农林部垦务总局编《中央垦务法规汇编》由编者出版。

施珍著《垦殖概论》由中央训练委员会出版。

按：是书分垦殖的意义、管荒地调查、垦民选择、经营制度、技术问题、管理工作等7章。

［苏］伐加诺夫、格拉苏诺夫著，幸之译《世界两大侵略国的粮食问题》由重庆南方印书馆出版。

中国粮政协进会编《中国粮政协进会概览》由重庆编者出版。

统一出版社编《中共之粮食政策及其实施》由统一出版社出版。

翁之镛著《当前粮食之剖视》由中国农民银行经济研究处出版。

徐青甫著《粮食问题之研究》由浙江丽水浙江印刷厂出版。

徐堪讲《粮食问题》由中央训练团党政训练班出版。

孙醒东著《中国战时粮食问题及其政策》由三民主义青年团中央团部出版。

广东省政府秘书处编译室编《粮食问题浅说》由广东曲江编者出版。

按：是书分5节，论述粮食问题的重要性，提出了粮食增产、粮食管理、粮食消费与节约的具体办法。

白崇禧讲《当前的粮政和役政》由中央训练团党政训练班出版。

立法院编译处编译《日本战时食粮政策》由编者出版。

徐堪讲《最近之粮政》由中央训练团党政训练班出版。

甘肃省政府编《一年来之甘肃粮政》由兰州编者出版。

甘肃省粮政局编《甘肃省粮政法规汇编》由兰州编者出版。

上海特别市粮食管理局编《上海特别市粮政工作报告》由编者出版。

艾怀瑜著《实验粮食管理》由江西省粮政局编审委员会出版。

王光仁、林锡麟编《战时各省粮食增产问题》由重庆农产促进委员会出版。

赵连芳著《抗建下我国稻作建设》由农林部实验所稻作系出版。

翁绍耳著《邵武米谷产销调查报告》由私立福建协和大学农学院农业经济系出版。

河北省公署情报处编《食粮增产须知》由编者出版。

河北省公署宣传处资料研究室编《怎样丰收》（水、肥料、消毒）由编者出版。

饶荣春著《粮食增产问题》由重庆商务印书馆出版。

按：是书论述战时粮食的重要性及扩大耕作面积，改良生产品种，改进农耕技术，解决农村金融与粮食增产的关系。

柯象寅、杨立炯著《川西平原之稻作》由农林部四川省推广繁殖站出版。

福建省农业改进处农事试验场编《福建省三十年度水稻地方品种检定报告》由编者出版。

蔡旭主编《四川小麦之调查试验与研究》由四川省农业改进所出版。

汤治我、邵霖生编著《实验杂粮栽培法》由上海中国农业书局出版。

沈寿铨著《十七年粟育种试验之回顾》由北平大学出版。

山西省第四次治安强化运动实行委员会厚生部编《耕作浅说》由编者出版。

包容著《肥料学》由上海中国农业书局出版。

苍德玉著《肥料学》由旅顺农业进步社出版。

张乃凤编著《化学肥料问题论战缩影》由农林部中央农业实验所出版。

楼人杰编著《害虫防治法》由上海中国农业书局出版。

王天予编著《"耐隆"与生丝之前途》由重庆正中书局出版。

安徽省建设厅编《大麻》（安徽特产调查）由安徽立煌中原出版社出版。

四川省农业改进所编《三年来之棉病防治》由编者出版。

财政部贸易委员会编《全国桐油调节管理暂行办法及施行细则》由编者出版。

孙文郁、朱寿麟著《四川桐油之生产与运销》由金陵大学农学院出版。

游彦甫著《湖南之蔗糖》由湖南省银行经济研究室出版。

张进修著《甘蔗品种对抗螟蚜为害之试验》由福建省农林处出版。

安徽省建设厅编《茯苓与漆》由安徽立煌中原出版社出版。

马骏超、林桂瑞编著《姜弄蝶之形态习性》由福建省农林处出版。

陈方洁著《五年来之柑橘害虫防治工作》由四川省农业改进所出版。

张进修著《柑橘恶性叶虫生态之研究》由福建省农林处出版。

湖南省银行经济研究室编《湖南之茶》由编者出版。

钟毓著《西康茶业》由重庆建国书店出版。

湖南省地方行政干部训练团编《工艺作物概要》由编者出版。

蒋北海著《作物育种学》由中华图书社出版。

梁光商编著《金鸡纳树之栽培与用途》由重庆正中书局出版。

赵鸿基著《四川省栽桑在自然界之探讨》由国立中央大学农学院出版。

汤冶我、邵霖生编著《实际家庭园艺》由上海中国农业书局出版。

管家骥、马鸣琴、杨守仁编《蔬菜栽培浅说》由行政院营养改进运动出版。

曲泽洲、哈贵增编著《枣品种之研究》由国立北京大学农学院出版。

顾君赞著《花卉装饰术》由上海中国农业书局出版。

唐燿编著《木材试验概况》由经济部中央工业试验所出版。

余仲奎、黄鹏章等著《川产云杉之性质》由成都航空研究院出版。

许祖康编著《畜牧概论》由中央训练委员会内政部出版。

白亮采编著《兽医卫生行政及实施》由陆军兽医学校附设印刷所出版。

中央陆军军官学校编《马学教程》由南京武学书局出版。

宋涛编著《绵羊学》由兰州俊华印书馆出版。

苍德玉编译《缅羊饲养法》由旅顺农业进步社出版。

顾谦吉、俞保权著《西北绵羊冬季大量倒毙原因的研究》由财政部贸易委员会出版。

冯焕文著《实验养猪学》由上海中国农业书局出版。

按：作者说："吾国农村，无论黄河流域以及长江、珠江流域，以养猪为最通常之副业。"

梁贻谋编著《怎样防止兽疫》由江西新赣南出版社出版。

严岩编述《养鸟法》由上海中国农业书局出版。

顾青虹著《黔省柞蚕问题》由贵阳文通书局出版。

章之汶著《战后我国农业教育与农林建设计划草案》由农业促进委员会出版。

广西省政府建设厅农业管理处编《农林建设》由广西省地方行政干部训练团出版。

沈鸿烈讲《最近之农林建设》由中央训练团党政训练班出版。

曾仲刚著《湖南之木材》由湖南省银行经济研究室出版。

汪秉全编《山林名言录》由广东农林出版社出版。

农林局编《战时宁夏农林概况》由编者出版。

广东省建设厅农林局编《广东农林》由广东省政府秘书处第二科出版。

湖南省银行经济研究室编《湖南白蜡调查》由编者出版。

湖南省民生物品购销处设计课编《湖南之猪鬃》由编者出版。

钱承绪编《中国之渔业》由上海中国经济研究会出版。

高哲理编《闽东八县渔业调查报告》由福建省农业改进处出版。

苍德玉编《副业大成》由旅顺农业进步社出版。

湖南省银行研究室编《湖南滨湖各县农产品概况》由编者出版。

黄海化学工业研究社编《国产海藻之成分》由编者出版。

四　卒于是年的乡村建设工作者

吴勤卒（1895—1942）。原名吴勤本，广东南海县第四区南浦村人。早年学习国术，练就一身好武艺。后被选拔为孙中山的卫士。1921年开设鸿胜武馆分馆于佛山大桥头，组织青年工人、农民习武。1924年组织南浦乡农团约300余人，武装反对大地主陈恭受等封建势力，受到广州国民政府和中国共产党广州地委的支持。同年参加第二届广州农民运动讲习所的学习。9月率南浦农团部分成员随广州农讲所学生一起赴韶关参加训练和调查，在韶关听了孙中山的讲话，并会见周恩来、彭湃、谭平山等中共领导人。10月5日由谭平山、罗绮园介绍加入中国共产党。10月10日率领农军参加在广州市第一公园召开的反对商团的大会和示威游行。在农讲所毕业后，以国民党中央农民部农运特派员身份，回到佛山开展农民运动，在附近30多个乡建立起农会组织。1925年5月建立起南海第四区农民协会，被推选为会长。在佛山经堂办农民子弟学校，并亲任校长。1926年发动南海四区农会成员，参加反对佛山劣绅大魁堂头目莫汝洪等人的斗争。1927年12月12日在佛山举事响应广州起义。广州起义失败后，转移到香港，因中共广东省委遭破坏，遂转往南洋谋生，与党失去了联系。1937年底回国参加抗战，在广州南郊开展抗日救亡宣传活动，组织农民自卫队。1938年10月组织抗日义勇队，后改为广州市区游击第二支队，被委以司令。1942年5月7日被国民党顽固派所暗杀。

侯凤墀卒（1896—1942）。凤墀，广东花县人。1924年加入中国共产党，同年7月被选送到广东农民运动讲习所第一期学习。结业后，被任命为中央农民部北江特派员。10月与陈道周等人成立花县农民协会，任执行委员。1925年8月任广东省农会委员，后调任省农协北江办事处主任。1926年11月与北江特委卓庆坚创办北江农军学校。1927年4月参加英德县城暴动，成立北江地权第一个县级革命政权——英德县政府委员会。大革命失败，去新加坡以行医为生。1942年7月病逝于新加坡。

民国三十二年　癸未　1943 年

一　乡村建设活动

1月21日，为保障边区人民之土地所有权，及土地使用权，发展农业生产，活跃社会金融，特依中华民国土地法之基本精神，特制定《晋察冀边区租佃债息条例》6章45条。

1月23日，陕甘宁边区公布《边区的土地租佃形式》，一为租种类，一为伙种类。

2月25日，中共冀鲁豫区党委作出《关于清查黑地的指示》。

按：指示说："总之，一般原则应是尽量晓以利害，争取自报，其不报被查出时，贫农及中农一般不罚，根据其生活情形追交公粮一部或大部，富农及中小地主以不罚为原则，仅追交其公粮全部，少数领导与坚持瞒地的顽固地主，经查出后除追交公粮全部外，并给以适当的处罚。"[①]

2月27日，国民政府行政院公布《植树节举行造林运动办法》。

3月1日，陕甘宁边区政府公布《陕甘宁边区优待移民难民垦荒条例》和《陕甘宁边区农业贷款章程》。

3月10日，由周恩来等发起的中国肥料普及会在上海成立。

3月12日，晋冀鲁豫边区发出《关于村政人员贪污之处理的指示》。

是日，中共中央西北局指示陕甘宁边区各地党委积极组织适应农民习惯的劳动互助运动。

3月26日，农林部公布《强制造林办法》，要求全国各地普遍造林和保林。

3月27日，张闻天在晋陕农村调查结束后，给中共中央写了题为

[①] 中国社会科学院及经济研究所现代经济史组：《中国土地改革史料选编》，国防大学出版社1988年版，第145页。

《出发归来记》的总结报告。

按：报告分出发经过、打破教条的囚笼、从实际出发、调查研究是从实际出发的中心一环、在实际中和在群众中审查工作、生产力与生产关系的调查研究、着重典型、分析与综合、调查方法点滴、坚持下去等十个部分。

3月28日，中国农民经济研究会在重庆召开第四届年会。

3月30日，国民政府行政院通过农林部呈拟《水土保持实验区组织规程》。

4月25日至5月6日，林伯渠到陕西安塞、志丹两县农村进行实地考察，然后撰写了《农村十日》的调查报告。

5月3日，内政部和农林部公布《森林警察规程》。

5月27日，淮北苏皖边区根据边区施政纲领，改善民生，发展农业生产，合理调整租佃关系之方针，特制定《淮北苏皖边区土地租佃条例》。

是月，国民政府教育部和农林部公布《学校造林办法》，倡导全国学校厉行造林。

6月14日，国民政府修正公布《农会法》8章44条，提出农会以发展农民经济，增加农民知识，改善农民生活，而图农业大发达，并协助政府关于国防及生产等政令之实施为宗旨。

是月，陕甘宁边区政府公布《陕甘宁边区土地登记条例》。条例规定，凡在边区境内置有土地房屋者，均须向土地所在县（市）政府登记，领取土地房屋所有权证，以确定边区土地所有权。

7月10日，国民政府农林部公布《公私有林登记规则》《国有林区内伐木查验规则》。

7月22日，晋察冀边区行政委员会作出《给平山县政府关于执行租佃债息条例的指示》。

按：指示说："边区租佃债息条例公布后，使土地出租人的土地所有权、租佃户的土地使用权得到了进一步的保障，对于增进农村团结，提高农民生产情绪是有很大作用的。但根据最近各地反映，租佃户下交租的现象虽一般的已经纠正，而未实行减租减息，或减租后租额仍超过正产物千分之三百七十五者仍为数不少；甚至有个别不明大义的土地出租人断章取义，曲解法令，借端兴讼，违法夺佃，致造成农村许多纠纷，影响团结与农民的生产情绪。同时由于个别行政干部未能掌握法令的基本精神，强调保障所有权，忽视保障使用权，对租佃纠纷之处理，有时失当，致使纠纷增加、引起农民对政府之疑惧。此种现象，亟应纠正。"①

7月29日，国民政府公布《兴办水利事业奖励条例》。

是月，中国土壤工程学会在重庆成立。

8月，国民政府社会部公布《农民福利社设置办法》，为农会开办福利事业提供了法规依据。

9月11日，陕甘宁边区根据中共中央有关发展生产是边区最中心任务的指示，为使人民负担公平合理，发展边区生产，依据《陕甘宁边区施政纲领》第13条规定，颁布了《陕甘宁边区农业统一累进税试行条例》。

9月14日，陕甘宁边区政府公布《陕甘宁边区土地典当纠纷处理原则及旧债纠纷处理原则》。

9月30日，中共中央华中局作出《关于开展生产运动的指示》，并附有《苏中三地委关于发展农业生产、克服灾荒，为进一步改善人民生活而斗争的决定》。

是月，陕甘宁边区颁布《陕甘宁边区地权条例（草案）》，制定了《土地登记试行办法》。

10月1日，毛泽东为中共中央起草《关于开展根据地的减租减息、生产和拥政爱民运动的指示》。

是日，延安《解放日报》发表毛泽东为中共中央政治局写的《关于减租生产拥政爱民运动及宣传十大政策的指示》，要求各级党政组织检查根据地减租政策实施情况，强调"凡未认真实行减租的必须于今年一律减租；减而不彻底的，必须于今年彻底减租"。

按：十项政策是：对敌斗争、精兵简政、统一领导、拥政爱民、发展生产、整顿三风、审查干部、时事教育、"三三制"、减租减息。

10月10日，中共中央西北局作出《关于进一步领导农民群众开展减租斗争的决定》。

按：决定指出："在今年秋季以后的减租运动中，党的领导必须真正

---

① 中国社会科学院及经济研究所现代经济史组：《中国土地改革史料选编》，国防大学出版社1988年版，第150页。

具体实现：把一般号召与个别指导结合起来，把领导核心与广大群众结合起来。在未减租的各县，都应有计划地先在一两个中心乡村去发动群众的减租斗争，做出榜样，去影响推动其他地区，取得经验，去指导帮助其他地区，然后推广成为普遍的群众的减租斗争。坚决克服只有空洞的一般号召而没有个别的具体指导、只有领导核心行动而没有广大群众行动的领导方法。这将是今后展开与深入减租运动的重要保证。"①

10月12日，延安《解放日报》刊登《陕甘宁边区土地登记试行办法》《陕甘宁边区农业统一累进税试行条例》《陕甘宁边区农业统一累进税试行细则》。

10月14日，毛泽东在中共中央西北局高级干部会议上发表讲话，再次强调要切实执行《关于减租生产拥政爱民运动及宣传十大政策的指示》。

10月18日，中共晋察冀分局作出《关于彻底实行减租政策的指示》，并制定了《晋察冀边区租佃债息条例》。

10月28日，晋察冀边区政府发出《关于贯彻减租政策的指示》。

11月13日，安徽省民政厅土地测量队组织规程经国民政府核定备案。

11月25日，《晋冀鲁豫边区土地使用条例太行区施行细则（草案）》公布。

11月27日，湖南省地政局测量队组织规程经国民政府核定备案。

12月，农产促进委员会召开农业推广繁殖工作检讨会议，对于推广繁殖站之方针与任务，场地之置备及利用，设备之统筹供应，材料之收集及交换，人员之配备及员额之核定，内部组织之充实，经费支分配调用，人员待遇之调整，合办业务之调整与各站繁殖材料之收成及分配，并推广材料之来源供给等问题，皆各有所决议。

是年，国民政府颁布《各省辅导示范农会目的事业暂时办法》，要求各地农会应根据地方需要与环境可能，设置示范农田、推广改良种子农具及肥料、防治农作无病虫害及兽疫、繁殖优良作物品种、良种禽畜和树苗，以及开展其他推广有关的活动。

---

① 陕西省档案馆编：《抗日战争时期陕甘宁边区财政经济史料摘编第2编农业》，长江文艺出版社2016年版，第216页。

二 乡村建设研究论文

蒋荫松《现阶段棉花生产展望》发表于《农业推广通讯》第 5 卷第 1 期。

董鹤龄《统筹全国农业推广材料刍议》发表于《农业推广通讯》第 5 卷第 1 期。

按：文章分统筹的解释与原则、统筹推广材料的种类、统筹推广材料的办法三部分。

林翼中《农民与农民节》发表于《农业推广通讯》第 5 卷第 2 期。

谷正刚《全国农民应有的认识和努力》发表于《农业推广通讯》第 5 卷第 2 期。

沈鸿烈《三十二年农民节告全国农民》发表于《农业推广通讯》第 5 卷第 2 期。

钱天鹤《农民节与粮食增产》发表于《农业推广通讯》第 5 卷第 2 期。

萧君石《从心理学的观点来谈农业推广》发表于《农业推广通讯》第 5 卷第 2 期。

王治范《农推人员的修养与训练》发表于《农业推广通讯》第 5 卷第 3 期。

沈鸿烈《推广繁殖站之使命》发表于《农业推广通讯》第 5 卷第 5 期。

刘发煊《推广繁殖站与战后农业复兴》发表于《农业推广通讯》第 5 卷第 5 期。

胡竞良《推广繁殖站应有之设施及发展途径》发表于《农业推广通讯》第 5 卷第 5 期。

赵葆全《推广繁殖站与农村经济建设》发表于《农业推广通讯》第 5 卷第 5 期。

孙友农《甘肃农业问题回顾》发表于《农业推广通讯》第 5 卷第 5 期。

张远峰《三年来之农事改进设施》发表于《农业推广通讯》第 5 卷第 7 期。

李顺卿《三年来之林业改进设施》发表于《农业推广通讯》第5卷第7期。

刘润涛《三年来之农场经营改进设施》发表于《农业推广通讯》第5卷第7期。

赵葆全《三年来之农村经济改进设施》发表于《农业推广通讯》第5卷第7期。

叶谦吉《三年来农林部之人才训练》发表于《农业推广通讯》第5卷第7期。

按：文章介绍了农林部近三年来对于一般业务人员之训练、农场经营人员之训练、垦务人员之训练、畜牧兽医人员之训练等情况。

周祥泰《农业推广如何着手进行之我见》发表于《农业推广通讯》第5卷第8期。

锦明《工业化中的农业问题》发表于《农业推广通讯》第5卷第8期。

郭颂铭《战时农业推广之基本任务》发表于《农业推广通讯》第5卷第8期。

按：文章说：战时农业推广的基本任务，一是促进国家工业化，二是加强农民组织，三是充实抗战资源，四是增加粮食生产，五是改善国民营养，六是指导农场经营。

卜凯、蔡文哲《农业增产之途径》发表于《农业推广通讯》第5卷第8期。

宾服官《农业经营与农村建设》发表于《农业推广通讯》第5卷第8期。

党林涵《海南农业推广之检讨与前瞻》发表于《农业推广通讯》第5卷第8期。

乔荣升《林业推广与森林法》发表于《农业推广通讯》第5卷第9期。

按：文章分我国林业政策、保林——人害与天灾兼除、造林——奖励与强制并用、林业推广之步骤四部分。

章之波《农业与工商业》发表于《农业推广通讯》第5卷第9期。

沁青《宪政与农民》发表于《农业推广通讯》第5卷第9期。

杰《土地问题与民生主义》发表于《农业推广通讯》第5卷第9期。

朱晋卿、何锦明《战时农业宣传问题》发表于《农业推广通讯》第5卷第9期。

按：文章说：战时农业宣传的任务，一是唤醒自觉，加强组织；二是健全机构，密切联系；三是宣导政策，配合需要；四是计划建设，合理经验。

罗次卿《湖南各县农业推广所概况及展望》发表于《农业推广通讯》第5卷第9期。

朱晋卿《修正农会法与农民组训问题》发表于《农业推广通讯》第5卷第10期。

按：文章分农会法之修正意义及其内容分析、从农会法展望今后农民组训问题两部分。

锦明《农民组训与地方自治》发表于《农业推广通讯》第5卷第10期。

胡茄《新旧农会法之比较观》发表于《农业推广通讯》第5卷第11期。

沁青《农业企业化的起点》发表于《农业推广通讯》第5卷第11期。

刘润涛《农建目标与改良农场经营政策》发表于《农业推广通讯》第5卷第11期。

朱晋卿、何锦明《再论战时农业宣传问题》发表于《农业推广通讯》第5卷第11期。

按：文章分宣传正名与农业宣传之特点、农业宣传之目标与条件、开展农业宣传工作之途径、尾语四部分。

童润之《工业化与农业建设》发表于《农业推广通讯》第5卷第12期。

柏钧《世界救济善后的农业问题》发表于《农业推广通讯》第5卷第12期。

章文才《论农业企业化》发表于《农业推广通讯》第5卷第12期。

按：文章说：农业企业经营之成功条件，一是因地制宜，划区推进；二是选择优良品种，注重单位增产；三是技术改进务求切实彻底；四是充足资金，谋适当之运用；五是计划组织，必须使之社会化；六是普通农业类：种苗业、农具业、病虫药剂、肥料。

周辅安《我们应如何协助政府推动农业建设》发表于《广西农业通讯》第 3 卷第 6—7 期。

文崇学《农业生产在国防经济建设中的重要性》发表于《广西农业通讯》第 3 卷第 6—7 期。

黄宝业《扶南县农村经济概况》发表于《广西农业通讯》第 3 卷第 6—7 期。

朱剑农《农产价格上涨与农民生活改善问题》发表于《福建农业》第 3 卷第 1—3 期。

孙恩麐《五年来之湖南农业》发表于《湖南农业》第 3 卷第 1—2 期。

沈鸿烈《一年来之中国农林建设》发表于《湖南农业》第 3 卷第 1—2 期。

李贤文译《战争与变迁时期的农业》发表于《湖南农业》第 3 卷第 3 期。

徐满琳、罗次卿《五年来湖南之农业推广》发表于《湖南农业》第 3 卷第 3 期。

周声汉《湖南农业改进之检讨》发表于《湖南农业》第 3 卷第 3 期。

孙恩麐《从事湖南农业改进五年之感想》发表于《湖南农业》第 3 卷第 3 期。

企华《农村副业问题》发表于《中国新农业》第 3 卷第 1 期。

按：文章论述了农村副业的意义、农村副业与农业经济、农村副业与社会问题、农村副业与农村经济、农村副业与农业劳力、农村副业的种类、农村副业的选择条件、农村副业的经验方法、农村副业奖助的方策等问题。

沈文辅《从增减生产力原理说到我国农场经营的前途》发表于《浙大农业经济学报》第 2 卷第 1 期。

许道夫《运销合作与农产管理》发表于《浙大农业经济学报》第 2 卷第 1 期。

按：文章分序言、农产何以需要管理、我国目前之经济情况、管理农产之方式、如何发挥运销合作之功能六部分。

张志鸿《农业成本之特性》发表于《浙大农业经济学报》第 2 卷第 1 期。

吴大炘《论农地地租之变动》发表于《浙大农业经济学报》第2卷第1期。

按：文章分集约与地租、农产品价格与地租、生产费之变动与地租、农业类型与地租、农场之大小与地租五部分。

吴士雄《地价暴涨之性质》发表于《浙大农业经济学报》第2卷第1期。

赵明强《农业统计史》发表于《浙大农业经济学报》第2卷第1期。

邹秉文《三十一年之中国农业建设》发表于《中国农村》第8卷第11期。

按：文章分农业研究、农业推广、农业教育、农业金融、今后之期望五部分。

褚民谊《从事农业改进者应有的认识》发表于《农村建设月刊》创刊号。

按：文章说：诸位要打算复兴农业，必须：1. 联合资本家，充实经济能力；2. 改进农村建筑，使农民安居；3. 革新农村设备，使农民乐业；4. 改善农村生活，使农民安心；5. 提倡农村娱乐，使农民养志；6. 普及农民教育，使邪说不张；7. 奖励农民学行，使事业进步；8. 研究农民经营，使利无不兴。

张旦初《复兴农村经济声中的几个先决问题》发表于《农村建设月刊》第1卷第1期。

徐巽行《中国农村建设之途径》发表于《农村建设月刊》第1卷第1期。

褚民谊《从事农业改进者应有的认识》发表于《农村建设月刊》第1卷第1期。

江芝轩《中国农村建设应取方针的我见》发表于《农村建设月刊》第1卷第1期。

陶秉钧《今后农村典当事业之究讨》发表于《农村建设月刊》第1卷第1期。

何芳洲《中国农村建设协会第二届理事会第三次会议记录》发表于《农村建设月刊》第1卷第1期。

亚君译《长江流域的农产资源》发表于《农村建设月刊》第1卷第1期。

胡良恕《农田与水利》发表于《农村建设月刊》第1卷第1期。

廖家楠《战时农业生产》发表于《农村建设月刊》第1卷第1期。

廖家楠《农村建设问题》发表于《农村建设月刊》第1卷第2—3期。

廖家楠《中国农业改进方案》发表于《农村建设月刊》第1卷第2—3期。

王振寰《嘉善县之农业概况》发表于《农村建设月刊》第1卷第2—3期。

陆迪康《农业改进之过去现在及将来》发表于《农村建设月刊》第1卷第2—3期。

按：文章分农业改进区之现状、一年来工作之实施、农业改进工作之检讨及其展望、结论四部分。

沈益群《森林与食粮增产》发表于《农村建设月刊》第1卷第2—3期。

孙全杰《太仓县农村经济调查资料》发表于《农村建设月刊》第1卷第2—3期。

陶孝洁《农民生产与消费状况之比较》发表于《农村建设月刊》第1卷第4—6期。

朱益农《建设农村之途径》发表于《农村建设月刊》第1卷第4—6期。

赵武《中央农业实验所概写》发表于《农村建设月刊》第1卷第4—6期。

廖家楠《再论农村建设问题》发表于《农村建设月刊》第1卷第4—6期。

伯宣《农村建设的精神建设与物质建设》发表于《农村建设月刊》第1卷第4—6期。

陶孝洁《农民生产与消费状况之比较》发表于《农村建设月刊》第1卷第4—6期。

王浩《农村建设与中国复兴》发表于《农村建设月刊》第1卷第4—6期。

邓拓《从土地所有权说起》发表于《乡村文化》第1期。

按：文章说："中国现代社会的土地问题是和整个民族解放问题分不

开的，而且民族解放问题如果得不到解决，一切土地问题都是空谈。这在今天的事实上，看得更为明显，日本帝国主义的法西斯强盗，正在用尽一切残暴的手段，抢夺占领中国人民的土地，破坏我们的耕作，屠杀中国人民。在这样的情形下，所有中国人的土地所有权都有被日本强盗侵占去的危险。因此，现在第一等重要的问题还是在于这土地究竟是让敌人枪去或是保持在我们中国人自己手里，结论当然是要集中全民的力量打败敌寇，保卫国土，保卫每一个中国人的土地所有权。同时为了发动基本农民群众的积极性和保障人民最低限度的生活，就必须保障农民的土地使用权。因此，今天中国社会内部一切由土地所有权所引起的纠纷，都必须根据实际情形，和平合理地予以解决，这是巩固统一战线的长期团结，为抗战建国的远大事业所必须遵守的原则。"

刘光华《振兴农田水利的必要方法》发表于《中国农民》第2卷第3—4期。

按：文章分设立指导机关、制定水利法、援助事业的经费三部分。

刘世善《战时农村经济发展之途径》发表于《中国农民》第2卷第3—4期。

维特福尔作，吴藻溪译《中国农业的死活问题》发表于《中国农民》第2卷第3—4期。

郑震宇、杨凤翼《中国战时土地政策的实施》发表于《中国农民》第2卷第3—4期。

张觉人《农村信托事业的提倡》发表于《中国农民》第2卷第6期。

封昌远《县农业推广事业的检讨》发表于《中国农民》第2卷第6期。

史维焕《中国农民经济研究会的回顾与前瞻》发表于《中国农民》第2卷第6期。

黄通《抗战时期应即解决农民问题》发表于《中国农民》第2卷第6期。

陈颖光《我国农村储蓄推进运动之检讨》发表于《中国农民》第2卷第6期。

朱剑农《研究中国农民经济需要有新的认识》发表于《中国农民》第2卷第6期。

刘光华《战时解决土地问题的目标及其影响》发表于《中国农民》

第 3 卷第 1—2 期。

尹树生《合作制度在农业建设中的地位》发表于《中国农民》第 3 卷第 3 期。

无名氏《农业与健康》发表于《现代农民》第 6 卷第 1 期。

评论《尊重农民的人格》发表于《现代农民》第 6 卷第 3 期。

评论《农民与外交》发表于《现代农民》第 6 卷第 4 期。

兰斋《农业推广所的困难》发表于《现代农民》第 6 卷第 4 期。

丘弦陵《提倡农村工业》发表于《现代农民》第 6 卷第 6 期。

评论《农业与国运》发表于《现代农民》第 6 卷第 7 期。

田倬之《苏联的农业》发表于《现代农民》第 6 卷第 8 期。

刘国佐《中央举办农民讲习会的意义》发表于《农民通讯》第 1 卷第 1 期。

蒋锦春《现阶段中国农民主要的任务》发表于《农民通讯》第 1 卷第 2 期。

谢纯清《农村妇女的重要性》发表于《农民通讯》第 1 卷第 2 期。

刘国佐《农民与抗战建国》发表于《农民通讯》第 1 卷第 3 期。

张广《河南省之农业建设》发表于《中农月刊》第 4 卷第 1 期。

阚宗骅《广西省之农业建设》发表于《中农月刊》第 4 卷第 1 期。

郑丰《广东省之农业建设》发表于《中农月刊》第 4 卷第 1 期。

杨绰庵《江西省之农业建设》发表于《中农月刊》第 4 卷第 1 期。

刘贻燕《西康省之农业建设》发表于《中农月刊》第 4 卷第 1 期。

胡子昂《四川省之农业建设》发表于《中农月刊》第 4 卷第 1 期。

储应时《安徽省之农业建设》发表于《中农月刊》第 4 卷第 1 期。

张邦翰《云南省之农业建设》发表于《中农月刊》第 4 卷第 1 期。

叶纪元《贵州省之农业建设》发表于《中农月刊》第 4 卷第 1 期。

余籍传《湖南省之农业建设》发表于《中农月刊》第 4 卷第 1 期。

凌勉之《陕西省之农业建设》发表于《中农月刊》第 4 卷第 1 期。

黄通《我国土地金融之动向》发表于《中农月刊》第 4 卷第 4 期。

张友三《平均地权与土地社有》发表于《中农月刊》第 4 卷第 5 期。

张德粹《再论合作农场》发表于《中农月刊》第 4 卷第 5 期。

张志鸿《研究农业成本之基本的困难》发表于《中农月刊》第 4 卷第 5 期。

唐启宇《战后我国农业经济建设》发表于《中农月刊》第 4 卷第 5 期。

按：文章分我国农业经济建设方针、农业经济建设纲领、战后二十年间农业建设在经济建设中之地位三部分。

张延凤、黄运升《论农地租率标准与我国租佃问题》发表于《中农月刊》第 4 卷第 5 期。

伍启元《经济建设中农业之地位》发表于《中农月刊》第 4 卷第 7 期。

韩稼夫《农田水利与农业经济》发表于《中农月刊》第 4 卷第 7 期。

梁庆椿《战后我国农业金融问题》发表于《中农月刊》第 4 卷第 8 期。

姚公振《中国农业金融史导论》发表于《中农月刊》第 4 卷第 9 期。

按：文章分资本主义对农业金融之孕育、以往农业金融之需要与特征、以往农业金融之形式与内容、现代农业经济之趋势与农业金融之发展四部分。

罗醒魂《土地债券之形态及其史的发展》发表于《中农月刊》第 4 卷第 9 期。

沙凤岐《我国之民生主义农业建设》发表于《中农月刊》第 4 卷第 9 期。

黄通《土地金融政策》发表于《中农月刊》第 4 卷第 10 期。

乔启明《农业金融政策》发表于《中农月刊》第 4 卷第 10 期。

章之汶《农业推广政策》发表于《中农月刊》第 4 卷第 10 期。

吴士雄《论战后土地重划》发表于《中农月刊》第 4 卷第 11 期。

梁庆椿《农业金融特质之新检讨》发表于《中农月刊》第 4 卷第 12 期。

按：文章分农业金融特质问题之重要性、一般教本所述农业金融特质之商讨、农业金融之风险性问题、农业经济特质与农业金融特质、结论——农业金融之种种特质可归纳为"需要政府补助"之一点五部分。

黄通《合作与战后土地问题》发表于《中农月刊》第 4 卷第 12 期。

姚公振《先秦之农业金融》发表于《中农月刊》第 4 卷第 12 期。

普乐义、孟复《中国之农业与肥料》发表于《中农月刊》第 4 卷第 12 期。

梁国华《战后收复地区农业建设》发表于《中农月刊》第 4 卷第 12 期。

林迈陶《战后我国农业应有之新趋势》发表于《中农月刊》第 4 卷第 12 期。

王伯材《农业技术人员应有之精神》发表于《秦农》第 1 卷第 2 期。

杨步霄《西北农业增产之基本问题》发表于《秦农》第 1 卷第 2 期。

王捷《关中土地利用》发表于《秦农》第 1 卷第 2 期。

章之汶《我国农业建设前途之展望》发表于《农林新报》第 20 卷第 19—21 期。

按：文章分引言、健全农林机构、配合抗战需要、树立战后农林建设基础、改进外籍专家利用、结论等六部分。

章之汶《我国过去农业改进工作之检讨》发表于《农林新报》第 20 卷第 22—24 期。

按：文章分农业之特性、过去之检讨、检讨以后三部分。

段荫伦《农村工作人员如何获取农民信仰》发表于《农林新报》第 20 卷第 22—24 期。

王万钧《从土地利用看华阳县的农业》发表于《农林新报》第 20 卷第 34—36 期。

白永达《华阳县土地利用调查》发表于《农林新报》第 20 卷第 34—36 期。

李顺卿《中国林业建设近况》发表于《林学》第 10 期。

姚传法《森林与建国》发表于《林学》第 10 期。

按：文章认为水土保持问题如不能解决，则土壤冲失，水利破坏，农业根本无存在的可能。而要保持水土，就必须造林、保林。黄河之所以不清，变成"黄祸"，就是因为两岸水土冲失，没有水源林保护的缘故。

孟光宇《澳洲土地估价》发表于《人与地》第 3 卷第 1 期。

金海同译《土地与人口》发表于《人与地》第 3 卷第 1 期。

黄通《土地金融之使命与展望》发表于《人与地》第 3 卷第 1 期。

倍振《土地也该限价》发表于《人与地》第 3 卷第 1 期。

聂常庆《战时中国土地利用问题》发表于《人与地》第 3 卷第 2—3 期。

徐书琴《河西垦区之土地问题》发表于《人与地》第 3 卷第 2—

3 期。

孟光宇《美国之土地估价》发表于《人与地》第 3 卷第 4 期。

孟光宇《论土地登记总簿》发表于《人与地》第 3 卷第 5 期。

叶以强《土地涨价的归公问题》发表于《人与地》第 3 卷第 6 期。

祝平《实业计划与土地政策》发表于《人与地》第 3 卷第 6 期。

吴祖亮《现行土地增值税与涨价归公之比较研究》发表于《人与地》第 3 卷第 6 期。

郭博宣《中国农民问题与农民运动》发表于《人与地》第 3 卷第 9 期。

按：文章说："中国的农民运动，是革命的重要内容，故我们所说的农民运动，即指的中国国民党的农民运动。……本党的农运政策虽很正确，但农运的效果距理想很远，以致我们的农民问题，始终摆在那里得不到合理解决，今后的农民运动，尤须针对着我们的农民问题，适应着我们的革命需要，加速努力，使我们的政策和一切决定都变成事实。"

林泽苍《由规定地价谈到福州开征土地税》发表于《人与地》第 3 卷第 9 期。

李树桐《福州举办土地登记关于绝对效力研究之经过》发表于《人与地》第 3 卷第 9 期。

叶以强《本党土地政策之运用》发表于《人与地》第 3 卷第 9 期。

按：文章说："本党土地政策的理论根据，完全是接受国父'平均地权'的遗教而来的。关于'平均地权'的遗教，散见在国父各项著作和历次讲演之中，我们必须从这方面做一番融会贯通的研究，才能够彻底了解本党的土地政策。否则一知半解，遽作争论，反令不明本党实际情形者，将误会到本党的土地政策，尚无定论，那太冤枉了。"

陈锦襄《土地金融与开发西北》发表于《人与地》第 3 卷第 11—12 期。

董中生《建立乡（镇）公有土地制度》发表于《人与地》第 3 卷第 11—12 期。

吴文晖《何谓土地经济学》发表于《人与地》第 3 卷第 11—12 期。

彭莲棠《现代各种土地政策及学说与平均地权》发表于《人与地》第 3 卷第 11—12 期。

任美锷《举办全国土地利用调查刍议》发表于《新经济》第 9 卷第

9期。

姚公振《论战后农业金融行政机构》发表于《新经济》第9卷第12期。

杨予英《土地债券之起源与演进》发表于《经济汇报》第7卷第5期。

郭汉鸣《国防的土地政策与平均地权》发表于《经济汇报》第7卷第10期。

杨开道《现代农业特性之分析》发表于《经济汇报》第8卷第6期。

按：文章分小引、农工主客地位之转换、城市人口比例之消长、农产消费水准之改变、农业土地面积之扩张、农民工作效能之提高、农业集约程度之加深、农产加工事业之兴起、农产贸易业务之扩大、农民集团行动之演进、结论等十一部分。

罗挹光《民生主义土地政策的实施》发表于《经济科学》第3—4期。

袁亦山《中国氏族社会与土地共有制》发表于《经济科学》第5期。

赵章黼《我国农业统计之回顾与前瞻》发表于《经济建设季刊》第1卷第3期。

按：文章分引言、国府成立以前办理之农业统计、国府成立以后办理之农业统计、我国今后农业统计之展望四部分。

石坚白《我国现阶段农业推广问题》发表于《经济建设季刊》第1卷第3期。

王成敬《四川农业建设刍议》发表于《经济建设季刊》第1卷第3期。

姚公振《农业金融建设论》发表于《经济建设季刊》第2卷第2期。

按：文章说：今后农业金融建设应该做6件事，一是修定农业金融法规，二是加强农业金融行政组织，三是健全中央农业金融机关，四是筹措农贷资金，五是改善业务经营，六是培养农业金融人员。

姚公振《论西北之农业金融》发表于《经济季刊》第3期。

汪洪法《土地之性质及其利用之范围》发表于《经济季刊》第3期。

翟克《地权与租佃制度》发表于《经济季刊》第3期。

魏重庆《中国土地利用的变迁》发表于《政治经济学报》第1期。

洪瑞坚《我国土地金融的特性》发表于《财政评论》第9卷第3期。

罗醒魂《对于土地债券法应有之认识》发表于《财政评论》第 9 卷第 3 期。

黄通《我国土地金融之动向》发表于《财政评论》第 9 卷第 3 期。

崔永楫译《当前农业信用政策问题之检讨》发表于《财政评论》第 9 卷第 3 期。

洪逸生《我国土地分配与农业技术改进问题》发表于《财政评论》第 9 卷第 3 期。

杨寿标《战后我国农业金融复员问题》发表于《财政评论》第 9 卷第 4 期。

孟光宇《土地放款与土地估价》发表于《财政评论》第 10 卷第 4 期。

郭垣《如何整理田赋以求土地问题之解决》发表于《财政评论》第 10 卷第 4 期。

吴士雄《论战后土地重划》发表于《财政评论》第 10 卷第 4 期。

崔永楫《论农业信用之供给》发表于《财政评论》第 10 卷第 4 期。

按：文章分导言、农业短期信用之供给、农业长期信用之供给三部分。

万国鼎《论土地税应遵守之原则》发表于《财政评论》第 10 卷第 6 期。

马大英《论土地税——地价税与收益税的比较观》发表于《财政知识》第 3 卷第 2 期。

孙善甫《中国土地税之过去现在与将来》发表于《财政学报》第 1 卷第 4 期。

黄宪章《论我国农业政策与农业金融政策》发表于《财政学报》第 1 卷第 4 期。

按：文章分我国过去农业经济之病态、发展我国农业经济所应采取的农业政策、我国现时的农业金融设施、今后我国农业金融政策之改进四部分。

孙善甫《实施土地税之先决问题——地籍整理》发表于《财政学报》第 1 卷第 6 期。

郑迵、史铿《改进我国农业金融制度刍议》发表于《财政学报》第 2 卷第 1 期。

姚公振《论我国中央农业金融机关之改进》发表于《金融知识》第2卷第1期。

梁庆椿《战后我国农业金融问题》发表于《金融知识》第2卷第4期。

杨寿标《战后农业复员问题》发表于《金融知识》第2卷第4期。

姚公振《战后农业负债整理问题》发表于《金融知识》第2卷第6期。

胡恭先《我国今后的土地问题》发表于《西康经济季刊》第2—4期。

鲁筱庵《西康省土地陈报述概》发表于《西康经济季刊》第2—4期。

董时进《抗战以来四川之农业》发表于《四川经济季刊》第1卷第1期。

章之汶《农业与工业》发表于《四川经济季刊》第1卷第1期。

章振乾《论中农土地金融业务与耕者有其田》发表于《广东省银行季刊》第3卷第1期。

翟克《论土地及其利用问题》发表于《广东省银行季刊》第3卷第1期。

章振乾《泛论中国农业金融机关与农贷政策》发表于《广东省银行季刊》第3卷第2期。

按：文章分农金融业之功能及其限度、中国新式农业金融是怎样建立起来的、有没有健全的农贷政策、新式农业金融机关二十年来的成就管窥、农贷政策与农业金融机关的健全化配合化问题等五部分。

谢绍康《论中国的农业劳动问题》发表于《广东省银行季刊》第3卷第4期。

按：文章分问题的提出、中国农业劳动的分析、流行于中国的几种劳动方式、劳动工资的形态与数量、抗战中的农业劳动问题等五部分。

翟克《论自耕农创定问题》发表于《广东省银行季刊》第3卷第4期。

陈文川《大后方农村经济问题》发表于《广东省银行季刊》第3卷第4期。

欧华清《广东农田水利之回顾与前瞻》发表于《广东省银行季刊》

第3卷第4期。

廖钺《中国农村副业生产论》发表于《广东省银行季刊》第3卷第4期。

按：文章分前言、农村副业及其在国民经济上的地位、中国农村副业生产的性质、农村副业生产与农场经营问题、农村副业的改进途径、结论等六部分。

郭大力《工业建设农业建设与社会建设》发表于《新工商》第1卷第4期。

冯和法《论工业建设与农业发展》发表于《新工商》第1卷第5—6期。

按：文章说："第一，对于战后农村经济之处理必须自战时之农村经济的变化出发，否则鲜有不蹈主观主义之覆辙的。第二，我们必须自农村生产关系之改善上才能期望中国战后农村生产力之恢复与增进，亦才能期望它与中国工业化的过程相配合，如果仍持'以农言农'的态度，仅仅从农业生产技术上来讨论中国农业现代化的问题，其结果是没有不钻入牛角尖里去的。"

黄通《合作与战后土地问题》发表于《合作事业》第5卷第2期。

冯紫岗《合作与战后农业建设》发表于《合作事业》第5卷第2期。

按：文章分战后农业之重要、战后农业建设之方针、合作与战后农业建设三部分。

吴侬译《华北之农业增产问题》发表于《华北合作》第9卷第4期。

刘孚生《我国农业仓库经营之理论与实况》发表于《华北合作》第9卷第5期。

刘孚生《复兴农村与农业金融机关之建设》发表于《华北合作》第9卷第6期。

李仁柳《农业金融与农业合作》发表于《合作供销》新第2卷第2—3期。

按：文章分农业金融的意义与目的、农业金融发展的时代背景、农业金融的需要与供给、我国农业金融的发展、我国农业金融的缺憾、农业金融缺憾的矫正与农业合作六部分。

李仁柳《农业合作与农地利用》发表于《合作供销》新第3卷第1—2期。

许道夫、楼宇成《奥国的农业合作》发表于《合作评论》第 3 卷第 1—3 期。

熊在渭《农民与合作》发表于《江西合作通讯》第 32 期。

童润之《中国农业前途之展望》发表于《广西企业季刊》第 1 卷第 2 期。

按：文章分建国的道路是工业建设呢还是农业建设、今后农业生产的趋向是偏于食粮呢还是偏于其他的农业生产、农业建设的基本工作是个人的改进还是自然与社会环境、谁掌握着中国农业的前途？是农业建设还是农业教育等四部分。

王南原《关于修订土地测量实施规则之商榷》发表于《地政通讯》第 1 期。

华国良《改进土地登记之管见》发表于《地政通讯》第 2 期。

李之屏《战时土地问题之解决》发表于《地政通讯》第 4 期。

陶镕成《中国土地私有之起源及其兼并情形》发表于《地政通讯》第 4 期。

韩冰《中国土地现状的剖析》发表于《地政通讯》第 5 期。

聂常庆《开征土地税之前前后后》发表于《地政通讯》第 6 期。

范永增《上海土地行政之计划与展望》发表于《地方行政》第 2 期。

亚文《加强农民组织之意义》发表于《郫县县政公报》第 15 期。

刘光华《土地问题的战时战后观》发表于《中国青年》第 8 卷第 1 期。

刘光华《中国国民党的农民运动》发表于《中国青年》第 9 卷第 3 期。

韩稼夫《农田水利与农业经济》发表于《新中华》复刊第 1 卷第 6 期。

按：文章分农田水利事业之范围、农田水利事业之经济的意义、农田水利与农业经营、农田水利与农业土地问题、农田水利与农业金融等五部分。

林迈陶《中国农业工业化之几个重要问题》发表于《新中华》复刊第 1 卷第 9 期。

按：文章分土地法制问题、农作物耕作问题、农民经济问题、农民教育问题、肥料工业化问题五部分。

林迈陶《战后我国农业应有之新趋势》发表于《新中华》复刊第 1 卷第 11 期。

按：文章分次殖民地农业机构之崩溃与新农业之萌芽、民生主义经济政策之新农业实现、农业工业化之形成、世界永久和平之建设与新农业之使命四部分。

流清《希特勒统治下的农民劳动者》发表于《中国劳动》第 3 卷第 3 期。

温健《战后热带农业资源与中华民族》发表于《时代中国》第 7 卷第 1 期。

王义云《今日我国的土地问题》发表于《时代中国》第 7 卷第 5 期。

郭大力《论发展农业的途径》发表于《时代中国》第 8 卷第 5—6 期。

按：文章说："在农业发展采取耕地推广形态的时候，工业的发展是前提。在农业发展采取工业化形态的时候，工业的发展也是前提。要发展农业，先发展工业，这就是发展农业的途径。"

翟克《日本之农民问题》发表于《时代中国》第 8 卷第 5—6 期。

潘毓琪《我国农业增产问题》发表于《时代精神》第 8 卷第 1 期。

郑植仪《湘粤桂垦荒之土地利用问题》发表于《中山学报》第 1 卷第 8 期。

孔雪雄《战时我国之农业金融》发表于《中山文化季刊》第 1 卷第 2 期。

寿进文《中国农业金融之现状及其检讨》发表于《中山文化季刊》第 1 卷第 2 期。

郭汉鸣《平均地权即土地均权论》发表于《三民主义半月刊》第 2 卷第 12 期。

张觉人《民生主义的农业政策》发表于《三民主义半月刊》第 3 卷第 11 期。

张腾霄《农民生活指导之研究》发表于《新民报半月刊》第 5 卷第 7 期。

仁林《中国农业金融与农村合作问题》发表于《东方文化》第 2 卷第 4 期。

按：文章说：农村合作社，可以分为农村信用合作社、农村生产合作社、农村购买合作社、农村运销合作社。

万国鼎《中国农业之改造》发表于《东方杂志》第39卷第1期。

孙本文《论农民运动与精神总动员》发表于《东方杂志》第39卷第11期。

辛勤《我国中等农业教育应根本改造》发表于《东方杂志》第39卷第13期。

万国鼎《中国农业改造计划》发表于《东方杂志》第39卷第19期。

赵钜恩《中国之命运与土地问题》发表于《新福建》第4卷第2期。

张焕文《中国土地问题与农业及其解决的途径》发表于《新福建》第4卷第4—5期。

按：文章分导言、土地制度的过程、现行私有制的土地分配状态与农业、土地问题的重要性和急需解决、解决现中国土地问题的途径、结论等六部分。

林景亮《新农业建设论》发表于《新福建》第4卷第4—5期。

按：文章分绪言、新农业的意义、新农业与旧农业的区别、新农业建设的重要性、新农业建设的目标、新农业建设应注意的条件、实施新农业建设的效果、新农业建设的实际问题、结论等九部分。

邵霖生《实行耕者有其田促进农业经济建设》发表于《新福建》第4卷第4—5期。

按：文章分实行耕者有其田在我国现阶段经济建设工作中之重要性、我国地权分配的不合理与佃租制度影响农业生产之弊害、实行耕者有其田的意义与办法（经济的方法、法律的方法、财政的方法、金融的方法、教育的方法）三部分。

李仁柳《当前农业金融论》发表于《新福建》第4卷第4—5期。

按：文章分概说、农业金融发展的时代背景、农业金融的需要与供给、我国农业金融的发展、我国农业金融的缺憾及其应有的改进五部分。

何宜武《我国地力动员之两大问题——土地使用与土地分配》发表于《新福建》第4卷第5—6期。

陈织云《我国战时土地债券前瞻》发表于《服务（重庆）》第7卷第2—3期。

何新章《战后农业建设之原则》发表于《服务（重庆）》第7卷第2—3期。

按：文章分确立农业行政机构以推进整个农业政策、开展农民运动以促进农民幸福、发动农业科学化运动以增加农产、注意土地之适当利用以保存地力、健全农业金融机构以推广农业、增加特种农产以平衡国际贸易等六部分。

罗醒魂《土地债券之性质功效及其发行方法》发表于《服务（重庆）》第7卷第11—12期。

潘信中《如何推动土地金融贷款》发表于《服务（重庆）》第7卷第11—12期。

董中生《建立乡（镇）公有土地制度》发表于《服务（重庆）》第7卷第11—12期。

刘恩兰《川省西北土地利用之地理条件》发表于《文化先锋》第2卷第15期。

王镜清《论乡土地理》发表于《文化先锋》第2卷第23期。

徐佛观《土地制度与兵役制度》发表于《经纬》第1卷第10期。

徐佛观《再论土地制度与兵役制度》发表于《经纬》第1卷第11期。

寿进文《中国农业金融之现状及其检讨》发表于《改进》第8卷第1期。

按：文章分农村繁荣了没有、开展中的农贷及其作用、农村金融新旧势力的消长、农业金融的前途四部分。

李仁柳《我国农业建设问题》发表于《改进》第8卷第1期。

按：文章分引言、农产运销问题、农业金融问题、农地利用问题、解决问题的对策五部分。

黄通《中国土地金融之展望》发表于《安徽政治》第6卷第4—5期。

丁相灵《规定地价与土地陈报之异同》发表于《安徽政治》第6卷第11—12期。

余仲九《战时农业建设与合作》发表于《地方政治》第9卷第1期。

沈文辅《论我国农业保险》发表于《政治建设》第9卷第4期。

陈戚鹏《论土地信用底设施与途径》发表于《建设研究》第9卷第2期。

翟克、林北海《论我国农业推广机构问题》发表于《新建设》第4

卷第6期。

按：文章分楔子、机构系统一贯分明、健全基层深入农村、密切联系有关机关、实施推广督导制度、充实推广人员、宽筹推广经费、添设推广材料、确定推广业务、尾声等十部分。

童玉民《日本农业改进鸟瞰》发表于《建设（南京）》第3卷第6期。

徐步达《土地问题之研究》发表于《江西粮政》第2卷第1期。

熊漱冰《地方自治与土地行政》发表于《江西动员》第4卷第1期。

刘澜涛《打退地主的反攻，全面贯彻党中央的土地政策》发表于《战线》第113期。

按：作者时任中共北岳区党委书记。文章说："六年来，我们在北岳区正确的执行了党中央的土地政策，实现了减租减息交租交息与合理负担，取消了地主对农民的超经济剥削，削弱了封建势力，发动与组织了广大的农民基本群众，使之成为坚持抗战的中坚力量。六年来，我们巩固了北岳区的团结，坚持了我们的阵地，我们在北岳区各个战场上的伟大胜利，和广大基本农民群众的动员与组织是分不开的。但是土地政策执行的程度，在各地还是极不平衡的。不仅在晋东北、平西、雁北、平北等地还没有普遍彻底执行，即在农民基本群众已经充分发动与组织起来了的某些地区，在土地政策的执行上，也还不够普遍，不够全面，不够彻底。"

吴文晖《中国土地问题之真相》发表于《思想与时代》第23期。

按：文章说："土地问题是现代中国非常严重而急待解决的一个问题，其内容极为复杂，范围亦甚广大，但可归纳为土地利用与土地分配两大问题。""而土地利用问题又可分为二子目：（1）人地比率的失调；（2）土地使用的分散与落伍；土地分配问题亦包括两要点：（1）地权分配的不均；（2）租佃制度的不良。"

钱穆《农业国防刍议》发表于《思想与时代》第25期。

华汝成《农业增产与肥料的关系》发表于《学术界》第1卷第2期。

郑林庄《中国农业合作的出路》发表于《学思》第3卷第2期。

章之汶、郭敏学《三十年来之中国农业教育》发表于《学思》第3卷第12期。

按：文章分农业教育之重要、我国农业教育发展程序、我国当前之农业教育问题三部分。

静闲《丹麦的农业合作》发表于《中国学生》第1卷第5期。

羽升《提倡农民教育与慎用民力》发表于《一中学生》创刊号。

李军庸《中国土地问题》发表于《联校》第1卷第4期。

刘文松《农业问题导论》发表于《新湖北季刊》第3卷第1—2期。

按：文章分农业问题的界说、农业问题的特质、农业问题的范围与内容、农业问题的分类、农业问题的研究五部分。

华生之《农业金融论》发表于《新湖北季刊》第3卷第1—2期。

按：文章分农业不动产金融、农业动产金融等九部分。

张巨伯《中国之命运与农业建设》发表于《大同（坪石）》第1卷第3—4期。

叶守济《用农业合作来解决土地问题》发表于《力行（西安）》第7卷第6期。

方铭竹《美国农业长期放款制度之研究》发表于《裕民（遂川）》第4期。

熊潄冰《战后我国土地政策之商榷》发表于《裕民（遂川）》第5期。

惕文《民主政治与土地问题》发表于《大学（成都）》第2卷第10期。

于炳文《平均地权为土地均有制度的我见》发表于《福建训练月刊》第1卷第1期。

陈强《国父关于解决土地问题的遗教》发表于《广东妇女》第4卷第7—8期。

彭吉元《新疆的土地与水利》发表于《新新疆》第1卷第4期。

何公敢《土地政策与全面限价配合》发表于《新新新闻每旬增刊》第5卷第21—22期。

苏渊雷《民生为体土地为用论》发表于《新评论》第9卷第2期。

万国鼎《中国土地问题之统计分析》发表于《新认识》第7卷第3—4期。

曼军《农民将如何增产》发表于《华文每日》第10卷第9期。

韩德章《论农业灾害》发表于《当代评论》第3卷第13期。

谷春帆《中国农业生产力与农业机械化》发表于《当代评论》第3卷第23期。

许元方《农业改造与战争》发表于《申报月刊》复刊第 1 卷第 2 期。

吴传钧《土地利用之理论与研究方法》发表于《地理》第 3 卷第 1—2 期。

雨清《中国农业的技术问题》发表于《华股研究周报》第 3 卷第 9 期。

郑震宇《一年来中国国民党土地政策之推进》发表于《抗战五年专刊》。

杨振锠《总动员法之土地问题》发表于《精忠导报》第 8 卷第 2 期。

陈情《太平天国革命与土地问题》发表于《前锋》第 3 卷第 1 期。

陈绍裴《战时经济政策中的华北农业》发表于《国民杂志》第 3 卷第 11 期。

费孝通《中国乡村工业的性质及前途》发表于《旅行杂志》第 17 卷第 2 期。

吴斐丹《苏联的农业经营组织》发表于《组织》第 1 卷第 5 期。

骆宾基《人与土地》发表于《文学报》新第 1 卷第 1 期。

潘吉沂《马来农业之研究》发表于《华侨先锋》第 5 卷第 11 期。

廖鸢扬《荷印土地政策之发展》发表于《新南洋季刊》第 1 卷第 1 期。

晃《农业的全面改革》发表于《大东亚经济》第 6 卷第 10 期。

按：文章说："中国是世界有数的农业国，因而农业政策该置于所有各项政策的中心，新中国建设的基础问题，应当是农业的全面改革。"

唐石《海南岛的农业》发表于《中国与东亚》第 1 卷第 6 期。

王诗圃《现阶段的日本农业》发表于《中国与东亚》第 1 卷第 6 期。

戚伯年《印度的农业危机》发表于《中国与东亚》第 1 卷第 6 期。

昆吾《中国之经济机构与农村建设》发表于《新民报半月刊》第 5 卷第 24 期。

社论《开展群众减租运动》发表于 11 月 15 日《解放日报》。

按：社论说："因农民购买土地而发生佃权纠纷时，应由农会或租户会等群众团体适当的调解之。凡在农民减租斗争深入的地区，必须立即计划和组织明年的生产运动，发动每乡每村以至每家农户开荒、积肥、修崖、溜畔、修水利、改良农作法以及推广合作运输等事业的准备工作，同时又必须号召群众积极起来参加自卫军工作，展开群众防奸运动，为保卫抗日民主根据地和保卫群众自己的革命利益而奋斗。要把减租运动和生产运动自卫工作结合起来，更进一步发扬群众积极性，增强抗战建国的力量。"

果树《读〈农村调查〉后》发表于3月21日《新华日报》。

按：是文是在国民党统治区重庆发行的报纸上首次对毛泽东著作单篇的学习和研究。该文一开首便称"《农村调查》是毛泽东先生的几本辉煌的著作中的一本"，特别是它的《序言》和《跋》"闪耀着泽东先生分析中国问题的马克思主义的天才的方法"。①

三 乡村建设研究著作

汤佩松、巫宝三编著《农业十篇》由上海独立出版社出版。

按：是书收录两位作者的10论文：天地人（论农业）、战后土地利用问题、国人营养与战后农产品生产问题、论农村人口过剩及其对策、农业机械化的展望、平均地权与地尽其利的实行、论农产品运销政策、论农业金融制度及贷款政策、乡村工业的过去现在与未来、农业与经济变动。

乔启明编著《农业金融》由中央训练委员会出版。

李扬谦著《农业金融》由金陵大学农学院农业经济系出版。

按：是书分农业金融之意义、中国农业金融概说、农业金融之用途、农业金融需要之数额、农业金融之期限、农业金融之担保、农业金融之利率、农业金融之来源、中国旧式农村金融组织（一）（二）、中国新式农业金融机关（一）（二）、合作金库、农业仓库、中国农业金融制度之改进、发展农业金融之途径、美国农业金融制度、德国农业金融制度、日本农业金融制度、其他各国农业金融制度等20章。

许璇著《农业经济学》由上海商务印书馆出版。

阮模著《中国农业合作论》由福建建阳战地图书出版社出版。

按：是书分5篇，第一篇中国土地问题与农业问题，包括中国土地问题、中国农业问题2章；第二篇农业合作与农业社会，包括农业合作之意义、农业合作与农业改进、农业合作与农民训练、农业合作与农村建设、农业合作与社会机构等5章；第三篇农业合作与农业行政，包括中国本位

---

① 胡为雄：《毛泽东思想研究史略》，中央文献出版社2004年版，第39页。

之农业改造、省单位之农业统制、县单位之农业推广、村单位之农业建设等4章；第四篇合作农业之实施，包括合作农场之创立、合作农场之组织、合作农场之业务、合作农场之分配、结论等5章；第五篇近世各国农业合作之先例，包括苏俄之集团农场、日本之农业共同组合、意大利耕种合作社3章。

章之汶编《我国战后农业建设计划纲要》由编者出版。

教育总署编《农业须知》由北平编者出版。

汤佩松、巫宝三编著《农业十篇》由重庆独立出版社出版。

张俊玕编著《福建省的农业》由福建省政府教育厅编辑委员会出版。

中中交农四行联合办事总处秘书处编《四联总处农业金融章则汇编》由编者出版。

郑菊荣编著《美国之农业金融》由重庆正中书局出版。

李扔谦著《农业金融》由金陵大学农学院农业经济系出版。

乔启明编著《农业金融》（县各级干部人员训练教材）由中央训练委员会出版。

钱孟邻编著《合作登记与农业贷款》由广西省地方行政干部训练团出版。

郑林宽著《论新旧农业的技术基础》由福建省农林处出版。

章之汶、辛润棠编《实用农业活叶教材》由四川省实施县各级组织纲要辅导会议出版。

章柏雨、汪荫元著《中国农佃问题》由重庆商务印书馆出版。

按：是书分12章，论述我国农佃制度的形成、沿革，全国各地佃农、自耕农、半自耕农的增减趋势，农佃制度对于农业、社会经济的影响，租佃契约的内容，田租的形态和租率，农佃间的关系等，同时介绍了近代欧美各国租佃制度的改革，提出了改变我国农佃制度的途径。

中苏文化协会编译委员会编《苏联集体农场组织法》由重庆中华书局出版。

唐瑛著《新农村体制建设之原理》由上海东天虹农民教育部出版。

农本主义研究会编《新农村体制建设论之批评》由上海东天红农民教育部出版。

林缵春编著《农村经济与合作事业》由广东建设厅合作事业管理局出版。

按：是书分4章，介绍农村经济的意义及性质、合作社的组织和种类、合作事业在农村中的功用等。

滑秉懿编，支清海校《农村经济与合作》由贵州省立绥阳国民学校师资训练所出版。

余牧人著《基督教与中国乡村建设运动》由上海广学会出版。

按：是书叙述中国乡村建设运动的实际与理论、基督教与乡村建设运动的关系、中国教会以往及今后的乡村建设工作等。

张济川著《佃权国有的复兴农村计划》由重庆文化服务社出版。

陈洪进、周扬声著《各省农村劳力征调概况》由重庆农林部农产促进委员会出版。

华北合作事业总会指导局指导科编《乡村合作社组织须知》由北平编者出版。

郑林宽著《福建省农民生活费用与实物消费之分析》由福建省农林处农业经济研究室出版。

社会部编《农会法》由编者出版。

费孝通著《禄村农田》由重庆商务印书馆出版。

杨登元著，李思桢校《中国土地政策研究》由成都杂说月刊社出版。

按：是书分引论、各国土地改革运动之透视、我国土地制度之纵剖面的观察、我国土地制度之横断面的一瞥、实施我国土地政策刍议等5章。

朱子爽著《中国国民党土地政策》由重庆国民图书出版社出版。

按：是书分6章，论述中国国民党土地政策的指导原则、方针、纲领、实施等。

张继等著《平均地权与土地改革》由重庆商务印书馆出版。

乔启明著《土地与人口》由国防研究院出版。

徐毓源著《地租论》由上海黎明书局出版。

浙江省地政局编《地政法令汇辑》第1辑由杭州编者出版。

王晋伯著《新县制与地政》由重庆文信书局出版。

王晋伯著《土地行政》由重庆文信书局出版。

郑震宇著《地政问题》由中央训练团党政高级训练班出版。

郑震宇著《最近之地政》由中央训练团党政高级训练班出版。

四川省田赋管理处编《土地陈报改进工作表解及要旨》由编者出版。

徐钟渭著《规定地价》由浙江省民政厅出版。

按：是书为浙江省地方行政学会主编的《乡镇自治指导读物》第4种，内容包括什么叫作地价、为什么要规定地价、怎样规定地价等5章。

林诗旦、屠剑臣编《龙岩之土地问题》由福建龙岩县政府出版。

四川省地政局编《四川省地政法规》由编者出版。

张丕介著《垦殖政策》由重庆商务印书馆出版。

按：是书分8章，前7章讲述垦殖的意义、必要性与可能性、垦殖的原则及政策等，末章介绍我国垦殖政策史略。

杜瓒生编著《开垦荒地》由浙江省民政厅出版。

按：是书分6章，介绍我国荒地的形成、种类、面积、垦荒的步骤、方法，垦地的改良，垦区的管理和设施等。

[日]田村真吾编《华北农事试验要览》由北京华北农事试验场出版。

曾公智译《硫铵施用法》由华北合作事业总会出版。

陆发熹编著《彭县什邡之土壤》由四川省农业改进所出版。

[日]太田更一著，赵克度译《灌溉井之凿井指针》由华北合作事业总会出版。

四川省水利局编《凿塘浅说》由编者出版。

广西农事试验场编《科学与广西植物生产》由编者出版。

缪进三著《两种拟复因子试验设计及分析方法之介绍》由福建省农林处出版。

边区农林局、军区生产部编《主要作物的种法》由编者出版。

黄绍绪编著《作物学》由上海商务印书馆出版。

晋绥边区行政公署编《怎样种庄稼》由编者出版。

康敏编著《绥德种庄稼的方法》由边区文协大众化工作委员会出版。

太行区农林局编《夏牧与秋收》由河南涉县华北书店出版。

詹显哲著《实施国家总动员法与粮食动员》由重庆国民图书出版社出版。

粮食部编《粮政法规》（管制类）由编者出版。

沈宗瀚讲《粮食》（国防资源）由国防研究院出版。

徐堪讲《战时粮政》由中央训练团党政高级训练班出版。

稣民著《安徽粮政》由安徽省粮食管理局出版。

华北政务委员会总务厅情报局编《战时粮食政策》由编者出版。

闻亦博著《中国粮政史》由重庆正中书局出版。

按：是书叙述战国以前至民国的粮政演变史。

吴传钧编《中国粮食地理》由重庆商务印书馆出版。

按：是书分9章，论述粮食作物与生长环境、作物分布与粮食生产的关系、粮食的对外贸易等。附录：重要参考资料及重要粮食作物分布图。

陈明璋著《福建粮食问题》由福建省研究院编译出版室出版。

翁绍耳、林文澄著《建宁泰宁米谷产销调查报告》由福建省农林处出版。

广东省政府编《广东省解决粮食问题实施方案》由编者出版。

四川省农业改进所编《地老虎防治浅说》由编者出版。

马骏超编著《福建省棉作害虫一瞥》由福建省农林处出版。

严中平著《中国棉业之发展》由重庆商务印书馆出版。

四川省政府建设厅秘书编审股主编《四川食粮作物的改进与增产》由编者出版。

李先闻、鲍文奎著《粟类之演化》由四川省农业改进所出版。

四川省农业改进所编《介绍甘薯良种——南瑞苕》由编者出版。

王培祺编著《棉之不孕籽研究》由重庆农林部中央农业实验所出版。

四川省建设厅秘书室编审股编《四川棉业之希望》由编者出版。

杨宝茹、张德馨编《棉作害虫学·农具学·土壤及肥料》由北京大学农学院出版。

四川省农业改进所编《除虫菊栽培和应用》由编者出版。

[日] 泽村真著，郭寿铎译《茶之化学》由重庆商务印书馆出版。

曾仲刚编《湖南之桐茶油》由湖南省银行经济研究室出版。

林馥泉著《武夷茶叶之生产制造及运销》由福建省农林处农业经济研究室出版。

实业总署园艺试验场编《实业总署园艺试验场概况》由编者出版。

童雪天编《实用家庭园艺》由上海世界书局出版。

何铎著《实用蔬菜园艺学》由益智书店出版。

黄其林、郑建南编著《中国园艺害虫》由重庆商务印书馆出版。

钱天鹤著《农林建设》由中央训练团党政高级训练班出版。

按：是书主要讲述农林政策、农林机构与事业、农产建设发展趋势等。

四川农业改进所编《农林法规汇编》由成都编者出版。

农林部参事处编《农林法规汇编》由重庆农林部总务司出版。

钱天鹤讲《农林建设》由中央训练团党政高级训练班出版。

农林部编《全面造林》由编者出版。

梁希著《木材学》成书。

四川省政府编《今年的造林运动》由编者出版。

四川乐山、交通部、农林部林木勘查团编《中国西南林区交通用材勘查总报告》由编者出版。

余仲奎等著《四川里番六种木材之性质》由航空委员会航空研究院出版。

焦启源著《橡胶植物与橡胶工业》由金陵大学农学院植物系出版。

四川省农业改进所编《油桐栽培浅说》由编者出版。

余明著《油桐之栽培及改良》由重庆商务印书馆出版。

张绍言编著《烟草经营论》由重庆正中书局出版。

李之干著《牧场经营》由重庆商务印书馆出版。

四川省政府建设厅秘书室编审股主编《四川省之畜牧兽医事业》由编者出版。

吕高辉、吕高超著《家畜机械输精》由成都华西大学农业研究所出版。

梁展文编著《相马学》由国立中山大学农学院推广部出版。

孙钺编译《实用养羊全书》由上海中国农业书局出版。

河南农工银行经济调查室编《河南之牛羊皮》由洛阳编者出版。

张松荫编著《绵羊与羊毛学》由成都中国畜牧兽医学会出版。

廉建中编《实验养兔法》由上海世界书局出版。

严岩编著《养鸡历》由上海中国农业书局出版。

罗清生编著《牛瘟》由成都中华畜牧兽医学会出版。

任醇修编《实用柞蚕饲养学》由河南省柞蚕改良场出版。

廉建中编《实验养鱼法》由上海世界书局出版。

农林部淡水鱼养殖场丛刊室编《稻田养鱼浅说》由编者出版。

江西省粮食增产总督导团编《木薯栽培法》由编者出版。

陈洪进、薛维宁著《农家副业概况》由重庆农林部农产促进委员会出版。

四 卒于是年的乡村建设工作者

穆藕初卒（1876—1943）。原名湘玥，以字行，上海浦东人。1909 年夏赴美国，先后在威斯康星大学、伊利诺斯大学、得克萨斯农工专修学校学习农科、纺织和企业管理等。1914 年获农学硕士，回国后与胞兄穆湘瑶创办德大纱厂，自任经理。又创办上海厚生纱厂、郑州豫丰纱厂等，又办植棉试验场，著有《植棉浅说》，致力改良棉种和推广植棉事业。1917 年参与发起成立中华职业教育社，任中华职业学校校董会主席。1920 年发起组织上海华商纱布交易所，被推为理事长。同年又被聘为北京政府农商部名誉实业顾问。1928 年以后，出任国民政府工商部常务次长和实业部中央农业实验所筹备主任。抗战时期，任农业促进委员会的主任委员。1941 年任国民政府经济部农本局总经理。著有《藕初五十自述》，其农业思想在书中颇多论述。

按：从理论内容上来看，穆藕初的农业思想主要有三个特点；首先，他较早地系统介绍和分析了国外的先进农业生产方式；其次，他比较深刻地论述了农业在振兴民族经济中的基础地位；第三，他明确提出了改良中国农业的主张和具体措施。[①]

高阳卒（1892—1943）。阳字践四，江苏无锡人。1915 年毕业于东吴大学，赴美国留学。1918 年回国，投身于教育事业。曾与俞庆棠、赵冕等发起组织中国社会教育社，又与晏阳初、梁漱溟等组织全国乡村建设学会。1920 年创办无锡中学。1926 年任民众教育学院院长，并负责筹建劳农学院。1929 年春劳农学院成立，兼任院长，并设立农民师范科。是年 5 月与俞庆棠、赵冕等共同创办《教育与民众》月刊。1930 年民众教育学院和劳农学院合并成立江苏省立教育学院，仍任院长。学院设有民众教育和农事教育两个系。不仅亲自为学生讲授《乡村建设》课程，而且积极开展乡村教育实验，创办了许多乡村实验区和民众学校。1941 年奉命出任广西大学校长。1943 年 7 月因病去世。著有《民众教育》，发表《乡村工作今后应取的路向》《乡村建设方案》《推行民众教育办法草案》等论文数十篇。

[①] 钟祥财：《中国农业思想史》，上海社会科学院出版社 1997 年版，第 532—533 页。

冯紫岗卒（1900—1943）。原名冯克毅，河南南阳人。1918年考入北京孔德学校专攻法语，1920年赴法勤工俭学。留法期间，因参与"里大学潮"而被法国政府押送回国，途经新加坡时得到友人资助，遂改名为冯紫岗再度入法国进国立海南农业大学学习。1928年回国，历任上海劳动大学农学院、浙江大学农学院教授、安徽大学农学院院长、湖北农专校长、国民党中央政治学校的合作学院和边疆学院教授、河南省建设厅合作管理处处长等职。1929年底出席农矿部召开的农矿会议时，与莫定森、皮作琼、张天翼向大会提交了《保护及奖励各地私立农事试验场案》《请设立中央及省县农村调查机关案》《设立中央农业经济促进会案》等议案。1931年任国立中央大学农学院农垦科副教授兼农场主任。1932年12月任河南省第三农林局首任局长。1933年春应南阳军政当局刘振华之邀，创办南阳民众师范，培训自治骨干，进行乡村建设、农业经济等社会学领域的教学与研究。1931年、1932年在浙江、南京任教期间，利用教学之余，曾先后赴南京晓庄师范访问陶行知，赴山东邹平访问梁漱溟，专门研讨农村问题。同时创办潦河南阳民众师范，培养乡村建设和农业经济方面干部。曾编著《南阳农村社会调查报告》。1933年秋第二次到浙江大学任教期间，再次组织学生进行农村经济调查。编著出版《兰溪农村调查》《嘉兴县农村调查》等。1935年8月任安徽大学农学院院长。1937年任湖北省立农业专科学校校长。1940年1月任河南合作事业管理处处长。创办《河南合作月刊》，编著《合作理论与实际》。又曾积极组建或加入各种教育社团，如新中国农学会、中华农学会、合作学社、地政学会。另著有《南阳农村社会调查报告》《农民运动》《农民问题概论》《如何发展中国的农业和农村》《中国农村改造之主要问题》《农村建设的重要及其展望》《农村调查之检讨》《农业经济学在农学中之地位及研究农业经济之必要》《繁荣农村与土地政策》《世界各种合作社的组织概况》《农业经营学》《合作与农村复兴运动》《合作主义发展史》《垦荒与合作》《法国之农业合作》等。

民国三十三年　甲申　1944年

一　乡村建设活动

1月23日，陕甘宁边区制定《陕甘宁边区地权条例草案》，包括农地、林地、牧地、荒地、宅地、墓地、矿地及一切水陆天然富源之所有权。

2月8日，中共中央转发《中共西北局关于减租的指示》。

按：西北局关于减租的指示原文如下：据最近各地报道，减租运动已在各未经分配土地区域广泛展开，党政已发动群众起来，向某些顽固地主进行斗争，以贯彻减租。在此情况下，各地党应注意如下数点：（一）应抓紧已彻底进行减租地区的典型例子，向所有应当实行减租而未贯彻的地区的农民进行广泛深入的宣传，并于春耕前，一律普遍彻底减租。（二）凡已发动群众起来彻底减租的地区，应即注意对地主的团结。在彻底实行减租后，对地主一般的不是继续斗争，而是注意团结他们，稳定他们，使他们不但不离开我们，且不得不靠近我们。（三）在减租斗争中，应防止对地主采取过左的政策，如不看具体对象，一律退回三四年长收的租子，及对地主过多的罚款等。甚至个别地方已发生要求没收地主的土地。这些都是不对的。如已发生，应适当纠正（但不能损害群众积极性）；如未发生，应预先防止，使减租斗争正确的顺利地开展下去。（四）各地目前应即全面的检查一次减租进行情形，并具体定出春耕前贯彻减租的计划，同时报告西北局。①

2月11日，晋冀鲁豫边区政府发出执行奖励种棉花的办法。

3月30日，中国农业建设协会在重庆成立，以集合农界同人集对于

---

① 中国社会科学院及经济研究所现代经济史组：《中国土地改革史料选编》，国防大学出版社1988年版，第169—170页。

农业具有浓厚兴趣之社会人士，以集体力量，从事农业经营之革新，农村文化之提高，达成我国农业之现代化与新中国之建设为宗旨。唐启宇为理事长。

4月9日，山东沂山区行政督察专员公署作出《关于新地区特殊土地纠纷解决办法的决定与指示》。

按：指示说："所谓特殊土地纠纷，系指敌伪顽盘踞时，以非法的行为和不正当的契约关系，所引起之土地纠纷，通常土地关系的纠葛不属于此范围。本决定所涉及之土地纠纷，大体包括下列数种：第一种之土地纠纷：第一类，业主因无力担负超量之负担，致将土地放弃而逃亡或将土地交予保公所或其亲友代管而逃亡，结果保长或其亲友以替业主还过债为名，未经业主之许可，而将土地收归己有者。第二类，依靠敌伪顽之势力，或其本身为伪顽，威胁压迫夺取土地，且逼业主立契约，代字人证明人全是强迫的，或是表里为奸的，文契中地价很高，但都顶了给养，业主得不到钱者。第三类，借军队要给养之机会，保长或其他办公人员将欠粮之土地没收，表面上是为业主交粮，实则被保长或其他办公人员收归己有，所出之给养仍分担于其他花户身上者。第二种之土地纠纷：第一类，业主因无力担负超量之负担，致将土地放弃而逃亡，或将土地交给保公所，或其亲友代管而逃亡，结果保公所或其亲友，未经业主之许可而自行将其土地出卖，或典押与他人者。第二类，业主未逃亡，但因无力担负超量之负担，被办公处将其土地出卖，至写文契时，始通知业主追立契约者。第三种之土地纠纷：业主因欠给养过多，无力交纳，保长劝其卖地而得到业主之同意，将地卖给佃户或贫民者。"[1]

5月31日，中共中央作出《关于在新区彻底实行减租减息在老区发展生产运动给华中局的指示》。

按：指示说："华中几年的减租运动，均获得很大成绩，目前宜以生产运动号召各阶级参加，一面更能提高和保护基本群众的利益，一面也更能使中上层阶级认识党的建设能力，缓和农民与地主的阶级矛盾，而不是无限度地对他们进攻，并真心保护其合法权益。特别华中各老区在几年的

---

[1] 中国社会科学院及经济研究所现代经济史组：《中国土地改革史料选编》，国防大学出版社1988年版，第170页。

紧张的群众运动之后，在策略上不宜继续紧张下去。"①

6月6日，国民政府粮食部公布《粮食征购办法》。

6月18日，交通部、内政部、农林部公布《全国公路植树规则》。

6月21日，中共苏中区党委作出《关于倒租工作的指示》。

按：所谓倒租，就是地主应减租而未减者应退给农民应减的租额，又称退租。

6月28日，中国农业经济建设会在重庆成立，以研究调查农业经济问题，设计建设农业经济政策，提倡促进农业工业化，推进辅导农村合作事业为宗旨。

7月8日，程子华在冀中各地委讨论减租问题会议上做《关于冀中区减租问题的结论》的报告。

按：程子华说："减租与各种工作均有密切联系，减租能发动基本农民的积极性，以进一步依靠群众，能发展统一战线中的群众优势，减租是实行统一累进税的先决条件，如不首先实行减租，根据地是不会巩固的，这对于基本农民是不利的，减租是明年实行大生产运动的先决条件，减租会使我们更加容易的来巩固党的基础与解决干部问题，只要实行减租，许多贫民雇农是会积极起来的。"②

7月20日，鄂豫皖边区发布《鄂豫皖边区1944年减租办法》。

是月，全国水利委员会应联合国善后救济总署邀请，派出张含英、徐世大、蔡邦霖、刘钟瑞、林平一、蔡振、吴又新和张任等8人赴美国进行水利考察，至次年11月才回国。

8月10日，山东省行政委员会发布《查减训令》。

按：训令要求：一、各级政权工作干部，深刻进行整风反省，尤其主要领导干部必须首先彻底反省。反省的重点，是揭发缺乏群众观念、官僚主义作风、不配合中心工作和旧法制观点等，反省的方式或在整风会上或在讨论此训令之会议上进行，应在今年将错误思想转变过来。二、政府各项工作的进行，都要紧密地围绕着查减，一切工作通过查减进行的地步，切实纠正各自分立"各干各的"分散主义现象。三、各级政府应抓紧减

---

① 中国社会科学院及经济研究所现代经济史组：《中国土地改革史料选编》，国防大学出版社1988年版，第174—175页。

② 中国社会科学院及经济研究所现代经济史组：《中国土地改革史料选编》，国防大学出版社1988年版，第177页。

租减息斗争的时机，去进行村政改造。那些仍旧或明或暗把持在封建势力手中的政权，必须在群众运动中取消，改造成基本群众为主的民主政权。四、在群众运动发动时期，政府必须特别给群众团体以经济上的帮助，不应强调财政困难，致限制群众运动的发动，对群众团体经费的补助，各级政府应根据具体需要，尽量设法，其依制度不能自行决定者，应迅速呈报上级，请求核准，不得延迟。五、在整个查减运动中，各级政府应以实事求是的新的法制观点，来处理人民中的纠纷，切实纠正一成不变的搬动旧法律条文，致在法律神圣论与不可变论下，打击了群众的抬头翻身，维护旧势力的统治压迫。在群众运动中，政府处理诉讼案件，都必须贯注扶持群众起来的精神，使用法律应该是辩证的灵活的，不是墨守条文的。六、在查减运动中，各级政府应不断号召动员人民实行减租减息并推动各级参议员及政府工作人员，首先起模范作用。对违法不减的人应依法惩办，如系参议员或政府工作人员，则应接受群众意见罢免或撤换之。七、在查减工作进行中，县以上政权均应配合群众团体建立基点工作的创造经验推动全盘。并应走一村做一村，由负责干部亲自动手，领导全盘机关工作人员深入查减，推动驻地群众运动，既可创造工作经验，又可锻炼干部的思想和作风。八、各级政府应在查减的进行中，对生产（如秋收）教育二大任务，亦不容忽视，查减一村，除即抓紧时机布置村政改造外，亦应对生产教育工作联系布置，但不可使彼此中心颠倒或分割不联系。本训令关系整个政权工作作风的转变，和所有政府工作人员的思想改造，特定发至县政府并摘要传达到区公所。①

8月28日，中共中央晋绥分局作出《关于今年普及减租运动深入群众工作的指示》。

按：指示说："鉴于去年减租运动中，我们尚有缺点——主要缺点是群众观点、群众路线还贯彻得不够，统一战线的全面精神还照顾得不够，所以我们同志，在今年减租工作中，必须对这两方面予以更大的注意。"②

9月9日，中国农场经营协会在南京成立，以研究农场经济及协助农人改进农场管理为宗旨，唐启宇为理事长。

---

① 中国社会科学院及经济研究所现代经济史组：《中国土地改革史料选编》，国防大学出版社1988年版，第184—185页。

② 中国社会科学院及经济研究所现代经济史组：《中国土地改革史料选编》，国防大学出版社1988年版，第187页。

9月19日，国民政府公布《战时田赋征收实物条例》。

9月20日，晋察冀边区行政委员会为进一步贯彻劳动政策，提高雇工地位，改善雇工生活亦提高其抗战与生产的积极性，使雇工有工可做，雇主有利可图，以增加生产，而巩固农村团结，特作出《关于保护农村雇工的决定》。

10月9日，农林部为办理全国农业推广事业，设立农业推广委员会，是日公布《农业推广委员会组织条例》。

10月11日，农林部修正公布《中央农业实验所组织条例》。

10月12日，由张巨伯、邹树文、邹钟琳、吴福桢、刘崇乐等30余人发起组织的中华昆虫学会在重庆成立，以联合昆虫学同志，研究昆虫科学，增进人类幸福为宗旨。

10月20日，晋绥边区行政公署发出《关于减租工作的指示信》。

是月，晋冀鲁豫边区政府作出《关于几个土地问题处理办法的决定》。

按：决定涉及收复区游击区减租清债问题、根据地的典当问题、根据地的减租问题。

11月17日，中共太行区党委作出《关于贯彻减租运动的指示》，要求各地在今冬明春继续深入开展减租减息运动。

11月29日，山东省战时行政委员会作出《关于具体执行"八十"训令的决定》。

12月28日，中共冀鲁豫分局作出《关于对中农政策的指示》。

按：指示说："中农基本上是一个被压迫被剥削的阶级，他是基本群众（是目前民主革命的基本力量），他不但赞成新民主主义，而且也赞成社会主义，在农村里一般的没有地位，自己从事劳动，这是他参加革命与赞同革命斗争的基本因素，我们绝不能忽视这点。但中农是有缺点的，他还能勉强维持生活，因此在对地主斗争上，不像贫农与雇工那样尖锐与坚决（尤其是民主斗争）。在工作开始（工作不深入，贫农雇工尚未组织起来时），中农存在着看不起贫农与雇工的思想，对贫农雇工的关心不够，以致对斗争采取观望等（尤其是民生斗争）。这是事实，但不能因此忽视中农，甚或排斥中农。我们对中农的政策是扶植发展的政策，在任何情况下都要照顾到他的利益，在任何情况下都不能伤害他们的利益。为使贫农与赤贫得到果实，对中农斗争采取破产削弱这是挖肉补疮的办法，必须纠正。"①

是年，国民政府行政院地政署在重庆颁布《地籍测量规则》，共7章154条。又发布《土地测量应用尺度规则》。

是年，原农产促进委员会易名为农业推广委员会。

二　乡村建设研究论文

李柏钧《泛论战后农业复员问题》发表于《农业推广通讯》第6卷第1期。

锦明《促进农村宪政讨论风气》发表于《农业推广通讯》第6卷第1期。

中一《浙东沿海的农村经济》发表于《农业推广通讯》第6卷第1期。

晋卿《当前农民运动的开展》发表于《农业推广通讯》第6卷第1期。

按：对于如何开展当前的农民运动，作者建议：第一，号召知识分子与青年返乡，深入民间，参加农运工作。现在乡村服务的同工，尤盼坚守岗位，加紧工作。有关方面要特别注意于干部的培养与选拔，提高其在农村中的信仰与声望，训练其工作上的知识技能。第二，组织的成员及结构，必须求其健全，在系统上，要循守由下而上的路线；在运用上，要依照协办自办的原则进行。第三，要配合组织，有计划的从事大规模的普遍训练，年来自中央以至地方，各级党政人员的训练，已收显著效果。农民训练实施多年，都不免枝节零碎，倘能及时认真推动，其必有更伟大的影响与收获，自在意中。第四，加强实际生产与改善农民生活的业务与措施。推广、金融、合作以及其他农民福利事业须作整个打算与通盘之筹划。第五，农民需要民主，动员农民必赖民主精神的发挥，并须针对宪政之要求与动向持续努力。农民的潜力是无穷的，而开发激扬之道，殆须政府社会即时作多方面的促进与辅导。

---

① 中国社会科学院及经济研究所现代经济史组：《中国土地改革史料选编》，国防大学出版社1988年版，第207—208页。

古龙《三十三年度农业推广的展望》发表于《农业推广通讯》第6卷第2期。

沁青《农业建设与农业推广》发表于《农业推广通讯》第6卷第2期。

徐满琳《湖南县农业推广之新生》发表于《农业推广通讯》第6卷第2期。

乔启明《吾国工业化中应采之农业金融政策》发表于《农业推广通讯》第6卷第2期。

葛晓东《林业建国之重要性》发表于《农业推广通讯》第6卷第4期。

秦仁昌《国有林区的保林问题》发表于《农业推广通讯》第6卷第4期。

锦明《农业复员与建设》发表于《农业推广通讯》第6卷第7期。

钱淦庭《我国粮食增产工作之研究》发表于《农业推广通讯》第6卷第12期。

按：文章分我国粮增工作战前之基础及战时之展开、粮增有关问题之探讨、推动粮增工作应加强进行之数事、现阶段粮增工作应注意之点四部分。

潘简良、尹众兴《战时粮食增产综论》发表于《农业推广通讯》第6卷第12期。

按：文章分粮增工作之认识、战时后方各省粮产概况、三年来粮增工作之贡献、粮增工作之检讨四部分。

谢先进《赣湘桂三省农田水利考察报告》发表于《浙江农业》第49—51期。

冯泽芳《农业经济学之重要》发表于《国立中央大学农业经济集刊》创刊号。

李长年《〈诗经〉时代之农业经营》发表于《农场经营指导通讯》第2卷第7—8期。

虞振镛《新贵州之农业建设》发表于《中国农村生活》第1卷第1期。

虞振镛《谈贵州的农业》发表于《中国农村生活》第1卷第1期。

雷男《我国当前几个农业问题》发表于《中国农村生活》第1卷第

1期。

按：文章认为，当前农业应注意的问题，一是宜划定土地利用界限，二是宜振兴农田水利，三是宜移民实边，四是宜以屯垦为国策，五是宜扶植自耕农，六是宜逢山造林，七是宜注重畜牧，八是宜提倡农家副业，九是促进农业工业化，十是宜增殖热带农产，十一县行政人员应受农事训练，十二是宜设农业调查统计机关。

史太璞《论农业保险与农民保险》发表于《中国农民》第3卷第2—3期。

吴藻溪《农村工业与合作社》发表于《中国农民》第3卷第4—6期。

余长河《农工业生活品结合的原则》发表于《中国农民》第3卷第4期。

朱剑农《试拟农民政策纲领草案》发表于《中国农民》第3卷第4期。

李仁柳《农业工业化与合作化》发表于《中国农民》第3卷第4期。

祝公健《试论"耕者有其田"》发表于《中国农民》第3卷第4期。

黄石华《当前中国农业建设的根本问题》发表于《中国农民》第3卷第5—6期。

刘运筹《四川农业公司概述》发表于《中国农民》第3卷第5—6期。

倪兆桢《当前农民经济生活之波动》发表于《中国农民》第3卷第5—6期。

朱剑农《我国制宪之土地政策的商榷》发表于《中国农民》第3卷第5—6期。

唐临风《论战时陕南的农村经济》发表于《中国农民》第3卷第5—6期。

文浩然《农村工业化与农村合作》发表于《中国农民》第4卷第1期。

寿勉成《到农村工业化的合作路线》发表于《中国农民》第4卷第1期。

何宜武《农村工业化与地方经济建设》发表于《中国农民》第4卷第1期。

曲直生《农具与农业》发表于《中国农民》第4卷第1期。

沈鸿烈《从农业观点论工业化》发表于《中国农民》第4卷第1期。

刘光华《农村工业化与土地问题》发表于《中国农民》第4卷第1期。

周宪文《所谓农村工业化》发表于《中国农民》第4卷第1期。

朱剑农《中国农村工业化问题》发表于《中国农民》第4卷第1期。

陈颖光《农村工业化之我见》发表于《中国农民》第4卷第1期。

林嵘《农业工业化是手段还是目的》发表于《中国农民》第4卷第1期。

余长河《农村工业化中之劳动问题》发表于《中国农民》第4卷第1期。

祝公健《中国农业工业化底根本问题》发表于《中国农民》第4卷第1期。

朱剑农《收复地区土地权利清理问题》发表于《中国农民》第4卷第2—3期。

彭遵棠译《社会主义制度下的农业》发表于《中国农民》第4卷第2—3期。

周宪文《工业建设与农业革命》发表于《中国农民》第4卷第2—3期。

董德明《对研究中国农民经济的看法》发表于《中国农民》第4卷第2—3期。

文群《土地政策与合作——从总理土地政策谈到村田社有制度》发表于《中国农民》第4卷第2—3期。

石岚《目前的豫西农村》发表于《中国农民》第4卷第4期。

祝公健《征购土地解救经济危机论》发表于《中国农民》第4卷第4期。

黄石华《土地资本与工业建设》发表于《中国农民》第4卷第4期。

李紫翔《从工业化观点论我国农业政策》发表于《中国农民》第4卷第4期。

陶因、戴星如《战后我国土地政策之商榷》发表于《中国农民》第4卷第4期。

贺忆严《西北农业衰落之原因及其发展之可能性》发表于《中国农

民》第4卷第4期。

杜振亚《中国农村经济问题之症结及其解决之途径》发表于《中国农民》第4卷第4期。

社说《国际农民合作与我国农民组织》发表于《现代农民》第7卷第1期。

龚定芳《宪政与农民》发表于《现代农民》第7卷第2期。

原颂周《卜凯教授论农人及推广》发表于《现代农民》第7卷第6期。

王希贤《论目前县农业推广工作》发表于《川西农民》第1卷第1—2期。

崔毓俊《从国际合作谈到农业合作》发表于《川西农民》第1卷第1期。

全田《认识农业推广》发表于《川西农民》第1卷第1期。

张济时《农业行政农业改良和农业推广的检讨》发表于《川西农民》第1卷第1期。

李仕辉《谈谈农村经济衰落的原因》发表于《农民通讯》第2卷第1期。

郑维国《乡村区当分部与地方自治》发表于《农民通讯》第2卷第1期。

许吉士《农民对宪政应有的认识》发表于《农民通讯》第2卷第3期。

陈全《谈谈农民党员应有的认识》发表于《农民通讯》第2卷第3期。

何志湖《如何加强农民的组训》发表于《农民通讯》第2卷第3期。

黄瀛源《宪政与农民》发表于《农民通讯》第2卷第4期。

苏卓明《普及农村教育的重要性》发表于《农民通讯》第2卷第5期。

钱甘贯宇《战后的农村教育问题》发表于《农民通讯》第2卷第5期。

蒋锦春《我对目前乡村教育的几点意见》发表于《农民通讯》第2卷第5期。

李建楼《谈谈农村教育》发表于《农民通讯》第2卷第5期。

琴《谈乡村教育之重要》发表于《农民通讯》第 2 卷第 6—7 期。

蒋锦春《谈谈农村合作》发表于《农民通讯》第 2 卷第 6—7 期。

罗定命《乡村的国民教育》发表于《农民通讯》第 2 卷第 8—9 期。

萧树屏《抗战建国中的农民》发表于《农民通讯》第 2 卷第 8—9 期。

王醒吾《今日我国各地农民的任务》发表于《农民通讯》第 2 卷第 8—9 期。

李忠汉《战后我国农业机械化问题》发表于《新农会刊》创刊号。

按：文章分前言、战后我国必须实施农业机械化之原因、美国与苏俄发展机械化后同我农业劳工化其在经济效率上之比较、我国历年未能实施农业机械化之困难因子、战后我国农业机械化应采之途径、尾声六部分。

贺承光《湖南农业教育问题》发表于《新农会刊》创刊号。

邓植仪《湖南之农业问题》发表于《新农会刊》创刊号。

童玉民《敬告中国农民》发表于《中国农情月报》第 1 期。

翟克《美国之土地银行》发表于《农声》第 231 期。

翟克《论我国土地金融问题》发表于《农声》第 231 期。

企华《农业改进上必要的农民教育》发表于《农学》第 1 卷第 1 期。

冒景瑄《陕西农业经济环境与农贷设施》发表于《中农月刊》第 5 卷第 2 期。

张德粹《论农业保险合作》发表于《中农月刊》第 5 卷第 2 期。

按：文章分保险之普通原理、农业保险合作之重要、农业保险合作之组织、农业保险合作社之金融、全部保险一部保险与再保险、农村保险合作与信用合作之关系、我国之农业保险合作等七部分。

安希伋《农业特性与农业问题》发表于《中农月刊》第 5 卷第 3 期。

沈鸿烈《一年来之我国农业建设》发表于《中农月刊》第 5 卷第 4 期。

陈正祥《西北的沃野农业》发表于《中农月刊》第 5 卷第 5—6 期。

按：文章说："沃野农业，实惟灌溉是赖，有水即成良田，无水即为荒漠，故农民对于灌溉事业，一向便很讲求，但各地的灌溉方式，每因自然环境不同而互异，河西走廊多用沟渠，塔里木盆地除沟渠外尚有涝坝与架槽，而吐鲁番盆地则盛行坎井之法。"

刘培桂《管仲之土地政策》发表于《中农月刊》第 5 卷第 5—6 期。

陈鸿佑《战后我国农业的出路问题》发表于《中农月刊》第5卷第5—6期。

按：文章分工业与农业、比较利益与农业分区设计、作物之增产、农场经营、农业机构及其工作之分配、结论六部分。

杜修昌《论小农经营的商品生产》发表于《中农月刊》第5卷第5—6期。

张志鸿《农业在建国中之地位》发表于《中农月刊》第5卷第5—6期。

姚公振《魏晋南北朝隋代之农业金融》发表于《中农月刊》第5卷第5—6期。

石坚白、谢森中《论合作农场与战后中国农业》发表于《中农月刊》第5卷第7期。

沈文辅、李光治《贵州之农业区域》发表于《中农月刊》第5卷第7期。

崔永楣《东北农业地理基础之研究》发表于《中农月刊》第5卷第7期。

邵以增《土地改革与土地增值税》发表于《中农月刊》第5卷第8期。

姚公振《唐代之农业金融》发表于《中农月刊》第5卷第8期。

姚公振《宋代之农业金融》发表于《中农月刊》第5卷第9—10期。

过立先《战后台湾农业建设刍议》发表于《中农月刊》第5卷第9—10期。

朱剑农《战后中国土地问题》发表于《中农月刊》第5卷第10期。

姚公振《元明之农业金融》发表于《中农月刊》第5卷第11期。

洪瑞坚《土地金融业务的检讨》发表于《中农月刊》第5卷第11期。

滕维藻《中国农业的远景》发表于《中农月刊》第5卷第11期。

陈正祥《气候与农业》发表于《中农月刊》第5卷第11期。

郑迥《泛论农业保险》发表于《中农月刊》第5卷第11期。

程乃丰《中国农民银行与合作运动》发表于《中农月刊》第5卷第12期。

翁绍耳《中国农民之经济状况》发表于《中农月刊》第5卷第

12 期。

张德粹《百年来之农业合作》发表于《中农月刊》第 5 卷第 12 期。

邹秉文《中国农业建设问题》(在美国中国学术建国讨论会演讲词)发表于《中华农学会通讯》第 3 期。

邹秉文《农业建设的基本单位——合作农场》发表于《中华农学会通讯》第 38 期。

姚公振《战后农业经济建设》发表于《经济建设季刊》第 2 卷第 3 期。

吴文晖《中国战后农业金融问题》发表于《经济建设季刊》第 2 卷第 3 期。

按：文章分战前之农业金融、战时之农业金融、战后农业金融的重要、战后农业金融改进问题(建立完整的农业金融制度问题、充实农业资金问题、改进中短期农业贷款问题、发展长期农地金融问题)四部分。

朱慕唐《战后土地政策与农业建设》发表于《经济建设季刊》第 2 卷第 4 期。

按：文章说："在全部国父遗教中，关于土地政策的言论，曾先后提出四种主张，即(一)土地公有，(二)平均地权，(三)耕者有其田，(四)地尽其利。"

林通经《论我国土地政策实施方案》发表于《经济建设季刊》第 2 卷第 4 期。

朱慕唐《战后土地政策与农业建设》发表于《经济建设季刊》第 2 卷第 4 期。

杨显东《当前湖北农业建设问题》发表于《经济建设季刊》第 2 卷第 4 期。

石坚白、谢森中《论合作农场与战后中国农业》发表于《经济建设季刊》第 2 卷第 4 期。

按：文章分中国农业现状之检讨、合作农场的意义及其功效、合作农场与战后中国农业三部分。

安希伋《中国土地利用的远瞻与近瞻》发表于《经济建设季刊》第 3 卷第 1 期。

郑伯彬《沦陷区农业生产之变化与战后复员救济问题》发表于《经济建设季刊》第 3 卷第 1 期。

按：文章分引言、抗战初期之农村损失与农业生产之减退、敌人在沦陷区改组农业生产之经过及其结果、战后复员及救济问题四部分。

张天开《战后劳力复员问题》发表于《经济建设季刊》第3卷第1期。

韩稼夫《战后农业复员与乡村建设》发表于《经济建设季刊》第3卷第2期。

按：文章分乡村建设工作之回顾、战后乡村之经济建设、战后乡村之政治建设、战后乡村之文化建设、战后乡村之军事建设五部分。

滕维藻《工业化对于农业的影响》发表于《经济建设季刊》第3卷第2期。

按：文章分产业各部门间的相互联系性、职业分配的变动、农业生产资本化程度的加深、农产品商业化和农业生产的地域分工四部分。

陆国英《我国农业建设应有之认识》发表于《经济汇报》第10卷第10期。

文浩然《美国农业合作概况》发表于《合作经济》第1卷第1期。

周宪文《工业建设与农业革命》发表于《合作经济》第1卷第3期。

按：文章分中国农业的认识、经济建设中农业改造问题的透视、建立农业生产政策、推进农业合作4章。

诸尹《改善土地利用与农业机械化问题》发表于《合作经济》第1卷第4期。

按：文章分中国土地利用现状之剖视、改良我国土地利用之途径两部分。

蔡一鸣《战后工业化与改进农业》发表于《合作经济》第1卷第4期。

郑寿岩《论农业经营与农业合作》发表于《合作经济》第1卷第4期。

按：文章分农业经营资本之分析、农业经营资本构成之原因、农业资本低级构成之影响、农业合作与农业经营、中国农业合作之后顾与前瞻、结论六部分。

郑林宽《中国农业经济学往何处去》发表于《合作经济》第1卷第5期。

蒋鸿泽《中国农业改造简论》发表于《合作经济》第1卷第6期。

李仁柳《略论我国工业化的农业政策底确立》发表于《合作经济》第 1 卷第 6 期。

江家鸥《倡行照价收买土地与涨价归公》发表于《经济论衡》第 2 卷第 2 期。

章之汶《农业与商业》发表于《经济论衡》第 2 卷第 4 期。

按：文章说："由农业改良，而得价廉物美与产量丰富之农产品，以为工业之原料；工业有原料后，始可制造成品以发展国内及国际贸易；同时工商业发达，则农产价格提高，农民收入增加，而加强其购买力，农业亦随之更加改良。结果农业、工业、商业相携并进，国民经济建设完成，人民生活水准提高，抵国家于富强之域。"

龚宗儒《论东汉的土地兼并》发表于《经济论衡》第 2 卷第 5—6 期。

孟光宇《我国各省市土地估价之比较研究》发表于《经济论衡》第 2 卷第 5—6 期。

许文华《农业建设与中国现代化》发表于《经济论衡》第 2 卷第 9—10 期。

按：文章分中国现代化的意义、中国现代化的内容、农业建设之涵义、结论四部分。

叶元《土地问题刍议》发表于《经济汇报》第 9 卷第 6 期。

陆国英《我国农业建设应有之认识》发表于《经济汇报》第 10 卷第 9 期。

按：文章分引言、农业建设重要之又一解、农业地理基础、农业发展的途径及其可能、战后农业发展将有的状态、结论六部分。

廖建祥《怎样研究农业经济》发表于《经济科学》第 6 期。

按：文章分研究农业经济的意义和价值、关于农业经济学的性质对象和范围、几个基本研究原则、关于专题之研究、介绍几本较重要的基本参考书五部分。

章伯雨《农业国家的新出路》发表于《四川经济季刊》第 1 卷第 3 期。

按：文章分引言、农业国家的特点和造因、农业国家的老办法行得通吗、农业资源与经济建设、农业解放及其今后发展的方向、农业与工业要双方兼顾的发展六部分。

刘光华《综论战后中国的土地问题》发表于《四川经济季刊》第1卷第4期。

林查理《我国农业机械化方案》发表于《四川经济季刊》第1卷第4期。

按：方案分概论、农业机械化种类、农业机械之制造、推广运用、人才培养五个方面。

董时进《战后中国农业改进问题》发表于《四川经济季刊》第1卷第4期。

曾文甫《西康农业与土地问题》发表于《西康经济季刊》第8期。

徐孝恢《宁属土地利用问题之商榷》发表于《西康经济季刊》第8期。

程其保《西康之农业教育》发表于《西康经济季刊》第8期。

段天爵《西康农业建设之前瞻》发表于《西康经济季刊》第8期。

刘贻燕《五年来西康农业建设之回顾》发表于《西康经济季刊》第8期。

陈嘉铨《农业推广与农业建设》发表于《西康经济季刊》第8期。

按：文章分农业建设与国建经济建设的关系、农业推广在农业建设中的重要性、战时农业建设的几个推广问题、办理农业推广应有的设施、西康农业推广动态、结论六部分。

罗醒魂《论农业债券与土地债券之特质》发表于《金融知识》第3卷第1期。

钟襄衮《我国土地金融实施概况》发表于《金融知识》第3卷第2期。

孙善甫《论土地税率》发表于《财政评论》第11卷第6期。

姚公振《我国战时农业金融政策之演进》发表于《财政评论》第12卷第2期。

按：文章分增加生产供应军粮民食、调整机构建立农业金融网、充实资金增加农业贷款、统一办法改善农贷之经营、推进战区边区贷款、发展农田水利贷款、创立土地金融制度、扩大农贷争取实效、结语等九部分。

赵既昌《论战时土地税》发表于《财政评论》第12卷第3期。

史高穆《农业金融演进之蠡测》发表于《银行周报》第28卷第41—44期。

朱斯煌《农业仓库之经营与功用》发表于《银行周报》第 28 卷第 45—48 期。

按：文章分农仓之性质、农仓之设立、农仓之业务、农仓之资源与奖励、我国农仓之沿革与今后之推进五部分。

竞言《中国之土地》发表于《中联银行月刊》第 7 卷第 1 期。

巴林《中国的土地问题》发表于《中联银行月刊》第 7 卷第 2 期。

祝平《粮食问题与土地政策》发表于《粮食问题》第 1 卷第 1 期。

曾济宽《农业生产科学化与国防科学化之重要关系》发表于《粮食问题》第 1 卷第 2 期。

按：文章分国防科学化的必要、农业与国防的关系、农业科学化的途径、农业科学影响于国防的实例、结论五个部分。

邹秉文《中国农业建设问题》发表于《粮政月刊》第 2 卷第 2—4 期。

吴祖亮《征收土地增值税的实际问题》发表于《地政通讯》第 11 期。

刘茂增《征收土地税计划方法诠解》发表于《甘肃地政季刊》第 1 卷第 1 期。

黄石华《论战时征收土地税条例与平均地权》发表于《甘肃地政季刊》第 1 卷第 1 期。

王长玺《申论战时征收土地税条例》发表于《陕政》第 5 卷第 9—10 期。

张道纯《土地陈报与地政》发表于《陕政》第 5 卷第 11—12 期。

尹树生《合作制度在农业建设中的地位》发表于《陕政》第 5 卷第 11—12 期。

李阴乔《土地税改进刍议》发表于《陕政》第 6 卷第 1—2 期。

祝绍周《本党土地政策理论与实际》发表于《陕政》第 6 卷第 1—2 期。

周祖逊《湖南农业改进的基本途径》发表于《购销旬刊》改版后第 1 卷第 14 期。

孙兆乾《中国之土地整理》发表于《农场经营指导通讯》第 2 卷第 5—6 期。

纯一《中国农业工业化问题之检讨》发表于《上海特别市中央市场

月报》第 2 卷第 10 期。

按：文章分中国农业与工业之关系、农村工业化政策两部分。

祝平《目前土地政策之中心任务》发表于《三民主义半月刊》第 5 卷第 2 期。

彭莲棠《平均地权之真义与现行土地法之修改意见》发表于《三民主义半月刊》第 5 卷第 2 期。

刘光华《中国国民党农民政策之试拟》发表于《三民主义半月刊》第 5 卷第 7 期。

杨克成《中国农民与今后的民主》发表于《自由论坛》第 2 卷第 6 期。

江砥《知识干部与农民干部》发表于《民族正气》第 2 卷第 5—6 期。

刘达遴《我与农民组训》发表于《中国青年》第 3 卷第 21 期。

秋农《论战后土地重划与农业增产》发表于《山西青年》第 3 卷第 9 期。

詹纯鉴《农业工程概要》发表于《江西青年》复刊第 1 卷第 1 期。

按：文章说："农业工程之定义，简单说来，凡以经济方法，使用自然力，而为人类作有用之工的技术，都称为工程。农业工程，是就农业之观点，取机械土木电机及水利等工程之有关农业者而利用之，以谋减低成本，增加产量，使生产方法日趋合理，农民生活渐次改良，为用大矣。"

郑林庄《论农业工业化》发表于《四川青年》第 1 卷第 6 期。

秋农《论战后土地重划与农业增产》发表于《山西青年》第 3 卷第 9 期。

陈恩凤《藏族农民与边政》发表于《边政公论》第 3 卷第 12 期。

陈固亭《陕西省农民组训问题》发表于《社会工作通讯》第 1 卷第 12 期。

林岑生《农民运动新展望》发表于《福建社政》第 1 卷第 6 期。

马大英《论农业与工业的关系》发表于《贵州企业季刊》第 2 卷第 1 期。

按：文章分农业建设为工业建设之基础、工业建设促进农业建设、农业与工业之协调配合三部分。

姚传法《五五宪草关于土地问题之规定》发表于《宪政》第 3 期。

李宗尧《宪政运动与农民》发表于《宪政》第7—8期。

禹国鼎《殷商之土地制度》发表于《文史杂志》第4卷第5—6期。

张丕介《土地利用趋势论》发表于《文风杂志》第1卷第4—5期。

王伟民《农业人口阶层之分析》发表于《东方杂志》第40卷第11期。

按：文章分引言、社会阶层之意义、农业人口阶层之静态分析、农业人口阶层之动态分析、结论五部分。

姜蕴刚《农业发展中的西周社会》发表于《东方杂志》第40卷第24期。

周海滨《中国土地制度的变迁》发表于《申报月刊》复刊第2卷第1期。

张遐民《合作农场与我国土地政策》发表于《绥远合作通讯》第4卷第1—4期（土地合作经营专号）。

欧阳洞钦《论民生主义的土地政策》发表于《行易月刊》第1卷第2期。

程鸿宇《论民生主义的农业土地政策》发表于《军党月刊》元旦专号。

杨剑花《中国土地支配之史的变迁》发表于《政治月刊》第8卷第4期。

吴文晖、朱鉴华《西康土地问题》发表于《边政公论》第3卷第6期。

王英栋《怎样指导农业生产》发表于《特教通讯》第6卷第4期。

贞毅《从十八集团军谈起说到中共土地政策》发表于《特教通讯》第6卷第5期。

徐伯申《战后农业教育建设论》发表于《教育通讯》第7卷第3期。

金轮海《我国农民"低级性的组织"研究》发表于《新中华》复刊第2卷第5期。

何锦明《农业建设人才问题》发表于《新中华》复刊第2卷第5期。

卢伯鸥《土地所有权法制演变的检讨》发表于《新中华》复刊第2卷第7期。

徐方干《略论农业机械化问题》发表于《新中华》复刊第2卷第7期。

黄光华《中国本位的农业教育》发表于《新中华》复刊第 2 卷第 10 期。

按：文章说："中国农业本位的农业教育，在这一点有两个意思，一是农业教育要以培养农民身手为基本，一是农业教育要以农民教育为重心。"

祝平《中国土地政策的意义与目标》发表于《新中华》复刊第 2 卷第 10 期。

陈卓勋《中国战后农业建设问题》发表于《新中华》复刊第 2 卷第 11 期。

按：文章分战后新形势的认识、农业建设目标的确定、农业建设方策的实施（推行土地政策、土地合理利用、改良农业生产、促进农村工业、改善农业分配、改进农产商品、普及农村合作、充实农林干部、提高农民知识）、结论四部分。

吴大琨《论五五宪草的国民经济原则及土地问题》发表于《新建设》第 5 卷第 4 期。

任美锷《贵州遵义附近之土地利用》发表于《真理杂志》第 1 卷第 1 期。

翟克《中欧诸国之土地制度与土地政策》发表于《民族文化》第 4 卷第 1—3 期。

黄石华《论战后扶植自耕农与发行土地证券》发表于《民族文化》第 4 卷第 1—3 期。

李仁柳《我国战后的农业建设》发表于《改进》第 8 卷第 5 期。

按：文章分农业建设重要性的新估价、战后我国农业建设的特质、我国农业建设应有的方针四部分。

颜悉达《农业动员与经济统制》发表于《新使命》第 1 卷第 2 期。

翟克《日本现代之土地问题》发表于《新知识月刊》第 1 卷第 3 期。

李泰华《殷代之农业与物质文化》发表于《读书通讯》第 90 期。

檀仁梅《古代中国的农业教育》发表于《福建文化》第 2 卷第 2 期。

按：文章介绍了农业教育的意义、中国农业教育的起源、唐虞以前的农业教育、唐虞时代的农业教育、三代的农业教育。

陈玉成《闽北土地利用之改进》发表于《新福建》第 6 卷第 2 期。

钟耀山《我国农业机械化问题》发表于《新福建》第 6 卷第 2 期。

按：文章说：为什么我国农业技术比外国要相隔几世纪之远？大体说来可有下面几个重要的原因：一是土地分散与零碎，二是农村资金的缺乏，三是人口分配之不均，四是农民知识的缺乏，五是以前的错误。

罗次卿《论县农业推广机构问题》发表于《新福建》第 6 卷第 5 期。

张馥荨《论西北农业教育建设之重要》发表于《新西北》第 7 卷第 7—8 期。

罗时宁《宁夏农业状况概述》发表于《新西北》第 7 卷第 10—11 期。

陈午生《抗战期间我国之林业建设问题》发表于《时兆月报》第 2 卷第 6 期。

关汉声《中国之复兴与林业》发表于《国民杂志》第 4 卷第 4 期。

张翰才《农业机械化问题》发表于《雍言》第 4 卷第 2 期。

按：文章说："农业机械化问题，事实上乃以每一农户之耕地面积是否能扩大为其先决条件，在扩大耕地面积没有解决以前，据我们的看法，农业机械化似乎难以实现。"

何禄成《农民畜牧指导》发表于《希望月刊》第 16 卷第 8 期。

金萍园《中国战时之农业》发表于《新生命》第 1 卷第 4 期。

按：文章分近年来之华中农业概况、本年度之农业增产计划两部分。

社论《认真贯彻减租法令》发表于 11 月 9 日《新华日报》（太行版）。

按：社论指出："这里我们明确地提出，减租是一个既定的不可动摇的法令，经验证明它是保证地权、租权、佃权的必要步骤，是社会各阶层团结民主、增强对敌斗争、提高生产，走上新民主主义道路不可逾越的一步。"

三　乡村建设研究著作

［苏］拉普提夫著，余长河译《苏联的农业》（苏联建设小丛书）由重庆中华书局出版。

董时进著《国防与农业》由重庆商务印书馆出版。

按：是书分绪论、富强国家的农业、经济合作与农业、足食问题、足衣问题、发展畜牧、乳牛与国防、发展园艺、发展森林、水土保持与利用问题、民治和平与农业及农民、土地及佃农问题、战后农业的趋势、节制生育、结论等16章。

张德粹著《农业合作》由重庆商务印书馆出版。

按：是书分近代之合作运动、农业合作之意义及其重要、合作社、农业信用合作、德国之农业信用合作、美国之农业信用合作、我国之农业信用合作、农业保险合作、农场运销合作、国外之农产运销合作、我国之农产运销合作、农业购买合作、合作耕种（农场合作）、合作金融、政府与农业合作等15章。

沈鸿烈著《中国之农业》由农林部出版。

按：是书分农业概况、农林建设机构、战时农林建设事业、农业金融、今后展望等5章。

姚公振、颜翙群著《中国农业建设的轮廓》由重庆中国出版社出版。

姚公振著《中国战后农业金融政策》由重庆中华书局出版。

［意］G. Costanzo著，秦翊、杨子英译《农业金融制度及其新趋势》由重庆正中书局出版。

中国农民银行汉译社会科学百科全书译辑委员会编译《农业经济概论》由重庆正中书局出版。

中国农民银行汉译社会科学百科全书译辑委员会编译《农业制度》由重庆正中书局出版。

李仁柳著《农业建设与合作》由福建崇安社会部全国合作社物品供销处东南分处出版。

按：是书分6章，论述农业金融、农产运销合作、农业工业化与合作化、合作农场的经营理论与实际等。

钱天鹤著《农业建设》由中央训练团党政高级训练班出版。

欧阳樊著《战时日本农业问题》由重庆独立出版社出版。

张大田编著《苏联集体农场法》由重庆商务印书馆出版。

邹序儒、伍忠道编《农场经营须知》由重庆商务印书馆出版。

唐志才编著《农业推广》由重庆正中书局出版。

欧阳樊著《战时日本农业问题》由上海独立出版社出版。

按：是书分日本农业和国力的脆弱性、战时日本农业问题之剖视、掠夺物资和船舶问题、日本农村社会未来的危机4章。

崔永楫编译《美洲各国农业政策》由重庆正中书局出版。

按：是书分美国之农业政策、加拿大之农业政策、阿根廷之农业政策、巴西之农业政策、智利之农业政策、乌拉圭之农业政策等6章。

陈颖光著《当前我国农村经济问题》由重庆国民图书出版社出版。

按：是书分当前我国农业应有志改造、今后我国农业金融应有志改进、农业金融与粮食增产应有志配合、战时农村储蓄运动之推进及其办法、我国农仓制度之商榷、近年我国农仓建设的实绩等七部分。

翁文灏、顾翊群著《中国经济建设与农村工业化问题》由重庆商务印书馆出版。

农村经济研究会编《农村经济论辑》由冀鲁豫书店出版。

[日]铃木荣太郎著，韩云波译述《农村社会学史》由重庆正中书局出版。

按：是书分农村社会学之史的发展、现时的主要农村社会学理论、英国勒浦赖社会学派对农村社会的贡献3编。

中共西北中央局调查研究室编《边区的劳动互助》由编者出版。

新运总会妇女指导委员会乡村服务组编著《妇女乡村服务》由重庆编者出版。

乔启明编著《农会会务与业务》由重庆正中书局出版。

朱家骅讲，中央组织部编《农运与农训》由中央组织部出版。

按：是书收朱家骅关于农运与农训的言论11篇。其中有《中国国民党的农工政策》《农工的组织与训练》《农民运动之回顾与前瞻》《农训工作人员应有的认识》《农训工作的意义与价值》等。

中国农民银行总管理处编《中国农民银行之农贷》由编者出版。

朱剑农著《自耕农扶植问题》由重庆中华书局出版。

傅衣凌著《福建佃农经济史丛考》由福建协和大学中国文化研究会出版。

方草等著《中共土地政策研究》由鲁南新华书店出版。

张丕介著《土地经济学导论》由重庆中华书局出版。

按：是书分10章，论述土地的定义与分类、土地与人的关系、土地的利用、农地、市地、富源地的经济特性、地租等。

[美]伊利、魏尔万著，李树青译《土地经济学》由重庆商务印书馆出版。

祝平著《土地政策要论》由重庆文信书局出版。

孟光宇著《土地登记制度》由重庆天地出版社出版。

余群宗著《中国土地法论》由国立四川大学出版部出版。

按：是书上卷为总论，分为中国土地法与平均地权、中国土地法之意义、中国土地法之性质、平均地权的土地法与大同世界、中国土地法之目的及任务5章；下卷为各论，分总则、土地登记、土地使用、土地税、土地征收5章。

吴文晖著《中国土地问题及其对策》由重庆商务印书馆出版。

按：是书分绪论、人地比率、土地使用、土地利用的对策、地权分配、租佃制度、土地分配的对策、结论等8章。

郭垣著《中国国民党地税政策》由重庆国民图书出版社出版。

地政署编《地政法规汇编》由重庆编者出版。

郑震宇著《地政问纲要》由中央训练团党政高级训练班出版。

唐陶华著《土地行政概论》（上册）由重庆著者出版。

土地金融处编《中国各重要市县地价调查报告》由重庆中国农民银行土地金融处出版。

吴致华编《土地陈报概要》由四川省训练团出版。

关吉玉著《田赋征实之理论与实务》由重庆中国文化服务社出版。

郭汉鸣、孟光守著《四川租佃问题》由重庆商务印书馆出版。

唐启宇编著《历代屯垦研究》（上、下册）由重庆正中书局出版。

黄奋生著《边疆屯垦员手册》由重庆青年出版社出版。

李新一编《土壤与肥料》由北京颖光出版社出版。

尹吉三编著《土壤学撮要》由重庆农业技术出版社出版。

俞震豫等编著《福建崇安水吉邵武茶区之土壤》由福建省建设厅地质土壤调查所出版。

余皓、李庆逵编著《四川之土壤》由经济部中央调查所出版。

谷正伦编著《保护水土浅说》由甘肃省政府出版。

全汉升著《唐宋帝国与运河》由重庆商务印书馆出版。

行政院水利委员会编《水利法规汇编》由编者出版。

内政部编《建仓积谷须知》由重庆商务印书馆出版。

甘肃水利林牧公司编《甘肃水利林牧公司人事规章汇编》由编者出版。

朱子爽编著《中国国民党粮食政策》由重庆国民图书出版社出版。

粮食部编《粮政法规》（征集类、调查类）由重庆编者出版。

粮食部编《粮政法规》（储运类）由重庆编者出版。

粮食部编《粮政法规》（配拨类）由重庆编者出版。

闻汝贤、闻亦博著《中国现行粮政概论》由重庆正中书局出版。

粮政局编《粮食行政》由贵州地方行政干训委员会出版。

张柱著《我国战时粮食管理》由重庆正中书局出版。

李纪生编著《稻作活动》由重庆教育编译馆出版。

汪呈因著《特种稻作学》由重庆中华书局出版。

行政院文物保管委员会、天文气象专门委员会编《中国之稻作与气象之关系》由编者出版。

杨立炯、刘闿兑著《烟田麻田稻作栽培及品种适应之研究》由重庆农林部中央农业实验所出版。

四川省农业改进所编《介绍两个小麦良种》由编者出版。

章柏雨、汪荫元著《各国农产物价统制实施》由重庆商务印书馆出版。

郑止善编著《除虫菊》由重庆正中书局出版。

曾省、李隆术编著《仓库害虫及其防治》由重庆正中书局出版。

河南省粮食增产总督导团编《河南省三十三年度治蝗方案》由编者出版。

国立北京大学农学院编《育种学》由编者出版。

胡竞良著《德字棉之试验结果及其推广成绩》由农林部中央农业实验所出版。

高自立等著《怎样种棉花》由山东新华书店出版。

梁庆椿等编《鄂棉产销研究》由重庆中国农民银行经济研究处出版。

钟崇敏、朱寿仁调查《四川蚕丝产销调查报告》由重庆中国农民银行经济研究处出版。

王泽农编著《武夷茶岩土壤》由财政部贸易委员会外销物资增产推销委员会茶叶研究所出版。

许调履著《蔬菜园经营简要》由江西泰和文化服务部出版。

郑天熙著《美国柑橘区域考察记》由岭南大学农学院柑橘研究所出版。

周永林编《贵州柑桔之经济地理》由《农场经营之道通讯》杂志社

出版。

华北造林会编《植物浅说》由编者出版。

郝景盛著《中国林业建设》由重庆中国文化服务社出版。

邹序儒、钟熙编《造林须知》由编者出版。

[日]信冈贞雄编著《食粮增产与防风林之关系》由华北造林会出版。

余仲奎、沈兰根著《川产楠竹性质之研究》由成都航空研究院出版。

余仲奎、黄鹏章著《川产泡桐木之性质》由成都航空研究院出版。

余仲奎、黄鹏章著《川产柳杉木之性质》由成都航空研究院出版。

余仲奎、黄鹏章著《黔产核桃木之性质》由成都航空研究院出版。

河北省保定区劝农模范场编《河北省主要树木造林编》由编者出版。

叶培忠等编著《光桐品系之初步研究》由财政部贸易委员会外销物资增产推销委员会桐油研究所出版。

邹旭圃编著《中国油桐与桐油》由重庆中华书局出版。

[美]费理朴著，许振英译《中国畜牧改良计划》由农林部中央畜牧实验所出版。

[美]蒋森著，南秉方等译《宁夏省畜牧考察报告》由宁夏省政府农林处出版。

石大伪编著《乳用山羊学》由重庆正中书局出版。

周曜丞编著《养鸽法》由上海中国农业书局出版。

康心著《简易兽病防治法》由通俗卫生丛书本出版。

盛彤笙译《兽医细菌学》由中国畜牧兽医学会出版部出版。

[德]马尔克谟斯著，陈之长、罗清生译《马氏家畜诊断学》由中国畜牧兽医学会出版部出版。

廉建中编《实验养蜂法》由上海世界书局出版。

四 卒于是年的乡村建设工作者

郭乐三卒（1891—1944）。原名郭振英，字育才，号乐三，江苏铜山人。1912年起，先后在周庄、八集等地任乡村教师。1919年考入萧县师范讲习所，次年以优异成绩毕业留萧县城厢小学任教。1922年回铜山任教于徐州第二高小，结识共产党员吴亚鲁等人。1924年参加中国社会主义青年团，次年加入中国共产党，成为铜山早期党员之一。1926年4月受中共铜山党组织派遣，去广州参加毛泽东主办的第六期农民运动讲习所学习，积极参加毛泽东倡导组织的"农民问题研究会"的调查研究。他把铜山农村各阶级状况、封建剥削方式、农民的反抗斗争、农业生产状况等情况向毛泽东做了汇报，并作了精辟分析，很得毛泽东的赞赏，为毛泽东撰写《江浙农民的痛苦及其反抗运动》一文提供了翔实材料。学习结束后，以特派员身份在中共铜山独立支部中负责农运工作。曾在安乐村创办平民夜校，亲自讲课。在平民夜校的基础上，又建立起铜山县在党领导下的第一农民协会。在安乐村的影响下，县内相继建立农民协会20多个，有会员800多人；办农民夜校5所，有学员200多人。1927年冬，参与发动并领导太和暴动。暴动失败后，党组织派他到杨虎城将军的部队从事统战工作及地下活动。此后至1938年间，在杨虎城部先后任政治处长、少将参议、保安县县长等职。1931年任中共志丹县长。1944年3月22日病逝。

民国三十四年　乙酉　1945 年

一　乡村建设活动

1月1日，中共中央作出《关于彻底发动群众实行减租减息等问题给冀鲁豫分局的指示》。

1月18日，中共冀鲁豫分局发出《给十二地委的指示信》

按：指示说："对于大地主，在政治上经济上都是削弱政策（不是消灭）。减租增佃增资与取消额外剥削（即超经济剥削）等民主斗争，主要是为了组织佃户和雇工，提高其政治地位，树立领导核心，并改善其生活，达到发展进步势力，取消优势，巩固农村统战。经济上的剥削，主要在反黑地（可罚一倍到五倍）、反贪污反恶霸等斗争中削弱之，在民主斗争中解决贫农与赤贫一部分土地。但不应因此轻视减租增资，不应被反贪污恶霸等斗争所掩盖（在模范的民主斗争中，是常会使我们只看到好的一方面而自满，忽视了工作中存在着的缺点），以致忽视或不积极的发动与组织基本群众。发动群众，不是死板规定非首先进行减租增佃，而后进行反贪污反恶霸不可（条件适合时先进行民生斗争易于树立领导核心）。应根据当时当地的具体条件与群众的迫切要求去决定从何种工作开始。一般地说，先进行反贪污反恶霸反黑地等斗争时，因基本群众未发动，实际领导权往往被封建势力掌握，故我们在领导上，在贫农利益上要照顾贫农雇工，提高其斗争情绪，培养领导核心，在民主斗争结束后应迅速转到减租增资等民生斗争上去，以便把实际领导权转到基本群众手里（树立领导核心）。"[①]

1月23日，中共中央作出《关于加强冀鲁豫根据地工作给北方局的

[①] 中国社会科学院及经济研究所现代经济史组：《中国土地改革史料选编》，国防大学出版社1988年版，第210页。

指示》。

按：指示说："最近冀鲁豫根据地有极大发展，人口将近二千万，超过太行、太岳数倍，为敌后最大根据地。但减租减息大半尚未实行，各种政策尚未完全上正轨，根据地的群众基础尚不巩固，而黄敬又因病离职。为此，中央特向你们提议，北方局即时进至冀鲁豫根据地工作，并从太行、太岳抽调一批减租减息有经验、群众作风又好的干部到冀鲁豫，普遍发达冀鲁豫群众进行彻底的减租减息，求得根据地进一步的巩固。"①

2月6日，国民政府修正《森林法》重新公布。

2月15日，为调整业佃关系，增加农业生产，保证地权及佃权，特依据山东省战时施政纲领所规定之原则，山东根据地政委会制定并公布《山东省土地租佃条例》。

3月9日，广东人民抗日游击队东江纵队颁布《本区减租减息暂行条例》。

3月20日，国民政府农林部公布《中央林业实验所组织条例》。

3月25日，凌道扬、李德毅、李顺卿、乔启明、任承统、陈鸣佑等发起的中国水土保持协会在重庆成立，凌道扬为理事长。其工作以策动水土保持运动，并协助各机关解决水土保持方面之困难问题，或就有关水土保持之发展建议于政府为宗旨。

4月9日，陕甘宁边区政府公布《地权条例》，保障农民土地私有权。

5月17日，中国国民党第六次全国代表大会通过《农业政策纲领》和《关于民众运动之决议案》，农林部依据纲领，制定了实施办法原则。

按：纲领说：一、农民政策在发展农民组织，刷新农村政治，改革农村土地，改善农村经济，推进农民福利，以保障农民权益，提高农民生活，实现三民主义之新农村社会。二、本纲领所称之农民，为直接从事农业生产之人民。三、确认农会为农民之中心组织，并扶助其发展。四、肃清妨碍农民利益之恶劣势力，惩治贪污土劣；并训练农民行使四权，以推进农村自治之实现。五、普及农村国民教育与补习教育，实行扫除文盲，以增进农民智能。六、以农民领导农民，选拔并培养优秀农民，使成为农村自治干部，充实农村领导力量。七、依"平均地权"及"耕者有其田"

---

① 中国社会科学院及经济研究所现代经济史组：《中国土地改革史料选编》，国防大学出版社1988年版，第211页。

之原则，调节农地分配，规定标准地租，限制耕地之使用、招租、分割、承继及公私土地所有权之转移。八、保障佃农，扶植自耕农，推行累进制地价税、土地增值税，征收地主超额土地；并清理荒地，配与无耕地或耕地不足之农民。九、实行合理负担，严禁高利贷款，彻底取缔对农民之一切剥削。十、提倡机械生产，改进农业生产技术，以促进农业工业化。十一、倡办公营农场与合作农场，并建立农村合作网，以实现农村经济社会化。十二、发展农村合作金融，改善农贷办法，使资金融通之实惠普于切需之农民。十三、稳定农产价格，发展农产贸易，保持农工业产品价格之适当平衡。十四、推行义务劳动，提倡农村公共建设，并讲求水土保持，防止灾害。十五、改进并推广农村救灾、恤贫、安老、育幼等设施。十六、切实普及农村医药及卫生设备。十七、创办社会保险，促进农村固有互助制度，举办农村职业指导，改良雇佣农民之待遇及生活。十八、善用农时与农暇，提倡农民体育及正当娱乐，提高农民生活水平，并改进其营养。①

5月19日，中国国民党第六次全国代表大会通过《土地政策纲领》《农业政策纲领》和《战士授田及土地资金化办法》。

6月11日，中国园艺学会更名为中国园艺学社。

7月，中国制糖技术协会成立。

9月13日，中国渔业协进会在上海成立。

10月31日，国民政府行政院通令各省市政府实施二五减租办法，办法规定在原租额基础上减去其25%。

11月27日，中共中央作出《关于抓紧进行减租运动和生产运动的指示》。

12月3日，中共中央作出《关于发动农民减租和肃清土匪给东北局的指示》。

12月25日，由陈华癸、叶和才、熊毅等发起的中国土壤学会在重庆北碚召开成立大会，通过《中国土壤学会章程》，并开始编印中国土壤学会志。

---

① 于建嵘主编：《中国农民问题研究资料汇编》（第1卷1912—1949下），中国农业出版社2007年版，第649—650页。

二　乡村建设研究论文

傅守三《合作事业与农民生活》发表于《新农业》第1卷第2期。

无名氏《农民自觉与乡村组织》发表于《新农业》第1卷第3期。

松《培植农业推广干部人才》发表于《农业推广通讯》第7卷第5期。

按：文章说："非特农业推广方面需要这大批的实地工作人员，即如战后我国农业的复员工作，以及农场经营之改进工作等，哪一项不需要这么一批人才去努力呢？为着我国将来农业的改进容易见效起见，培植这些实地的工作人才，实在是一桩最基本的工作。"

朱晋卿、黄景洛《泛论宪政实施前的农民问题》发表于《农业推广通讯》第7卷第5期。

寿哈特、周映昌《推进中国之水土保持工作》发表于《农业推广通讯》第7卷第5期。

吴华宝、朱甸余《农业推广机构之回顾与前瞻》发表于《农业推广通讯》第7卷第5期。

何家泌《三年来之各省推广繁殖站》发表于《农业推广通讯》第7卷第5期。

按：文章分推广繁殖站设置之旨趣与经过、各站人事经费及场地概况、各站中心工作要述、三年来各站工作成绩检讨、各站业务之回顾与前瞻五部分。

乔启明《地方自治与农业推广》发表于《农业推广通讯》第7卷第6期。

国民党中央《土地政策纲领》发表于《农业推广通讯》第7卷第6期。

国民党中央《农民政策纲领》发表于《农业推广通讯》第7卷第6期。

何锦明《农业推广复员与人才储培》发表于《农业推广通讯》第7卷第6期。

仇元、孙福绥《近年后方各省推广稻麦改良品种概况》发表于《农业推广通讯》第7卷第6期。

吴景超《中国农民生活程度低的前瞻》发表于《农业推广通讯》第7卷第7期。

罗俊《农业金融配合农业政策之实际问题》发表于《农业推广通讯》第7卷第7期。

吴相淦《我国农业机械化实施方案》发表于《农业推广通讯》第7卷第7期。

按：方案分中国农业机械化之含义、欧美实施农业机械化后果之检讨、我国农业机械化之方针及最后目的、我国农业机械化实施之困难与限制、解决施用新式农具困难之原则、我国实施农业机械化之程序六方面。

锦明《战后农业复员建设》发表于《农业推广通讯》第7卷第8期。

孙光远《日本在东北之农业设施》发表于《农业推广通讯》第7卷第9期。

陈显钦《战后农业建设应推行土地公有的合作农场》发表于《农业推广通讯》第7卷第10期。

按：文章分绪言、土地公有合作农场的意义、土地公有合作农场的功能（一是适合三民主义的农业经营制度、二是适合中国农村经济情形的农业经营制度，三是能促进技术改进的农业经营制度，四是适合国防建设的农业经营制度，五是促进工业化的农业经营制度、六是最进步的农业经营制度）、土地公有合作农场的创设和实施四部分。

陈显钦《战后农业建设应推行土地公有的合作农场》发表于《农业推广通讯》第7卷第10期。

陈大容《苏联对于农业科学之特殊贡献》发表于《农业推广通讯》第7卷第10期。

吴中禄《中国之农业气候》发表于《农业推广通讯》第7卷第10期。

何锦明《农业复员问题》发表于《农业推广通讯》第7卷第10期。

董鹤龄《农业复员与训练农业推广人才》发表于《农业推广通讯》第7卷第11期。

张天翼《由战后农业复员谈到农业推广问题》发表于《农业推广通讯》第7卷第11期。

按：文章分战后农业建设之重要性、由战后农业复员中开始农业建设、农业推广在农业建设中之地位、利用农业复员达到农业推广之目的、农业复员中农业推广实施办法五部分。

陈鸿佑《善后救济工作应以农村为主要对象》发表于《农业推广通讯》第 7 卷第 11 期。

曾启宏《陕西农业推广视察纪行》发表于《农业推广通讯》第 7 卷第 12 期。

贺忆严《西北农业发展之途径》发表于《中国农民》第 4 卷第 5—6 期。

徐禾夫《中国工业化对农业的贡献》发表于《中国农民》第 4 卷第 5—6 期。

按：文章分农工的关系、工业化对农业的贡献（工业化可促成农业的机械化、工业化可促进农业的科学化、工业化可促进农业的企业化、工业化可以提高农民的生活程度）、在工业化过程中应如何配合农业之发达三部分。

余益哉《论变革农村生产关系》发表于《中国农民》第 4 卷第 5—6 期。

李仁柳《论合作农场的经营》发表于《中国农民》第 4 卷第 5—6 期。

姜德诣、刘德宣《中国工业之发展与农业改进》发表于《中国农民》第 4 卷第 5—6 期。

施复亮《农村民主化问题》发表于《中国农民》第 5 卷第 1—2 期。

孙科《农民与民主运动》发表于《中国农民》第 5 卷第 1—2 期。

王惠中《地方自治与农民》发表于《中国农民》第 5 卷第 1—2 期。

徐步鳌《略论湖北农村防灾问题》发表于《中国农民》第 5 卷第 1—2 期。

吴藻溪《合作社的内部组织与经济机能》发表于《中国农民》第 5 卷第 1—2 期。

中国农民经济研究会等《对于当前大后方实行农村民治之意见》发表于《中国农民》第 5 卷第 1—2 期。

春风《关于农会与乡民代表》发表于《现代农民》第 8 卷第 2 期。

重庆新华日报《知识青年应当到农村去》发表于《现代农民》第 8 卷第 4 期。

木甘《农村电气化》发表于《现代农民》第 8 卷第 5 期。

民国三十四年　乙酉　1945年　　　　　　　　　　　　　　　　　　913

　　社说《论农民运动》发表于《现代农民》第8卷第5期。

　　按：文章说："因为农民的人数占了全国人口百分之八十，所以许多从事政治活动者都看出了其中潜伏的力量，要想去开发利用。国民党在北伐尚未成功以前，曾经从事过农民运动，没有收到什么效果，后来也就废弛了。近年共产党在北方的活动，特别注重与农民联络，最近国民党又注意到这项工作了。据闻中央党部特为组织了一个中央农民运动委员会，将大规模地进行农民的组织及训练。"

　　无名氏《未来的农业和农业经营者》发表于《现代农民》第8卷第6期。

　　杨朴《关于土地及佃农问题》发表于《现代农民》第8卷第7期。

　　刘晨《实用农学和农民》发表于《现代农民》第8卷第8期。

　　祝盈《现代的农场》发表于《现代农民》第8卷第8期。

　　道森、夏天马《战后农业重建问题》发表于《现代农民》第8卷第10期。

　　重农《农政与农贷配合》发表于《现代农民》第8卷第10期。

　　冯玉祥《政治与农民》发表于《现代农民》第8卷第11期。

　　记者《英国农业之成就》发表于《现代农民》第8卷第11期。

　　萧树屏《农业与农民》发表于《农民通讯》第3卷第3—4期。

　　陈旭《发扬农民精神》发表于《农民通讯》第3卷第3—4期。

　　郭范裔《革命成功与农民》发表于《农民通讯》第3卷第3—4期。

　　姚公振《清代之农业金融》发表于《中农月刊》第6卷第1期。

　　滕维藻《农业特性之理论分析》发表于《中农月刊》第6卷第1期。

　　张迦陵《论战后之新农业政策》发表于《中农月刊》第6卷第1期。

　　郑林庄《农业建设之途径》发表于《中农月刊》第6卷第1期。

　　沈宗瀚《中国农业机械化的可能》发表于《中农月刊》第6卷第2期。

　　按：文章指出，中国农业虽有种种不适宜机械化之点，但若因地制宜，使用相当之机械，非独不能，且极重要。中国农业何以必须机械化？1. 战区畜力减少，一时无法补充；2. 农具笨拙简陋，生产效率低；3. 劳力为生产之主要成本，非机械化不能减低生产成本；4. 农忙劳力不足影响生产量；5. 中国农民生产效率太低。中国农业如何机械化？1. 田间工作之机械化；2. 农产加工之机械化。中国农业机械化之步骤：1. 调查研究设计制造；2. 应与工业建设取得联系。

刘靖《农业建设与合作组织》发表于《中农月刊》第6卷第2期。

潘鸿声《论农产运销及其重要性》发表于《中农月刊》第6卷第2期。

原颂周《中国农业新生之曙光》发表于《中农月刊》第6卷第2期。

顾翊群《美国之农业政策与农业设施》发表于《中农月刊》第6卷第2期。

彭莲棠《中国农业灾害问题与农业合作》发表于《中农月刊》第6卷第2期。

按：文章分中国农业灾害严重普遍之原因、灾害之种类分布及其防治问题、水利合作社之经营、造林合作社之经营、作物病虫防治合作社之经营、家畜防疫合作社之经营、灾害善后之重要与农业保险、农业保险之意义种类与功效、农业保险合作社之经营等九部分。

郑震宇《一年来之土地行政》发表于《中农月刊》第6卷第4期。

华莱士、赵明强《国家农业计划中之农场管理问题》发表于《中农月刊》第6卷第4期。

章元玮《农业推广贷款之定义及其业务范围》发表于《中农月刊》第6卷第4期。

乔启明《今后农业推广之展望》发表于《中农月刊》第6卷第4期。

栗寄沧《战时土地税制改进刍议》发表于《中农月刊》第6卷第5期。

石桦《论农业保险之重要及其实施》发表于《中农月刊》第6卷第5期。

赵明强《论农工建设的协调及农业工业化的途径》发表于《中农月刊》第6卷第5期。

李荣梦《论水力事业之农村特质》发表于《中农月刊》第6卷第6期。

姚公振《农业企业之概念及其组织》发表于《中农月刊》第6卷第7期。

按：文章分农业企业之意义、农业企业之范围、农业企业之类型、农业企业之组织四部分。

方正三《农业灾荒与农业气象》发表于《中农月刊》第6卷第7期。

唐启宇《农业经营的发展和趋势》发表于《中农月刊》第 6 卷第 7 期。

按：文章分土地共有共用制、土地共有私用制、封建制度下之大地产私有制度、封建制度解体后之土地私有制、封建制度解体后之苏联集体经营制、小农经济制度解放下之理想农业经营制度六部分。

梁庆椿《论设置农业复员特种资金之必要》发表于《中农月刊》第 6 卷第 8 期。

杨显东《战后中国棉业改进论》发表于《中农月刊》第 6 卷第 8 期。

原颂周《中国农业能机械化吗》发表于《中农月刊》第 6 卷第 8 期。

梁庆椿《论设置农业复员特种资金之必要》发表于《中农月刊》第 6 卷第 8 期。

按：文章分吾国收复区农村所受之战时损失及其当前之需要、农业复员金融之特殊性、第一次世界大战后各国复员金融所采之方式、政府划拨复员农贷专款之必要、紧急救济后其他农业金融需要五部分。

孙光远《东北机械农业之现状》发表于《中农月刊》第 6 卷第 9 期。

汪荫元《物价学在农业上之应用》发表于《中农月刊》第 6 卷第 9 期。

姚公振《农业企业金融之发展》发表于《中农月刊》第 6 卷第 10 期。

罗醒魂《运用土地价值改革币制刍议》发表于《中农月刊》第 6 卷第 11 期。

汤惠荪《改革土地与农民问题》发表于《中农月刊》第 6 卷第 12 期。

崔永楫《论土地使用的社会管制》发表于《中农月刊》第 6 卷第 12 期。

章景瑞《论农业资本》发表于《中农月刊》第 6 卷第 12 期。

景洛《农民要肩起建国重任》发表于《农会导报》第 1 卷第 3 期。

潞东《改良河北省农业之管见》发表于《乡土杂志》第 1 卷第 1 期。

齐思和《研究中国农业史之重要》发表于《乡土杂志》第 1 卷第 1 期。

徐宗元《农业起源考》发表于《乡土杂志》第 1 卷第 3 期。

潘信中《各国土地估价制度概观》发表于《地政学报》第 1 期。

杜修昌《论适中的土地生产单位》发表于《地政学报》第1期。

谢森中《谈工业化与农业》发表于《粮政季刊》第1期。

祝平《土地政策与粮食政策之配合运用》发表于《粮政季刊》第2—3期。

任师尚《甘肃省办理土地陈报之经过》发表于《粮政季刊》第2—3期。

张久烈《土地赋税制度之确定》发表于《四川田粮通讯》第3期。

曹玉琨《战后东北农业移民问题》发表于《新经济》第11卷第6期。

韩君涛《我对于上海土地整理的意见》发表于《经济周报》第1卷第8期。

陈兼言《贵州工业与农业》发表于《经济世界》第9期。

李仁柳《我国农业经营制度改革论》发表于《合作经济》第2卷第1期。

按：文章分工业化中农业建设的地位、过去农业经营上的弱点、今后改革应有的目标、解决地权问题的途径四部分。

陈太先《衡阳酃湖农民新村之建设》发表于《合作经济》第2卷第1期。

文瀛《农业建设与工业化》发表于《合作经济》第2卷第2期。

周守正《农业机械化的社会条件》发表于《合作经济》第2卷第2—3期。

郑林庄《农业建设之途径》发表于《四川经济季刊》第2卷第1期。

按：文章分前言、农业建设的新途径、农业经营的方针、农产价格问题、农业建设与国防五部分。

刘光华《论土地自然增价归公》发表于《四川经济季刊》第2卷第1期。

吴文晖《论限制土地利用的因素》发表于《四川经济季刊》第2卷第1期。

吴传钧《威远山区土地利用研究》发表于《四川经济季刊》第2卷第1期。

安希伋《粮食增产与农业建设》发表于《四川经济季刊》第2卷第1期。

按：文章分前言、粮食增产的困难、粮食增产的途径、从粮食增产看农业改进四部分。

姚公振《我国农业金融之检讨与展望》发表于《四川经济季刊》第2卷第2期。

按：文章分导言、以往农业金融之检讨、战后农业经济之重要及其与农业金融之关系、战后农业金融之展望、结论五部分。

朱剑农《论土地金融在新中国的建设中应负的使命》发表于《四川经济季刊》第2卷第3期。

汪荫元《我国战时农业生产》发表于《四川经济季刊》第2卷第3期。

按：文章分引言、农业生产的一般趋势、战前与战时各种作物生产的比较、结论四部分。

孙虎江、杨晓钟《四川农业现状及其改进》发表于《四川经济季刊》第2卷第3期。

李鲁航《论中国农业建设》发表于《财政评论》第13卷第3期。

按：文章说："农业配合工业的要点：1. 供给工业区域以食粮；2. 供给工业所需要的农产原料；3. 必要时供给工业上之一时的大量劳力；4. 使工业区域的土地得合理利用。工业配合农业的要点：1. 供给农业机器的需要；2. 供给农村日用品的需要；3. 利用农暇的劳力；4. 增进农业制造促进复式生产；5. 增进农产运销；6. 增进农民的机械知识及训练；7. 坚固农村经济壁垒；8. 增进农民生活使得有工业劳作之调剂；9. 消除城市与乡村之对立；10. 调协农工使利害趋于一致。"

罗俊《农业金融配合农业政策之实际问题》发表于《财政评论》第13卷第3期。

王世重《西北农业现状及其建设问题》发表于《财政评论》第13卷第3期。

杨青田《云南农业的前途与森林》发表于《财政经济》第7—8期。

解树民《中国农业经济发展的前提》发表于《西南实业通讯》第12卷第3—4期。

按：文章说："土地是重要的生产手段，是人类生活资料的猎取泉源，要充分利用这重要的生产手段，要使我们中国农业经济顺利而迅速的向前发展，必须彻底解决土地问题。要发展中国农业经济，要从事农业工业化，必须打破土地私有对农业经营的束缚，废除技术落后的小农经营，走向大规模集体化社会化的康庄大道。这是发展中国农业经济的必要的先决条件，这是增加农业生产的有效途径。唯有如此，中国农业经济才能有望发展，配合工业化经济建设，和谐一致的为三民主义新中国而努力向前跃进，向上发展。"

张肖梅《从工业化观点论中国农业》发表于《西南实业通讯》第12卷第3—4期。

按：文章分概论、农业与对外贸易之关系、农业与国民经济之关系三部分。

杨时明《农村手工业与农民生活之关系》发表于《现代读物》第10卷第3—4期。

曲直生《经济复员后的农业问题》发表于《兰州杂志》第14—15期。

谭尔进《农业机械化的途径》发表于《中国青年》第13卷第6期。

朱宗铭《中国最近之农业问题》发表于《新闻月报》第1卷第1期。

吴景超《中国农民生活程度的前瞻》发表于《本行通讯》第107期。

蒋乃斌《农业仓库之功能与今后办理原则之商讨》发表于《本行通讯》第112期。

宋紫云《农民心理之了解与应用》发表于《本行通讯》第116期。

林景亮《战后中国农业工业化问题》发表于《大众（莆田）》第2卷第4—5期。

按：文章分绪言、对于农业工业化应有的认识、怎样努力才能使农业达到工业化、结论四部分。

林景亮《中国农业的前途》发表于《大众（莆田）》第2卷第8期。

按：文章分新农业生产的出现、新式农业机械的出现、大农制经营的出现三部分。

汪正禾《农民问题对策》发表于《大公》第10期。

张迦陵《改进农业经营与合作农场》发表于《民力周报》第34期。

罗登义《营养学与农业化学之关系》发表于《新中华》复刊第3卷第7期。

罗登义《我国的营养问题和农业问题》发表于《新中华》复刊第3卷第8期。

万文宣《工业与农业平衡发展论》发表于《新中华》复刊第3卷第9期。

按：文章分从重工重农之争到国防民生之争、工业对于农业的依靠存性（工业原料需要农业供给、工业劳动须农村供给、工业劳动生活资料需要农业供给、初期工业建设资本的筹集有赖于农产品的节余、工业产品以繁荣的农村为市场）、农业对于工业的依存性（农业机械需要工业供给、要农业科学化需要工业发达、农村过剩人口需要工业为之容纳、农产品的效用需要工业充分发挥、农产品的有利运销以工业发达为前提、农民生活水准之提高以工业发达的条件）、工业与农业平衡发展四部分。

张保丰《战后推进集体农业制度的政策与问题》发表于《新中华》复刊第3卷第11期。

罗任一《农民所要的民主》发表于《中华论坛》第7—8期。

韩仰之《论明代政治与农民运动》发表于《大学（成都）》第4卷第7—8期。

郑体思《我国农业建设何以必须并应如何运用合作组织》发表于《合作界》第15期。

沈金相《国父的农业政策》发表于《胜流》第1卷第2期。

按：文章分国父对于农业的重视、国父对于农政设施的意见两部分。

姜容熙《战后农业经济建设之商榷》发表于《胜流》第1卷第8期。

按：文章分战后农业经济建设之地位、我国战前农业经济之危机、抗战期间农业经济之恶化、战后农业经济建设之政策四部分。

张保丰《战后我国农业政策之趋向》发表于《胜流》第1卷第12期。

按：文章分战后我国农业政策必须重建、战后我国重建农业政策的趋向、战后新农业政策实施的展望三部分。

张保丰《战后我国的农业金融政策》发表于《胜流》第2卷第2期。

按：文章分从农业政策的转变说起、战后农业金融政策的趋向、战后农业金融政策之推进三部分。

解树民《论民生主义的土地政策与农业工业化政策》发表于《胜流》第2卷第4期。

萧铮《土地国有与平均地权》发表于《胜流》第2卷第4期。

潘万程《宪章有关土地政策条文之研讨》发表于《胜流》第2卷第

4 期。

陈国材《农村经济与农民生活》发表于《中华法学杂志》新编第 4 卷第 9 期。

寿勉成《农民与合作》发表于《地方自治专刊》第 1 卷第 2 期。

萧铮《农民与土地》发表于《地方自治专刊》第 1 卷第 2 期。

钱天鹤《农民与自治》发表于《地方自治专刊》第 1 卷第 2 期。

李宗黄《地方自治与农民》发表于《地方自治专刊》第 1 卷第 2 期。

童玉民《中国农业特质概要》发表于《中大周刊》第 137 期。

按：文章认为，要发展中国农业，一是推进农村教育，二是改良农民生活，三是健全农村组织，四是树立标准楼规之每一农户耕地面积，五是实施耕者有其田有其地之政策，六是特别指导小农经营，七是试验研究并推广农业新设施新技术，八是办理乡村实验及示范工作，九是调剂农业金融。

陆京士《农民节论农会组织问题》发表于《社会工作通讯》第 2 卷第 2 期。

谷正刚《中国农民运动的展望——纪念民国三十四年农民节》发表于《社会工作通讯》第 2 卷第 2 期。

林平《农会和农业推广》发表于《社会工作通讯》第 2 卷第 2 期。

窦季良《农民政策纲领的我见》发表于《社会工作通讯》第 2 卷第 7 期。

朱冲涛《农民政策实施的一个重要问题——如何发展农民组织》发表于《社会工作通讯》第 2 卷第 8 期。

彭莲棠《中国农业劳动问题与农业合作》发表于《中国劳动》第 7 卷第 6 期。

按：文章分中国农业劳动问题之意义与范围、中国农业劳动之现状、农业劳动问题与农业合作、垦荒合作社之经营、农业制造合作社之经营、历史合作社之经营六部分。

雪岩《论功行赏农民第一》发表于《田家半月刊》第 12 卷第 5—6 期。

镜民《我国抗战中的农民生活》发表于《国讯》第 391 期。

秦柳方《农民的休养生息》发表于《国讯》第 402 期。

翟克《论中国之土地政策与土地税》发表于《中国建设》第 2 期。

骆仲英《现阶段的土地改革与工业化问题》发表于《民主评论》第1卷第2期。

沈志远《当前的土地改革问题》发表于《民主周刊》第2卷第6期。

丘式如《限制私有土地刍言》发表于《三民主义半月刊》第6卷第4期。

简贯三《工业建设中之土地问题》发表于《三民主义半月刊》第6卷第11期。

祝平《土地新政纲与"土地资金化"》发表于《三民主义半月刊》第7卷第5期。

吴文晖《土地分类之研究》发表于《中山文化季刊》第2卷第1期。

杨明楷《土地改革与战士授田》发表于《新战士》第5期。

吴叔盦《西康土地利用发凡》发表于《新西康》第3卷第6—8期。

赵家鼎《试论我国战后农业建设》发表于《新福建》第7卷第2期。

按：文章说："在我国今日的社会里面，土地关系还是一切关系的基础，任何改革，即使是最缓和的手段，也必受到阻碍，然而一切阻碍的力量都将徒然，因为这是历史潮流所趋，无可抗拒的。土地问题解决之后，我们就要计划怎样用最正确、最迅速、最有效的方法，建立起我们的新农业，我们不但要学习美苏，要采用他们的机械技术，而且要迎头赶上他们。"

周桢《战后福建农业改进之管见》发表于《新福建》第8卷第1期。

陈权《战后经济建设与农业合作》发表于《新福建》第8卷第1期。

邵霖生《论我国战后之农业贸易政策》发表于《新福建》第8卷第2期。

亦青《农民问题与知识青年》发表于《中学生》第88期。

秦柳方《漫谈农村土地问题》发表于《中学生》第89期。

高景仰《中国农业改造的理论与技术》发表与《青年丛刊》第2期。

按：文章分农业改造与工业化、中国农村的社会性质、民生主义与农业改造、农业改造的技术四部分。

严为椿《我国战后的农业建设》发表于《知识青年》第1卷第4—5期。

黄英烈《唐代租税制度与总理土地政策》发表于《湖北青年》第1卷第4期。

郑林庄《战后中国农业问题》发表于《流星月刊》第1卷第1期。

廖泰初《农村建设与今日的农业政策》发表于《流星月刊》第1卷第5期。

沈志远《新中国所需的土地改革》发表于《大学（成都）》第4卷第5—6期。

罗醒魂《论土地资金化与工业化问题之不可分》发表于《中央周刊》第7卷第30—31期。

罗醒魂《论土地资金化与工业化问题之不可分（续）》发表于《中央周刊》第7卷第40期。

刘崇龄《我国土地制度的沿革》发表于《社会工作通讯》第2卷第6期。

王宣《解决河北省土地问题的途径》发表于《河北通讯》第2期。

曲直生《再述对收复土地问题处理意见》发表于《河北通讯》第2期。

王南复《彻底解决河北省土地分配问题》发表于《河北通讯》第2期。

江笛《从地价调查说到解决中国土地问题的途径》发表于《本行通讯》第105期。

秦翊《土地重划的意义与实施》发表于《本行通讯》第115期。

孙文周《我国土地金融政策刍议》发表于《本行通讯》第115期。

萧铮《农民与土地》发表于《地方自治专刊》第1卷第2期。

吕思勉《因整理土地推论到住的问题》发表于《青光》复刊第1卷第4期。

张超华《我国战后土地改革之理论与实践》发表于《惠中校刊》第2期。

朱慕唐《论战后土地政策》发表于《民族正气》第4卷第5—6期。

黎博文《汉代以后诸家之土地改革说》发表于《民族正气》第4卷第5—6期。

何坤巽《推行农村成教与解决土地问题之商榷》发表于《国民教育指导月刊》第3卷第7—10期。

谢汝鋆《实行土地政策之我见》发表于《岭表论坛》第1卷第1期。

章振乾《闽西土地改革区新租佃问题研究》发表于《福建省研究院

研究汇报》第 1 期。

朱剑农《土地征收之研究》发表于《知识（贵阳）》第 1 期。

芦荑《农村调查的态度与方法》发表于《群众》第 10 卷第 17 期。

按：文章说："在农村调查上我们要使用的方法，基本上是阶级分析的方法，这就是我们向《农村调查》一书学习的根本之点。阶级分析的方法，一方面是要我们锻炼坚定的人民大众的立场，一切问题以其是否符合于人民大众的利益，作为衡量的尺度。另一方面就是要深入的分析农村的阶级关系，分析他们的阶级成分，力量对比，剥削状况——地租、高利贷、捐税，阶级分化的情形如何，力量的对比在以甚么样的方式发展，以及在各种生产斗争、社会斗争中间不同的社会阶级的情绪、态度，这些不同的社会成分他们怎么样思想，怎么样生活，对于民族战争，民主运动他们的具体态度和倾向。"

李侯森《农民在解放中——农村阶级关系的变化》发表于《群众》第 10 卷第 19 期。

吴文晖《土地经济学的几个基本问题》发表于《人文科学学报》第 3 卷第 1 期。

解树民《论中国土地问题与土地政策》发表于《社会科学》第 1 卷第 2—3 期。

蔡世元《论中国土地问题解决的诸指导原则》发表于《社会科学》第 1 卷第 2—3 期。

章振乾《我们怎样调查闽西的土地改革区》发表于《社会科学》第 1 卷第 2—3 期。

陈正谟《土地制度改革与农业改进》发表于《东方杂志》第 41 卷第 1 期。

按：文章分引子、土地制度改革的归宿、农业改进、走向平均地权、结论五部分。

郝景盛《论我国土地之合理利用与造林》发表于《东方杂志》第 41 卷第 1 期。

陈盛清《战后关于土地的法律问题》发表于《东方杂志》第 41 卷第 5 期。

戴星如《战后工业化与农村经济》发表于《东方杂志》第 41 卷第 9 期。

按：文章说："重工重农之争，由来已久，聚讼纷纭，莫衷一是，然皆各见一面，失之全体。若不及早纠正或仅重工或仅重农之谬见，必贻害未来国民经济和'经建'大业。工业农业二者实则相依相存，在国民经济中，位本同等，缺一不可。仅重工业，必造成市场和农产品的对外依赖，丧失国民经济独立性，纯以农立国则不能吸纳过多劳力和人口，不能适应建设国防和发展国民经济之要求。所以，工农应并重。工业化与农村经济相互攸系，工业化之结果，必然促进农业之现代化，使农村经济趋向繁荣；农业经济变动，亦必波及工业化之前途。二者交互影响关系之最重要者在于：（1）工业化奖励投资的结果，可促使农村游资转入工业部门，一方面工业化所需要的巨额资金一部于此获得解决，他方面也可减轻农村的高利贷盘剥，农村经济自能渐趋繁荣；（2）工业化所需劳力可以依靠农村得到解决，同时，农村也可赖工业化解决过剩人口问题；（3）工业化所需的原料要依赖农村而求解决，而农民生活水准的提高、农村经济的繁荣，亦有赖于工业化；（4）农村经济的繁荣须赖工业化以求恢复，而工业化也亦因农村之安宁富庶而相得益彰。"

原颂周《中国农业能机械化吗》发表于《东方杂志》第 41 卷第 10 期。

梁德英《对我国土地金融应有的认识》发表于《新生路月刊》第 10 卷第 3 期。

黄折冲《农业增产的方策和必要的条件》发表于《香岛月报》创刊号。

童玉民《中国古农书提要》发表于《真知学报》第 4 卷第 1—2 期。

社论《减租与生产》发表于 11 月 6 日延安《解放日报》。

按：社论指出，只有把减租和生产这两件重要工作做好，才能迅速恢复解放区人民的战争创伤，才能保证解放区人民繁荣幸福的生活，才能更加壮大解放区人民的力量，才能负担起作为"全国民主建设的模范与和平团结的中坚"的宽大任务。

三　乡村建设研究著作

中国农民银行汉译社会科学百科全书译辑委员会编译《农业经营》由重庆正中书局出版。

郑林庄著《战后中国农业金融》由成都西南印书局出版。

李扨谦编著《农业金融与合作》由重庆商务印书馆出版。

林葆忠编《农业金融》出版。

瞿菊农著《乡村建设与教育》由中国文化服务社出版。

按：是书分乡村建设以复兴民族、乡村建设与乡村教育、社会本位的教育看法、乡村教育建设、公民教育、新县制与乡村建设等十四部分。

谢允庄编《农业合作簿记》由重庆正中书局出版。

按：是书分中式簿记、复式簿记、节工分工3编。

韩稼夫著《工业化与中国农业建设》由重庆商务印书馆出版。

按：是书分8章，叙述我国的农业资源、农业状况、农业建设的工业化及农村工业化的意义、现代工业对农业发展的影响等问题。

林平著《农业推广》由重庆新建农业出版社出版。

沈宗翰讲《中国资源问题——农业方面》由中央训练团党政高级训练班出版。

按：是书介绍中国农业自然环境、经济状况、主要农产品及农业资源之改进原则。

邹秉文编《我国战后农业建设计划纲要》由金陵大学农学院农业教育学系出版。

甘肃省政府编《甘肃省农业概况估计》由编者出版。

金陵大学农学院农业经济系编《中国农业区域》由南京编者出版。

胡宏基著《经济农场经营法》由编者出版。

沈遵晦著《创办合作农场为农业建设之中心论》由海军总司令部新闻处出版。

孔雪雄著《农民运动经验谈》由重庆国民图书出版社出版。

按：是书介绍如何深入农村，发动与组织农民，农村工作者的修养，计划研究及工作的持续展开等问题。

周宪文编《新农本主义批判》由南平国民出版社出版。

［美］比安士铎等著，王云五译《苏联工农业管理》由重庆商务印书馆出版。

中央训练委员会编《中国农村建设论文选辑》由编者出版。

张靖中著《建设农村劳资合作计划》由昆明著者出版。

韩稼夫著《中国农村工业问题》由重庆正中书局出版。

按：是书分6章，论述农村工业与农业生产、交通运输、国际贸易等方面的关系，战时农村工业发展的趋势与新机构，战后农村工业的前途等。

李俊著《庄稼汉手册》由新华书店出版。

王恒编著《汉代土地制度》由重庆正中书局出版。

按：是书分12章，介绍汉代的农业生产、地权分配、地价、地租、农田劳力、租佃制度、地主阶级和耕者的生活情况等。

潘信中编《土地登记制度》由重庆正中书局出版。

李遇隆编《规定地价》由江西省训练团出版。

按：是书分绪论、土地政策、土地行政、地籍整理、规定地价、土地使用、地权调查等7章。

朱霄龙编著《土地登记之理论与实务》由军技印刷所出版。

按：是书分10章，介绍土地登记的概念，我国土地登记概况，办理各种登记的程序、方法，登记资料与图册处理等。

中央训练委员会编《土地行政》由编者出版。

夏夫纳著，祝平译《德国之土地抵押与登记》由重庆正中书局出版。

［日］石田文次郎著，印斗如译《土地总有权史论》由中国地政研究所出版。

蓝梦九著《土壤微生物学》由上海中华书局出版。

铁明著《侵蚀与保土》由上海中华土壤肥料学会出版。

铁明著《土壤侵蚀与中国前途》出版。

陈孚华编著《公路土壤学》由重庆正中书局出版。

刘海蓬、俞震豫编《福建福安福鼎两县志土壤》由福建省建设厅地质土壤调查所出版。

晋绥边区行政公署建设处编《怎样积肥》由编者出版。

杜春晏、刘敬琨著《中国酸性白土之初步研究》由经济部中央工业试验所出版。

蔡邦霖主编《灌溉工程设计参考手册》由行政院水利委员会出版。

葛荫萱著《凿井工程》由北平工务总署水利局事务科出版。

［日］桑名伊之吉著，郭寿铎译《农艺杀虫剂》由重庆正中书局出版。

新华书店编《边区的劳动互助》由山东新华书店出版。

区党委研究室编《组织起来的经验汇编》由新华书店出版。

粮食部编《粮食仓储及运输损耗率计算规则》由编者出版。

左治生著《中国粮食问题与粮食政策》由甘肃田赋粮食管理处出版。

尹静夫著《战后粮政》由上海自由西报社出版。

千古利著，李柏均译《战时英国粮食增产运动》由重庆正中书局出版。

缪进三编《福建省之稻作》由福建永安茅坪农事试验场出版。

席风洲编《怎样种棉花》由新华书店出版。

胡竟良著《中国棉产改进史》由重庆商务印书馆出版。

吴觉农著《抗战与茶叶改造》由财政部贸易委员会出版。

庄晚芳著《台湾茶业》由福建省农林公司出版。

谭炳杰著《四川附子之初步观察》由四川灌县出版。

蒋毓隆编著《苹果栽培法》由金陵大学农学院农业教育学会出版。

凌抚云编《中国造林运动之过去、现在与将来》由华北造林会出版。

齐敬鑫著《核桃木》由重庆商务印书馆出版。

余仲奎、罗裕英著《中国木材之平衡含水量》由成都航空研究院出版。

林渭访、刘慎孝著《福建经济树木生长之研究》由福建省研究院出版。

许康祖著《绵羊人工授精之技术及其实际应用》由兰州农林部西北羊毛改进处出版。

康心等著《六畜病的治法》由华北新华书店出版。

史道源编《四川省之猪鬃》由四川省银行经济研究处出版。

殷秋松编《蚕种制造》由上海中华书局出版。

四　卒于是年的乡村建设工作者

武同举卒（1871—1945）。同举字霞峰，别号雨轩、一尘，江苏灌云人。清光绪年间先后考中秀才、举人、拔贡，曾任海州掌管粮运及农田水利的通判，又任海州劝学所主任兼学务总董。1909年加入张相文创办的中国地学会。曾在《地学杂志》上连续发表《江北行水今昔观》《会勘江北运河日记》等水利论文，后编成《雨轩剩语》出版。1913年2月应督办段之范聘请，与法国工程师克那纳共同勘察海州港口（即连云港），撰写《测绘海州港口导记》。1915年因苏北水患，曾呼吁政府当局兴修苏北水利。1918年任《江苏水利协会杂志》主编。1924年任国民政府江苏水利署主任，主管全省水利，兼河海工科大学水利学教授。1828年任江苏建设厅第二科科长，主管全省水利。同时兼任南京中央大学水利学教授，并先后兼任江北运河善后委员会秘书、全国经济委员会水利处整理水利文献委员会编纂等职。晚年寓居上海，专心从事水利专著的撰写，著有《淮系年表全编》《再续行水金鉴》（与赵世暹合著）、《江苏水利全书》《江北行水今昔观》《会勘江北运河日记》《测绘海州港口导记》《吁兴苏北水利文》《导淮罪言》《江北运河为水道系统论》《导淮入江入海之研究》《淮北水道历史与今日现势之比较》《泗、沂、沭分治合治之研究》《沂沭偏重筹泄淮泗宜蓄泄兼筹论》《宋元明代之黄河》等。

仇埰卒（1873—1945）。埰字亮卿，一字述庵，江苏南京人。清宣统元年拔贡。与伍仲文等在南京创办四区模范小学，历任第一模范学堂堂长、四区模范小学总办、宁属师范学监。辛亥革命后，创办江苏省立第四师范学校，并设立附属小学供学生教学实习之用，任校长长达15年。1921年，为发展农村教育，创办了栖霞乡村师范分校，又在南郊小行设立附小乡村分部。抗战爆发以后，避居上海，以卖文售字为生。著有《鞠燕词》2卷。

民国三十五年　丙戌　1946年

一　乡村建设活动

1月15日，苏皖边区政府颁布《没收汉奸土地放领办法》，要求没收汉奸的一切土地，由当地没收汉奸财产管理机关负责登记管理和放领。

3月20日，中共东北局作出《关于处理日伪土地的指示》，规定所有东北境内的一切日伪地产、开拓地、满拓地及日本人和大汉奸所有地，应立即无代价地分配给无地和少地的农民所有。

3月27日，中国渔业建设协会成立。

是月，晋察冀边区行政委员会公布《森林保护条例》《奖励植树造林办法》。

4月11日，中共中央作出《关于纠正群众工作中的错误问题给陈毅同志的指示》，对于过多地打击富农与中小地主的问题，指示要求必须注意于适当时机加以纠正。

是月，中国农工服务社在南京成立，以团结农工大众，发展生产事业，改善农工生活，增加社会福利为宗旨。

5月4日，中共中央发出《关于反奸清算与土地问题的指示》（简称《五四指示》），决定将抗日战争时期实行的减租减息政策改变为没收地主阶级土地分配给农民的政策，肯定农民的土地要求，批准农民在反奸清算、减租退租中从地主手中获得的土地合法化，标志着中国共产党的土地政策从实现减租减息到实现耕者有其田的彻底转变，正式拉开暴风骤雨般的土地改革运动的帷幕。

按：指示说：各地党委必须明确认识解决解放区的土地问题是我党目前最基本的历史任务，是目前一切工作的最基本环节。必须以最大的决心和努力放手发动与领导目前的群众运动来完成这一历史任务。并依据下列各项原则，给当前的群众运动以正确的指导。

（一）在广大群众要求下，我党应坚决拥护群众在反奸、清算、减租、减息、退租、退息等斗争中，从地主手中获得土地，实现耕者有其田。

（二）坚决用一切方法吸收中农参加运动，并使其获得利益，决不可侵犯中农土地，凡中农土地被侵犯者，应设法退还或赔偿。整个运动必须取得全体中农的真正同情和满意，包括富裕中农在内。

（三）一般不变动富农的土地，如在清算、退租、土地改革时期，由于广大群众的要求，不能不有所侵犯时，亦不要打击得太重。应使富农和地主有所区别，应着重减租而保全其自耕部分。如果打击富农太重，即将影响中农发生动摇，并将影响解放区的生产。

（四）对于抗日军人及抗日干部的家属之属于豪绅地主成分者，对于在抗日期间，无论在解放区和国民党区与我们合作而不反共的开明绅士及其他人等，在运动中应谨慎处理，适当照顾。一般的应采取调解仲裁方式，一方面说服他们不应该拒绝群众的合理要求，自动采取开明态度；另方面，应教育农民念及这些人抗日有功，或是抗属，给他们多留下一些土地，及替他们保留面子。

（五）对于中小地主的生活应给以相当照顾。对待中小地主的态度应与对待大地主、豪绅、恶霸的态度有所区别，应多采取调解仲裁方式解决他们与农民的纠纷。

（六）集中注意于向汉奸、豪绅、恶霸作坚决的斗争，使他们完全孤立，并拿出土地来；但仍应给他们留下维持生活所必需的土地，即给他们饭吃。对于汉奸、豪绅、恶霸所利用的走狗之属于中农、贫农及贫苦出身者，应采取争取分化政策，促其坦白反悔，不要侵犯其土地；在其坦白反悔后，并须给以应得利益。

（七）除罪大恶极的汉奸分子的矿山、工厂、商店应当没收外，凡富农及地主所设的商店、作坊、工厂、矿山，不要侵犯，应予以保全，以免影响工商业的发展。不可将农村中解决土地问题反对封建阶级的办法，同样的用来反对工商业资产阶级，我们对待封建地主阶级与对待工商业资产阶级是有原则区别的。有些地方将农村中清算封建地主的办法，错误的运用到城市中来清算工厂商店，应立即停止，否则，即将引起重大恶果。

（八）除罪大恶极的汉奸分子及人民公敌为当地广大人民群众要求处

死，应当赞成群众要求，经过法庭审判，正式判处死刑者外，一般的应施行宽大政策，不要杀人或打死人，也不要多捉人，以减少反动派方面的借口，不使群众陷于孤立。反奸清算是必需的，但不要牵连太广，引起群众恐慌，给反动派以进攻的借口。

（九）对一切可以教育的知识分子，必须极力争取，给以学习与工作机会。对开明绅士及其他党外人士，或城市中的自由资产阶级分子，只要他们赞成我们的民主纲领，不管他们还有多少毛病，或对于目前的土地改革表示怀疑与不满，均应当继续和他们合作，一个也不要抛弃，以巩固反对封建独裁争取和平民主的统一战线。对于逃亡地主及其他人等，应让其回家，并给以生活出路；即使其中有些分子，其回家目的在于扰乱解放区，亦以让其回家置于群众监督之下为有利。如此，可以减少城市中反对群众的力量。

（十）各地群众尚未发动起来解决土地问题者，应迅速发动解决，务必在今年年底以前全部或大部获得解决，不要拖到明年。但在进行斗争时，必须完全执行群众路线，酝酿成熟，真正发动群众，由群众自己动手来解决土地问题，绝对禁止使用反群众路线的命令主义、包办代替及恩赐等办法来解决土地问题。

（十一）解决土地问题的方式，群众已创造了多种多样。例如：（甲）没收分配大汉奸土地。（乙）减租之后，地主自愿出卖土地，而佃农则以优先权买得此种土地。（丙）由于在减租后保障了农民的佃权，地主乃自愿给农民七成或八成土地，求得抽四二成或三成土地自耕。（丁）在清算租息、清算霸占、清算负担及其他无理剥削中，地主出卖土地给农民来清偿负欠。农民用以上各种方式取得土地，且大多数取得地主书写的土地契约，这样就基本上解决了农村土地问题，而和内战时期在解决土地问题时所采用的方式大不相同。使用上述种种方式来解决土地问题，使农民站在合法和有理地位，各地可以根据不同对象分别采用。

（十二）在运动中所获得的果实，必须公平合理地分配给贫苦的烈士遗族、抗日战士、抗日干部及其家属和无地及少地的农民。在农民已经公平合理得到土地之后，应巩固其所有权，发扬其生产热忱，使其勤勉节俭，兴家立业，发财致富，走向美满有方向，以便提高解放区生产。在解决土地问题后，凡由于自己勤勉节俭，善于经营，因而发财致富者，均应保障其财产不受侵犯。因此不可有无底止的清算和斗争，妨害农民生产兴趣。对于一部分人的游惰情绪及二流子，应加以教育，使他们从事生产，改良生活。

（十三）在运动中及土地问题解决后，应注意巩固与发展农会和民兵，发展党的组织，培养提拔干部，改造区、乡、村政权，并教育群众为保卫已获得的土地和民主政权而斗争，为国家民主化而斗争。

（十四）凡我之政权不巩固，容易受到摧残的边沿地区，一般的不要发动群众起来要求土地，就是减租减息亦应谨慎办理，不能和中心区一样，以免造成红白对立及受到摧残。但在情况许可地区，又当别论。

（十五）各地党委应当放手发动与领导解放区的群众运动，依照上述各项原则，坚决的去解决土地问题。只要能遵守上列各项原则，保持农村中百分之九十以上人口和我们党在一道（农村中雇农、贫农、中农、手工工人及其他贫民共计约占百分之九十二，地主、富农约占百分之八），保持反封建的广泛统一战线，我们就不会犯冒险主义的错误。相反，如果我们能够在一万万数千万人口的解放区解决了土地问题，就会大大巩固解放区，并大大推动全国人民走向国家民主化。

（十六）因此，各地必须召开干部会议，总结经验，讨论中央指示，向一切党的干部印发并解释中央指示，根据当地具体情况，确定实施中央指示的计划，调动大批干部，加以短期训练，派到新区去进行这一工作。同时向党外人士做必要与适当的解释，指出这是百分之九十以上人民群众的正当要求，合乎孙中山主张与政协决议，又对各色人等及地主富农有相当照顾，因此应当赞助农民的要求。同时各地应当教育干部，特别是区、乡、村干部，发挥共产党员为人民服务的精神，不要利用自己的领导地位取得过多的利益，引起群众不满，转向干部作斗争。如果此种斗争已经发生，则应劝告干部采取公平态度解决问题，以免脱离群众。

（十七）一九四二年中央土地政策决定，几年来正确的发动了广大群众运动，支持了抗日战争。但由于清算减租运动的发展和深入，实际上不能不依照目前广大群众的要求，而有重要的改变，虽然不是全部改变，因为并没有全部废止减租政策。

（十八）党内对于土地问题所发生的右的与"左"的偏向，各地应根据本指示，以充分的热情与善意进行教育，加以纠正，以便领导广大群众

民国三十五年　丙戌　1946年

为完成土地改革巩固解放区群众基础而奋斗。①

5月13日，中共中央作出《关于暂不宣传改变土地政策的指示》。

5月17日，中共中央作出《关于深入清算运动解决农民土地问题给冀热辽分局的指示》，指出应坚决拥护雇农要求土地的迫切要求，运用反奸、清算等各种方式，使经营地主的土地，转入到贫农和无地少地的农民手中。

5月19日，中共中央情报部作出《关于解决土地问题的方式给东北局的指示》。

5月28日，中共华中分局作出《关于贯彻党中央"五四"关于土地政策新决定的指示》。

按：指示说："中央五四关于土地问题指示，是党在抗战胜利之后由战争转入和平改革与和平建设新时期，为了解决区土地问题而提出的新纲领，要我们在整个解放区实行土地改革，消灭封建剥削，达到耕者有其田。中央指出，这是我党目前最基本的历史任务，是目前一切工作的基本环节，要我们在今年年底以前，全部或大部获得解决，不要拖到明年。这个纲领的实行，'将更加促进各解放区的群众运动，实现土地关系的根本改变，极大的巩固解放区，巨大的增加我们反对国民党政治进攻与军事进攻的力量'。"②

是月，晏阳初被行政院长宋子文聘为农业建设委员会主任委员。

6月8日，上海园艺事业改进协会成立。

6月16日，中共华中分局作出《关于解决土地问题的补充指示》。

6月20日，中共中央作出《关于在土地改革中应注意的几个问题给晋察冀局、冀热辽分局的指示》。

7月10日，晋察冀军区政治部发布关于全军参加乡村群众解决土地问题的训令。

7月19日，中共中央作出《关于向民盟人士说明我党土地政策给周恩来、董必武同志的指示》和《关于要求各地答复制定土地政策中的几个重要问题的指示》。

---

① 中国社会科学院及经济研究所现代经济史组：《中国土地改革史料选编》，国防大学出版社1988年版，第248—250页。

② 中国社会科学院及经济研究所现代经济史组：《中国土地改革史料选编》，国防大学出版社1988年版，第253页。

是日，中共中央曾就土地问题尚未解决地区的土地政策征询各地意见，其中包括是否宜于实行"地主土地超过一定数额者由政府以法令征购之""地主每人所保留的土地可等于中农每人所有平均土地的两倍""地主多余的农具、耕牛、房屋为农民所必须者亦得征购之，但地主所有之工厂、商店、矿山不得征购之"等原则。张闻天在8月20日为答复中央关于土地问题的咨询，给中共中央东北局和中共中央发了电报，汇报了自己的意见。

按：张闻天在电报中说："一、为孤立蒋介石、建立广泛的反蒋统一战线，对地主生活给以照顾，不树立过多敌人，这一思想与政策是正确的。二、由政府以法令征购地主的剩余土地的办法，因那些地方农民已经翻了身、工农在政府中已占了优势地位，因此可以施行，而且也是行得通的。三、但这种办法在北满一带新地区还是不适合的。这里首先的问题是在放手发动农民群众，以革命的手段把地主阶级的政权打倒，建立起以工农为主体的民主政府。而要做到这一点，必须在反奸清算中使农民直接的无代价的取得敌伪及豪绅恶霸地主的土地、房屋与牲畜。否则，农民的真正发动是不可能的。四、为照顾地主生活，不树立过多敌人，规定对小地主以实行减租为原则，而保留其土地，对被清算的地主可给其保留多于中农一倍的土地，其工商业部分及某些动产给以保留等办法，是适当的。这会使地主内部起分化，而且还能和缓被清算的地主同我们之间的对立。"①

是日，中共中央转发《冀热辽分局关于热河农民运动情况的报告》。

7月21日，陕甘宁边区政府发布《关于减租和查租的指示》，要求各地切实贯彻减租，认真复查。

是月，中共中央发出《为实现耕者有其田向各解放区政府的提议》，交各地区讨论提出意见。

按：《提议》说："鉴于各解放区有数千万农民起来坚决要求土地实现耕者有其田的事实，鉴于地主占有大量土地，不劳而获，而占人口百分之八十以上的农民没有或缺少土地，是目前中国社会的根本病态，是整个民族陷于被压迫、被奴役、贫困与落后的根源，是我们国家走向民主化与工业化的最大障碍。而农民获得土地，实现耕者有其田，则是中国走向独立、自由、民主统一和富强的基础。中国共产党中央委员会特根据孙中山

---

① 张闻天：《张闻天文集》（1939—1948）第3卷，中共党史出版社1994年版，第214页。

先生关于耕者有其田的主张,及政治协商会议实行耕者有其田的决议向各解放区政府提议,以下列各项为原则,制定并颁布土地法令,实现耕者有其田,以满足广大农民极正当的要求,同时保障地主在土地改革后必需的生活,并为我们国家的民主化、工业化造成广泛的巩固的基础。"[1]

8月5日,中共华东局作出《关于目前土地改革运动中几个问题的指示》。

8月8日,中共中央作出《关于对富农土地不宜推平给华中局的指示》,中央认为陈毅对于富农自耕土地不宜推平的意见是正确的。

8月10日,中共中央对云泽(乌兰夫)《关于内蒙古农业与土地情形的报告》作出批示。

8月25日,胡文澜、何鲁、王白与等以四川农民索债团部分人员为基础成立中国农民自由党,以何鲁为主席。

是月,中共晋察冀局作出《关于传达与执行中央五四指示的决定》。

9月1日,中共华中分局作出《关于团结中农的指示》。

是日,中共华东局发出《关于彻底实现土地改革的指示》,要求在年底以前全部或大部完成土地改革。

9月20日,中共晋冀鲁豫局作出《为贯彻五四指示彻底实现耕者有其田的指示》。

9月21日,中共中央发出《对山东土地改革的指示》。

9月28日,中共中央西北局发出《关于试行土地公债办法草案》的规定。

是月,中国农学会台湾省分会在台北成立。

10月2日,中共中央西北局发出《关于领导农民减租运动的决定》草案。

10月8日,晋绥军区发出关于恢复三大任务,军队做群众工作,发动群众解决土地问题的指示。

10月12日,中共太行区党委作出《关于农村阶级划分标准与具体划分的规定》。

10月28日,中共中央西北局发出《关于继续发动群众解决租佃土地

---

[1] 于建嵘主编:《中国农民问题研究资料汇编》(第1卷 1912—1949 下),中国农业出版社 2007年版,第657—658页。

问题的指示》。

是月，中国农业协会第八次会议在上海召开。中国农协是一个无党派民间组织，成员约 4000 人，致力于提高农业发展水平、民主和国家现代化的程度。这次会议之所以受人瞩目，原因就在于参加会议的各政治党派的代表都对各自的土地政策做了解释，一些代表分析了国共两党的土地政策得失，认为中国共产党之所以能够扎根农村，得到农民拥护，就是实行了土改。

是月，国民政府行政院公布《绥靖区土地处理办法》。

11 月 21 日，中共东北局作出《关于解决土改运动中"半生不熟"的问题的指示》。

11 月 30 日，张闻天在东北大学发表题为《农民土地问题》的演讲。

按：演讲分中国革命的基本问题是农民问题、如何发动农民、土地怎样分配、农民当权办事、知识分子与农民五个部分。

12 月 10 日，张闻天为中共合江省委起草题为《关于深入土地斗争的指示》。

12 月 20 日，陕甘宁边区政府公布《征购地主土地条例草案》，规定地主除应留土地外，由边区政府征收剩余部分。地主自留土地一般高于当地中农人均土地的 50%；抗战及自卫战中有功的地主，应高于当地中农人均土地的一倍。富农土地不得征购。

12 月 23 日，中共西北局发出《关于绥德贺家石试办征购地主土地中几个分配办法致绥德地委电》。

12 月 25 日，华北人民政府发出《关于推行农业税则的决定》。

是月，中共太行区党委作出《关于开展群众翻身解放运动实现耕者有其田的指示》。

是年，国民政府在行政院设置地政部，下设地籍、地权、地价和总务等司，并修订和公布新的《土地法》。该法特设地籍篇，规定地籍整理包括地籍测量及土地登记。地籍测量实施规则由中央地政机关规定；土地登记为土地及其建筑改良物的所有权与他项权利的登记，分为土地总登记和土地权利变更登记。

是年，中美两国政府指派农业专家，合组中美农业技术合作团，考察我国农业现状，以为合作改进之张本。考察时间自 7 月始，历时 4 个月，足迹遍及我国 14 个省 50 余地。

是年，中国农政协会在重庆成立。

二 乡村建设研究论文

乔启明《当前农业推广之紧急任务》发表于《农业推广通讯》第8卷第1期。

按：文章认为，当前农业推广的紧急任务，一是普遍建立农业推广机构，二是迅速开展农业救济工作，三是切实规划农业推广据点，四是加强训练农民自动。

马保之、陈德昭《美国农民的人生哲学》发表于《农业推广通讯》第8卷第1期。

乔启明《农民节和农村复兴》发表于《农业推广通讯》第8卷第2期。

谷正刚《一年来农运的检讨》发表于《农业推广通讯》第8卷第2期。

吴国桢《中国国民党对农民问题之主张》发表于《农业推广通讯》第8卷第2期。

乔启明《中美农业技术合作之展望》发表于《农业推广通讯》第8卷第7期。

林景亮《中国农业建设的基本问题》发表于《农业推广通讯》第8卷第8期。

按：文章说："农业建设问题固然繁多，但最主要的还是农民问题、土地问题和技术问题。这三者都有连带的关系，欲求农民的解放，生活的改善，不能不加强农民的组织，强调农民团结的力量，协助政府推行土地政策。就是农业技术上，如因农民有组织，有力量，一切农业科学教育的实施，技术的改良，就很容易使农民接受。所以，农民的组织，土地的改革和技术的解放，确是改良农业的重要力量，必须提前促其实现。"

乔启明《农业推广与农业复员救济》发表于《农业推广通讯》第8卷第8期。

程增杰《山西省农业复员及农业建设之展望》发表于《农业推广通讯》第8卷第8期。

孙恩麐《湖南农业之救济与善后》发表于《农业推广通讯》第8卷

第 8 期。

王维祺《建设农业的新鄂西》发表于《农业推广通讯》第 8 卷第 8 期。

严慎予《我国农林施政方针》发表于《农业推广通讯》第 8 卷第 9 期。

蒋荫松《陕西之农业推广》发表于《农业推广通讯》第 8 卷第 9 期。

锦明《健全农业推广基层组织》发表于《农业推广通讯》第 8 卷第 9 期。

张济时、严昶《论我国农业推广当前的外国问题》发表于《农业推广通讯》第 8 卷第 10 期。

按：文章分外汇与农产品成本问题、农产品外销问题、通货与农产品物价问题、农贷问题、土地问题与租佃制度五部分。

孙光远《辽北省农业之过去与今后对策》发表于《农业推广通讯》第 8 卷第 10 期。

姚澄《农业推广之商榷》发表于《农业推广通讯》第 8 卷第 11 期。

阎约翰《抗战期间广西省农业推广实验概况》发表于《农业推广通讯》第 8 卷第 11 期。

程天庆《收复区农村复兴之我见》发表于《农业推广通讯》第 8 卷第 11 期。

阎约翰《抗战期间广西省农业推广实验概况》发表于《农业推广通讯》第 8 卷第 12 期。

钱淦庭《美国农业推广成功之因素》发表于《农业推广通讯》第 8 卷第 12 期。

程炳华《美国农业推广制度》发表于《农业推广通讯》第 8 卷第 12 期。

健农《农业建设与农民金融》发表于《苏农通讯》第 1 期。

阙宗骅《本省农业建设的途径》发表于《广西农业通讯》第 5 卷第 1 期。

张权《中国现仍停滞在古老的农业阶段》发表于《农业生产》第 1 卷第 5 期。

吴逸《论我国农业进步迟缓的原因》发表于《中国农村月刊》第 1 卷第 2 期。

张约《黄旭初与广西新土地政策》发表于《中国农村月刊》第1卷第2期。

李治国《中国农村底出路》发表于《中国农村月刊》第1卷第2期。

徐盈《东北农业鸟瞰》发表于《中国农村月刊》第1卷第2期。

邓初民《减租运动与民主运动》发表于《现代农民》第9卷第2期。

胡笳《农民运动乎？运动农民乎？》发表于《现代农民》第9卷第2期。

乔启明《农民节和农村复兴》发表于《农会导报》第2卷第2期。

谷正刚《全国农民起来为和平建国而斗争》发表于《农会导报》第2卷第2期。

葛克信《急待解决的苏北土地问题》发表于《西北农报》创刊号。

熊伯蘅《农业建设与土地改革》发表于《西北农报》创刊号。

安永庆、余澄衷《关中区战时农民负担调查初步报告》发表于《西北农报》第1卷第3期。

林礼铨《农业推广与农民教育》发表于《农林新报》第23卷第10—18期。

刘世超《农业立地论发凡》发表于《中农月刊》第7卷第1期。

施珍《建立现代化农业论》发表于《中农月刊》第7卷第2期。

张肖梅《从工业化观点论中国农业》发表于《中农月刊》第7卷第4期。

叶德盛译《农作物保险论》发表于《中农月刊》第7卷第7—8期。

吴文晖《中国土地改革之途径》发表于《中农月刊》第7卷第9—10期。

马宝华《平均地权与地政工作》发表于《明日之土地》第2期。

萧杰五《土地问题与农乱》发表于《明日之土地》第3期。

刘绍英《租佃制度与土壤保存》发表于《明日之土地》第3期。

易甲瀛《佃农负担与减租运动》发表于《明日之土地》第3期。

朱莲青《宁夏省的土地应该怎样利用和改良》发表于《土壤》第5卷第2期。

夏之骅《化学肥料与中国农业前途》发表于《资源委员会季刊》第6卷第3—4期。

按：文章分中国现有的耕地能否养活比现在更多的人口、采用化学肥料是农产增收最迅速的有效方法、农民需要哪种肥料、中国农业前途与化学肥料工业四部分。

解树民《中国农业经济发展的前提》发表于《经济周报》第 2 卷第 2 期。

石华《怎样解决中国土地问题》发表于《经济周报》第 3 卷第 3 期。

民《略谈土地改革》发表于《经济周报》第 3 卷第 10 期。

苏绍智译《中共的土地改革》发表于《经济周报》第 3 卷第 15 期。

魏琦《论苏北的土地改革政策》发表于《经济周报》第 3 卷第 15 期。

张锡昌《东欧各国的土地改革》发表于《经济周报》第 3 卷第 17 期。

解树民《土地问题与土地政策》发表于《经济周报》第 3 卷第 18 期。

郑有庄《苏北土地问题的三阶段》发表于《经济周报》第 3 卷第 18 期。

李希仁《中国农业建设之动向》发表于《四川经济季刊》第 3 卷第 2 期。

陈林《四川农业建设之路》发表于《四川经济季刊》第 3 卷第 3 期。

许廷星《农业改良与农业政策》发表于《四川经济季刊》第 3 卷第 3 期。

黎谷邨《土地税略论》发表于《贵州直接税通讯》第 14 期。

熊良《论农业劳动力的补充》发表于《贵州经济建设月刊》第 1 卷第 4 期。

按：文章分农业劳动力的不足、农业劳动力的补充两部分。

樵《当前中国的土地问题》发表于《联合经济研究室通讯》第 6 期。

胡士标《略论我国农业金融》发表于《金融汇报》第 16 期。

按：文章分农业金融的意义、高利贷统治下的我国农业金融与农家经济、我国农业金融的演进、合作金融与农业金融、结论五部分。

胡士标《如何建立我国新的农业金融》发表于《金融汇报》第 25 期。

按：文章分引言、革新我国农业金融的前提条件、如何建立我国新的农业金融制度、结语四部分。

鲍文熙《现阶段之我国农业及畜牧业》发表于《商业月报》第22卷第3期。

王璧岑《如何减轻农民负担》发表于《财政经济》第9期。

陈正谟《新土地法中之土地政策》发表于《财政评论》第15卷第5期。

翟克《土地增值税之根据与效果》发表于《财政评论》第15卷第5期。

张白衣《中国土地问题新论》发表于《财政评论》第15卷第5期。

张肩重《土地税业务之推进与检讨》发表于《财政评论》第15卷第5期。

叶光海《修正土地法之检讨》发表于《财政评论》第15卷第5期。

叶倍振《旧土地法之缺点及其效果》发表于《财政评论》第15卷第5期。

吴清友《解决土地问题的纲领》发表于《财政评论》第15卷第5期。

叶以强《土地法之制定及其修正经过》发表于《财政评论》第15卷第5期。

张德先《实施土地增值税的几个重要问题》发表于《四川财政》第2期。

柯泉清《战后中国农业改造》发表于《浙江经济月刊》第1卷第5期。

马逢周《试谈中国农业机械化》发表于《行总农渔》第9期。

按：文章说："中国农业机械化一定要因地制宜，划分成几个农业机械化程度不同的区域，依理想，大约有五个这种区域。"第一个松辽平原区，第二个黄河冲积平原区，第三个西北高原区，第四个长江冲积平原区，第五个南方丘陵地区。"彻底的办法应该是减少农村人口，因为农业问题在中国已完全受人口对土地压力的影响，不减少农业人口，农业本身不会有办法。"

姜振华《中国边区农业之重要性》发表于《银行系刊》第3期。

寻庵《中国农业问题及改善农民生活之途径》发表于《河北省银行经济半月刊》第2卷第9期。

寻庵《中国农业问题及改善农民生活之途径》发表于《河北省银行

经济半月刊》第 2 卷第 9 期。

宋瞻骥《农业资金融通的基本条件》发表于《福建省银行季刊》第 2 卷第 1—2 期。

按：文章分对人信用的人格担保、对物信用的实物担保、补助信用的特殊担保、以政府信用为农业上的担保四部分。

郭祖纯《福建省土地问题及其解决之途径》发表于《福建省银行季刊》第 2 卷第 3 期。

陈德规《中国土地资金化问题》发表于《福建省银行季刊》第 2 卷第 3 期。

林景亮《发展福建农业特产问题之探讨》发表于《福建省银行季刊》第 2 卷第 3 期。

谢绍康《论当前的农业危机》发表于《广东银行月刊》复刊第 2 卷第 9—10 期。

按：文章分问题的提出、严重的全面性灾荒、农民沉重的负担、没有解救危机的丰收、避免危机的一个前提条件四部分。

冯玉祥《政治与农民》发表于《田家半月刊》第 12 卷第 15—16 期。

沈志远《新中国建设与土地改革》发表于《中国建设》第 2 卷第 1 期。

翟克《中国战后农业推广之新建设》发表于《中国建设》第 2 卷第 1 期。

按：文章分农业推广之真相、中国过去农业推广之失败、中国今日农业推广之困难、中国战后（将来）农业推广之新建设四部分。

解树民《从土地问题说到土地改革》发表于《中国建设》第 2 卷第 3 期。

稽古《我国土地资源与农业建设》发表于《中国建设》第 2 卷第 4 期。

翟克《中国土地政策问题》发表于《中国建设》第 2 卷第 5 期。

周凤《当前中国的农村建设问题》发表于《中国建设》第 2 卷第 5 期。

按：文章分从中美农业技术合作团的任务说起、农村建设的基础在和平、土地问题是中国农村中的根本问题、难道结果还是一个"农业中国"吗、与技术改良论者商讨五部分。

翟克《中国当前土地金融问题》发表于《中国建设》第 2 卷第 6 期。

李仁柳《中国的农业问题及其对策》发表于《中国建设》第 3 卷第 1 期。

按：文章分农业问题的症结、解决土地问题的途径、合作农场的特质和机能三部分。

周颉《实行土地改革的途径》发表于《中国建设》第 3 卷第 2 期。

翟克《新土地法之实施问题——中国农地政策执行问题之检讨》发表于《中国建设》第 3 卷第 2 期。

郑林宽《农业在经济建设中的地位》发表于《中国建设》第 3 卷第 2 期。

李家盈《胜利复员中的农民问题》发表于《新建设》第 6 卷第 1 期。

朱剑农《论当前之土地税》发表于《经建季刊》创刊号。

冯泽芳《抗战时期与建国时期之农业》发表于《中央周刊》第 8 卷第 1 期。

邹秉文《中国农业建设方案》发表于《中央周刊》第 8 卷第 1 期。

林运元《土地与农村——限田制拟议》发表于《中央周刊》第 8 卷第 16 期。

卢石丞《土地与农村——泛论"二五减租"》发表于《中央周刊》第 8 卷第 16 期。

耿德垠《土地与农村——从农村实况说到改善农民生活》发表于《中央周刊》第 8 卷第 16 期。

吕道元《五五宪章与土地政策》发表于《中央周刊》第 8 卷第 40 期。

何干之《土地改革与中国资本主义的发展》发表于《胶东大众》第 42 期。

马少波《论土地改革与知识分子的任务》发表于《胶东大众》第 43 期。

忠厚《配合土地改革组织文艺创作组》发表于《胶东大众》第 43 期。

白韬《谈土地改革问题》发表于《胶东大众》第 44 期。

黄林、何干之《关于"土地改革"的问题与答复》发表于《胶东大众》第 44 期。

郭书增《在土地改革工作中改造了自己》发表于《胶东大众》第44期。

翟克《论土地制度之改革》发表于《新生路月刊》第11卷第2期。

翟克《东欧土地制度改革之社会背景》发表于《新生路月刊》第11卷第3期。

翟克《我国战后土地问题之解决》发表于《新生路月刊》第11卷第5期。

翟克《论中国之土地制度》发表于《新生路月刊》第11卷第6期。

按：文章说："民生为历史之重心，土地则为求生之基础，故土地问题成为社会问题之中心问题。中国历代之变动，多与土地发生关系，所有朝代之更迭，均继之而有土地制度之改革与整理。自孔孟以至国父，三千年以来之大政治家与思想家，对于土地问题，均有其研究与注意。土地问题既为社会问题之中心，吾人为认识或改进中国社会起见，自当加以研究。"

薛笃弼《农民与水利》发表于《地方自治专刊》第1卷第3期。

华岗《现阶段中国土地问题的特征与解放区土地改革的经验》发表于《群众》第13卷第6期。

按：文章说："总之，解放区的执行土地重分配，除了对汉奸恶霸的土地财产外，决不实行暴力没收。最后我还想郑重提出一点，就是土地的改革要有真实的结果，必须通过农民的觉醒，否则，即使法令真正保护农民，一时也不容易完全办到。解放区内在起初执行减租减息的办法时，也曾经发生过明减暗不减的现象。因此，要实行土地改革，做到耕者有其田，必须：一、要靠农民自己的力量，农民自己的觉醒。二、要有能代表农民大众利益的民主政府。三、法令要与群众的斗争结合起来。四、使广大农民与工人与其他改造社会的力量联合起来，接受先进思想的领导，自动自觉地遵循社会历史的发展规律去努力。"

纪衡《农村问题的新动向之一：中国农民的新姿态》发表于《怒潮月刊》第1卷第1期。

周谷城《人民时代之中国农民》发表于《文萃》第25期。

何干之《土地改革与中国资本主义的发展》发表于《文萃》第33期。

业民《中国农民的痛苦》发表于《文猎》第1卷第6—7期。

隆美斯《自由社会与土地制度》发表于《天风》第51期。

丘信《中国土地改革运动的展开与青年的准备》发表于《革新（南京）》第1卷第9期。

陈正谟《中国所需要的土地政策》发表于《革新（南京）》第1卷第10期。

马巧《农业建设的新道路》发表于《新文化》第2卷第1期。

按：文章说："新民主主义农业经济的主要特点，也就是新中国农业发展的方向。要把'以农立国'的贫困破落的中国，变为繁荣富强的新的中国，只有走这条正路。"

朱庆涛《谈本党土地政策》发表于《地方自治》第3期。

张泉香《我国土地制度及其斗争简史》发表于《地方自治》第5期。

雷振华《土地问题与合作农场》发表于《每周评论》第1卷第4期。

沧海《再论土地改革》发表于《每周评论》第1卷第8期。

王学文《由解放区土地改革来看中国资本主义的经济发展的前途》发表于《民主建设》第3期。

式如《东欧的土地改革》发表于《民主生活》第9—10期。

叶琦《论国父的土地改革政策》发表于《中国青年》第14卷第1期。

吴逸《论我国农业经营的经济结构》发表于《民族青年》第1卷第6—8期。

按：文章分农业经营形成的条件、中国农业经营构成的因素、中国农业经营的经济结构、结语——我国农业经营改进的途径四部分。

周谷城《论土地与地租》发表于《青年学习》第1卷第3期。

竹云龙《中国土地问题的初步研究》发表于《青年界》新第2卷第3期。

汉衡《中国土地问题演变史略》发表于《建国青年》第3卷第6期。

程大森《农业合作运动之启蒙》发表于《建国青年》第3卷第6期。

程大森《合作运动之成功发展与农业合作》发表于《建国青年》第4卷第1期。

张平之（张闻天）《农民土地问题》发表于《东北文化》第1卷第4期。

按：文章说："哪个党哪个人革命不革命，就要看他是把土地真心交给农民，叫农民解放，还是把农民当牛马，使他们永远束缚在地主的土地上。中国历史是农民革命的历史，不过过去没有共产党，没有正确的领导，没有明确的'耕者有其田'的政纲，所以几千年来农民的要求都没有解决。现在全中国只有共产党明确地提出'耕者有其田'的土地纲领，而且实际上按这个纲领彻底地做。因为共产党是诚心诚意为老百姓办事的。"

马大英《论收复区土地问题》发表于《现代文丛》第1卷第2期。

费孝通《土地里长出来的文化》发表于《现代文丛》第1卷第2期。

按：文章说："要明白中国的传统文化，就得到乡下去看看那些大地的儿女们是怎样生活的。文化本来就是人群的生活方式，在什么环境里得到生活，就会形成什么方式，决定了这人群文化的性质。中国人的生活是靠土地，传统的中国文化是土地里长出来的。"

陈竞成《新中国土地政策》发表于《政治前线》创刊号。

陈竞成《地方自治与土地行政》发表于《政治前线》第1卷第4—5期。

贺勋《农业经营中企业主体之得失与其解决》发表于《沪西》第5期。

陈际云《战后农业科学化问题》发表于《科学时报》第12卷第8期。

按：文章说：改良农作物种子的目的，一是增加产量，二是改良品质，三是抵抗病虫害，四是适应市场需要，五是扩充耕地。

王一蛟《新农业见中的合作社与农会问题纲要》发表于《新国风》复刊第1期。

李仁柳《我国当前农业经济的危机及其挽救》发表于《新中华》第4卷第3期。

按：文章分战时农业生产关系的变化、战时农业生产的衰退、原因何在、必须有的急迫的措施四部分。

凤冈《论中共的土地政策》发表于《新旗》第6期。

按：文章说："我们认为，中国农村经济的出路，为了农民大众的生活，为了迫切的饥荒，为了中国工业的基础，为了中国革命利益的开展，同时，也为了中国共产党对抗国民党的军政压迫，土地革命必须彻底地实行出来。一切地主的土地，甚至好些富农的土地，必须无报偿地加以没收，移交给全体农民，即移交给农民的土地委员会，或贫农委员会。这种处理应该立即实行，等将来由普选产生的全权国民大会来加以核准。这样的没收土地并不是依据于刑法或民法的惩罚行为，而是完成中国一个迫切任务的革命行为。所以它并非用以惩罚某些不良地主的。至于汉奸恶霸，则没收土地不足以贷其罪，即使剥夺了他的土地也还须加以革命的制裁的。"

大化《从田赋说到土地革命》发表于《新旗》第8期。

洪钟《论农民形象》发表于《生活与学习》第1卷第3—4期。

子起《中国土地问题》发表于《读书与出版》复刊第3期。

刘同圻《论我国农业人才之培植》发表于《教育与民众》第11卷第1—2期。

按：文章分培植农业人才之迫切、过去培植农业人才之检讨、今后农业人才之培植三部分。

尚仁《解决中国土地问题以改进农民生活》发表于《青职学报》第1期。

解树民《土地问题与农民运动》发表于《人民世纪》第9期。

萧文哲《农民运动与农民解放》发表于《三民主义半月刊》第8卷第5期。

吴藻溪《五五宪草与农民》发表于《大学（成都）》第5卷第2—4期。

沈旦《中国农民问题与农业问题》发表于《桐梓农推通讯》创刊号。

杨声远《中国农业改革问题：论所谓"国农民工"并质马毓萃先生》发表于《国讯》第409—410期。

李永振、张保丰《农业机械化问题》发表于《苏讯》第71期。

按：文章说："在我国现实的环境之下，要实施机械耕作，最大的阻碍，是农场面积的过小，要实施农产的机器加工，最大的困难，还是机器价格的太贵，非生产微小的小农所能购办，当然耕作机械的价格，也是同样的高贵，不过，有了机械，如果土地面积过小，仍然无法实施耕种，所以在机械耕作上观察，耕地面积得过小，是限制的因子；从机器加工上说，机器价格地过昂，与加工的农产量少，实为重要的阻碍的元素。如果耕地面积及机器价格都不成问题，则连带发生的，便是运用此种机械的技术问题，此三者如无适当的解决，则所谓农业机械化的实施，无非空论而已。所以如何使狭小的农场，变成可用机械耕作的田地，如何使贫苦小农能有利于机械的机会，如何使复杂的机械，能普遍推行于农村，这是今后实施机械化农业的三个比较先决的条件。"

柳培良《今后我国林业建设之途径》发表于《林讯》第 3 卷第 2—3 期。

鲁源润《农民运动的理论与实际》发表于《民力》第 2 期。

郭敏学《当前之农业教育问题》发表于《乡政》第 1 卷第 1 期。

林礼铨《农业推广的使命》发表于《乡政》第 1 卷第 2 期。

按：文章认为农业推广的使命，一是充实国民经济，二是巩固建设基础，三是培养健全国民，四是提高文化水准。

张善熙《农民基层组织探讨》发表于《乡政》第 1 卷第 5—6 期。

歌帆《从速解决土地分配问题以解除农民的痛苦》发表于《军民周刊》第 1 卷第 2 期。

潘星照《中国农民革命史回顾》发表于《中建》创刊号。

曲园《中国的土地问题》发表于《广东教育》第 1 卷第 6 期。

解树民《土地问题与农民运动》发表于《人民世纪》第 9 期。

子起《中国土地问题》发表于《天下文摘》第 1 卷第 1 期。

王静涛《谈土地改革》发表于《平民》第 4 期。

葛罗物《评国共两党的土地政策》发表于《中坚》第 2 卷第 2—3 期。

孟光宇《五五宪草关于土地事项规定之检讨》发表于《新政治》第 9 卷第 1 期。

郑樑《论广州市内灾区之重建与土地处理》发表于《新建筑》新第 1 期。

孟宪章《中国土地制度亟须改革》发表于《中华论坛》第 2 卷第 4 期。

马寅初《土地税》发表于《观察》第 1 卷第 18 期。

按：文章说："欲整理土地税，首须确定征收土地税之标准。此点关系甚大，应审慎研究，以求得一适当之标准，斯纲举目张矣。查各国所行土地税标准，约有左列六种"：以土地之面积为课税之标准、以土地之收获量为课税之标准、以土地之等级为课税之标准、以佃租额为课税之标准、以地价为课税之标准、查定法或底册法。中国现在已决定采用地价税法。

曾资生《解决土地问题的期时与途径》发表于《华声》第 1 卷第 3 期。

按：文章说："中国过去社会经济政府最重要的问题莫过于土地问题，每一时期社会经济政治得到安定，以此问题得到解决为其前提条件，社会经济政治的混乱与崩溃，亦以此问题无法解决为其主要的原因。"

谌小岑《农业土地问题》发表于《报报》第 1 卷第 6 期。

何让《甘肃土地概况》发表于《甘肃地政季刊》第 2 卷第 1 期。

孙剑锋《论"长子土地继承"制度与我国农业及其改进》发表于《新福建》第 10 卷第 1—2 期。

张克约《改革土地问题刍议》发表于《新文化》第 1 卷第 8 期。

江天民《土地资金化问题》发表于《时代公论》第 7 期。

歌帆《从速解决土地分配问题以解除农民的痛苦》发表于《军民周刊》第 1 卷第 2 期。

骆毅《民生主义的土地政策》发表于《庆中校刊》副刊第 1 期。

梁钧棠《民生主义之土地政策》发表于《迈进》第 2 卷第 2—3 期。

滕肇文《从时势的需要论土地政策》发表于《广西民政》第 1 卷第 7—8 期。

梁上燕《从地方自治立场论土地政策的实施》发表于《广西民政》第 1 卷第 7—8 期。

任敏《以合作社推行土地政策的商讨》发表于《广西民政》第 2 卷第 1 期。

封尚礼《论广西推行土地政策与促进民主政治》发表于《广西青年》复刊第 1 卷第 2 期。

刘荣康《中国土地问题与农村经济》发表于《励行月刊》第 2 卷第 2 期。

梁园东《从历史上观察中国的土地问题》发表于《东方杂志》第 42 卷第 1 期。

沈文辅《论大学农业教育之隐忧》发表于《东方杂志》第 42 卷第 2 期。

黄绍绪《中国农业之命运》发表于《东方杂志》第 42 卷第 9 期。

按：文章分天灾人祸是中国农业衰落的主因、粮食生产不能放弃自给自足政策、中国粮食的自给自足实有可能、粗放农制是中国农业复兴的津梁、南北农制可能的变更、土地所有权问题的解决、专业式与副业式农业、经验与技术不可偏废、农业教育制度的改进、最不可忽视的农人生活问题、政府责无旁贷的工作、农业政策和建设程序的制定等十二部分。

何启拔《南洋华侨在农业经济上的地位》发表于《东方杂志》第42卷第13期。

按：文章说："南洋各地国民经济的重心，一般言，却是农业，它不但业农人口多，农地面积广，即是国际贸易的活动中心亦是农产品，所以南洋经济的繁荣与否，完全以农业是赖，战前的情形是这样，今后恐怕仍然是这样。"

张克纫《改革土地问题刍议》发表于《集纳》第1期。

古念良《论土地改革》发表于《集纳》第5期。

又玄《当前农村经济的危机》发表于《文猎》第1卷第5期。

礼干《我国农村合作的功用》发表于《正气杂志》第4期。

吴藻溪《苏联农村改造的理论与实践》发表于《大学（成都）》第5卷第5—7期。

吴景超《农业机械化的展望》发表于《鲁青善救旬刊》第26期。

周文战《论发展农业经济之路线》发表于《胜流》第4卷第12期。

按：文章分从增强生产力发展到生产关系之改善、从自给自足发展到计划区域经济、从农业试验发展到农业推广、从小农经营发展到大农经营、从农业改进发展到农业工业化五部分。

社论《减租减息是一切工作的基础》发表于3月26日《解放日报》。

按：社论说："减租减息是我党的一个最基本的政策。新民主主义革命的任务，首先就要使广大农民从几千年的封建压迫之下翻身，并推动他们起来进行新的民主建设。而现在使农民翻身的最基本的政策就是减租减息和减租减息以后的发展生产。"

社论《争取春耕前完成土地改革》发表于12月14日《解放日报》。

薛暮桥《减租减息与发展生产》发表于4月20日《渤海日报》。

按：文章说："减租减息是发展生产的必要和先决条件，减租减息的主要目的也正是为着发展生产。减租减息而不发展生产，虽也可能部分改善农民的生活，但是决不能使农民的生活得到真正的改善。"

三　乡村建设研究著作

中国农民银行汉译社会科学百科全书译辑委员会编译《农业制度》由重庆正中书局出版。

按：是书包括庄园制度、圈地、农奴制度、家宅垦地、波鲁克农场、农民、乡村社会、乡村社区等八部分。

梁庆椿编《农业篇4农业经营》由重庆正中书局出版。

姚公振著《中国战后农业金融政策》由中华书局出版。

按：是书分战后农业金融政策总论、农业金融机构之调整、农贷资金之需要与筹措、农地贷款之方针、农业经营贷款之方针、农产运销贷款之方针、农产副业贷款之方针、农业负债之整理8章。

梁庆椿主编《农业经济概论》由重庆正中书局出版。

按：是书分两部分，一、农业经济学导论，包括美国之农业经济学、欧洲之农业经济学；二、农业，包括原始农业、上古及中世纪农业、英国之农业革命、近代欧洲农业、美国之农业、东亚之农民、一般农业问题等。

侯哲荞编著《农业仓库经营论》由重庆正中书局出版。

华恕编著《湖南之农业》由亚光书局出版。

按：是书分自然环境、农村经济、农艺作物、森林及其产品、园艺及其产品、园艺加工事业、农业改进等7章。

浙江省农业改进所编《浙江省农业改进史略》由编者出版。

谢允庄编《农业合作簿记》由重庆正中书局出版。

李俊编著《农业生产课本》由华北新华书店出版。

程侃声、叶德备著《农业管窥》武昌文运昌印书馆出版。

张则尧著《中国农业经济问题》由上海商务印书馆出版。

张则尧、王伟民编著《中国农业问题》由东南合作印刷厂出版。

华恕编著《湖南之农业》由长沙亚光书局出版。

沈子洋著《苏联集体农场》由上海永祥印书馆出版。

按：是书概述苏联集体农场的政策、经济情况、组织系统及成果。

［苏］卡尔宾斯基著，焦敏之译《苏联的集体农场》由上海书报出版社出版。

葛一虹编译《苏联集体农场》由上海天下图书公司出版。

陈位烨编著《农村经济及合作》由福州教育图书出版社出版。

按：是论述农村经济基础理论、农村合作原理、农村工作实施方法。

孙天泰著《农村经济及合作》由国立西北师范学院附设中心国民学校教员函授学校出版。

陈序经著《乡村建设运动》由上海大东书局出版。

按：是书论述乡村建设运动的史略、模式、理论、组织、方法、途径等。

费孝通著《内地农村》由上海生活书店出版。

按：是书收录作者15篇论文：农村土地权的外流、雇工自营的农田经营方式、土地继承和农场的分碎、农田的经营和所有、抗战和农村劳力、农民的离地、我们要的是人口还是人力、生活到反抗、增加生产与土地利用、货币在农村中、农村游资的吸收、清理农家债务、论贫农购买耕地、举办春耕劳力贷款、中国乡村工业。

郑林宽、黄春蔚著《福建省之农村金融》由福建省农业改进处调查室出版。

北大夏令讲习所编《农民问题》由编者出版。

秦元邦著《原始社会之土地形态的研究》由重庆商务印书馆出版。

地政署编《土地法暨土地施行法》由编者出版。

彭真等著《土地政策重要文件汇集》由中共晋察冀中央局宣传部出版。

广东田赋粮食管理处编《田赋粮食法令汇编》由编者出版。

杨荫深编《谷蔬瓜果》由上海世界书局出版。

黄善荃编，凌道扬校《广东肥料改进计划》由广州行政院善后救济总署广东分署编译室出版。

中央卫生实验院卫生化学室编《堆肥及其制造方法》由卫生署中央卫生实验院出版。

王世忠著《农作物施肥法原理》由重庆商务印书馆出版。

熊仲虚编述《现行土地税制述要》由上海商务印书馆出版。

江苏田赋粮食管理处编《田赋征借实物问答》由编者出版。

熊毅著《土壤工作十五年》由经济部中央地质调查所出版。

彭谦编著《土壤化学分析法》由上海国立编译馆出版。

民国三十五年　丙戌　1946年

［德］拉茨著，王世忠译《土壤学之新发展》由正中书局出版。

尹吉三编著《土壤学提要》由重庆农业技术出版社出版。

郝钦铭编著《作物育种学》由上海商务印书馆出版。

吴友三著《植物病害防治》由四川北碚出版。

松本巍著《台湾烟草之病害》由台湾大学农学院出版。

善后救济总署台湾分署经济技正室编《台湾省之米谷与肥料》由编者出版。

［日］石几永吉著《稻作相关性状之研究及其应用》由台湾农业试验所出版。

胡竟良鉴定，章祖纯辑译《世界棉业概况及统计》由上海农林部棉产改进咨询委员会出版。

陆发熹著《陕西植棉土壤概述》由经济部中央地质调查所出版。

姜庆湘、李守尧编著《四川蚕丝业》由四川省银行经济研究处出版。

杨荫深著《花草竹木》由上海世界书局出版。

余仲奎、沈兰根著《川产慈竹性质之研究》由成都航空研究院出版。

程世抚著《艺菊丛谈》由上海市工务局园场管理处出版。

郝景盛著《造林学》由重庆商务印书馆出版。

按：是书分生态和技术两篇，前者论述森林的分布，水分、温度、日光、风、土壤、生物等因素与森林生长的关系，林木开花、繁殖、病虫害，以及森林的生长规律与寿命等林学基本理论；后者介绍林地整理、林地施肥、天然造林（更新）、萌芽更新、竹林营造、林木种子、育苗、植树、森林抚育、森林作业等技术。

广东省政府农林处编《农林法规辑要》由广州编者出版。

傅蕴琦著《造林与水土保持》由农林部西江水土保持试验区出版。

郝景盛著《造林学》由重庆商务印书馆出版。

邵均著《树干解析法》由上海商务印书馆出版。

余仲奎、黄鹏章、陈启岭著《中国木材之力学及其相关性质——西南木材种》由航空委员会航空研究所出版。

［美］费理朴著，崔步青等编《中国适用外种家畜图谱》由中国畜牧兽医学会出版。

龚造时、陆费执编《家畜饲养法》由上海中华书局出版。

李象元编《静水池养鱼浅说》由农林部农业推广委员会出版。

晋察冀边区行政委员会实业处编《大生产运动领导问题》由编者出版。

按：是书收录社论、报告、文件等18篇，其中有《要超过以往任何一年》《论今年的大生产运动》《一九四六年经济工作的方针与任务》《陕甘宁边区政府关于生产运动的指示》《两三年内完全学会经济工作》《大生产运动的组织领导》《龙华的水利座谈会是怎样成功的》《易县怎样组织领导播种突击队》等。

四　卒于是年的乡村建设工作者

黄禄祥卒（1879—1946）。禄祥字齐生，号青石，晚号石公，祖籍江西抚州，后移籍贵州安顺。1898年任"群明社"商店经理，并热心开展业余教育工作。多次主持兴办贵州达德学校。1912年中华民国成立后，积极倡办勤工局、农事试验场、商品陈列所和妇女习艺所等实业场所。1915年参加护国运动，反对袁世凯复辟帝制，发动贵州护国起义。1917年率领贵州学生赴日本留学。1919年又率学生赴欧洲勤工俭学。回国后任贵州省视学等职。1929年与陶行知创办晓庄师范。1931年经黄炎培介绍，先后往江苏昆山、山东邹平、河北定县开展乡村教育。后在中华职业教育社和广西基础教育研究院任职。1937年冬赴延安考察。嗣后任云南开蒙垦殖局董事和四川歇马场乡村建设育才学院文史教授。1946年4月8日与叶挺、王若飞、秦邦宪同赴延安时，飞机在山西兴县黑茶山失事，不幸遇难。

金邦正卒（1886—1946）。邦正字仲藩，安徽黟县人。1909年考取公费留美学术，进入美国康乃尔大学和李海大学，攻读森林学。1914年毕业，获林学硕士和理学士学位。其间与留美学生胡适、任鸿隽、杨杏佛、过探先等发起组织科学社，并出版《科学》月刊。1915年回国，历任安徽省高等农业学校校长、安徽省森林局局长、农业实验场场长、北京农业专门学校校长等职。1920年出任清华学校校长。后转入工商界，曾任北平上海商业储蓄银行经理。著有《科学与林业》《美国前总统罗斯福在美国两院演说中国森林情形》等。

王尚德卒（1890—1946）。又名王璋峰，曾用名王存祖，陕西渭南人。1922年7月加入中国社会主义青年团，8月受党组织委派，回陕西建立团组织，在渭南成立乡村教育研究社和赤水农职学校，以教师的身份从事革命活动。1925年加入中国共产党，任渭南中共赤水特别支部书记。10月发起成立陕西最早的农民协会——渭南东张村农民协会，发动农民与土豪劣绅进行斗争。1926年离开陕西去黄埔军校任政治部宣传科科员，协助总教官恽代英工作。1927年春调任国民党陕西省党部执行委员兼农民部长。在他的主持下，全省先后有60多个县建立了农民协会。1928年5月参加领导渭华起义。1931年至1933年先后任西安高级中学事务主任、西北文化日报社总务长等职。1937年8月将赤水农职学校师生编为民众抗日大会，亲任大队长。1946年8月13日被国民党反动派杀害。

陶行知卒（1891—1946）。原名陶文浚，安徽歙县人。1914年金陵大学毕业后，赴美国留学，先入伊利诺伊大学，后入哥伦比亚大学教育学院学习。1917年秋回国，先后任南京高等师范学校、国立东南大学教授、教务主任等职。1919年与刘伯明等组织南京学界联合会筹备会，同年当选为会长。1922年2月任中华教育改进社主任干事。同年任中华教育改进社机关刊物《新教育》主编。1923年与晏阳初等发起成立中华平民教育促进会，积极提倡和从事平民教育运动。1925年以后逐渐把注意力转移到农民和乡村教育。1926年11月在其创办的明陵小学召开的中华教育改进社第一次乡村教育联合研究会上，宣读《我们的信条》，提倡"生活教育"。12月发表《中华教育改进社改造全国乡村教育宣言》，提出要使乡村学校成为改造农村生活的中心。1927年发表《中国乡村教育之根本改造》一文，强调乡村教育是立国的根本大计。为实现乡村教育主张，2月在南京开办晓庄中心小学，3月又与赵叔愚创办南京试验乡村师范学校，1929年改名为晓庄学校，积极从事乡村教育运动。1932年创办山海工学团，开始以新的乡村学校为改造农村生活之中心的实验活动，亲手制定《乡村工学团试验初步计划》。1933年参与发起成立中国教育学会。1934年夏天干旱，工学团发起成立救济旱灾委员会，购买抽水机帮助农民抗旱。1939年在重庆创办育才学校。1945年当选中国民主同盟中央常委兼教育委员会主任委员。1946年1月创办重庆社会大学，7月25日因病逝世。著有《中国教育改造》《中国大众教育问题》《行知书信》《行知诗歌集》等。

按：余永德说："陶行知极其重视乡村教育，反复强调，中国以农立国，全国十之八九人口在农村，可是农村教育极不发达，乡村学校只占总数的百分之十。而且这百分之十的学校又走错了路，教人离开乡下往城里跑，羡慕奢华，看不起务农，脱离劳动，把农民子弟变成书呆子……这种极不合理的状况，绝非'立国的根本大计'。因此，他提出教育下乡运动，主张改变乡村教育，把乡村教育作为'立国根本大计'来抓，走'教育与农业携手'的新路，以建设适合乡村实际、适应农民生活需要的乡村教育。这种活的乡村教育要教农民造富致富、自立自治，为发展农村经济，改造农村社会，改善农民生活，转变农村贫穷落后面貌服务。他强调指出，只有坚持这样发展的道路，才是农村真正需要的教育；只有这样的乡村教育，才能真正成为立国的根基，使中国农村'从农业文明过渡到工业文明'，成为现代文明的新农村。……陶行知的乡村教育思想符合我国农村的特点，适合广大农民实际生活的需要，具有鲜明的中国特色。他在教育理论上的建树独树一帜，闪烁着真理的光芒；他在乡村教育实践上开拓创新，功绩卓著，开创了中国乡村教育的新道路；他献身人民教育事业和探索真理、追求革命的精神以及他所走的革命道路，为中国知识分子树立了光辉典范。这一切，对我国农村教育改革和发展具有深远的指导意义。"[①]

[①] 余永德：《中国教育研究文集》，安徽师范大学出版社2018年版，第206—211页。

民国三十六年　丁亥　1947年

一　乡村建设活动

1月10日，为对各解放区的土改情况有一个全面了解，为召开全国土地会议作好准备，是日中央致电邓小平、薄一波、邓子恢、张鼎丞、黎玉、刘澜涛、黄敬、李井泉、张稼夫、高岗、彭真、李富春、陈云等人，就发行土地公债、重新分配土地等几个问题征询意见。这份电报主要由刘少奇起草，也包含了毛泽东的一些看法。

1月24日，中共西北局作出《关于发动群众彻底解决土地问题的指示》。

按：指示说：我们政策的出发点，就是保持百分之九十的农民赞成并参加土地改革运动。因此，（1）对地主，既要彻底取消其封建剥削，又要适当留给土地，使他们有活路。地主留地可以比一般中农稍多，但应按当地土地情况和群众要求以及其本身情况而定。当地人少地多的可多留一点，否则少留；地主本身动产多或有工商业的可少留，否则多留一点。至孤老寡幼和烈士遗族以及有特别功勋的地主，更须适当照顾。此外，除和土地有关的房窑、牲畜、农具、肥料及部分牧畜粮食可以酌情转移外，地主其他财产应予保留。但征购中地主私自送出或典卖土地，一律作为无效，或有献出一部坏地企图保留大部好地者，均须动员群众揭发加以拒绝，统一征购过来，不许地主取巧，并防止地主瞒地和"明分暗不分"。（2）对富农，原则是一般的不去变动，而在地少人多的情况下，征购其出租地的一部分，则是可以的。但切忌打击过重，决不可损及其富农经济部分，否则，他们跑向地主方面，中农也会恐慌，那就是很冒险的。同时，在富农中要区别新富农与旧富农，要绝对保护新富农经济，后者又要区别劳动勤俭成家的与剥削苛刻立业的，给以不同的处理，前者更要照顾一些。（3）对中农，决不可侵犯，并尽可能使他们分到一点利益，即使是一棵树一件家具也好。要争取百分之九十的农民，中农起决定作用，不可不慎。但一部佃中农，在不得不分出其一部分租种地时，应好是说服，并照顾不可分出太多。①

1月29日，《边区群众报》发表题为《用最大的力量完成第一中心工作》的社论。指出，彻底解决土地问题，使每个农民都有土地耕种，是全边区今年最中心的第一等重要的工作。要求各地在春耕前大体完成，至年底完全做好。

1月31日，中共中央作出《关于派考察团帮助解决土地问题给晋绥分局的指示》，谓中央派康生、陈伯达两人率考察团到晋西北考察并帮助你们解决土地问题。

2月5日，中共西北局作出《关于修正土地征购条例的指示》。

2月7日，中共中央西北局发出致各地委电，要求分区、县级机关，要派大批干部下乡领导土改运动，并应组织三、五人的土地征购委员会，负责研究土改问题。

2月8日，中共中央发出《关于陕甘宁边区若干地方试办土地公债经验的通报》，认为陕甘宁边区若干地方试办土地公债的做法，是彻底解决土地问题，最后取消封建土地关系与更多满足无地、少地农民土地要求的最好办法之一。

2月9日，中共中央发出《关于发动妇女参加土地改革和收集发动妇女经验的指示》。

2月12日，延安《解放日报》刊登陕甘宁边区政府关于修改《边区征购地主土地条例草案》的命令。

2月21日，中国渔业生产建设协会在南京成立，以刘启瑞为实际负责人。

2月25日，东北行政委员会发出《关于开展农村生产运动的指示》，指出领导与组织生产运动是各级政府和群众团体一定时期的中心任务之一。

3月23日，中国国民党第六届第三次中央全会通过《农民运动实施纲要》。

---

① 中国社会科学院及经济研究所现代经济史组编：《中国土地改革史料选编》，国防大学出版社1988年版，第332—333页。

按：在《实施原则》中说：（一）农民运动之指导，应以三民主义及本党农民政纲政策为最高准绳，并以增进农民智能，改革土地制度，发展农村经济，刷新农村政治，健全农民组织，以谋提高农民生活水准，完成农村自治，实现三民主义的新农村社会为其目标。（二）农民运动之实施，以各级党部为主体。省（市）县（市）各级党部内设置农工运动委员会，负指导策动统一领导之责。（三）发展各级农会组织，充实其人事经费，以健全其组织，使其成为农民运动之工作据点。（四）农民运动之实施，有赖认识正确、信仰坚定、健全之干部。此种干部必须就所在乡（区）选拔优秀农民或农村工作者，予以适当之训练与培养，以厚植基层干部之力量。（五）农民运动之成败，在于实际工作之效果，而实际工作之推行，系于正确之理论，故阐扬本党农运理论为当前急务。（六）农民运动之各项具体工作，必须配合有关农运之政府机关及金融机关，以政治及金融力量切实推行。（七）绥靖区之农运工作，关系重大，应积极领导推行，以巩固本党基础。（八）农民运动之工作，应采重点主义，并应分期分地逐渐推行。[①]

3月25日，察哈尔省政府发出《关于开展植树造林运动的指示》，确定了造林的任务、方法及护林奖励办法。

4月7日，中国土地改革协会成立，通过《中国土地改革协会成立宣言》。

4月12日，中央农业经济研究所成立，李庆麐、孙文郁任正副所长。所内设有农业调查、土地经济、农场经营、农业金融、农产贸易、农村社会经济等部门。

4月22日，刘少奇发出《关于彻底解决土地问题给晋绥同志的一封信》，系统地阐释了彻底解决土地问题的原则。

5月12日至14日，中国农民党第一次全国代表大会在上海召开，蓝梦九、谭守仁、施之元、封昌远、刘叔仪、姚仲白、李明良、董时进、管春树、马宜亭、陈愧三、王沚川、张鸿谟、周可涌、金久大、尤怀皋、胡竟良、李国桢、吕中柱、黄异生等出席会议。董时进为会议主席。

按：会议主席略谓："组织农民党的意思甚早，惟感战时发动不甚合

[①] 于建嵘主编：《中国农民问题研究资料汇编》（第1卷 1912—1949 上），中国农业出版社2007年版，第271—271页。

宜,前年农协会在渝召开年会,一部分会员提议改会为党,亦以种种问题未能见诸事实。但外界均传已有本党存在,现宪法正式颁布,结党自由公开,时机业已充分成熟,且基于时代与环境之需要,乃毅然标出鲜明主张,组设本党,以期发挥团结伟大之力量。经数月来积极筹备,获有相当成绩,乃定于五月十二日,在沪召开第一次全国党员代表大会。本日适为国际农业生产者会议在荷兰开会之日,互相辉映,实为农业上具重大深长意义之日期。发起本党之动机,主要的有两个:一是因为农民太苦,完全为人作牛马及牺牲品,我们来自田间,知道甚清楚,感觉对他们有责任;二是因为要国家太平富强,绝不可有多数人民长此过牛马的生活,而必须使他们作国家的主人。本党宗旨纯洁,立场正大,各位同人均应以贡献服务为目的,抱同舟共济的精神,而将个人的利益放在后面。本党之使命,大之是要为整个国家找出路,小之是要为全体农民谋利益,为全国农业谋发展,为乡村求建设,但绝对不是要争几个农业机关的地盘。"①

5月15日,察哈尔省政府发出布告,命令各地土地改革未彻底完成之前,一律禁止买卖土地。

是月,中国水杉保存委员会在南京成立,翁文灏为会长,杭立武为副会长。

7月7日,中共中央西北局发出《对土改工作指示》。

7月17日至9月13日,中共中央工作委员会在河北平山县西柏坡召开全国土地会议,由刘少奇主持。会议总结了1946年《五四指示》发布以来土地改革的经验,制定了《中国土地法大纲》,明确规定"废除封建性及半封建性剥削的土地制度,实行耕者有其田的土地制度",规定了彻底平分土地的基本原则,"按乡村全部人口,不分男女老幼,统一平均分配"。

按:7月17日,朱德在开幕式上发表讲话,他指出:中国革命的中心问题是土地革命问题。历史经验证明,凡是怕土地革命的人,怕农民起来的人都垮台了。而红军经常同几倍以至几十倍于自己的敌人作战,中间也打了很多败仗,但是没有垮,其中一个重要原因,就是我们一直坚持土地革命,或者实行减租减息,农民拥护和支持我们。我们党在大革命失败

---

① 于建嵘主编:《中国农民问题研究资料汇编》(第1卷 1912—1949下),中国农业出版社2007年版,第784页。

后，转到农村领导土地革命，建立军队，在武装斗争中得到了保存和发展。我们的党是工人阶级的政党，代表工人阶级的利益。在农村，主要代表雇农和贫农的利益。要使每个党员都懂得这个道理，并要实行。只有这样，党的土地改革政策才能贯彻下去。军队是革命的主力，要认真学习土地改革的方针政策。①

按：《土地法大纲》共十六条，其主要内容概括起来有以下五个方面：1. 彻底消灭封建剥削，真正实现耕者有其田。《大纲》明确规定："第一条废除封建性及半封建性剥削的土地制度，实行耕者有其田的土地制度。第二条废除一切地主的土地所有权。第三条废除一切祠堂、庙宇、寺院、学校、机关及团体的土地所有权。第四条废除一切乡村中在土地制度改革以前的债务。"除以上四条外，《大纲》还规定："乡村农会接收地主的牲畜、农具、房屋、粮食及其他财产，并征收富农的上述财产的多余部分，分给缺乏这些财产的农民及其他贫民，并分给地主同样的一份。"2. 规定了平分土地的办法。乡村一切土地"按乡村全部人口，不分男女老幼，统一平均分配，在土地数量上抽多补少，质量上抽肥补瘦，使全乡村人民均获得同等的土地，并归各人所有"。3. 规定了土地改革的执行机关。《大纲》规定："乡村农民大会及其选出的委员会，乡村无地少地的农民所组织的贫农团大会及其选出的委员会，区、县、省等级农民代表大会及其选出的委员会为改革土地制度的合法执行机关。"4. 规定"保护工商业者的财产及其合法的营业，不受侵犯"。5. 组织人民法庭，以保障土地改革的实施。《大纲》规定，"对于一切违抗或破坏本法的罪犯，应组织人民法庭予以审判及处分。""政府负责切实保障人民的民主权利"。对侵犯人民民主权利者，"应受人民法庭的审判及处分"②。

是月，中共南方局和上海地下党成立中国农业科学研究社，以园艺学家程世抚为名誉社长，程绪珂为社长，会员700余人，各地及上海复旦大学建立了分社，出版《中农通讯》。

8月11日，中共中央发出《关于在新区对反革命、恶霸、地主的财产实行没收的政策》。

9月5日，中共中央工委向中共中央呈报《关于彻底平分土地问题的

---

① 朱德思想生平研究会编：《朱德大辞典》，中央文献出版社2016年版，第409页。

② 中共中央党校党史教研室：《中国共产党历次重要会议集》（上），上海人民出版社1982年版，第250页。

报告》，建议彻底平分土地。

9月9日，察哈尔省政府发出《关于粮食管理上几个问题的指示》。

10月10日，中共中央发出《关于公布〈中国土地法大纲〉的决议》，因此《中国土地法大纲》正式颁布实施。各解放区的土地改革运动形成高潮。

按：决议说："中国的土地制度极不合理，就一般情况来说，占乡村人口不到百分之十的地主富农，占有约百分之七十至八十的土地，残酷地剥削人民。而占乡村人口百分之九十以上的雇农、贫农、中农及其他人民，却总共只有约百分之二十至三十的土地，终年劳动，不得温饱。这种严重情况，是我们民族被侵略、被压迫、穷困及落后的根源，是我们国家民主化、工业化、独立、统一及富强的基本障碍。为了改变这种情况，必须根据农民的要求，消灭封建性以及半封建性剥削的土地制度，实行耕者有其田的制度。十年以来，特别是最近两年以来，中国农民在中国共产党的领导之下，实行土地改革，已有巨大的成绩及丰富的经验。今年九月，中国共产党召集了全国土地会议，在这个会议上，详细地研究了中国土地制度的情况、土地改革的经验，制定了中国土地法大纲，作为向各地民主政府、各地农民大会、农民代表会及其委员会的建议。中国共产党中央委员会完全同意这个土地法大纲，并予以公布。希望各地民主政府、各地农民大会、农民代表会及其委员会，对于这个建议，加以讨论和采纳，并订出适合于当地情况的具体办法，展开及贯彻全国的土地改革运动，完成中国革命的基本任务。"①

10月17日，中共中央工委发出《关于根据土地法大纲实行土地改革给邯郸局的指示》。

11月，国民政府农林部为加强粮食增产，专门设置粮食增产委员会。

12月18日，以刘少奇为书记的在中共中央工作委员会致电晋绥分局，提出了关于树立贫雇农在土改中的领导地位的一系列方针。

12月25日，毛泽东在中共中央陕北米脂县杨家沟会议上做《目前形势和我们的任务》的报告，提出了党在1948年的任务，其中有进行土地制度的彻底改革的任务。

是年，国民政府公布《中华民国农会法》，规定农会以"发展农民经

---

① 《关于公布〈中国土地法大纲〉的决议》，《现代周刊》1947年第75期。

济,增进农民智识,改善农民生活,而图农业之发达"为宗旨。

是年,中央水产实验所在上海成立。

是年,原华北、华中两个棉产改进处合并成立新的棉产改进处。

二 乡村建设研究论文

陈柏心《中国土地问题》发表于《农业经济系报》新第 1 期。

按:文章分土地问题的分析、解决土地问题的途径(平均地权、耕者有其田、扩张耕地、土地重划、集体经营)两部分。

何贤春《论我国农业机械化的先决问题》发表于《农业经济系报》新第 1 期。

按:文章分耕地整理问题、农业机械的来源问题、农业机械的备用问题、劳动力转向问题、农民的技术问题五部分。

白木《论农业生产的改进》发表于《农业经济系报》新第 1 期。

赵清源《论实施战士授田之当前问题》发表于《农业经济系报》新第 1 期。

林志豪《论中国合作运动之本质及其应有之趋向》发表于《农业经济系报》新第 1 期。

按:文章说:合作运动本质,一是合作运动可以促进社会分子组织化,二是合作运动可以造成社会经济合理化,三是合作运动可以倡导人类关系互助化,四是合作运动可以实行社会关系平等化,五是合作运动可以培养民众生活自立化。

蔡元定译《中国农业发展之途径》发表于《农业经济系报》新第 1 期。

钟其生《农业合作与土地问题》发表于《农业经济系报》新第 1 期。

按:文章说:"我国的合作运动,是民国八年,薛仙舟先生开始创导的,随后得到不少的知识分子、慈善团体,以及行政机关的鼓吹、倡导、监督和扶助,再加上民国九年以前的北方五省的大旱灾,民国二十年的长江大水灾,以及遭受到一九二五年以后的世界经济恐慌袭击所造成的都市资金的'壅塞'与'过剩',致而诱生'资金归农'以消纳银行游资等客观条件的需要,便使合作运动得到了发展,但我国的合作运动,自开始提倡以来,即以农村为对象,故农业合作特别发达,而农业合作中又以农村信用合作占绝大多数，至二十年为止，全国农业合作社共有一万四千六百个，其中信用合作社却占了百分八十以上。抗战以后，仍是以信用合作为主。"

杨汝南《贵州之农业建设》发表于《贵州农业》第1期。

何俊模《从农业现代化谈到黔省农业》发表于《贵州农业》第1期。

李德颂译《科学与农民》发表于《农业通讯》第1卷第9期。

王添俦《农民与失业》发表于《台湾农业》第1卷第1期。

罗启源《新建设与农业》发表于《台湾农业》第1卷第1期。

赵连芳《农林建设与农会之地位》发表于《台湾农业》第1卷第1期。

霍钦逊《中国农业研究报告——耕地不够大农民生活直是赤贫如洗》发表于《台湾农业》第1卷第5期。

王希贤《美国农业推广的新趋势》发表于《农业通讯》第1卷第3期。

刘德余《泛论合作农场》发表于《农业通讯》第1卷第9期。

顾复《实行宪法与农民教育》发表于《世界农村月刊》创刊号。

葛敬中《只有着重农村工作才能解救我国经济的危机》发表于《世界农村月刊》创刊号。

按：文章建议，一是农贷要普及，二是特种农产品要奖励，三是要谈建国，只谈工业改进，忽略了农业，那是一定没有希望的。

兰言《如何抢救农村》发表于《世界农村月刊》创刊号。

柳公《什么是二五减租》发表于《世界农村月刊》创刊号。

杨家骃《有关中国农村的几个重要数字》发表于《世界农村月刊》创刊号。

按：文章分前言、土地的主要利用、耕地与可耕未耕地、人口比率、农作物的生产面积与产量、民食六部分。

齐致《金融与农村》发表于《世界农村月刊》创刊号。

震吉《农民特性与乡村政治》发表于《世界农村月刊》第1卷第2期。

杨君其《谈谈农具和农业机械》发表于《世界农村月刊》第1卷第2期。

强元康《江南农村的危机》发表于《世界农村月刊》第1卷第2期。

童润之《都市与乡村》发表于《世界农村月刊》第1卷第2期。

杨曾盛《中国农村劳动问题》发表于《世界农村月刊》第1卷第2期。

按：文章分中国农业劳动之量的问题、中国农业劳动之质的问题、农业机械化问题、农村雇工女工及童工问题、农村义务劳动问题五部分。

史瑞和《参加美国农业实习后的一点感想》发表于《世界农村月刊》第1卷第2期。

秦寒僵《农业机械化是什么意思》发表于《世界农村月刊》第1卷第2期。

按：文章说："我们对于'农业机械化'的认识，是在农业生产方面除了尽量应用机力来代替人力的劳动外，尚包含着控制天然，讲求效率，以最小的投资获最大的报酬底意思。"

顾复《晚近农作物学研究的趋势》发表于《世界农村月刊》第1卷第2期

按：文章分细胞遗传学的研究、植物生长素与微量元素对于农作物营养关系的研究、环境对于农作物生长的影响及品种如何适应环境的研究、育成抗虫抗病性品种的研究、农作物根部的研究五部分。

颜悉达《挽救农村危机与土地改革》发表于《世界农村月刊》第1卷第3期。

杨家驹《中国农产品国际贸易通论》发表于《世界农村月刊》第1卷第3期。

按：文章分中国农产品国际贸易简史、中国农产品国际贸易特征之分析、中国国际贸易中农产品之地位三部分。

秦含章《农业机械应如何分类》发表于《世界农村月刊》第1卷第3期。

沈蓼先《农村建设的先决条件》发表于《世界农村月刊》第1卷第3期。

金子良《苏北的水利调查与农田开发计划》发表于《世界农村月刊》第1卷第3期。

童玉民《略论中国农业的特质》发表于《世界农村月刊》第1卷第4期。

按：文章说：农民生活之特征，一是生活困苦，二是风尚保守，三是习俗迷信，四是缺乏娱乐，五是无教育机会，六是乏自治能力，七是节俭勤劳，八是淳厚和平，九是邻里相助。

惠迪人《农民生态及其未来趋势》发表于《世界农村月刊》第1卷第4期。

杨增盛《农民心理特性与农村建设工作》发表于《世界农村月刊》第1卷第5期。

按：文章说："据多数学者的分析研究，农民的主要心理特性为保守、迷信、自私、孤独、猜疑、科学知识简陋、封建生产浓厚、诚恳、简朴，和忍耐等。"

王恒守《向农民大众学习科学智慧》发表于《世界农村月刊》第1卷第5期。

李国桓《工业化与农业改革》发表于《世界农村月刊》第1卷第5期。

按：文章说："要而言之，工业之基础系建立在农业之上，赖农业之供给与支持而发展。如欲完成工业化之建设，首要当在实行农业改革，此实农业国家进为工业国家必走之阶段。我们高喊实行工业化之口号，千万不能忽视为工业基础之农业，更千万不能忽视为工业化前提之农业改革。"

陈际云《农村工作的合作问题》发表于《世界农村月刊》第1卷第6期。

常宗会《中国农村建设协会如何建设中国农村》发表于《世界农村月刊》第1卷第7期。

按：文章分前言、中国农村中需要的是什么、建设中国农村应有的原则、合作农场应采取何种步骤组织起来、举一个合作农场的例子、结论六部分。

屠绍祯《浙江省合作事业的展望》发表于《世界农村月刊》第1卷第7期。

刘文驹《中国的农村社会》发表于《世界农村月刊》第1卷第7期。

顾复《农业与农学》发表于《世界农村月刊》第1卷第8期。

按：文章分农业的起源、农业的内容、何谓农学、农学的内容、农业与农学的关系、怎样应用农学以改良农业六部分。

左国金《西南的农村教育》发表于《世界农村月刊》第1卷第8期。

按：文章分教育的真谛、社区中非正式的教育、古潭社区的学校教育、何家坝中心学校今后应有之任务四部分。

陆费执《农村调查方法》发表于《世界农村月刊》第1卷第8—10期。

杨家骀《中国农产品国际贸易今后应取之途径》发表于《世界农村月刊》第1卷第9期。

按：文章说："1. 中国有国际市场上必须之农产品。2. 中国目前必须从农产品国际贸易中换取国外之轻工业生产机器，以发展工业。3. 中国欲其农产品能在国际贸易市场上获得地位，必须迅速分割产区，使副业经营者，日趋专业经营之途，以达到最低成本之生产与标准之产品为目的。4. 中国国际贸易之农产品运销工作，国内部分，由民营机构向指定地点集中；国外部分，由政府统筹办理。5. 全国的国际贸易行政，国际贸易农产品之分级检验与国内外国际贸易经营之指导，由政府专设总机构及分机构统筹办理。"

林景亮《论闽省的保农业生产合作社》发表于《世界农村月刊》第1卷第9期。

詹纯鉴《农业机械之起源及其进化》发表于《世界农村月刊》第1卷第9期。

陈际云《当前农村建设要务及其推进》发表于《世界农村月刊》第1卷第9期。

按：文章说：要推进农村建设，需要关注的工作，第一是农村经济，第二是农民自治，第三是农民教育，第四是农业改进，第五是农村服务，第六是自卫武力。

陈际云《中国农业问题的症结》发表于《世界农村月刊》第1卷第9期。

郝世桢《农业特质》发表于《世界农村月刊》第1卷第10期。

按：文章分农业生产、农业资本、农业雇佣劳动、农业工资、农业机械五部分。

郭仁《湖南农村的危机》发表于《世界农村月刊》第1卷第10期。

陈焱德《中国租佃制度问题之剖析》发表于《世界农村月刊》第1卷第10期。

按：文章说："一、现代民主的政治，是中国农村社会生产力的改进的先决条件，因为它才能把传统的租佃制度生产关系先作改造。否则政治不民主，而停滞于古老的政治下，农村的生产力根本不会发展。二、为了进行农村生产力的改进，固然需要改革原有租佃制度的生产关系，但当进行租佃制度生产关系的改造时，同时要把旧的农村生产力解放出来，使之成长。"

施中一《农业与合作农场》发表于《世界农村月刊》第1卷第10期。

刘铣义《中国农村社会贫穷的原因》发表于《世界农村月刊》第1卷第10期。

按：文章分导言、贫穷的原因、治贫之道三部分。

潘然《美国国家农业政策》发表于《世界农村月刊》第1卷第10期。

郭敏学《中国农业资源》发表于《世界农村月刊》第1卷第10—11期。

常宗会《农业建设与农业从业员之团结》发表于《世界农村月刊》第1卷第11期。

谢寿垣《展开农村建设运动》发表于《世界农村月刊》第1卷第11期。

按：文章说：在建国声中我们要积极展开农村建设运动，以挽救农村的危机，复兴农业，达到农业工业化的目的，然而要怎样展开农村建设运动呢？一是健全农村组织，二是实行农村教育，三是发展农村经济。

曹平迻《减租限租政策评议》发表于《世界农村月刊》第1卷第11期。

王延夏《论不应低估农业的发展》发表于《世界农村月刊》第1卷第11期。

莫定森《改进浙江农业问题》发表于《世界农村月刊》第1卷第11期。

赵国鼎《农业生产的核心问题——土地》发表于《农村周刊》第1期。

龚国华《增加农业生产，改进农民生活》发表于《农村周刊》第1期。

苏寿余《怎样发展农村经济》发表于《农村周刊》第2期。

按：文章说：如何发展农村经济，一是发展垦殖，二是发展灌溉，三是增加生产。

田馨年《绥西土地开垦问题》发表于《农村周刊》第3—4期。

田馨年《绥西土地开垦问题》发表于《农村周刊》第6期。

仝慎修《对发展农村合作的几点意见》发表于《农村周刊》第6期。

吴尚泽《四川农村的危机》发表于《现代农民》第10卷第2期。

蓝梦九《中国农业应如何学美国》发表于《现代农民》第10卷第6期。

蓝梦九《如何健全我国农业行政机构》发表于《现代农民》第10卷第7期。

评论《改良乡村基层政治》发表于《现代农民》第10卷第8期。

蓝梦九《英国农业的演变》发表于《现代农民》第10卷第8期。

评论《农业政治》发表于《现代农民》第10卷第8期。

陆树德《当前几个紧急的农村问题》发表于《现代农民》第10卷第9期。

草木《农民与国际》发表于《现代农民》第10卷第9期。

浩东《本会协会农民解决土地问题》发表于《现代农民》第10卷第11期。

董时进《评〈改进中国农业之途径〉》发表于《现代农民》第10卷第11—12期。

评论《农产制造与农业增产》发表于《现代农民》第10卷第12期。

吴文晖《民生主义的农业政策》发表于《农工月刊》第2期。

钱江潮《当前农民的需要》发表于《农工月刊》第4期。

庞舜勤《改革省县地方财政与促进农民福利》发表于《农工月刊》第5期。

伍一民《略论中国农民革命》发表于《农工月刊》第6期。

吴士雄《中国农业劳动问题》发表于《农工月刊》第6—8期。

按：文章说："农业劳动问题，包括了以下问题：（一）数量问题；（二）就业问题；（三）雇佣问题；（四）工资问题；（五）效率问题。上列五个问题是中国农业劳动问题的有机构成分子，相互间具有密切关系，合之则成中国农业劳动问题的整体，分之则成以上几个问题。而整个中国农业劳动问题又是整个中国农业问题的有机构成的一环节，它的重要性仅次于农业土地问题，而实重于农业资金问题。"

马润庠《评中共"中国土地法大纲"》发表于《农工月刊》第8期。

傅毓衡《从现行法定地租论我国土地之改革》发表于《中农月刊》第8卷第5期。

吴文晖《农村社会学的性质》发表于《中农月刊》第8卷第6期。

钟崇敏《新颁土地法与绥靖土地处理办法之比较研究》发表于《中农月刊》第8卷第7期。

熊伯蘅《土地国有论的派别和主张》发表于《中农月刊》第8卷第7期。

中国农业银行《农业仓库问题》发表于《中农月刊》第8卷第10期。

宗良《中国农业机械化》发表于《农之友》第10期。

赵葆全《推行合作农场以促进中国农业机械化》发表于《中华农学会通讯》第71—72期。

按：文章说："农业机械化是有推行的必要和可能，而其中的困难亦实在多，解决也不易，短期间内自不能使全国各地实现的。我们希望能选择几个据点，做一个初步的实验，这个据点最好是平原旱地、特产区域，并且靠近工业地区，因在工业区中，农业机械的修理配件问题，可以解决。然后根据这个据点，作波纹式的推广，在这个实现的过程中，还希望我们的工业商业及交通等能配合起来，如斯，农业机械化可开展，农民生产力不难提高，生产亦不难提高，而富国裕民，也有希望。"

王效贤《经营农村副业应考虑之条件》发表于《西北农报》第2卷第6期。

杨锡圭《社会设计及中国农村建设研究纲要》发表于《协大农报》第8卷第3—4期。

按：文章分社会设计及农村建设、农村建设的目标、农村建设的步骤、我对农业建设的提议四部分。

龙超《农业的本质及其重要性》发表于《琼农》复刊第4—5期。

按：文章说：我国幅员广大，土地肥沃，气候温和，雨量充足，系一个宜于农业，而自古以来又以农立国的国家。故农业之于我国，无论在政治上、经济上以及社会上均表现其重要性：一是农业为大多数国民的职业，二是农业为国家财富的泉源，三是农产为抵补入超的出口品，四是农业为发展工业的基础，五是农业为支持抗建伟业的支柱。

曾友农《谈农业改革》发表于《琼农》复刊第4—5期。

褚挺如《扩充农业仓库业务之研讨》发表于《苏农通讯》第4期。

马曙予《我国土地与人口变化之适调问题》发表于《粮政季刊》第5—6期。

林美秋《中国土地问题》发表于《粮政季刊》第7期。

韩冰《土地问题与新颁宪法》发表于《明日之土地》第4期。

万国鼎《土地改革运动之必然发生及其成败利钝》发表于《明日之土地》第4期。

中国民国党《国民党农民政策纲领》发表于《明日之土地》第4期。

张培刚《通货膨胀下的农业和农民》发表于《经济评论》第1卷第2期。

按：文章说："考农村阶级，有地主、富农，有自耕农、佃农，有雇农，贫农。彼辈之经济地位与收入情形，各不相同，所受通货膨胀之影响亦异。我国盛行谷租制，故在战时，地主获利稳而厚。在抗战初期，因农产物价落而日用品价涨，地主实际所得容较战前为低，但自三十年岁首，粮价开始猛涨，地主所得，顿形增高。寄居于城市中之'不在地主'，更兼营囤积投机，获利尤巨。自耕农与佃农，占我国农民之最多数，在农业经营方面，所耗成本主要为家工工资，在农产销售方面，则因缴租及自身食用，所余无多，售额有限。通货膨胀所引起的农产价格上涨，对此两种农民，实无利益可计，而农用品及牲畜价格的上涨，却使他们的经营和生活，更感艰难。雇农与贫农，向赖出卖长工或短工以为生，如前所述战时农村工资曾步农产物价格而增高，可是粮价之上涨及一般日用品价格之飞腾，却形成他们生活上的直接威胁。一般言之，负债的农民，容或因货币价值的跌落而略受惠益，但在另一方面，征实、纳捐及抽丁等等负担和扰害，已将这种惠益冲淡无余。此诸种负担和扰害，虽非全由于通货膨胀，但后者有助长前者之趋势，则似不容否认。"

董时进《土地改革与集体农场》发表于《经济评论》第1卷第5期。

毅民《内战中所见国共土地政策及其实施》发表于《经济周报》第4卷第17期。

谢哲声《广东农业经济概况》发表于《经济建设》第1期。

翟克《论农业推广贷款方式》发表于《经济建设》第5期。

丁志进《中国的农业问题及其改革方案》发表于《经济建设》第6期。

按：文章论述了土地问题、人口问题和资本问题。作者提出的改革计划，一是开发西北与东北边疆各省大块未利用的土地，并对于十八省内近便地方的荒地，立刻加以利用开拓；二是一个造林及其附属工业的计划，实现造林计划不但能解决非耕地与木材供给问题，且给予农民庞大无比的就业机会；三是全国的畜牧及农家饲养家畜，应有更充分更广大的发展；四是一个有力的技术计划，使土壤与水得到更大的保存，使有更好的种子与农具，更多的肥料，以及对昆虫与细菌病更好的控制；五是一个金融计划，使农民可有更多的资本。

萧耀奎《农业建设与合作农场》发表于《合作经济》新第1卷第1期。

杨开道《美国的农业合作》发表于《合作经济》新第1卷第1期。

陈琦《农村合作论》发表于《合作经济》新第1卷第1期。

按：文章分美国农业部长P安德森讲、我们奔向何方、"庞大"的经济、农人未失掉田产、个人联合起来竞争、支持农田的方式、合作在我们早年的历史上开始、合作包括宽泛的范围、确定目标、当使社会了解、国会与法院认可等十一部分。

罗虔英《农业合作的发生发展与转化》发表于《合作经济》新第1卷第1期。

李仁柳《中国农业合作的新阶段》发表于《合作经济》新第1卷第1期。

按：文章分农业合作发展的前提条件、土地改革运动的新趋势、农业合作推进的新阶段三部分。

邓伯纯《土地问题之商榷》发表于《西康经济季刊》第14期。

斯成《混合业务合作社与农民经济》发表于《浙江经济月刊》第2卷第3期。

黄明《漫谈农村经济》发表于《浙江经济月刊》第2卷第3期。

莫定森《浙江农业建设之展望》发表于《浙江经济月刊》第3卷第2期。

施中一《浙江省农业推广问题》发表于《浙江经济月刊》第3卷第2期。

吕寿南《浙江省农业机构概述》发表于《浙江经济月刊》第3卷第2期。

童蒙正《浙江农业金融问题》发表于《浙江经济月刊》第3卷第3期。

朱允钧、汪琇《复员以来之浙江农业》发表于《浙江经济月刊》第3卷第6期。

许廷星《中国需要何种农业政策》发表于《财政评论》第16卷第1期。

按：文章说：中国农业今后需要的政策，一是实行耕者有其田的政策；二是彻底实行"二五"减租，改善租佃关系；三是加强农贷政策，消灭农村高利贷；四是需要健全的经济政策。

翟克《土地税税率与实施问题》发表于《财政评论》第16卷第2期。

张肩重《征收土地税之基本工作》发表于《财政评论》第16卷第2期。

刘明兮《从历史上观察土地改革运动之趋向》发表于《财政评论》第17卷第3期。

翟克《论中国耕地租用问题——新土地法施行之基本问题》发表于《财政评论》第17卷第3期。

陈凤琪《我国土地登记法规之检讨》发表于《财政评论》第17卷第3期。

谭本源《土地国有论与我国之土地政策》发表于《财政评论》第17卷第3期。

周守正《农业上的劳动问题研究》发表于《经建季刊》第2期。

翟克《中国农业金融基本问题与改进》发表于《经建季刊》第2期。

按：文章分我国农业金融之需要与供给（农业资金紧要的迫切、农民需要资金的实情、农业资金主要的来源、农业资金来源的支配因素）、我国农业金融之问题与改进（我国农业金融发展的困难、农业金融制度与农政、我国农业金融制度的改进、农业金融政策实施的改进）、我国农业金融之展望三部分。

陶启浩《论经济建设中农业之改造》发表于《经建季刊》第3期。

翟克《美国农业金融制度述要》发表于《经建季刊》第3期。

陶启浩《论经济建设中农业之改造》发表于《经建季刊》第3期。

按：文章分农业改造之目标及内容、农业经营之体制及其进程、农业改造之前提条件三部分。

祝平《民元来我国之土地问题》发表于《银行周报》第31卷第12期。

丘汉平《土地问题与土地税》发表于《银行季刊》第1卷第1期。

林泽苍《由农村土地问题说到土地改革》发表于《银行季刊》第1卷第2期。

按：文章分问题的提出、问题的发生、问题的重要、问题的症结、问题的解决五部分。

卫成章《土地税概述》发表于《苏财通讯》第15期。

褚挺如《论农村衰落之症结》发表于《银行通讯》新第18期。

按：文章分绪言、物价失衡之暗耗、币值跌落之损失、高利贷之剥削、农产物成本贵昂、结论六部分。

霍世奋《河北省严重的农村经济危机》发表于《河北省银行经济半月刊》第4卷第2期。

林景亮《如何解救当前农村经济的危机》发表于《福建省银行季刊》第2卷第4期。

按：文章分当前农村经济危机的成因（农村物价高涨农民反处于不利地位、农业生产条件缺乏农民徒唤奈何、生产成本高涨农产销售困难、高利贷的剥削使农村陷于穷困中、官僚资本的操纵和侵蚀、农产品的减低和水旱灾的交迫）、解救当前农村经济危机的对策（避免水旱灾和停止内乱、稳定物价、供应廉价的生产材料、扩大和变更农贷、奖励出口减少输入、减轻农民负担、严禁官僚资本）两部分。

吴景超《农业机械化的展望》发表于《行总周报》第42—43期。

按：文章说："我们对于农业机械化不敢乐观的主要原因，还是由于我们无法消除人口太多的障碍。中国的人民，大多数以农为业，据我的估计，至少有一亿五千万人，直接从事于农业生产。中国的耕地，面积之大，并不如美国，但美国利用机械耕种，在农业中，只用了八百万人。假如中国的农业也机械化了，也只用八百万人，便可耕种全国的土地，试问其余的一亿四千万人，将在何处谋生？将在哪一种职业中，得到安身立命的机会？工业化当然可以解决一部分的问题，但中国的工业，即使发达到极点，其容纳人口的力量，也是有限的。美国的工业，在世界上是最发达的了，但在工业中谋生的人，不过八千五百万。中国将来的工业，即使能容纳三千万或五千万人，也解决不了因农业机械化而生产的大量失业问题。我们因此感到，中国农业机械化的可能性并不很大，因为我们有难于克服的人口数量问题。"

汤惠荪《土地政策与农民问题》发表于《地政通讯》第16期。

戴君毅《论土地征收与土地征用》发表于《地政通讯》第18期。

张辉《华北绥靖区土地问题之一般及其改进意见》发表于《地政通讯》第19期。

戴君毅《土地权清理问题》发表于《地政通讯》第21期。

吴文晖《中国土地改革之途径》发表于《地政通讯》第23期。

郭汉鸣《土地与人生之关系》发表于《广东地政》创刊号。

杨利普等《成都平原之土地利用》发表于《地理学报》第14卷第1期。

程潞等《云南滇池区域之土地利用》发表于《地理学报》第14卷第2期。

张谟《农业国家司法制度之特殊性》发表于《法学月刊》第3—4期。

周振纲《实行土地政策的初步》发表于《广西民政》第3卷第2—3期。

林继茂《略谈土地改革》发表于《广西民政》第3卷第5期。

彭襄《土地问题与广西省土地行政》发表于《广西民政》第3卷第6期。

梁上燕《国父对土地所有权的遗教》发表于《广西民政》第3卷第6期。

高珮《论农民组织与福利》发表于《河南社政》第11—12期。

房侣龄《说宪政谈农民》发表于《河南社政》第11—12期。

宋冷《试论农业机械化》发表于《学报周刊》第3期。

吴斐丹《中国农业经济的危机及其补救的方策》发表于《中央周刊》第9卷第5—6期。

按：文章分对于农业的重要性应有之认识、中国农业经济衰落的原因之考察（一是先进资本主义国家的经济压迫，二是农业在价格经济下的弱点，三是农村高利贷的盘剥，四是农民租税负担的苛重，五是农业副产的衰落，六是农地的不足与土地的集中，七是农业劳动生产力的低下）、挽救农业经济危机的基本方案（一是实行农业保护关税，二是改进农产适合工业需要，三是充实农业金融，四是土地政策的切实推行，五是普及农业教育改良生产技术，六是提倡农产加工，七是地方财政的整顿，八是停止内战与兴办水利，九是加强农村合作）三部分。

张德粹《农业建设的基本问题》发表于《中央周刊》第9卷第16期。

汤惠荪、马义《土地政策与国家建设配合问题》发表于《中央周刊》第9卷第25期。

李国桓《中国农业机械化之可能与农业经营制度之配合问题》发表于《中央周刊》第9卷第34期。

按：文章分中国农业机械化之必要、农业区域之划分与农业机械、农业机械化与农业经营制度之配合问题三部分。

赵蕖荪《当前中国移民及垦殖问题》发表于《中央周刊》第9卷第34期。

吴景超《苏北的土地处理非急务》发表于《世纪评论》第1卷第15期。

吴景超《生活程度与土地需要》发表于《世纪评论》第1卷第17期。

张家良《论农村建设问题》发表于《三民主义半月刊》第11卷第3期。

按：文章说：建设农村虽应力求普遍，但政府财力有限，只能就其主要者先做，根据目前的情形论，似应先从下列几点着手：一是复兴农村经济，二是力求澄清吏治，三是普及农村教育，四是加强农村自卫力量。

毛泽东《湖南农民运动考察报告》发表于《正报》第2卷第3期。

沈友谷《知识分子和农民相结合的道路》发表于《正报》第2卷第11期。

力耕《农民分土地耕者有其田》发表于《正报》第2卷第11期。

涤新《只有实现耕者有其田，才能繁荣农村》发表于《正报》第2卷第13期。

伍昆《台山农民的减租斗争》发表于《正报》第2卷第33期。

张锡昌《略论土地改革》发表于《新中华》复刊第5卷第6期。

胡今《当前农村经济问题的严重性》发表于《新中华》复刊第5卷第6期。

按：文章分农村经济问题的现实意义、农村经济问题的症结、农村经济问题的解决途径三部分。

卢文迪《从历史和政治的观点看农村经济》发表于《新中华》复刊第5卷第7期。

李仁柳《解决土地问题与合作农场》发表于《新中华》复刊第5卷第7期。

秦柳方《内战与农民负担》发表于《新中华》复刊第5卷第7期。

宁一《捷克的土地政策和农民》发表于《群众》第40期。

狄超白《论划时代的土地改革》发表于《群众》第41期。

陆诒《对土地法的观感》发表于《群众》第41期。

默涵《人民解放军与土地改革》发表于《群众》第42期。

李伯球《略论中国土地改革》发表于《群众》第43期。

黄药眠《我对于土地法大纲的看法》发表于《群众》第43期。

按：文章说："本年十月十日中国共产党中央根据土地会议的决议，公布了一个土地法大纲，并建议各地方的民主政府农民大会提出讨论采纳。当我把这个土地法大纲从头到尾读了一遍以后，我心里是很激动的，因为我觉得这是几千年来受尽苦难的农民们翻身的最有价值的文献。我想，所有忠实于民主的人士，都应该赞成这个土地法大纲，并为它的实施而奋斗。"现在再从理论上研讨一下：第一，我觉得这个土地法大纲和抗战时期的交租交息、减租减息的办法不同，即同江西时代之没收地主土地的办法也不同。第二，这一次的土地改革方案，是资产阶级的政纲，而不是社会主义的政纲，更谈不上是共产主义的政纲。社会主义的土地政纲，应该是土地国有，连带而来的也就是土地不许自由买卖。但今天所宣布的土地法大纲，虽然否定了封建地主们的所有权，但同时却承认了土地分配以后，农民对于土地之私有权，而且还容许他们自由买卖。这一个土地政策自然是对于资产阶级有利的。第三，关于土地的自由买卖的问题，有许多人表示怀疑，以为这样，今天虽然把土地平分了下来，但过了若干时日以后，有钱的还不是依旧可以从农民手中买了过来，形成土地的集中。关于这一点，我的意见是这样：今后要再来一次土地的大量集中是相当不容易的。原因是：第一，今后有钱人的投资，因工商业的利润较高，投资将倾向于工商业方面，买地的人将比以前少；第二，农民的生活改善，卖地的人不多；第三，银行、交通、矿山、森林、水利都掌握在国家手里，大资产者要无限地兼并土地，已很少可能；第四，分得了土地的农民，很可能在进步的农会领导之下，逐渐组成合作社试行规模较大的合作经营，这样卖地的农民自然更少了。第四，关于没收土地的问题。有人说耕者有其田，这是很好的，可是用以达到这个目的的手段可值得商量。比方抗战时期由解放区政府发行公债以收购土地的政策，是比较温和可行，而且这样同样也可以达到耕者有其田的目的。对于这种说法，我是不赞成的。因为如果用公债收购，那么这个被收购的土地，其所有权是属于谁呢？如果是属于国家，国家将怎样来处理这些田地呢？而且国家需要很大的一笔款子，收购过程又需要很长久的期间，而同时对于农民则又不能满足他们对于土地的渴望。这是一种妥协和改良，如果当时政协决议能够真正实现，民主与反民主之间能够妥协解决，那么这种办法也许能够行得通，可是今天我们正要千百万农民起来保卫民主，争取民族独立和人权的时候，所以我赞成这种比较激进的作法，从下而上动员民众来自动改革。第五，国民党政府曾经下了一个总动员令，它们是企图牺牲全国的人力物力来支持独裁集团，四大家族的政权，其结果是只有更加强反动阵营里面的矛盾，和引起人民的反抗。今天共产党所提出的土地法大纲，从其实现的意义说，乃是对农民的最有效的动员令。把占全国人口百分之九十以上的农民争取到民主阵营里面来，这是一个伟大的事业。只有全中国的农民都被动员起来，中国的民主力量才会变成不可克服的力量，任何帝国主义和独裁集团所不能克服的力量。

孟南《有关中国土地法大纲的几个问题》发表于《群众》第45期。

魏双凤《我国农业经济建设诸问题》发表于《新生路月刊》第12卷第3—4期。

按：文章分绪论、我国农业实况及其特质、战后我们农业经济建设之困难、战后我国农业经济建设之基本原则、战后我国农业经济建设之主要项目、战后我国农业经济建设之方式、结论等七部分。

杨行《国父土地政策精义》发表于《新生路月刊》第12卷第6期。

翟克《印度之农村与土地》发表于《新生路月刊》第12卷第6期。

刘文澜《我国农村社会问题的全貌》发表于《新生路月刊》第12卷

第 6 期。

按：文章分问题之前的几句话、土地利用的不合理、土地关系的桎梏、尾声四部分。

刘文澜《中国农民生活程度的出路》发表于《新生路月刊》第 13 卷第 5 期。

王化文《中国土地之基本问题》发表于《新生路月刊》第 13 卷第 6 期。

杨行《土地政策学说论》发表于《新生路月刊》第 13 卷第 6 期。

杨行《土地政策学说论》发表于《新生路月刊》第 14 卷第 1 期。

陈大华《论农业推广与农村教育》发表于《新生路月刊》第 14 卷第 1 期。

按：文章说："农村教育之目标，可根据农民特质，农村社会环境，及农村教育目的而订定，可分政治、经济、文化、生产知识、科学头脑、劳动意识、健全身心、团结互助的精神、集体的军事训练。"

李树德《中国农业土地政策之研究》发表于《新生路月刊》第 14 卷第 5—6 期。

刘文澜《我国农村文化之复兴与建设》发表于《新生路月刊》第 14 卷第 5—6 期。

按：文章分我国农村文化之渊源与特质、农村文化复兴与建设之重要性、农村文化复兴与建设方案三部分。

翟克《中国农业推广之检讨》发表于《新生路月刊》第 14 卷第 5—6 期。

按：文章说：农业推广的特质，一是农业推广须侧重人民生活之改善，二是农业推广须带有强迫性，三是农业推广须带有监督性，四是农业推广须取缓进态度，五是农业推广须成为农村教育，六是农业推广须绝对不损害农民经济，七是农业推广须勿过于偏重技术，八是农业推广须勿以多方面并进，九农业推广须有矢志刻苦之干部。

李树德《中国农业土地政策之研究》发表于《新生路月刊》第 14 卷第 6 期。

徐恕德《土地改革之必要及其途径》发表于《胜流》第 6 卷第 3 期。

解树民《论中国土地问题与土地政策》发表于《胜流》第 6 卷第 3 期。

赵健华《当前土地问题之解决》发表于《胜流》第6卷第3期。

王宗山《彻底推行减租实现农民政策》发表于《陕政》第9卷第1—2期。

吕天印《本省土地经济调查之意义与经过》发表于《陕政》第9卷第3—4期。

孟宪章《怎样解决苏北土地问题》发表于《建苏》第1卷第1期。

祝平《目前土地政策之中心任务》发表于《建苏》第1卷第1期。

马树礼《解决战后土地问题之我见》发表于《建苏》第1卷第1期。

赵祖康《农村交通与农业生产》发表于《建苏》第1卷第1期。

李文孝《农村改进与农业技术》发表于《建苏》第1卷第3期。

王公玙《关于解决"绥靖区土地问题"的问题》发表于《建苏》第1卷第4期。

钱国荣《苏省农业改进之我见》发表于《苏讯》第75—76期。

冯焕文《中国之农业问题》发表于《苏讯》第79—80期。

按：文章分农业人才之培养、土地政策、农业行政长官、治安问题四部分。

江问渔《"知识分子和农民携手"结果怎样呢》发表于《国讯》第432期。

陆一弘《评中共土地法大纲》发表于《国讯》（港版）新第1卷第2期。

程大森《论绥靖区土地政策》发表于《时代（重庆）》第49期。

周一弘《绥靖区土地改革的商榷》发表于《时代（重庆）》第49期。

孙晓村《论中国农村经济》发表于《中国建设》第4卷第1期。

按：文章分中国农村社会的特质、目前的危机、解决的方案（富源公有、卖掉地主、都市土地国有、推行集体农场、耕种机械化、改善运销机构、发展合作组织、农村工业化）、结论四部分。

翟克《中国农业建设之基本问题》发表于《中国建设》第4卷第2期。

按：文章分农业文化建设问题、农业经济建设问题、农业基础建设问题三部分。

李仁柳《农业信用合作的经营》发表于《中国建设》第 4 卷第 2 期。

按：文章分雷发巽式信用合作社的介绍、农业信用等特点及其种类、农业信用合作的组织与业务的经营三部分。

蒋君章《关于我国之林业及畜牧》发表于《中国建设》第 4 卷第 3 期。

翟克《中国农民之营养与经济》发表于《中国建设》第 4 卷第 6 期。

朱洁夫《抗战中的农村经济》发表于《中建》第 17 期。

李仁柳《农村经济问题》发表于《中建》第 20 期。

张世文《农村建设运动给我们的启示》发表于《华西乡建》第 1 卷第 1 期。

周景福《介绍四川第一农业推广辅导区》发表于《华西乡建》第 1 卷第 1 期。

秦佩珩《论农业工业配合问题》发表于《华西乡建》第 1 卷第 2—3 期。

言穆渊《农村金融与乡村建设》发表于《华西乡建》第 1 卷第 4—5 期。

张世文《论中国农村社会调查运动发展之途径》发表于《华西乡建》第 1 卷第 4—6 期。

汪德亮《教育性的农民组织》发表于《华西乡建》第 1 卷第 6 期。

晏阳初《农村运动的使命》发表于《华西乡建》第 1 卷第 6 期。

按：文章说："中国今日的生死问题，不是别的，是民族衰老，民族堕落，民族涣散，根本是'人'的问题；是构成中国的主人，害了几千年积累而成的很复杂的病，而且病至垂危，有无起死回生的方药问题。……农村运动，就是对着这个问题应运而生的。它对于民族的衰老，要培养它的新生命；对于民族的堕落，要振拔它的新人格；对于民族的涣散，要促成它的新团结新组织。所以说中国的农村运动，担负着'民族再造'的使命。为什么'民族再造的使命'，要'农村运动'来担负呢？因为中国的民族，人数有四万万，在农村生活，要占 80%。以量的关系来说，民族再造的对象，当然要特别注重在农村。……就质的关系来说，民族再造的对象，当然也要特别注重在农村。"

松年《怎样研究东北土地经济》发表于《边疆建设》第 2 卷第 1 期。

许多艺《中国土地利用之新途径》发表于《建设汇报》第 1 卷第

10期。

程大森《农业合作之新发展》发表于《建国青年》第 4 卷第 2—4 期。

程大森《我国农业生产合作的组织问题》发表于《建国青年》第 4 卷第 5—6 期。

程大森《我国农业生产合作组织问题》发表于《建国青年》第 5 卷第 2—5 期。

侯春柳《中国工业化须以农业为基础》发表于《青年中国》第 54 期。

翁之镛《我国农业金融的迷惘和出路》发表于《社会公论》第 2 卷第 4 期。

严守讷《从推进工业化中看农业》发表于《社会公论》第 2 卷第 4 期。

郑再樵《明清时代福建的农民运动》发表于《社会科学》第 3 卷第 3—4 期。

谢哲邦《广东农村贷款问题研究》发表于《社会学讯》第 6 期。

杨振泰《中国农村问题与基督教的使命》发表于《乡村教会》第 1 卷第 1 期。

晏阳初《中国农村教育问题》发表于《新教育杂志》第 1 卷第 3—4 期。

吴文晖《中国农民问题》发表于《学识》第 1 卷第 3 期。

刘世超《农业经济学之发展及其趋势》发表于《学识》第 1 卷第 5—6 期。

按：文章分农业——一种旧的产业、农业经济学——一种新的科学、农业经济学之今后趋势三部分。

洪达光《论农业银行对我国农村金融之关系》发表于《原声》第 1 期。

按：文章分何谓农业银行、农业银行不发达之我国农村金融偏枯之一般状况、农业银行对农村金融之关系及其应循之途径三部分。

何成甫《复兴农村之我见》发表于《地方自治》第 1 卷第 2 期。

谢筠寿《医药事业应当向农村去发展》发表于《地方自治》第 1 卷第 2 期。

李成蹊《地方自治中之土地问题》发表于《地方自治》第 1 卷第 3 期。

刘世超《中国农业的特点与出路》发表于《团结》第 1 卷第 2 期。

按：文章说：中国农业的特点，一是人口比率特别高，二是耕地负担特别重，三是荒地已经普遍利用，四是特殊的施肥方法，五是植物性的农业，六是小农的经营，七是中国农村人力过剩。今后农村经济的出路，一是扩大耕地面积及移民，二是农业高度集约化。

雪岩《农民与国家预算》发表于《田家半月刊》第 13 卷第 13 期。

万国鼎《国共之间的土地改革问题》发表于《粤秀文垒》第 2 卷第 9 期。

董渭川《中国应对农业教育多下功夫的理由》发表于《生活文艺》第 1 期。

易甲寰《就土地观点论我国农业》发表于《安乡合作》创刊号。

郭川楫《土地改革与集体农场》发表于《新合作》第 2 卷第 3—4 期。

履仁《中国今日农民的要求及其解决途径》发表于《新合作》第 2 卷第 10 期。

刘慕梁《土地问题与合作农场》发表于《合作评论》第 7 卷第 2 期。

朱文《农村合作在东北》发表于《合作青年》新第 1 卷第 1 期。

常佩三《绥远农村与合作》发表于《绥远合作通讯》第 1 卷第 4—5 期。

刘慕梁《土地问题与合作农场》发表于《绥远合作通讯》第 1 卷第 11—12 期。

刘盛鼎《我国农业合作》发表于《贵州合作通讯》第 10 卷第 8—12 期。

按：文章分农业之重要性、我国"经验农业"之优劣、合作与合作社、合作农场四部分。

吴叔厚《从土地问题谈到合作农场》发表于《嘉农校刊》创刊号。

苏茂藻《略谈我国农业》发表于《嘉农校刊》创刊号。

高巍《四川农业劳工问题之商讨》发表于《望江月刊》第 1 期。

彭家元《农业学生的出路》发表于《望江月刊》第 1 期。

张寿甫《论建设以农村为先》发表于《松江论坛》第 4 期。

马子瞻《当前农村危机迫切的问题》发表于《张家边月刊》复刊第20期。

卢义《怎样防止农村的高利贷》发表于《广西民政》第3卷第5期。

崔广源《我国农业资金问题及其对策》发表于《青声》第3期。

小桥《谈谈农业科学化》发表于《中流》第1期。

刘文澜《行宪与农民》发表于《中流》第3期。

邹秉文《中国农业建设之政策与计划》发表于《智慧》第16—17期。

按：文章说："我国农业建设之政策有三：（一）全国农业生产自给自足；（二）增加全国农民收入；（三）发展农产品出口贸易以争取外汇。为实现上述三政策，必须有周详之计划。"要做到全国农业生产自给自足，必须实行下列计划：一是利用全国土地及保持土壤，二是开垦全国荒地，三是增加每范围面积产量，四是积极发展畜牧，五是积极发展森林，六是积极发展衣被原料，七是积极发展水产，八是积极发展园艺。要增加全国农民收入，必须实行下列计划：一是扩充耕地面积，包括改进垦荒设备并解决其困难、提倡公墓制度；二是扩充每农家耕地面积，包括转移业农人口、制止农田再行分割；三是改良农具；四是改善农业金融制度；五是普及合作组织；六是提倡农村副业；七是增加一半农业品之生产效率。要发展农产品出口贸易以争取外汇，必须：一是增产改进棉花，二是增产改进蚕丝，三是增产改进茶叶，四是增产改进桐油，五是增产改良大豆。

直民《我国的土地制度问题》发表于《高风》第1卷第2期。

李茂《西北农业建设问题》发表于《西北文化》创刊号。

王卓如《关于土地改革》发表于《渤海文化》创刊号。

王仲尧《今后我国农业的改进问题》发表于《力余》第18期。

按：文章说："今日中国的农业问题，需要一一改进的实在很多，如森林、畜牧兽医、农作物的生产方法的改良、肥料、农田水利、农田制度、渔业，实在也是很复杂的，这些不过是最基本的而已，和这有关系的，如农业机械、农村交通、农民卫生、农村教育、农民娱乐，这一切都要与前者同时改造，相辅而行，然后能收到更大的效果。目前我国的农业问题，第一是水利，第二是农田制度，第三是生产方法。"

陈达士《中国农业发展途径的商榷》发表于《灯塔月刊》第2卷第4期。

项泽民《当前农民离村问题的危机》发表于《群言》第8—9期。

按：文章认为，当前农民离村原因，概括言之，约有下列数端，一是内战影响，二是征兵，三是灾荒，四是高利贷与高地租，五是苛捐杂税。除上述所举荦荦大者五点外，其他如列强的经济侵略，外国农产品的倾销，致使本国农产品无法与之抗争，当前美棉美麦以排山倒海之势大量输入国内，即为一例。又如农业技术的落后，农产运销的不利，农民教育的不普及，农场制度的不完善，人口的增加，农业经营的亏本，凡此种种，错综复杂，互相关联，皆为促使农民离村之原因。解决的方法，一是停止内战安定民生，二是废除苛捐杂税，三是解决土地问题，四是提高农业技术水准，五是普遍设立农业金融机构，六是改善农产运销方法，七是推行合作制度。"总之，农民离村与农村破产，两者车辅相依，关系密切，农民离村为随农业衰落农村经济崩溃俱来之必然产物，如能振兴农业，繁荣农村，则农民离村问题，即将随之迎刃而解，上述七点，苟能逐一切实施行，庶几农业复兴，农村繁荣，农民离村危机可望挽救焉。"

林森庆《运动农民与农民运动》发表于《谈丛》第2期。

萧文哲《农民与农业问题之检讨》（二）发表于《革新（南京）》第2卷第4期。

林冰《中共区的土地政策》发表于《人民世纪》第1卷第5—6期。

廖伯周《国父的土地学说》发表于《自由评论》第7期。

严图青《中国土地浪费之检讨》发表于《正论（北平）》第10期。

陶悟因《论中国土地改革问题》发表于《正声（南京）》第1卷第4期。

吴一平《中共的新土地法》发表于《现代周刊》复刊第77期。

蓝梦九《对于中国目前农业建设中几个问题之商讨》发表于《民主论坛》第1卷第11期。

李栋材《土地制度的古今中外谈》发表于《民主论坛》第2卷第9期。

葛罗物《论苏北收复区的土地问题》发表于《民主与统一》第34期。

立国桓《王安石土地政策之研究述评》发表于《本行通讯》第168期。

席连之、程伯容《河南开封附近之土地利用与改良刍议》发表于

《土壤》第 6 卷第 4 期。

汪扬时《当前农业经济的正路》发表于《国防新报》第 5 期。

按：文章说："政治安定才能解决农业经济问题。"

丕谷《略论地主与土地问题》发表于《再生》第 170—173 期。

楚耘《关于中国的土地改革》发表于《风下》第 101 期。

游银生《我国土地制度略论》发表于《十九峰》创刊号。

兴忠《土地问题与农村经济》发表于《峡江涛》创刊号。

穆易《对中共土地政策及其"中国土地法大纲"的批判》发表于《基干奋斗》第 55 期。

朱曙《民生主义土地制度之研究》发表于《问政》第 1 卷第 2 期。

罗士清《中国农业的机械化与集体化》发表于《群情月刊》第 1 卷第 3—4 期。

按：文章分中国农业机械化的论战、使用机械问题的解决、技术化与集体农场三部分。

彭霁南《现阶段中国土地分配问题之解决方案》发表于《现代学报》第 1 卷第 1 期。

雨琴《中国的工业化与土地改革》发表于《新社会月刊》第 2 期。

葛之茎《论农村自治组织》发表于《自治月刊》第 2 卷第 1 期。

按：文章分组织精神、利用习俗、组织分类、组织主干、调整旧有组织五部分。

南子《论中共土地的政策》发表于《政治向导》第 2 卷第 5 期。

韩冰《中国土地改革运动的路向》发表于《革新月刊》第 6 期。

李国桓《我国历史上土地制度之演变及改革运动》发表于《政讯月刊》第 2 卷第 5 期。

施若霖《论中国土地改革》发表于《观察》第 2 卷第 21 期。

通讯《中共在鲁南的"土地改革"》发表于《进步》第 1 卷第 6—7 期。

吴景超《中国农村的两种类型》发表于《世纪评论》第 1 卷第 12 期。

刘剑尘《晋省土地制度的改进》发表于《知识与生活》第 13 期。

孙晓村《论中国农村经济》发表于《现实文摘》第 1 卷第 4 期。

祝秉彝《我国农业机械化之必要性》发表于《忠勇月刊》第 2 卷第

1期。

冬林《三十年前土地运动的开展》发表于《苏联介绍》第1卷第6期。

林泽礼《人造肥料在农业上之关系》发表于《世界动态》第1卷第1期。

常宗会《世界社与中国农村建设之前途》发表于《世界月刊》第2卷第6期。

于光远《一年来的解放区土地改革》发表于1月1日《解放日报》。

按：文章说：一九四六年解放区进行了实现"耕者有其田"的土地改革运动。这是中国有史以来一个最深刻的社会大变革。这个运动以十四年抗战时期的减租减息为基础，首先从去冬的反奸清算运动开始，然后发展到清理债务，回赎土地，清算敌伪统治时期贪污中饱，清算地主转嫁给农民的负担，以及清查减租，清查黑地等等。五月以后运动的目标——实现"耕者有其田"——更加明确，同时保证坚决不侵犯中农利益，照顾各色人等，照顾地主生活。七八月后，蒋介石背信弃义大举进攻解放区，土地改革乃与自卫战争密切结合，迅速走向普遍深入与彻底。若干地区并在已实行土地改革的地方举行翻身大检查，采用全村大评理，大仲裁等方式，彻底分，一场清，采用填平补齐办法，使土地分配更加公平合理。现大部地区正继续发动群众解决半生不熟村（翻身没有翻透的）、空白村和更公平合理的分配斗争果实问题。

一年来的事实又证明，土地改革为当前争取全国独立民主和平的爱国自卫战争开发了无穷力量的源泉，为这一战争的胜利提供最可靠的保证。由翻身农民所组成的军队，结合广大翻身农民热烈的支援参战，这一力量是无敌于天下的。由于解放区一年来真真实实地实行了"耕者有其田"的土地改革，它就为全国人民，作出了光辉的榜样，大大振奋和鼓励了在蒋管区的广大人民，给了他们新的希望，为他们指出了奋斗的方向。解放区的土地改革实现了从半殖民地半封建社会到新民主主义社会的根本改造。……再一次说明了今天解放区进行的爱国自卫战争，实质上仍然是一个农民战争，是保卫解放区农民既得土地的战争。如果说抗战是已经胜利了，那么今天彻底实现土地改革的保证之下，谁能怀疑当前的爱国自卫战争一定得到最后的胜利呢？

陈云《消灭敌人，发动农民》发表于6月9日《辽东日报》。

按：是为陈云在中共中央辽东分局、中共辽宁省委召开的各直属机关干部会议上讲话的要点。作者提出了四个要求：第一个要求，首先要彻底摧毁封建地主巩固的堡垒。第二个要求，创造为群众所拥护的真正积极分子。第三个要求，走群众路线。第四个要求，我们的工作要求透不求快。在群众组织方面，名目不要多，要以农会为核心，一切通过农会。"只要下乡发动群众和仗打好了，根据地建立起来，有力地支援前线，我们就能胜利。发动群众同前方打仗同样重要，我们要保证把这一仗打好。"

太行区党委《关于农村阶级划分标准与具体划分的规定》发表于1月24日《人民日报》。

邓颖超《土地改革与妇女工作的新任务》发表于12月5日《晋察冀日报》。

三　乡村建设研究著作

梁庆椿主编《农业政策》由重庆正中书局出版。

按：是书包括农业政策概论、农业救济、授地、地租管制、家宅垦地优待法、归农运动、粮食供给、食料及药物管制、谷物法、酒类贩运、渔猎法、农业运动、农业工团主义、国际农业协会、反对谷物条例同盟、美国国会之农业派等内容。

龙超著《中国农业土地问题》由广州兴华文具印刷商店出版。

按：是书分绪言、中国农业土地问题之史的考察、中国农业土地问题的实况、土地改革的各派理论与土地改革的各国实例、中国农业土地政策、如何贯彻平均地权政策、结论等七部分。

董鹤龄著《农业推广方法》由上海世界书局出版。

按：是书提出了表证农田、特约农家、农产展览会、农产比赛会、农事讲习会、儿童农学团、农业补习学校等8种农业推广方法。

金珧著《农业金融论》由南京中国合作图书用品生产合作社出版。

姚公振著《中国农业金融史》由上海中国文化服务社出版。

行政院新闻局编《农业贷款》由编者出版。

董时进著《国防与农业》由上海商务印书馆出版。

吴文晖著《农业经济论》由南京中国经济书刊生产合作社出版。

按：是书收录论文19篇，论述农业经济学一般问题，农村与农业的性质、土地、农业资金及农场经营，农业政策等。

中国农民银行汉译社会科学百科全书译辑委员会编译《农业政策》由重庆正中书局出版。

河南省训练团编《农业生产合作簿记》由编者出版。

新农企业股份有限公司编译室编《农业研究试验统计用表》由编者出版。

张天福著《农业建设的重心问题》由福建省农业改进处出版。

联合国善后救济总署、冀热平津分署农业善后组编《农业善后计划纲要》由北平大华印书局出版。

中美农业技术合作团编著《改进中国农业之途径》由上海商务印书馆出版。

徐天锡著《上海市农业概况》由上海园艺事业改进协会出版。

福建省农业改进处编《福建省农业特征初步调查报告》由编者出版。

农林部中央农业实验所编《农林部中央农业实验所概况》由南京编者出版。

广西农事试验场编《广西农事试验场三十三、三十四年度工作报告》由编者出版。

行政院新闻局编《中国农业科学之研究与实验》由南京编者出版。

李俊著《机关生产的农业常识》由华北新华书店出版。

冀中行政公署教育厅编《农业生产知识》由编者出版。

行政院新闻局编《台湾农业与渔业》由南京编者出版。

行政院新闻局编《中美农业技术合作团》由南京编者出版。

中国农民银行汉译社会科学百科全书译辑委员会编译《农产品》由重庆正中书局出版。

中国农民银行汉译社会科学百科全书译辑委员会编译《农产运销及加工》由重庆正中书局出版。

王艮仲等著《为建设新农村而奋斗》由上海中国建设出版社出版。

按：是书收录王艮仲、胡竞良等所著论文19篇。

东北局宣传部编《东北农村调查》由东北书店出版。

吴绍荃著《到农村去》由上海生活书店出版。

按：是书阐述了农村工作的经验、原则和方法。附录中介绍了彭湃、江慕农等在农村工作的概况。

晋察冀边区财经办事处编《冀中冀晋七县九村国民经济人民负担能力调查材料》由编者出版。

郑兆嵩等译《美国的农村》由湖南省农业改进所出版。

土地问题研究会编《马恩列斯毛论农民土地问题》由东北书店出版。

按：是书摘录马克思、恩格斯、列宁、斯大林、毛泽东原著中有关论述农民与土地问题的篇章，分封建制度下的农民、资产阶级与农民、无产阶级与农民、中国农民土地问题等四部分。

毛泽东著《湖南农民运动考察报告》由苏南新华书店、太行群众书店、冀察冀新华书店、渤海新华书店、华北新华书店、太岳新华书店、韬奋书店盐阜分店、佳木斯东北书店出版。

毛泽东著《论查田运动》由中共晋察冀中央局、冀鲁豫书店、冀中新华书店、晋察冀新华书店出版。

叶启芳译《社会斗争通史》（卷3 近代农民斗争与乌托邦社会主义）由上海神州国光社出版。

中央农工部编《中国国民党农工运动章则辑要》由编者出版。

中央农工部编《农运干部手册》由编者出版。

行政院新闻局编《扶植自耕农保障佃农》由南京编者出版。

冀东行政公署农林厅编《农家宝》由编者出版。

葛士英编著《业余生产法》由群学书店出版。

古彬著《绥滨地主阶级史的初步考察》由合江工作通讯社出版。

合江日报社编《地主阶级发家史汇编》第1辑由编者出版。

李尔重等著《东北地主富农研究》由佳木斯东北书店出版。

中共牡丹江省委宣传部编《地主发家史》由辽南日报社出版。

李显承著《土地经济学》由中央训练团地政人员训练班出版。

中国农民银行汉译社会科学百科全书译辑委员会编译《土地经济》由重庆正中书局出版。

［德］达马熙克著，张丕介译《土地改革论》由建国出版社出版。

［德］达马熙克著，张丕介译《第二种土地改革论》由建国出版社出版。

崔永楫编著《土地制度与土地使用之社会管制》由重庆正中书局出版。

东北民主联军总政治部编《贯彻土地改革的思想》由编者出版。

罗醒魂编著《各国土地债券制度概论》由重庆正中书局出版。

陈天秩著《土地政策及其实验》由南京新中国出版社出版。

林超编，吴英荃校《中国土地问题概述》由国防新闻局出版。

按：是书分6章，介绍我国历代土地制度及农村情况，并评述共产党和国民党的土地政策。附录：土地法、土地法施行法、绥靖区土地处理办法。

葛罗物著《中国土地调整论》由上海大东书局出版。

陈伯达著《近代中国地租概说》由华北新华书店出版。

萧铮著《平均地权本义》由中国地政研究所出版。

地政部统计室编《地政统计提要》由编者出版。

地政部编《地政法规辑要》由编者出版。

绥远省地政局编《抗日战争中之绥远地政》由编者出版。

宁夏地政局编《宁夏省地政工作报告》由编者出版。

上海市地政局编《上海市地政局工作报告》由编者出版。

上海市地政局编《上海地政概况》由编者出版。

江苏省地政局编《江苏省地政概况》由编者出版。

福建省地政局编《福建省地政工作报告》由编者出版。

上海市地政局编《上海地价增涨趋势》由编者出版。

黄桂著《土地行政》由江西省地政局出版。

行政院新闻局编《绥靖区土地问题之处理》由南京编者出版。

［美］卜凯等著，戈福鼎、汪荫元译《中国农场管理学》由上海商务印书馆出版。

盛澄渊著《肥料分析》由上海商务印书馆出版。

陈振铎、陈春泉编著《农地土壤酸度简易测定法之研究与酸度测定结果之解释》由福建省农业改进处出版。

陈华癸编著《土壤微生物学》由上海国立编译馆出版。

胡焕庸编著《两淮水利》由上海正中书局出版。

马寿徵著《土壤肥料实验》由重庆商务印书馆出版。

程伯容编著《江苏淮安高邮一带之土壤》由经济部中央地质调查所出版。

茹皆耀、华孟编著《台中县志土壤》由台湾农业试验所出版。

陆发熹编著《广东西沙群岛之土壤及鸟粪磷矿》由经济部中央地质

调查所出版。

程广禄编著《威远县志土壤》由四川省农业改进所出版。

孙虎臣、崔增体著《四川之气候与作物生产》由农林部华西区推广繁殖站出版。

钱毅编《庄稼话》由黄河出版社出版。

邹钟琳编著《经局济昆虫学》上册由上海国立编译馆出版。

行政院新闻局编《近年来之农田水利》由编者出版。

东北物资调节委员会研究组编《农田水利》由沈阳编者出版。

陕西省水利局编《泾惠渠十五年》由编者出版。

行政院新闻局编《泾惠渠》由编者出版。

水利部编《水利法规辑要》由编者出版。

粮食部编《粮食部田粮业务检讨会议汇编》由编者出版。

行政院新闻局编《全国粮食概况》由南京编者出版。

行政院新闻局编《棉花产销》由南京编者出版。

李国桢编《陕西棉业》由陕西农业改进所出版。

行政院新闻局编《桐油产销》由南京编者出版。

行政院新闻局编《大豆产销》由南京编者出版。

东北物资调节委员会编《东北之大豆·东北农产物流通过程》由编者出版。

东北行辕经委会农林处编《东北农作物生产消费统计》由沈阳编者出版。

李俊编《庄稼的祖先》由华北新华书店出版。

汪厥明著《机差自由度估算法》由台北编者出版。

孙少轩编《植物病理学的基本知识》由上海中华书局出版。

李治著《福建今后农艺作物改进方针之商榷》由福建省农业改进处出版。

农林部农业推广委员会编《三十六年度粮食作物推广实施计划》由编者出版。

马骏超、邵锦缎著《福建省稻作虫害述略》由福建省农业改进处出版。

罗登义著《谷类化学》由上海中华书局出版。

罗清泽、林声稣编著《小麦升汞水清毒对于发芽之影响研究》由福建省农业改进处出版。

林景亮编《春季豆料绿肥生态学之研究》由福建省农业改进处出版。

林家棻编《几种夏期绿肥作物在永安之适应力比较及其对于土壤理化性质与后作产量之影响》由福建省农业改进处出版。

农林部棉产改进处编《植棉手册》由南京农林部棉产咨询委员会出版。

何家泌著《台湾蔗作之栽培》由台北颐园印刷局出版。

鲁昭祎、戴广耀编《金鸡纳树皮之化学分析》由台湾林业试验所出版。

褚守庄著《美种烟草栽培须知》由云南烟草改进所出版。

秦自新、汪应南著《台湾产植物单宁之研究》由台湾林业试验所出版。

陈恩凤著《园艺作物和土壤》由上海园艺事业改进协会出版委员会出版。

《实用蔬菜园艺》（高级农业职业学校教材）由上海世界书局出版。

郭枢、林斯德等编著《甘蓝留种试验报告》由福建省农业改进处出版。

王馨编译《室内栽培植物》由上海园艺事业改进协会出版委员会出版。

章君瑜著《花卉园艺各论》由国立西北农学院园艺学会出版。

吴耕民编《果树园艺学》由上海商务印书馆出版。

徐炳声著《上海中山公园树木名录》由上海著者出版。

陈俊愉著《巴山蜀水记梅花》由上海园艺事业改进协会出版委员会出版。

黄岳渊著《杜鹃》由上海园艺事业改进协会出版委员会出版。

汪菊渊著《植物的篱垣》由上海园艺事业改进协会出版委员会出版。

金永熙著《窗口花卉》由上海园艺事业改进协会出版委员会出版。

金重治著《养羊法》由华北新华书店出版。

张克成、金重治著《养鸡法》由华北新华书店出版。

郑学稼著《养鸡学》由上海商务印书馆出版。

按：是书除绪论外，分鸡蛋、孵化、育雏、鸡种及选择、饲料与饲养、鸡的环境与鸡舍、鸡的卫生等7章。其绪论说："实业落后的中国，大的工业，为着种种原因的限制，一时振兴不易，小规模的经营似乎较轻而易举。在许多小规模的事业中，就现状而言，该当提倡的，应是已成为全国农民副业的养鸡。"

张金相编著《鸭鹅饲养法》由上海世界书局出版。

中国蚕丝公司编《新品种养蚕概说》由上海商务印书馆出版。

中国蚕丝公司编《现行家蚕新品种性状概说》由上海商务印书馆出版。

张震东编《网线材料及其纤维》由河北省水产专科学校出版委员会出版。

陈明璋著《福建省之蔗糖业》由福建省农业改进调查室出版。

台湾糖业有限公司编《台湾糖业一瞥》由编者出版。

骆君骕著《台湾糖业》由台湾甘蔗研究所出版。

行政院新闻局编《茶叶产销》由南京编者出版。

台湾农林处农业推广委员会编《台湾茶业》由台北编者出版。

杜景琦著《兰州之水烟业》由著者出版。

褚守庄著《云南烟草事业》由昆明新云南丛书社出版。

褚守庄编著《云南倡种美烟概况》由云南烟草改进所出版。

行政院新闻局编《猪鬃产销》由南京编者出版。

行政院新闻局编《生丝产销》由南京编者出版。

徐正铿编著《养蜂学》由上海商务印书馆出版。

按：是书分绪论、蜜蜂、蜜源、蜂具、管理、分封、蜂王育成、越冬、蜂之产物、售蜜、病敌、古法摘要等12章。

尹良莹著《四川蚕业改进史》由上海商务印书馆出版。

按：是书分10章，介绍四川的自然条件与养蚕业的关系，自上古以来的养蚕沿革，蚕业与桑树的分布区域，产量与运销情况统计，高、中等专科教育，南充、西充、阆中、三台、盐亭、成都、乐山、合川等各主要养蚕县份的蚕业史，产量及贸易概况，桑苗的繁殖、原种的培养，蚕桑茧丝的试验研究及改进蚕业管理等。

行政院新闻局编《渔业》由南京编者出版。

黄肇曾译《世界之渔业》由译者出版。

行政院新闻局编《林业》由南京编者出版。

按：是书分两章，介绍我国的森林资源、林业沿革、林业发展计划、林业实验与研究等情况。

曾济宽编著《林政学》由重庆正中书局出版。

农林部林业司编《中国之林业》由南京编者出版。

湖北省开发神农架森林筹备处编《开发神农架森林计划书》由编者出版。

郝景盛编著《森林万能论》由重庆正中书局出版。

按：是书论述木材在工业中的应用、治河的根本办法、中国森林的过去与现在，以及今后我国应当如何建设林业等。

农林部编《中国森林资源统计汇编》由编者出版。

滕咏延编《台湾重要森林植物名汇》由台湾林业试验所出版。

斯炜著《台风与台湾植物分布之关系》由台湾林业试验所出版。

郑坡编《种植必备》由上海大华农场出版。

北平市政府社会局编《植树浅说》由编者出版。

[美] 霍雷著，黄绍绪译《造林实施法》由上海商务印书馆出版。

刘业经著《相关回归及曲线配合在林木生长研究上之应用》由台湾林业试验所出版。

谢汉光等著《林分调查之初步研究》由台湾林业试验所出版。

李寅恭编著《树木学撮要》由重庆正中书局出版。

马子斌著《台湾产主要木材之强度试验》由台湾林业试验所出版。

张英伯著《云南建筑木材之力学性质》由国立中央研究院工学研究所出版。

林渭访、刘业经著《松柏类幼苗对于光之需要度试验》由台湾林业试验所出版。

薛承健著《福建杉木形质生长与腾贵生长初步研究》由《研究汇报》社出版。

刘业经著《泡桐分根繁殖之研究》由台湾林业试验所出版。

杨衒晋著《艺竹丛谈》由上海园艺事业改进协会出版委员会出版。

山西省政府新闻处编《兵农合一与平民经济论述》由编者出版。

福建省政府编《农地改革及组设农产手册》由编者出版。

行政院新闻局编《乡村工业示范》由南京编者出版。

按：是书介绍由行政院举办的"乡村工业示范组"的成立、发展及各示范厂的工作与研究概况，并展望乡村工作的未来。

四 卒于是年的乡村建设工作者

李鼎铭卒（1881—1947）。原名丰功，陕西米脂人。1913年任米脂县东区区长期间，利用临水寺庙宇开办米脂县第一所国民小学，并兼任校长。1916年受聘于陕北联合县立榆林中学，任国文、数学教员。1918年返乡行医，并和当地群众在桃镇创办国民高等小学，任校长。1923年任榆林道尹公署顾问、科长等职。1941年代表开明绅士被选为米脂县参议会议长，陕甘宁边区参议会参议员、副议长。是年冬，在边区第二届一次参议会上，又当选为陕甘宁边区政府副主席，并联络姬伯雄等十名参议员，提出了《政府应彻底计划经济，实行精兵简政主义，避免入不敷出、经济紊乱之现象案》，得到毛泽东的重视和采纳。1942年至1943年，根据陕北的地理、气候特点，提出了精耕细作，多种洋芋，推广养蚕，移民开荒等发展生产的措施。1947年12月11日因病逝世。

民国三十七年　戊子　1948年

一　乡村建设活动

1月10日，中共晋冀鲁豫中央局发表《告全体党员书》，要求全体党员认真贯彻《中国土地法大纲》。

1月12日，中共中央书记处书记任弼时在西北野战军前委扩大会议上发表《土地改革中的几个问题》，分析了土改中发生"左"倾错误的原因，提出纠正的原则和方法，并全面阐述了巩固地团结中农的问题和划分阶级的标准，以其作为《中国土地法大纲》的补充。

　　按：任弼时说：我现在根据中央最近的决定，讲讲在这一伟大运动中所发生的，必须引起全党注意的下列几个问题：一、根据什么标准来划分农村阶级；二、应该坚定地团结全体中农；三、对地主富农斗争的方法；四、对工商业政策；五、知识分子和开明绅士问题；六、打人杀人问题。[1]

是日，张闻天为中共合江省委起草《在平分土地运动中保护城市工商业》的指示。

1月13日，中共晋绥分局发出《关于改正错订成分与团结中农的指示》。

1月15日，晋冀鲁豫边区政府颁布《破坏土地改革治罪暂行条例》。

1月18日，中共中央发出由毛泽东起草的《关于目前党的政策中的几个重要问题》的文件，对土地改革和群众运动中出现的"左"倾错误提出了几个必须注意的具体政策，提出必须避免对中农、中小工商业者、大多数知识分子采取任何冒险政策；对于开明绅士，在不妨碍土改的条件下，应予以照顾；必须将新、旧富农加以区别，对新富农应按富裕中农对

---

[1] 大连市中共党史研究会：《大连土地改革运动》，中共党史出版社2014年版，第200页。

待；对大、中、小地主，对地主和富农中恶霸与非恶霸也应有所区别。

按：文件分党内反对错误倾向问题、土地改革和群众运动中的几个具体政策问题、关于政权问题、在革命统一战线中领导者和被领导者的关系问题等四部分①。

2月1日，中共晋冀鲁豫中央局发出《关于土地改革、整党与民主运动的指示》。

2月3日，毛泽东发给刘少奇《在不同地区实施土地法的不同策略》的电报，要求分"日本投降以前的老解放区""现在解放区""大反攻后新解放的地区"三种地区，采取不同策略来实施《土地法》。

2月6日，中共中央发出《关于修改经营地主与富农界限的规定给东北局的指示》。

2月11日，中共中央发出毛泽东起草的《纠正土地改革宣传中的"左"倾错误》的党内指示。

按：指示说：最近几个月中，许多地方的通讯社和报纸，不加选择地没有分析地传播了许多包含"左"倾错误偏向的不健全的通讯或文章。例如：一、不是宣传依靠贫雇农，巩固地联合中农，消灭封建制度的路线，而是孤立地宣传贫雇农路线。不是宣传无产阶级联合一切劳动人民、受压迫的民族资产阶级、知识分子和其他爱国分子（其中包括不反对土地改革的开明绅士），推翻帝国主义、封建主义和官僚资本主义的统治，建立中华人民共和国和人民民主政府，而是孤立地宣传所谓贫雇农打江山坐江山，或者说民主政府只是农民的政府，或者说民主政府只应该听工人和贫雇农的意见，而对中农，对独立劳动者，对民族资产阶级，对知识分子等，则一概不提。这是严重的原则性的错误。而我们的通讯社、报纸或广播电台竟将这类通讯发表。各地党委宣传部，对于此类错误竟没有任何的反映。此类宣传，在过去几个月中虽然不是普遍的，但是相当多，以致造成了一种空气，使人们误认为似乎这是正确的领导思想。甚至因为陕北广播电台播发了某些不正确的新闻，人们竟误认为这是被中央认可的意见。二、在整党问题上，关于既反对忽视成分、又反对唯成分论的宣传，有些地区不够有力，甚至有唯成分论的错误宣传。三、在土地改革问题上，关于既反对观望不前、又反对急性病的宣传，有些地区是抓紧了；但

---

① 毛泽东：《毛泽东选集》第4卷，人民出版社1991年版，第1267—1273页。

在许多地区却助长急性病，甚至发表赞扬急性病的东西。在领导者和群众的关系问题上，关于既反对命令主义、又反对尾巴主义的宣传，有些地区是注意了；但在许多地区却错误地强调所谓"群众要怎样办就怎样办"，迁就群众中的错误意见。甚至对于并非群众的、而只是少数人的错误意见，也无批判地接受。否定了党的领导作用，助长了尾巴主义。四、在工商业和工人运动的方针上，对于某些解放区存在着的严重的"左"的倾向，或者加以赞扬，或者熟视无睹。总之，过去几个月的宣传工作，正确地反映和指导了战争、土地改革、整党、生产、支援前线这些伟大斗争，帮助了这些斗争取得了伟大成绩，并且在宣传工作中占着主要成分，这是必须首先承认的。但是也必须看到一些错误缺点。其特点就是过左。其中有些是完全违背马克思列宁主义原则立场和完全脱离中央路线的。望各中央局、中央分局及其宣传部，新华总社和各地总分社，以及各地报纸的工作同志们，根据马克思列宁主义原则和中央路线，对过去几个月的宣传工作，加以检查，发扬成绩，纠正错误，务使对于战争、土地改革、整党、工人运动这些伟大的斗争，对于这一整个反帝反封建的革命，保障其获得胜利。①

2月15日，中共中央发出毛泽东起草的《新解放区土地改革要点》的党内指示。

按：指示说：一、不要性急，应依环境、群众觉悟程度和领导干部强弱决定土地改革工作进行的速度。二、新区土地改革应分两个阶段。第一阶段，打击地主，中立富农。又要分几个步骤：首先打击大地主，然后打击其他地主。对于恶霸和非恶霸，对于大、中、小地主，在待遇上要有区别。第二阶段，平分土地，包括富农出租和多余的土地在内。但在待遇上，对待富农应同对待地主有所区别。总的打击面，一般不能超过户数百分之八，人口百分之十。在区别待遇和总的打击面上，半老区亦是如此。三、先组织贫农团，几个月后，再组织农民协会。四、不要全面动手，而应选择强的干部在若干地点先做，取得经验，逐步推广，波浪式地向前发展。五、分别巩固区和游击区。六、反动的地主武装组织和特务组织，必须消灭，不能利用。七、反动分子必须镇压，但是必须严禁乱杀，杀人愈少愈好。死刑案件应由县一级组织委员会审查批准。政治嫌疑案件的审判

---

① 毛泽东：《毛泽东选集》第4卷，人民出版社1991年版，第1280—1282页。

处理权，属于区党委一级的委员会。八、应当利用地主富农家庭出身但是赞成土地改革的本地的革命的知识分子和半知识分子，参加建立根据地的工作。但要加紧对于他们的教育，防止他们把持权力，妨碍土地改革。九、严格注意保护工商业。从长期观点筹划经济和财政。军队和区乡政府都要防止浪费。①

是日，中共中央作出《关于土地改革中各社会阶级的划分及其待遇的规定（草案）》。

2月17，毛泽东发表《新解放区土改斗争策略的运用》，指出新区斗争策略阶段必须分为先斗地主后斗富农两大阶段。

2月22日，中共中央发出由周恩来起草，经毛泽东修改的《中共中央关于老区半老区进行土地改革工作与整党工作的指示》。

2月28日，国民政府农林部公布修正《森林法施行细则》。

3月，晋冀鲁豫边区政府公布《林木保护培植办法》。

4月8日，四川省政府公布《四川省各县（市局）办理防治病虫害各级人员奖惩规则》。

5月6日，中共晋察冀局发出《关于土地改革后农村发展生产的指示》，指出土地改革的目的，是为了从封建与半封建束缚下解放生产力，使各阶层人民在新的条件下，积极生产，发财致富，发展国民经济。

5月14日，中共中央作出《关于地主、富农、知识分子入党后改变成分的决定》，规定地主、富农入伍2年（非5年），知识分子入伍1年，表现好的即可改为革命军人成分。

5月24日，毛泽东发给邓小平题为《新解放区农村工作的策略问题》的电报。

按：指示说："新解放区农村工作的策略问题有全盘考虑之必要。新解放区必须充分利用抗战时期的经验，在解放后的相当时期内，实行减租减息和酌量调剂种子口粮的社会政策和合理负担的财政政策，把主要的打击对象限于政治上站在国民党方面坚决反对我党我军的重要反革命分子，如同抗战时期只逮捕汉奸分子和没收他们的财产一样，而不是立即实行分浮财、分土地的社会改革政策。因为过早地分浮财，只是少数勇敢分子欢迎，基本群众并未分得，因而会表示不满。而且，社会财富迅速分散，于

---

① 毛泽东：《毛泽东选集》第4卷，人民出版社1991年版，第1283—1284页。

军队亦不利。过早地分土地，使军需负担过早地全部落在农民身上，不是落在地主富农身上。不如不分浮财，不分土地，在社会改革上普遍实行减租减息，使农民得到实益；在财政政策上实行合理负担，使地主富农多出钱。这样，社会财富不分散，社会秩序较稳定，利于集中一切力量消灭国民党反动派。在一两年甚至三年以后，在大块根据地上，国民党反动派已被消灭，环境已经安定，群众已经觉悟和组织起来，战争已经向遥远地方推进，那时就可进入像华北那样的分浮财、分土地的土地改革阶段。这一个减租减息阶段是任何新解放地区所不能缺少的，缺少了这个阶段，我们就要犯错误。就是在华北、东北、西北各大解放区的接敌地区，亦须实行上述同样的策略。"①

5月25日，中共中央发出毛泽东起草的《关于1948年的土地改革工作和整党工作的指示》，对土地改革、整党、生产等工作作出具体布置。

按：指示说：必须利用今年整个秋季和冬季，即自今年九月至明年三月，共七个月时间，在各中央局和分局所划定的地区内，依次完成下列各项工作：（甲）乡村情况调查。（乙）按照正确政策实行初步整党。上级派到乡村的工作团或工作组，必须首先团结当地党的支部组织内的一切积极分子和较好分子，共同领导当地的土地改革工作。（丙）组织或改组或充实贫农团和农会，发动土地改革斗争。（丁）按照正确标准，划分阶级成分。（戊）按照正确政策，实行分配封建土地和封建财产。实行分配的最后结果，必须使一切主要阶层都感觉公道和合乎情理，地主阶级分子亦感觉生活有出路，有保障。（己）建立乡（村）、区、县三级人民代表会议，并选举三级政府委员会。（庚）发给土地证，确定地权。（辛）调整或改订农业税（公粮）负担的标准。这种标准，必须遵守公私兼顾的原则，这即是一方面利于支援战争，一方面使农民有恢复和发展生产的兴趣，利于改善农民的生活。（壬）按照正确政策，完成党的支部组织的整理工作。（癸）将工作方向由土地改革方面，转移到团结农村中一切劳动人民并组织地主富农的劳动力为共同恢复和发展农业生产而奋斗的方面去。开始组织在自愿和等价交换两项原则上的小规模的变工组织和其他合作团体；准备好种子、肥料和燃料；做好生产计划；发放必要的和可能的农业贷款（以贷给生产资料为主，必须有借有还，严格区别于救济性质

---

① 毛泽东：《毛泽东选集》第4卷，人民出版社1991年版，第1326—1327页。

的贩款）；在可能的地点，做好兴修水利的计划。以上是由土地改革到生产的全部工作过程，必须使一切直接从事土地改革工作的同志了解这样的工作过程，避免工作的片面性，并不失时机地于秋冬两季全部完成上述工作。

  为达上述目的，今年六月至八月的三个月内，必须完成下列工作：（甲）划定土地改革工作范围。这种范围，必须是在下列三项条件下划定之：第一，当地一切敌人武装力量已经全部消灭，环境已经安定，而非动荡不定的游击区域。第二，当地基本群众（雇农、贫农、中农）的绝大多数已经有了分配土地的要求，而不只是少数人有此要求。第三，党的工作干部在数量上和质量上，确能掌握当地的土地改革工作，而非听任群众的自发活动。如果某一地区，在上述三个条件中，有任何一个条件不具备，即不应当将该地区列入一九四八年进行土地改革的范围。例如，在华北、华东、东北、西北各解放区的接敌区域和中原局所属江淮河汉区域的绝大部分地区，因为尚不具备第一个条件，即不应当列入今年的土地改革计划内。明年是否列入，还要看情况才能决定。在这类地区，应当充分利用抗战时期的经验，实行减租减息和酌量调剂种子食粮的社会政策和合理负担的财政政策，以便联合或中立一切可能联合或中立的社会力量，帮助人民解放军消灭一切国民党武装力量和打击政治上最反动的恶霸分子。在这类地区，既不要分土地，也不要分浮财，因为这些都是在新区和接敌区的条件之下，不利于联合或中立一切可能联合或中立的社会力量、完成消灭国民党反动力量这一基本任务的。（乙）开好干部会议。在为着土地改革和整党工作召集的干部会议中，必须充分讲明关于这两项工作的全部正确政策，将许可做的事和不许可做的事，分清界限。必须将中央颁布的各项重要文件，责成一切从事土地改革工作和整党工作的干部，认真学习，完全了解，并责成他们全部遵守，不许擅自修改。如有不适合当地情况的部分，可以和应当提出修改的意见，但必须取得中央同意，方能实行修改。今年的各级干部会议，必须由各地高级领导机关，在开会之前，作充分而恰当的准备，这即是事前由少数人商量（由一个人负主责），提出问题和分析问题，写好成文的纲要，精心斟酌这个纲要的内容和文字（注意简明扼要，反对不着边际的长篇大论），然后向干部会议作报告，开展讨论，吸收讨论中的意见，加以补充和修改，作为定论；并将此项文件通知全党和尽可能地在报纸上公开发表。①

是日，中共中央作出《关于一九三三年两个文件的决定》，重新发表《怎样分析阶级》和《关于土地斗争中的一些问题的决定》两个文件。

按：决定说：1933年的两个文件是，（一）《怎样分析阶级》，（二）《关于土地斗争中的一些问题的决定》，都是当时民主中央政府为了纠正在土地改革工作中所发生的偏向，并为正确的解决土地问题而发的文件。这两个文件，曾于1947年12月以参考文件的方式发给各解放区的各级党委。现在我们决定将这两个文件作为正式文件，重新发给各级党委应用。这两个文件中，只有一小部分现实已不适用，现在将这一部分删去，其余全部是在现在的土改改革工作中基本上适用。其中，有些部分现在做了一点修改，或者加上了《中共中央注》的字样。这两个文件中没有讲到的问题及关于富农和中农分界的问题，则应以中央发表的其他文件及任弼时同志在1948年1月12日所作《土地改革中的几个问题》的讲演中所说者为准。②

6月1日，中共中央发出《关于地主、富农和资本家出身的职工加入职工会问题的指示》。

是日，东北行政委员会颁布命令，为保证土改完成后个人的土地所有权，特发放土地执照，宣布土地所有权任何人不得侵犯。

7月19日，中共中央根据东北局请示有关地主富农有无选举权问题作出《关于地主富农选举权问题的指示》，指出在选举条例中不必规定地主、旧富农有无选举权、被选举权的条文。

7月25日，新华社发表题为《把解放区的农业生产提高一步》的社论。

按：社论说：为了提高解放区的农业生产，为了准备开展一个大规模的农业生产运动，要做些什么呢？大体上可分以下三个方面：首先，是要针对土地改革后所产生的新情况，解决一些有关农业生产的政策问题。这是开展农业生产运动的前提条件。这些问题是：（一）确定地权。（二）凡是在土地改革过程中曾经发生而尚未纠正的偏向，必须认真地、适当地，并尽可能迅速地加以纠正。（三）明令允许雇佣劳动（包括请长

---

① 毛泽东：《毛泽东选集》第4卷，人民出版社1991年版，第1328—1331页。
② 大连市中共党史研究会：《大连土地改革运动》，中共党史出版社2014年版，第222页。

工、短工等）的继续存在。（四）土改完成地区，按照中国土地法大纲的规定，允许特定条件下的租佃关系。（五）明令保护在废除高利贷以后的私人自由借贷，利率在政府未统一规定前得由债主与债户自由议定。（六）凡经过土地改革地区，应视今天土地分布的状况，调整或改订农业税（公粮）负担的标准，并切实改善战勤制度，使一方面有利于支援战争，另一方面能鼓励农民生产情绪，有利于改善农民的生活。第二个方面，就是要在现有的基础上提高农业生产技术。第三个方面，就是要组织农村人民的合作互助。①

7月27日，毛泽东主席4月1日在晋绥干部会议的讲话中说："现在农村中流行的一种破坏工商业，在分配土地的问题上主张绝对平均主义的思想，是一种农业社会主义的思想。这种思想的性质是反动的，落后的，倒退的，我们应当批判这种思想。"农业社会主义思想是一种什么思想？它为什么是反动的？是日，新华社发表《关于农业社会主义的问答》，作了具体阐述。

按：新华社的解答指出：农业社会主义思想，是指在小农经济基础上产生出来的一种平均主义思想。农业社会主义，反动的和错误的方面，就是它主观上想超越反封建主义的界限，不愿限制在平分封建与半封建的土地财产的范围以内，并且还要平分社会上其他一切阶级、农民一切阶层和其他一切人等的土地财产，还要平分工商业，并把这种平分称为"共产"或"社会主义"。这样平均的结果，反而破坏了非封建的即自由资本主义的财产关系，破坏了工商业及一部分中农和新式富农的土地和生产者的向上积极性。这样，不仅不能提高社会生产力，而且必然要使社会生产力大大降低和后退。社会主义不是依靠小生产可以建设起来的，必须依靠社会化的大生产，首先是工业的大生产来从事建设。但实现社会主义的工业和农业，必须经过新民主主义经济一个时期的发展，大力发展现代化工业，使农民尽快走上集体化道路。农业社会主义想在孤立的单个小农经济的基础上，采取绝对平均主义的办法，企图实现社会主义，这绝不是什么社会主义的农业，而将是社会生产力的破坏与倒退．是一种反动的幻想。②

9月6日，陕甘宁边区政府发布《陕甘宁边区颁发土地、房窑证办

---

① 中央档案馆编：《中共中央文件选集》（第17册1948年），中共中央党校出版社1992年版，第652—658页。

② 郑惠等：《中国共产党通志》，中央文献出版社1997年版，第185页。

法》，宣布自即日起施行。1943年9月《陕甘宁边区土地登记试行办法》应即作废。

9月21日，中国农工民主党中央扩大会议通过《政治决议》。

按：决议中说："'耕者有其田'，是本党一贯主张，也是农民解放的基本问题，但在今天南京统治区之下，我们应特别注意农村阶级关系，团结中贫农，争取富农和开明绅士。工作上通过中农关系，展开贫农、雇农组织，以巩固和扩大中贫农的斗争力量。革命对象集中于反动统治的机构及其执行分子和地方恶霸。对于一般地主的斗争，有可采取温和和渐进的方针。'实行减租减息'与'反三征'运动结合起来，为反封建反帝最必要的力量。本党今后应放手发动人民参加武装组织，武装与各民主党派联合行动。尤其是中共拥有丰富的武装斗争经验和干部，我们必须以争取人民胜利为最高原则，重视战斗的利益，尊重中共战友，按照实际需要，统一指挥，巩固合作。农民力量已经强大足以控制的地区，为发挥战斗力量，解除农民的饥饿状态，应先实行对大地主停止纳租。农村民主革命政权的形式，我们认为采取以农会为主的乡村，人民代表大会，建立乡村人民的新政府。政权巩固以后，切实执行土改，完全实现'耕者有其田'，我们的主张与中共的《土地法大纲》基本方针是一致的，但应依当时当地情况采取各种方法进行。一般的，应首先没收反动军阀官僚大地主的土地，分给农民。"①

9月29日，中共中央发出《关于由新华社答复划阶级成分中诸问题的通知》。

10月1日，中国农村复兴联合委员会正式成立，蒋梦麟为主任委员，晏阳初为执行长（秘书长）。

10月9日，中共中央发出《关于晋南、晋中新收复区实行土地改革的指示》。

10月16日，中共中央发出《关于地主、旧富农的选举权与被选举权问题的指示》。

10月18日，中共中央发出《关于不拟设立区人民代表大会及不取消农会组织给东北局的指示》。

---

① 高军：《中国现代政治思想史资料选辑下册》，四川人民出版社1986年版，第682—683页。

10月29日，陕甘宁边区政府指示各地，实行新的农业税制，并同时公布《陕甘宁边区农业税条例》。

11月10日，新华社发表《在结束土地改革的地方纠"左"必须防右》的社论。

按：社论说：最近一个时期，在老解放区的大部乡村，在过去两年土地改革伟大成就的基础上，正进行着结束土地改革的工作。很多地方正确地解决了土地改革中所遗留的问题，稳定和提高了农村各阶层人民的生产情绪，获得了成绩。虽然有些地方，对于过去土地改革运动中一度流行的某些"左"的偏向和错误，纠正得还不够彻底，以致在结束土地改革工作中仍有一些"左"倾的残余存在，这种现象必须继续加以纠正。但是在老区半老区土地改革中"左"的偏向和错误，一般地早已经被停止了，而目前在结束土地改革工作和解决在过去犯"左"倾错误时所遗留下来的问题中，即在进行停止"左"倾以后的善后工作中，有些地方，又开始生长着一种右的偏向或错误，例如太岳区的翼城县北丁村、冀鲁豫区的聊阳县王化村和北岳区的易县鱼坨村等地的情形。虽然这种右倾并未发展成为当前普遍的主要的危险，但在个别乡村则已成为当前主要的偏向，如不加以迅速纠正，则亦有成为普遍的主要危险倾向之可能。任何右的偏向或错误，和"左"的偏向或错误同样是不能容许的，如果任其发展，就会成为一股逆流，严重地损害土地改革所已得到的伟大成果。为了巩固与发展土地改革的成果，正确地结束土地改革工作，各地在继续反对"左"的思想和错误的同时，必须十分警觉地防止右的偏向和错误的生长，必须认识目前这种右倾的特点是向右的方面离开了党中央在土地改革工作中依靠贫雇农（包括新中农）、团结中农、没收封建与半封建的土地财产，首先满足贫雇农要求的基本政策，在纠正"左"倾中只片面地注意补偿中农和安置地富，而不顾贫雇农的困难和意见。[①]

11月15日，《群众日报》刊登新华社题为《在结束土地改革的地方纠"左"必须防右》的社论。

11月16日，中共中央发出《对中原局关于发动群众贯彻减租减息政策的指示的批示》。

[①] 于建嵘主编：《中国农民问题研究资料汇编》（第1卷 1912—1949 下），中国农业出版社2007年版，第823—824页。

民国三十七年　戊子　1948年

11月26日，国民政府行政院公布《粮食消费节约办法》。

是月，山东省人民政府公布《山东省保护及奖励培植林木暂行办法》。

12月4日，习仲勋在中共西北局组织工作会议上作了题为《关于土地改革和整党工作中的若干领导问题》的讲话。

12月20日，中共中央发出《关于目前解放区农村妇女工作的决定》和《关于县、村人民代表会议的指示》。

12月22日，张闻天为中共东北局起草《关于发展农村供销合作社问题》的决议草案，是一份较早探索中国农村合作化道路的文件。

按：决议说："为了巩固和发展国营经济在国民经济建设中的领导地位，为了发展和改造农民小商品经济，就必须在农村中普遍地建立供销合作社，以建立无产阶级领导的国营经济对千千万万农民小商品经济的联系和领导。合作社经济的建设，现在已成为东北全党今后经济建设中仅次于国营经济的重要任务，而对农村的一切党组织，合作社经济的建设则是它们的头等任务。目前东北农村的合作社经济中，具有农业生产合作社性质的劳动互助，经过土改后今年生产运动的进行，已有初步开展，对今年的生产运动起了很大作用。当然问题还很多，强迫命令的现象曾经很严重，今后必须严格根据自愿和两利的原则，加以改进，使之继续发展。但是建立供销合作社的工作．除个别县份（如吉林汪清）有较好的成绩、少数地区已开始注意并着手培养典型外，绝大部分地区党政的领导还没有引起严重的注意和树立正确的认识，也还没有着手培养典型，取得经验。因此全党对这个工作必须给予重大的注意，必须抓紧这一工作，必须普遍地把供销合作让建立起来。我们应当懂得：办好农村供销社，与提高农业生产技术，发展农业生产互助，具有同等的重要性。"[①]

是年，国民政府农林部特成立粮食增产委员会。

二　乡村建设研究论文

曹化明《国民所得中之农业所得统计问题》发表于《农业论坛》第1卷第1期。

---

① 张闻天：《张闻天文集（1948—1974）》第4卷，中共党史出版社1995年版，第42页。

任乃强《农本政治与儒术政治》发表于《农业论坛》第1卷第1期。

阮永曦译《农业机械化问题》发表于《农业论坛》第1卷第2期。

张世文《农村社会学导论》发表于《农业论坛》第1卷第2—4期。

张积鑫《论土地所有权问题》发表于《农业论坛》第1卷第3期。

吴景超《评土地改革方案》发表于《农业论坛》第1卷第3期。

曹锡光《扶植自耕农政策之检讨》发表于《农业论坛》第1卷第3期。

黄宪章《中国农业经济的发展果真需要解决土地问题吗》发表于《农业论坛》第1卷第3期。

枫《农业推广事业何处去》发表于《农业论坛》第1卷第3期。

郭敏学《论中国农业金融问题》发表于《农业论坛》第1卷第4期。

彭家元《农业教育的危机与农业传统观念的改正》发表于《农业论坛》第1卷第4期。

郭先彦《中国土地问题及其解决方法》发表于《农业论坛》第1卷第5期。

罗敦甫《土地改革的前提及其基本原则》发表于《农业论坛》第1卷第5期。

无名氏《农民问题的重要》发表于《农业论坛》第1卷第6期。

张世文《农村社会学导论》发表于《农业论坛》第1卷第7—8期。

张积鑫《耕作法与农地之经济利用》发表于《农业论坛》第1卷第7—8期。

张权《对于未来中国农业建设之意见》发表于《农业生产》第3卷第11期。

郭霞《四十年来之中国农业推广》发表于《农业推广通讯》第10卷第8期。

郭敏学《中国历代对于农业之重大设施》发表于《农业推广通讯》第10卷第8期。

博文《近年来美国农业建设之成就》发表于《农业推广通讯》第10卷第8期。

罗喜闻《农村急待解决的几个问题》发表于《世界农村月刊》第2卷第1期。

屠绍祯《论改进农业金融制度》发表于《世界农村月刊》第2卷第

1期。

按：文章说："矧我国今之农业，远承历代之积衰，近遭抗战时期之破坏，可谓凋敝已极，战胜以后，复以地方未靖，经济动乱，亦鲜有复苏之征象，更有加深其凋敝之程度者，是以亟待农业金融力量以济助其复兴。故应如何改进农业金融制度，以推进农业政策，使金融与农业配合无间，从而发展农业，促进经济建设，以解救国民经济之垂危，尤为当务之急。窃以为我国当前之农业金融制度，就体察所及，应行改进者，要有四项，一曰修正农业金融法规，二曰调整农业金融机构，三曰宽筹农贷资金，四月改善农业贷款办法。"

李国桓《复兴农村之道》发表于《世界农村月刊》第2卷第1期。

吴克刚《农村问题的解决》发表于《世界农村月刊》第2卷第2期。

按：文章说："解决我国农村问题，最好自然是工业化。……归根结底，还在农村问题，未获解决，于是工矿无法发展，政治难上轨道。我们应以农业国家为耻，以农立国为戒，走条新的道路，设法变成一个像样的文明国家。这个要求，不至于太苛吧！"

曹平逵《中国土地形态新探究》发表于《世界农村月刊》第2卷第2期。

桂万宏《今日的中国农村》发表于《世界农村月刊》第2卷第2期。

按：文章说："中国始终是一个以农立国的国家，中国的经济基础在农村，政治的基础自然亦在农村，农村的复兴繁荣，是刻不容缓的工作。"

童玉民《中国农村经济应如何改革》发表于《世界农村月刊》第2卷第3期。

按：文章说："中国农村建设的使命：一、团结民众，奠定民族基础；二、领导民众，实现民主政治；三、普遍保护并辅助指导私人经济，以抵抗外国资本的压迫，图谋民族资本的发展，而不使资本财产集中于少数人之手；四、奖励提倡并发展合作资本，集体资本和社会资本，以力求生产工具及分配之社会化；五、视事业之性质宜于国家大规模管理或统制办理者，应为国营。如铁路、航空、海航、邮政、水电等事业，重工业、矿产，及大农性质垦殖，大范围森林以及高级中级教育暨试验研究工作。但斟酌情形，亦可为省市营与县市营。其属地方局部性者，则宜于区营、乡营或镇营。"

杨锡圭《农村建设理论的研究》发表于《世界农村月刊》第2卷第3期。

按：文章说："农村建设是中国农村社会的一种普遍的新觉悟，是老百姓共同的哀求。把农村建设放在民众公意汇集的主流上，我相信这种运动是最有价值，最有作为，最有普遍实行性的平民运动。农村建设运动，像其他的社会运动，先为少数人所提倡而为小部分享有特殊利益的人所欢迎，它是基于普遍民众的要求。它是以普遍民众生活为对象而加以普遍的民众拥护为后盾，所以会受普遍的民众所欢迎。我所说的普遍民众自然是指占全国人口最大多数的农村老百姓，农民在一般社会里是受人看不起的，通常是最驯良而易受人压迫的。凡是任何社会运动，倘能以扶助并解放这一大群被人看不起，被人所层层剥削的农民，而且是直接发动于农村的老百姓普遍的新觉悟，这一种运动自然会产生极大的力量。我深信农村建设的理论要根据吾国普遍农民的需要和正确的要求，同时要认定这理论的产生是时代潮流所必有的自然现象。"

常建宇《土地问题之症结及其改革途径》发表于《世界农村月刊》第2卷第3期。

陈平《张垣农民谈增产》发表于《世界农村月刊》第2卷第3期。

山僧《农业与农学》发表于《世界农村月刊》第2卷第3期。

按：文章说："凡耕种土地，饲养家畜，以及有关的经营，与经济活动，以谋获得生活的资料而供给人类需求的可称为农业。农业地特点，最明显的第一，农业是受天时地利的限制；第二，农业富于地域性；第三，农事作业具有季节性。其次所谓农学，是农业科学的总称。"包括植物生产学、动物生产学、农业化学、农业经济学、农业工程学和农村社会学等。

陈焱德《谈谈农民小康水准》发表于《世界农村月刊》第2卷第4期。

曹平逵《中国农地的经营形态》发表于《世界农村月刊》第2卷第4期。

按：文章说："构成中国现代农业经营之特质的，除了上面我们所论基于农民和地主对立的半封建性租佃经营外，小农的碎割经营是其第二特质，形成农业资本主义发展的又一重障碍。"

曹平逵《中国农村之耕地分配及其分析》发表于《世界农村月刊》

第 2 卷第 4 期。

按：文章说："全国土地所有集中问题的严重化，因此我们可知不单是因为它的普遍性，且因于它的扩张性，这种发展是怎样形成的呢？由前面地权集中的形状中，我们可以理解到构成地区差异的地权形态其因素是：一、土地丰度的差异；二、经营方法的不同。旱地经营的黄土区域，因地力贫瘠，每一农民所能与所需之耕种面积较大，因此地权分配之散布性亦为较广，所以黄土区域的自耕农相对地亦较多。反之，土地丰度大的水田区域，多数采取集约耕种，土地之生产率大，地权集中的程度也最形尖锐化。然而其次，亦有二个因素在促成地权集中之加剧的：三、农民贫穷程度的剧化；四、土地价格的腾贵。"

郭敏学《中国农业史略》发表于《世界农村月刊》第 2 卷第 4 期。

按：文章分古代至农业、秦汉三国之农业、两晋南北朝之农业、隋唐五代之农业、宋元之农业、明清之农业等六部分。

桂万宏《中国农村病态的因素》发表于《世界农村月刊》第 2 卷第 4 期。

按：文章说："从上面人口、经济与政治三方面的分析，造成现阶段中国农村的病态，顽强地阻碍中国社会先前进展，这不单独地是农村的问题，而是中国当前最严重的历史课题。中国的政治基础在农村，中国的经济基础亦在农村，农村的再生与繁荣，是中国刻不容缓的工作。然而事实的表现，仍然在加速农村崩溃的速度，战乱的烽火，燃烧在大部分的美丽而肥沃的土地上，耕种已是不可能了。……但政府如果真能体察农民的生活疾苦，未尝不可采取适宜而有效的办法，使这老朽的心灵机械，继续工作起来，则当前的农村病态，亦可以解救一二。农村病态能够消除，试想一个以农立国的国家，还不能走上'欣欣向荣'的道路吗？"

尹君羊《对于近日土地改革的几点主张》发表于《世界农村月刊》第 2 卷第 5 期。

林景亮《农村建设与国民教育》发表于《世界农村月刊》第 2 卷第 6 期。

按：文章说："农村建设与国民教育的设施均以建设现代中国，促进民主主义普遍的实行为总目标。无论在理论上实际上说，这两者所发生的关系是非常密切的。"一是国民教育是农村建设的基础，二是国民教育是农村建设的手段，三是国民教育是农村建设的先锋。

童玉民《略论苏联农业的特质》发表于《世界农村月刊》第 2 卷第 6 期。

尹君羊《对于近日土地改革的几点主张》发表于《世界农村月刊》第 2 卷第 6 期。

郭敏学《中国农业金融制度之史的检讨》发表于《世界农村月刊》第 2 卷第 6 期。

郭敏学《中国农业教育制度之史的检讨》发表于《世界农村月刊》第 2 卷第 7 期。

按：文章说："中国以农立国，达数千年，时至今日，农业尤为国民之主要生产手段，国家经济基础，实建筑于农业之上。欲繁荣国民经济，复兴国家民族，实非革新农业发展生产不可。惟农业之能否革新与发展，端赖于从事农业工作者是否具有丰富经验与科学知识以为衡。吾国过去数千年之农业技术，经验累积，堪称丰富，然迄无长足之进展者，实因仅有农事经验而无农业科学，是以不能推陈出新发扬光大也。人类社会愈趋文明，职业分工亦愈推进，为求满足生活欲望，各项分工，无不力求技术化与科学化，因之处此优胜劣败时期，以往互相传授之农业，实已感不足，应依据我国原有宝贵农事经验，配合最新科学技术，培养各级人才，促进农业生产，而为有组织有计划之推动。故农业教育办理之是否具有成效，实为国家前途兴衰之所系。"

赵清源《中国农业经营问题及其解决之途径》发表于《世界农村月刊》第 2 卷第 7 期。

姜国楹《如何建设中国农村》发表于《世界农村月刊》第 2 卷第 7 期。

丁十《农民与农村》发表于《世界农村月刊》第 2 卷第 7 期。

惠迪人《从土地改革谈起》发表于《世界农村月刊》第 2 卷第 7 期。

季君勉《农村改革问题的杂感》发表于《世界农村月刊》第 2 卷第 8 期。

按：文章说："中国的农村无处无问题，没有一处没病，就等于一个生病的人一样，五脏都有病……改革农村的方案，应调查事实，归纳比较，决定全整方针，分其缓急而实施。若根据不可靠或较陈旧的资料作立论的根据，则无法找出症状的，而农村改革最重要的初步工作是调查。不过这是很艰苦，吃力难讨好的工作。若是有了极详细可靠的调查资料，所拟成的改革方案，必能万试万灵，药到病除的了。"

李仁柳《农业保险合作的经营》发表于《世界农村月刊》第 2 卷第 8 期。

郭敏学《中国农业推广制度之史的检讨》发表于《世界农村月刊》第 2 卷第 8 期。

按：文章说："农业上一切研究与试验成果，均以推广之成败而决定其实用价值。故农业推广实为农业改进过程中最后、最实际而最重要之一步工作。欧美各主要农业国家，对于农业推广，无不特加重视，严格训练人员，充实推广经费，藉将研究试验之所得，实地推广于农民，以求增加农业生产，改善农民生活。我国政府对于农业推广，在抗战前二十余年，虽亦多所设施，然专设负责机构，积极推进工作，则当自二十七年之行政院农产促进委员会成立始。迄今各级推广机构，业已规模渐具，逐年均拟订具体业务计划，以为推广工作之张本。"

张锡永《中国土地的出路》发表于《世界农村月刊》第 2 卷第 8 期。

赵清源《中国农业经营问题及其解决之途径》发表于《世界农村月刊》第 2 卷第 8 期。

按：文章说："土地问题是现阶段中国农业经济问题中的一个核心，一个最基本的问题。要想图谋中国农业之发展，农村经济之繁荣，农民生活制改善，则非从这个基本问题上着手不可。所谓土地问题，内容虽极复杂，范围虽甚广大，但归纳起来则亦不外土地分配与土地利用二大范畴。然一般论者，往往仅从土地所有的分配上来说明中国土地关系的全部，并论断到中国农村的性质，这实在是不够的。盖土地分配的数字，在静的方面，只能说明农业主要生产手段集中的程度；在动的方面，只能当作某种经济体系发展的前提，如我们要想把握土地关系的全部，明了中国农业的实况与趋势，则必须进一步研究与土地分配等量主要的土地利用问题。易言之，亦即是研究农业经营问题。……中国农业经营的症结，就大致而论，可以分为四方面来说明，第一是细小经营，第二是主谷无畜经营，第三是家族式农奴式的农业劳动，第四是农业资本有机构成的低落。"

薛有祝《土地改革与农民生活》发表于《世界农村月刊》第 2 卷第 8 期。

按：文章说："中国农民生活所以搞得如此贫困，其根本原因就是受到土地的限制。因为农民中多数都是小自耕农、佃农和雇农，他们不是无土地便是所有的土地太少，于是只好缴纳田租受人欺榨，以致影响到自身的生活问题。这种不劳而获与劳而无获不平等的社会制度，必须打倒。使农民实际获得耕种的土地，使收成全为农民所有，无须再交重租，以便生活得以改善。由于生活的安定，始得安心耕作，进而改进生产，农村面目亦得一新。"

张清华《农民离乡运动的纵横观》发表于《世界农村月刊》第2卷第9期。

郭敏学《中国农业行政制度之史的检讨》发表于《世界农村月刊》第2卷第9期。

徐云《合作农场与中国建设》发表于《世界农村月刊》第2卷第9期。

常建宇《今日农村经济之危机及其改进》发表于《世界农村月刊》第2卷第9期。

按：文章说："农村经济危机之根本症结，在于土地生产关系的不合理，与租佃制度的存在。然造成今日农村严重情势之重要因素，则为上述之天灾、人祸，天灾自属无法控制，人为祸患，则可避免。大规模的土地改革，于今日动荡的局面下，无法推行，且亦非旦夕所可收效。同时国内军事，势必难在短期内停止。于此种情势下，笔者认为要避免粮荒，救济灾情，唯一的办法，为改变现行征实、征借之方法。"

江幼农《增加华北农业生产的重要课题》发表于《世界农村月刊》第2卷第9期。

曹平逵《中国土地改革之起点》发表于《世界农村月刊》第2卷第10期。

按：文章说："要解决中国土地问题却倒也很简单，一句话先要实现耕者有其田。耕者如有其田，就没有了地主和佃农的区别。土地也不至于商品化，则个人劳动的结果，自然也就不致被他人所盘剥和榨取。土地因社会繁荣所增益的地价自亦不致会被任何人不劳而获。而农民既能完全享受自己劳动的成果，当然再也没有一个人会对所耕的田地不尽量用其劳力和资本以发挥其善用地力的热忱，……所以耕者有其田后，基于地主所有土地关系而产生的一般农村经济症结，必因此可一扫而清。"

郭敏学《中国农业建设方针》发表于《世界农村月刊》第2卷第10—11期。

按：文章说：为求实现经济民主之中心政策，中国农业建设之途径，应配合工商企业，连锁发展，俾生产者即加工制造者，同时亦即运输销售者，借以完成农工商三位一体制，而达到一切经济收益最后均归于生产农民所自有。其建设内容，可分为主要事项、配合事项及先决条件。（一）主要事项：1. 增加生产，包括增加耕种面积、引种优良品种、兴修农田水利、施用适当肥料、改善栽培方法、防除病虫害、改良农用机具；2. 改进品质，包括厉行农产分级、举办农产检验、改良包装运输；3. 减低成本，包括提倡农产制造、建立交通网、建立仓库网、改善捐税制度、研究市场管理。（二）配合事项：1. 组织农民；2. 训练农民。（三）先决条件：1. 农地改革；2. 金融协助。

徐云《在复兴农村声中谈乡村教育》发表于《世界农村月刊》第2卷第11期。

李仁柳《中国农业问题的透视》发表于《世界农村月刊》第2卷第11期。

按：文章分耕地面积的递减与利用的偏向、土地所有与使用间矛盾的深刻化、租佃关系的劣变、农民负担苛重四部分。

李仁柳《解决中国农业问题的途径》发表于《世界农村月刊》第2卷第12期。

按：文章分从问题的症结确定解决的路线、具有现实意义的农业经营形态、全面的合作组织的推展与强化三部分。

郭敏学《中国农地问题之合理解决》发表于《世界农村月刊》第2卷第12期。

按：文章说："吾国农地分配问题之解决，一方面应参照第一次大战后东欧各国及爱尔兰解决土地问题之先例，以法律限制每人所有土地之最高数额，每户超过其人口总合限额以上之土地，责令限期出售，逾期得由政府以低利土地公债征收；一方面并以法律规定每人所有土地之最低限额，农民所有土地在最低额以下者，则运用土地金融政策，低利贷款，协助其取得土地，以维持生活需要。至于农地之租佃行为，除非土地全部国有，乃经济制度发展之必然现象，任何农业国家无法避免，只不过程度之差而已。"

金义暄《东欧各国的农民运动》发表于《现代农民》第11卷第1期。

无名氏《农民运动的前途》发表于《现代农民》第11卷第1期。

寿胡祥《女子继承权在农村实施的困难》发表于《现代农民》第11卷第2期。

评论《美国援华案与中国农业》发表于《现代农民》第11卷第3期。

会务《农民在未来的世界之重要》发表于《现代农民》第11卷第4期。

评论《什么是当前最迫切的农村问题》发表于《现代农民》第11卷第5期。

曹锡光《扶植自耕农政策之检讨》发表于《现代农民》第11卷第6期。

蒋峰《浙东农村里的高利贷》发表于《现代农民》第11卷第7期。

方根寿《美国人如何改良及研究农业》发表于《现代农民》第11卷第8期。

评论《农民贫穷的根本原因》发表于《现代农民》第11卷第12期。

夏之骅《美国农业现状》发表于《现代农民》第11卷第12期。

唐启宇《二十五年来农民运动之演变与评价》发表于《农工月刊》第2卷第1期。

刘世超《论土地制度与国民经济生活之关系》发表于《农工月刊》第2卷第1期。

天平《土地改革与新中国之道路》发表于《农工月刊》第2卷第2期。

蓝梦九《农民运动与农业推广》发表于《农工月刊》第2卷第2期。

吴士雄《农民政策之分析研究》发表于《农工月刊》第2卷第3期。

熊伯蘅《苏联的农业社会化政策》发表于《中农月刊》第9卷第1期。

林松年《从我国农业灾害说到今后防灾问题》发表于《中农月刊》第9卷第2期。

按：文章分引言、我国历年灾害及对农业之影响、过去救灾工作之检讨、今后解决农业灾害问题应取之途径、结论五部分。

郭敏学《中国农业资源》发表于《中农月刊》第9卷第2期。

按：文章分土地及土地利用面积、人口及农民人数、农业资源、结论四部分。

石桦《胜利以来我国农村经济概况》发表于《中农月刊》第9卷第4期。

乔荣升《二十来之中国农业行政》发表于《中农月刊》第9卷第4期。

按：文章分绪言、农业机构之调整、农业政策之推行、农业行政之得失、结论五部分。

杜修昌《印度之土地制度》发表于《中农月刊》第9卷第6期。

熊伯蘅《土地改革政策的研讨》发表于《中农月刊》第9卷第6期。

钟崇敏《发行土地债券推进土地金融业务问题》发表于《中农月刊》第9卷第6期。

王清彬译《比利时农业概况》发表于《中农月刊》第9卷第7期。

郭敏学《当前我国农业劳力及资本问题》发表于《中农月刊》第9卷第7期。

翁之镛、石桦、王清彬《各国农业金融制度辑要》发表于《中农月刊》第9卷第8期。

邓植仪《改进农业困难所在之我见》发表于《中华农学会报》第187期。

吴文晖《土地改革与农业改进》发表于《中华农学会报》第189期。

按：文章分农业改进之目标、不合理的土地制度阻碍着农业改进、土地改革为农业改进的前提三部分。

钱天鹤《泛论中国农业建设及其前途之期望》发表于《中华农学会报》第190期。

吴起亚《发展中国农业工程教育》发表于《中华农学会报》第190期。

金秉全《农村经济与银行之关系》发表于《苏农通讯》第7期。

方振东《苏北农业金融之观感》发表于《苏农通讯》第7期。

李顺卿《中国林业之建设》发表于《林业通讯》第11期。

张楚宝《林业与农业之协调》发表于《林业通讯》第12期。

按：文章说："我们认为林之于农，既非骈枝，更非附庸，两者犹如唇齿相依，缺一不可。如果政府对于农业与林业之施政方针，能着重此两种土地利用方式之协调，使二者有平衡合理之发展，则不仅农林事业本身，均能繁荣进步，国家与人民更将蒙福受惠无穷。"

杜火炎《由农林业立场论倾斜地之特性》发表于《林产通讯》第3卷第8期。

编辑部《（《土地改革》）创刊辞》发表于《土地改革》第1卷第1期。

按：创刊辞说："我国目前土地问题的严重，已经是举世共知的事实。国家与民族有没有前途，每一个同胞的生活与生命有没有希望，一切系于土地问题之能否获得迅速而合理的解决。土地问题的唯一答案是：'土地改革。'什么是土地改革？为什么要土地改革？我们应该怎样去实现土地改革？这是必须解答的三个重要问题。很可惜的是，明了这三个问题的同胞人数太少，致力于这些问题之解决的人数更少。反之，阻挠、抵抗、破坏土地改革的势力却极为顽强，而歪曲这些问题，使土地改革陷入危险歧途的势力，更为强横而残酷。大多数的农民同胞，尤其大多数贫苦的小自耕农、佃农、雇农，因所有的土地太少，或根本没有土地，忍受着普遍的贫困与饥饿，所以人人迫切的要求土地改革。但是他们没有组织，没有力量，并且更不明白如何实现他们最切身的要求。农民同胞以外的同胞，各有自己关心的对象，各有自己的痛苦，在目前危机重重局面之下，各有自己的忧虑与恐惧，但他们不明了一切灾难的根源，都直接或间接来自土地问题，甚至以为土地问题与其自身利害没有关系。我们同胞之中，另有一部分，人数不多，但在政治、经济、社会三方面都占着特别重要的地位，掌握着大部分的财富与权力。他们对多数同胞的灾难，国家社会的危机，漠然无动于衷；反之，他们只为自己既得利益，为了更大更多的个人权力与财富，顽固的反对一切进步的改革——当然尤其反对土地改革。他们之中，有地主、官僚、资本家、落伍军阀，以及他们许多爪牙、豪绅、土劣。他们知道，土地改革是什么，所以运用一切方法，压抑它，破坏它，阻挠它，使它无法成为事实。……我们深知土地改革运动是一切社会改革运动里最艰难的一种，我们也明白自己力量的薄弱，但我们不能放弃这个宣传的责任，因我们已经明白看出来，如果我们不能解决它（土地问题），它便会解决我们。"

介《我国目前土地问题的严重》发表于《土地改革》第1卷第1期。

中国土地改革协会《中国土地改革协会成立宣言》发表于《土地改革》第1卷第1期。

万国鼎《土地问题与官僚政治》发表于《土地改革》第1卷第1期。

吴文晖《民主与土地改革》发表于《土地改革》第1卷第1期。

唐陶华《日本之土地改革》发表于《土地改革》第1卷第2期。

黄通《我们为什么首先要求土地改革》发表于《土地改革》第1卷第2期。

西门宗华《土地改革是中国的生路》发表于《土地改革》第1卷第2期。

汤惠荪《论中国土地问题的症结》发表于《土地改革》第1卷第3期。

牧皋《关于土地改革方案几个问题的释疑》发表于《土地改革》第1卷第3期。

万国鼎《评土地问题并不严重说》发表于《土地改革》第1卷第4期。

雨生《土地改革与中国农民》发表于《土地改革》第1卷第4期。

刘燊《湖南土地与农民问题的管窥》发表于《土地改革》第1卷第5期。

黄通《阻碍土地改革的几个观点》发表于《土地改革》第1卷第5期。

崔永楫《透过土地金融的农地改革》发表于《土地改革》第1卷第5期。

万煜斌《土地改革实施办法我观》发表于《土地改革》第1卷第6期。

曾资生《论中国的社会政治与土地问题》发表于《土地改革》第1卷第7期。

万国鼎《农地改革法草案要旨说明》发表于《土地改革》第1卷第8—9期。

刘明兮《起草〈农地改革法〉应注意的几个要点》发表于《土地改革》第1卷第10期。

贺明缨《动员民众的几个根本问题》发表于《土地改革》第1卷第10期。

谢悦仙《试论土地改革之道》发表于《土地改革》第1卷第10期。

社论《币制改革与土地改革》发表于《土地改革》第1卷第11期。

吴望伋《农民需要农地改革》发表于《土地改革》第 1 卷第 12—13 期。

萧铮《论农地改革法案》发表于《土地改革》第 1 卷第 12—13 期。

周杰人《对于农地改革问题之意见》发表于《土地改革》第 1 卷第 12—13 期。

甘家馨《土地改革要彻底》发表于《土地改革》第 1 卷第 12—13 期。

严铮五《论土地问题——并就商于陈紫枫先生》发表于《土地改革》第 1 卷第 12—13 期。

评论《对农地改革问题应采之态度》发表于《土地改革》第 1 卷第 12—13 期

蒋廉《农业土地问题与土地改革》发表于《土地改革》第 1 卷第 14—15 期。

按：文章分我国农业土地问题的现状、解决农业土地问题的对策、土地改革方案的内容和实效、实行土地改革应有的认识、结语五部分。

萧铮《土地改革与农村》发表于《土地改革》第 1 卷第 14—15 期。

程志定《与陈紫枫先生论中国土地问题》发表于《土地改革》第 1 卷第 14—15 期。

刘名贤译《美国之土地资源》发表于《地政通讯》第 3 卷第 1 期。

吴文晖《农民节与农地改革》发表于《地政通讯》第 3 卷第 2 期。

王慰祖《农民节与保障佃农》发表于《地政通讯》第 3 卷第 2 期。

张丕介《中国土地改革协会土地改革方案的分析》发表于《地政通讯》第 3 卷第 3 期。

任美锷《从英国的土地利用调查看中国》发表于《地政通讯》第 3 卷第 3 期。

黄通《一年来之土地金融》发表于《地政通讯》第 3 卷第 4 期。

万国鼎《泛论土地改革》发表于《地政通讯》第 3 卷第 4 期。

余长河《英国工党的土地政策》发表于《地政通讯》第 3 卷第 5 期。

冯惠荪《论中国土地问题的症结》发表于《地政通讯》第 3 卷第 5 期。

吴复虞《论土地编号》发表于《地政通讯》第 3 卷第 6 期。

张德粹《土地·人口与粮食》发表于《地政通讯》第 3 卷第 6 期。

民国三十七年　戊子　1948年

赵迺抟《我国土地改革两大问题——制度与技术》发表于《地政通讯》第3卷第6期。

翟克《中欧诸国土地政策史论》发表于《地政通讯》第3卷第7期。

万煜斌《土地改革实施办法我观》发表于《地政通讯》第3卷第7期。

汤惠荪《中共土地改革运动的本质与矛盾》发表于《地政通讯》第3卷第7期。

李国桓《论现行土地法对于荒地使用的规定》发表于《地政通讯》第3卷第8期。

罗醒魂《国共二党土地政策之比较研究》发表于《地政通讯》第3卷第8期。

高叔康《土地农有与银行国有》发表于《地政通讯》第3卷第9期。

杨开道《中国农业土地问题对策》发表于《地政通讯》第3卷第10期。

按：文章提出的对策，第一是减少农民数量，第二是扩张耕地面积，第三是平均耕地主权，第四是改善土地利用，而且对策要分区实行。

戴君毅《论公有土地权限划分及其管理问题》发表于《地政通讯》第3卷第24期。

[美]穆懿尔作，刘名贤译《中国之农业改进与农地改革》发表于《地政通讯》第3卷第24期。

邱汉平《土地问题与土地税》发表于《经济家》新第2卷第6期。

陈振汉《中国土地分配的不均程度》发表于《经济评论》第2卷第21期。

陈振汉《土地分配与农业生产》发表于《经济评论》第3卷第3期。

董时进《土地分配问题》发表于《经济评论》第3卷第10—11期。

董时进《我对于土地问题的答辩和认识》发表于《经济评论》第3卷第24期。

陈翰笙《中国的农地改革》发表于《经济周报》第6卷第16期。

按：文章说："重大的历史性任务之达成，从来不是轻而易举的。像中国土地改革这种迫切的问题，就遭遇过各种的困难和阻碍，有时也是由于改革者犯了错误所造成的。土地改革业已经历了四个阶段，现在正是第五阶段的开始。兹简述如下：第一阶段从一九二七年到一九三一年，改革的内容是减租而不没收土地；第二阶段从一九三一年到一九三四年，减租与没收地主土地同时并进；第三阶段从一九三七年八月到一九四六年五月，减租之外，复没收汉奸的土地；第四阶段从一九四六年五月到一九四七年十月，重分配土地所有权，但其分配并不均等；现在这个从一九四七年十月开始的第五阶段，是以一家或一户为基础而平均重分配。这五个阶段，第一阶段由国民党领导，其余各阶段则为共产党所领导。"

苏华新《新民主国家的农业改革》发表于《经济周报》第6卷第24期。

卫令敦《评"土地改革方案"》发表于《经济周报》第7卷第16期。

程准《谈土地改革的基本前提》发表于《经济周报》第7卷第17期。

陈鹤群《论现阶段的农村经济建设》发表于《经济观察》第1卷第4期。

丕成《论中美复兴农村协定》发表于《经济通讯》第784期。

郑兆崧《湖南之农业及其研究》发表于《湖南经济》第3期。

按：文章分农业之自然环境、生产要素之观察、生产状况之观察、湖南农业改进之业绩、今后本省农业建设之目标与途径五部分。

刘崇高《我国农村经济之回顾与前瞻》发表于《四川经济汇报》第1卷第2期。

按：文章分我国农村经济之演进、我国农村经济的症结、如何救济农村经济三部分。

周继槐《我国目前农佃制度下农村经济的特征》发表于《西康经济季刊》第15—16期。

邓明命《西康土地税收之展望》发表于《西康经济季刊》第15—16期。

彭昌国《宋明两代之衰亡与土地政策》发表于《华西经济》第3期。

黄宪章、墨声《农业经济的发展果真需要解决"土地问题"吗》发表于《华西经济》第3期。

洪季川《浙江省实施土地改革之途径》发表于《浙江经济月刊》第5卷第6期。

关锡呈《我国土地制度改革的刍议》发表于《南大经济》复刊第

1期。

余参燕《土地改革与土地革命》发表于《南大经济》复刊第1期。

姜庆湘《土地改革与农村复兴》发表于《时代经济》第1卷第2期。

陈醉云《土地改革事项的整体性》发表于《时代经济》第1卷第2期。

董汰生《土地社有之商榷》发表于《合作经济》新第2卷第1期。

徐寅初《土地改革与合作运动》发表于《合作经济》新第2卷第1期。

萧耀奎《从速厉行彻底的土地改革》发表于《合作经济》新第2卷第2期。

李缵绶《略论中国农业建设》发表于《银行季刊》第1卷第3—4期。

按：文章说，中国农业建设的指导原则，第一，彻底实现耕者有其田；第二，直接、间接地拓大农场面积；第三，设法增进土地利用效能；第四，农业机械化的推行；第五，农产品在工业用途上的开辟。

石头《中国土地问题的出路》发表于《四川财政》第14期。

漆琪生《土地改革面面观》发表于《财政评论》第18卷第3期。

王非《现行绥靖区土地处理办法的实施问题》发表于《财政评论》第18卷第3期。

周恩湛《人民自动改革土地制度之刍议》发表于《财政评论》第18卷第3期。

舒德君《论土地法中关于土地增值税之规定》发表于《财政评论》第18卷第3期。

邵国兴《农业经营与农业机械化》发表于《金融与合作》第1卷第2—3期。

李国桓《评中共"中国土地大纲"》发表于《中央周刊》第10卷第10期。

张丕介《中国土地问题的成因》发表于《中央周刊》第10卷第11期。

万国鼎《从学术立场上谈土地问题》发表于《中央周刊》第10卷第11期。

汤惠荪《政府对土地政策之实施》发表于《中央周刊》第10卷第

11 期

  李白虹《座谈中国土地问题——三个问题的基本观念》发表于《中央周刊》第 10 卷第 12 期。

  万国鼎《座谈中国土地问题——党需要改革才能进行土地改革》发表于《中央周刊》第 10 卷第 12 期。

  曾资生《强调农民组织攸关土改成败》发表于《中央周刊》第 10 卷第 12 期。

  陈汉平、萧铮、吴文晖、黄通、刘光炎、张肇融《座谈中国土地问题——兼论中国土地改革方案》发表于《中央周刊》第 10 卷第 13 期。

  孟广厚《我对于农地改革法案几点建设性的批评意见》发表于《中央周刊》第 10 卷第 13 期。

  刘士笃《谈农地改革》发表于《中央周刊》第 10 卷第 13 期。

  维克多洛夫作，思立译《为土地改革而斗争的日本农民》发表于《时代杂志》第 8 卷第 16 期。

  [法] 罗塞作，宋恩泽译《为保卫农民利益而斗争的法国共产党》发表于《时代杂志》第 8 卷第 30 期。

  劳泰斯作，黄克美译《论南共政策与农民问题》发表于《时代杂志》第 8 卷第 39 期。

  吴光文译《动荡世界中的美国农民》发表于《时论月刊》第 1 卷第 5—6 期。

  翟克《日本之农民问题》发表于《时论月刊》第 1 卷第 5—6 期。

  杨锡圭《谈中国的农村建设》发表于《现代知识》第 2 卷第 5 期。

  按：文章说："农村建设有种极平常极明显的目标，第一是养生，第二是造人。养生是指改善并充实农村社会及农民个人的生活而言，关于社会及个人的生活先要取得物质上及非物质上所必需的最低条件。……农村建设的第二目标是造人。这个目标取超越现实，超越物质的态度对养生的意义再进一步的窥探。养生的最高目的在造就人格，在发挥个人的天赋才能，在保持个人的价值及尊严，在延续个人的精神。人品的造成，就可说是一致最稳固最安全的建设事业。"

  柳休《中国农业建设前途》发表于《现代知识》第 3 卷第 1 期。

  李缵永《农业与农业问题析论》发表于《政风（福建）》第 1 卷第 11 期。

徐天贻《福建农业之回顾与展望》发表于《政风（福建）》第 1 卷第 11 期。

益三《中国农业之现势》发表于《新中华》复刊第 6 卷第 4 期。

按：文章说，中国农业生产目前存在的问题，第一是粮食生产不足，第二是灾荒惨重，第三是棉花收购困难，第四是丝茶桐油外销不易，第五是土地问题依然严重。

罗郁聪《耕者有其田与农业集体化》发表于《新中华》复刊第 6 卷第 15 期。

姜庆湘《纵论中国的土地改革》发表于《新中华》复刊第 6 卷第 15 期。

章振乾《欧洲历史上的土地改革及其意义》发表于《新中华》复刊第 6 卷第 17 期。

王亚南《中国历史上的土地改革及其意义》发表于《新中华》复刊第 6 卷第 17 期。

孙景洛《今后山东的农业教育与农业建设》发表于《民众教育》第 5 期。

王筱程《眼前中国农业上的危机》发表于《民众教育》第 5 期。

张延华《农业与科学》发表于《民众教育》第 5 期。

綦鹤松《中国农村土地问题的严重性》发表于《聚星》复刊第 1 卷第 11 期。

按：文章说："中国农村土地问题的特殊性，一方面是所有权的集中，另一方面却又是使用权的分散。这两者构成了农业制度的封建性的特质，由那造成的佃耕制度与小农经济，实在是农业生产发展上的障碍。所以农村土地问题，实在是农村经济问题的基本问题。如果这基本的土地问题不得解决，无论如何，农业生产是不会得到发展的，中国农村经济是不可避免要破产的。我们既明了农村经济问题的症结在此，那末解决中国农村经济问题的途径，就该对症下药，改良土地政策，使土地合理地分配给饥渴土地的贫农，解除高地租、高利贷及各种层层的政治的经济的剥削的重担，这样，面临着的中国农村经济的危机，方可得到根本的挽救，未来的中国农村，才能繁荣发展。"

綦鹤松《如何改革现有土地制度》发表于《聚星》复刊第 1 卷第 12 期。

李志恒《皖东农民的血泪》发表于《田家半月刊》第 14 卷第 19 期。

关菱矣《纪念五四谈五四运动与我们农民的关系》发表于《田家半月刊》第 14 卷第 20 期。

杨晦《农民文艺与五四传统》发表于《读书与出版》复刊第 3 卷第 5 期。

杨晦《农民文艺与知识分子的改造》发表于《读书与出版》复刊第 3 卷第 6 期。

李震《湖南土地改革运动的暗礁》发表于《知识与生活》第 26 期。

姚周杰《培养正确的劳动观念——一个农民子弟教育问题》发表于《知识（哈尔滨）》第 8 卷第 1 期。

星子《当前农村的救济办法》发表于《新平远（广州）》第 2 期。

按：文章说：当前农村的救济方法，一是举办乡仓，二是举办合作社，三是银行贷款，四是组织粮管会。

奇蔚《纠正农村高利贷之商榷》发表于《新平远（广州）》第 2 期。

[苏] F. 科舍莱夫《列宁与农民》发表于《新闻类编》第 1637 期。

莱尔曼《美国农民的悲剧》发表于《新闻类编》第 1665 期。

聂常庆《中国土地改革的新认识与新方案》发表于《正论（北平）》新第 5 期。

赵迺抟、魏重庆等《土地改革问题面面观》发表于《正论（北平）》新第 6 期。

陈寿琦《土地改革是一个政治问题》发表于《正论（北平）》新第 6 期。

金木《农村工作与城市工作同等重要吗》发表于《正报》第 2 卷第 30 期。

江敏《应该强调农村工作比较重要》发表于《正报》第 2 卷第 32 期。

按：文章说："从中国近代革命特色和它的历史看来，中国革命斗争是以武装斗争为主，只有革命武装才能打垮反革命的统治。这是中国革命最高形式，也是主要形式。而武装斗争在中国是从农村中展开和发展起来，而以农民战争出现。在这革命战争中，农村先行解放，造成大块农村解放区包围和孤立了城市，最后才像海洋吞灭孤岛般拔掉城市。当然城市武装起义和内应配合工作对解放军夺取城市有着加速和便利胜利的作用，然而从今天中国革命情势看，城市的解放主要是靠强大的人民解放军来担负，农村却是这支大军的滋长壮大的摇篮。"

《中共中央关于一九四八年土地改革工作和政党工作的指示》发表于《正报》第2卷第42期。

普罗特辛科作，徐钧译《中国解放区的土地改革》发表于《友谊》第3卷第4期。

愉若《斯大林宪法与苏联农民》发表于《友谊》第3卷第11期。

汪洪法《评中共的土地政策》发表于《文化先锋》第8卷第7期。

李国桓《中共土地革命之演变及批判》发表于《文化先锋》第8卷第8期。

劳干《中国土地问题的分析》发表于《中国舆论》第1卷第1期。

曾伟辉《向中农看齐——对当前土地政策的一个意见》发表于《中国舆论》第1卷第4期。

上官性康《复兴农村应注意的重点》发表于《中国舆论》第1卷第5期。

按：文章认为，复兴农村应注意的重点，一是土地改革，二是增加粮食生产，三是保障农民生活。

丹心《土地改革问题论战》发表于《中国舆论》第1卷第6期。

程厚之《中国农村的剖视及其改造》发表于《中建》第3卷第1期。

朱树锦《土地改革问题——地方工作计划之二》发表于《中建》第3卷第3期。

翟克《英美土地制度史论》发表于《中国建设》第5卷第4期。

克白《德国及东欧土地制度史论》发表于《中国建设》第5卷第4期。

卫令敦《怎样实行土地改革》发表于《中国建设》第6卷第2期。

漆琪生《中国土地问题研讨的基本观点》发表于《中国建设》第6卷第2期。

孙晓村《土地改革的基本原则》发表于《中国建设》第6卷第3期。

金通洵《泛论中国现阶段的土地改革》发表于《中国建设》第6卷第3期。

翟克《评"土地改革方案"》发表于《中国建设》第6卷第3期。

万典武《土地改革与工业化》发表于《中国建设》第6卷第6期。

姜庆湘《论"中国农村复兴运动"》发表于《中国建设》第 6 卷第 6 期。

按：文章说："这次成立的'中国农村复兴联合委员会'，显然是'美援'下的时代产物。它的工作方针，据司徒大使说，大部分就将以'中美农业技术合作团'的调查报告为依据；而这个合作团的组织，则是于一九四六年秋间应美国驻华军事顾问之请而成立的。记得该团自成立后，曾于是年冬天费了十一个星期的时间，分赴中国各地农村进行考察，最后并将他们实地考察所得拟具了一份报告建议书，分别送给中美两国政府，以供采择施行。现在'复兴委员会'的未来工作方针，既然大部分要以这个报告书为其主要的根据，那么，我们就请先从这个报告建议书的内容说起，看看他们所建议施行的办法是否真正具有'复兴'这个农村的功效。"

梁朝琳《论合作租佃与土地改革》发表于《陕西合作通讯》第 17 期。

徐世润《农业金融与合作事业》发表于《江西合作通讯》第 3 卷第 2 期。

曾庆人《发挥农业合作精神》发表于《江西合作通讯》第 3 卷第 2 期。

熊国清《三十七年度农业合作贷款的特质和意义》发表于《江西合作通讯》第 3 卷第 2 期。

丁履延《如何解决中国土地问题》发表于《合作评论》第 8 卷第 8 期。

谭俊明《如何发展农村经济》发表于《金融与合作》第 1 卷第 2—3 期。

又石《谈中国农村复兴》发表于《新合作》第 3 卷第 11 期。

徐仲迪《农村信用贷款如何充分发生其功效》发表于《绥远合作通讯》第 2 卷第 1 期。

孟璧《利用合作组织发展农村经济》发表于《绥远合作通讯》第 2 卷第 2 期。

林继庸《中国农业机械化前途的展望》发表于《新中国画报》第 11 期。

按：文章说：我以为我跟农村要普遍实行机械耕种将遭遇到下述的几

种困难：1. 土地的分割零碎；2. 土地的整理困难；3. 乡村运输不便；4. 农民财力贫乏；5. 农民性喜守旧；6. 机械及动力缺乏；7. 农村中缺乏修理工厂。"根据上述原因，我们对我国农业机械化的工作，不能不审慎从事，以求适应目前环境，否则机械与农民脱节，机械化徒有虚名，而实行上收效极小。"作者建议，1. 现行制造简单的人力或兽力农具；2. 推行农业机械化示范农场；3. 训练农业机械制造及修理的技术人员；4. 实行土地改革和推行合作农场。"农业机械化对于我国农村将掀起一划时代的改革，如果这工作推行得顺利，则生产的增加将使农村富裕，而使农民之生活水准提高，对农村的建设如乡村道路的修筑也很有帮助，且生产品增加后，除供本国消费以外，还可以输出国外，换回外汇，弥补我国财政上的漏洞。此外，因农村的繁荣，而促使工业亦交相发展，此举对于我国国力的增加，实是一个决定因素。"

吴湘山《安定农民生活之一基本条件——发展农村经济》发表于《社会建设》复刊第1卷第4期。

陈仲明《推广合作事业安定农民生活》发表于《社会建设》复刊第1卷第4期。

安静之《农民福利事业之办理经过及其展望》发表于《社会建设》复刊第1卷第6期。

王亚南《中国土地改革问题研究》发表于《社会科学》第4卷第2期。

章振乾《中国土地改革本质论》发表于《社会科学》第4卷第4期。

魏重庆《土地使用之社会的管制》发表于《社会建设》复刊第1卷第2期。

蔡斌咸《实施二五减租的基本原则——兼论土地法的耕地租用问题》发表于《地方自治》第2卷第1期。

梁朝琳《论我国土地改革的重点起点与终点》发表于《地方自治》第2卷第2期。

曹平逵《中国农村租佃关系之探究》发表于《地方自治》第2卷第5—6期。

孟宪章《国父土地改革遗教阐微》发表于《地方自治》第2卷第7期。

孟宪章《解决中国土地问题的途径》发表于《地方自治》第2卷

11—12期。

张翌舒《土地改革与地方自治》发表于《自治月刊》第3卷第3期。

陈寒江译《中共区域内之土地改革》发表于《工商新闻》第76期。

孙宝毅《我对土地改革问题的看法》发表于《人道》第16期。

傅力生《我对于土地问题之看法》发表于《人道》第20期。

至刚《农村动乱中的土地问题》发表于《再生》（广州版）创刊号。

申铭《谈"土地改革"》发表于《再生》第214期。

陈本端《论水利建设兼及土地政策》发表于《再生》第222期。

按：文章说："水利建设在一个以农业经济为中心的国家，实具有无可比拟的重要性。因为在农业生产的社会里，水旱灾实在是左右人民生计的主要因素。俗话说：'靠天吃饭。'就充分的表现了这两种天灾的威力。要免除这两种灾患，唯一的有效方法就是兴办水利。"

唐克礼《从十八种土改方案与意见论当前中国土地问题的途径》发表于《大学评论》第24卷第3期。

姜庆湘《当前的土地改革问题》发表于《改造评论》第2卷第2期。

孟宪章《彻底实施土地制度改革》发表于《改造评论》第2卷第2期。

胡庆钧《中国农村社会阶层的分化——绅士与农民》发表于《世纪评论》第3卷第16期。

胡庆钧《传统农村的社会流动》发表于《世纪评论》第4卷第8期。

镜微《评中共对土地政策的转变》发表于《新声》第2卷第12期。

张务善《关于中共土地政策的讨论》发表于《新声》第3卷第1期。

旭东《评中国土地改革协会的"土地改革方案"》发表于《新声》第3卷第1期。

王景波《中共的新政协与土地改革》发表于《新声》第3卷第6期。

集纳者《把握解决时局问题的关键——研究中国的土地问题》发表于《国讯》第446期。

朱绍文《中国农村土地改革之研究》发表于《国讯》第446期。

按：文章说："农村在中国，无论面积上、人口上、经济重量上，都可算'兹事体大'。土地制度，到今天，又可算非改革不可了。但是改得不好，不是改如不改，便是不如不改，反要带累多少人吃苦的，这个危险性很大。所以这办法必须是进步的，将来能更进步的，最低限制不要开倒车。"

狄超白、陆诒、李伯球《各方面对中国土地问题意见》发表于《国讯》第446期。

朱绍文《中国农村土地改革之研究》发表于《国讯》第448期。

聂犇《论"土地法大纲"及"土地改革方案"》发表于《国讯》第457期。

王长玺《东北商租权土地问题之商榷》发表于《东北论丛》第1卷第1期。

张维光《土地改革问题的提出》发表于《东北论丛》第1卷第1期。

高青山《根据国父遗教对于土地问题的研究》发表于《东北论丛》第1卷第1期。

孟宪章《彻底实施土地制度改革》发表于《创世》第13期。

李恭宇《如何改革当前的土地关系》发表于《创世》第16期。

程志定《中国土地问题的再认识》发表于《创世》第17期。

王宜昌《和中国土地问题相关的问题》发表于《创进》第1卷第8期。

陈定闳《到中国农村复兴之路——从中国文化谈到中国农村的前途》发表于《创进》第1卷第21期。

按：文章说："中国农村的建设，可以分为两部分，一是社会的，一是经济的。普通论农村复兴的，均以经济为重，即以目前的中美合作的协定而论，似亦侧重于经济的复兴。其实中国农村的社会结构与基本精神，如果不改变，中国农村的经济建设是无法成功的。这就是说，中国农村的复兴也罢，建设也罢，先要使这一朵花有一个可兹生长的根源。所以这个农村建设的第一步工作，先得将中国农村的社会结构予以改造。中国农村的社会结构，无疑的是两种主要的社会分子所组成的，一种是农民，一种是靠农民的劳力为生的地主，或其他特权阶级。农民可以是自耕农，可以是佃农，无论为自耕农，为佃农，整个农村的组织不是建筑在农民的身上，而是建筑在地主或所谓士绅的身上。佃农固不必论，真正的自耕农其力量还是单薄的，他们在农村之中，还不免为大地主或其他特权阶级所吞噬。在这种局面之下，纵有经济的建设，也不过是为地主或少数的特权阶级增加发财的机会。中国农村始终无复兴之可能的，殷鉴不远，当可警惕。是目前中国农村复兴的工作，必须建设新社会形式，从根本结构上着手不可。此根本结构上的改变，其关键是在于土地问题。土地问题是一个经济问题，但因土地的问题，尤其是分配的问题，而致引起人与人关系的失调，则造成严重的社会问题。……因之，要彻底改变中国农村的社会结构，即须以土地的改革为手段，取消地主阶级，或其他的特权阶级，以农村的结构建筑在自耕农的身上。农村复兴如果忘掉这一着，结果的悲惨定可卜测的。"

余舍我《试论农民学校之形态及其成功要件》发表于《廓清》第1卷第9期。

张礼大《论土地革命》发表于《廓清》第1卷第9期。

程迹《农民学校与土地改革》发表于《廓清》第1卷第9期。

楼宪文《改造农村刍议》发表于《廓清》第1卷第9期。

叶永青《币制改革后的农村经济》发表于《廓清》第1卷第10期。

周一鹗《创办农民学校之意义及其展望》发表于《廓清》第1卷第10期。

张德粹《中国农民的出路》发表于《廓清》第1卷第11期。

孙育万《农民学校与农民师资训练问题》发表于《廓清》第1卷第11期。

王思曙《土地改革与中国革命》发表于《群众》第2卷第5期。

许涤新《为什么要平均分配土地》发表于《群众》第2卷第6期。

谭平山《土地改革与民主统一战线》发表于《群众》第2卷第9期。

按：1948年3月11日，谭平山发表《土地改革与民主统一战线》一文，论证了中国共产党在中国革命中的领导地位，并表示拥护中国共产党的各项方针政策。他指出，为着巩固统一战线，"有一个中心问题，那就是统一战线中的领导权问题"。他引述了毛泽东关于"这个统一战线运动还必须在中国共产党的坚强领导之下"的论断之后，指出："这在一班想争取领导权的党派，也许听来不大顺耳。从另一方面来说：在中共以外的党派，而同意于毛泽东先生所说这些话，有些人表示惊异，但我个人以为这用不着过分矜持，因为中国革命谁领导的问题是一个事实的问题，我们为着争取革命的胜利，我们就应该坦白承认这个事实。"他批驳了中国资产阶级性质民主革命"应该由资产阶级来领导"的错误认识，指出："若承认中国革命仍应该由资产阶级来领导是无异于在资本主义没落的今日，还承认中国革命有资本主义的前途，这是想将历史进化的车轮，拉倒退到中世纪以上，直等于痴人说梦。"他强调指出："民主统一战线当中，领导不是空想可以争取得到的，谁能够提出符合人民利益的政纲，谁能够切实地领导人民实现这个政纲，谁就得到大多数人民的拥护，这是革命战争中极自然的道理，谁能够在民主统一战线当中，领导大多数人民完成土地改革，谁就能够取得领导权。"谭平山还高度赞扬了中共公布的《土地法大纲》，"是解决中国数千年来不合理的土地制度的一种最有威力的武器，这无异于向封建残余的阵营里投下一颗原子弹"。并表示"衷心的赞同与积极共同执行"。①

任弼时《土地改革中的几个问题》发表于《群众》第 2 卷第 12 期。

蒋《中共中央关于一九四八年土地改革工作和整党工作的指示》发表于《群众》第 2 卷第 21 期。

醒华《东北解放区土地改革概况》发表于《群众》第 2 卷第 50 期。

史枚《论现阶段的中国土地改革》发表于《理论与现实丛刊》第 2 期。

狄超白《中国土地剥削关系的激化与农业生产力的衰退》发表于《理论与现实丛刊》第 2 期。

许涤新《中共土地政策之史的发展》发表于《理论与现实丛刊》第 2 期。

沈志远《土地改革与发展生产力》发表于《理论与现实丛刊》第 2 期。

葛启扬《中国土地管理方案述要》发表于《国防月刊》第 6 卷第 1 期。

汪基民《评中共土地改革运动》发表于《国防月刊》第 6 卷第 2 期。

邵政《国防建设中之农村建设》发表于《国防月刊》第 6 卷第 2 期。

葛启扬《土地普查与分类方法纲要》发表于《国防月刊》第 6 卷第 4 期。

达天《论当前的土地改革》发表于《清华旬刊》第 9—10 期。

王思曙《战后世界各国的土地改革》发表于《现代华侨》第 1 卷第 7 期。

王思曙《战后世界各国的土地改革（续）》发表于《现代华侨》第

---

① 张军民：《中国民主党派史修订版》，黑龙江人民出版社 2006 年版，第 531—532 页。

1卷第10期。

  黄绿萍《国共土地政策的比较》发表于《现代周刊》第107期。

  赵宇旷《新闻事业与农村文化建设》发表于《现代论坛》第2期。

  汤佩松《从生物科学看农业的前途》发表于《周论》第1卷第6期。

  韩德章《当前的农村经济问题》发表于《周论》第1卷第9期。

  按：文章分论农地、论农民、论农资、论农产四部分。其中说："中国农业劳动的根本问题，在人口之众多，土地垦拓有限，人口滋生无穷，现在人口对土地已然饱和，因而产生种种饥饿、贫穷、罪恶……种种结果，倘不对过剩的人口图谋合理的限制，则只有再降低全体人口之生活程度，尽量向饥饿线下去钻。人口的素质问题较人口之数量问题更为重要。"

  赵凤喈《评现阶段的土地改革办法》发表于《周论》第2卷第9期。

  金新宇《日本土地改革的前途》发表于《京沪周刊》第2卷第14期。

  R君《与L君论解决中国土地问题方案》发表于《京沪周刊》第2卷第29期。

  汤惠荪《华北土地改革现况》发表于《京沪周刊》第2卷第29期。

  祁昌年《现行土地问题之批判与我见》发表于《大同杂志》第1卷第4期。

  汤一南《土地改革运动的绊石》发表于《大同杂志》第1卷第5期。

  薛耀庭《一切政策应以土地改革为中心》发表于《民众奋斗》第61期。

  刘秋篁《论复兴中国农村》发表于《新人》第2卷第2期。

  陈一《北方农村复兴侧面观》发表于《新人》第2卷第2期。

  孟昭乾《提高警觉从速实现耕者有其田》发表于《明日之土地》第2卷第1期。

  曹平逵《中共土地政策平议》发表于《清议》第1卷12期。

  曹平逵《为中国土地问题试探一条根本出路》发表于《清议》第2卷第1期。

  聂常庆《中国土地改革的新认识与新方案》发表于《陕政》第9卷第7—8期。

  刘培桂《对当前土地改革应有之认识》发表于《陕政》第9卷第9—

10 期。

苏浴尘《从土地问题论中国土地改革》发表于《客观（广州）》第 1 卷第 6 期。

施复亮《论中国的土地改革》发表于《川大文摘》第 3 期。

按：文章说："土地斗争与军事斗争，成为中共当前政治斗争的两个主要源泉"，二者是"相辅而行的，前者保障后者的成果，后者扩大前者的范围，而真正决定最后胜负的还在于前者不在于后者"。

董时进、王寅生、孟宪章《论中国土地问题》发表于《现实文摘》第 2 卷第 8 期。

吴景超《评土地改革方案》发表于《现实文摘》第 2 卷第 10 期。

邓颖超《彻底平分土地与妇女工作的新任务》发表于《新华文摘》第 3 卷第 1 期。

郑光序《两汉治乱兴亡与土地问题》发表于《人言》第 4 期。

毛羽丰《中国的土地问题》发表于《人言》第 4 期。

林沧白《中国土地改革的初阶》发表于《时与文》第 3 卷第 3 期。

陶大镛《论新民主国家的土地改革》发表于《时与文》第 3 卷第 7 期。

王亚南《农民在官僚政治下的社会经济生活》发表于《时与文》第 2 卷第 17 期。

任美锷《从英国的土地利用调查看中国》发表于《时兆月报》第 43 卷第 1 期。

常青木《限租护佃与土地改革》发表于《建国（长沙）》第 4 卷第 1 期。

张焕文《中国的土地问题与农业》发表于《建国月刊》第 2 卷第 1—2 期。

按：文章分导言、土地制度的过程、现行私有制的土地分配状态与农业、解决现中国土地问题的途径、结论五部分。

张丕介《宪法与土地政策》发表于《政衡》新第 3 卷第 3—4 期。

萧铮《宪法所示之土地政策》发表于《政衡》新第 3 卷第 3—4 期。

袁刚《土地改革问题面面观》发表于《政衡》新第 3 卷第 6 期。

陈安仁《元代农业经济之演变》发表于《政衡》新第 4 卷第 1—2 期。

黄宣威《合作农场与农村改造》发表于《政衡》新第 4 卷第 1—2 期。

施复亮《评中共的"土地法大纲"》发表于《时代批评》第 5 卷第 98 期。

童《土地政策在农村》发表于《时代批评》第 5 卷第 98 期。

施复亮《评官方的"土地改革方案"》发表于《时代批评》第 5 卷第 100 期。

罗子为《中国土地改革的探讨》发表于《时代批评》第 5 卷第 101 期。

罗子为《中国农业经营合作化的途径》发表于《时代批评》第 5 卷第 102 期。

按：文章分中国农业经营合作化的必要、中国农业经营合作化的困难及其促进策略两部分。

酆廷和《论中国农村经济的革新》发表于《时代（重庆）》第 56 期。

按：文章分革新农村经济必须加强农民自卫武力、革新农村经济必须认真改进农田制度、革新农村经济必须积极推行农民教育三部分。

酆廷和《论绥靖区土地问题的处理》发表于《时代（重庆）》第 60 期。

云梦《现存经济制度下的中国农村》发表于《时代（重庆）》第 61 期。

程明之《中国需要土地改革吗》发表于《新时代》第 4 期。

陶思泰《土地改革与争取农民》发表于《新时代》第 15 期。

翟克《中国当前土地改革问题》发表于《真善美（广州）》第 3 期。

刘文澜《中国农民革命之史的教训》发表于《真善美（广州）》第 5 期。

霍俪白《我国农村教育探源》发表于《真善美（广州）》第 7 期。

刘文澜《广东农村之复兴与建设》发表于《真善美（广州）》第 8 期。

常建宇《从农民立场看土地改革》发表于《远风》第 3 卷第 1 期。

王也愚《农村经济停滞之原因》发表于《纺建》第 1 卷第 6 期。

按：文章说："农业在中国整个国民经济中所占的比重之大，已属无疑，但中国农业数千年来呆滞不进，至今仍停滞于落后的中世纪式形态，此种形态在过去和现在均阻碍了中国历史向前进展，它妨碍中国工业的发展，阻挠中国政治的改革，也影响文化的进步，分析其原因，约可归为如下五点：（甲）土地制度的封建性；（乙）生产技术的落后性；（丙）自然经济的农业生产；（丁）地理环境的限制和（戊）农村劳动力的过剩等原因。"

王也愚《目前农村经济危机的剖视》发表于《纺建》第1卷第7—8期。

按：文章说："中国农业已临崩溃的边缘，就目前现况分析起来，其原因不外如下五点：即（甲）农民负担加重；（乙）农村金融滞结；（丙）农村手工业与副业衰颓；（丁）世界经济变动之影响；（戊）天灾人祸的频发等原因。"

萧亚辉《中国治乱与农民》发表于《新风向》第1卷第1期。

范福仁《中国农民的出路》发表于《机垦通讯》第1卷第12—13期。

林庆森《农民的政治愿望》发表于《辅导通讯》第18—19期。

章元玮《以生产来建设农村复兴中国》发表于《广播周报》复刊第75期。

杨耕苏《从现实农村论粮食增产》发表于《粮食增产简讯》第1卷第6—7期。

马子瞻《中国农村经济改革与工业化》发表于《张家边月刊》复刊第29—30期。

齐晏平《农民运动的戊戌政变》发表于《国立四川大学省立资中中学同学会会刊》第2期。

朱自正《各国土地金融制度之发展》发表于《新生路月刊》第15卷第1期。

陈声《中国农村经济史的发展》发表于《新生路月刊》第15卷第3—4期。

陈逸声《中国农村衰落原因》发表于《新生路月刊》第15卷第3—4期。

按：文章说，中国农村衰落的原因，第一是天灾，第二是人祸，第三是交通困难，第四是教育不普及，第五是掠夺耕作。

江山《消费合作社主要业务之经营》发表于《新生路月刊》第 15 卷第 3—4 期。

吴萍《对土地改革方案之管见与农村破产问题之症结》发表于《磨厉》第 1 卷第 4 期。

戴炳亚《论土地登记之效力》发表于《中华法学杂志》新编第 7 卷第 1 期。

熊仲虚《土地改革应有的步骤》发表于《大地（周报）》第 130 期。

蒲州《中国土地问题及其解决》发表于《中美周报》第 289 期。

葛罗扬《评土地改革方案及新土地法》发表于《中坚》第 4 卷第 6 期。

水衣《论土地改革》发表于《白水》第 13 期。

李成蹊《中国土地改革问题》发表于《建国（长沙）》第 26 期。

楼同茂《论土地利用的调查》发表于《地理》第 6 卷第 1 期。

姜庆湘《如何实行土地改革》发表于《求是（上海）》第 1 期。

笪移今《论当前的土地问题》发表于《观察》第 4 卷第 6 期。

张洪福《当前土地问题与土地改革》发表于《陇铎》新第 2 卷第 6 期。

白《土地改革与社会安定》发表于《时事评论》第 1 卷第 12 期。

李明《瑞典农村之青年组织》发表于《时论月刊》第 1 卷第 3 期。

翟克《广东农村经济研究刍议》发表于《时论月刊》第 1 卷第 3 期。

吉肖《关于土地问题》发表于《青铎》第 4 期。

饶镥卿《我国的农业教育与农村改进》发表于《中国青年》复刊第 2 卷第 1 期。

按：文章分引言、症结之所在、国外之借镜、国内初步改革方案四部分。

黄涛《略论中国土地问题》发表于《北方青年》第 3 卷第 2 期。

陈焱德《转型期的中国土地经济》发表于《青年风》第 1 卷第 3 期。

李楚宝《中国土地问题与民生主义土地政策之研究》发表于《立信旬刊》第 29 期。

胡泰陶《土地增值税之理论与实施》发表于《省行通讯》第 2 卷第 5—7 期。

直能、薛玉清《土地改革释疑两端》发表于《田家》第 15 卷第

2期。

杨维骏《土地改革之实际问题》发表于《商学研究》复刊第7期。

李紫翔《四川的土地改革问题》发表于《西南实业通讯》冬季号。

沈祖镕《论南京市土地税》发表于《法商论坛》第1卷第4期。

吴文晖《农村人口基本组合之比较研究》发表于《国立中央大学农业经济集刊》第3期。

周恩湛《改革土地问题》发表于《钱业月报》第19卷第6期。

应立本《我们对于土地改革应有之认识》发表于《申论》第1卷第7期。

陈翰笙等《中国的土地改革》发表于《光明报》新第1卷第4期。

陈大白《农民生活教育实验之发端》发表于《教育杂志》第33卷第7期。

王文敦《复兴我国农村应从教育入手》发表于《南大教育》复刊第2期。

周邦巩《论土地改革对于社会的影响》发表于《妙中校刊》新第1卷第1期。

王振域《实行土地改革的先决问题》发表于《安徽动员》第2卷第2期。

徐进《平分土地的两条基本原则》发表于《翻身》第4期。

鲁岚《泛论福建的土地改革》发表于《建风》第17期。

李国柱《评中共"中国土地大纲"》发表于《安徽政治》第10卷第4期。

刘己达《土地问题与土地政策》发表于《江西政治》第1卷第1期。

胡稚威《土地改革问题》发表于《智慧》第50期。

吴萍《对土地改革方案之管见与农村破产问题之症结》发表于《磨厉》第1卷第4期。

苏迅《土地改革和土地革命》发表于《礼拜六》第122期。

严仁赓《土地与人民——论田纳西的农业改良》发表于《思想与时代》第51期。

林景亮《农村建设与国民教育》发表于《政风（福建）》第1卷第5期。

彭南先《中国土地问题的解决途径》发表于《政风（福建）》第1

卷第 8—9 期。

　　王泽农《我国现阶段的农村建设》发表于《前锋（上海）》第 7 期。

　　陈聿功《透视中共土地政策》发表于《革新月刊》第 17—18 期。

　　潘景璋《合作事业与土地改革》发表于《湖南合作》复刊第 11 期。

　　王中杰译《中共怎样实行土地改革》发表于《兴业邮乘》第 157 期。

　　陈恩凤《从美援谈农村复兴》发表于《大众农业》第 1 卷第 1 期。

　　雪庵《农村工业化问题》发表于《中国劳工》第 8 卷第 10 期。

　　按：文章分绪论、农村工业化之方针、农村工业化之一般部门、农村工业化之经营方式、农村工业化之推广机关、农村工业化之实施步骤、结论等七部分。其结论说："在戡乱战争进展到总体战的现阶段，农村工业化已经成为总体战的重要一翼，自无疑义。以上论列，农村工业化的实施途径，系单纯就农村工业化的本身而言，并且都是些起码的条件。显然农村工业化问题，他只是整个戡乱建国运动——三民主义的革命运动的一部分。他是不会产生奇迹的，孤立的单独的进展成功的。他的成长，必须以整个中国农村土地问题的适当解决，农业生产技术的高度发达，农村社会关系的合理进步，农民生活及其文化水准的普遍提高为基础。且须以国内交通、水利以及电气化的工业建设，与国际贸易的有利开展为脉络枢轴，予以刺激推动。农村工业化应该是农村与都市交流互利的桥梁，并须以反封建，反贪污，反帝国主义的开明民主政治为温床，才不致使农村工业化萌芽，遭受到摧残。"

　　徐剑英《复兴农村》发表于《文藻月刊》第 1 卷第 1 期。

　　李震《湖南土地改革运动的暗礁》发表于《知识与生活》第 26 期。

　　杨锡圭《谈中国的农村建设》发表于《现代知识》第 2 卷第 5 期。

　　按：文章说："归结说起来，农村建设的现阶段中吾国必须普遍提倡的一种社会运动，这个运动是针对我们民族社会的现实而提出改造的方式。改造不是恢复旧观，也不是无条件地全盘西洋化。改造的成就要给付相当的代价，这代价自然要向农民索取。农民要付代价他们就要有主权决定改造的方策，别人不好越俎代庖。改造要有一定的目标，这目标在近处看是养生，从远处着眼是造人。养生、造人是中国农村建设的最高鹄的。"

　　李成蹊《当前中国农村经济的危机》发表于《工商天地》第 3 卷第 8 期。

按：文章认为，当前农村经济的危机，表现在地权集中、地租压榨、征派繁重三个方面。

张清华《美援能复兴中国农村的吗》发表于《天下一家》第1卷第2期。

彭家元《改正农业教育与农业的观念》发表于《科学月刊》第21期。

杜如璋《当前我国农村经济问题之探讨》发表于《钟声（广州）》第1卷第3期。

按：文章说："中国有百分之八十以上人口是农民。农村经济的问题，就是中国经济的基本问题。所以，要搞好中国经济问题，必先解决中国农村问题。当前解决中国农村经济问题，必先要打倒'农业企业化'。目前要克服一切困难，实施合理的土地分配，和发展农村的工业。"

赵树理《对改革农村戏剧几点建议》发表于《华北文艺》第1期。

陈闲《鲁迅是怎样看农民的》发表于《文艺生活》海外版第7期。

邹风《晏阳初领导下的农村复兴工作之展望》发表于《民讯》创刊号。

范艾仲《四川农村及其出路》发表于《民讯》第3期。

谌小岑《我国农村问题的几个要点》发表于《团结》第2卷第1期。

按：文章说："农村问题的首要在土地及其产物之分配。"

若谷《我国农村改造之迫切需要问题》发表于《台湾新社会》第1卷第4期。

按：文章分关于土地之分配问题、关于农业生产之技术问题、关于农业经济问题三部分。

席占明《中国农村改革之现状如何》发表于《华文国际》第1卷第7期。

石华《日本农民运动的三个领导者》发表于《亚洲世纪》第2卷第6期。

潘世宪《日本的土地改革》发表于《亚洲世纪》第3卷第1期。

[苏] 柯舍辽夫《列宁论农民的命运》发表于《苏联介绍》第8期。

东林《国营农场及其在社会主义农业中的地位》发表于《苏联介绍》第10期。

三　乡村建设研究著作

申屠杰编《农业概要》由新农企业股份有限公司出版。

按：是书分绪论、植物栽培要义、动物饲养要义三大部分。何谓农业？作者说："编者的意思以为农业的含义，虽然可有种种广狭的不同，但农业的主要事业，总不外是栽培稻麦棉等普通作物的农艺，栽培果树蔬菜花卉的园艺，培植各种树木的森林，饲养各种家畜家禽的畜牧而已。农艺、园艺、森林所栽培的对象，在生物学上是叫作植物的。畜牧所饲养的对象，是叫做动物的。而这些植物的栽培，与动物的饲养，自然是对人民有实用的价值，并且是一种经济意义的事业活动啊。"

陈安仁著《中国农业经济史》由上海商务印书馆出版。

按：是书除绪论外，分14章：夏以前农业社会开展之雏形、夏商两代农业之开展情形、周代农业发展之一般情形、秦汉农业转变的概况、三国乱离时代的农业状况、两晋时代之农业状况、南北朝时期之农业状况、隋代之农业状况、唐代之农业状况、五代之农业状况、宋代之农业状况、元代之农业状况、明代之农业状况、清代之农业状况和结论。

曹锡光著《农业合作原理与实务》由成都论坛合作出版社出版。

按：是书上编合作原理，包括概论、合作组织之本质、合作经营之机能、合作制度之比较、合作运动之过程6章；下编合作实务，包括概论、社务、业务、财务、账务5章。

彭莲棠著《中国农业合作之研究》由上海中华书局出版。

按：是书分9章，第一章论述农业合作的意义与各国农业合作情况，其余各章论述中国概况与合作事业、土地、农业劳动、资本、灾害、交易、消费等与农业合作的关系，农业合作化方案与实施等。附录：各县级合作社组织大纲、农业生产合作推进办法。

薛培元著《由唐代农业环境讨论现代农业建设》由河北省立农学院出版。

崔毓俊著《乌江农业经济调查》由南京金陵大学经济系出版。

张一凡著《苏联的计划农业》由上海中华书局出版。

按：是书分5编，介绍苏联的农业行政组织、农业经营组织、农用地理、计划农业经济的发展及苏联的农业政策。

中国农业科学研究社编《农业展览会特刊》由编者出版。

屠杰编著《学校农业之设计与经营》由中国农业书局出版。

毛泽东著《农村调查》由晋察冀新华书店出版。

按：在土地革命时期，毛泽东在中央苏区进行了大量的农村调查研究，并写成此书。这些调查对当时粤闽赣边区的社会文化进行了很全面的记录和精辟的分析，具有深远的历史意义。

毛泽东著《农村调查》由佳木斯东北书店出版。

许涤新著《农村经济底基本知识》由上海光华书店出版。

朱剑农编《农村经济》由上海中华书局出版。

中国农林水利地政等21学术团体著《中国农村复兴计划书》由南京著者出版。

行政院新闻局编《泾惠渠农村概况》由南京编者出版。

王艮仲著《被窒息的农村建设事业》由上海中国建设服务社出版。

费孝通著《乡土中国》由上海观察社出版。

按：此书包括短篇论文14篇，为著者费君在清华大学讲授乡村社会学一课之一部分讲稿，其中有《乡土本色》《文字下乡》《家族》《血缘和地缘》等。

费孝通著《乡土重建》由上海观察社出版。

中国农民银行农贷处编《中国农民银行之农业贷款》由编者出版。

四联总处秘书处编《三十七年上半年度农贷报告》由编者出版。

四联总处秘书处编《三十七年度春季丝茧贷款报告》由编者出版。

王耕今编《血泪的控诉：山东农民的痛苦和要求》由东北书店出版。

狄超白著《战后中国农民问题》第1辑第3册由海口南海出版公司出版。

按：是书分3章，第一章抗战期间的农民问题，包括抗战期间的中共土地政策、抗战期间解放区农民的伟绩、农民与民主运动；第二章划时代的土地改革，包括抗战的胜利结束、中国土地问题的实质、清算运动、中国土地法的颁布和实行；第三章毛泽东思想与农民问题，包括中国革命特点与中国农民、农村革命根据地与民主建设的思想、农民革命的军事战略和战术的思想、新民主主义社会建设中的农民。

东北物资调节委员会研究组编《农产》（生产篇）由沈阳编者出版。

东北物资调节委员会研究组编《农产》（加工篇）由沈阳编者出版。

东北物资调节委员会研究组编《农产》（流通篇）由沈阳编者出版。

于佑虞编著《中国仓储制度考》由南京正中书局出版。

［苏］拉普节夫著，萤译《苏联集体农庄制度》由大连光华书店出版。

［苏］拉普节夫著，萤译《苏联的集体农庄》由哈尔滨光华书店出版。

张少甫著《农民的乐园——集体农场》由太行群众书店出版。

农林部农村经济司编《合作农场手册》由南京编者出版。

中国农民银行总管理处编《中国农民银行办理农业仓库手册》由编者出版。

毛泽东著《湖南农民运动考察报告》由佳木斯东北书店出版。

毛泽东著《湖南农民运动考察报告》由哈尔滨东北书店出版。

毛泽东著《论查田运动》由太岳新华书店出版。

毛泽东著《论查田运动》由中共华东中央局秘书处出版。

陈醉云编《农家生活·利用农闲》由上海中华书局出版。

王慰祖编著《扶植自耕农与保障佃农》由南京地政部地政研究委员会出版。

中国农民银行南京分行编《怎样处理农会的账务》由南京编者出版。

中国农民银行南京分行编《农会之会务与业务》由南京编者出版。

曾资生、吴云端著《中国历代土地问题述评》由建国出版社出版。

国防部政工局编《中国土地问题教程》由编者出版。

中共中央发布《中国土地法大纲》由渤海新华书店出版。

李耕瑶著《中国土地问题研究》由上海财务学校出版。

按：是书分4章，分析中国土地问题的各种论点、中国共产党与国民党的土地政策。

中央训练团社会工作人员训练班编《中国土地问题参考资料》由编者出版。

狄超白著《中国土地问题讲话》由香港生活书店出版。

按：是书讲话中国社会的农业生产方式、农村土地的分配状况、农村中的封建剥削种类、农村中的阶级关系、农业生产力的衰退、土地问题解决的道路、新民主主义的改革道路、耕者有其田的实施等。

李朴著《中国土地问题浅说》由大连东北光华书店出版。

按：是书论述中国土地问题的严重性、土地改革运动的回顾与土改中的几个重要问题等。附录：土地法大纲等5种。

孟南著《中国土地改革问题》由香港新潮社出版。

孟南著《中国土地改革问题》（增订本）由香港新民主出版社出版。

黄俊民著《土地问题的综合研究》由国防部政工局出版。

[苏]列宁著，曹宝华译《土地问题理论》由解放社出版。

按：是书节自《列宁选集》，分为"农业中的资本主义"和"土地问题与'马克思的批判家'"两部分。

魏麟编著《土地政策研究》由南京人民世纪社出版。

按：是书分土地问题、政策决定、地权确定、调查登记、试定税率、改革实施等10节。

王效文著《新土地法论》由上海昌明书屋出版。

按：是书分绪论和本论两部分，绪论说明土地法的概念和编制；本论包括总则、地籍、土地使用、土地税、土地征收等五编。

张丕介著《土地改革方案的分析》由南京建国出版社出版。

吴文晖著《土地改革与中国前途——为什么要实施土地改革》由南京建国出版社出版。

孙文等著《土地改革问题》由上海国讯书店出版。

按：是书收录论文10篇，包括孙文的《耕者要有其田》、刘师昂的《中国土地制度之回顾与前瞻》、中央日报的《中共现阶段之土地改革运动》、聂犇的《"土地法大纲"及"土地改革方案"》、民主周刊的《对于中共土地法的看法》、狄超白的《论划时代的土地改革》、孟南的《土地改革·民族工商业及华侨资本》等。附录：中央督导各省实施土地改革计划、国民政府扶助自耕农计划、国民政府关于收复区土地处理办法、中国土地改革协会的土地改革方案、关于公布中国土地法大纲的决议等11种。

李中严著《土地改革与新中国之道路》由南京中国文化服务社出版。

易声伯著《中国土地改革方法》由新中国出版社出版。

按：是书分9章，概述中国历代土地制度及国民党的土地政策，并对世界各国土改概要、中国土改原则对策作了介绍。

福建省政府新闻处编《土地改革与民众组训》由编者出版。

晏嗣平著《由土地改革到中国现代化》由新纪元出版社出版。

沈文侯编著《实用土地登记》由台北编者出版。

诸葛平著《地籍整理》由南京行政院新闻局出版。

按：是书分地籍整理与土地政策、地籍整理方法、推行地籍整理机构、人员经费与仪器、各省市地籍整理概况等五部分。

罗仲毓编著《江西之土壤及其利用》由江西省地质调查所出版。

舒联莹编著《垦殖学》由上海中国文化服务社出版。

按：是书分上、中、下三编，上编论述垦殖功用、垦殖政策以及中外古今垦殖事业之发展情况；后两编介绍垦殖机关的组织、垦区概况、垦区合作事业及垦殖技术等。

马黎元著《行总之食粮赈济》由行政院善后救济总署编纂委员会中央研究院社会研究所出版。

关吉玉著《中国粮食问题》由南京经济研究所出版。

按：是书分8章，介绍我国粮食产销情况、现行粮政、粮价等，分析我国粮食不足的原因及其影响，提出了相应的对策。

陈东之著《"粮食国有"之我见》由国防部出版。

王树基、邢公仪编著《粮食产销合作之组织与经营》由南京中央合作金库出版。

张德粹著《农产运销学》由南京中国经济书刊生产合作社出版。

郑林宽著《农产物价学》由上海新农企业股份有限公司出版。

王恺编著《农艺化学概论》由上海正中书局出版。

严梅和编《农艺化学》由上海中华书局出版。

松江省政府建设厅编《肥料》由佳木斯东北书店出版。

蒋孝义编《新农具》由上海中华书局出版。

应廉耕、陈道编《以水为中心的华北农业》由北京大学出版社部出版。

郑肇经编《陕西褒惠渠模型试验报告书》由南京中央水利实验处出版。

[日]芝田三勇著，吕石头译《台湾省之农田水利》由台湾水利局出版。

汪胡桢、顾世楫、陈克诚译《水利工程学》由中国科学图书仪器公司出版。

科学画报编辑部编《农艺》由上海中国科学图书仪器公司出版。

沈学年著《作物育种学泛论》由浙江大学农学院出版。

松江省政府建设厅编《选种》由佳木斯东北书店出版。

松江省政府建设厅编《耕种方法的研究》由佳木斯东北书店出版。

松江省政府建设厅编《农业耕作方法计算问题》由佳木斯东北书店出版。

陈醉云编《改良耕种·防治害虫》由上海中华书局出版。

席凤洲编《怎样战胜"天"灾》由华北新华书店出版。

晋察冀边区财经办事处农林处编《几种主要病虫害防除要览》由编者出版。

姜燕康编著《麦子的病害防治法》由太岳新华书店出版。

李国桢主编《陕西小麦》由陕西省农业改进所出版。

段永嘉著《植物病原菌学》由上海商务印书馆出版。

傅胜发、万长寿著《中国棉虫之研究与防治》由南京农林部棉产改进处出版。

季君勉编著《野草和芝草》由上海中华书局出版。

褚藜照编《种稻·种麦》由上海中华书局出版。

徐方干编《绿肥作物》由上海中华书局出版。

农林部棉产改进处编《胡宽良先生棉业论文选集》由南京中国棉业出版社出版。

按：是书收录论文34篇，其中有《关于棉业的史料》《我国古代植棉考略》《中国棉业之前途》《四川植棉的新希望》《棉花扎花打包问题》《棉花分级》《扎花运销》《棉桃小史》等。附有吴中道编《吴竟良先生棉业论文编目》。

农林部棉产改进处编《冯泽芳先生棉业论文选集》由南京中国棉业出版社出版。

按：是书收录文论14篇，其中有《中棉之形态及其分类》《中棉之孟德尔性初次报告》《亚洲棉与美洲棉杂种之遗传学及细胞学的研究》等。附有吴中道编的《冯泽芳先生著述言论编目》。

孙逢吉编著《棉作学》由上海国立编译馆出版。

天津中国纺织建设公司编《棉花概念》由编者出版。

王冰著《中国的棉和毛》由上海文通书局出版。

叶笃庄著《华北棉花及其增产问题》由南京资源委员会经济研究所

出版。

中国纺织建设股份有限公司青岛分公司编《鲁北区之棉花》由编者出版。

孙醒东、刘式乔著《黄常山播种繁殖法之研究》由南京农林部中央林业试验所出版委员会出版。

行政院新闻局编《烟草产销》由南京编者出版。

王冰著《中国的茶和丝》由上海文通书局出版。

农林部编《桐油改进计划草案》由编者出版。

吴耕民、储椒生编著《农林园艺植物用语辞典》由杭州西湖农园出版部出版。

熊同龢编著《园艺学辞典》由上海新农企业股份有限公司出版。

按：是书《编辑述要》说："本书编著之主要目的有二：一为便利参考文献之阅读，一为奠立统一名词之基础。"

钟俊麟编著《果实简论》由上海园艺事业改进协会出版委员会出版。

李寅恭编《行道树》由上海正中书局出版。

崔友文编著《中国盆景及其栽培》由上海商务印书馆出版。

熊同龢编著《现代苗圃学》由上海正中书局出版。

冀南行署农业处编《种树育苗法》由冀南新华书店出版。

农林部编《编定林地与推广造林》由编者出版。

林渭访著《台湾之林业及其研究》由台湾林业试验所出版。

台湾樟脑局编《台湾樟脑事业概况》由编者出版。

农林部编《一年来农林部生产事业简报》由南京编者出版。

[美] 费理朴、蒋森等著，汤逸人译《中国之畜牧》由上海中华书局出版。

冯焕文编著《畜牧学》由上海中华书局出版。

行政院新闻局编《畜牧事业》由南京编者出版。

李之干著《畜产品》由上海商务印书馆出版。

[英] 汉门著，汤逸人译《农畜育种学》由上海中华书局出版。

汤逸人译《农畜育种学图说》由上海中华书局出版。

施白南著《家畜》由上海文通书局出版。

喻利编《兽医业务讲话》由中央训练团监察官训练班出版。

盛彤笙、朱晓屏编《兽医细菌学实习指导》由兰州国立兽医学院出版委员会出版。

史公山编《养狐与养鼬》由上海中华书局出版。

蒋同庆著《蚕体遗传学》由昆明太华印书馆出版。

殷秋松编著《蚕业指导》由上海正中书局出版。

尹良莹编著《家蚕微粒子病检查法与防除法》由上海商务印书馆出版。

蒋根尧编著《柞蚕饲养法》由上海商务印书馆出版。

谢国贤、陶履祥编著《家畜病理学总论》由上海商务印书馆出版。

孙钰编著《水产学》由上海中华书局出版。

东北物资调节委员会研究组编《水产》由沈阳编者出版。

宋修阜译编《中国食用淡水鱼类志》由青岛鱼市场出版委员会出版。

许复七编《行总农渔》（合订本）由行政院善后救济总署农业业务委员会出版。

王品三主编《烟台渔业汇编》由山东烟台市渔会出版。

南京中国农民银行编《中国农村副业问题及其应有之改进》由编者出版。

按：是书分农村副业之意义、农村副业之种类、农村副业与农家经济之关系、农村副业与自然环境地理之关系、农村副业与社会经济进化之关系、农村副业之演进与农村工业化、中国农村副业述要、中国农村副业应有之改进等8章。

陈醉云编《料量家计·经营副业》（民众教育丛书）由上海出版。

四　卒于是年的乡村建设工作者

蔡如平卒（1888—1948）。原名祖荫，字锡蕃，号葛民，广东东莞人。1923年在广州一间帽厂做工，结识彭湃、阮啸仙等共产党人，开始接受马克思主义，不久加入中国共产党。1924年初国共合作，被廖仲恺委任为国民党中央农民部特派委员。3月回乡开展农运工作，翌年成立霄边农民协会和农民自卫队。1925年5月任东莞县农协会执行委员长，同年秋调省农协工作。1926年1月任农委委员，分管中区农运工作。5月1日出席省第二届农代会，被选为省农协常务委员。同年冬，任北江地委员兼省农协北江办事处主任。1927年8月建起农村三个大队，城镇三个小队，自制各种武器，准备随时反击国民党的大屠杀。10月15日被选为中共广东省委候补委员。为了响应武装暴动，曾组织农民自卫军800多人，11月成立东宝工农革命军总指挥部，任总指挥，准备配合广州起义。后得知广州起义失败，决定取消攻城计划，各路农军返回原地。因此被认为是军事投机分子，于1928年5月10日被解除一切职务和留党察看处分。后来中共中央纠正省委这一错误决定。1928年冬，党要他到香港避过国民党的搜捕。随后转移新加坡和缅甸，靠说书和卖字画为生。1941年12月12日回乡组织青年成立青年抗日大同盟，配合东纵打击日本侵略者。1943年6月霄边建立民主政权，当选为乡长；后历任新五区区长、东宝农会主席等职。1948年秋，因病去世。

丘葆忠卒（1896—1948）。葆忠又名柏忱、观澜，江西于都人。1918年毕业于河海工科大学。1929年指出饶河龙口滩疏浚工程。1936年4月主持制订南州水利工程计划，并完成部分工程项目施工。1937年参与彭泽县马当长江江防阻塞工事。抗战期间，先后指导扩建泰和槎滩陂、遂川南澳陂、万安梅陂等灌溉工程。历任江西建设厅水利局工程师、总工程师、副局长、代局长等职。1946年任江西区堵口复堤工程处处长，参与制订《赣江流域水利建设报告》。1948年随全国水利考察团赴台湾考察时，在高雄失足落水而死。

民国三十八年　己丑　1949 年

一　乡村建设活动

1月26日—2月11日，陕甘宁边区妇女第二届代表大会在延安召开。大会决定农村妇女运动方针：新区以反封建为主，结合生产；老区以提高生产为主，结合清除封建残余。

3月5日，中共七届二中全会在河北平山县西柏坡村召开。会议提出，从现在起，党的工作重点从乡村转移到了城市，党必须用极大的努力去学会管理和建设城市。

是月，中共中央华北局作出《关于开展农业生产指示》，要求以春耕为中心，加以领导，开展农业生产运动。

4月1日，中共中央西北局发出《关于贯彻执行中央关于解放区农村妇女工作决定的指示》。

4月3日，为开展植树造林及保护森林运动，东北行政委员会发出通知，要求从清明到谷雨期间，各地应展开群众性的造林护林运动，各级政府应有计划有组织地进行造林护林的宣传教育，并组织群众积极进行。

4月5日，华北人民政府农业部发出《奖励农业增产底指示》。

4月8日，内蒙古自治政府发出《自治区农村房照颁发办法》和《关于填写房照说明》，以保障农村个人房屋所有权。

4月20日，内蒙古共产党工作委员会发出《关于迅速进行检查春耕准备并及时进入春耕播种的指示》。

4月24日，张闻天给中共东北局写了题为《关于农村供销合作社赢利分红等问题的意见》的信，对当时党内颇有争议的问题发表了自己的意见。

4月25日，毛泽东主席、朱德总司令发布《中国人民解放军布告》。

按：布告中说："农村中的封建的土地所有权制度，是不合理的，应当废除。但是废除这种制度，必须是有准备和有步骤的。一般地说来，应当先行减租减息，后行分配土地，并且需要人民解放军到达和工作一个相当长的时期之后，方才谈得到认真地解决土地问题。农民群众应当组织起来，协助人民解放军进行各项初步的改革工作。同时，努力耕种，使现有的农业生产水平不致降低，然后逐步加以提高，借以改善农民生活，并供给城市人民以商品粮食。城市的土地房屋，不能和农村土地问题一样处理。"①

4月25日—5月6日，陕甘宁边区首届卫生工作会议召开，曲正署长作总结报告。会议决定健全卫生机构，开展农村防疫工作。

是月，华北人民政府农业部发出《关于开展植树护林运动的指示》和《关于植棉底指示》。

是月，晋西北行政公署发布《保护与发展林木林业暂行条例（草案）》。

是月，热河省人民政府公布《热河省造林护林暂行办法》。

5月17日、22日和23日，中共辽东省委书记张闻天就如何正确认识土改结束后的农村形势，以及如何防止在集体化问题上的偏向等问题，分别给党中央和毛泽东发了3份电报，是我党较早阐述关于解放后合作化方针问题的文件。

按：张闻天电报的内容，涉及正确认识和对待土改后农村经济中的新趋向、发展劳动互助要反对强迫命令和放任自流、农村党员要为合作化方向奋斗。他说："一、应该教育农村共产党员，坚决为农村合作化的方向奋斗，而且应该使自己成为合作运动的先锋与骨干。二、应该教育共产党员，只有经过合作社的道路才能使大多数农民发财致富，也才能使自己的生活得到真正的改善。三、应该向农村共产党员指明，新富农的剥削贫雇农的道路，同共产党员是不相容的。凡农民党员有向新富农转化的趋势时，应给以事前的警告，使其转变，如不可能时，应允许其自由退党，或开除其出党，不要留恋。为此，在党内应加强反对资本主义思想的教育。四、注意在合作社运动的积极分子中，在真正贫苦农民出身的积极分子中发展党。五、增加党员中城市工人成分的比重。"②

---

① 毛泽东：《毛泽东选集》第4卷，人民出版社1991年版，第1459页。
② 张闻天：《张闻天文集（1948—1974）》第4卷，中共党史出版社1995年版，第58页。

6月6日，中共中央发出《关于妇女的土地所有权问题的指示》，要求必须首先在法律上与实际上承认男女农民有同等权利，并保障其所有权。

7月2日至8日，内蒙古自治政府工商部在乌兰浩特召开自治区首届合作社会议，总结各地开办合作社的经验，讨论自治区合作社暂行组织条例和社章示范，并确定以加强领导，建立机构，密切与国营经济联系，低价供给群众需要为今后工作方针。

7月5日，中共辽东省委作出《关于巩固与发展农村供销合作社的若干决定》。

7月20日，内蒙古自治政府决定将《自治区牲畜交易税暂行条例》分为《自治区牲畜交易税暂行条例》和《自治区屠宰税暂行条例》。

7月22日，陕甘宁边区政府颁发《陕甘宁边区农业税暂行条例》。

是日，内蒙古自治区政府决定由工商部颁布《自治区牲畜管理暂行条例》，以发展牲畜，制止滥购滥宰和投机贩运。

8月10日，中共中央发出《关于新区农村土地改革工作给华中局的指示》。

8月12日，中原人民政府颁布《新解放区减租减息条例》。

9月15日，为减轻封建剥削，初步改善农民生活，恢复与发展农业生产起见，特依据中国人民革命军事委员会1949年4月25日颁布的《约法》八章的第七章之规定，制定《华东新区农村减租暂行条例（草案）》。

是日，中共华东局发布《华东新区农村减租暂行条例草案》《关于公布华东新区农村减租暂行条例草案及华东区农民协会组织章程草案的决定》。

是日，华东区农民协会制定的《华东区农民协会组织章程》公布，该协会的宗旨是团结全体劳动农民，保护农民利益，有计划有步骤地进行土地改革，发展农业生产，提高农民政治地位与文化水平，并联合一切被压迫人民，为彻底完成反帝国主义、反封建主义、反官僚资本主义的人民民主革命，及建设独立自由民主统一富强的新民主主义中国而奋斗。

是月，中共中央在《关于执行土改政策问题给河南省委的复示》中表示，同意以"两头不动中间平"的政策作为解决河南土地问题的基点。

是月，松江省人民政府公布《松江省防火护林办法》，对林区防火工作作了明确规定。

10月7日，内蒙古自治政府发布《征收公粮公草暂行条例》及《征收公粮公草施行办法》，规定凡在内蒙古境内经营土地者，均有遵照本条例缴纳公粮公草之义务。

10月10日，中共中央华北局发布《关于解放区土地改革的决定》。

10月11日，新华总社发出《关于土改后农村阶级划分问题给东北总分社的复电》。

按：复电说："八月十六日电悉，关于土改后农村阶级划分问题，我们的意见如下：中农和贫农都是劳动者，在确定中农贫农成分的问题上，时间标准没有特殊意义，在必须规定一个时间作为界限时，可以定为一年，即贫农升为中农一年后，或中农降为贫农一年后，即可确定为中农或贫农。但在彻底完成土地改革的农村中，封建剥削关系已被消灭，土地业已大体平分，这时候在农村中的动员口号是生产发家，而不要强调阶级划分，特别是不要强调中贫农的界限，否则对于发展生产是不利的。因此，除了对于旧富农和地主，根据已有的三年、五年的规定改变其成分外，对于确已具备富农条件且确已连续富农生活满三年以上的翻身农民，始得定为新富农成分，其余在通常情形下可一般称之为农民，而不应不必要的强调中贫农的界限。在发展党员时，对于原属贫农的中农，目前亦可按贫农待遇。"[①]

10月13日，内蒙古自治政府发出《关于组织水利管理委员会的指示》，对水利管理委员会的机构设置、职责及注意事项等作了具体规定。

10月21日，中央人民政府政务院财政经济委员会成立。中央人民政府政务院财政经济委员会主任陈云作财政工作报告，提出了今后几个月在农业、工业、商业、交通、财政金融等方面的主要工作。

10月26日，中共中央华北局发布《关于新区土改的决定》，规定没收地主土地及封建财产，实行中间不动两头平的平分政策。

是月，中共中央发出《关于新区实行土地改革的方针的指示》，指出今后新区实行土地改革，应采取"中间不动两头平"的方针，即不动中农的土地，没收地主的土地分给贫雇农。

11月8日—18日，水利部召开各解放区水利联席会议，着重讨论水

[①] 于建嵘主编：《中国农民问题研究资料汇编》（第2卷 1949—2007下），中国农业出版社2007年版，第1096页。

利建设的方针与任务，周恩来总理会见出席会议的部分代表并与他们谈了话。会议确定了"防止水患，兴修水利，以达到发展生产目的"的水利建设基本方针。

11月15日，内蒙古自治政府发布《为修正木材运输管制办法令》，决定对1949年6月16日颁布的《木材运输管制办法》第5条进行修正。

11月18日，中共中央华中局作出《关于纠正乡村工作干部不良作风的决定》。

12月1日，绥远省人民政府发出《关于新区普遍实行减租和调剂土地的问题的决定》。

12月8日，中共人民政府人民革命军事委员会气象局正式成立。

是日—20日，农业部在北京召开全国农业生产会议。农业部长李书城作报告，提出了1950年农业以恢复生产为主的方针和计划。

12月13日，内蒙古人民政府颁布《林业采伐管理委员会组织章程（草案）》。

12月22日，中央人民政府财政部召开第一届全国粮食会议，研究粮食征购与管理问题。

12月28日，林垦部邀请参加农业生产会议的各地区林业代表10人，就中国林业工作的方针任务等问题进行了座谈。

是年，东北行政委员会公布《东北解放区森林保护再行条例》《东北解放区森林管理暂行条例》《东北国有林暂行伐木条例》。

二　乡村建设研究论文

王如海《英国的农村服务工作》发表于《大众农业》第1卷第6期。

龙远《我国园艺的前途》发表于《大众农业》第1卷第6期。

按：文章说："园艺为什么始终处于这种厄境呢？总括地说，其原因不外乎下列几个：1.绝大多数的人传统地以谷薯为主要食粮。2.人民贫苦，视果品为奢侈品。3.人民教育程度低，不能认识果蔬的营养价值。4.花卉更属少数人的玩赏对象。5.果蔬加工的科学及事业均不发达。6.交通不便，新鲜果蔬难于运销。7.农业官大多贪图近功，投机取巧，避难就易。8.农学者大多存有偏见，对园艺不加重视。9.国家仍在动乱之中，栽培果木需时，视为似可从缓。10.国家迄无整个农业政策。"

赵毅《苏联农业发展的道路》发表于《东北农业》第 2 期。

雷秉章《我国合作农场运动》发表于《世界农村月刊》第 3 卷第 1 期。

尹君羊《论农地改革与宪法》发表于《世界农村月刊》第 3 卷第 1 期。

翟克《苏联农业生产之特质》发表于《世界农村月刊》第 3 卷第 1 期。

雷秉章《我国合作农场运动》（续）发表于《世界农村月刊》第 3 卷第 2 期。

按：文章说："我们知道合作农场运动，在我国今日如初升旭日，还未大放光辉，可以说还在提倡试验时期，各地虽有不少实际办理者，然因各自为政，少通盘计划和很好的联系，还没有很优良的成果表现。虽如此，可是我们敢预言，合作农场将来必为我国农业经营上必要的一种制度。"

边吉《农业生产应加调查》发表于《世界农村月刊》第 3 卷第 2 期。

林景亮《复兴农村的先决问题》发表于《世界农村月刊》第 3 卷第 2 期。

按：文章说："在今日要救农村和农民的穷，固然可以经济为中心，但必须运用社会、文化和政治等其他力量互相配合，才能够把这个复兴运动纳入正轨，否则农民遭受到政治上的压榨，和封建势力的剥削，不是'农村的贫穷'又解决不了吗？所以，这许多旁的复兴农村的因素以最基本的经济因素——繁荣农村经济为依归。然后农村一切问题才可获得解决。"

尹君羊《新中国土地改革措施方案》发表于《世界农村月刊》第 3 卷第 2 期。

按：文章说："新中国土地改革的最后目的，当然是土地国有，但是达到土地国有的方法，我们并无意于所有都达到没收。……新中国的土地改革，并不限于和止于在土地的所有上，土地的利用，同样是一椿重要的措施。土地利用的改革，亦不限于和止于在土地生产力的提高，对于面积上的扩展，尤其重要。"

林景亮《复兴福建农村与区域农业建设》发表于《世界农村月刊》第 3 卷第 3 期。

童玉民《略论英国农业的特质》发表于《世界农村月刊》第3卷第3—4期。

李仁卿《略论中国复兴农村的前提——谈林作〈复兴农村的先决问题〉》发表于《世界农村月刊》第3卷第4期。

按：文章说："就事论事，复兴农村这个名词本身就有毛病。因为所谓'复兴'，当然应该指的是从前很好，而现在却已在中落过程中才被提出来的要求。可是实际上，中国的农民，一直只是封建王朝的剥削对象，是贵族士大夫之流的豢养者，在重重压榨与剥削下，中国的农业生产，中国的农村经济，中国的农民生活，值得今天取法的兴盛时代，实在'踏破铁鞋无觅处'。"

李仁柳《略论中国复兴农村的前提》发表于《世界农村月刊》第3卷第4期。

正明译《农村工业化的几个问题》发表于《世界农村月刊》第3卷第4期。

按：文章涉及地租、农村工业、传统的格式、保护农民利益、人口减少不可能、传统的手工业等问题。

林缵春《农村副业》发表于《琼农月刊》第19期。

平间忽三郎《海南岛农产业调查》发表于《琼农月刊》第19期。

郑光《新中国农业建设论》发表于《新农》第4期。

按：文章认为，新中国农业建设的目标，一是农地分配合理化，二是农场经营企业化，三是农业生产科学化，四是农村社会工业化，五是农民生活集体化，六是农工发展协调化。

树民《匈牙利的农业改造》发表于《经济周报》第8卷第1期。

民蕙译《匈牙利的土地改革》发表于《经济周报》第8卷第2期。

焕倩《浙东农村的手工业》发表于《经济周报》第8卷第7期。

李化方《西北农村的农业经营》发表于《经济周报》第8卷第16期。

中共中央华东局《华东区农民协会组织章程》发表于《经济周报》第9卷第12期。

安士《读吴文晖先生论中国土地分配问题有感》发表于《经济评论》第4卷第12期。

一之《"改革土地制度"》发表于《经济评论》第4卷第18期。

王非《论甚么是土地改革的创造标准——自耕农之研究》发表于《经济评论》第4卷第23期。

赵松乔《杭州市土地利用之现状及其改进之途径》发表于《浙江经济》第6卷第1期。

钟古熙《谈四川农村经济》发表于《四川经济汇报》第1卷第5—6期。

刘秋篁《论复兴中国农村》发表于《四川经济汇报》第1卷第5—6期。

按：文章说："目前中国半壁河山陷于战乱之状况下，其影响遍及于整个中国，复兴中国农村，此种具有整体性之全面措施，极难收预期效果之理也甚明。我们以为复兴中国农村之道，首在有安定之社会环境，因为无论任何一业之举办，厥以社会安定为其先决之前提，中国农村本已残破不堪，若在战乱相寻之情况下，社会不安，经济秩序紊乱，似此欲使农村复兴，呜呼可得？其次欲使中国农村复兴，厥在满足中国百分之七五以上的农业人口之所急需，至中国农民所急需者，则在耕地之获得，与其最低生存条件之持续，依此，则我国现有农业生产诸关系之调整，实属必要。具体之土地极应改革，即耕者必须有其田，以为发展农业生产力之起点。农民生活亟须提高，最低限度，亦须使其不在饥饿线上挣扎，而有余力从事再生产。最后全般经济建设与复兴农村配合发展，相辅进行，因为农村复兴的农业建设，如果脱离了整个经济建设而独立发展，正如在荒瘠的土岗栽植农作物，虽或可繁茂一时，终将因不能吸收适度的滋养料而日趋枯萎。诚然中国国民经济仍是以农业经济作主体，绝大多数的人口仰赖农业生产而生存，复兴农村的工作，或可使局部的国民经济日渐改观，但诸若工业和商业的建设工作未能调协进展，其结果不是只能极有限的成就，便是由于畸形的发展而遭致不幸的恶果，史迹具在，实可复按。"

汤心仪《我国农业建议之方案》发表于《钱业月报》第20卷第2期。

包伯度、李禄先《台湾土地制度的演变》发表于《台糖通讯》第5卷第4期。

中国农业工程师联谊会《促进中国农业机械化事业计划大纲》发表于《机械农垦》第2卷第5期。

林萍《苏联农民文化教育之提高》发表于《友谊》第4卷第6期。

［苏］卡尔宾斯基作，焦敏之译《集体农庄给了农民些什么》发表于《友谊》第4卷第6期。

吴起亚《中国需要农业工程教育》发表于《教育通讯》复刊第6卷第10期。

按：文章分农业工程教育之范围和使命、美国农业工程教育之沿革、中国农业工程教育概况、农业工程教育之重要性及其在中国发展之预测四部分。

李元吉《目前农村小学应注意的几个问题》发表于《太行教育》第1卷第5期。

刘汉森《现阶段的中国土地改革运动》发表于《广大学生》第5期。

按：文章论述共产党的土地政策说："自民国十六年国民党清共以后，共产党便自起来建立军事政权，推行其标榜的社会革命，约可分为五个时期：第一期为国民十九年中共革命军事委员会颁布土地法全文卅一条，主要内容是没收豪绅地主土地分配农民农有，分田时在量方面，是抽多补少，在质方面是抽肥补瘦；第二期于同年秋，由全苏第一次代表通过之土地暂行法凡十六条，内容较为激烈，主张没收土地，实行国有；第三期为民廿年中共在江西召开中华工农兵苏维埃第一次全代大会所通过之土地法十四条，内容除没收土地，又实行农地农有办法；第四期为民廿六年，由于国共合作组织统一战线，共同抗日，故于九月廿三日发布国共合作宣言，其内容一部分是：'取消一切推翻国民党政权的暴动政策及赤化运动，并停止以暴力没收地主土地之政策。'故这个时期所推行之政策是暂时放弃没收土地主张。除减租减息外，并准许人民买卖与租赁土地；第五期为抗战结束后，其土地政策除有一部分仍采用二五减租减息外，更于卅六年十月十日由中共中央颁布土地法大纲，重新恢复土地革命进行'废除封建性及半封建性剥削的土地制度'，除一部分特殊土地及财产（土地法大纲第九条）收归国家利用及管理外，其余所有地主的土地、财产及一切祠堂、庙宇、寺院、学校、机关，及团体的土地，以乡村为分配单位，按全部人口平均分配，在质、量上是抽多补少，抽肥补瘦，所有分配与人民的土地，由政府发给土地所有权证，并得自由经营买卖，及在特定之条件下，可以出租，在特定制度改革前的一切债约及土地契约，一律缴销（同法十一条）。因此，今日的中共土地政策，一方面进行二五减租减息，另方面是无偿没收的，斗争、清算、分地、分田运动，这种激烈手段之推行，在今日之东北、华北，及华中一部的'共匪'内都进行着。"

剑之《中国土地问题及其解决的道路》发表于《广大学生》第5期。

按：文章说："中国土地问题的解决，既不能走欧美各国所走的'自由资本主义的道路'，又不能立即如苏联那走入'社会主义的道路'，那么，中国土地问题怎样解决？哪条才是正确的道路？我以为民生主义的'耕者有其田'的改革道路才是应走的道路。'耕者有其田'这个原则是确当的，不过只靠'照价抽税'与'照价收买'这一套实施办法，时至今日，不是一个完整的贯彻的解决土地问题的办法。在土地改革问题上，'耕者有其田'的政策就是新中国的正确土地政策。这个政策要使所有的农民都取得必要的土地和生产手段，并给以合法的保护，这是消灭封建剥削，发展农业生产的现阶段土地制度中的最有效政策。它的作用不但促进农业的生产力，而且对城市工业提供足够的原料，增加社会购买力。"

萧仲明《论农村改造与土地改革》发表于《中师学生》第2期。

董希白《知识分子到农村去虚心向农民们学习》发表于《学习导报》第1期。

公盾《晚唐农民诗人聂夷中》发表于《人物杂志》三年选集。

王志行《我们更密切的和农民结合起来了》发表于《青年文化》第16期。

陈鹰《高尔基和农民》发表于《春秋》第6卷第3期。

黄宣威《合作农场与农村改造》发表于《政衡》第1卷第2期。

按：文章说："近百年来中国积弱的原因，可以归纳于'愚'和'贫'两个字上面，这'贫''愚'二字，表现在全国百分之八十的农民身上，情形更见明显。技术落后墨守成规不肯改进是'愚'，各自为政浪费人力，不知采纳分工合作的生产方式，这也是'愚'，农具设备残缺，以致工作效率低落是'贫'，衣食不足，凶岁难免冻馁，这也是'贫'！但是这'贫''愚'二字，是一件事的两面，惟其'愚'才'贫'，由于'贫'却更'愚'！要解决这个问题，当然应该从经济方面入手，尤其在农业方面着眼。"

陈有道《南昌县向塘区开农民代表会的经验》发表于《华中文汇》第1卷第9期。

公毅《农民之友运动的分析》发表于《康路》第2—3期。

高鹰《湖南农民用血肉写着新的历史》发表于《群众》第3卷第

9期。

[苏] J. 彼列吉里《苏美两国农民生活的对照》发表于《新闻类编》第1692期。

张浩如《台湾土地问题与经济建设》发表于《今日台湾》第1期。

丁正伟《我们对于中国土地改革的意见和主张》发表于《主流》第3—4期。

[日] 宫武谨一作，金学成译《亚洲的工业化和土地改革》发表于《新中华》第12卷第8期。

李太璞《新中国城市土地政策论》发表于《市政建设》第1卷第3期。

钟功甫《川东鄂西土地利用调查简报》发表于《地理》第6卷第2—4期。

高风《论城市土地问题》发表于《再造》第5期。

金轮海《农村组织与农村改造》发表于《东方杂志》第32卷第1期。

按：文章说："要改造农村的组织，先要发展农村的自治。我们要使农村的农民个个能自己管理自己，用自己的力量，去开拓生路；用自己的智能，去发展农村，使整个的农村，得以无限制的向上。农村自治的组织，以山西施行的最为严密。不过那种组织，在理论上实际上是不合民主潮流，上面已经说过了。因为以户为组织单位，一个户内只有一个人代表说话，其余人的权利，都被抹杀了，应当以人口多少为标准，才为合理。有了合理的组织，还要有健全的领袖，农村自治才能发展。健全的领袖，定要有强健的体魄，丰富的知识，服务的精神，刚毅的意志，温良的性情，才能领袖农民完成自治。健全的领袖，大概可分为行政领袖、精神领袖、技术领袖。"行政领袖指村长，精神领袖指农村小学教师，技术领袖指农民教育馆的职员。

刘国治《实行土地政策之我见》发表于《自治月刊》第4卷第4期。

刘颂宋《实行土地改革的制度和技术问题》发表于《自治月刊》第4卷第4期。

按：文章说："实行土地改革，在目前的中国，最为迫切需要。但当实行时，对于地权的制度和地用的技术必须采取双管齐下的办法，才能有成功的希望。因为使耕者有其田以后，还需要生产的资金和生产的技术扶助。所以制度和技术两者的关系，好像人的躯壳和灵魂，仅有躯壳而无灵魂，必成死人；只有灵魂而无躯壳，便无处寄托。我希望能采用不流血的办法实行土地改革，以求达到社会的正义；我更希望采用科学的方法大规模生产，以尽地力，而增进国民经济，改善物质的生活。若能如此，土地改革的使命才算是幸运的完成。"

赵光凝《农村劳力问题》发表于《江西政治》第1卷第2期。

辛琼泽《台湾土地问题的分析》发表于《公平报》第5卷第1期。

陈冬福《中国农村问题》发表于《舆论》第2卷第5期。

知农《冀东解放区的土地改革状况》发表于《海涛》第9期。

达观《新中国农业工业化的四阶段论》发表于《老百姓》第2期。

按：文章建议："（一）利用所有人力和物力和一切方式从事生产。（二）制造已有把握的小型农具（即以一牛或一马所拉动者）并作大规模的区域试验。（三）繁殖耕畜。（四）制造家庭副业小机械，像纺纱和织布机，养蚕架，榨油机等，提倡农村副业。"

毛应鹏《农民问题的症结及其解决的途径》发表于《时兆》第44卷第2期。

按：文章说："租佃制度、兵赋徭役以及水旱灾害实为当前农村问题的症结，但水旱灾害、兵赋徭役只是外铄的问题，其内在的根本因素，还是在土地制度，这是社会问题的核心。总之，环绕着土地的农村问题有三，而其解决的途径亦不出于三途，即①争天权：建筑水利工程，消灭自然灾害；②争人权：弭兵减赋免除徭役，消灭人为灾害；③争地权：买去地主或踢去地主，取消租佃制度，根绝经济剥削。而人权之争，尤为首要，因为只有在真正的民主政治之下，改革土地，建筑水利工程才有可能。"

杨铭鼎《建设中国农村医卫之新方案》发表于《时兆》第44卷第8期。

句适生《关于土地法》发表于《科学工作者》第4期。

塞先达《中国农业工程学家的责任》发表于《科学世界》第18卷第6—7期。

按：文章分农业机械化问题、农村电气化问题、农田水利问题三部分。

鲁钝《论中国农村之卫生建设问题》发表于《医药世界》第3卷第

2期。

章亮《苏联的农民生活》发表于《工农兵》第5卷第10期。

康濯《冀西农民戏剧活动史话》发表于《文艺报》第2—8期。

三 乡村建设研究著作

林伦彦著《农业经济学教程》由联合书店出版。

按：是书除绪论（农业经济的特点及其研究的途径）外，分3篇，第一篇农业经济的发展，包括前资本主义的农业、过渡形态——半封建的农业、资本主义的农业3章；第二篇资本主义农业的规律，包括导论、农业的商品生产与机械化、大经营驱逐小经营、农民的阶级分化、农业的资本主义发展与合理化的限制4章；第三篇农业改革，包括导论、半封建国家的农业改革、资本主义国家农业改革、苏联的社会主义农业建设4章。

林伦彦著《农业经济学》由中原出版社出版。

按：是书分3编，概述农业经济的特点及研究途径、农业经济的发展及资本主义农业的规律。

董鹤龄著《农业推广方法》由上海世界书局出版。

张培刚著《农业与工业化》由哈佛大学出版社出版。

按：是为作者的博士论文，获得1946—1947年度哈佛大学经济学专业最佳论文奖和威尔士奖金（诺贝尔经济学奖设立前国际经济学界影响最大的经济学奖），并被列入《哈佛经济丛书》第85卷。1951年被译成西班牙文，在墨西哥出版。1969年英文本在美国再版。1984年由华中工学院出版社出版中文版。

冀鲁豫新华书店编辑部编《农业建设问题》由编者出版。

华北人民政府农业部编《华北农业生产统计资料》（1）由编者出版。

华北人民政府农业部编《华北农业生产统计资料》（2）由编者出版。

农民报编辑部编《提高农业生产支援全国解放》由吉林书店出版。

林彦伦著《农业经济学教程》出版。

吴清友编《苏联的农业组织》由上海中华书局出版。

按：是书论述苏联农业发展的道路、农业集体化的方法、国营农场、集体农场及机器拖拉机站的组织情况。

［苏］巴卡诺夫等著，梅林等译《与客谈我们集体农庄》由大连关东

中苏友好协会出版。

[苏] 加山辙夫等著，李少甫译《苏联集体农场法的基本原则》由上海中华书局出版。

解放社编《农村建设问题》由北京新华书店出版。

宋之英著《农建之路》由福州农讯出版社出版。

按：是书收录、讲演词、书信等20篇，其中有《中国合作的新任务》《中国本位文化的合作运动》《战时的合作运动》《从物资动员谈到工业合作》《农村组织与合作》《纪念一九四〇年国际合作节》《所望于全国合作讨论会者》《农贷与合作的检讨》《健全合作金融之途径》《试拟中国农民银行农业金融业务实施要点》等。

中国解放区妇女联合会编《中国解放区农村妇女生产运动》由全国民主妇女联合会筹备委员会出版。

按：是书收录文章7篇，其中有田林的《杨小林的故事》、赤云等的《女英雄张桂兰》、长群等的《男女动手，三年完全五年兴家计划》、刘衡的《家家纺织的折虎村》、而东的《妇女儿童顶了大事》、罗琼的《近年来解放区农村妇女生产事业》等。

全国民主妇女联合会筹备委员会编《中国解放区农村妇女翻身运动素描》由冀东新华书店出版。

华北人民政府财政部编《一九四七年华北区农村经济调查》由编者出版。

乡村工业示范处编《乡村工业示范处业务概况》由上海编者出版。

[美] D. Ensminger 著，崔毓俊、张济时译《乡村社区组织的诊断》由乌江农业推广实验区出版。

毛泽东著《农民运动与农村调查》由香港新民主出版社出版。

按：是书收录毛泽东的《湖南农民运动考察报告》《兴国调查》《长冈乡调查》《才溪乡调查》《农村调查序言二》等5篇文章。

陈伯达著《读〈湖南农民运动考察报告〉》由苏南新华书店出版。

按：是书分两种方法论、左右中国革命全局的农民问题、革命民众的民主专政、"谁要帮助动摇犹豫的人，首先自己便应当不动摇不犹豫"、由一个"组织起来"到另一个"组织起来"、结束语等六部分。

宋扬著《中国农民革命运动史话》由天津读者书店出版。

按：是书分封建剥削、从文学上看中国农民的生活、农民革命的起因、中国历史上的农民革命运动（上下）、农民革命运动失败的原因、结语——近代无产阶级领导的农民革命等7章。书前有范文澜《谁是历史的主人》的代序。

陈伯达著《论农民问题》由北京生活·读书·新知三联书店出版。

按：是书分5章，第一章问题的提法，包括农民问题是工人阶级的同盟军问题、只有工农联盟农民才能得到最后的解放、第二国际的政党忽视农民问题；第二章资产阶级性革命中的农民，包括农民在资产阶级性革命中的作用、在西欧资产阶级性革命中的农民、在俄国资产阶级性民主革命中的农民；第三章无产阶级革命中的农民，包括在俄国十月社会主义革命中的农民、在十月社会主义革命中俄国布尔塞维克在农民问题上的基本口号；第四章社会主义建设中的农民，包括在苏维埃政权巩固后俄国布尔塞维克对于中农的政策、农村经济的集体化、斯大林宪法与集体农民；第五章中国的农民土地问题，包括中国历史上的农民土地问题、中国地主阶级在农村中的特权、帝国主义侵入中国农村、太平天国与农民土地问题、辛亥革命与农民土地问题、第一次国共合作与农民土地问题、中国苏维埃运动与农民土地问题、抗日民族解放战争与农民。附录：土地改革与中国资本主义的发展。

青山著《一个农民翻身的故事》由海燕书店出版。

胡伊默著《土地改革论》由汉口中华大学经济学会出版。

按：是书分15章，论述土地关系、土地改革、由战国至秦的土地改革、中国自汉以后有过土地改革、美国圈地运动、法国大革命中的土地改革、德国农民战争与土地改革、美国土地制度的创建、苏联土地改革、东南欧各国土地改革、土地改革与农民问题、近代土地改革思想、土地改革的中心问题、中国目前土地改革问题、土地改革——中国革命的基本任务等。

黄振钺著《土地政策与土地法》由武昌中国土地经济学社出版。

按：是书分上下编，上编介绍土地问题与土地政策、平均地权政策、土地法的立法精神等；下编为土地法诠释。附录：土地法施行法。

何冠群著《新土地政策与平均使用地权》由著者出版。

天津市人民政府秘书处编《津郊解决土地问题参考资料》由编者出版。

东北行政委员会教育部编《生产课本》由沈阳东北书店出版。

东北粮食总局编《一九四三年东北生产统计》由编者出版。

余友泰编著《作物学概论》由上海龙门联合书局出版。

郑曼倩编译《重要植物病原菌之分类与检索》由上海新农企业股份有限公司出版。

松江省政府建设厅编《作物虫害防除的一般常识》由哈尔滨东北书店出版。

粮食购储会编《粮食紧急购储会工作总报告》由编者出版。

上海市民食调配处编《上海市民食调配概况》由编者出版。

中国工业经济研究所编《上海的食米问题》由上海工商经济出版社出版。

朱一鸣著《上海粮食问题》由上海现代经济通讯社出版。

郭连三编《怎样种高粱》由冀鲁豫新华书店出版。

李国桢编《陕西棉产》由南京中国棉业出版社出版。

冀南行署农业处编《谷棉栽培法》由冀南新华书店出版。

农林部棉产改进处编《孙恩麐小说棉业论文选集》由南京中国棉业出版社出版。

吴中道编订，冯泽芳校阅《中国棉业文献索引》由南京中国棉业副刊社出版。

浙江省财政经济办事处编《浙江之植物油》由杭州编者出版。

罗真嵩整理《大豆生产与贸易》由国际贸易丛刊社出版。

［美］威廉·乌克斯著，中国茶叶研究社译《茶叶全书》由上海开明书店出版。

按：是书分历史、技术、科学、商业、社会、艺术6篇。

台湾银行金融研究室编《台湾之糖》由台湾银行出版。

谢传维著《怎样防止蔬菜害虫》由上海生活·读书·新知联合发行所出版。

［日］久野正明著，朱建霞译《番茄栽培及加工法》由上海商务印书馆出版。

陈植编著《造林学原论》由上海国立编译馆出版。

按：是书分总论、森林立地论、森林营成论、森林抚育论、森林作业论5编，共32章，详细论述了造林学的基本理论，以及造林、森林抚育、森林作业的具体操作方法，并举了国内各地、日本、德国和美国的实例。

黄岳渊著《花经》由上海新纪元出版社出版。

童雪天著《实用家庭园艺》由上海世界书局出版。

伊钦恒著《实用果树园艺》由上海世界书局出版。

伊钦恒著《实用蔬菜园艺》由上海世界书局出版。

季君勉著《油桐和乌桕》由上海世界书局出版。

沈叔贤著《养蚕学》由上海世界书局出版。

郑学稼著《养猪学》由上海世界书局出版。

张金相编《养猪学》由上海新农企业股份有限公司处。

按：是书分绪论、世界各国养猪概况、猪的种类、猪的鉴别、猪的繁殖法、猪的去势法、饲料及饲养标准、猪的饲养法、猪的管理、猪的利用、猪的卫生、猪瘟等12章。

郑学稼著《养羊学》由上海世界书局出版。

郑学稼著《养鸡学》由上海世界书局出版。

李仲连编《养鸡与鸡病学》由上海新农企业股份有限公司出版。

郑学稼著《养牛学》由上海世界书局出版。

郑学稼著《养马学》由上海世界书局出版。

苍德玉编《牛马饲养管理法》由旅顺农业进步社出版。

廉建中著《实验养鱼法》由上海世界书局出版。

廉建中著《实验养兔法》由上海世界书局出版。

廉建中著《实验养蜂法》由上海世界书局出版。

张金相著《鸭鹅饲养法》由上海世界书局出版。

张金相著《火鸡珠鸡饲养法》由上海世界书局出版。

张家骏著《毛皮动物饲养法》由上海世界书局出版。

若望编《六畜病防治法》由太行新华书店出版。

若望编《六畜平安书》由东北新华书店远东总分店出版。

金之玉编《养殖珍珠之研究》由海南岛农林部珍珠贝养殖场出版。

宋修阜译编《东北渔业图志》由青岛市渔场出版。

四　卒于是年的乡村建设工作者

单夏兰卒（1871—1949）。夏兰，浙江绍兴前梅村人。早年以雕花为业，兼种租地，家境贫困。1921年秋，去衙前参加农民协会，被推选为农民协会委员。是绍兴钱清一带农民协会的主要组织者和领导者。在开展减租斗争中，曾于12月8日带领数百农民痛打了向农民逼租的不法豪绅周仁寿，并发动了1000余农民赴绍兴城向军阀政府"请愿"，被当局视为农民抗租的"首犯"而被捕，并游街示众。关押绍兴狱中达三年半时间，出狱后仍种租地。1949年病逝。

  俞庆棠卒（1897—1949）。庆棠字凤岐，女，祖籍江苏太仓城厢，后定居无锡。1919年赴美哥伦比亚大学教育学院深造。1922年回国后，先在私立无锡中学等校任教，后任上海大夏大学教授。1927年任第四中山大学（中央大学）教授兼扩充教育处处长，提出大力推行民众教育的主张。1928年创办以培养民众教育师资为目的的江苏省立教育学院。由于她的倡导，民众教育由江苏推广到全国，因此她被誉为"民众教育的保姆"。1932年发起成立中国社会教育社，被选为常务理事兼总干事，创设河南洛阳和广东花县两个实验区。次年赴丹麦等欧洲7国考察成人教育。1938年8月先后在四川松潘、乐山创办纺织、蚕丝实验区。抗战胜利后，任上海市教育局社会教育处处长，指导、创办108所市立民众学校，并亲任上海实验民众学校校长。1947年担任联合国教科文组织中国委员会委员。翌年又任联合国远东基本教育会议中国代表团顾问。同年10月赴美国考察教育。1949年5月回国，作为教育界代表出席中国人民政治协商会议第一届会议，被任命为教育部社会教育司司长。是年底因病去世。著有《民众教育》《农村生活丛谈》等。

参考文献

北京图书馆编：《民国时期总书目（1911—1949）·农业科学》，书目文献出版社1993年版。

北京图书馆编：《民国时期总书目（1911—1949）·经济》，北京图书馆出版社1998年版。

蔡尚思主编：《中国现代思想史资料简编》第3卷，浙江人民出版社1982年版。

曾宪林、谭克绳：《第一次国内革命战争时期农民运动史》，山东人民出版社1990年版。

曾宪林、万云主编：《邓演达历史资料》，华中理工大学出版社1988年版。

常连霆主编：《山东党史资料文库》第21卷，山东人民出版社2015年版。

常连霆主编：《中共山东编年史》第1卷，山东人民出版社2015年版。

陈富安、谭克绳：《湖北农民运动史1923—1927》，武汉工业大学出版社1996年版。

陈荷夫：《土地与农民：中国土地革命的法律与政治》，辽宁人民出版社1988年版。

陈年安：《中国"三农"若干问题研究》，武汉出版社2007年版。

陈争平主编：《中国经济学百年经典1900—1949》，广东经济出版社2005年版。

陈翰笙、薛暮桥、冯和法：《解放前的中国农村》（第一辑），中国展望出版社1985年版。

大连市中共党史研究会：《大连土地改革运动》，中共党史出版社2014年版。

戴逸主编：《中国近代史通鉴1840—1949南京国民政府时期》，红旗出版社 1997 年版。

邓中夏：《邓中夏文集》，人民出版社 1983 年版。

杜润生：《中国的土地改革》，当代中国出版社 1996 年版。

方之光、龚云：《农民运动史话》，社会科学文献出版社 2000 年版。

高军：《中国现代政治思想史资料选辑下册》，四川人民出版社 1986 年版。

高熙：《中国农民运动纪事 1921—1927》，求实出版社 1988 年版。

龚书铎：《中国通史参考资料·近代部分下册》，中华书局 1980 年版。

谷迎春、杨建华主编：《20 世纪中国社会科学（社会学卷）》，广东教育出版社 2005 年版。

广州农民运动讲习所纪念馆：《毛泽东同志主办农民运动讲习所》，上海人民出版社 1978 年版。

国务院农村发展研究中心发展研究所：《中国农业经济文献目录 1900 年—1981 年》，农业出版社 1988 年版。

何东等：《中国共产党土地改革史》，中国国际广播出版社 1993 年版。

胡为雄：《毛泽东思想研究史略》，中央文献出版社 2004 年版。

湖北政法史志编纂委员会编：《武汉国共联合政府法制文献选编》，农村读物出版社 1987 年版。

湖南省博物馆：《湖南全省第一次工农代表大会日刊》，湖南人民出版社 1979 年版。

湖南省哲学社会科学研究所现代史组党史学习班：《第一次国内革命战争时期的湖南农民运动》，湖南人民出版社 1977 年版。

黄金魁：《一切权力归农会：大革命时期的农民运动》，河北人民出版社 2015 年版。

黄世虎主编：《中国共产党思想政治教育史简论》，河海大学出版社 2016 年版。

贾兴权、唐伽：《百年中国大事要览：科教文化卷》，党建读物出版社 2002 年版。

江苏省档案馆：《江苏农民运动档案史料选编》，档案出版社 1983 年版。

教育部工农教育司编：《工农教育文献汇编·农民教育》，教育部工农教育司 1979 年版。

金德群：《民国时期农村土地问题》，红旗出版社 1994 年版。

柯华主编：《中央苏区财政金融史料选编》，中国发展出版社 2016 年版。

孔雪雄：《中国今日之农村运动》，中山文化教育馆 1934 年版。

赖辉亮、周洁：《百年中国大事要览：经济卷》，党建读物出版社 2002 年版。

李瑛：《民国时期大学农业推广研究》，合肥工业大学出版社 2012 年版。

李忠杰、段东升主编：《中国共产党第三次全国代表大会档案文献选编》，中共党史出社 2014 年版。

李忠杰、段东升主编：《中国共产党第五次全国代表大会档案文献选编》，中共党史出版社 2015 年版。

林伯渠：《林伯渠文集》，华艺出版社 1996 年版。

刘荣志、向朝阳、王思明主编：《当代中国农学家学术谱系》，上海交通大学出版社 2016 年版。

刘少奇：《刘少奇选集》，人民出版社 1982 年版。

陆学艺、王处辉主编：《中国社会思想史资料选辑·民国卷下》，广西人民出版社 2007 年版。

罗平汉：《中国共产党农村调查史》，福建人民出版社 2009 年版。

毛黎娟、廖慧贞：《中国共产党与农业现代化》，宁夏人民出版社 2006 年版。

毛泽东：《毛泽东选集》，人民出版社 1991 年版。

皮明庥：《武汉革命史迹要览》，湖北人民出版社 1981 年版。

曲铁华：《民国乡村教育研究》，湖南教育出版社 2018 年版。

桑润生：《中国近代农业经济史》，农业出版社社 1986 年版。

山西省档案馆编：《太行党史资料汇编第 3 卷 1940.1—1940.12》，山西人民出版社 1994 年版。

陕西省档案馆编：《抗日战争时期陕甘宁边区财政经济史料摘编第 2 编农业》，长江文艺出版社 2016 年版。

申沛昌、任学岭：《中共中央在延安三十年简史》，中央文献出版社

2007年版。

盛平：《中国共产党历史大辞典》，中国国际广播出版社1991年版。

舒新宇：《中国工运历史人物传略·向警予》，中国工人出版社2017年版。

宋士昌、郑贵斌：《中国共产党关于"三农"问题的理论与实践》，黄河出版社2006年版。

孙彩霞编辑：《中国国民党历次代表大会及中央全会资料下》，光明日报出版社1985年版。

孙晓梅主编：《中国近现代女性学术丛刊》续编9第29册，线装书局2015年版。

孙中山：《孙中山选集》，人民出版社1966年版。

王东：《中国共产党大辞典》，中国广播电视出版社1991年版。

王方中：《中国经济史编年记事（1842—1949）》，中国人民大学出版社2009年版。

王景新、冯开文、车裕斌：《近代以来中国农村变迁史论（1949—1978）》，清华大学出版社2019年版。

王景新、鲁可荣、郭海霞：《中国共产党早期乡村建设思想研究》，中国社会科学出版社2011年版。

王全营、曾广兴、黄明鉴：《中国现代农民运动史》，中原农民出版社1989年版。

王先进主编：《土地法全书》，吉林教育出版社1990年版。

王印焕：《1911—1937年冀鲁豫农民离村问题研究》，中国社会出版社2004年版。

魏建国主编：《瓦窑堡时期中央文献选编下》，东方出版社2012年版。

吴继轩、蔡乾和、金烨：《中国共产党解决"三农"问题的理论与实践》，甘肃文化出版社2015年版。

吴敏宪：《中国共产党与中国农民》，东北师范大学出版社2000年版。

武力、郑有贵：《解决"三农"问题之路——中国共产党"三农"思想政策史》，中国经济出版社2003年版。

西华师范大学历史文化学院：《川陕革命根据地历史文献资料集成

上》，四川大学出版社2012年版。

熊大相：《中国近代林业史》，中国林业出版社1989年版。

徐辰：《宪制道路与中国命运·中国近代宪法文献选编1840—1949下》，中央编译出版社2017年版。

许振泳等：《广东广西革命历史文件汇集索引（1921—1936）》，中央档案馆1986年版。

杨绍练、余炎光：《广东农民运动1922年—1927年》，广东人民出版社1988年版。

杨绍章、辛业江：《中国林业教育史》，中国林业出版社1988年版。

杨文宪：《山西农业大事记》，山西经济出版社2003年版。

叶笃初：《中央农民运动讲习所》，上海人民出版社1979年版。

叶扬兵：《中国农业合作化运动研究》，知识产权出版社2006年版。

叶左能、蔡福谋：《海陆丰农民运动》，中共中央党校出版社1993年版。

于建嵘主编：《中国农民问题研究资料汇编》（第1卷1912—1949），中国农业出版社2007年版。

于建嵘主编：《中国农民问题研究资料汇编》（第2卷1949—2007上），中国农业出版社2007年版。

余永德：《中国教育研究文集》，安徽师范大学出版社2018年版。

张静如、梁志祥、镡德山主编：《中国共产党通志》，中央文献出版社2001年版。

张静如主编：《中国共产党全国代表大会史丛书·从一大到十七大第2册图文版》，万卷出版公司2012年版。

张军民：《中国民主党派史修订版》，黑龙江人民出版社2006年版。

张俊南、张宪臣、牛玉民：《陕甘宁边区大事记》，三秦出版社1986年版。

张遂、马慧琴：《中国三农问题研究》，中国财政经济出版社2003年版。

张闻天：《张闻天文集》，中共党史出版社1995年版。

张霞：《民国时期"三农"思想研究》，武汉大学出版社2010年版。

张志力、任永玲：《民国时期的山西农业科技》，山西经济出版社2017年版。

张仲葛:《中国近代高等农业教育的发祥》,北京农业大学出版社1992年版。

章有义:《中国近代农业史资料(第2辑)》,生活·读书·新知三联书店1957年版。

章有义:《中国近代农业史资料(第3辑)》,生活·读书·新知三联书店1957年版。

赵靖、易梦虹:《中国近代经济思想资料选辑》,中华书局1982年版。

赵诤、杨睿、陶利江:《农民教育思想研究1921—1949》,电子科技大学出版社2014年版。

郑大华:《民国乡村建设运动》,社会科学文献出版社2000年版。

郑惠等:《中国共产党通志》,中央文献出版社1997年版。

中共福建省委党校党史研究室编:《红四军入闽和古田会议文献资料》,福建人民出版社1979年版。

中共广东省委党史研究委员会办公室:《广州农民运动讲习所文献资料》,毛泽东同志主办农民运动讲习所旧址纪念馆,1983年。

中共广东省委党史资料征集委员会等编:《谭平山研究史料》,广东人民出版社1989年版。

中共广西壮族自治区委员会党史研究室:《党的创建和大革命时期的广西农民运动1921—1927》,广西人民出版社2003年版。

中共河南省委党史工作委员会编辑:《一战时期河南农民运动》,河南人民出版社1987年版。

中共陕西省委党史资料征集研究委员会:《大革命时期的陕西地区农民运动》,陕西人民出版社1986年版。

中共萧山县委党史资料征集研究委员会等:《衙前农民运动》,中共党史资料出版社1987年版。

中共云南省委党史研究室:《解放战争时期第二条路线:农民运动和武装斗争卷下》,中共党史出版社2003年版。

中共浙江省委党史研究室:《土地革命战争时期浙江农民武装暴动》,当代中国出版社1996年版。

中共中央党校党史教研室资料组编写:《中国共产党历次重要会议集(上)》,上海人民出版社1982年版。

中共中央文献研究室、国家林业局编:《毛泽东论林业（新编本）》,中央文献出版社 2003 年版。

中国社会科学院及经济研究所现代经济史组编:《中国土地改革史料选编》,国防大学出版社 1988 年版。

中国延安精神研究会编:《中共中央在延安十三年资料 2 重要资料选 1945.10—1948.4》,中央文献出版社 2017 年版。

中华全国总工会中国职工运动史研究室编:《中国历次全国劳动大会文献》,工人出版社 1957 年版。

中央档案馆:《中共中央文件选集:第 5 册 1929》,中共中央党校出版社 1989 年版。

中央档案馆:《中共中央文件选集:第 1 册 1921 年至 1925 年》,中共中央党校出版社 1989 年版。

中央档案馆:《中共中央文件选集:第 2 册 1926》,中共中央党校出版社 1989 年版。

中央档案馆:《中共中央文件选集:第 3 册 1927》,中共中央党校出版社 1989 年版。

中央档案馆:《中共中央文件选集:第 6 册 1930》,中共中央党校出版社 1989 年版。

钟祥财:《中国农业思想史》,上海社会科学院出版社 1997 年版。

周淑文:《百年中国大事要览:政治法律卷》,党建读物出版社 2002 年版。

周逸群:《周逸群文集》,中央党史出版社 2006 年版。

周志强:《中国共产党与中国农业发展道路》,中共党史出版社 2003 年版。

朱德思想生平研究会编:《朱德大辞典》,中央文献出版社 2016 年版。

朱考金:《民国时期江苏乡村建设运动研究》,中国三峡出版社 2009 年版。